THOMAS LAMBRICH

# Tarif- und Betriebsautonomie

Schriften zum Sozial- und Arbeitsrecht

Band 171

# Tarif- und Betriebsautonomie

Ein Beitrag zu den Voraussetzungen und Grenzen des Tarifvorbehalts, insbesondere dem Erfordernis der Tarifbindung des Arbeitgebers

Von

Thomas Lambrich



Duncker & Humblot · Berlin

Die Deutsche Bibliothek – CIP-Einheitsaufnahme

**Lambrich, Thomas:**
Tarif- und Betriebsautonomie : ein Beitrag zu den Voraussetzungen und Grenzen des Tarifvorbehalts, insbesondere dem Erfordernis der Tarifbindung des Arbeitgebers / von Thomas Lambrich. – Berlin : Duncker und Humblot, 1999
(Schriften zum Sozial- und Arbeitsrecht ; Bd. 171)
Zugl.: Trier, Univ., Diss., 1999
ISBN 3-428-09908-7


Fotoprint: Werner Hildebrand, Berlin
Printed in Germany

ISSN 0582-0227
ISBN 3-428-09908-7

Gedruckt auf alterungsbeständigem (säurefreiem) Papier
entsprechend ISO 9706 ♾

*Meinen lieben Eltern*

# Vorwort

Die vorliegende Arbeit wurde im Wintersemester 1998/99 vom Fachbereich Rechtswissenschaft der Universität Trier als Dissertation angenommen. Sie war im wesentlichen bereits im Januar 1998 mit ähnlichem Titel fertiggestellt und ist im Juni 1998 überarbeitet und umfassend aktualisiert worden. Nach diesem Zeitpunkt konnten Rechtsprechung und Literatur noch bis zum Abschluß des Promotionsverfahrens im Februar 1999 teils eingearbeitet, teils nachgetragen werden.

Danken möchte ich zuvorderst meinem hochgeschätzten Lehrer, Herrn Prof. Dr. Horst Ehmann. Er hat das Thema der Arbeit angeregt und ihre Entstehung durch intensive fachliche Gespräche gefördert. Diese haben nicht zuletzt vereinzelte Zweifel beseitigt, welche die im Tarifvertragsrecht rasch voranschreitenden tagespolitischen Entwicklungen und die Literaturfülle an der Vollendung der Arbeit mitunter aufkommen lassen konnten. Während meiner Assistentenzeit an seinem Lehrstuhl hat er mir mit kritischem, aber stets wohlwollendem Blick das Rüstzeug wissenschaftlichen Arbeitens mit auf den Weg gegeben.

Des weiteren bin ich Herrn Prof. Dr. Dr. h.c. Rolf Birk für die zügige Erstellung des Zweitgutachtens sehr verbunden.

Dem Land Rheinland-Pfalz danke ich für die Gewährung eines Promotionsstipendiums aus Fördermitteln zur Heranbildung des wissenschaftlichen Nachwuchses.

Herr Ilja Selenkewitsch hat die Mühe auf sich genommen, ein noch unfertiges Manuskript Korrektur zu lesen. Ihm verdankt die Arbeit überdies manch hilfreiche inhaltliche Anregung. Bei der Erstellung der Druckvorlage hat mir Herr Ingolf Emmert mit viel Geschick und größtmöglicher Geduld zur Seite gestanden. Beiden gilt mein herzlicher Dank.

Mehr als Dank schulde ich Angela. Ohne ihre unermüdliche Unterstützung und grenzenlose Rücksichtnahme hätte dieses Buch niemals in der beabsichtigten Zeit vollendet werden können.

Koblenz, im Mai 1999 *Thomas Lambrich*

# Inhaltsübersicht

# Inhaltsverzeichnis

*Dritter Teil*

**Tarifvorbehalt und Tarifflucht** 257

# Abkürzungsverzeichnis

| | |
|---|---|
| a. A. | anderer Ansicht |
| a. a. O. | am angegebenen Ort |
| abgedr. | abgedruckt |
| ablehn. | ablehnend |
| Abs. | Absatz |
| abweich. | abweichend |
| AcP | Archiv für die zivilistische Praxis |
| AFG | Arbeitsförderungsgesetz |
| AG | Aktiengesellschaft; Amtsgericht |
| ähnl. | ähnlich |
| AiB | Arbeitsrecht im Betrieb (Zeitschrift) |
| allg. | allgemein |
| allg. A. | allgemeine Ansicht |
| Alt. | Alternative |
| Anm. | Anmerkung |
| AOG | Gesetz zur Ordnung der nationalen Arbeit |
| AöR | Archiv des öffentlichen Rechts |
| AP | Arbeitsrechtliche Praxis (Nachschlagewerk des Bundesarbeitsgerichts) |
| ArbG | Arbeitsgericht |
| ArbGeb | Arbeitgeber (Zeitschrift) |
| ArbRGegw | Arbeitsrecht der Gegenwart (Zeitschrift) |
| ArbGG | Arbeitsgerichtsgesetz |
| ARBl. | Arbeitsrechtsblattei |
| ArbZG | Arbeitszeitgesetz |
| ARS | Arbeitsrechtssammlung, Entscheidungen des Reichsarbeitsgerichts und der Landesarbeitsgerichte (Bensheimer Sammlung) |
| Art. | Artikel |
| ATG | Altersteilzeitgesetz |
| AuA | Arbeit und Arbeitsrecht (Zeitschrift) |
| Aufl. | Auflage |
| AuR | Arbeit und Recht (Zeitschrift) |
| AZO | Arbeitszeitordnung |
| ausdrückl. | ausdrücklich |
| ausf. | ausführlich |

| | |
|---|---|
| BAG | Bundesarbeitsgericht |
| BAGE | Amtliche Entscheidungssammlung des BAG |
| BB | Der Betriebs-Berater (Zeitschrift) |
| Bd. | Band |
| BDA | Bundesvereinigung der Deutschen Arbeitgeberverbände |
| BDI | Bundesverband der Deutschen Industrie |
| Bearb. | Bearbeiter |
| Begr. | Begründung |
| BetrAVG | Gesetz zur Verbesserung der betrieblichen Altersversorgung |
| BetrVG | Betriebsverfassungsgesetz |
| bezügl. | bezüglich |
| BGB | Bürgerliches Gesetzbuch |
| BGBl | Bundesgesetzblatt |
| BGH | Bundesgerichtshof |
| BGHSt | Amtliche Entscheidungssammlung des BGH in Strafsachen |
| BGHZ | Amtliche Entscheidungssammlung des BGH in Zivilsachen |
| BPersVG | Bundespersonalvertretungsgesetz |
| BRG | Betriebsrätegesetz |
| Bspl(e). | Beispiel(e) |
| BT-Drucks. | Drucksache des Deutschen Bundestages |
| BVerfG | Bundesverfassungsgericht |
| BVerfGE | Amtliche Entscheidungssammlung des BVerfG |
| BVerwG | Bundesverwaltungsgericht |
| BVerwGE | Amtliche Entscheidungssammlung des BVerwG |
| D. | Digestenstelle |
| DAG | Deutsche Angestellten-Gewerkschaft |
| DB | Der Betrieb (Zeitschrift) |
| Def. | Definition |
| DGB | Deutscher Gewerkschaftsbund |
| diff. | differenzierend |
| Diff. | Differenzierung |
| Diss. | Dissertation |
| DJT | Deutscher Juristentag |
| DÖV | Die öffentliche Verwaltung (Zeitschrift) |
| DWiR | Deutsche Zeitschrift für Wirtschaftsrecht |
| ebd. | ebenda |
| EG | Europäische Gemeinschaften |
| Einl. | Einleitung |
| Einls. | Einleitungssatz |
| einschränk. | einschränkend |

| | |
|---|---|
| entsprech. | entsprechend |
| EzA | Entscheidungssammlung zum Arbeitsrecht |
| F.A.Z. | Frankfurter Allgemeine Zeitung |
| f., ff. | folgend(e) |
| FG | Festgabe |
| Fn. | Fußnote(n) |
| FS | Festschrift |
| gem. | gemeinsame |
| GewGer | Gewerbegericht |
| GewKfmGer | Gewerbe- und Kaufmannsgericht, Monatsschrift des Verbandes deutscher Gewerbe- und Kaufmannsgerichte |
| GewO | Gewerbeordnung |
| GG | Grundgesetz |
| GK | Gemeinschaftskommentar |
| Grundl. | Grundlage(n) |
| grundleg. | grundlegend |
| grunds. | grundsätzlich |
| GS | Gedächtnisschrift; Großer Senat |
| GWB | Gesetz gegen Wettbewerbsbeschränkungen |
| Hervorh. d. Verf. | Hervorhebung des Verfassers |
| Hervorh. i. Org. | Hervorhebung im Original |
| HilfsdienstG | Gesetz über den vaterländischen Hilfsdienst |
| hinsichtl. | hinsichtlich |
| h. M. | herrschende Meinung |
| Hrsg. | Herausgeber |
| i. Erg. | im Ergebnis |
| IG | Industriegewerkschaft |
| ILO | International Labour Organization |
| inkl. | inklusive |
| insbes. | insbesondere |
| insges. | insgesamt |
| i. S. d. | im Sinne des / der |
| i. V. m. | in Verbindung mit |
| i. Zshg. | im Zusammenhang |
| JJb | Juristen-Jahrbuch |
| JR | Juristische Rundschau |
| JW | Juristische Wochenschrift |
| JZ | Juristenzeitung |
| KAB | Katholische Arbeitnehmer-Bewegung Deutschlands |
| krit. | kritisch |
| KSchG | Kündigungsschutzgesetz |
| LAG | Landesarbeitsgericht |
| Lit. | Literatur |

| | |
|---|---|
| lit. | littera |
| LVerf | Landesverfassung |
| m. | mit |
| m. a. W. | mit anderen Worten |
| MDR | Monatsschrift des Deutschen Rechts |
| Mrd. | Milliarden |
| MünchArbR | Münchener Handbuch zum Arbeitsrecht |
| MünchKomm | Münchener Kommentar zum Bürgerlichen Gesetzbuch |
| m. w. Nachw. | mit weiteren Nachweisen |
| Nachw. | Nachweis(e) |
| NJW | Neue Juristische Wochenschrift |
| NS | Nationalsozialismus |
| NSDAP | Nationalsozialistische Deutsche Arbeiterpartei |
| NV | Nationalversammlung |
| NZA | Neue Zeitschrift für Arbeits- und Sozialrecht |
| NZfA | Neue Zeitschrift für Arbeitsrecht |
| PartG | Parteiengesetz |
| PrALR | Preußisches Allgemeines Landrecht |
| RAG | Reichsarbeitsgericht |
| RdA | Recht der Arbeit (Zeitschrift) |
| Rdnr. / Rdnrn. | Randnummer(n) |
| Rdz. | Randziffer(n) |
| RegE | Gesetzesentwurf der Bundesregierung |
| RG | Reichsgericht |
| RGZ | Amtliche Sammlung des Reichsgerichts in Zivilsachen |
| Rspr. | Rechtsprechung |
| RT | Reichstag |
| S. | Seite(n) |
| SAE | Sammlung arbeitsrechtlicher Entscheidungen (Zeitschrift) |
| SchlichtVO | Verordnung über das Schlichtungswesen |
| SGB | Sozialgesetzbuch |
| sog. | sogenannte |
| Sp. | Spalte |
| SprAuG | Sprecherausschußgesetz |
| st. Rspr. | ständige Rechtsprechung |
| stellvertr. | stellvertretend |
| TVG | Tarifvertragsgesetz |
| TVVO | Verordnung über Tarifverträge, Arbeiter- und Angestelltenausschüsse und Schlichtung von Arbeitsstreitigkeiten |
| u. | und |

| | |
|---|---|
| u. a. | und andere; unter anderem |
| übereinstimm. | übereinstimmend |
| umfangr. | umfangreich |
| umfass. | umfassend |
| undiff. | undifferenziert |
| unzutreff. | unzutreffend |
| VDMA | Verband Deutscher Maschinen- und Anlagenbauer |
| VereinsG | Vereinsgesetz |
| VerfGH | Verfassungsgerichtshof |
| VerwArch | Verwaltungsarchiv (Zeitschrift) |
| vgl. | vergleiche |
| vollst. | vollständig |
| VVDStRL | Veröffentlichungen der Vereinigung Deutscher Staatsrechtslehrer |
| WRV | Weimarer Reichsverfassung |
| WuW | Wirtschaft und Wettbewerb (Zeitschrift) |
| zahlr. | zahlreich |
| zeitgenöss. | zeitgenössisch |
| ZfA | Zeitschrift für Arbeitsrecht |
| ZHR | Zeitschrift für das gesamte Handels- und Wirtschaftsrecht |
| Ziff. | Ziffer |
| zit. | zitiert |
| ZRP | Zeitschrift für Rechtspolitik |
| Zshg. | Zusammenhang |
| ZTR | Zeitschrift für Tarifrecht |
| zustimm. | zustimmend |
| zutreff. | zutreffend |

*Erster Teil*

# Der wirtschaftspolitische Anlaß der Untersuchung

## § 1 Der Tarifvorbehalt im Spannungsverhältnis von Tarif- und Betriebsautonomie

„In der Vorschrift des § 59 BetrVG bricht sich die Vernunft und siegt die Ideologie; es nimmt daher nicht wunder, daß die Entscheidungen, die § 59 BetrVG zum Siege verhelfen, meist auch die praktische Vernunft besiegen“[1].

Auch nach mittlerweile über 30 Jahren hat diese einst in bezug auf die Vorgängernorm des § 77 Abs. 3 BetrVG getroffene Feststellung *Säckers*, so wird jeder Kundige zugeben müssen, nichts von ihrer Richtigkeit und Aktualität eingebüßt. Treffender als anhand einer solchen – teils provokanten, teils resignierenden[2] – Einschätzung läßt sich bis heute die Bedeutung, besser: das Dilemma des in dieser Vorschrift statuierten Tarifvorbehalts kaum umschreiben. Nüchtern betrachtet bildet § 77 Abs. 3 BetrVG mit dem in ihm normierten Vorrang tariflicher vor betrieblicher Normsetzung den archimedischen Punkt im Verhältnis von Tarifautonomie und Betriebsautonomie, die Achillesferse der – in Deutschland im Vergleich zu anderen Ländern in einzigartiger Weise[3] – durch einen Dualismus betrieblicher und überbetrieblicher Vertretung der Arbeitnehmerinteressen gekennzeichneten Arbeitsverfassung. Bei Lichte besehen zieht der Tarifvorbehalt damit aber gleichsam die Grenzlinie zwischen zwei seit ihrer Entstehung stets konkurrierenden, mitunter auch heftig rivalisierenden Modellen zur gerechten Vereinbarung der für die Vielzahl von Arbeitnehmern existentiell wichtigen Arbeitsbedingungen: Der auf *Interessengegensatz* und *Konflikt* beruhenden Tarifautonomie mit ihrer Waffe des Arbeitskampfes steht gegenüber die Betriebsverfassung als ein Paradigma *einvernehmlicher Einigung* und *partnerschaftlichen Zusammenwirkens*[4]. In Anbetracht dieses Gegensatzes

---

[1] *Säcker*, RdA 1967, 370.

[2] Die Feststellung bedeutet Provokation und Resignation zugleich, weil doch andererseits gerade die Vernunft als die höchste Quelle des Naturrechts gilt, die alles andere Recht bricht (*Fehr* [Deutsche Rechtsgeschichte, S. 259] unter Bezugnahme auf die Rechts- und Staatslehre *Immanuel Kants*).

[3] Zur Sonderstellung der deutschen Betriebsverfassung im internationalen Vergleich insbes. *Neuloh*, Betriebsverfassung, S. 1 ff.

[4] In diesem terminologischen und sachlichen Sinne die Gegenüberstellung tariflicher und betrieblicher Mitbestimmung durch das Mitbestimmungsurteil des BVerfG (E 50, 290 [371]).

verwundert es nicht, daß das Konkurrenzverhältnis tariflicher und betrieblicher Mitbestimmung seit nunmehr über einem Jahrhundert das wissenschaftlich meist beackerte Feld des Arbeitsrechts darstellt[5], § 77 Abs. 3 BetrVG konkret zu dessen wohl heftigst umstrittener Vorschrift und nicht zuletzt zu einem Tummelplatz häufig emotional bis ideologisierend geführter Diskussionen geworden ist.

Die durch die Fassung des Tarifvorbehalts im Detail aufgeworfenen Fragen, denen im Verlauf der vorliegenden Arbeit nachgegangen werden soll, sind ebenso zahlreich wie vielfältig. Eine von ihnen sei bereits jetzt gesondert hervorgehoben: Sie läßt sich dahingehend formulieren, ob die Vorschrift des § 77 Abs. 3 BetrVG ihre Sperrwirkung ausschließlich in Betrieben *tarifgebundener* Arbeitgeber entfaltet, oder aber auch *nicht* einem Arbeitgeberverband angehörende Unternehmer gehindert sind, bei Bestehen oder Üblichkeit einer tariflichen Regelung mit ihrem Betriebsrat Betriebsvereinbarungen abzuschließen. Während die meisten der hinsichtlich des Tarifvorbehalts strittigen Problempunkte in der Vergangenheit zum Gegenstand nahezu zahlloser sich in umfassender Weise mit ihnen auseinandersetzender Untersuchungen gemacht worden sind[6], fällt bereits bei einer nur überblickartigen Durchsicht des Schrifttums auf,

---

[5] So haben sich die wohl bedeutendsten arbeitsrechtlichen Habilitationsschriften der Nachkriegszeit mit den Voraussetzungen und Grenzen der Tarifautonomie sowie der Betriebsverfassung und somit nicht zuletzt auch mit dem Verhältnis beider Kollektivautonomien zueinander befaßt (*Biedenkopf*, Grenzen der Tarifautonomie, 1964; *Richardi*, Kollektivgewalt und Individualwille bei der Gestaltung des Arbeitsverhältnisses, 1968; *Säcker*, Gruppenautonomie und Übermachtkontrolle im Arbeitsrecht, 1972; *Kreutz*, Grenzen der Betriebsautonomie, 1979; *Jahnke*, Tarifautonomie und Mitbestimmung, 1984); gerade auch in jüngster Zeit ist die Gesamtproblematik verstärkt zum Gegenstand grundlegender Untersuchungen gemacht worden: *Reichold*, Betriebsverfassung als Sozialprivatrecht, 1995; *Waltermann*, Rechtsetzung durch Betriebsvereinbarung zwischen Privatautonomie und Tarifautonomie, 1996; *Rieble*, Arbeitsmarkt und Wettbewerb – Der Schutz von Vertrags- und Wettbewerbsfreiheit im Arbeitsrecht, 1996; *Veit*, Die funktionelle Zuständigkeit des Betriebsrats, 1998.

[6] Vgl. z. B. die zahlreichen monographischen Stellungnahmen, die sich mit dem Günstigkeitsprinzip allgemein und seiner Geltung im Verhältnis zwischen Tarifvertrag und Betriebsvereinbarung und damit innerhalb des § 77 Abs. 3 BetrVG (= § 59 BetrVG 1952) im speziellen beschäftigen: grundleg. *Wlotzke*, Das Günstigkeitsprinzip im Verhältnis des Tarifvertrags zum Einzelarbeitsvertrag und zur Betriebsvereinbarung, 1957, insbes. S. 128 ff.; *Fette*, Der Günstigkeitsvergleich im Urlaubsrecht, 1967, insbes. S. 14 ff.; *Courth*, Günstigkeitsprinzip und Günstigkeitsvergleich im Spannungsfeld zwischen Individual- und Kollektivrecht, 1969; *Papritz*, Das Günstigkeitsprinzip im Arbeitsrecht, auch in verfassungsrechtlicher Sicht, 1978; *Belling*, Das Günstigkeitsprinzip im Arbeitsrecht, 1984, insbes. S. 157 ff.; *Schulze*, Das Günstigkeitsprinzip im Tarifvertragsrecht, 1985; *Mayer*, Das Verhältnis des Tarifvertrages zu späteren günstigeren Absprachen, 1986; *Tech*, Das Günstigkeitsprinzip und Günstigkeitsbeurteilung im Arbeitsrecht, 1987, insbes. S. 27 ff., 146 ff. u. 172 ff.; *Krummel*, Die Geschichte des Unabdingbarkeitsgrundsatzes und des Günstigkeitsprinzips im Tarifvertragsrecht, 1991, insbes. S. 190 ff.; *Th. Schmidt*, Das Günstigkeitsprinzip im Tarifvertrags- und Betriebsverfassungsrecht. Zugleich ein Beitrag zum Verhältnis von Tarifvertrag und Betriebsvereinba-

daß besagte Fragestellung bislang noch nicht eine hinreichend ausführliche und sich insbesondere in gebotener Weise auf die allgemeinen (d.h. die historischen, funktionellen und verfassungsrechtlichen) Grundlagen des § 77 Abs. 3 BetrVG rückbesinnende Aufarbeitung gefunden hat, zumeist vielmehr allenfalls am Rande mitbehandelt wird[7]. Grund hierfür dürfte nicht zuletzt sein, daß – obwohl seit jeher zumindest nicht verkannt wird, daß gewichtige Argumente für eine Beschränkung des Tarifvorbehalts auf Betriebe tarifgebundener Arbeitgeber streiten – dennoch mittlerweile in gegenteiliger Hinsicht eine die wissenschaftliche Diskussion lähmende „Verfestigung der Rechtslage“[8] eingetreten ist. Die jüngste Entwicklung der ökonomischen Rahmenbedingungen des Wirtschaftsstandorts Deutschland hat jedoch nicht nur den Tarifvorbehalt allgemein mit bislang ungeahnter Schärfe zur Zielscheibe des arbeitsrechtlichen, wirtschaftswissenschaftlichen und sogar tagespolitischen Interesses werden lassen, sondern bietet nicht zuletzt Anlaß, der Frage nach dem Erfordernis der Tarifbindung des Arbeitgebers innerhalb des mit der vorgelegten Untersuchung erstrebten (besseren) Verständnisses des Tarifvorbehalts im Spannungsverhältnis zwischen Tarif- und Betriebsautonomie besondere Aufmerksamkeit zu schenken.

---

rung, 1994, insbes. S. 96 ff. u. 129 ff.; *Tyska*, Das Günstigkeitsprinzip im Tarifvertragsrecht, 1994, insbes. S. 55; *Krauss*, Günstigkeitsprinzip und Autonomiebestreben am Beispiel der Arbeitszeit, 1995, insbes. S. 69 ff. u. 121 ff.

[7] Beispielhaft *Waltermann* (Rechtsetzung, S. 284), welcher der Problematik in seiner – zugegeben eher auf Grundlagenfragen als auf konkrete Auslegungsprobleme des § 77 Abs. 3 BetrVG gerichteten – Arbeit unter Verweis auf die „zutreffende herrschende Auffassung“ ganze zwei Sätze widmet; ausführlichere Darstellungen mit dem Versuch eines eigenen Lösungsansatzes finden sich nur im älteren Schrifttum: vgl. *Eickelberg*, Betriebsvereinbarung, S. 120 ff.; hinsichtl. § 59 BetrVG 1952 ansatzweise *Wlotzke*, Günstigkeitsprinzip, S. 140 ff.; jetzt aber auch *Richardi*, FS für Schaub, S. 639 (644 ff.); *Fischer*, Betriebsvereinbarungen, S. 200 ff.

[8] So unlängst die fast resignierende Einschätzung von *Buchner*, DB 1997, 573; krit. zum Standpunkt der Rspr. jetzt erneut *derselbe*, FS für Wiese, S. 55 (56 ff.).

# § 2 Deutschlands Tarifkartelle im Kreuzfeuer der Kritik

## I. Neue Weltwirtschaft – alte Tarifautonomie – überholter Tarifvorbehalt

Lange Zeit – jedenfalls seit Beendigung des zweiten Weltkriegs – diente die ausführliche Auseinandersetzung mit dem Konkurrenzverhältnis tariflicher und betrieblicher Abreden mehr dem universitären Studierstuben der Jurisprudenz entspringenden wissenschaftlichen als einem wirklich praktischen Interesse, erschien die oftmals in die Diskussion hineingetragene Ideologisierung als reine l'art pour l'art. Denn in den Tagen des viel beschriebenen Wirtschaftswunders und des auch fortan beständigen Prosperierens der deutschen Wirtschaft bestand für alle tatsächlich Betroffenen, egal ob Unternehmer, Arbeitgeberverbände, Gewerkschaften, Betriebsräte oder Arbeitnehmer, letztlich kein Grund, an der Tragfähigkeit und der Erfolgsgarantie des dualistischen Systems tariflicher sowie betrieblicher Gestaltung der Arbeitsbedingungen mit seinem durch § 77 Abs. 3 BetrVG statuierten Primat der Tarifautonomie zu zweifeln. Nicht nur die Produkte „made in Germany" wurden zu Exportschlagern, sondern auch das deutsche Modell insgesamt mit seinen starken und einflußreichen Gewerkschaften, die gemeinsam mit den Verbänden der Gegenseite die Geschicke des Industriestandorts Deutschland durch flächendeckende, branchenweite und langkettige Tarifverträge lenkten, genoß international höchstes Ansehen. Insbesondere darf nicht vernachlässigt werden, daß es gerade die Unternehmen selbst – heute die heftigsten Gegner der Tarifautonomie[1] – waren, die sich lange Zeit im „Geleitzug"[2] der viel gerühmten Flächentarifverträge überaus wohl fühlten. Denn diese sorgten dafür, daß die zeit- und kostenaufwendigen, nicht zuletzt äußerst konfliktträchtigen Verhandlungen der Lohn- und Arbeitsbedingungen aus den Fabrikhallen und von den Betriebshöfen weit weg in die anonymen Schaltzentralen der Koalitionen verbannt wurden. Die dort gefundenen Kompromisse konnten nach Belieben entweder heftig kritisiert, oder aber, ging es den Unternehmen wirtschaftlich gut, durch die Gewährung übertariflicher Zulagen merklich aufgebessert werden. Da sich branchenweite und flächendeckende

---

[1] Vgl. die von *Pückler* (ArbGeb 1997, 389 ff.) referierte Umfrage, bei der über 25% der befragten Unternehmer das Tariflohnniveau als ein starkes, über 40% immerhin als ein mittleres Hindernis bei der Verbesserung ihrer Wettbewerbsfähigkeit bezeichnet haben; zu starre tarifliche Arbeitszeiten sahen über 30% der Unternehmer als ein starkes, annähernd 35% der Befragten als ein mittleres Hindernis.

[2] *Kittner*, F.A.Z. vom 18.11.1995, S. 17: „Im Kartellverdacht der Liberalen".

Verbandstarifverträge denknotwendig nicht an den Verhältnissen großer und florierender Unternehmen, sondern stets am unteren wirtschaftlichen Durchschnitt orientieren müssen[3], war in aller Regel letzteres der Fall, so daß die Tarifautonomie den Arbeitgebern den äußerst erwünschten Nebeneffekt bescherte, sich gegenüber ihrer Arbeitnehmerschaft generös erweisen und durch zusätzliche Leistungen insbesondere deren Motivation und Leistungsbereitschaft steigern zu können.

In Anbetracht dieses weitreichenden Konsenses aller Betroffenen verwundert es nicht, daß selbst die ersten Risse, die das Modell Deutschland durch die Ölkrise der 70er-Jahre und Mitte der 80er-Jahre durch das Aufkommen verstärkter internationaler Konkurrenz in Gestalt der asiatischen Tigerstaaten erhielt, noch nicht ausreichten, um die weitgehende Beherrschung der nationalen wirtschaftlichen Landschaft durch das Tarifwesen grundlegend zu hinterfragen. Die Kassandrarufe vereinzelter kritischer Betrachter verhallten seinerzeit nahezu ungehört in der Wüste wirtschaftspolitsch vordergründigen Denkens[4]. Innerhalb von nur knapp zehn Jahren haben jedoch grundstürzende Veränderungen der politischen und ökonomischen Rahmenbedingungen, deren wahres Ausmaß bis heute noch nicht vollends abzusehen ist, dazu geführt, daß sich die Tarifautonomie in ihrer derzeitigen Gestalt von einem maßgeblichen *Erfolgsgaranten* zu einem entscheidenden *Standortnachteil* für die deutsche Wirtschaft entwickelt hat.

Ursache hierfür ist ein Konglomerat äußerst komplexer Entwicklungen, welche sich schlaglichtartig mit der grundlegend veränderten Stellung unseres nationalen volkswirtschaftlichen Mikrokosmos innerhalb einer durch die Öffnung sämtlicher Grenzen und Märkte *globalisierten Weltwirtschaft* kennzeichnen lassen[5]. Der Zusammenbruch der sozialistischen Regime in den Staaten des Ostblocks hat nicht nur dazu geführt, daß Deutschlands Unternehmer neben den Billiglohnländern Fernostasiens nun gleichfalls die Konkurrenz der zur Selbständigkeit gelangten Sowjetrepubliken und der ehemaligen baltischen Satellitenstaaten zu fürchten haben, sondern mehr noch ist es ihnen mittlerweile möglich, auch ihre eigene Produktion in die Gebiete jenseits der Oder-Neiße-Grenze

---

[3] *Erd*, Verrechtlichung, S. 126; *Kittner*, FS für Schaub, S. 389 (390).

[4] Siehe schon damals *Adomeit*, Das Arbeitsrecht und unsere wirtschaftliche Zukunft, 1985; *Ehmann*, in: Bitburger Gespräche 1985, S. 19 ff.; *derselbe*, in: *Mohler*, Wirklichkeit als Tabu, S. 61 ff.; *derselbe*, in: *Giger/Linder*, Sozialismus, S. 581 ff.; auch *Bender*, BB 1987, 1117 ff.

[5] In aller Ausführlichkeit zu den Gründen und Auswirkungen der Globalisierung der Wirtschaft *Biskup* (Hrsg.), Globalisierung und Wettbewerb (daraus neben der gleichnamigen Abhandlung des Hrsg. [S. 13 ff.] insbes. die Beiträge von *Lübbe* [S. 39 ff.], *Schüller* [S. 81 ff.], *Sievert* [S. 129 ff.], *Straubhaar* [S. 217 ff.] und *Hasse* [S. 285 ff.]); aus der Sicht der Rechtswissenschaft *Adomeit*, NJW 1996, 2138 ff.; *Junker*, NZA 1997, 1305 (1312); vgl. auch *Evers*, Auf dem Weg zum postmodernen Imperium?, F.A.Z. vom 07.10.1997, S. 12; ausf. Der Spiegel, Heft 39/1996, S. 80 ff.

zu verlagern und sich die dort herrschenden frühkapitalistischen Arbeitsbedingungen selbst zu Nutze zu machen. Modernste Verkehrstechnik und durch Mikroprozessoren gesteuerte Datenverarbeitungssysteme lassen es ohne weiteres zu, diese neu errichteten Betriebsstätten nahtlos in den Verbund der vormals national organisierten Just-in-time-Fertigung einzupassen. Und nicht nur mit Blickrichtung nach Osten, sondern auch im Vergleich zu allen anderen westlichen Industrienationen zeichnet sich der Wirtschaftsstandort Deutschland durch die *höchsten Bruttolöhne* bei den durchschnittlich *kürzesten Arbeitszeiten* aus[6]. Die Folge ist, daß die Auslandsinvestitionen deutscher Unternehmer die hierzulande zu verzeichnenden Aktivitäten ausländischer Investoren inzwischen bei weitem übersteigen[7]. Gepaart mit dem durch die Wiedervereinigung bedingten Jahrhundertexperiment, eine heruntergekommene Planwirtschaft mit einer Vielzahl maroder Betriebe einem marktwirtschaftlichen Strukturen verhafteten System einzugliedern, hat dies zu dem unbezweifelbar drängendsten, weil den sozialen Frieden unseres Landes nachhaltig gefährdenden Problem dieser Tage geführt: zu der kaum einzudämmenden *Massenarbeitslosigkeit* weiter Teile der Bevölkerung[8].

Freilich gilt es, wie die Komplexität der Verhältnisse mahnt, mit vorschnellen Schuldzuweisungen hinsichtlich der ausweglos erscheinenden Misere am Arbeitsmarkt vorsichtig zu sein. Insbesondere wäre es sicherlich verfehlt, die Arbeits- und Tarifbedingungen als alleinige Ursache der momentanen Krise des Wirtschaftsstandorts Deutschland zu begreifen[9]. Genauso aber ist es nicht mög-

---

[6] Der durchschnittliche Stundenlohn für Arbeiter (inkl. Sozialabgaben, sonstigen Leistungen) betrug im Jahre 1996 in West-Deutschland: 30,9 $; in Ost-Deutschland: 21,2 $; in Frankreich: 19,7 $; in Großbritannien: 14,3 $; in Griechenland: 9,0 $; in Polen: 2,3 $; in Ungarn: 1,5 $ und in Russland: 1,2 $ (Quelle: Price Waterhouse, zit. nach F.A.Z. vom 11.11.1997, S. 18). Nach Information der BDA (Stand: 01.11.1996) arbeiten Deutschlands Arbeitnehmer wöchentlich durchschnittlich 35,8 Stunden; in den Niederlanden beträgt die durchschnittliche Wochenarbeitszeit 38,5 Stunden, in Großbritannien 38,8 Stunden, in Frankreich 39 Stunden und in den U.S.A sowie in Italien 40 Stunden.

[7] Allein im Jahre 1995 haben Deutschlands Unternehmer im Ausland in einer Größenordnung von 48 Mrd. DM investiert, nach Deutschland sind durch Investitionen ausländischer Firmen im gleichen Zeitraum jedoch nur 13,9 Mrd. DM geflossen. Insges. betrugen die Mittelzuflüsse aus dem Ausland in den Jahren 1986 bis 1995 in Deutschland: 26,8 Mrd. $; in Frankreich: 95,4 Mrd. $; in Großbritannien: 190,4 Mrd. $ und in den U.S.A.: 475,7 Mrd. $ (F.A.Z. vom 14.11.1996, S. 18; vgl. hierzu auch *Hümmerich*, NZA 1996, 1289 [1291] mit weiterem Zahlenmaterial).

[8] Die Zahl der Arbeitslosen beträgt nach einem zwischenzeitlichen Höchststand von rund 5 Millionen im Januar 1998 derzeit (Stand: Ende Juni 1998) 4,075 Millionen. Sie ist damit seit Juni 1991 (ca. 2,4 Millionen) jährlich im Durchschnitt um 200.000 bis 300.000 gestiegen (F.A.Z. vom 08.07.1998, S. 17).

[9] Durch überfrachtete Sozialsysteme in die Höhe geschnellte Lohnnebenkosten, immense steuerliche Belastungen und nicht zuletzt allg. ein engmaschiges Netz gesetzlicher Regulierungen, das Deutschlands Unternehmer umfängt und jeden Existenzgründer

lich, die Tarifvertragsparteien global von jeglicher Schuld frei zu sprechen, haben doch insbesondere die stetigen Arbeitszeitverkürzungen der letzten Jahre und die übereilte Annäherung der Tarifbedingungen in Ostdeutschland an westliches Niveau die bedrohliche Schieflage des Arbeitsmarktes unleugbar, wenn nicht verursacht, so doch zumindest im Ergebnis forciert[10]. Da Kritik an der Tarifautonomie ihrerseits nur dann sinnvoll ist, sofern sie in konstruktiver Weise nach gangbaren Auswegen und ins Auge zu fassenden Alternativen strebt, ist in jüngster Zeit sowohl von ökonomischer[11] als auch von juristischer Seite[12] vermehrt einer zunehmenden Verlagerung der Regelungsbefugnisse hinsichtlich der Festlegung der Löhne, Arbeitszeiten und sonstigen Arbeitsbedingungen von den Tarifpartnern auf die Ebene der einzelnen Betriebe das Wort geredet worden. Nicht mehr durch die allein an *volkswirtschaftlichen Daten* orientierte Gleichmacherei branchenweiter Flächentarifverträge, sondern in Gestalt von unter Zugrundelegung der *betriebswirtschaftlichen Zahlen* des konkreten Unternehmens geschlossenen betrieblichen Vereinbarungen sollen in Zukunft die Arbeitsverhältnisse gestaltet werden. Von ihren Gegnern[13] unter anderem wegen

---

von einem solchen Schritt bei vernünftiger Betrachtung nur abhalten kann, tun ein übriges (vgl. ausf. *Ehmann*, Neue Ordnung 1996 [Sondernummer], S. 10 ff.).

[10] Für eine Mitursächlichkeit der Tarifautonomie *Konzen*, NZA 1995, 913 (917); *Reuter* (ZfA 1995, 1 [4]), der als Ausweg eine Haftung der Koalitionen für die Folgen ihrer Tarifpolitik erwägt (ebd., 51 f.); *derselbe*, FS für Schaub, S. 605 (610); vgl. auch *Dichmann*, Kollektive Interessenvertretung, S. 27 ff.; *Dahlmann*, in: *Barbier* u.a., Tarifautonomie kontrovers, S. 9; *Schatz*, in: *Barbier* u. a., Tarifautonomie kontrovers, S. 13 ff.; *Gentz*, FS für Schaub, S. 205; ausf. wirtschaftswissenschaftliche Analysen bei *Franz*, in: *Scherf* (Hrsg.), Beschäftigungsprobleme hochentwickelter Volkswirtschaften, S. 304 ff.; *Paqué*, in: *Fischer*, Währungsreform, S. 471 (479 ff.).

[11] *Sachverständigenrat*, Jahresgutachten 1995/96, Rdz. 380 ff.; *Monopolkommission*, Arbeitsmarkt und Wettbewerb, BT-Drucks. 12/8323, S. 360 ff. (insbes. Rdz. 936 ff.); *Deregulierungskommission*, Marktöffnung und Wettbewerb, S. 133 ff. (insbes. S. 149 ff.); *Engels* u.a. (Kronberger Kreis), Mehr Mut zum Markt – Konkrete Problemlösungen, Bd. 2, S. 100 ff. (insbes. S. 112 f. u. 114 f.); interdisziplinär *Albeck* u.a., „Den Platz im Korridor suchen“, F.A.Z. vom 05.06.1993, S. 13.

[12] *Reuter*, Referat, in: Verhandlungen des 61. DJT, Bd. II/1, K 35 ff.; *derselbe*, ZfA 1995, 1 ff.; *derselbe*, RdA 1994, 152 ff.; *derselbe*, ZfA 1993, 221 (insbes. 244 ff.); *derselbe*, RdA 1991, 193 ff.; *Buchner*, FS für Wiese, S. 55 (61 ff.); *Ehmann*, ZRP 1996, 314 ff.; *derselbe*, Neue Ordnung 1996 (Sondernummer), S. 57 ff.; *derselbe*, Diskussionsbeitrag, in: Verhandlungen des 61. DJT, Bd. II/2, K 105 ff.; *derselbe*, Neue Ordnung 1992, 244 (256 ff.); *derselbe*, NZA 1991, 1 (6 f.); *derselbe*, RdA 1990, 77 (83); *Ehmann/Lambrich*, NZA 1996, 346 ff.; *Lambrich*, Diskussionbeiträge, in: Verhandlungen des 61. DJT, Bd. II/2, K 160 ff. u. K 179 f.; *Ehmann/Schmidt*, NZA 1995, 193 ff.; *Adomeit*, Regelung von Arbeitsbedingungen, S. 30 ff.; nunmehr auch *Hromadka*, NZA 1996, 1233 ff.; vorsichtiger *Löwisch*, JZ 1996, 812 ff.; *derselbe*, NJW 1997, 905 ff.; diff. bereits *Zöllner* (ZfA 1988, 265 [inbes. 273 ff.]), der sich für eine Streichung des § 77 Abs. 3 BetrVG, aber gegen eine Gleichschaltung von Tarifvertrag und Betriebsvereinbarung ausspricht (ebd., 279).

[13] *Richardi*, Gutachten B, in: Verhandlungen des 61. DJT, Bd. I; *Heinze*, NZA 1997, 1 (insbes. 4 ff. u. 7 f.); *derselbe*, DB 1996, 729 (inbes. 732 ff.); *derselbe*, NZA 1995, 5 ff.; *derselbe*, NZA 1991, 329 (336); *derselbe*, NZA 1989, 41 ff.; *P. Hanau*, RdA 1993,

der befürchteten Atomisierung der Arbeitsbedingungen („Flickerl-Teppich von unterschiedlichen Betriebsvereinbarungen"[14]) zwar noch kategorisch abgelehnt, sprechen die Zeichen der Zeit indessen in der Tat mit nahezu unabwendbarer Zwangsläufigkeit für eine dahingehende Kompetenzverlagerung von der Tarifautonomie in die einzelnen Betriebe. Denn die – faktisch bereits weit fortgeschrittenen und durch den Beginn der Europäischen Währungsunion sogar formell legitimierten – Globalisierungstendenzen führen ganz allgemein unabweislich zu einer Lockerung sämtlicher althergebrachter Bindungskräfte und damit zu einer zunehmenden *Individualisierung der Gesellschaft*[15]. Es liegt daher der Schluß zumindest sehr nahe, daß das mit der Errichtung einer neuen Weltwirtschaft einhergehende *Ende der nationalen Volkswirtschaften*[16] in naher oder – was wahrscheinlicher ist – ferner Zukunft gleichermaßen das *Ende der Tarifautonomie* nach sich ziehen wird[17].

---

1 ff.; *Lieb*, NZA 1994, 289 ff. u. 337 ff.; *Wank*, NJW 1996, 2273 (inbes. 2282); *Veit*, Zuständigkeit, insbes. S. 258; *Kissel*, NZA 1986, 73 (78 ff.); *derselbe*, NZA 1995, 1 ff.; *Neumann*, RdA 1990, 257 ff.; *Kempen*, RdA 1994, 140 (insbes. 150 ff.); *Zachert*, RdA 1996, 140 ff.; *Wendeling-Schröder*, Referat, in: Verhandlungen des 61. DJT, Bd. II/1, K 9 ff.; *Waltermann*, RdA 1996, 129 (insbes. 133); *derselbe*, NZA 1996, 357 ff.; *derselbe*, NZA 1995, 1177 (insbes. 1180 ff.); *Rieble*, RdA 1996, 151 ff.; *Molitor*, FS für Schaub, S. 487 (488 ff.); *Kittner*, FS für Schaub, S. 389 (419 f.); *Gentz*, FS für Schaub, S. 205 (211 f.); zum ablehn. Standpunkt der BDA vgl. F.A.Z. vom 27.01.1998, S. 11 sowie vom 31.12.1997, S. 13.

[14] *Kissel*, NZA 1986, 73 (78).

[15] Vgl. umfass. *Kaufmann*, F.A.Z. vom 04.11.1997, S. 11 f.: „Was hält die Gesellschaft zusammen?"

[16] Ausf. die unter ähnlichem Titel erschienene Untersuchung von *Reich*, Die neue Weltwirtschaft – Das Ende der nationalen Ökonomie, 1993.

[17] In diesem Sinne unlängst der Würzburger Ökonom *Norbert Berthold* auf einem Symposion der Freiburger Wirtschaftswissenschaftler (siehe F.A.Z. vom 11.11.1997, S. 19). Ausschlaggebender Grund für die Wahrscheinlichkeit einer solchen Entwicklung ist die dem Tarifvertrag eigene Kartellwirkung (dazu ausf. unten § 3 II 3 b). Allg. ist Voraussetzung für die Funktionsfähigkeit eines jeden Mindestpreis- oder Konditionenkartells dessen möglichst weitgehende Geschlossenheit (*Möschel*, Recht der Wettbewerbsbeschränkungen, Rdnr. 73). Sobald hingegen die einheitlich festgelegten Bedingungen durch nicht an entsprechende Vorgaben gebundene Konkurrenten von außen beständig unterlaufen werden, sind auch die Kartellmitglieder selbst alsbald nicht mehr in der Lage, die vereinbarten Bestimmungen einzuhalten. Da eine Erstreckung der Kartellwirkung des Tarifvertrages auf die europa- oder gar weltweiten Märkte allein schon wegen der aus der unterschiedlichen wirtschaftlichen Stärke resultierenden verschiedenartigen Interessen der einzelnen Länder völlig utopisch erscheint, wird die Tarifautonomie über kurz oder lang ihre auf die nationalen Wirtschaftssubjekte beschränkte Bindungswirkung notwendig einbüßen müssen (der Widerspruch zwischen der notwendigen Geschlossenheit nationaler Tarifkartelle und der Globalisierung der Wirtschaft wird zu Recht betont von *Zöllner*, AcP 1996, 1 [20 Fn. 75]; *derselbe*, NZA 1997, 121; *Ehmann*, ZRP 1996, 314; *derselbe*, Neue Ordnung 1996 [Sondernummer], S. 51 ff.; *Löwisch*, JZ 1996, 812 [813]; vgl. auch *Junker*, NZA 1997, 1305 [1312]: „Erosion kollektiver Regelungen, die auf eine bestimmte nationale Rechtsordnung bezogen sind"; *Gentz*, FS für Schaub, S. 205 [208 f.]).

Auch unabhängig von solchen Visionen zunehmender Internationalisierung und Individualisierung erscheint bereits heute jedenfalls der Tarifvorbehalt des § 77 Abs. 3 BetrVG mit dem in ihm statuierten Vorrang des Tarifvertrages vor der Betriebsvereinbarung vielen als eine Reminiszenz an überholte wirtschaftspolitische Vorstellungen. Und in der Tat bildet besagte Vorschrift das maßgebliche rechtliche Hindernis für die dringend notwendige Betriebsbezogenheit bei der Gestaltung der Arbeitsbedingungen. Bis hin zu einer ersatzlosen Streichung der Vorschrift reichen daher die rechtspolitischen Forderungen, welche innerhalb der durch die Krisensituation des Industriestandorts Deutschland unlängst entfachten Diskussion erhoben werden[18]. Spätestens die Verhandlungen und Beschlüsse der arbeitsrechtlichen Abteilung des 61. Deutschen Juristentages, der vom 17. bis 21.09.1996 in Karlsruhe stattfand[19], dürften indessen gezeigt haben, daß es bis zu einem solchen Schritt des Gesetzgebers, sofern dieser ihm überhaupt zugetraut werden kann[20], unbezweifelbar noch ein weiter Weg sein wird. Über den Vorschlag, den Tarifvorbehalt gänzlich aufzuheben, ist in Karlsruhe, nachdem man sich generell gegen eine Neuordnung der Regelungsbefugnisse der Tarifparteien im Verhältnis zu den Betriebsparteien ausgesprochen hatte[21], gar nicht mehr abgestimmt worden. Der speziellere Antrag, die Sperrwirkung des § 77 Abs. 3 BetrVG de lege ferenda ausdrücklich auf Betriebe tarifgebundener Arbeitgeber zu beschränken, wurde mit deutlicher Mehrheit abgelehnt[22]. Um so wichtiger erscheint es daher, die Möglichkeiten aufzuzeigen, welche bereits auf dem Fundament der jetzigen Rechtslage – insbesondere für nicht tarifgebundene Unternehmen – hinsichtlich der gebotenen betrieblichen Flexibilisierung der Arbeitsbedingungen bestehen.

[18] Statt vieler *Neumann*, zit. nach F.A.Z. vom 19.03.1998, S. 18; *Necker*, zit. nach F.A.Z. vom 31.01.1998, S. 13; *Siebert*, zit. nach F.A.Z. vom 12.01.1996, S. 15; *Bauer*, NZA 1997, 233 (235 f.); *Ehmann*, ZRP 1996, 314 (321); *derselbe*, Diskussionsbeitrag, in: Verhandlungen des 61. DJT, Bd. II/2, K 105 (K 109); *Lambrich*, Diskussionsbeitrag, in: Verhandlungen des 61. DJT, Bd. II/2, K 160 (K 162); *derselbe*, Leserbrief, F.A.Z. vom 21.04.1997, S. 12; *von Langen*, Von der Tarif- zur Betriebsautonomie, S. 112 ff.; zumindest erwogen von *Hromadka*, NZA 1996, 1233 (1239); vorausschauend *Zöllner*, ZfA 1988, 265 (274 f.); für eine zeitweilige Suspendierung der Norm durch den Gesetzgeber jetzt *Buchner*, FS für Wiese, S. 55 (62 f.).

[19] Siehe insbes. die Nachlese von *Reuter*, FS für Schaub, S. 605 ff.

[20] Dem Vernehmen nach ist im Jahre 1997 in Reihen der Regierung zwar eine Änderung des Tarifvertragsgesetzes und des Betriebsverfassungsgesetzes erwogen worden, die das Ziel verfolgen sollte, das faktische Monopol der Tarifvertragsparteien bei der Regelung von Lohn und Arbeitszeit zu durchbrechen. Nach den immensen Schwierigkeiten bei der politischen Durchsetzung der gesetzlichen Änderung der Lohnfortzahlung ist das „Papier jedoch in den Schubladen der Politik liegengeblieben“ (F.A.Z. vom 08.11.1997, S. 14).

[21] Dies im übrigen mit der überwältigenden Mehrheit von 163:7:3 Stimmen; vgl. Beschluß 2.a), in: Verhandlungen des 61. DJT, Bd. II/2, K 193.

[22] 47:120:6 Stimmen; vgl. Beschluß 5.c), in: Verhandlungen des 61. DJT, Bd. II/2, K 194.

## II. Die Antwort der Koalitionen: Verbetrieblichung der Tarifpolitik

Daß der Verbandstarifvertrag in seiner über Jahrzehnte praktizierten Gestalt den durch moderne Produktionsformen und weltweiten Wettbewerb gestellten Anforderungen nicht hinreichend Rechnung trägt, wird mittlerweile selbst von den Tarifvertragsparteien und koalitionsnahen Autoren im Schrifttum nicht mehr ernsthaft bestritten[23]. Als Gründe werden allenthalben die viel zu engmaschige *Regelungsdichte*[24] sowie die große *Starrheit* branchenweiter und flächendeckender tariflicher Abreden ausgemacht[25]. Der eigentliche Streit beginnt daher erst bei der Suche nach geeigneten Auswegen, auf denen einzelnen Unternehmen die dringend notwendigen Gestaltungsspielräume für flexible und maßgeschneiderte betriebliche Lösungen eröffnet werden sollen. Insoweit meinen noch immer viele, daß nicht das Regelungsinstrument Tarifvertrag als solches, sondern letztlich allein die Tarifpolitik der Vergangenheit die Schuld für die momentane Krise der Tarifautonomie trage, weshalb auch deren Überwindung nicht notwendig durch eine Änderung der tarifvertragsrechtlichen oder betriebsverfassungsrechtlichen Rahmenbedingungen erreicht werden müsse, vielmehr ausschließlich in die Hände der Tarifvertragsparteien selbst gelegt werden könne[26]. Und in der Tat gibt die unlängst hinsichtlich der Möglichkeiten einer *Reform des Flächentarifvertrages* entfachte innergewerkschaftliche Richtungsdiskussion[27] durchaus Anlaß zu der Hoffnung, daß die Verbände zukünftig bereit sein werden, zu der geforderten Verbetrieblichung bei der Gestaltung der Arbeitsbedingungen beitragen zu wollen[28]. Erste tatsächliche Schritte[29] auf dem

---

[23] Vgl. F.A.Z. vom 25.10.1997, S. 13: „Der DGB sucht ein neues Tarifkonzept".

[24] *Junker* (ZfA 1996, 383 [416]) spricht gar von „Regelungsexzessen" der Tarifvertragsparteien.

[25] Ausf. zu den Defiziten brachenweiter Flächentarifverträge *Löwisch*, JZ 1996, 812 f.; *Wank*, NJW 1996, 2273 (2274); *Konzen*, NZA 1995, 913 (916); *Junker*, ZfA 1996, 383 ff.; *Henssler*, ZfA 1994, 487 (488 f. u. 496); *Rieble*, RdA 1996, 151 (156 f.); *Molitor*, FS für Schaub, S. 487 (488); *Schlochauer*, FS für Schaub, S. 699 (700 f.); *Riester*, Deregulierung, S. 44 ff.; auch bereits *Ehmann*, Neue Ordnung 1992, 244 (256 f.); *derselbe*, in: *Mohler*, Wirklichkeit als Tabu, S. 61 (70 ff.); *derselbe*, in: *Giger/Linder*, Sozialismus, S. 581 (599 ff.); *Kriebel*, Zentralisation und Dezentralisation, insbes. S. 79 ff.

[26] *Lieb*, NZA 1994, 289 (291 f.); *Konzen*, NZA 1995, 913 (918); *Wank*, NJW 1996, 2273 (2282); *Waltermann*, RdA 1996, 129 ff. (insbes. 139); *Junker*, NZA 1997, 1305 (1313); *derselbe*, ZfA 1996, 383 (416); *Molitor*, FS für Schaub, S. 487 (495 f.); *Gentz*, FS für Schaub, S. 205 (213 ff.); neuerdings wieder *P. Hanau*, RdA 1998, 65 (66); *Meyer* (RdA 1998, 142 ff.) mit konkreten Vorschlägen (152 ff.).

[27] Umfass. *Kittner*, FS für Schaub, S. 389 ff.; sehr anschaulich *Hank*, F.A.Z. vom 08.11.1997, S. 15: „Der Dogmatiker und der Pragmatiker. Das Ringen um die Zukunft der Gewerkschaften".

[28] So hat der Arbeitgeberverband Gesamtmetall in seiner „Frankfurter Erklärung zur Reform des Flächentarifs" (abgedr. in: NZA 1997, S. 1334 f.; vgl. auch F.A.Z. vom 18.11.1997, S. 17) gefordert, an Stelle einer exakten tariflichen Festschreibung der Dauer der wöchentlichen Arbeitszeit solle künftig die Vereinbarung eines Tarifkorridors

Weg dorthin bilden speziell auf Arbeitgeberseite Modelle, welche Unternehmen die Verbandszugehörigkeit auch *ohne Tarifgebundenheit* anbieten (dazu 1); ebenso ist generell die Bereitschaft der Koalitionen zu Tarifabschlüssen gewachsen, die durch Vereinbarung *tariflicher Öffnungsklauseln* (§ 77 Abs. 3 Satz 2 BetrVG) den Tarifvorbehalt in bestimmten Grenzen außer Kraft setzen und den Betriebspartnern dadurch den Weg zu Regelungen frei machen, welche sich der jeweiligen betrieblichen Situation anpassen (dazu 2). Sowohl hinsichtlich ihrer rechtlichen Voraussetzungen als insbesondere auch in bezug auf ihre praktische Effizienz sind beide Alternativen einer systemimmanenten Reform der Tarifautonomie jedoch keineswegs unumstritten.

### *1. Mitgliedschaft im Arbeitgeberverband ohne Tarifbindung (sog. OT-Mitgliedschaft)*

Mit der Zulassung einer – im einzelnen freilich in verschiedenartigen Ausgestaltungen realisierbaren[30] – OT-Mitgliedschaft verfolgt ein Arbeitgeberverband

treten, der Arbeitszeiten zwischen 30 und 40 Stunden zulasse. Auch sollen variable Bestandteile des Einkommens vom Erfolg des jeweiligen Unternehmens abhängig gezahlt werden. Die dritte zentrale Forderung der Arbeitgeberseite zielt auf die tarifliche Vereinbarung genereller Betriebsklauseln zur Beschäftigungssicherung. Bei wirtschaftlichen Schwierigkeiten des Unternehmens soll den Arbeitnehmern die Möglichkeit eröffnet werden, ihr Einkommen und ihren Arbeitsplatz durch eine vorübergehende Verlängerung der Arbeitszeit ohne Lohnausgleich zu sichern.

Während Gesamtmetall also tendenziell eine zunehmende Verlagerung der Kompetenzen auf die Ebene der einzelnen Betriebe erstrebt, zielen die Reformvorschläge der IG Metall vielmehr auf eine Verbetrieblichung der Tarifpolitik (vgl. F.A.Z. vom 17.11.1997, S. 17 sowie vom 08.11.1997, S. 14). Diskutiert werden allgemeine Wahlmöglichkeiten im Flächentarif, die nach unterschiedlichen Bedürfnissen von den Betrieben in Anspruch genommmen werden können (sog. Baustein-Modell) oder aber die Ergänzung des die Mindestbedingungen festlegenden Flächentarifvertrages durch zahlreiche betriebsbezogene Zusatztarifverträge. Festlegen konnte und wollte sich die IG Metall bislang nicht auf eines dieser Modelle. Im Gegenteil bedeuten ihre 12 Thesen zu „Tarifautonomie und Flächentarifvertrag“ (abgedr. in: NZA 1998, S. 88 ff.) insges. alles andere als einen Fortschritt auf dem Weg zu einer Reform des Flächentarifvertrages.

[29] Vgl. die umfass. Übersicht: „Mehr Nähe zum Betrieb – Der Flächentarif im Übergang“, F.A.Z. vom 22.09.1997, S. 22 f.

[30] Im wesentlichen ist hierbei zwischen zwei Grundmodellen zu unterscheiden (zu Einzelheiten *Buchner*, NZA 1994, 2 f.; *Schlochauer*, FS für Schaub, S. 699 [702 ff.]): Im ersten Fall gibt der Arbeitgeberverband seine Tariffähigkeit auf und diejenigen Mitglieder, welche auch weiterhin den Abschluß von Verbandstarifverträgen wünschen, schließen sich innerhalb des vormaligen Arbeitgeberverbandes zu einer Tarifgemeinschaft zusammen (zu den Voraussetzungen für die Zulässigkeit dieses im weiteren nicht näher zu beleuchtenden sog. Aufteilungsmodells *Buchner*, NZA 1994, 2 [9 ff.]; *Rieble*, Arbeitsmarkt und Wettbwerb, Rdnr. 1191; *Röckl*, DB 1993, 2382; *Otto*, NZA 1996, 624 ff.; krit. *Wank* [NJW 1996, 2273, 2279], nach dessen Ansicht der Tochterverband ohne Tarifbindung zu einem reinen Wirtschaftsverband wird; allg. zur gewollten Tarifunfähigkeit bereits *Richardi*, Kollektivgewalt, S. 153 ff.). Dem steht gegenüber das sog.

das Ziel, auch solchen Unternehmen, welche die Anwendung der von ihm abgeschlossenen Tarifverträge ablehnen, dennoch die Möglichkeit zu gewähren, wenigstens die verbandlichen Dienstleistungs- und Servicefunktionen (Information, Rechtsberatung, Prozeßvertretung) in Anspruch nehmen zu können. Die von rechtlicher Seite gegen die Zulässigkeit der damit verbundenen Differenzierung zwischen tarifwilligen auf der einen und tarifunwilligen Verbandsmitgliedern auf der anderen Seite erhobenen Einwände[31] konzentrieren sich insbesondere[32] auf die Frage, ob nicht bereits aus der gesetzlichen Formulierung des § 3 Abs. 1 TVG folge, daß ausnahmslos alle Mitglieder einer tarifschließenden Koalition unabhängig von ihrem innerverbandlichen Status als tarifgebunden angesehen werden müssen[33]. Dem ist zu Recht entgegengehalten worden, von der *Tarifge-*

---

Stufenmodell, bei dem die bereits verbandsangehörigen oder neu eintretende Unternehmen die Wahl haben zwischen der bislang üblichen Mitgliedschaft, welche die Tarifbindung einschließt, und der sog. OT-Mitgliedschaft.

[31] Ausf. zum gesamten Streitstand *Reuter*, RdA 1996, 201 f.

[32] Des weiteren ist im Rahmen der Diskussion erwogen worden, ob und inwieweit das Modell der OT-Mitgliedschaft gegen den verbandsrechtlichen Gleichbehandlungsgrundsatz verstoße. Die Beantwortung dieser Frage hängt letztlich von der jeweiligen satzungsmäßigen Ausgestaltung dieser besonderen Mitgliedschaftsform ab (für einen Verstoß bei gleich hohen Mitgliedsbeiträgen *Röckl*, DB 1993, 2382 [2384]; dagegen *Otto*, NZA 1996, 624 [630]; enger für einen Verstoß bei gleichmäßiger Beteiligung tarifunwilliger Mitglieder an Aufbringung und Verwaltung des Streikfonds *Däubler*, ZTR 1994, 448 [453]; auch dagegen *Otto*, NZA 1996, 624 [630]; konkret für den Fall gleicher Beitragspflicht trotz Versagung einer finanziellen Unterstützung in einem eventuellen Arbeitskampf *Reuter*, RdA 1996, 201 [206]). Ganz grunds. jedenfalls scheitert die Annahme einer Verletzung des Gleichbehandlungsgebots allein daran, daß durch dieses lediglich willkürliche Differenzierungen untersagt werden, die bewußte Entscheidung des Mitglieds gegen die Erstreckung der Tarifbindung insofern jedoch in aller Regel eine hinreichende sachliche Berechtigung darstellen dürfte (*Däubler*, ZTR 1994, 448 [453]; *Otto*, NZA 1996, 624 [629]; *Schlochauer*, FS für Schaub, S. 699 [711 f.]; anders, jedoch ohne nähere Begr. *Schaub*, BB 1994, 2005 [2007]). Ebenso ist vereinzelt eingewandt worden, die Zulassung von OT-Mitgliedschaften führe zu einer empfindlichen Störung der Verhandlungsparität zwischen Gewerkschaft und Arbeitgeberverband, da letzterem auch durch diese Mitglieder eine sowohl finanzielle als auch ideelle Unterstützung zuteil werde (*Schaub*, BB 1994, 2205 [2207]). Zu Recht krit. hierzu *Reuter*, RdA 1996, 201 (205); *Otto*, NZA 1996, 624 (628); *Schlochauer*, FS für Schaub, S. 699 (710 f.); *Bauer*, FS für Schaub, S. 19 (33).

[33] So *Däubler* (ZTR 1994, 448 [453]; siehe auch *Wank*, FS für Schaub, S. 761 [772]) unter Berufung auf die Rspr. des BAG zur Gastmitgliedschaft im Verband (vgl. hierzu AP Nr. 12 zu § 3 TVG Verbandszugehörigkeit; AP Nr. 8 zu § 11 ArbGG 1979 Prozeßvertreter). Insoweit hat das Gericht ausgesprochen, Mitglied i.S.d. § 3 Abs. 1 TVG sei allein, wer Stimmrecht in der Mitgliederversammlung sowie das aktive und passive Wahlrecht zu den Verbandsorganen besitze. Aus der mangelnden Tarifgebundenheit des bloßen Gastmitglieds aber müsse – so *Däubler* – umgekehrt gefolgert werden, daß Vollmitglieder automatisch auch von Tarifverträgen erfaßt würden, sofern nur der Verband insges. tariffähig sei. Anders die Deutung der Entscheidung bei *Schlochauer* (FS für Schaub, S. 699 [709]), die zu Recht annimmt, § 3 Abs. 1 TVG ordne lediglich an, daß die Mitgliedschaft im Verband grunds. notwendige Voraussetzung der Tarifbindung ist.

*bundenheit* der Verbandsmitglieder müsse die *Tarifzuständigkeit* der Koalition strikt getrennt werden, d.h. deren Befugnis, den Geltungsbereich der von ihr abgeschlossenen Tarifverträge selbst bestimmen zu dürfen[34]. Es bestehen daher keine Bedenken, einem Arbeitgeberverband insbesondere auch das Recht zuzusprechen, in der Satzung sein tarifpolitisches Mandat in persönlicher Hinsicht ausschließlich auf tarifwillige Mitgliedsunternehmen einzuschränken[35]. Hinzu kommt, daß seitens der OT-Mitglieder von der für die Geltung des Tarifvertrages grundsätzlich erforderlichen mitgliedschaftlichen Legitimation letztlich keine Rede sein kann, da ihnen der dafür ausschlaggebende Wille, den Tarifbestimmungen zu unterfallen, gerade explizit fehlt[36].

Doch auch unabhängig davon, ob sich das BAG in dem zur Zeit anhängigen Verfahren der die rechtliche Zulässigkeit der OT-Mitgliedschaft bejahenden Auffassung anschließen wird[37], ist nicht zu verkennen, daß diese Verbandsstrategie allein für die Erreichung des anzustrebenden Zieles einer zunehmenden Verbetrieblichung bei der Gestaltung von Lohn- und Arbeitsbedingungen letzten Endes *ohne jeden Nutzen* bleibt. Denn die bloße Befreiung von tariflichen Bindungen reicht hierfür nicht aus; erforderlich ist vielmehr positiv die Eröffnung betrieblicher Regelungsspielräume[38]. Insbesondere Betriebsvereinbarun-

---

[34] Zur Def. BAG, AP Nr. 1 zu § 2 TVG Tarifzuständigkeit; ausf. *Richardi*, Kollektivgewalt, S. 156 ff.

[35] *Buchner*, NZA 1994, 2 (4 ff.); *Reuter*, RdA 1996, 201 (203 ff.); *Schlochauer*, FS für Schaub, S. 699 (707 f.); insoweit ebenso *Röckl* (DB 1993, 2382 [2383]) unter Hinweis auf die durch Art. 9 Abs. 3 GG geschützte Satzungsautonomie des Verbandes; scheinbar nunmehr auch *Schaub*, BB 1996, 2298 (2299); endgültig einlenkend jetzt *derselbe*, NZA 1998, 617 (622): „Der OT-Verband wird sich mit juristischen Mitteln nicht verhindern lassen." A. A. *Däubler* (ZTR 1994, 448 [453]) mit der nicht begründeten Behauptung, die Tarifzuständigkeit dürfe nicht dazu dienen, die Grundentscheidung des § 3 Abs. 1 TVG aus den Angeln zu heben.

[36] *Buchner*, NZA 1994, 2 (7); *Otto*, NZA 1996, 624 (628); *Schlochauer*, FS für Schaub, S. 699 (709); vgl. auch bereits *Richardi*, Kollektivgewalt, S. 162.

[37] Nachdem das LAG Rheinland-Pfalz mit Urteil vom 17.02.1995 (NZA 1995, 800) entschieden hatte, daß ein Arbeitgeber, der von der satzungsmäßigen Möglichkeit seines Verbandes zum Erwerb einer OT-Mitgliedschaft Gebrauch gemacht habe, dies tariflichen Lohnansprüchen eines Arbeitnehmers entgegenhalten könne, diese Form der Verbandsmitgliedschaft also für zulässig erklärt hatte, hat das BAG die gegen dieses Urteil angestrengte Revision mit Urteil vom 23.10.1996 (DB 1997, 582 = NZA 1997, 383) gem. § 97 Abs. 5 ArbGG ausgesetzt. Es müsse zunächst auf dem Wege eines Beschlußverfahrens nach § 2 a Abs. 1 Nr. 4 ArbGG geklärt werden, ob die Begrenzung der personellen Tarifzuständigkeit auf einen Teil der Verbandsmitglieder zulässig sei. Der insoweit zu erwartende Beschluß steht noch aus.

[38] Dies folgt i. Erg. daraus, daß nach allg. A. (*Däubler*, ZTR 1994, 448 [453]; *Buchner*, NZA 1994, 2 (9); *Reuter*, RdA 1996, 201 [208]; *Otto*, NZA 1996, 624 [630]) auch auf den Fall der Modifizierung der normalen Mitgliedschaft in eine OT-Mitgliedschaft die Vorschrift des § 3 Abs. 3 TVG (zu dieser ausf. § 8 I 3 a) Anwendung finden soll, an die sich nach Ansicht des BAG weiterhin noch die Nachwirkung i. S. d. § 4 Abs. 5 TVG anschließt (dazu unten § 8 I 3 b). Der Arbeitgeber steht folglich bei Erwerb der OT-

gen können jedoch auch Unternehmer, die sich für die Umwandlung ihrer normalen in eine OT-Mitgliedschaft entscheiden, nur insoweit wirksam mit ihrem Betriebsrat abschließen, als diesen nicht die Sperrwirkung des § 77 Abs. 3 BetrVG entgegensteht. Soll also die OT-Mitgliedschaft nicht eine reine Selbsterhaltungsmaßnahme bleiben, mittels derer die Arbeitgeberverbände lediglich versuchen, durch partielle Aufgabe der Tariffunktion wenigstens dem weitaus größeren Übel eines völligen Bedeutungsverlusts vorzubeugen, so mündet die rechtspolitische Tragweite des gesamten Vorschlags letztlich in der juristischen Kernfrage, ob die Tarifbindung des Arbeitgebers als zwingende Voraussetzung des Tarifvorbehalts zu erachten ist. Nur wenn dies der Fall wäre, böte die OT-Mitgliedschaft den Unternehmern die Chance, die Arbeitsbedingungen betriebsintern mit ihren Betriebsräten und ohne Rücksicht auf die tariflichen Vorgaben bestimmen zu können.

### *2. Zunehmende Bereitschaft zum Abschluß tariflicher Öffnungsklauseln*

Unmittelbaren Einfluß auf die betriebliche Gestaltungsreichweite nimmt es, sofern die Tarifvertragsparteien die tariflichen Abreden mit Öffnungsklauseln zu Gunsten der Betriebspartner versehen. Durch diese wird gem. § 77 Abs. 3 Satz 2 BetrVG die grundsätzliche Sperrwirkung des Tarifvorbehalts beseitigt mit der Folge, daß Arbeitgeber und Betriebsrat nunmehr die Befugnis zusteht, innerhalb der durch die tarifliche Absprache gezogenen Grenzen Betriebsvereinbarungen zu schließen. Hinsichtlich der Weite der mit einer solchen Taröffnung realisierbaren Kompetenzverlagerung von der tariflichen auf die betriebliche Regelungsebene sind zumindest theoretisch vielfältige Formen bis hin zu einer völlig von bestimmten tatbestandlichen Voraussetzungen losgelösten Ausgestaltung denkbar (sog. *allgemeine Öffnungsklausel*). In der um die rechtliche Zulässigkeit tariflicher Öffnungsklauseln geführten Diskussion[39] hat sich

---

Mitgliedschaft i. Erg. vor der gleichen Situation wie bei einem Austritt aus dem Arbeitgeberverband (hierzu sogleich IV).

[39] Vgl. *Scholz*, FS für Trinkner, S. 377 (391 ff.); *Lieb*, NZA 1994, 289 (290 f.); *Konzen*, NZA 1995, 913 (919); *Henssler*, ZfA 1994, 487 (497 ff.); *Walker*, ZfA 1996, 353 (361 ff.); *Junker*, ZfA 1996, 383 (404 ff.); *Wank*, NJW 1996, 2273 (2280 f.); *Waltermann*, RdA 1996, 129 (133 ff.); *Kittner*, FS für Schaub, S. 389 (408 ff.); *Lohs*, DB 1996, 1722 ff.; *Meyer*, RdA 1998, 142 (152); auch bereits *Beuthien*, BB 1983, 1992 ff.; monographisch *Kriebel*, Zentralisation und Dezentralisation, S. 106 ff.; i. Erg. sehr eng *Heinze* (NZA 1995, 5 [7]), der allenfalls in akuter Insolvenznähe tarifliche Härteklauseln für zulässig erachtet. Zur hier nicht weiter zu vertiefenden Frage, ob und in welchen Grenzen de lege ferenda, falls die Tarifparteien sich nicht freiwillig zur Vereinbarung von tariflichen Öffnungsklauseln bereitfinden, der Gesetzgeber dies zwingend vorschreiben darf, sei ohne nähere Stellungnahme verwiesen auf die Darstellungen von *Löwisch*, ZfA 1996, 293 (312); *demselben*, NJW 1997, 905 (910 f.); *Junker*, ZfA 1996, 383 (394 ff.); *Walker*, ZfA 1996, 353 (369 ff.); *Henssler*, ZfA 1994, 487 (511 ff.); *Konzen*, NZA 1995, 913 (919); *Lohs*, BB 1996, 1273 ff.; *Reuter*, Referat, in: Verhandlungen

indessen die Auffassung herauskristallisiert, daß die Tarifvertragsparteien Betriebsvereinbarungen lediglich in einem von ihnen selbst fest umschriebenen Rahmen für wirksam erklären können: In Betracht kommen neben der Eröffnung von durch die Betriebspartner auszufüllenden tariflichen Bandbreiten (*Korridorlösung*: z. B. Lohnsteigerung zwischen 2% und 4%, wöchentliche Arbeitszeit zwischen 30 und 40 Stunden) und der Ermöglichung, unter bestimmten Voraussetzungen von der vereinbarten Tariflohnerhöhung abweichen zu können (*Optionslösung*), insbesondere Klauseln, welche den Unternehmen in wirtschaftlichen Krisensituationen die Erlaubnis erteilen, zwecks Sicherung des Betriebs und seiner Arbeitsplätze auch die bisherigen Tarifbedingungen zu Ungunsten der Arbeitnehmer zu modifizieren (*Härte-* oder *Notfallklauseln*). Die Tarifabschlüsse der jüngsten Vergangenheit zeigen, daß zumindest in manchen Branchen die Tarifpartner durchaus bereit sind, von dem ihnen in Gestalt entsprechender Tarifabreden an die Hand gegebenen Flexibilisierungspotential zunehmend Gebrauch zu machen[40]. Dieser Wandel der Tarifpolitik kann im Ergebnis nur begrüßt werden; dennoch erscheint es letztlich mehr als zweifelhaft, ob tarifliche Öffnungsklauseln der beschriebenen Art die erforderliche Verbetrieblichung hinsichtlich der Gestaltung der Arbeitsbedingungen in ausreichendem Maße ermöglichen.

a) Von rechtlicher Warte sehen sich Tariföffnungsklauseln zunächst mit der Schwierigkeit der unterschiedlichen persönlichen Reichweite tariflicher und betrieblicher Vereinbarungen konfrontiert. Während Verbandstarifverträge gem. §§ 3 Abs. 1, 4 Abs. 1 TVG grundsätzlich nur zwischen *beiderseits Tarifgebundenen*, also ausschließlich in Betrieben verbandsangehöriger Arbeitgeber und gegenüber gewerkschaftsangehörigen Arbeitnehmern gelten, erfassen Betriebsvereinbarungen ausnahmslos *alle Arbeitnehmer des Betriebes* (§ 77 Abs. 4 Satz 1 BetrVG). Damit stellt sich nicht nur das – in Rechtsprechung und Literatur heftig umstrittene – Problem, ob und inwieweit die auf der Grundlage einer tariflichen Öffnungsklausel regelungsbefugten Betriebspartner betriebliche

---

des 61. DJT, Bd. II/1, K 35 (K 55); *Söllner*, NZA 1996, 897 (899); *Wank*, NJW 1996, 2273 (2280); *Heinze*, NZA 1995, 5 (7); *P. Hanau*, RdA 1993, 1 (insbes. 4 u. 11); *Veit*, Zuständigkeit, S. 259 ff.; *Kittner*, FS für Schaub, S. 389 (416 ff.).

[40] Zu nennen ist insbes. der nahezu revolutionäre Tarifabschluß in der Chemie-Industrie vom 04.04.1997 (vgl. F.A.Z. vom 05.06.1997, S. 15), welcher erstmals eine Öffnungsklausel enthält, die es den Betriebspartnern ermöglicht, bei wirtschaftlichen Schwierigkeiten die Löhne und Gehälter befristet um bis zu 10% gegenüber den tariflich vereinbarten Sätzen zu senken. Mit dieser Regelung haben die Sozialpartner der chemischen Industrie zweifelsohne einen weiteren Meilenstein ihrer ohnehin seit längerem auf Flexibilität und Betriebsnähe bedachten Tarifpolitk gesetzt (vgl. hierzu ausf. *Eich*, 1995, 149 ff.). Vgl. aber auch die Härteklauseln für die ostdeutsche Bauindustrie, welche in den am 04.06.1998 in Kraft getretenen Entgelttarifverträgen erneut vorgesehen sind (F.A.Z. vom 22.05.1998, S. 19), sowie für die ostdeutsche Metallindustrie (zu letzteren sogleich in Fn. 43), nicht zuletzt die Öffnung der Tarifverträge im Hinblick auf die Regelung der Altersteilzeit (F.A.Z. vom 29.09.1997, S. 17).

Abreden gleichermaßen auf Außenseiterarbeitnehmer erstrecken können[41], sondern erneut tritt zwangsläufig ebenso die Frage nach dem Erfordernis der Tarifgebundenheit des Arbeitgebers in den Vordergrund des Interesses. Denn genauso wie es hinsichtlich des Tarifvorbehalts selbst zu beantworten gilt, ob dessen Sperrwirkung nur in Betrieben tarifgebundener Arbeitgeber eingreift, ist auch im Hinblick auf die durch § 77 Abs. 3 Satz 2 BetrVG gewährte Ausnahme tariflicher Öffnungsklauseln zumindest nicht ohne weiteres anzunehmen, daß jene den Betriebspartnern in Betrieben nicht tarifgebundener Unternehmen gleichfalls die gewünschte Regelungszuständigkeit eröffnen[42].

b) Fast mehr noch als diese rechtlichen Hindernisse läßt indessen die, wie zu befürchten steht, mangelnde Effizienz von Tariföffnungsklauseln Zweifel aufkommen, ob diese tatsächlich das erhoffte Allheilmittel bei der Bewältigung der momentanen Krise der Tarifautonomie und des Wirtschaftsstandorts Deutschland darstellen. Die in den neuen Bundesländern seit längerem erprobten Härtefallklauseln jedenfalls werden von Seiten der betroffenen Unternehmen ganz offen für gescheitert erklärt[43], können überdies generell nicht mehr als ein bloßer „Notnagel" sein[44]. Zu weiterreichenden Öffnungen aber sind die Tarifpartner in

---

[41] Hierzu näher unter § 6 II 2 b aa (2) i. Zshg. mit der Darstellung des sog. Leber-Rüthers-Kompromisses.

[42] Ausf. unten § 7 II 2 b.

[43] Aus der Sicht der Praxis der Personalleiter der JENOPTIK AG, *Heinz Schleef* (AuA 1996, 296 [297]), der für das Scheitern der Härteklauseln folgende Gründe anführt: Zum einen würde den Gewerkschaften durch die geforderte Einsichtnahme in die wirtschaftlichen Daten der angeschlagenen Unternehmen ein Einblick in die Gesamtlage der Branche gewährt, der in den folgenden Tarifverhandlungen durchaus eine Verzerrung der Kampfparität zu Lasten der Arbeitgeberseite zur Folge haben könne. Auch sei das durch den Tarifvertrag offerierte Aussetzen von Tariflohnerhöhungen auf Zeit kein gangbarer Weg, da dadurch lediglich ein Aufschub der Kostenwirkung erreicht werde. Schließlich führe die mit der Antragstellung als Härtefall verbundene Öffentlichkeitswirkung dazu, daß in aller Regel die Kreditwürdigkeit sowie die Auftragslage des Unternehmens weitreichenden Schaden nehme. Zum gleichen Ergebnis kommt – gestützt auf umfass. empirisches Material – auch *Linnenkohl* (BB 1994, 2077 [2081 f.]), der insbes. darauf hinweist, daß die Tarifpartner bis zum damaligen Zeitpunkt nur einem Drittel der Anträge zwecks Anerkennung als Härtefall zugestimmt hatten, obwohl drei Viertel der Anträge ausdrückl. von Betriebsrat und Belegschaft unterstützt worden waren; vgl. weiterhin *Hromadka*, FS für Wlotzke, S. 333 (344); *Beuthien/Meik*, DB 1993, 1518 (1519). Es ist daher kaum ernst zu nehmen, wenn *Kittner* (AiB 1995, 158 [160]) meint, die Härteklauseln in der ostdeutschen Metallindustrie seien eine „Regelung, deren Funktionieren allen Unkenrufen zum Trotz inzwischen feststehe".

[44] *Hromadka*, FS für Wlotzke, S. 333 (345); *derselbe*, AuA 1996, 289. Dies gilt insbes., wenn man die kaum zu leugnende Gefahr in Rechnung stellt, daß mit jeder Öffnungsmöglichkeit nach unten zwangsläufig der Druck auf den Tarifecklohn abnimmt; es steht daher zu erwarten, daß tarifliche Öffnungsklauseln stets mit einer Erhöhung der Normalbedingungen des Tarifvertrages einhergehen dürften (zutreff. *Henssler*, NZA 1994, 487 [504]; *Lieb*, NZA 1994, 289 [291]; *Meyer*, RdA 1998, 142 [152]; insges. krit. auch *Beuthien/Meik*, DB 1993, 1518 [1519]).

aller Regel[45] (zumindest noch) nicht bereit und es erscheint zudem überaus fraglich, ob entsprechende Schritte sowohl aus ihrer als auch aus Sicht der Betriebspartner – psychologisch betrachtet – für sinnvoll erachtet werden können. Denn während man dadurch auf Seiten der Koalitionen „von einem regierenden Fürsten die teilweise Abdankung" verlangt[46], dürfte sich in den Köpfen der Betriebspartner mehr und mehr das Stigma festsetzen, lediglich „Handlanger der Tarifparteien" zu sein[47]. Ganz allgemein gilt: Je weitergehend man von den Tarifvertragsparteien die Öffnung ihrer Abreden zu Gunsten der betrieblichen Gestaltungsebene fordert, um so mehr stellt sich die Frage, warum es überhaupt noch tarifliche Rahmenregelungen geben muß, warum nicht die Betriebspartner generell in eigener Verantwortung die Löhne und Arbeitszeiten festsetzen können und sollen[48]. Will das Recht sich, wofür letztlich kein Grund ersichtlich ist, nicht ausschließlich vom guten Willen der Koalitionen abhängig machen[49], so sollte vielmehr gerade das im vermehrten Abschluß tariflicher Öffnungsklauseln manifestierte Einverständnis der Tarifpartner mit einem stärkeren Betriebsbezug bei der Ausgestaltung der Arbeitsverhältnisse von Rechtsprechung und Wissenschaft zum Anlaß genommen werden, die rechtlichen Rahmenbedingungen für eine betriebsinterne Festlegung der Arbeitsbedingungen insgesamt neu zu überdenken. Denn demjenigen, der selbst in Anbetracht eines nicht zu übersehenden sozialen und wirtschaftlichen Wandels dennoch an einer statisch beharrenden Rechtsordnung festzuhalten gedenkt, dürfte allgemein – und dies mit gutem Grund – Lebensfremdheit vorgeworfen werden. Zu verlangen ist daher stets

„ein Recht, das immer unterwegs ist, ein law in action"[50].

---

[45] Ausnahme: die Sozialpartner der Chemie-Industrie (vgl. Fn. 40). Der IG-Metall-Vorsitzende *Klaus Zwickel* hat hingegen unlängst bekräftigt, selbst Härteklauseln, die sich zwar bewährt hätten, müßten dennoch stets eine Ausnahme bleiben (F.A.Z. vom 14.11.1997, S. 19: „Zwickel warnt vor betrieblicher Lohnpolitik").

[46] *Adomeit*, NJW 1994, 837 (838); verständlich daher die Äußerung des Vorsitzenden der IG Medien, *Detlef Hensche* (F.A.Z. vom 25.10.1997, S. 13): „Öffnungsklauseln sind ein Zeichen unserer Schwäche".

[47] *Bender*, BB 1987, 1117 (1121).

[48] Vgl. auch *Waltermann*, RdA 1996, 129 (133): „Wenn die Tarifparteien nicht selbst hinreichend flexible Regelungen finden ..., wird man sie vor allem aber nach nicht allzu langer Zeit fragen, wozu genau sie eigentlich da sind." Ähnl. *Kittner*, FS für Schaub, S. 389 (397).

[49] *Hromadka*, NZA 1996, 1233 (1237); besonders deulich *Reuter* (Referat, in: Verhandlungen des 61. DJT, Bd. II/1, K 35 [K 49]), wenn er ausführt, daß man sich ein Rechtssystem, das allein von der Einsicht und dem Verantwortungsgefühl der Beteiligten abhängig sei, getrost „sparen" könne; Aufgabe der Privatrechtsordnung sei es vielmehr, das Sozialleben so zu ordnen, daß eigennützige und unfähige Menschen möglichst wenig Unheil anrichten könnten. Siehe auch *derselbe*, FS für Schaub, S. 605 (608 f.).

[50] So allg. *Meyer-Cording*, Rechtsnormen, S. 61; vgl. konkret auch *Ehmann* (Diskussionsbeitrag, in: Verhandlungen des 61. DJT, Bd. II/2, K 105 [K 111]), der in Anlehnung an ein von *Isensee* in seinem Festvortrag anläßlich des 61. Juristentages verwendetes Bild fordert: „Die Wissenschaft sollte, wie *Isensee* gestern so schön gesagt hat,

### III. Die Antwort der Unternehmer: „Rette sich, wer kann“

Während Ökonomen und Juristen, nunmehr auch die Tarifpartner, noch über die zwecks Überwindung der momentanen Krise des Tarifwesens einzuschlagenden Wege, konkret über die Möglichkeiten und Grenzen einer zunehmenden Kompetenzverlagerung auf die einzelnen Betriebe heftig streiten, haben die tatsächlich Betroffenen ihre Antworten vielfach bereits mit aller Klarheit gegeben. Nicht nur die Mehrzahl der Unternehmer scheint die Hoffnung auf die selbstheilenden Kräfte der Tarifautonomie weitestgehend verloren zu haben. Insbesondere beklagen viele Betriebsräte verbittert die Insensibilität der Gewerkschaften und deren Gleichgültigkeit gegenüber dem Wohlergehen der einzelnen Unternehmen[51]. Diese Unzufriedenheit der Arbeitnehmervertreter nehmen zahlreiche Unternehmer wiederum zum Anlaß, die Mitgliedschaft im Arbeitgeberverband zu kündigen – in der Hoffnung, im Anschluß an diesen Schritt die Lohn- und Arbeitsbedingungen im Einvernehmen mit ihrem Betriebsrat vor Ort vereinbaren zu können. Die Gründe und Motive für eine solche *Verbandsflucht* können im einzelnen freilich verschieden sein. Teils wird es konkret darum gehen, daß ein Unternehmen sich wegen – oftmals bis hin zu akuter Existenzgefahr reichender – wirtschaftlicher Schwierigkeiten nicht mehr in der Lage sieht, die Tarifbestimmungen einhalten zu können; genauso ist es denkbar, daß unabhängig von einer konjunkturellen Notlage versucht werden soll, in Anbetracht zunehmend härter werdender Konkurrenz anhand von den betrieblichen Besonderheiten angepaßten Arbeitsbedingungen ganz allgemein die Wettbewerbsfähigkeit des Unternehmens zu verbessern. Fakt ist jedenfalls, daß die Flucht aus dem Arbeitgeberverband dem Vernehmen nach längst zu einem *Massenphänomen* unserer Tage geworden ist[52] und wohl noch größere Dimensionen annehmen wird, sollte die IG Metall den angekündigten Kampf um die 32-Stunden-Woche tatsächlich beginnen[53] und sollten die Gewerkschaften generell – wie

---

die Fackel der Erkenntnis voraus- und weder dem Bundesverfassungsgericht noch den Tarifvertragsparteien die Schleppe hinterhertragen.“

[51] Vgl. die sehr interessante empirische Studie von *Masloh*, BB 1996, 2407 (insbes. 2408 f.).

[52] Siehe F.A.Z. vom 11.06.1996, S. 12; besonders spektakulär z. B. der Verbandsaustritt der Firma JENOPTIK AG (F.A.Z. vom 25.04.1996, S. 13). In der ostdeutschen Metallindustrie sind mittlerweile nur noch 30% der Unternehmen verbandlich organisiert (F.A.Z. vom 22.09.1997, S. 22), konkret in Sachsen nur noch 27% der Unternehmen (F.A.Z. vom 14.11.1997, S. 19). Bundesweit ist der Organisationsgrad in der Metallbranche bereits im Zeitraum von 1984 bis 1994 von 74% auf 66% zurückgegangen (Managermagazin, Oktober 1996, S. 222) und selbst der Arbeitgeberverband Südwestmetall, sicherlich nicht in einer konjunkturell schwachen Region beheimatet, hat allein von 1992 bis 1995 100 seiner vormals 600 Mitglieder verloren (Der Spiegel, Heft 31/1995, S. 77); weiteres Zahlenmaterial bei *Schlochauer*, FS für Schaub, S. 699.

[53] Hierzu aus jüngster Vergangenheit F.A.Z. vom 05.05.1998, S. 19 sowie vom 08.05.1998, S. 19. Der Präsident des Deutschen Industrie- und Handelstages, *Hans Peter Stihl*, hat bereits vor Jahresfrist für diesen Fall eine „Austrittswelle“ angekündigt,

vermehrt angedroht[54] – in Zukunft den eingeschlagenen Kurs moderater Tariflohnabschlüsse wieder verlassen. Von rechtlicher Warte ist jedoch für austrittswillige Unternehmen Vorsicht geboten, denn: Nur Verbandsflucht reicht nicht aus[55].

## IV. Die Antwort der Rechtsprechung: Tarifflucht in die Sackgasse

Die von zahlreichen Unternehmen durch Verbandsaustritt angestrebte Flucht aus der tarifvertraglichen Ordnung führt nur dann zum erwünschten Ziel einer der jeweiligen betrieblichen Situation angepaßten Gestaltung der Arbeitsbedingungen und erscheint daher letztlich nur dann sinnvoll, wenn die Rechtsordnung dem nicht mehr verbandsangehörigen Arbeitgeber ein Regelungsinstrumentarium an die Hand gibt, mittels dessen er die unliebsam gewordenen Tarifbedingungen zu modifizieren in der Lage ist. Die Verbandsflucht allein hat jedoch nicht einmal zur Folge, daß die tariflichen Bestimmungen ihre unmittelbare und zwingende Wirkung (vgl. § 4 Abs. 1, Abs. 3 TVG) für die im betroffenen Betrieb beschäftigten Gewerkschaftsmitglieder verlieren. Denn in § 3 Abs. 3 TVG ist durch den Gesetzgeber ausdrücklich angeordnet worden, daß die Anwendbarkeit des Tarifvertrages, die an sich grundsätzlich die beiderseitige Tarifgebundenheit der Parteien des Arbeitsvertrages zur Voraussetzung hat, auch nach Verlust der Verbandsmitgliedschaft einer Seite bis zur Beendigung der tariflichen Abrede bestehen bleibt[56]. An die Fortwirkungsphase des § 3 Abs. 3 TVG soll sich weiterhin – jedenfalls nach Ansicht des BAG[57] – unmittelbar die Nachwirkung des beendeten Tarifvertrages (§ 4 Abs. 5 TVG) anschließen, was bedeutet, daß die Tarifbestimmungen zwar ihre normative Geltung behalten, ihre zwingende Wirkung aber verlieren und durch andere Abmachungen abgelöst werden können. Dem Grundsatz nach steht dem aus seinem Verband ausgetretenen Arbeitgeber also nunmehr die Möglichkeit offen, eine Neuregelung der

---

wie man sie noch nie erlebt habe (F.A.Z. vom 03.07.1997, S. 13); *Barbier* hat in seinem Wirtschaftsleitartikel (F.A.Z. vom 11.04.1997, S. 15: „Jetzt hilft nur rasche Flucht") auf Grund der Forderung nach der 32-Stunden-Woche die Unternehmen mit aller Deutlichkeit zur Flucht aus ihren Verbänden aufgefordert: „Wer jetzt nicht flieht, hat selber Schuld".

[54] Zu entsprech. Ankündigungen des IG Metall-Vorsitzenden *Klaus Zwickel* vgl. F.A.Z. vom 07.11.1997, S. 19: „Die IG Metall sucht einen Ersatz für den Kapitalismus"; zum Standpunkt des DGB-Vorsitzenden *Dieter Schulte* vgl. F.A.Z. vom 14.01.1998, S. 15.

[55] So der Titel *meines* Leserbriefs, F.A.Z. vom 21.04.1997, S. 12 in Entgegnung auf den in Fn. 53 zit. Wirtschaftsleitartikel *Barbiers*.

[56] Ausf. zu den mit der Fortwirkung i. S. d. § 3 Abs. 3 TVG zusammenhängenden Rechtsfragen unten § 8 I 3 a.

[57] Siehe an dieser Stelle nur BAG, DB 1996, 1284; zur Kritik an der sog. Nachwirkungslehre m. w. Nachw. unten § 8 I 3 b.

Arbeitsbedingungen entweder auf *tariflichem* (dazu 1), *individualrechtlichem* (dazu 2) oder aber *betrieblichem* Wege (dazu 3) zu versuchen. In der Praxis wird dieses Unterfangen jedoch in aller Regel nicht zum gewünschten Erfolg führen, da zum Teil angesichts mangelnder Praktikabilität, insbesondere aber auf Grund der Judikatur des BAG sämtliche theoretisch zur Verfügung stehenden Regelungsinstrumente nach derzeitiger Rechtslage faktisch nicht in Betracht kommen, die Tarifflucht folglich in eine Sackgasse, wenn nicht sogar – sehr zur Freude der Tarifvertragsparteien – zu einer hastigen Flucht zurück in den Verband führen dürfte[58].

### *1. Firmentarifvertrag oder Verbandswechsel als tariflicher Ausweg?*

a) Nimmt man die unterschiedlichen arbeitsrechtlichen Gestaltungsformen genauer in den Blick, so liegt es zunächst nahe zu erwägen, ob sich nicht auf der Ebene der Tarifautonomie selbst für Unternehmen, die eine von den Vorgaben des einschlägigen Verbandstarifvertrags abweichende betriebsbezogene Reglementierung der Arbeitsbedingungen erstreben, sinnvolle Alternativen erschließen. Ein gangbarer Ausweg könnte möglicherweise darin bestehen, gemeinsam mit der auch bereits bisher die tariflichen Geschicke des Betriebes lenkenden oder einer anderen Gewerkschaft[59] durch die Vereinbarung eines Firmentarifvertrages eine den betrieblichen Besonderheiten Rechnung tragende Gestaltung der Arbeitsverhältnisse zu erreichen. Obwohl in § 2 Abs. 1 TVG die Tariffähigkeit von Arbeitgeberverbänden sowie einzelnen Arbeitgebern und damit die Regelungsmittel des Verbandstarifvertrages und des Firmentarifvertrages völlig gleichberechtigt nebeneinander stehen, ist die Bereitschaft der Praxis zum Abschluß unternehmensbezogener Tarifabreden bislang jedenfalls eher gering. Speziell für Unternehmen, welche sich auf Grund eines wirtschaftlichen Engpasses nicht mehr in der Lage sehen, die Bestimmungen des an sich einschlägigen Verbandstarifvertrages einzuhalten, ist dies indessen nur verständlich, dürften doch die Gewerkschaften (außer vielleicht bei akuter Konkursgefahr) in aller Regel nicht dazu bereit sein, in einem Haustarif zu Ungunsten ihrer Mitglieder von den branchenweiten Vorgaben abzuweichen[60]. Bedenkt man über-

[58] *Rüthers*, in: Arbeitgeberverband Gesamtmetall (Hrsg.), Aktiv aus der Krise, S. 29 (31 ff.); sehr anschaulich *P. Hanau*, RdA 1998, 65 (68): „Einmal Tarifvertrag – immer Tarifvertrag"; *Henssler*, ZfA 1994, 487 (508); beispielhaft der gescheiterte „Fluchtversuch" der Firma Siemens Nixdorf (F.A.Z. vom 22.09.1997, S. 23).

[59] In letzterem Falle stellt sich freilich das Problem der Tarifzuständigkeit dieser Gewerkschaft; hierzu BAG, DB 1997, 731.

[60] So auch *Ehmann*, Neue Ordnung 1996 (Sondernummer), S. 54; *Heinze*, DB 1996, 729 (735); *Walker*, ZfA 1996, 353 (379); *Henssler*, ZfA 1994, 487 (507); *Hromadka*, NZA 1996, 1233 (1237); *Schaub*, NZA 1998, 617 (618); *derselbe*, BB 1996, 2298 (2300); *derselbe*, BB 1995, 2203 (2005); *Bauer*, FS für Schaub, S. 19 (23); *Bau-*

dies, daß der aus seinem Verband ausgetretene Arbeitgeber jederzeit Gefahr läuft, von der für seinen Betrieb zuständigen Gewerkschaft – und sei es lediglich mit dem Ziel der Vereinbarung einer den Inhalt des Verbandstarifvertrages übernehmenden Anerkennungsabrede – bestreikt zu werden[61], kann wohl keineswegs ernsthaft behauptet werden, daß der Firmentarifvertrag eine wirkliche Alternative für eine betriebsorientierte Regelung der Arbeitsbedingungen darstellt[62]. Denn drohenden Firmenstreiks dürfte ein einzelnes Unternehmen ohne die Rückendeckung seines Verbandes in aller Regel völlig machtlos gegenüber stehen[63]. Nur wenn sich der Arbeitgeber der Solidarität seiner Arbeitnehmerschaft sicher sein kann, wird mangels Streikbereitschaft ihrer Mitglieder eine von der Gewerkschaft beabsichtigte Kampfmaßnahme letztlich im Sande verlaufen. Dazu aber bedarf es einer auf anderem Wege realisierbaren Ausgestaltung der Arbeitsverhältnisse, welche sowohl den Interessen des Arbeitgebers als insbesondere auch der Arbeitnehmer hinreichend gerecht wird.

b) Als zweite Möglichkeit, mit systemimmanenten Mitteln der Tarifautonomie die gewünschte Veränderung der bisherigen tariflichen Bestimmungen in Angriff zu nehmen, kommt ein Verbandswechsel in Betracht. Falls nach Ansicht eines Unternehmers eine mit dem Arbeitgeberverband, dessen Mitglied er ist, konkurrierende Organisation sich durch eine vernünftigere und insbesondere den Bedürfnissen des eigenen Betriebes besser entsprechende Tarifpolitik auszeichnet, steht nichts entgegen, aus der eigenen Koalition aus- und in diesen anderen Verband einzutreten. Nach allgemeiner Auffassung findet die Vorschrift des § 3 Abs. 3 TVG jedoch nicht nur auf den bloßen Verbandsaustritt, sondern

---

*er/Diller*, DB 1993, 1085 (1086); *Meyer*, RdA 1998, 142 (155); *Krauss*, DB 1995, 1562 (1564); *von Langen*, Von der Tarif- zur Betriebsautonomie, S. 38. Die Gewerkschaften selbst scheuen sich nicht, die im Vergleich zum Verbandstarif oftmals höheren unternehmensbezogenen Abschlüsse mit dem Argument zu rechtfertigen, daß nicht organisierte Unternehmen andererseits durch diese die Beitragszahlungen für den Arbeitgeberverband sparen (vgl. *Böhm* [NZA 1994, 497, 498 f.] unter Berufung auf eine Äußerung *Detlef Hensches*).

61 Hierzu *Wank*, NJW 1996, 2273 (2276); krit. *Lieb*, NZA 1994, 337 (339 f.) m. w. Nachw.

62 Anders aber *Scholz*, FS für Trinkner, S. 377 (392); *Veit*, Zuständigkeit, S. 427 ff.; optimistischer auch *Söllner* (NZA 1996, 897 [899]), der meint, die Gewerkschaft könne es sich nicht leisten, wenn sich die Arbeitnehmer zur Erhaltung ihrer Arbeitsplätze für die Hinnahme schlechterer Arbeitsbedingungen entschieden hätten, durch ihr Verhalten den Verlust der Arbeitplätze herbeizuführen, aber genauso auch einräumt, daß sich die Verhandlungen mit der Gewerkschaft für den Arbeitgeber schwieriger gestalten als mit dem Betriebsrat.

63 *Ehmann*, in: *Mohler*, Wirklichkeit als Tabu, S. 61 (73): „keine Kampfparität"; entsprech. *derselbe*, in: *Giger/Linder*, Sozialismus, S. 581 (601); unlängst ebenso *Molitor*, FS für Schaub, S. 487 (492); zur insoweit entscheidenden Frage, ob dem Außenseiterarbeitgeber wenigstens ein Aussperrungsrecht zusteht, *Reuter*, ZfA 1995, 1 (42 f.).

insbesondere auch auf den Spezialfall des Verbandswechsels Anwendung[64]. Dies hat zur Folge, daß es mit Beginn der Mitgliedschaft im neuen Arbeitgeberverband zu einer Kollisionslage zwischen den von diesem abgeschlossenen und den gem. § 3 Abs. 3 TVG weitergeltenden Tarifverträgen kommt, zwecks deren Lösung danach differenziert werden muß, ob die jeweiligen tariflichen Abreden mit der *gleichen* (dazu aa) oder mit einer *anderen* Gewerkschaft (dazu bb) getroffen worden sind.

aa) Im ersten Falle kommt es hinsichtlich der Arbeitsverhältnisse organisierter Arbeitnehmer auf Grund der Anwendbarkeit mehr als eines Tarifvertrages zu einer sogenannten *Tarifkonkurrenz*[65], die das BAG nach Maßgabe des *Grundsatzes der Tarifeinheit* löst[66]. Geltung erlangt demnach allein die *speziellere* tarifliche Abmachung, so daß der seitens des Arbeitgebers gewünschte neue Tarifvertrag nur dann als Ziel der Tarifflucht offensteht, sofern er sich nach der – oftmals nur unter größten Schwierigkeiten vorzunehmenden – Beurteilung der Spezialität[67] auch als dem arbeitstechnischen Zweck des Betriebes besser entsprechend erweist[68].

bb) Sind die in Frage kommenden Tarifverträge hingegen von verschiedenen Gewerkschaften abgeschlossen worden, tritt ein Fall der sogenannten *Tarifpluralität* ein, da zwar nicht im Hinblick auf bestimmte Arbeitsverhältnisse, aber für den Betrieb insgesamt mehr als eine tarifliche Abrede einschlägig ist[69]. Auch hinsichtlich einer solchen Konstellation geht das BAG bislang unter Hinweis auf den *Grundsatz der Tarifeinheit* davon aus, daß letztlich nur der *spezi-*

---

[64] BAG, AP Nr. 3 zu § 3 TVG; *Däubler*, NZA 1996, 225 (230); *Gerhards*, BB 1995, 1290.

[65] Zum Begriff, insbes. in Abgrenzung zur sogleich zu behandelnden Tarifpluralität, *Wiedemann/Stumpf*, TVG, § 4 Rdnrn. 155 ff.; *Löwisch/Rieble*, TVG, § 4 Rdnrn. 274 ff.

[66] BAG, AP Nr. 3 zu § 3 TVG; *Hueck/Nipperdey*, Arbeitsrecht, Bd. II/1, 7. Aufl., S. 646 Fn. 20; für einen generellen Vorrang des gem. § 3 Abs. 3 TVG weitergeltenden Tarifvertrages hingegen *Wiedemann/Stumpf*, TVG, § 3 Rdnr. 38; *Bieback*, DB 1989, 477 (480 f.); *Däubler*, NZA 1996, 225 (230).

[67] *Bieback*, DB 1989, 477 (480).

[68] Zu den unterschiedlichen die Sachnähe begründenden Kriterien *Hromadka*, DB 1996, 1872 (1873). Unter Umständen erscheint es denkbar, daß der Arbeitgeber mit etwas Geschick – sei es durch eine geringfügige Modifizierung des innerhalb seines Betriebes verfolgten arbeitstechnischen Zwecks oder in Gestalt bestimmter personeller Maßnahmen (Einstellungen, Entlassungen) – auf den Ausgang der Prüfung der Spezialität Einfluß nehmen kann; in den meisten Fällen dürfte dies jedoch mit tatsächlich nicht überwindbaren Schwierigkeiten verbunden sein und daher nicht zum gewünschten Erfolg führen (vgl. zur ähnl. Problematik der Flucht aus dem betrieblich-branchenmäßigen Geltungsbereich eines Tarifvertrages unten § 6 III 3 b).

[69] Für die Mitglieder der neuen Gewerkschaft gilt der von dieser abgeschlossene Tarifvertrag gem. §§ 3 Abs. 1, 4 Abs. 1 TVG, für die Mitglieder der alten Gewerkschaft hingegen finden die gem. § 3 Abs. 3 TVG weitergeltenden Tarifbestimmungen Anwendung.

*ellere* Tarifvertrag innerhalb des Betriebes Anwendung findet[70], weshalb für den aus seinem Verband ausgetretenen Arbeitgeber die Realisierung der Absicht, unter die Geltung der neuen Tarifabrede zu gelangen, in beiden Fällen an sich gleich wahrscheinlich (besser: unwahrscheinlich) ist. Doch ist die Rechtsprechung insoweit im Schrifttum auf heftige Kritik gestoßen[71] und hat auch bereits selbst Anlaß zu Zweifeln gegeben, ob sie zukünftig an der Erstreckung des Grundsatzes der Tarifeinheit auf die Tarifpluralität festzuhalten gedenkt[72]. Für den Fall des Zusammentreffens eines gem. § 4 Abs. 5 TVG nachwirkenden mit einem neu abgeschlossenen Tarifvertrag, an den nur der Arbeitgeber gebunden ist, hat das BAG[73] die Anwendung des Grundsatzes der Tarifeinheit jedenfalls inzwischen ausdrücklich verneint. Soweit der neue Tarifvertrag zu kurz greife, weil er sich nicht auf alle Arbeitsverhältnisse erstrecke, bleibe es für die nicht erfaßten Arbeitnehmer bei der unbefristeten Weitergeltung des alten Tarifvertrages. In Anbetracht dieses Richterspruchs erscheint es nicht unwahrscheinlich, daß das Gericht über kurz oder lang generell die Geltung des Grundsatzes der Tarifeinheit für Fälle der Tarifpluralität verneinen wird. Neben den mit der Spezialitätsprüfung ohnehin einhergehenden Unwägbarkeiten ist die Fluchttaktik des Verbandswechsels für den Unternehmer daher überdies mit einer im Hinblick auf eine eventuelle Änderung der derzeitigen Rechtslage bestehenden Unsicherheit verbunden.

### *2. Vertragsänderung oder Änderungskündigung als individualrechtlicher Ausweg?*

a) Nicht nur auf kollektivvertraglichem Wege, sondern auch mit individualrechtlichen Mitteln kann, sobald der nach Verbandsaustritt gem. § 3 Abs. 3 TVG fortgeltende Tarifvertrag durch Beendigung seine zwingende Wirkung eingebüßt hat[74], versucht werden, die dispositiv nachwirkenden Tarifbestim-

---

[70] BAG, AP Nrn. 4, 19, 20 zu § 4 TVG Tarifkonkurrenz; i. Erg. letztlich auch AP Nrn. 21 u. 22 zu § 4 TVG Tarifkonkurrenz; ganz konkret für den Fall des Verbandswechsels *Gerhards*, BB 1995, 1290 (1292).

[71] *Zöllner/Loritz*, Arbeitsrecht, S. 379; *Löwisch/Rieble*, TVG, § 4 Rdnr. 290; *dieselben*, FS für Schaub, S. 457 (461); *Schaub*, Arbeitsrechtshandbuch, S. 1697; *Däubler*, Tarifvertragsrecht, Rdnrn. 1502 ff.; *derselbe*, NZA 1996, 225 (230); *Hanau/Kania*, FS für Schaub, S. 239 (253); *Hromadka*, DB 1996, 1872 (1873) m. zahlr. w. Nachw.

[72] Vgl. AP Nr. 22 zu § 4 TVG Tarifkonkurrenz: In dieser Entscheidung schließt sich der 10. Senat der Auffassung des 4. Senats allein „aus Gründen der Praktikabilität" an; indizielle Bedeutung kann sicher auch der Äußerung *Schaubs* (BB 1995, 2003 [2005]) beigemessen werden, die Rspr. müsse zukünftig nach „differenzierten Lösungen suchen".

[73] DB 1997, 2229 (2231 f.); vgl. auch *Friedrich*, FS für Schaub, S. 193 (202 f.); *P. Hanau*, RdA 1998, 65 (69).

[74] Bis zu diesem Zeitpunkt kann gem. § 4 Abs. 3 TVG lediglich zu Gunsten der Arbeitnehmer von den Tarifbedingungen abgewichen werden (Günstigkeitsprinzip); zur im

mungen (§ 4 Abs. 5 TVG) abzulösen. Strebt der Arbeitgeber hierbei eine verschlechternde Veränderung des tariflichen Standards an, so werden die Arbeitnehmer diesem Ansinnen das erforderliche vertragliche Einvernehmen indessen keineswegs immer, vielmehr allenfalls dann erteilen, wenn sich das Unternehmen in einer akuten wirtschaftlichen Notlage befindet und sie durch diese ihre Arbeitsplätze massiv gefährdet sehen[75]. Arbeitnehmer, die aus kündigungsrechtlichen Erwägungen die Entlassung als letzte zu fürchten haben, oder hochqualifizierte Spezialisten, denen sich trotz horrenden Überangebots auf dem Arbeitsmarkt noch immer gute Chancen auf eine neue Stelle eröffnen, werden unter Umständen nicht einmal in einer solchen Krisensituation bereit sein, den Vertragsangeboten des Arbeitgebers zuzustimmen[76]. Und auch unabhängig von der somit nur schwerlich zu erreichenden Einheitlichkeit dürften generell einzelvertragliche Vereinbarungen zwischen Arbeitgeber und Arbeitnehmern letztlich allein deswegen als taugliches Mittel zur Modifizierung der tariflichen Vorgaben ausscheiden, weil zumindest in größeren Betrieben der mit der Änderung zahlloser Einzelarbeitsverträge verbundene Verwaltungsaufwand meist viel zu umfangreich sein wird[77].

b) Über das Problem mangelnder Praktikabilität hilft ebenso das zweite in Erwägung zu ziehende individualrechliche Regelungsinstrument, die Änderungskündigung auf Grund dringenden betrieblichen Erfordernisses, im Ergeb-

---

einzelnen schwierig zu beantwortenden Frage, was i. Erg. günstiger ist und ob in Fällen der akuten Existenzgefährdung des Betriebes unter Umständen auch tarifunterschreitende Löhne und tarifüberschreitende Arbeitszeiten dem Maßstab des Günstigkeitsprinzips standhalten, siehe ausf. unten § 8 I 3 a bb (3); zur Frage des Wiederauflebens bereits vor Beendigung des Tarifvertrages geschlossener Individualvereinbarungen *Hoß/Liebscher*, DB 1995, 2525 (2530) m. w. Nachw.

[75] Ohne Grund aus Arbeitgebersicht optimistischer *Schaub*, BB 1996, 2298 (2299).

[76] Auf diesen Aspekt ist mit Recht von *Däubler* (NZA 1996, 225 [229]) hingewiesen worden.

[77] So zutreff. *Krauss* (DB 1995, 1562 [1565]), der als möglichen Ausweg allein das Institut der Gesamtzusage erwägt, wobei jedoch zu bedenken ist, daß im Falle stillschweigender Vertragsänderungen die Parteien stets erst nach Beendigung eventuell angestrengter Prozesse wissen, ob diese letztlich überhaupt in Kraft getreten sind (richtig *Hromadka*, NZA 1996, 1233 [1234]). Der mangelnden Praktikabilität individualvertraglicher Änderungen der Arbeitsbedingungen will *Frieges* (NZA 1996, 921 ff.), in der Diskussion bislang nahezu unbeachtet, für den Lohnbereich durch die Bildung eines betrieblichen Entgeltausschusses entgegenwirken. Dieser solle als Stellvertreter i.S.d. §§ 164 ff. BGB für die Arbeitnehmer mit dem Arbeitgeber solche Sachgegenstände betreffende Vereinbarungen abschließen, hinsichtlich derer dem Betriebsrat gem. § 77 Abs. 3 BetrVG die Regelungsbefugnis fehle. Statt einen solchen mit einem immensen organisatorischen und finanziellen Aufwand verbundenen „Umweg" einzuschlagen, scheint es indessen wesentlich sinnvoller – wie hier – zu fragen und zu prüfen, ob und inwieweit nicht auch dem Betriebsrat selbst trotz der Sperrwirkung des Tarifvorbehalts die Kompetenz zusteht, mit dem Arbeitgeber gemeinsam die Löhne und sonstigen Arbeitsbedingungen in Betriebsvereinbarungen mit Verbindlichkeit für die Arbeitnehmer festzulegen.

nis nicht hinweg[78]. Doch eröffnet diese, sofern man sie mit der zutreffenden Ansicht des BAG grundsätzlich als eine andere Abmachung im Sinne des § 4 Abs. 5 TVG erachtet[79], dem Arbeitgeber wenigstens die Möglichkeit, die Arbeitnehmer nach Beendigung des Tarifvertrages vor die Alternative zu stellen, die unterbreiteten Vertragsangebote anzunehmen, oder aber den Arbeitsplatz zu verlieren, und dadurch einen gewissen Druck auszuüben. Zum gewünschten Ziel wird jedoch auch dies mitnichten in allen Fällen führen, denn sollte es – unter der Voraussetzung der Anwendbarkeit des Kündigungsschutzgesetzes (§§ 23 Abs. 1 Satz 2, 1 Abs. 1) – zu einer Überprüfung der Maßnahmen im Rahmen von durch einzelne Arbeitnehmer angestrengten Änderungsschutzprozessen kommen, werden betriebsbedingte Änderungskündigungen zwecks Senkung der Lohnhöhe nach ständiger höchstrichterlicher Rechtsprechung nur unter äußerst strengen Anforderungen für rechtmäßig erklärt: Im Entgeltbereich sei eine Verschlechterung der Arbeitsbedingungen lediglich zulässig, sofern es bereits zu einer *akuten Existenzgefahr* für das Unternehmen gekommen sei und keine Möglichkeit mehr bestehe, durch sonstige Maßnahmen die Kosten zu senken. Allein die wirtschaftliche Unrentabilität eines Betriebs(-teils) jedenfalls könne zur sozialen Rechtfertigung betriebsbedingter Änderungskündigungen (§ 1 Abs. 1, Abs. 2 Satz 1, Abs. 3 i.V.m. § 2 Satz 1 KSchG) nicht als ausreichend angesehen werden; vielmehr müsse hinzukommen, daß ausschließlich mittels dieser die Stillegung des Betriebes oder zumindest eine Verkleinerung der Belegschaft verhindert werden könne[80].

---

[78] Vgl. auch BAG, NZA 1987, 168 (174); ebenso *Hromadka*, NZA 1996, 1233 (1234).

[79] BAG, AP Nr. 16 zu § 4 TVG Nachwirkung; vgl. auch *Wiedemann/Stumpf*, TVG, § 4 Rdnr. 196; *Löwisch/Rieble*, TVG, § 4 Rdnr. 229; a. A. hingegen *Hagemeier/Kempen/Zachert/Zilius* (TVG, § 4 Rdnr. 61) unter Hinweis auf den angeblich abweich. Gesetzeswortlaut, der auf Grund der Formulierung „Abmachung" eine zweiseitige Vereinbarung kollektiver oder individualrechtlicher Natur voraussetze. Dem ist jedoch entgegen zu halten, daß auch eine Änderungskündigung letztlich nur dann zum erstrebten Erfolg der Modifizierung der tariflichen Bestimmungen führt, wenn der Arbeitnehmer sich mit den ihm angebotenen geänderten Arbeitsbedingungen einverstanden erklärt. Auch die Änderungskündigung setzt daher eine Willensübereinstimmung zwischen Arbeitgeber und Arbeitnehmer voraus (zutreff. *Schwab*, BB 1994, 781 [782]).

[80] BAG, AP Nr. 47 zu § 1 KSchG 1969 Betriebsbedingte Kündigung m. ablehn. Anm. *Berger-Delhey*; i. Erg. entsprech. bereits AP Nrn. 14 u. 20 zu § 1 KSchG 1969; AP Nr. 14 zu § 2 KSchG 1969; zustimm. *Stahlhacke/Preis*, Kündigung, Rdnr. 779; wohl auch *Reuter* (ZfA 1993, 221 [241]), der jedoch bei genauerer Betrachtung im Gegensatz zur Rspr. des BAG ebenso bereits triftige Rentabilitätserwägungen zur sozialen Rechtfertigung ausreichen lassen will; ohne eigene Stellungnahme der Rspr. folgend *Löwisch*, NJW 1997, 905 (908); *Lieb*, NZA 1994, 289 (294) sowie 337 (338); *Däubler*, NZA 1996, 225 (229) = ZTR 1994, 448 (452); *Hromadka*, AuA 1996, 289 (291 f.); zu einem Neuordungsvorschlag de lege ferenda *derselbe*, NZA 1996, 1233 (1234).

Freilich ist diese äußerst restriktiv gehandhabte Zulässigkeit betriebsbedingter Änderungskündigungen in der Lit. teilweise auf heftige Kritik gestoßen (*Hanau/Adomeit*, Arbeitsrecht, S. 265; *Berger-Delhey*, DB 1991, 1571 ff.; *Bauer/Diller*, DB 1993, 1085

### *3. Regelungsabreden oder Betriebsvereinbarungen als betrieblicher Ausweg?*

Will ein Unternehmer unabhängig von einer akuten wirtschaftlichen Krise, etwa um einer solchen gerade vorzubeugen, die Lohn- und Arbeitsbedingungen den konjunkturellen Gegebenheiten anpassen, bleibt ihm faktisch nichts anderes übrig, als zunächst seinen Betriebsrat von der betriebswirtschaftlichen Notwendigkeit der geplanten Maßnahmen zu überzeugen und dann zu versuchen, mit diesem gemeinsam entsprechende betriebsinterne Vereinbarungen zu treffen. Die Rechtsordnung stellt hierfür mit der Betriebsvereinbarung (dazu b) sowie der formlos abzuschließenden Regelungsabrede (dazu a) grundsätzlich zwei verschiedenartige Gestaltungsformen zur Verfügung.

a) Während das Betriebsverfassungsgesetz erstere – dem Tarifvertrag gleich (§ 4 Abs. 1 TVG) – gem. § 77 Abs. 4 Satz 1 mit *unmittelbarer* und *halbzwingender*[81] *Wirkung* ausgestattet hat, ihr Inhalt also ohne eine einzelvertragliche Umsetzung innerhalb der einzelnen Arbeitsverhältnisse Bedeutung erlangt, wirkt letztere ausschließlich *schuldrechtlich* zwischen dem Arbeitgeber und dem Betriebsrat als ihren Vertragspartnern. Um den in Regelungsabreden getroffenen Abmachungen den einzelnen Arbeitnehmern gegenüber Geltung zu verschaffen, bedarf es stets eines *individualrechtlichen Transformationsaktes*, weshalb sich die formlose Betriebsabsprache als ein zur betriebsbezogenen Ge-

---

[1087]). Und dies i. Erg. zu Recht: Bei lebensnaher Betrachtung kann kaum davon ausgegangen werden, daß ein Arbeitgeber mit dem Ergreifen von aus betriebswirtschaftlichen Erwägungen für erforderlich gehaltenen Maßnahmen so lange warten kann und wird, bis sich sein Unternehmen bereits in der Nähe eines drohenden Konkurses befindet. Auch nach Auffassung des BAG stellen indessen Betriebseinschränkungen oder sogar eine Betriebsstillegung eine gerichtlich nicht auf ihre Zweckmäßigkeit zu überprüfende unternehmerische Entscheidung und somit ein dringendes betriebliches Erfordernis i. S. d. § 1 Abs. 2 Satz 1 KSchG dar (zu Betriebseinschränkungen vgl. BAG, AP Nrn. 2 u. 4 zu § 1 KSchG 1969; hinsichtl. der Betriebsstillegung BAG, AP Nrn. 38 u. 41 zu § 1 KSchG 1969 Betriebsbedingte Kündigung). Dies führt zu dem offenkundigen Widerspruch, daß es dem Arbeitgeber von Rechts wegen unter geringeren Voraussetzungen möglich ist, seinen unrentabel wirtschaftenden Betrieb zumindest teilweise stillzulegen und den Arbeitnehmern gegenüber Beendigungskündigungen – unter Umständen sogar Massenentlassungen – auszusprechen, als die gesamte Belegschaft zu geänderten Bedingungen weiterzubeschäftigen. Mit dem Sinn des Kündigungsschutzes allg. und dem unbestrittenen Grundsatz des Vorrangs der Änderungs- vor der Beendigungskündigung im besonderen ist diese Konsequenz unleugbar nicht in Einklang zu bringen. Geboten ist es vielmehr, die Anforderungen an die eine Änderungskündigung rechtfertigenden betrieblichen Erfordernisse, wenn nicht sogar geringer einzustufen, so doch zumindest den Voraussetzungen einer Beendigungskündigung anzugleichen. Solange das BAG diese Konsequenz jedoch nicht zieht, bleibt es dabei, daß nach derzeitiger Rechtslage betriebsbedingte Änderungskündigungen im Lohnbereich nur bei Konkursnähe des Unternehmens statthaft sind.

[81] Zu Geltung und Reichweite des Günstigkeitsprinzips im Verhältnis zwischen Betriebsvereinbarung und Individualabreden unten § 5 IV 1 b bb und § 8 I 4.

staltung der Arbeitsbedingungen letztlich ungeeignetes Instrument erweist[82]. Denn trotz des durch Abschluß der Regelungsabrede mit dem Betriebsrat erreichten Konsenses steht der Arbeitgeber erneut vor den allgemein hinsichtlich der Vereinbarung einvernehmlicher Vertragsänderungen und des Ausspruchs betriebsbedingter Änderungskündigungen bereits geschilderten rechtlichen und tatsächlichen Hindernissen[83].

b) Von dahingehenden Gestaltungsschwierigkeiten entbindet im Ergebnis allein die *normative Wirkung* der Betriebsvereinbarung im Sinne des § 77 Abs. 4 Satz 1 BetrVG. Letztere stellt folglich das einzige sich zwecks einer betrieblichen Ausgestaltung der Arbeitsverhältnisse für die Praxis wirklich eignende Regelungsinstrument dar, so daß die Verbandsflucht und die durch sie intendierte Flucht aus der tarifvertraglichen Ordnung im Ergebnis nur dann sinnvoll ist, wenn sie in der Betriebsvereinbarung als dem *betrieblichen Pendant des Tarifvertrages* enden kann. Aber selbst wenn Arbeitgeber und Betriebsrat völlig darin übereinstimmen, daß zum Wohle des Betriebes und seiner

---

[82] Zutreff. *Wank*, NJW 1996, 2273 (2279); vgl. ebenso *Waltermann*, NZA 1996, 357: „Das vom Betriebsverfassungsgesetz den Betriebsparteien an die Hand gegebene Instrument der Betriebsvereinbarung ist aufgrund ihrer gesetzlich vorgesehenen Wirkung das im Grundsatz geeignetere Mittel als die Betriebsabsprache, wenn es um die Gestaltung der Arbeitsbedingungen geht." Widersprüchlich *derselbe*, RdA 1996, 129 (132 m. Fn. 24).

[83] Überdies wird teilweise sogar angenommen, der Tarifvorbehalt des § 77 Abs. 3 BetrVG gelte nicht nur für Betriebsvereinbarungen, sondern müsse auch formlosen Regelungsabreden gegenüber zur Anwendung gelangen. Andernfalls stünde den Betriebspartnern die Möglichkeit offen, den in dieser Vorschrift zu Gunsten des Tarifvertrages und der Tarifpartner angeordneten Kompentzvorrang ohne weiteres umgehen zu können (*Däubler*, Tarifvertragsrecht, Rdnr. 244; *Schaub*, BB 1996, 1058 [1059]; *Zachert*, RdA 1996, 140 [145]; *Stege/Rinke*, DB 1991, 2386 [2389]; wohl auch *Reuter*, ZfA 1995, 1 [65]: „Umgehungsweg der Regelungsabrede"; *Kittner*, FS für Schaub, S. 389 [404]; offen gelassen bei *Wank*, NJW 1996, 2273 [2275]; hinsichtl. § 59 BetrVG 1952 bereits *Richardi*, Kollektivgewalt, S. 269). Nach dieser Ansicht würde sich die Frage nach der Tarifbindung des Arbeitgebers als Voraussetzung der Sperrwirkung des § 77 Abs. 3 BetrVG demnach in gleicher Weise auch dann stellen, wenn die Betriebspartner sich in Gestalt rein schuldrechtlicher Betriebsabsprachen der für den Betrieb geltenden Arbeitsbedingungen annehmen.

Der Erstreckung des Tarifvorbehalts auf die Regelungsabrede ist jedoch allg. mit der h. M. zu widersprechen (ArbG Marburg, DB 1996, 1929 [1930]; *Zöllner*, ZfA 1988, 265 [281]; *Heinze*, NZA 1995, 5 [6]; *Rieble*, Arbeitsmarkt und Wettbewerb, Rdnr. 1490; *Waltermann*, RdA 1996, 129 [132]; *Walker*, FS für Wiese, S. 603 [606 f.]; bezügl. § 59 BetrVG 1952 *Adomeit*, Regelungsabrede, S. 77), ist sie doch bereits allein mit dem eindeutig ausschließlich auf Betriebsvereinbarungen abstellenden Gesetzeswortlaut nicht zu vereinbaren. Insbesondere machen die Betriebspartner bei Abschluß einer Regelungsabrede auf Grund des Fehlens einer unmittelbaren Wirkung von der ihnen grunds. zustehenden Normsetzungsmacht (§ 77 Abs. 4 Satz 1 BetrVG) gerade keinen Gebrauch, so daß sie auch nicht zu der den Tarifvertragsparteien entsprech. verliehenen Befugnis (§ 4 Abs. 1 TVG) in einer Weise in Konkurrenz treten, die es rechtfertigen könnte, letzteren auf dem Wege des Tarifvorbehalts einen Vorrang zuzuerkennen.

Arbeitnehmer eine von den bislang geltenden Tarifbestimmungen abweichende Festlegung der Löhne, der Arbeitszeit oder sonstiger Arbeitsbedingungen dringend erforderlich ist, das Unternehmen zu diesem Zwecke aus dem Arbeitgeberverband austritt und man sich nach intensiven Verhandlungen mit dem Betriebsrat auf einen für beide Seiten akzeptablen Kompromiß einigt, wird entsprechenden Betriebsvereinbarungen von Seiten der Rechtsprechung dennoch in aller Regel[84] die rechtliche Wirksamkeit versagt bleiben[85]: Zwar werden – um

[84] Ausnahmen gelten nur, soweit der Tarifvorbehalt des § 77 Abs. 3 BetrVG auf Grund des Anwendungsvorrangs des Tarifvorrangs i. S. d. § 87 Abs. 1 Einls. BetrVG nicht zur Geltung gelangt (zum dahingehenden Inhalt der sog. Vorrangtheorie und ihren Auswirkungen ausf. § 6 II 3).

[85] Gleiches gilt im übrigen i. Erg. auch dann, wenn der Arbeitgeber – worauf im Rahmen dieser Untersuchung aus Platzgründen nur am Rande eingegangen werden kann – statt durch Verbandsaustritt sich der Tarifbindung auf dem Wege des sog. Outsourcings zu entledigen sucht (ausf. neuerdings *Moll*, RdA 1996, 275 ff.). Dabei geht es um die in der Praxis immer häufiger werdenden Fälle, in denen ein Betrieb oder Betriebsteil aus dem Unternehmen ausgegliedert und auf eine neu gegründete Tochtergesellschaft übertragen wird, die keinem Arbeitgeberverband beitritt. Das aus arbeitsrechtlicher Sicht insoweit wesentlich zu beachtende Hindernis stellt die Vorschrift des § 613 a BGB dar, der als lex specialis die tarifvertragsrechtliche Anordnung des § 3 Abs. 3 TVG verdrängt (*Löwisch/Rieble*, TVG, § 3 Rdnr. 81; *Däubler*, NZA 1996, 225 [232]; *Bauer/Diller*, DB 1993, 1085 [1088 f.]). Insbes. ist in § 613 a Abs. 1 Satz 2 BGB statuiert, daß die Bestimmungen der für den Veräußererbetrieb geltenden Tarifverträge nunmehr zum Inhalt der einzelnen Arbeitsverhältnisse werden (in Abweichung vom Wortlaut des Gesetzes für eine kollektivrechtliche Weitergeltung *Zöllner*, DB 1995, 1401 [1402 f.]) und dem Erwerber gegenüber für ein Jahr zwingende Wirkung entfalten. Erst nach dieser Zeit kann also – von den bereits zuvor zulässigen Ausnahmen des § 613 a Abs. 1 Satz 4 BGB abgesehen – auf dem Wege einer Vertragsänderung oder einer Änderungskündigung versucht werden, die individualrechtlich weitergeltenden Tarifbedingungen zu modifizieren. Die hierbei auftretenden Schwierigkeiten bleiben freilich im Vergleich zum Verbandsaustritt die gleichen (vgl. oben 2). Aussichtsreicher erscheint es daher erneut, im Zusammenwirken mit dem übernommenen oder einem neu zu wählenden Betriebsrat die beabsichtigte Veränderung der weitergeltenden tariflichen Bestimmungen mittels einer Betriebsvereinbarung anzustreben, was überdies gem. § 613 a Abs. 1 Satz 3 BGB auch bereits vor Beendigung der Jahresfrist des § 613 a Abs. 1 Satz 2 BGB möglich ist (zur Zulässigkeit entsprech. Überkreuzlösungen [Ablösung weitergeltender Tarifnormen durch Betriebsvereinbarung] insbes. *Zöllner*, DB 1995, 1401 [1406]; *Bauer*, FS für Schaub, S. 19 [38]; *Kania*, DB 1995, 625 [626]; *Hanau/Vossen*, FS für Hilger/Stumpf, S. 271 [281]; krit. *Wiesner*, BB 1986, 1636 [1639]; *Henssler*, NZA 1994, 913 [918 f.]; siehe nun aber auch *derselbe*, FS für Schaub, S. 311 [321]). Doch auch hinsichtl. nach Betriebsübergang abgeschlossener Betriebsvereinbarungen ist letztlich dem Tarifvorbehalt des § 77 Abs. 3 BetrVG Beachtung zu schenken (*Däubler*, NZA 1996, 225 [233]; *Hromadka*, DB 1996, 1872 [1876]; *Henssler*, FS für Schaub, S. 311 [321 f.]; *Bauer*, FS für Schaub, S. 19 [35 f.]; *Bauer/Diller*, DB 1993, 1085 [1089]; *Schaub*, NZA 1998, 617 [620]): Zwar ist § 613 a Abs. 1 Satz 3 BGB das Verhältnis eines für den alten Rechtsträger geltenden Tarifvertrages und einer durch den neuen Rechtsträger abgeschlossenen Betriebsvereinbarung betreffend gegenüber § 77 Abs. 3 BetrVG als lex specialis zu erachten, innerhalb des Erwerberbetriebes selbst muß aber der Tarifvorbehalt dessen ungeachtet zur Anwendung gelangen (zu dieser Diff. *Kania*, DB 1995, 625 [626]; *Röder*, DB 1981, 1980 [1981]). Es kann folglich festgehalten werden, daß die Outsourcing-Taktik es einem Unternehmen nur dann ermöglicht, von

die an späteren Stellen der Arbeit im einzelnen (kritisch) zu betrachtende derzeitige Rechtslage hier nur in aller Kürze zu skizzieren – zunächst auch Betriebsvereinbarungen als *andere Abmachungen* im Sinne des § 4 Abs. 5 TVG angesehen, mittels derer nachwirkende Tarifabreden abgelöst werden können, doch versteht die herrschende Meinung § 77 Abs. 3 BetrVG im Verhältnis zu § 4 Abs. 5 TVG als *lex specialis*[86]. Dem Tarifvorbehalt selbst wiederum wird die Bedeutung einer umfassenden *Normsetzungsprärogative* zu Gunsten der Tarifvertragsparteien beigemessen[87], die ihre Sperrwirkung zu Lasten der Betriebsvereinbarung auch und gerade in Betrieben *nicht tarifgebundener Arbeitgeber* entfalte[88]. Demnach ändert der durch den Verbandsaustritt beabsichtigte und nach Beendigung der Fortwirkungsphase des § 3 Abs. 3 TVG auch erreichte Verlust der Tarifgebundenheit allein nichts daran, daß tariflich geregelte oder üblicherweise tariflich geregelte Arbeitsbedingungen[89] noch immer nicht zulässiger Gegenstand einer Betriebsvereinbarung sein können[90].

---

tariflichen Vorgaben abweichende Betriebsvereinbarungen abzuschließen, wenn die Tarifgebundenheit des Arbeitgebers eine Voraussetzung des Tarifvorbehalts darstellt, da lediglich unter dieser Prämisse das durch die Übertragung des Betriebes oder Betriebsteils beabsichtigte Abstreifen der Tarifgebundenheit gleichfalls die Beseitigung der Sperrwirkung des § 77 Abs. 3 BetrVG zur Folge hat.

86 Ausf. u. krit. hierzu § 7 II 1.

87 Zum Entstehungszeitpunkt dieser Auffassung unten § 7 I 2 u. 3.

88 Vgl. an dieser Stelle statt aller aus jüngster Vergangenheit nur BAG, NZA 1997, 951 (953 f.); AP Nr. 8 zu § 77 BetrVG 1972 Tarifvorbehalt = DB 1996, 1882 = BB 1996, 1717; ein Überblick über den gesamten Streitstand m. vollst. Nachw. findet sich zu Beginn von § 7.

89 Zu den Grenzen der mit dieser Formulierung des § 77 Abs. 3 BetrVG errichteten Sperrwirkung im einzelnen unten § 6 III.

90 Zu fragen bleibt unter dieser Prämisse allein, ob dem Inhalt der gem. § 77 Abs. 3 BetrVG nichtigen Betriebsvereinbarung unter Umständen auf individualrechtlicher Ebene zur Geltung verholfen werden kann. Insoweit ist es denkbar, die der Betriebsvereinbarung zu Grunde liegende Erklärung des Arbeitgebers gem. § 140 BGB in inhaltsgleiche gebündelte Vertragsangebote an alle Arbeitnehmer des Betriebes umzudeuten, welche diese ihrerseits ohne eine ausdrückliche Erklärung (§ 151 BGB) allein durch die Weiterarbeit zu geänderten Bedingungen annehmen können (mangels eines auf rechtliche Bindung gerichteten Annahmewillens i. Erg. ablehn. jetzt *Belling/Hartmann*, NZA 1998, 673 [677]). Das BAG hat ganz ausnahmsweise die Umdeutung nichtiger Betriebsvereinbarungen i. Erg. unter der Voraussetzung für zulässig erachtet, daß besondere Umstände des Einzelfalles auf einen entsprechenden Willen des Arbeitgebers schließen lassen (grundleg. BAG, AP Nr. 42 zu § 77 BetrVG 1972 m. zustimm. Anm. *Hromadka* = EzA § 140 BGB Nr. 16 m. krit. Anm. *Moll/Kreitner*; neuerdings auch AP Nr. 8 zu § 77 BetrVG 1972 Tarifvorbehalt; entsprech. LAG Hamm, DB 1988, 1706; zustimm. *Hess/Schlochauer/Glaubitz*, BetrVG, § 77 Rdnr. 172; MünchKomm-*Mayer-Maly*, BGB, § 140 Rdnr. 6; vgl. auch *Linnenkohl*, BB 1994, 2077 [2079]; für eine Umdeutung in eine Regelungsabrede *Waltermann*, RdA 1996, 129 [138]; mit der Einschränkung auf unter Kündigungs- und Ablösungsvorbehalt stehende Regelungsabreden *Belling/Hartmann*, NZA 1998, 673 [679 f.]). Die Tatsache, daß es durch die Umwandlung der Betriebsvereinbarung als Kollektivvertrag zwischen Arbeitgeber und Betriebsrat in eine

Vielzahl von Einzelrechtsverhältnissen zwischen dem Arbeitgeber und seinen Arbeitnehmern dabei notwendig zu einem Vertragspartnerwechsel komme, stehe der Konversionsmöglichkeit jedenfalls nicht entgegen, da man zumindest auf den der Vorschrift des § 140 BGB zu Grunde liegenden allgemeinen Rechtsgedanken zurückgreifen könne (insoweit zustimm. *Belling/Hartmann*, NZA 1998, 673 [674]; a. A. mit einleuchtender Argumentation *Veit/Waas*, BB 1991, 1329 [1336]; entsprech. bereits *Birk* [ZfA 1986, 73, 102 ff.], der aus diesem Grunde allein die Annahme einer betrieblichen Übung für möglich hält).

Im einzelnen sind an die Umdeutung einer nichtigen Betriebsvereinbarung folgende Anforderungen zu stellen: Zunächst dürfen die Betriebspartner bei deren Abschluß nicht bereits Kenntnis von der Unwirksamkeit gehabt haben, da § 140 BGB ausschließlich Fallkonstellationen erfaßt, in denen die Beteiligten von der Gültigkeit des vereinbarten Rechtsgeschäfts ausgehen (dazu MünchKomm-*Mayer-Maly*, BGB, § 140 Rdnr. 15). Weiterhin darf das umgedeutete Rechtsgeschäft hinsichtlich seiner Rechtsfolgen grundsätzlich nicht weiter reichen als das ursprünglich gewollte (siehe Erman-*Brox*, BGB, § 140 Rdnr. 12). Während Betriebsvereinbarungen gem. § 77 Abs. 5 BetrVG ohne Vorliegen sonstiger Voraussetzungen mit einer Frist von drei Monaten kündbar sind und überdies jederzeit durch eine andere Betriebsvereinbarung abgelöst werden können (sog. Ordnungsprinzip), ist eine Modifizierung betriebseinheitlich geregelter Individualabreden hingegen nur dann möglich, wenn Änderungsverträge mit allen Arbeitnehmern zustande kommen, oder aber – an den restriktiven Voraussetzungen der sozialen Rechtfertigung (vgl. oben 2 b) zu messende – betriebsbedingte Änderungskündigungen Zulässigkeit erlangen. Die Umdeutung einer nichtigen Betriebsvereinbarung kommt folglich allein in Betracht, sofern eine unter strengen Anforderungen vorzunehmende Prüfung ergibt, daß diese weitergehende Bindung für dem hypothetischen Willen des Arbeitgebers entsprech. erachtet werden kann (insoweit generell ablehn. *Kreutz*, in: GK-BetrVG, BetrVG, § 77 Rdnr. 105; *Ehmann*, ZRP 1996, 314 [315 Fn. 13]; wegen Mißachtung dieser Voraussetzung des § 140 BGB in entgegengesetzter Richtung zu weitgehend *Richardi*, Gutachten, in: Verhandlungen des 61. DJT, Bd. I, B 49 f.; diff. insoweit *Belling/Hartmann*, NZA 1998, 673 [675]: Umdeutung nur, wenn man von einem Angebot auf Abschluß einer mit der Frist des § 77 Abs. 5 BetrVG kündbaren und unter Ablösungsvorbehalt stehenden einzelvertraglichen Ersatzregelung ausgehe). Hierbei ist eine die besonderen Umstände des Einzelfalls berücksichtigende, differenzierende Sichtweise geboten: Insbes. im Falle einer die Arbeitnehmer durch Sonderzulagen oder in anderer Weise begünstigenden Betriebsvereinbarung dürfte der gesteigerte Bindungswille des Arbeitgebers stets zu verneinen sein. Entspricht jedoch der Inhalt der Betriebsvereinbarung ausdrückl. dem Wunsch des Arbeitgebers, werden also z. B. zur Rettung des Betriebes tarifunterschreitende Löhne oder eine die tariflichen Vorgaben überschreitende Dauer der Arbeitszeit vereinbart, so dürfte die verstärkte individualrechtliche Bindung der Annahme eines hypothetischen Willens zur Abgabe entsprech. gebündelter Vertragsangebote letztlich nicht entgegenstehen. Für diese Fälle bleibt schließlich noch zu erwähnen, daß es letzte Voraussetzung der Umdeutung i. S. d. § 140 BGB ist, daß durch diese nicht der Normzweck der die Nichtigkeit des ursprünglichen Rechtsgeschäfts begründenden Vorschrift konterkariert werden darf. Insoweit hat das BAG (AP Nr. 8 zu § 77 BetrVG 1972 Tarifvorbehalt; entsprech. *Belling/Hartmann*, NZA 1998, 673 [676 f.]; a. A. *Moll/Kreitner*, Anm. zu BAG, EzA § 140 BGB Nr. 16; *Veit*, Zuständigkeit, S. 220) hinsichtl. des § 77 Abs. 3 BetrVG zutreff. ausgeführt, durch diese Vorschrift sollten lediglich unmittelbar wirkende kollektivrechtliche Abmachungen (§ 77 Abs. 4 Satz 1 BetrVG) ausgeschlossen werden, keinesfalls aber individualvertragliche betriebliche Einheitsregelungen oder Gesamtzusagen. Die Zwecksetzung des Tarifvorbehalts (zu dieser ausf. unten § 6 I) steht also der einzelvertraglichen Aufrechterhaltung des Inhalts nichtiger Betriebsvereinbarungen i. Erg. nicht entgegen.

Ein Blick in die betriebliche Praxis zeigt, daß zahlreiche Arbeitgeber und Betriebsräte sich durch die Rechtsauffassung des BAG letztlich nicht davon abhalten lassen, auf Grund ökonomischer Erwägungen für notwendig und sinnvoll erachtete Betriebsabreden in Abweichung von den tariflichen Vorgaben zu vereinbaren[91]. Dies geschieht teils unter unbewußter, teils sogar unter ganz bewußter Mißachtung des § 77 Abs. 3 BetrVG. Von Seiten der Tarifvertragsparteien werden diese „Rechtsbrüche"[92] wegen des sich in ihnen in vorbildlicher Weise verkörpernden Schulterschlusses zwischen den Arbeitgeber- und Arbeitnehmerinteressen zumeist notgedrungen in Kauf genommen, so daß tarifabweichenden Betriebsvereinbarungen – streng nach dem alten Grundsatz: „Wo kein Kläger, da auch kein Richter" – als Realform der Gestaltung der Löhne und sonstigen Arbeitsbedingungen heutzutage durchaus eine weitreichende Bedeutung zufällt[93]. Doch die Ruhe ist trügerisch, die offenkundige Diskrepanz zwischen Recht und Wirklichkeit letztlich nicht hinnehmbar. Denn was unweigerlich bleibt, ist – neben dem entsprechenden betrieblichen Abmachungen stets anhaftenden *Stigma der Illegalität* – die niemals gänzlich auszuschließende Gefahr, daß die betroffene Gewerkschaft im konkreten Einzelfall ausnahmsweise doch ihre generelle prozessuale Zurückhaltung aufgibt und tarifabweichende Betriebsvereinbarungen unter Rückgriff auf § 77 Abs. 3 BetrVG gerichtlich angreift. Dies gilt um so mehr, als das BAG den Gewerkschaften in seinem Beschluß vom 20. April 1999 (1 ABR 72/98, Pressemitteilung 25/99) abweichend von seiner bisherigen Rechtsprechung einen Unterlassungsanspruch gegen tarifwidrige betriebliche Regelungen zugesprochen hat. Es steht daher zu erwarten, daß viele Arbeitgeber – wie bereits angedroht – diesen Richterspruch zum Anlaß nehmen werden, aus ihren Verbänden auszutreten, um auf diesem Wege dem ausdrücklich auf tarifgebundene Unternehmen beschränkten Verbandsklagerecht zu entkommen.

Das bereits in der Vergangenheit vermehrt zu beobachtende und künftig wohl noch zunehmende Phänomen der Verbandsflucht hat daher die Frage nach den *Voraussetzungen* und *Grenzen des Tarifvorbehalts* sowie insbesondere dem *Erfordernis der Tarifbindung des Arbeitgebers* zweifelsohne zu einem der drängendsten Probleme des Arbeitsrechts gemacht. Seine für eine Vielzahl von Unternehmen geradezu existentielle Tragweite gebietet es mehr denn je, die von

---

[91] Z. B. die von der Homag AG, Schopfloch, mit ihrem Betriebsrat geschlossenen Betriebsvereinbarungen (F.A.Z. vom 22.09.1997, S. 22).

[92] Vgl. die plakative Forderung der IG Metall: „Tarif(Ver-)brecher in den Knast" (F.A.Z. vom 06.03.1998, S. 19); der Präsident des BDI, *Hans-Olaf Henkel*, hat die massenweise Mißachtung des Flächentarifs hingegen als „verantwortungsvolles Handeln" gepriesen (vgl. F.A.Z. vom 16.01.1998, S. 15).

[93] Zur umstrittenen Frage, ob diese abweich. Praxis zur gewohnheitsrechtlichen Derogation oder Verfassungswidrigkeit des § 77 Abs. 3 BetrVG führt, unten § 6 I 4 b.

der betrieblichen Realität weitgehend entfernte Rechtsprechung einer umfassenden und kritischen Überprüfung zu unterziehen[94].

## V. Zum weiteren Gang der Untersuchung

Bevor der einfachgesetzliche Tarifvorbehalt des § 77 Abs. 3 BetrVG hinsichtlich seiner Voraussetzungen und Grenzen dargestellt werden kann, müssen – soll die Normbetrachtung nicht in einer unzulänglichen, weil bloß begriffsjurisprudentischen[95] Art und Weise erfolgen – umfassende Vorarbeiten geleistet werden. Ausgehend von der zutreffenden Erkenntnis, daß im Hinblick auf jedwedes Recht

> „nur die Berücksichtigung der geschichtlichen Dimension das Verständnis seines Wesens ermöglicht, während eine Auslegung des als ahistorische Gegebenheit verstandenen Gesetzestextes den Untersuchungsgegenstand Recht verfehlt“[96],

sollen daher im nun folgenden zweiten Teil der Arbeit – in einem Prozeß zunehmender Abstraktion – zunächst die *historischen Wurzeln* des Tarifvorbehalts (dazu § 3), anschließend dessen *funktionelle Grundlagen* (dazu § 4) sowie in einem letzten Schritt die aus dem *Überbau der Verfassung* abzuleitenden Vorgaben erörtert werden (dazu § 5). Im dritten Teil werden die hierbei gewonnenen Erkenntnisse für den Versuch eines dem heutigen rechtstatsächlichen Kontext besser Rechnung tragenden Verständnisses des Tarifvorbehalts fruchtbar gemacht. Dieses muß seinen Ausgangspunkt wegen der für den Norminhalt richtungsweisenden Bedeutung in der Darstellung der *rechtspolitischen Zweck-*

---

[94] Allg. auch *Adomeit* (NJW 1994, 837 [838]), der die arbeitsgerichtliche Rspr. zu Recht als den „reformbedürftigsten Teil im arbeitsrechtlichen Regelungsbereich“ bezeichnet.

[95] Grundleg. für den entwicklungsgeschichtlichen Fortschritt von der reinen Begriffsjurisprudenz zur Wertungs- oder Interessenjurisprudenz *Jhering* (Der Zweck im Recht) sowie die Arbeiten von *Heck* (Das Problem der Rechtsgewinnung, 1. Aufl. [1912]; Gesetzesauslegung und Interessenjurisprudenz, 1914; Begriffsbildung und Interessenjurisprudenz, 1932), der deren „Kern“ wie folgt zusammenfaßt (Das Problem der Rechtsgewinnung, S. 52): „Die Gesetze sind die Resultanten der in jeder Rechtsgemeinschaft einander gegenübertretenden und um Anerkennung ringenden Interessen materieller, nationaler, religiöser und ethischer Richtung.“ Für unsere Tage *Hübner*, FS für Kegel, S. 235 (247 f.): „Gleichwohl muß berücksichtigt werden, daß im Kernbereich jenseits gesellschaftlicher Gegebenheiten Wertungsmaximen unumstößlich sind und von dieser Basis aus die institutionelle Ausformung kritisch gewertet werden muß. Das gilt für horizontale wie vertikale Rechtsvergleichung in gleicher Weise. ... Der Zugang zu Fragestellungen läßt sich wie auch für die horizontale Rechtsvergleichung nur dadurch gewinnen, daß man die Vorschriften des geltenden Rechts als Entscheidungen ursprünglicher Konfliktstoffe begreift. ... Rechtsvergleichung muß daher vom Interessenkonflikt und der Notwendigkeit seiner Lösung ausgehen, nicht aber von den jeweils begrifflich ausgeformten Institutionen.“

[96] *Bucher*, AcP 1986, 1 (71).

*setzung* des § 77 Abs. 3 BetrVG finden (dazu § 6 I)[97]. Auf ihrer Grundlage werden dann zunächst die *Gegenstände* (dazu § 6 II) und *Grenzen* des Tarifvorbehalts (dazu § 6 III) umschrieben, bevor sich die Betrachtung auf die Frage konzentriert, ob die in ihm statuierte Sperrwirkung zu Lasten der Betriebsvereinbarung das *Erfordernis der Tarifbindung des Arbeitgebers* zur Voraussetzung hat (dazu § 7). Abschließend soll zum wirtschaftspolitischen Ausgangspunkt der Abhandlung zurückgekehrt werden, indem beleuchtet wird, welche Auswirkungen die hinsichtlich des § 77 Abs. 3 BetrVG gefundenen Ergebnisse für die von zahlreichen Unternehmen mit dem Ziel der Flucht aus der tarifvertraglichen Ordnung angestrengte *Verbandsflucht* haben (dazu § 8).

[97] Siehe zur zwingenden Notwendigkeit einer zweckorientierten Betrachtung des Rechts bereits *von Gierke* (zit. nach *Wolf*, Quellenbuch, S. 479): „Doch vermag sie (lies: die Rechtswissenschaft) schon in das Wesen und den Entwicklungsgang des Rechtes eine tiefere Einsicht nicht zu gewinnen, ohne daß sie den *Zweck* erforscht, der als unbewußter oder bewußter Gestaltgeber des Rechtes waltet" (Hervorh. i. Org.).

*Zweiter Teil*

# Rechtliche und rechtstatsächliche Prämissen

Das Verständnis des Tarifvorbehalts als eine Normsetzungsprärogative zu Gunsten der Tarifvertragsparteien und die konkrete Gestalt, welche § 77 Abs. 3 BetrVG auf der Grundlage dieser Zwecksetzung in Rechtsprechung und herrschender Literatur erhält, resultieren wesentlich aus einer dreifachen Geringschätzung der betrieblichen im Vergleich zur tariflichen Mitbestimmung, die sich thesenartig wie folgt zusammenfassen läßt:

Im Verlaufe der *historischen Entwicklung* habe sich die Tarifautonomie als die effektivere Form zur Vertretung der arbeitnehmerseitigen Interessen im Verhältnis zum wirtschaftlich übermächtigen Arbeitgeber gegen die Betriebsautonomie durchgesetzt, weshalb die Kodifikationen des kollektiven Arbeitsrechts von Beginn an (§ 13 Abs. 1 Satz 3 TVVO 1918, § 78 Ziff. 2 BRG 1920, § 32 Abs. 2 Satz 3 AOG 1934, § 59 BetrVG 1952) bis zum heutigen Tage (§ 77 Abs. 3 BetrVG) Tarifverträgen stets den Vorrang vor betrieblichen Regelungen beigemessen hätten.

In *sachlich-funktioneller Hinsicht* biete allein der Tarifvertrag die Gewähr interessengerechter Arbeitsbedingungen, da von den überbetrieblichen Verbänden im Gegensatz zu rein betriebsegoistischen Bestrebungen der Betriebspartner nicht zuletzt auch die gesamtwirtschaftlichen Belange der Allgemeinheit berücksichtigt würden.

Insbesondere sei der Tarifautonomie bereits durch die *Verfassung* der Vorrang vor der Betriebsautonomie zuerkannt, da nur erstere durch Art. 9 Abs. 3 GG eine grundrechtliche Verankerung erfahren habe und überdies die freiheitlichere Alternative kollektiver Interessenvertretung darstelle.

Der Weg zu einer möglichen Neuinterpretation des Tarifvorbehalts kann demnach nur über die Falsifizierung dieser normprägenden Vorverständnisse führen. Die folgenden Ausführungen sollen und werden zeigen, daß bei genauerer Betrachtung in der Tat weder von einer historischen, noch von einer sachlichen und erst recht nicht von einer verfassungsrechtlichen Überlegenheit tariflicher gegenüber betrieblicher Mitbestimmung die Rede sein kann, die Interpretation des § 77 Abs. 3 BetrVG durch die herrschende Meinung folglich auf unzutreffenden Prämissen basiert und deswegen grundlegend überdacht werden sollte.

## § 3 Die historischen Wurzeln des Tarifvorbehalts

Die Privatrechtsordnung stellt neben dem Gesetz, welches vorformulierte Antworten auf bestimmte standardisierte Rechtsfragen bereithält, den Rechtssubjekten zum Zwecke einer eigenständigen und gleichberechtigten Regelung ihrer Beziehungen mit dem Individualvertrag[1] allgemein nur eine einzige Gestaltungsform zur Verfügung[2]. Im Gegensatz dazu ist die Arbeitsrechtsordnung, obwohl diese weitestgehend Teilbereich des Privatrechts ist[3], unübersehbar durch eine wahre Formenvielfalt verschiedenartiger Regelungsinstrumente gekennzeichnet. Dem Tarifvertrag wie auch der Betriebsvereinbarung kommt hierbei zweifellos eine Sonderstellung zu. Denn während die Zivilistik grundsätzlich durch die Gegensätzlichkeit von Rechtsetzung und Rechtsgeschäft geprägt ist, also von einer Wesensverschiedenheit von Rechtsnorm und rechtsgeschäftlicher Regelung ausgeht[4], stellen sowohl der Tarifvertrag (§ 4 Abs. 1 TVG) als auch die Betriebsvereinbarung (§ 77 Abs. 4 Satz 1 BetrVG) auf

---

[1] Nach der grundleg. Definition *Savignys* (System, Bd. 3, S. 309) versteht die Privatrechtsordnung unter dem Vertrag die „Vereinigung mehrerer zu einer übereinstimmenden Willenserklärung, wodurch ihre Rechtsverhältnisse bestimmt werden".

[2] *Flume* (Das Rechtsgeschäft, S. 12) bezeichnet daher den Vertrag als die „Hauptform privatautonomer Gestaltung", wobei freilich der Begriff notwendig eine Abstraktion darstellt, da es „den" Vertrag als solchen nicht gibt, sondern lediglich „die" Verträge in Gestalt aller von der Rechtsordnung anerkannten sowie atypischen Vertragsformen (*Flume*, ebd., S. 601; *Kress*, Lehrbuch, S. 72 ff.).

[3] Dies gilt jedenfalls für das Arbeitsvertragsrecht und das kollektive Arbeitsrecht, während außerhalb dieser Gebiete, z. B. im Arbeitsschutzrecht, durchaus auch Rechtsbeziehungen der Arbeitsrechtssubjekte zu staatlichen Instanzen zum Regelungsgegenstand des Arbeitsrechts gehören; zum Ganzen *Hueck/Nipperdey*, Arbeitsrecht, Bd. 2, 6. Aufl., S. 45; *dieselben*, Arbeitsrecht, Bd. I, 7. Aufl., S. 6; *Nikisch*, Arbeitsrecht, Bd. 1, S. 45 ff.; *Zöllner*, AcP 1976, 221 (223); *Gamillscheg*, AcP 1976, 197 (198); *Konzen*, ZfA 1991, 379 (388); *Gast*, Tarifautonomie, S. 1.

[4] Grundleg. *Savigny*, System, Bd. 1, S. 12: „Dennoch sind diese beiden Bedingungen spezifisch verschieden, und es führt auf Verwirrung der Begriffe, wenn man Verträge und Gesetze auf eine Linie als Rechtsquellen stellt." Vgl. auch *Flume*, Das Rechtsgeschäft, S. 4 f.; *von Tuhr*, Allgemeiner Teil, Bd. II/1, S. 146. Verneint wird der kontradiktorische Gegensatz zwischen Rechtsnorm und Rechtsgeschäft hingegen von den Vertretern der sog. Wiener Schule um *Kelsen* (Reine Rechtslehre, S. 228 ff.; konkret für das Arbeitsrecht *Adomeit*, Rechtsquellenfragen, S. 72 ff.), die auch vertragliche Abreden in einen umfassenden Stufenbau der Rechtsordnung eingliedern. Dieser Vorstellung ist jedoch entgegen zu halten, daß nicht zuletzt die sprachliche Differenzierung hilft, den grundleg. Unterschied zwischen der Heteronomie der Rechtsnorm und der Autonomie des Rechtsgeschäfts hervorzuheben (zutreff. *Waltermann*, Rechtsetzung, S. 94; krit. auch *Nebel*, Normen des Betriebsverbandes, S. 179 f.).

Grund der ihnen durch den Gesetzgeber verliehenen normativen Wirkung – in Relativierung dieses Grundsatzes[5] – eine der Privatrechtsordnung fremde *Synthese von Gesetz und Vertrag* dar[6]. Die Existenz zweier hinsichtlich ihrer gesetzesgleichen Geltungskraft gleichartigen Gesamtvereinbarungen[7] führt zwangsläufig dazu, daß die Lösung ihrer Konkurrenz zueinander nicht nach den allgemeinen Rangordnungsgrundsätzen der Rechtsquellenlehre erfolgen kann. Vielmehr muß sich das Gesetz dem Verhältnis von Tarifvertrag und Betriebsvereinbarung eigens annehmen, was durch § 77 Abs. 3 BetrVG und dessen Vorgängervorschriften auch tatsächlich geschehen ist. Warum aber kennt die Arbeitsrechtsordnung mit dem Tarifvertrag und der Betriebsvereinbarung zwei wegen ihrer normativen Wirkung hybride Regelungsformen, welche die Schaffung einer eigenständigen gesetzlichen Konkurrenzregel notwendig machen? Ausschlaggebender Grund für die Entstehung beider kollektiven Gestaltungsebenen ist die Tatsache, daß der Individualvertrag sich im Verlauf der Geschichte der Industriegesellschaft als nicht hinreichendes Gestaltungsmittel zur Gewährleistung gerechter Arbeitsbedingungen erwiesen hat.

## I. Von der Privatautonomie zur Tarif- und Betriebsautonomie

Historisch steht am Anfang der Entwicklung des modernen Arbeitsrechts[8] der Individualarbeitsvertrag und damit die Privatautonomie verstanden als das

[5] *Zöllner*, Rechtsnatur, S. 25 f.; *Richardi*, Kollektivgewalt, S. 21 ff.; MünchArbR-*Richardi*, Bd. 3, § 233 Rdnr. 21; *Waltermann*, Rechtsetzung, S. 94 ff.; für eine völlige Aufhebung der Dichotomie zwischen Gesetz und Rechtsgeschäft *Meyer-Cording*, Rechtsnormen, insbes. S. 46 u. 97.

[6] Terminologisch wird dieser Sonderstellung dadurch Rechnung getragen, daß sowohl Tarifvertrag als auch Betriebsvereinbarung als Normenverträge bezeichnet werden, durch welche privatrechtlich (d. h. durch Rechtsgeschäft) objektives Recht entsteht; vgl. insgesamt *Hueck/Nipperdey*, Arbeitsrecht, Bd. II/2, 7. Aufl., S. 1275; *G. Hueck*, Betriebsvereinbarung, S. 87; *Richardi*, Kollektivgewalt, S. 310; *Hromadka*, Betriebsverfassung, S. 87; *Waltermann*, Rechtsetzung, S. 96; *Kirchhof*, Private Rechtsetzung, S. 222; gegen den Normcharakter der Betriebsvereinbarung hingegen *Kreutz* (Grenzen, S. 82 ff. u. 99 ff.) auf Grund deren Charakterisierung als ein „privatheteronomes Rechtsgeschäft".

[7] So erstmals *Flatow*, Grundzüge des Schlichtungswesens, S. 6 ff.; in der Folgezeit auch *Jacobi*, Grundlehren, S. 19 u. öfter; *Hueck/Nipperdey*, Arbeitsrecht, Bd. 2, 6. Aufl., S. 6; *Biedenkopf*, Grenzen, S. 2; *Richardi*, Kollektivgewalt, S. 310. Gesetzlich wurden Tarifvertrag und Betriebsvereinbarung durch § 3 der Schlichtungsverordnung vom 30.10.1923 unter dem Oberbegriff der Gesamtvereinbarung zusammengefaßt.

[8] Der Beginn der Entwicklung des Arbeitsrechts in unserem heutigen Sinne, also verstanden als Sonderrecht der unselbständigen Arbeitnehmer (*Hueck/Nipperdey*, Arbeitsrecht, Bd. I, 7. Aufl., S. 4) datiert im 19. Jahrhundert. Zwar waren Regelungen hinsichtl. der menschlichen Arbeit auch für ein geordnetes Rechtsleben früherer Kultur- und Gesellschaftsordnungen zweifelsohne bereits von essentieller Bedeutung und zählen daher zu den ältesten Rechtsnormen überhaupt (zur Diff. des mittelalterlichen und des

Recht des einzelnen zur Selbstgestaltung seiner Rechtsverhältnisse nach seinem Willen[9]. Wirtschaftsliberalem Gedankengut entsprechend nahm man in der vor- und frühindustriellen Epoche des 19. Jahrhunderts ganz allgemein an, nationaler Wohlstand und soziale Gerechtigkeit seien ausschließlich auf den drei Säulen der Gewerbefreiheit, der freien Konkurrenz und insbesondere der Vertragsfreiheit zu erreichen[10]. Dieses – nur durch die berühmte „invisible hand" (*Adam Smith*) gesteuerte – freie Spiel der Kräfte hielt schließlich in Gestalt der maßgeblich auf liberalen Vorstellungen basierenden[11] Kodifizierung der Gewerbeordnung aus dem Jahre 1869 auch im Verhältnis der selbständigen Gewerbetreibenden zu den gewerblichen Arbeitern Einzug; der bis heute gültige § 105 GewO 1869 bestimmte, daß die Festsetzung der Lohn- und Arbeitsbedingungen *Gegenstand freier Übereinkunft* sein sollte[12]. Die Retrospektive auf die ersten „Flegeljahre der Industrie"[13] erlaubt zweifellos den vernichtenden Schluß, daß es in damaliger Zeit auf dem Wege freier Übereinkünfte zwischen Arbeitgeber

modernen Arbeitsrechts *Willoweit*, JuS 1977, 573; *Dapprich*, FS für G. Müller, S. 115); doch erst im Laufe des 19. Jahrhunderts bildete sich der Stand der abhängigen Lohnarbeiter (zu dieser Entwicklung *Th. Nipperdey*, Bürgerwelt und starker Staat, S. 232 ff.; *derselbe*, Arbeitswelt und Bürgergeist, S. 291 ff.; *Wehler*, Gesellschaftsgeschichte, S. 242 ff.), deren Rechtsverhältnis zu ihrem Arbeitgeber fortan den Regelungsgegenstand des Arbeitsrechts darstellte (*Hueck/Nipperdey*, Arbeitsrecht, Bd. II/1, 7. Aufl., S. 6 f.).

[9] Zur Begriffsbestimmung der Privatautonomie *Flume*, Das Rechtsgeschäft, S. 1.

[10] Die maßgeblich auf den schottischen Ökonomen *Adam Smith* (grundleg. sein Werk: An Inquiry into Nature and causes of the Wealth of Nations, hier zit. nach der 4. Aufl., 1874; zu *Smith* insbes. *Ellsworth/Clark Leith*, International Economy, S. 47 f.) zurückgehende Theorie des Wirtschaftsliberalismus verstand die menschliche Arbeit – losgelöst von der Persönlichkeit des Arbeiters – allein als einen für den Markt entscheidenden wertschaffenden Faktor. Die Arbeitsleistung wurde zur bloßen Ware im Wirtschaftsverkehr, welche auf dem Arbeitsmarkt gehandelt wurde, der somit als ein selbständiger Markt neben die Gütermärkte trat (hierzu auch *Richardi*, Kollektivgewalt, S. 113). War man in der merkantilistischen Epoche (federführend *Johann Joachim Becher*, 1635 – 1682) noch von der Notwendigkeit einer umfassenden gesetzlichen Reglementierung des Wirtschaftsverkehrs ausgegangen, vertraute die wirtschaftsliberale Auffassung nunmehr an Stelle der Staatshilfe ausschließlich auf die Selbständigkeit und die Selbsthilfe der Individuen. Die Aufgabe des Staates wurde hingegen lediglich darin gesehen, die erforderlichen Rahmenbedingungen für die Selbstverantwortlichkeit des einzelnen zu schaffen, um dadurch die freie Verkehrswirtschaft zu fördern (zum Ganzen *Planitz/Eckhardt*, Deutsche Rechtsgeschichte, S. 248 f.; *Mitteis/Lieberich*, Deutsche Rechtsgeschichte, S. 413).

[11] Ausf. zu den Einflüssen wirtschaftsliberalen Denkens auf die Entstehungsgeschichte der Gewerbeordnung des Jahres 1869 *Benöhr*, ZfA 1977, 187 ff.; vgl. auch *Teuteberg*, Geschichte, S. 345; *Ritter/Tenfelde*, Arbeiter, S. 390.

[12] Einen Vorgänger fand § 105 GewO 1869 in § 423 Abs. 2 Satz 8 des PrALR 1794, der lautete: „Uebrigens sind die Verhältnisse zwischen dem Fabrikunternehmer, und den Fabrikanten, nach dem Inhalte des unter ihnen bestehenden Contracts, und nach den über dergleichen Contracte sprechenden Gesetze zu beurtheilen"; dazu *Reichold*, Sozialprivatrecht, S. 21 f.

[13] *Nikisch*, Arbeitsrecht, Bd. 1, S. 15.

und Arbeitnehmer nicht gelungen ist, das Urproblem des Arbeitsrechts, also die Bestimmung des *gerechten Lohnes* und sonstiger *gerechter Arbeitsbedingungen*[14], in hinreichender Weise zu lösen[15]. Obwohl das historische Versagen der Privatautonomie auf dem Felde der Arbeitsbeziehungen daher heute als ein unbestrittenes Datum arbeitsrechtlicher Erkenntnis gelten kann[16], erscheint es dennoch angebracht, den Ursachen für die mangelnde Eignung des Individualvertrages etwas genauer nachzugehen. Denn deren differenzierte Betrachtung wird zeigen, daß eine letztlich doppelte Mangelhaftigkeit einzelvertraglicher Gestaltung der Arbeitsbedingungen im Ergebnis entscheidender Grund für die Entstehung unseres dualistischen Modells der Arbeitsverfassung mit seiner Demarkationslinie des § 77 Abs. 3 BetrVG war.

### *1. Mangelnde Richtigkeitsgewähr des Individualarbeitsvertrages*

a) Im Jahre 1889, also nur zwei Jahrzehnte nach Inkrafttreten der Gewerbeordung, beschrieb *Otto von Gierke*[17] die durch deren § 105 hervorgerufenen Folgen äußerst eindringlich mit den Worten:

> „Schrankenlose Vertragsfreiheit zerstört sich selbst. Eine furchtbare Waffe in der Hand des Starken, ein dumpfes Werkzeug in der Hand des Schwachen, wird sie zum Mittel der Unterdrückung des Einen durch den Anderen, der schonungslosen Ausbeutung geistiger und wirthschaftlicher Übermacht."

Inhaltlich hat sich an dieser Einschätzung der individuellen Vertragsfreiheit bis in unsere Tage nur wenig geändert. Die moderne Vertragslehre hat lediglich die tatsächlichen Erfahrungen der liberalistischen Epoche von ihrem zeitgeschichtlichen Pathos befreit und zu dem allgemeinen rechtstheoretischen Dogma abstrahiert[18], daß die Gewährung rein formaler Vertragsfreiheit allein letztlich noch nicht zur *Richtigkeit* des vertraglich Vereinbarten im Sinne einer „an-

---

[14] Vgl. insbes. *A. Hueck*, Der gerechte Lohn aus arbeitsrechtlicher Sicht, in: *Heckel*, Der gerechte Lohn, S. 18 ff.; auch *Gast*, BB 1991, 1053 ff.

[15] Tauscht man hingegen die rechtshistorische Sichtweise gegen den zeitgenössischen Blickwinkel liberalistischer Denkweise, so wurde die weitreichende soziale Not ausdrücklich und ganz bewußt als Preis für den erstrebten Verzicht des Staates auf ein reglementierendes Eingreifen in den Wirtschaftsprozeß in Kauf genommen. Dem System umfassender individueller Freiheit erschien die durch dieses erzeugte soziale Ungleichheit demnach nicht als ungerecht, sondern diese wurde vielmehr als systemimmanent und den Betroffenen letztlich persönlich zurechenbar akzeptiert (vgl. *Grimm*, Recht und Staat, S. 138).

[16] Statt vieler BAG, AP Nr. 54 zu § 611 BGB Gratifikation; AP Nr. 1 zu § 620 BGB Befristeter Arbeitsvertrag; *Hueck/Nipperdey*, Arbeitsrecht, Bd. 2, 6. Aufl., S. 20; *Jacobi*, Grundlehren, S. 6; *Richardi*, Kollektivgewalt, S. 113 f.; *Reichold*, Sozialprivatrecht, S. 223; *Gast*, Arbeitsvertrag und Direktion, S. 343.

[17] Zit. nach *Wolf*, Quellenbuch, S. 499.

[18] *Junker*, NZA 1997, 1305 (1311): „Interpretation von Erfahrungen".

nähernd besten Lösung"[19] führe[20]. Funktionstüchtig sei die auf der Idee der Selbstbestimmung des einzelnen beruhende Privatautonomie vielmehr nur dann, wenn zwischen den Vertragspartnern zusätzlich ein *materielles Macht- bzw. Kräftegleichgewicht* angenommen werden könne[21].

---

[19] So *Weitnauer*, Schutz des Schwächeren, S. 18.

[20] Grundleg. hinsichtl. der sog. Theorie von der Richtigkeitsgewähr von Verträgen *Schmidt-Rimpler*, AcP 1978, 130 (insbes. 149 ff.); vgl. auch bereits *M. Wolf*, Rechtsgeschäftliche Entscheidungsfreiheit, S. 12 sowie *Biedenkopf*, Wettbewerbsbeschränkungen, S. 108 ff.

Krit. hingegen die sog. Selbstbestimmungstheorie (*Flume*, Das Rechtsgeschäft, S. 17; vgl. auch *Isensee*, in: *Freudenberg*, Die Zukunft der sozialen Partnerschaft, S. 159 [178]; *Rieble*, Arbeitsmarkt und Wettbewerb, Rdnr. 839 f.), die darauf hinweist, daß ein Vertrag insofern als „richtig" angesehen werden müsse, als er von der beiderseitigen Selbstbestimmung der Vertragspartner getragen sei. Darüber hinaus sei jedes Richtigkeits- oder Unrichtigkeitsurteil in Anbetracht der durch die Privatautonomie angestrebten Selbstverantwortlichkeit des einzelnen bereits ein Widerspruch in sich.

Vermittelnd und i. Erg. zutreff. hat *Säcker* (Gruppenautonomie, S. 208) klargestellt, daß Richtigkeit jedenfalls nicht im Sinne objektiver Wertmaßstäbe, sondern allein subjektiv zu verstehen sei (m. w. Nachw. zu den unterschiedlichen Positionen *Kreutz*, Grenzen, S. 57 Fn. 35; vgl. auch *Jahnke*, Tarifautonomie und Mitbestimmung, S. 121).

[21] Ganz h.M.: BVerfGE 81, 242 (254 f.); 89, 214 (232); *Flume*, Das Rechtsgeschäft, S. 10; *Weitnauer*, Schutz des Schwächeren, S. 17 f.; *Richardi*, Kollektivgewalt, S. 114; *Säcker*, Gruppenautonomie, S. 205 ff.; *Kreutz*, Grenzen, S. 160 f.; *Reichold*, Sozialprivatrecht, S. 79; *Waltermann*, Rechtsetzung, S. 66; *Gast*, Arbeitsrecht als Vertragsrecht, S. 56; *derselbe*, Tarifautonomie, S. 4; *Th. Schmidt*, Günstigkeitsprinzip, S. 69; *Ehmann/Schmidt*, NZA 1995, 193 (198); *Reuter*, ZfA 1975, 85 (86); *Dieterich*, RdA 1995, 129 (131); konkret in bezug auf den Arbeitsvertrag *Kittner*, FS für Kissel, S. 497 ff.; diff. *Preis*, Grundfragen, S. 216 ff.

Freilich kann und soll nicht verschwiegen werden, daß das Postulat eines zwingenden Zshgs. zwischen dem Gleichgewicht oder Ungleichgewicht der Vertragspartner und der materiellen Richtigkeitsgewähr des vertraglich Vereinbarten namentlich durch die unlängst umfass. geäußerte Kritik *Zöllners* (AcP 1996, 1 [inbes. 15 ff.] m. w. Nachw.) deutlich ins Wanken geraten ist. *Zöllner* gelangt zu dem Ergebnis, daß die Ungleichgewichtigkeit als rechtstheoretische sowie als rechtspraktische Figur bei der Beantwortung vertragstheoretischer Fragen „nichts verloren habe". Die Validität von Verträgen müsse statt dessen ausschließlich anhand der Fragestellung beantwortet werden, ob und inwieweit die Entscheidungsfreiheit eines Vertragspartners bei Vertragsschluß in relevanter Weise beeinträchtigt worden sei (ebd., 30).

Zur Klarstellung sei daher angemerkt: Wenn dennoch die Ungleichgewichtigkeitsthese an dieser Stelle als Prämisse der Darstellung der Entstehungsgeschichte der Tarifautonomie gewählt wird, so soll dies ausdrücklich nicht deswegen geschehen, weil diese eine „bequeme Argumentationsfigur" darstellt, die „von genauem Nachdenken und sachbezogener Begründung" entbindet (so *Zöllner*, ebd., 35). Eine entsprechende Prämissensetzung ist vielmehr zum einen Tribut an die Tatsache, daß eine umfassende und befriedigende Auseinandersetzung mit dieser zivilrechtsdogmatischen Grundsatzfrage den Rahmen der vorgelegten Arbeit notwendig sprengen müßte. Zum anderen aber spielt die These des Machtungleichgewichts zwischen Arbeitgeber und Arbeitnehmer (zu deren Überprüfung näher unten § 4 II 1) in der arbeitsrechlichen Rspr. und Lit. eine derart bedeutende Rolle, daß sich die Entstehungsgeschichte und Zwecksetzung der Tarifautonomie ohne Rekurrierung auf die Ungleichgewichtsthese letztlich nicht sinnvoll

Eine dahingehende *Verhandlungsparität* aber bestand zwischen den Fabrikherren und den Lohnarbeitern zum Zeitpunkt der beginnenden Industrialisierung nicht. Hungerlöhne an oder gar unter der Verelendungsgrenze, nahezu unbeschränkte Arbeitszeiten, fehlender Arbeits- und Kündigungsschutz und – als Folge der katastrophalen Arbeitsbedingungen – menschenunwürdige Wohnverhältnisse, Unterernährung sowie Frauen- und Kinderarbeit waren im Gegenteil ebenso eindeutige wie schmerzliche Symptome dafür, daß die Arbeitnehmer ihre Interessen (noch) nicht genügend wirkungsvoll gegen die Arbeitgeber durchzusetzen vermochten[22]. Maßgeblicher Grund für die Disparität der Parteien des Arbeitsvertrages war seinerzeit[23] ein beträchtliches Überangebot an Arbeitskräften, das durch einen nahezu explosionsartigen Bevölkerungszuwachs[24] genährt wurde. Dieser Arbeitskräfteüberschuß erlaubte es den Unternehmern, dem national wie international stärker werdenden Konkurrenzkampf vornehmlich durch eine Minimierung der Löhne und eine maßlose Erhöhung der Arbeitszeit zu begegnen und diesen damit weitestgehend auf dem Rücken der Arbeitnehmer auszutragen[25]. Nicht wirklich freies Aushandeln, sondern ein *einseitiges Diktat*

darstellen lassen, will man nicht a priori der überbetrieblichen Mitbestimmung jegliche Bedeutung absprechen (so aber i. Erg. bereits *Zöllner*, AcP 1976, 221 [229 ff.]).

[22] Umfass. zur sozialen Lage der Arbeiterschaft des 19. Jahrhunderts *Th. Nipperdey*, Bürgerwelt und starker Staat, S. 219 ff.; *derselbe*, Arbeitswelt und Bürgergeist, S. 291 f.; beispielhaft *Steffens* (in: *Tenfelde/Volkmann*, Streik, S. 124 ff.) hinsichtl. der Wohnverhältnisse saarländischer Bergleute; vgl. auch *Fabricius* (FS für Fechner, S. 177 ff.) mit der Begründung, es habe den durch § 105 GewO 1869 in die formelle Freiheit entlassenen Lohnarbeitern insbesondere an materiellen (Grundeigentum) und ideellen Starthilfen (Bildung) gefehlt.

[23] Sucht man losgelöst vom entwicklungsgeschichtlichen Kontext der Industrialisierung nach den Gründen für die angebliche Übermacht des Arbeitgebers, so stößt man indessen auf große Schwierigkeiten; zu Recht haben daher *Picker* (ZfA 1986, 199 [251 Fn. 131]) und *Kreutz* (Grenzen, S. 165 f.) darauf hingewiesen, daß eine umfassende Begr. und erklärende Darstellung des Phänomens der generellen Ungleichgewichtigkeit der Arbeitsvertragsparteien bislang feht; zur Frage der Funktionsfähigkeit des Individualarbeitsvertrages im sozialpolitischen Umfeld unserer Tage unten § 4 II 1.

[24] Die Bevölkerungszahl Deutschlands hat sich im Laufe des 19. Jahrhunderts mehr als verdoppelt: Von 25 Millionen im Jahre 1800 wuchs die Bevölkerung auf 60 Millionen im Jahre 1905 (*Mitteis/Lieberich*, Deutsche Rechtsgeschichte, S. 412).

[25] Insoweit ebenso *Zöllner*, AcP 1976, 221 (231); *derselbe*, AcP 1996, 1 (20); vgl. auch *Kreutz*, Grenzen, S. 169; *Wiedemann*, Austausch- und Gemeinschaftsverhältnis, S. 11 ff.; *Neumann-Duesberg*, Betriebsverfassungsrecht, S. 24; *Picker*, GS für Knobbe-Keuk, S. 879 (883 f.).

Das Überangebot an Arbeitskräften bildet letztlich auch den Ausgangspunkt der Lehre von der Verelendungskonkurrenz, mittels derer der Marxismus das Versagen des Individualvertrages auf dem Gebiet der Arbeitsverhältnisse zu erklären versucht: Komme es auf Grund eines Arbeitskräfteüberschusses den Gesetzen des Marktes entsprechend zu Lohnsenkungen, so müßten die Arbeitnehmer ihrerseits – entgegen der normalen Relation von Angebot und Nachfrage – die Lohneinbußen zur Erhaltung ihres Existenzminimums mit einem weiter gesteigerten Arbeitsangebot, häufig auch durch Arbeitsangebote anderer Familienmitglieder beantworten (Frauen und Kinder als sog. in-

*der Arbeitsbedingungen durch den Arbeitgeber* war demnach faktisch die Folge des § 105 GewO 1869, so daß das Schicksal der Arbeitnehmerschaft, welches unter dem Schlagwort der *sozialen Frage* in die Geschichtsbücher eingehen sollte, alsbald nach Schaffung dieser Vorschrift zum

> „wichtigsten und drängendsten aller der Gegenwart nebeneinander aufgedrungenen Probleme“[26]

wurde.

b) Ganz allgemein stehen zum Zwecke der Aufhebung vertraglicher Disparitäten zwei unterschiedliche Wege offen. Neben der Stärkung des in seiner Vereinzelung zu schwachen Vertragsteils durch Zusammenschluß kommt ebenso stets ein in die Privatrechtsordnung eingreifendes Tätigwerden des Gesetzgebers in Betracht[27]. Der staatlichen Gesetzgebung des ausgehenden 19. Jahrhunderts ist es konkret jedoch nicht gelungen, die Übermacht des Arbeitgebers bei der vertraglichen Gestaltung der Arbeitsbedingungen entscheidend einzuebnen. Denn bereits ausweislich ihrer Zielsetzung waren die legislatorischen Maßnahmen jener Zeit lediglich darauf gerichtet, rein kompensatorisch die Folgen der wirtschaftlichen Unterlegenheit der Arbeitnehmer auszugleichen (paradigmatisch die *Bismarck'sche* Sozialversicherungsgesetzgebung)[28]. Die mangelnde Vertragsparität des Arbeitsvertrages als solche wurde hingegen als eine unabwendbare Prämisse akzeptiert. Folglich blieb der Ausgleich der Machtüberlegenheit des Arbeitgebers allein der Selbsthilfe seitens der Arbeitnehmer überlassen[29]. Und diese erkannten, daß nur durch Bildung einer kollektiven Ge-

---

dustrielle Reservearmee). Diese inverse Reaktion des Angebots auf dem Arbeitsmarkt führe den Arbeitnehmer schließlich in eine unendliche Verelendungsspirale, welche ihn im Ergebnis in eine unentrinnbare Abhängigkeit gegenüber dem Kapitalisten stelle (*Marx*, Das Kapital, S. 183 ff. u. 315 ff.).

[26] So *von Mohl*, Die Arbeiterfrage, in: Staatsrecht, Völkerrecht und Politik, Bd. 3, S. 524; ausf. zu den nach Erlaß der Gewerbeordnung stärker werdenden antiliberalistischen Strömungen *Benöhr*, ZfA 1977, 187 (197 ff.).

[27] Hierzu nur *Weitnauer*, Schutz des Schwächeren, S. 18.

[28] Zum Ganzen *Nikisch*, Arbeitsrecht, Bd. 1, S. 16 ff.; *Fabricius*, FS für Fechner, S. 171 (180 ff.); *Wiese*, FS für Kissel, S. 1269 (1270 f.).

Grund für diese rein kompensatorische Zielrichtung des Arbeitsschutz- und Sozialrechts jener Tage war das traditionell staatsfürsorgliche und obrigkeitsstaatliche Selbstverständnis der preußischen Gesetzgebung (Stichwort: „gute Polizey“; hierzu *Th. Nipperdey*, Arbeitswelt und Bürgergeist, S. 341). Erst mit den beiden Erlassen Kaiser Wilhelms II. vom 04.02.1890 war eine Wende in der Gesetzgebungstätigkeit hin zu einem mehr präventiven Arbeitsschutz und damit zu Eingriffen in die Selbstbestimmung der Vertragspartner zu verspüren. Doch führte auch dieser sog. „Neue Kurs“ in der Wirtschafts- und Sozialpolitik im Ergebnis nur zu marginalen Einschränkungen der weitgehenden Vertragsfreiheit und kam überdies zu spät (vgl. *Konzen*, ZfA 1991, 379 ff.).

[29] *Säcker* (Gruppenautonomie, S. 258) weist darauf hin, daß die Bildung der Koalitionen letztlich überflüssig gewesen wäre, hätte der Liberalstaat des 19. Jahrhunderts die sozialstaatliche Arbeitsschutz- und Lohngesetzgebung als seine Aufgabe erkannt.

genmacht, nur mittels Aufhebung der ihre Schwäche begründenden Vereinzelung durch schlagkräftige Organisationen letztlich das Ziel eines gleichgewichtigen Aushandelns der Löhne und sonstigen Arbeitsbedingungen erreicht werden konnte[30]. So gründeten sich Gewerkschaften[31], die dem liberalen Nachtwächterstaat in zahlreichen, oftmals blutig niedergeschlagenen Arbeitskämpfen die Koalitionsfreiheit abtrotzten[32]. Den Endpunkt dieses hart erkämpften Selbstschutzes durch Kollektivierung bildete schließlich die Errungenschaft des Tarifvertrages als ein kollektivrechtliches Surrogat des mangels hinreichender materieller Richtigkeitsgewähr auf dem Felde des Arbeitsrechts gescheiterten Individualvertrages[33].

### *2. Die Grundidee betrieblicher Mitbestimmung: Vom betrieblichen Herrschaftsverband zum freiheitlichen Betriebsverband*

#### a) Die individualistische Natur des Arbeitsvertrages

aa) Das Fehlen der materiellen Richtigkeitsgewähr einzelvertraglich ausgehandelter Arbeitsbedingungen, das zur Entstehung der Tarifautonomie führte, ist nicht der alleinige Grund für die mangelnde Eignung der Privatautonomie hinsichtlich der Gestaltung der Arbeitsverhältnisse. Hinzu tritt ein ebenso bedeutsamer funktioneller Mangel des Individualarbeitsvertrages, der seine Ursache bereits in dessen historischen Wurzeln findet. Ausgehend von der römischrechtlichen *locatio conductio operarum* betrachtete die Pandektenwissenschaft des 19. Jahrhunderts den Arbeitsvertrag, wie die Bezeichnung als sog. Dienst-

---

[30] Aus der zeitgenöss. Lit. hierzu *Brentano,* Kritik der englischen Gewerkvereine, S. 25 f. u. 130 ff.; *Sinzheimer*, Arbeitsrecht und Rechtssoziologie, Bd. 1, S. 150 (158).

[31] Zu den Anfängen der Gewerkschaftsbewegung *Th. Nipperdey*, Arbeiterwelt und Bürgergeist, S. 320 ff.

[32] *Wehler*, Gesellschaftsgeschichte, S. 268 ff.; *Th. Nipperdey*, Arbeiterwelt und Bürgergeist, S. 329 ff.

[33] Die geistigen Väter der Tarifautonomie selbst sahen den Tarifvertrag als das zu erstrebende Ziel einer Entwicklung, an deren Ende „die Ordnung und nicht der Kampf Ziel und Zweck der Ausübung des Koalitionsrechts" sein sollte; an die „Stelle der Selbsthilfe" sollte „jederzeit die Entscheidung durch das Recht" treten (*Sinzheimer*, Arbeitsnormenvertrag, 1. Teil, S. 105 f.). Die aus diesen Erwartungen abzulesende Hoffnung, die Tarifautonomie könne gänzlich zur Überwindung des Arbeitskampfes führen, hat sich allerdings bis in unsere Tage nur teilweise erfüllt. Immerhin aber hat sich der Streik von einem rechtswidrigen und revolutionären Mittel des Klassenkampfes in einem langen Prozeß der Verrechtlichung zur „ultima ratio" der Tarifautonomie gewandelt (zum Ganzen *Ehmann*, in: *Streithofen*, Christliche Ethik und Arbeitskampf, S. 43 ff.; *derselbe*, in: *Mohler*, Wirklichkeit als Tabu, S. 61 [62 f.]; *derselbe*, in: *Giger/Linder*, Sozialismus, S. 581 [609 f.]; *derselbe*, NZA 1991, 1; ausf. zu der Frage, ob die tarifautonome Regelung der Arbeitsbedingungen dem Vertrags- oder dem Kampfprinzip folgt, *Picker*, ZfA 1986, 199 ff.).

miete verdeutlicht, als einen *Unterfall des Mietvertrages*[34]. Auf dieser theoretischen Grundlage ist der Arbeitsvertrag – auch von den Vätern des BGB[35] – als ein *reiner Austauschvertrag* entwickelt worden, der allein auf die Leistung von Diensten gegen Entgelt gerichtet sein sollte. Pointiert ausgedrückt machte das Recht somit zunächst keinen Unterschied, ob ein „Pferd oder ein Mensch“ vermietet wurde[36].

Es ist jedoch nicht zu verkennen, daß mittels des ausschließlich schuldrechtlichen Verständnisses der wesensmäßigen Natur des Arbeitsverhältnisses nicht hinreichend Rechnung getragen worden war[37]. Denn diese Sichtweise ließ unberücksichtigt, daß der Eingehung eines Arbeitsverhältnisses stets eine *Doppelfunktion*[38] zukommt: Zwar entsteht einerseits durchaus eine singuläre Rechtsbeziehung des Arbeitnehmers zu seinem Arbeitgeber, doch daneben tritt der Arbeitnehmer mit Abschluß des Arbeitsvertrages andererseits gleichzeitig auch in dessen Betrieb ein[39]. Er wird dadurch sowohl Teil der Gemeinschaft aller betriebszugehörigen Arbeitnehmer als auch der aus Belegschaft und Arbeitgeber gemeinsam gebildeten Betriebsgemeinschaft[40]. Der Abschluß des Arbeitsvertra-

---

[34] *Puchta*, Pandekten, S. 507: „Für die locatio conductio operarum gelten, soweit der Gegenstand überall ihre Anwendung zuläßt, die Grundsätze der locatio conductio rerum.“ Auch *Windscheid*, Lehrbuch des Pandektenrechts, S. 459; i. Erg. entsprech. RGZ 3, 179 (180 ff.).

Grund für die nur stiefmütterliche Behandlung des freien Arbeitsvertrages durch das römische Recht war die Tatsache, daß diesem in der Gesellschaft des alten Roms nur eine sehr geringe praktische Bedeutung zukam. Denn der Schwerpunkt der Arbeitsleistungen wurde durch die nach den Vorschriften des Sachenrechts reglementierte Sklavenwirtschaft erbracht und für die Angehörigen oberer Schichten galt es als ehrenrührig, ihre Dienste gegen Entgelt zu verdingen (*Kaser*, Römisches Privatrecht, S. 203 f.; *Mayer-Maly*, RdA 1967, 281 ff.; *Willoweit*, JuS 1977, 573 [576]; *Wiese*, ZfA 1996, 439 [442 f.]; *Adomeit*, NJW 1996, 1710).

[35] Vgl. Motive, Bd. 2, Recht der Schuldverhältnisse, S. 455: „Die den Abschnitt über den Dienstvertrag einleitende ... Bestimmung ... schließt sich in der Fassung der für die Miethe getroffenen Bestimmungen ... an. Diese Anlehnung an den Miethvertrag empfiehlt sich im Hinblicke auf die nahe Verwandtschaft beider Verträge.“

[36] So *Sinzheimer*, Arbeitsrecht und Rechtssoziologie, Bd. 1, S. 100.

[37] Krit. zum Austauschmodell des Arbeitsvertrages aus heutiger Sicht auch *Adomeit* (Gesellschaftsrechtliche Elemente, S. 1 ff.), der statt dessen für eine stärkere Beachtung gesellschaftsrechtlicher Implikationen plädiert.

[38] Siehe insbes. *Sinzheimer* (Arbeitsnormenvertrag, 1. Teil, S. 2 u. 5), der aus dieser Doppelfunktion die Differenzierung des Inhalts des Arbeitsverhältnisses in ein Individual- und ein Solidarverhältnis ableitete; vgl. auch *Zöllner*, AcP 1976, 221 (225).

[39] Mit dieser Erkenntnis soll nicht – worauf *Meyer-Cording* (Rechtsnormen, S. 90) zu Recht hingewiesen hat – erneut der mittlerweile überwundenen Eingliederungstheorie das Wort geredet werden (vgl. auch unten Fn. 239).

[40] Zumindest als faktische Gegebenheit kann die Existenz der Betriebsgemeinschaft als allgemein anerkannt gelten: vgl., wenn auch mit z. T. diff. Akzentuierung RGZ 113, 87 (89); *Sinzheimer*, Grundzüge, S. 208 ff.: „Gemeinschaft zwischen Arbeit und Eigentum“; *A. Hueck*, ZHR 1921, 368 (392); *Hueck/Nipperdey*, Arbeitsrecht, Bd. 2, 6. Aufl.,

ges begründet folglich mit anderen Worten stets eine – zunächst noch unjuristisch gesprochen – „gliedschaftliche Stellung" des Arbeitnehmers innerhalb eines Betriebsverbandes.

bb) Jede auf Dauer angelegte Personenvereinigung bedarf hinsichtlich des Zusammenlebens und des Verhaltens ihrer einzelnen Mitglieder unweigerlich einer Vielzahl umfassender Ordnungsregeln. Da sich mit der gegen Ende des 19. Jahrhunderts stärker werdenden Verbreitung industrieller Großbetriebe[41] die *Arbeitsteiligkeit* sämtlicher Produktionsabläufe und damit ebenso das Bedürfnis nach weitgehender innerbetrieblicher *Kooperation* zu den bestimmenden Wesensmerkmalen der betrieblichen Gemeinschaft entwickelten[42], besteht für den betrieblichen Produktionsverbund die Notwendigkeit einer festen inneren Ordnung sogar in einem besonderen Maße. Denn Kooperation erfordert stets *Koordination* und komplexe Arbeitsteilung bedarf zwingend einer den gesamten Produktionsprozeß in den Blick nehmenden *Leitung*. Daß der Einzelarbeitsvertrag diesen Anforderungen mitnichten gerecht wurde und bis heute nicht gerecht zu werden vermag, liegt auf der Hand. Denn zum einen werden durch individuelle Vereinbarungen die Arbeitsbedingungen stets ohne den notwendigen Bezug zu den anderen Arbeitnehmern festgelegt[43]; die zur Funktionsfähigkeit des Produktionsverbundes erforderliche Koordination kann jedoch nur erreicht werden bei einer einheitlichen und generalisierenden Reglementierung der betrieblichen Abläufe. Zum anderen erfolgt durch den Arbeitsvertrag die Festlegung der Arbeitsbedingungen lediglich statisch bei Vertragsschluß, während die Gestaltung der betrieblichen Ordnung oftmals gerade eine ohne größeren zeitlichen und organisatorischen Aufwand mögliche Modifizierung der Arbeitsbedingungen notwendig macht.

---

S. 25; *dieselben*, Arbeitsrecht, Bd. I, 7. Aufl., S. 28 ff.; *Nikisch*, Arbeitsrecht, Bd. 1, S. 7 u. Bd. 3, S. 2; *Neumann-Duesberg*, Betriebsverfassungsrecht, S. 181: „Arbeitgeber wie Beschäftigte zusammenfassender sozialer Organismus"; *Zöllner*, AcP 1976, 221 (224 f.); *Isele*, RdA 1962, 373; *Biedenkopf*, in: *Mommsen/Petzina/Weisbrod*, Industrielles System, S. 290 (302); *G. Hueck*, Betriebsvereinbarung, S. 37 f.; *Richardi*, RdA 1970, 8 (11); *Benda*, Industrielle Herrschaft, S. 441; *Gamillscheg*, FS für Fechner, S. 135 f.; *Hilger*, Ruhegeld, S. 263 f.; *Karakatsanis*, Kollektivrechtliche Gestaltung, S. 31; aus neuerer Zeit *Birk*, ZfA 1986, 73 (96 f.); *Waltermann*, Rechtsetzung, S. 70.

[41] Die Zahl industrieller Großbetriebe mit über 1.000 Beschäftigten lag in Deutschland im Jahre 1882 noch bei nur 126, wuchs im Jahre 1895 auf über 255 sowie im Jahre 1905 auf 506 und erreichte im Jahre 1925 schließlich nahezu 900 (Zahlenmaterial bei *Neuloh*, Betriebsverfassung, S. 25).

[42] Zum Prinzip der Arbeitsteilung als dem Arbeitsverhältnis immanente Gegebenheit vor allen anderen *Birk*, Leitungsmacht, S. 10 ff.; vgl. auch *Söllner*, Einseitige Leistungsbestimmung, S. 61; *Kreutz*, Grenzen, S. 174 u. 180; aus historischer Sicht *Wehler*, Gesellschaftsgeschichte, S. 244 f.; *Th. Nipperdey*, Bürgerwelt und starker Staat, S. 227 ff.

[43] Sehr anschaulich *Gamillscheg* (AcP 1976, 197 [213]), der die innerhalb eines Betriebes abgeschlossenen Arbeitsverträge mit Milchlieferungsverträgen von Nachbarn vergleicht, die vom gleichen Milchhändler beziehen.

Als zweiter Mangel des Individualarbeitsvertrages kann folglich neben seiner fehlenden materiellen Richtigkeitsgewähr festgehalten werden, daß das arbeitsteilige Zusammenwirken des betrieblichen Produktionsverbundes eine Vielzahl *multilateraler Regelungsbereiche* mit sich bringt, welche über die *bipolaren Beziehungen* des Arbeitgebers zu seinen Arbeitnehmern weit hinausreichen und sich deswegen einer rein individualvertraglichen Regelung zwangsläufig entziehen[44].

### b) Die Betriebsgemeinschaft als Herrschaftsverband

aa) Durch die Entwicklung von der Manufaktur zum arbeitsteiligen Großbetrieb war die Rechtsordnung demnach vor die Aufgabe gestellt, in Ergänzung zum Einzelarbeitsvertrag ein Regelungsinstrumentarium zu schaffen, das es ermöglichte, bei der Gestaltung der Arbeitsbedingungen den Eigenheiten der industriellen Produktion gerecht zu werden. Sachlich vorgegeben waren wie gesehen das Erfordernis der Betriebseinheitlichkeit der Gestaltung sowie die Notwendigkeit, eine sich den jeweiligen Gegebenheiten anpassende innerbetriebliche Ordnung herstellen zu können. Ohne eine gesetzliche Anordnung müßte die hierzu erforderliche *betriebliche Leitungsmacht* sowohl kraft der Summe der Einzelarbeitsverträge als auch auf Grund des Eigentums an den Produktionsmitteln (Kapital) im Ergebnis beim Arbeitgeber liegen. Folgerichtig bestimmte § 121 GewO 1869[45] in Ergänzung der Grundregel des § 105 GewO 1869 daher, daß die Arbeitnehmer in bezug auf die ihnen übertragenen Arbeiten und auf die häuslichen Einrichtungen den Anordnungen des Arbeitgebers Folge zu leisten hatten; das *vertragliche Direktionsrecht* des Fabrikherrn gegenüber seiner Arbeiterschaft wurde damit also auch *gesetzlich* ausdrücklich anerkannt.

bb) Durch die Anerkennung des arbeitgeberseitigen Direktionsrechts, welches inhaltlich alle einheitlich für das betriebliche Kollektiv festzulegenden Sachmaterien umfassen sollte[46], hatte die Rechtsordnung – *soziologisch* be-

---

[44] Vgl. zum Ganzen auch *Zöllner*, AcP 1976, 221 (233 ff.); *Canaris*, AuR 1966, 129 (130); *Ehmann*, Neue Ordnung 1992, 244 (249); *Reuter*, ZfA 1993, 221 (230); *derselbe*, ZfA 1995, 1 (20); *derselbe*, Die Stellung des Arbeitsrechts, S. 25 f.; *Kreutz*, Grenzen, S. 172 ff.; *Jahnke*, Tarifautonomie und Mitbestimmung, S. 124; *Hromadka*, Arbeitsordnung, S. 3; *Gast*, Arbeitsvertrag und Direktion, S. 341 u. 358; *derselbe*, Vertragsrecht, S. 50 u. 58; *Wiese*, FS für Kissel, S. 1269 (1274); *Fastrich*, RdA 1994, 129 (135); *Dorndorf*, FS für Kissel, S. 139 (147); *derselbe*, FS für Gnade, S. 39 (53 f.); *Hurlebaus*, Fehlende Mitbestimmung, S. 59; sehr ausf. *H. Hanau*, Individualautonomie, S. 90 ff.; *derselbe*, RdA 1996, 158 (169); konkret zum Ausweg einzelvertraglicher Einheitsregelungen *Säcker*, Gruppenautonomie, S. 86 ff.; *Dreyer*, Die einzelvertragliche Einheitsregelung; *Hilger/Stumpf*, FS für G. Müller, S. 209 (212 ff.).

[45] Zur persönlichen Reichweite der Norm *Birk*, Leitungsmacht, S. 52 m. Fn. 125.

[46] *Sinzheimer*, Arbeitsnormenvertrag, 1. Teil, S. 12.

trachtet – letztlich nichts anderes getan, als die dem Unternehmer als Eigentümer des Betriebes zustehende *wirtschaftliche Macht* gleichsam innerbetrieblich in eine *soziale Vormachtstellung* zu transformieren. Dies hatte zur Folge, daß das Arbeitsverhältnis kraft der Direktionsbefugnis im Ergebnis zu einem Verhältnis rechtlich legitimierter *Subordination*, die Betriebsgemeinschaft zwischen Arbeitgeber und Belegschaft folglich zu einem Paradebeispiel einseitiger *Herrschaftsgewalt* wurde[47]. Der Arbeitnehmer trat zwar weiterhin freiwillig in einen Betrieb seiner Wahl ein und unterwarf sich dadurch ohne jeglichen rechtlichen Zwang der innerhalb des Betriebes bestehenden Ordnung[48]. Diese selbst aber wurde einseitig allein durch den Arbeitgeber und daher aus Sicht des Arbeitnehmers im Ergebnis fremdbestimmt erlassen.

Es ist insbesondere das historische Verdienst des Deutschrechtlers *Otto von Gierke*, diesen aus betriebssoziologischer Sicht allgemein anerkannten Zusammenhängen anhand der von ihm vertretenen Genossenschaftslehre[49] erstmals auch ein rechtsdogmatisches Fundament verliehen zu haben. Ausgehend von seiner grundlegenden Einteilung menschlicher Vereinigungen in *genossenschaftliche* auf der einen und *herrschaftliche Gemeinschaften* auf der anderen Seite nahm *von Gierke* unter Rückgriff auf die autoritative Stellung des Arbeitgebers an, daß die Betriebsgemeinschaft rechtlich einen *Herrschaftsverband* darstelle, das Arbeitsverhältnis demnach als ein herrschaftliches Gemeinschaftsverhältnis zu verstehen sei[50]. Die aus dieser Charakterisierung gezogenen Schlußfolgerungen *von Gierkes* waren freilich alles andere als zukunftsweisend[51], da er wegen der ihm eigenen konservativen Einstellung die Einordnung der Betriebsgemeinschaft als Herrschaftsverband im Ergebnis ausschließlich zu

---

[47] Grundleg. hinsichtl. des Herrschaftscharakters des Arbeitsverhältnisses *Max Weber*, Wirtschaft und Gesellschaft, S. 543; *derselbe*, Gesammelte Aufsätze, S. 59 f.; aus dem neueren soziologischen Schrifttum *Fürstenberg*, Grundlagen der Betriebssoziologie, S. 111; aus juristischer Sicht *Birk*, Leitungsmacht, S. 13; *Benda*, Industrielle Herrschaft, S. 35; *Fabricius*, FS für Fechner, S. 171 (189); *Reichold*, Sozialprivatrecht, S. 7 f.; *Travlos-Tzanetatos*, Regelungsbefugnis, S. 22; *Muhr*, AuR 1982, 1; historisch *Th. Nipperdey*, Bürgerwelt und starker Staat, S. 229 f. u. 241; *Ritter/Tenfelde*, Arbeiter, S. 399 ff.

[48] Die Freiwilligkeit des Eintritts in den betrieblichen Herrschaftsverband ist sowohl aus betriebssoziologischer (*Weber*, Wirtschaft und Gesellschaft, S. 543) als auch aus juristischer Sicht (*Sinzheimer*, Arbeitsnormenvertrag, 1. Teil, S. 17; *Nikisch*, Arbeitsrecht, Bd. 1, S. 8 f.) stets besonders hervorgehoben worden.

[49] *Von Gierke*, Deutsches Privatrecht, Bd. 1, S. 660 ff.

[50] *Von Gierke*, Deutsches Privatrecht, Bd. 1, S. 699 sowie Bd. 3, S. 609; *derselbe*, in: *E. Wolf*, Deutsches Rechtsdenken, S. 30; *derselbe*, in: *E. Wolf*, Quellenbuch, S. 506 f.; *derselbe*, Entwurf eines bürgerlichen Gesetzbuchs, S. 105 u. 191 f.; entsprech. *Sinzheimer*, Arbeitsrecht und Rechtssoziologie, Bd. 1, S. 404 f.; *derselbe*, Arbeitsnormenvertrag, 1. Teil, S. 17; *derselbe*, Grundzüge, S. 217.

[51] *Zöllner* (AcP 1996, 1 [18]) spricht gar von „mystisch-spätromantischen Folgerungen“, auf die genauer einzugehen nicht lohne.

dem Zweck heranzog, den status quo der einseitigen Festlegung der betriebseinheitlich zu treffenden Arbeitsbedingungen seitens des Arbeitgebers rechtlich wie moralisch zu legitimieren[52]. Dennoch kann die Lehre vom betrieblichen Herrschaftsverband letztlich als die entscheidende ideengeschichtliche „Keimzelle“[53] der wissenschaftlichen Erfassung der Betriebsautonomie erachtet werden. Denn erforderlich war allein, den noch rein deskriptiven Gedanken *von Gierkes* rechtspolitisch richtungsweisend fortzuspinnen. Dies sollte namentlich *Hugo Sinzheimer* vorbehalten bleiben, der klar erkannte, daß nicht die Legitimation, sondern im Gegenteil gerade die Überwindung des Herrschaftscharakters des Betriebsverbandes das zukünftig zu erstrebende Ziel sein mußte. Die Rechtsordnung müsse – so *Sinzheimer* folgerichtig – die betriebliche Produktionsgemeinschaft von einem autoritären *Herrschaftsverband* in einen auf Freiheit im konstitutionellen Sinne gründenden *Arbeitsverband* wandeln[54].

### c) Selbstbestimmung des einzelnen durch Mitbestimmung im Kollektiv

Als letzter Schritt bleibt allein noch die Frage, wie das Anliegen, der Freiheit des einzelnen Arbeitnehmers innerhalb der betrieblichen Gemeinschaft Geltung zu verschaffen, im Ergebnis erreicht werden kann. Die Antwort hierauf halten in bestechender Klarheit zwei bereits aus den Jahren 1871 und 1872 stammende Schriften des vergleichsweise unbekannten württembergischen Staatsrats *Friedrich Bitzer* bereit:

> „Nur die freie Entscheidung dieser Gesamtheit (lies: der Belegschaft) ist Bürge dafür, daß die Vereinbarung über die Arbeitsbedingungen *in wirklich freier, rechtsverbindlicher Weise* geschieht... So ergibt sich ... die in der rechtlichen Natur des Verhältnisses zwischen Unternehmer und Arbeitern begründete Forderung, daß der Arbeiterschaft die Bildung eines Vertretungsorgans, eines Ausschusses, mittels freier Wahl durch und aus den Arbeitern ermöglicht werde, mit welchem diejenigen Arbeitsbedingungen zu vereinbaren sind, welche ... für das Rechtsverhältnis zwischen dem Unternehmer und den im Unternehmen verwendeten Arbeitern maßgebend sein sollen“[55] (Hervorh. d. Verf.).

---

[52] Zur Person und ideologischen Intention *von Gierkes Spindler*, Genossenschaft, insbes. S. 137 ff. u. 179; *Reichold*, Sozialprivatrecht, S. 149 ff.; *Picker*, GS für Knobbe-Keuk, S. 879 (900 ff.); weniger krit. *Jobs*, ZfA 1972, 305 (319 f. u. 333 f.); *Nebel*, Normen des Betriebsverbandes, S. 7 ff.

[53] *Sinzheimer*, Arbeitsrecht und Rechtssoziologie, Bd. 1, S. 405.

[54] *Sinzheimer*, Arbeitsnormenvertrag, 1. Teil, S. 22; von soziologischer Warte beschrieb es *Brigl-Matthiaß* (Betriebräteproblem, S. 11) als ein notwendiges Entwicklungsgesetz aller Herrschaftsverbände, daß gemeinsame Beherrschung auch gemeinsame Interessen der Beherrschten hervorrufe, die nach Zusammenschluß und genossenschaftlicher Willensbildung strebten.

[55] *Bitzer*, Arbeit und Kapital, S. 267 ff.; vgl. auch *derselbe*, Der freie Arbeits-Vertrag, S. 33; zur Person *Bitzers* siehe *Teuteberg*, Geschichte, S. 283 f.

Allgemeiner gesprochen sollte mit dieser Forderung zum Ausdruck gebracht werden, daß nur bei Mitwirkung eines aus der Mitte der Belegschaft zu wählenden Vertretungsorgans im Hinblick auf die Gestaltung der betriebseinheitlich festzulegenden Arbeitsbedingungen tatsächlich echte Vertragsfreiheit angenommen werden kann. Es war damit *Friedrich Bitzer*, dem es – soweit ersichtlich – als erstem gelang, die das Grundanliegen der Betriebsautonomie charakterisierende Zweck-Mittel-Relation zwischen der Selbstbestimmung des einzelnen Arbeitnehmers und der Mitbestimmung im betrieblichen Kollektiv mit aller Deutlichkeit zu formulieren. Nur bei einer gleichberechtigten Beteiligung eines innerbetrieblichen Arbeitnehmergremiums, so die Idee betrieblicher Mitbestimmung, wird die durch das Direktionsrecht vermittelte Alleinherrschaft des Arbeitgebers im Betrieb gebändigt[56], wandelt sich aus Sicht des Arbeitnehmers *Fremd*bestimmung in *Selbst*bestimmung und wird letztlich die Privatautonomie der durch das betriebliche Vertretungsorgan repräsentierten Arbeitnehmerschaft in hinreichender Weise gewährleistet. Folglich läßt sich die Entstehungsgeschichte der Betriebsautonomie – auf den entscheidenden Nenner gebracht – umschreiben als Weg vom *fremdbestimmten Herrschaftsverband* zum *privatautonomen Betriebsverband*, deren Ziel als Verwirklichung der Selbstbestimmung des einzelnen durch Mitbestimmung im betrieblichen Kollektiv.

### *3. Zwischenergebnis*

Als Zwischenergebnis kann demnach festgehalten werden, daß Entstehungsgrund der Tarifautonomie einerseits und der Betriebsautonomie andererseits ein doppelter Mangel des Individualarbeitsvertrages war, beide Kollektivautonomien demzufolge entwicklungsgeschichtlich jeweils ein klar zu differenzierendes Grundanliegen verfolgten: Ziel der Tarifautonomie war es, die in ihrer Vereinzelung unterlegene Position der Arbeitnehmer gegenüber dem Arbeitgeber durch Zusammenschluß zu überwinden und den mangels materieller Richtigkeitsgewähr zwecks Bestimmung der Löhne und der Arbeitszeit untauglichen Einzelarbeitsvertrag durch Schaffung des kollektivrechtlichen Surrogats Tarifvertrag zu ersetzen. Als historischer Zweck der Betriebsautonomie kann demgegenüber gelten, durch eine gleichberechtigte Teilhabe eines innerbetrieblichen Arbeitnehmergremiums an der Gestaltung der betriebseinheitlich festzulegenden Arbeitsbedingungen die einseitige Direktionsgewalt des Arbeitgebers zu beschränken.

In Anbetracht dieser im Detail unterschiedlichen Zielsetzung erscheint es zunächst nicht unbedingt einsichtig, warum tarifliche und betriebliche Mitbestim-

---

[56] So auch *Birk*, Leitungsmacht, S. 109 f.; *Kreutz*, Grenzen, S. 192; *Reichold*, Sozialprivatrecht, S. 7; *Waltermann*, Rechtsetzung, S. 83 f.; *Reuter*, ZfA 1993, 221 (233); *Kempen*, RdA 1994, 140 (148 f.); *Oetker*, FS für Schaub, S. 535 (544).

mung tatsächlich derart in Konkurrenz zueinander treten konnten, daß der Gesetzgeber durch Schaffung eines Tarifvorbehalts schließlich der überbetrieblichen Variante der Arbeitnehmervertretung den Vorrang zugesprochen hat. Die Antwort hierauf kann allein die weitere Entstehungsgeschichte beider Kollektivautonomien erbringen, wobei es der Übersichtlichkeit halber angebracht ist, zunächst die Historie des Tarifwesens zu skizzieren (dazu II), um dann anschließend die Evolution der Betriebsverfassung an dessen Entwicklung zu spiegeln (dazu III).

## II. Die Entwicklung der Tarifautonomie

### *1. Von den Anfängen der Tarifautonomie bis zum Jahre 1918*

Bevor sich der Tarifgedanke seine Bahn brechen und der Tarifvertrag seine Funktion als Kompensationsinstrument für die nicht ausreichende materielle Richtigkeitsgewähr des Individualarbeitsvertrages in vollem Umfang entfalten konnte, galt es zunächst sowohl erhebliche tatsächliche Widerstände unter den Beteiligten (dazu a) als auch eine Vielzahl schwerwiegender rechtlicher Hindernisse zu überwinden (dazu b).

a) Daß die Tarifidee mit dem patriarchalischen Selbstverständnis des Unternehmertums jener Tage nur schwer in Einklang zu bringen war und daher insbesondere unter den Eignern großindustrieller Familienunternehmungen zwangsläufig auf vehemente Ablehnung stoßen mußte[57], vermag sicherlich nicht zu verwundern. Doch auch die (sozialistischen) freien Gewerkschaften als die führenden Arbeitnehmervereinigungen[58] standen – verstrickt in den marxistischen Vorstellungen des Klassenkampfes – dem Tarifgedanken am Anfang mehr als skeptisch gegenüber. Denn Tarifverträge galten ihnen als Konsens mit dem Ka-

---

[57] Der Geschäftsführer des Centralverbandes Deutscher Industrieller faßte im Jahre 1890 die Ablehnung der Schwerindustrie gegenüber dem Tarifgedanken mit den Worten zusammen: „Meine Herren, die deutschen Arbeitgeber werden der Organisation der Arbeiter ... keinen Widerstand entgegensetzen; aber niemals werden sie sich bereit finden, mit Vertretern dieser Organisationen ... zu verhandeln auf dem Fuße der Gleichberechtigung" (zit. nach *Ullmann*, Tarifverträge, S. 173). Und auch noch im Jahre 1905 war der Centralverband der Auffassung, daß „der Abschluß von Tarifverträgen zwischen den Arbeitgeberorganisationen und den Organisationen der Arbeiter ... der deutschen Industrie und ihrer gedeihlichen Fortentwicklung durchaus gefährlich" sei (zit. nach *Ullmann*, ebd., S. 178); zum patriarchalischen Standpunkt der als Scharfmacher bezeichneten Großindustriellen auch *Zapka*, Entwicklungs- und Durchsetzungsbedingungen, S. 305 ff.

[58] Vgl. zu Organisation und Mitgliederstärke der in jener Zeit noch weltanschaulich-politisch orientierten Richtungsgewerkschaften (freie Gewerkschaften, freisinnig-liberale Hirsch-Duncker'sche Gewerkvereine, christlich-nationale Gewerkschaften) *Th. Nipperdey*, Arbeitswelt und Bürgergeist, S. 327 ff.; *Ullmann*, Tarifverträge, S. 139.

pital und daher nicht als ein erstrebenswertes Ziel[59]. Erst auf ihrem Gewerkschaftskongreß im Jahre 1899 gaben die freien Gewerkschaften schließlich ihre ablehnende Haltung gegenüber tariflichen Vereinbarungen mit den Arbeitgebern auf[60], so daß es in der Folgezeit rasch zu einer weitreichenden Ausbreitung von Tarifverträgen kommen konnte[61]. Mit dieser zunehmenden Bedeutung des Tarifvertrages als ein soziales Phänomen des beginnenden 20. Jahrhunderts vermochten dessen rechtliche Rahmenbedingungen jedoch zunächst mitnichten Schritt zu halten.

b) Zwar hatte bereits die Gewerbeordnung aus dem Jahre 1869 für gewerbliche Berufsgruppen die bis dato bestehenden *Koalitionsverbote*[62] aufgehoben (vgl. § 152 Abs. 1)[63] und damit die entscheidende Grundvoraussetzung für die Betätigungsfreiheit der Gewerkschaften geschaffen. Doch noch immer stand die *Koalitionsfreiheit* unter mannigfachen rechtlichen *Einschränkungen*: Neben der Erstreckung der strengen vereins- und versammlungsrechtlichen Vorgaben auf die Tätigkeit der Gewerkschaften[64] wurde diesen insbesondere auf Grund des

---

[59] Hierzu *Th. Nipperdey*, Arbeitswelt und Bürgergeist, S. 332; vgl. auch *Nikisch*, Arbeitsrecht, Bd. 2, S. 197 f.; MünchArbR-*Löwisch*, Bd. 3, § 245 Rdnr. 2; *Picker*, GS für Knobbe-Keuk, S. 879 (888).

[60] In der auf dem Gewerkschaftskongreß gefaßten Entschließung hieß es: „Tarifliche Vereinbarungen, welche die Lohn- und Arbeitsbedingungen für eine bestimmte Zeit regeln, sind als Beweis der Gleichberechtigung der Arbeiter seitens der Unternehmer bei Festsetzung der Arbeitsbedingungen zu erachten und in den Berufen erstrebenswert, in welchen sowohl eine starke Organisation der Unternehmer als auch der Arbeiter vorhanden ist, welche eine Gewähr für die Aufrechterhaltung und Durchführung des Vereinbarten bietet“ (zit. nach *Hueck/Nipperdey*, Arbeitsrecht, Bd. 2, 6. Aufl., S. 158 Fn. 1).

[61] Der erste bedeutsame Tarifvertrag Deutschlands kann ohne Zweifel in dem 1873 geschlossenen und im Jahre 1896 technisch und inhaltlich vervollständigten Buchdruckertarif erblickt werden (zu diesem *Zapka*, Entwicklungs- und Durchsetzungsbedingungen, S. 98 ff.), dem in den Jahren 1899 und 1910 gleichwertige Bauarbeitertarife folgten. Insgesamt stieg die Zahl der Tarifverträge von 5.324 im Jahre 1907, die sich in 111.050 erfaßten Betrieben auf 974.564 Arbeiter erstreckten, auf über 13.000 im Jahre 1914, die in 234.101 Betrieben für 2.172.098 Arbeitnehmer Geltung erlangten (Zahlenmaterial bei *Ullmann*, Tarifverträge, S. 227).

[62] Vgl. bereits § 396 Abs. 2 Satz 8 PrALR 1794 sowie die §§ 181 – 183 der Allgemeinen Preußischen GewO aus dem Jahre 1845; zum Ganzen *von Münch*, in: *Dolzer/Vogel*, Bonner Grundgesetz, Art. 9, S. 6 f.; *Th. Nipperdey*, Bürgerwelt und starker Staat, S. 247; *Willoweit*, JuS 1977, 573 (577).

[63] § 152 Abs. 1 GewO 1869 lautete: „Alle Verbote und Strafbestimmungen wegen Verabredungen und Vereinigungen zum Behufe der Erlangung günstigerer Lohn- und Arbeitsbedingungen, insbesonders mittels Einstellung der Arbeit oder Entlassung der Arbeiter, werden aufgehoben.“

Nach der Annahme *Zöllners* (AcP 1976, 221 [231 Fn. 24]) lag ein wesentlicher Grund für diese gesetzgeberische Anordnung in der Überzeugung, daß das gewerkschaftliche Tätigwerden letztlich wirkungslos bleiben würde.

[64] Vgl. insoweit *Jacobi*, Grundlehren, S. 16 Fn. 15.

§ 152 Abs. 2 GewO 1869 jeglicher Rechtsschutz versagt[65]; § 153 GewO 1869 stellte jeden zum Zwecke des Gewerkschaftsbeitritts oder zur Verhinderung des Austritts ausgeübten Zwang sogar ausdrücklich unter Strafe[66]. Daß die Rechtsordnung hinsichtlich der Entwicklung des Tarifgedankens zunächst zweifellos mehr ein „Hemmschuh" als ein „Förderer des sozialen Lebens" war[67], fand den eigentlichen Grund indessen darin, daß es dem Gesetzgeber trotz mehrerer Resolutionen und eines dahingehenden Beschlusses des 29. Deutschen Juristentages nicht gelang, dem Regelungsinstrument des Tarifvertrages eine rechtliche Grundlage zu verschaffen[68]. So oblag die Lösung des Problems der Rechtswirkung tariflicher Vereinbarungen lange Zeit allein Wissenschaft und Rechtsprechung.

Einigkeit herrschte lediglich insoweit, als man einzelvertragliche Abweichungen, welche die Arbeitnehmer im Ergebnis begünstigten, trotz Bestehens eines Tarifvertrages stets für wirksam hielt[69]. Zwar wurde dieser Grundsatz seinerzeit noch als eine *reine Auslegungsregel* tariflicher Abreden verstanden[70], doch wird deutlich, daß dem sich in dieser Annahme bereits maßgeblich verkörpernden *Günstigkeitsprinzip* vom Beginn der Entwicklung der Tarifautonomie an eine weitreichende Bedeutung beigemessen wurde. Nicht zuletzt dies läßt offenkundig werden, daß es das vornehmliche Anliegen der geistigen Väter des Tarifvertrages war, diesen als ein Schutzinstrument zu Gunsten der Arbeit-

---

[65] In der Vorschrift hieß es: „Jedem Teilnehmer steht der Rücktritt von solchen Vereinigungen und Verabredungen frei, und es findet aus letzteren weder Klage noch Einrede statt."

Umstritten war lange Zeit, ob auch der Tarifvertrag selbst unter die Norm des § 152 Abs. 2 GewO 1869 fiel. Zwar hatte *Lotmar* (Arbeitsvertrag, S. 771; entsprech. *Wölbling*, Akkordvertrag, S. 311) schon im Jahre 1902 unter Verweis auf den systematischen Zusammenhang zu § 152 Abs. 1 GewO 1869 nachgewiesen, daß der Tarifvertrag, welcher die Arbeitsbedingungen bereits festlege, nicht als eine Verabredung zur Erlangung günstigerer Arbeitsbedingungen angesehen werden könne und daher nicht klaglos gestellt werden dürfe. Das RG schloß sich dieser Auffassung jedoch erst im Jahre 1910 (vgl. RGZ 73, 92 [99 f.]) an, so daß bis zu diesem Zeitpunkt tarifliche Abreden de facto unverbindlich waren, ihre Einhaltung letztlich allein durch Streik oder Streikandrohung durchgesetzt werden konnte (vgl. hierzu auch *Krummel*, Geschichte, S. 18 f.; *Kempen*, RdA 1994, 140 [142]).

[66] Zu den faktischen Auswirkungen dieser Norm *Th. Nipperdey*, Arbeitswelt und Bürgergeist, S. 364.

[67] In diesem Sinne *Potthoff*, Einwirkung, S. 42.

[68] Aus der zeitgenöss. Lit. *Sinzheimer*, Rechtsfragen, S. 5 ff.; *derselbe*, Arbeitsrecht und Rechtssoziologie, Bd. 1, S. 150 (163 f.); referierend *Hainke*, Vorgeschichte, S. 29 ff.

[69] GewGer Ludwigshafen, GewKfmGer 1911, 381; *Sinzheimer*, Arbeitsnormenvertrag, 1. Teil, S. 60 f.; *Schall*, Privatrecht, S. 78.

[70] Siehe ausdrückl. § 4 des Tarifvertrages der Feilenfabrikanten und des Feilenbauervereins zu Remscheid: „Da die vereinbarten bzw. die in Zukunft zu vereinbarenden Preise als Minimalsätze gelten ..." (abgedr. bei *Lotmar*, Arbeitsvertrag, S. 777 Fn. 1).

nehmer, nicht aber als ein gesamtwirtschaftliches Ordnungsinstrument zu etablieren[71].

Wie auf dem Boden des geltenden Rechts die Schutzfunktion des Tarifvertrages darüber hinaus realisiert werden konnte, blieb indessen heftig umstritten. Auf der einen Seite standen die Vertreter der – namentlich von *Lotmar* verfochtenen – sog. *Vertretungstheorie*, die davon ausgingen, daß die Tarifvertragsparteien bei Vertragsabschluß als Stellvertreter ihrer Mitglieder tätig würden, und folglich allein die Parteien des Individualvertrages als Träger der tariflichen Rechte und Pflichten ansahen[72]. In konsequenter Fortsetzung dieses Ansatzes nahm man an, dem wirklichen Willen der Parteien des Tarifvertrages werde nur dann entsprochen, wenn dessen Bestimmungen im Hinblick auf die einzelnen Arbeitsverhältnisse eine *unmittelbare* und *zwingende Wirkung* zuerkannt werde[73]. Gegen diese Unabdingbarkeitswirkung des Tarifvertrages wandte sich die sog. *Verbandstheorie*. Ausgangspunkt dieser von *Sinzheimer* und der Mehrheit der Autoren vertretenen Ansicht war die Annahme, daß nur die Tarifvertragsparteien selbst Träger tariflicher Rechte und Pflichten seien[74]. Daraus aber folge, daß die Rechtsverhältnisse Dritter, sprich: der Arbeitsvertragsparteien, durch Tarifverträge nicht unmittelbar beeinflußt würden. Mit den allgemeinen Vertragsgrundsätzen des Bürgerlichen Gesetzbuchs sei vielmehr allein eine rein „*subjektive*" (= relative), nicht jedoch eine „*objektive*" (= normative) *Wirkung* (tarif-)vertraglicher Rechtsbeziehungen zu vereinbaren[75].

---

[71] Zur Frage einer selbständigen Ordnungsfunktion des Tarifvertrages unten § 4 I 2 b; insbes. zu deren Widerspruch zum Günstigkeitsprinzip § 4 I 2 c.

[72] *Lotmar*, Arbeitsvertrag, S. 796 ff.

[73] *Lotmar* (Arbeitsvertrag, S. 80 ff.), der diesem kollektiven Willen gegenüber einen eventuell entgegenstehenden individuellen Willen der Parteien des Arbeitsvertrages als „ohnmächtig" erachtete; vgl. auch *Potthoff*, Einwirkung, S. 37 ff.

[74] *Sinzheimer*, Arbeitsnormenvertrag, 1. Teil, S. 80 f.; *Kahn-Freund*, Umfang, S. 5: Als Begründung wurde angeführt, die individualistische Sichtweise der Vertretungstheorie werde dem Gesamtphänomen Tarifvertrag nicht hinreichend gerecht und stünde überdies technisch vor kaum überwindbaren Schwierigkeiten, da die Geltung des Tarifvertrages für die Arbeitsvertragsparteien nach ihrer Prämisse stets eine vorherige Vollmachtserteilung oder nachträgliche Genehmigung erfordere.

Vermittelnd die sog. Kombinationstheorie, welche sowohl den Tarifvertragsparteien als auch den Parteien des Individualvertrages tarifliche Rechte und Pflichten zubilligte (vgl. *Schall*, Privatrecht, S. 114).

[75] *Sinzheimer*, Arbeitsrecht und Rechtssoziologie, Bd. 1, S. 150 (157 u. 161 f.); *derselbe*, Arbeitsnormenvertrag, 2. Teil, S. 65 ff.; *derselbe*, Arbeitstarifgesetz, S. 104; *Schall*, Privatrecht, S. 150 ff.; *Wölbling*, Akkordvertrag, S. 388 ff.; *Kahn-Freund*, Umfang, S. 5.

Rechtsfolge dieser Auffassung war eine bloß schuldrechtliche Verpflichtung zur individualvertraglichen Umsetzung des Tarifinhalts, die im Unterlassensfalle mit Schadensersatzansprüchen sanktioniert werden konnte (vgl. *Sinzheimer*, Arbeitsnormenvertrag, 2. Teil, S. 194 ff.).

Zwar stimmten beide Auffassungen letztlich darin überein, daß in dieser Rechtslage ein bedeutendes Defizit des Tarifvertrages zu erblicken sei[76]. Denn ihrem Schutzauftrag konnte die Tarifautonomie nur hinreichend gerecht werden, sofern eine Umgehung tariflicher Abmachungen und damit ein „Aufleben der Diktatur des Unternehmers über die Arbeitsbedingungen"[77] gänzlich ausgeschlossen war. Doch während *Lotmar* diese Erkenntnis bereits de lege lata zu einem allgemeinen Rechtsprinzip erklärte[78], hielt *Sinzheimer* demgegenüber zwecks Verankerung des Unabdingbarkeitsgrundsatzes eine Weiterbildung des Rechts für unumgänglich[79] und zollte damit der Tatsache Tribut, daß mit dem dogmatischen Rüstzeug des Bürgerlichen Gesetzbuchs der Tarifautonomie noch nicht eine der von ihr intendierten Schutzfunktion umfassend zum Durchbruch verhelfende Wirkung verschafft werden konnte. Damit der Gesetzgeber dieses Ziel schließlich zu erreichen in der Lage war, bedurfte es erst der auf Grund heftiger Nachkriegswirren im Spätherbst des Jahres 1918 entstandenen politischen Umbruchssituation[80].

### *2. Die „Geburtsurkunden" der Tarifautonomie*

#### a) Das Stinnes-Legien-Abkommen vom 15.11.1918

Die für eine gesetzliche Etablierung des Tarifvertrages erforderliche sozialpolitische Grundlage schuf maßgeblich die am 15.11.1918 – also nur sechs Tage nach der Proklamation der Weimarer Republik durch *Gustav Scheidemann* und dem Ausruf der Sozialistischen Republik Deutschland durch *Karl Liebknecht* – zwischen der Arbeitgeberseite und den Gewerkschaften geschlossene Zentralarbeitsgemeinschaft, nach den jeweiligen Verhandlungsführern in der

---

[76] Zur weitreichenden Bedeutung der tariflichen Unabdingbarkeitswirkung für die Schutzfunktion des Tarifvertrages seitens der Vertretungstheorie *Potthoff* (Einwirkung, S. 40) sowie von der Warte der Verbandstheorie *Sinzheimer* (Arbeitstarifgesetz, S. 105 ff.).

[77] *Schall*, Privatrecht, S. 77.

[78] *Lotmar*, Arbeitsvertrag, S. 785: „Das höhere Prinzip ist, daß eine generelle Norm, die im Interesse der schwächeren Kotrahenten ihren Kontrakten den gleichen und im voraus bekannten Inhalt liefern soll, diesen Zweck verfehlt, wenn sie im gegebenen Fall durch den Kontrakt entkräftet werden kann."

[79] *Sinzheimer*, Arbeitsrecht und Rechtssoziologie, Bd. 1, S. 150 (168): „Das moderne soziale Leben verlangt neben der Vertragsfreiheit der einzelnen die Vertragsautonomie der Gruppen, verlangt neben der Begründung von Rechtsverhältnissen der einzelnen unter sich die Schöpfung objektiven Rechts für die Gruppen und ihre Kreise."

[80] Zum historischen Hintergrund der Novemberrevolution *Huber*, Deutsche Verfassungsgeschichte, Bd. 5, S. 673 ff.; *Böckenförde*, in: *Bracher/Funke/Jacobsen*, Weimarer Republik, S. 17 ff.

Folgezeit überwiegend als Stinnes-Legien-Abkommen bezeichnet[81]. Im Rahmen dieses Sozialpaktes erkannten die Unternehmer aus Furcht vor einer von der revolutionären Rätebewegung ausgehenden Sozialisierung und Bolschewisierung[82] Deutschlands die Gewerkschaften endgültig als die berufenen Vertreter der Arbeiterschaft an[83]. Damit war der Weg frei, daß der Tarifvertrag nun auch von Rechts wegen als das vornehmliche Instrument zur Regelung der Arbeitsbedingungen eingesetzt werden konnte.

### b) Die Tarifvertragsverordnung vom 23.12.1918

Es sollte nur wenige Wochen dauern, bis der Gesetzgeber – legitimiert durch den weitreichenden Konsens der Beteiligten – die ihm gestellte Aufgabe vollendete, die Unabdingbarkeit tariflicher Vereinbarungen gesetzlich zu statuieren. Dies geschah durch § 1 der eigentlich nur als ein Provisorium gedachten[84], dann aber doch für die gesamte Epoche der Weimarer Republik geltenden Tarifvertragsverordnung vom 23.12.1918. Dieser lautete:

> „Abs. 1: Sind die Bedingungen für den Abschluß von Arbeitsverträgen zwischen Vereinigungen von Arbeitnehmern und einzelnen Arbeitgebern oder Vereinigungen von Arbeitgebern durch schriftlichen Vertrag geregelt (Tarifvertrag), so sind die Arbeitsverträge zwischen den beteiligten Personen insoweit unwirksam, als sie von der tariflichen Regelung abweichen.
>
> ...
>
> Abs. 3: An die Stelle unwirksamer Vereinbarungen treten die entsprechenden Bestimmungen des Tarifvertrages."

Im zeitgenössischen Schrifttum wurde hinsichtlich des Aussagegehalts der Vorschrift insbesondere hervorgehoben, daß der Gesetzgeber mit dieser ganz bewußt von einer bloßen Nichtigerklärung der von tariflichen Bestimmungen abweichenden individualrechtlichen Abreden abgesehen habe, denn Folge einer solchen Anordnung wäre zwangsläufig gewesen, daß die Einzelarbeitsverträge letztlich inhaltsleer geworden wären. Dies aber hätte die Arbeitnehmer im Er-

---

[81] Abgedr. bei *Huber*, Dokumente, Bd. 3, S. 19 f.

[82] So ausdrückl. der Vorsitzende des Vereins Deutscher Eisen- und Stahlindustrieller, Geheimrat *Hilger*: „Denn nur durch die Verhandlungen speziell mit den Gewerkschaften können wir Anarchie, Bolschewismus, Spartakusherrschaft und Chaos – wie man das nennen will – verhindern" (zit. nach *Winkler*, Revolution, S. 78); zur Vorgeschichte und Motivation des Stinnes-Legien-Abkommens auch *Böckenförde*, in: *Bracher/Funke/Jacobsen*, Weimarer Republik, S. 17 (33); *Wulf*, Hugo Stinnes, S. 87 ff.

[83] Ausf. zum Inhalt des Abkommens *Nörr*, ZfA 403 (411 f.); *Limmer*, Gewerkschaftsbewegung, S. 51 f.; *Krummel*, Geschichte, S. 43 ff.

[84] Vgl. die auf eine Ablösung der Tarifvertragsverordnung zielenden, aber nie Gesetz gewordenen Neuordnungsvorschläge *Sinzheimers* (abgedr. in: Arbeitsrecht und Rechtssoziologie, Bd. 2, S. 441 ff.); referierend Nörr, ZfA 1986, 403 (414).

gebnis sogar schlechter gestellt als die bisherige Rechtslage, was mit dem Sinn des § 1 TVVO 1918 als einer „arbeitnehmerfreundlichen Vorschrift“[85] mitnichten hätte in Einklang gebracht werden können[86]. Es wird also erneut mehr als deutlich, daß als Zweck der Unabdingbarkeitswirkung des Tarifvertrages und damit allgemein der Tarifautonomie ausdrücklich der *Schutz der Arbeitnehmer* in den Vordergrund gestellt wurde[87].

### c) Die Weimarer Reichsverfassung vom 14.08.1919

Dieser kollektive Schutz der Arbeitnehmer wurde schließlich durch die Verankerung der Koalitionsfreiheit sowie der Tarifautonomie in der Weimarer Reichsverfassung vom 14.08.1919 auf höchster rechtlicher Ebene vervollständigt. Art. 159 WRV 1919 gewährleistete für alle Berufsgruppen das Recht, sich zu Koalitionen zusammenzuschließen, und verbot sämtliche Abreden, welche die Ausübung der Koalitionsbildungsfreiheit einzuschränken oder zu behindern versuchten. Umstritten war hinsichtlich dieser Verfassungsnorm lediglich, ob durch diese auch die Koalitionen selbst in ihrem Bestand geschützt werden sollten. Während das Schrifttum überwiegend von einem entsprechenden koalitionsmäßigen Bestandsschutz ausging[88], hat das RG nach zwischenzeitlicher Aufgabe seiner zunächst in Übereinstimmung mit der Literatur stehenden Rechtsprechung letztlich angenommen, daß Art. 159 WRV 1919 ausweislich

[85] *Kahn-Freund*, Umfang, S. 15.

[86] Siehe *A. Hueck*, Tarifrecht, S. 19 f.; *Kahn-Freund*, Umfang, S. 7 u. 14 f.; *Jacobi*, Grundlehren, S. 249 Fn. 5.

[87] Beleg für die Schutzfunktion des Tarifvertrages ist weiterhin, daß durch § 1 Abs. 1 Satz 2 TVVO 1918 nunmehr auch das Günstigkeitsprinzip eine ausdrückliche gesetzliche Verankerung erfuhr: „Abweichende Vereinbarungen sind jedoch wirksam, ... soweit sie eine Änderung der Arbeitsbedingungen zugunsten des Arbeitnehmers enthalten und im Tarifvertrag nicht ausdrücklich ausgeschlossen sind.“ Doch sah besagte Norm in Abweichung der dem Günstigkeitsprinzip zuvor in Gestalt einer zwingenden Auslegungsregel tariflicher Vereinbarungen verliehenen Funktion gleichfalls die Befugnis der Koalitionen vor, die Tarifbestimmungen bei Belieben auch als Höchstbedingungen ausgestalten zu können, worin letztlich nichts anderes als eine gesetzgeberische Honorierung des durch Arbeitgeber und Gewerkschaften im Stinnes-Legien-Abkommen erreichten Konsenses erblickt werden kann (so zu Recht *Th. Schmidt*, Günstigkeitsprinzip, S. 31 m. Fn. 48). Als ein solches Zugeständnis an die Machtposition der Verbände steht § 1 Abs. 1 Satz 2 TVVO 1918 letztlich in einer Reihe mit zahlreichen weiteren Vorschriften der Tarifvertragsverordnung und des Betriebsrätegesetzes aus dem Jahre 1920 (siehe näher unten III 2 b cc [2.1]).

[88] *H. C. Nipperdey*, in: *derselbe*, Grundrechte, Bd. 3, Art. 159, S. 385 (429 f.); *Sinzheimer*, JW 1927, 256 ff.

seines allein auf die individuelle Koalitionsfreiheit abstellenden Wortlauts[89] von den Verbänden selbst nicht in Anspruch genommen werden könne[90].

Völlig unbestritten war hingegen, daß auch von Verfassungs wegen den Koalitionen jedenfalls das Recht zustand, die Löhne und sonstigen Arbeitsbedingungen durch Tarifverträge aushandeln zu können. Denn der Verfassungsrang der Tarifautonomie mußte nicht erst aus der Koalitionsfreiheit des Art. 159 WRV 1919 abgeleitet werden, sondern ergab sich vielmehr unmittelbar aus Art. 165 Abs. 1 WRV 1919[91], dessen Satz 2 die von Arbeitgeber- und Arbeitnehmerorganisationen geschlossenen Vereinbarungen, also den Tarifvertrag in der ihm durch § 1 TVVO 1918 verliehenen Gestalt, ausdrücklich anerkannte[92].

### 3. *Frühes Scheitern der Tarifautonomie in den Krisenjahren Weimars*

#### a) Der tatsächliche Befund: Ablösung durch staatliche Zwangsschlichtung

aa) Folge der umfassenden Manifestierung der Tarifautonomie durch die drei Meilensteine der Zentralarbeitsgemeinschaft, der Tarifvertragsverordnung sowie der Weimarer Reichsverfassung war ein ebenso rascher wie weitreichender Entwicklungsschub für die Gewerkschaftsbewegung und das Regelungsinstrument des Tarifvertrages. Innerhalb von nur drei Jahren konnten die Mitgliederzahlen der mittlerweile im Allgemeinen Deutschen Gewerkschaftsbund zusammengefaßten freien Gewerkschaften nahezu verdoppelt werden[93]; die Zahl der durch tarifliche Regelungen erfaßten Arbeitnehmer stieg von 1918 bis 1922 sogar um das Dreizehnfache[94]. Doch die Geschichte lehrt, daß der Siegeszug der

---

[89] Art. 159 WRV 1919 lautete: „Die Vereinigungsfreiheit zur Wahrung und Förderung der Arbeitsbedingungen ist für jedermann und für alle Berufe gewährleistet. Alle Abreden und Maßnahmen, welche diese Freiheit einzuschränken oder zu behindern suchen, sind rechtswidrig.“

[90] RGZ 113, 33 (36); anders noch RGZ 111, 199 (202).

[91] Dieser ordnete an: „Die Arbeiter und Angestellten sind berufen, gleichberechtigt in Gemeinschaft mit den Unternehmern an der Regelung der Lohn- und Arbeitsbedingungen sowie an der gesamten wirtschaftlichen Entwicklung der produktiven Kräfte mitzuwirken. Die beiderseitigen Organisationen und ihre Vereinigungen werden anerkannt.“

[92] RAG, ARS 16, 532 (540 ff.); *Tatarin-Tarnheyden*, in: *H. C. Nipperdey*, Grundrechte, Bd. 3, Art. 165, S. 519 (543 ff.); *Potthoff*, Einwirkung, S. 5 u. 42 ff.; *Sinzheimer*, Grundzüge, S. 253.

[93] 1919: 4,6 Millionen Mitglieder; 1922: rund 8 Millionen Mitglieder; vgl. *Limmer*, Gewerkschaftsbewegung, S. 50; weiteres Zahlenmaterial speziell für die Jahre 1918/19 bei *Potthoff*, Gewerkschaften, S. 40 ff.

[94] 1918: 7819 Tarifverträge für 1.127.690 Arbeitnehmer in 107.503 Betrieben; 1922: 10.768 Tarifverträge für 14,3 Millionen Arbeitnehmer in 890.000 Betrieben (vgl. *Hueck/Nipperdey*, Arbeitsrecht, Bd. 2, 6. Aufl., S. 161 Fn. 9).

Tarifautonomie nur von sehr kurzer Dauer sein sollte und bereits in den wirtschaftlichen Krisenphasen der Weimarer Republik ein jähes Ende fand.

Alsbald wurde klar, daß nur das Gebot der Stunde Arbeitgeber und Gewerkschaften im Stinnes-Legien-Abkommen von sozialen Gegnern zu „Sozialpartnern auf Zeit“ hatte werden lassen, denn bereits die auf Grund der *Hyperinflation* der Jahre 1922 bis 1924 auftretenden wirtschaftlichen Schwierigkeiten[95] ließen die schroffen Gegensätze wieder mit aller Deutlichkeit hervortreten und führten zu einer zunehmenden Radikalisierung in den Standpunkten beider Seiten. Insbesondere hinsichtlich der Frage der Arbeitszeit entbrannten heftige Auseinandersetzungen. War es den Gewerkschaften im Stinnes-Legien-Abkommen gelungen, den Arbeitgebern den Achtstundentag abzuringen, so hielten diese nunmehr zur Erhaltung der Konkurrenz- und Wettbewerbsfähigkeit der angeschlagenen deutschen Wirtschaft Arbeitszeitverlängerungen für unumgänglich. Damit aber konnten sich die Gewerkschaften unter dem Druck ihrer Mitglieder nicht einverstanden erklären[96], so daß es rund fünf Jahre nach ihrem Abschluß bereits zum endgültigen Scheitern der Zentralarbeitsgemeinschaft kam[97].

bb) Doch Inflation und wirtschaftliche Not zerstörten nicht nur den zeitweiligen Konsens zwischen Unternehmern und Arbeitnehmerorganisationen, sondern bedingten überdies eine Veränderung der rechtlichen Rahmenbedingungen, auf Grund derer sich die Tarifautonomie in der Folgezeit geradezu ad absurdum führen sollte. Durch die Verordnung über das Schlichtungswesen vom 30.10.1923 wurde die Möglichkeit einer *staatlichen Zwangsschlichtung* geschaffen, wobei konkret vorgesehen war, daß im Falle des Nichtzustandekommens einer einvernehmlichen Einigung einem unabhängigen Schlichter das

---

[95] Zu Ursachen und Auswirkungen ausf. *Winkler*, Revolution, S. 373 ff. u. 605 ff.

[96] Zur Gesamtsituation *Huber*, Deutsche Verfassungsgeschichte, Bd. 7, S. 357 ff.; *Winkler*, Revolution, S. 79 u. 393 ff.

[97] Endgültig besiegelt wurde das Ende der Zentralarbeitsgemeinschaft durch den Austritt der freien Gewerkschaften im Winter 1923/24. Vorweg gegangen war eine zunehmend ablehnendere Haltung der um das Überleben der deutschen Wirtschaft kämpfenden Unternehmer gegenüber den Inhalten des Sozialpakts (*Blaich*, in: *Bracher/Funke/Jacobsen*, Weimarer Republik, S. 158 [164 ff.]; *Eyck*, Geschichte, S. 147 ff.; *Marcon*, Arbeitsbeschaffungspolitik, S. 75 ff.; *Wulf*, Hugo Stinnes, S. 107 u. 451; aus zeitgenöss. Sicht *Korsch*, Arbeitsrecht für Betriebsräte, S. 124 ff.) sowie eine weitreichende Schwächung der Stellung der Gewerkschaften. Denn die Inflation hatte nicht nur ihre Tarifpolitik erfolglos werden lassen, sondern auch die Gewerkschaftskassen geleert, so daß unter dem Druck rapide sinkender Mitgliederzahlen, die sich innerhalb von nur zwei Jahren sogar halbierten (*Limmer*, Gewerkschaftsbewegung, S. 60), und einer zunehmenden Radikalisierung der Forderungen der verbleibenden Mitglieder den freien Gewerkschaften nichts anderes blieb, als das Stinnes-Legien-Abkommen aufzukündigen.

Recht zustand, den Schiedsspruch in Form eines *Alleinentscheids* zu fällen[98]. Nach Art. I § 6 der Schlichtungsverordnung konnte dieser Schiedsspruch durch den Reichsarbeitsminister oder den Schlichter selbst auch dann für verbindlich erklärt werden, wenn ihn keine der Tarifvertragsparteien anerkennen wollte.

Erklärtes Ziel der Zwangsschlichtung war es, durch Bereitstellen eines subsidiären Regelungsinstruments einerseits Hilfe zu leisten beim tarifautonomen Abschluß von Gesamtvereinbarungen (so ausdrücklich Art. I § 3 SchlichtVO 1923)[99] und andererseits durch das Druckmittel staatlichen Eingreifens nicht zuletzt auch das Verantwortungsbewußtsein seitens der Koalitionen zu steigern[100]. Die gesetzgeberische Intention wurde jedoch keineswegs erreicht. Im Gegenteil gingen die Verbände mehr und mehr dazu über, mit weit überzogenen Forderungen in Tarifverhandlungen einzutreten, um dadurch ihr Ansehen bei den eigenen Mitgliedern zu steigern und sich deren Loyalität zu sichern. Die Schuld für im Ergebnis ungünstigere Tarifabschlüsse konnte problemlos allein dem Staat zugesprochen werden. Konsequenz war, daß in der Folgezeit – insbesondere während der im Jahre 1929 aufkeimenden Weltwirtschaftskrise[101] – die Mehrzahl der Tarifverträge nicht mehr auf dem Wege freier Übereinkünfte zwischen den Verbänden zustandekamen, sondern statt dessen faktisch die an sich nur subsidiär vorgesehene staatliche Zwangsschlichtung eindeutig dominierte[102]. Und so war es letzten Endes nur ein kleiner Schritt bis hin zur staatsinterventionistischen Notverordnungspolitik *Brünings* und *von Papens*, durch welche die Errungenschaft der tarifautonomen Gestaltung der Lohn- und Arbeits-

[98] Dieses in der zweiten Durchführungsverordnung zur Schlichtungsverordnung aus dem Jahre 1923 statuierte Alleinentscheidungsrecht des unabhängigen Schlichters erklärte das RAG in seiner zum sog. Ruhr-Eisen-Streik ergangenen Entscheidung vom 22.01.1929 zwar wegen Unvereinbarkeit mit ihrer Ermächtigungsgrundlage für nichtig (RAG, ARS 5, 167 ff.; bestätigt in: ARS 6, 451 ff.). Daraufhin hat der Gesetzgeber im Rahmen der Notverordnung vom 09.01.1931 den Alleinentscheid des Schlichtungsvorsitzenden lediglich durch einen Dreierentscheid der unparteiischen Mitglieder des Schlichtungsausschusses ersetzt (hierzu *Huber*, Deutsche Verfassungsgeschichte, Bd. 7, S. 806 ff.).

[99] Vgl. insbes. auch *Kahn-Freund*, in: *Ramm*, Arbeitsrecht und Politik, S. 211 (224 f.).

[100] So auch die Einschätzung von *Nörr*, ZfA 1986, 403 (420).

[101] Als deren Folge stieg die Zahl der Arbeitslosen von 3,4 Millionen im Februar 1930 über 5 Millionen im Februar 1931 auf 6,2 Millionen im Februar 1932; zum Ganzen *Marcon*, Arbeitsbeschaffungspolitik, S. 34 ff. sowie das Zahlenmaterial ebd. auf S. 419 u. 447; *Limmer*, Gewerkschaftsbewegung, S. 62 f.; *Huber*, Deutsche Verfassungsgeschichte, Bd. 7, S. 841 ff.

[102] Im Jahre 1929 wurden die Arbeitsbedingungen nur noch für 3.405.439 Arbeiter durch direkte Verhandlungen der Tarifvertragsparteien bestimmt; für 5.223.934 Arbeiter wurden diese hingegen durch staatlichen Schiedsspruch festgelegt (Zahlenmaterial bei *Kahn-Freund*, in: *Ramm*, Arbeitsrecht und Politik, S. 211 [226]); vgl. auch *Eyck*, Geschichte, S. 249; *Nikisch*, Arbeitsrecht, Bd. 2, S. 200; *F. Neumann*, RdA 1951, 1 (4); *Nörr*, ZfA 1986, 403 (417).

bedingungen nur gut ein Jahrzehnt nach ihrer gesetzlichen Etablierung bereits wieder in weitem Umfang eingeschränkt wurde[103].

Sich diese Entwicklung ins Gedächtnis zu rufen, ist deswegen von besonderer Bedeutung, weil in unseren Tagen bereits vermehrt eine zumindest partielle Vergleichbarkeit der damaligen mit der momentanen Krise der Tarifautonomie angenommen wird[104]. Zwar lehrt uns ein geflügeltes Wort *F. R. Allemans*[105], daß Bonn nicht Weimar ist; gleichwohl kann es durchaus hilfreich sein, die geschichtlichen Erfahrungen für die derzeitige Situation des Wirtschaftsstandorts Deutschland nutzbar zu machen. Dazu aber ist es notwendig, sich die Gründe für das historische Scheitern der Tarifautonomie unverblümt zu vergegenwärtigen. Diese werden in der Retrospektive freilich unterschiedlich eingeschätzt. Teilweise wird angeführt, bereits allein die tatsächliche Gegebenheit staatlicher Zwangsschlichtung sei Ursache für das seinerzeitige Versagen des Tarifvertrages gewesen[106], während andererseits insbesondere auf die ungewöhnliche Schwere der wirtschaftlichen Krise der Weimarer Epoche verwiesen wird[107]. Beide Erklärungsversuche reichen jedoch, da sie allein auf äußere Umstände abstellen, im Ergebnis zu kurz. Es gilt vielmehr zu erkennen, daß das Obsiegen staatlicher Zwangsschlichtung letztlich eindeutiges Indiz einer *generellen Krisenuntauglichkeit der Tarifautonomie* ist[108], deren Ursache im folgenden näher beleuchtet werden soll.

### b) Die Ursache: Kartell- und Ordnungswirkung des Tarifvertrages

aa) Ganz im Sinne der historischen Zwecksetzung der Tarifautonomie, die wirtschaftliche Unterlegenheit der Arbeitnehmer gegenüber ihrem konkreten

---

[103] Während die Notverordnungen *Brünings* sich noch darauf beschränkten, die tariflichen Leistungen zurückzuführen, verfolgte *von Papen* mit dem Ziel, die Nation „von der Geißel der Arbeitslosigkeit" zu befreien (zit. nach *Huber*, Deutsche Verfassungsgeschichte, Bd. 7, S. 1001), eine Politik der strikten Auflockerung der Tarife und der Zurückführung des kollektiven Arbeitsrechts. So wurde durch die Notverordnungen vom 04.09.1932 und vom 05.09.1932 bestimmt, daß der Arbeitgeber bei Existenzgefährdung des Betriebes ermächtigt war, die Tariflöhne um 20% zu unterschreiten und im Falle nachgewiesener Neueinstellungen sogar 25% unter Tarif abzuschließen; vgl. *Huber*, ebd., S. 767 ff. u. 977 ff.; *Nörr*, ZfA 1986, 493 (414 f.); *Krummel*, Geschichte, S. 132 ff. u. 147 ff.

[104] Vgl. *Söllner*, NZA 1996, 897 (900); *Reuter*, RdA 1991, 193 (194); *Konzen*, NZA 1995, 913 (914); auch bereits *Ehmann*, in: *Mohler*, Wirklichkeit als Tabu, S. 61 (64).

[105] Zit. nach *Bracher/Funke/Jacobsen*, Weimarer Republik, Vorwort, S. 9.

[106] *D. Neumann*, RdA 1990, 257 (258); *G. Müller*, RdA 1988, 4 (8); offengelassen von *Konzen*, NZA 1995, 913 (914).

[107] Insbes. die zeitgenöss. Einschätzung *Kahn-Freunds*, in: *Ramm*, Arbeitsrecht und Politik, S. 228; vgl. auch *Kempen*, RdA 1994, 140 (143).

[108] So letztlich auch *Reuter*, RdA 1991, 193 (194).

Arbeitgeber durch Zusammenschluß und eine kollektive Vereinbarung der Arbeitsbedingungen zu nivellieren, wurde die überwiegende Mehrzahl der tariflichen Abmachungen zunächst lange Zeit zwischen einzelnen Unternehmern und den überbetrieblichen Arbeiterorganisationen geschlossen[109]. Doch als die sozialpolitische Bedeutung und Macht der Gewerkschaften wuchs, schlossen sich auch die Arbeitgeber, um nicht bei Firmenstreiks der gewerkschaftlichen Kampfkraft völlig wehrlos gegenüberzustehen, zu Koalitionen zusammen, die fortan für die Unternehmerseite das Tarifgeschäft an sich zogen[110]. Bereits zur Weimarer Zeit ging daher die tatsächliche Bedeutung betriebsbezogener Regelungen in *Firmentarifverträgen* merklich zurück und wurden zunehmend auf Verbandsebene Tarifabreden vereinbart, welche sich oftmals auf das gesamte Reichsgebiet erstreckten[111]. An dieser Prädominanz des *Flächentarifvertrages* hat sich schließlich bis in unsere Tage nichts geändert[112].

bb) Die Folge einer solch generalisierenden Festlegung der Arbeitsbedingungen für gesamte Branchen in umfassenden Gebieten war und ist eine weitgehende *Kartellierung des Arbeitsmarktes*. Während die Arbeitgeber davor geschützt werden, daß andere Unternehmen ihre Produktionskosten mittels geringerer Löhne und höherer Arbeitszeiten minimieren und sich dadurch Wettbewerbsvorteile verschaffen, müssen die Arbeitnehmer ihrerseits nicht in einen Unterbietungswettbewerb mit solchen Bewerbern treten, die ihre Arbeitskraft

---

[109]Noch im Jahre 1913 waren 77% der abgeschlossenen Tarifverträge Firmentarifverträge; siehe insgesamt die Tabelle bei *Ullmann*, Tarifverträge, S. 231.

[110]Zur Entwicklung der Arbeitgeberverbände ausf. *Th. Nipperdey*, Arbeitswelt und Bürgergeist, S. 329. Ihrer Entstehung nach können diese daher durchaus als primäre Streikabwehr-Verbände bezeichnet werden (vgl. *Rieble*, Arbeitsmarkt und Wettbewerb, Rdnr. 119), was jedoch nicht dazu führen darf, ihnen aus diesem Grunde – wie es teilweise von gewerkschaftlicher Seite versucht wird – die Berufung auf die Koalitionsfreiheit des Art. 9 Abs. 3 GG abzusprechen. Art. 9 Abs. 3 GG ist vielmehr geprägt durch den Grundsatz liberaler Gleicheit. Nur die paritätische Teilhabe beider sozialer Gegenspieler an der Grundrechtsgarantie ermöglicht die Integration der Tarifautonomie in unser freiheitliches Verfassungssystem, nur geteilte und ausbalancierte Macht ist insoweit verfassungsrechtlich erträgliche Macht (*Isensee*, in: *Fürstenberg*, Zukunft der sozialen Partnerschaft, S. 159 [180 f.]), so daß die h.M. zu Recht auch die Grundrechtsteilhabe der Arbeitgeber und ihrer Verbände bejaht (vgl. BVerfGE 4, 96 [106]; 18, 18 [25 f.]; 20, 312 [318]; 50, 290 [366 ff.]; *Scholz*, in: *Isensee/Kirchhof*, Handbuch, Bd. 6, § 151 Rdnr. 11; *Scholz/Konzen*, Aussperrung, S. 84 f.; einschränk. hingegen *Säcker*, Grundprobleme, S. 30 f.; *Rieble*, Arbeitsmarkt und Wettbewerb, Rdnr. 120).

[111]Dazu bereits *Nikisch*, Arbeitsrecht, Bd. 2, S. 200. Augenscheinlich wird die Entwicklung vom Firmen- zum Verbandstarifvertrag dadurch, daß im Zeitraum von 1918 bis 1929 die Zahl der von tariflichen Vereinbarungen erfaßten Betriebe und Arbeitnehmer im Vergleich zur Anzahl der abgeschlossenen Tarifverträge überproportional anstieg (1918: 7819 Tarifverträge für 1.127.690 Beschäftigte in 107.503 Betrieben; 1929: 8925 Tarifverträge für 12.276.060 Arbeitnehmer in 997.977 Betrieben; Zahlen bei *Hueck/Nipperdey*, Arbeitsrecht, Bd. 2, 6. Aufl., S. 161 Fn. 9).

[112]Im Jahre 1994 waren 4.577 der insgesamt 7.953 neu abgeschlossenen Tarifverträge Flächentarifverträge (vgl. *Adomeit*, Regelung von Arbeitsbedingungen, S. 30).

auch gegen ein geringeres Entgelt anzubieten bereit sind. Diese *Kartell- und Ordnungswirkung* des Tarifvertrages, welche allgemein nicht bestritten wird[113] und auch von den geistigen Vätern der Tarifautonomie bereits klar erkannt wurde[114], kann zunächst durchaus als wünschenswert angesehen werden. Denn gerade in ihr äußert sich letztlich die *Schutzfunktion* tariflicher Abreden zu Gunsten der Arbeitnehmer[115], so daß es grundsätzlich gerechtfertigt erscheint, daß die Rechtsordnung die Tarifkartelle – im diametralen Gegensatz zu allgemeinen Wirtschaftskartellen – nicht beschränkt[116], sondern durch einige Vorschriften sogar ausdrücklich fördert (vgl. §§ 3 Abs. 2, 3 Abs. 3, 4 Abs. 5 TVG und insbesondere § 5 TVG)[117]. Doch auch tarifliche Mindestpreis- und Konditionenkartelle vermögen, wie es allgemein dem Gedanken der Kartellierung inhärent ist, ihre Schutz- und Befriedungsfunktion nur bei möglichst weitreichender *Geschlossenheit* wirkungsvoll zu entfalten[118]. Sobald aber Unternehmen auf Grund wirtschaftlicher Schwierigkeiten nicht mehr willens oder in der Lage sind, die

---

[113] *Zöllner/Loritz*, Arbeitsrecht, S. 331; *Zöllner*, AcP 1976, 221 (239); *Wiedemann/Stumpf*, TVG, Einl. Rdnr. 9; *Richardi*, Kollektivgewalt, S. 179; *Säcker/Oetker*, Grundlagen, S. 206 u. 216; *Löwisch/Rieble*, TVG, Grundl. Rdnr. 6; MünchArbR-*Löwisch*, Bd. 3, § 240 Rdnr. 5; *Rieble*, Arbeitsmarkt und Wettbewerb, Rdnr. 1108; *Hagemeier/Kempen/Zachert/Zilius*, TVG, Einl. Rdnr. 85; *Reuter*, ZfA 1995, 1 (2); *derselbe*, RdA 1994, 152 (159); *Rüthers*, WuW 1980, 392 (394); *Konzen*, ZfA 1991, 379 (390); *Kraft/Hönn*, ZHR 1973, 230 (234); *Beck*, AuR 1981, 333 (342); *Schmidt-Erikssen*, AuR 1991, 137 (138); *Hendriks*, Arbeitsrechtliche Vereinbarungen, S. 1; zum Schweizer Recht *Mathys*, Kartellrecht und kollektives Arbeitsrecht, S. 31.

[114] Vgl. *Sinzheimer*, Arbeitsrecht und Rechtssoziologie, Bd. 2, S. 9 f. u. 47; *derselbe*, Arbeitsnormenvertrag, 1. Teil, S. 96 f.; zu Gemeinsamkeiten und Unterschieden von Wirtschafts- und Arbeitsmarktkartellen insbes. auch bereits *F. Böhm*, Kartelle und Koalitionsfreiheit, 1933.

[115] *Richardi*, Kollektivgewalt, S. 182; *G. Hueck*, Diskussionsbeitrag, in: *Hopt*, Europäische Integration, S. 169; *Junker*, ZfA 1996, 383 (389 f.); *Buchner*, ZHR 1970, 165; *Beck*, AuR 1981, 333 (341).

[116] Den Beschränkungen des Kartellrechts unterfällt die Tarifautonomie deswegen nicht, weil der Arbeitsmarkt – wie sich aus der ausschließlich auf den Verkehr mit Waren und gewerblichen Leistungen abstellenden Formulierung ergibt – einen Ausnahmebereich des in § 1 GWB statuierten Kartellverbots darstellt (siehe *Immenga/Mestmäcker*, GWB, § 1 Rdnr. 321 f.). Problematisch und umstritten ist lediglich, ob und inwieweit unmittelbar oder mittelbar wettbewerbsausstrahlende Vereinbarungen in Tarifverträgen kartellrechtliche Relevanz erlangen können; vgl. hierzu *Säcker/Oetker*, Grundlagen, S. 211 ff.; *Säcker*, ZHR 1974, 455 (466 f.); MünchArbR-*Löwisch*, Bd. 3, § 240 Rdnrn. 13 ff.; auch *Biedenkopf*, Grenzen, S. 4 f.; *Schoch*, BB 1965, 477; ausf. insbes. *Hendriks*, Arbeitsrechtliche Vereinbarungen, S. 48 ff. u. S. 120 ff.; *Vaubel*, Anwendbarkeit, S. 28 ff.

[117] Ausf., aber i. Erg. krit. hierzu *Reuter*, ZfA 1995, 1 (11 f.).

[118] *Möschel*, Recht der Wettbewerbsbeschränkungen, Rdnr. 73. Aus dieser Notwendigkeit zur Geschlossenheit des Tarifkartells heraus ist es zu erklären, daß *Sinzheimer* (Arbeitsrecht und Rechtssoziologie, Bd. 1, S. 178) seinerzeit hervorhob, es sei „auf Arbeitgeber- und auf Arbeitnehmerseite und überhaupt auf allen Gebieten ... eine soziale Pflicht der einzelnen, ihren Berufsorganisationen beizutreten“.

einheitlich festgelegten Bedingungen zu erfüllen, sobald überdies auf der anderen Seite nicht tarifgebundene oder auch tarifgebundene Arbeitnehmer Bereitschaft zeigen, zu untertariflichen Konditionen zu arbeiten, und dadurch das Kartell unterwandern, wird die erstrebte Absicherung der Kartellmitglieder für diese unweigerlich zum Fluch.

Beides ist in der momentanen Krise des Wirtschaftsstandorts Deutschland und war gleichfalls in den Krisenphasen Weimars in großem Umfang der Fall. Wie sich aus einer zeitgenössischen Schilderung unmißverständlich ergibt, waren auch zum damaligen Zeitpunkt die Arbeiter zunehmend bereit, zur Erhaltung ihrer Arbeitsplätze untertarifliche Sonderbedingungen mit ihren Arbeitgebern zu vereinbaren, und waren die Unternehmer ihrerseits nachhaltig daran interessiert, durch an die Verhältnisse des jeweiligen Betriebes angepaßte Abreden „von den Fesseln des Tarifvertrages loszukommen“[119] – mit der Folge, daß es zu einem deutlichen Anstieg vor Ort abgeschlossener Betriebsvereinbarungen kam[120]. Schon damals hatte sich also die Erkenntnis durchgesetzt, daß letztlich nur die für den Betrieb Verantwortlichen tatsächlich in der Lage sind, in konjunkturell schwierigen Zeiten die Löhne und sonstigen Arbeitsbedingungen angemessen zu ermitteln[121]. Denn den Koalitionen fehlt es in aller Regel an der für die Überwindung rezessiver Phasen erforderlichen Bereitschaft zu einer geeignet maßvollen Tarifpolitik[122]. Namentlich auf Seiten der Gewerkschaften ist vielmehr – wie die „Tarifpraxis“ der Weimarer Zeit nachhaltig belegt – eine weitgehende Unfähigkeit zu verzeichnen, gegenüber ihren Mitgliedern unpopuläre Entscheidungen zu treffen. Und da es in der Tat als besondere Dialektik gewerkschaftlicher Tätigkeit bezeichnet werden muß, daß sie aus der Sicht der Arbeitnehmer unweigerlich ihren Sinn verliert, sobald keine spürbaren materiellen Verbesserungen der Arbeitsbedingungen mehr erreicht werden können, ist die *Unfähigkeit zur Unpopularität* der Tarifautonomie im Ergebnis sogar zwangsläufig *systemimmanent*[123].

Daß der Verbandstarifvertrag nach seiner völligen Zerschlagung durch das nationalsozialistische Regime[124] und seiner Wiederbelebung nach Beendigung

---

[119] *Brigl-Matthiaß*, Betriebsräteproblem, S. 34.

[120] Vgl. vorstehende Fn.

[121] Zur dahingehenden Kritik der Weimarer Unternehmer *Eyck*, Geschichte, S. 249.

[122] Unter ausdrückl. Berufung auf die Weimarer Epoche zur Notwendigkeit einer solchen *Hueck/Nipperdey*, Arbeitsrecht, Bd. 2, 6. Aufl., S. 178; *Nikisch*, Arbeitsrecht, Bd. 2, S. 205.

[123] I. Erg. entsprech. *Reuter*, RdA 1991, 193 (194).

[124] Am 02.05.1933 wurden durch das NS-Regime die freien Gewerkschaften – von diesem als „durch marxistische Grundsätze und volksfremde sozialdemokratische Führer ... verseuchte Organe“ (*Mansfeld/Pohl/Steinmann/Krause*, AOG, Einl. S. 2) diffamiert – vollständig aufgelöst. An ihre Stelle trat mit der Deutschen Arbeiterfront ein gänzlich in die Organisation der NSDAP eingegliederter Harmonieverband, dem i. Erg. keine eigenständigen Funktionen zugedacht wurden (vgl. umfass. *Prinz*, in: *vom Bruch*, Weder

des Zweiten Weltkriegs[125] trotz der bereits in Weimar zu Tage getretenen Krisenuntauglichkeit dennoch zum bis heute vorherrschenden arbeitsrechtlichen Gestaltungsinstrument geworden ist, folgt – wie bereits eingangs erwähnt[126] – allein aus dem beständigen Wachstum der deutschen Wirtschaft. Denn nur durch dieses wurde die grundsätzlich nach dem „Einbahnstraßenprinzip“[127] stetig wachsender Löhne und kontinuierlich abnehmender Arbeitszeiten funktionierende Tarifpolitik so lange ermöglicht. Die Frage aber ist, ob (oder besser: wann) die derzeitige wirtschaftliche Krise die Tarifautonomie nach Weimar zum zweiten Mal zum Scheitern bringt.

## III. Die Entwicklung betrieblicher Mitbestimmung – gebremst durch den Widerstand der Gewerkschaften

### *1. Die Anfänge der Mitbestimmungsidee bis zum Jahre 1918*

#### a) Geistesgeschichtliche Wurzeln

aa) Die Idee betrieblicher Mitbestimmung ist so alt wie die Industrialisierung selbst[128]. Schon einige Zeit bevor die ersten Gewerkschaften entstanden und sich der Tarifgedanke formulierte[129], fanden sich im Gedankengut der Sozialre-

---

Kommunismus noch Kapitalismus, S. 219 [223 f.]). Die tarifliche Regelung der Arbeitsbedingungen oblag nach dem Gesetz über den Treuhänder der Arbeit vom 19.05.1933 politischen Kommissaren, die durch das Gesetz zur Ordnung der nationalen Arbeit vom 20.01.1934 als ordentliche Verwaltungsbehörden eingesetzt wurden (vgl. §§ 18 f. AOG 1934). Gem. § 32 Abs. 2 Satz 2 AOG 1934 kam den von ihnen erlassenen Tarifbestimmungen der rechtliche Charakter von Rechtsverordnungen zu (zur Gesamtentwicklung *Reichold*, Sozialprivatrecht, S. 336 ff. m. zahlr. w. Nachw.).

[125] Durch Schaffung des Tarifvertragsgesetzes vom 09.04.1949.

[126] Siehe oben § 2 I.

[127] *Zöllner*, ZfA 1988, 265 (273); auch *Konzen*, NZA 1995, 913 (914): „Schönwetter-Instrument“.

[128] Da auch die arbeitsteilige Produktion der Manufakturen der vorindustriellen Epoche in gewissem Maße bereits reglementierende Vorschriften notwendig machte (*Willoweit*, JuS 1977, 573 [575 f.]), können erste Vorläufer der Betriebsvereinbarung darüber hinaus sogar bis in das 17. und 18. Jahrhundert zurückverfolgt werden. Diese sog. Manufaktur-Reglements (Bsple. bei *Ebel*, Quellen, S. 248 ff.) wurden jedoch noch hoheitlich durch den jeweiligen Landesherrn erlassen und können daher nach der hier vertretenen Interpretation der Betriebsautonomie als Bändigung unternehmerischer Herrschaft (vgl. oben I 2 c) nicht wirklich als Gestaltungsformen einer Betriebsverfassung im heutigen Sinne verstanden werden. Denn dies setzt vielmehr denknotwendig die Fähigkeit des Arbeitgebers voraus, eine eigenverantwortlich und nicht staatlich bestimmte Betriebsorganisation zu schaffen (zum Ganzen *Reichold*, Sozialprivatrecht, S. 16).

[129] Zur entstehungsgeschichtlichen Priorität der Betriebsverfassung auch *Neumann-Duesberg*, Betriebsverfassungsrecht, S. 25.

former des Vormärzes erste ideengeschichtliche Ansätze einer Beteiligung der Arbeitnehmer hinsichtlich der Gestaltung der Verhältnisse ihres Betriebes. Allgemein ging es den Denkern dieser geistigen Strömung darum, dem auf atomistischer Vereinzelung der Individuen beruhenden Wirtschaftsliberalismus eine Konzeption der *Korporierung* und *Assoziation* gegenüberzustellen, welche das Ziel verfolgte, die unter dem Schlagwort des Pauperismus viel beschriebene Verelendung weiter Teile der Bevölkerung zu überwinden[130]. Konkret auf das Arbeitsleben bezogen entsprang aus dem Assoziationsgedanken insbesondere die Forderung nach einer *innerbetrieblichen Integration* und *Partizipation* der Arbeiterschaft. So vertrat namentlich *Robert von Mohl*[131] die Auffassung, der Arbeitnehmer begebe sich mit Eingehung eines Arbeitsverhältnisses stets in eine aus Arbeitgeber und Belegschaft gebildete Assoziation und sei daher nicht zuletzt auch am Kapitalbesitz und an den laufenden Gewinnen dieses Produktionsverbandes zu beteiligen. Eine solche Gewinnbeteiligung wiederum erfordere die ständige Kontrolle der unternehmerischen Einnahmen durch die Arbeitnehmerschaft. Zu diesem Zwecke – so der Tübinger Ökonom – bedürfe es in den einzelnen Betrieben zwingend der Einrichtung einer ständigen Arbeitnehmervertretung[132].

Entscheidend weiterentwickelt wurde dieser erste Vorschlag zur Schaffung betrieblicher Arbeiterausschüsse durch den österreichischen Juristen und Politiker *Johannes Alois Perthaler*[133], der die Forderung nach weitgehender Partizipation der Arbeitnehmerschaft an den innerbetrieblichen Entscheidungsprozessen durch Befreiung von der konkreten Idee einer arbeitnehmerseitigen Gewinnbeteiligung richtungsweisend verallgemeinerte. Und nicht nur dies: Auf Grund seiner Vorstellung, der Personenstand einer Fabrik müsse letztlich mit einer *sozialen Familie* oder einem *sozialen Hauswesen* gleichgesetzt werden, bereicherte er die Mitbestimmungsidee inhaltlich um den Gedanken der innerbetrieblichen Gemeinschaft und hat damit zweifelsohne eine erste sozialtheore-

[130] Ausf. zum Inhalt und einzelnen Vertretern der in der Epoche des Vormärzes erhobenen Forderungen *Th. Nipperdey*, Bürgerwelt und starker Staat, S. 241 ff.; *Teuteberg*, Geschichte, S. 1 ff.

[131] Siehe insbes. dessen im Jahre 1835 erschienenen Aufsatz: „Über die Nachtheile, welche sowohl den Arbeitern selbst, als auch dem Wohlstande und der Sicherheit der gesammten bürgerlichen Gesellschaft von dem fabrikmäßigen Betriebe der Industrie zugehen, und über die Nothwendigkeit gründlicher Vorbeugungsmittel“ (abgedr. in: *Rau*, Archiv der politischen Oekonomie und Polizeywissenschaft, Bd. 2, Heidelberg 1835).

[132] Zur Theorie *von Mohls* ausf. *Teuteberg*, Geschichte, S. 24 ff.; *Reichold*, Sozialprivatrecht, S. 30 ff.

[133] Siehe dessen Aufsatz: „Ein Standpunkt zur Vermittlung socialer Mißstände im Fabriksbetriebe“, in: Zeitschrift für österreichische Rechtsgelehrsamkeit und politische Gesetzeskunde 1843, 66 ff. u. 118 ff.

tische Wurzel des die Betriebsverfassung bis heute prägenden *Gedankens der sozialen Partnerschaft* (vgl. § 2 Abs. 1 BetrVG) gelegt[134].

bb) Aus gesellschaftstheoretischer Sicht war die in der Epoche des Vormärzes erhobene Forderung nach einer Teilhabe der Arbeitnehmer an den innerbetrieblichen Entscheidungsprozessen nichts anderes als ein Teilaspekt des allgemeineren politischen Anliegens jener Zeit, den Bürgern auch innerhalb der Makroebenen Staat und Gesellschaft weitreichende Mitbestimmungsrechte einzuräumen[135]. So verwundert es nicht, daß die in den Jahren 1848/49 in der Frankfurter Paulskirche tagende Nationalversammlung im Einklang mit dem im Vordergrund stehenden Ziel einer demokratischen Staatsverfassung ebenso die Demokratisierung der Mikroebene Betrieb durch Schaffung arbeitnehmerseitiger Mitbestimmung in den Blick nahm. Der hierzu eingebrachte Minoritätsentwurf der Abgeordneten *Degenkolb*, *Becker*, *Veit* und *Lette*[136] verstand die betriebliche Mitbestimmung der Arbeitnehmer letztlich als Ausgangspunkt seines Gesamtkonzepts einer gleichfalls *betriebsübergreifenden Mitbestimmungsordnung*[137], so daß festgehalten werden kann, daß am Beginn der Entwicklung der Mitbestimmungsidee die gedankliche und im Ergebnis auch faktische Trennung zwischen dem Tarifwesen auf der einen und der Betriebsverfassung auf der anderen Seite noch keine Rolle spielte[138].

---

[134] So auch *Teuteberg*, Geschichte, S. 39. Entscheidend weiterentwickelt und gefördert worden ist der Gedanke der betrieblichen Partnerschaft in der Folgezeit nicht zu letzt durch die katholische Soziallehre: vgl. die päpstlichen Enzykliken „Rerum novarum" (1891), „Quadragesimo anno" (1931), „Mater et magistra" (1961, abgedr. in: RdA 1961, 429 f.) und „Populorum progressio" (1967, abgedr. in: RdA 1967, 215); aus dem Schrifttum *von Nell-Breuning*, Mitbestimmung, 1968; *Wallraff*, Eigentumspolitik, Arbeit und Mitbestimmung, 1968.

[135] *Teuteberg*, Geschichte, S. 60 f.; *Nikisch*, Arbeitsrecht, Bd. 3, S. 3 f.; *Hueck/Nipperdey*, Arbeitsrecht, Bd. 2, 6. Aufl., S. 673; *Waltermann*, Rechtsetzung, S. 71 f.

[136] Abgedr. bei *Hassler*, Verhandlungen, Bd. 2, S. 921 ff.; zum Verlauf der Verhandlungen des Volkswirtschaftlichen Ausschusses der Nationalversammlung und zu den Inhalten der von diesem erarbeiteten Entwürfe *Teuteberg*, Geschichte, S. 94 ff.; *Klaßen*, Mitverwaltung und Mitverantwortung, S. 79 ff.; MünchArbR-*von Hoyningen-Huene*, Bd. 3, § 289 Rdnr. 42 f.

[137] Der gem. § 42 des Entwurfs in jeder Fabrik einzurichtende Fabrikausschuß sollte sich zusammensetzen aus einem Mitglied jeder selbständigen Gruppe der Fabrikarbeiter, einem Werkmeister jeder Gruppe und dem Fabrikinhaber. Des weiteren sahen die §§ 43 ff. des Entwurfs vor, daß die Fabrikausschüsse jedes Gewerbebezirks einen Fabrikrat zu wählen hatten, der ebenso mit Fabrikinhabern und Arbeitern zu besetzen war. Die Fabrikräte sollten ihrerseits in der in jedem Gewerbekreis einzurichtenden Kreisgewerbekammer vertreten sein (§§ 47 ff. des Entwurfs), aus denen schließlich in größeren Einzelstaaten Zentralgewerbekammern (§ 50 des Entwurfs) und – vorbehaltlich einer gesetzlichen Regelung – eine allgemeine deutsche Gewerbekammer (§ 51 des Entwurfs) hervorgehen sollten.

[138] Zutreff. auch *Jahnke*, Tarifautonomie und Mitbestimmung, S. 18.

Als kleinste und unterste Ebene der ins Auge gefaßten stufenförmigen Mitbestimmungsordnung war – in Fortführung der im Vormärz entwickelten Grundlagen – die Einrichtung obligatorischer Arbeiterausschüsse vorgesehen, die man mit umfassenden Befugnissen auszustatten gedachte: Neben der *Schlichtung etwaiger Streitigkeiten* zwischen Unternehmer und Belegschaft sollte es der Arbeitnehmervertretung vornehmlich obliegen, mit dem Arbeitgeber *Fabrikordnungen* zu vereinbaren und ebenso für deren Einhaltung zu sorgen. Dem Minoritätsentwurf schwebte demnach die Idealvorstellung eines gleichberechtigten Aushandelns aller für das Zusammenleben im Betrieb maßgeblichen Arbeitsbedingungen vor. Bestimmender Grundgedanke war hierbei ausweislich der Motive des Gesetzesvorschlags erneut die bereits bei *Perthaler* angeklungene Idee einer den Interessengegensatz zwischen Arbeitgeber und Arbeitnehmerschaft überwindenden sozialpartnerschaftlichen Gemeinschaft innerhalb der einzelnen Betriebe. Denn in nahezu verblüffender Ähnlichkeit mit dem heute in § 2 Abs. 1 BetrVG statuierten Grundsatz der vertrauensvollen Zusammenarbeit formulierte der Minoritätsentwurf es als Ziel der betrieblichen Mitbestimmung, daß die einzurichtenden Fabrikausschüsse „die Industriegewerbe fördern und zugleich die Rechte der Arbeitnehmer wahrnehmen" sollten[139].

### b) Sozialpolitischer Hintergrund und Inhalt des Arbeiterschutzgesetzes aus dem Jahre 1891

aa) Die im Minoritätsentwurf des Jahres 1848 verkörperte Idee einer sozialpartnerschaftlichen Betriebsverfassung war ihrer Zeit jedoch noch weit voraus[140] und blieb folglich – ebenso wie der durch die Paulskirchenversammlung erstrebte Versuch einer demokratischen Staatsverfassung – im Ergebnis bloßes Papier. Wie bereits erwähnt[141] entschied sich die Rechtsordnung in der Folgezeit nicht für ein gleichberechtigtes Aushandeln der betriebseinheitlich festzulegenden Arbeitsbedingungen zwischen dem Arbeitgeber und einem Vertretungsgremium der Belegschaft, sondern legitimierte an Stelle dessen ein (einseitiges) Direktionsrecht seitens des Fabrikherren (vgl. § 121 GewO 1869). Grund für die mangelnde Durchsetzbarkeit der Idee betrieblicher Mitbestimmung waren tatsächliche Widerstände, welche dieser von verschiedensten gesellschaftlichen Gruppen entgegengebracht wurden.

Ebenso wie das *Unternehmertum* sich mit dem Tarifgedanken nur schwerlich anzufreunden vermochte, standen die Fabrikanten auch einer innerbetrieblichen Teilhabe der Arbeitnehmerschaft überwiegend ablehnend gegenüber. Während

---

139 Zit. nach *Teuteberg*, Geschichte, S. 111.

140 *Herschel*, in: *Erdsieck*, JJb Bd. 2 (1961/62), S. 80 (83).

141 Siehe oben I 2 b aa.

die Inhaber kleiner und mittlerer Unternehmen vielfach bereits nicht die praktische Notwendigkeit sahen, weshalb sie bei der Festlegung der Arbeitsbedingungen mit ihren Arbeitnehmern in Gestalt von Fabrikausschüssen eine von diesen beschickte Vermittlungsinstanz zwischenschalten sollten[142], beruhten die Vorbehalte unter den Eigentümern großindustrieller Unternehmungen maßgeblich auf dem festen Willen, keinesfalls die autoritäre Herrschaft über die Arbeiterschaft ihres Betriebes aufzugeben. Die mächtigen Unternehmer sahen sich, wie ein Ausspruch des Ruhrindustriellen *Alfred Krupp*[143] belegt, als uneingeschränkte „Herren im eigenen Haus" und wollten dies mit allen Mitteln bleiben[144]:

> „Ich erwarte und verlange volles Vertrauen, lehne jedes Eingehen auf ungerechtfertigte Anforderungen ab, ...; fordere daher alle diejenigen, welche sich damit nicht begnügen wollen, hiermit auf, je eher desto lieber, zu kündigen, um meiner Kündigung zuvor zu kommen, und so in gesetzlicher Weise das Etablissement zu verlassen, um Anderen Platz zu machen, mit der Versicherung, daß ich in meinem Hause, wie auf meinem Boden *Herr sein und bleiben* will" (Hervorh. d. Verf.).

Zwar stand dieser verhärteten Position eine Zahl sozialreformerischer Unternehmer gegenüber, die dazu übergingen, in ihren Betrieben durch die Einrichtung von Arbeiterausschüssen freiwillig unterschiedliche Realformen arbeitnehmerseitiger Mitbestimmung zu etablieren (Paradigma: die konstitutionelle Fabrik *Heinrich Freeses*[145])[146], doch blieb der Einfluß dieser fortschrittlich den-

---

[142] Zahlr. Bsple. bei *Teuteberg*, Geschichte, S. 289 ff.

[143] Zit. nach *Adelmann*, Quellensammlung, S. 281 f.; Bsple. bei *Milert/Tschirbs*, Von den Arbeiterausschüssen, S. 24 ff.; *Teuteberg*, Geschichte, S. 293 ff.; *Reichold*, Sozialprivatrecht, S. 90 ff.

[144] Vgl. auch die geistesgeschichtliche Erklärung des „Herr-im-eigenen-Haus"-Standpunkts durch *Willoweit*, Deutsche Verfassungsgeschichte, S. 246.

[145] Das konstitutionelle Fabriksystem *Freeses* fand seinen Ursprung in einer am 03.08.1884 zwischen ihm und einer Vertretung der Arbeiterschaft vereinbarten Fabrikordnung. Vier Jahre später wurde die Arbeitnehmervertretung durch Erlaß einer Geschäftsordnung zu einer festen betrieblichen Institution mit zahlreichen Aufgaben fortentwickelt. So bedurfte fortan jede Änderung der Fabrikordnung einer zweiseitigen Vereinbarung zwischen dem Arbeitgeber und dem Vertretungsgremium der Belegschaft. Überdies standen diesem weitreichende Mitwirkungsrechte hinsichtl. sämtlicher Lohn- und Arbeitszeitfragen zu (vgl. insges. *Teuteberg*, Geschichte, S. 261 ff.; *Milert/Tschirbs*, Von den Arbeiterausschüssen, S. 27 f.).

*Heinrich Freese* selbst schilderte in einem Erinnerungsbericht die Zusammenarbeit mit dem innerbetrieblichen Arbeitnehmergremium überaus positiv: „Das was jetzt beschlossen und angenommen worden war, trat aber mit voller Zustimmung der Arbeitervertretung in Geltung. ... Ich war trotz einiger Opfer, die ich hatte bringen müssen, mit diesem Ergebnis sehr zufrieden" (Die konstitutionelle Fabrik, S. 6). „Der Arbeitgeber, der sich die Zeit nimmt, immer an den Sitzungen des Arbeiterausschusses seiner Fabrik teilzunehmen, wird es nicht bereuen" (ebd., S. 14).

[146] Ihren Ursprung fanden die tatsächlich geschaffenen Arbeitnehmervertretungen zumeist in zwecks Kranken-, Alters-, Invaliditäts-, Witwen- und Waisenfürsorge eingerichteten Fabrikkassen, die fortschrittliche Unternehmer zunehmend der Arbeiterschaft

kenden Industriellen letztlich zu schwach. Um nicht Gefahr zu laufen, die Gunst des Bürgertums zu verspielen, entschied sich der monarchische Obrigkeitsstaat vielmehr dafür, durch eine ausschließlich wirtschaftsliberale Politik und Gesetzgebung im Ergebnis allein dem Standpunkt der patriarchalischen Fabrikfürsten Rechnung zu tragen[147].

Hemmender noch als die weitgehende Ablehnung im Unternehmertum war für die Durchsetzungsfähigkeit der Betriebsautonomie indessen die Tatsache, daß diese sich darüber hinaus zu einem wahren Zankapfel zwischen den konträren politischen Kräften entwickelte. Während man von *konservativer Seite* die Idee betrieblicher Mitbestimmung nicht zuletzt als Instrument im Kampf gegen Sozialdemokraten und Arbeiterbewegung mißbrauchen wollte[148], stand die *Sozialdemokratie* selbst dem Mitbestimmungsgedanken aus ideologischen Motiven mehr als skeptisch gegenüber. Denn die Idee eines sozialpartnerschaftlichen Zusammenwirkens zwischen Arbeitgeber und Belegschaft vertrug sich keineswegs mit der im Denken der sozialdemokratischen Politiker jener Tage tief verwurzelten *Utopie eines sozialistischen Zukunftsstaates*. Eine innerbetriebliche Kooperation von Kapital und Proletariat bedinge vielmehr eine auf dem Weg zu diesem Endzustand unerwünschte Zersplitterung der Arbeiterschaft[149],

zur Selbstverwaltung überließen. Aus dem Vorstand einer solchen Unterstützungskasse entwickelte sich im Jahre 1850 im Betrieb des sächsischen Druckereibesitzers *Carl Degenkolb* der erste betriebliche Arbeiterausschuß und unter Federführung *Degenkolbs* schlossen noch im gleichen Jahr die vier Eilenburger Kattundruckereibesitzer ein Abkommen, durch welches – dem Minoritätsentwurf der Frankfurter Paulskirchenversammlung entsprech. – sowohl die Einrichtung betrieblicher Arbeiterausschüsse als auch eines überbetrieblichen Fabrikrats festgelegt wurde. Die erste zweiseitig getroffene Betriebsvereinbarung wiederum datiert wohl im Jahre 1869 und wurde im Betrieb der Schnellpressen- und Druckmaschinenfabrik *Koenig & Bauer* in Kloster Oberzell bei Würzburg abgeschlossen; ausf. zu diesen und weiteren Bsplen. betrieblicher Arbeitnehmervertretungen *Teuteberg*, Geschichte, S. 208 ff.; *vom Bruch*, Weder Kommunismus noch Kapitalismus, S. 86 ff.; *Geck*, Arbeitsverhältnisse, S. 86 ff.; *Neuloh*, Betriebsverfassung, S. 73 ff.; *Th. Nipperdey*, Arbeitswelt und Bürgergeist, S. 361.

[147] Zum Ganzen *Wahl*, in: *Böckenförde*, Verfassungsgeschichte, S. 346 (357).

[148] So sollten die von *Kaiser Wilhelm II.* im Rahmen seiner sog. Februarerlasse vom 04.01.1890 angeregten Arbeitnehmervertretungen insbes. deswegen innerhalb der Betriebe und nicht von den überbetrieblichen Arbeiterfach- und Gewerkvereinen gewählt werden, um sozialdemokratische Einflüsse aus den Betrieben fernzuhalten (zu diesem geschichtlichen Hintergrund *Teuteberg*, Geschichte, S. 372; vgl. auch *Saul*, in: *Tenfelde/Volkmann*, Streik, S. 209 [222 f.]; *von Berlepsch*, Neuer Kurs, S. 149 f.; *Maute*, Februarerlasse, S. 1 ff.; *Lampert*, Sozialpolitik, S. 132 f.).

[149] Der Sozialdemokrat *Max Schippel* bezeichnete in einem im Jahre 1891 veröffentlichten Beitrag (in: Die neue Zeit, S. 129 [133]) Arbeiterausschüsse als „Liebesdienst für das Kapital", da durch diese der „Verkümmerung des Selbstgefühls" und einer „moralischen Prostitution der Arbeiterschaft" Vorschub geleistet werde.

Ausf. zur Haltung der Sozialdemokratie gegenüber der Idee betrieblicher Mitbestimmung *Teuteberg*, Geschichte, S. 229, 233 f., 295, sowie insbes. S. 302 ff. u. 380 ff.; *Heyde*, Sozialpolitik, S. 32; *Maute*, Februarerlasse, S. 31 ff.; *Neumann-Duesberg*, Betriebsverfassungsrecht, S. 28; *Willoweit*, JuS 1977, 573 (577).

weshalb die mittlerweile zur stärksten Kraft im Reichstag[150] avancierte SPD jegliche Einrichtung betrieblicher Arbeitnehmervertretungen als

> „scheinkonstitutionelles Feigenblatt, mit dem der Fabrikfeudalismus verdeckt werden soll“[151],

diffamierte und folglich kategorisch ablehnte.

Von entscheidender Bedeutung aber war, daß insbesondere die *Gewerkschaften* sich nicht als Förderer, sondern als strikte Gegner der Idee betrieblicher Mitbestimmung erwiesen. Neben die im Gleichklang mit der politischen Linken erhobenen ideologiebedingten Bedenken traten auf ihrer Seite nicht zuletzt handfeste *existentielle Interessen*. Denn da die Arbeitnehmerverbände im Hinblick auf ihre Mitgliederzahlen und ihren sozialpolitischen Einfluß zumindest bis zum Jahre 1890 noch eher schwach waren, mußten sie um so mehr fürchten, daß eine effiziente Vertretung der Arbeitnehmerinteressen innerhalb der Betriebe ihrem eigenen Stellenwert zwangsläufig abträglich sein würde. Entsprechend nahmen die Gewerkschaftsführer an, eine den Belangen der Arbeiter Rechnung tragende Vereinbarung der Lohn- und Arbeitsbedingungen im Betrieb zerstöre letztlich die Solidarität der gesamten Arbeiterschaft und mache deren Interesse an der Gewerkschaftsbewegung völlig zunichte[152]. Tatsächlich ging die Existenzangst der Gewerkschaften so weit, daß deren örtliche Organisationen mehrfach sogar, sofern sich die Unternehmer ausnahmsweise zu einer solchen durchringen konnten, durch Boykottaufrufe in den Betrieben die Wahl von Arbeiterausschüssen sabotierten[153]. Jedenfalls aber gelang es der gewerkschaftlichen Agitation, unter den Arbeitnehmern eine allgemeine Skepsis oder zumindest Gleichgültigkeit hinsichtlich der Notwendigkeit und Vorteilhaftigkeit betriebsinterner Gremien zur Wahrnehmung ihrer Interessen zu schüren[154], was die Idee betrieblicher Mitbestimmung folglich zunächst zu einem Stiefkind der Arbeiterbewegung werden ließ.

---

[150] Konkrete Zahlen bei *Heyde*, Sozialpolitik, S. 38.

[151] *August Bebel*, RT-Protokolle, Session 1890/91, Bd. 4, S. 2324.

[152] Zur ablehn. Haltung der Gewerkschaften *Teuteberg*, Geschichte, S. 310 ff.; *Ritter/Tenfelde*, Arbeiter, S. 423; *Milert/Tschirbs*, Von den Arbeiterausschüssen, S. 36; vgl. auch *Richardi*, Kollektivgewalt, S. 248; *Biedenkopf*, Grenzen, S. 266.

[153] So z. B. in der Maschinen- und Waffenfabrik *Loewe* & Co, Berlin; siehe die Quellenwiedergabe bei *Sering*, Arbeiter-Ausschüsse, S. 145: „Der von uns beabsichtigte Arbeiterrat ist bisher nicht in Wirksamkeit getreten, und zwar lediglich deshalb, weil unsere Arbeiter, beeinflußt durch die außerhalb unserer Fabrik stehenden Fachvereine, *welche ihren Einfluß auf ihre Mitglieder zu verlieren glauben*, wenn derartige Arbeiterausschüsse zur Vertretung der Interessen der Arbeiter gewählt werden, sich der Einsetzung des Arbeiterrats gegenüber ablehnend verhielten und bei der Wahl fast sämtlich unbeschriebene Zettel abgegeben haben“ (Hervorh. d. Verf.).

[154] *Teuteberg*, Geschichte, S. 394.

bb) Auf dem Hintergrund dieses insgesamt überaus unfruchtbaren Nährbodens verwundert es nicht, daß die erste gesamtdeutsche[155] Kodifizierung betrieblicher Mitwirkung der Arbeitnehmer im Ergebnis weit hinter den in der Epoche des Vormärzes und konkret im Minoritätsentwurf der Paulskirchenversammlung begründeten Forderungen zurückblieb. So schrieb die als sog. Arbeiterschutzgesetz bezeichnete Gewerbeordnungsnovelle vom 01.06.1891 (§§ 134 a – h GewO 1891) nicht *obligatorische* Arbeiterausschüsse vor, sondern begnügte sich mit deren *fakultativer* Einrichtung. Zwar war diesen bzw. bei Nichtbestehen eines Arbeiterausschusses der Gesamtheit der volljährigen Arbeiter hinsichtlich des Erlasses oder einer Änderung der Arbeitsordnung ein Anhörungsrecht zu gewähren (§ 134 d GewO 1891), doch deren inhaltliche Festsetzung selbst oblag gem. § 134 a GewO 1891 noch immer allein dem Arbeitgeber, so daß sich aus Sicht der Arbeitnehmer am fremdbestimmten Charakter der betriebseinheitlich festgelegten Arbeitsbedingungen grundsätzlich nichts änderte[156].

Trotz dieser im Ergebnis nur sehr schwach ausgestalteten Beteiligung der Arbeitnehmer kann das Arbeiterschutzgesetz insgesamt gleichwohl als ein erster – wenn auch kleiner – tatsächlicher Schritt hin zu einer freiheitlichen Betriebsverfassung bezeichnet werden. Denn durch § 147 Abs. 1 Ziff. 1 GewO 1891 wurde eine *strafbewährte öffentlich-rechtliche Pflicht* des Arbeitgebers *zum Erlaß der Arbeitsordnung* statuiert und jener wiederum fiel gem. § 134 c GewO 1891 im Hinblick auf die zwischen dem Arbeitgeber und seinen Arbeitnehmern bestehenden Rechtsverhältnisse *rechtsverbindliche Wirkung* zu. Damit war dem Arbeitgeber zumindest die Möglichkeit genommen, die betriebsinternen Arbeitsbedingungen für jeden Einzelfall nach eigener Willkür festzusetzen. Vielmehr war auch er gezwungen, sich an die einmal statuierte betriebliche Ordnung zu halten, so daß sich die Fabrikherren – bildlich gesprochen – fortan von Despoten innerhalb des Herrschaftsverbandes Betrieb zu Monarchen eines konstitutionellen betrieblichen Systems wandelten, die zwar noch immer allein regierten, dies jedoch nach ein für allemal festgelegten Regeln[157].

Das Arbeiterschutzgesetz war aber auch deswegen für die Entwicklung der Betriebsautonomie von richtungsweisender Bedeutung, weil die in § 134 c

---

[155] Zu einigen i. Erg. wenig bedeutsamen partikularrechtlichen Vorläufern siehe *Hromadka*, Arbeitsordnung, S. 4 f.; *Ritter/Tenfelde*, Arbeiter, S. 387 f.

[156] Zur normativen Struktur der §§ 134 a – h GewO 1891 ausf. auch *Kreutz*, Grenzen, S. 203 ff.; *Hromadka*, Arbeitsordnung, S. 10 ff.; *Waltermann*, Rechtsetzung, S. 73; *Reichold*, Sozialprivatrecht, S. 125 f.; *Neumann-Duesberg*, Betriebsverfassungsrecht, S. 27 ff.; *Teuteberg*, Geschichte, S. 386; *Bender*, in: *Mohnhaupt*, Revolution, S. 191 (196).

[157] Siehe insbes. *Sinzheimer*, Arbeitsnormenvertrag, 1. Teil, S. 20 f.; entsprech. *Jacobi*, Grundlehren, S. 328; *Lotmar*, Arbeitsvertrag, S. 782 ff.; aus heutiger Sicht *Ehmann*, Neue Ordnung 1992, 244 (248); *Waltermann*, Rechtsetzung, S. 74; *Hurlebaus*, Fehlende Mitbestimmung, S. 60.

GewO 1891 angeordnete *Rechtsverbindlichkeit* der Arbeitsordnung letztlich als erste rechtsdogmatische Vorstufe der später entwickelten und heute in § 77 Abs. 4 Satz 1 BetrVG statuierten *Unmittelbarkeitswirkung* der Betriebsvereinbarung angesehen werden kann[158]. Denn die seinerzeit herrschende sog. *Erlaß-theorie* nahm unter Hinweis auf § 134 c GewO 1891 an, daß die vom Arbeitgeber errichtete Arbeitsordnung Ausfluß einer seinerseits vom Staat abgeleiteten Rechtsetzungsbefugnis sei und daher wie ein Gesetz im materiellen Sinne unmittelbar auf die einzelnen Arbeitsverhältnisse einwirke[159]. In ausdrücklicher Anlehnung an die Genossenschaftslehre *von Gierkes*[160] wurden die in der Arbeitsordnung enthaltenen Bestimmungen im Ergebnis als *autonom entstandenes Gemeinschaftsrecht* verstanden, das sich von einer privatautonomen Vereinssatzung oder einem Gesellschaftsstatut letztlich nur dadurch unterscheide, daß an der Stelle eines *gleichberechtigten* Aushandelns durch ebenbürtige Partner noch immer die *einseitige* Festsetzung durch den Arbeitgeber stehe[161]. Die rechtsdogmatischen Weichen für die Entwicklung der Betriebsgemeinschaft vom fremdbestimmten Herrschaftsverband zu einem privatautonomen Betriebsverband waren folglich bereits gestellt; es fehlten allerdings noch die Grundvoraussetzungen der Einrichtung obligatorischer Arbeitnehmervertretungen sowie der Festschreibung ihrer gleichberechtigten Beteiligung an der arbeitgeberseitigen Normsetzungsbefugnis.

### c) Das Hilfsdienstgesetz vom 05.12.1916 als Ergebnis eines grundlegenden Sinneswandels der Gewerkschaften

aa) Einen weiteren wesentlichen Fortschritt[162] bei der Erreichung des Zieles einer *freiheitlichen* Betriebsverfassung brachte das am 05.12.1916 in Kraft ge-

---

[158] *Kreutz*, Grenzen, S. 204.

[159] Statt vieler *Lotmar*, Arbeitsvertrag, S. 231. War die Lit. (stellvertr. *Laband*, Staatsrecht, S. 204) zunächst noch davon ausgegangen, die Arbeitsordnung sei Ausfluß des zwischen Arbeitgeber und Arbeitnehmer geschlossenen Arbeitsvertrages (sog. Vertragstheorie), so setzte sich zunehmend die Auffassung durch, diese Sichtweise vermöge nicht zu erklären, daß die Arbeitsordnung auch dann gelte, wenn der Arbeitnehmer bei Abschluß des Arbeitsvertrages von deren Bestehen keine Kenntnis habe (so *Sinzheimer*, Arbeitsnormenvertrag, 1. Teil, S. 20). Nicht Vertragsakzessorietät, sondern die Ausübung hoheitlicher Herrschaft seitens des Arbeitgebers wurde fortan folglich als der entscheidende Geltungsgrund der Arbeitsordnung erachtet (grundleg. *Jellinek*, System, S. 253 f.); vgl. zur Kontroverse um die rechtsdogmatische Wirkung der Arbeitsordnung auch *Reichold*, Sozialprivatrecht, S. 127 ff.; *Waltermann*, Rechtsetzung, S. 74 f.; *derselbe*, NZA 1995, 1177 (1178); *Th. Schmidt*, Günstigkeitsprinzip, S. 38.

[160] Zu *dessen* rechtsdogmatischer Einordnung der Arbeitsordnung siehe Deutsches Privatrecht, Bd. 3, S. 605 f.

[161] So ganz klar *Oertmann*, FG für Hübler, S. 9 (26 f.).

[162] Von zeitgenöss. Warte *Heymann*, Rechtsformen, S. 212.

tretene Gesetz über den Vaterländischen Hilfsdienst. Dieses sah, wenn auch noch beschränkt auf kriegswichtige Hilfsdienstbetriebe mit über 50 Arbeitnehmern, erstmals auf Reichsebene[163] *obligatorisch* die Errichtung von Arbeiterausschüssen vor (vgl. § 16 HilfsdienstG 1916). Erneut waren diesen zwar im Verhältnis zum Arbeitgeber lediglich bloße *Anhörungs-* und *Beratungsrechte* eingeräumt; die praktische Bedeutung der ihnen im Rahmen der innerbetrieblichen Entscheidungsprozesse verliehenen Mitsprache war dennoch im Ergebnis keineswegs gering. Denn sofern hinsichtlich der Lohn- und Arbeitsbedingungen zwischen Arbeitgeber und Arbeiterausschuß nach § 13 HilfsdienstG 1916 eine Einigung nicht zustande kam, gewährte § 9 HilfsdienstG 1916 letzterem das Recht, die Angelegenheit einem von Arbeitgeber- und Arbeitnehmerseite paritätisch besetzten *Schlichtungsausschuß* vorzulegen. Um sich nicht dem Verfahren vor dieser unter neutralem Vorsitz eines Beauftragten des Kriegsamtes tagenden Schiedsstelle aussetzen zu müssen, zogen die Arbeitgeber es in aller Regel vor, eine einvernehmliche Regelung mit ihrem Arbeiterausschuß zu erreichen. Somit entstand auf der Grundlage des Hilfsdienstgesetzes eine faktisch – insbesondere im Lohnbereich – mit weitreichendem Einfluß ausgestattete betriebliche Mitwirkung[164], die durch § 12 HilfsdienstG 1916 ausdrücklich unter das nunmehr erstmals auch gesetzlich formulierte *Gebot partnerschaftlichen Zusammenwirkens* gestellt wurde[165].

bb) In Anbetracht der langwährenden und vehementen Ablehnung des sozialpartnerschaftlichen Mitbestimmungsgedankens durch die Sozialdemokratie und insbesondere die Gewerkschaften erscheint diese gesetzliche Weiterentwicklung der Betriebsverfassung zunächst zweifellos überraschend. Und in der Tat bedurfte es, um besagten Ausbau der innerbetrieblichen Beteiligung der Arbeitnehmer überhaupt realisieren zu können, neben der Ausnahmesituation des Krieges[166] insbesondere eines merklichen Gesinnungswandels seitens der linken

---

[163] Auf partikularrechtlicher Ebene hatten bereits das Bayerische Berggesetz aus dem Jahre 1900 sowie die Novelle zum Preußischen Berggesetz aus dem Jahre 1905 obligatorische Arbeiterausschüsse eingeführt. Ermöglicht worden war diese progressive Entwicklung maßgeblich durch die sich in einem gesteigerten öffentlichen Interesse manifestierende Sondersituation des Bergbaus. Denn wegen der Abhängigkeit der gesamten Wirtschaft und insbes. der Kriegswirtschaft von einer gesicherten Kohleversorgung konnte sich der Staat gerade in dieser Branche keinerlei Unruhen unter den Arbeitern leisten und versuchte diese daher durch die zwingend vorgeschriebene Errichtung betrieblicher Arbeitnehmervertretungen zu besänftigen; ausf. hierzu *Teuteberg*, Geschichte, S. 410 ff.; *Milert/Tschirbs*, Von den Arbeiterausschüssen, S. 33.

[164] Zu Inhalt und Bedeutung des Hilfsdienstgesetzes auch *Teuteberg*, Geschichte, S. 511 ff.; *Hueck/Nipperdey*, Arbeitsrecht, Bd. 2, 6. Aufl., S. 674 f.; *Nikisch*, Arbeitsrecht, Bd. 3, S. 5; *Bender*, in: *Mohnhaupt*, Revolution, S. 199 f.

[165] § 12 HilfsdienstG 1916 lautete: „Dem Arbeiterausschuß liegt es ob, das gute Einvernehmen ... zwischen der Arbeiterschaft und dem Arbeitgeber zu fördern."

[166] Hauptgegenstand des Hilfsdienstgesetzes war es, alle nicht im Heeresdienst befindlichen Männer zwischen 17 und 60 Jahren zu kriegswirtschaftlichem Arbeitsdienst

Kräfte im Staat. In deren Reihen war inzwischen der *sozialistische Utopismus* vergangener Tage weitestgehend einem *sozialreformerischen Pragmatismus* gewichen[167]. Auf Seiten der Gewerkschaften, deren gesellschaftlicher und politischer Einfluß sich überdies zunehmend gefestigt hatte, führte diese Entwicklung einerseits zur Aufgabe ihrer bis dato kategorischen Ablehnung gegenüber der Errichtung betrieblicher Arbeiterausschüsse. Unverändert blieb andererseits aber ihre Angst um die eigene Existenzberechtigung neben diesen, so daß die neue Einstellung der Verbände gegenüber der Idee betrieblicher Mitbestimmung im Ergebnis eine zweischneidige war: Die grundsätzliche Akzeptanz gegenüber einer zweiten Mitbestimmungsebene war ausdrücklich mit der festen Absicht gekoppelt, die innerbetrieblichen Arbeitnehmergremien gänzlich für sich und die eigenen Zwecke zu vereinnahmen. Eigenständige Kompetenzen hingegen sollten diesen nach dem Willen der Gewerkschaften letztlich nicht zufallen:

> „Arbeiterausschüsse müssen Organe der gewerkschaftlichen Berufsvereine sein. Sie dürfen nicht ... die Arbeiterorganisationen verdrängen, sondern müssen sie ergänzen“[168].

cc) Auch nach Inkrafttreten des Hilfsdienstgesetzes setzten die Gewerkschaften ihre ambivalente Strategie der *Funktionalisierung betrieblicher Interessenvertretungen* für ihre eigenen Zwecke zunächst konsequent fort. Ganz in diesem Sinne garantierte das sog. Stinnes-Legien-Abkommen, welches – wie bereits gesehen[169] – die Arbeitnehmerverbände endgültig als sozialpolitisch mächtige Kräfte im Staat etablierte, auf der einen Seite zwar ausdrücklich die Einrichtung von Arbeiterausschüssen für alle Betriebe mit mindestens 50 Beschäftigten; auf der anderen Seite aber begrenzte Ziffer 7 des Abkommens de-

---

zu verpflichten und überdies in kriegswichtigen Betrieben die Möglichkeit des Arbeitsplatzwechsels zu beschränken (dazu ausf. *Heymann*, Rechtsformen, S. 185 ff.). Die Einführung obligatorischer Arbeiterausschüsse kann daher zumindest auch als eine Kompensation für den Verzicht auf Freizügigkeit und einen freien Arbeitsvertrag angesehen werden (siehe *Milert/Tschirbs*, Von den Arbeiterausschüssen, S. 38; *Teuteberg*, Geschichte, S. 508 f.).

[167] Programmatisch der Führer der Druckergehilfengewerkschaft, *Richard Härtel* (zit. nach *Ullmann*, Tarifverträge, S. 123): „Wir können nicht warten, bis die Herren Kommunisten ihren sozialen Staat errichten.“ Vgl. zur zunehmend pragmatischeren Haltung in weiten Teilen der SPD *Deppe* u. a., Kritik der Mitbestimmung, S. 12 ff.; *Teuteberg*, Geschichte, S. 309 f.; im Hinblick auf die Gewerkschaften *Korsch*, Arbeitsrecht für Betriebsräte, S. 129; *Picker*, ZfA 1986, 199 (270 ff.).

[168] So im Jahre 1907 *Otto Hue* (zit. nach *Blanke* u. a., Quellentexte, Bd. 1, S. 118), welcher der Vorsitzende des sog. Alten Verbandes und damit der größten Bergarbeitergewerkschaft jener Zeit war; referierend *Bender*, in: *Mohnhaupt*, Revolution, S. 191 (198 u. 201); vgl. auch *Jahnke*, Tarifautonomie und Mitbestimmung, S. 19 f.; speziell zur Parallelentwicklung in Frankreich *Rückert/Friedrich*, Betriebliche Arbeiterausschüsse, S. 75 ff.

[169] Siehe oben II 2 a.

ren Funktion auf die einer bloßen „Tarifpolizei", welcher es lediglich obliegen sollte, die Einhaltung der tariflichen Bedingungen in den einzelnen Betrieben zu überwachen[170]. Damit meinten die Gewerkschaften ihr gewünschtes Ziel erreicht zu haben: Nicht nur die von einer eigenständigen betrieblichen Arbeitnehmervertretung ausgehenden Gefahren schienen gebannt, sondern man hatte mittels ihrer weitreichenden Instrumentalisierung sogar die eigene Machtposition noch erheblich zu steigern vermocht. Doch die erhoffte Sicherheit erwies sich alsbald als trügerisch, da tiefgreifende gesellschaftliche Umwälzungen die gewerkschaftliche Existenzangst mit bislang ungeahnter Schwere wieder entzünden sollten.

### *2. Durchbruch der Betriebsverfassung in der Weimarer Republik*

#### a) Der historische Konflikt der Gewerkschaften mit der sozialistischen Rätebewegung

aa) Als für die Entwicklung der Betriebsautonomie bedeutsamste Phase müssen rückblickend zweifellos die Nachkriegsjahre von 1918 bis 1920 angesehen werden. Nachhaltig geprägt war jene Zeit durch starke revolutionäre Strömungen, die nach Maßgabe der auf den französischen Anarchisten *Proudhon* (1809 – 1865) zurückgehenden sozialistischen Räteidee einen grundlegenden Umbau von Staat und Wirtschaft durch Schaffung einer proletarischen Selbstverwaltung erkämpfen wollten[171]. Ausgangspunkt und Fundament der erstrebten politischen und wirtschaftlichen Räteherrschaft sollten die einzelnen Betriebe sein. Ziel war es, daß den durch Arbeiterräte vertretenen Belegschaften sowohl in Lohn- und Gehaltsfragen als auch bei Entlassungen weitreichende Zustimmungsrechte übertragen werden sollten. Inhaltliche Berührungspunkte der sozialistischen Räteidee mit dem – allerdings aus völlig anderen geistesgeschichtlichen Wur-

---

[170] Vgl. insbes. *Fraenkel* (in: *Ramm*, Arbeitsrecht und Politik, S. 107), nach dessen Ansicht sich die Betriebräte zu den Gewerkschaften verhielten wie im Staatsleben die Exekutive zur Legislative.

[171] Vereinzelt hatte bereits die materielle Not der Kriegsjahre zur Bildung von betrieblichen Arbeiterräten geführt, welche insbes. während des Lebensmittelstreiks im April des Jahres 1917 und der Massenstreiks in der Rüstungsindustrie zu Beginn des Jahres 1918 die Forderungen der Streikenden vertraten. Zur endgültigen Ausbreitung aber verhalf den Arbeiter- und Soldatenräten der mit dem Matrosen-Aufstand vom 03.11.1918 beginnende Verfall der Monarchie. Die politischen Ziele der Rätebewegung richteten sich auf die Vergesellschaftung sämtlicher Produktionsmittel und die Errichtung einer sozialistischen Republik, wobei man dies jedoch nicht durch die Übernahme der wirtschaftlichen Macht in den Betrieben, sondern letztlich unter Einschaltung aller politischen Instanzen zu erreichen suchte; ausf. zur tatsächlichen Entwicklung der Rätebewegung *von Oertzen*, Betriebsräte, S. 109 ff.; *Schneider-Kuda*, Arbeiterräte, S. 11 ff.

zeln genährten[172] – Gedanken betrieblicher Mitbestimmung sind somit nicht zu verkennen. Dies gilt insbesondere, da auch die Rätebewegung es als ihr Hauptanliegen ansah, die Herrschaftsstruktur innerhalb der industriellen Großbetriebe zu ändern, konkret ausdrücklich die Umwandlung der Betriebsgemeinschaft von einem *Herrschaftsverband* in einen *genossenschaftlichen Verband* postulierte[173].

Trotz dieser augenscheinlichen Übereinstimmung mit der Grundidee betrieblicher Mitbestimmung[174] muß jedoch deutlich hervorgehoben werden, daß die Rätebewegung dieser Umbruchsepoche letztlich nicht als auf einer stringenten Linie mit dem Gedanken einer freiheitlichen Betriebsverfassung erachtet werden kann. Vielmehr erwies sich die Räteidee bereits allein wegen ihres ideologisch auf revolutionären Klassenkampfgedanken basierenden Hintergrunds eher als ein merklicher geistesgeschichtlicher Bruch in der sich bis dato durch Kontinuität auszeichnenden Evolution der Betriebsautonomie[175] – als ein Bruch aber, der für den Mitbestimmungsgedanken im Ergebnis den entscheidenden Entwicklungsschub bedeutete.

bb) Ausfluß der neuartigen Radikalisierung und Ideologisierung des Zieles einer weitgehenden betrieblichen Teilhabe der Arbeiterschaft war, daß die Konkurrenz zwischen der betrieblichen und überbetrieblichen Arbeitnehmervertretung keineswegs mehr wie bislang allein von Seiten der Gewerkschaften geschürt wurde. Denn die auf Umsturz zielende Kritik der Rätebewegung richtete sich nicht nur gegen überkommene staatliche Strukturen, sondern sah insbesondere auch die Gewerkschaftsbewegung als ihren erklärten Gegenspieler an[176]. Die Gewerkschaften ihrerseits brachte diese offene Konfrontation zweifellos in ein unerwartetes Dilemma: Gerade erst hatten sie dem Obrigkeitsstaat unter Aufgabe ihrer ehemals klassenkämpferischen Grundhaltung einen weitreichenden sozialpolitischen Einfluß abgetrotzt und die kategorische Ablehnung betrieblicher Arbeiterausschüsse gegen das Bestreben eingetauscht, diese für die eigenen Zwecke zu instrumentalisieren, schon wurde ihnen die „von oben“ erkämpfte Vormachtstellung auf der Grundlage anders artikulierten Klassenkampfdenkens bereits wieder „von unten“ aus den Betrieben streitig gemacht[177].

---

[172] Zu diesen bereits 1 a.

[173] Siehe *Brigl-Matthiaß*, Betriebsräteproblem, S. 4.

[174] Siehe nochmals oben I 2 c.

[175] So auch *Hueck/Nipperdey*, Arbeitsrecht, Bd. 2, 6. Aufl., S. 675; *Nörr*, ZfA 1986, 403 (430).

[176] Hierzu *von Oertzen*, Betriebsräte, S. 298; *Brigl-Matthiaß*, Betriebsräteproblem, S. 5; *Milert/Tschirbs*, Von den Arbeiterausschüssen, S. 43; *Grebing*, in: *Kolb*, Kaiserreich, S. 386 (394).

[177] Insbes. schied ein Rückfall in sozialistische Utopievorstellungen und damit der Versuch einer Annäherung an die Inhalte der Räteidee seitens der Gewerkschaften aus, da sie durch die Unterzeichnung des Stinnes-Legien-Abkommens (siehe oben II 2 a) das

Die Folge war, daß in Reihen der Gewerkschaften die Angst um die eigene Existenzberechtigung neben den sich formierenden betrieblichen Arbeiterräten mit aller Schärfe erneut zu Tage trat[178].

cc) Das Ergebnis des historischen Konflikts zwischen Arbeiterräten und Gewerkschaften ist allseits bekannt; ein Obsiegen der Rätebewegung mußte allein daran scheitern, daß die staatstragenden demokratischen Kräfte der von ihr erstrebten *Sozialisierung* und *Bolschewisierung* zwangsläufig jede Unterstützung versagten. Von noch größerer Wichtigkeit als die tatsächliche Historie der Auseinandersetzung sind für die Ausgestaltung unserer heutigen Arbeitsverfassung allgemein und konkret für das Verständnis des Tarifvorbehalts gem. § 77 Abs. 3 BetrVG indessen die unterschiedlichen inhaltlichen Positionen, welche sich seinerzeit in Gestalt der *Rätebewegung* einer- und der *Gewerkschaftsbewegung* andererseits auf dem Kampfplatz der Geschichte gegenüberstanden. Denn diese offenbaren mit aller Deutlichkeit eine sachliche Polarisierung, welche bis heute die Gegensätzlichkeit der Mitbestimmungsmodelle der *Tarifautonomie* (dazu [1]) und der *Betriebsautonomie* (dazu [2]) ganz entscheidend prägt.

(1) So führte *Hugo Sinzheimer*[179] zur Verteidigung der Gewerkschaftsbewegung und des Systems einer überbetrieblichen Festlegung der Arbeitsbedingungen durch Tarifverträge wörtlich aus, es sei

> „*sozialistisch*, d. h. einheitlich gedacht, unmöglich, den Betriebsräten grundsätzlich ein Recht auf Regelung der Arbeitsbedingungen ihrer Betriebe nach ihrem Interesse zuzusprechen. Das kann nur von Berufs wegen erfolgen. Ob das Gesamtgewerbe ein Sinken oder Steigen der Löhne aushalten kann, ist eine Frage, die alle Betriebe interessiert. Außerdem kann der Betriebsrat nicht den Überblick über das wirtschaftliche Ganze finden" (Hervorh. d. Verf.).

Damit stellte ihr maßgeblicher Apologet die Tarifautonomie ausdrücklich und unmißverständlich in die Tradition marxistischen Gedankenguts mit seinem Ziel der Verteilung des Produktionsresultats durch eine übergeordnete zentrale

---

kapitalistische Produktions- und Wirtschaftssystem dem Grundsatz nach anerkannt hatten und die dadurch erreichte Stellung in Staat und Gesellschaft keinesfalls aufs Spiel setzen wollten; vgl. *Böckenförde*, in: *Bracher/Funke/Jacobsen*, Weimarer Republik, S. 17 (33); *Klönne*, Arbeiterbewegung, S. 193; *Grebing*, in: *Kolb*, Kaiserreich, S. 386 (393); *Krummel*, Geschichte, S. 45.

[178] Mit Nachdruck *Carl Legien* auf der Weimarer Parteikonferenz der SPD im März des Jahres 1919: „Erhalten die Arbeiterräte der Zusage der Regierung entsprechend das Recht, die Lohn- und Arbeitsbedingungen zu regeln, dann haben die Gewerkschaften keine Existenzberechtigung mehr" (zit. nach *Winkler*, Revolution, S. 200). Vgl. auch *Potthoff*, Gewerkschaften, S. 123 ff.; *Limmer*, Gewerkschaftsbewegung, S. 47 u. 54; *Klönne*, Arbeiterbewegung, S. 195.

[179] NV-Protokolle, Bd. 336, S. 394; ähnl. *derselbe*, NV-Protokolle, Bd. 328, S. 1751: „Arbeiterräte und Wirtschaftsräte eignen sich ihrer Natur nach zur vertraglichen Festsetzung der Arbeits- und Lohnbedingungen nicht." Vgl. auch *F. Neumann*, Koalitionsfreiheit und Reichsverfassung, S. 114.

Instanz. Und auch *Gustav Schmoller* hatte bereits in konsequenter Fortführung des *Marx*'schen Ansatzes angenommen, daß nur durch Kartelle und Koalitionen „mehr oder weniger ein System der Gerechtigkeit und Billigkeit" gewährleistet werde, das „den Gesamtinteressen eines Gewerbezweiges den Sieg über die egoistischen Einzelinteressen" verschaffe, weshalb er die Bildung immer größerer sozialer Gebilde als eine „innere Notwendigkeit der historischen Entwicklung" und im Ergebnis die

> „Leitung der volkswirtschaftlichen Prozesse von erhöhter Warte"

apodiktisch als entscheidenden „Fortschritt" erachtete[180]. Zwangsläufig ging mit diesem ideologiebedingten Streben nach einem Höchstmaß an Zentralisierung der wirtschaftlichen Steuerung seitens der geistigen Väter der Tarifautonomie eine Geringschätzung jeglichen betrieblichen Einflusses auf die Bestimmung der Lohn- und Arbeitsbedingungen einher. Entsprechend hatte wiederum *Sinzheimer*[181] – noch vor dem Aufkommen der sozialistischen Rätebewegung – die Betriebsräte als „abhängige Existenzen" charakterisiert und auf Grund dessen geurteilt, daß die Idee betrieblicher Mitbestimmung sich insgesamt nicht als ein „sozialer Entwicklungsgedanke" erwiesen habe.

In bezug auf die Tarifautonomie selbst bedeutete das Streben nach einer „Leitung der wirtschaftlichen Prozesse von erhöhter Warte" (*Schmoller*) im Ergebnis eine besondere Betonung der bereits beschriebenen[182] *Kartell- und Ordnungswirkung* des Tarifvertrages, die dadurch zu einem Selbstzweck stilisiert wurde und seine eigentliche Schutzfunktion zunehmend in den Hintergrund treten ließ. Erneut sei als Beleg auf *Sinzheimer* verwiesen, der Tarifverträge als ein „unentbehrliches Instrument für die *Ordnung* der Arbeitsverhältnisse" (Hervorh. d. Verf.) bezeichnete und auf diesem Hintergrund forderte, daß diese nicht nur die koalitionsangehörigen, sondern vielmehr alle Arbeitnehmer tarifgebundener Betriebe erfassen müßten[183]. Nicht mehr der Selbstschutz der Arbeitneh-

---

[180] So *Schmoller* in seinem Referat: „Das Verhältnis der Kartelle zum Staate" (abgedr. in: Schriften des Vereins für Socialpolitik, Bd. 116, S. 237 [247 f. u. 267 f.]); vgl. auch *Sinzheimer*, Arbeitsrecht und Rechtssoziologie, Bd. 1, S. 150 (158): „Einheitlichkeit fördert den Fortschritt".

Zwar hatte *Schmoller* noch im Jahre 1889 in seinem Vortrag: „Über Wesen und Verfassung der großen Unternehmungen" (abgedr. in: *derselbe*, Reden und Aufsätze, S. 372 ff.) die Institutionalisierung von betrieblichen Arbeiterausschüssen als „die natürlichste, naheliegendste, einfachste Art der Verhandlung zwischen Unternehmer und Arbeiter" bezeichnet (ebd., S. 372 [426]), doch auch damals bereits die These vertreten: „Die großen Lohnkämpfe also ... werden nicht durch die Ausschüsse im einzelnen Werk erledigt werden können, weil sie eben nicht Angelegenheiten des einzelnen, noch so großen Werkes sind, sondern Sache der ganzen Industrie" (ebd., S. 372 [438]).

[181] Arbeitsrecht und Rechtssoziologie, Bd. 1, S. 150 (158).

[182] Siehe oben II 3 b

[183] In diesem Sinne *Sinzheimer* (Arbeitsrecht und Rechtssoziologie, Bd. 1, S. 182 [190 ff.]) unter Ablehnung der noch weitergehenden Forderung *Lujo Brentanos*, die Gewerkschaften als Zwangsverbände zu organisieren.

mer, die durch Kollektivierung den Ausgleich ihrer individuell gegenüber dem Arbeitgeber unterlegenen Position erstreben, stand im Vordergrund des Tarifgedankens, sondern das ordnungspolitische Ziel einer branchenweiten und flächendeckenden Bestimmung sämtlicher Lohn- und Arbeitsbedingungen.

(2) Etwaige Gefahren, die der Gestaltung der Arbeitsverhältnisse „von erhöhter Warte" anhaften könnten, sahen die Vordenker des bundesweiten Einheitstarifvertrages unserer Tage nicht; Kritiker bezeichnete *Schmoller*[184] gar als „kindliche Heißsporne" und

> „Fanatiker des Individualismus, die von der wirklichen Welt und ihren heutigen Wirtschaftsverhältnissen recht wenig wissen".

Gerade auf mögliche Nachteile einer zentralisierten Festlegung der Arbeitsbedingungen wurde jedoch nunmehr mit Nachdruck von den Vertretern der Räteideologie hingewiesen, indem sie den Gewerkschaftsführern eine von den einzelnen Arbeitern in den Betrieben und deren konkreten Verhältnissen völlig *entrückte Stellung* vorwarfen. Dies führe – so der sachlich wie Kritik aus unseren Tagen[185] anmutende Einwand der Arbeiterräte – zu *konservativ-bürokratischen Zügen* der Gewerkschaften und somit zu der Gefahr, die eigene Organisation letztlich nur noch als *Selbstzweck* zu betrachten[186].

### b) Die gesetzliche Weiterentwicklung der Betriebsautonomie

Will man die Auswirkungen des historischen Konflikts zwischen der Räte- und der Gewerkschaftsbewegung auf die folgenden Kodifizierungen der Betriebsverfassung näher betrachten, so gilt es zunächst als tatsächliche Prämisse festzuhalten, daß sich seitens der Gewerkschaften innerhalb kürzester Zeit erneut ein grundlegender Sinneswandel vollzog. Denn alsbald gewannen in ihren Reihen solche Stimmen die Überhand, welche die Arbeiterräte nicht nur als gefährliche Konkurrenten betrachteten, sondern in diesen vielmehr eine einmalige Chance erblickten, endgültig den gewünschten Einfluß auf die betriebliche Interessenwahrnehmung der Arbeiterschaft zu erlangen. Somit fand die gewerkschaftliche Strategie einer weitgehenden Inklusion der betrieblichen in die Organisations- und Machtstrukturen der überbetrieblichen Arbeitnehmervertretung, welche dem Mitbestimmungsgedanken bereits in Gestalt des Hilfsdienstgesetzes aus dem Jahre 1916 zu einem merklichen Bedeutungszuwachs verhol-

---

[184] In: Schriften des Vereins für Socialpolitik, Bd. 116, S. 237 (256).

[185] Zum Vergleich oben § 2 II m. Nachw. in Fn. 25.

[186] Den Standpunkt der Rätebewegung referierend *von Oertzen*, Betriebsräte, S. 298 f.

fen hatte[187], gleichermaßen gegenüber der revolutionären Rätebewegung eine nahtlose Fortsetzung[188].

Für die legislatorische Weiterentwicklung der Betriebsverfassung entfaltete dieser geschichtliche Hintergrund einerseits eine enorme *Katalysatorwirkung*, mußte andererseits aber auch einen zwangsläufigen *Kompromißcharakter*[189] der tatsächlich verwirklichten Kodifikationen zur Folge haben, stand doch der Gesetzgeber bei diesen stets vor einer doppelten Anforderung: Auf der einen Seite galt es, die revolutionären Arbeiterräte durch eine möglichst umfassende gesetzliche Anerkennung zu kanalisieren und zu befrieden, während auf der anderen Seite weitreichende Einflußmöglichkeiten und eine eindeutige Vormachtstellung der Gewerkschaften garantiert werden sollte. Im Ergebnis müssen daher die Tarifvertragsverordnung vom 23.12.1918 (dazu aa), die Weimarer Reichsverfassung aus dem August 1919 (dazu bb) und auch das Betriebsrätegesetz vom 04.02.1920 (dazu cc) als Ausfluß eines gesetzgeberischen Balanceaktes zwischen Ausbau und Absicherung innerbetrieblicher Teilhaberechte (dazu jeweils [1]) sowie einem weitgehenden Primat der Tarifautonomie und der Gewerkschaften als deren Träger (dazu jeweils [2]) angesehen werden. Dessen Resultat war insbesondere die Entstehung der historischen Vorgänger des heute in § 77 Abs. 3 BetrVG statuierten Tarifvorbehalts.

*aa) Die Tarifvertragsverordnung aus dem Jahre 1918*

(1) Hatte das Hilfsdienstgesetz aus dem Jahre 1916 die obligatorische Einrichtung von Arbeiterausschüssen noch auf kriegswichtige Betriebe beschränkt, ordneten die §§ 7 bis 24 TVVO 1918 erstmals für *alle* Betriebe *zwingend* die Schaffung betrieblicher Arbeitnehmervertretungen an. Diesen standen – in Abkehr von den im Rahmen des Stinnes-Legien-Abkommens getroffenen Vorgaben – neben der Funktion einer bloßen „Tarifpolizei" (vgl. § 13 Abs. 1 Satz 2 TVVO 1918) nunmehr auch bei der Regelung der Lohn- und Arbeitsbedingungen *eigenständige Mitwirkungsrechte* zu. Damit aber traten die Arbeiterausschüsse unmittelbar in kompetentielle Konkurrenz zu den Gewerkschaften, so daß insbesondere der Frage nach dem rechtlichen Rangverhältnis zwischen ta-

---

[187] Siehe bereits 1 c bb.

[188] Vgl. hierzu *Potthoff*, Gewerkschaften, S. 125 ff.; *Bender*, in: *Mohnhaupt*, Revolution, S. 204 ff.; *von Oertzen*, Betriebsräte, S. 267; *Milert/Tschirbs*, Von den Arbeiterausschüssen, S. 46.

[189] Konkret hinsichtl. des Betriebsrätegesetzes der Bericht der Nationalversammlungsfraktion der SPD für den Parteitag des Jahres 1920: „Das Gesetz zeigt an vielen Stellen die üblen Spuren des Kompromisses und an vielen unsere politische Schwäche" (zit. nach *Miller*, Bürde der Macht, S. 357). Vgl. auch *Hueck/Nipperdey*, Arbeitsrecht, Bd. 2, 6. Aufl., S. 676.

riflichen und betrieblich getroffenen Regelungen eine entscheidende Bedeutung zukam.

(2) Bis zu diesem Zeitpunkt waren Rechtsprechung und Schrifttum übereinstimmend davon ausgegangen, daß den nach Anhörung des Arbeiterausschusses bzw. der Arbeiterschaft einseitig durch den Arbeitgeber erlassenen Arbeitsordnungen im Verhältnis zu Tarifverträgen stets Vorrang gebührte[190]. Denn während ersteren gem. § 134 c GewO 1891 im Hinblick auf die im betreffenden Betrieb abgeschlossenen Einzelarbeitsverträge *Rechtsverbindlichkeit* zukam[191], wurden Tarifverträge zumindest nach überwiegender Ansicht auf der rechtsdogmatischen Grundlage des Bürgerlichen Gesetzbuchs noch als rein *schuldrechtlich* wirkende Vereinbarungen angesehen[192]. Und selbst solche Stimmen, die vereinzelt bereits vor deren gesetzlicher Verankerung dem Tarifvertrag eine unmittelbare Wirkung zugesprochen hatten, waren dennoch zumindest insoweit konform gegangen, als auch sie annahmen, daß tarifliche Regeln gegenüber den auf der Betriebsebene durch Arbeitsordnungen festgelegten Bestimmungen zurücktreten mußten[193]. Demzufolge bestand, als § 1 Abs. 1 TVVO 1918 auch dem Tarifvertrag Unmittelbarkeitswirkung verlieh und überdies den Arbeiterausschüssen bei der Gestaltung der Arbeitsbedingungen eigenständige Mitwirkungsbefugnisse zuerkannt wurden, jedenfalls aus rechtlicher Sicht kein zwingender Grund, weshalb in Umkehr des bis dato anerkannten Rangverhältnisses zwischen im Betrieb getroffenen Regelungen und den Normen des Tarifvertrages nunmehr letzteren der Vorrang eingeräumt werden sollte. Dennoch bestimmte § 13 Abs. 1 Satz 3 TVVO 1918, der als erster Vorläufer des heute in § 77 Abs. 3 BetrVG statuierten Tarifvorbehalts anzusehen ist:

> „*Soweit eine tarifliche Regelung nicht besteht*, haben die Ausschüsse ... bei der Regelung der Löhne und sonstigen Arbeitsbedingungen mitzuwirken“ (Hervorh. d. Verf.).

Die Vorschrift ist demnach nur auf dem Hintergrund zu verstehen, daß die Arbeiterausschüsse in Ansehung des geschichtlichen Gesamtkontextes den Gewerkschaften zwingend untergeordnet werden sollten, und vermag überdies die interessengefärbte Handschrift ihrer *sozialdemokratischen* und *gewerkschaftsnahen Verfasser*[194] im Ergebnis kaum zu verleugnen.

---

[190] Siehe GewGer Berlin vom 13.08.1896 (zit. nach *Unger*, Entscheidungen des Gewerbegerichts zu Berlin, S. 175 f.); aus der Lit. *Schall*, Privatrecht, S. 162.

[191] Siehe oben 1 b bb.

[192] Ausf. zum Streitstand bereits II 1 b.

[193] *Lotmar*, Arbeitsvertrag, S. 787.

[194] Die Ausarbeitung der Tarifvertragsverordnung erfolgte durch das am 04.10.1918 errichtete Reichsarbeitsministerium unter Federführung des Sozialdemokraten *Gustav Adolf Bauer*, der neben seiner Funktion als Staatssekretär bereits seit dem Jahre 1908 auch Zweiter Vorsitzender der Generalkommission der freien Gewerkschaften war. *Bauer*, der nach eigenem Bekunden bei den Beratungen der Tarifvertragsverordnung insbes.

### *bb) Die Räteverfassung der Weimarer Reichsverfassung*

#### (1) Verfassungsrechtliche Garantie des Rätesystems (Art. 165 Abs. 2 – 4 WRV 1919)

Die revolutionären Arbeiterräte hielten ihre in der Tarifvertragsverordnung gewährte Absicherung und die durch diese zugestandenen Befugnisse für im Ergebnis nicht ausreichend. Erstrebtes Ziel war darüber hinaus insbesondere eine verfassungsrechtliche Garantie ihrer Rechte[195]. Rechnung getragen wurde diesem Ansinnen schließlich durch Art. 165 WRV 1919, der in seinen Absätzen 2 bis 4 ein mehrstufiges, von *Betriebsarbeiterräten* ausgehendes, sich über *Bezirksarbeiterräte* und *Bezirkswirtschaftsräte* hin zu einem zentralen *Reichsarbeiterrat* und einem *Reichswirtschaftsrat* erstreckendes Rätesystem vorsah. Bereits ausweislich seines Wortlauts (vgl. Art. 165 Abs. 5 und 6 WRV 1919[196]) hatte der Räteartikel der Weimarer Reichsverfassung jedoch lediglich programmatischen Charakter[197] und machte damit deutlich, mitnichten zur Unterstützung, sondern ausschließlich zur Abwehr der radikalen Strömungen geschaffen worden zu sein[198]. Auch faktisch ist er letztlich bloßes Programm geblieben, da es mangels jeglicher politischer Unterstützung zu keinem Zeitpunkt zur Konstituierung der Mittel- und Oberstufe der Räteverfassung kam, das *Rätesystem* sich folglich auf eine reine *Betriebsverfassung* verengte[199]. Die auf betrieblicher

---

Vertreter der Arbeitnehmer- und Arbeitgeberverbände hinzuzog (zum Ganzen *Hainke*, Vorgeschichte, S. 101 ff. u. 173), erklärte es zum ausdrückl. Ziel der Kodifikation, daß „das selbständige Vorgehen der Arbeiterausschüsse oder Arbeiterräte in den einzelnen Betrieben" unterbunden werden müsse (zit. nach *Potthoff*, Gewerkschaften, S. 38 f.).

An der maßgeblichen Bedeutung der sowohl formellen als auch informellen Einflußnahme der Gewerkschaften auf die sozialpolitische Gesetzgebung sollte sich auch in der Folgezeit im übrigen nichts ändern. Denn die für die Vorbereitung neuer Gesetze zuständigen Beamten des Reichsarbeitsministeriums standen zumeist in enger Verbindung mit den Gewerkschaften und auch der Reichsarbeitsminister selbst rekrutierte bis zum Jahre 1932 ausnahmslos aus deren Reihen (ausf. *Nörr*, ZfA 1986, 403 [406 f.]).

[195] Ausf. *Winkler*, Revolution, S. 199; vgl. auch *Hueck/Nipperdey*, Arbeitsrecht, Bd. 2, 6. Aufl., S. 675 f.

[196] Diese lauteten: „Den Arbeiter- und Wirtschaftsräten *können* auf den ihnen überwiesenen Gebieten Kontroll- und Verwaltungsbefugnisse übertragen werden.

Aufbau und Aufgabe der Arbeiter- und Wirtschaftsräte sowie ihr Verhältnis zu anderen sozialen Selbstverwaltungskörpern zu regeln, ist *ausschließlich Sache des Reiches*" (Hervorh. d. Verf.).

[197] RGZ 113, 33 (37); *Anschütz*, WRV, Art. 165 Anm. 1 (S. 744); *Flatow/Kahn-Freund*, BRG, 13. Aufl., Einl., S. 22.

[198] *Korsch* (Arbeitsrecht für Betriebsräte, S. 114), der ausdrückl. der Rätebewegung zuneigte, bezeichnete Art. 165 WRV 1919 daher als eine „durch und durch verlogene" Verfassungsnorm.

[199] Ausf. hierzu *Winkler*, Revolution, S. 238; *Milert/Tschirbs*, Von den Arbeiterausschüssen, S. 48 u. 51; *Miller*, Bürde der Macht, S. 353; *Krummel*, Geschichte, S. 61;

Ebene tatsächlich gebildeten Arbeiterräte wurden indessen auf Grund einer zielgerichteten Wahl- und Besetzungspolitik[200] der Gewerkschaften sehr schnell zu „*verlängerten Armen*" der überbetrieblichen Arbeitnehmerorganisationen. Das gewerkschaftliche Ziel einer weitgehenden Vereinnahmung der betriebsinternen Arbeitnehmervertretungen war demnach erreicht[201].

### (2) Verfassungsrechtlicher Primat der Tarifautonomie (Art. 165 Abs. 1 Satz 2 WRV 1919)

Die Gewerkschaftsbewegung obsiegte nicht nur faktisch gegen die radikalen Rätesrömungen, sondern auch in rechtlicher Hinsicht war der Tarifautonomie innerhalb des – bezeichnenderweise maßgeblich durch *Hugo Sinzheimer*[202] geprägten – Räteartikels ausdrücklich der Vorrang vor betrieblichen Regelungen der Lohn- und Arbeitsbedingungen eingeräumt. Denn neben der verfassungsrechtlichen Garantie des Tarifvertrages als kollektives Regelungsinstrument[203] wurde Art. 165 Abs. 1 Satz 2 WRV 1919 seinerzeit überdies die Aussage beigemessen, eine umfassende Absicherung der gewerkschaftlichen Rechte gegenüber den Befugnissen der neu geschaffenen Räteorganisationen zu gewährleisten. Insbesondere die Vereinbarung der Lohn- und Arbeitsbedingungen sollte schon von Verfassungs wegen nicht den Arbeiterräten, sondern letztlich allein den Gewerkschaften obliegen[204].

---

*Reuscher*, RdA 1948, 161 (163); *Waltermann*, NZA 1995, 1177 (1179); *Nörr*, ZfA 1986, 403 (409); auch *Korsch*, Arbeitsrecht für Betriebsräte, S. 118.

[200] Dazu *Nörr*, ZfA 1986, 403 (432).

[201] An der ideologiebedingten Geringschätzung der Idee betrieblicher Mitbestimmung änderte dies, wie die Ausführungen *Naphtalis* (Wirtschaftsdemokratie, S. 151 ff.) zeigen, allerdings noch immer nichts.

[202] Zur Rolle *Sinzheimers* bei der Entstehung der das Wirtschaftsleben betreffenden Normen der Weimarer Reichsverfassung *von Oertzen*, Betriebsräte, S. 153 ff. u. 259 ff.; *Miller*, Bürde der Macht, S. 359.

Allg. kann festgestellt werden, daß die größte Zahl der bedeutenden Arbeitsrechtswissenschaftler jener Zeit ihrer Gesinnung nach der Gewerkschaftsbewegung sehr nahe standen (*Hugo Sinzheimer*, *Gustav Radbruch*, *Hermann Heller*) und zum Teil sogar ausdrückl. klassenkämpferische Ideale vertraten (*Otto Kahn-Freund*, *Ernst Fraenkel*). Auch darin kann nicht zuletzt ein entscheidender Grund für das Obsiegen der Tarifautonomie gegenüber der Idee betrieblicher Mitbestimmung gesehen werden (vgl. *Nörr*, ZfA 1986, 403 [443 ff.]).

[203] Dazu bereits II 2 c.

[204] In diesem Sinne die Interpretation der Norm bei *Anschütz*, WRV, Art. 165 Anm. 3 (S. 746); vgl. auch *F. Neumann*, Koalitionsfreiheit und Reichsverfassung, S. 133: „Die Anerkennung richtet sich auch gegen die Betriebsräte".

(3) Selbstbestimmung des einzelnen durch Mitbestimmung im Kollektiv

Auf den ersten Blick scheint es demnach zunächst, als reduziere sich die Bedeutung der Weimarer Reichsverfassung für die Entwicklung der Betriebsautonomie allein darauf, diese zwecks Zurückdrängung der radikalen Rätebewegung im Verhältnis zur Tarifautonomie ins zweite Glied zu stellen[205]. Wie eine Zusammenschau aller das Arbeitsleben betreffenden Verfassungsbestimmungen verdeutlicht[206], wird eine solche Einschätzung bei genauerer Betrachtung der in bezug auf die betriebliche Mitbestimmung getroffenen Gesamtaussage der Weimarer Reichsverfassung jedoch nicht hinreichend gerecht: An die Spitze der Normen über die Wirtschaftsverfassung stellte Art. 151 WRV 1919 den *Grundsatz der Gerechtigkeit* und insbesondere das Ziel der Gewährleistung eines *menschenwürdigen Daseins*. Zu diesem Zwecke verpflichtete Art. 157 WRV 1919 den Staat zu einem besonderen *Schutz der Arbeitskraft*. Dieser ausdrücklichen Schutzverpflichtung diente schließlich die Gewährleistung betrieblicher Interessenvertretungen der Arbeiterschaft im Räteartikel des Art. 165 WRV 1919, da durch jene – wie es in der zeitgenössischen Literatur hieß – die einzelnen Arbeitnehmer vom reinen *Objekt* zu einem *selbstbestimmten Subjekt* der Arbeitsverfassung erhoben wurden[207]. Mit anderen Worten verwirklichten besagte Verfassungsvorschriften in ihrem Gesamtkontext das Grundanliegen, mittels betrieblicher Vertretungsgremien im Ergebnis der Menschenwürde der Arbeitnehmer zur Geltung zu verhelfen. Sie spiegelten somit letztlich nichts anderes wider als die der Betriebsautonomie seinerzeit bereits von *Friedrich Bitzer* ins Stammbuch geschriebene Zweck-Mittel-Relation zwischen der *Selbst*bestimmung des einzelnen durch *Mit*bestimmung im betrieblichen Kollektiv[208]. Auf verfassungsrechtlicher Ebene war demnach durch die Weimarer Reichsverfassung das als Grundidee der Betriebsautonomie zu erachtende Ziel der Wandlung der Betriebsgemeinschaft vom *betrieblichen Herrschaftsverband* zum *freiheitlichen Betriebsverband* bereits festgeschrieben.

*cc) Das Betriebsrätegesetz aus dem Jahre 1920*

(1) Grundgedanke und Inhalt des Gesetzes

(1.1) Eine spiegelbildliche Projektion auf die einfachgesetzliche Ebene fand das freiheitliche Betriebsverfassungsmodell der Weimarer Reichsverfassung

---

[205] So die i. Erg. zu vordergründige Deutung von *Kempen*, RdA 1994, 140 (143); auch *Rieble*, RdA 1995, 151 (152).

[206] Siehe insoweit vortrefflich bereits *Reichold*, Sozialprivatrecht, S. 236 ff.

[207] *Buddeberg*, Arbeitsrecht 1926, Sp. 117 (118); entsprech. auch *Anschütz*, WRV, Art. 151 Anm. 1 (S. 699).

[208] Siehe oben I 2 c.

schließlich durch das Betriebsrätegesetz vom 04.02.1920. Jenes wurde unter dem direkten Eindruck unmittelbar vor dem Reichstagsgebäude tobender Unruhen[209] beschlossen, bedeutete aber dennoch keineswegs ein Zugeständnis an die von den Aufständischen erhobenen Forderungen nach Verwirklichung einer sozialistischen Räteverfassung. Es führte vielmehr die kontinuierliche Entwicklung der Idee betrieblicher Mitbestimmung zu ihrem legislativen Ziel[210]. Dies wird nicht zuletzt daran deutlich, daß § 1 BRG 1920 den Betriebsräten neben der Wahrung der gemeinsamen Interessen der Arbeitnehmer auch die Unterstützung des Arbeitgebers bei der Erfüllung der Betriebszwecke auftrug, wodurch das Betriebsrätegesetz den geistesgeschichtlich von *Perthaler* begründeten[211] und bereits in § 12 HilfsdienstG 1916 erstmals normierten[212] Grundsatz der *sozialpartnerschaftlichen* betrieblichen Gemeinschaft ausdrücklich an seine Spitze stellte.

Die Einrichtung von Betriebsräten war von nun an in allen Betrieben mit über zwanzig Arbeitnehmern zur *zwingenden gesetzlichen Pflicht* erhoben (vgl. §§ 1, 23, 99 BRG 1920). Insbesondere entstand – wenn auch formell noch nicht als solche bezeichnet[213] – materiell mit der *Betriebsvereinbarung* ein kollektives Regelungsinstrument, anhand dessen das erstrebte Grundanliegen der Idee betrieblicher Mitbestimmung endgültig in die Tat umgesetzt wurde: Statt durch eine einseitige Festlegung seitens des Arbeitgebers waren sämtliche für die Organisation und Ordnung des betrieblichen Produktionsverbandes wesentlichen Arbeitsbedingungen nunmehr zwischen Betriebsrat und Arbeitgeber als gleichberechtigte Partner auszuhandeln. Der vordem allein auf dem Willen des Ar-

---

[209] Ausf. *Winkler*, Revolution, S. 388 f.; *Miller*, Bürde der Macht, S. 358 f.; *Milert/Tschirbs*, Von den Arbeiterausschüssen, S. 41.

[210] *Mommsen*, Die verspielte Freiheit, S. 92; *Nikisch*, Arbeitsrecht, Bd. 1, S. 22 u. Bd. 3, S. 6; *Waltermann*, Rechtsetzung, S. 78; *Reichold*, Sozialprivatrecht, S. 278; *Bender*, in: *Mohnhaupt*, Revolution, S. 191 (193); *Erd*, Verrechtlichung, S. 119; *Brigl-Matthiaß*, Betriebsräteproblem, S. 1 f. u. 15.

[211] Siehe oben 1 a aa.

[212] Siehe oben 1 c aa.

[213] Die begriffliche Kategorisierung als Betriebsvereinbarung ist erst ein Jahr nach Erlaß des Betriebsrätegesetzes von *Georg Flatow* (Betriebsvereinbarung und Arbeitsordnung, S. 11 f. m. Anm. 20) eingeführt worden, der dadurch ausdrückl. das Ziel verfolgte, betriebliche Abreden zwischen Arbeitgeber und Angestellten- sowie Arbeiterrat in ihrer Wirkung dem Tarifvertrag gleichzustellen. Der Gesetzgeber hat den Terminus der Betriebsvereinbarung erstmals in § 7 des Gesetzes über die Beschäftigung von Schwerbehinderten vom 12.01.1923 und in § 3 der Verordnung über das Schlichtungswesen vom 30.10.1923 verwendet. Schließlich hat auch das RAG (vgl. ARS 2, 91 (93); 3, 153 ff.) die Betriebsvereinbarung als Oberbegriff für sämtliche durch das Betriebsrätegesetz vorgeschriebenen und ermöglichten Einigungen zwischen Arbeitgeber und Arbeiter- bzw. Angestelltenrat anerkannt.

beitgebers ruhende betriebliche Herrschaftsverband hatte sich demnach endgültig zu einer „zweigliedrigen organischen Einheit“ gewandelt[214].

(1.2) In rechtsdogmatischer Hinsicht fehlte es zwar noch an einer gesetzlichen Anordnung der Unmittelbarkeitswirkung für zwischen Arbeitgeber und Betriebsrat zustandegekommene Abreden, doch wurde ihnen dessen ungeachtet im Hinblick auf die im Betrieb bestehenden Arbeitsverhältnisse nach allgemeiner Ansicht *normative Geltung* beigemessen. Unklarheit herrschte insoweit lediglich, ob diese Normativität letztlich analog § 134 c GewO 1891[215] oder aber in Anlehnung an den Grundgedanken des § 1 TVVO[216] begründet werden sollte[217].

Inhaltlich kannte das Betriebsrätegesetz drei[218] nach ihrem Sachgegenstand zu unterscheidende Arten von Betriebsvereinbarungen. Neben den bis dato einseitig durch den Arbeitgeber getroffenen Bestimmungen der *Arbeitsordnung* (§§ 78 Ziff. 3, 80, 75, 104 Abs. 4 BRG 1920) und weiteren die Arbeitspflicht des Arbeitnehmers konkretisierenden *Dienstvorschriften* (§§ 66 Ziff. 5, 75, 78 Ziff. 3, 80 BRG 1920) sah § 78 Ziff. 2 BRG 1920 vor, daß der Betriebsrat auch bei der Regelung der *Löhne und sonstigen Arbeitsbedingungen* mitzuwirken hatte. Unter Hinweis auf den ein bloßes Mitwirkungsrecht begründenden Gesetzeswortlaut wurde zum Teil angenommen, daß Lohn- und sonstige materielle Arbeitsbedingungen nicht Gegenstand einer Betriebsvereinbarung sein könnten[219]. Doch setzte sich schließlich die Auffassung durch, der Gesetzgeber habe mit der Fassung des § 78 Ziff. 2 BRG 1920 vielmehr zum Ausdruck bringen wollen, daß neben der Betriebsvereinbarung auch andere Beteiligungsformen

---

[214] *Sinzheimer*, Grundzüge, S. 210; *Flatow/Kahn-Freund*, BRG, 13. Aufl., vor § 1, S. 33.

[215] So *Jacobi*, Grundlehren, S. 325 ff.; *Kaskel*, Arbeitsrecht, S. 58; *Sinzheimer*, Grundzüge, S. 328 f.

[216] In diesem Sinne *Flatow*, Betriebsvereinbarung und Arbeitsordnung, S. 67 ff.; *Flatow/Kahn-Freund*, BRG, 13. Aufl., § 66 Anm. VIII 2 a (S. 317).

[217] Umstritten war überdies, ob durch den Abschluß der Betriebsvereinbarung unmittelbar der Inhalt der Arbeitsverhältnisse modifiziert werde (RAG, ARS 9, 140 ff.; *Flatow/Kahn-Freund*, BRG, 13. Aufl., § 66 Anm. VIII 2 a [S. 317]), oder aber die Betriebsvereinbarung von außen auf die Arbeitsverhältnisse einwirke (RAG, ARS 40, 443 ff.; *Nipperdey*, Anm. zu RAG, ARS 9, 140 ff.; *Salfeld*, Arbeitsrecht 1926, Sp. 703 [709]). Eine nur schuldrechtliche Wirkung der Betriebsvereinbarung oder die Notwendigkeit ihrer individualvertraglichen Transformation wurde hingegen – soweit ersichtlich – von niemandem vertreten; vgl. zum Ganzen auch *G. Hueck*, Betriebsvereinbarung, S. 99.

[218] Von der h. M. wurden darüber hinaus als vierte Kategorie der Betriebsvereinbarung auch solche zugelassen, welche nicht auf die Arbeitsverhältnisse einwirkten, sondern lediglich schuldrechtliche Verpflichtungen seitens der Betriebspartner enthielten; vgl. *Flatow*, BRG, 11. Aufl., § 76 Anm. 1 u. § 81 Anm. 2; *Kaskel*, Arbeitsrecht, S. 61 ff.; a. A. *Jacobi*, Grundlehren, S. 304 ff.

[219] *Kaskel*, Arbeitsrecht, S. 62 f.; *Jacobi*, Grundlehren, S. 309 ff.

der Arbeiter- und Angestelltenräte in Betracht kommen sollen, keinesfalls aber insoweit ein Verbot normativ wirkender Abmachungen aufgestellt[220]. Rechtsprechung und Schrifttum gingen daher ganz überwiegend davon aus, daß auch das Entgelt und sonstige materielle Arbeitsbedingungen regelnde Betriebsvereinbarungen abgeschlossen werden konnten[221], den Betriebspartnern also eine *Allzuständigkeit* zukam, die sämtliche das Arbeitsverhältnis betreffenden Sachgegenstände umfaßte.

(2) Der Tarifvorbehalt des § 78 Ziff. 2 BRG 1920
und seine Auslegung in Rechtsprechung und Literatur

(2.1) Auf Grund dieser weitreichenden Befugnis hatte das Betriebsrätegesetz die Betriebsvereinbarung im Ergebnis als einen „auf die Stufe des Betriebes projizierten Tarifvertrag“[222] geschaffen, weshalb es andererseits dem verfassungsrechtlichen Primat der Tarifautonomie (Art. 165 Abs. 1 Satz 2 WRV 1919)[223] entsprechend unausweislich erscheinen mußte, die dadurch hervorgerufene Konkurrenz zu Gunsten der tariflichen Regelungen zu entscheiden. Dies geschah ebenfalls in § 78 Ziff. 2 BRG 1920[224]; denn dieser erklärte Betriebsvereinbarungen über Lohn- und sonstige Arbeitsbedingungen nur für zulässig, soweit eine tarifliche Regelung nicht bestand, und kann daher nach § 13 Abs. 1 Satz 3 TVVO 1918 als zweiter Vorgänger des heutigen § 77 Abs. 3 BetrVG bezeichnet werden. Neben zahlreichen weiteren in das Betriebsrätegesetz aufgenommenen „Angstklauseln“ zu Gunsten der Gewerkschaften[225] ist auch § 78 Ziff. 2 BRG 1920 Ausfluß des gesetzgeberischen Bestrebens, die betriebliche

---

[220] *Mansfeld*, BRG, § 78 Anm. b.

[221] RAG, ARS 3, 98; 3, 153; *Sinzheimer*, Grundzüge, S. 236; *Feig-Sitzler*, BRG, § 78 Anm. 3 b (S. 231 f.); *Flatow*, Betriebsvereinbarung und Arbeitsordnung, S. 4 f.; *Flatow/Kahn-Freund*, BRG, 13. Aufl., § 78 Ziff. 2 Anm. 1 (S. 395); *A. Hueck*, NZfA 1923, Sp. 87 (88); *Schuldt*, Betriebsvereinbarung, S. 54 ff.

[222] *Jacobi*, Grundlehren, S. 345.

[223] Siehe oben bb (2).

[224] Dieser lautete: „Der Arbeiterrat und der Angestelltenrat oder, wo ein solcher nicht besteht, der Betriebsrat hat die Aufgabe, ... soweit eine tarifvertragliche Regelung nicht besteht, im Benehmen mit den beteiligten wirtschaftlichen Vereinigungen der Arbeitnehmer bei der Regelung der Löhne und sonstigen Arbeitsverhältnisse mitzuwirken, namentlich ...“

[225] Verwiesen sei insbes. auf das in § 37 BRG 1920 statuierte Beitragserhebungsverbot, mittels dessen ausdrückl. der drohenden Zersplitterung der Gewerkschaftsbewegung durch die Betriebsräte entgegenzutreten gedacht wurde (so *Flatow*, BRG, 11. Aufl., § 37 Anm. 1 [S. 107]; zu Bedeutung und Zweifelhaftigkeit des Beitragserhebungsverbots ausf. *Ehmann*, in: *Mohler*, Wirklichkeit als Tabu, S. 61 [74]; *derselbe*, NZA 1991, 1 [7]; *derselbe*, ZRP 1996, 314 [320 f.]); zur Streichung des § 41 BetrVG [= § 37 BRG 1920] de lege ferenda unten § 8 II 2 b); vgl. weiterhin §§ 5, 31 Abs. 1, 38, 47, 49, 66 Ziff. 6 BRG 1920.

Mitbestimmung auf Grund der ihr durch die Rätebewegung beigelegten sozialistischen Radikalisierung in ihrer Tragweite zu beschränken und zu diesem Zwecke den spätestens seit Abschluß des Stinnes-Legien-Abkommens auf dem Boden der Demokratie stehenden Gewerkschaften und mit ihnen der Tarifautonomie zum Vorrang zu verhelfen. Diesen unübersehbaren Zusammenhang zwischen der geschichtlichen Sondersituation jener Tage und den aus ihr entsprungenen Kodifikationen räumte selbst *Hugo Sinzheimer*[226] – der wichtigste Verfechter der Tarifautonomie – unmißverständlich ein, wenn er rückblickend feststellte, der Kampf zwischen Gewerkschafts- und Rätebewegung sei

> „auch arbeitsrechtlich in der gleichen Weise entschieden worden, wie ihn die Arbeiterbewegung selbst in den Jahren 1918 – 1920 entschieden hat".

(2.2) Da der Tarifvorbehalt des § 78 Ziff. 2 BRG 1920 somit zweifellos als Kind seiner Zeit zu begreifen ist, muß es um so mehr verwundern, daß die Auslegung, welche Rechtsprechung und Schrifttum der Vorschrift in der Folgezeit beigemessen haben, um einiges hinter der Reichweite zurückblieb, die dem heutigen § 77 Abs. 3 BetrVG überwiegend zugesprochen wird. So war es seinerzeit anerkannt, wenn auch nicht unbestritten, daß Betriebsvereinbarungen jedenfalls insoweit der Vorrang vor Tarifverträgen gebührte, als sie *zu Gunsten* der Arbeitnehmer von den tariflichen Bestimmungen abwichen[227]. Völlige Übereinstimmung herrschte, daß vom Bestehen einer tarifvertraglichen Regelung im Sinne des § 78 Ziff. 2 BRG 1920 nur in solchen Betrieben gesprochen werden konnte, deren Arbeitgeber

> „als Partei des Tarifvertrages oder als Mitglied des Arbeitgeberverbandes, der Tarifpartei ist, oder aufgrund Allgemeinverbindlichkeitserklärung des Tarifvertrages"[228]

an die tarifliche Regelung *gebunden* waren[229]. Die Vorschrift wurde also mit anderen Worten als eine vom Erfordernis der Tarifbindung des Arbeitgebers abhängige *Kollisionsregel zwischen Tarifvertrag und Betriebsvereinbarung* verstanden[230].

---

[226] Grundzüge, S. 222.

[227] Hierzu die ausf. Darstellung von *Th. Schmidt*, Günstigkeitsprinzip, S. 48 ff. m. zahlr. zeitgenöss. Nachw.

[228] *Flatow*, BRG, 11. Aufl., § 75 Note 3.

[229] *Flatow*, Betriebsvereinbarung und Arbeitsordnung, S. 55; *Flatow/Kahn-Freund*, BRG, 13. Aufl., § 66 Anm. IX 1 (S. 324); *Mansfeld*, BRG, § 78 Anm. 3 c; *A. Hueck*, NZfA 1923, Sp. 87 (96); *Wagemann*, Arbeitsgesetze, IV Betriebsrätegesetz, § 78 Anm. 6: „besondere Verhältnisse des Einzelbetriebes"; wohl auch *Feig/Sitzler*, BRG, § 78 Anm. 3 ff. (S. 230 ff.); die Rechtslage in diesem Sinne referierend *Nikisch*, Arbeitsrecht, Bd. 2, S. 399; *Dietz*, RdA 1955, 241 (242); *Dietz/Richardi*, BetrVG, § 77 Rdnr. 176; *Schelp*, DB 1962, 1242 u. 1275; *Eickelberg*, Betriebsvereinbarung, S. 78 Fn. 1.

[230] So auch die rückblickende Kategorisierung von *Fabricius*, Anm. zu BAG, AP Nr. 28 zu § 59 BetrVG 1952; *Eickelberg*, Betriebsvereinbarung, S. 125.

Selbst die weitreichenden Gefahren, die von der radikalen Rätesströmung für die Gewerkschaftsbewegung und überdies für die gesamte staatliche Ordnung der jungen Republik ausgingen, sowie die noch frischen Erinnerungen an diese konnten die Jurisprudenz demnach nicht dazu bewegen, den Tarifvorbehalt hingegen als *Normsetzungsprärogative* zu Gunsten der Koalition zu begreifen, deren Sperrwirkung auch *nicht* tarifgebundenen Arbeitgebern gegenüber gelten soll. Wieviel weniger besteht hierfür folglich in einer Zeit eine Berechtigung, in der die Betriebsräte keineswegs mehr als Teil einer rätedemokratischen Umsturzbewegung angesehen werden können[231]. Die Evolution der betrieblichen Arbeitnehmergremien von revolutionären Zellen zu – mit Unternehmern wie Gewerkschaften gleichermaßen – kooperierenden Mitbestimmungsorganen muß daher, wenn nicht zur völligen Streichung des Tarifvorbehalts, so doch zumindest zu seiner interpretatorischen Reduktion anhalten. Diesem Gebot soll mit dem im dritten Teil der Arbeit zu entwickelnden Verständnis des § 77 Abs. 3 BetrVG Rechnung zu tragen versucht werden.

### *3. Das Betriebsverfassungsrecht des nationalsozialistischen Regimes*

#### a) Ideologiebedingter Rückschritt zum betrieblichen Herrschaftsverband

Das maßgebliche Verdienst des Weimarer Krisengesetzgebers, durch Reichsverfassung und Betriebsrätegesetz den erstrebten Wandel des betrieblichen Herrschaftsverbandes zu einem freiheitlichen Betriebsverband erfolgreich vollzogen zu haben, wurde durch das am 20.01.1934 verabschiedete Gesetz zur Ordnung der nationalen Arbeit, dessen § 65 das gesamte Arbeitsverfassungsrecht der Weimarer Zeit außer Kraft setzte, wieder völlig zunichte gemacht. Dem Totalitarismus des nationalsozialistischen Regimes entsprach es, auch die einzelnen Betriebe nahtlos in das politische Gesamtsystem einzupassen, weshalb § 1 AOG 1934[232] das den staatlichen und gesellschaftlichen Makrokosmos prägende *Führerprinzip* gleichermaßen auf die betriebliche Mikroebene übertrug[233]: Der Arbeitgeber wurde zum „Führer des Betriebs“, die Arbeitnehmer zu

---

[231] Siehe nur *Ehmann*, in: *Mohler*, Wirklichkeit als Tabu, S. 61 (75): „Letztlich aber sind die ideologischen Differenzen dieser Konkurrenzlage überholt. Die Betriebsräte wollen keine Rätedemokratie mehr errichten, und die Gewerkschaften haben in ihrem Grundsatzprogramm von 1963 ihre noch im Münchener Grundsatzprogramm von 1949 festgelegten planwirtschaftlichen und sozialistischen Vorstellungen aufgegeben und sich zur sozialen Marktwirtschaft als ihrer Lebensgrundlage bekannt.“

[232] Dieser lautete: „Im Betriebe arbeiten der Unternehmer als Führer des Betriebes, die Angestellten und Arbeiter als Gefolgschaft gemeinsam zur Förderung der Betriebszwecke und zum gemeinen Nutzen von Volk und Staat.“

[233] Siehe *Mansfeld*, AOG, Einl., S. 3; *Mansfeld/Pohl/Steinmann/Krause*, AOG, Einl., S. 8 ff.

dessen „Gefolgschaft". Die Gestaltung der innerbetrieblich festzulegenden Arbeitsbedingungen erfolgte durch *Betriebsordnungen*, welche gem. §§ 26 ff. AOG 1934 ohne Mitwirkung der Arbeitnehmerschaft allein durch den Führer des Betriebs erlassen werden konnten. Zwar sah § 5 AOG 1934 die Bestellung von – nach § 9 AOG 1934 auf Vorschlag des Betriebsführers zu wählenden – *Vertrauensmännern* der Belegschaft vor, die unter seiner Leitung den Vertrauensrat bildeten, doch kam den Arbeitnehmerrepräsentanten lediglich eine *beratende Funktion* zu[234]; eigenständige Entscheidungsbefugnisse oder echte Mitbestimmungsrechte hingegen oblagen ihnen nicht (vgl. § 6 Abs. 2 AOG 1934).

Damit trat aus Sicht der Arbeitnehmer an die Stelle der *freiheitlichen Betriebsverfassung* der Weimarer Zeit erneut eine streng hierarchischen Strukturen verhaftete betriebliche *Fremdbestimmungsordnung*, hielt – in ein neues ideologisches Gewand gehüllt – der feudalistische und frühkapitalistische „Herr-im-eigenen-Haus"-Standpunkt wieder Einzug in die Betriebsgemeinschaft[235]. Dieser entwicklungsgeschichtliche Rückschritt fand nicht zuletzt darin seinen Ausdruck, daß die Arbeitsrechtswissenschaft jener Epoche sich zwecks Charakterisierung des Rechtsverhältnisses zwischen Arbeitgeber und Arbeitnehmer vermehrt der Theorie des betrieblichen Herrschaftsverbandes erinnerte[236], welche über die ursprüngliche Intention ihres Begründers *Otto von Gierke*[237] hinaus[238] ideologiebedingt zu dem Zweck pervertiert wurde, letztlich einer völligen Entrechtung der Arbeitnehmer Vorschub zu leisten[239].

---

[234] *Mansfeld*, AOG, Einl., S. 4 f.

[235] Treffend *Rüthers*, AuR 1970, 97 (101).

[236] Vgl. *Tatarin-Tarnheyden*, Werdendes Staatsrecht, S. 61 f.; *Böhlhoff*, Betriebsordnung, S. 44; *Fechner*, Führertum, S. 35; *Freytag*, Betriebsverfassung, S. 60; *Fritsch*, Rechtsnatur, S. 65 f.; *Kühn*, Führergedanke, S. 29; *Rössler*, Führer des Betriebs, S. 29 f.

[237] Siehe oben I 2 b bb

[238] Zu Unterschieden hinsichtl. der Auffassung *von Gierkes* und deren Adaption durch die Arbeitsrechtswissenschaft der nationalsozialistischen Epoche *Rüthers*, AuR 1970, 97 (101); *Reichold*, Sozialprivatrecht, S. 350 u. 353.

[239] Maßgeblicher Ausfluß des neo-feudalistischen Denkens war es, daß der Arbeitsvertrag nicht mehr als ein schuldrechtlicher, sondern ausschließlich im Sinne eines personenrechtlichen Tatbestandes verstanden wurde. Diese insbes. von den Vertretern der sog. Kieler Schule (vgl. *Larenz*, in: *Dahm* u. a., Grundfragen der neuen Rechtswissenschaft, S. 225 [240 ff.]; *Huber*, JW 1937, 1111 [1112 f.]) begründete und schließlich auch durch das RAG (siehe nur ARS 32, 316 ff.) geteilte Sichtweise führte letztlich dazu, daß das Arbeitsverhältnis auf eine bloße Glied- und Objektstellung des Arbeitnehmers innerhalb der Betriebsgemeinschaft reduziert und dessen Persönlichkeitswert i. Erg. vollständig aufgegeben wurde (krit. hierzu später insbes. *Schwerdtner*, Fürsorgetheorie, S. 30 ff. u. 69 ff.).

Wenn jedoch in unseren Tagen einer stärkeren Betonung verbandsrechtlicher Implikationen des Arbeitsverhältnisses sowie generell einer stärkeren Verlagerung der Regelungskompetenzen von der Tarifebene auf die Betriebspartner mit dem Argument entgegen getreten wird, dies bedeute eine Wiederbelebung dieser sog. Eingliederungstheorie (*Rieble*, RdA 1996, 151 [153]) sowie einen Rückschritt in die soziale Vormundschaft

### b) Das Verhältnis von Tarif- und Betriebsordnungen

aa) Betrachtet man konkret die Konkurrenz betrieblicher und überbetrieblicher Regelungen der Arbeitsbedingungen, so fällt zunächst auf, daß jedenfalls nominell im Vergleich zur Weimarer Zeit der Betriebsebene eine gesteigerte Bedeutung beigemessen wurde. Erklärtes Ziel der nationalsozialistischen Wirtschaftsordnung war es, die auf Grund der Weimarer Erfahrungen als zu starr empfundenen tariflichen Lohnkartelle aufzulockern[240] und fortan die einzelnen Betriebe als die „Urzellen des Wirtschaftens und Arbeitens"[241] in den Vordergrund zu stellen. Entsprechend ordnete der nationalsozialistische Gesetzgeber an, daß sämtliche Arbeitsbedingungen – gem. § 27 Abs. 3 AOG 1934 insbesondere auch die Höhe der Löhne – primär auf betrieblicher Ebene in Form von Betriebsordnungen (§§ 26 ff. AOG 1934) festgelegt werden sollten. Der Erlaß von Tarifordnungen durch den Reichstreuhänder der Arbeit war demgegenüber nach § 32 Abs. 2 Satz 1 AOG 1934 nur dann vorgesehen, wenn die Festsetzung überbetrieblicher Mindestbedingungen zum *Schutze* der Beschäftigten *zwingend erforderlich* erschien.

bb) Doch Anspruch und Wirklichkeit der nationalsozialistischen Arbeitsverfassung klafften weit auseinander, da die angestrebte Betriebsorientierung bei der Gestaltung der Arbeitsbedingungen letztlich mit den Machtbedürfnissen einer totalitären Diktatur nicht in Einklang zu bringen war[242]. Tatsächlich nahm das Interesse der Reichsführung an Interventionen hinsichtlich der Arbeitsbe-

---

(*Heinze*, DB 1996, 729), um dadurch zu versuchen, entsprechende Tendenzen letztlich „in die rechte Ecke zu drängen", so liegt dem – eher bewußt als unbewußt – eine verkürzte Darstellung des Gesamtzusammenhangs zu Grunde. Versteht man es zutreff. als Ziel der Betriebsautonomie, den – durch *von Gierke* konstatierten und durch die nationalsozialistische Gesetzgebung reanimierten – Herrschaftscharakter der Betriebsgemeinschaft gerade zu überwinden und durch einen privatautonomen Betriebsverband zu ersetzen (siehe oben I 2 c u. insbes. unten § 5 III 2), ist es wenig einsichtig, wie darin andererseits eine „Entmündigung des Arbeitnehmers" (*Rieble*, ebd.) liegen soll. Gerade das Gegenteil ist der Fall, weshalb der Gedanke der betrieblichen Gemeinschaft zwischen Arbeitgeber und Belegschaft als solcher allein wegen seiner ideologischen Überzeichnung und Verzerrung während des nationalsozialistischen Regimes i. Erg. nicht diskreditiert werden kann und sollte (so zu Recht auch *Zöllner*, FS 25 Jahre BAG, S. 745 [756]).

240 So *Mansfeld/Pohl/Steinmann/Krause* (AOG, Einl., S. 16), die das auf dem Zusammenspiel von Tarifautonomie und Zwangsschlichtung aufbauende System der Weimarer Zeit als „nivellierenden Kollektivismus" brandmarkten, unter dem sich ein sozial verantwortliches Unternehmertum nicht zu bilden vermocht habe (ebd., S. 10).

241 *Hueck/Nipperdey/Dietz*, AOG, § 1 Rdnr. 2 u. vor § 26 Rdnr. 2; vgl. auch *Mansfeld*, AOG, Einl., S. 2.

242 Instruktiv *Prinz*, in: *vom Bruch*, Weder Kommunismus noch Kapitalismus, S. 219 (231 f.).

dingungen stetig zu – mit der Folge, daß alsbald betriebliche Regelungen faktisch weitgehend durch staatliche Tarifdiktate verdrängt wurden[243].

Auch rechtlich war den gem. § 32 Abs. 2 Satz 2 AOG 1934 mit normativer Geltung ausgestatteten Tarifordnungen durch die Vorschrift des § 32 Abs. 2 Satz 3 AOG 1934[244] im Verhältnis zu den gleichfalls mit Unmittelbarkeitswirkung bedachten Betriebsordnungen (vgl. § 30 AOG 1934)[245] ausdrücklich der Vorrang eingeräumt. Somit hat der nationalsozialistische Gesetzgeber in § 32 Abs. 2 Satz 3 AOG 1934 nahtlos die bereits durch § 13 Abs. 1 Satz 3 TVVO 1918 begründete und durch § 78 Ziff. 2 BRG 1920 weitergeschriebene Tradition des Primats einer einheitlichen Leitung der Arbeitsbedingungen „von erhöhter Warte" (*Schmoller*)[246] fortgesetzt, wobei freilich an die Stelle ursprünglich *marxistischem* Gedankengut entspringender Beweggründe nunmehr die zentralistischen Bestrebungen der *faschistischen* Ideologie traten.

Selbst diese führten indessen nicht dazu, Tarifordnungen auch dann den Vorrang vor Betriebsordnungen zuzuerkennen, wenn letztere für die Arbeitnehmer *günstigere* Regelungen enthielten[247]. Ebensowenig waren Betriebsordnungen in *nicht* tarifunterworfenen Betrieben ausgeschlossen. § 32 Abs. 2 Satz 3 AOG 1934 wurde vielmehr – im Ergebnis noch enger als zuvor § 78 Ziff. 2 BRG 1920 (Kollisionsregel zwischen Tarifvertrag und Betriebsvereinbarung)[248] – als eine *reine Rechtsanwendungsregel* verstanden, auf Grund derer innerhalb der einzelnen Arbeitsverhältnisse der Tarifordnung *kraft stärkerer Normwirkung*

---

243 Vgl. dazu *Nikisch*, Arbeitsrecht, Bd. 2, S. 201; *Reichold*, Sozialprivatrecht, S. 348; *D. Neumann*, RdA 1990, 257 (259).

Ihren Höhepunkt erreichte die Interventionspolitik des nationalsozialistischen Staates durch die Lohnverordnung vom 25.06.1938, die es dem Reichstreuhänder der Arbeit erlaubte, in Tarifordnungen auch Höchstlöhne rechtsverbindlich festzulegen; dazu *Spohn*, Betriebsgemeinschaft, S. 365 ff.; *Wlotzke*, Günstigkeitsprinzip, S. 20.

244 § 32 Abs. 2 AOG 1934 lautete: „Ist zum Schutze der Beschäftigten einer Gruppe von Betrieben innerhalb des dem Treuhänder der Arbeit zugewiesenen Bezirks die Festlegung von Mindestbedingungen zur Regelung der Arbeitsverhältnisse zwingend geboten, so kann der Treuhänder nach Beratung in einem Sachverständigenausschuß (§ 23 Abs. 3) eine Tarifordnung schriftlich erlassen; § 29 gilt entsprechend. Die Bestimmungen der Tarifordnung sind für die von ihr erfaßten Arbeitsverhältnisse rechtsverbindlich. *Entgegenstehende Bestimmungen in Betriebsvereinbarungen sind nichtig...*"

245 Ganz h. M.: RAG, ARS 25, 100 (104); *Mansfeld/Pohl/Steinmann/Krause*, AOG, vor § 26 Anm. 3 a (S. 305); *Hueck/Nipperdey/Dietz*, AOG, § 26 Rdnr. 41; *Böhlhoff*, Betriebsordnung, S. 48 ff., *Fritsch*, Rechtsnatur, S. 57.

246 Siehe oben 2 a cc (1).

247 Der Vorrang günstigerer betrieblicher Bestimmungen folgte aus dem in § 29 AOG 1934 verankerten Leistungsprinzip, welches als ein allgemeiner Grundgedanke des Arbeitsrechts (so *Nipperdey*, FS für Lehmann, S. 257 [263]) auch auf das Verhältnis von Tarifordnung und Betriebsordnung Anwendung fand; siehe nur RAG, ARS 29, 166 ff.; 31, 44 ff.; 31, 347 ff.

248 Dazu bereits 2 b cc (2.2).

ein Anwendungsvorrang vor abweichenden Bestimmungen einer Betriebsordnung zukam[249].

cc) Es kann demnach festgehalten werden, daß keine seiner Vorgängervorschriften vor dem Zweiten Weltkrieg eine dem Tarifvorbehalt in seiner heutigen Gestalt vergleichbare Auslegung als sowohl von der Tarifbindung des Arbeitgebers unabhängige als auch das Günstigkeitsprinzip überspielende Normsetzungsprärogative erfahren hat.

### *4. Vorgeschichte und Inhalt des Betriebsverfassungsgesetzes aus dem Jahre 1952*

#### a) Der Streit um die Wirtschaftsverfassung der Bundesrepublik

Nachdem das nationalsozialistische Regime die Weimarer Errungenschaft einer freiheitlichen betrieblichen Mitbestimmungsordnung zwischenzeitlich vernichtet hatte, galt es nach Beendigung des Zweiten Weltkriegs, in Anknüpfung an die Rechtslage vor 1933 erneut eine auf dem Grundsatz sozialer Selbstbestimmung basierende Betriebsverfassung zu schaffen[250].

aa) Noch vor Wiederzulassung der Gewerkschaften formierten sich in der Praxis vornehmlich im industriellen Bereich zahlreiche Betriebsräte und Betriebsausschüsse, die – auch ohne durch demokratische Wahlen legitimiert zu sein – unter der Arbeiterschaft als zur Vertretung ihrer Interessen berufene Gremien de facto ungeteilte Zustimmung erhielten[251]. Insbesondere wurde ihnen trotz Fehlens einer ausdrücklichen Rechtsgrundlage wie selbstverständlich die Befugnis zugesprochen, mit dem Arbeitgeber normativ wirkende Betriebsvereinbarungen abzuschließen, mittels derer der Inhalt der Arbeitsverhältnisse festgelegt werden konnte[252]. Rein tatsächlich hat der wirtschaftliche Aufschwung der Bundesrepublik Deutschland seinen Anfang somit letztlich in den einzelnen Betrieben als den „natürlichen Zellen des Wirtschaftskörpers"[253] genommen.

Damit die Betriebsverfassung sich nicht weiter im rechtsfreien Raum befand, sahen sich die verschiedenen Legislativinstanzen alsbald vor die Aufgabe gestellt, der tatsächlichen Entwicklung die erforderliche gesetzliche Grundlage zu verschaffen. Einen ersten rechtlichen Rahmen setzte das Betriebsrätegesetz des

---

[249] *Mansfeld/Pohl/Steinmann/Krause*, AOG, § 32 Anm. 12; *Mansfeld*, AOG, § 32 Anm. 58.

[250] So rückblickend *Hueck/Nipperdey*, Arbeitsrecht, Bd. I, 7. Aufl., S. 22.

[251] Näher *Milert/Tschirbs*, Von den Arbeiterausschüssen, S. 56.

[252] *Nikisch*, BB 1948, 193 (194); unter Hinweis auf die bisherige Rechtslage *Dietz*, RdA 1949, 161 (163).

[253] *Nikisch*, Arbeitsrecht, Bd. 1, S. 27.

Alliierten Kontrollrats vom 10.04.1946 (Kontrollratsgesetz Nr. 22), welches in Form einer konkretisierungsbedürftigen Richtlinienregelung den Status und die Aufgaben der Betriebsräte jedoch in lediglich rudimentärer Weise umriß und hinsichtlich seines Inhalts weit hinter dem Betriebsrätegesetz aus dem Jahre 1920 zurückblieb[254]. So verzichtete das Kontrollratsgesetz nicht zuletzt darauf, das Konkurrenzverhältnis zwischen tariflichen und betrieblichen Vereinbarungen eigens zu reglementieren.

bb) Die letztendliche legislatorische Ausgestaltung der Arbeits- und konkret der Betriebsverfassung war indessen zwangsläufig untrennbar mit der allgemeineren Frage verknüpft, welche Wirtschaftsordnung[255] Nachkriegsdeutschland erhalten sollte, und wurde aus diesem Grunde in der Folgezeit Gegenstand verbittert geführter politischer Auseinandersetzungen. Erklärtes Ziel weiter gesellschaftlicher Kreise war die Etablierung einer *Wirtschaftsdemokratie sozialistischer Prägung*. Sozialdemokraten, Gewerkschaften, aber auch der katholischen Soziallehre in der Lesart der Walberberger Dominikanerschule nahestehende Stimmen innerhalb der Unionsparteien verfolgten ausdrücklich die Absicht, zumindest in den Schlüsselindustrien eine zentral durch die Sozialpartner gelenkte Planwirtschaft zu errichten[256]. Die wirtschaftspolitische Stunde Null sollte also genutzt werden, um die überkommene marxistische Idee der Leitung der wirtschaftlichen Prozesse „von erhöhter Warte“ (*Schmoller*) endgültig in die Tat umzusetzen.

---

[254] Ausf. *G. Hueck*, Betriebsvereinbarung, S. 59 ff.; *Arnold*, Entstehung, S. 18 f.; *Milert/Tschirbs*, Von den Arbeiterausschüssen, S. 62 ff. (Abdruck des Gesetzes auf S. 163 ff.); *Erd*, Verrechtlichung, S. 98; *Deppe* u. a., Kritik der Mitbestimmung, S. 71.

[255] Allg. zum Zshg. zwischen Arbeits- und Wirtschaftsverfassung *Biedenkopf*, Grenzen, S. 2 ff.; *derselbe*, Gutachten, in: Verhandlungen des 46. DJT, Bd. I/1, S. 97 (102); *Richardi*, Kollektivgewalt, S. 111.

[256] Siehe insbes. den von *Otto Brenner* auf dem Hamburger Kongreß des DGB im Jahre 1956 vorgetragenen Erinnerungsbericht (abgedr. bei *Pirker*, Die blinde Macht, Bd. 2, S. 161): „Uns schwebte vor: eine Vergesellschaftung der Schlüsselindustrien, der Banken und der Versicherungen, eine demokratisch kontrollierte Planwirtschaft und eine betriebliche und überbetriebliche Mitbestimmung in allen Zweigen der Wirtschaft und der Verwaltung.“ Aus der zeitgenöss. Lit. auch *Reuscher*, RdA 1948, 161; referierend *Hockerts*, in: *vom Bruch*, Weder Kommunismus noch Kapitalismus, S. 245 ff.; *Milert/Tschirbs*, Von den Arbeiterausschüssen, S. 61; *E. Schmidt*, Die verhinderte Neuordnung, S. 66.

Dezidiert gegen einen solchen Ansatz aus der Sicht der ordoliberalen Freiburger Schule *F. Böhm* (ORDO 1951, 21 [143]): „Die eigentlichen Gegner (lies: eines planwirtschaftlichen Systems) ... sind vielmehr Leute, die in volkswirtschaftlichen Zusammenhängen denken, sind die Gesamtheit derjenigen Mitglieder der Gesellschaft, die sich in ihrer Eigenschaft als *Verbraucher, Privatrechtssubjekte und Staatsbürger* eine *Diktatur der „Sozialpartner“* ganz entschieden verbitten und davon überzeugt sind, daß es sich hier um eine dilettantische Fehlkonstruktion der Gesellschaft handelt“ (Hervorh. i. Org.).

In Anbetracht dieser zentralistischen Bestrebungen verwundert es nicht, daß die Betriebsverfassung im wirtschaftspolitischen Konzept jener linken Kräfte nur eine geringe Rolle spielte. Da insbesondere eine – der Umbruchssituation des Jahres 1918 vergleichbare – politische Verselbständigung der bereits gebildeten Betriebsräte ausgeschlossen war[257] und sich folglich die Aufgabe ihrer gesetzlichen Kanalisierung nicht stellte[258], konnten sich namentlich die Gewerkschaften allein ihrem Hauptanliegen widmen, auf Unternehmensebene eine gleichberechtigte wirtschaftliche Mitbestimmung zu erreichen. Den Betriebsräten sollte nach gewerkschaftlicher Vorstellung hierbei lediglich die Funktion zukommen, als unter strikter Anbindung an die überbetrieblichen Organisationen stehende „Agenten des Allgemeininteresses"[259] die unternehmerischen Tätigkeiten zu überwachen; eigenständige Verhandlungsspielräume oder Entscheidungsbefugnisse sollten ihnen jedenfalls nicht obliegen[260]. Entsprechend machte man von gewerkschaftlicher Seite auch nur sehr zögernd von der auf Grund des Kontrollratsgesetzes Nr. 22 bestehenden Befugnis Gebrauch, in tariflich zu formulierenden Muster-Betriebsvereinbarungen eigenständige Mitbestimmungsrechte zu Gunsten der Betriebsräte zu begründen. Wie schon seit Schaffung des Hilfsdienstgesetzes aus dem Jahre 1916 bestand die von den Gewerkschaften verfolgte Strategie vielmehr darin, durch ein geschicktes Einwirken auf die maßgeblichen Gesetzgebungsinstanzen die Stellung der Betriebsräte möglichst präzise einzuengen und sich selbst einen weitreichenden Einfluß auf die betriebliche Mitbestimmungsebene zu sichern[261].

---

[257] Eine der Novemberrevolution identische Radikalisierung der Betriebsräte kam deswegen nicht in Betracht, weil die Besatzungsmächte, die generell spontanen Basisbewegungen mißtrauten, Eingriffe der betrieblichen Arbeitervertretungen in bestehende Strukturen nicht hinzunehmen bereit gewesen wären; vgl. *Milert/Tschirbs* (Von den Arbeiterausschüssen, S. 57 f.) unter Hinweis auf einen Ausspruch eines Majors der Militärregierung, der einer Delegation von Bergarbeitern gegenüber erklärte: „Revolution wird nicht geduldet!"

[258] So der treffende Hinweis von *Kleßmann*, in: *Winkler*, Politische Weichenstellungen, S. 44 (56).

[259] *Bachmann* (RdA 1949, 166 [169]), der weiter ausführte, daß in der Praxis der „gemeinsame Betriebsegoismus von Arbeitgeber und Belegschaft in wirtschaftlichen Fragen jeden denkbaren Gegensatz" überwiege und daher das Allgemeininteresse nachhaltig gefährde; vgl. auch die Forderung des SPD-Abgeordneten *Preller* (BT-Drucks., 1. Wahlperiode, Bd. 12, S. 10.000), es gelte zu gewährleisten, daß „Betrieb und Arbeitgeber ... nicht in erster Linie an sich selbst zu denken haben, sondern daß in erster Linie das Gemeinwohl zu stehen hat, das Gemeinwohl, dem auch der Betrieb selbst zu dienen hat".

[260] Vgl. *Erd*, Verrechtlichung, S. 99 u. 117: „betriebliche Mitbestimmung als untergeordneter Bereich im Rahmen der von zentralen Gremien gesteuerten Neuordnung der Wirtschaft".

[261] Zum Ganzen *Kleßmann*, in: *Winkler*, Politische Weichenstellungen, S. 44 (55); *Arnold*, Entstehung, S. 22 ff.; *Milert/Tschirbs*, Von den Arbeiterausschüssen, S. 65 ff.; *Schmidt*, Die verhinderte Neuordung, S. 94.

### b) Das betriebsverfassungsrechtliche Partikularrecht der Länder

Bereits in den Jahren 1945 bis 1950 erließen die meisten[262] Länder Betriebsrätegesetze[263]. In diesen wurde zumindest teilweise das gewerkschaftliche Konzept einer wirtschaftlichen Mitbestimmung auf Unternehmensebene tatsächlich umgesetzt und der Betriebsrat somit lediglich als verlängerter Arm der überbetrieblichen Arbeitnehmerorganisationen etabliert[264]. Nahezu[265] alle Betriebsrätegesetze der Länder enthielten jedenfalls Vorschriften, in welchen tariflichen der Vorrang vor betrieblichen Vereinbarungen eingeräumt wurde, wobei die Formulierungen mitunter im Detail differierten[266]. Überwiegend knüpften die Landesgesetzgeber an die Fassung des § 78 Ziff. 2 BRG 1920 an, indem sie den Betriebspartnern die Befugnis, Betriebsvereinbarungen abzuschließen, nur dann gewährten, wenn eine tarifvertragliche Regelung nicht bestand[267]. Soweit ersichtlich herrschte auch im Hinblick auf die Auslegung der partikularrechtlichen Tarifvorbehalte kein Unterschied zur Rechtslage der Weimarer Zeit. Man ging insbesondere weiterhin davon aus, daß tarifliche Regelungen Betriebsvereinbarungen lediglich in Betrieben *tarifgebundener* Arbeitgeber auszuschließen in der Lage waren[268].

### c) Das Betriebsverfassungsgesetz vom 19.07.1952

aa) Konnte sich das Modell einer wirtschaftsdemokratischen Arbeitsverfassung unter Leitung der Gewerkschaften in den Ländern noch vereinzelt durch-

[262] Ausnahmen bildeten Nordrhein-Westfalen, Niedersachsen und Hamburg, wo das Kontrollratsgesetz Nr. 22 bis zur Schaffung des bundesrechtlichen Betriebsverfassungsgesetzes im Jahre 1952 weitergalt.

[263] Vollst. Nachw. bei *Huber*, Wirtschaftsverwaltungsrecht, Bd. 2, S. 482 f.

[264] Vgl. die ausf. Analyse von *Reichold*, Sozialprivatrecht, S. 363 ff.

[265] Die Betriebsrätegesetze der Länder Rheinland-Pfalz vom 15.05.1947 und Südbaden vom 24.09.1948 enthielten indessen keine das Verhältnis von Tarifvertrag und Betriebsvereinbarung normierende Regelung.

[266] § 27 Abs. 4 BRG Schleswig Holstein (vom 03.05.1950) untersagte Betriebsvereinbarungen über Löhne und Gehälter völlig, während § 49 lit. g BRG Bayern (vom 25.02.1950) sowie § 37 Abs. 3 BRG Schleswig-Holstein anordneten, daß Betriebsvereinbarungen hinsichtl. des Inhalts der Arbeitsverhältnisse stets der Zustimmung, des Einvernehmens oder eines Auftrags der Gewerkschaften bedurften; vgl. zum Ganzen *Wlotzke*, Günstigkeitsprinzip, S. 116.

[267] Mit Abweichungen im Detail (dazu *Wlotzke*, Günstigkeitsprinzip, S. 116): § 66 lit. m BRG Württemberg-Hohenzollern vom 21.05.1949; §§ 49 lit. g, 60, 66, 82 BRG Bayern; § 27 Abs. 1 BRG Schleswig-Holstein; §§ 34, 35 BRG Hessen vom 31.05.1948; § 17 Beteiligungsgesetz Württemberg-Baden vom 12.08.1948.

[268] Aus der zeitgenöss. Lit. *Galperin*, BB 1949, 374 (376); *Dietz*, RdA 1949, 161 (164); die Rechtslage referierend *Wlotzke*, Günstigkeitsprinzip, S. 128; *Schelp*, DB 1962, 1242 (1243).

setzen, sollte es sich auf Bundesebene jedoch letztlich nicht als mehrheitsfähig erweisen[269]. Das am 19.07.1952 verabschiedete Betriebsverfassungsgesetz war statt dessen maßgeblich durch den Grundsatz geprägt, das unternehmerische Letztentscheidungsrecht von jeglicher Mitbestimmung freizustellen, und erteilte damit sämtlichen Forderungen nach einer paritätisch mitbestimmten Unternehmensverfassung eine eindeutige Absage. Folglich wurden die Betriebsräte in diesem nicht – wie von den Gewerkschaften gefordert – als Agenten des *Allgemeininteresses*, sondern ausschließlich als „Agenten des *unmittelbaren Belegschaftsinteresses*"[270] (Hervorh. d. Verf.) konstituiert; als solchen erkannte man ihnen aber sowohl hinsichtlich der Gestaltung der betrieblichen Arbeitsbedingungen („soziale Angelegenheiten"), in bezug auf die Zusammensetzung der Belegschaft („personelle Angelegenheiten") als auch bei wesentlichen Änderungen der Betriebsstruktur („wirtschaftliche Angelegenheiten") weitreichende, im einzelnen gestufte Beteiligungsrechte zu.

bb) Es wird deutlich, daß das Betriebsverfassungsgesetz demnach insgesamt sowie im Detail nahtlos an die durch das Betriebsrätegesetz aus dem Jahre 1920

[269] Die SPD versuchte zwar, durch Einbringung eines – auf einem gleichlautenden DGB-Vorschlag (abgedr. in: RdA 1950, 227 ff.) beruhenden – Entwurfs eines „Gesetzes zur Neuordnung der Wirtschaft" (BT-Drucks. I/1229) eine gänzlich vergewerkschaftete Unternehmensverfassung in die Wege zu leiten. Da nach dem Willen der bürgerlichen Regierungsparteien aber paritätische Mitbestimmung auf Unternehmensebene nur bloßen Ausnahmecharakter haben sollte (vgl. das lediglich auf Grund der Sondersituation des Winters 1950/51 entstandene Montanmitbestimmungsgesetz vom 21.05.1951; dazu *Ehmann*, Bitburger Gespräche, S. 19 [23]; *Milert/Tschirbs*, Von den Arbeiterausschüssen, S. 71; *Kleßmann*, in: *Winkler*, Politische Weichenstellungen, S. 44 [69]), fanden wegen des Mehrheitsverhältnisses innerhalb des federführenden Ausschusses die Beratungen des Betriebsverfassungsgesetzes letztlich allein anhand des auf dem Entwurf der CDU/CSU-Fraktion (BT-Drucks. I/970) basierenden Regierungsentwurfs eines „Gesetzes über die Mitbestimmung der Arbeitnehmer im Betrieb" (BT-Drucks. I/1546) statt; ausf. *Arnold*, Entstehung, S. 125 f.

Letztlich ausschlaggebender Grund für die fehlende parlamentarische Durchsetzbarkeit einer paritätischen Unternehmensverfassung war die Ablehnung dahingehender sozialdemokratischer und gewerkschaftlicher Vorstellungen durch die breite Öffentlichkeit, die sich erstmals im Wahlergebnis der Bundestagswahlen vom August des Jahres 1949 widerspiegelte (*Hockerts*, in: *vom Bruch*, Weder Kommunismus noch Kapitalismus, S. 245 [248]). Nicht zuletzt die starken Sympathieverluste, welche die Gewerkschaften im Zshg. mit dem Zeitungsstreik vom 28. und 29.05.1952 erlitten, mit dem sie den Widerstand gegen die Reduzierung der beabsichtigten Kodifikation auf eine bloße Betriebsverfassung zum Ausdruck bringen wollten, machten deutlich, daß die Bevölkerung den Wunsch nach einer zentral durch die Gewerkschaften gelenkten Wirtschaftsordnung nachhaltig ablehnte (hierzu *Milert/Tschirbs*, Von den Arbeiterausschüssen, S. 72). Wenn dennoch das seinerzeitige Scheitern entsprech. wirtschaftsdemokratischer Bestrebungen rückblickend z. T. als eine „verhinderte Neuordnung" (*Eberhard Schmidt*) deklariert wird, so kann dies demnach nur als eine „unzureichende Signatur der westdeutschen Nachkriegsgeschichte" bezeichnet werden (treffend *Hockerts*, in: *vom Bruch*, Weder Kommunismus noch Kapitalismus, S. 245).

[270] Anschaulich *Reichold*, Sozialprivatrecht, S. 386.

geschaffene Rechtslage anknüpfte[271]: Indem § 49 BetrVG 1952 Arbeitgeber und Betriebsrat zur vertrauensvollen Zusammenarbeit zum Wohle der Arbeitnehmer und des Betriebes verpflichtete, erklärte der Gesetzgeber wie auch bereits in § 1 BRG 1920 den letztlich auf *Perthaler* zurückgehenden[272] Gedanken der betrieblichen Sozialpartnerschaft erneut zum gesetzlichen Leitmotiv der Betriebsverfassung[273]. In Fortentwicklung des Betriebsrätegesetzes wurde die Betriebsvereinbarung als zentrales betriebliches Regelungsinstrument nunmehr auch terminologisch in das Gesetz eingeführt (vgl. §§ 52 Abs. 2, 57, 59 BetrVG 1952). Noch immer fehlte es zwar an einer ausdrücklichen Anordnung ihrer unmittelbaren Wirkung[274], doch dies hinderte Rechtsprechung und Schrifttum in der Folgezeit nicht, ihren Bestimmungen im Hinblick auf die im Betrieb bestehenden Arbeitsverhältnisse normative Geltung beizumessen[275].

Eine gesetzliche Kongruenz zur Weimarer Rechtslage ist schließlich insbesondere auch insofern festzustellen, als das Betriebsverfassungsgesetz in Anknüpfung an § 78 Ziff. 2 BRG 1920 erneut der Tarifautonomie grundsätzlich den Vorrang vor betriebsautonom getroffenen Regelungen zusprach; denn § 59 BetrVG 1952 bestimmte, daß Betriebsvereinbarungen nicht zulässig sind, soweit Arbeitsentgelte und sonstige Arbeitsbedingungen üblicherweise durch Tarifvertrag geregelt werden. Betrachtet man den konkreten Wortlaut der Norm, war der Gesetzgeber im Detail freilich in verschiedener Hinsicht von der Fassung der Vorgängervorschrift[276] abgewichen. Daraus sollten sich für die Auslegung des § 59 BetrVG 1952 – nicht zuletzt im Hinblick auf das Erfordernis der Tarifbindung des Arbeitgebers – in der Folgezeit faktisch weitreichende Konsequenzen ergeben. Auf diese wird an späterer Stelle im konkreten Zusammenhang mit der Beantwortung der Frage, ob die Sperrwirkung des heute in § 77 Abs. 3 BetrVG statuierten Tarifvorbehalts gleichermaßen in Betrieben tarifge-

---

[271] Konkret BT-Drucks. I/1546, S. 52; vgl. auch *Nikisch*, Arbeitsrecht, Bd. 1, S. 27 u. Bd. 3, S. 8; *Fabricius*, FS für Fechner, S. 171 (192); *Waltermann*, Rechtsetzung, S. 82; *derselbe*, NZA 1995, 1177 (1179).

[272] Siehe oben 1 a aa.

[273] *Arnold* (Entstehung, S. 96 ff.) sieht gerade darin die maßgeblich durch die christliche Sozialethik der katholischen Soziallehre geprägte Handschrift der christdemokratischen Gesetzesverfasser; zum Zshg. zwischen Sozialpartnerschaftsgedanken und katholischer Soziallehre bereits oben (1 a aa) die Nachw. in Fn. 134.

[274] Eine solche sollte die Betriebsvereinbarung erst in § 74 Abs. 4 Satz 1 BetrVG erfahren.

[275] Allg. A.: BAG, AP Nr. 1 zu § 57 BetrVG 1952; *Siebert*, FS für Nipperdey I, S. 119 (123); *G. Hueck*, Betriebsvereinbarung, S. 102; *derselbe*, RdA 1962, 376; *Biedenkopf*, Grenzen, S. 293; *Richardi*, Kollektivgewalt, S. 310 f.; *Neumann-Duesberg*, Betriebsverfassungsrecht, S. 371 ff.; *Huber*, Wirtschaftsverwaltungsrecht, S. 524 f.

[276] Zum genauen Wortlaut des § 78 Ziff. 2 BRG 1920 oben Fn. 224.

bundener und nicht tarifgebundener Arbeitgeber Geltung erlangt, ausführlich zurückzukommen sein[277].

cc) Bezüglich der Entwicklung betrieblicher Mitbestimmung genügt es festzuhalten, daß es dem Gesetzgeber durch Erlaß des Betriebsverfassungsgesetzes aus dem Jahre 1952 gelungen war, nach dem nationalsozialistischen Interim erneut die rechtlichen Voraussetzungen für eine dem Gebot der Freiheit folgende Betriebsverfassung zu schaffen. Aus dem *fremdbestimmten Herrschaftsverband* Betrieb war folglich wieder ein – so ausdrücklich § 3 Abs. 1 des Regierungsentwurfs zum Betriebsverfassungsgesetz des Jahres 1952[278] – „*Arbeitsverband* zwischen Arbeitgeber und Arbeitnehmern" (Hervorh. d. Verf.) geworden, in dem – der Grundidee *Friedrich Bitzers* entsprechend[279] – der *Selbst*bestimmung des einzelnen durch *Mit*bestimmung im betrieblichen Kollektiv Rechnung getragen werden konnte.

## IV. Zusammenfassung

Die historischen Betrachtungen haben gezeigt, daß § 77 Abs. 3 BetrVG der Tarifautonomie nicht deswegen den Vorrang einräumt, weil diese sich etwa im Laufe der Geschichte als die effektivere Form zur Vertretung der Arbeitnehmerinteressen gegen die Betriebsautonomie durchgesetzt hat. Der rechtliche Primat des Tarifvertrages findet seinen Grund vielmehr darin, daß die Gewerkschaften aus *Angst um ihre eigene Existenzberechtigung* die Verwirklichung der Idee betrieblicher Mitbestimmung stets heftig bekämpften, zumindest ihre gesetzliche Etablierung lediglich unter der Voraussetzung weitgehender Sicherstellung eigener Einflußnahmemöglichkeiten auf die Betriebsebene sowie einer *tariflichen Priorität* bei der Gestaltung der Lohn- und Arbeitsbedingungen zu akzeptieren bereit waren.

Dies galt insbesondere, als sich der Weimarer Gesetzgeber zwecks Kanalisierung und Befriedung der radikalen sozialistischen Rätebewegung entschloß, die betrieblichen Teilhaberechte der Arbeitnehmer entscheidend auszubauen. Dadurch wurde erstmals das bereits nahezu ein halbes Jahrhundert zuvor formulierte Grundanliegen betrieblicher Mitbestimmung, durch welche die *Selbstbestimmung* des einzelnen *innerhalb der Betriebsgemeinschaft* gewährleistet werden soll (*Friedrich Bitzer*), von der Rechtsordnung in die Tat umgesetzt. Dies war gesellschaftspolitisch jedoch nur möglich, weil im Gegenzug in § 13 Abs. 1 Satz 3 TVVO 1918 und § 78 Ziff. 2 BRG 1920 als Zugeständnis an die

---

[277] Siehe unten § 7 I; Folgen der diff. Formulierung ergeben sich überdies allg. für den Umfang der Normsetzungsbefugnis der Betriebspartner, vgl. dazu § 7 II 2 b bb (2).

[278] BT-Drucks. I/1546.

[279] Siehe oben I 2 c.

Interessen der Gewerkschaften den tariflichen der Vorrang vor betrieblichen Regelungen eingeräumt wurde. Die ausdrücklich macht- und existenzerhaltende Zwecksetzung der ersten Vorläufer des § 77 Abs. 3 BetrVG verleitete Rechtsprechung und Schrifttum allerdings noch nicht dazu, ihre Sperrwirkung gleichsam auf Betriebe *nicht* tarifgebundener Arbeitgeber auszudehnen, woran sich auch in bezug auf § 32 Abs. 2 Satz 3 AOG 1934 und die Tarifvorbehalte, welche nach dem Zweiten Weltkrieg in den Betriebsrätegesetzen der Länder statuiert wurden, nichts änderte.

Geistesgeschichtlich betrachtet ist der in der politischen Umsturzsituation des Jahres 1918 entstandene Tarifvorbehalt letztlich Ausfluß des auf *marxistischem* Gedankengut basierenden Wunsches nach einer „Leitung der wirtschaftlichen Prozesse von erhöhter Warte" (*Schmoller*), weshalb konkret auch die Löhne und sonstigen Arbeitsbedingungen statt auf betrieblicher einheitlich auf tariflicher Ebene festgelegt werden sollten. Doch lassen an der Richtigkeit dieser Vorstellung allein die historischen Erfahrungen bereits erste Zweifel aufkommen, da das Modell der zentralen Gestaltung der Arbeitsverhältnisse durch die überbetrieblichen Sozialpartner nur ein Jahrzehnt nach seiner gesetzlichen Absicherung in Gestalt der Tarifvertragsverordnung aus dem Jahre 1918 sowie der Weimarer Reichsverfassung des folgenden Jahres angesichts der wirtschaftlichen Krisen der Weimarer Epoche faktisch *scheiterte*. Genaueren Aufschluß hinsichtlich der damit gestellten Frage, ob und inwieweit es sachlich dennoch sinnvoll und gerechtfertigt erscheint, von Gesetzes wegen den tariflichen einen Vorrang vor betrieblich vereinbarten Arbeitsbedingungen zu gewähren, wird die im folgenden vorzunehmende Analyse der Zwecksetzung von Tarifautonomie und Betriebsautonomie, also der *funktionellen Grundlagen* des Tarifvorbehalts, geben.

## § 4 Die funktionellen Grundlagen des Tarifvorbehalts

### I. Arbeitnehmerschutz als Leitgedanke kollektiver Mitbestimmung

Entstehungsgrund sowohl der tariflichen als auch der betrieblichen Mitbestimmung war – wie bereits näher ausgeführt – die mangelnde Eignung des Individualvertrages als Gestaltungsmittel des Arbeitslebens, die auf Seiten der Arbeitnehmer im Verhältnis zum Arbeitgeber zu einer *doppelten Unterlegenheit* geführt hatte: Zum einen war es diesem auf Grund seiner wirtschaftlichen Machtposition faktisch möglich, den materiellen Inhalt der Arbeitsverträge trotz in formeller Hinsicht zweiseitigen Aushandelns (§ 105 GewO 1869) letztlich allein nach seinen Vorstellungen zu diktieren[1]; zum anderen wurde ihm durch die Rechtsordnung überdies die Befugnis zugestanden, sämtliche Arbeitsbedingungen, welche aus organisatorischen Gründen innerhalb des arbeitsteiligen Produktionsverbundes einer einheitlichen und an sich stetig wandelnde Gegebenheiten anpassungsfähigen Reglementierung bedurften, kraft seines Direktionsrechts (vgl. § 121 GewO 1869) einseitig zu gestalten[2]. Diese einerseits wirtschaftliche sowie andererseits rechtlich determinierte unterlegene Position des Arbeitnehmers auf einer kollektiven Ebene zu beheben, war schließlich Aufgabe der Tarif- sowie der Betriebsautonomie, so daß nach allgemeiner Ansicht als deren historische Zwecksetzung zu Recht eine *Schutzfunktion* zu Gunsten der Arbeitnehmer angenommen wird[3]. Der Gedanke des Arbeitnehmerschutzes

---

[1] Siehe oben § 3 I 1.

[2] Näher bereits § 3 I 2 a u. b.

[3] In bezug auf die Tarifautonomie: *Biedenkopf*, Grenzen, S. 75 u. 213; *derselbe*, Gutachten, in: Verhandlungen des 46. DJT, Bd. I, S. 97 (113 u. 163 f.); *Jahnke*, Tarifautonomie und Mitbestimmung, S. 26 u. 113; *Wiedemann/Stumpf*, TVG, Einl. Rdnrn. 2 ff.; *Löwisch/Rieble*, TVG, Grundl. Rdnr. 4; *Reuter*, RdA 1994, 152 (160).

Hinsichtl. der Betriebsautonomie vgl. m. lediglich im Detail diff. Akzentuierung: *Zöllner/Loritz*, Arbeitsrecht, S. 447; *Galperin/Löwisch*, BetrVG, vor § 74 Rdnr. 6; *Neumann-Duesberg*, Betriebsverfassungsrecht, S. 127 f.; *Säcker*, Übermachtkontrolle, S. 352; *Biedenkopf*, Grenzen, S. 293; *Jahnke*, Tarifautonomie und Mitbestimmung, S. 26 u. 113; *Waltermann*, Rechtsetzung, S. 84; *Gast*, Arbeitsvertrag und Direktion, S. 106; *Travlos-Tzanetatos*, Regelungsbefugnis, S. 25 ff. u. 49; *Belling*, Günstigkeitsprinzip, S. 113; *Karakatsanis*, Gestaltung, S. 31 ff. u. 109; *Quasten*, Zulässigkeit, S. 14; *Nause*, Grenzen, S. 77; *Isele*, RdA 1962, 373; *Canaris*, AuR 1966, 129; *Siebert*, FS für Nipperdey I, S. 119 (123); *Rüthers*, in: *Rüthers/Boldt*, Zwei arbeitsrechtliche Vorträge, S. 7 (14 f.); *Kammann*, RdA 1967, 401 (403); *Reuter*, ZfA 1975, 84 (87 ff.); *Wiese*, ZfA 1996, 439 (473); *Joost*, ZfA 1993, 257 (266); konkret hinsichtl. der Tatbestände erzwingbarer Mitbestimmung BAG, AP Nr. 1 zu § 87 BetrVG 1972 Werkmietwohnung;

kann folglich als ein das gesamte kollektive Arbeitsrecht prägendes Grundprinzip bezeichnet werden[4], was jedoch nicht darüber hinwegtäuschen darf, daß tariflicher und betrieblicher Mitbestimmung – der zweifachen Mangelhaftigkeit des Individualarbeitsvertrages entsprechend – im Rahmen des gemeinsamen Schutzauftrags nach ihrem jeweiligen Schwerpunkt im Detail zunächst eine *unterschiedliche Teilfunktion* zukommt.

### *1. Gemeinsame Zwecksetzung mit unterschiedlicher Teilfunktion*

#### a) Der materielle Schutzauftrag der Tarifautonomie

Aufgabe der Tarifautonomie ist es, die insbesondere bei Vertragsschluß zu Tage tretende *wirtschaftliche Abhängigkeit* seitens des Arbeitnehmers gegenüber dem Arbeitgeber zu kompensieren, die dazu führt, daß den ausgehandelten Arbeitsbedingungen oftmals nicht die geforderte *materielle Richtigkeitsgewähr* zukommen dürfte. Der Tarifvertrag ist demnach als ein kollektivrechtliches Surrogat des Individualarbeitsvertrages zu erachten, durch welches die diesem fehlende materielle Vertragsgerechtigkeit zu Gunsten der Arbeitnehmer auf kollektiver Ebene wiederhergestellt werden kann[5], oder mit den Worten des BVerfG[6]:

> „Tarifautonomie ist darauf angelegt, die strukturelle Unterlegenheit der einzelnen Arbeitnehmer beim Abschluß von Arbeitsverträgen durch kollektives Handeln auszugleichen und damit ein annähernd gleichgewichtiges Aushandeln der Löhne und Arbeitsbedingungen zu ermöglichen."

---

AP Nrn. 3, 4 zu § 87 BetrVG 1972 Lohngestaltung; *Wiese*, Initiativrecht, S. 11; *derselbe*, ZfA 1989, 645 (650); *Hurlebaus*, Fehlende Mitbestimmung, S. 26 ff. u. 57 ff.; konkret in Bezug auf die Betriebsvereinbarung *Kreutz*, Grenzen, S. 189 ff.; in sich etwas widersprüchlich *Richardi*, Kollektivgewalt, S. 122 ff., aber auch S. 320 Fn. 56; vgl. überdies *derselbe*, Betriebsverfassung und Privatautonomie, S. 25.

[4] *Hueck/Nipperdey*, Arbeitsrecht, Bd. I, 7. Aufl., S. 26; *Nikisch*, Arbeitsrecht, Bd. 1, S. 30; MünchArbR-*Richardi*, Bd. 3, § 233 Rdnr. 32.

[5] *Hueck/Nipperdey*, Arbeitsrecht, Bd. 2, 6. Aufl., S. 175 f.; *Hueck/Nipperdey/Säcker*, Arbeitsrecht, Bd. II/2, 7. Aufl., S. 1063; *Nikisch*, Arbeitsrecht, Bd. 1, S. 31; *Wiedemann/Stumpf*, TVG, Einl. Rdnr. 3; *Fabricius*, FS für Fechner, S. 171 (190); MünchArbR-*Richardi*, Bd. 3, § 233 Rdnr. 12; *Jahnke*, Tarifautonomie und Mitbestimmung, S. 126; *Ehmann*, Neue Ordnung 1992, 244 (255); *Konzen*, NZA 1995, 913 (914); *Junker*, ZfA 1996, 383 (391); *von Hoyningen-Huene/Meier-Krenz*, ZfA 1988, 293 (311); *Kempen*, RdA 1994, 140 (144).

Andererseits hat sich aber gezeigt, daß die Tarifautonomie durch das vom BAG ausgeformte Streikrecht geeignet ist, zu Tarifdiktaten der Gewerkschaften zu führen, die sowohl volks- als auch betriebswirtschaftlicher Vernunft nicht (mehr) gerecht werden und ihr – wie sogleich zu zeigen sein wird (siehe 2 b) – auf Grund gruppenegoistischer Züge des Tarifvertrages auch generell nicht entsprechen können.

[6] E 84, 212 (229).

Die von der Tarifautonomie verfolgte Zwecksetzung ist folglich präziser als eine rein *materielle* oder *wirtschaftliche Schutzfunktion* zu kennzeichnen[7].

### b) Der primär immaterielle Schutzauftrag der Betriebsautonomie

aa) Im Gegensatz dazu ist das historische Ziel betrieblicher Mitbestimmung – jedenfalls vorrangig – auf *immaterielle Interessen* (formelle Arbeitsbedingungen) der Arbeitnehmer bezogen. Nicht die materielle Richtigkeit formal bereits zweiseitig ausgehandelter Angelegenheiten, sondern – in einem gewissermaßen vorgeschalteten Schritt – zweiseitige Vereinbarungen hinsichtlich der notwendig betriebseinheitlich festzulegenden multilateralen Sachgegenstände durch Beschränkung des einseitigen Direktionsrechts des Arbeitgebers[8] überhaupt erst zu ermöglichen und dadurch den betrieblichen Herrschaftsverband zu einem dem Gebot individueller Freiheit folgenden Betriebsverband zu wandeln, ist das maßgebliche Anliegen betrieblicher Mitbestimmung. Durch die Schaffung weitreichender Beteiligungsrechte des Betriebsrats ist es in der Tat im Laufe der Zeit gelungen, die einzelnen Arbeitnehmer von bloßen Objekten der Fremdbestimmung des Arbeitgebers zu gleichberechtigten „Bürgern ihres Betriebs"[9] zu machen. Die historische Zwecksetzung der Betriebsautonomie hat demnach vorrangig an der Persönlichkeit, in Einzelfällen gar an der Menschenwürde[10] der einzelnen Arbeitnehmer angesetzt und kann daher als eine *formelle* bzw. *immaterielle Schutzfunktion*[11] mit der Formel umschrieben werden: Ersatz der einseitigen durch einvernehmlich-zweiseitige betriebliche Regelungen[12].

---

[7] So auch bereits *Jahnke*, Tarifautonomie und Mitbestimmung, S. 127.

[8] *Birk*, Leitungsmacht, S. 109; *Richardi*, Kollektivgewalt, S. 292; *derselbe*, Betriebsverfassung und Privatautonomie, S. 27; *Kreutz*, Grenzen, S. 192; *Reichold*, Sozialprivatrecht, S. 569 ff.; *Moll*, Mitbestimmung, S. 175 f.; *Weitnauer*, FS für Duden, S. 705 (708); *Ehmann*, Neue Ordnung 1992, 244 (249).

[9] *Nikisch*, RdA 1962, 361 (363 f.); ähnl. auch *Wiese*, ZfA 1989, 645 (651).

[10] In diesem Sinne insbes. *Söllner*, RdA 1968, 437 ff.; vgl. aber auch *Kreutz*, Grenzen, S. 189; *Travlos-Tzanetatos*, Regelungsbefugnis, S. 23 m. Fn. 58.

[11] Siehe insbes. *Gast*, Tarifautonomie, S. 9; zum primär immateriellen Schutzcharakter der Betriebsautonomie auch *Hueck/Nipperdey*, Arbeitsrecht, Bd. I, 7. Aufl., S. 28; *Hueck/Nipperdey/Säcker*, Arbeitsrecht, Bd. II/2, 7. Aufl., S. 1062 ff.; *Isele*, RdA 1962, 373 f.; *Fabricius*, FS für Fechner, S. 171 (192); *Jahnke*, Tarifautonomie und Mitbestimmung, S. 129; *derselbe*, ZfA 1980, 863 (882 f.).

[12] *Hönn*, Vertragsparität, S. 209; auch *Joost*, ZfA 1993, 257 (264); ausf. bereits *Kreutz* (Grenzen, S. 192 f.), der näher darlegt, daß sich die Schutzwirkung der Betriebsvereinbarung bereits allein in der Notwendigkeit einer zweiseitigen Regelung selbst entfaltet, so daß es für die Verwirklichung des Arbeitnehmerschutzes letztlich keine Rolle spielt, ob deren Inhalt sich für einzelne Arbeitnehmer begünstigend oder belastend auswirkt. Das arbeitnehmerseitige Schutzbedürfnis liegt vielmehr ausschließlich in der mittels der Vertragsform der Betriebsvereinbarung beseitigten Gefahr einer Übervorteilung durch eine egoistische Interessenverfolgung seitens des Arbeitgebers (ebd., S. 190).

bb) Diese differenzierte Akzentuierung der Zwecksetzung betrieblicher im Vergleich zu tariflicher Mitbestimmung bringt es mit sich, daß im Hinblick auf die Betriebsautonomie in der Literatur neben oder gar an Stelle ihrer Schutzfunktion zum Teil von einem eigenständigen *Teilhabe-*[13] oder *Integrationszweck*[14] die Rede ist. Beide Charakterisierungen der Intention der Betriebsverfassung fußen auf der zutreffenden Annahme, daß es der Rechtsordnung gelungen ist, die Stellung von Belegschaft und einzelnem Arbeitnehmer auf Grund gleichberechtigter Beteiligung des Betriebsrats an einer Vielzahl der innerbetrieblich zu reglementierenden Arbeitsbedingungen entscheidend zu stärken. Durch diese Teilhaberechte sei – so die Vertreter beider im wesentlichen inhaltsgleichen[15] Auffassungen – das Arbeitsrecht indessen über das Stadium eines reinen Schutzrechts zu Gunsten der Arbeitnehmer weit hinausgewachsen. In Verkennung dieser Entwicklung vermittle die alleinige Betonung einer bloßen Schutzfunktion der Betriebsautonomie daher den unrichtigen Eindruck, daß der Arbeitnehmer noch immer ein seinem Arbeitgeber unterlegenes und daher hilfsbedürftiges Objekt sei[16].

Bei näherer Betrachtung entpuppt sich die Auseinandersetzung um den Schutzzweck oder aber die Teilhabe- bzw. Integrationsfunktion der Betriebsautonomie jedoch als ein bloßer Streit um Worte, da auch die Verfechter des zweiten Standpunkts im Ergebnis eingestehen, daß die sozialpartnerschaftliche Integration und Teilhabe der Belegschaft durch die Mitwirkungsrechte des Betriebsrats letztlich dazu dienen, den einzelnen Arbeitnehmern des Betriebes Individualschutz zu gewährleisten[17]. Ob man Teilhabe oder Integration als eigenständigen Zweck auffaßt, oder aber allgemeiner als Medium zur Erreichung eines – weiter verstandenen – innerbetrieblichen Arbeitnehmerschutzes begreift, erscheint grundsätzlich gleichgültig. Will man die allgemein anerkannte *Zweck-Mittel-Relation* zwischen dem *Individualschutz* der Arbeitnehmer und der durch den Betriebsrat vermittelten *Teilhabe und Integration* der Belegschaft auch terminologisch nicht unnötig verschleiern, so ist es jedoch zumindest vorzugswürdig, letztere nicht eigens als (Selbst-)Zweck betrieblicher Mitbestimmung zu

---

[13] Siehe *Wiese*, Initiativrecht, S. 11; *derselbe*, FS 25 Jahre BAG, S. 661 (662); *derselbe*, ZfA 1989, 645 (651); *derselbe*, FS für Kissel, S. 1269 ff.; *derselbe*, in: GK-BetrVG, Einl. Rdnr. 50 sowie § 87 Rdnr. 51; *Rieble*, Arbeitsmarkt und Wettbewerb, Rdnr. 1412; *Preis*, DB 1973, 474 (477).

[14] In diesem Sinne *Adomeit*, Regelungsabrede, S. 54 ff.; vgl. auch *Siebert*, RdA 1958, 161 (163): „Gedanke der Kooperation"; *Richardi*, Kollektivgewalt, S. 292; *derselbe*, FS für Lübtow, S. 755 (761 u. 769): „Herstellung gleichberechtigter Partnerschaft bei der Gestaltung der betrieblichen Ordnung"; *Dietz/Richardi*, BetrVG, § 87 Rdnr. 7; *Galperin*, RdA 1962, 366 ff.; krit. hingegen *Kreutz*, Grenzen, S. 239.

[15] Vgl. *Wiese*, ZfA 1989, 645 (650); *derselbe*, FS für Kissel, S. 1269 (1281 f.).

[16] Zur Begr. ausf. *Wiese*, FS für Kissel, 1269 (1278 f.).

[17] Ausdrückl. *Wiese*, ZfA 1996, 439 (473 f.); *derselbe*, ZfA 1989, 645 (657); *Veit*, Zuständigkeit, S. 307.

apostrophieren, sondern vielmehr durch alleinige Betonung der Schutzfunktion der Betriebsautonomie zum Ausdruck zu bringen, daß die Gewährung innerbetrieblicher Mitwirkungsrechte letzten Endes ausschließlich den Interessen der Belegschaft dient[18].

cc) Hervorzuheben bleibt, daß sich die Zwecksetzung betrieblicher Mitbestimmung allerdings nicht allein auf die beschriebene bloß formelle Schutzfunktion reduzieren läßt. Diese nähere Spezifizierung im Vergleich zur materiellen Schutzfunktion der Tarifautonomie ist vielmehr lediglich Folge des entstehungsgeschichtlichen Faktums, daß Hauptanwendungsbereich der Betriebsvereinbarung ursprünglich die Regelung solcher Sachgegenstände war, welche ansonsten der einseitigen Leitungsmacht des Arbeitgebers unterfielen, also insbesondere die Angelegenheiten der betrieblichen Ordnung[19]. Ist aber das einseitige Direktionsrecht des Arbeitgebers auf dem Wege der Mitwirkung des Betriebsrats durch die Gestaltungsform gleichberechtigter Teilhabe ersetzt, der immateriellen Schutzaufgabe der Betriebsautonomie demnach Rechnung getragen, so tritt neben diese ebenso die Funktion, die inhaltliche Richtigkeit des vertraglich Vereinbarten zu gewährleisten, die ermöglichte *formelle* Zweiseitigkeit also gleichfalls als *materielle* Zweiseitigkeit real werden zu lassen. Der Betriebsautonomie fällt somit konkret hinsichtlich der dem Direktionsbereich des Arbeitgebers entstammenden Arbeitsbedingungen gleichermaßen eine der Tarifautonomie identische Schutzfunktion im Sinne der *Herstellung materieller Vertragsgerechtigkeit* zu. Gleiches gilt überdies, sofern solche Angelegenheiten Gegenstand einer Betriebsvereinbarung sind, die als das arbeitsvertragliche Synallagma betreffende Arbeitsbedingungen denknotwendig nicht dem Direktionsrecht des Arbeitgebers unterfallen, sondern neben der Betriebsvereinbarung nur einvernehmlich im Einzelarbeitsvertrag oder aber tariflich geregelt werden können. Wie die Tarifautonomie erfüllt auch die Betriebsautonomie insoweit sogar ausschließlich die Aufgabe, *materielle Richtigkeit* des auf betrieblicher Ebene vereinbarten Vertragsinhalts zu gewährleisten[20].

Die Funktion betrieblicher Mitbestimmung ist bei genauerer Betrachtung folglich eine doppelte, weshalb auch das BAG[21] – konkret hinsichtlich der Mit-

---

[18] Richtig *Jahnke*, Tarifautonomie und Mitbestimmung, S. 130; *derselbe*, ZfA 1980, 863 (884); *Hurlebaus*, Fehlende Mitbestimmung, S. 35 f., 55 u. 73; *Travlos-Tzanetatos*, Regelungsbefugnis, S. 65; *Nause*, Grenzen, S. 77 f.

[19] Dazu *Birk*, Leitungsmacht, S. 110 f.

[20] Zur Diff. hinsichtl. der Schutzfunktion der Betriebsautonomie insbes. *Kreutz*, Grenzen, S. 197; auch *Gast*, Tarifautonomie, S. 8 f.; i. Erg. entsprech. MünchArbR-*Richardi*, Bd. 3, § 233 Rdnr. 17; *Hönn*, Vertragsparität, S. 207 ff.; *Reichold*, Sozialprivatrecht, S. 224 u. 545; *Joost*, ZfA 1993, 257 (264 u. 266).

[21] AP Nr. 21 zu § 77 BetrVG 1972; dem Gericht ausdrückl. zustimm. *von Hoyningen-Huene/Meier-Krenz*, NZA 1987, 793 (796); *Meier-Krenz*, DB 1988, 2149 (2151); *Gast*, BB 1987, 1249 (1250).

bestimmungstatbestände des § 87 Abs. 1 BetrVG – zutreffend ausgeführt hat, deren Zweck liege einerseits darin, „Direktionsrechte des Arbeitgebers zu beschränken“, andererseits aber auch darin,

> „einzelvertragliche Vereinbarungen insbesondere hinsichtlich betriebseinheitlicher Arbeitsbedingungen wegen der dabei *gestörten Vertragsparität* zurückzudrängen“ (Hervorh. d. Verf.).

Da Arbeitgeberverbände und Gewerkschaften sowie ein großer Teil des arbeitsrechtlichen Schrifttums[22] hingegen die Wiederherstellung materieller Vertragsparität noch immer allein als tarifliche Aufgabe begreifen wollen, ist gerade diese teilweise Überschneidung hinsichtlich ihrer jeweiligen Zwecksetzung letztlich der entscheidende Grund, weshalb tarifliche und betriebliche Mitbestimmung statt ausschließlich in einem Verhältnis *gegenseitiger Ergänzung* ebenso in einem solchen *funktioneller Konkurrenz* stehen. Rein tatsächlich haben eine Vielzahl äußerer Umstände mittlerweile dazu geführt, daß die Aufgabe der Herstellung materieller Vertragsparität, so viel sei vorweggenommen, in der Praxis sogar vermehrt statt auf tariflicher auf betrieblicher Ebene erfüllt werden muß. Bevor diesem zunehmenden Funktionswandel von der Tarifautonomie zur Betriebsautonomie und dessen Ursachen näher nachzugehen ist[23], gilt es zunächst jedoch zu fragen, ob beiden Kollektivautonomien neben ihrem Schutzauftrag zu Gunsten der einzelnen Arbeitnehmer jeweils noch weitere Zwecksetzungen zufallen, aus denen für das Verständnis des Tarifvorbehalts im Sinne des § 77 Abs. 3 BetrVG Rückschlüsse gezogen werden können.

### *2. Keine Ordnungsfunktion tariflicher und betrieblicher Mitbestimmung*

In Rechtsprechung und Schrifttum wird ganz überwiegend angenommen, daß sowohl der Tarifautonomie[24] als auch der Betriebsautonomie[25] neben ihrer all-

---

[22] Statt vieler nur *Heinze*, DB 1996, 729 (732 f.); *Veit*, Zuständigkeit, S. 303.

[23] Siehe sogleich unten II 2.

[24] BVerfGE 4, 96 (107); 18, 18 (17 u. 32); 20, 312 (317); 28, 295 (305); 44, 322 (340 f.); 50, 290 (367 u. 372); 58, 233 (246 f.); *Hueck/Nipperdey*, Arbeitsrecht, Bd. 2, 6. Aufl., S. 417; *Nikisch*, Arbeitsrecht, Bd. 2, S. 428; *Wiedemann/Stumpf*, TVG, Einl. Rdnrn. 5 ff.; *Löwisch/Rieble*, TVG, Grundl. Rdnr. 5; *Badura*, Staatsrecht, Rdnr. C 95 (S. 153); *Scholz*, in: *Maunz/Dürig/Herzog/Scholz*, GG, Art. 9 Rdnr. 159; *derselbe*, FS für Trinkner, S. 377; *Säcker/Oetker*, Grundlagen, S. 64 ff.; *Hönn*, Vertragsparität, S. 193; *G. Müller*, Tarifautonomie, S. 23 f.; *Fischer*, Betriebsvereinbarungen, S. 109; *Karakatsanis*, Gestaltung, S. 33 f. u. 109; *Wiedemann*, RdA 1997, 297 (298 ff.); *Kissel*, NZA 1986, 73 (74); *Dorndorf*, FS für Kissel, S. 139 (140 ff.); m. leichten Einschränkungen auch *Biedenkopf*, Grenzen, S. 77 ff.

[25] BAG, AP Nr. 4 zu § 77 BetrVG 1972; *Neumann-Duesberg*, Betriebsverfassungsrecht, S. 12; *Richardi*, Kollektivgewalt, S. 317 u. 319 (anders aber *derselbe*, FS für Lübtow, S. 755 [771]; *Dietz/Richardi*, BetrVG, § 87 Rdnr. 7); *Siebert*, FS für Nipperdey I, S. 119 (122); *Canaris*, AuR 1966, 129 (130); *Kammann*, RdA 1967, 401 (403);

gemein anerkannten Schutzfunktion überdies der Auftrag zukomme, die auf kollektivem Wege zu regelnden Arbeitsbedingungen einer *einheitlichen Ordnung* zuzuführen[26]. Im Detail wird hinsichtlich der Ordnungsfunktion tariflicher und betrieblicher Mitbestimmung wie folgt unterschieden: Während als Zweck der Betriebsautonomie erachtet werden müsse, einheitliche Arbeitsbedingungen für alle Arbeitnehmer eines bestimmten Betriebes zu schaffen[27], sei die spezifische Aufgabe der Tarifvertragsparteien, auf der gesamtwirtschaftlichen Makroebene eine „sinnvolle Ordnung des Arbeitslebens"[28] herzustellen. Gerade diese Unterschiedlichkeit des Ordnungszwecks tariflicher und betrieblicher Mitbestimmung ist es aber auch, welche letztlich die eingangs dieses Teiles thesenartig wiedergegebene Vorstellung nährt, der Tarifvorbehalt müsse dem Tarifvertrag deswegen einen möglichst weitgehenden Vorrang vor betrieblichen Regelungen einräumen (Stichwort: Normsetzungsprärogative), weil nur die Tarifpartner bei ihrem gestalterischen Tätigwerden die *gesamtwirtschaftlichen* Belange hinreichend in Rechnung stellten, die Betriebspartner hingegen allein durch *betriebsegoistische* Anliegen geleitet würden. Es ist zweifellos zuzugeben, daß es durchaus einen berechtigten Grund zur besonders tarif- und koalitionsfreundlichen Auslegung des § 77 Abs. 3 BetrVG darstellen würde, wären die Tarifvertragsparteien tatsächlich zu einer solchen gesamtwirtschaftlichen Leitung berufen und deren Tätigwerden in der Tat mit der Gewähr versehen, eine sinnvolle Ordnung des Arbeitslebens zu verwirklichen. Genau dies ist jedoch, wie im folgenden zu zeigen sein wird, im Ergebnis nicht der Fall. Unzutreffend ist bereits

---

*Schelp*, DB 1962, 1242; *Reuter*, ORDO 1985, 51 (74), *derselbe*, ZfA 1975, 85 (95); *Fastrich*, RdA 1994, 129 (134); *Heinze*, DB 1996, 729 (731 f.); *Nebel*, Normen, S. 148 ff.; *Karakatsanis*, Gestaltung, S. 33 f. u. 109; *Quasten*, Zulässigkeit, S. 14; *Nause*, Grenzen, S. 56 ff.; zu Recht vorsichtiger *Rieble*, Arbeitsmarkt und Wettbewerb, Rdnrn. 1426 ff.

[26] Die Annahme einer selbständigen Ordnungsfunktion tariflicher und betrieblicher Normsetzung geht letztlich zurück auf *Nipperdey* (FS für Lehmann, S. 257 ff.). Auf der Grundlage des Gesetzes zur Ordnung der nationalen Arbeit aus dem Jahre 1934 begründete dieser die Auffassung, zwischen Kollektivnormen verschiedenen Ranges müsse stets die für die Arbeitnehmer günstigere Regelung Vorrang genießen (sog. Leistungsprinzip, vgl. ebd., S. 263 ff.). Auf der gleichen Kollektivebene würden Tarif- und Betriebsordnungen hingegen stets durch kollektive Regelungen gleichen Ranges abgelöst, selbst dann, wenn die neue Regelung im Vergleich zur vorherigen für die Arbeitnehmer ungünstigere Abmachungen enthalte. Denn jede neue Kollektivregelung – so *Nipperdey* (ebd., S. 262) – enthalte eine „Ordnung nach rein sachlichen Gesichtspunkten, nach wirtschaftlicher Vernunft und sozialer Gerechtigkeit", die daher unabhängig von der vorherigen Regelung ihre unmittelbare Wirkung entfalten können müsse.

Dieses sog. Ordnungsprinzip und mit ihm die Vorstellung der tariflichen und betrieblichen Sozialpartner als Ordnungsmächte hat *Nipperdey* schließlich auf die nach Zusammenbruch des nationalsozialistischen Regimes neu geschaffene Rechtslage unverändert übertragen; siehe *Hueck/Nipperdey*, Arbeitsrecht, Bd. 2, 6. Aufl., S. 416 ff.; zum Ganzen auch *Wlotzke*, Günstigkeitsprinzip, S. 45 ff.

[27] Siehe nur *Canaris*, AuR 1966, 129 (130).

[28] Grundleg. BVerfGE 4, 96 (107) u. in der Folgezeit in st. Rspr.

die dieser Annahme zu Grunde liegende Prämisse, da der Tarifautonomie (dazu b) – ebenso wie der Betriebsautonomie (dazu a) – die von der überwiegenden Ansicht beigemessene Ordnungsfunktion aus tatsächlichen und ebenso rechtlichen Gründen (dazu c) letztlich nicht zufällt.

### a) Ordnungsfunktion des Direktionsrechts – Schutzfunktion betrieblicher Mitbestimmung

Im Hinblick auf die Betriebsautonomie ergibt sich die Verneinung eines eigenständigen Ordnungszwecks schon allein aus den auf dem Wege der historischen Betrachtung[29] gewonnenen Erkenntnissen. Der aus Arbeitsteilung und Kooperation im betrieblichen Produktionsverband resultierenden Notwendigkeit, hinsichtlich bestimmter multilateraler Arbeitsbedingungen eine betriebseinheitliche Ordnung schaffen zu können, hatte die Rechtsordnung bereits vor der gesetzlichen Etablierung betrieblicher Mitbestimmung Rechnung getragen, indem sie dem Arbeitgeber durch § 121 GewO 1869 die Befugnis verlieh, diese Sachgegenstände einseitig für sämtliche Arbeitnehmer seines Betriebes festlegen zu können[30]. Dem Direktionsrecht des Arbeitgebers war also und ist noch immer zweifellos eine ordnende Funktion immanent[31]. Um einer solchen willen mußte die Institution betrieblicher Mitbestimmung demnach nicht geschaffen werden. Ihr Anliegen war es vielmehr, das Direktionsrecht des Arbeitgebers zu beschränken, die Fremdbestimmung des einzelnen Arbeitnehmers durch Mitbestimmung im betrieblichen Kollektiv zu ersetzen, dadurch den betrieblichen Herrschaftsverband zu einem freiheitlichen Betriebsverband zu wandeln[32].

Will man unmißverständlich zum Ausdruck bringen, weshalb es zur Ausbildung unserer modernen Betriebsverfassung kam, so sollte als deren Zwecksetzung ausschließlich die in der Beschränkung des Direktionsrechts und Bändigung der betrieblichen Herrschaftsgewalt des Arbeitgebers liegende Schutzfunktion zu Gunsten der einzelnen Arbeitnehmer betont werden. Daß überdies durch den Abschluß von Betriebsvereinbarungen wie durch die arbeitgeberseitige Direktion auch weiterhin eine einheitliche Gestaltung der betrieblichen Arbeitsbedingungen ermöglicht wird, kann und soll hierdurch freilich nicht bestritten werden. Es gilt jedoch zu erkennen und hervorzuheben, daß diese innerbetriebliche Ordnung lediglich zwangsläufige Folge der auf sämtliche Arbeitnehmer des Betriebes bezogenen normativen Wirkung der Betriebsvereinbarung

---

[29] Vgl. überdies die sehr ausf. gesetzessystematische Analyse von *Kreutz*, Grenzen, S. 206 ff.

[30] Hierzu bereits § 3 I 2 b aa.

[31] *Hönn*, Vertragsparität, S. 209; *Kreutz*, Grenzen, S. 187 u. 226; *Wiese*, FS für Kissel, S. 1269 (1275).

[32] Ausf. oben § 3 I 2 c.

(§ 77 Abs. 4 Satz 1 BetrVG) ist; bloße *Wirkung*, *nicht* jedoch die eigentliche *Zwecksetzung* der Idee betrieblicher Mitbestimmung[33].

### b) Der Fehlschluß der „theory of countervailing power"

aa) Eine ordnungsschaffende Wirkung kommt im Ergebnis ohne Zweifel auch der Tarifautonomie zu. Grund hierfür ist die durch den Abschluß von Verbandstarifverträgen erreichte *Kartellierung des Arbeitsmarktes*[34]; denn durch diese wird sichergestellt, daß einerseits den Arbeitnehmern bis zum Ablauf des Tarifvertrages die in jenem festgelegten Arbeitsbedingungen ohne Rücksicht auf eventuelle konjunkturelle Schwankungen zustehen, während andererseits der Arbeitgeber bis zu diesem Zeitpunkt nicht mit einer kostensteigernden Veränderung der Arbeitsbedingungen rechnen muß und ihm somit eine langfristige unternehmerische Planung ermöglicht wird[35].

Diese allgemein anerkannte Kartell- oder Ordnungswirkung zu einer eigenständigen Zwecksetzung der Tarifautonomie zu erhöhen, ist jedoch letztlich noch fernliegender, als der Betriebsautonomie eigens eine Ordnungsfunktion beizumessen. Denn in einer Betriebsvereinbarung getroffene Regelungen erstrecken sich gem. § 77 Abs. 4 Satz 1 BetrVG auf *alle Arbeitnehmer* des konkreten Betriebes und ermöglichen somit eine betriebseinheitliche Gestaltung der Arbeitsbedingungen; Tarifverträge aber gelten – von tariflichen Betriebsnormen im Sinne des § 3 Abs. 2 TVG und den in der Praxis seltenen Fällen der Allgemeinverbindlichkeitserklärung (§ 5 TVG) abgesehen – nach §§ 3 Abs. 1, 4 Abs. 1 TVG nur für Arbeitsverhältnisse *beiderseits Tarifgebundener*, also ausschließlich zwischen verbandsangehörigen Arbeitgebern und den in ihren Betrieben beschäftigten gewerkschaftsangehörigen Arbeitnehmern. In Anbetracht der gewerkschaftlichen Organisationsdichte von (im Jahre 1995) durchschnittlich 29% aller Arbeitnehmer[36] eine durch die Tarifautonomie erreichbare gesamtwirtschaftliche Ordnung der Lohn- und Arbeitsbedingungen annehmen zu wollen, erscheint daher mehr als fragwürdig[37]. Wie die Koalitionstätigkeit

---

[33] Zutreff. *Kreutz*, Grenzen, S. 198; *Wiese*, ZfA 1989, 645 (650); *P. Hanau*, FS 600 Jahre Universität Köln, S. 183 (203); *Travlos-Tzanetatos*, Regelungsbefugnis, S. 64 ff.; *Hurlebaus*, Fehlende Mitbestimmung, S. 46 u. 78 ff.; *Schwarze*, Betriebsrat, S. 213 f.; *Käppler*, FS für Kissel, S. 475 (481); auch bereits *Isele* (JZ 1964, 113 [119]) mit dem Hinweis auf die Möglichkeit der Beschränkung des Geltungsbereichs der Betriebsvereinbarung auf bestimmte Personengruppen innerhalb des Betriebes; zumindest gegen eine Überbetonung der Ordnungsfunktion *Richardi*, FS für Lübtow, S. 755 (771).

[34] Ausf. bereits § 3 II 3 b bb.

[35] Vgl. *Nikisch*, Arbeitsrecht, Bd. 2, S. 205.

[36] Quelle: World Labour Report der ILO 1997/98 (zit. nach F.A.Z. vom 04.11.1997, S. 17 f.).

[37] Entsprech. bereits *Isele*, JZ 1964, 113 (117).

insgesamt beschränkt sich auch die Tarifautonomie im konkreten vielmehr – so nicht zuletzt das BVerfG in zahlreichen Entscheidungen[38] – ausschließlich auf die jeweilige Interessenvertretung der auf beiden Seiten organisierten Verbandsmitglieder. Die Tarifvertragsparteien sind folglich *reine Mitgliedervereine*, deren Tarifpolitik, wie nahezu jede Verhandlungsrunde immer wieder aufs Neue zeigt, allein an den *Partikularinteressen* ihrer eigenen Klientel ausgerichtet ist: höhere Löhne und geringere Arbeitszeiten auf Gewerkschaftsseite – geringere Kosten und wachsende Gewinne auf Unternehmerseite[39].

bb) Wenn trotz dieser an den divergierenden Mitgliederinteressen orientierten Natur der Tarifautonomie den abgeschlossenen Tarifverträgen dennoch überwiegend das Attribut gesamtwirtschaftlicher Vernunft beigemessen, den Tarifvertragsparteien folglich eine sozialpolitische Ordnungsfunktion attestiert wird, beruht dies maßgeblich auf der Annahme, daß gerade die Gegensätzlichkeit der Verhandlungspositionen von Gewerkschaften und Arbeitgeberverbänden die Auswirkungen des von diesen getroffenen Kompromisses für die Gesamtwirtschaft in sinnvollen Grenzen halte. *Macht* und *Gegenmacht* gelten demnach als Garanten für die inhaltliche Ausgewogenheit der tariflich vereinbarten Arbeitsbedingungen; und dies nicht nur im Sinne eines den Belangen beider sich gegenüberstehenden Interessengruppen, sondern gleichzeitig auch dem wirtschaftlichen Allgemeininteresse möglichst weitgehend Rechnung tragenden Ausgleichs[40].

Eine dahingehende Annahme volkswirtschaftlicher Richtigkeit als Folge gegenseitiger Machtkontrolle ist indessen kein Spezifikum des Arbeitsmarktes. Sie findet ein Vorbild in der von *J. K. Galbraith* ganz allgemein für sämtliche

---

[38] BVerfGE 17, 319 (333); 18, 18 (26); 42, 133 (138); 44, 322 (344); 55, 7 (23); 57, 29 (37). Zwar führt das BVerfG in der sog. Arbeitskammerentscheidung (E 38, 281 [305]) ebenso aus, daß die Gewerkschaften im Laufe der Entwicklung über ihre ursprüngliche Zielsetzung weit hinausgewachsen seien und die Repräsentation der Arbeitnehmerinteressen in Staat und Gesellschaft in umfassender Weise beanspruchten; sie seien daher kurzum zu bestimmenden Faktoren im Wirtschafts- und Sozialleben geworden. Doch auch diese Beschreibung der tatsächlichen sozialpolitischen Bedeutung der Gewerkschaften ändert letztlich nichts daran, daß diese – wie das BVerfG in derselben Entscheidung an späterer Stelle klarstellt (E 38, 281 [307]) – Kampfverbände sind, deren Tätigkeit auf den sozialen Gegenspieler bezogen und folglich interessengerichtet ist.

[39] So *Konzen*, NZA 1995, 913 (914); vgl. auch *Reuter*, Referat, in: Verhandlungen des 61. DJT, Bd. II/1, K 35 (K 47); *derselbe*, FS für Schaub, S. 605 (611 f.); *derselbe*, RdA 1994, 152 (161).

[40] Grundleg. *Kahn-Freund*, in: *Ramm*, Arbeitsrecht und Politik, S. 211 (218 ff.); vgl. auch *Biedenkopf*, Grenzen, S. 300 f.; *Badura*, Staatsrecht, Rdnr. C 95 (S. 153); *Scholz*, FS für Trinkner, S. 377 (379); MünchArbR-*Richardi*, Bd. 3, § 233 Rdnr. 29; *Weitnauer*, Schutz des Schwächeren, S. 21; *Müller*, Tarifautonomie, S. 22; *derselbe*, in: *Ockenfels*, Krise der Gewerkschaften, S. 91 (96); *Picker*, ZfA 1986, 199 (226).

Gütermärkte entwickelten „theory of countervailing power“[41]. Der entscheidende tatsächliche Unterschied ist jedoch, daß das Wirtschaftsrecht im diametralen Gegensatz zum Arbeitsrecht das Gegenmachtmodell längst einhellig als Trugschluß entlarvt hat. So ist im wirtschaftsrechtlichen Schrifttum mittlerweile nahezu allgemein anerkannt, daß die Verdrängung partikularer Interessenausgleiche durch eine bipolare Monopolisierung der Märkte in Gestalt kollektiver Gruppenautonomie gerade nicht zu gesamtwirtschaftlich erwünschten Ergebnissen führt, sondern statt dessen erfahrungsgemäß notwendig zu Einigungen über eine *monopolistische Gewinnmaximierung zum Nachteil außenstehender Dritter*[42]. Gleiches gilt im übertragenen Sinne, was zu erkennen dem überwiegenden arbeitsrechtlichen Schrifttum indessen bis dato noch schwerfällt[43], auch hinsichtlich der Tarifautonomie: Außenstehend ist in ihrem Fall das *Heer der Arbeitslosen*, weshalb also der Tarifautonomie stets die Gefahr inhärent ist, daß der durch den Abschluß von Tarifverträgen für die gewerkschaftlich organisierten Arbeitnehmer erstrebte soziale Nutzen letztlich in einen per saldo höheren *Schaden unverhältnismäßiger Arbeitslosigkeit* umschlägt[44]. Zu Recht hat demnach der – im Gegensatz zu den arbeitsgerichtlichen Rechtsprechungsinstanzen nicht durch Verbandsinteressen infiltrierte – BGH[45] schon vor langem

---

[41] *Galbraith*, American capitalism, S. 108 ff. (insbes. S. 111): „To begin with a broad and somewhat too dogmatically stated proposition, private economic power is held in check by the countervailing power of those who are subject to it. The first begets the second. The long trend toward concentration of industrial enterprise in the hands of relatively few firms has brought into existence not only strong sellers, as economists have supposed, but also strong buyers, as they have failed to see. The two develop together, not in precise step but in such manner that there can be no doubt that the one is in response to the other.“ Dem zustimm. *Sölter*, Rabattkartell, S. 59 ff.; *Andreae*, in: *Schneider*, Grundlagen der Wettbewerbspolitik, S. 71 ff.

[42] *Säcker*, Zielkonflikte, S. 30 ff.; *Möschel*, Recht der Wettbewerbsbeschränkungen, Rdnr. 73; *Immenga/Mestmäcker*, GWB, § 8 Rdnr. 40 m. w. Nachw.

[43] Glaubt man *Säcker* (Zielkonflikte, S. 32 Fn. 52), so vernachlässigt das Arbeitsrecht die zwangsläufigen Folgelasten des Organisationsprinzips für unorganisierte Dritte und die Allgemeinheit bis dato deswegen, weil das Schrifttum diese nicht ausreichend anlysiere. Grund hierfür dürfte indessen nicht zuletzt sein, daß eine entsprechende Analyse aus – sei es arbeitnehmerseitigen, sei es arbeitgeberseitigen – Verbandsinteressen überwiegend ganz bewußt unterlassen wird.

[44] So unlängst auch der *Sachverständigenrat* in seinem Jahresgutachten 1997/98 (auszugsweise abgedr. in: F.A.Z. vom 15.11.1997, S. 14); i. Erg. entsprech. *Monopolkommission*, BT-Drucks. 12/8323, S. 367; *Reuter*, Referat, in: Verhandlungen des 61. DJT, K 35 (K 45); *derselbe*, ZfA 1995, 1 (4); *derselbe*, RdA 1994, 152 (162); *derselbe*, RdA 1991, 193 (195); vgl. ebenso *Henssler*, ZfA 1994, 487 (513); *Singer*, ZfA 1995, 611 (627 ff.); zu Nachteilen des Ordnungsprinzips auf dem Arbeitsmarkt auch *Rieble*, Arbeitsmarkt und Wettbewerb, Rdnrn. 632 ff. sowie insbes. Rdnr. 182: „Feind des Wettbewerbs“; aus verfassungsrechtlicher Sicht krit. jetzt auch *Sodan*, JZ 1998, 421 (428).

[45] NJW 1978, 2031 (2032).

unmißverständlich zum Ausdruck gebracht, daß es zwangsläufig in der Natur der Tarifverträge liegt,

> „daß sie Auswirkungen, auch solche *ungünstiger* Art, auf die Gesamtwirtschaftslage ... haben können" und „ihrem Wesen nach *gruppenegoistische Bestrebungen* weithin legitimieren" (Hervorh. d. Verf.).

Die Tarifvertragsparteien sind auf Grund der Verkörperung einseitiger Gruppeninteressen folglich bei Lichte besehen – wie namentlich *Isensee* unverblümt konstatiert – sogar besonders schlecht in der Lage, Verantwortung für das Gemeinwohl zu übernehmen[46].

cc) Es kann daher festgehalten werden, daß der Tarifvertrag nicht nur ein zur Errichtung einer sinnvollen Ordnung der Arbeitsbedingungen *nicht erforderliches*, sondern letztlich hierzu *nicht* einmal *geeignetes* Regelungsinstrument darstellt[47]. Konsequenz einer solchen Feststellung aber kann nur sein, daß der Tarifautonomie neben ihrer unbestrittenen Schutzfunktion zu Gunsten der gewerkschaftsangehörigen Arbeitnehmer letztlich keine eigenständige Ordnungsfunktion zukommt, die hinsichtlich der tarifgebundenen Arbeitsverhältnisse ermöglichte Einheitlichkeit der Gestaltung lediglich *Folge*, *nicht* aber eigens intendierter *Zweck* des Tarifvertrages ist[48]. Hervorzuheben bleibt, daß dieser zutreffenden Erkenntnis sich – ohne daß es freilich bereits zu einer ausdrücklichen Rechtsprechungsänderung gekommen wäre – nunmehr insbesondere auch das BVerfG anzunähern scheint. Denn liest man dessen unlängst zur Verfassungsmäßigkeit des § 116 AFG ergangene Entscheidung[49] genau, so fällt auf, daß das Gericht an keiner Stelle mehr von einer Ordnungsfunktion der Tarifautonomie spricht. Im Gegensatz zu früheren Judikaten wird als Aufgabe der Tarifvertragsparteien allein die Regelung „*ihrer* Angelegenheiten" angenommen, deren Zweck zu Recht ausschließlich darin gesehen, „die Arbeits- und Wirtschaftsbedingungen *ihrer Mitglieder* zu wahren und zu fördern" (Hervorh. d. Verf.)[50].

---

46 *Isensee* (in: *Freudenberg*, Zukunft der sozialen Partnerschaft, S. 159 [177]), der an späterer Stelle (ebd., S. 159 [179]) einschränkt: „Auch in konzentrierten Gruppenegoismen kann die List der Vernunft wirksam werden. Das ist aber eine Hoffnung, keine Versicherung".

47 So bereits *Reuter*, RdA 1994, 152 (162).

48 I. Erg. entsprech. *Biedenkopf*, Gutachten, in: Verhandlungen des 46. DJT, Bd. I, S. 97 (112); *Isele*, JZ 1964, 113 (117); *derselbe*, RdA 1962, 373; *Hensche*, RdA 1971, 9 (14); *Ehmann/Schmidt*, NZA 1995, 193 (202); *Reuter*, FS für Schaub, S. 605 (622): „Schutz ihrer Mitglieder durch Schaffung von Mindestrechten und Höchstpflichten"; *derselbe*, RdA 1994, 152 (160); vgl. auch *Däubler*, Grundrecht auf Mitbestimmung, S. 198; *Rieble*, Arbeitsmarkt und Wettbewerb, Rdnr. 1307 f.; *Schlochauer*, FS für Schaub, S. 699 (711 f.); *Jäckle*, Ablösung, S. 131.

49 BVerfGE 92, 365 ff.

50 BVerfGE 92, 365 (394 f.).

### c) Widerspruch zwischen Günstigkeitsprinzip und Ordnungsfunktion

Nachhaltig bestätigt wird das gefundene Ergebnis, daß weder der Betriebsautonomie noch der Tarifautonomie zusätzlich zu ihrem Schutzauftrag als weitere Zwecksetzung eine Ordnungsfunktion zukommt, schließlich durch einen Blick auf deren rechtliche Rahmenbedingungen. Hinsichtlich des Tarifvertrages bestimmt § 4 Abs. 3 TVG ausdrücklich, daß von dessen Bestimmungen zu Gunsten des einzelnen Arbeitnehmers abweichende Vereinbarungen der Vorrang gebührt, so daß die durch die Tarifvertragspartner vorgenommene Gestaltung der Arbeitsbedingungen von den Parteien des Arbeitsvertrages stets nach Belieben überboten werden kann. Ist es demnach einerseits von Rechts wegen vorgesehen, die tarifliche Ordnung zu jeder Zeit auf individualrechtlicher Ebene korrigieren zu können, erscheint es indessen widersprüchlich anzunehmen, daß deren Schaffung andererseits sogar einen eigenständigen Zweck tariflicher Normsetzung darstellt. Im Gegenteil bringt die Rechtsordnung durch die Geltung des *Günstigkeitsprinzips* klar zum Ausdruck, daß der Tarifautonomie allein eine *Schutzfunktion* zu Gunsten der gewerkschaftsangehörigen Arbeitnehmer zufällt[51], *nicht* aber ein von dieser zu abstrahierender *Ordnungszweck*[52]. Gleiches gilt im Ergebnis auch hinsichtlich der Betriebsautonomie[53], da – obwohl in § 77 Abs. 4 BetrVG eine dem § 4 Abs. 3 TVG identische Anordnung fehlt – das Günstigkeitsprinzip, von wenigen Ausnahmen abgesehen[54], nach allgemeiner Meinung auch im Verhältnis zwischen Betriebsvereinbarung und Individualvertrag eingreift[55].

## *3. Zwischenergebnis*

Zusammenfassend kann hinsichtlich der funktionellen Grundlagen des Tarifvorbehalts bis hierher festgestellt werden, daß die der Tarifautonomie nach überwiegender Ansicht beigemessene Ordnungsfunktion sich wegen Tarifverträgen möglicherweise anhaftender Nachteile für außenstehende Dritte sowie

---

[51] Zum Zshg. zwischen Günstigkeitsprinzip und Schutzfunktion *Reuter*, ZfA 1995, 1 (38 f.); *Henssler*, ZfA 1994, 487 (505); aus historischer Sicht bereits § 3 II 1 b u. 2 b.

[52] So auch bereits *Isele*, JZ 1964, 113 (117); vgl. ebenso *Belling*, Günstigkeitsprinzip, S. 115; *Hönn*, Vertragsparität, S. 192 f.; einen Widerspruch zwischen Günstigkeitsprinzip und Ordnungsfunktion gesteht letztlich gleichfalls *Siebert* (FS für Nipperdey I, S. 119 [123]) ein, der inkonsequent dem Tarifvertrag i. Erg. aber dennoch einen eigenständigen Ordnungszweck beilegt.

[53] Vgl. *Kirchhof*, Private Rechtsetzung, S. 214: „Das Günstigkeitsprinzip hindert ... eine strikt gleiche Ordnung des Betriebes." Ebenso *Kreutz*, Grenzen, S. 223 f.; a. A. *Reuter*, ORDO 1985, 51 (74 f.); abweich. auch *Nebel*, Normen, S. 152.

[54] Siehe näher unten § 8 I 4 b.

[55] Ausf. u. m. w. Nachw. unten § 5 IV 1 b bb.

für die Allgemeinheit weder als aus ökonomischer Sicht erwünscht noch auf Grund des Günstigkeitsprinzips (§ 4 Abs. 3 TVG) als von der Rechtsordnung beabsichtigt erwiesen hat. Der durch den Tarifvorbehalt im Sinne des § 77 Abs. 3 BetrVG tariflichen Regelungen vor Betriebsvereinbarungen eingeräumte Vorrang läßt sich demnach nicht mit der eingangs wiedergegebenen Annahme rechtfertigen, die Tarifautonomie sei deswegen im Vergleich zur Betriebsautonomie vorzugswürdig, weil die Tarifvertragsparteien im Gegensatz zu rein betriebsegoistischen Bestrebungen der Betriebspartner stets eine gesamtwirtschaftlich vernünftige Ordnung des Arbeitslebens beabsichtigten und verwirklichten. Diese Vorstellung, welche im übrigen durch die momentane Krise des Wirtschaftsstandorts Deutschland und der Tarifautonomie sowie nicht zuletzt durch deren historisches Scheitern zur Weimarer Zeit auch tatsächlich widerlegt ist, basiert – bewußt provokant formuliert – letztlich noch immer allein auf dem marxistischem Gedankengut entstammenden Wunsch nach einer „Leitung der wirtschaftlichen Prozesse von erhöhter Warte" (*Schmoller*)[56]. Ganz allgemein sind entsprechende zentralistische Ordnungsbestrebungen mittlerweile jedoch nicht nur theoretisch[57], sondern nach dem Zusammenbruch der real existieren-

---

[56] Zum Zshg. zwischen marxistischer Ideologie und Tarifvorbehalt auch *Reuter*, RdA 1991, 191 (193 ff.); *derselbe*, RdA 1994, 152 (154 ff.); *Ehmann*, ZRP 1996, 314.

[57] Das Ideal eines zentral gelenkten Verteilungsmodells ist freilich nicht originär marxistischen Ursprungs, sondern findet sich in abgewandelter Form gleichfalls im Denken der katholischen Soziallehre. Schon *Thomas von Aquin* war von der Vorstellung geleitet, der Mensch dürfe die materiellen Güter „nicht als Privateigentum, sondern ... als Gemeingut betrachten, so daß er sie ohne weiteres für den Bedarf anderer ausgibt... Alles, was den Menschen in bezug auf die materiellen Dinge zusteht, ist ihre Nutzung." Im Vergleich zur späteren marxistischen Theorie war die Lehre des Aquinaten jedoch bereits durch ein wesentlich realistischeres Menschenbild geprägt, denn *Thomas* erkannte, daß „jemand mit einer Sache sorgfältiger umgeht, wenn sie ihm allein, als wenn sie allen oder vielen gehört", und folgerte daraus, daß es dem Menschen trotz seiner moralischen Verpflichtung, alle materiellen Güter als Gemeingut zu erachten, dennoch „erlaubt" sein müsse, Privateigentum zu besitzen (*Thomas von Aquin*, Recht und Gerechtigkeit, Frage 66, 2. Artikel, S. 113 f.).

Betrachtet man konkret die hinsichtl. der zu erstrebenden Arbeits- und Wirtschaftsverfassung seitens der kirchlichen Soziallehre vertretenen Ideale, so finden sich bis nahezu in unsere Tage Forderungen nach einer eigentumslosen Gesellschaft. Noch im Jahre 1981 schrieb Papst *Johannes Paul II.* in seiner Enzyklika „Laborem exercens" (abgedr. in: *von Nell-Breuning*, Arbeit vor Kapital, S. 149 f.; vgl. auch dessen Kommentierung auf S. 36 ff.): „Richtig, das heißt der Natur der Sache gemäß richtig, m. a. W. innerlich wahr und zugleich moralisch zulässig kann nur eine Ordnung des Arbeitslebens sein, die den Gegensatz zwischen Arbeit und Kapital schon in ihrer Grundlage überwindet und darauf angelegt ist, das ... Prinzip zu verwirklichen, wonach der Arbeit ein wesentlicher und wirksamer Vorrang zukommt."

Doch auch in Reihen der christlichen Soziallehre haben sich mittlerweile zunehmend diejenigen Vertreter durchgesetzt, welche ihr Denken mehr an der anthropologischen Einschätzung des Aquinaten als an seinem moralischen Wunsch nach einer eigentumslosen, zentral geleiteten Gesellschaft orientieren. In ausdrückl. Kritik an der im Gegensatz dazu noch immer letzteren Vorstellungen verhafteten marxistischen Ideologie nimmt man nunmehr überwiegend an, „daß das Eigeninteresse dem Menschen näher

den sozialistischen Volkswirtschaften des Ostblocks insbesondere auch faktisch als überholt abzulehnen.

Daraus wiederum folgt konkret, daß ebenso dem Tarifvorbehalt gem. § 77 Abs. 3 BetrVG aus funktioneller Sicht nur dann weiterhin eine Existenzberechtigung zugesprochen werden kann, wenn dessen Zweckbestimmung sich maßgeblich an der sowohl von der Tarif- als auch der Betriebsautonomie ausschließlich verfolgten Schutzfunktion zu Gunsten der einzelnen Arbeitnehmer orientiert. Rechtspolitischer Zweck des Tarifvorbehalts muß es – was an späterer Stelle näher auszuführen sein wird[58] – daher sein, die tarifliche und betriebliche Mitbestimmung als zwei Teilsysteme eines Gesamtsystems kollektiver Selbsthilfe[59] mit dem Ziel möglichst effektiven Arbeitnehmerschutzes zu einem sinnvollen Ausgleich zu bringen.

## II. Zunehmender Funktionswandel von der Tarif- zur Betriebsautonomie

Wie bereits festgestellt, ist es innerhalb des beiden Kollektivautonomien gemeinsamen Schutzauftrags konkret Aufgabe des Tarifvertrages, die dem Individualarbeitsvertrag fehlende *materielle Richtigkeitsgewähr* auf kollektiver Ebene wiederherzustellen und zu sichern[60], während durch die Betriebsvereinbarung primär der letztlich *immaterielle Zweck* erfüllt wird, die einseitige Festsetzung der Arbeitsbedingungen seitens des Arbeitgebers durch ein zweiseitiges Aushandeln gleichberechtigter Partner zu ersetzen. Erst in einem zweiten Schritt bzw. dann, wenn nicht dem Direktionsbereich unterfallende Arbeitsbedingungen Gegenstand betrieblicher Abreden sind, kommt auch der Betriebsautonomie die tariflicher Normsetzung gleiche Funktion der Herstellung materieller Vertragsgerechtigkeit zu[61]. Konzentriert man den Blick ausschließlich auf diesen funktionellen Überschneidungsbereich tariflicher und betrieblicher Mitbestim-

---

liegt als das Gemeinwohl, so sehr das Gemeinwohl als übergeordnetete Norm dem moralischen Bewußtsein eingeprägt ist. Es bleibt daher im Sinne der umsichtigen Nutzung der materiellen Güter nichts anderes übrig, als dem Sonderinteresse in der Praxis die Priorität zuzuerkennen" (*Utz*, Die marxistische Wirtschaftsphilosophie, S. 42). Das Gemeinwohl selbst wird demnach gleichgesetzt mit dem individuellen Wohl der einzelnen Glieder, also genauer als „Zustand allgemeinen Wohls" umschrieben (siehe *von Nell-Breuning*, Zur christlichen Gesellschaftslehre, Sp. 47). Anders formuliert hat damit aber auch die christliche Sozialethik im Laufe ihrer Entwicklung die Erkenntnis befördert, daß es letztlich allein der Egoismus des einzelnen ist, der den Wirtschaftsverkehr antreibt und neue Güter schafft (vgl. ähnl. *Kress*, Rektoratsrede, abgedr. in: Lehrbuch, S. XXXVIII), folglich also die Vorstellung eines von zentraler Warte oktroierten Gemeinwohls theoretisch überwunden.

58 Zur Neubestimmung der Zwecksetzung des § 77 Abs. 3 BetrVG unten § 6 I 5.

59 So auch *Kempen*, RdA 1994, 140; *Kittner*, FS für Kissel, S. 497 (500).

60 Siehe oben I 1 a.

61 Ausf. bereits I 1 b cc.

mung, so fällt auf, daß innerhalb dessen mittlerweile ein merklicher Bedeutungszuwachs der Betriebs- zu Lasten der Tarifautonomie stattgefunden hat und sich wohl noch weiter fortsetzen dürfte. Denn während die Unterlegenheit der Arbeitnehmer gegenüber dem Arbeitgeber, welche einst zur Entstehung des Tarifwesens führte, im Laufe der Zeit nicht unerheblich abgenommen und sich zumindest partiell zu einer *gegenseitigen Abhängigkeit* beider Parteien des Arbeitsvertrages entwickelt hat (dazu 1), haben die *ökonomischen* und *betriebssoziologischen Notwendigkeiten* moderner Produktion gleichzeitig dazu geführt, daß sich die sachliche Regelungsreichweite der Betriebsverfassung mehr und mehr in den ursprünglich vorrangig den Tarifpartnern überantworteten Bereich materieller Arbeitsbedingungen ausweiten mußte (dazu 2).

### *1. Gegenseitige Abhängigkeit zwischen Arbeitnehmer und Arbeitgeber*

Nicht nur mit Blick auf die vergangenen Tage der Industrialisierungsphase, sondern auch für unsere Zeit gilt es der verfassungsrechtlichen und arbeitsrechtlichen Judikatur sowie der Arbeitsrechtswissenschaft überwiegend als ein unumstößliches Dogma, daß der einzelne Arbeitnehmer seinem Arbeitgeber *strukturell unterlegen*, von diesem daher *chronisch abhängig* sei, weshalb die *Störung der vertraglichen Parität* ganz überwiegend als dem Individualarbeitsvertrag wesensimmanente Eigenheit postuliert wird[62]. Als historischer Befund ist diese Feststellung wohl kaum zu bestreiten[63], doch dies allein vermag freilich nicht auszureichen, um für alle Zeiten a priori das Bestehen einer einseitigen Unterlegenheit des einzelnen Arbeitnehmers konstatieren zu können[64]. Der Annahme eines in der Natur des Einzelarbeitsvertrages selbst begründeten Fehlens materieller Richtigkeitsgewähr kann vielmehr nur dann Folge geleistet werden, wenn sich auch heute noch zwischen den Parteien des Arbeitsverhältnisses not-

---

[62] In diesem Sinne apodiktisch BVerfGE 84, 212 (229): „strukturelle Unterlegenheit der einzelnen Arbeitnehmer"; BAG, AP Nr. 21 zu § 77 BetrVG 1972: „gestörte Vertragsparität"; *Jacobi*, Grundlehren, S. 6: „wirtschaftliche Kräfteunterschiede"; *Jahnke*, Tarifautonomie und Mitbestimmung, S. 126: „wirtschaftliche und soziale Unterlegenheit"; *Picker*, ZfA 1986, 199 (251): „chronisches Machtungleichgewicht"; *Däubler*, BB 1990, 2256 (2258): „gestörte Parität"; *Dieterich*, RdA 1995, 129 (134): „Ungleichgewicht"; *Junker*, ZfA 1996, 383 (415): „individuelle Vertragsfreiheit ... nicht ausreichend geschützt"; siehe neuerdings aber auch *derselbe*, NZA 1997, 1305 (1308 ff.); mit ausf. Begr. *Nikisch*, Arbeitsrecht, Bd. 1, S. 30 f.; *Richardi*, Kollektivgewalt, S. 114 f.; MünchArbR-*derselbe*, Bd. 1, § 12 Rdnr. 2; *Wank*, Arbeitnehmer und Selbständige, S. 48 ff.; *Däubler*, Grundrecht auf Mitbestimmung, S. 3 ff.; *Veit*, Zuständigkeit, S. 42 ff.; *Dorndorf*, FS für Gnade, S. 39 (40 ff.); *derselbe*, FS für Kissel, S. 139 (142); *Kempen*, RdA 1994, 140 (145).

[63] Siehe ausf. oben § 3 I 1 a.

[64] So zu Recht *Zöllner*, AcP 1976, 221 (230); *Heinze*, DB 1996, 729 (730); *Konzen*, ZfA 1991, 379 (388).

wendig ein entweder *intellektuelles* (dazu a) oder aber *wirtschaftliches Ungleichgewicht* (dazu b) zu Gunsten des Arbeitgebers diagnostizieren läßt. Die genauere Betrachtung wird zeigen, daß die behauptete Abhängigkeit des Arbeitnehmers vom Arbeitgeber sicher nicht völlig beseitigt ist, gleichwohl aber in einer die These von der wesensimmanenten Disparität des Arbeitsvertrages stützenden Allgemeingültigkeit nicht mehr festgestellt werden kann (dazu c).

a) Die Komplexität hochtechnisierter Produktionsprozesse hat dazu geführt, daß die große Mehrzahl der Arbeitnehmer heutzutage höchst qualifizierte Spezialisten ihres Fachs sind. Zwar existiert auch im modernen Industriebetrieb unserer Tage freilich noch eine gewisse Anzahl von Arbeitsplätzen, welche mit weniger aufwendig ausgebildeten oder ungelernten Arbeitskräften besetzt werden können; die Regel aber dürfte dies bei weitem nicht mehr sein. Eine weitgehende Spezialisierung der meisten Arbeitsplatzprofile bedingt, daß der Arbeitgeber nur noch in den seltensten Fällen neben der wirtschaftlichen Leitung des Unternehmens gleichfalls in der Lage ist, sich einen umfassenden Einblick in den technischen Ablauf des Betriebes zu verschaffen, geschweige denn – wie noch die Fabrikanten der Industrialisierungsphase – nahezu jeden Arbeitsplatz seines Betriebes sogar selbst zu bekleiden. Der Arbeitgeber ist vielmehr ausschließlich auf *Fachwissen*, *Leistungsbereitschaft* und *Eigenverantwortung* seiner Arbeitnehmer sowie insbesondere auf einen ungestörten *Informationsfluß* von der Produktionsbasis in die Führungsetage des Betriebes angewiesen[65]. Seine fachliche Weisungsbefugnis hingegen hat weitgehend an Bedeutung verloren. Zumindest von einer intelektuellen Überlegenheit des Arbeitgebers und von einer mit dieser korrespondierenden persönlichen Abhängigkeit der Arbeitnehmer kann folglich keine Rede mehr sein[66]. Die Zusammenarbeit im modernen Produktionsbetrieb entspricht statt dessen eher dem altbekannten Bild *Hegels*[67] vom geschickten Diener, dessen Leistung dem Herren unentbehrlicher, als umgekehrt der Diener gerade auf diesen Herrn angewiesen ist.

b) Ist eine einseitige persönliche Abhängigkeit der Beschäftigten nicht mehr festzustellen, so bleibt zwecks Untermauerung der These eines strukturellen Ungleichgewichts zwischen den Arbeitsvertragsparteien allein das – zugegeben schwerer wiegende – Argument einer wirtschaftlich unterlegenen Stellung des Arbeitnehmers. Zum Teil wird sowohl im wirtschaftswissenschaftlichen[68] als

---

[65] Zutreff. *Gast*, Vertragsrecht, S. 43; aus wirtschaftswissenschaftlicher Sicht *Keuchel*, Arbeitsmarkt, S. 125; vgl. auch *Deregulierungskommission*, Marktöffnung und Wettbewerb, S. 138.

[66] I. Erg. entsprech. *Zöllner*, AcP 1976, 221 (237); *derselbe*, ZfA 1988, 265 (186); *Kreutz*, Grenzen, S. 166 f.; abweich. *Säcker*, Gruppenautonomie, S. 88 ff.

[67] Phänomenologie des Geistes, S. 146 ff.

[68] *Stützel*, Marktpreis und Menschenwürde, S. 76 ff.; *Weise/Brandes/Eger/Kraft*, Neue Mikroökonomie, S. 303; *Eucken/Hensel*, Grundsätze der Wirtschaftspolitik, S. 303 f.

auch im juristischen[69] Schrifttum zur Begründung einer wirtschaftlichen Abhängigkeit des Arbeitnehmers noch immer – in die moderneren Umschreibungen des *Kontrahierungszwangs* oder eines sog. *Konkurrenzparadoxons* gehüllt – die marxistische Verelendungstheorie[70] bemüht: Um die eigene Existenz sichern, zumindest aber den einmal erreichten sozialen Standard erhalten zu können, seien die Arbeitnehmer gezwungen, auf Lohnsenkungen stets mit einer Erweiterung ihrer Arbeitsleistung zu antworten. Die These der *inversen Reaktion des Arbeitsangebots* übersieht jedoch, daß – zumindest theoretisch – der Arbeitnehmer eine Lohnsenkung ebenso mit einem Arbeitsplatzwechsel beantworten kann[71]. Überdies dürfte die Verelendungstheorie jedenfalls in ihrer ursprünglichen Gestalt für die heutige Zeit allein in Anbetracht des dicht gewobenen Sicherungsnetzes des modernen Daseinsfürsorgestaates mehr als zweifelhaft erscheinen[72].

Auch wenn demnach zu deren Begründung auf marxistische Vorstellungen nicht zurückgegriffen werden sollte, als Faktum ist eine wirtschaftliche Unterlegenheit des Arbeitnehmers gegenüber seinem Arbeitgeber dennoch kaum zu leugnen. Denn der Arbeitnehmer unterscheidet sich von einem Selbständigen oder freien Mitarbeiter in aller Regel gerade dadurch, daß er seine *gesamte* Arbeitskraft *einer* einzigen Person zur Verfügung stellt, seinen eigenen und den Lebensunterhalt seiner Familie allein durch das Rechtsverhältnis zu seinem Arbeitgeber verdienen muß[73]. Verliert er diesen Arbeitsplatz, so bleiben ihm im Ergebnis nur zwei Möglichkeiten: die Suche nach einer neuen Arbeitsstelle oder der Weg in die Selbständigkeit. Während letzteres zumeist bereits an fehlendem Investitionskapital und mangelnder Risikobereitschaft scheitert[74], setzt die erste

---

[69] *Rieble*, Arbeitsmarkt und Wettbewerb, Rdnrn. 91 ff.; *Dorndorf*, FS für Gnade, S. 39 (40 ff.); *Kempen*, RdA 1994, 140 (145); *Wank*, Arbeitnehmer und Selbständige, S. 48 f.; *Däubler*, Grundrecht auf Mitbestimmung, S. 3: „ökonomischer Kontrahierungszwang“; *Veit*, Zuständigkeit, S. 258; *Picker*, ZfA 1986, 199 (253 ff.).

[70] Zu dieser bereits § 3 I 1 a Fn. 25.

[71] So das Argument bei MünchArbR-*Richardi*, Bd. 1, § 12 Rdnr. 2; vgl. auch *Monopolkommission*, BT-Drucks. 12 /8323, S. 371.

[72] I. Erg. entsprech. *Reuter*, ZfA 1995, 1 (26); *derselbe*, RdA 1994, 152 (160); *derselbe*, RdA 1991, 193 (194 f.); *derselbe*, Stellung des Arbeitsrechts, S. 17 f.; vorsichtiger noch *derselbe*, ORDO 1985, 51 (56); vgl. auch *Hönn*, Vertragsparität, S. 198; aus der wirtschaftswissenschaftlichen Lit. *Keuchel*, Arbeitsmarkt, S. 94.

[73] *Nikisch*, Arbeitsrecht, Bd. 1, S. 10; *Richardi*, Kollektivgewalt, S. 118; *Wiedemann*, Austausch- oder Gemeinschaftsverhältnis, S. 15; *Hönn*, Vertragsparität, S. 195; *Rieble*, Arbeitsmarkt und Wettbewerb, Rdnr. 91; *Gast*, Arbeitsvertrag und Direktion, S. 72.

[74] *Keuchel*, Arbeitsmarkt, S. 116 f.; vgl. auch *Wank*, Arbeitnehmer und Selbständige, S. 125 ff.: mangelnde Bereitschaft zur Übernahme unternehmerischen Risikos als entscheidendes Merkmal des Arbeitnehmers; *Reuter*, ZfA 1995, 1 (26 f.): Abschwächung der gescheuten Risiken einer unmittelbaren Marktabhängigkeit als besondere Ausprägung der Schutzfunktion der Tarifautonomie.

Alternative notwendig das Vorhandensein realer Angebote auf dem Arbeitsmarkt voraus. Abgesehen von mittlerweile geradezu utopistisch anmutenden Zeiten der Vollbeschäftigung[75] stellt auch die Suche nach einem neuen Arbeitsplatz daher vielfach keinen wirklichen Ausweg dar, sondern dürfte vielmehr geradewegs in die Arbeitslosigkeit führen. Hinzu kommt, daß die Annahme einer neuen Beschäftigungsmöglichkeit oftmals ein hohes Maß an geographischer Mobilität verlangt, die der Arbeitssuchende auf Grund zahlreicher sozialer Bindungen letztlich nur begrenzt oder vielleicht gar nicht aufzuweisen vermag[76].

Es kann demnach festgehalten werden, daß es gerade dieses negative Zusammenspiel von *Arbeitsplatzknappheit* und *mangelnder Mobilität* ist, welches den Arbeitnehmer seinem Arbeitgeber gegenüber im Ergebnis zweifellos in eine Situation wirtschaftlicher Abhängigkeit bringt[77]. Aus dieser unterlegenen Position des Arbeitnehmers aber folgt, daß zumindest solchen Stimmen, welche der momentanen Krise des Wirtschaftsstandorts Deutschland allein durch eine stärkere Betonung individualarbeitsvertraglicher Vereinbarungen, also auf dem Wege einer Kompetenzverlagerung von der Tarifautonomie auf die Privatautonomie, begegnen wollen[78], nur eine eindeutige Absage erteilt werden kann[79]. Denn die Arbeitnehmer gerade in Zeiten steigender Arbeitslosigkeit ohne jeglichen kollektiven Schutz zu lassen, erscheint – will man nicht sämtliche sozialen Erwägungen völlig über Bord werfen – letztlich wenig einsichtig.

c) Nicht zugestimmt werden kann im Ergebnis aber auch – trotz der festgestellten wirtschaftlichen Abhängigkeit des Arbeitnehmers von seinem Arbeitgeber – der vorherrschenden These des strukturellen Ungleichgewichts der Parteien des Arbeitsvertrages. Denn deren entscheidender Fehler liegt darin, dieses Abhängigkeitsverhältnis – bewußt oder unbewußt – nur in einer Richtung zu betonen. Gänzlich vernachlässigt wird hingegen, daß der Arbeitgeber in wirtschaftlicher Hinsicht gleichfalls auf seine Arbeitnehmer angewiesen ist. Da kein Unternehmer faktisch in der Lage sein wird, das von ihm beabsichtigte Produktionsergebnis alleine zu realisieren, und sich zu diesem Zwecke daher stets

---

[75] Zu Recht hat *Biedenkopf* (Gutachten, in: Verhandlungen des 46. DJT, Bd. I, S. 97 [115]; vgl. auch *derselbe*, Grenzen, S. 96) darauf hingewiesen, daß bei Vollbeschäftigung die Abhängigkeit des Arbeitnehmers vom Arbeitgeber gänzlich aufgehoben ist.

[76] Zum Mobilitätsproblem *Wank*, Arbeitnehmer und Selbständige, S. 49; *Hönn*, Vertragsparität, S. 198 f.; *Rieble*, Arbeitsmarkt und Wettbewerb, Rdnr. 93; *Reuter*, ZfA 1993, 221 (235); *derselbe*, DWiR 1991, 221 (222); *derselbe*, RdA 1991, 193 (195); *derselbe*, in: *Fischer*, Währungsreform, S. 507 (510); *Konzen*, NZA 1995, 913 (918); *derselbe*, ZfA 1991, 379 (398).

[77] I. Erg. entsprech. *Kreutz*, Grenzen, S. 168; einschränk. *Reuter*, ZfA 1975, 85 (86).

[78] Nachhaltig insbes. *Heinze*, NZA 1997, 1 ff.; *derselbe*, DB 1996, 729 ff.; *derselbe*, NZA 1991, 329 ff.

[79] Zu Recht krit. auch *Wank*, NJW 1996, 2273 (2277); *Konzen*, NZA 1995, 913 (918); *derselbe*, ZfA 1991, 379 (397 ff.); ebenso bereits *Ehmann*, in: *Mohler*, Wirklichkeit als Tabu, S. 61 (73); *derselbe*, in: *Giger/Linder*, Sozialismus, S. 581 (594 f.).

fremder Arbeitskraft bedienen muß, wird er in seiner Rolle als Arbeit-*Geber* auf dem Arbeitsmarkt zwangsläufig auch zu einem vom Arbeit-*Nehmer* (= Arbeitskraft-*Geber*) abhängigen Arbeitskraft-*Nehmer*[80]. Freilich ist zu konzedieren, daß für das Maß dieser Abhängigkeit die jeweilige Arbeitsmarktlage eine ganz entscheidende Rolle spielt; d. h. konkret, daß ein Arbeitskräfteüberschuß diese wesentlich verringert und disproportional zu einer gesteigerten wirtschaftlichen Unterlegenheit der Arbeitnehmer führt. Gänzlich aufzuheben vermag jedoch selbst ein quantitativ umfangreiches Angebot an Arbeitskräften die Abhängigkeitssituation des Unternehmers nicht, da Arbeitnehmer mit speziellen oder allgemein mit höheren Qualifikationen auch in Zeiten hoher Arbeitslosigkeit erfahrungsgemäß nur schwer zu finden sind[81].

Gerade letzteres bringt es zwangsläufig mit sich, daß der Arbeitgeber maßgeblich auf das in der Belegschaft seines Betriebes verkörperte *betriebsspezifische Humankapital* angewiesen ist[82]. Mehr noch: Sich die uneingeschränkte Leistungs- und Kooperationsbereitschaft der eigenen, mit den hochkomplizierten Produktionsprozessen und innerbetrieblichen Abläufen bestens vertrauten Mitarbeiter zu sichern, dürfte für den wirtschaftlichen Erfolg eines jeden Unternehmens sogar von geradezu existentieller Wichtigkeit sein. Eindeutiger Beleg hierfür ist, daß die unternehmerische Praxis, um ein Absinken des Leistungswillens, schlimmstenfalls eine sog. „innere Kündigung“[83] seitens der Arbeitnehmer zu verhindern, mittlerweile eine Vielzahl motivationssteigernder Maßnahmen ergreift: Hierarchisch gesteuerte Betriebsstrukturen tayloristischer Prägung[84] sind längst weitestgehend durch *kooperative* und *integrative Organisationsmuster* ersetzt[85]; ein von einzelnen Gratifikationen bis zu umfassenden Systemen betrieblicher Altersversorgung reichender Strauß *freiwilliger sozialer*

---

[80] So begrifflich äußerst anschaulich *Gast*, Vertragsrecht, S. 41 ff.; vgl. auch *derselbe*, Arbeitsvertrag und Direktion, S. 78.

[81] *Von Eckardstein/Fredecker/Greife/Janisch/Zingsheim*, Qualifikation, S. 47; ebenso *Buchner*, DB 1985, 914 (919); vgl. auch *Reuter*, RdA 1994, 152 (158); *Dorndorf*, FS für Gnade, S. 39 (46 f.).

[82] Hierzu jetzt auch *Reuter*, FS für Schaub, S. 605 (618 u. 626 f.); dieser Zusammenhang wird ebenso im gewerkschaftsnahen Schrifttum nicht mehr bestritten, siehe *Brandes-Buttler*, FS für Mertens, S. 94 (98 f.).

[83] Die Gefahr der unter dem Oberbegriff des sog. „shirking“ zusammgefaßten Bummelei, Täuschung, Arglist oder Drückebergerei seitens der Arbeitnehmer wiegt für den wirtschaftlichen Erfolg eines Unternehmens oftmals wesentlicher nachteiliger als eine tatsächliche Kündigung der Arbeitsverhältnisse; so zu Recht *Reuter*, ZfA 1993, 221 (236); zum Gesamtphänomen *Keuchel*, Arbeitsmarkt, S. 127 m. Fn. 21; *Scheuer*, Leistungsfähigkeit, S. 114; *Dichmann*, Kollektive Interessenvertretung, S. 226.

[84] Hierzu noch *O. Schmidt*, AcP 1963, 305 (336).

[85] Näher *Reuter*, Referat, in: Verhandlungen des 61. DJT, Bd. II/1, K 35 (K 41); *derselbe*, ZfA 1993, 221 (222); *Rieble*, Arbeitsmarkt und Wettbewerb, Rdnrn. 112 f.; *Gast*, BB 1991, 1053; *von Eckardstein/Fredecker/Greife/Janisch/Zingsheim*, Qualifikation, S. 26 u. 51.

*Leistungen* verfolgt zumindest auch das Ziel, die Arbeitnehmer langfristig an das Unternehmen zu binden[86]; ganz allgemein wird das Arbeitsentgelt, wie die unterschiedlichsten betrieblichen Effizienzlohnmodelle bezeugen, nicht mehr nur als synallagmatische Abgeltung geleisteter Dienste, sondern als ein bewußt einzusetzendes Instrument der *Mitarbeitermotivation* verstanden[87]. Dennoch von einer ausschließlich einseitigen wirtschaftlichen Abhängigkeitssituation des Arbeitnehmers zu sprechen, erscheint in Ansehung dieser betrieblichen und unternehmerischen Realitäten nahezu paradox. Es gilt vielmehr festzustellen, daß das Arbeitsverhältnis längst schon von einer durch einseitige strukturelle Unterlegenheit zu einer durch *gegenseitiges Angewiesensein* geprägten Wechselbeziehung zwischen Arbeitgeber und Arbeitnehmer geworden ist[88].

d) Schlußfolgerung: Die entscheidende Frage ist, was aus dieser Erkenntnis faktisch für die funktionelle Bedeutung der Tarifautonomie abgeleitet werden kann. Insoweit dürfte kaum zu bestreiten sein, daß es eine besondere Dialektik gewerkschaftlichen Tätigwerdens allgemein und damit auch des Tarifvertrages im speziellen darstellt, daß ihr Sinn für die Arbeitnehmer zwangsläufig um so mehr abnimmt, je selbständiger diese werden[89]. Wenn und soweit die Arbeitnehmer nicht mehr bloß einseitig vom Arbeitgeber abhängig sind, sondern sich vielmehr als diesem ebenbürtige Vertragspartner fühlen und tatsächlich auch gerieren können, verlieren sie an einer kollektiven Vertretung ihrer Belange durch überbetriebliche Koalitionen selbstredend das Interesse. Folglich führt kaum ein Weg daran vorbei festzustellen, daß das gewonnene Ergebnis einer zunehmend wechselseitigen wirtschaftlichen Abhängigkeit zwischen Arbeitnehmer auf der einen und Arbeitgeber auf der anderen Seite zwingend zur Folge hat, daß die Arbeitnehmer – um mit *Säcker*[90] zu sprechen – zu ihrem Wohlbefinden vielfach den „altmodisch anmutenden Stallgeruch der Gewerkschaften" nicht mehr benötigen. Diese Konsequenz wiegt für die faktische Bedeutung der Tarifautonomie im Ergebnis um so schwerer, als die gleichen Ursachen, die ih-

---

86 Vgl. *Reichold*, Sozialprivatrecht, S. 505 f.

87 *Reuter*, ZfA 1993, 221 (224); *derselbe*, RdA 1991, 193 (197); *Gast*, BB 1991, 1053 (1054); *Buttler*, in: *Winterstein*, Sozialpolitik in der Beschäftigungskrise, S. 9 (29 f.); *Büge*, Entlohnung, S. 10 f.; ausf. zu diff. Teilansätzen dieser sog. Effizienzlohntheorie *Scheuer*, Leistungsfähigkeit, S. 111 ff.; vgl. auch, jedoch i. Erg. krit. *Keuchel*, Arbeitsmarkt, S. 51.

88 Richtig *Zöllner*, AcP 1996, 1 (19 f.); *derselbe*, ZfA 1988, 265 (286 f.); *derselbe*, AcP 1976, 221 (237 f.); *Zöllner/Loritz*, Arbeitsrecht, S. 3; *Kreutz*, Grenzen, S. 171; *Preis*, Grundfragen, S. 286 f.; *Reuter*, ZfA 1995, 1 (32 ff.); *derselbe*, RdA 1994, 152 (161); *derselbe*, ZfA 1993, 221 (236 m. Fn. 82); *Gast*, Vertragsrecht, S. 43; krit. zur These strukturellen Ungleichgewichts der Arbeitsvertragsparteien neuerdings auch *Junker*, NZA 1997, 1305 (1308 f.); aus wirtschaftswissenschaftlichem Blickwinkel *Keuchel*, Arbeitsmarkt, S. 137 f.; *Monopolkommission*, BT-Drucks. 12/8323, S. 370; *Deregulierungskommission*, Marktöffnung und Wettbewerb, S. 43.

89 Zutreff. *Zacher*, FS für Böhm, S. 707 (710); *Rieble*, RdA 1996, 151 (157).

90 In: *Beuthien*, Arbeitnehmer oder Arbeitsteilhaber, S. 145 (146).

ren Funktionsverlust bedingen, im Hinblick auf die Reichweite betrieblicher Mitbestimmung hingegen – wie im folgenden gezeigt werden wird – einen disproportionalen Funktionszugewinn mit sich bringen.

### 2. *Ökonomische und betriebssoziologische Notwendigkeiten*

Die auf optimale Konkurrenzfähigkeit des Unternehmens bedachte Technologisierung und Effektuierung der betrieblichen Produktionsprozesse hat einerseits wie gesehen dazu geführt, daß von einer fachlichen Abhängigkeit des Arbeitnehmers von seinem Arbeitgeber keine Rede mehr sein kann, sich dessen einseitige wirtschaftliche Abhängigkeit zunehmend in ein wechselseitiges Angewiesensein gewandelt hat (Stichwort: betriebsspezifisches Humankapital); auf der anderen Seite aber bringen die fortschreitende Technisierung und Modernisierung sämtlicher Arbeitsabläufe gleichfalls eine ständig steigende Komplexität des innerbetrieblichen Organisationsgefüges mit sich. Die Folge ist, daß das Bedürfnis nach innerbetrieblicher Koordination stetig wächst. Dies wiederum hat zur Konsequenz, daß es statt einer persönlichen oder wirtschaftlichen mittlerweile vielmehr eine *institutionelle* bzw. *organisatorische Abhängigkeit* des Arbeitnehmers innerhalb der betrieblichen Produktionsgemeinschaft ist, welche als Wesensmerkmal des Arbeitsverhältnisses angesehen werden muß[91].

Da das Direktionsrecht des Arbeitgebers als Regelungsinstrument innerbetrieblicher Koordination durch den Ausbau der Betriebsverfassung inzwischen in weiten Bereichen durch die Notwendigkeit zur einvernehmlichen Einigung mit dem Betriebsrat beschränkt worden ist, geht mit dem steigenden innerbetrieblichen Organisationsbedarf notwendig ein Bedeutungszuwachs der Betriebsautonomie einher, wobei insbesondere festzustellen ist, daß der sachliche Bereich der modernen Betriebsverfassung längst über die klassischen Gegenstände betrieblicher Mitbestimmung hinausgewachsen ist. Denn konnte zur Zeit der Geltung des Betriebsverfassungsgesetzes aus dem Jahre 1952 noch mit Fug und Recht behauptet werden, daß die gegenständliche Reichweite der Betriebsautonomie sich faktisch – ihrer historischen Zwecksetzung entsprechend – allein auf die Ordnung des Betriebes, also das innerbetriebliche Verhalten der Arbeitnehmer beschränke, die Bestimmung der essentialia negotii des Arbeitsverhältnisses hingegen den Parteien des Einzelarbeitsvertrages und letztlich

[91] Entsprech. auch *Kreutz*, Grenzen, S. 172 ff.; *Richardi*, Betriebsverfassung und Privatautonomie, S. 12; *Hönn*, Vertragsparität, S. 209; *Jahnke*, Tarifautonomie und Mitbestimmung, S. 124; *Wank*, Arbeitnehmer und Selbständige, S. 47; *Reichold*, Sozialprivatrecht, S. 483; *Gast*, Vertragsrecht, S. 114; *Preis*, Grundfragen, S. 287; *Veit*, Zuständigkeit, S. 305; *Reuter*, ZfA 1975, 85 (86 f.); *Wiese*, FS für Kissel, S. 1269 (1273 f.); *Däubler*, Grundrecht auf Mitbestimmung, S. 5 f.; vgl. aus gewerkschaftsnaher Sicht *Buttler*, in: *Winterstein*, Sozialpolitik und Beschäftigungskrise, Bd. 2, S. 9 (29 ff.); *Brandes/Buttler*, FS für Mertens, S. 94 (99).

vornehmlich den Tarifpartnern überlassen werden könne und müsse[92], so ist eine dahingehende Aufgabenteilung für den modernen Betrieb unserer Tage nicht mehr zeitgemäß. Von einer eindeutigen Trennung zwischen der *bilateralen Leistungsbeziehung* der Arbeitsvertragsparteien und einer *multilateralen Betriebssphäre* kann in diesem keine Rede mehr sein[93]. Vielmehr sind auf Grund ökonomischer und soziologischer Notwendigkeiten moderner Betriebsführung auch die das arbeitsvertragliche Synallagma darstellenden Arbeitsbedingungen, d. h. die Höhe des Lohnes und die Dauer der Arbeitszeit, mittlerweile zu multilateralen Regelungsgegenständen geworden – mit der Folge, daß die Festlegung der Entgelthöhe (dazu a) und der Arbeitszeitdauer (dazu b) faktisch auf Betriebsebene durch Betriebsvereinbarungen (dazu c) vorgenommen werden muß[94].

a) Wie bereits angedeutet[95] wird dem Arbeitsentgelt neben seiner Allokations- und Markträumungsfunktion in der unternehmerischen Praxis überwiegend auch die Bedeutung beigemessen, Anreize zur Leistungsabgabe der Beschäftigten zu vermitteln (sog. *Effizienzlohntheorie*). Wichtigstes Kriterium für den Erfolg konkreter Effizienzlohnmodelle[96] dürfte indessen zweifellos sein, daß der einzelne Arbeitnehmer sich im Hinblick auf die Lohnsätze und Lohndifferentialen im Ergebnis gerecht behandelt fühlt. Dies heißt konkret nichts anderes, als daß er seinen Lohn im Vergleich zum Entgelt seiner Kollegen desselben Betriebes als angemessen empfinden muß. Mit anderen Worten ist es also das zwingende Gebot zur innerbetrieblichen *iustitia commutativa* bei der Lohngestaltung, welches im Ergebnis unweigerlich dazu führt, daß die Festlegung des Arbeitsentgelts auch im Hinblick auf dessen Höhe sinnvoll nur innerhalb des Betriebes stattfinden kann[97]. Denn die Herstellung *innerbetrieblicher Lohnge-*

---

[92] In diesem Sinne die sog. Lehre von den formellen Arbeitsbedingungen; siehe *Galperin/Siebert*, BetrVG, 4. Aufl., vor § 56 Rdnr. 18; vgl. auch BAG, AP Nr. 1 zu § 56 BetrVG 1952 Ordnung des Betriebs (sog. Produktographenentscheidung); *Dietz*, BetrVG, 4. Aufl., § 56 Rdnr. 24; *Richardi*, Kollektivgewalt, S. 256 u. 291 ff.; *derselbe*, Betriebsverfassung und Privatautonomie, S. 17 f.

[93] Sehr frühzeitig in diese Richtung bereits *O. Schmidt*, AcP 1963, 305 ff.; unzutreff. noch immer *Reichold*, Sozialprivatrecht, S. 514 ff. u. 547.

[94] Nachhaltig in diesem Sinne zu Recht *Reuter*, Referat, in: Verhandlungen des 61. DJT, Bd. II/1, K 35 (K 42); *derselbe*, ZfA 1995, 1 (32 ff.); *derselbe*, RdA 1994, 152 (156 f.); *derselbe*, ZfA 1993, 221 (222 f. u. 228 f.); *derselbe*, RdA 1991, 193 (196 ff.); vgl. auch bereits *derselbe*, ORDO 1985, 51 (70); *derselbe*, ZfA 1975, 85 (87); diesem ausdrückl. zustimm. *Ehmann*, Diskussionsbeitrag, in: Verhandlungen des 61. DJT, Bd. II/2, K 105 (K 109); vgl. auch *Säcker*, in: *Beuthien*, Arbeitnehmer oder Arbeitsteilhaber, S. 145; *Scholz*, in: *Beuthien*, Arbeitnehmer oder Arbeitsteilhaber, S. 163 (172); von wirtschaftswissenschaftlicher Warte *Keuchel*, Arbeitsmarkt, S. 136; *Ackermann*, in: *Gaugler/Weber*, Handwörterbuch des Personalwesens, S. 1294 (1296).

[95] Vgl. oben 1 c.

[96] Bsple. bei *von Eckardstein*, in: *Emmerich/Hardes/Sadowski/Spitznagel*, Aspekte des Lohnes, S. 69 ff.; *von Eckardstein/Fredecker/Greife/Janisch/Zingsheim*, Qualifikation, S. 11 ff.; *Büge*, Entlohnung, S. 14 ff.

[97] Ähnl. *Gast*, Vertragsrecht, S. 64 f.; vgl. auch *Zöllner*, AcP 1976, 221 (233 f.).

*rechtigkeit* – zumindest das entspricht allgemeiner Meinung[98] – ist gerade das erklärte Ziel betrieblicher Mitbestimmung in Entgeltfragen.

b) Ein dringendes Bedürfnis zur betrieblichen Festlegung besteht darüber hinaus genauso hinsichtlich der Dauer der Arbeitszeit[99]. Bei deren Gestaltung sind die beiden Hauptziele der Unternehmen, einerseits eine optimale Ausnutzung der produktionsspezifischen Maschinenlaufzeiten und dadurch eine Maximierung der Betriebsnutzungszeit zu erreichen, andererseits aber auch eine möglichst hohe Leistungsbereitschaft innerhalb der Belegschaft zu fördern. Voraussetzung hierfür ist die Ausarbeitung meist hochkomplexer Arbeitszeitmodelle[100], welche die betrieblichen Besonderheiten indessen nur dann hinreichend in Rechnung stellen können, wenn sie einheitlich für den gesamten Betrieb vor Ort entworfen und vereinbart werden[101].

c) Will die Rechtsordnung diese ökonomischen und soziologischen Notwendigkeiten zur innerbetrieblichen Lohn- und Arbeitszeitgestaltung nicht ignorieren, sondern diesen – was letztlich allein der juristischen lex artis entspricht[102] – mit dem von ihr zur Verfügung gestellten Regelungsinstrumentarium hinreichend gerecht werden, so gilt, daß auch im Hinblick auf die das Synallagma des Arbeitsverhältnisses bildenden Arbeitsbedingungen die Betriebsvereinbarung im Ergebnis zum vorrangigen Gestaltungsmittel erhoben werden muß[103]. Denn weder die individualvertragliche (dazu aa) noch die tarifliche Ebene (dazu bb) bieten zu dieser letztlich eine taugliche oder jedenfalls vorzugswürdige Alternative.

aa) Daß der *Einzelarbeitsvertrag* als solcher zu einer betriebseinheitlichen Gestaltung außerstande ist, folgt allein aus Praktikabilitätserwägungen. Wie der

---

[98] Siehe zur dahingehenden ratio des § 87 Abs. 1 Nr. 10 BetrVG BAG, AP Nr. 1 zu § 87 BetrVG 1972; AP Nrn. 3 u. 7 zu § 87 BetrVG 1972 Lohngestaltung; MünchArbR-*Matthes*, Bd. 3, § 333 Rdnr. 3; *derselbe*, NZA 1987, 289 (290); *Dietz/Richardi*, BetrVG, § 87 Rdnrn. 493 u. 496; *Richardi*, ZfA 1976, 1 (20 ff.); *von Hoyningen-Huene*, FS für Kissel, S. 387 (404).

[99] So auch *Schwarze*, Betriebsrat, S. 304 f.

[100] Vgl. nur den der Entscheidung BAG, SAE 1992, 151 ff. zu Grunde liegenden Sachverhalt.

[101] Bester Beweis für die zwingende Notwendigkeit einer vornehmlich betrieblichen Regelung der Arbeitszeitdauer ist ohne Zweifel der in der Metallindustrie im Jahre 1984 geschlossene Leber-Rüthers-Kompromiß (ausf. später § 6 II 2 b aa [1]); so *Ehmann*, NZA 1991, 1 (6); vgl. auch *Scholz*, in: *Beuthien*, Arbeitnehmer oder Arbeitsteilhaber, S. 163 (167).

[102] *Reuter*, RdA 1994, 152 (156 Fn. 60).

[103] An späterer Stelle wird ausf. zu zeigen sein, daß auch die Rspr. dem Erfordernis einer weitgehenden Verlagerung der Gestaltung von Entgelt- und Arbeitszeitfragen von der tariflichen auf die betriebliche Ebene faktisch längst Rechnung getragen hat – mit der Folge, daß der Anwendungsbereich des § 77 Abs. 3 BetrVG praktisch weitgehend zurückgegangen ist; siehe unten § 6 II 2 u. 3.

multilaterale Charakter derjenigen Arbeitsbedingungen, welche die betriebliche Ordnung betreffen, einst zur gesetzlichen Anerkennung des Direktionsrechts für den Arbeitgeber und in der Folgezeit zum Zwecke seiner Beschränkung zum Ausbau der Betriebsverfassung führte[104], ist es ebenso zwangsläufige Konsequenz der über die bloß bipolare Rechtsbeziehung zwischen Arbeitgeber und Arbeitnehmer hinausgewachsenen Bedeutung der Lohnhöhe und Arbeitszeitdauer, daß beide in aller Regel nicht mehr auf dem Wege individueller Übereinkünfte vereinbart werden können. Dem Einzelarbeitsvertrag kommt in der Praxis vielmehr nur noch die Funktion einer „Eintrittskarte in den Betrieb“[105] zu, während die nähere Ausgestaltung der Arbeitsverhältnisse kollektiven Regelungsformen überlassen werden muß.

Ein solches kollektives Gestaltungsmittel kennt mit der *arbeitsvertraglichen Einheitsregelung* freilich auch das Individualarbeitsrecht. Diese wird zum Teil in der arbeitsrechtlichen Literatur sogar als im Vergleich zur Betriebsvereinbarung vorzugswürdige Regelungsform erachtet[106]. Ein berechtigter Grund für diese Annahme ist indessen nicht ersichtlich. Vielmehr gilt es zu bedenken, daß der Inhalt entsprechender Formularabreden in der Praxis allein durch den Arbeitgeber bestimmt wird, dem einzelnen Arbeitnehmer in aller Regel jegliche Möglichkeit sachlicher Einflußnahme fehlt. Wenn aber andererseits mit der Betriebsvereinbarung eine Alternative zur Verfügung gestellt werden kann, welche dem Betriebsrat als Vertretungsorgan der Arbeitnehmerseite ausdrücklich die Chance zum Mitverhandeln und Mitentscheiden eröffnet, erscheint es wenig einsichtig, statt ihrer auf eine Regelungsform Rückgriff zu nehmen, deren Kennzeichen gerade einseitig oktroierte Inhalte sind. Die zwangsläufige Folge wäre überdies, daß letztlich die Arbeitsgerichte im Wege der richterlichen Inhaltskontrolle über die sachliche Angemessenheit der festgelegten Arbeitsbedingungen entscheiden müßten, an die Stelle der Mitbestimmung seitens der Betroffenen im Ergebnis also staatliche Fürsorge und Bevormundung träte[107]. Will man diese ebenso unerwünschte wie unnötige Konsequenz vermeiden, gilt es festzuhalten, daß die arbeitsvertragliche Einheitsregelung nicht mehr als eine bloße *Ersatzform* der Betriebsvereinbarung sein kann, der nur dann eine eigenständige Bedeutung zukommen sollte, sofern durch Abschluß von Betriebsvereinbarun-

---

[104] Siehe nochmals oben § 3 I 2.

[105] So anschaulich *Birk*, Leitungsmacht, S. 64; zustimm. *Gast*, Vertragsrecht, S. 61.

[106] Insbes. *Richardi*, Gutachten, in: Verhandlungen des 61. DJT, Bd. I, B 54 f.; *derselbe*, ZfA 1990, 211 (239 ff.); widersprüchlich MünchArbR-*derselbe*, Bd. 1, § 12 Rdnr. 42; vgl. auch *Säcker*, Gruppenautonomie, S. 78; zu Recht krit. *Reuter*, FS für Schaub, S. 605 (623 ff. u. 630 ff.).

[107] Zum Ganzen *Reuter*, Referat, in: Verhandlungen des 61. DJT, Bd. II/1, K 35 (K 42 f.); *derselbe*, ZfA 1995, 1 (34 f.); *derselbe*, RdA 1994, 152 (159); *derselbe*, RdA 1991, 193 (196); für mangelnde Richtigkeitsgewähr arbeitsvertraglicher Einheitsregelungen *Preis*, Grundfragen, S. 256; zu letzterem aber auch *Zöllner*, RdA 1989, 152 (156 f.).

gen dem Bedürfnis nach einer betriebseinheitlichen kollektiven Regelung nicht nachgekommen werden kann – d. h. letztlich ausschließlich in *betriebsratslosen Betrieben*[108].

bb) Genauso wie die individualrechtliche scheidet im Ergebnis aber auch die tarifliche Gestaltungsebene aus, um das Ziel einer aus ökonomischen sowie betriebssoziologischen Gründen gebotenen betriebseinheitlichen Gestaltung der Löhne und der Arbeitszeit zu erreichen. Nicht von ungefähr nehmen *Wiedemann/Stumpf*[109] ausdrücklich an, daß ganz allgemein für den Fall notwendig betriebseinheitlich zu treffender Regelungen – dem *Subsidiaritätsprinzip* entsprechend – ein *tariffester Bereich betriebsverfassungsrechtlicher Zuständigkeit* besteht. Folgt man dieser Auffassung und erkennt überdies an, daß auch die Lohnhöhe und die Arbeitszeitdauer im modernen Betrieb sinnvoll nur noch betriebseinheitlich festgelegt werden können, so kommt der Tarifvertrag hierfür allein schon wegen der insoweit bestehenden Vorrangkompetenz der Betriebspartner nicht in Betracht.

Weiterhin ist die Tarifautonomie letztlich nicht einmal in der Lage, dem Bedürfnis nach einer betriebseinheitlichen Gestaltung der Lohn- und Arbeitsbedingungen hinreichend Rechnung zu tragen: Verbandstarifverträge scheiden allein wegen ihrer Generalität denknotwendig aus. Der Firmentarifvertrag ermöglicht zwar tarifliche Bestimmungen, welche auf die konkreten betrieblichen Besonderheiten abstellen; die erstrebte Betriebs*einheitlichkeit* der zu regelnden Arbeitsbedingungen kann er gleichwohl nicht gewähren, da auch Haustarife gem. §§ 3 Abs. 1, 4 Abs. 1 TVG ausschließlich für die gewerkschaftsangehörigen Arbeitnehmer des Betriebes gelten. Die vereinzelt vorgeschlagene Lösung, zwecks Ermöglichung betriebseinheitlicher Tarifregelungen diese gleichermaßen auf Außenseiterarbeitnehmer zu beziehen[110], steht indessen in augenscheinlichem Widerspruch zum Erfordernis der mitgliedschaftlichen Legitimation der Tarifautonomie und bedeutet daher einen offenkundigen Verstoß gegen die negative Koalitionsfreiheit im Sinne des Art. 9 Abs. 3 GG[111]. Stellt man schließlich noch in Rechnung, daß wegen der auf Gewerkschaftsseite im Verhältnis zu einzelnen Unternehmen bestehenden Übermacht bei einem Firmenstreik von Kampfparität in aller Regel keine Rede sein dürfte, es dem Firmentarifvertrag folglich nicht selten an der gebotenen materiellen Richtigkeitsgewähr fehlen wird[112], kann die Schlußfolgerung letztlich nur lauten, daß dem unleugbaren

---

[108] Zutreff. *Reuter*, SAE 1987, 285 (286); *Nebel*, Normen, S. 213.

[109] TVG, § 1 Rdnr. 254.

[110] *Däubler*, Tarifvertragsrecht, Rdnr. 1250; *derselbe*, Grundrecht auf Mitbestimmung, S. 282 ff.; *P. Hanau*, Diskussionsbeitrag, RdA 1994, 169 (172 f.).

[111] *Schlüter*, FS für Lukes, S. 559 (561 f.); *Rieble*, RdA 1996, 140 (141 ff.); *Reuter*, ZfA 1995, 1 (23 u. 34); *Kempen*, Diskussionsbeitrag, RdA 1994, 169 (179); ausf. zu Inhalt und Reichweite des Grundrechts auf negative Koalitionsfreiheit unten § 5 II 3 a.

[112] Vgl. näher bereits § 2 IV 1 a.

praktischen Bedürfnis nach einer betriebseinheitlichen Gestaltung der Lohn- und Arbeitsbedingungen ausschließlich auf dem Wege der Betriebsvereinbarung nachgekommen werden kann.

## III. Zusammenfassung

Die wesentlichen Ergebnisse der voranstehenden Betrachtung der funktionellen Grundlagen des Tarifvorbehalts lassen sich wie folgt zusammenfassen: Entgegen der überwiegenden Auffassung in Rechtsprechung und Schrifttum, von der sich aber das BVerfG wie erwähnt zu verabschieden scheint, fällt den Tarifvertragsparteien *nicht* die Aufgabe zu, auf überbetrieblicher Ebene für eine sinnvolle *Ordnung des Arbeitslebens* zu sorgen. Der Tarifautonomie haftet auf Grund der ihr eigenen *gruppenegoistischen Natur* vielmehr sogar die Gefahr an, zu Lasten außenstehender Dritter sowie der Allgemeinheit zu *unangemessenen Einigungen* zu führen. Mit der Begründung, im Gegensatz zu den rein betriebsegoistischen Bestrebungen der Betriebspartner ermögliche allein die Tarifautonomie gesamtwirtschaftlich vernünftige Ergebnisse, kann der Tarifvorbehalt im Sinne des § 77 Abs. 3 BetrVG selbst sowie ein extensives Verständnis dieser Norm folglich im Ergebnis nicht gerechtfertigt werden.

Im Gegenteil bringen es die ökonomischen und betriebssoziologischen Rahmenbedingungen der modernen Produktion mit sich, daß nahezu alle Arbeitsbedingungen einschließlich der Lohnhöhe und Arbeitszeitdauer – also der ehemals unbestrittenen Domäne des Tarifvertrages – sinnvollerweise nur noch auf betrieblicher Ebene mittels Betriebsvereinbarungen festgelegt werden können. Einst lediglich zwecks Bändigung arbeitgeberseitiger Herrschaft als Mitgestalter der betrieblichen Ordnung entstanden, haben sich die Betriebsräte damit nunmehr zu Trägern eines sämtliche Arbeitsbedingungen umfassenden *partizipativen Betriebsmanagements* entwickelt, sind zu vielfach unentbehrlichen *Co-Managern* der Unternehmensleitung geworden[113]. In Anbetracht dieser Entwicklung erweist sich der durch den Tarifvorbehalt in bezug auf Arbeitsentgelte und sonstige Arbeitsbedingungen statuierte Primat tariflicher sowie tarifüblicher Regelungen indessen als dysfunktional. Daraus folgt: Solange der Gesetzgeber nicht der gewandelten Faktizität durch eine Neuordnung des Verhältnisses von Tarifvertrag und Betriebsvereinbarung Rechnung trägt, erscheint es aus funktioneller Hinsicht unumgänglich, den Tarifvorbehalt einer möglichst *restriktiven Auslegung* zuzuführen.

---

[113] *Senne*, BB 1996, 1609 (1610); *von Hoyningen-Huene* (FS für Kissel, S. 387 ff.) bezeichnet das Betriebsverfassungsgesetz daher anschaulich als bislang in einem solchen Sinne zu wenig genutztes „Management-Handbuch"; vgl. auch die ausf. empirische Studie von *Kotthoff*, Betriebsräte, S. 288 ff.

## § 5 Der verfassungsrechtliche Überbau des Tarifvorbehalts

Nachdem deutlich geworden ist, daß die Tarifautonomie sich weder in historischer noch in funktioneller Hinsicht als im Vergleich zur Betriebsautonomie vorrangig und daher besonders schutzwürdig erwiesen hat, bleibt im folgenden zu fragen, inwieweit der Verfassung zwingende Vorgaben zu entnehmen sind, durch die Inhalt und konkrete Gestalt des Tarifvorbehalts im Sinne des § 77 Abs. 3 BetrVG vorherbestimmt werden. Eine ausdrücklich ein bestimmtes Rangverhältnis zwischen tariflicher und betrieblicher Mitbestimmung anordnende Aussage, wie sie die Weimarer Reichsverfassung durch den in Art. 165 Abs. 1 Satz 2 statuierten Primat des Tarifvertrages enthielt[1], trifft das Bonner Grundgesetz nicht. Daher kann sich der verfassungsrechtliche Überbau des Tarifvorbehalts nur aus einer Gesamtbetrachtung der grundgesetzlichen Werteordnung ergeben.

Diese wird im einzelnen zeigen, daß die Verfassung die Privatautonomie der Individuen als *ranghöchstes Gut* an ihre Spitze stellt (dazu I), welcher – geradezu in spiegelbildlicher Projektion der historisch-funktionellen Entwicklung vom Individualvertrag zum betrieblichen sowie überbetrieblichen Kollektivvertrag – Betriebs- und Tarifautonomie als gleichermaßen verfassungsrechtlich gewährleistete Güter zu dienen bestimmt sind. Während letzterer als Ausfluß der *individuellen Koalitionsfreiheit* des Art. 9 Abs. 3 GG Verfassungsrang zukommt (dazu II), verwirklicht sich durch die Betriebsverfassung, wie bereits *Friedrich Bitzer* vorausschauend erkannt hatte[2], innerhalb des Betriebsverbandes die *Selbstbestimmung* des einzelnen Arbeitnehmers, so daß die betriebliche Mitbestimmung als durch Art. 9 Abs. 1, Art. 2 Abs. 1 i.V.m. Art. 12 Abs. 1 GG grundrechtlich geschützt anzusehen ist (dazu III). Für das Verständnis des § 77 Abs. 3 BetrVG von ganz entscheidender Bedeutung wird auf Grund des Verfassungsstatus sowohl der Tarif- als auch der Betriebsautonomie letztlich die abschließend zu beantwortende Frage sein, ob und inwieweit bereits das Grundgesetz selbst – zumindest konkludent – zwischen diesen eine bestimmte *Rangordnung* vorschreibt (dazu IV), da einer solchen auf einfachgesetzlicher Ebene im Rahmen der Auslegung des Tarifvorbehalts zwingend Rechnung getragen werden müßte.

---

[1] Dazu oben § 3 III 2 b bb (2).

[2] Siehe bereits § 3 I 2 c.

## I. Die Privatautonomie als Strukturelement einer freiheitlichen Wirtschaftsordnung

1. Die Väter des Grundgesetzes haben bewußt die Proklamation der Unantastbarkeit der Würde des Menschen (Art. 1 Abs. 1) und der Freiheit seiner Persönlichkeit (Art. 2 Abs. 1) an den Anfang des Grundrechtskatalogs gestellt. Dem Bonner Grundgesetz liegt demnach – mit den Worten des BVerfG[3] – die Vorstellung des Menschen als ein geistig-sittliches Wesen zu Grunde, das darauf angelegt ist, in Freiheit sich selbst zu bestimmen und zu entfalten. Gerade wegen ihrer exponierten Stellung sind die freie menschliche Persönlichkeit und ihre Würde überdies als die höchsten Rechtswerte innerhalb der verfassungsmäßigen Ordnung zu erachten, so daß der einzelne letztlich unbezweifelbar den *Ausgangs- und Mittelpunkt* der gesamten Rechtsordnung darstellt[4].

Freilich gilt diese durch das Grundgesetz verbürgte gesamtverfassungsrechtliche Freiheitsentscheidung nicht schrankenlos[5]. Sie geht vielmehr von einem Menschenbild aus, welches das Individuum als ein *gemeinschaftsbezogenes* und *gemeinschaftsgebundenes*, nicht aber als das isolierte und selbstherrliche Wesen des frühen Liberalismus versteht[6]. Maßgeblich zum Ausdruck gelangt seine Einordnung in die menschliche Gemeinschaft durch die verfassungsrechtliche Verankerung des *Sozialstaatsprinzips* in Art. 20 Abs. 1 und Art. 28 Abs. 1 GG. Denn als ein wesentlicher Bestandteil der verfassungsmäßigen Ordnung im Sinne der Schrankentrias des Art. 2 Abs. 1 GG soll dieser Verfassungsgrundsatz insbesondere verhindern, daß die Freiheit des einen zur Unterdrückung der Freiheit des anderen führt[7].

2. Besagte Korrespondenz von Freiheit und Bindung gilt nicht nur für die Staats- und Gesellschaftsordnung, sondern in gleichem Maße wird durch diese Synthese ebenso die mit der politischen Verfassung zwangsläufig in einem engen Zusammenhang stehende Wirtschaftsverfassung bestimmt. Zwar hat sich das Grundgesetz nachweislich dem Gedanken wirtschaftspolitischer Neutralität

---

[3] BVerfGE 45, 187 (227); vgl. auch *Scholz*, Koalitionsfreiheit, S. 71.

[4] BVerfGE 7, 198 (205); 12, 45 (53); 21, 362 (369); 27, 1 (6); 30, 1 (39); 32, 98 (108); 45, 187 (227); 65, 1 (41); *Enneccerus/Nipperdey*, Allgemeiner Teil, S. 75 u. 78; *Scholz*, Koalitionsfreiheit, S. 69; *Wertenbruch*, Grundgesetz und Menschenwürde, S. 208 f.; *Ehmann*, Neue Ordnung 1996 (Sondernummer), S. 60 f.; *Ehmann/Lambrich*, NZA 1996, 346 (352); *Ehmann/Schmidt*, NZA 1995, 193 (198).

[5] *Stern*, Staatsrecht, Bd. I, S. 925.

[6] BVerfGE 33, 303 (334); 45, 187 (227); *Hamel*, Grundrechte, S. 32 f.; *Häberle*, Wesensgehaltsgarantie, S. 46; *Scholz*, Koalitionsfreiheit, S. 70; *Richardi*, Kollektivgewalt, S. 78; *derselbe*, AöR 1968, 243 (266); *Rüthers*, in: *Rüthers/Boldt*, Zwei arbeitsrechtliche Vorträge, S. 7; *Belling*, Günstigkeitsprinzip, S. 72.

[7] *Enneccerus/Nipperdey*, Allgemeiner Teil, S. 81 ff.

verschrieben[8], doch enthält es unbezweifelbar Grundstrukturen, welche es erlauben, im Ergebnis gleichwohl von einer *präformierten Wirtschafts- und Arbeitsverfassung* zu sprechen[9]. Dem soeben skizzierten Zusammenspiel zwischen einem freiheitlichen sowie zugleich sozialen Rechtsstaat entspricht notwendig und allein ein – wenn auch in Einzelheiten offenes – Modell einer *verantworteten Marktwirtschaft*[10]. Denn nur eine solche ermöglicht es dem einzelnen, einerseits freie und eigenständige wirtschaftliche Entscheidungen zu treffen und in die Tat umzusetzen, schützt ihn andererseits aber auch vor den negativen Folgen des Mißbrauchs der seinem Nächsten gleichermaßen zustehenden Freiheitssphäre.

Juristisch gesprochen bedingt diese der Verfassung zumindest konkludent zu entnehmende wirtschaftsverfassungsrechtliche Grundentscheidung für eine verantwortete Marktwirtschaft im Ergebnis einen *Primat der Privatautonomie* und der *Vertragsfreiheit*[11], welche es allerdings – der sozialstaatlichen Bindung entsprechend – durch die Privatrechtsordnung in die Bahnen von Recht und Billigkeit (§§ 138, 242 BGB) zu lenken gilt. Mit anderen Worten ist die Vertragsfreiheit des einzelnen als ein wesentliches Grundelement unserer freiheitlich-sozialen Wirtschaftsordnung zu erachten[12], dem nach nahezu einhelliger Ansicht als Ausfluß der in Art. 2 Abs. 1 GG statuierten Verbürgung der allgemeinen Handlungsfreiheit auch selbst Verfassungsrang zukommt[13].

---

[8] Hierzu BVerfGE 4, 7 (17 f.); 7, 377 (400); 14, 263 (275); 50, 290 (336 f.); *Ehmke*, Wirtschaft und Verfassung, S. 68 ff.; *Badura*, Wirtschaftsverfassung, S. 17 ff.; *Richardi*, Kollektivgewalt, S. 104 f.; *Däubler*, Grundrecht auf Mitbestimmung, S. 163 ff.; *Schwerdtfeger*, Mitbestimmung, S. 259; *Rieble*, Arbeitsmarkt und Wettbewerb, Rdnrn. 154 ff.

[9] So *Scholz*, in: *Isensee/Kirchhof*, Handbuch, Bd. 6, § 151 Rdnrn. 22 ff.; vgl. jetzt auch *Sodan* (JZ 1998, 421 [425]) unter Hinweis auf die fortschreitende europäische Integration.

[10] So *Fezer*, JZ 1990, 657 ff. (insbes. 661); *Reichold*, Sozialprivatrecht, S. 430 f.; für eine institutionelle Festschreibung konkret der sozialen Marktwirtschaft *H. C. Nipperdey*, Soziale Marktwirtschaft, S. 22 ff.; *Enneccerus/Nipperdey*, Allgemeiner Teil, S. 87 f.

[11] Entsprech. *Scholz*, in: *Isensee/Kirchhof*, Handbuch, Bd. 6, § 151 Rdnr. 27; *Rieble*, Arbeitsmarkt und Wettbewerb, Rdnr. 841: „Primat des Vertrages".

[12] BVerfGE 82, 242 (254); *Richardi*, Gutachten, in: Verhandlungen des 61. DJT, Bd. I, B 25; *Reichold*, Sozialprivatrecht, S. 432; umfass. zum Ganzen *Höfling*, Vertragsfreiheit, S. 55 ff.

[13] BVerfGE 8, 274 (328); 60, 329 (339); 65, 196 (210); 73, 261 (270); BVerwGE 1, 321 (323); 3, 237 (242); 3, 303 (304); BAGE 1, 268 (270); *Dürig*, in: *Maunz/Dürig/Herzog/Scholz*, GG, Art. 2 Abs. 1 Rdnr. 53; *Nikisch*, Arbeitsrecht, Bd. 2, S. 208; *Schnorr von Carolsfeld*, Arbeitsrecht, S. 179; *Laufke*, FS für Lehmann, S. 145 (162 f.); *Raiser*, JZ 1958, 1 (5); *Zöllner*, AcP 1996, 1 (25); *Bleckmann*, Grundrechte, § 22 Rdnr. 32; *Rüthers*, in: *Rüthers/Boldt*, Zwei arbeitsrechtliche Vorträge, S. 7 (19); *Söllner*, NZA 1996, 897 (901); *Säcker*, Grundprobleme, S. 25; *Jahnke*, Tarifautonomie und Mitbestimmung, S. 34; *Belling*, Günstigkeitsprinzip, S. 70 f.

3. Hinsichtlich der Arbeitsverfassung als Teilbereich der gesamtwirtschaftlichen Ordnung bedeutet der Primat der Privatautonomie konkret, daß den am Arbeitsleben Beteiligten grundsätzlich das Recht zustehen muß, selbst und eigenverantwortlich zu entscheiden, mit welchem *Vertragspartner* sie ein Arbeitsverhältnis eingehen möchten, welchen *Inhalt* dieses haben soll und zu welchem Zeitpunkt die Rechtsbeziehung ihr *Ende* findet[14]. Dahingehende Befugnisse eröffnet die Verfassung den Arbeitsrechtssubjekten durch die grundrechtliche Gewährleistung der Vertragsfreiheit des Art. 2 Abs. 1 GG in Verbindung mit der Berufsfreiheit gem. Art. 12 Abs. 1 GG[15]. Es kann demnach festgehalten werden: Genauso wie der freie Arbeitsvertrag (§ 105 GewO 1869) historisch am Anfang der Entwicklung des Arbeitsrechts stand, so stellt ihn die Arbeitsrechtsordnung von Verfassungs wegen an ihre Spitze.

---

A. A. *Kreutz* (Grenzen, S. 116 ff.) mit der Begr., der Vertragsfreiheit komme wegen der Notwendigkeit ihrer Ausgestaltung durch die Privatrechtsordnung kein eigener verfassungsrechtlicher Gehalt zu. Die Annahme ihrer verfassungsrechtlichen Gewährleistung verkenne daher das Verhältnis von Grundrecht und unterverfassungsrangigem Privatrecht. In Widerspruch dazu gibt jedoch auch *Kreutz* an späterer Stelle (ebd., S. 121) zu, daß nicht nur die Privatautonomie, sondern letztlich jedes Grundrecht der „Ausgestaltung und Ausformung, der Konkretisierung und Ausführung durch unterverfassungsrangige Rechtsnormen" bedürfe. Überdies verkennt seine Auffassung, daß die Privatautonomie ihre gesellschaftsprägende Bedeutung nur dann hinreichend zu entfalten vermag, wenn sie auch verfassungsmäßig anerkannt und gewährleistet ist (so richtig *Richardi*, Betriebsverfassung und Privatautonomie, S. 9).

[14] Siehe *Richardi*, Betriebsverfassung und Privatautonomie, S. 7.

[15] Umstritten ist lediglich die konkrete verfassungsrechtliche Verortung der arbeitsrechtlichen Vertragsfreiheit: wie hier BVerfGE 65, 196 (210); *Löwisch*, ZfA 1996, 293 (295); *Waltermann*, Rechtsetzung, S. 127; *Belling*, Günstigkeitsprinzip, S. 74 ff.; *Belling/Hartmann*, NZA 1998, 57 (59); statt dessen für eine Verankerung allein in Art. 2 Abs. 1 GG *Nipperdey*, Soziale Marktwirtschaft, S. 43 Fn. 60; wegen Spezialität der Berufsfreiheit im Verhältnis zum „Muttergrundrecht" des Art. 2 Abs. 1 GG hingegen ausschließlich auf Art. 12 Abs. 1 GG abstellend BAG, EzA § 611 BGB Aufhebungsvertrag Nr. 13; *Dürig*, in: *Maunz/Dürig/Herzog/Scholz*, GG, Art. 2 Abs. 1 Rdnr. 53; *Richardi*, Kollektivgewalt, S. 368; *Papier*, RdA 1989, 137 (138); *Junker*, NZA 1997, 1305 (1306); *Höfling*, Vertragsfreiheit, S. 17.

Vorzugswürdig erscheint der kumulative Rückgriff auf beide Verfassungsnormen i. Erg. deswegen, da nur auf diesem Wege der Arbeitsvertragsfreiheit in ihrer vollen Reichweite der Schutz der Verfassung zukommt: Denn Art. 12 Abs. 1 GG gewährleistet lediglich die Abschlußfreiheit und die freie Vertragspartnerwahl, während der letztlich ebenso wichtige Aspekt der inhaltlichen Gestaltungsfreiheit des Arbeitsvertrages nur durch Art. 2 Abs. 1 GG geschützt wird (vgl. *Stern*, Staatsrecht, Bd. III/2, S. 1401; *Belling*, Günstigkeitsprinzip, S. 74). Hinzu kommt, daß allein durch das Deutschengrundrecht des Art. 12 Abs. 1 GG die zahlreichen Arbeitsverhältnisse ausländischer Beschäftigter nicht erfaßt werden könnten. Dafür aber bestünde letztlich kein sachlicher Grund (i. Erg. entsprech. hinsichtl. der verfassungsrechtlichen Verankerung des Günstigkeitsprinzips *Th. Schmidt*, Günstigkeitsprinzip, S. 67 Fn. 58).

## II. Umfang und Grenzen der verfassungsrechtlichen Gewährleistung der Tarifautonomie

### *1. Tarifautonomie als koalitionsspezifische Betätigung im Sinne des Art. 9 Abs. 3 GG*

a) Neben der durch Art. 2 Abs. 1 i.V.m. Art. 12 Abs. 1 GG geschützten Befugnis zur eigenverantwortlichen Gestaltung gewährt die Verfassung den Arbeitsrechtssubjekten in Art. 9 Abs. 3 GG gleichermaßen das Recht, sich zwecks Wahrung und Förderung der Arbeits- und Wirtschaftsbedingungen mit anderen zu Vereinigungen zusammenzuschließen. Durch diese Verfassungsnorm knüpft das Bonner Grundgesetz nahtlos an die bereits in Art. 159 WRV 1919 begründete Rechtstradition an[16]. Ein ganz entscheidender Unterschied beider Verfassungen liegt jedoch darin, daß dem Grundgesetz eine dem Art. 165 Abs. 1 WRV 1919 entsprechende verfassungsrechtliche Anerkennung der Koalitionen selbst sowie des Tarifvertrages als vornehmliches Gestaltungsmittel des Arbeitslebens zumindest ausdrücklich nicht entnommen werden kann. Ungeachtet der Tatsache, daß der Wortlaut des Art. 9 Abs. 3 GG die Koalitionsfreiheit vielmehr ausschließlich als ein *individuelles Freiheitsrecht* verbürgt, gehen Rechtsprechung und Literatur dennoch in nahezu[17] einhelliger Ansicht davon aus, besagte Verfassungsnorm statuiere gleichfalls eine *Bestandsgarantie* für die Koalitionen selbst[18], schütze weiterhin deren Recht auf *koalitionsspezifische Betätigung*[19] und verleihe demnach – insbesondere im Hinblick auf die Löhne

---

[16] Hierzu ausf. § 3 II 2 c.

[17] A. A. *Fabricius* (Anm. zu BAG, AP Nr. 28 zu § 59 BetrVG 1952), der die Koalitionen und die diesen zustehende tarifliche Regelungskompetenz als durch Art. 19 Abs. 3 GG i.V.m. Art. 2 Abs. 1 GG hinreichend geschützt ansieht; entsprech. *derselbe*, FS für Fechner, S. 171 (202); vgl. auch *Reuter*, ZfA 1995, 1 (19 f.).

[18] In der Rspr. erstmals BVerfGE 28, 295 (304); seither st. Rspr.: vgl. aus neuester Zeit BVerfGE 93, 352 (357); BVerfG, DB 1996, 2082 = BB 1996, 1835; *Hueck/Nipperdey*, Arbeitsrecht, Bd. 2, 6. Aufl., S. 173; *Zöllner*, AöR 1973, 71 (82); *Badura*, Staatsrecht, Rdnr. C 94; *Isensee*, in: *Freudenberg*, Die Zukunft der sozialen Partnerschaft, S. 159 (163); *Biedenkopf*, Grenzen, S. 90, 94 u. 102; *derselbe*, in: Verhandlungen des 46. DJT, Bd. I, S. 97 (112); *Scholz/Konzen*, Aussperrung, S. 124; *Däubler/Hege*, Koalitionsfreiheit, Rdnr. 60; *von Münch*, in: *Dolzer/Vogel*, Bonner Kommentar, Art. 9 Rdnr. 142; *Löwer*, in: *von Münch/Kunig*, GG, Art. 9 Rdnr. 71; *Belling*, Günstigkeitsprinzip, S. 67; *Richardi*, FS für G. Müller, S. 413 (416); *Wank*, NJW 1996, 2273 (2274); *Kempen*, AuR 1986, 129 (135); *Kissel*, NZA 1995, 1; *Pfarr/Kittner*, RdA 1974, 284 (290).

[19] I. Erg. ganz h. M.: BVerfGE 4, 96 (101, 106); 17, 319 (333); 18, 18 (26); 19, 303 (312); 28, 295 (304); 50, 290 (367); 57, 220 (245); 84, 212 (224); 88, 103 (114); 92, 365 (393); 93, 352 (357); BVerfG, DB 1996, 2082 = BB 1996, 1835; *Isensee*, in: *Freudenberg*, Die Zukunft der sozialen Partnerschaft, S. 159 (163); *Scholz*, in: *Maunz/Dürig/Herzog/Scholz*, GG, Art. 9 Rdnr. 239; *Löwer*, in: *von Münch/Kunig*, GG, Art. 9 Rdnr. 56; *Däubler/Hege*, Koalitionsfreiheit, Rdnr. 61; *Belling*, Günstigkeitsprinzip, S. 67; *Richardi*, FS für G. Müller, S. 413 (416); *Walker*, ZfA 1996, 353 (355).

und sonstige materielle Arbeitsbedingungen[20] – letztlich auch der *Tarifautonomie* Verfassungsrang[21].

Begründet wird diese extensive Interpretation des Art. 9 Abs. 3 GG zumeist anhand der Erwägung, daß zwecks Bestimmung der Reichweite der Koalitionsfreiheit stets deren geschichtliche Entwicklung maßgebliche Berücksichtigung finden müsse[22]. Betrachtet man die Entstehungsgeschichte des Art. 9 Abs. 3 GG im Parlamentarischen Rat, so müßte die Schlußfolgerung jedoch vielmehr lauten, daß dessen historische Auslegung im Ergebnis zunächst eher gegen als für eine verfassungsrechtliche Gewährleistung der Koalitionen als solche sowie der Tarifautonomie streitet. Denn einer Stellungnahme des Abgeordneten *Heuss*[23] zufolge hat der Parlamentarische Rat von einer Rezeption der Weimarer Tarifvertragstradition in das Grundgesetz ganz bewußt abgesehen, um den einfachen Gesetzgeber hinsichtlich der zum Wiederaufbau der Wirtschaft Nachkriegs-

---

[20] BVerfGE 4, 96 (106 f.); 18, 18 (26, 28); 38, 281 (306); 44, 322 (340 f.); 50, 290 (367); BAG, NJW 1994, 538 (540); *Zöllner*, AöR 1973, 71 (85); *Isensee*, in: *Freudenberg*, Die Zukunft der sozialen Partnerschaft, S. 159 (170); *Jahnke*, Tarifautonomie und Mitbestimmung, S. 29 f.; *Scholz*, in *Maunz/Dürig/Herzog/Scholz*, GG, Art. 9 Rdnr. 262; *Löwer*, in: *von Münch/Kunig*, GG, Art. 9 Rdnr. 60; *Schmidt-Bleibtreu/Klein*, GG, Art. 9 Rdnr. 12; *Walker*, ZfA 1996, 353 (355 f.).

[21] BVerfGE 4, 96 (106); 18, 18 (28 f.); 44, 322 (347 f.); *Hueck/Nipperdey*, Arbeitsrecht, Bd. 2, 6. Aufl., S. 173; *Nikisch*, Arbeitsrecht, Bd. 2, S. 208; *Biedenkopf*, Grenzen, S. 102 u. 105; *Säcker*, Grundprobleme, S. 72; *derselbe*, Gruppenautonomie, S. 251; *Säcker/Oetker*, Grundlagen, S. 33; *Richardi*, Kollektivgewalt, S. 89; *Waltermann*, Rechtsetzung, S. 260; zurückhaltender *Scholz*, Koalitionsfreiheit, S. 60 u. 149 sowie *Scholz/Konzen*, Aussperrung, S. 127; entsprech. aber jetzt *Scholz*, in: *Isensee/Kirchhof*, Handbuch, Bd. 6, § 151 Rdnrn. 14 u. 101; *derselbe*, in: *Maunz/Dürig/Herzog/Scholz*, GG, Art. 9 Rdnr. 299; *derselbe*, FS für Trinkner, S. 377 (383 f.); *Badura*, Staatsrecht, Rdnr. C 93; *D. Neumann*, ARBl. Grenzen der Tarifautonomie, Rdnr. 2; *von Münch*, in: *Dolzer/Vogel*, Bonner Kommentar, Art. 9 Rdnr. 150; *Löwer*, in: *von Münch/Kunig*, GG, Art. 9 Rdnr. 71; *Schmidt-Bleibtreu/Klein*, GG, Art. 9 Rdnr. 14; *Ehmann*, in: *Giger/Linder*, Sozialismus, S. 581 (610); *derselbe*, NZA 1991, 1 (2); *derselbe*, Neue Ordnung 1996 (Sondernummer), S. 57; *Ehmann/Lambrich*, NZA 1996, 346 (349); *Konzen*, AcP 1977, 473 (496); *derselbe*, NZA 1995, 913 (915); *Wank*, NJW 1996, 2273 (2274); *Heinze*, DB 1996, 729 (732); *Junker*, ZfA 1996, 383 (386); *Kissel*, NZA 1995, 1.

[22] BVerfGE 4, 96 (101, 106 f.); 38, 386 (394); 44, 322 (347 f.); 50, 290 (367); *Scholz*, in: *Isensee/Kirchhof*, Handbuch, Bd. 6, § 151 Rdnr. 16; *Schmidt-Bleibtreu/Klein*, GG, Art. 9 Rdnr. 12.

[23] Siehe JöR 1951, 1 (120 f.); ausdrückl. auch *Carlo Schmid* (zit. nach *Scholz*, Koalitionsfreiheit, S. 36 Fn. 17): „Wir haben ... über Artikel 9 des Grundgesetzes lange debattiert: Was man alles in das Grundgesetz an einzelnen Koalitionsrechten schreiben solle, was das Wort Koalitionsfreiheit alles zu umschreiben habe, was das Streikrecht bedeute, wofür man streiken dürfe und wofür nicht. Auch die Gewerkschaften haben sich bemüht, uns zu veranlassen, Detailbestimmungen solcher Art in das Grundgesetz aufzunehmen. Diesen Versuchen habe ich mich von Anfang an auf das heftigste widersetzt, weil ich der Meinung bin: alles, was der Staat in diesem Bereich tun kann, ist, eine Ordnung zu schaffen, die es ermöglicht, daß die sozialen Realitäten nach dem Gesetz ihrer Sinneskraft und ihres spezifischen Gewichts ihren jeweils richtigen Ort suchen und finden können..."

deutschlands für notwendig erachteten legislativen Schritte nicht unnötig zu präjudizieren. Und auch in rückblickenden Darstellungen wird zumeist angenommen, daß die Väter des Grundgesetzes auf eine verfassungsrechtliche Verankerung der Tarifautonomie seinerzeit ausdrücklich verzichteten, weil man sich über ihre sowie insbesondere über den Umfang und die Grenzen des Arbeitskampfrechts nicht einigen konnte[24]. Vereinzelt findet sich schließlich die Einschätzung, der Parlamentarische Rat habe durch die mangelnde Aufnahme der tariflichen Regelungsbefugnis im Verfassungstext des Grundgesetzes sogar explizit Konsequenzen aus dem historischen Scheitern der Tarifautonomie während der Weimarer Epoche ziehen wollen[25]. Fest stehen dürfte nach alledem, daß Art. 9 Abs. 3 GG jedenfalls nicht – wie es die herrschende Rechtsprechung und Literatur tut – ohne weiteres die Absicht unterstellt werden kann, neben der individuellen Koalitionsfreiheit auch die Verbände selbst sowie deren tarifliche Regelungsbefugnis mit Verfassungsrang auszustatten.

b) Begründen lassen sich die verfassungsrechtliche Bestandsgarantie für die Koalitionen sowie der Verfassungsrang der Tarifautonomie im Ergebnis ausschließlich auf dem Wege einer *funktionellen Betrachtung* der Koalitionsfreiheit gem. Art. 9 Abs. 3 GG. Diese verkörpert in besonderer Weise die, wie eingangs geschildert[26], ganz allgemein der verfassungsrechtlichen Ordnung zu Grunde liegende Synthese zwischen individueller Freiheit des einzelnen auf der einen sowie sozialer Bindung und kollektivem Schutz auf der anderen Seite[27]. Zwar kennt das Grundgesetz über Art. 9 Abs. 3 GG hinaus mehrere Freiheitsrechte, die – wie z. B. die Religionsfreiheit (Art. 4 GG), die Meinungsfreiheit (Art. 5 GG) oder insbesondere die Versammlungsfreiheit (Art. 8 GG) – in aller Regel innerhalb eines Kollektivs ausgeübt werden. Im Gegensatz zu diesen sind jedoch sowohl die Vereinigungsfreiheit des Art. 9 Abs. 1 GG als auch ihre Sonderform der Koalitionsfreiheit gem. Art. 9 Abs. 3 GG letztlich sogar ausschließlich auf das Ziel des Zusammenschlusses der Individuen in einem Kollektiv ausgerichtet. Beide lassen sich folglich treffend als *gemeinschaftsbegrün-*

---

[24] *Fuchs*, in: *Benda/Maihofer/Vogel*, Handbuch, S. 742; *Isensee*, in: *Freudenberg*, Die Zukunft der sozialen Partnerschaft, S. 159 (162); *Ehmann*, NZA 1991, 1 (2); *Ehmann/Lambrich*, NZA 1996, 346 (349); *Ehmann/Schmidt*, NZA 1995, 193 (196); *Konzen*, AcP 1977, 473 (493); *Seiter*, AöR 1984, 88 (99 Fn. 24); vgl. auch *Scholz*, Koalitionsfreiheit, S. 37.

[25] Insbes. *Junker*, ZfA 1996, 383 (387); zurückhaltender *Scholz*, in: *Isensee/Kirchhof*, Handbuch, Bd. 6, § 151 Rdnrn. 4 ff.

[26] Siehe I 1.

[27] Ebenso *Belling*, Günstigkeitsprinzip, S. 65; vgl. auch *Scholz*, Koalitionsfreiheit, S. 35: „liberales Freiheitsrecht mit sozialer Zwecksetzung"; *derselbe*, in: *Isensee/Kirchhof*, Handbuch, Bd. 6, § 151 Rdnr. 10: „soziales Schutzrecht".

*dende Individualrechte*[28] oder gleichbedeutend als Individualrechte *auf* Gemeinschaft umschreiben.

Es kann kein Zweifel bestehen, daß die durch Art. 9 Abs. 3 GG gewährte individuelle Freiheit, sich mit anderen zu Koalitionen zusammenzuschließen, für den einzelnen im Ergebnis ohne Nutzen bliebe, wäre es dem Staat oder Privaten erlaubt, die Zusammenschlüsse in ihrem Bestand zu gefährden oder ihnen die zur Wahrung und Förderung der Arbeits- und Wirtschaftsbedingungen für notwendig erachteten Betätigungen zu untersagen[29]. Folglich müssen durch Art. 9 Abs. 3 GG, soll die individuelle Koalitionsbildungsfreiheit nicht bloßes Blankett bleiben, auch die Koalitionen in ihrem Bestand sowie ihre koalitionsspezifischen Betätigungen geschützt werden. Eine zur Erreichung des in Art. 9 Abs. 3 GG umschriebenen Koalitionszwecks wichtige Betätigungsform der Verbände ist zweifelsohne die Tarifautonomie[30], so daß im Ergebnis festgestellt werden kann: Nur wenn den Koalitionen bereits von Verfassungs wegen die Befugnis gewährleistet ist, zu Gunsten der einzelnen Arbeitnehmer normativ wirkende Gesamtvereinbarungen abzuschließen, vermag die Koalitionsbildungsfreiheit des Art. 9 Abs. 3 GG ihren durch den Verfassungsgeber intendierten Sinn hinreichend zu erfüllen. Als ein[31] möglicher Weg zur kollektiven Interessenvertretung der Arbeitnehmer muß demnach der Tarifautonomie in Art. 9 Abs. 3 GG Verfassungsrang zukommen.

### *2. Kein Bestandsschutz der Tarifautonomie und der Koalitionen „um ihrer selbst willen"*

Mit der Feststellung allein, daß die Verfassung als Ausfluß der individuellen Koalitionsfreiheit sowohl eine Bestandsgarantie seitens der Verbände statuiert, als auch deren tarifliche Regelungsbefugnis gewährleistet, sind freilich mehr Fragen aufgeworfen, als bereits beantwortet; denn gerade die kollektive Dimension des gemeinschaftsbegründenden Individualrechts im Sinne des Art. 9 Abs. 3 GG muß die in aller Regel mit ausschließlich individuellen Freiheits-

---

[28] *Richardi*, AöR 1968, 243 (265); *Scholz*, in: *Maunz/Dürig/Herzog/Scholz*, GG, Art. 9 Rdnr. 239.

[29] *Säcker*, Grundprobleme, S. 37; diesem zustimm. *Zöllner*, AöR 1973, 71 (78 u. 85); *Konzen*, AcP 1977, 471 (494); vgl. auch *Scholz*, Koalitionsfreiheit, S. 139; *derselbe*, in: *Isensee/Kirchhof*, Handbuch, Bd. 6, § 151 Rdnr. 88; *Otto*, FS für Zeuner, S. 121 (127).

[30] BVerfG, DB 1996, 2082 = BB 1996, 1835; *Scholz/Konzen*, Aussperrung, S. 128; *Scholz*, FS für Trinkner, S. 377 (383); *Konzen*, NZA 1995, 913 (915).

[31] Daß die Tarifautonomie nur ein, allerdings nicht der einzige Weg zur Wahrung und Förderung der Arbeits- und Wirtschaftsbedingungen ist, hat das BVerfG in seinem sog. Mitbestimmungsurteil (E 50, 290 ff.) zu Recht nachdrücklich hervorgehoben; dazu sogleich 3 b.

rechten befaßte Verfassungsdogmatik zwangsläufig vor eine Vielzahl erheblicher Schwierigkeiten stellen[32]. So stößt man zuvorderst auf die Frage, ob als *Grundrechtsträger* der kollektiven Koalitionsfreiheit die Koalitionen selbst anzusehen sind, oder ob deren verfassungsrechtlicher Schutz vielmehr lediglich mittelbar aus der individuellen Grundrechtsberechtigung ihrer einzelnen Mitglieder abgeleitet werden kann (dazu a). Ebenso muß des weiteren genauer hinterfragt werden, in welchem *sachlichen Umfang* und in welchen *Grenzen* Art. 9 Abs. 3 GG die Koalitionen in ihrem Bestand schützt und ihnen ein tarifliches Betätigungsrecht eröffnet (dazu b).

### a) Art. 9 Abs. 3 GG kein sog. Doppelgrundrecht

aa) Bereits in seiner ersten zu Art. 9 Abs. 3 GG ergangenen Entscheidung[33] hat das BVerfG angenommen, daß nicht nur der einzelne, sondern überdies auch die Koalitionen selbst als Grundrechtsträger der Koalitionsfreiheit erachtet werden müssen. Die Theorie des Art. 9 Abs. 3 GG als ein sog. *Doppelgrundrecht* ist in den folgenden verfassungsgerichtlichen Entscheidungen[34], sofern diese sich nicht ohnehin lediglich in bloßen Verweisungen erschöpften, stets wortgleich fortgeschrieben und auch durch das überwiegende Schrifttum zumeist unbesehen adaptiert worden[35]. In besagter Grundsatzentscheidung vom 18.11.1954 hatte das Gericht, wie auch allgemein hinsichtlich des Verfassungsrangs der Tarifautonomie, als Begründung für diese Sichtweise ausschließlich

---

[32] Anschaulich hierzu *Isensee*, in: *Freudenberg*, Die Zukunft der sozialen Partnerschaft, S. 159 u. 162: „Die Tarifautonomie liegt als erratischer Block in der Verfassungslandschaft des Grundgesetzes. Sie widersetzt sich den Systemprinzipien der allgemeinen Verfassungsdogmatik. An ihr bricht oder biegt sich das juristische Konsequenzdenken.“

[33] BVerfGE 4, 96 (101 ff.).

[34] Siehe BVerfGE 17, 319 (333); 18, 18 (26); 19, 303 (312); 28, 295 (304); 38, 281 (305); 42, 133 (138); 44, 322 (340); 50, 290 (367); 55, 7 (21); 57, 220 (245); 58, 233 (246); 84, 212 (224); 92, 365 (393); BVerfG, DB 1996, 2082 = BB 1996, 1835; aus der unterverfassungsgerichtlichen Judikatur entsprech. z. B. BAG, AP Nrn. 13, 14 zu Art. 9 Abs. 3 GG; BGHZ 42, 210 (217).

[35] Siehe *Lerche*, Verfassungsrechtliche Zentralfragen, S. 25 f.; *Hueck/Nipperdey*, Arbeitsrecht, Bd. II/1, 7. Aufl., S. 134; *Nikisch*, Arbeitsrecht, Bd. 2, S. 54; *Dietz*, in: *Bettermann/Nipperdey/Scheuner*, Grundrechte, Bd. III/1, S. 417 ff. u. 458 f.; *Huber*, Wirtschaftsverwaltungsrecht, Bd. 2, S. 381; *Schnorr von Carolsfeld*, FS für Molitor, S. 229 (234 ff.); *Biedenkopf*, Grenzen, S. 88; *Säcker*, Grundprobleme, S. 20 u. 35; *derselbe*, Gruppenautonomie, S. 237 u. 249 ff.; *Weber*, Koalitionsfreiheit, S. 11 u. 14 ff.; *von Mangoldt/Klein*, GG, Art. 9 Anm. V.3; *von Münch*, in: *Dolzer/Vogel*, Bonner Kommentar, Art. 9 Rdnr. 197; *Löwer*, in: *von Münch/Kunig*, GG, Art. 9 Rdnr. 59; *Schmidt-Bleibtreu/Klein*, GG, Art. 9 Rdnr. 12; *Däubler/Hege*, Koalitionsfreiheit, Rdnr. 60; *Belling*, Günstigkeitsprinzip, S. 67 ff.; *Th. Schmidt*, Günstigkeitsprinzip, S. 55; *Gragert*, Flexibilisierung von Tarifverträgen, S. 7; *Rüthers*, JuS 1970, 607 (608); *Sodan*, JZ 1998, 421 (422); *Pfarr/Kittner*, RdA 1974, 284 (290).

auf die Verfassungstradition der Koalitionsfreiheit verwiesen. Es bestehe – nicht zuletzt im Hinblick auf das ausdrückliche Bekenntnis des Grundgesetzes zum sozialen Rechtsstaat (Art. 20 Abs. 1, Art. 28 Abs. 1) – kein legitimer Grund, ein Grundrecht, dessen Ausdehnung auf soziale Gemeinschaften sich bereits zur Weimarer Zeit angebahnt habe, nunmehr allein auf Einzelpersonen zu reduzieren.

Ruft man sich die konkrete Gestalt der Weimarer Wirtschaftsverfassung und insbesondere deren Auslegung durch die seinerzeitige Rechtsprechung in Erinnerung[36], so ist indessen vielmehr eine gegenteilige Entwicklung zu verzeichnen. Kollektiven Schutz für die Koalitionen und die Tarifautonomie statuierte ausdrücklich allein Art. 165 Abs. 1 WRV 1919, welcher im Rahmen des Grundgesetzes jedoch keinen Nachfolger gefunden hat; Art. 159 WRV 1919, dem Art. 9 Abs. 3 GG in seiner Fassung nachgebildet ist, wurde durch das RG, nachdem es zunächst eine gleichfalls kollektive Berechtigung der Verbände angenommen hatte, letztendlich dahingehend verstanden, daß er wegen seines allein auf die individuelle Koalitionsfreiheit abstellenden Wortlauts gerade nicht von den Koalitionen selbst in Anspruch genommen werden könne. Wenn diese Judikatur auch im zeitgenössischen Schrifttum vielfach auf Ablehnung gestoßen ist, darf dennoch nicht verkannt werden, daß die durch das BVerfG apodiktisch unterstellte verfassungsgeschichtliche Kontinuität einer im Hinblick auf die Koalitionsfreiheit kollektiven Grundrechtsberechtigung folglich zumindest erheblichen Zweifeln ausgesetzt ist.

bb) Doch nicht nur wegen ihrer wenig tragfähigen historischen Begründung, sondern überdies insbesondere auf Grund der *inneren Teleologie* der Koalitionsfreiheit im Sinne des Art. 9 Abs. 3 GG kann deren Verständnis als ein gleichsam individuelles wie kollektives Doppelgrundrecht im Ergebnis nicht zugestimmt werden.

(1) Wie gesehen verdanken die Bestandsgarantie für die Koalitionen und deren tarifliche Regelungsbefugnis ihre verfassungsrechtliche Absicherung allein der funktionellen Erwägung, daß die individuelle Koalitionsfreiheit ohne diesen zusätzlichen kollektiven Schutz für die einzelnen Arbeitnehmer letztlich von geringerem Nutzen wäre[37]. Die kollektive Dimension der Koalitionsfreiheit ändert indessen nichts an der Tatsache, daß Art. 9 Abs. 3 GG – wie auch das BVerfG unumwunden konzediert hat[38] – in erster Linie ein *individuelles Freiheitsrecht* ist. Geht es aber der Verfassungsnorm vorrangig um den Schutz der individuellen Freiheitssphäre, so legt dies ohne Zweifel nahe, den einzelnen selbst gleichermaßen als Grundrechtsträger der kollektiven Koalitionsfreiheit zu verstehen

---

[36] Siehe ausf. bereits § 3 II 2 c sowie insbes. die Nachw. in Fn. 90 u. Fn. 92.

[37] Siehe oben 1 b.

[38] BVerfGE 50, 290 (367); entsprech. *Scholz*, in: *Maunz/Dürig/Herzog/Scholz*, GG, Art. 9 Rdnr. 155; *Richardi*, AöR 1968, 243 (265); auch *Säcker*, Grundprobleme, S. 35.

und nicht den Koalitionen insoweit eine eigenständige Grundrechtsberechtigung zuzusprechen. Denn nur auf diesem Wege wird auch in verfassungsdogmatischer Hinsicht eindeutig zum Ausdruck gebracht, daß die Verbände und die Tarifautonomie gerade *nicht um ihrer selbst willen* durch Art. 9 Abs. 3 GG geschützt werden, sondern ausschließlich *zwecks* sinnvoller und notwendiger *Effektuierung des Individualschutzes* der Arbeitnehmer.

(2) Die Zweck-Mittel-Relation zwischen individueller und kollektiver Koalitionsfreiheit wird freilich zumeist auch von solchen Autoren anerkannt, die sich im Ergebnis nichtsdestotrotz für das Verständnis des Art. 9 Abs. 3 GG als ein sog. Doppelgrundrecht aussprechen[39]. Damit reduzieren sich zwar auf den ersten Blick die gegen letztere Auffassung zu erhebenden Einwände[40], doch gefolgt werden sollte ihr bei genauerer Betrachtung dennoch nicht, da sie gleichwohl mit der Gefahr behaftet bleibt, daß insbesondere im Hinblick auf einfachgesetzliche Auslegungsfragen aus der Verfassung Rückschlüsse gezogen werden, die Art. 9 Abs. 3 GG bei zutreffendem Verständnis als ein reines Individualgrundrecht letztlich nicht entnommen werden können. Denn im Gegensatz zu einer ausschließlich individualrechtsbezogenen Sichtweise führt die Theorie vom sog. Doppelgrundrecht fast unweigerlich dazu, daß die kollektive von der individuellen Koalitionsfreiheit gedanklich losgelöst wird[41]. Die Folge ist, daß zwischen beiden nicht nur das an sich bezweckte Verhältnis freiheitseffektuierender Grundrechts*korrespondenz*, sondern überdies gleichfalls eine Grundrechts*konkurrenz* zu Tage tritt[42]. Mit anderen Worten besteht also die Gefahr, daß die verfassungsrechtlichen Garantien für das Kollektiv von bloßen Grundrechtsverstärkungen zu Gunsten der Koalitionsmitglieder letztlich sogar zu eventuellen Gewährleistungsschranken des Individualrechts mutieren können.

Eine dahingehende Antinomie zwischen der individuellen und der kollektiven Seite der Koalitionsfreiheit im Sinne des Art. 9 Abs. 3 GG ist aber sowohl mit deren historischer Entwicklung als auch der Zwecksetzung tariflicher Mitbestimmung mitnichten in Einklang zu bringen: Historisch sind Gewerkschaften, Koalitionsfreiheit und Tarifautonomie lediglich entstanden, um die wirtschaftliche Unterlegenheit der einzelnen Arbeitnehmer durch die Macht des

---

[39] Siehe *Biedenkopf*, Grenzen, S. 37 u. 97; *Th. Schmidt*, Günstigkeitsprinzip, S. 70 Fn. 81: „dienende Funktion der Tarifautonomie"; *Veit*, Zuständigkeit, S. 64 f.; *von Mangoldt/Klein*, GG, Art. 9 Anm. V.4; *Rüthers*, JuS 1970, 607 (608); vgl. auch *Heinze*, NZA 1991, 329 (333); *derselbe*, NZA 1997, 1 (7); *Dorndorf*, FS für Kissel, S. 139 (145 f.); *H. Hanau*, RdA 1996, 158 (162).

[40] So zu Recht *Zöllner*, AöR 1973, 71 (79).

[41] *Scholz*, Koalitionsfreiheit, S. 53.

[42] Insoweit krit. ebenso *Zöllner*, AöR 1973, 71 (80); *Scholz*, Koalitionsfreiheit, S. 62; *Konzen*, AcP 1977, 473 (495); *Picker*, ZfA 1986, 199 (205); vgl. auch *Richardi*, AöR 1968, 243 (264); *Gast*, Tarifautonomie, S. 36.

Kollektivs zu beheben[43]. Den Verbänden und der Tarifautonomie (als einer Möglichkeit zur Ausübung dieser Macht) innerhalb des Art. 9 Abs. 3 GG nunmehr einen von der individuellen Koalitionsfreiheit verselbständigten Eigenwert beizumessen[44], birgt indessen unweigerlich die Gefahr, daß an die Stelle der Abhängigkeit des einzelnen Arbeitnehmers von seinem Arbeitgeber im Ergebnis eine ähnlich schwerwiegende Abhängigkeit von der *Über*-Macht der kollektiven Organisation tritt[45]. Die Koalition würde zwangsläufig zu einem den Interessen des einzelnen vorrangigen „Kollektiv-Ich" [46] hypostasiert. Ausweislich der von ihnen verfolgten Funktion sind die Gewerkschaften jedoch wie gesehen gerade nicht mit eigener Dignität ausgestattete Ordnungsmächte, sondern lediglich reine Mitgliedervereine, die ausschließlich einen Schutzauftrag zu Gunsten der in ihnen organisierten Arbeitnehmer wahrnehmen[47].

Überdies gilt es schließlich zu bedenken, daß eine von dieser bloßen Schutzfunktion differierende Zwecksetzung der Koalitionen nicht zuletzt auch mit dem sich in Art. 1 Abs. 1 i.V.m. Art. 2 Abs. 1 GG manifestierenden Menschenbild der Verfassung[48] nicht vereinbar wäre. Denn in einer liberalen Sozialordnung darf kollektiven Mächten ganz allgemein ausschließlich die Aufgabe beigemessen werden, die Sicherung der Menschenwürde und individuellen Selbstbestimmung des einzelnen zu gewährleisten[49]. Auf eine prägnante Formel gebracht dienen somit konkret auch die Gewerkschaften letztlich allein dem Mitglied, nicht aber das Mitglied der Gewerkschaft[50]. Dieser lediglich dienenden Rolle der Koalitionen auch innerhalb der Verfassungsnorm des Art. 9 Abs. 3 GG hinreichend Ausdruck zu verleihen, genügt einzig ein verfassungsdogmatisches Verständnis, welches nicht die Koalitionen selbst, sondern ausschließlich

---

43 Ausf. bereits § 3 I 1.

44 Von *Picker* (ZfA 1986, 199 [204]) wird dies treffend als eine „entwicklungswidrige Hypertrophie" bezeichnet.

45 So zu Recht *Rieble* (RdA 1996, 151 [156]), der meint, daß man den Arbeitnehmer dadurch letztlich „vom Regen in die Traufe" führe; siehe auch *von Nell-Breuning*, in: *A. Müller*, Freiheit und Bindung, S. 27 (31): „Selbstverständlich lauert ... die Gefahr, die Freiheit gegenüber der anderen Arbeitsmarktpartei um den Preis der Unfreiheit gegenüber der eigenen Organisation zu erkaufen..."

46 *Scholz*, Koalitionsfreiheit, S. 122; ähnl. *Picker*, ZfA 1986, 199 (205): „mit Eigenleben beseeltes Über-Ich".

47 Ausf. bereits § 4 I 2 b.

48 Hierzu oben I.

49 *Säcker*, Gruppenautonomie, S. 262 f.; ähnl. *Belling*, Günstigkeitsprinzip, S. 72: „Art. 1 Abs. 1 und Art. 2 Abs. 1 verbieten es, den Menschen zum Objekt des Kollektivs zu degradieren." Vgl. auch *Heinze*, DB 1996, 729 (733); unter Hinweis auf Art. 12 GG *Hromadka*, FS für Wlotzke, S. 333 (342) m. w. Nachw.

50 *Rieble*, RdA 1996, 151 (155).

die einzelnen Arbeitnehmer als Grundrechtsberechtigte der Koalitionsfreiheit ansieht[51].

cc) Schlußfolgerung: Schlägt man die Brücke von der verfassungsrechtlichen Ebene zur Auslegung der einfachgesetzlichen Vorschrift in § 77 Abs. 3 BetrVG, so folgt aus dem zutreffenden individualrechtsbezogenen Grundrechtsverständnis der Koalitionsfreiheit, daß Art. 9 Abs. 3 GG hinsichtlich der Tarifautonomie im Ergebnis nicht mehr an Schutz gebietet, als allein die *individuelle* Koalitionsfreiheit notwendig erscheinen läßt[52]. Anders formuliert: Von Verfassungs wegen ist der durch den Tarifvorbehalt statuierte Vorrang der Tarifautonomie nur erforderlich, soweit ein solcher dem durch die tarifliche Normsetzung letztlich bezweckten *Individualschutz* zu Gunsten der einzelnen Arbeitnehmer zu dienen *bestimmt* und *in der Lage* ist. Ziel des durch Art. 9 Abs. 3 GG verfassungsrechtlich gewährleisteten und durch § 77 Abs. 3 BetrVG einfachgesetzlich auszufüllenden Schutzes der Tarifautonomie darf folglich – so *Gast*[53] – nicht ein bloß funktionsvergessener „Schutz einer Apparatur" sein, sondern es gilt vielmehr – um mit *Isensee*[54] zu sprechen – zu erkennen, daß „Organisationsinteressen und Machtstreben der Verbände ... nur als Mittel zum Zweck" ein Vorrang zugesprochen werden darf.

---

[51] I. Erg. ebenso *Scholz*, Koalitionsfreiheit, insbes. S. 51 ff. u. 133 ff.: Dessen subtile grundrechtsdogmatische Herleitung fußt auf der Grundannahme, wegen des Bekenntnisses der Verfassung zur Menschenwürde (Art. 1 Abs. 1 GG) basiere der Grundrechtskatalog des Grundgesetzes auf dem Prinzip der materiell-individualen Grundrechtsträgerschaft. Kollektive oder verbandsmäßige Grundrechtsberechtigungen erkenne die Verfassung indessen nur nach Maßgabe des Art. 19 Abs. 3 GG an (ebd., S. 69 ff.; krit. hierzu *Däubler*, RdA 1973, 193 ff.). Folglich ergäben sich auch die kollektiven Koalitionsfreiheitsgarantien der Verbände nicht unmittelbar aus Art. 9 Abs. 3 GG, sondern ausschließlich aus Art. 19 Abs. 3 GG i.V.m. der Koalitionsfreiheit (ebd., S. 140 ff.); vgl. auch *derselbe*, in: *Isensee/Kirchhof*, Handbuch, Bd. 6, § 151 Rdnrn. 6, 9, 73 ff.; *derselbe*, in: *Maunz/Dürig/Herzog/Scholz*, GG, Art. 9 Rdnrn. 22 ff. u. 170; *Scholz/Konzen*, Aussperrung, S. 124; entsprech. zu Recht *Zöllner*, AöR 1973, 71 (77 ff.); *Isensee*, in: *Freudenberg*, Die Zukunft der sozialen Partnerschaft, S. 159 (163 u. 165): „grundrechtliche Stufenpyramide mit individualrechtlicher Basis und kollektivrechtlichem Aufbau"; *Konzen*, AcP 1977, 473 (494 ff.); *Picker*, ZfA 1986, 199 (201 ff.); *Rieble*, Arbeitsmarkt und Wettbewerb, Rdnr. 1155; trotz demnach unglücklicher Charakterisierung des Art. 9 Abs. 3 GG als „Doppelgrundrecht" letztlich auch *Richardi*, Kollektivgewalt, S. 74 ff.; *derselbe*, AöR 1968, 243 (264 f.); *derselbe*, RdA 1972, 8 (10); MünchArbR-*Richardi*, Bd. 3, § 233 Rdnr. 17: „Gruppenautonomie nicht Selbstzweck"; einem dahingehenden Verständnis des Art. 9 Abs. 3 GG zumindest zuneigend *Reuter*, ZfA 1995, 1 (37); *derselbe*, RdA 1994, 152 (163); *P. Hanau*, NJW 1971, 1402; *Adomeit*, Regelung von Arbeitsbedingungen, S. 40; *Seiter*, AöR 1984, 88 (94 f.); noch auf den Arbeitskampf beschränkt *derselbe*, Streikrecht, S. 88 f.

[52] Zutreff. *Scholz*, in: *Maunz/Dürig/Herzog/Scholz*, GG, Art. 9 Rdnr. 240; *derselbe*, in: *Isensee/Kirchhof*, Handbuch, Bd. 6, § 151 Rdnr. 75.

[53] Tarifautonomie, S. 36.

[54] In: *Freudenberg*, Die Zukunft der sozialen Partnerschaft, S. 159 (173).

### b) Schutzbereich und Schranken der Tarifautonomie

aa) Ebenso große Schwierigkeiten wie die Frage der Grundrechtsträgerschaft bereitet die kollektive Koalitionsfreiheit der Verfassungsdogmatik in bezug auf die nähere Bestimmung ihres Schutzbereichs und ihrer Schranken. Das BVerfG hat insoweit lange Zeit angenommen, daß die durch Art. 9 Abs. 3 GG gewährleistete Betätigungsgarantie seitens der Verbände bereits in ihrem Schutzbereich lediglich solche Tätigkeiten erfasse, die für die Erhaltung und Sicherung der Existenz der Koalitionen *unerläßlich* seien[55]. Und entsprechend galt konkret auch die Tarifautonomie nur in einem *Kernbereich* als für Eingriffe des Gesetzgebers unantastbar[56]. Außerhalb dieser Grenze absoluten Schutzes hingegen wurden Maßnahmen, welche die tarifliche Regelungsbefugnis beeinträchtigten, stets für zulässig erachtet, sofern diese nur dem allgemeinen Interesse der Ordnung und der Befriedung des Arbeitslebens[57], zumindest aber dem Schutz eines anderen Rechtsguts zu dienen bestimmt waren[58].

Die *Kernbereichslehre* des BVerfG bedeutete indessen in Anbetracht seines bei anderen Freiheitsrechten maßgeblich an *Wesensgehaltsgarantie* (Art. 19 Abs. 2 GG) und *allgemeinem Verhältnismäßigkeitsgrundsatz* orientierten Grundrechtsverständnisses unübersehbar einen terminologischen wie systematischen Fremdkörper und ist aus diesem Grunde in der staatsrechtlichen Literatur vielfach auf offene Kritik gestoßen[59]. Diesen grundrechtsdogmatischen Bedenken ist unlängst seitens des BVerfG Rechnung getragen worden, indem es von der Kernbereichslehre ausdrücklich Abstand genommen und sich statt dessen auch in bezug auf die kollektive Koalitionsfreiheit der allgemein üblichen

---

[55] BVerfGE 17, 319 (333 f.); 28, 295 (304); 38, 281 (305); 50, 290 (368); 57, 220 (246 ff.).

[56] BVerfGE 4, 96 (108 f.); 38, 281 (305); 44, 322 (340 f.); 50, 290 (368 f.); 57, 220 (245 f.); 58, 233 (247 f.); vgl. auch *Hueck/Nipperdey/Säcker*, Arbeitsrecht, Bd. II/1, 7. Aufl., S. 231; *Zöllner*, AöR 1973, 71 (82 u. 88 f.); *Konzen*, AcP 1977, 473 (496); *Richardi*, AöR 1968, 243 (267); *Seiter*, AöR 1984, 88 (98 f.); *Scholz*, in: *Maunz/Dürig/Herzog/Scholz*, GG, Art. 9 Rdnr. 265; *derselbe*, FS für Trinkner, S. 377 (384); *Löwer*, in: *von Münch/Kunig*, GG, Art. 9 Rdnr. 71; *Schmidt-Bleibtreu/Klein*, GG, Art. 9 Rdnr. 12; *Kissel*, NZA 1995, 1.

Das BAG (vgl. AP Nr. 35 zu Art. 9 GG) ging gar so weit anzunehmen, daß nicht nur die Tarifautonomie, sondern die koalitionsspezifische Betätigung insgesamt nur innnerhalb eines solchen Kernbereichs geschützt sei; krit. hierzu *Söllner*, NZA 1996, 897 (898) m. w. Nachw.

[57] BVerfGE 18, 18 (27).

[58] BVerfGE 28, 295 (303); 28, 310 (313); *Walker*, ZfA 1996, 353 (356).

[59] Ausf. *Isensee*, in: *Freudenberg*, Die Zukunft der sozialen Partnerschaft, S. 159 (172 ff.); *Scholz*, in: *Maunz/Dürig/Herzog/Scholz*, GG, Art. 9 Rdnr. 266; *derselbe*, in: *Isensee/Kirchhof*, Handbuch, Bd. 6, § 151 Rdnr. 77; vgl. aber auch *derselbe*, Koalitionsfreiheit, S. 148; krit. ebenso *Scholz/Konzen*, Aussperrung, S. 129; *Otto*, FS für Zeuner, S. 121 (129); *Seiter*, AöR 1984, 88 (99); *Kühling*, Diskussionsbeitrag, RdA 1994, 182.

*Schutzbereich-Schranken-Systematik* zugewandt hat[60]. Folge dieser Rechtsprechungsänderung ist, daß nunmehr ebenso hinsichtlich der durch Art. 9 Abs. 3 GG geschützten Tarifautonomie ein verfassungswidriger Verstoß immer dann bejaht werden muß, wenn entweder deren *Wesensgehaltsgarantie* im Sinne des Art. 19 Abs. 2 i.V.m. Art. 9 Abs. 3 GG tangiert ist, oder aber in *unverhältnismäßiger* Weise in die tarifliche Regelungsbefugnis der Koalitionen eingegriffen wird.

Weitreichende Auswirkungen auf den letztendlichen Umfang der verfassungsrechtlichen Gewährleistung der Tarifautonomie sollte die Aufgabe der Kernbereichslehre durch das BVerfG, welches selbst sogar von einer lediglich deklaratorischen „Klarstellung“[61] seines bisherigen Verständnisses des Art. 9 Abs. 3 GG spricht, zweifelsohne nicht haben. Wenn dennoch vereinzelt angenommen wird, das Gericht habe hierdurch ein Signal in Richtung einer eher extensiven als zurückhaltenden Interpretation des Art. 9 Abs. 3 GG gesetzt[62], so wird dies dem ausdrücklichen Willen des BVerfG nicht gerecht. Insbesondere hat das BVerfG unmißverständlich zum Ausdruck gebracht, daß die Tarifautonomie auch nach Aufgabe der Kernbereichslehre und trotz vorbehaltloser Verbürgung der Koalitionsfreiheit durch Art. 9 Abs. 3 GG freilich keineswegs schrankenlos gewährleistet ist[63]. In völliger Übereinstimmung mit der durch die verfassungsgerichtliche Rechtsprechung ganz allgemein vertretenen Lehre von den verfassungsimmanenten Schranken[64] findet auch die Tarifautonomie ihre Grenzen stets in den *Grundrechten Dritter* sowie sonstigen mit *Verfassungsrang ausgestatteten Rechtsgütern*[65].

bb) Für das Verständnis des Tarifvorbehalts im Sinne des § 77 Abs. 3 BetrVG lassen sich aus der skizzierten Schutzbereich-Schranken-Struktur der Tarifautonomie im Ergebnis folgende Direktiven ableiten: Auf einfachgesetzlicher Ebene einen absoluten Vorrang tariflicher Normsetzung zu statuieren, er-

---

[60] Nicht mehr herangezogen hat das BVerfG die Kernbereichslehre bereits in den Entscheidungen 84, 212 (228); 88, 103 (114 ff.); 92, 26 (38); 92, 365 (393 f.); endgültig aufgegeben hat das Gericht diese schließlich in seiner Entscheidung vom 14.11.1995, E 93, 352 (358 ff.) = JZ 1996, 627 (628) m. Anm. *Wank*; bestätigt in BVerfG, DB 1996, 2082 = BB 1996, 1835; vgl. auch *Heilmann*, AuR 1996, 121 ff.: „Koalitionsfreiheit als normales Grundrecht“; *Rüfner*, RdA 1997, 130 (131 f.); *Wank*, NJW 1996, 2273 (2274).

[61] BVerfGE 93, 352 (360).

[62] Vgl. *Junker*, ZfA 1996, 383 (389).

[63] BVerfGE 93, 352 (359); siehe außerdem *Schmidt-Preuß*, Verfassungsrechtliche Zentralfragen, S. 196 f.; *von Mangoldt/Klein*, Bonner GG, Art. 9 Anm. VI.1.; *Otto*, FS für Zeuner, S. 121 (128); *Seiter*, AöR 1984, 88 (98); *P. Hanau*, RdA 1998, 65 (71).

[64] Grundleg. BVerfGE 28, 243 (261); aus der späteren Rspr. vgl. BVerfGE 41, 29 (50); 41, 88 (107); 47, 46 (76).

[65] BVerfGE 84, 212 (228); *Scholz*, in: *Isensee/Kirchhof*, Handbuch, Bd. 6, § 151 Rdnr. 120; *Söllner*, NZA 1996, 897 (898); *Löwisch*, JZ 1996, 812 (816); *derselbe*, NJW 1997, 905 (906); *Frieges*, NZA 1998, 630 (632).

scheint von Verfassungs wegen nur insoweit zwingend indiziert, als der unantastbare Wesensgehalt der Tarifautonomie (Art. 19 Abs. 2 GG) einen solchen gebietet. Auch ohne näher auf die ungelöste verfassungstheoretische Frage einzugehen, auf welche Weise allgemein der Wesensgehalt eines Grundrechts zu bestimmen ist[66], dürfte außer Zweifel stehen, daß die Tarifautonomie, soweit sie verfassungsrechtlich gewährleistet ist, jedenfalls dann als in ihrem Wesensgehalt beeinträchtigt anzusehen ist, wenn den Koalitionen durch den Gesetzgeber gänzlich die Möglichkeit genommen würde, für ihre Mitglieder die Lohn- und Arbeitsbedingungen durch normativ wirkende Kollektivverträge zu reglementieren. Den Verbänden muß also stets ein Tarifvertragssystem zur Verfügung stehen, mittels dessen sie in der Lage sind, die Interessen ihrer Mitglieder ungehindert und wirkungsvoll zu verfolgen[67]. Konkret für das Verhältnis zwischen tariflicher und betrieblicher Mitbestimmung folgt daraus, daß die tarifliche Normsetzungsmacht durch den Wirkungsbereich betrieblicher Regelungsbefugnis jedenfalls nicht so weit zurückgedrängt werden darf, daß die Tarifautonomie neben der Betriebsautonomie *gänzlich überflüssig* wird[68]. Der Tarifvertrag muß anders formuliert als Alternative zur Betriebsvereinbarung erhalten bleiben.

Über dieses Erfordernis hinaus können der Wesensgehaltsgarantie der Tarifautonomie (Art. 19 Abs. 2 i.V.m. Art. 9 Abs. 3 GG) für den einfachen Gesetzgeber jedoch keine weiteren zwingenden Vorgaben entnommen werden. Zwar ist nicht zu leugnen, daß eine wirkungsvolle tarifliche Interessenvertretung der Arbeitnehmer rein tatsächlich nicht zuletzt ein gewisses Maß an Durchsetzungskraft und damit letztlich eine bestimmte Größe der Koalitionen zur Vor-

---

66 Für eine fließende, am allgemeinen Verhältnismäßigkeitsgrundsatz orientierte Bestimmung der Grenzen des Art. 19 Abs. 2 GG die Lehre von der sog. relativen Wesensgehaltsgarantie, der letztlich auch das BVerfG (vgl. E 22, 180 [219 f.]) zuzuneigen scheint; stellvertr. für diese BGHSt 4, 375 (377); *von Hippel*, Wesensgehalt, S. 47 ff.; *Alexy*, Theorie der Grundrechte, S. 272.

Anders hingegen die Vertreter der Theorie der sog. absoluten Wesensgehaltsgarantie (vgl. *Huber*, DÖV 1956, 135 [142]; *Krüger*, DÖV 1955, 597 ff.), welche von einem objektiv ermittelbaren, feststehenden Kernbereich der Grundrechte ausgehen.

I. Erg. vermittelnd *Häberle*, Wesensgehaltsgarantie S. 58 ff.

67 Insoweit läßt sich zweifelsohne auf Grund der rein deklaratorischen Rechtsprechungsänderung (vgl. oben Fn. 61) der Wesensgehalt i. S. d. Art. 19 Abs. 2 GG entsprech. der bis dato durch das BVerfG angenommenen Reichweite des Kernbereichs der Tarifautonomie bestimmen; siehe daher aus der umfangr. Rspr. BVerfGE 4, 96 (106); 50, 290 (373); aus der Lit. *Isensee*, in: *Freudenberg*, Die Zukunft der sozialen Partnerschaft, S. 159 (167 f. u. 171); *Zöllner*, AöR 1973; 71 (89); *Scholz*, FS für Trinkner, S. 377 (384 f.); *derselbe*, in: *Maunz/Dürig/Herzog/Scholz*, GG, Art. 9 Rdnr. 303: „Garantie im Prinzip"; *Konzen*, AcP 1977, 473 (496); *derselbe*, NZA 1995, 913 (915); *Löwisch*, JZ 1996, 812 (816); *Kempen*, RdA 1994, 140 (147); *Löwer*, in: *von Münch/Kunig*, GG, Art. 9 Rdnr. 71; *Schmidt-Bleibtreu/Klein*, GG, Art. 9 Rdnr. 12.

68 So zu Recht *Reuter* (RdA 1994, 152 [164]), der insbes. darauf hinweist daß die Tarifautonomie insoweit ebenso durch die völkerrechtliche Verbürgung des Art. 5 des ILO-Abkommens Nr. 135 gesichert ist.

aussetzung hat[69]. Dennoch ginge es im Ergebnis zu weit, auch die Sicherstellung der Leistungsfähigkeit und des dazu erforderlichen Mitgliederstandes der Koalitionen zu einer Aufgabe des Gesetzgebers, gar zu dessen durch die Wesensgehaltsgarantie der Tarifautonomie bedingten Pflicht zu erheben. Wie namentlich das BVerfG unlängst klar zu verstehen gegeben hat, liegen sowohl der *Organisationsgrad* der Koalitionen als auch deren Möglichkeiten zur *Anwerbung* und *Mobilisierung von Mitgliedern* vielmehr eindeutig *außerhalb* des Verantwortungsbereichs der Legislative[70]. Die hieraus konkret für den Tarifvorbehalt des § 77 Abs. 3 BetrVG zu ziehende Schlußfolgerung kann indessen im Ergebnis nur lauten, daß es von verfassungsrechtlicher Warte keineswegs zwangsläufig geboten erscheint, besagter Norm notwendig die Bedeutung einer dem Schutz des Mitgliederstandes der Gewerkschaften dienenden „koalitionsbeitrittsfördernden Norm“[71] beizumessen[72].

Außerhalb des durch den Wesensgehalt umschriebenen absoluten Schutzbereichs, zu dem also die Organisationsdichte der Koalitionen gerade nicht zählt, kann die Tarifautonomie im Sinne des Art. 9 Abs. 3 GG wie gesagt durch einfaches Gesetz immer dann eingeschränkt werden, wenn dies mit Rücksicht auf Grundrechte Dritter oder ein anderes Verfassungsgut *erforderlich* und *verhältnismäßig* ist. Daraus folgt im Umkehrschluß, daß der durch § 77 Abs. 3 BetrVG statuierte Vorrang der Tarifautonomie nur so weit reichen darf, wie durch diesen nicht in unverhältnismäßiger Weise in ein anderes Grundrecht oder ein sonstiges mit Verfassungsrang ausgestattetes Recht eingegriffen wird. Es wird sich zeigen, daß ein solches die Tarifautonomie und damit den Tarifvorbehalt im Sinne des § 77 Abs. 3 BetrVG beschränkendes Verfassungsgut nach richtiger Ansicht insbesondere auch die *Betriebsautonomie* darstellt. Bevor jedoch deren Verfassungsrang näher dargelegt und begründet wird[73], gilt es zunächst noch, auf eine weitere verfassungsimmanente Schranke der Tarifautonomie hinzuwei-

---

[69] *Säcker*, Grundprobleme, S. 67.

[70] BVerfGE 92, 365 (396); ebenso BAG, SAE 1992, 151 (156 f.) m. insoweit zustimm. Anm. *Oetker* (ebd., 161 f.); entsprech. letztlich auch *Säcker* (Grundprobleme, S. 68), obwohl dieser andererseits grundsätzlich einen verfassungsrechtlich gewährleisteten Kernbereich materieller und ideeller Selbsterhaltung und Funktionsfähigkeit der Tarifautonomie annimmt (ebd., S. 38); vgl. ebenso *derselbe*, Gruppenautonomie, S. 251: Art. 9 Abs. 3 GG bedinge nicht „die Garantie eines sozialen Sachverhaltes im Sinne einer Garantie des Daseins und der Wohlbeschaffenheit von Berufsverbänden und der Existenz verbandsmäßiger Gestaltung der Arbeits- und Wirtschaftsbedingungen“; ähnl. deutlich *Scholz*, in: *Maunz/Dürig/Herzog/Scholz*, GG, Art. 9 Rdnr. 267; *von Münch*, in: *Dolzer/Vogel*, Bonner Kommentar, Art. 9 Rdnr. 142; anders aber *Badura*, Staatsrecht, Rdnr. C 94.

[71] *Zöllner/Loritz*, Arbeitsrecht, S. 485.

[72] Ausf. zur Zwecksetzung des § 77 Abs. 3 BetrVG unten § 6 I.

[73] Siehe dazu sogleich III.

sen, die ebenso wie diese selbst im Ergebnis aus Art. 9 Abs. 3 GG abzuleiten ist.

### *3. Kein verfassungsrechtliches Monopol tariflicher Normsetzung*

#### a) Gleichrangigkeit positiver und negativer Koalitionsfreiheit

aa) Es kann mittlerweile als nahezu[74] allgemein anerkannte Ansicht gelten, daß Art. 9 Abs. 3 GG neben der *positiven* gleichfalls ein Grundrecht auf *negative* Koalitionsfreiheit enthält[75]. Zwar ist der Wortlaut der Verfassungsnorm insoweit zunächst unergiebig, was nicht zuletzt seinen Grund darin findet, daß insbesondere die Gewerkschaften sich bei Schaffung des Grundgesetzes ausdrücklich gegen eine eigenständige Aufnahme der negativen Koalitionsfreiheit in den Verfassungstext verwehrten[76]. Doch auch die mangelnde explizite Nennung vermag nichts daran zu ändern, daß die Koalitionsfreiheit ihre grundrechtliche Bedeutung in vollem Umfang nur dann zu entfalten vermag, wenn als Korrelat der Berechtigung zur Koalitionsbildung und zum Koalitionsbeitritt ebenso das Recht gewährleistet ist, gerade keinem Verband beizutreten oder aus einem solchen bei Belieben wieder auszutreten. Denn ganz allgemein wird Freiheit nur durch das Zusammenspiel ihrer sowohl positiven als auch negativen Dimension vollkommen, welche letztlich nichts anderes sind als unterschiedliche Seiten derselben Medaille[77], so daß konkret auch die positive und negative Koalitions-

---

[74] Anders noch *Säcker*, Gruppenautonomie, S. 249; *derselbe*, Grundprobleme, S. 36; *Biedenkopf*, Grenzen, S. 93 Fn. 127 m. w. Nachw.; neuderdings auch *Riester*, Deregulierung, S. 168.

[75] BVerfGE 50, 290 (367); 55, 7 (21); 57, 220 (245); 64, 208 (213); 73, 261 (270); BAG (GS), AP Nr. 13 zu Art. 9 Abs. 3 GG; *Nikisch*, Arbeitsrecht, Bd. 2, S. 28 ff.; *Huber*, Wirtschaftsverwaltungsrecht, Bd. 2, S. 381; *Weber*, Koalitionsfreiheit, S. 11; *Badura*, Staatsrecht, Rdnr. C 93; *Scholz*, Koalitionsfreiheit, S. 41 f.; *derselbe*, in: *Maunz/Dürig/Herzog/Scholz*, GG, Art. 9 Rdnr. 221; *von Mangoldt/Klein*, GG, Art. 9 Anm. V.11; *von Münch*, in: *Dolzer/Vogel*, Bonner Kommentar, Art. 9 Rdnr. 140; *Löwer*, in: *von Münch/Kunig*, GG, Art. 9 Rdnr. 70.

[76] Satz 2 des Entwurfs zu Art. 9 Abs. 3 GG, der dem Hauptausschuß zunächst zur Beratung vorgelegt wurde, hatte noch gelautet: „Dieses Recht darf durch keinerlei Abreden und Maßnahmen eingeschränkt oder behindert werden und es darf *kein Zwang zum Beitritt ausgeübt werden*“ (Hervorh. d. Verf.), doch der Gewerkschaftsrat der Vereinigten Zonen sprach sich in einer Eingabe ausdrückl. gegen diese oder eine ähnl. Wendung aus; vgl. hierzu *von Münch*, in: *Dolzer/Vogel*, Bonner Kommentar, Art. 9 Anm. I.

[77] Zur Wechselbeziehung zwischen negativer und positiver Freiheit aus ethischer Sicht *Hartmann*, Ethik, S. 782 ff.

freiheit als in Art. 9 Abs. 3 GG mit zwingend *ranggleicher Wertigkeit*[78] gewährleistet angesehen werden müssen.

bb) Trotz weitgehender Übereinstimmung hinsichtlich des Verfassungsrangs der negativen Koalitionsfreiheit herrscht im Hinblick auf einzelne Detailfragen ihrer sachlichen Reichweite freilich noch immer ein großes Maß an Unklarheit[79]. Beschränkt man sich darauf, zumindest ihren allgemeinen Aussagegehalt näher zu bestimmen, so stellt sich zunächst die grundsätzliche Frage, ob sich die negative Gewährleistungssphäre des Art. 9 Abs. 3 GG ausschließlich auf ein bloßes *Fernbleibe-* oder *Austrittsrecht* reduziert[80], oder aber darüber hinaus nicht verbandsangehörige Arbeitnehmer und Arbeitgeber ebenso davor schützt, gegen ihren Willen von der tariflichen Normsetzungsbefugnis der Tarifvertragsparteien erfaßt zu werden. Bedenkt man, daß durch Ausübung der positiven Freiheit ein Arbeitnehmer oder Arbeitgeber (als natürliche oder juristische Person) insbesondere zum Ausdruck bringt, der tariflichen Normsetzungsmacht unterfallen zu wollen, so kann die Antwort nur in letzterem Sinne lauten. Denn nur wenn der negativen Koalitionsfreiheit gerade die damit korrespondierende Bedeutung einer *Freiheit vom Tarifvertrag* zukommt, wird der zu fordernden verfassungsrechtlichen Gleichrangigkeit der positiven und negativen Seite des Koalitionsgrundrechts hinreichend Rechnung getragen[81]. Es ist demnach maßgeblich die negative Koalitionsfreiheit im Sinne des Art. 9 Abs. 3 GG, welche bedingt, daß sich die tarifliche Normsetzung – von wenigen verfassungsrechtlich mehr oder minder gerechtfertigten Ausnahmen abgesehen (vgl. §§ 3 Abs. 2, 3 Abs. 3 sowie § 5 TVG)[82] – von Verfassungs wegen ausschließlich auf Koalitionsmitglieder erstrecken darf.

---

[78] Die Gleichrangigkeit beider Grundrechtsgewährleistungen wird zu Recht besonders betont von *Reuter*, Referat, in: Verhandlungen des 61. DJT, Bd. II/1, K 35 (K 47 f.); *derselbe*, FS für Schaub, S. 605 (611); *Schlochauer*, FS für Schaub, S. 699 (711); siehe auch *Scholz* (in: *Maunz/Dürig/Herzog/Scholz*, GG, Art. 9 Rdnr. 226 sowie in: *Isensee/Kirchhof*, Handbuch, Bd. 6, § 151 Rdnr. 83), der zutreff. ausführt, daß durch ein eventuelles Zurücktreten der negativen hinter der positiven Koalitionsfreiheit das Freiheitsrecht des Art. 9 Abs. 3 GG i. Erg. denaturiert würde, da es ohne die gleichwertige Chance zur negativen Freiheit nicht eine – wie die Koalitionsfreiheit sie voraussetzt – echte Chance zu positiver Freiheit gibt; ebenso jetzt *Frieges*, NZA 1998, 630 (632).

[79] Zu Einzelproblemen siehe den guten Überblick bei *Schüren*, RdA 1988, 138 (142 ff.).

[80] Dies legt der Wortlaut des sog. Mitbestimmungsurteils des BVerfG (E 50, 290 [367]) zunächst nahe.

[81] I. Erg. entsprech. *Zöllner*, RdA 1962, 453 (458); *derselbe*, Rechtsnatur, S. 22; *Reuter*, Referat, in: Verhandlungen des 61. DJT, Bd. II/1, K 35 (K 48); *derselbe*, FS für Schaub, S. 605 (611); *Hablitzel*, Verbands- und Betriebsratskompetenzen, S. 55; *Schüren*, RdA 1988, 138 (142); *Walker*, ZfA 1996, 353 (365); *Schwarze*, Betriebsrat, S. 195; *Dahlbender*, Austritt, S. 23.

[82] Hierzu nur *Reuter*, Referat, in: Verhandlungen des 61. DJT, Bd. II/1, K 35 (K 47 ff.); *derselbe*, ZfA 1995, 1 (43 ff.).

Des weiteren ist es entscheidend festzuhalten, daß Art. 9 Abs. 3 GG in seiner negativen Lesart nicht allein *unmittelbaren* Beitritts-, Bleibe- oder Tarifzwang ausschließt; ihrem Schutzauftrag genügt die negative Koalitionsfreiheit vielmehr nur dann, wenn sie Nichtorganisierte ebenso vor jeglicher Form *mittelbaren* Koalitionszwangs schützt[83]. Allgemein läßt sich der Inhalt der negativen Koalitionsfreiheit demnach mit *Zöllner*[84] dahingehend umschreiben, nicht verbandsangehörige Arbeitnehmer und Arbeitgeber im Ergebnis umfassend davor zu sichern, zwingend in die Machtsphäre der Verbände zu fallen. Indessen kann kaum ein Zweifel bestehen, daß ein solch umfassender Schutz vor unmittelbarem sowie insbesondere mittelbarem Zwang zur Verbandsmitgliedschaft und Tarifautonomie nur dann vollkommen gewährleistet ist, wenn den Arbeitsrechtssubjekten durch den Gesetzgeber eine weitere „reale Alternative für die Gestaltung der Arbeitsverhältnisse"[85] zur Verfügung gestellt wird. Völlig zu Recht ist es daher als die eigentliche Kernaussage der negativen Koalitionsfreiheit im Sinne des Art. 9 Abs. 3 GG angesehen worden, daß durch sie ein *Monopol* der Tarifvertragsparteien hinsichtlich der Regelung und Verbesserung der Arbeits- und Wirtschaftsbedingungen *verhindert* werden soll[86]. Die Tarifautonomie findet folglich gerade in der negativen Koalitionsfreiheit eine ganz entscheidende verfassungsimmanente, ja sogar innergrundrechtliche Schranke.

### b) Entwicklungspolitische Offenheit des Art. 9 Abs. 3 GG – das Mitbestimmungsurteil des BVerfG

Insgesamt dürften die voranstehenden Ausführungen mit aller Deutlichkeit gezeigt haben, daß es sich bei Art. 9 Abs. 3 GG um eine in besonders hohem Maße der Konkretisierung bedürftige Verfassungsnorm handelt. Denn obwohl weder die Bestandsgarantie seitens der Verbände, noch deren Recht auf koalitionsspezifische Betätigung mit der Sonderform der Tarifautonomie, noch die negative Koalitionsfreiheit im Verfassungstext selbst einen Anhalt finden, sind diese für den Gesamtgehalt des Grundrechts unbezweifelbar nicht hinwegzudenken. Die zwingende Notwendigkeit zur konkretisierenden Interpretation des Art. 9 Abs. 3 GG bedingt zwangsläufig eine *Relativität* der Koalitionsfreiheit, welche nicht zuletzt auch das BVerfG in seinem – hinsichtlich des Verhältnisses der Tarifautonomie zu anderen Formen kollektiver Interessenvertretung als

[83] *Scholz*, Koalitionsfreiheit, S. 275 u. 278 f.; *derselbe*, in: *Maunz/Dürig/Herzog/Scholz*, GG, Art. 9 Rdnr. 227; *derselbe*, in: *Isensee/Kirchhof*, Handbuch, Bd. 6, § 151 Rdnr. 84; *Seiter*, AöR 1984, 88 (102), *Schüren*, RdA 1988, 138 (139); *Gragert*, Flexibilisierung von Tarifverträgen, S. 20 f.

[84] RdA 1962, 453 (458).

[85] *Schüren*, RdA 1988, 138 (142).

[86] In diesem Sinne *Belling*, Günstigkeitsprinzip, S. 66.

Grundsatzentscheidung zu bezeichnenden – Mitbestimmungsurteil[87] unmißverständlich zum Ausdruck gebracht hat. Dort führt das Gericht aus, daß die Koalitionsfreiheit weitaus stärker als andere Freiheitsrechte die „Möglichkeit zu Modifikationen und Fortentwicklungen" lassen müsse[88]. Entsprechend enthalte Art. 9 Abs. 3 GG keine Garantie des Tarifvertragssystems „in seiner *konkreten* Gestalt" [89], werde die Tarifautonomie durch diese Verfassungsnorm gerade nicht als „*ausschließliche* Form der Förderung der Arbeits- und Wirtschaftsbedingungen" gewährleistet (Hervorh. d. Verf.)[90].

Wenn vereinzelt konstatiert wird, durch das Mitbestimmungsurteil habe das BVerfG das Tarifsystem im Ergebnis völlig zur Disposition gestellt[91], geht dies sicher zu weit. Dennoch darf nicht verkannt werden, daß das Gericht als besonderes Kennzeichen des Art. 9 Abs. 3 GG unleugbar dessen *entwicklungspolitische Offenheit* ansieht[92]. Eine im Sinne des BVerfG zutreffende Auslegung des Art. 9 Abs. 3 GG kann demnach letztlich nur eine solche sein, die sich nicht ei-

---

[87] BVerfGE 50, 290 ff.

[88] BVerfGE 50, 290 (368).

[89] Entsprech. die ganz herrschende staats- und arbeitsrechtliche Lit.: siehe nur *Zöllner*, AöR 1973, 71 (88); *Scholz*, in: *Isensee/Kirchhof*, Handbuch, Bd. 6, § 151 Rdnr. 16: „keine status-quo-Garantie"; *Scholz/Konzen*, Aussperrung, S. 129; *Jahnke*, Tarifautonomie und Mitbestimmung, S. 31; *Walker*, ZfA 1996, 353 (356).

[90] BVerfGE 50, 290 (371) wo das Gericht weiter ausführt: „Als Freiheitsrecht will Art. 9 Abs. 3 GG in dem von staatlicher Regelung freigelassenen Raum gewährleisten, daß die Beteiligten selbst eigenverantwortlich bestimmen können, wie sie die Arbeits- und Wirtschaftsbedingungen fördern wollen. Daß dies nur im Wege von Tarifverträgen möglich sein sollte, ist nicht zu erkennen. Vielmehr kann die sinnvolle Ordnung und Befriedung des Arbeitslebens, um die es Art. 9 Abs. 3 GG geht, auf verschiedenen Wegen angestrebt werden: nicht nur durch Gestaltungen, die, wie das Tarifsystem, durch die Grundelemente der Gegensätzlichkeit der Interessen, des Konflikts und des Kampfes bestimmt sind, sondern auch durch solche, die Einigung und Zusammenwirken in den Vordergrund rücken, wenngleich sie Konflikte und deren Austragung nicht ausschließen. Auch der zweite Weg vermag namentlich der Aufgabe der Befriedung gerecht werden."

[91] So die Einschätzung des Mitbestimmungsurteils bei *R. Schmidt*, Der Staat 1980, 235 (256).

[92] Zu Art. 9 Abs. 3 GG als offener Verfassungstatbestand aus dem Schrifttum *Lerche*, Verfassungsrechtliche Zentralfragen, S. 26 ff.; *Isensee*, in: *Freudenberg*, Die Zukunft der sozialen Partnerschaft, S. 159 (168): „grundrechtliches Torso"; *Scholz*, in: *Isensee/Kirchhof*, Handbuch, Bd. 6, § 151 Rdnr. 8; *derselbe*, in: *Maunz/Dürig/Herzog/Scholz*, GG, Art. 9 Rdnr. 163; *derselbe*, in: *Beuthien*, Arbeitnehmer oder Arbeitsteilhaber, S. 163 u. 171; *Säcker/Oetker*, Grundlagen, S. 64; *Jahnke*, Tarifautonomie und Mitbestimmung, S. 43; *Ehmann*, in: *Giger/Linder*, Sozialismus, S. 581 (611); *derselbe*, NZA 1991, 1 (2); *Ehmann/Schmidt*, NZA 1995, 193 (196); *Ehmann/Lambrich*, NZA 1996, 346 (350); *Richardi*, RdA 1972, 8 (11): „unvollkommen verfaßt"; *derselbe*, FS für G. Müller, S. 413 (416 u. 419 f.); *Konzen*, AcP 1977, 473 (497): „unfertige Regelung"; *D. Neumann*, ARBl. Grenzen der Tarifautonomie, Rdnr. 3; *Däubler/Hege*, Koalitionsfreiheit, Rdnr. 63.

nem statischen Schutz überkommener verbandlicher und tariflicher Besitzstände verschreibt, sondern den durch Art. 9 Abs. 3 GG vorgegebenen Zweck der Wahrung und Förderung der Arbeits- und Wirtschaftsbedingungen vielmehr auf dem Wege einer *zukunftsorientierten* Verfassungsinterpretation erstrebt[93]. Soweit nicht die Grenzen der Wesensgehaltsgarantie (Art. 19 Abs. 2 GG) überschritten sind, es also nicht zu einer völligen Abschaffung oder jedenfalls faktischen Überflüssigkeit der Tarifautonomie kommt[94], ist diese von Verfassungs wegen – sei es durch die Schaffung neuen, sei es durch die Neuinterpretation bereits bestehenden Rechts – folglich stets einer Fortentwicklung auf Grund der jeweils „bestehenden wirtschaftlichen Verhältnisse“[95] zugänglich. Mehr noch ist eine solche letztlich sogar als durch Art. 9 Abs. 3 GG geboten anzusehen[96]. Da überdies, wie das BVerfG expressis verbis zu verstehen gegeben hat, durch Art. 9 Abs. 3 GG keineswegs den Tarifvertragsparteien ein Monopol hinsichtlich der Regelung der Arbeits- und Wirtschaftsbedingungen garantiert ist, kann die Quintessenz des Mitbestimmungsurteils nur lauten, daß die von der Verfassung geforderte Anpassung der Tarifautonomie an sich wandelnde tatsächliche Umstände nicht zuletzt auch durch den Ausbau alternativer Gestaltungsformen verwirklicht werden kann, sprich: durch eine kompetentielle Stärkung der Betriebsautonomie[97].

[93] In diesem Sinne stets *Ehmann*, in: *Giger/Linder*, Sozialismus, S. 581 (611); *derselbe*, NZA 1991, 1 (2); *derselbe*, Neue Ordnung 1996 (Sondernummer), S. 57; *Ehmann/Schmidt*, NZA 1995, 193 (196); entsprech. auch *Junker*, ZfA 1996, 383 (389); *Monopolkommission*, BT-Drucks. 12/8323, S. 377 f.; *Schmidt-Bleibtreu/Klein*, GG, Art. 9 Rdnr. 12.

[94] Zum Wesensgehalt der Tarifautonomie oben 2 b bb.

[95] BVerfGE 84, 212 (231).

[96] Zu Recht hat *Isensee* (in: *Freudenberg*, Die Zukunft der sozialen Partnerschaft, S. 159 [169]) darauf hingewiesen, daß die fehlende Festschreibung der Tarifautonomie auf eine bestimmte legislative Gestalt und deren stetige Fortentwicklung gerade dieser selbst zu Gute kommt, da das Tarifvertragswesen anderenfalls in der Gefahr stünde, durch einen Wandel der sozialen Wirklichkeit gänzlich überholt zu werden.

[97] Dezidiert anders *Wank* (NJW 1996, 2273 [2274]), dem freilich zuzugeben ist, daß das Mitbestimmungsurteil sich nicht ausdrückl. mit der Frage befaßt hat, ob und inwieweit die Tarifautonomie durch die betriebliche Mitbestimmung eingeschränkt werden kann. Dennoch ist kaum zu verkennen, daß besagter Entscheidung des BVerfG ein Verständnis des Art. 9 Abs. 3 GG zu Grunde liegt, demzufolge die einfachgesetzlich zur Verfügung gestellten Methoden und Mittel zur Wahrung und Förderung der Arbeits- und Wirtschaftsbedingungen so lange als mit der verfassungsrechtlichen Gewährleitung der Tarifautonomie vereinbar anzusehen sind, wie wenigstens eine maßgebliche Beteiligung der Koalitionen an der Erreichung des in Art. 9 Abs. 3 GG ausgesprochenen Zwecks sichergestellt ist; in diesem Sinne, trotz grunds. Ablehnung der sog. „Offenheits“-Theorie hinsichtl. Art. 9 Abs. 3 GG die Deutung des Mitbestimmungsurteils von *Seiter*, AöR 1984, 88 (114).

#### *4. Zwischenergebnis*

Bereits allein die isolierte Betrachtung des Art. 9 Abs. 3 GG macht deutlich, daß nach der historischen und funktionellen auch die letzte der eingangs wiedergegebenen, dem herrschenden Verständnis des Tarifvorbehalts zu Grunde liegenden Prämissen im Ergebnis unzutreffend ist. Zwar genießt die Tarifautonomie trotz fehlender expliziter Nennung im Verfassungstext als Ausfluß der individuellen Koalitionsfreiheit grundrechtlichen Schutz, doch führen zum einen die durch die *negative Koalitionsfreiheit* errichtete Schranke und zum anderen insbesondere die *entwicklungspolitische Offenheit* des Art. 9 Abs. 3 GG dazu, daß ein verfassungsrechtlicher Primat der tariflichen gegenüber der betrieblichen Mitbestimmung gleichwohl nicht angenommen werden kann. Absoluten Schutz verlangt die Verfassung auf Grund der Wesensgehaltsgarantie gem. Art. 19 Abs. 2 i.V.m. Art. 9 Abs. 3 GG für die Tarifautonomie vielmehr lediglich insoweit, als die Gefahr besteht, daß diese durch die sachliche Reichweite betrieblicher Normsetzung *faktisch überflüssig* wird. Sofern aber darüber hinaus der Tarifautonomie ganz allgemein unter bloßem Verweis auf Art. 9 Abs. 3 GG ein uneingeschränkter Vorrang vor der Betriebsverfassung zugesprochen wird[98], entbehrt dies jeder verfassungsdogmatischen Grundlage[99]. Erst recht kann von einer verfassungsrechtlichen Priorität der Tarifautonomie keine Rede mehr sein, wenn man in Rechnung stellt, daß nicht nur ihr, sondern – wie im folgenden ausführlich zu zeigen sein wird – auch der Betriebsautonomie grundrechtlicher Schutz zukommt.

### III. Betriebsautonomie als Verfassungsgut

Sucht man nach Stellungnahmen zur grundgesetzlichen Dimension der Betriebsverfassung, findet sich im arbeitsrechtlichen Schrifttum statt einer ausführlichen Erörterung zumeist nur die apodiktische[100] Feststellung, daß im Ge-

---

[98] So zu Unrecht *Scholz*, FS für Trinkner, S. 377 (387); *Richardi*, Gutachten, in: Verhandlungen des 61. DJT, Bd. I, B 29 (anders und daher zutreff. *derselbe*, Betriebsverfassung und Privatautonomie, S. 17 f.); *Wank*, RdA 1991, 129 (130); *derselbe*, NJW 1996, 2273 (2275); *Heinze*, NZA 1995, 6; *Waltermann*, Rechtsetzung, S. 262; *derselbe*, RdA 1996, 129 (133); *Konzen*, NZA 1995, 913 (915); *Kraft*, FS für Molitor, S. 207 (216); *Hromadka*, DB 1987, 1991 (1993 f.); *Kissel*, NZA 1995, 1 (4); *D. Neumann*, RdA 1990, 257 (259); *Meier-Krenz*, DB 1988, 2149 (2153); *Meyer*, RdA 1998, 142 (152).

[99] I. Erg. richtig *Ehmann*, Neue Ordnung 1996 (Sondernummer), S. 58 f.; *Ehmann/Lambrich*, NZA 1996, 346 (350); *Ehmann/Schmidt*, NZA 1995, 193 (195 f.); *Reuter*, RdA 1991, 193 (201); *Jahnke*, Tarifautonomie und Mitbestimmung, S. 33 u. 41 ff.; *Buchner*, NZA 1986, 377 (380).

[100] Auch *Reichold* (Sozialprivatrecht, S. 488) spricht zu Recht von einer auffälligen Einsilbigkeit der Spezialliteratur zum Verfassungsrang der betrieblichen Mitbestimmung.

gensatz zur Tarifautonomie die Betriebsautonomie keinen Verfassungsrang beanspruchen könne[101]. Die betriebliche Mitbestimmung verdanke ihre Existenz und institutionelle Absicherung vielmehr allein dem einfachen Gesetzgeber, der ihr durch das Betriebsverfassungsgesetz lediglich eine unterverfassungsrechtliche Grundlage geschaffen habe[102]. Teilweise[103] wird präzisiert, eine verfassungsrechtliche Stellung könnten die Betriebspartner allenfalls mittelbar aus den individuellen Freiheitsrechten ihrer Interessenträger ableiten, also aus den Grundrechtsverbürgungen der einzelnen Arbeitnehmer auf der einen und des Arbeitgebers auf der anderen Seite. Daraus wird gefolgert, daß der Betriebszumindest nicht eine der Tarifautonomie vergleichbare verfassungsrechtliche Sonderstellung zukomme. Diese Schlußfolgerung übersieht jedoch, daß auch die Tarifautonomie, wie bereits ausgeführt[104], ihre Verfassungsgarantie keineswegs ausdrücklich, sondern lediglich mittelbar als Ausfluß der individuellen Koalitionsfreiheit der verbandsangehörigen Arbeitnehmer und Arbeitgeber erhält. Die mangelnde Nennung im Grundrechtskatalog der Verfassung unterscheidet beide Kollektivautonomien demnach jedenfalls nicht.

Blickt man auf die Entstehungsgeschichte des Grundgesetzes, stellt man fest, daß der Grund für die fehlende explizite Grundrechtsverbürgung tariflicher und betrieblicher Mitbestimmung der gleiche ist. Denn auch die verfassungsrechtliche Verankerung der – in Art. 165 WRV 1919 noch ausdrücklich verfassungsbewährten[105] – Betriebsautonomie fiel allein der Entscheidung des Parlamentarischen Rates zum Opfer, generell von der Aufnahme einzelner sozialer Grundrechte absehen zu wollen[106]. Dies hinderte die Väter des Grundgesetzes nicht, der Betriebsverfassung gleichwohl in Art. 74 Abs. 1 Nr. 12 GG ausdrücklich eine verfassungsrechtliche Anerkennung zukommen zu lassen. Zwar ist die rechtliche Tragweite dieser Vorschrift im Ergebnis eher gering, da einer reinen Kompetenznorm weder ein Verfassungsauftrag zur Schaffung und Sicherung

---

[101] Statt vieler mehr *Biedenkopf*, Grenzen, S. 294 u. 296; *Kreutz*, Grenzen, S. 80; *Belling*, Günstigkeitsprinzip, S. 113; *Wiese*, in: GK-BetrVG, Einl. Rdnr. 51; *derselbe*, FS für Kissel, S. 1269 (1280); *Scholz*, in: *Beuthien*, Arbeitnehmer oder Arbeitsteilhaber, S. 163 (173); *Löwisch*, NJW 1997, 905 (906); *Beuthien*, ZfA 1983, 141 (164); *Heinze*, NZA 1991, 329 (336); *derselbe*, NZA 1997, 1 (5); *Wank*, NJW 1996, 2273 (2274); *derselbe*, RdA 1991, 129 (130); *Walker*, ZfA 1996, 353 (355); *Joost*, ZfA 1993, 257 (276); *Gragert*, Flexibilisierung von Tarifverträgen, S. 37 Fn. 2; *Kissel*, NZA 1995, 1 (3); *D. Neumann*, RdA 1990, 257.

[102] So unlängst insbes. *Waltermann*, Rechtsetzung, S. 260; *derselbe*, RdA 1996, 129 (132 f.); auch *Rieble*, RdA 1996, 151 (152): „Betriebsverfassung als Staatsveranstaltung"; ebenso *Belling*, Günstigkeitsprinzip, S. 113.

[103] Siehe *Heinze*, DB 1996, 729 (732); *derselbe*, NZA 1997, 1 (6).

[104] Vgl. oben II 1.

[105] Hierzu bereits § 3 III 2 b bb (1).

[106] Allg. *Schmid*, DÖV 1949, 201 (203); *Sörgel*, Konsensus und Interessen, S. 207 ff.; *Schwerdtfeger*, Mitbestimmung, S. 176 f.; *Däubler*, Grundrecht auf Mitbestimmung, S. 156.

einer funktionsfähigen Betriebsverfassung zu entnehmen ist[107], noch aus ihr unmittelbar für das verfassungsrechtliche Verhältnis tariflicher und betrieblicher Mitbestimmung Schlußfolgerungen gezogen werden können[108]. Dennoch ist festzuhalten, daß sich in Art. 74 Abs. 1 Nr. 12 GG ein *sozialpolitisches Bekenntnis* der Verfassung zur Betriebsautonomie manifestiert[109], welches das Grundgesetz in dieser Ausdrücklichkeit in bezug auf die Tarifautonomie nicht birgt.

Diese Feststellung allein ändert freilich nichts an der Tatsache, daß von verfassungsrechtlicher Ebenbürtigkeit der Betriebsautonomie im Vergleich zur Tarifautonomie in der Tat nur dann zu sprechen ist, wenn auch der betrieblichen Mitbestimmung *grundrechtlicher* Schutz attestiert werden kann. Es ist allerdings kein sachlicher Grund erkennbar, insoweit unterschiedliche Maßstäbe anzusetzen, also hinsichtlich der Tarifautonomie eine bloß *mittelbare* Anerkennung als Ausfluß der individuellen Koalitionsfreiheit im Sinne des Art. 9 Abs. 3 GG ausreichen zu lassen, während die herrschende Ansicht[110] bezüglich der Betriebsautonomie indessen eine *explizite* Nennung im Grundrechtskatalog zu verlangen scheint. Daß eine solche Differenzierung im Ergebnis unzutreffend ist, ergibt sich unmißverständlich aus der Verfassung selbst. Denn Art. 142 GG ordnet an, daß sämtliche bei Schaffung des Grundgesetzes bereits in Landesverfassungen getroffenen Bestimmungen auch weiterhin in Kraft bleiben sollen, sofern sie in Übereinstimmung mit dem Grundrechtskatalog des Grundgesetzes stehen. Da alle bei Inkrafttreten des Grundgesetzes existierenden Landesverfassungen, soweit sie überhaupt im Hinblick auf das Sozialleben getroffene Regelungen enthielten, insbesondere ausdrückliche Garantien der Betriebsverfassung vorsahen und noch immer vorsehen[111], macht das Grundgesetz sich diese folg-

[107] Zutreff. *Däubler*, Grundrecht auf Mitbestimmung, S. 163.

[108] Teilweise wird allerdings im verfassungsrechtlichen Schrifttum (so namentlich *Ehmke*, Wirtschaft und Verfassung, S. 111; *derselbe*, VVDStRL 1963, 53 [89 ff.]) und vereinzelt auch in Entscheidungen des BVerfG (vgl. E 28, 243 [261]; 69, 1 [21 ff.]) die Ansicht vertreten, grundgesetzlichen Kompetenznormen komme gleichfalls die materielle Kraft zur Einschränkung von Grundrechten zu. Nach dieser Ansicht könnte also die in Art. 9 Abs. 3 GG geschützte Tarifautonomie bereits allein wegen der Nennung der Betriebsverfassung in Art. 74 Abs. 1 Nr. 12 GG durch diese eine Schranke erfahren (in diese Richtung zielend auch *Nebel*, Normen, S. 140).

Wegen des sich insbes. in Art. 1 Abs. 3 GG manifestierenden Bedeutungsunterschiedes zwischen Grundrechten und bloßen Kompetenzvorschriften kann jedoch bereits der Prämisse einer solchen Überlegung keine Richtigkeit beigemessen werden, da diese i. Erg. zwangsläufig zu einer „Relativierung der Grundrechtsgeltung" (*Stern*, Staatsrecht, Bd. III/2, S. 825) führt; ausf. hierzu *Selk*, JuS 1990, 895 ff.

[109] Entsprech. *Scholz*, Koalitionsfreiheit, S. 7 f.; *Kübler/Schmidt/Simitis*, Mitbestimmung, S. 44; *Jahnke*, Tarifautonomie und Mitbestimmung, S. 29 Fn. 9; *Nebel*, Normen, S. 140.

[110] Siehe oben nach Fn. 103.

[111] Art. 67 Abs. 2 LVerf Rh.-Pf. z. B. lautet: „Zum Zwecke der Mitwirkung und Wahrung ihrer wirtschaftlichen und sozialen Interessen erhalten die Arbeitnehmer Vertre-

lich durch Art. 142 expressis verbis zu eigen. Voraussetzung für die grundrechtliche Gewährleistung der Betriebsautonomie ist es demzufolge lediglich, daß ihre landesrechtlichen Verfassungsgarantien sich in Übereinstimmung befinden mit einer Vorschrift des Bonner Grundrechtskatalogs[112]. Enthält dieser anders formuliert also ein Individualgrundrecht, als dessen Ausfluß die Betriebsautonomie gelten kann, so darf ihr trotz fehlender ausdrücklicher Grundrechtsverbürgung wegen Art. 142 GG konsequenterweise nicht ein der Tarifautonomie gleichwertiger Verfassungsrang verweigert werden. Als individuelle Freiheitsrechte, in denen die Betriebsautonomie mitumfaßt sein könnte, kommen zuvorderst die *Koalitionsfreiheit* im Sinne des Art. 9 Abs. 3 GG (dazu 1), weiterhin die *Vereinigungsfreiheit* gem. Art. 9 Abs. 1 GG sowie die für den Bereich des Arbeitslebens durch Art. 2 Abs. 1 i.V.m. Art. 12 Abs. 1 GG geschützte *Privatautonomie* in Betracht (dazu 2).

### *1. Verfassungsrechtliche Verankerung der Betriebsautonomie in Art. 9 Abs. 3 GG?*

a) Daß die Betriebsautonomie ebenso wie die Tarifautonomie der *Wahrung und Förderung der Arbeits- und Wirtschaftsbedingungen* dient, wird heute wohl niemand ernsthaft bezweifeln können[113]. Damit ihr als Ausfluß der Koalitionsfreiheit durch Art. 9 Abs. 3 GG Verfassungsrang zugesprochen werden kann, müßte weiterhin der Träger der betrieblichen Mitwirkungsbefugnisse – sei es die Belegschaft, sei es der Betriebsrat[114] – als eine *Vereinigung* im Sinne dieser Verfassungsnorm gelten können. Legt man den in Rechtsprechung und Lite-

---

tungen in den Betriebsräten." Deren Rechte bestimmt Art. 67 Abs. 4 LVerf Rh.-Pf. wie folgt: „Bei Beschlüssen des Unternehmers, welche die Belange der Belegschaft ernsthaft beeinträchtigen können, hat die Betriebsvertretung mitzuwirken." Siehe auch Art. 26 LVerf NRW, Art. 25 LVerf Berlin, Art. 37 LVerf Hessen, Art. 50 LVerf Brandenburg.

[112] Insoweit zutreff. *Kempen*, AuR 1986, 129 (136 f.); *derselbe*, RdA 1994, 140.

[113] So ganz klar MünchArbR-*Richardi*, Bd. 3, § 233 Rdnr. 40; verneinend noch, jedoch ohne tragfähige Begr. *Biedenkopf* (Grenzen, S. 294) sowie wortgleich *Hablitzel* (Verbands- und Betriebsratskompetenzen, S. 156): „Die Normierung von Arbeitsbedingungen durch die Parteien der Betriebsvereinbarung ist keine Wahrung der Arbeits- und Wirtschaftsbedingungen im Sinne des Art. 9 Abs. 3 GG."

[114] Die umstrittene Frage nach der Zuordnung der betrieblichen Mitwirkungsrechte bedarf hier keiner näheren Erörterung; vgl. vielmehr:

*Fabricius*, Relativität, S. 216 ff. u. 232 f.; *Konzen*, FS für Wolf, S. 279 (295 f.): Belegschaft als rechtliche Einheit Träger der Mitwirkungsrechte.

*Neumann-Duesberg*, Betriebsverfassungsrecht, S. 204 ff.; *Travlos-Tzanetatos*, Regelungsbefugnis, S. 46 f.: einzelne Arbeitnehmer als Beteiligungsrechtsträger.

*Kreutz*, Grenzen, S. 22 ff.; *Huber*, Wirtschaftsverwaltungsrecht, Bd. 2, S. 485 ff.; *Ellenbeck*, Grundrechtsfähigkeit, S. 61 f.; *Heinze*, ZfA 1988, 53 (62): Betriebsrat als Zuordnungssubjekt der Beteiligungsrechte und Partei der Betriebsvereinbarung.

ratur allgemein anerkannten Koalitionsbegriff des Art. 9 Abs. 3 GG zu Grunde, ist dies im Ergebnis nicht der Fall. Denn der Schutz der Koalitionsfreiheit soll nur solchen Vereinigungen zustehen, die nach ihrer Gesamtstruktur Unabhängigkeit von ihrem sozialen Gegenspieler beanspruchen können, überdies demokratisch, *überbetrieblich* und mit dem Anspruch auf Dauerhaftigkeit organisiert sind, weiterhin über eine ausreichende Mächtigkeit und Druckfähigkeit verfügen sowie schließlich den Willen zum Abschluß von Tarifverträgen besitzen[115]. Ohne auf die weiteren Voraussetzungen des Koalitionsbegriffs näher eingehen zu müssen, scheitert die verfassungsrechtliche Verankerung der Betriebsautonomie in Art. 9 Abs. 3 GG jedenfalls nach herrschender Ansicht demnach allein an der fehlenden *Überbetrieblichkeit*[116].

Auf der anderen Seite aber hat das BVerfG, wie bereits näher ausgeführt[117], in seinem Mitbestimmungsurteil[118] unmißverständlich zu verstehen gegeben, daß Art. 9 Abs. 3 GG ein in besonderem Maße offener Verfassungstatbestand ist, der nicht statisch, sondern stets zukunftsorientiert mit Blick auf die sich wandelnden tatsächlichen Umstände interpretiert werden muß. Will man mit seiner *entwicklungspolitischen Offenheit* wirklich ernst machen, so darf diese zwangsläufig gleichsam vor dem *Koalitionsbegriff* keineswegs haltmachen. Auch dieser ist folglich nicht allein starr an den Voraussetzungen auszurichten, welche bis dato traditionell eine Koalition kennzeichneten, sondern vielmehr rein *funktional* zu umschreiben[119]; etwa dahingehend, daß als Vereinigungen im Sinne des Art. 9 Abs. 3 GG all diejenigen zu gelten haben, welche berufen und imstande sind, die privatrechtlichen Interessenkonflikte zwischen Arbeitgebern und Arbeitnehmern in kollektiver, freiheitlicher und sozialgerechter Autonomie zu überwinden[120]. Daß das Ziel eines solchen Interessenausgleichs ausschließlich auf *über*betrieblicher Ebene erreicht werden kann, ist bereits allein in Anbetracht der weitreichenden tatsächlichen Bedeutung, welche die betriebliche Mitbestimmung mittlerweile erlangt hat[121], nicht anzunehmen. Die als Konsequenz des Mitbestimmungsurteils zu fordernde funktionelle Bestimmung des

---

[115] BVerfGE 18, 18 (28); 50, 290 (368); *Zöllner/Loritz*, Arbeitsrecht, S. 101 ff.; m. jeweils w. Nachw. zu den einzelnen Koalitionsmerkmalen *Löwisch/Rieble*, TVG, § 2 Rdnrn. 3 ff.

[116] Zu dieser konkret BVerfGE 4, 96 (106 f.); BAGE 20, 175 (213); *Hueck/Nipperdey/Säcker*, Arbeitsrecht, Bd. II/1, 7. Aufl., S. 98 ff.

[117] Ausf. hierzu II 3 b.

[118] BVerfGE 50, 290 ff.

[119] Richtig *Scholz*, Koalitionsfreiheit, S. 50; *derselbe*, in: *Isensee/Kirchhof*, Handbuch, Bd. 6, § 151 Rdnrn. 54 u. 63.

[120] So *Scholz* (in: *Maunz/Dürig/Herzog/Scholz*, GG, Art. 9 Rdnr. 194), der aber dennoch an späterer Stelle (ebd., Rdnr. 212; ebenso *derselbe*, Koalitionsfreiheit, S. 48) zumindest „prinzipiell“ vom Erfordernis der Überbetrieblichkeit einer Koalition ausgeht; ähnl. auch *Badura*, Saatsrecht, Rdnr. C 94.

[121] Siehe dazu § 4 II 2 sowie § 6 II.

Koalitionsbegriffs führt demnach dazu, daß die Überbetrieblichkeit nicht zwingend zu dessen Voraussetzung gemacht werden sollte[122], was es folglich durchaus nahelegt, der Betriebsautonomie als Ausfluß der Koalitionsfreiheit des Art. 9 Abs. 3 GG Verfassungsrang zuzuerkennen[123].

b) Gegen eine grundrechtliche Verankerung der Betriebsverfassung in Art. 9 Abs. 3 GG wird des weiteren geltend gemacht, daß von dem an eine Koalition im Sinne dieser Verfassungsnorm zwingend zu stellenden Erfordernis der *Gegnerunabhängigkeit,* für die gerade die Überbetrieblichkeit entscheidendes Indiz sei[124], auf Betriebsebene nicht gesprochen werden könne. An einer Gegnerunabhängigkeit fehle es allein deswegen, weil der Arbeitgeber durch die ihm zustehenden Kündigungsmöglichkeiten in der Lage sei, jederzeit auf die personelle Stärke seines sozialen Gegenspielers Einfluß zu nehmen[125]. Bedenkt man jedoch die engen Maschen des Kündigungsschutzrechts, das gerade für Betriebsratsmitglieder besondere Vorkehrungen trifft (§§ 15 KSchG, 103 BetrVG), vermag auch diese Argumentation letztlich nicht zu überzeugen. Überdies erliegt sie einem Zirkelschluß, da – die Koalitionseigenschaft des Be-

---

[122] In diesem Sinne jetzt *Sodan*, JZ 1998, 421 (428 f.); i. Erg. entsprech. bereits *Huber*, Wirtschaftsverwaltungsrecht, Bd. 2, S. 370 f. Anzumerken bleibt, daß die Frage nach der Voraussetzung der Überbetrieblichkeit einer Koalition nicht nur im Hinblick auf Art. 9 Abs. 3 GG, sondern auch schon zur Zeit der Geltung der Weimarer Reichsverfassung aus dem Jahre 1919 und der Tarifvertragsverordnung vom 23.12.1918 umstritten gewesen ist, wobei seinerzeit sich auch die Rspr. mehrfach gegen die Beschränkung des Koalitionsbegriffs auf überbetriebliche Vereinigungen ausgesprochen hat; vgl. RAG, ARS 4, 239 ff.; 5, 217 ff.; aus der Lit. entsprech. *Jacobi*, Grundlehren, S. 178; *A. Hueck*, JW 1921, 613 (614).

[123] So i. Erg. *Ehmann*, Neue Ordnung 1996 (Sondernummer), S. 59; *Th. Schmidt*, Günstigkeitsprinzip, S. 74 Fn. 99; ähnl. *Meik*, Kernbereich, S. 107 Fn. 181; jetzt auch *Sodan*, JZ 1998, 421 (428 f.).

Diff. *Jahnke* (Tarifautonomie und Mitbestimmung, S. 33 f.) und *Bender* (BB 1987, 1117 [1119]), die darauf hinweisen, daß die betriebliche Mitbestimmung zumindest als Ausfluß der koalitionsspezifischen Betätigungsfreiheit dem Schutz des Art. 9 Abs. 3 GG unterfällt. Dadurch erhalten jedoch allein die auf Unterstützung und Überwachung der Betriebsverfassung gerichteten Befugnisse der Gewerkschaften Verfassungsschutz. Eine umfass. verfassungsrechtliche Gewährleistung der Betriebsautonomie als solcher läßt sich allerdings aus dieser Erwägung nicht ableiten.

Zumindest erwogen wird die Verankerung der Betriebsautonomie in Art. 9 Abs. 3 GG von *Ehmann*, ZRP 1996, 314 (317); *Ehmann/Lambrich*, NZA 1996, 346 (350); *Lambrich*, Diskussionsbeitrag, in: Verhandlungen des 61. DJT, Bd. II/2, K 160 (K 161).

Ausdrückl. ablehn. *Kreutz*, Grenzen, S. 81 f.; *Veit*, Zuständigkeit, S. 151 ff. (insbes. 165 ff.); *Wank*, NJW 1996, 2273 (2274 Fn. 10); *Rieble*, RdA 1996, 151 (152): „Die Belegschaft ist keine Koalition und darf es auch nicht sein“, weil nicht sein kann, was nicht sein darf.

[124] *Säcker*, Grundprobleme, S. 62; vgl. auch *Richardi*, RdA 1972, 8 (11); *Canaris*, AuR 1966, 129 (140).

[125] *Von Münch*, in: *Dolzer/Vogel*, Bonner Kommentar, Art. 9 Rdnr. 129; *Löwer*, in: *von Münch/Kunig*, GG, Art. 9 Rdnr. 68; *Veit*, Zuständigkeit, S. 167.

triebsrats bzw. der Belegschaft unterstellt – allein aus der unmittelbaren Drittwirkung der Koalitionsfreiheit nach Art. 9 Abs. 3 Satz 2 GG folgt, daß sämtliche koalitionsfeindlichen Maßnahmen des Arbeitgebers, also insbesondere auch dahingehende Kündigungen, stets unzulässig sind[126].

c) Kann rein tatsächlich vom Fehlen der geforderten Gegnerunabhängigkeit demnach keine Rede sein, ist dennoch mit diesem Kriterium ein Aspekt angesprochen, welcher es trotz der entwicklungspolitischen Offenheit des Art. 9 Abs. 3 GG im Ergebnis zweifelhaft erscheinen läßt, die Koalitionsgarantie auf die Betriebsautonomie zu erstrecken. Denn bereits terminologisch ist mit der Voraussetzung der Gegnerunabhängigkeit eine Konnotation verbunden, die mit der Idee betrieblicher Mitbestimmung nur schwerlich vereinbart werden kann. Während die Tarifautonomie, wie der Begriff der Gegnerunabhängigkeit nachhaltig zeigt, auf dem Gedanken des *antagonistischen Interessengegensatzes* und der *sozialen Gegnerschaft* gründet, ist die Betriebsautonomie – ausweislich der in § 2 Abs. 1 BetrVG statuierten Kooperationsmaxime und des Arbeitskampfverbots gem. § 74 Abs. 2 Satz 1 BetrVG – ausdrücklich durch die Idee der *Sozialpartnerschaft*[127] und der einvernehmlichen *innerbetrieblichen Zusammenarbeit* geprägt[128]. Dieses Unterschieds zwischen tariflichem Kampfmodell auf der einen sowie innerbetrieblichem oder unternehmensinternem Integrationsmodell auf der anderen Seite ist sich auch das BVerfG in seinem Mitbestimmungsurteil durchaus bewußt, in welchem das Gericht ausdrücklich zu verstehen gibt, daß die Wahrung der Arbeits- und Wirtschaftsbedingungen nicht nur auf dem Wege des Konflikts und des Kampfes erreicht werden könne, sondern ebenso durch Gestaltungsmittel, welche Einigung und Zusammenwirken in den Vordergrund stellen[129].

Die entscheidende Frage lautet also, ob das Gericht durch diese Annahme den Schutzbereich des Art. 9 Abs. 3 GG gleichermaßen für kooperative Formen arbeitnehmerseitiger Interessenvertretung zu öffnen beabsichtigte, oder aber lediglich zum Ausdruck bringen wollte, daß ihre Existenz das Kampfmodell der Tarifautonomie nicht in seinem durch Art. 9 Abs. 3 GG gewährten Schutz verletzt. Soll dem Mitbestimmungsurteil nicht rein spekulativ zu viel unterstellt werden, erscheint die zweite Lesart vorzugswürdig. In sachlicher Hinsicht kommt entscheidend hinzu, daß Art. 9 Abs. 3 GG zweifellos eine in hohem Maße konkretisierungsbedürftige Verfassungsnorm darstellt, doch diese entwicklungspolitische Offenheit gleichwohl nicht dazu führen darf, daß die Koalitions-

---

[126] So der zutreff. Hinweis von *Däubler/Hege*, Koalitionsfreiheit, Rdnr. 118.

[127] Siehe zu deren geistesgeschichtlicher Wurzel oben § 3 III 1 a aa.

[128] Zur Antinomie zwischen der Grundkonzeption der Tarifautonomie und dem die Betriebsautonomie entscheidend prägenden Vertrauensgrundsatz insbes. *Kraft*, ZfA 1973, 243 (252).

[129] BVerfGE 50, 290 (371).

freiheit letztlich jegliche inhaltliche Bestimmtheit einbüßt. Um dies zu verhindern, erscheint es unumgänglich anzuerkennen, daß einerseits das den weiten Verfassungstatbestand der Koalitionsfreiheit näher konkretisierende (einfachgesetzliche) System als solches zwar notwendigen Anpassungen unterworfen werden kann; andererseits aber ist zu verlangen, daß sich diese Modifizierungen selbst wiederum stets innerhalb der Grenzen eines einmal verfassungsrechtlich akzeptierten Koalitionsmodells halten. Wenn dieses aber nach überkommener Vorstellung auf *Interessengegensatz* und *Konflikt* beruht, dann ist es zwangsläufig nicht mehr systemkonform, innerbetriebliche *Sozialpartnerschaft* und *Kooperation* ebenfalls als Ausübung der Koalitionsfreiheit zu erachten („Wenn-dann-Logik" [*Isensee*][130]).

d) Als Zwischenergebnis kann demnach festgehalten werden: Die verfassungsrechtliche Verankerung der Betriebsautonomie als Ausfluß der Koalitionsfreiheit hätte zur Folge, daß der Verfassungstatbestand des Art. 9 Abs. 3 GG seine Kontur und innere Logik einbüßt, so daß es zumindest vorzugswürdig erscheint, den Blick statt dessen auf individuelle Freiheitsrechte zu richten, die nicht wie Art. 9 Abs. 3 GG inhaltlich durch ein festes Grundmuster einer gruppenegoistischen und antagonistischen Konfliktlösung vorherbestimmt sind. Insoweit kommen sowohl die – als lex generalis[131] zur Koalitionsfreiheit zu erachtende – *allgemeine Vereinigungsfreiheit* gem. Art. 9 Abs. 1 GG als auch die in Art. 2 Abs. 1 i.V.m. Art. 12 Abs. 1 GG geschützte *Privatautonomie* in Betracht.

### *2. Verfassungsrechtliche Verankerung der Betriebsautonomie in Art. 9 Abs. 1, Art. 2 Abs. 1 i.V.m. Art. 12 Abs. 1 GG*

Die Idee, betriebsverfassungsrechtliche Mitbestimmung als Ausübungsform individueller Vereinsfreiheit zu begreifen und sie aus diesem Grunde als durch Art. 9 Abs. 1 GG verfassungsrechtlich geschützt anzusehen, findet im staats- und arbeitsrechtlichen Schrifttum derzeit nahezu kaum Beachtung[132]. Dies freilich zu Unrecht, hatte doch bereits die Arbeitsrechtswissenschaft des 19. Jahrhunderts ganz klar herausgearbeitet, daß es letztlich sogar als das entscheidende

---

[130] In: *Freudenberg*, Die Zukunft der sozialen Partnerschaft, S. 159 (171).

[131] *Stern*, Staatsrecht, Bd. III/2, S. 1393.

[132] Zumindest angedacht von *Ehmann*, ZRP 1996, 314 (317); *derselbe*, Neue Ordnung 1996 (Sondernummer), S. 59; *Ehmann/Lambrich*, NZA 1996, 346 (351); *Lambrich*, Diskussionsbeitrag, in: Verhandlungen des 61. DJT, Bd. II/2, K 160 (K 161); i. Erg. für eine Verankerung der Betriebsautonomie in Art. 9 Abs. 1 GG auch *Ramm* (JZ 1991,1 [12]), der ausgehend von einem sehr weiten Verständnis des Vereinsbegriffs annimmt, daß Arbeitgeber und Arbeitnehmer sich durch Abschluß eines Arbeitsvertrages zum gemeinsamen Zweck der Arbeitserbringung vereinigen.

Grundanliegen der Betriebsautonomie umschrieben werden kann, die betriebliche Produktionsgemeinschaft von einem fremdbestimmten Herrschaftsverband (*von Gierke*) zu einem freiheitlichen Betriebsverband (*Sinzheimer*, *Bitzer*) zu wandeln[133]. Vereinsrechtliche Implikationen sind der Betriebsverfassung jedenfalls ihrer Idee nach also seit jeher keineswegs fremd[134]. Dies galt erst recht, als es dem Weimarer Gesetzgeber durch die Reichsverfassung des Jahres 1919 (vgl. konkret Art. 151, Art. 157, Art. 165 WRV 1919) sowie in Gestalt des im darauffolgenden Jahr erlassenen Betriebsrätegesetzes erstmals gelungen war, den erstrebten Paradigmenwechsel vom Herrschafts- zum freiheitlichen Betriebsverband auf gesetzlicher Ebene tatsächlich zu vollziehen[135]. So verwundert es nicht, daß nur ein Jahr später *Alfred Hueck*[136] unter dem Eindruck dieser Kodifikationen formulierte:

> „Denn wer in einen Betrieb eintritt, unterwirft sich dadurch den dort geltenden Bestimmungen genau so wie jemand, der in einen Verein eintritt, sich den Regeln der Vereinssatzung unterwirft."

Um festzustellen, ob aus dem *Hueck*'schen Denkmuster des Betriebsvereins – über eine rein tatsächliche Vergleichbarkeit des Betriebseintritts mit dem Vereinsbeitritt hinaus – nicht zuletzt auch für die verfassungsrechtliche Verankerung der Betriebsautonomie Schlüsse gezogen werden können, erscheint es ratsam, zunächst zu hinterfragen, ob die betriebliche Produktionsgemeinschaft nach allgemeinen vereinsrechtlichen Grundsätzen in der Tat als ein *Verband im Rechtssinne* zu verstehen ist (dazu a); gegebenenfalls gilt es in einem zweiten Schritt zu klären, ob und inwieweit der Betriebsverband als eine *Vereinigung im Sinne des Art. 9 Abs. 1 GG* (dazu b) oder jedenfalls als ein *privatautonom legitimierter* (dazu c) Verband erachtet werden kann, so daß der Betriebs- als Ausfluß der durch Art. 2 Abs. 1 i.V.m. Art. 12 Abs. 1 GG geschützten Privatautonomie Verfassungsrang zukommt (dazu d).

### a) Die betriebliche Produktionsgemeinschaft als Verband im Rechtssinne

Während überwiegend angenommen wird, daß sowohl die Belegschaft als solche als auch der zwischen dieser und dem Arbeitgeber bestehende betriebliche Produktionsverbund lediglich eine rein *tatsächliche* Gemeinschaft ohne rechtliche Relevanz darstellt, geht die im neueren Schrifttum namentlich von

---

[133] Hierzu ausf. bereits § 3 I 2 b u. c.

[134] Die verbandsrechtliche Sicht ist also nicht eine „Episode in der Dogmengeschichte des Arbeitsvertrages" (so aber *Preis*, Grundfragen, S. 17), sondern vielmehr so alt wie das neuzeitliche Arbeitsrecht selbst (*Reuter*, ZfA 1993, 221 [250]).

[135] Siehe oben § 3 III 2 b bb (3) sowie § 3 III 2 b cc (1).

[136] In: Gruchots Archiv 1921, 16 (28).

*Reuter*[137] vertretene Verbandslehre davon aus, daß die Betriebsgemeinschaft nicht nur als ein soziologischer Befund zu Tage tritt, sondern darüber hinaus als ein *körperschaftlicher Verband im Rechtssinne* einzustufen ist. Als Begründung für diese auch in der älteren Literatur bereits von namhaften Autoren[138] vertretene Auffassung führt *Reuter* an, daß die betriebliche Praxis moderner Produktion kaum noch Arbeitsbedingungen kenne, die nicht einheitlich für alle Arbeitnehmer auf Betriebsebene festgelegt werden müßten, wobei selbst die Lohnhöhe und die Dauer der Arbeitszeit, also der synallagmatische Kern des Arbeitsverhältnisses, keine Ausnahmen mehr bildeten. Diese – als Faktum wie gesehen[139] nicht zu leugnende – Verlagerung des Gestaltungsschwerpunkts von der individualvertraglichen auf die betriebliche Ebene lege es nahe, das Arbeitsverhältnis nicht mehr länger als eine durch *verbandsrechtliche* Aspekte ergänzte *Vertrags*beziehung, sondern statt dessen als eine *vertragsrechtlich* determinierte *Verbands*beziehung zu begreifen[140]. Mit anderen Worten kommt dem Arbeitsvertrag dieser Ansicht nach also die Funktion zu, eine Mitgliedsrolle des Arbeitnehmers im Arbeitsverband Betrieb zu begründen[141].

Obwohl die der Auffassung *Reuters* zu Grunde liegenden soziologischen und ökonomischen Überlegungen, wie der Blick in die betriebliche Praxis belegt, faktisch nur schwerlich von der Hand zu weisen sind[142], ist die Verbandslehre im neueren Schrifttum bislang nahezu einhellig auf Ablehnung gestoßen[143]. Ge-

---

[137] Insbes. in: Verhandlungen des 61. DJT, Bd. II/1, K 35 (K 39 ff.); auch bereits *derselbe*, ZfA 1995, 1 (33); *derselbe*, RdA 1994, 152 (157 ff.); *derselbe*, ZfA 1993, 221 (226 ff.); *derselbe*, ORDO 1985, 51 (57 f.); *derselbe*, Stellung des Arbeitsrechts, S. 26; jüngst erneut *derselbe*, FS für Schaub, S. 605 (627); diesem ausdrückl. zustimm. *Ehmann*, Diskussionsbeitrag, in: Verhandlungen des 61. DJT, Bd. II/2, K 105 (K 109); entsprech. ebenso *Nebel*, Normen, S. 86 ff.; offen gelassen bei *Lunk*, Betriebsversammlung, S. 74 f.

[138] Siehe *Herschel*, RdA 1948, 47 (49): Betrieb als „einheitlicher Arbeitsorganismus"; *derselbe*, RdA 1956, 161 (164): Betrieb als „personenrechtlicher Organismus"; *Galperin*, RdA 1959, 321 (324 ff.); *derselbe*, RdA 1962, 366 (368); *derselbe*, ArbRGegw 1964, 75 (81 ff.); *Siebert*, BB 1952, 832 (833); *Fabricius*, Relativität, S. 229; *Grell*, Betriebsinhaberwechsel, S. 18; *Bogs*, RdA 1956, 1 (5 f.); *Adomeit*, Regelungsabrede, S. 100; *derselbe*, BB 1962, 1246 (1249); *Thomanek*, Organstellung, S. 70 ff.; *Fitting/Auffarth/Kaiser*, BetrVG, 10. Aufl., §1 Rdnr. 26.

[139] Ausf. oben § 4 II 2.

[140] *Reuter*, ZfA 1993, 221 (229); ähnl. bereits *Galperin*, RdA 1959, 321 (324); *Herschel*, RdA 1956, 161 (162): „Akzentverlagerung unseres Arbeitsrechts zum Betriebe hin".

[141] So auch *Gast*, BB 1991, 1053 (1054).

[142] Nicht die verbandsrechtliche Erfassung der innerbetrieblichen Beziehungen erscheint daher als „wirklichkeitsfremdes Konstrukt" (so aber *Reichold*, Sozialprivatrecht, S. 500), sondern gerade die vehemente Ablehnung der Verbandslehre negiert die Wirklichkeit in eklatanter Weise.

[143] *Richardi*, in: Verhandlungen des 61. DJT, Bd. I, B 29 ff.; MünchArbR-*Richardi*, Bd. 3, § 234 Rdnr. 50; *derselbe*, NZA 1992, 961 (965 f.); auch bereits *derselbe*, Kollektivgewalt, S. 309 f.; *Dietz/Richardi*, BetrVG, § 1 Rdnr. 20; *Kirchhof*, Private Rechtset-

gen sie wird insbesondere eingewandt, sich allein aus rechtstatsächlich-typologischen Erwägungen im Ergebnis zu überhöhten rechtlichen Schlußfolgerungen verleiten zu lassen[144]. Doch andererseits dürfte genauso kein Zweifel bestehen, daß das Recht seiner die Wirklichkeit gestaltenden Funktion nur dann hinreichend Rechnung zu tragen vermag, wenn sich die Rechtsdogmatik einer Terminologie bedient, die maßgeblich an dem ihr zu Grunde liegenden soziologischen Sachverhalt orientiert ist. Denn nur so herrscht für den Normadressaten letztlich Klarheit, womit er es tatsächlich wie rechtlich zu tun hat[145]. Konkret für das Arbeitsverhältnis folgt daraus, daß es sicher nicht der juristischen *lex artis* entspräche, weiterhin als ein *bilaterales Vertragsverhältnis* zwischen Arbeitgeber und Arbeitnehmer bezeichnen zu wollen, was sich unter Berücksichtigung der betrieblichen Realitäten nunmehr als eine *überindividuelle Verbandsbeziehung* erweist[146].

Des weiteren wird an Kritik gegenüber der Verbandslehre geltend gemacht, daß sie durch Reduzierung des Arbeitsvertrages auf die bloße Begründung einer Mitgliedschaft im Betriebsverband die Privatautonomie des einzelnen Arbeitnehmers negiere und diesen von einem selbstbestimmten und eigenverantwortlichen *Rechtssubjekt* zu einem *willenlosen Objekt* einer oktroierten Verbandsherrschaft degradiere[147]. Und in der Tat gilt es zu bedenken, daß das Grundge-

---

zung, S. 220; *Reichold*, Sozialprivatrecht, S. 540 ff.; *Jahnke*, Tarifautonomie und Mitbestimmung, S. 119; *Rieble*, Arbeitsmarkt und Wettbewerb, Rdnr. 912; *derselbe*, RdA 1996, 151 (152 f.); *Waltermann*, Rechtsetzung, S. 90; *derselbe*, NZA 1996, 357 (360); *derselbe*, RdA 1996, 129 (134); *Wank*, NJW 1996, 2273 (2274); *Wiese*, ZfA 1996, 439 (454); *Löwisch*, JZ 1996, 813 (817); *Walker*, FS für Kissel, S. 1205 (1215 f.); *von Stebut*, FS für Kissel, S. 1135 (1147 f.); *Käppler*, FS für Kissel, S. 475 (480 f. m. Fn. 24); *Picker*, GS für Knobbe-Keuk, S. 879 (923 f.); *Biberacher*, Rechtssetzungsmacht, S. 16 f.; *Riester*, Deregulierung, S. 22.

Aus dem älteren Schrifttum bereits *Hueck/Nipperdey/Säcker*, Arbeitsrecht, Bd. II/2, 7. Aufl., S. 1093 f.; *Zöllner*, FS 25 Jahre BAG, S. 745 (755 ff.); *Neumann-Duesberg*, Betriebsverfassungsrecht, S. 171 ff.; *Kreutz*, Grenzen, S. 71 f. u. 236 ff.; *Konzen*, FS für Wolf, S. 279 (293 ff.); *Bickel*, ZfA 1971, 181 (188 f.); *Söllner*, DB 1968, 571 (572); *G. Hueck*, Betriebsvereinbarung, S. 33 ff.; *F. Neumann*, RdA 1951, 1 (2 f.); *Travlos-Tzanetatos*, Regelungsbefugnis, S. 63.

[144] In diesem Sinne *Preis*, Grundfragen, S. 16; *derselbe*, RdA 1995, 333 (338); *Veit*, Zuständigkeit, S. 372.

[145] So in anderem Zshg. zu Recht *Kronstein*, Das Recht der internationalen Kartelle, S. 507 f.; zutreff. auch *Meyer-Cording*, Rechtsnormen, S. 97 f.: „Was die Soziologie als Rechtswirklichkeit erkennt, kann die Dogmatik nicht völlig abweisen, will sie sich nicht den Vorwurf der Wirklichkeitsfremdheit einhandeln".

[146] Richtig *Reuter*, RdA 1994, 152 (157).

[147] In diesem Sinne *Richardi*, in: Verhandlungen des 61. DJT, Bd. I, B 30 u. 32; MünchArbR-*Richardi*, Bd. 3, § 234 Rdnr. 50; *derselbe*, NZA 1992, 961 (965 f.); auch bereits *derselbe*, Kollektivgewalt, S. 309 f.; ebenso *Reichold*, Sozialprivatrecht, S. 540 f.; *Preis*, Grundfragen, S. 16; *Löwisch*, JZ 1996, 813 (817); *Rieble*, Arbeitsmarkt und Wettbewerb, Rdnr. 912; *derselbe*, RdA 1996, 151 (152 f.); *Konzen*, FS für Wolf,

setz – wie bereits näher ausgeführt[148] – wegen der seiner Gesamtstruktur inhärenten Entscheidung für eine verantwortete Marktwirtschaft im Ergebnis einen *Primat der Privatautonomie* statuiert, konkret Art. 2 Abs. 1 i.V.m. Art. 12 Abs. 1 GG den Arbeitsrechtssubjekten das verfassungsbewährte Recht garantieren, neben dem Vertragspartner sowie den zeitlichen Grenzen eines Arbeitsverhältnisses auch dessen Inhalt selbst zu bestimmen. Die entscheidende Frage aber lautet, welche Anforderungen von Verfassungs wegen an diese inhaltliche Gestaltungsbefugnis zu stellen sind. Erachtet man es, wie *Zöllner*[149] zu bedenken gibt, als dem Primat der Privatautonomie ausreichend gerecht werdende Mindestfunktion des Arbeitsvertrages, die für den Geschäftstypus Arbeitsverhältnis konstituierenden Elemente und den Vertragsgegenstand näher zu bestimmen (d. h. *Art* und *Ort* der Arbeitsleistung), wird dem zweifellos gleichermaßen die Bedeutung gerecht, welche die Verbandslehre dem Individualvertrag beimißt. Hinzu kommt, daß von einem Verstoß der verbandsrechtlichen Sichtweise des Arbeitsverhältnisses gegen die Privatautonomie jedenfalls dann keine Rede sein kann, wenn der Abschluß des Arbeitsvertrages nach den allgemeinen Grundsätzen der Rechtsgeschäftslehre als selbstbestimmter Willensentschluß des Arbeitnehmers zum Eintritt in den Betriebsverband angesehen werden kann und diesem dadurch eine privatautonome Legitimation zuteil wird. Diese Frage, welche für die verfassungsrechtliche Verankerung der Betriebsautonomie letztlich von entscheidender Bedeutung sein wird[150], muß an dieser Stelle indessen noch nicht abschließend beantwortet werden. Denn der Verbandsbegriff als solcher hat, was die Kritiker der arbeitsrechtlichen Verbandslehre verkennen, den privatautonomen Charakter einer Vereinigung nicht zur zwingenden Voraussetzung, umfaßt vielmehr sowohl die freiheitlichen *Körperschaften* als auch die durch ein höheres Maß an Einflußlosigkeit der Mitglieder gekennzeichneten *Anstalten*[151]. Ganz allgemein ist als Verband im Rechtssinne jede durch Gesellschaftsvertrag oder Satzung verfaßte, auf Mitgliedschaft beruhende und gegenüber den Mitgliedern verselbständigte sowie einem gemeinsamen Zweck dienende Organisation zu verstehen[152]. Die nähere Prüfung wird zeigen, daß so-

---

S. 279 (295); *Veit*, Zuständigkeit, S. 175 f.; *von Stebut*, FS für Kissel, S. 1135 (1147 f.); *Käppler*, FS für Kissel, S. 475 (480); *Picker*, GS für Knobbe-Keuk, S. 879 (924).

[148] Siehe oben I 2 u. 3.

[149] AcP 1976, 221 (227 f.).

[150] Ausf. unten d.

[151] Richtig *Hueck/Nipperdey/Säcker*, Arbeitsrecht, Bd. II/2, 7. Aufl., S. 1090 m. zahlr. w. Nachw.; *Galperin*, RdA 1959, 321 (326); *derselbe*, ArbRGegw 1964, 75 (82); *Nebel*, Normen, S. 57 u. 88.

[152] So die Def. von *K. Schmidt*, Gesellschaftsrecht, S. 146; inhaltl. gleich, wenn auch in der Formulierung im Detail diff. *Hueck/Nipperdey/Säcker*, Arbeitsrecht, Bd. II/2, 7. Aufl., S. 1090; *Galperin*, RdA 1959, 321 (324 f.); *derselbe*, ArbRGegw 1964, 75 (81 f.); *Reuter*, ZfA 1993, 221 (229); *Nebel*, Normen, S. 54 f.; *Bickel*, ZfA 1971, 181 (187).

wohl die Belegschaft[153] als auch die zwischen dieser und dem Arbeitgeber bestehende Produktionsgemeinschaft bei unvoreingenommener Betrachtung sämtliche dieser Voraussetzungen erfüllen und folglich nach richtiger Ansicht einen Verband im Rechtssinne darstellen.

### *aa) Zusammenschluß mehrerer Individuen zu einer organisatorischen Einheit*

Erste Voraussetzung für den Verbandscharakter der Betriebsgemeinschaft ist es, daß diese als eine durch Zusammenschluß mehrerer Individuen gebildete organisatorische Einheit angesehen werden kann. Der noch immer grundlegenden Definition *Jacobis*[154] zufolge ist unter dem Betrieb eine organisatorische Einheit zu verstehen, innerhalb derer der Unternehmer in Gemeinschaft mit seinen Mitarbeitern mit Hilfe von sächlichen und immateriellen Mitteln einen bestimmten arbeitstechnischen Zweck fortgesetzt verfolgt[155]. Der arbeitsrechtliche Betriebsbegriff macht also sowohl eine *organisatorische Verselbständigung* als auch den *einheitlichen Zusammenschluß* von Arbeitgeber und Belegschaft („in Gemeinschaft“) geradezu zu seinen entscheidenden Merkmalen, so daß der betriebliche Produktionsverbund das erste Erfordernis eines Verbandes im Rechtssinne ohne Zweifel erfüllt[156].

Konkrete betriebsverfassungsrechtliche Relevanz erhält der organisatorische Zusammenschluß Betrieb durch die Wahl eines Betriebsrats (§§ 1, 7 ff., 17 BetrVG). Aber auch Arbeitnehmer, die erst nach der Betriebsratswahl in einen

---

[153] Daß auch der Belegschaft als solcher Verbandscharakter zukommt, kann und muß im Rahmen dieser Untersuchung nicht gesondert erörtert werden; insoweit sei verwiesen auf die ausf. Darstellungen von *Nebel*, Normen, S. 54 ff. sowie *Lunk*, Betriebsversammlung, S. 62 ff.; zumindest insofern entsprech. *Hueck/Nipperdey/Säcker*, Arbeitsrecht, Bd. II/2, 7. Aufl., S. 1088 ff.; *Mayer-Maly*, in: *Tomandl*, Innerbetriebliche Arbeitnehmerkonflikte, S. 59 ff.; auch *Zöllner* (FS 25 Jahre BAG, S. 745 [752 ff.]), der allerdings dem Belegschaftsverband auf Grund des lediglich durch die Rechtsordnung an diesen herangetragenen Verbandszweckes und des fehlenden Satzungsrechts in eigenen Angelegenheiten nur eine geringe Bindung attestiert; siehe weiterhin *Galperin*, RdA 1959, 321 (322 ff.); *derselbe*, ArbRGegw 1964, 75 (81 ff.); *Siebert*, BB 1952, 832 (833); *Weitnauer*, FS für Duden, S. 705 ff.; *Bickel*, ZfA 1971, 181 (188); *Travlos-Tzanetatos*, Regelungsbefugnis, S. 63.

A. A. *Neumann-Duesberg*, Betriebsverfassungsrecht, S. 189 ff.; *Kirchhof*, Private Rechtsetzung, S. 212 ff.; *Dietz/Richardi*, BetrVG, § 1 Rdnrn. 5, 13 u. 17.

[154] Grundlehren, S. 286.

[155] Siehe außer diesem nur *Hueck/Nipperdey*, Arbeitsrecht, Bd. I, 7. Aufl., S. 93.

[156] Gegen die Einordnung der Betriebsgemeinschaft als Verband im Rechtssinne läßt sich insbesondere nicht einwenden, daß § 5 Abs. 2, Abs. 3 BetrVG bestimmte Arbeitnehmergruppen ausdrückl. von der Geltung der Betriebsverfassung ausnehmen. Denn dies steht jedenfalls einer Erfassung aller übrigen Arbeitnehmer durch den betrieblichen Verband keineswegs entgegen; insoweit zutreff. *Neumann-Duesberg*, Betriebsverfassungsrecht, S. 178; vgl. auch *Zöllner*, FS 25 Jahre BAG, S. 745 (753 Fn. 25).

bestimmten Betrieb eintreten, werden selbstverständlich zu Gliedern der betriebsverfassungsrechtlichen Gemeinschaft, da sie durch Abschluß ihres Arbeitsvertrages und nach Zuordnung zu eben diesem Betrieb (vgl. § 4 BetrVG) gleichermaßen den Regelungen der Betriebsverfassung unterfallen, insbesondere gem. § 77 Abs. 4 Satz 1 BetrVG sämtlichen dort geltenden und zukünftig noch abzuschließenden Betriebsvereinbarungen.

*bb) Gemeinsamer Verbandszweck*

(1) Des weiteren müßte sich die durch Betriebsratswahl verfaßte Produktionsgemeinschaft zwischen Arbeitgeber und Belegschaft durch einen gemeinsamen Verbandszweck auszeichnen. Auf der Grundlage des Betriebsbegriffs von *Jacobi*[157] erscheint es zunächst naheliegend, als Zwecksetzung des Betriebsverbandes den innerhalb des betrieblichen Produktionsverbundes verfolgten *arbeitstechnischen Zweck* anzunehmen. Dies scheitert jedoch im Ergebnis an der hinsichtlich eines Verbandszwecks zu fordernden Gemeinsamkeit. Zwar dürften auch die Arbeitnehmer – jedenfalls in aller Regel – an einer möglichst effektiven Erreichung des betrieblichen Arbeitszieles interessiert sein; entscheidend ist indessen, daß dieses nicht gemeinsam, sondern ohne jede Einflußnahme seitens der Belegschaft *einseitig* durch den Arbeitgeber *festgesetzt* oder *geändert* wird[158].

(2) Der Verbandszweck der betriebsverfassungsrechtlichen Gemeinschaft muß daher unmittelbar aus der entwicklungsgeschichtlichen Zwecksetzung der Betriebsautonomie hergeleitet werden. Wie bereits mehrfach erwähnt[159], war es die Grundidee betrieblicher Mitbestimmung, die durch sein *Direktionsrecht* vermittelte Alleinherrschaft des Arbeitgebers innerhalb des Betriebes durch eine gleichberechtigte Mitsprache seitens der Arbeitnehmer zu beschränken, die einseitige Bestimmung der innerbetrieblich festzulegenden Arbeitsbedingungen durch zweiseitige Vereinbarungen zu ersetzen und dadurch letztlich die Betriebsgemeinschaft von einem Herrschafts- zu einem freiheitlichen Betriebsverband zu wandeln. Als legislativen Endpunkt dieses Prozesses statuiert das Betriebsverfassungsgesetz eine Vielzahl in ihrer Intensität abgestufter Mitwir-

[157] Siehe oben nach Fn. 154.

[158] *Zöllner*, FS 25 Jahre BAG, S. 745 (753); *Neumann-Duesberg*, Betriebsverfassungsrecht, S. 173; *Nebel*, Normen, S. 89; entsprech. auch *Rieble* (RdA 1996, 151 [152]), der den Aspekt der einseitigen Bestimmung des Betriebszwecks durch den Arbeitgeber überdies allerdings gleichfalls als Argument gegen die privatautonome Legitimation des Betriebsverbandes und damit letztlich der Betriebsautonomie (dazu ausf. unten d) verwendet. Dies ist jedoch unzutreff., da ein Zshg. zwischen dem arbeitstechnischen Zweck und der Legitimation betrieblicher Regelungen nicht erblickt werden kann.

[159] Siehe insbes. § 3 I 2 c.

kungsrechte des Betriebsrats, die in bezug auf nahezu alle wesentlichen Sachgegenstände eine gemeinsame Verwaltung der arbeitstechnischen Einheit Betrieb durch Arbeitgeber und Betriebsrat ermöglichen. Gerade diese *einvernehmliche Regelung der innerbetrieblichen Angelegenheiten*, also die *gemeinsame Organisation der betrieblichen Produktionsveranstaltung*, aber ist es, welche letztlich als *Verbandszweck* der aus Arbeitgeber und Arbeitnehmerschaft gebildeten Betriebsgemeinschaft angesehen werden kann[160].

Gegen die Qualifizierung der innerbetrieblichen Verwaltung als Verbandszweck des Betriebsverbandes kann weder geltend gemacht werden, daß die betriebliche Vereinigung durch diesen lediglich auf einen ganz bestimmten Aufgabenkreis beschränkt ist, noch spricht hiergegen die Tatsache, daß besagte Zwecksetzung allein durch das Gesetz und daher letztlich fremdbestimmt an die Mitglieder der Betriebsgemeinschaft herangetragen wird[161]. Denn es ist dem allgemeinen Verbandsrecht keineswegs fremd, daß der Zweck einer rechtlich relevanten Vereinigung ausschließlich in der Erhaltung eines gemeinschaftlichen Gegenstandes liegt und überdies lediglich von außen vorgegeben ist[162].

Eingewandt wird jedoch gegen die Annahme einer gemeinsamen Zwecksetzung des betrieblichen Produktionszusammenschlusses, daß zwischen den Betriebspartnern im Gegenteil kraft Natur der Sache sogar ein nicht zu leugnender *Interessengegensatz* bestehe. Nicht als Verfechter eines gemeinschaftlichen Zieles seien Arbeitgeber und Betriebsrat zu erachten, sondern vielmehr als Vertreter inhaltlich polarisierender Belange[163]. Der Blick in die betriebliche

---

[160] Ebenso bereits *Galperin*, RdA 1962, 366 (368); *derselbe*, ArbRGegw 1964, 75 (87); siehe auch *Reuter*, ORDO 1985, 51 (57).

[161] Ebensowenig kann gegen die Vorstellung, die gemeinsame Verwaltung der betrieblichen Angelegenheiten als Verbandszweck der Betriebsgemeinschaft zu verstehen, eingewandt werden, daß sich diese ausschließlich auf die innerbetriebliche Binnensphäre beziehe; denn auch generell sind dem Gesellschaftsrecht reine Innenverbände nicht unbekannt; hierzu *Galperin*, ArbRGegw 1964, 75 (92); *Reuter*, RdA 1994, 152 (157); vorsichtiger *Hueck/Nipperdey/Säcker*, Arbeitsrecht, Bd. II/2, 7. Aufl., S. 1094.

[162] So für die schlichte Rechtsgemeinschaft i. S. d. § 741 BGB (communio incidens) *Wiedemann*, Gesellschaftsrecht, S. 13 f.; allg. auch *Paschke*, AcP 1987, 60 (86); konkret in bezug auf die Betriebsgemeinschaft *Reuter*, RdA 1994, 152 (157); *Nebel*, Normen, S. 58; anders zu Unrecht anscheinend *Rieble*, RdA 1996, 151 (152).

[163] *Hueck/Nipperdey/Säcker*, Arbeitsrecht, Bd. II/2, 7. Aufl., S. 1093; *Zöllner*, FS 25 Jahre BAG, S. 745 (755 ff.); *G. Hueck*, Betriebsvereinbarung, S. 33 ff.; *Neumann-Duesberg*, Betriebsverfassungsrecht, S. 126, 173 ff. u. 438; *Kreutz*, Grenzen, S. 15 („bipolar konzipiertes Betriebsverfassungsrecht") u. 236 ff.; *Dietz/Richardi*, BetrVG, § 1 Rdnr. 20; *Wiese*, ZfA 1996, 439 (454); *F. Neumann*, RdA 1951, 1 (2); *Veit*, Zuständigkeit, S. 145 f.; *Biberacher*, Rechtssetzungsmacht, S. 22.

Anders aber *Jacobi*, Grundlehren, S. 347 f.; *Adomeit*, BB 1962, 1246 (1248); insbes. *Siebert* (RdA 1948, 47 [49]), der in der fehlenden Interessengegensätzlichkeit zu Recht gerade den entscheidenden Unterschied der Betriebspartner im Vergleich zu den Tarifparteien sieht.

Praxis scheint diese Einschätzung nachhaltig zu bestätigen; die in nicht wenigen Unternehmen äußerst schlechten Beziehungen zwischen Arbeitgeber und Betriebsrat bedürfen keiner näheren Beschreibung. Auch ist nicht zu leugnen, daß materielle Interessenunterschiede der Betriebsverfassung in der Tat bereits auf Grund ihrer Funktion geradezu notwendig inhärent sind, ist es doch ihr Anliegen, als Schutzinstitut zu Gunsten der Arbeitnehmer die Gefahr einer Übervorteilung auf Grund einseitiger Interessenverfolgung durch den Arbeitgeber zu verhindern[164].

Ein schlagkräftiges Argument gegen die Annahme eines gemeinsamen Verbandszwecks und damit gegen die Charakterisierung der Betriebsgemeinschaft als Verband im Rechtssinne ist dies bei genauerer Betrachtung dennoch nicht. Trotz mannigfacher inhaltlicher Differenzen dürfte Arbeitgeber und Betriebsrat stets zumindest die grundsätzliche Absicht gemein sein, in aller Interesse die zur Aufrechterhaltung der betrieblichen Arbeitsprozesse erforderlichen Bestimmungen zu treffen[165]. Nicht mehr und nicht weniger aber verlangt der soeben beschriebene Verbandszweck der gemeinsamen Verwaltung der innerbetrieblichen Angelegenheiten. Daß hinsichtlich der konkreten Gestaltung hierbei im Detail oftmals Meinungsverschiedenheiten zwischen den Betriebspartnern auftreten werden, hindert nicht deren „Aufhebung" (im doppelten Sinne *Hegels*) in der Einheit eines Verbandes. Denn auch ansonsten anerkennt das Verbandsrecht Vereinigungen, die von inhaltlich divergierenden Interessenlagen beherrscht werden[166]. Ebenso sind im größten Verband unserer Rechtsordnung, dem Staat selbst, die verschiedensten Interessen und Interessenorganisationen, nicht zuletzt Gewerkschaften und Arbeitgeberverbände, zusammengebunden, damit nicht der Klassenkampf, sondern Recht und Ordnung herrschen. Generell kommt es also für die Annahme eines gemeinsamen Verbandszwecks *nicht* auf die *inhaltliche Parallelität* der Positionen aller in einer Rechtsgemeinschaft stehenden Personen an, sondern allein auf die Existenz einer von ihren konkreten Interessen abstrahierten *überindividuellen Zielsetzung*[167]. Daß eine solche nicht zuletzt auch im Hinblick auf die betriebliche Produktionsgemeinschaft besteht, ergibt sich ausdrücklich aus der Kooperationsmaxime des § 2 Abs. 1 BetrVG, die Arbeitgeber und Betriebsrat gleichermaßen sowohl auf das Wohl der Arbeitnehmer als auch des Betriebes verpflichtet[168]. Durch diese zentrale Zielvor-

---

[164] Dazu konkret § 4 I 1 b aa.

[165] So insbes. *O. Schmidt*, AcP 1963, 305 (349); dem insoweit entsprech., wenn auch i. Erg. abweich. *G. Hueck*, Betriebsvereinbarung, S. 38.

[166] Im Gegenteil bedarf es in großen Körperschaften sogar zwangsläufig der Bildung von interner Gegenmacht durch Organisation in der Organisation; ausf. hierzu *Teubner*, Organisationsdemokratie, S. 197 ff.

[167] *K. Schmidt*, Gesellschaftsrecht, S. 49 ff. (insbes. S. 54); *Wiedemann*, Gesellschaftsrecht, S. 11; *Reuter*, RdA 1994, 152 (157).

[168] Zur Bedeutung der Kooperationsmaxime für den Verbandscharakter der Betriebsgemeinschaft in bezug auf § 49 BetrVG 1952 bereits *Galperin* (RdA 1959, 321 [325];

schrift der Betriebsverfassung soll explizit jede ausschließlich gruppenegoistische Interessenverfolgung seitens der Betriebspartner verhindert werden[169]. Bringt man die Kooperationsmaxime mit dem hier vertretenen Verbandszweck der Betriebsgemeinschaft in unmittelbaren Zusammenhang, läßt sich folglich festhalten: Zwecksetzung des Betriebsverbandes ist die *gemeinsame Verwaltung der innerbetrieblichen Angelegenheiten*, wobei durch § 2 Abs. 1 BetrVG die hierfür *richtungsweisende Leitlinie* formuliert wird[170].

*cc) Korporative Struktur der Betriebsgemeinschaft*

(1) Um den betrieblichen Zusammenschluß von Arbeitgeber und Arbeitnehmerschaft als einen Verband im Rechtssinne charakterisieren zu können, ist weiterhin die organisatorische Verselbständigung dieser Einheit von ihren einzelnen Mitgliedern erforderlich[171]. Die Betriebsgemeinschaft müßte also mit anderen Worten in ihrem Bestand und in ihrer Identität sowohl auf Arbeitgeber- als auch auf Arbeitnehmerseite *von einem Mitgliederwechsel unabhängig* sein. Dies ist im Ergebnis der Fall. Denn geht ein Betrieb auf einen neuen Inhaber über, ändert dies nichts daran, daß der Erwerber gemeinsam mit dem – durch die Betriebsveräußerung grundsätzlich nicht seinem Amt enthobenen – Betriebsrat auch weiterhin den Zweck zu verfolgen hat, die innerbetrieblichen Angelegenheiten zum Wohle der Arbeitnehmer und des Betriebes (§ 2 Abs. 1 BetrVG) zu verwalten. Neben dieser Kontinuität des Verbandszwecks ist durch § 613 a Abs. 1 Satz 2 BGB überdies ganz konkret angeordnet, daß die vor dem Betriebsübergang getroffenen betrieblichen Kollektivregelungen, wenn auch nach Transformation in die Einzelarbeitsverträge, ununterbrochen Gültigkeit behalten. Der Betriebsinhaberwechsel ist daher augenscheinlich für Bestand und

---

*derselbe*, ArbRGegw 1964, 75 [86]), indem er ausführt, diese bilde die neben der Wahrnehmung unterschiedlicher Einzelbelange erforderliche „inclinatio" zum Ganzen, welche eine tatsächliche zu einer rechtlich relevanten Gemeinschaft mache; vgl. auch *Herschel*, JJb Bd. 2 (1961/62), S. 80 (86).

[169] So ganz klar *Kirchhof*, Private Rechtsetzung, S. 218 f.; vgl. ebenso *Reuter*, ORDO 1985, 51 (69); zumindest von einer Beschränkung der egoistischen Interessenverfolgung durch § 2 Abs. 1 BetrVG spricht auch *Kreutz* (Grenzen, S. 237 f.) unter Hinweis auf eine insoweit h. M.; ohne Begr. abweich. *Konzen*, FS für Wolf, S. 279 (293).

[170] In diesem Sinne bereits *Nebel*, Normen, S. 95 ff.; weniger deutlich, da allein auf § 2 Abs. 1 BetrVG als Zweck des Betriebsverbandes abstellend *Reuter*, RdA 1994, 152 (157); ähnl. *Adomeit* (BB 1962, 1246 [1249]), der maßgeblich auf die Integrationsfunktion der Betriebsautonomie (dazu näher oben § 4 I 1 b bb) verweist; vgl. auch *Kreutz* (Grenzen, S. 238), *Söllner* (DB 1968, 571 [572]) sowie *Ellenbeck* (Grundrechtsfähigkeit, S. 66 f.), die den Kooperationsgrundsatz zumindest als richtungsweisenden Weg des innerbetrieblichen Interessenausgleichs, wenn auch nicht als Daseinszweck der Betriebsgemeinschaft erachten.

[171] Das allg. Verbandsrecht unterscheidet anhand dieses Kritieriums die Körperschaft von einer Personengesellschaft; vgl. *K. Schmidt*, Gesellschaftsrecht, S. 544.

Identität der betrieblichen Gemeinschaft ohne Belang[172]. Gleiches gilt bei Ausscheiden oder Neueintritt einzelner Aıbeitnehmer oder gar eines großen Teils[173] der Belegschaft, da der Betriebsrat die Interessen der Arbeitnehmerschaft völlig unabhängig von deren momentaner personellen Zusammensetzung vertritt. Insbesondere gelten Betriebsvereinbarungen gem. § 77 Abs. 4 Satz 1 BetrVG gleichermaßen für alle Arbeitnehmer ohne Rücksicht darauf, ob diese dem Betrieb bei Abschluß der Regelung bereits angehörten oder nicht. Es ist demnach kein Grund ersichtlich, die für den Verbandscharakter der Betriebsgemeinschaft notwendige Unabhängigkeit von deren Mitgliederstamm zu verneinen[174].

(2) Weiteres Merkmal einer korporativen Grundsätzen folgenden Vereinigung ist stets ein nicht unerheblicher Grad an *interner organisatorischer Verfestigung*, welche sich neben dem notwendigen Vorhandensein eines *Verbandsstatuts* nicht zuletzt durch das Tätigwerden von *Verbandsorganen* manifestiert, die für die Mitglieder sowohl die Willensbildung als auch die Willensbetätigung übernehmen[175]. Als Verbandsstatut des betrieblichen Arbeitsverbandes kann ohne weiteres das Betriebsverfassungsgesetz angesehen werden[176]. Denn dieses stellt ein Organisationsstatut mit festen Zuständigkeiten sowie standardisierten Formen der Beschlußfassung dar und ist an einem dem Minderheitenschutz ausreichend Raum gewährenden Mehrheitsprinzip ausgerichtet[177]. Es bleibt aber zu klären, ob Betriebsrat (dazu [2.1]) und Arbeitgeber (dazu [2.2]) auch den durch das allgemeine Verbandsrecht an die Organeigenschaft gestellten Anforderungen gerecht werden.

(2.1) Die Bestimmung der rechtsdogmatischen Stellung des Betriebsrats ist während der Entwicklung der Betriebsverfassung zu jeder Zeit Gegenstand heftiger wissenschaftlicher Auseinandersetzungen gewesen. Vornehmlich im älteren Schrifttum[178] fand sich die Auffassung, dieser sei als ein *gesetzlicher Vertreter* der Belegschaft zu erachten. Diese Einordnung übersah jedoch, daß es

---

[172] Zum Zshg. zwischen Betriebsinhaberwechsel und Verbandscharakter der Betriebsgemeinschaft bereits *Herschel*, RdA 1956, 161 (164).

[173] Ihre Identität und ihren Bestand büßt die Betriebsgemeinschaft allenfalls dann ein, wenn – was praktisch freilich rein hypothetisch sein dürfte – die gesamte Belegschaft gleichzeitig den Betrieb verläßt. Verbandsrechtlich kann dieser Konstellation dadurch Rechnung getragen werden, daß man nicht die Belegschaft als Gesamtheit, sondern die einzelnen Arbeitnehmer als Mitglieder des gemeinsam mit dem Arbeitgeber gebildeten Betriebsverbandes erachtet; ausf. *Nebel*, Normen, S. 102 f. u. 107; unzutreff. *Bickel*, ZfA 1971, 181 (188 f.).

[174] *Neumann-Duesberg*, Betriebsverfassungsrecht, S. 172; *Galperin*, RdA 1959, 321 (325); *derselbe*, ArbRGegw 1964, 75 (88).

[175] *K. Schmidt*, Gesellschaftsrecht, S. 331; *Wiedemann*, Gesellschaftsrecht, S. 92.

[176] So bereits *Nebel*, Normen, S. 73 ff. u. 106 ff.

[177] Allg. zu den Voraussetzungen eines Verbandsstatuts *Wiedemann*, Gesellschaftsrecht, S. 92.

[178] Siehe nur *Jacobi*, Grundlehren, S. 296 f.

dem Modell der gesetzlichen Stellvertretung grundsätzlich fremd ist, daß der Vertretene – wie der Arbeitnehmer durch die Betriebsratswahl – auf die Berufung des Vertreters unmittelbaren Einfluß zu nehmen vermag, und kann daher heute zu Recht als überwunden gelten[179]. Durchgesetzt hat sich vielmehr die Ansicht, die den Betriebsrat als *Repräsentanten* der Belegschaft bezeichnet[180]. Restlos zu überzeugen vermag aber auch diese Charakterisierung nicht; denn zum einen ist die letztlich dem Staatsrecht entlehnte Kategorisierung der Zivilrechtsordnung ansonsten gänzlich unbekannt und zum anderen ist diese auch im staatsrechtlichen Bereich selbst im Hinblick auf ihre inhaltliche Ausgestaltung und ihren Erklärungswert keineswegs unbestritten[181], wobei insbesondere im Verhältnis zur Organschaft deutliche Abgrenzungsschwierigkeiten zu verzeichnen sind[182]. Vergegenwärtigt man sich überdies die nur geringen Anforderungen, welche das allgemeine Verbandsrecht für eine Organstellung statuiert[183],

---

[179] Ausf. zur Kritik an der Vertretungstheorie *Thomanek*, Organstellung, S. 21 ff.; vgl. auch *Iff*, Rechtsstellung, S. 22.

[180] *Hueck/Nipperdey/Säcker*, Arbeitsrecht, Bd. II/2, 7. Aufl., S. 1091 f.; *Biedenkopf*, Grenzen, S. 273 u. 297; *Kirchhof*, Private Rechtsetzung, S. 212; ausf. *Gester*, Stellung von Belegschaft und Betriebsrat, S. 127; *Dietz/Richardi*, BetrVG, § 1 Rdnr. 19; *Richardi*, RdA 1972, 8 (10); *Konzen* (FS für Wolf, S. 279 [296]), der allerdings zutreff. eingesteht, daß der Begriff inhaltlich nicht genau fixiert sei und damit letztlich selbst die Richtigkeit der hier vertretenen Ansicht bestätigt.

[181] Zur Kritik ausf. *Kreutz*, Grenzen, S. 37; *Jahnke*, Tarifautonomie und Mitbestimmung, S. 104; *Heinze*, ZfA 1988, 53 (55 [„ohne begründbaren Rechtsgehalt"] u. 58); *Nebel* (Normen, S. 70 f.), der darauf hinweist, daß die Begriffsbestimmung des Betriebsrats als „Repräsentant" der Arbeitnehmerschaft allenfalls als Ergänzung zu dessen Organstellung aufzufassen sei.

[182] Allg. zu den Instituten der Organschaft, Stellvertretung und Repräsentation *Wolff*, Theorie der Vertretung, S. 90 ff. u. S. 280 ff.

[183] Nicht selten finden sich in der arbeitsrechtlichen Lit. Stellungnahmen, welche die Organstellung des Betriebsrats mit dem Nichtvorliegen von Voraussetzungen zu begründen suchen, welche das allg. Verbandsrecht – wie die sogleich im Text wiedergegebene Def. zeigt – hinsichtl. eines Organs i. Erg. gar nicht verlangt:

So lehnt *Konzen* (FS für Wolf, S. 279 [293]) die Organschaft mit dem Argument der fehlenden Haftung des Betriebsrats gegenüber dem Unternehmen ab. Ungeachtet der Tatsache, daß die mangelnde Haftbarmachung des Betriebsrats in Anbetracht der Tragweite betrieblicher Mitbestimmung auf Grund des verfassungsrechtlichen Schutzes der unternehmerischen Entscheidungsfreiheit (Art. 12 Abs. 1, Art. 14 Abs. 1 GG) in rechtspolitischer Hinsicht zweifelsohne nur als fragwürdig bezeichnet werden kann (dazu *Richardi*, RdA 1994, 394 [401]), darf dennoch nicht verkannt werden, daß der Organbegriff des Verbandsrechts sowohl Organe im technischen Sinne, die Haftungssubjekte darstellen, als auch solche im untechnischen Sinne umfaßt; siehe *Jahnke* (Zwangsvollstreckung, S. 47 f.), der den Betriebsrat zutreff. in letzterem Sinne charakterisiert.

Gegen die Organeigenschaft der betrieblichen Arbeitnehmervertretung läßt sich ebenso i. Erg. nicht einwenden, daß diese stets in eigenem Namen und nicht, wie für ein verbandsrechtliches Organ verlangt, in fremdem Namen der Körperschaft tätig werde (in diese Richtung aber *Hueck/Nipperdey/Säcker*, Arbeitsrecht, Bd. II/2, 7. Aufl., S. 1091 f.). Ruft man sich in Erinnerung, daß der Verbandszweck der Verwaltung der innerbetrieblichen Angelegenheiten den Betriebsrat – in verbandsrechtlich zulässiger

erscheint in der Tat letztlich kein Grund ersichtlich, warum hinsichtlich des Betriebsrats statt dessen auf die wenig aussagekräftige Einordnung als Repräsentant zurückgegriffen werden sollte.

Generell gelten als Organe sämtliche Gremien, die innerhalb eines an sich handlungsunfähigen Zusammenschlusses für die Verfolgung seiner Interessen sowie die Erfüllung seiner Verpflichtungen sorgen[184]. Treffender läßt sich – jedenfalls abstrakt – die Funktion des Betriebsrats indessen kaum beschreiben. Denn erst dessen Konstituierung ermöglicht die zur Regelung der innerbetrieblichen Arbeitsbedingungen dringend erforderliche Kollektivität der Gestaltung; und ohne die Wahl eines Betriebsrats ist zumindest in größeren Betrieben ganz allgemein eine sinnvolle Wahrnehmung arbeitnehmerseitiger Belange zweifellos kaum denkbar. Im Ergebnis zu Recht ist daher in Rechtsprechung und Literatur nicht selten explizit von einer *Organstellung* des Betriebsrats ausgegangen worden[185].

---

Weise – ausschließlich auf einen betriebsinternen Aufgabenbereich beschränkt und die Betriebsgemeinschaft folglich zu einem reinen Innenverband macht (dazu oben bb), erscheint es bereits zweifelhaft, ob Offenkundigkeit hinsichtl. des Tätigwerdens des Betriebsrats überhaupt zu fordern ist (so *Nebel*, Normen, S. 67). Jedenfalls aber dürfte dessen Tätigkeit den Voraussetzungen objektiver Offenkundigkeit analog § 164 BGB in aller Regel Genüge tun; ausf. hierzu *Iff*, Rechtsstellung, S. 23.

Genausowenig ist es schließlich stichhaltig, wenn z. T. (*Hueck/Nipperdey/Säcker*, Arbeitsrecht, Bd. II/2, 7. Aufl., S. 1092; *Neumann-Duesberg*, Betriebsverfassungsrecht, S. 231; *Konzen*, FS für Wolf, S. 279 [293]; *Reichold*, Sozialprivatrecht, S. 540) die mangelnde Weisungsabhängigkeit des Betriebsrats von der Belegschaft als Argument gegen dessen Organstellung angeführt wird. Vielmehr entspricht es sogar gerade allg. verbandsrechtlichen Grundsätzen, daß die ausführenden Organe nach ihrer Wahl von Einzelweisungen der Gemeinschaft freigestellt bleiben, um eine effektive Interessenwahrnehmung zu ermöglichen (*Wiedemann*, Gesellschaftsrecht, S. 92). Überdies ist der Betriebsrat, wenn auch nicht weisungsabhängig, so doch zumindest, wie insbes. § 2 Abs. 1 BetrVG sowie §§ 74 ff. BetrVG belegen, nicht gänzlich ungebunden (so auch *Konzen*, FS für Wolf, S. 279 [293]). Seine grunds. Eigenständigkeit schließt folglich den Organcharakter des Betriebsrats nicht aus; zutreff. *Galperin*, ArbGegw 1964, 75 (84).

184 Grundleg. *von Gierke*, Privatrecht, Bd. 1, S. 497: „Das Wesen der Organisation besteht in der Herstellung von Organen, in deren Lebensthätigkeit sich die Lebenseinheit der Gesammtperson mit rechtlicher Wirkung offenbart." Aus der neueren verbandsrechtlichen Lit. *Wiedemann*, Gesellschaftsrecht, S. 212 f.; vgl. auch *Galperin*, RdA 1959, 321 (322).

185 Siehe BAG, AP Nr. 46 zu § 2 ArbGG; AP Nr. 1 zu § 77 BetrVG 1972; *Herschel*, BB 1948, 47 (49); *derselbe*, RdA 1956, 161 (162); *derselbe*, JJb Bd. 2 (1961/62), S. 80 (86); *derselbe*, FS für Hilger/Stumpf, S. 311 (313); *Fabricius*, Relativität, S. 232; *Galperin*, BB 1949, 374 (375); *derselbe*, RdA 1959, 321 (322 u. 325 ff.); *derselbe*, ArbRGegw 1964, 75 (88); *Siebert*, BB 1952, 832 (833); *Schnorr von Carolsfeld*, Arbeitsrecht, S. 418; *G. Hueck*, Betriebsvereinbarung, S. 39: „interne Organe"; *Tödtmann*, Mitbestimmungsrecht, S. 26; *Adomeit*, BB 1962, 1246 (1249); *Jahnke*, RdA 1975, 343 (344): Betriebsrat rückt in die „Nähe des Aufsichtsrats einer Aktiengesellschaft"; *Reuter*, in: Verhandlungen des 61. DJT, K 35 (K 42): Betriebsrat als „organschaftliche Ver-

(2.2) Da nur Arbeitgeber und Betriebsrat gemeinsam die Regelungsbefugnis hinsichtlich betriebsautonom zu regelnder Arbeitsbedingungen zusteht, kann der Verbandscharakter der betrieblichen Produktionsgemeinschaft jedoch lediglich dann angenommen werden, wenn ersterem gleichfalls die Bedeutung eines betriebsverfassungsrechtlichen Organs beizumessen ist. Zwar kommt dem Arbeitgeber ohne Zweifel primär die Rolle des *individualrechtlichen Vertragspartners* seiner Arbeitnehmer zu, doch dies allein hindert keineswegs, ihn gleichzeitig ebenso als *Verbandsorgan der Betriebsgemeinschaft* zu begreifen, zumal das Betriebsverfassungsgesetz für seine Organstellung an einigen Stellen eindeutige Belege bereithält[186]: So bindet § 99 BetrVG den Arbeitgeber bei der Einstellung eines neuen Arbeitnehmers zwingend an die Zustimmung des Betriebsrats, was im Ergebnis zweifellos eine nicht unerhebliche Beschränkung seines Rechts auf freie Vertragspartnerwahl und damit seiner schuldrechtlichen Abschlußfreiheit bedeutet, die sich kaum anders als anhand einer korporativen Pflichtenstellung erklären läßt[187]. Gleiches gilt umgekehrt ebenso hinsichtlich der durch das be-

---

tretung der Belegschaft"; *Nebel*, Normen, S. 64 ff. u. 104; unter Rückgriff auf § 2 Abs. 1 BetrVG *Kirchhof* (Private Rechtsetzung, S. 219) trotz grds. Ablehnung des Verbandscharakters; i. Erg. entsprech. auch *Reichold* (Sozialprivatrecht, S. 548), der auf der Grundlage seiner vertragsakzessorischen Sichtweise der Betriebsautonomie den Betriebsrat neuerdings als „Vertragshelfer" zu Gunsten der Arbeitnehmer charakterisiert, ohne jedoch hinreichend klar zu machen, wie diese Funktionsbezeichnung in die allg. Rechtsdogmatik eingepaßt werden kann. Der an anderer Stelle (ebd., S. 511) vorgenommene Vergleich des Betriebsrats mit einem Vereinsvorstand zeigt, daß auch *Reichold* an verbandsrechtlichen Deutungen der Betriebsverfassung letztlich nicht vorbeikommt.

[186] Neben den sich aus dem Betriebsverfassungsgesetz selbst ergebenden Hinweisen sind auch die im Laufe der Zeit in ihrer Bedeutung enorm gewachsenen freiwilligen Fürsorgeleistungen des Arbeitgebers deutliches Indiz für dessen verbandliche Organstellung und damit für den Verbandscharakter der Betriebsgemeinschaft. Hinsichtl. dieser Arbeitgeberleistungen fanden mit dem Gleichbehandlungsgrundsatz und dem Institut der betrieblichen Übung schon sehr früh schuldrechtlich nur schwer einzuordnende und daher eindeutig verbandsrechtlich ausgerichtete Rechtsgrundsätze Anwendung; dazu *Reuter*, ZfA 1993, 221 (226 ff.); insoweit im Ansatz zustimm. auch *Richardi*, Kollektivgewalt, S. 34 ff.; MünchArbR-*Richardi*, Bd. 3, § 233 Rdnr. 45: „verbandsrechtliche Grundsätze ..., zu denen insbesondere der Gleichbehandlungsgrundsatz gehört."; *Birk* (ZfA 1986, 73 [97 Fn. 137]) wertet die Geltung des Gleichbehandlungsgrundsatzes zumindest als Argument für die Einstufung der Betriebsgemeinschaft als eine tatsächliche Vereinigung.ä

[187] Vgl. auch bereits *Zöllner* (AcP 1976, 221 [224]), der allerdings noch zu bedenken gab, daß die rechtsdogmatische Erfassung der durch § 99 BetrVG bedingten Beschränkung der Arbeitgeberrechte nicht hinreichend geklärt sei.

Beachtung finden muß hierbei, daß das BAG (AP Nr. 68 zu § 99 BetrVG 1972; zustimm. auch *Richardi*, NZA 1987, 145 [146]) es für das Vorliegen einer mitbestimmungspflichtigen Einstellung i. S. d. § 99 Abs. 3 BetrVG ausschließlich für erheblich hält, daß der neue Arbeitnehmer in den Betrieb eingegliedert werden soll, um zusammen mit den im Betrieb bereits Beschäftigten den arbeitstechnischen Zweck zu verwirklichen. Dadurch aber konzediert das BAG, daß im verfaßten Betrieb letztlich die Arbeit

triebsverfassungsrechtliche Mitwirkungsrecht des § 102 BetrVG bedingten Einschränkung seines vertraglichen Kündigungsrechts[188]. Bedenkt man schließlich, daß die Kooperationsmaxime im Sinne des § 2 Abs. 1 BetrVG den Arbeitgeber ganz allgemein insbesondere auch auf das Wohl der Arbeitnehmer verpflichtet, liegt es mehr als nahe anzunehmen, daß dieser im verfaßten Betrieb im Ergebnis eine *Doppelrolle*[189] als schuldrechtlicher Vertragspartner und zugleich als pflichtgebundenes Verbandsorgan bekleidet[190], als welches er gemeinsam mit dem Betriebsrat den Verbandszweck der Verwaltung der innerbetrieblichen Angelegenheiten realisiert.

### *dd) Die Betriebsvereinbarung als Satzung im materiellen Sinne*

Letzte Voraussetzung für die Charakterisierung der Betriebsgemeinschaft zwischen Arbeitgeber und Arbeitnehmern als ein Verband im Rechtssinne ist schließlich eine durch Gesellschaftsvertrag oder Satzung verfaßte Organisation. Da § 77 BetrVG als bevorzugtes innerbetriebliches Regelungsinstrument die Betriebsvereinbarung institutionalisiert, stellt sich somit die Frage, ob diese nach verbandsrechtlichen Maßstäben als *Satzung* des betrieblichen Produktionsverbundes verstanden werden kann. Die Rechtsnatur der Betriebsvereinbarung ist seit ihrer rechtlichen Etablierung durch das Betriebsrätegesetz aus dem Jahre 1920[191] stets heftig umstritten geblieben, wobei sie nicht selten ausdrücklich auch als eine *innerbetriebliche Satzung* bezeichnet worden ist[192]. Der leidi-

---

im Verbund mit anderen Arbeitnehmern und nicht die schuldrechtliche Verbindung zwischen dem Arbeitgeber und den einzelnen Arbeitnehmern im Vordergrund steht; zutreff. *Reuter*, Stellung des Arbeitsrechts, S. 25.

[188] Zum Zshg. zwischen betriebsverfassungsrechtlichem Kündigungsschutz und genossenschaftlicher Identifizierung der Betriebsgemeinschaft bereits *A. Hueck*, ZHR 1921, 368 (392 f.); allg. hinsichtl. des Kündigungsschutzgesetzes *Herschel*, RdA 1956, 161 (168).

[189] *Von Stebut* (FS für Kissel, S. 1135 [1147 f.]) ist insoweit zuzugeben, daß der Arbeitgeber zumindest nicht ausschließlich Verbandsorgan ist.

[190] Zutreff. *Reichold*, Sozialprivatrecht, S. 511: Arbeitgeber als „Vertragspartner und Betriebsverfassungsorgan"; *Reuter*, ORDO 1985, 51 (57 f.); *derselbe*, ZfA 1993, 221 (252); *Nebel*, Normen, S. 104 f.; auch bereits *Galperin*, RdA 1959, 321 (327); *derselbe*, FS für Schmitz, S. 55 (64 ff.); ablehn. *Hueck/Nipperdey/Säcker* (Arbeitsrecht, Bd. II/2, 7. Aufl., S. 1094) unter Hinweis auf die durch sein Direktionsrecht vermittelte übergeordnete Stellung des Arbeitgebers; gerade diesen Subordinationscharakter zu nivellieren, ist aber der maßgebliche historische Zweck der Betriebsautonomie.

[191] Wenn sie in diesem auch nicht ausdrückl. genannt wurde, kann das Betriebsrätegesetz sachlich dennoch als die Geburtsurkunde der Betriebsvereinbarung bezeichnet werden; dazu ausf. oben § 3 III 2 b cc (1.1).

[192] Grundleg. *Herschel*, RdA 1948, 47 (49); *derselbe*, RdA 1956, 161 (168); *derselbe*, JJb Bd. 2 (1961/62), 80 (89): „duae conformes nach der Art des parlamentarischen Zweikammersystems"; *Galperin*, BB 1949, 374 (375); *derselbe*, ArbRGegw 1964, 75

gen und überdies praktisch wenig relevanten[193] Kontroverse zwischen dieser sog. Satzungstheorie und der wohl als vorherrschend zu bezeichnenden Deutung der Betriebsvereinbarung als ein *schuldrechtlicher Normenvertrag* (sog. Vertragstheorie[194]) muß glücklicherweise an dieser Stelle nicht eine weitere Stellungnahme hinzugefügt werden. Denn für die Beantwortung der Frage nach dem Verbandscharakter der Betriebsgemeinschaft reicht es allein aus zu klären, ob und inwieweit die Betriebsvereinbarung in bezug auf ihren Inhalt sowie nach der Struktur der diesem zu Grunde liegenden Entscheidungsfindung verbandlichen Satzungen zumindest *materiell vergleichbar* ist[195]. Eine solche materielle Vergleichbarkeit beider Institute dürfte indes nach deren Gesamtbild kaum zu leugnen sein und wird nicht zuletzt auch von Vertretern der Vertragstheorie konzediert[196]. Denn zum einen ist der einzelne Arbeitnehmer wie auch das Verbandsmitglied den in einer Betriebsvereinbarung bzw. in der Vereinssatzung getroffenen Regelungen stets ohne eigene Möglichkeit unmittelbarer inhaltlicher Einflußnahme unterworfen; Zustimmung oder Ablehnung können allein durch die Stimmabgabe bei den nächsten Wahlen oder auf dem Wege des Austritts aus der Gemeinschaft kundgetan werden. Zum anderen enthalten Betriebsvereinbarungen ebenso wie Vereinssatzungen in aller Regel abstrakt-generelle Bestimmungen. Es kann folglich festgestellt werden, daß die Betriebsvereinbarung – unabhängig von den konkreten Modalitäten ihres Zustandekommens[197] –

(90 f.); *Siebert*, BB 1952, 832 (833); *Bogs*, RdA 1956, 1 (5); *Adomeit*, Regelungsabrede, S. 96 ff.; *derselbe*, BB 1962, 1246 (1249 f.); anders aber *derselbe*, Rechtsquellenfragen, S. 146.

[193] So zu Recht *Richardi*, Kollektivgewalt, S. 309. Grund für die nur geringe Bedeutung des Streits ist die Tatsache, daß auch bei Charakterisierung der Betriebsvereinbarung als Satzung die für Vertragsschlüsse geltenden §§ 145 ff. BGB zumindest analog heranzuziehen sind; siehe *Adomeit*, BB 1962, 1246 (125); *Nebel*, Normen, S. 166.

[194] *Hueck/Nipperdey*, Arbeitsrecht, Bd. 2, 6. Aufl., S. 783 ff.; *Zöllner*, FS 25 Jahre BAG, S. 745 (757); *Schnorr von Carolsfeld*, Arbeitsrecht, S. 438; *Huber*, Wirtschaftsverwaltungsrecht, Bd. 2, S. 519 f.; *Neumann-Duesberg*, Betriebsverfassungsrecht, S. 355 u. 358; *G. Hueck*, Betriebsvereinbarug, S. 33 ff. u. 42 ff.; *Kirchhof*, Private Rechtsetzung, S. 223; *Waltermann*, Rechtsetzung, S. 146; *Heinze*, NZA 1994, 570; entsprech. auch *Kreutz* (Grenzen, S. 16) durch die Qualifizierung der Betriebsvereinbarung als ein privatheteronomes Rechtsgeschäft.

[195] Dies gilt deshalb, weil im Gesellschaftsrecht in gleicher Weise Streit um die Rechtsnatur der Satzungen von Vereinen, Aktiengesellschaften und Genossenschaften herrscht (siehe den Überblick bei *Wiedemann*, Gesellschaftsrecht, S. 160 ff.), so daß eine rechtsdogmatische Deckungsgleichheit zwischen Verbandssatzung und Betriebsvereinbarung gar nicht mit letzter Sicherheit festgestellt werden kann.

[196] Vgl. z. B. *G. Hueck*, Betriebsvereinbarung, S. 30 u. 102; *Hueck/Nipperdey*, Arbeitsrecht, Bd. 2, 6. Aufl., S. 784 Fn. 44; *Neumann-Duesberg*, Betriebsverfassungsrecht, S. 371 f.; zur inhaltlichen Annäherung zwischen Satzungstheorie und Vertragstheorie auch *Meyer-Cording*, Rechtsnormen, S. 83 f.

[197] Die Modalitäten ihres Zustandekommens aber sind es, die letztlich für die formelle Einordnung der Betriebsvereinbarung als Satzung oder Vertrag verantwortlich zeichnen. Genauer gesagt ist entscheidend die Differenzierung, ob sich bei deren Entstehung zwei

in *materieller* Hinsicht als *Satzung des betrieblichen Arbeitsverbandes* zu erachten ist[198].

### *ee) Zwischenergebnis*

Die genaue rechtliche Prüfung hat gezeigt, daß die im überwiegenden Schrifttum geäußerte Ablehnung der arbeitsrechtlichen Verbandslehre unberechtigt ist. Die durch Arbeitgeber und Arbeitnehmerschaft gebildete Betriebsgemeinschaft ist nicht nur ein tatsächliches Phänomen, sondern in der Tat als Verband im Rechtssinne anzuerkennen. Sein Zweck ist es, die innerbetrieblich festzulegenden Arbeitsbedingungen – zwecks Erreichung des Arbeitnehmerschutzes als übergeordnetes Ziel betrieblicher Mitbestimmung – gemeinsam durch die Verbandsorgane Arbeitgeber und Betriebsrat zu reglementieren. Statt die verbandsrechtliche Dimension des Arbeitsverhältnisses weiter zu ignorieren, die – so schon *von Gierke*[199] seinerzeit treffend –

> „man nicht dadurch aus der Welt schafft, daß man sie nicht zu sehen vorgiebt",

sollte die Arbeitsrechtsdogmatik vielmehr den aus dem Verbandscharakter der Betriebsgemeinschaft resultierenden Konsequenzen Rechnung tragen, zu denen nicht zuletzt, wie im folgenden deutlich werden wird, der *grundrechtliche Schutz* der Betriebsautonomie zählt.

---

ungebundene, voneinander unabhängige Rechtssubjekte gegenüberstehen (= Vertrag), oder aber solche, welche bereits zuvor in einer inneren Verbindung zueinander standen (= Satzung); vgl. allg. *Kirchhof*, Private Rechtsetzung, S. 222 f.; *Nebel*, Normen, S. 165; auch bereits *Galperin*, ArbRGegw 1964, 75 (90); *Adomeit*, BB 1962, 1246 (1249).

Da die Kooperationsmaxime des § 2 Abs. 1 BetrVG Arbeitgeber und Betriebsrat ausdrückl. auf das Wohl der Arbeitnehmer und des Betriebes verpflichtet und dadurch zum Zwecke der Regelung der innerbetrieblichen Angelegenheiten beiden eine gemeinsame Leitlinie vorgibt, kann von isoliert nebeneinander stehenden Subjekten letztlich nur schwerlich gesprochen werden. Es liegt daher nahe, die Betriebsvereinbarung i. Erg. auch im formellen Sinne als Satzung des Betriebes zu bezeichnen.

[198] I. Erg. entsprech. *Ehmann*, ZRP 1996, 314 (317): Arbeitnehmer an Betriebsvereinbarungen „nicht anders gebunden als an eine Vereinssatzung"; *Säcker*, Gruppenautonomie, S. 344: Betriebsvereinbarung als „autonomes, objektives Satzungsrecht"; *derselbe*, ZfA 1972 (Sonderheft), 41 (50); *Reichold*, Sozialprivatrecht, S. 511.

[199] In: *E. Wolf*, Quellenbuch, S. 478 (506); ebenso nunmehr *Reuter*, FS für Schaub, S. 605 (632): „Die Binnenorientierung der Arbeitsbedingungen läßt sich von Rechts wegen weder ignorieren noch aus der Welt schaffen." Siehe auch *Galperin* (ArbRGegw 1964, 75 [88]), welcher die der Verbandslehre entgegen gebrachte Kritik als „konservatives Unbehagen gegenüber einem Vorstoß in juristisches Neuland" bezeichnete.

b) Der Betriebsverband als Vereinigung im Sinne des Art. 9 Abs. 1 GG

Als Ausfluß der allgemeinen Vereinsfreiheit kann der Betriebsautonomie Verfassungsrang beigemessen werden, sofern der betriebliche Arbeitsverband die an eine Vereinigung im Sinne des Art. 9 Abs. 1 GG zu stellenden Anforderungen erfüllt. Es ist allgemein anerkannt, daß zur näheren Bestimmung des verfasssungsrechtlichen Vereinigungsbegriffs die Legaldefinition des § 2 Abs. 1 VereinsG heranzuziehen ist[200], so daß Art. 9 Abs. 1 GG sämtliche Gemeinschaften erfaßt, zu denen sich eine Mehrheit natürlicher oder juristischer Personen für längere Zeit zu einem gemeinsamen Zweck *freiwillig* zusammengeschlossen und einer organisierten Willensbildung unterworfen hat. Von den Voraussetzungen des allgemeinen Verbandsbegriffs unterscheidet sich der verfassungsrechtliche Vereinsbegriff somit allein durch das zusätzliche Merkmal der *Freiwilligkeit*. Die für die verfassungsrechtliche Gewährleistung betrieblicher Mitbestimmung durch Art. 9 Abs. 1 GG entscheidende Frage lautet daher, ob der einzelne Arbeitnehmer dem Betriebsverband im Ergebnis sowohl freiwillig *beitritt* als auch freiwillig in diesem *verbleibt*.

aa) Insoweit kann kein Zweifel bestehen, daß der Arbeitnehmer *ohne* jeglichen *rechtlichen Zwang* einen Arbeitsvertrag mit einem bestimmten Arbeitgeber abschließen und in dessen Betrieb eintreten kann[201]. Insbesondere steht es jedem Arbeitnehmer frei, ob er lieber in einem betriebsratslosen Betrieb arbeiten, oder aber in einem verfaßten Betrieb Mitglied des dort bestehenden betrieblichen Verbandes werden möchte. Entscheidet er sich für ersteres, wird jedoch nach seinem Betriebseintritt dort erstmals ein Betriebsrat gewählt und die betriebliche Produktionsgemeinschaft dadurch zu einem Verband im Rechtssinne, so ist der Arbeitnehmer *rechtlich* keineswegs gehindert, diesen wieder zu verlassen, um erneut in einem betriebsratslosen Betrieb anzuheuern. In rechtlicher Hinsicht kann der Betriebsverband demnach nicht als eine Zwangsgemeinschaft angesehen werden, so daß seine Charakterisierung als Vereinigung im Sinne des Art. 9 Abs. 1 GG nicht ausgeschlossen ist.

bb) Zu bedenken gilt es jedoch, daß ein gewisser *faktischer* Zwang zur Mitgliedschaft in einem bestimmten Betriebsverband für die Mehrzahl der Arbeitnehmer wohl nur schwerlich geleugnet werden kann. Zwar ist die noch immer die Arbeitsrechtsdoktrin beherrschende These der strukturellen Abhängigkeit des Arbeitnehmers von seinem Arbeitgeber auf Grund der veränderten ökonomischen und soziologischen Rahmenbedingungen moderner Produktion in ihrer

---

[200] *Scholz*, in: *Maunz/Dürig/Herzog/Scholz*, GG, Art. 9 Rdnr. 57; *Dolzer/Vogel*, Bonner Kommentar, Art. 9 Rdnr. 27.

[201] I. Erg. bereits *Nikisch*, Arbeitsrecht, Bd. 3, S. 274; *Hueck/Nipperdey/Säcker*, Arbeitsrecht, Bd. II/2, 7. Aufl., S. 1090; *Ehmann*, ZRP 1996, 314 (317); *derselbe*, Neue Ordnung 1996 (Sondernummer), S. 59; *Ehmann/Lambrich*, NZA 1996, 346 (351); *Jahnke*, Tarifautonomie und Mitbestimmung, S. 38 u. 117.

Rigidität nicht mehr aufrechtzuerhalten; dennoch sind mit der oftmals *fehlenden Mobilität* der Arbeitnehmer sowie der ständigen Möglichkeit einer konjunkturellen *Verknappung der Stellangebote* auf dem Arbeitsmarkt zwei Faktoren in Rechnung zu stellen, welche den Arbeitnehmer unter Umständen an einen konkreten Betrieb binden können[202]. Es ist demnach zumindest nicht auszuschließen, daß der Eintritt in den Betriebsverband und insbesondere der Verbleib in diesem seitens des Arbeitnehmers faktisch unfreiwillig, jedenfalls nicht ganz freiwillig erfolgt.

Ob dieser rein tatsächliche Zwang indessen notwendig dazu führt, dem Betriebsverband mangels Freiwilligkeit den Status als Vereinigung im Sinne des Art. 9 Abs. 1 GG versagen zu müssen, läßt sich nur schwierig beantworten. Grund hierfür ist, daß die verfassungsrechtliche Rechtsprechung und Literatur bislang keinen Bedarf gesehen hat, den Freiwilligkeitsbegriff näher zu umschreiben. Gegenstand des Interesses war nahezu ausschließlich die Zulässigkeit *öffentlich-rechtlicher Zwangsmitgliedschaften* (z. B. in Ärztekammern oder Arbeitskammern), welche die überwiegende Ansicht aber bereits mangels *privatrechtlichen* Zusammenschlusses nicht anhand des Art. 9 Abs. 1 GG, sondern nach Maßgabe des Art. 2 Abs. 1 GG beurteilt[203]. Die Problematik einer möglichen Zwangsmitgliedschaft in einem privatrechtlichen Verband fand hingegen nur selten Beachtung[204].

Ausgehend von der Grundfunktion der allgemeinen Vereinigungsfreiheit, das *Prinzip der freien sozialen Gruppenbildung* zu gewährleisten[205], läßt sich ein taugliches Kriterium zur Bestimmung der Freiwilligkeit im Sinne des Art. 9 Abs. 1 GG letztlich allein anhand der Gegenüberstellung der beiden Grundbegriffe der „*Korporation*" und „*Assoziation*" gewinnen[206]. Die Korporation kennzeichnet einen häufig auf ständischer Legitimation beruhenden, meist unter Staatsaufsicht stehenden und mit *Zwangsmitgliedschaft* ausgestatteten Vereinigungstyp; als Assoziationen hingegen sind interessenbestimmte private Zweckverbände zusammengefaßt, deren Gründung, Mitgliedschaftsverhältnis, Tätigkeit und Auflösung grundsätzlich der *privatautonomen* Disposition der einzelnen Bürger obliegt. Da durch Art. 9 Abs. 1 nach dem Willen des Grundgesetzes als typische Vereinigungsform die Assoziation etabliert werden soll[207], liegt es

---

[202] Zum Gesamtzusammenhang ausf. § 4 II 1.

[203] BVerfGE 10, 89 (102); 10, 354 (361 f.); 12, 319 (323); 15, 23 (239); 38, 281 (297 f.); BVerwGE 17, 228 (230); 32, 308 (310 f.); *Schnorr von Carolsfeld*, Öffentliches Vereinsrecht, § 2 VereinsG Rdnr. 4.

[204] So nach ausf. Analyse *Hellermann*, Die sogenannte negative Seite der Freiheitsrechte, S. 26 m. vereinzelten Nachw.

[205] *Scholz*, in: *Maunz/Dürig/Herzog/Scholz*, GG, Art. 9 Rdnr. 11.

[206] Zur historischen Dimension beider Vereinsformen *F. Müller*, Korporation und Assoziation, konkret zur Begriffsbestimmung ebd. S. 15 ff.

[207] *Scholz*, in: *Maunz/Dürig/Herzog/Scholz*, GG, Art. 9 Rdnr. 37.

nahe, die Anforderungen, welche an die Freiwilligkeit eines Verbandes zu stellen sind, somit anhand der Voraussetzungen für eine *privatautonome* Entscheidung seitens des einzelnen Vereinsmitglieds zu bestimmen[208]. Eine solche wird jedoch, wie im folgenden zu zeigen sein wird (dazu c), nach den allgemeinen Grundsätzen der Rechtsgeschäftslehre von rein faktischen Zwängen im Ergebnis nicht beeinflußt, weshalb konsequent davon auszugehen ist, daß eine bloß tatsächliche Zwangslage einem Verband, konkret der Betriebsgemeinschaft, auch nicht die Freiwilligkeit und damit den Status als verfassungsrechtlich geschützte Vereinigung nimmt. Zumindest aber bleibt – würde man im Hinblick auf Art. 9 Abs. 1 GG anders entscheiden – die Möglichkeit, den Betriebsverbund als *privatautonomen Arbeitsverband* anzuerkennen und der Betriebsautonomie demzufolge, wenn nicht in Art. 9 Abs. 1 GG, so doch als Ausfluß der in Art. 2 Abs. 1 i.V.m. Art. 12 Abs. 1 GG geschützten Privatautonomie Verfassungsrang beizumessen (dazu d).

### c) Allgemeine Voraussetzungen privatautonomer Legitimation

aa) Die grundlegende Definition in den Motiven[209] zum Bürgerlichen Gesetzbuch versteht unter einem Rechtsgeschäft eine

> „Privatwillenserklärung, gerichtet auf die Hervorbringung eines rechtlichen Erfolges, welcher nach der Rechtsordnung deswegen eintritt, weil er *gewollt* ist" (Hervorh. d. Verf.).

Entsprechend verkörpert sich in der Privatautonomie ganz allgemein das Recht des Individuums zur Selbstgestaltung seiner Rechtsverhältnisse *nach seinem Willen*[210]. Im Umkehrschluß folgt daraus, daß die Regelung eines bestimmten Lebenssachverhalts nur dann nicht mehr als Ausfluß individueller Privatautonomie angesehen werden kann, wenn sie in keiner Weise von einer willensmäßigen Beteiligung des Regelungsbetroffenen abhängig ist[211]. Es kann also festgehalten werden, daß über die privatautonome Legitimation einer Regelung stets das Vorliegen oder Nichtvorliegen eines *konstituierenden Willensaktes* des einzelnen entscheidet.

---

[208] Vgl. *Sachs*, GG, Art. 9 Rdnr. 1: „auf freier, *selbstbestimmter* Entscheidung beruhende Interessenverbände" (Hervorh. d. Verf.); *Badura/Rittner/Rüthers*, Mitbestimmungsgesetz 1976 und Grundgesetz, S. 216: „Freiheit privatautonomer Selbstorganisation"; *Nicklisch*, BB 1979, 1153 (1158): „privatautonomer Ursprung der privatrechtlichen Verbandsbildung".

[209] Bd. 1, S. 126.

[210] Siehe nur *Flume*, Das Rechtsgeschäft, S. 1.

[211] *Kreutz*, Grenzen, S. 58.

Diesen festzustellen, ist freilich kein „willenstheoretisches“ oder gar „persönlichkeitsphilosophisches“ Problem[212], sondern es kommt vielmehr einzig und allein darauf an, ob der Regelungsbetroffene durch einen rechtsgeschäftlichen Zustimmungsakt sein Einverständnis mit einer bestimmten Rechtslage zum Ausdruck gebracht hat, sich diese also als durch seine Selbstbestimmung determiniert erweist. Geht es konkret darum, für einen bestimmten Sachverhalt die Existenz oder Nichtexistenz eines solchen individuellen Selbstbestimmungsaktes festzustellen, haben – worauf namentlich *Zöllner*[213] jüngst mit besonderem Nachdruck hingewiesen hat – sämtliche rein *tatsächlichen Umstände* bis hin zu gravierenden *äußeren Zwängen* ausnahmslos außer Betracht zu bleiben. Den Grund hierfür nennt das Bürgerliche Gesetzbuch selbst: Denn da sich aus der gesetzlichen Anordnung des § 123 BGB unmißverständlich ergibt, daß rechtswidrige *vis compulsiva* allenfalls zur Anfechtbarkeit eines Rechtsgeschäfts führt, kann umgekehrt nur gefolgert werden, daß rein tatsächliche äußere Zwänge das Zustandekommen eines Rechtsgeschäfts wenigstens so lange nicht hindern, wie nicht eine die Willensbetätigung des einzelnen völlig ausschließende *vis absoluta* vorliegt[214]. Auch wenn ein Vertragsinteressent also faktisch lediglich die Wahl zwischen ihm an sich unerwünschten Vertragsbedingungen oder der völligen Ablehnung des Vertragsschlusses hat, ist dies, entscheidet er sich für ersteres, für die Annahme seiner Selbstbestimmung bei Eingehung des Vertragsverhältnisses ohne Belang[215]. Allein die Tatsache, daß es ihm trotz des im einzelnen nachteiligen vertraglichen Inhalts im Ergebnis vorteilhafter erscheint, dem Vertragsschluß zuzustimmen, als diesen insgesamt abzulehnen, macht den Zustimmungsakt als solchen mit anderen Worten folglich noch *nicht* zu einem *Akt der Fremdbestimmung*[216].

bb) Konkret auf den Arbeitsvertrag übertragen bedeutet dies: Zwar ist es ohne Zweifel oftmals eine faktische *„take it or leave it“-Situation*, mit der sich der Arbeitnehmer bei Eingehung eines Arbeitsverhältnisses und dem damit verbundenen Eintritt in einen bestimmten Betrieb konfrontiert sieht. Dies allein aber hindert es nicht, den Abschluß des Arbeitsvertrages – kommt er denn zustande –

---

[212] So zu Recht *Zöllner* (AcP 1976, 221 [235]) mit der Begr., daß ansonsten das Zivilrecht seine Brauchbarkeit als ein reines Verkehrsrecht gänzlich einbüßen würde.

[213] AcP 1996, 1 (27 ff.).

[214] Entsprech. bereits *M. Wolf*, Rechtsgeschäftliche Entscheidungsfreiheit, S. 113 f.

[215] So *Zöllner* (AcP 1996, 1 [29 ff.]) mit dem Hinweis, auch der Vertragsschluß mit dem Monopolisten sei für den einzelnen ein Akt seiner Selbstbestimmung; konkret in bezug auf den Vereinsbeitritt entsprech. *Reuter*, ZHR 1987, 355 (387); vgl. auch *Gast*, Arbeitsvertrag und Direktion, S. 336.

[216] *Zöllner*, AcP 1996, 1 (14); zur ethischen Grundlage eines dahingehenden Freiheitsbegriffs *Hartmann*, Ethik, S. 774: „Man darf nicht sagen, daß er als determinierter nicht mehr freier Wille wäre... Er ist aber frei noch sehr wohl in dem Sinne, daß die Entscheidung, die er über sich selbst gefällt, eine eigene, und nicht vom Prinzip diktierte war.“

gleichwohl als Ausfluß seiner *Selbstbestimmung* und damit der *Privatautonomie* im Sinne des Art. 2 Abs. 1 i.V.m. Art. 12 Abs. 1 GG anzusehen. Denn: Entschiede man anders, könnte die zwangsläufige Konsequenz nur lauten, den Individualvertrag im Ergebnis völlig als Regelungsinstrument (nicht bloß) des Arbeitslebens verabschieden zu müssen[217].

cc) Als Zwischenergebnis kann somit festgestellt werden, daß die rein äußeren Umstände mangelnder eigener Mobilität sowie fehlender Stellenangebote auf dem Arbeitsmarkt und die durch sie bedingte (partielle) wirtschaftliche Abhängigkeit des Arbeitnehmers von einem bestimmten Arbeitgeber[218] allein jedenfalls nicht hindern, dessen Privatautonomie (Art. 2 Abs. 1 i.V.m. Art. 12 Abs. 1 GG) als Legitimationsgrundlage betriebsautonomer Normsetzung zu begreifen. Es kommt vielmehr ausschließlich darauf an, ob die Geltung von Betriebsvereinbarungen auf einen Willensakt des einzelnen Arbeitnehmers gestützt werden kann. Ist dies der Fall, muß der verfaßte Betrieb als *privatautonomer Verband* angesehen werden und genießt die Betriebsautonomie als Ausfluß der Art. 9 Abs. 1, Art. 2 Abs. 1 i.V.m. Art. 12 Abs. 1 GG Verfassungsrang. Als selbstbestimmter Willensakt der Arbeitnehmer kommt zum einen ihre *Stimmabgabe bei der Betriebsratswahl* (dazu d aa) und zum anderen der *Abschluß des Arbeitsvertrages* in Betracht (dazu d bb).

### d) Die Betriebsgemeinschaft als privatautonomer Verband

#### *aa) Die Betriebsratswahl als Selbstbestimmungsakt des einzelnen Arbeitnehmers?*

(1) Die Regelungsbefugnis des Betriebsrats als Organ des betrieblichen Arbeitsverbandes erhält ihre Legitimation maßgeblich aus der Wahl seiner Mitglieder durch die wahlberechtigten Arbeitnehmer des Betriebes (vgl. §§ 4, 5, 7 und 14 ff. BetrVG). Aus dieser folgt die Zusammensetzung des Betriebsrats, durch sie wird jener für den Zeitraum einer Amtsperiode seitens der Arbeitnehmer ermächtigt, gemeinsam mit dem Arbeitgeber die Gestaltung der betrieblich festzulegenden Arbeitsbedingungen zu übernehmen und dadurch den Verbands-

---

[217] Klar erkannt bereits von *Nebel* (Normen, S. 135), der zutreff. annimmt, daß durch tatsächliche Umstände die Entscheidungsfreiheit des einzelnen lediglich „verdünnt", keinesfalls aber ausgeschlossen sei; entsprech. *Hönn*, Vertragsparität, S. 210; nicht zuletzt hat auch *Flume* (Das Rechtsgeschäft, S. 16) bereits darauf hingewiesen, daß die Einschränkungen des Wirkungsbereichs der Privatautonomie auf dem Felde des Arbeitsrechts keineswegs dazu geführt hätten, daß diese dort keine Bedeutung mehr erlange; vgl. ebenso *von Hoyningen-Huene* (Billigkeit, S. 138) unter Hinweis auf *Zöllner* (AcP 1976, 221 [235 Fn. 35]): Selbstbestimmung bedeute „keineswegs die absolute Freiheit ..., alles nach wirklich eigenen Vorstellungen regeln zu können".

[218] Siehe ausf. § 4 II 1 b.

zweck der betrieblichen Produktionsgemeinschaft zu verwirklichen. Es liegt daher auf den ersten Blick durchaus nahe, die Stimmabgabe der Belegschaftsmitglieder bei der Betriebsratswahl – wie in der Literatur zumindest vereinzelt vertreten[219] – als Grundlage der privatautonomen Legitimation der Betriebsverfassung zu erachten[220].

Nach den allgemeinen Grundprinzipien der Rechtsgeschäftslehre kann die Teilnahme des Arbeitnehmers an der Betriebsratswahl indessen nur dann als ein Akt individueller Selbstbestimmung gelten, wenn der einzelne durch Abgabe seines Stimmzettels *unmittelbaren* Einfluß auf den Gestaltungswillen des aus der Wahl hervorgehenden Vertretungsgremiums nimmt. Dies aber ist auf Grund mehrerer Erwägungen nicht gewährleistet: Besonders augenfällig ist das Fehlen der geforderten unmittelbaren Anbindung des Betriebsrats an den Willen der einzelnen Arbeitnehmer hinsichtlich solcher Mitarbeiter, die von ihrem – durch das Betriebsverfassungsgesetz gerade nicht als eine allgemeine Pflicht ausgestatteten – Wahlrecht keinen Gebrauch machen oder auf Grund ihrer Minderjährigkeit von diesem nicht einmal Gebrauch machen dürfen; gleiches gilt im Hinblick auf diejenigen Arbeitnehmer, welche während einer laufenden Amtsperiode in den Betriebsverband eintreten. Die Interessen all dieser Beschäftigten vertritt der Betriebsrat im Ergebnis, ohne ausdrücklich durch deren Stimmabgabe dazu legitimiert worden zu sein[221].

Weiterhin gilt es zu beachten, daß die Betriebsratswahl gem. § 14 Abs. 3 BetrVG je nach Anzahl der eingereichten Vorschlagslisten entweder nach den

---

[219] *Jahnke* (Tarifautonomie und Mitbestimmung, S. 111) unter Hinweis auf angeblich „rechtsgeschäftliche Züge" der Betriebsratswahl; *Gast* (Vertragsrecht, S. 77) auf Grund der „Logik der Selbstbestimmung in kollektiven Angelegenheiten", derzufolge der einzelne im Hinblick auf die innerbetrieblichen Vorgänge – also auch bei der Bestellung seiner Repräsentanten – i. Erg. nur mitbestimmen können müsse; *Bender*, BB 1987, 1117 (1119); auch *Sodan* (JZ 1998, 421 [429]) verneint die Charakterisierung der Betriebsräte als Zwangsvereinigungen mit dem Hinweis auf das Fehlen einer gesetzlichen Pflicht zur Errichtung eines Betriebsrats.

[220] Die Betriebsratswahl scheidet nicht allein deswegen bereits als privatautonomes Fundament betrieblicher Normsetzung aus, weil der Arbeitnehmer durch sie lediglich die Gestaltungsbefugnis des Betriebsrats legitimiert, der Arbeitgeber als zweite Partei der Betriebsvereinbarung hingegen nicht zur Wahl steht (so aber *Biberacher*, Rechtssetzungsmacht, S. 18). Insoweit hat *Kreutz* (Grenzen, S. 66 f.; entsprech. *Jahnke*, Tarifautonomie und Mitbestimmung, S. 108) überzeugend dargelegt, daß selbst der Vertrag als die Hauptform privatautonomer Gestaltung (*Flume*, Das Rechtsgeschäft, S. 12) dem einzelnen Vertragspartner eigene Gestaltungsmöglichkeiten lediglich in Form der Mit- und nicht der Alleinbestimmung des vertraglichen Inhalts eröffnet. Folglich muß auch hinsichtlich der Betriebsvereinbarung die Legitimation der Mitgestaltungsmacht einer der Vertragsparteien – konkret also des Betriebsrats – genügen.

[221] *Richardi*, Gutachten, in: Verhandlungen des 61. DJT, Bd. I, B 27; *Hönn*, Vertragsparität, S. 212: keine „Möglichkeit, dem Betriebsrat das Mandat zu verweigern"; *Gast*, Tarifautonomie, S. 5; *Veit*, Zuständigkeit, S. 186; *Staschik*, Grundfragen S. 13; *Konzen*, FS für Wolf, S. 279 (295); *Molitor*, FS für Schaub, S. 487 (490).

Grundsätzen der *Verhältniswahl* oder der *Mehrheitswahl* stattzufinden hat. Beiden Wahlmodi ist gemeinsam, daß der (oder den) Minderheit(en) in der Wählerschaft der Betriebsrat zwangsläufig in einer von dieser (diesen) gerade nicht gewollten Zusammensetzung aufgezwungen wird. Mangels Geltung des Einstimmigkeitsprinzips sind Wahlen somit nicht nur in bezug auf die Nichtwähler, sondern auch für die an ihnen Teilnehmenden stets *reine Kollektiventscheidungen*, in denen die obsiegenden Mehrheitsstimmen aufgehen und das Votum der Minderheit(en) notwendig untergeht. Aus dem Blickwinkel der Rechtsgeschäftslehre enthält die Stimmabgabe daher lediglich die Willenserklärung, die Wahlentscheidung zu *beeinflussen*, nicht aber manifestiert sich in ihr der Wille, das letztendliche Wahlergebnis tatsächlich zu *bestimmen*[222]. Genau dies aber wäre zwingende Voraussetzung, wollte man den Wahlakt als hinreichende privatautonome Legitimationsbasis betrieblicher Mitbestimmung erachten. Die Betriebsratswahl ist folglich zwar eine *repräsentativ-demokratische*, nicht jedoch eine aus der Privatautonomie des einzelnen Arbeitnehmers resultierende Legitimation des Betriebsrats und der von diesem gemeinsam mit dem Arbeitgeber getroffenen Regelungsentscheidungen[223].

(2) Mit dieser Feststellung ist hinsichtlich der Frage nach der privatautonomen Grundlage der Betriebsautonomie allerdings nicht mehr als ein bloßes Zwischenergebnis gewonnen. Ruft man sich ins Gedächtnis zurück, daß die Betriebsgemeinschaft einen Verband im Rechtssinne darstellt, gilt es den Blick ganz allgemein auf die vereinsrechtlichen Grundsätze zu richten, nach denen Verbandsorgane und die von ihnen getroffenen Regelungen ihre Legitimation erlangen. Wie im Hinblick auf die betriebsverfassungsrechtliche Gemeinschaft kann die Wahl der verbandlichen Vertretungsgremien auch bei allen anderen realen Verbandsformen bereits kraft Natur der Sache in aller Regel ausschließlich anhand des Mehrheitsprinzips erfolgen. Und dennoch bezweifelt im Ergebnis niemand die privatautonome Natur der Entscheidungen, welche beispielsweise aus den Vorstandswahlen eines Vereins oder einer Genossenschaft rekrutierte Vertretungsorgane für die regelungsbetroffenen Mitglieder treffen. Grund hierfür ist, daß das allgemeine Verbandsrecht die aus dem Proporzgebot resul-

---

[222] Zutreff. *Kreutz*, Grenzen, S. 68 f. m. Fn. 92; allg. zum notwendigen Zshg. zwischen Mehrheitsprinzip und Heteronomität *Kirchhof*, Private Rechtsetzung, S. 90.

[223] *Biedenkopf*, Grenzen, S. 298; *Kreutz*, Grenzen, S. 73; *Säcker*, Gruppenautonomie, S. 344 f.; *derselbe*, ZfA 1972 (Sonderheft), 41 (50); *Richardi*, Kollektivgewalt, S. 317; *derselbe*, Betriebsverfassung und Privatautonomie, S. 9; *Reichold*, Sozialprivatrecht, S. 539; *Waltermann*, Rechtsetzung, S. 91 f.; *derselbe*, NZA 1995, 1177 (1180); *derselbe*, NZA 1996, 357 (360); *Veit*, Zuständigkeit, S. 186 ff., insbes. S. 189 f. zum Unterschied zwischen privatautonomer und demokratischer Legitimation; *Belling*, Günstigkeitsprinzip, S. 114; *Travlos-Tzanetatos*, Regelungsbefugnis, S. 69 f.; *Schwarze*, Betriebsrat, S. 142; *H. Hanau*, Individualautonomie, S. 61 f.; *derselbe*, RdA 1996, 158 (165); *Ellenbeck*, Grundrechtsfähigkeit, S. 44; *Konzen*, FS für Wolf, S. 279 (285 u. 295); *Dorndorf*, FS für Kissel, S. 139 (150).

tierende Nivellierung der Wahlentscheidung des Individuums als durch die sich in seinem Verbandsbeitritt manifestierende Willensbetätigung ausreichend kompensiert ansieht. Umgekehrt gesprochen wird also als ausschlaggebender privatautonomer Geltungsgrund letztlich der Eintritt in den Verband erachtet, wobei der dazwischengeschobene Wahlakt an der durch jenen bedingten unmittelbaren Anbindung an den Willen des einzelnen nichts zu ändern vermag[224]. Daraus folgt für die privatautonome Legitimation der Betriebsautonomie, daß es insoweit lediglich darauf ankommt, ob der Abschluß des Arbeitsvertrages nach rechtsgeschäftlichen Grundsätzen als selbstbestimmter Eintritt des einzelnen Arbeitnehmers in den betrieblichen Arbeitsverband gedeutet werden kann. Ist dies zu bejahen, muß die Betriebsgemeinschaft als privatautonomer Verband, die Betriebsvereinbarung als ihr privatautonom legitimiertes Regelungsinstrument anerkannt werden.

#### *bb) Der Abschluß des Arbeitsvertrages als privatautonomer Verbandseintritt*

In der Arbeitsrechtswissenschaft wird die somit aufgeworfene und alles entscheidende Fragestellung, ob der Abschluß des Individualarbeitsvertrages als ein die Regelungen betrieblicher Normsetzung legitimierender Selbstbestimmungsakt des einzelnen Arbeitnehmers gelten kann, ganz überwiegend verneint. Gestützt wird diese Annahme insbesondere auf den Vergleich zwischen Betriebsautonomie und Tarifautonomie: Während der Koalitionsbeitritt den Tarifvertragsparteien und somit den von ihnen angeordneten tariflichen Bestimmungen stets eine mitgliedschaftliche und somit privatautonome Legitimation seitens der Regelungsbetroffenen verschaffe[225], sei der Abschluß des Arbeitsvertrages demgegenüber gerade nicht darauf gerichtet, eine Unterwerfung des Arbeitnehmers unter die Regelungsgewalt der Betriebspartner zu begründen. Die Geltung der Betriebsvereinbarung resultiere vielmehr allein aus dem Faktum der *Betriebszugehörigkeit* sowie der *gesetzlichen Anordnung* ihrer unmittelbaren und zwingenden Wirkung durch § 77 Abs. 4 Satz 1 BetrVG, stelle also mit anderen Worten lediglich eine vom Willen des einzelnen Arbeitnehmers unab-

---

[224] Zum Ganzen *Teubner*, Organisationsdemokratie, S. 38; *Wiedemann*, Gesellschaftsrecht, S. 672; auch *Kreutz*, Grenzen, S. 59 u. 69 f.; *Reichold*, Sozialprivatrecht, S. 539; *H. Hanau*, Individualautonomie, S. 61; *Nebel*, Normen, S. 119; *Konzen*, FS für Wolf, S. 279 (295).

[225] Konkret hierzu *Zöllner*, Rechtsnatur, S. 37; *Richardi*, Kollektivgewalt, S. 164; *derselbe*, Betriebsverfassung und Privatautonomie, S. 8; *derselbe*, Gutachten, in: Verhandlungen des 61. DJT, Bd. I, B 27; MünchArbR-*Richardi*, Bd. 3, § 233 Rdnr. 25; *Hönn*, Vertragsparität, S. 202; *Rieble*, Arbeitsmarkt und Wettbewerb, Rdnr. 1151; *Singer*, ZfA 1995, 611 (616 f.); *Zachert*, DB 1990, 986 f.; *Dorndorf*, FS für Kissel, S. 139 (151); *Junker*, NZA 1997, 1305 (1307); *derselbe*, ZfA 1996, 383 (392): Tarifautonomie als „auf eine höhere Ebene gehobene Privatautonomie"; entsprech. *Papier*, RdA 1989, 137 (141).

hängige Nebenfolge des individualrechtlichen Vertragsschlusses dar[226]. Folglich sieht sich die Betriebsautonomie in der überwiegenden Literatur zur bloßen „Staatsveranstaltung"[227] degradiert, wird die innerbetriebliche Interessenvertretung der Arbeitnehmerschaft durch den Betriebsrat als eine *fremdbestimmte Zwangsrepräsentation* diffamiert[228].

---

[226] So i. Erg. mit nur im Detail diff. Akzentuierung *Richardi*, Kollektivgewalt, S. 317; *derselbe*, Gutachten, in: Verhandlungen des 61. DJT, Bd. I, B 28; *derselbe*, NZA 1988, 673 (676); MünchArbR-*Richardi*, Bd. 3, § 233 Rdnr. 26; *Säcker*, Gruppenautonomie, S. 344; *derselbe*, ZfA 1972 (Sonderheft), 41 (50); *Hönn*, Vertragsparität, S. 212; *Reichold*, Sozialprivatrecht, S. 539 ff.; *Rieble*, Arbeitsmarkt und Wettbewerb, Rdnr. 1411; *Waltermann*, Rechtsetzung, S. 89 f.; *derselbe*, NZA 1995, 1177 (1180); *derselbe*, NZA 1996, 357 (360); *derselbe*, RdA 1996, 129 (134); *Belling*, Günstigkeitsprinzip, S. 114; Veit, Zuständigkeit, S. 172 ff.; *H. Hanau*, Individualautonomie, S. 59 f.; *Travlos-Tzanetatos*, Regelungsbefugnis, S. 69; *Gragert*, Flexibilisierung von Tarifverträgen, S. 42 f.; *Biberacher*, Rechtssetzungsmacht, S. 18; *Staschik*, Grundfragen, S. 10 f.; *Canaris*, AuR 1966, 129 (139); *Ramm*, JZ 1977, 1 (2); *Löwisch*, JZ 1996, 812 (817); *Heinze*, ZfA 1992, 53 (63); *derselbe*, NZA 1994, 580 (581); *Konzen*, FS für Wolf, S. 279 (295); *Walker*, ZfA 1996, 353 (357); *Molitor*, FS für Schaub, S. 487 (489 f.); *Küttner/Schlüpers-Oehmen/Rebel*, DB 1985, 172.

[227] *Rieble*, Arbeitsmarkt und Wettbewerb, Rdnrn. 1411 ff.; *derselbe*, RdA 1996, 151 (152); *Richardi*, Gutachten, in: Verhandlungen des 61. DJT, Bd. I, B 27: „Staatsintervention zur Verteilung von Regelungsmacht zwischen der Arbeitgeber- und Arbeitnehmerseite".

Die mit der Bezeichnung der Betriebsautonomie als „Staatsveranstaltung" bezweckte Abwertung ist indessen bereits in sich wenig stimmig: Zu Recht hat *Reichold* (Sozialprivatrecht, S. 433 f.; allg. bereits *Isensee*, Subsidiaritätsprinzip, S. 272) darauf hingewiesen, daß das Bild des modernen Rechtsstaats im Vergleich zum liberalen Nachtwächterstaat gerade durch die vom Staat vermittelte Freiheit, nicht aber durch eine Freiheit vor dem Staat geprägt ist (vgl. auch *Hesse*, Grundzüge, Rdnr. 304: Staat nicht nur als „Feind der Grundrechte", sondern mit „positiver Aufgabe ihrer Ausgestaltung"; *Isensee*, Subsidiaritätsprinzip, S. 116: „Metamorphose des Eingriffsstaates zum Wohlfahrtsstaat"). Ausfluß dieses zutreff. Staatsverständnisses ist es, daß dem Bürger nur dann eine staatliche Fremdbestimmungsordnung oktroiert wird, wenn der Staat genau zu wissen meint, welche Form von Freiheit die Bürger benötigen. Viel häufiger aber ist es, daß von staatlicher Seite auf dem Wege lediglich prozessualer Vorgaben letztlich die Freiheit und Selbstbestimmung der Bürger sogar erst entscheidend befördert wird.

Des weiteren verschleiert die Bezeichnung der Betriebsverfassung als „Staatsveranstaltung", daß deren Entstehungsgrund, also die Notwendigkeit zur Organisation der betrieblichen Produktionsgemeinschaft, als gesellschaftliches Faktum dem Staat bereits vorgegeben war (siehe oben § 3 I 2 a bb), keinesfalls somit von diesem selbst geschaffen worden ist (*Reichold*, ebd., S. 448).

[228] *Richardi*, Kollektivgewalt, S. 316: „korporative Zwangsordnung" (entsprech. *Hönn*, Vertragsparität, S. 212; *Heinze*, NZA 1989, 41 [42]; *derselbe*, NZA 1994, 580 [581]; *Beuthien*, ZfA 1983, 141 [164]); *Reichold*, Sozialprivatrecht, S. 495: „Zwangsrepräsentation"; *H. Hanau*, Individualautonomie, S. 70: „Zwangsverband" (entsprech. *Wank*, NJW 1996, 2273 [2274]); *Heinze*, ZfA 1992, 53 (62): „Fremdbestimmungsordnung"; *Konzen*, FS für Wolf, S. 279 (284): „fremdbestimmte Zwangsordnung"; *Picker*, GS für Knobbe-Keuk, S. 879 (924): „Zwangskorporation".

Die nähere Betrachtung der einschlägigen arbeitsrechtlichen Stellungnahmen zeigt, daß die – soweit ersichtlich wohl auf *Rolf Dietz*[229] zurückgehende – These der unterschiedlichen Legitimationskraft des Gewerkschaftsbeitritts einer- und des Abschlusses eines Arbeitsvertrages andererseits trotz ihrer für das Verhältnis von Tarif- und Betriebsautonomie richtungsweisenden Bedeutung seit Jahrzehnten zumeist nur mit nahezu stereotypen Formulierungen ab- und fortgeschrieben wird. Die an sich gebotene Hinterfragung und Herleitung besagter Annahme anhand der allgemeinen Grundsätze der Rechtsgeschäftslehre jedenfalls sucht man in aller Regel vergebens. Einzig *Kreutz* kommt das Verdienst zu, in seiner Habilitationsschrift über die „Grenzen der Betriebsautonomie"[230] den Standpunkt der herrschenden Ansicht umfassend und insbesondere mit dem Anspruch dogmatischer Genauigkeit begründet zu haben, indem er an den Anfang seiner Überlegungen die Frage stellt, ob nach der Lehre von den Willenserklärungen der Abschluß des Arbeitsvertrages gleichzeitig eine *stillschweigende Unterwerfungserklärung* seitens des neu in den Betrieb eintretenden Arbeitnehmers unter die betriebsverfassungsrechtliche Gestaltungsmacht der Betriebspartner darstelle. *Kreutz* verneint die Frage mit folgender Begründung: Zunächst fehle es bereits am *äußeren Erklärungstatbestand* einer dahingehenden Unterwerfung, da die Geltung von in einer Betriebsvereinbarung getroffenen Bestimmungen ausschließlich kraft der gesetzlichen Anordnung des § 77 Abs. 4 Satz 1 BetrVG eintrete; dies sogar gegen einen eventuell explizit abweichenden Willen des Arbeitnehmers, so daß die Betriebsvereinbarung im Umkehrschluß gerade nicht als von einer willentlichen Unterwerfung abhängig angesehen werden könne[231]. Aus gleichem Grunde sei letztlich seitens des Arbeitnehmers ebenso das Vorliegen eines auf Unterwerfung unter die betriebliche Normsetzungsmacht gerichteten *Erklärungsbewußtseins* zu verneinen. Dieser wolle mit dem Eintritt in den Betrieb vielmehr bloß eine notwendige Voraussetzung für die Anwendbarkeit der dort bereits geltenden und zukünftig abzuschließenden Betriebsvereinbarungen schaffen, sich aber nicht gleichzeitig der Rechtsetzungsbefugnis der Betriebspartner unterordnen[232]. Folglich gelangt *Kreutz*[233] zu dem Schluß, daß der Abschluß des Arbeitsvertrages lediglich als Geltungs*voraussetzung* der Betriebsvereinbarung zu erachten sei; den für die Frage ihrer Legitimation entscheidenden Geltungs*grund* hingegen stelle allein die inhaltli-

[229] BetrVG, 1. Aufl., § 1 Rdnr. 18.

[230] Dort S. 64 ff.

[231] So auch *Waltermann*, Rechtsetzung, S. 89; *Veit*, Zuständigkeit, S. 173 u. 176; *H. Hanau*, Individualautonomie, S. 59; *Staschik*, Grundfragen, S. 12; *Biberacher*, Rechtssetzungsmacht, S. 18; *Konzen*, FS für Wolf, S. 279 (295).

[232] Ähnl. *Staschik* (Grundfragen, S. 10), der annimmt, durch den Abschluß des Arbeitsvertrages werde lediglich der personelle Wirkungsbereich der Betriebsvereinbarung neu umschrieben.

[233] Grenzen, S. 66 u. 110; ebenso *Waltermann*, Rechtsetzung, S. 89; *Biberacher*, Rechtssetzungsmacht, S. 42; *Walker*, ZfA 1996, 353 (356).

che Gestaltungsanordnung der Betriebspartner in Verbindung mit dem gesetzgeberischen Akt des § 77 Abs. 4 Satz 1 BetrVG dar. Der *Kreutz*'schen Argumentation und mit ihr der Ablehnung einer privatautonomen Legitimation der Betriebsverfassung generell kann jedoch, wie sich aus den folgenden Erwägungen ergeben wird, im Ergebnis nicht zugestimmt werden.

(1) Verbandsbeitritt und Unterwerfung?

(1.1) Bei näherer Betrachtung ist bereits die von *Kreutz* als Ausgangspunkt seiner Überlegungen gewählte Frage nach dem Vorliegen einer *stillschweigenden Unterwerfungserklärung* des neu in einen Betrieb eintretenden Arbeitnehmers unter die betriebsverfassungsrechtliche Regelungsbefugnis in dieser Form nicht richtig gestellt, da sie mit den Grundprinzipien des allgemeinen Verbandsrechts nicht in Einklang zu bringen ist. Zwar findet man in der Tat – vornehmlich im älteren Schrifttum – die Auffassung, daß sich das einzelne Mitglied durch den Verbandsbeitritt der als Verbandsautonomie bezeichneten Gestaltungsmacht der verbandlichen Entscheidungsorgane unterwerfe[234]. Geht man zutreffend davon aus, daß die Verbandsmitgliedschaft in all ihren Schattierungen stets als Verwirklichung der *Privatautonomie des Individuums* erscheint[235], so ist hiermit jedoch die Vorstellung der Subordination des einzelnen unter eine übergeordnete Verbandsgewalt sachlich wie rechtlich nicht zu vereinbaren. Genauer: Gleichgültig, ob auf dem Wege der Neugründung einer Vereinigung oder durch späteren Eintritt in diese, ist die Entstehung einer verbandsrechtlichen Mitgliedschaftsbeziehung stets *rechtsgeschäftlicher Natur*[236]. Daraus folgt, daß das Verhältnis des einzelnen Mitglieds sowohl zu den anderen Verbandsmitgliedern als auch zum Verband selbst letztlich durch einen *partnerschaftlichen* und *gleichberechtigten* Charakter geprägt ist. Die Annahme einer – im Gegen-

---

[234] Grundleg. zur Rechtsfigur vorgängiger Unterwerfung *Bötticher*, Gestaltungsrecht, S. 27 ff.; vgl. auch *Meyer-Cording* (Rechtsnormen, S. 91 f.), der konsequent – aber dem Paradigma der Privatautonomie widersprechend – den Verein als dem einzelnen „übergeordnetes Gebilde" mit einer „hierarchischen Ordnung" bezeichnet (ebd., S. 75); vgl. neuerdings wieder *Reichold*, Sozialprivatrecht, S. 539 f.; auch *Jahnke*, Tarifautonomie und Mitbestimmung, S. 107.

Entsprech. das sog. mandatarische Modell zur Erklärung der Tarifautonomie (privatautonome [sic!] Unterwerfung unter die Tarifgewalt): siehe *Richardi*, Kollektivgewalt, S. 162; *derselbe*, Betriebsverfassung und Privatautonomie, S. 8 f.; *Travlos-Tzanetatos*, Regelungsbefugnis, S. 70; *Canaris*, AuR 1966, 129 (139); aus der neueren Lit. *Richardi*, Gutachten, in: Verhandlungen des 61. DJT, Bd. I, B 27; *Walker*, ZfA 1996, 353 (356); *Waltermann*, NZA 1996, 357 (360); *derselbe*, RdA 1996, 129 (134).

[235] So *Lutter*, AcP 1980, 84 (94); ausf. bereits *Flume*, Die Personengesellschaft, S. 189 ff.; *Jötten*, Vereinsautonomie, S. 64: „besondere Form der Privatautonomie".

[236] *Lutter*, AcP 1980, 84 (95); *Reuter*, ZHR 1987, 355 (381); *Schmiegel*, Inhaltskontrolle, S. 6; insoweit entsprech. auch *Meyer-Cording*, Rechtsnormen, S. 91.

teil gerade ein einseitiges Über-Unterordnungs-Verhältnis suggerierenden – Unterwerfung des einzelnen unter die verbandliche Regelungsbefugnis steht hiermit notwendig in offenkundigem Widerspruch[237]. Folglich erlangen die zwingenden innerverbandlichen Regelungen ihre im Ergebnis allgemein anerkannte[238] privatautonome Legitimation ausschließlich durch den selbstbestimmten Verbandseintritt des einzelnen, d. h. allein durch dessen *Beitritts*erklärung und *nicht* durch eine von dieser abstrahierten (konkludenten) *Unterwerfungs*erklärung[239].

(1.2) Bedarf es demnach allgemein zur Geltung verbandlicher Regelungen nicht einer gesonderten Unterwerfungserklärung, kann konkret in bezug auf das in die Form von Betriebsvereinbarungen gegossene Satzungsrecht des betrieblichen Arbeitsverbandes letztlich nichts anderes gelten. Zur Beantwortung der Frage nach der privatautonomen Legitimation betrieblicher Normsetzung kommt es daher einzig und allein darauf an, ob sich der Arbeitnehmer bei Abschluß des Arbeitsvertrages bewußt ist (*Erklärungsbewußtsein*) und dem Arbeitgeber gegenüber konkludent zum Ausdruck bringt (*äußerer Erklärungstatbestand*), Mitglied des Betriebsverbandes sein und infolgedessen von den seitens der betriebsverfassungsrechtlichen Organe durch Betriebsvereinbarung getroffenen Bestimmungen erfaßt werden zu wollen. Zumindest in Gestalt einer seiner Laiensphäre entspringenden Parallelwertung dürfte ein dahingehendes Willensmoment seitens des Arbeitnehmers im Ergebnis kaum zu leugnen sein. Denn jeder in einen verfaßten Betrieb eintretende Arbeitnehmer wird Kenntnis haben von der betriebsverfassungsrechtlichen Einrichtung des Betriebsrats, von dessen Rekrutierung durch Wahl und nicht zuletzt – was auch *Kreutz*[240] unumwunden einräumt – von der grundsätzlichen Regelung der innerbetrieblichen Angelegenheiten durch Betriebsvereinbarungen. Mehr noch: In aller Regel wird die Gegebenheit betrieblicher Mitbestimmung sogar dem nachhaltigen Wunsch des neu eintretenden Arbeitnehmers entsprechen, da er die zu seinem Schutze installierte Interessenwahrnehmung durchaus als den entscheidenden Vorteil

---

[237] Gegen die Unterwerfungskonstruktion ist neben der mangelnden Vereinbarkeit mit dem Paradigma der Privatautonomie des weiteren einzuwenden, daß sich mittels ihrer die Anerkennung einzelner – insbes. zukünftiger – innerverbandlicher Regelungen i. Erg. gar nicht begründen läßt, da das Neumitglied diese bei Verbandseintritt nicht einmal kennen und daher auch nicht in sein Erklärungsbewußtsein aufgenommen haben kann; insoweit zutreff. *Kirchhof* (Private Rechtsetzung, S. 93 ff.), der allerdings die Bedeutung des Verbandsbeitritts selbst als privatautonome Legitimationsgrundlage verkennt und daher grunds. von Heteronomität der verbandlichen Regeln ausgeht; konkret in bezug auf die Tarifautonomie entsprech. auch *Biedenkopf*, Grenzen, S. 17 Fn. 77.

[238] Entsprech. insbes. auch *Kreutz*, Grenzen, S. 59.

[239] *Lutter*, AcP 1980, 84 (96 f.); *Nebel*, Normen, S. 129 f.; konkret hinsichtl. des Mitgliedschaftsrechts des Aktionärs *Hönn*, Vertragsparität, S. 223 f.; für die Gewerkschaftsmitgliedschaft *Dorndorf*, FS für Kissel, S. 139 (151): Verbandsbeitritt als „Grundkonsens mit dem gewerkschaftlichen Handeln".

[240] Grenzen, S. 65; ebenso *Nebel*, Normen, S. 125 f.; *Schwarze*, Betriebsrat, S. 141 f.

des verfaßten im Vergleich zum betriebsratslosen Betrieb erachten dürfte[241]. Rein *tatsächlich* steht demnach nichts entgegen, die zum Abschluß des Arbeitsvertrages führende Willenserklärung des Arbeitnehmers aus der Sicht des Arbeitgebers gleichzeitig als *konkludente Beitrittserklärung* in den betrieblichen Arbeitsverband zu begreifen[242].

Was dennoch bleibt, ist in *rechtlicher* Hinsicht die weitere Frage, ob der sich durch den Eintritt in den Betriebsverband manifestierende Willensakt in der Tat auch die maßgebliche Legitimationsgrundlage betrieblicher Normsetzung darstellt, oder ob vielmehr – wie die herrschende Ansicht meint – die ausdrückliche Anordnung der normativen Wirkung von Betriebsvereinbarungen in § 77 Abs. 4 Satz 1 BetrVG dazu führt, allein das Gesetz als Geltungs*grund* betrieblicher Normsetzung zu erachten. Ist also, um mit *Kreutz* zu sprechen, der Arbeitsvertrag lediglich eine notwendige Geltungs*voraussetzung* der Betriebsautonomie?

---

[241] *Ehmann/Lambrich*, NZA 1996, 346 (351).

[242] Siehe insbes. *Wiese*, in: GK-BetrVG, Einl. Rdnr. 63: „Entscheidend ist jedoch, daß der betriebliche Arbeitsverband nicht zwangsweise durch Hoheitsakt, sondern dadurch entsteht, daß mit einem in privater Rechtsform betriebenen Unternehmen (§ 130) durch privatrechtliche Verträge (§ 611 BGB) Arbeitsverhältnisse begründet werden. Dieser privatrechtliche Arbeitsverband ist daher lediglich Anknüpfungspunkt der auf freiwilliger Basis zu errichtenden betriebsverfassungsrechtlichen Organisation." I. Erg. entsprech. *Reuter*, Referat, in: Verhandlungen des 61. DJT, Bd. II/1, K 35 (K 43); *Nebel*, Normen, S. 130.

Dem kann insbes. nicht entgegen gehalten werde, daß der mit dem Arbeitgeber abgeschlossene Arbeitsvertrag nicht die gemeinsame Normsetzungsbefugnis beider Betriebspartner legitimieren könne, es also bereits an einem tauglichen Adressaten der Unterwerfungserklärung fehle (so aber *H. Hanau*, Individualautonomie, S. 60). Unabhängig von der Unrichtigkeit der Unterwerfungskonstruktion ist die Legitimation nur einer Vertragspartei mit dem Prinzip der Privatautonomie durchaus vereinbar, da der Vertrag allg. dem einzelnen Vertragspartner stets lediglich eine Mitbestimmungsbefugnis und kein Alleingestaltungsrecht eröffnet.

I. Erg. ähnl., jedoch mit diff. – letztlich ebenso auf der unzutreff. Unterwerfungskonstruktion basierendem – dogmatischem Ansatz bereits *Meyer-Cording*, Rechtsnormen, S. 100 ff.: Er unterscheidet von den staatlichen Zwangsnormen sog. Wahlnormen (Vereinsstatut, Tarifbestimmungen, Betriebsvereinbarungsregelungen, Allgemeine Geschäftsbedingungen), denen sich der Bürger freiwillig durch Beitritt in eine institutionelle Gemeinschaft unterwerfe. Wegen dieses Unterwerfungsaspekts sei konkret der Arbeitsvertrag nicht mehr als ein bloßer Marktaustauschvertrag, sondern als ein sog. Statusvertrag mit einer besonderen personen- und sozialrechtlichen Natur zu erachten. Der Annahme einer solchen Sonderstellung des Individualarbeitsvertrages bedarf es jedoch letztlich nicht, denn der Eintritt in den betrieblichen Verband läßt sich – wie hier vertreten – auch mit den anerkannten Methoden der Rechtsgeschäftslehre hinreichend erklären. Er vollzieht sich konkludent durch Abschluß des Arbeitsvertrages im Sinne eines schuldrechtlichen Austauschvertrages.

(2) Die Rechtsordnung als Korrelat der Privatautonomie

(2.1) Gegen die vermeintliche Differenzierung zwischen dem *gesetzlichen* Geltungsgrund (§ 77 Abs. 4 Satz 1 BetrVG) und der im Abschluß des Arbeitsvertrages liegenden *vertraglichen* Geltungsvoraussetzung betrieblicher Regelungen spricht bereits, daß eine solche Unterscheidung mit den Grundsätzen der allgemeinen Zivilrechtsdogmatik in Widerspruch steht. Diese stellt in bezug auf eine vertragliche Abmachung gerade nicht die mit Ausschließlichkeitsanspruch zu beantwortende Frage, ob die Vereinbarung auf Grund des *rechtsgeschäftlichen* Willens der Vertragsparteien oder aber *kraft Gesetzes* Geltung erlangt[243]. Es ist vielmehr unbestritten, daß die Privatautonomie stets der Rechtsordnung als Korrelat bedarf, eine vertraglich gewollte Rechtsfolge – ausweislich der Motive[244] zum Bürgerlichen Gesetzbuch – nur „nach der Rechtsordnung" eintreten kann[245]. Demnach bilden sowohl die privatautonome Vereinbarung als auch deren Anerkennung durch das Gesetz gemeinsam den gewissermaßen „*janusköpfigen* Geltungsgrund" einer vertraglichen Regelung (Hervorh. d. Verf.)[246].

(2.2) Glaubt man *Kreutz* und der herrschenden Meinung, soll in Abweichung von diesem allgemeinen zivilrechtlichen Grundsatz konkret im Hinblick auf die Betriebsvereinbarung deswegen ausschließlich das Gesetz als Geltungsgrund zu erachten sein, weil § 77 Abs. 4 Satz 1 BetrVG deren unmittelbare Wirkung für die Arbeitnehmer des Betriebes sogar *gegen* den ausdrücklichen Willen der Regelungsbetroffenen anordne. Es wird also aus der vorgeblichen *Unbeachtlichkeit* eines eventuell entgegenstehenden Willens des einzelnen umgehend das generelle *Nichtvorliegen* eines die Geltung betrieblicher Regelungen legitimierenden Selbstbestimmungsaktes des Arbeitnehmers gefolgert. Dieser Rückschluß ist jedoch im Ergebnis unzutreffend.

Zum einen beruht er bereits auf einer unrichtigen Prämisse, da vernachlässigt wird, daß nach allgemeiner Ansicht[247] das Günstigkeitsprinzip trotz fehlender

---

[243] Dies wird konkret für den Dienstvertrag durch die Vorschriften der §§ 618 und 619 BGB bestätigt. In § 618 BGB sind verschiedene Schutzpflichten des Arbeitgebers angeordnet, die durch § 619 BGB für unabdingbar und somit zu zwingendem Recht erklärt werden. Auch dies ändert jedoch nichts daran, daß der Dienstvertrag insges. als privatautonome Rechtsbeziehung zu verstehen ist.

[244] Bd. 1, S. 126.

[245] Hierzu *Flume*, Das Rechtsgeschäft, S. 2 f.; *Zöllner*, Rechtsnatur, S. 25; *Richardi*, Kollektivgewalt, S. 51; *Hönn*, Vertragsparität, S. 204 u. 211; *Kreutz*, Grenzen, S. 45, 57 u. 101; *Jahnke*, Tarifautonomie und Mitbestimmung, S. 33; *Dürig*, in: *Maunz/Dürig/Herzog/Scholz*, GG, Art. 2 Rdnr. 59; *Ehmann/Lambrich*, NZA 1996, 346 (351 m. illustrierendem Bspl. in Fn. 47); konkret zum Verbandsrecht *Lutter*, AcP 1980, 84 (95).

[246] So allg. insbes. auch *Kreutz*, Grenzen, S. 109.

[247] Siehe an dieser Stelle nur BAG, AP Nr. 17 zu § 77 BetrVG 1972; ausf. u. m. w. Nachw. zur Geltung des Günstigkeitsprinzips zwischen Betriebsvereinbarung und Individualvertrag unten IV 1 b bb.

Nennung in § 77 BetrVG gleichermaßen wie für das Tarifvertragsrecht (§ 4 Abs. 3 TVG) auch im Betriebsverfassungsrecht gilt und den Arbeitsvertragsparteien sehr wohl Raum läßt, bestimmte Anordnungen bereits bestehender oder noch abzuschließender Betriebsvereinbarungen außer Kraft setzen zu können. Ein den Inhalten betrieblicher Abmachungen entgegengesetzter Wille der Regelungsbetroffenen ist also keineswegs a priori rechtlich unbeachtlich. Zum zweiten unterscheiden sich die Möglichkeiten zur sachlichen Einflußnahme des Arbeitnehmers mitnichten von denen jedes anderen Verbandsmitglieds. Auch dem Vereinsmitglied ist es lediglich möglich, durch Sonderabreden (vgl. § 35 BGB) in Detailfragen bestimmte persönliche Vergünstigungen von den allgemein geltenden Inhalten der Vereinssatzung[248] zu vereinbaren; die generelle Ablehnung der Vereinssatzung durch den Neueintretenden, also der Wille zu einer Vereinsmitgliedschaft, ohne von den satzungsmäßigen Bestimmungen erfaßt zu werden, ist hingegen rechtlich völlig irrelevant[249]. Und dennoch sieht das allgemeine Verbandsrecht in der Unbeachtlichkeit des sich der Vereinssatzung gänzlich widersetzenden Willens des einzelnen im Ergebnis keineswegs einen Grund, dieser die privatautonome Legitimation durch den Verbandsbeitritt des Mitglieds abzusprechen. Demnach kann konsequenterweise auch hinsichtlich des Eintritts in den betrieblichen Arbeitsverband nichts anderes gelten.

In bezug auf diesen ist festzuhalten: Nur soweit der Arbeitnehmer bei Abschluß des Arbeitsvertrages nicht ausdrücklich darauf dringt, bestimmte vertragliche Sonderrechte zu vereinbaren[250], kann der Arbeitgeber ohne weiteres davon ausgehen, daß dieser durch die sich im Vertragsschluß verkörpernde Begründung der Mitgliedschaft im Betriebsverband dessen Regelungen ausnahmslos als für sich geltend anerkennt[251]. Im Umkehrschluß ist daher zu folgern, daß auch die gesetzliche Anordnung des § 77 Abs. 4 Satz 1 BetrVG nichts daran ändert, daß die Geltung der Betriebsvereinbarung *kumulativ* ebenso eine *(konkludente) Willensäußerung* des einzelnen Arbeitnehmers voraussetzt. Er muß in negativer Hinsicht zum Ausdruck bringen, gerade nicht von der durch

---

[248] Zur rechtlichen Verbindlichkeit der Vereinssatzung gem. § 25 BGB vgl. *Kirchhof*, Private Rechtsetzung, S. 139 m. w. Nachw.; *Nebel*, Normen, S. 127; *Biberacher*, Rechtssetzung, S. 41: „normähnliche Wirkung".

[249] *Kirchhof*, Private Rechtsetzung, S. 94: „Entscheidung für oder gegen die Verbandszugehörigkeit"; *Meyer-Cording*, Rechtsnormen, S. 92 („Totalerklärung") u. S. 101.

[250] Ausdrückl. hervorgehoben sei, daß eine unter Umständen nicht zu leugnende Angewiesenheit des Arbeitnehmers auf den in Frage stehenden Arbeitsplatz, sollte diese ihn faktisch hindern, günstigere Sonderkonditionen auszuhandeln, hierbei ohne Belang ist. Denn als rein tatsächlicher Begleitumstand hat die wirtschaftliche Abhängigkeit des Arbeitnehmers vom Arbeitgeber bei der Feststellung seines rechtlich erheblichen Willens stets außer Betracht zu bleiben (vgl. ausf. oben c).

[251] In bezug auf den Gewerkschaftsbeitritt ebenso *Hönn*, Vertragsparität, S. 205: „Wer beitritt, will ... mangels ausdrücklich erklärten Vorbehalts keinen solchen".

das Günstigkeitsprinzip eröffneten Möglichkeit Gebrauch machen zu wollen, in Abweichung zu den generellen betrieblichen Regelungen Sonderkonditionen auszuhandeln. Ist aber ein dahingehender Wille durch Verzicht auf günstigere Individualabreden gegeben, so tritt dieser zwangsläufig neben die gesetzliche Anordnung des § 77 Abs. 4 Satz 1 BetrVG, was wiederum zur Konsequenz hat, daß letzterer im Ergebnis nicht – wie die herrschende Ansicht meint – als alleiniger Geltungsgrund der Betriebsvereinbarungen angesehen, der Abschluß des Arbeitsvertrages folglich nicht bloß zu deren Geltungsvoraussetzung erklärt werden kann[252]. Im Einklang mit den allgemeinen zivilrechtsdogmatischen Grundsätzen sind vielmehr sowohl der sich durch Arbeitsvertragsschluß verkörpernde *Verbandsbeitritt* als auch das *Gesetz* als *gemeinsamer Geltungsgrund* der Betriebsvereinbarung zu erachten. In § 77 Abs. 4 Satz 1 BetrVG tritt nach alledem lediglich in einer – wie im folgenden zu zeigen sein wird – besonderen Weise die zwingende Notwendigkeit zu Tage, daß privatautonome Regelungen zwecks Gewinnung rechtlicher Relevanz stets der Rechtsordnung als Korrelat bedürfen.

(3) Staatliche Anerkennung als zwingende Voraussetzung betrieblicher und tariflicher Normsetzung

(3.1) Um den legislativen Grund für die ausdrückliche gesetzliche Anordnung der Unabdingbarkeitswirkung von Betriebsvereinbarungen in § 77 Abs. 4 Satz 1 BetrVG genau erklären zu können, ist es hilfreich, sich zunächst erneut die Entstehungsursache und das Grundanliegen betrieblicher Mitbestimmung zu vergegenwärtigen. Deren Ausgangspunkt bildeten in tatsächlicher Hinsicht das für die betriebliche Produktion unabweisliche Bedürfnis nach einheitlicher Gestaltung einer Vielzahl multilateraler Arbeitsbedingungen sowie die im Laufe der Zeit beförderte sozialpolitische Erkenntnis, daß zum Schutze der Arbeitnehmer eine Ablösung des zu diesem Zwecke anerkannten Regelungsinstruments arbeitgeberseitiger Direktion (vgl. § 121 GewO 1869) durch gleichberechtigte Teilhabe innerbetrieblicher Arbeitnehmervertreter notwendig war[253]. Sowohl dem vorgegebenen organisatorischen Erfordernis der *Betriebseinheitlichkeit* bei der Ausgestaltung der Arbeitsverhältnisse als auch der von ihr intendierten *Schutzfunktion* zu Gunsten der Arbeitnehmer vermochte und vermag die Betriebsautonomie nur dann hinreichend Rechnung zu tragen, wenn den von den Betriebspartnern festgelegten Arbeitsbedingungen rechtliche Verbindlichkeit für alle im Betrieb Beschäftigten zukommt. Zwingend erforderlich ist also eine Geltungserstreckung betrieblicher Abreden *auf Dritte*, welche der am Paradigma des Individualvertrages ausgerichteten Privatautonomie fremd ist.

---

[252] I. Erg. entsprech. bereits *Nebel*, Normen, S. 127 f. u. 131 f.

[253] Ausf. zur Grundidee betrieblicher Mitbestimmung oben § 3 I 2.

Denn privatautonome Vereinbarungen zeichnen sich dem Grundsatz nach gerade durch die Relativität ihrer Rechtsfolgen aus, während die Schaffung verbindlicher Drittwirkung vielmehr typisches Charakteristikum einer Rechtsnorm ist[254]. Soll also die Betriebsautonomie die geforderte Betriebseinheitlichkeit der Gestaltung sowie den beabsichtigten Schutzzweck tatsächlich zu realisieren in der Lage sein, bedarf es demnach mit anderen Worten zwingend der Möglichkeit zur Bestimmung der innerbetrieblichen Angelegenheiten durch *Regeln objektiven Rechts*.

Grundsätzlich ist Rechtsnormsetzung indessen Aufgabe staatlicher Instanzen. Selbst wenn man – dem Grundsatz der *Subsidiarität* entsprechend[255] – nicht so weit gehen möchte, dem Staat sogar ein uneingeschränktes Monopol zur Schaffung objektiven Rechts zuzusprechen[256], folgt dennoch aus dem demokratischen Grundprinzip unserer Verfassung (Art. 20 Abs. 1, Art. 28 Abs. 1 GG), daß die ausnahmsweise Zulässigkeit der Normsetzung durch Private stets der ausdrücklichen gesetzlichen Anerkennung bedarf (sog. *staatliches Anerkennungsmonopol*)[257]. Dies wiederum hat zur Folge, daß konkret auch zur Rechtfertigung der normativen Wirkung von Betriebsvereinbarungen zwingend die explizite Bestätigung durch den Gesetzgeber erforderlich ist. Als legislativer Grund des § 77 Abs. 4 Satz 1 BetrVG ist es daher zu erachten, die auf Grund des Demokratieprinzips gebotene *Rechtsqualitätsverschaffung für staatsfremde betriebliche Normen* zu gewährleisten. Letztere ist jedoch von der Legitimationsgrundlage der durch die Betriebspartner geschaffenen und durch den Gesetzgeber anerkannten Rechtssätze – dies ist wichtig festzuhalten – streng zu trennen[258]: Betriebsvereinbarungen können insoweit abgeschlossen werden, als dem in ihnen verkörperten *Willen* der Betriebspartner durch den Gesetzgeber *normsetzende*

---

[254] Hierzu insbes. *Kirchhof*, Private Rechtsetzung, S. 84.

[255] Der Zshg. zwischen dem Subsidiaritätsprinzip und der Möglichkeit der Normsetzung durch Private wird insbes. betont von *Meyer-Cording*, Rechtsnormen, S. 75; ausf. zum Subsidiaritätsgrundsatz sogleich IV 2 b.

[256] Zu Recht ablehn. hinsichtl. der Annahme eines staatlichen Normsetzungsmonopols *Kirchhof*, Private Rechtsetzung, S. 115 ff.; *Waltermann*, Rechtsetzung, S. 122 f.

[257] Insbes. BVerfGE 33, 125 (158): „Jede Ordnung eines Lebensbereichs durch Sätze objektiven Rechts (muß) auf eine Willensentschließung des vom Volke bestellten Gesetzgebungsorgans ... zurückgeführt werden können.“ *Kirchhof* (Private Rechtsetzung, S. 48 ff. u. 91 f.) spricht insoweit von der Anerkennung durch den Staat als Garant und Träger der Rechtsordnung; siehe auch *Hönn*, Vertragsparität, S. 204; *Rieble*, Arbeitsmarkt und Wettbewerb, Rdnr. 1215; *Kreutz*, Grenzen, S. 55; *Waltermann*, Rechtsetzung, S. 113 u. 123 f.; *Reichold*, Sozialprivatrecht, S. 538; *Nebel*, Normen, S. 195; *Baumann*, Delegation, S. 38 f. u. 109; *Biberacher*, Rechtssetzung, S. 41 u. 44; ähnl. *Meyer-Cording*, Rechtsnormen, S. 41 u. 57 f.: „Gemeingeist als Schöpfer des Rechts“.

[258] Richtig *Jahnke*, Tarifautonomie und Mitbestimmung, S. 112; zur Diff. zwischen Autonomie und der staatlichen Anerkennung der Befugnis, objektives Recht zu setzen, auch *Waltermann*, Rechtsetzung, S. 120 u. 126; *Schwarze*, Betriebsrat, S. 124.

*Kraft* zuerkannt ist; ihre Geltung tritt mit anderen Worten *nach der Rechtsordnung* ein, soweit sie von den Betriebspartnern *gewollt* ist.

(3.2) Nichts anderes gilt im übrigen hinsichtlich der Normsetzungsmacht der Tarifvertragsparteien. Als eine Form nichtstaatlicher Rechtsetzung bedarf auch die Befugnis zur Schaffung tariflicher Normen zwingend eines legislativen Anerkennungsaktes[259], welcher in § 4 Abs. 1 TVG enthalten ist. Führt man sich indessen die Gleichartigkeit der Bedeutung von § 77 Abs. 4 Satz 1 BetrVG sowie § 4 Abs. 1 TVG vor Augen, so wird die Inkonsequenz der herrschenden Meinung, nur die Tarifautonomie, nicht aber die Betriebsautonomie als Ausfluß individueller Privatautonomie anzusehen, um so deutlicher. Denn es kann im Ergebnis nur als *widersprüchlich* bezeichnet werden, wenn auf der einen Seite der betrieblichen Normsetzung die privatautonome Legitimation wie gesehen durch *Kreutz* maßgeblich unter Verweis auf die gesetzliche Unabdingbarkeitsanordnung des § 77 Abs. 4 Satz 1 BetrVG abgesprochen, auf der anderen Seite die Tarifautonomie aber von ihm – trotz § 4 Abs. 1 TVG – ausdrücklich „noch" als eine Selbstbestimmungsordnung verstanden wird[260]. Unterstellt, das in § 77 Abs. 4 Satz 1 BetrVG zu Tage tretende allgemeine Erfordernis einer gesetzgeberischen Anerkennung privater Rechtsetzung böte einen zwingenden Grund für die Heteronomität der Betriebsautonomie, wäre konsequent allein die Schlußfolgerung, daß auf Grund des § 4 Abs. 1 TVG gleiches ebenso für die Tarifautonomie angenommen werden müßte. Folglich wäre also auch die überbetriebliche Interessenvertretung der Arbeitnehmer durch die Tarifvertragsparteien, und zwar ungeachtet ihrer – von der staatlichen Anerkennung privater Rechtsetzung (§ 4 Abs. 1 TVG) gedanklich streng zu trennenden – mitgliedschaftlichen Legitimation, als gesetzlich determinierte *Fremdbestimmungsordnung* anzusehen; eine Konsequenz, die sich freilich nur wenige zu ziehen oder auszusprechen getrauen[261].

---

[259] Ausdrückl. BVerfGE 34, 307 (317); 44, 322 (345 f.): Tarifbestimmungen als „Rechtsregeln kraft Anerkennung durch die staatliche Gewalt"; *Fischer*, Betriebsvereinbarungen, S. 109.

Es war demnach nur folgerichtig, daß dem Tarifvertrag vor Erlaß der Tarifvertragsverordnung aus dem Jahre 1918 in Ermangelung einer ausdrückl. Gesetzesgrundlage nach h. M. die normative Wirkung versagt worden ist; ausf. zum Streitstand bereits oben § 3 II 1 b.

[260] So *Kreutz*, Grenzen, S. 74 Fn. 110.

[261] Bezeichnenderweise hat mit *Sinzheimer* (FG 50 Jahre Reichsgericht, S. 1 [11 f.]) der maßgebliche Apologet der Tarifautonomie diese als eine Fremdbestimmungsordnung erachtet: „Er (lies: der Tarifvertrag) ist auch kein Instrument privatrechtlicher Selbstbestimmung, sondern ein Instrument der Fremdbestimmung." Entsprech. *Biedenkopf*, Grenzen, S. 16 Fn. 77 u. S. 296; neuerdings *Löwisch*, ZfA 1996, 293 (296); diesem zustimm. *Söllner*, NZA 1996, 897 (901); *Belling/Hartmann*, NZA 1998, 57 (59); ähnl. auch *Reuter*, ZfA 1990, 535 (551 f.); *derselbe*, DWiR 1991, 221 (224); i. Erg. entsprech. *Picker* (ZfA 1986, 199 [221]), jedoch unter Hinweis auf die Gemeinwohlbindung der Tarifvertragsparteien; allg. und umfass. zu diesem Heteronomieansatz unlängst

(3.3) Die sowohl für die Tarif- als auch für die Betriebsautonomie im Hinblick auf ihre letztendliche Legitimationsgrundlage gleichermaßen entscheidende Frage lautet demnach, ob allein das aus dem Demokratieprinzip folgende Erfordernis der ausdrücklichen staatlichen Anerkennung privater Rechtsätze im Ergebnis zu hindern vermag, tarifliche und betriebliche Normsetzung als Ausfluß der Privatautonomie des einzelnen zu verstehen. Vorausgesetzt ist nach den Grundsätzen des demokratischen Rechtsstaats jedoch nur, daß die Befugnis zur *heteronomen* Rechtsetzung ihren Ursprung ausschließlich in der besonderen Legitimität staatlicher Instanzen finden muß. Nicht aber ist es ausgeschlossen, daß daneben – quasi in einem *Zwischenbereich von Norm und Rechtsgeschäft*[262] – auch die *privatautonome* Legitimation durch das Individuum nach entsprechender gesetzgeberischer Anerkennung in der Lage ist, Grundlage für die Schaffung objektiver Rechtsnormen zu sein[263]. Von einer Unvereinbarkeit der Privaten überantworteten Befugnis zur Normsetzung mit dem verfassungsrechtlichen Grundprinzip demokratischer Rechtsstaatlichkeit ist vielmehr lediglich dann auszugehen, wenn die Regelungsbetroffenen den regelsetzenden Instanzen letztlich *gegen ihren Willen* ausgeliefert sind[264].

(3.4) Gerade dies ist, wie bereits angedeutet, im Hinblick auf die betriebliche Normsetzung durch Arbeitgeber und Betriebsrat im Ergebnis nicht der Fall: Durch Abschluß des Arbeitsvertrages erklärt der einzelne Arbeitnehmer konkludent seinen Eintritt in den Betriebsverband[265] und bringt damit, soweit er nicht mit dem Arbeitgeber bestimmte Sonderrechte vereinbart (Günstigkeitsprinzip), gleichzeitig zum Ausdruck, von den durch die Betriebspartner in Gestalt von Betriebsvereinbarungen getroffenen innerbetrieblichen Rechtsätzen erfaßt werden zu wollen[266]. Kommt es nach dem Zeitpunkt seines Betriebseintritts zum Neuabschluß betrieblicher Vereinbarungen, steht es ihm – wie allgemein dem Vereinsmitglied bei einer Satzungsänderung[267] – jederzeit frei, falls er mit

---

*Kirchhof* (Private Rechtsetzung, S. 93 ff.) mit dem maßgeblichen Argument, die angebliche privatautonome Legitimation privater Normsetzung erteile den Rechtsetzern nur deswegen einen Freibrief zum ungehemmten Normieren, um unliebsame heteronome Rechtswirkungen zu vermeiden.

262 So *Meyer-Cording*, Rechtsnormen, S. 46; vgl. auch *Reichold*, Sozialprivatrecht, S. 545: Betriebsvereinbarung als „Quasi-Vertrag"; entsprech. *Blomeyer*, NZA 1996, 337 (345); *Biberacher*, Rechtssetzung, S. 37: Betriebsvereinbarung als „Zwischenglied zwischen staatlicher Rechtssetzung und privatautonomer-rechtsgeschäftlicher Regelung".

263 Zutreff. *Rieble*, Arbeitsmarkt und Wettbewerb, Rdnr. 1215; *Singer* (ZfA 1995, 611 [617 f.]) spricht zu Recht von der Zustimmung der Normunterworfenen als dem grundleg. Unterschied autonomer und heteronomer Rechtsetzung.

264 So bereits *Zöllner*, Rechtsnatur, S. 21 f.; siehe auch *Jahnke*, Tarifautonomie und Mitbestimmung, S. 106.

265 Siehe oben (1.2).

266 Siehe oben (2.2).

267 Vgl. hierzu *Teubner*, Organisationsdemokratie, S. 26 u. 28.

deren Inhalt nicht einverstanden ist und ihre Geltung daher für sich ablehnt, aus dem betrieblichen Verband wieder auszutreten[268]. Gleiches gilt im übrigen ebenso, sofern erst nach Eingehung des Arbeitsverhältnisses im betreffenden Betrieb erstmals ein Betriebsrat gewählt wird und die tatsächliche betriebliche Produktionsgemeinschaft sich dadurch zu einem Verband im Rechtssinne konstituiert. Entscheidet sich der Arbeitnehmer in beiden Fällen indessen für den Verbleib im Betrieb, so bringt er dadurch im Ergebnis sein Einverständnis mit der Normsetzung der Betriebspartner zum Ausdruck und verleiht dieser folglich eine privatautonome Legitimation.

Haupteinwand gegen das Verständnis der ungenutzten Austrittsmöglichkeit aus dem Betrieb als privatautonome Legitimationsbasis der Betriebsautonomie soll nach herrschender Meinung sein, daß sich der einzelne Arbeitnehmer im Gegensatz zum Gewerkschaftsaustritt der Interessenvertretung durch den Betriebsrat und der innerbetrieblichen Rechtsetzung nur *um den Preis seines Arbeitsplatzes* entziehen könne. Gerade die zwingende Folge des Arbeitsplatzverlusts mache die Betriebsverfassung zu einer Zwangsrepräsentation, die nicht mit einer solchen Gefahr verbundene Austrittsmöglichkeit aus der Gewerkschaft den Verbleib in dieser hingegen zur privatautonomen Grundlage der Tarifautonomie[269].

So einleuchtend diese Differenzierung auf den ersten Blick scheinen mag, so wenig kann ihr im Ergebnis sowohl in rechtlicher als auch in tatsächlicher Hinsicht Folgerichtigkeit beigemessen werden. Zum einen gilt es ins Gedächtnis zurückzurufen, daß rein *tatsächliche Umstände* und *äußere Zwänge* für den

---

[268] *Ehmann*, ZRP 1996, 314 (317).

[269] In diesem Sinne *Rieble*, Arbeitsmarkt und Wettbewerb, Rdnr. 1411; *Belling*, Günstigkeitsprinzip, S. 114; *Veit*, Zuständigkeit, S. 169; *H. Hanau*, Individualautonomie, S. 69; *Gragert*, Flexibilisierung von Tarifverträgen, S. 48 m. Fn. 52.

*Kreutz* (Grenzen, S. 66), *Biedenkopf* (Grenzen, S. 306) und *Kirchhof* (Private Rechtsetzung, S. 94) gehen gar so weit, die Betriebszugehörigkeit des Arbeitnehmers mit der Staatsangehörigkeit des Bürgers zu vergleichen: Genausowenig wie letzterem die Emigration sei dem Arbeitnehmer das Verlassen seines Betriebes zuzumuten. Umgekehrt folge daraus, daß der Verbleib im Betrieb ebensowenig die privatautonome Legitimation der betrieblichen Regelungen begründen könne, wie die Entscheidung gegen eine Auswanderung die Geltung staatlicher Normen legitimiere.

Die mangelnde Aussagekraft dieser Argumentation wird bereits dadurch augenfällig, daß im Gegensatz zu dieser *Meyer-Cording* (Rechtsnormen, S. 89 f. u. 92) die Parallele zur Staatsangehörigkeit ausschließlich im Hinblick auf die Mitgliedschaft in Berufs- und Wirtschaftsverbänden, nicht aber in bezug auf die Betriebszugehörigkeit ziehen will. Dies allein dürfte Beweis genug dafür sein, daß die privatautonome Natur einer individuellen Willensentscheidung letztlich nur dann mit hinreichender Sicherheit beurteilt werden kann, wenn man – wie hier vertreten – jegliche Form äußerer Willensbeeinflussung außer Betracht läßt. Hinzu kommt, daß faktisch wohl kein Staatsbürger seine Nationalität so leichtfertig abstreifen dürfte, wie er seinen Arbeitsplatz wechselt, so daß ebenso bereits von einer Vergleichbarkeit der Situation vernünftigerweise nicht ausgegangen werden kann; siehe auch *Ehmann/Lambrich*, NZA 1996, 346 (351 Fn. 51).

selbstbestimmten Charakter eines Willensaktes grundsätzlich außer Betracht bleiben müssen[270]. Mit anderen Worten ist also eine mögliche wirtschaftliche Angewiesenheit des Arbeitnehmers auf seinen konkreten Arbeitsplatz für die Frage nach der privatautonomen Natur seiner Bleibe- oder Austrittsentscheidung letztlich ohne Belang. Selbst wenn mangelnde eigene Mobilität oder das Fehlen adaequater Angebote auf dem Arbeitsmarkt faktisch ohne Zweifel oftmals einen starken willensbeeinflussenden Zwang darstellen werden, bleibt die Entscheidung zwischen Aufrechterhaltung oder Kündigung der Mitgliedschaft im Betriebsverband dennoch als solche im Ergebnis stets *selbstbestimmt*[271]. Zum zweiten verliert die Differenzierung zwischen der freien Entscheidung zum Verbleib in der Gewerkschaft und dem vermeintlichen Zwang, den Betrieb nicht zu verlassen, bei näherer Betrachtung auch in tatsächlicher Hinsicht einiges an Schlagkraft. Denn es gilt zu bedenken, daß einem Arbeitnehmer, der seinen Arbeitsvertrag kündigt und dadurch aus dem betrieblichen Arbeitsverband austritt, stets – wenigstens theoretisch – die Möglichkeit offen steht, bei einem neuen Arbeitgeber mehr zu verdienen oder unter ihm günstiger erscheinenden Bedingungen zu arbeiten. Gewerkschaftsmitgliedern bleibt die Vereinbarung günstigerer Löhne und sonstiger Arbeitsbedingungen demgegenüber bereits allein auf Grund des tarifvertragsrechtlichen Günstigkeitsprinzips (§ 4 Abs. 3 TVG) unbenommen, so daß im Umkehrschluß der Gewerkschaftsaustritt ihnen im Ergebnis nichts weiter bringt als die – hinsichtlich ihres Nutzens freilich äußerst fragwürdige – „Freiheit" zu ungünstigeren Konditionen.

---

[270] Siehe nochmals *Zöllner*, AcP 1996, 1 (27 ff.); ausf. oben c; die zutreff. Diff. zwischen der privatautonomen Entscheidung als solcher und den diese unter Umständen maßgeblich determinierenden äußeren Zwängen klingt auch an, wenn *Reuter* (RdA 1994, 152 [159]; entsprech. *derselbe*, ZfA 1995, 1 [34 f.]) davon spricht, daß der Arbeitnehmer „in den Grenzen, in denen überhaupt von freier Wahl des Arbeitsplatzes die Rede sein kann", dem Betriebsverband „freiwillig angehöre"; vgl. auch *Singer*, ZfA 1995, 611 (618): „Mag diese Zustimmung noch so sehr an Mängeln leiden ..., verzichtbar ist die autonome Zustimmungserklärung nicht." Undiff. und daher unzutreff. insoweit *Schwarze*, Betriebsrat, S. 142.

[271] Nachhaltig bestätigt wird diese Sicht der Dinge durch den Vergleich mit der Situation eines Arbeitnehmers in einem betriebsratslosen Betrieb: Versucht dort der Arbeitgeber auf dem Wege einer Änderungskündigung eine Modifizierung des Arbeitsvertrages herbeizuführen, so bleibt dem Arbeitnehmer genauso allein die Alternative, den Betrieb zu verlassen, oder aber die geänderten Vertragsbedingungen – eventuell unter dem Vorbehalt ihrer sozialen Rechtfertigung (§ 2 KSchG) – zu akzeptieren. Insoweit bezweifelt jedoch niemand sowohl im Hinblick auf die Entscheidung, das Arbeitsverhältnis zu geänderten Bedingungen fortzusetzen (konkret hierzu *Schwab*, BB 1994, 781 [782]), als auch in bezug auf das Ausscheiden aus dem Betrieb den privatautonomen Charakter des Willensaktes des einzelnen Arbeitnehmers. Dann kann aber, worauf bereits *Nebel* (Normen, S. 121 ff.) zu Recht hingewiesen hat, nur schwerlich etwas anderes gelten, sofern die Modifizierung der Arbeitsbedingungen statt auf einer Änderungskündigung im verfaßten Betrieb auf dem Neuabschluß einer Betriebsvereinbarung beruht.

(4) Selbstbestimmung des einzelnen durch Mitbestimmung im Kollektiv

(4.1) Das Resümee der voranstehenden Ausführungen kann nur lauten, daß nach den zivilrechtsdogmatischen Grundsätzen der Rechtsgeschäftslehre sowie unter Heranziehung allgemeiner normtheoretischer Erwägungen der sich im Abschluß des Arbeitsvertrages verkörpernde Eintritt des einzelnen Arbeitnehmers in den betrieblichen Verband den Geltungsgrund der zu diesem Zeitpunkt bereits *bestehenden* Betriebsvereinbarungen bildet. Seine Entscheidung zum Verbleib im Betriebsverband stellt die Legitimationsgrundlage *später abgeschlossener* Betriebsvereinbarungen dar. Die betriebliche Normsetzung findet daher ihre Legitimation stets in einer *eigenverantwortlichen Willensentscheidung* der regelungsbetroffenen Arbeitnehmer, so daß die Betriebsautonomie letztlich nicht nur auf Seiten des Arbeitgebers als Partei der Betriebsvereinbarung[272], sondern insbesondere auch auf Seiten der durch den Betriebsrat als Organ des betrieblichen Arbeitsverbandes vertretenen Arbeitnehmer Ausfluß individueller Selbstbestimmung ist.

Der Idee *Friedrich Bitzers* entsprechend[273] sowie in Übereinstimmung mit dem bereits der Weimarer Reichsverfassung aus dem Jahre 1919 zu Grunde liegenden Verständnis[274] verwirklicht sich folglich durch die *Mit*bestimmung im betrieblichen Kollektiv letztlich die *Selbst*bestimmung des einzelnen Arbeit-

---

[272] Insoweit entsprech. *Kreutz*, Grenzen, S. 61; *Reichold*, Sozialprivatrecht, S. 511; *Jahnke*, Tarifautonomie und Mitbestimmung, S. 108; *Waltermann*, Rechtsetzung, S. 85; *derselbe*, RdA 1996, 129 (137).

A. A. *Hönn* (Vertragsparität, S. 213: „echte Zwangsordnung") mit dem Argument, durch die Betriebsautonomie werde die im Direktionsrecht liegende privatautonome Befugnis des Arbeitgebers beschränkt. Dies verkennt jedoch die Bedeutung der Parteistellung des Arbeitgebers bei Abschluß einer Betriebsvereinbarung, auf Grund welcher deren Inhalt stets unmittelbar auf dessen rechtsgeschäftlichen Willen zurückgeführt werden kann.

In Frage stellen könnte man die privatautonome Legitimation betrieblicher Normsetzung auf Seiten des Arbeitgebers lediglich insoweit, als § 76 Abs. 5 BetrVG dem Betriebsrat die Möglichkeit eröffnet, auf eigene Initiative einen bindenden Spruch der Einigungsstelle herbeizuführen, also insbes. hinsichtl. der in § 87 Abs. 1 BetrVG genannten Angelegenheiten erzwingbarer Mitbestimmung (in diesem Sinne *Waltermann*, Rechtsetzung, S. 252 f.; *derselbe*, NZA 1996, 357 [358]; *Veit*, Zuständigkeit, S. 184; entsprech. auch *Richardi*, Gutachten, in: Verhandlungen des 61. DJT, Bd. I, B 27; *Kissel*, NZA 1995, 1 [3]). Doch gilt es zu bedenken, daß der unabhängige Vorsitzende des paritätisch besetzten betrieblichen Schlichtungsgremiums in aller Regel im Einvernehmen des Betriebsrats mit dem Arbeitgeber ernannt wird. Da die Stimme des unparteiischen Vorsitzenden im Konfliktsfalle den Ausschlag gibt (siehe § 76 Abs. 3 Satz 2 BetrVG), ist folglich eine ausreichende Rückkopplung des Spruchs der Einigungsstelle an den Willen des Arbeitgebers gewährleistet; zutreff. *Gast*, Arbeitsvertrag und Direktion, S. 360; *Nebel*, Normen, S. 159; siehe auch *Weitnauer*, FS für Duden, S. 705 (716 f.): Einigungsstelle als Fall der §§ 317, 319 BGB.

[273] Siehe oben § 3 I 2 c.

[274] Siehe oben § 3 III 2 b bb (3).

nehmers. Der das Fundamentalanliegen der Mitbestimmungsidee darstellende Paradigmenwechsel vom *fremdbestimmten Herrschaftsverband* Betrieb zu einem dem Gebote *individueller Freiheit* folgenden betrieblichen *Arbeitsverband* muß demnach endgültig als vollzogen angesehen werden. Wie die Rechtsordnung den Individuen durch das Institut der zivilrechtlichen Ehe den Weg von der bloß tatsächlichen zur staatlich legitimierten und besonders geschützten Lebensgemeinschaft ebnet, so eröffnet sie durch die Betriebsverfassung Arbeitgeber und Arbeitnehmern die Möglichkeit, sich an Stelle einer nur *faktischen* zu einer *rechtlich organisierten* Produktionsgemeinschaft zusammenzuschließen. Die Betriebsverfassung ist daher treffend als institutionelle Absicherung ihrer privatautonomen Vereinigungsfreiheit (Art. 9 Abs. 1, Art. 2 Abs. 1 i.V.m. Art. 12 Abs. 1 GG) zu kennzeichnen – oder bildlich gesprochen: als (eheähnliches) *familienrechtliches Institut des Arbeitslebens*[275].

(4.2) Gesondert hervorzuheben bleibt, daß die abweichende (polemische) Ansicht, welche die Betriebsverfassung hingegen als eine *Fremdbestimmungsordnung*, die Betriebsgemeinschaft zwischen Arbeitgeber und Belegschaft als eine „*Zwangskorporation*“ brandmarkt, das durch die rechtliche Etablierung betrieblicher Mitbestimmung erstrebte Ziel sogar in sein krasses Gegenteil verkehrt[276]. Die Arbeitsrechts*wissenschaft* des 19. Jahrhunderts hatte es jedenfalls ganz klar als Grundanliegen des Mitbestimmungsgedankens formuliert, die einseitige Festlegung der innerbetrieblich zu treffenden Arbeitsbedingungen seitens des Arbeitgebers durch deren gleichberechtigte Vereinbarung mit dem Betriebsrat zu ersetzen, um dadurch aus der Sicht des einzelnen Arbeitnehmers *Fremd*bestimmung auf dem Wege der *Mit*bestimmung in *Selbst*bestimmung zu wandeln. In Widerspruch hierzu wird heute vielfach angenommen, daß zwar die aus dem Direktionsrecht des Arbeitgebers resultierenden Arbeitsbedingungen oder die ihrem Inhalt nach in aller Regel einseitig durch diesen vorgegebenen arbeitsvertraglichen Einheitsregelungen als Ausfluß der Selbstbestimmung und der Privatautonomie des einzelnen Arbeitnehmers anzusehen sind, nicht aber – und dies selbst bei inhaltlicher Identität – die unter gleichberechtigter Beteiligung des Betriebsrats zweiseitig vereinbarten Bestimmungen einer Betriebsver-

---

[275] Nicht von ungefähr hat *Johannes Alois Perthaler*, ein maßgeblicher Vordenker der Idee betrieblicher Mitbestimmung, die Betriebsgemeinschaft einer „sozialen Familie“ oder einem „sozialen Hauswesen“ gleichgestellt; dazu § 3 III 1 a aa m. Nachw. in Fn. 133.

[276] Zutreff. erkannt von *Gast*, Vertragsrecht, S. 82 f.; *demselben*, Tarifautonomie, S. 7; *Jahnke*, Tarifautonomie und Mitbestimmung, S. 35 f. u. insbes. S. 38; auch *Waltermann* (Rechtsetzung, S. 86) bezeichnet die Charakterisierung der Betriebsverfassung als Zwangsrepräsentation in Ansehung der Zwecksetzung betrieblicher Mitbestimmung zu Recht als eine „durchaus erstaunliche Diagnose“, zieht jedoch i. Erg. aus dieser Erkenntnis nicht die zutreffenden Schlüsse (siehe ebd., S. 92).

einbarung[277]. Eine solche Sichtweise aber kann letztlich nur als in höchstem Maße widersinnig bezeichnet werden; dies nicht zuletzt deswegen, weil bereits allein die allgemein anerkannte[278] Geltung des *Günstigkeitsprinzips* zwischen Betriebsvereinbarung und Individualarbeitsvertrag gebietet, die betriebliche Normsetzung aus der Sicht der Regelungsbetroffenen *nicht* als einen Akt der *Fremd*bestimmung zu erachten[279]. Denn wegen des grundsätzlichen Vorrangs günstigerer Individualabreden wird dem einzelnen Arbeitnehmer durch das Institut betrieblicher Mitbestimmung nichts von dem genommen, was ihm in einem betriebsratslosen Betrieb an individuellen Gestaltungsmöglichkeiten zustünde. Folglich erfährt seine Position durch die Betriebsverfassung im Ergebnis nicht – wie in (bewußter) Verkennung oder Ignoranz der geistesgeschichtlichen Entwicklung suggeriert wird – eine Verschlechterung, sondern wird ausschließlich gestärkt[280].

---

[277] Zu Recht krit. *Reuter*, FS für Schaub, S. 605 (626 ff.); *derselbe*, Referat, in: Verhandlungen des 61. DJT, Bd. II/1, K 35 (K 39 f.); *derselbe*, ZfA 1995, 1 (35); *derselbe*, RdA 1994, 152 (159); *Nebel*, Normen, S. 121; vgl. auch *Hönn*, Vertragsparität, S. 212; *Travlos-Tzanetatos*, Regelungsbefugnis, S. 67.

*Jahnke* (Tarifautonomie und Mitbestimmung, S. 110) hingegen versucht umgekehrt, die auf dem Individualarbeitsvertrag beruhende Legitimation des arbeitgeberseitigen Direktionsrechts gleichzeitig als privatautonome Legitimationsgrundlage betrieblicher Normsetzung zu erachten. Denn wenn der Arbeitgeber auf Grund des Arbeitsvertrages einseitig handeln dürfe, könne in Anbetracht der durch die Mitbestimmung intendierten Beschränkung seiner Handlungsbefugnis hinsichtl. dieser keine zusätzliche Legitimation vonnöten sein. Es mache aus der Sicht des Arbeitnehmers keinen Unterschied, ob der Arbeitgeber eine Angelegenheit einseitig kraft seines Direktionsrechts oder zweiseitig im Zusammenwirken mit dem Betriebsrat regele.

Unabhängig von der Tatsache, daß sich anhand dieser Sichtweise – was auch *Jahnke* (ebd., S. 111) selbst eingestehen muß – jedenfalls nicht die Legitimation betrieblicher Normsetzung im Bereich gerade nicht dem Direktionsrecht unterfallender und daher stets zweiseitig auszuhandelnder Arbeitsbedingungen begründen läßt (zutreff. *Staschik*, Grundfragen, S. 11 f.), vermag seine Konstruktion der „Doppellegitimation" auch generell i. Erg. nicht zu überzeugen. Denn auf Grund der engen Grenzen der am Individualarbeitsvertrag orientierten Direktionsbefugnis des Arbeitgebers müßte bei dieser stets im Einzelfall genau geprüft werden, ob sich der Inhalt einer Betriebsvereinbarung im Rahmen des individuell Zulässigen bewegt. Auch ist es im Hinblick auf die Bedeutung der Privatautonomie keineswegs als gleichgültig zu erachten, welcher Regelungsinstanz der einzelne eine Legitimationsbasis verschaffen möchte (zu Recht krit. *H. Hanau*, Individualautonomie, S. 67). Da der Arbeitnehmer – wie gesehen – durch den Eintritt in den Betriebsverband den Betriebspartnern nach richtiger Ansicht eine gemeinsame privatautonome Legitimation verschafft, ist die „Hilfskonstruktion" *Jahnkes* überdies i. Erg. insbes. nicht erforderlich.

[278] Statt aller BAG, AP Nr. 17 zu § 77 BetrVG 1972; m. w. Nachw. unten IV 1 b bb.

[279] Richtig *Hablitzel*, Verbands- und Betriebsratskompetenzen, S. 33; *Jahnke*, Tarifautonomie und Mitbestimmung, S. 113; *Travlos-Tzanetatos*, Regelungsbefugnis, S. 71; a. A. auf Grund seines generell abweich. Heteronomieansatzes *Kirchhof*, Private Rechtsetzung, S. 214.

[280] Ebenso bereits *Travlos-Tzanetatos*, Regelungsbefugnis, S. 65.

Zwar ist abschließend zuzugeben, daß die Selbstbestimmung des einzelnen Arbeitnehmers durch ihre Abstrahierung zur Mitbestimmung des Betriebsrats zwangsläufig in gewissem Sinne eine Mediatisierung erfährt[281]. Dieses Schicksal aber wird der individuellen Privatautonomie gleichermaßen im Hinblick auf alle privatrechtlichen Verbände und damit nicht zuletzt auch in bezug auf die Tarifautonomie zuteil[282]. Die notwendige Dividierung singulärer Selbstbestimmung zur anteiligen Mitbestimmung ist nichts weiter als ein Tribut an die unabwendbare Gegebenheit, daß die grundsätzlich am Aktstyp des Individualvertrages ausgerichtete Privatautonomie zur Geltungsverwirklichung im Kollektiv denknotwendig der Ausgestaltung spezieller Ausübungsformen bedarf[283]. Die Privatautonomie erlangt folglich in Gestalt der Betriebsautonomie eine besondere Positivität, welche jedoch im Ergebnis allemal vorzugswürdiger ist als die idealistische Verabsolutierung eines individuellen Selbstbestimmungsprinzips, die faktisch ausschließlich dazu führt, ein einseitiges Diktat der Arbeitsbedingungen durch den Arbeitgeber zu legitimieren[284].

---

[281] Hierzu insbes. *Gast*, Arbeitsvertrag und Direktion, S. 336, 346 u. 361; *derselbe*, Vertragsrecht, S. 59 u. 75; *Hönn*, Vertragsparität, S. 213.

[282] *Reichold* (Sozialprivatrecht, S. 511) spricht insoweit zusammenfassend von einer „etwas anderen Legitimationsgrundlage".

[283] Siehe *Höfling*, Vertragsfreiheit, S. 48: Paradigmen der „Freiheit durch Geselligkeit"; *Gast*, Tarifautonomie, S. 7: institutionelle Fassung der Privatautonomie für den Lebensbereich Produktionsprozeß als „Bedingung ihrer Ausübbarkeit"; ebenso *derselbe*, Vertragsrecht, S. 83; vgl. auch *Kreutz*, Grenzen, S. 101: Privatautonomie als „ausfüllungsbedürftiger Rechtsgedanke"; *Richardi*, Betriebsverfassung und Privatautonomie, S. 12: Privatautonomie als eine „Aufgabe der Rechtsordnung"; *Schwarze*, Betriebsrat, S. 213: „Beschränkungen der individuellen Freiheit lediglich notwendige Folge der Organisation dieser Selbstbestimmung".

Sowohl *Zöllner* (Rechtsnatur, S. 29), *Richardi* (Kollektivgewalt, S. 43) als auch *Jahnke* (Tarifautonomie und Mitbestimmung, S. 112) haben ausdrückl. hervorgehoben, daß der Gesetzgeber bei der erforderlichen Ausgestaltung der Privatautonomie insbes. keineswegs auf den bereits vorhandenen Bestand rechtsgeschäftlicher Gestaltungsmöglichkeiten festgeschrieben sein darf.

[284] So ganz klar *Säcker*, Gruppenautonomie, S. 352; entsprech. *Travlos-Tzanetatos*, Regelungsbefugnis, S. 68; siehe auch *Gast*, Vertragsrecht, S. 60: „Geboten ist eine Definition von Selbstbestimmung im Hinblick darauf, daß sie Rechtsposition jedermanns sein kann. Zwar kann das Recht für den einzelnen nicht mehr erwirken, als die Tatsachen zulassen, umgekehrt darf aber die Dogmatik nicht die realmöglichen Freiheiten durch einen überspannten Freiheitsbegriff abschneiden." *Derselbe*, Arbeitsvertrag und Direktion, S. 336 („Rückruf von Machtlagen"), 346 u. insbes. 361 f.: „In Wahrheit ist der beliebte Hinweis auf die Mündigkeit des einzelnen eine ideologische Phrase, wo die Bedingungen eines Sozialkontakts ihm gar keine Chance zur gleichmäßigen Interessenverfolgung gewähren."

### *3. Ergebnis*

Wie nicht zuletzt das BVerfG[285], wenn auch im arbeitsrechtlichen Schrifttum bislang nahezu unbemerkt[286], im Ergebnis anerkannt hat, verwirklicht sich durch die betriebliche Mitbestimmung die Selbstbestimmung sowohl des Arbeitgebers als auch der Arbeitnehmer. Der Betriebsverfassung kommt daher unter Rückgriff auf Art. 142 GG in Verbindung mit ihren landesverfassungsrechtlichen Garantien als *institutionelle Absicherung der Vereinigungsfreiheit* (Art. 9 Abs. 1 GG) sowie als *Ausfluß der allgemeinen Privatautonomie* (Art. 2 Abs. 1 i.V.m. Art. 12 Abs. 1 GG) auch ohne ausdrückliche Nennung grundrechtlicher Schutz zu[287]. Der mittelbar aus der Grundrechtsgewährleistung zu

---

[285] E 75, 261 (272 f.) = NJW 1987, 827 (828). In dieser Entscheidung hat das Gericht ausdrückl. den Sozialplan und damit die Betriebsvereinbarung allgemein als einen Akt der Privatautonomie erachtet und von rein demokratisch legitimierten staatlichen Gestaltungsformen abgegrenzt. Prüfungsmaßstab für die Auslegung eines Sozialplans durch die fachinstanzlichen Gerichte sei daher nicht das Rechtsstaats- oder Demokratieprinzip, sondern allein Art. 2 Abs. 1 GG. Hinsichtl. der Personalvertretung als öffentlich-rechtliches Gegenstück der Betriebsverfassung hat das BVerfG sogar bereits mehrfach ausgesprochen, daß diese im Grundrecht auf Entfaltungsfreiheit eine verfassungsrechtliche Grundlage finde; siehe ausdrückl. BVerfGE 28, 314 (323); 51, 43 (58).

[286] Siehe aber *P. Hanau*, FS 600 Jahre Universität Köln, S. 183 (203 f.): „Das Bundesverfassungsgericht hat ... den anerkannten Schutz der Vertragsfreiheit durch Art. 2 Abs. 1 auf die Betriebsvereinbarung ausgedehnt." Zu besagter Entscheidung auch *Reuter*, FS für Schaub, S. 605 (628); *derselbe*, Referat, in: Verhandlungen des 61. DJT, Bd. II/1, K 35 (K 40 f.); *derselbe*, ZfA 1995, 1 (35 f.); *derselbe*, RdA 1991, 193 (199).

[287] I. Erg. entsprech. *Ehmann*, ZRP 1996, 314 (317); *derselbe*, Neue Ordnung 1996 (Sondernummer), S. 59; *Ehmann/Lambrich*, NZA 1996, 346 (351 f.); *Lambrich*, Diskussionsbeitrag, in: Verhandlungen des 61. DJT, Bd. II/2, K 160 (K 161); ausdrückl. zustimm. *Reuter*, Schlußwort, in: Verhandlungen des 61. DJT, Bd. II/2, K 181 (K 182); ebenso *derselbe*, Referat, in: Verhandlungen des 61. DJT, Bd. II/1, K 35 (K 44); *derselbe*, FS für Schaub, S. 605 (627 f.); *Blomeyer*, NZA 1996, 337 (345); *Jahnke*, ZfA 1980, 863 (883 f.); vgl. auch *Wiese*, ZfA 1996, 439 (474): Betriebsautonomie als Verwirklichung des Vertragsprinzips „als wichtigste Ausprägung der Privatautonomie und damit der Selbstbestimmung der Arbeitnehmer auf der kollektiven Ebene"; *Küchenhoff*, DB 1963, 765 (767): Einrichtung des Betriebsrats als „Verwirklichung der Selbstentfaltung der Belegschaft"; *Gast* (Tarifautonomie, S. 9 u. 11) weist zutreff. darauf hin, daß der Betriebsautonomie insbes. die Aufgabe zukomme, Privatautonomie gleichfalls für solche Arbeitnehmer zu gewährleisten, die gerade keine Mitgliedschaft in einer Gewerkschaft wünschen („realisierte Privatautonomie auch für Untätige").

Vgl. auch *Ellenbeck*, Grundrechtsfähigkeit, S. 94 ff.: Betriebsverfassung als „Ausdruck verfassungsrechtlich gebotener Organisations- und Verfahrensgestaltung zur Verwirklichung der Grundrechtspositionen der Arbeitnehmer aus den Grundrechten der Art. 2 I und 12 GG"; ebenso bereits *Kisker*, FS für Geiger, S. 243 (249); nach *Papier* (RdA 1989, 137 [142]) stellt die betriebliche Mitbestimmung eine „verfassungslegitime Sozialbindung des unternehmerisch genutzten Eigentums (Art. 14 Abs. 1 Satz 2, Abs. 1 GG) und eine durch Art. 12 Abs. 1 Satz 2 GG gerechtfertigte Ausübungsregel der grundrechtlich geschützten Freiheit unternehmerischer Betätigung dar.

Für eine verfassungsrechtliche Anerkennung der Betriebsautonomie plädiert letztlich auch *Reichold* (Sozialprivatrecht, S. 489 u. 493; vgl. ebenso die zustimm. Rezension

Gunsten der Parteien des Einzelarbeitsvertrages abgeleitete Charakter ihres Verfassungsranges führt dazu, daß als *Grundrechtsberechtigte* hinsichtlich der Betriebsautonomie ausschließlich Arbeitgeber und Arbeitnehmer anzusehen sind; der Betriebsrat selbst partizipiert als „Vermittler der Freiheit für die hinter ihm stehenden Arbeitnehmer“[288] an der verfassungsrechtlichen Garantie betrieblicher Mitbestimmung lediglich durch Art. 19 Abs. 3 GG[289]. Des weiteren folgt aus der individualrechtsbezogenen Natur der betriebsverfassungsrechtlichen Grundrechtsverbürgung, daß die Betriebsautonomie *nicht* in einer *bestimmten Form* durch das Grundgesetz institutionalisiert ist. Vielmehr darf der Gesetzgeber stets in die Betriebsverfassung gestaltend eingreifen und diese insbesondere an geänderte tatsächliche Gegebenheiten anpassen. Verfassungswidrig ist ein gesetzgeberisches Tätigwerden nur dann, wenn durch dieses die Ausübung betrieblicher Mitbestimmung *gänzlich untersagt* oder *übermäßig erschwert* wird[290].

Im Hinblick auf den individualisierten Grundrechtsschutz der Betriebsautonomie besteht keinerlei Unterschied zur verfassungsrechlichen Garantie der Tarifautonomie. Auch letztere erhält wie gesehen ihren Verfassungsrang lediglich als Ausfluß der individuellen Koalitionsfreiheit im Sinne des Art. 9 Abs. 3 GG[291], weshalb die Koalitionen selbst nach richtiger Ansicht nicht als Grund-

---

von *Popp*, BB 1996, 1111 f.): Die Betriebsverfassung organisiere „Freiheit auf Gegenseitigkeit“, indem sie die Grundrechtspositionen der beiden Arbeitsvertragsparteien im Betrieb zu einem schonenden Ausgleich zwischen Zweck- und Menschengerechtigkeit bringe. Ihr materialer Wertungsgrund sei daher auf Seiten der Arbeitnehmer die Ermöglichung und auf Seiten des Arbeitgebers die Beschränkung der Freiheit der Berufsausübung aus Art. 12 GG. Dennoch charakterisiert *Reichold* die Betriebsautonomie an anderer Stelle (ebd., S. 489) ausdrückl. als eine „Zwangsrepräsentation“ der Arbeitnehmer und offenbart damit einen inneren Widerspruch, der auch bereits in der den Titel seiner Arbeit darstellenden Bezeichnung der „Betriebsverfassung als Sozialprivatrecht“ anklingt; denn das Sozialrecht gehört, worauf bereits *Kress* (Rektoratsrede, abgedr. in: Lehrbuch, S. XXXV) unmißverständlich hingewiesen hat, nicht zum Bereich des Privatrechts, sondern zum „ius publicum, quod ad statum rei publicae spectat“.

Ähnl. widersprüchlich *Kempen* (AuR 1986, 129 [132 ff.]; *derselbe*, RdA 1994, 140 [150]; vgl. auch *derselbe*, FS für Schaub, S. 357 [363]), der – verfangen in klassenkämpferischem Denken – allein unter Hinweis auf das betriebsverfassungsrechtliche Arbeitskampfverbot des § 74 Abs. 2 Satz 1 BetrVG die Betriebsautonomie trotz Anerkennung ihres Verfassungsrangs nicht als Ausfluß der individuellen Privatautonomie erachten möchte; ebenso inkonsequent *Hönn*, Vertragsparität, S. 213: Betriebsvereinbarung für die Arbeitnehmer „weder echte Zwangsordnung, noch echte Privatautonomie“; *Meier-Krenz*, DB 1988, 2149 (2151): „kollektives Mittel zur Ausübung der Vertragsfreiheit“, aber auch (2150).

288 *Reichold*, Sozialprivatrecht, S. 448.

289 Zutreff. *Ellenbeck*, Grundrechtsfähigkeit, S. 99; *Jahnke*, Tarifautonomie und Mitbestimmung, S. 38; ausf. *Dütz*, Grundrechtsschutz, S. 30 ff.

290 *Jahnke*, Tarifautonomie und Mitbestimmung, S. 39.

291 Siehe oben II 1.

rechtsberechtigte angesehen werden können[292] und gesetzgeberische Beschränkungen nur dann absolut verfassungswidrig sind (Art. 19 Abs. 2 i.V.m. Art. 9 Abs. 3 GG), wenn den Tarifvertragsparteien die Befugnis zur tarifpolitischen Interessenvertretung ihrer Mitglieder gänzlich untersagt wird oder sie faktisch überflüssig werden[293]. Da folglich der jeweiligen Ausgestaltung des grundrechtlichen Schutzes beider Kollektivautonomien keine Anhaltspunkte für den Vorrang der einen oder anderen entnommen werden können[294], muß der für das Verständnis der einfachgesetzlichen Vorschrift des § 77 Abs. 3 BetrVG richtungsweisenden Frage, ob bereits von Verfassungs wegen ein Rangverhältnis zwischen tariflicher und betrieblicher Normsetzung vorgegeben ist, im folgenden anhand der *allgemeinen Grundsätze der Verfassungsdogmatik* näher nachgegangen werden.

## IV. Das verfassungsrechtliche Verhältnis tariflicher und betrieblicher Normsetzung

### *1. Praktische Konkordanz zwischen Privatautonomie, Betriebsautonomie und Tarifautonomie*

#### a) Konkordanzgebot, Verhältnismäßigkeitsgrundsatz und Sozialstaatsklausel

aa) Das Grundgesetz selbst hüllt sich hinsichtlich der Bestimmung des Verhältnisses einzelner Grundrechte und sonstiger mit Verfassungsrang ausgestatteter Güter in Schweigen[295]. So blieb es insbesondere der Judikatur des BVerfG

[292] Ausf. II 2 a.

[293] Hierzu bereits II 2 b bb.

[294] Insbes. kann nicht angenommen werden, daß sich aus der vorbehaltlosen Gewährleistung des Art. 9 Abs. 3 GG ein genereller verfassungsrechtlicher Vorrang der Tarifautonomie vor der – stellt man auf ihren Verfassungsrang als Ausfluß der Privatautonomie ab – unter Gesetzesvorbehalt (Art. 12 Abs. 1 GG) und der Schrankentrias des Art. 2 Abs. 1 GG stehenden Betriebsautonomie ergibt. Die differierende Schrankensystematik der in Frage stehenden Grundrechtsnormen hat vielmehr lediglich unterschiedlich hohe Anforderungen an die Beschränkbarkeit der zu Grunde liegenden Individualrechte zur Folge; zutreff. *Jahnke*, Tarifautonomie und Mitbestimmung, S. 44; vgl. auch *Isensee*, in: *Freudenberg*, Die Zukunft der sozialen Partnerschaft, S. 159 (175); aus der verfassungsrechtlichen Lit. allg. übereinstimm. *Hesse*, Grundzüge, Rdnr. 316; anders *Schlink* (Abwägung, S. 201), welcher der Ansicht ist, durch eine Entdifferenzierung der verschiedenen Freiheitsrechte dürften die vorbehaltlos gewährten Grundrechte nicht „überrollt" werden; ähnl. *Stern* (Staatsrecht, Bd. III/2, S. 812 f.), der sich allerdings an späterer Stelle (ebd., S. 828) zu Recht gegen eine feststehende Wertrangordnung unter den verschiedenen Grundrechten ausspricht.

[295] Allenfalls kann den von der Unabänderbarkeitsgarantie des Art. 79 Abs. 3 GG erfaßten Verfassungsgütern eine besondere Wertigkeit beigemessen werden; so *Stern*, Staatsrecht, Bd. III/2, S. 828.

sowie dem verfassungsrechtlichen Schrifttum überlassen, allgemeingültige Direktiven zu entwickeln, nach denen die Geltungsansprüche verschiedener Verfassungsrechte im Kollisionsfalle zu einem sinnvollen Ausgleich gebracht werden können. Von richtungsweisender Bedeutung für die Schaffung einer verfassungsinternen Kollisionssystematik war das *Lüth*-Urteil des BVerfG[296], in dem das Gericht die Auffassung begründete, durch das Grundgesetz werde eine Wertrangordnung statuiert, innerhalb derer die einzelnen Verfassungsgüter durch Abwägung zueinander in Relation zu setzen seien. Der *Güterabwägungsgedanke*, welcher anschließend als ein verfassungsimmanentes Grundprinzip[297] allgemeine Anerkennung erlangte, ist durch die verfassungsrechtliche Literatur dahingehend präzisiert worden, daß die Grundrechte und grundrechtsähnlichen Verfassungswerte sich zu einem einheitlichen Gesamtsystem ergänzen[298], dessen einzelne Bausteine untereinander in einem Verhältnis gegenseitiger Bedingtheit stehen[299]. Folglich müssen Inhalt und Grenzen eines Grundrechts oder sonstigen Verfassungsgutes stets im Hinblick auf die neben ihm verfassungsrechtlich garantierten Rechtspositionen bestimmt werden. Zwischen diesen besteht demnach ein fließendes Verhältnis wechselseitiger Determination, woraus folgt, daß im Kollisionsfalle nicht a priori ein verfassungsrechtlich geschütztes Rechtsgut auf Kosten eines anderen in den Vordergrund gerückt werden darf; nicht die Etablierung einer Wertrangordnung im Sinne eines starren Über-Unterordnungs-Verhältnisses konfligierender Verfassungswerte, sondern eine weitestgehende Geltungsoptimierung beider verfassungsbewährten Positionen hat das erklärte Ziel des konfliktlösenden Abwägungsprozesses zu sein. Beide Verfassungsgüter müssen mit anderen Worten zu *möglichst optimaler Wirksamkeit* gebracht werden[300].

---

[296] E 7, 198 (215); dazu ausf. *Schlink*, Abwägung, S. 17 ff.

[297] *Häberle*, Wesensgehaltsgarantie, S. 62.

[298] Siehe zu diesem sog. Prinzip der Einheit der Verfassung nur *Hesse*, Grundzüge, Rdnr. 71.

[299] Ausf. *Häberle*, Wesensgehaltsgarantie, S. 31 ff.; *Schmidt-Preuß*, Verfassungsrechtliche Zentralfragen, S. 197.

[300] So die viel zit. Formulierung von *Hesse*, Grundzüge, Rdnr. 72; *Lerche* (Übermaß, S. 125 ff.) spricht vornehmlich von einem nach beiden Seiten hin schonendsten Ausgleich; *Häberle* (Wesensgehaltsgarantie, S. 38, 40, 58 u. 61) sieht in der Güterbwägung ein Gleichgewichtssystem, welches verhindert, daß ein einzelnes Rechtsgut auf Kosten eines anderen verabsolutiert wird.

*Schlink* (Abwägung, S. 17 ff., insbes. S. 43 u. 45) hat anhand einer eingehenden Analyse der nach dem *Lüth*-Urteil ergangenen Judikatur des BVerfG nachgewiesen, daß die Annahme eines fließenden Gleichgewichtssystems der Grundrechte und sonstigen Verfassungswerte insbes. nicht in Widerspruch steht zu der in besagter Entscheidung durch das Gericht zum Ausdruck gebrachten Vorstellung einer verfassungsinternen Wertrangordnung. Im Gegenteil hat auch das BVerfG i. Erg. eine starre Festschreibung einer rangmäßigen Ordnung der Verfassungsgüter stets vermieden; anders aber *Jakobs*, DVBl 1985, 97 (98): „grundgesetzlich vorgegebene Ordnungs- und Wertstruktur“.

bb) Weiter konkretisieren läßt sich diese zumeist als verfassungsrechtliches *Gebot zur Herstellung praktischer Konkordanz* umschriebene Abwägungsmaxime anhand des *allgemeinen Verhältnismäßigkeitsgrundsatzes.* Zwar betrifft jenes entwicklungsgeschichtlich dem Polizeirecht entstammende Rechtsprinzip[301], dem nach ungeteilter Ansicht als Ausfluß des Rechtsstaatsgebots auch selbst Verfassungsrang zukommt[302], an sich die Frage der verfassungsrechtlichen Zulässigkeit hoheitlicher Mittel, welche der Staat zur Verfolgung eines bestimmten Zwecks unter Eingriff in die Grundrechtssphäre seiner Bürger einsetzt[303]. Doch bedeutet ebenso die gebotene Gewährleistung optimaler Wirksamkeit widerstreitender Verfassungsgüter im Ergebnis nichts anderes, als im konkreten Kollisionsfall zwischen diesen eine *verhältnismäßige* Grenzziehung zu finden[304]. Die Zusammenschau von Konkordanzgebot und Verhältnismäßig-

---

[301] Hierzu *von Krauss*, Verhältnismäßigkeit, S. 3 ff.

[302] BVerfGE 17, 306 (313 f.); 19, 342 (348 f.); 23, 127 (133); 43, 101 (106); 65, 1 (44); *Lerche*, Übermaß, S. 134 ff.; *Stern*, Staatsrecht, Bd. III/2, S. 769 ff.; *Würtenberger*, Subsidiaritätsprinzip, S. 621 (632); *Jakobs*, DVBl 1985, 97 (98); i. Erg. entsprech. *von Krauss* (Verhältnismäßigkeit, S. 37 u. 41), der den Verhältnismäßigkeitsgrundsatz allerdings als ein den einzelnen Freiheitsgrundrechten immanentes Verfassungsrecht begreift.

[303] *Stern*, Staatsrecht, Bd. III/2, S. 764: Übermaßgebot als „Schranken-Schranke für alle Grundrechtsbeeinträchtigungen“; *von Krauss*, Verhältnismäßigkeit, S. 37: Verhältnismäßigkeitsgrundsatz als „Schutz vor unangemessenem Verwaltungshandeln“.

[304] Zum Zshg. zwischen Konkordanzgebot und Verhältnismäßigkeitsgrundsatz ebenso *Hesse*, Grundzüge, Rdnrn. 317 f.: „Die Aufgabe praktischer Konkordanz erfordert die verhältnismäßige Zuordnung von Grundrechten.“ *Stern*, Staatsrecht, Bd. III/2, S. 818: „Abwägung heißt, verhältnismäßig (proportional) gewichten.“ *Schneider*, Güterabwägung, S. 203: praktische Konkordanz als Herstellung „positiver optimaler Verhältnismäßigkeit“; *Hirschberg*, Verhältnismäßigkeit, S. 83 u. 87 f.; *Schlink* (Abwägung, S. 15 f. u. 56), der nach detaillierter Analyse insbes. auch die Judikatur des BVerfG in diesem Sinne beschreibt.

A. A. *Häberle* (Wesensgehaltsgarantie, S. 67 f.), der annimmt, der Verhältnismäßigkeitsgrundsatz unterscheide sich deswegen vom Gedanken der Güterabwägung, weil die Frage nach der Proportionalität erst dann relevant werden könne, wenn der Abwägungsprozeß als solcher bereits stattgefunden habe. Verhältnismäßigkeit setze die Güterabwägung also bereits voraus. Diese scheinbar abweichende Sichtweise beruht jedoch allein auf einer von der überwiegenden Terminologie unterschiedlichen Begrifflichkeit *Häberles* und vermag daher i. Erg. an der Richtigkeit der hier angenommenen Konvergenz zwischen Konkordanzgebot und Verhältnismäßigkeitsgrundsatz nichts zu ändern; zur Position *Häberles* auch *Schlink*, Abwägung, S. 143 Fn. 32; *Hirschberg*, Verhältnismäßigkeit, S. 83 Fn. 185.

Zu beachten ist lediglich, daß die im Rahmen des Konkordanzgebots vorzunehmende Verhältnismäßigkeitsprüfung methodisch nicht die Relation zwischen einem konstanten Zweck und einem oder mehreren diesen Zweck verwirklichenden Mitteln betrifft, sondern statt dessen den die gebotene Optimierung der Verfassungsgüter am besten realisierenden Ausgleich (*Hesse*, Grundzüge, Rdnr. 72). Das angestrebte Ziel praktischer Konkordanz geht demnach zwar über die Intention des allgemeinen Verhältnismäßigkeitsgrundsatzes als einer reinen Erträglichkeitsprüfung hinaus, was jedoch seiner Konkreti-

keitsgrundsatz ergibt daher, daß die Beschränkung des einen und das korrespondierende Überwiegen des anderen Verfassungsgutes nicht weiter reichen dürfen, als es *zur Erzielung praktischer Konkordanz* zwischen diesen und damit letztlich zur Verwirklichung der von beiden jeweils verfolgten Zwecke *geeignet*, *erforderlich* und *angemessen* erscheint[305].

cc) Da die isolierte Betrachtung sowohl Individual- (Art. 2 Abs. 1, Art. 12 Abs. 1 GG), Tarif- (Art. 9 Abs. 3 GG) als auch Betriebsautonomie (Art. 9 Abs. 1, Art. 2 Abs. 1 i.V.m. Art. 12 Abs. 1 GG) als verfassungsrechtlich geschützte Güter erwiesen hat, gelangen Konkordanzgebot und allgemeiner Verhältnismäßigkeitsgrundsatz insbesondere auch zwischen diesen zur Anwendung. Konkret heißt dies, daß Kollisionen von Rechtsquellen, welche verschiedenen arbeitsrechtlichen Regelungsebenen entstammen, stets mit dem Ziel möglichst geringfügiger gegenseitiger Beschränkung und weitgehender *Optimierung realer Autonomie* zu lösen sind[306]. Wo genau im einzelnen Konkurrenzfall die zur Verwirklichung praktischer Konkordanz gebotene Grenze zwischen den verschiedenen arbeitsrechtlichen Gestaltungsmitteln gezogen werden muß, kann den beschriebenen Grundsätzen der allgemeinen Verfassungsdogmatik allein freilich nicht entnommen werden. Konkordanzgebot und Verhältnismäßigkeitsgrundsatz geben vielmehr lediglich formell das *Verfahren* vor, mittels dessen ein verfassungsgemäßes Abwägungsergebnis gesucht und gefunden werden muß, bestimmen jedoch nicht, was *inhaltlich* im Ergebnis als verhältnismäßig und daher als Verwirklichung optimaler Wirksamkeit widerstreitender Verfassungswerte angesehen werden kann[307].

In materieller Hinsicht enthält die Verfassung indessen eine nicht zuletzt für das Verhältnis der verschiedenen arbeitsrechtlichen Autonomien richtungsweisende Grundaussage in Art. 20 Abs. 1 i.V.m. Art. 28 Abs. 1 GG. Denn das durch diese Verfassungsnormen statuierte *Sozialstaatsgebot* erfordert allgemein die Schaffung und Bewahrung einer *sozial gerechten Gesellschaftsordnung*[308], woraus konkret für das Arbeitsleben folgt, daß stets die Vereinbarung *gerechter* Löhne und sonstiger *gerechter* Arbeitsbedingungen ermöglicht und gesichert

---

sierung durch diesen letztlich nicht entgegensteht; siehe auch *Stern*, Staatsrecht, Bd. III/2, S. 835; *Jakobs*, DVBl 1985, 97 (99).

[305] Ähnl. *Schlink*, Abwägung, S. 215: „symmetrische Optimierung" der Positionen der beiden Konfliktparteien, bei der „die jeweils andere Konfliktpartei nicht mehr als notwendig beeinträchtigt wird".

[306] *Reuter*, RdA 1991, 193 (203); *Ehmann*, ZRP 1996, 314 (316); *Ehmann/Lambrich*, NZA 1996, 346 (350 u. 352).

[307] Allg. *Stern*, Staatsrecht, Bd. III/2, S. 833 f.; *Hesse*, Grundzüge, Rdnr. 72; *Hirschberg*, Verhältnismäßigkeit, S. 79 u. 149.

[308] Zum dahingehenden Gehalt der Sozialstaatsklausel BVerfGE 22, 180 (204); 59, 231 (266); *Scholz*, Koalitionsfreiheit, S. 181; *Jahnke*, Tarifautonomie und Mitbestimmung, S. 40; *Th. Schmidt*, Günstigkeitsprinzip, S. 68; *Papier*, RdA 1989, 137 (139).

werden muß[309]. Da sowohl Tarif- als auch Betriebsautonomie nach ihrer historischen Zwecksetzung die Funktion zukommt, die seitens des Individualvertrages bestehenden Defizite hinsichtlich der Findung gerechter Arbeitsbedingungen auf einer kollektiven Ebene auszugleichen[310], können demnach tarifliche wie betriebliche Mitbestimmung zum einen durchaus als unmittelbarer Ausfluß des Sozialstaatsgebots verstanden werden – mit der Folge, daß neben[311] ihre jeweilige grundrechtliche Verbürgung gleichfalls ein verfassungsrechtlicher Schutz aus Art. 20 Abs. 1 i.V.m. Art. 28 Abs. 1 GG tritt[312]. Zum anderen beinhaltet die

---

[309] BVerfGE 5, 85 (206); *Richardi*, Kollektivgewalt, S. 90 f.; *Benda*, Industrielle Herrschaft, S. 75; *Kempen*, RdA 1994, 140 (144).

[310] Ausf. oben § 3 I.

[311] Zu Recht hat *Jahnke* (Tarifautonomie und Mitbestimmung, S. 40 f.) darauf hingewiesen, daß die Verankerung der Tarif- und Betriebsautonomie im Sozialstaatsgebot lediglich als eine zusätzliche verfassungsrechtliche Gewährleistung aufgefaßt werden kann. Keinesfalls darf dadurch aber deren grundrechtliche Verbürgung überspielt werden. Denn ansonsten bestünde die Gefahr, daß das Sozialstaatsgebot – auf Grund des aus diesem abzuleitenden gesetzgeberischen Gestaltungsauftrags zur Schaffung gerechter Arbeitsbedingungen – gleichsam als Grundlage für unmittelbar gestaltende Eingriffe des Gesetzgebers herangezogen werden könnte, durch welche eine nach übergeordneten Gerechtigkeitsvorstellungen definierte Arbeitsordnung verwirklicht werden soll. Mit der Grundidee weitreichender Autonomie der am Arbeitsleben Beteiligten und dem Gedanken möglichst weitgehender Subsidiarität (zum Subsidiaritätsprinzip ausf. sogleich 2 b) wären dahingehende gesetzgeberische Interventionen indessen nicht vereinbar (zum Gegensatz von Sozialstaatsgebot und gesellschaftlicher Autarkie insbes. *Isensee*, Subsidiaritätsprinzip, S. 166). Die kumulative Absicherung durch Art. 20 Abs. 1, Art. 28 Abs. 1 GG bringt daher vielmehr ausschließlich die Verpflichtung des die Rahmenbedingungen tariflicher und betrieblicher Mitbestimmung aufstellenden Gesetzgebers sowie der Träger kollektiver Autonomie zur Ermöglichung gerechter Löhne und Arbeitsbedingungen zum Ausdruck.

Konkret im Hinblick auf die Betriebsautonomie ist zu beachten, daß eine alleinige Verankerung im Sozialstaatsprinzip der Art. 20 Abs. 1, Art. 28 Abs. 1 GG diese nicht von ihrem Stigma der verfassungsrechtlichen Minderwertigkeit gegenüber der Tarifautonomie zu befreien vermag, da man letztere gleichwohl noch immer als in Art. 9 Abs. 3 GG „besonders gewährleistet" ansehen könnte (so ausdrückl. *Nikisch*, Arbeitsrecht, Bd. 1, S. 35 ff.; *Müller*, AuR 1993, 257 [258]; *Walker*, ZfA 1995, 353 [355 Fn. 6]). Die wirkliche Reichweite und insbes. die verfassungsrechtliche Gleichrangigkeit beider Kollektivautonomien wird folglich nur dann gebührend zum Ausdruck gebracht, wenn im Vordergrund stets deren grundrechtliche Gewährleistung durch Art. 9 Abs. 3 GG (Tarifautonomie) und Art. 9 Abs. 1, Art. 2 Abs. 1 i.V.m. Art. 12 Abs. 1 GG (Betriebsautonomie) steht.

[312] Hinsichtl. der Tarifautonomie *Küchenhoff*, RdA 1959, 201 (204); *Heinze*, DB 1996, 729 (732); *Kempen*, RdA 1994, 140 (144).

In bezug auf die Betriebsautonomie BVerfGE 28, 314 (323); 51, 43 (58); BAG, AP Nr. 1 zu § 87 BetrVG Werkmietwohnung m. Anm. *Richardi*; *Nikisch*, Arbeitsrecht, Bd. 1, S. 35 ff.; *Hueck/Nipperdey*, Arbeitsrecht, Bd. 2, 6. Aufl., S. 36 ff.; *Blomeyer*, NZA 1996, 337 (338); *Neumann*, RdA 1990, 257 (261); *Söllner*, NZA 1996, 897 (899 Fn. 17); *Waltermann*, RdA 1996, 129 (133 Fn. 25); *Kempen*, RdA 1994, 140; *Riester*, Deregulierung, S. 23; ähnl. auch *Weitnauer*, FS für Duden, S. 705 (708); a. A., jedoch ohne Begr. *Heinze*, NZA 1991, 329 (336); unter Hinweis auf die Unbestimmtheit des

Sozialstaatsklausel mit ihrer Forderung nach einer sozial gerechten Gesellschafts- und Arbeitsordnung überdies sowohl einen an den Gesetzgeber gerichteten *Gestaltungsauftrag*[313] als auch nicht zuletzt einen bei der Interpretation einfachen Rechts stets zu berücksichtigenden verfassungsrechtlichen *Auslegungsgrundsatz*[314].

### b) Das Günstigkeitsprinzip als Verfassungsprinzip zur Herstellung praktischer Konkordanz

Mit der Feststellung, daß Konkordanzgebot und Verhältnismäßigkeitsgrundsatz den einzuschlagenden Weg sowie das Sozialstaatsgebot das letztendlich zu erstrebende Ziel des verfassungsrechtlichen Ausgleichs zwischen den verschiedenen arbeitsrechtlichen Gestaltungsebenen vorgeben, ist im Hinblick auf deren Verhältnis zueinander und insbesondere konkret in bezug auf den Tarifvorbehalt im Sinne des § 77 Abs. 3 BetrVG bereits ein ganz wesentliches Ergebnis gewonnen. Denn aus dieser Erkenntnis folgt, daß Kollisionslagen zwischen arbeitsrechtlichen Regelungen unterschiedlichen Ranges stets anhand des *Günstigkeitsprinzips* gelöst werden müssen, da dieses nach den Maßgaben moderner Verfassungsdogmatik selbst als ein verfassungsrechtlich geschützter Grundsatz zu erachten ist. Dies soll zunächst für das Verhältnis zwischen Tarifautonomie und Privatautonomie verdeutlicht (dazu aa) und anschließend auf das Verhältnis von Betriebsvereinbarung und Individualvertrag (dazu bb) sowie tariflicher und betrieblicher Normsetzung (dazu cc) übertragen werden.

#### *aa) Zwischen Tarifvertrag und Individualvertrag*

Nach ihrer historischen Zwecksetzung dient die Tarifautonomie allein dem Schutz der einzelnen Arbeitnehmer[315]. Aus diesem Grunde ist in § 4 Abs. 1 TVG eine unmittelbare und zwingende Wirkung tariflicher Bestimmungen angeordnet, wodurch dem Tarifvertrag grundsätzlich der Vorrang vor individualvertraglichen Abreden zuerkannt ist. Konkordanzgebot und Verhältnismäßigkeitsgrundsatz gebieten es jedoch, daß auch die durch Art. 2 Abs. 1 i.V.m. Art. 12 Abs. 1 GG verfassungsrechtlich garantierte Privatautonomie der Arbeitsrechtssubjekte im Ergebnis zu möglichst optimaler Wirksamkeit gelangen muß, so daß umgekehrt der Vorrang tariflicher Normsetzung nicht weiter reichen darf, als es zur Verfolgung ihres arbeitnehmerschützenden Zweckes *geeig-*

---

Sozialstaatsgrundsatzes (dazu allg. *Isensee*, Subsidiaritätsprinzip, S. 192) ablehn. auch *Ellenbeck*, Grundrechtsfähigkeit, S. 94.

[313] *Waltermann*, Rechtsetzung, S. 67 f.; *Scholz*, Koalitionsfreiheit, S. 182.

[314] *Enneccerus/Nipperdey*, Allgemeiner Teil, S. 82.

[315] Zur Funktion tariflicher Normsetzung ausf. § 4 I 1 a u. 2 b.

*net, erforderlich* und *angemessen* erscheint[316]. Sobald es den einzelnen Arbeitnehmern gelingt, auf individualvertraglicher Ebene im Vergleich zum Tarifvertrag günstigere Arbeitsbedingungen auszuhandeln, kann von Geeignetheit, jedenfalls aber von Erforderlichkeit des Vorrangs tariflicher Vereinbarungen zwecks Erreichung ihres angestrebten individualschützenden Zieles im Ergebnis keine Rede mehr sein[317]. Entschiede man anders, würden den Arbeitnehmern ohne Grund die Früchte eigenen Verhandlungsgeschicks verwehrt, schlüge der intendierte tarifliche *Schutz* unweigerlich in einen sinnwidrigen *Schaden* um[318].

Die nach Maßgabe des allgemeinen Verhältnismäßigkeitsgrundsatzes zwischen Individual- (Art. 2 Abs. 1 i.V.m. Art. 12 Abs. 1 GG) und Tarifautonomie (Art. 9 Abs. 3 GG) herzustellende praktische Konkordanz erfordert daher zwingend den Primat günstigerer einzelvertraglicher Abmachungen. Hätte der Gesetzgeber diesen nicht in § 4 Abs. 3 TVG ausdrücklich normiert, könnte somit zwecks Begründung des Vorrangs günstigerer Individualabreden ohne weiteres unmittelbar auf das Grundgesetz Rückgriff genommen werden[319]. Denn unter Zugrundelegung der Maximen moderner Verfassungsdogmatik entpuppt sich das Günstigkeitsprinzip als direkter Ausfluß des nach allgemeiner Ansicht[320] selbst mit Verfassungsrang ausgestatteten Verhältnismäßigkeitsgrundsatzes[321], läßt sich folglich treffend charakterisieren als ein *Verfassungsprinzip zur Herstellung praktischer Konkordanz*[322].

---

[316] Entsprech. auch *Reuter*, RdA 1991, 193 (199); vgl. ebenso *Heinze*, NZA 1997, 1 (7); zuletzt *Belling/Hartmann*, NZA 1998, 57 (60).

[317] *Ehmann*, ZRP 1996, 314 (315); *derselbe*, Neue Ordnung 1996 (Sondernummer), S. 63; *Ehmann/Lambrich*, NZA 1996, 346 (349); *Ehmann/Schmidt*, NZA 1996, 193 (195); vgl. neuerdings auch *Löwisch* (NJW 1997, 905 [906]), der zu Recht annimmt, daß der durch die unmittelbare und zwingende Wirkung des Tarifvertrages bedingte Eingriff in Art. 2 Abs. 1 GG und Art. 12 Abs. 1 GG insbes. dann nicht mehr verhältnismäßig ist, wenn die tariflich festgelegten Arbeitsbedingungen den Fortbestand des Unternehmens gefährden oder zum Verlust von Arbeitsplätzen zu führen drohen.

[318] So bereits *Flatow/Kahn-Freund*, BetrVG, 13. Aufl., § 66 Anm. VIII 2 a; ähnl. auch *Zöllner*, DB 1989, 2121 (2126); *Ehmann/Schmidt*, NZA 1995, 193 (199); *Reuter*, RdA 1994, 152 (160); *Küchenhoff*, RdA 1959, 201 (203).

[319] Für das Verhältnis von Tarifvertrag und Individualvertrag kann demnach von einer Subsidiarität des verfassungsrechtlichen gegenüber dem einfachgesetzlichen (§ 4 Abs. 3 TVG) Günstigkeitsprinzip gesprochen werden, welche ersteres als einen allg. Rechtsgrundsatz ausweist. Unter einem solchen versteht man generell eine ranghöchste Rechtsquelle, zu der sich andere Rechtsquellen nicht in Widerspruch setzen dürfen, die aber erst zur Anwendung gelangt, sofern andere Rechtsätze eine bestimmte Rechtsfrage nicht lösen; entsprech. hinsichtl. des allg. Verhältnismäßigkeitsgrundsatzes *Jakobs*, DVBl 1985, 94 (98).

[320] Siehe die Nachw. in Fn. 301.

[321] *Ehmann*, ZRP 1996, 314 (315); *Löwisch*, BB 1991, 59 (60).

[322] *Ehmann/Lambrich*, NZA 1996, 346 (354); *Th. Schmidt*, Günstigkeitsprinzip, S. 67 f.; *Löwisch*, BB 1991, 59 (61); vgl. auch *derselbe*, ZfA 1996, 293 (299); ähnl. *Belling*, Günstigkeitsprinzip, S. 69 f.

*bb) Zwischen Betriebsvereinbarung und Individualvertrag*

Daß eine mangelnde einfachgesetzliche Normierung die Geltung des Günstigkeitsprinzips nicht zu verhindern vermag, zeigt insbesondere der Blick in das Betriebsverfassungsrecht. Obwohl in § 77 Abs. 4 BetrVG, der ansonsten im wesentlichen § 4 TVG nachgebildet ist, konkret eine dem § 4 Abs. 3 TVG gleichartige Anordnung fehlt, bezweifelt im Ergebnis dennoch kaum jemand[323], daß das Günstigkeitsprinzip in entsprechender Weise für den Fall der Kollision

---

Zumindest die Tatsache als solche, daß dem Günstigkeitsprinzip Verfassungsrang zukommt, dürfte – spätestens nach der grundleg. Entscheidung des Großen Senats des BAG vom 16.09.1986 (AP Nr. 17 zu § 77 BetrVG 1972) – mittlerweile außer Frage stehen. Denn wer die verfassungsrechtliche Verankerung des Günstigkeitsprinzips ablehnt (so aber *G. Müller*, Tarifautonomie, S. 214 ff.; *Schulze*, Günstigkeitsprinzip, S. 48 ff.; *Tyska*, Günstigkeitsprinzip, S. 42 ff.; *Riester*, Deregulierung, S. 33; *Hagemeier/Kempen/Zachert/Zilius*, TVG, § 4 Rdnr. 139; *Däubler*, Tarifvertragsrecht, Rdnr. 197; *Nikisch*, DB 1963, 1254 [1255]; *Papier*, RdA 1989, 137 [141]; *Joost*, RdA 1989, 7 [15]), gerät in die unentrinnbare Schwierigkeit, erklären zu müssen, wie § 4 Abs. 3 TVG als einfaches Gesetz die vorbehaltlos gewährleistete Koalitionsfreiheit (Art. 9 Abs. 3 GG) durch das Verbot der Festlegung tariflicher Höchstnormen zu begrenzen vermag, ohne selbst Ausdruck einer verfassungsimmanenten Schranke zu sein (zutreff. *Th. Schmidt*, Günstigkeitsprinzip, S. 59 f.). Der Streit um die verfassungsrechtliche Bedeutung des Günstigkeitsprinzips reduziert sich daher im wesentlichen auf die Frage seiner genauen verfassungsmäßigen Verortung. Insofern wird allerdings neben dem hier favorisierten eine Vielzahl unterschiedlicher Ansätze vertreten:

Für eine Verankerung in Art. 2 Abs. 1 GG: *Biedenkopf*, Grenzen, S. 147: Günstigkeitsprinzip als „Vorbehalt der Vertragsfreiheit des Arbeitnehmers"; *Kreutz*, Grenzen, S. 118; *derselbe*, in: GK-BetrVG, § 77 Rdnr. 204; *Säcker*, Gruppenautonomie, S. 293 f.; *Belling*, Günstigkeitsprinzip, S. 70 ff.; *Wiedemann/Stumpf*, TVG, § 4 Rdnr. 215; *Reuter*, RdA 1991, 193 (198); *Blomeyer*, NZA 1996, 337 (338).

Für eine Verankerung in Art. 12 Abs. 1 i.V.m. Art. 2 Abs. 1 GG: *Säcker/Oetker*, Grundlagen, S. 252 f.; *Buchner*, DB 1990, 1715 (1719); *Bengelsdorf*, ZfA 1990, 563 (595); dagegen *Belling*, Günstigkeitsprinzip, S. 74; *Blomeyer*, NZA 1996, 337 (339).

Für eine Verankerung im verfassungsrechtlichen Leistungsprinzip (allg. zum Verfassungsrang dieses Prinzips *Karakatsanis*, Gestaltung, S. 111): *Hueck/Nipperdey/Säcker*, Arbeitsrecht, Bd. II/1, 7. Aufl., S. 572; *Wlotzke*, Günstigkeitsprinzip, S. 47; *Tech*, Günstigkeitsprinzip, S. 66 f.; *Krauss*, Günstigkeitsprinzip, S. 66; dagegen zu Recht *Richardi*, Kollektivgewalt, S. 369 f. u. 372; *derselbe*, Gutachten, in: Verhandlungen des 61. DJT, Bd. I, B 81 f.; *Th. Schmidt*, Günstigkeitsprinzip, S. 67 Fn. 59.

Für eine (kumulative) Verankerung in Art. 9 Abs. 3 GG als eine sog. Innenschranke der Tarifautonomie: *Hueck/Nipperdey/Säcker*, Arbeitsrecht, Bd. II/1, 7. Aufl., S. 232 ff. u. 573; *Biedenkopf*, Grenzen, S. 75 u. 146 f.; *Säcker*, Gruppenautonomie, S. 51 u. 293 ff.; *Säcker/Oetker*, Grundlagen, S. 267 f.; *Belling*, Günstigkeitsprinzip, S. 69 f.: Günstigkeitsprinzip als Ausdruck praktischer Konkordanz zwischen individueller und kollektiver Koalitionsfreiheit; *Heinze*, NZA 1991, 329 (331); dagegen ausf. *Th. Schmidt*, Günstigkeitsprinzip, S. 62 ff.

Für eine Verankerung im Sozialstaatsgebot (Art. 28 Abs. 1, Art. 20 Abs. 1 GG): *G. Müller*, DB 1967, 903 (905 f.).

[323] A. A. soweit ersichtlich nur *Hess/Schlochauer/Glaubitz*, BetrVG, § 77 Rdnr. 182; *Reuter*, ZfA 1993, 221 (246); vgl. auch *Veit*, Zuständigkeit, S. 341 ff.

zwischen Betriebsvereinbarung und Individualvertrag zur Anwendung gelangt[324]. Zum Teil wird dessen Anwendbarkeit damit zu begründen versucht, die fehlende Aufnahme des Günstigkeitsprinzips in den Normtext des § 77 BetrVG sei als gesetzgeberisches *Redaktionsversehen* zu erachten[325]. Letztlich entscheidend ist indessen erneut der direkt mögliche Rückgriff auf das *verfassungsrechtliche Günstigkeitsprinzip*[326]: Die durch § 77 Abs. 4 Satz 1 BetrVG statuierte unmittelbare und zwingende Wirkung der Betriebsvereinbarung kollidiert mit der Privatautonomie (Art. 2 Abs. 1, Art. 12 Abs. 1 GG) der einzelnen Arbeitnehmer, wobei auf Grund des Verfassungsrangs der Betriebsautonomie (Art. 9 Abs. 1, Art. 2 Abs. 1 i.V.m. Art. 12 Abs. 1 GG) nach Maßgabe des Konkordanzgebots und des Verhältnismäßigkeitsgrundsatzes ein Ausgleich in Gestalt möglichst optimaler Wirksamkeit beider Verfassungsgüter gefunden werden muß. Da aber ein Vorrang betrieblicher Normen zur Verwirklichung der arbeitnehmerschützenden Zwecksetzung der Betriebsautonomie nur so lange geeignet und erforderlich ist, wie die Arbeitnehmer nicht selbst günstigere Arbeitsbedingungen mit dem Arbeitgeber zu vereinbaren in der Lage sind, verkörpert das Günstigkeitsprinzip folglich auch zwischen Betriebsvereinbarung und Individualvertrag ein Verfassungsprinzip zur Herstellung praktischer Konkordanz[327].

### *cc) Zwischen Tarifvertrag und Betriebsvereinbarung*

Als ein Verfassungsprinzip zur Herstellung praktischer Konkordanz muß das Günstigkeitsprinzip schließlich gleichermaßen im Verhältnis von Tarifautonomie (Art. 9 Abs. 3 GG) und Betriebsautonomie (Art. 9 Abs. 1, Art. 2 Abs. 1 i.V.m. Art. 12 Abs. 1 GG) Geltung erlangen. Denn aus dem Konkordanzgebot folgt, daß beide verfassungsrechtlich garantierten Kollektivautonomien eine möglichst optimale Verwirklichung erfahren müssen, weshalb nach Maßgabe des allgemeinen Verhältnismäßigkeitsgrundsatzes keine von beiden insoweit einen Vorrang genießen darf, als dieser nicht zur Erreichung des von ihr verfolgten Zwecks und der Schaffung sozial gerechter Arbeitsbedingungen (Art. 20 Abs. 1, Art. 28 Abs. 1 GG) geeignet, erforderlich und angemessen erscheint. Keineswegs kann daher ein Primat tariflicher Bestimmungen angenommen wer-

---

[324] *Zöllner/Loritz*, Arbeitsrecht, S. 481; *von Hoyningen-Huene*, Betriebsverfassungsrecht, S. 201 u. 215; *Waltermann*, Rechtsetzung, S. 235; *derselbe*, NZA 1996, 357 (359); *Säcker*, ZfA 1972 (Sonderheft), 41 (53 ff.); *Blomeyer*, NZA 1996, 337 (340 ff.); *Buchner*, DB 1985, 914 (921); *Riester*, Deregulierung, S. 41.

[325] *Kreutz*, in: GK-BetrVG, § 77 Rdnr. 201; *Richardi*, NZA 1984, 387 (389): „Regelungslücke".

[326] So letztlich insbes. auch BAG (GS), AP Nr. 17 zu § 77 BetrVG 1972; bestätigt in AP Nr. 23 zu § 77 BetrVG 1972.

[327] *Ehmann*, ZRP 1996, 314 (315); *Ehmann/Lambrich*, NZA 1996, 346 (355).

den, sofern die der Tarif- und Betriebsautonomie gemeinsame Intention des Schutzes der einzelnen Arbeitnehmer auf betrieblicher Ebene effektiver realisiert werden kann, sprich: bei Abschluß von für die Arbeitnehmer im Vergleich zum Tarifvertrag günstigeren Betriebsvereinbarungen.

Hervorzuheben bleibt, daß dem Vorrang günstigerer betrieblicher vor ungünstigeren tariflichen Abreden insbesondere nicht der Tarifvorbehalt des § 77 Abs. 3 BetrVG entgegen gehalten werden kann. Dies folgt allein daraus, daß sich nach den allgemeinen Grundsätzen der *Rechtsquellenlehre* das Günstigkeitsprinzip als ein *Verfassungsprinzip* zur Herstellung praktischer Konkordanz über die *einfachgesetzliche* Anordnung des § 77 Abs. 3 BetrVG hinwegsetzt. Entgegen der (noch) überwiegenden Auffassung[328], die auf Grund des Tarifvorbehalts selbst im Vergleich zum Tarifvertrag günstigere Betriebsvereinbarungen für unwirksam hält, ist der in § 77 Abs. 3 BetrVG statuierte Vorrang tariflicher Normsetzung folglich auf dem Wege *verfassungskonformer Auslegung* um solche betrieblichen Vereinbarungen zu *reduzieren*, welche für die Arbeitnehmer günstigere Arbeitsbedingungen vorsehen[329]. Es kann nach alledem festgehalten werden, daß sich nach Maßgabe der modernen Verfassungsdogmatik die bereits im Jahre 1926 von *Alfred Hueck*[330] formulierte Erkenntnis nachhaltig bestätigt, daß das Günstigkeitsprinzip

> „einen allgemeinen Grundsatz ... darstellt, der *überall* hervortritt" (Hervorh. d. Verf.),

nicht zuletzt also auch zwischen Tarifvertrag und Betriebsvereinbarung.

### 2. *Verfassungsimmanente Vorrangentscheidung zu Gunsten der Tarif- oder Betriebsautonomie?*

Die Frage bleibt, ob aus der Verfassung für die zwischen Tarif- (Art. 9 Abs. 3 GG) und Betriebsautonomie (Art. 9 Abs. 1, Art. 2 Abs. 1 i.V.m. Art. 12

---

[328] Siehe ArbG Stuttgart, BB 1998, 696; *Wank*, NZA 1996, 2273 (2275) m. w. Nachw.; *Walker*, ZfA 1996, 353 (373); *Junker*, ZfA 1996, 383 (397, 412); *Waltermann*, RdA 1996, 129 (131); *P. Hanau*, RdA 1993, 1 (6); *Henssler*, ZfA 1994, 487 (506); *Zachert*, RdA 1996, 140 (146); *Däubler*, BB 1990, 2256; *Beuthien*, BB 1983, 1992 (1996); *Linnenkohl*, BB 1994, 2077 (2079); *Bauer*, FS für Schaub, S. 19 (20 f.); *Bauer/Diller*, DB 1993, 1085; *Veit*, Zuständigkeit, S. 234; *Fischer*, Betriebsvereinbarungen, S. 212 ff.; *Molkenbur*, in: *Rieder* (Hrsg.), Betriebsvereinbarung, S. 13 (23); *Riester*, Deregulierung, S. 29; *Gragert*, Flexibilisierung von Tarifverträgen, S. 62; *Hablitzel*, Verbands- und Betriebsratskompetenzen, S. 122.

[329] *Ehmann*, ZRP 1996, 314 (315 f.); *derselbe*, Neue Ordnung 1996 (Sondernummer), S. 63; *Ehmann/Lambrich*, NZA 1996, 346 (354); *Ehmann/Schmidt*, NZA 1995, 193 (198 ff.); zustimm. *Blomeyer*, NZA 1996, 337 (345); entsprech. jetzt auch *Sodan*, JZ 1998, 421 (429); krit. hinsichtl. des Ausschlusses des Günstigkeitsprinzips im Rahmen des § 59 BetrVG 1952 bereits *Säcker*, Grundprobleme, S. 50.

[330] NZfA 1926, Sp. 400 (405).

Abs. 1 GG) nach Konkordanzgebot und Verhältnismäßigkeitsgrundsatz vorzunehmende Abwägung neben der Erkenntnis, daß das Günstigkeitsprinzip als allübergreifende arbeitsrechtliche Kollisionsregel trotz § 77 Abs. 3 BetrVG gleichfalls zwischen tariflicher und betrieblicher Normsetzung zur Anwendung gelangen muß, weitere materielle Vorentscheidungen oder Wertungsgrundlagen gewonnen werden können. Ganz allgemein gilt, daß dem Gesamtkontext des Grundgesetzes nur selten Anhaltspunkte zu entnehmen sind, die den Abwägungsprozeß zwischen widerstreitenden Verfassungsgütern in die eine oder andere Richtung präjudizieren[331]. Denn die fundamentale Bedeutung eines jeden einzelnen Grundrechts oder sonstigen Verfassungswertes verbietet es, im Kollisionsfalle ein vorschnelles Urteil über dessen Nachrangigkeit zu treffen[332]. Als Leitlinie des Konkordanzgebots anerkannt ist jedoch, daß der angestrebte Ausgleich stets unter Beachtung und Rückgriff auf das die gesamte Verfassungsordnung prägende *Menschenbild des Grundgesetzes* stattzufinden hat[333]. Aus dieser allgemeinen Abwägungsmaxime folgt, daß nach Maßgabe der Verfassung nicht von einem Vorrang der Tarifautonomie (dazu a), sondern der Betriebsautonomie auszugehen ist (dazu b).

#### a) Tarifautonomie „der Freiheit näher"?

Wie bereits ausgeführt[334] proklamiert das Grundgesetz die persönliche Würde (Art. 1 Abs. 1) und die freie Entfaltung des Menschen (Art. 2 Abs. 1) als ranghöchste Güter, versteht somit dessen Selbstbestimmung als maßgebliches Grundelement der verfassungsrechtlich errichteten freiheitlich-sozialen Staats- und Gesellschaftsordnung. Auf Grund dieses Primats individueller Freiheit wird zum Teil in der staatsrechtlichen Literatur angenommen, daß der Rang aller weiteren Grundrechte und Verfassungsgüter sich auf dem Wege einer *Wertphilosophie* danach bestimme, in welchem Maße diese an besagtem höchsten Verfassungswert partizipieren („*in dubio pro libertate*")[335].

---

[331] *Stern*, Staatsrecht, Bd. III/2, S. 828 f.

[332] Nach *Alexy* (Theorie der Grundrechte, S. 425) kann von einer Vorentscheidung des Abwägungsprozesses durch die Verfassung selbst nur dann die Rede sein, „wenn für jeden, der sich an den Verfassungstext und die Regeln verfassungsrechtlicher Argumentation hält, kein vernünftiger Zweifel an ihrer Richtigkeit sein kann".

[333] BVerfGE 30, 1 (20); 32, 98 (107 f.); 35, 202 (225); 65, 1 (44); *Stern*, Staatsrecht, Bd. III/2, S. 808; *Häberle*, Wesensgehaltsgarantie, S. 40.

[334] Siehe oben I.

[335] *Maritain*, in: *derselbe*, Um die Menschenrechte, Einführung S. 21: „Alles hängt von dem höchsten Wert ab, von dem alle diese Rechte abhängen, wenn sie unter gegenseitiger Abgrenzung in ein System gebracht werden sollen." Vgl. auch *Dürig*, in: *Maunz/Dürig/Herzog/Scholz*, GG, Art. 1 Rdnrn. 1 ff. u. 91 ff.; *von Hippel*, Wesensgehalt, S. 32.

Große Ähnlichkeit mit dieser methodischen Vorgehensweise zeigt speziell für die Arbeitsverfassung die gedankliche Konzeption, mittels derer namentlich *Richardi* versucht, einen allgemeinen Vorrang der tarifvertraglichen vor der betriebsverfassungsrechtlichen Gestaltung der Arbeitsbedingungen zu begründen: Zwar verfolge die Betriebsautonomie ebenso wie die Tarifautonomie – der verfassungsrechtlichen Fundamentalentscheidung zu Gunsten der individuellen Freiheit entsprechend[336] – letztlich den Zweck, eine Ordnung des Arbeitslebens nach dem Grundsatz der Selbstbestimmung zu verwirklichen[337]. Doch stehe die Tarifautonomie, so *Richardi* wörtlich, dem Gedanken der Privatautonomie „*näher* als das durch Gesetz geschaffene Betriebsratsamt" (Hervorh. d. Verf.)[338]. Daher diene es im Ergebnis nicht zuletzt der Sicherung der Privatautonomie, wenn zum einen der Tarifvertrag sämtliche innerbetrieblichen Angelegenheiten regeln könne (§§ 1, 3 Abs. 2 TVG) und insbesondere zum anderen der Tarifvorbehalt des § 77 Abs. 3 BetrVG den Gewerkschaften im Verhältnis zu den Betriebsräten einen allgemeinen Initiativvorrang gewähre[339].

Die Annahme einer unterschiedlichen Freiheitsnähe tariflicher und betrieblicher Mitbestimmung erscheint jedoch bereits auf den ersten Blick widersprüchlich und methodisch fragwürdig[340]. Denn es ist nur schwer in Einklang zu bringen, wenn sowohl Tarifautonomie als auch Betriebsautonomie zunächst zwar ausdrücklich als Verwirklichung individueller Selbstbestimmung angesehen werden, andererseits aber beide dem verfassungsrechtlichen Grundgedanken der Privatautonomie verschieden nahe stehen sollen. Die Frage nach der privatautonomen Natur einer Regelung kennt vielmehr gemäß den allgemeinen Grundsätzen der Rechtsgeschäftslehre stets nur eine einzige – mit Ausschließlichkeitsanspruch[341] zu treffende – Antwort: *Selbstbestimmung* oder *Fremdbestimmung*. Diese Entscheidung aber ist konkret im Hinblick auf die Betriebsvereinbarung

---

[336] *Richardi*, Gutachten, in: Verhandlungen des 61. DJT, Bd. I, B 24 f.

[337] *Richardi*, Kollektivgewalt, S. 319; *derselbe*, Betriebsverfassung und Privatautonomie, S. 12; ganz klar *derselbe*, RdA 1994, 394 (401).

[338] *Richardi*, Betriebsverfassung und Privatautonomie, S. 13 u. 18; diesem zustimm. *Biberacher*, Rechtssetzungsmacht, S. 29.

In seinem Gutachten für den 61. DJT hat *Richardi* die These der unterschiedlichen Nähe tariflicher und betrieblicher Mitbestimmung zum Grundgedanken der Privatautonomie in dieser Schärfe nicht aufrechterhalten und spricht statt dessen lediglich von der betrieblichen Mitbestimmung als einem „Rechtsinstitut anders verfaßter Gruppenautonomie" (Verhandlungen des 61. DJT, Bd. I, B 28). Auf Nachfrage (siehe *meinen* Diskussionsbeitrag, in: Verhandlungen des 61. DJT, Bd. II/2, K 160 [K 162]) hat *Richardi* in der Diskussion jedoch die Ansicht bekräftigt, die Tarifautonomie stehe dem Gedanken der Privatautonomie im Vergleich zur betrieblichen Mitbestimmung näher (Verhandlungen des 61. DJT, Bd. II/2, K 164).

[339] *Richardi*, Betriebsverfassung und Privatautonomie, S. 16.

[340] Zu Recht krit. daher *Jahnke*, Tarifautonomie und Mitbestimmung, S. 103 f.

[341] Richtig *Picker*, GS für Knobbe-Keuk, S. 879 (899, 919 u. 945).

anhand der Feststellung, daß sie ihre maßgebliche Legitimationsgrundlage durch den sich im Abschluß des Arbeitsvertrages verkörpernden Eintritt des einzelnen Arbeitnehmers in den betrieblichen Arbeitsverband sowie durch seinen Verbleib in diesem erhält[342], bereits eindeutig in erstem Sinne gefallen. Auf Grund der exklusiven Alternativität zwischen Privatautonomie oder Heteronomie können darüber hinaus rein wertende Erwägungen und unklare Zwischenkategorien, wie sie in der nebulösen These der größeren Freiheits*nähe* tariflicher Mitbestimmung zum Ausdruck gelangen, im Ergebnis keinerlei eigenen Aussagewert beanspruchen[343]. Und selbst wenn man sich mit *Richardi* auf eine rein *wertungsmäßige* Betrachtungsebene zurückziehen möchte, ist für die Annahme eines freiheitlicheren Charakters tariflicher im Vergleich zu betrieblicher Mitbestimmung im Ergebnis kein Grund ersichtlich, denn die rechtlichen und tatsächlichen Umstände streiten vielmehr eindeutig für die Annahme *größerer Freiheitlichkeit* der *Betriebsautonomie.*

### *aa) Überwirkung des Tarifvertrages auf Außenseiter und fehlender Koalitionspluralismus*

(1) Erstens ist es gerade die Tarifautonomie, welche auf Grund der uneingeschränkten Geltung tariflicher *Betriebsnormen* in Betrieben tarifgebundener Arbeitgeber (§§ 3 Abs. 2, 4 Abs. 1 Satz 2 TVG) sowie insbesondere wegen der Möglichkeit zur *Allgemeinverbindlichkeitserklärung* von Tarifverträgen (§ 5 TVG) im Hinblick auf die grundsätzlich geforderte mitgliedschaftliche Legitimation deutliche Lücken aufweist. Denn in beiden Fällen ist es von Gesetzes wegen ausdrücklich für zulässig erklärt, daß auch solche Arbeitnehmer tarifvertraglicher Gestaltung unterliegen, welche den Tarifparteien gerade nicht durch ihren Gewerkschaftsbeitritt eine privatautonome Legitimation verschafft haben[344]. Bedenkt man überdies, wie häufig es durch einzelvertragliche *Bezugnahmeklauseln* zu einer wenigstens faktischen Allgemeinverbindlichkeit von Tarifbestimmungen kommt, so muß konstatiert werden, daß sich die Arbeitnehmer tatsächlich der Geltung tarifvertraglicher Regelungen letztlich kaum

---

[342] Mit ausf. Begr. oben III 2 d bb.

[343] Damit trifft die Konzeption *Richardis* im übrigen nahezu die gleiche Kritik, wie sie im verfassungsrechtlichen Schrifttum auch ganz allg. gegen die wertphilosophische Abwägungsmaxime einer stärkeren oder schwächeren Verwirklichung des höchsten Verfassungsgutes individueller Freiheit durch andere Verfassungswerte angeführt wird. Um eine dahingehende Rangfeststellung treffen zu können, fehle es letztlich völlig an klaren und aussagekräftigen Wertmaßstäben; siehe insbes. *Schlink*, Abwägung, S. 135; krit. auch *Stern*, Staatsrecht, Bd. III/2, S. 829; *Hesse*, Grundzüge, Rdnr. 72; *Isensee*, Subsidiaritätsprinzip, S. 279 m. Fn. 212.

[344] Siehe hierzu *H. Hanau*, RdA 1996, 158; hinsichtl. § 5 TVG *Löwisch*, ZfA 1996, 293 (296): „ohnehin ein Fall der Fremdbestimmung“; ähnl. bereits *Siebert*, FS für Nipperdey I, S. 119 (135); hinsichtl. § 3 Abs. 2 TVG *Gast*, Vertragsrecht, S. 83.

oder gar nicht entziehen können[345]. Die Reglementierungen eines bestimmten Betriebsverbandes gelten hingegen ausschließlich für solche Arbeitnehmer, welche diese durch ihren Eintritt in die betriebliche Gemeinschaft sowie durch den Verbleib in dieser akzeptiert haben, also niemals ohne den Willen der Regelungsbetroffenen[346].

(2) Auch steht – soweit freilich die Lage am Arbeitsmarkt sich nicht als völlig ausweglos erweist – jedem Arbeitnehmer zumindest theoretisch die Möglichkeit offen, sich zwischen verschiedenen Betrieben seiner Wahl frei zu entscheiden. Wenn der gleiche Arbeitnehmer eine Gewerkschaftsmitgliedschaft ins Auge faßt oder mit der Tarifpolitik seiner eigenen Koalition unzufrieden ist und daher den Verband wechseln möchte, kann von einer entsprechenden Auswahlfreiheit indessen keine Rede sein. Denn auf Grund der gewerkschaftlichen Organisation nach dem *Industrieverbandsprinzip* und nicht zuletzt wegen der überwiegend[347] als zwingende Voraussetzung eines tariffähigen Verbandes geforderten *sozialen Mächtigkeit* kommt faktisch für ihn in aller Regel nur die Interessenvertretung durch eine einzige Gewerkschaft in Betracht[348]. Keinesfalls also läßt sich hinsichtlich des Gewerkschaftsbeitritts im Vergleich zum Eintritt in einen bestimmten Betrieb von einer freiheitlicheren Entscheidung des einzelnen sprechen.

---

[345] *Ehmann*, ZRP 1996, 314 (319); *Wank*, NJW 1996, 2273 (2277); *Reuter*, RdA 1991, 193 (202); *Schwarze*, Betriebsrat, S. 212 f.

Neuerdings kann sogar von einem strafrechtlich sanktionierten Zwang zum Tarifvertrag gesprochen werden, da der BGH (Urteil vom 22.04.1997 – 1 StR 701/96; vgl. F.A.Z. vom 02.07.1997, S. 13) annimmt, das Unterschreiten tariflicher Löhne durch den Arbeitgeber erfülle als „Lohnwucher" den Straftatbestand des § 302 StGB, wobei das Gericht im konkret zu entscheidenden Fall bei einer Tariflohnunterschreitung um 33% von einem strafbaren Billiglohn ausging.

[346] Auch *Jahnke* (Tarifautonomie und Mitbestimmung, S. 110) spricht daher zu Recht von einer besseren, weil im wesentlichen lückenlosen Legitimation der Betriebsautonomie.

[347] Siehe nur BAGE 21, 98 ff.; BVerfGE 58, 233 ff.; krit. *Buchner*, FS 25 Jahre BAG, S. 55 (63 f.) m. w. Nachw.

[348] Aus diesem Grunde geht der BGH bei Gewerkschaften ausdrückl. von einem grunds. Aufnahmezwang bzw. von einer besonderen Überprüfbarkeit des Ausschlusses von Gewerkschaftsmitgliedern aus ihrem Verband aus; BGHZ 93, 151 (152 f.); 102, 265 (276 f.); vgl. allg. *Schmiegel*, Inhaltskontrolle, S. 16; *Dorndorf*, FS für Kissel, S. 139 (152); *Singer*, ZfA 1995, 611 (628); *Schüren*, RdA 1988, 138 (141); *H. Hanau*, RdA 1996, 158 (162); auch *Utz*, Weder Streik noch Aussperrung, S. 60; entsprech. hinsichtl. der Mitgliedschaft im Arbeitgeberverband *Kirchhof*, Private Rechtsetzung, S. 94; *Meyer-Cording*, Rechtsnormen, S. 92.

Zu Recht weist *Rieble* (Arbeitsmarkt und Wettbewerb, Rdnr. 130) überdies darauf hin, daß durch die angelaufene Reorganisation des DGB und seiner Einzelgewerkschaften in Gestalt von Gewerkschaftsverschmelzungen die zwischengewerkschaftliche Konkurrenz sogar noch weiter eingeschränkt werden wird.

### *bb) Mangelnder Binnenpluralismus gewerkschaftlicher Organisationen*

Gleiches gilt bei genauerer Betrachtung ebenso für den Ablauf der verbandsinternen Willensbildungsprozesse. Zwar ist allgemein anerkannt, daß die innergewerkschaftliche Organisation und Entscheidungsfindung an *demokratischen Grundsätzen* ausgerichtet sein muß[349], doch klaffen Anspruch und Wirklichkeit insoweit merklich auseinander. Wie zahlreiche rechtssoziologische und empirische Studien eindrucksvoll belegen[350], ist die Beteiligung der einzelnen Mitglieder an den innerverbandlichen Entscheidungen allgemein und nicht zuletzt auch konkret deren Teilhabe an der tarifpolitischen Willensbildung von völlig untergeordneter Bedeutung. Die von gewerkschaftlicher Seite in Tarifverhandlungen vorgetragenen Ziele und Forderungen werden vornehmlich durch die Gewerkschaftsvorstände und in bereits geringerem Umfang von den Tarifkommissionen bestimmt; dem einzelnen Mitglied schließlich bleibt – abgesehen von der Urabstimmung über etwaige Kampfmaßnahmen sowie der Streikteilnahme selbst – keinerlei Möglichkeit der Einflußnahme[351]. Der Inhalt von Tarifverträgen entspringt folglich im Ergebnis allein den Vorstellungen *hauptamtlicher Funktionärseliten*[352]; man denke nur an die Methode zur Durchsetzung der 35-Stunden-Woche.

Die Betriebsratsmitglieder hingegen verhandeln über die Gestaltung der betrieblichen Arbeitsbedingungen gerade nicht als der Arbeitnehmerschaft ent-

---

[349] *Hueck/Nipperdey*, Arbeitsrecht, Bd. II/1, 7. Aufl., S. 101 f. u. 400; *Biedenkopf*, Grenzen, S. 54.

[350] Vgl. insbes. *Schüren*, Legitimation, S. 160 ff.; aus dem älteren Schrifttum *Bergmann*, in: *derselbe* u. a., Soziologie der Gewerkschaften, S. 210 ff.; *Noé*, Gebändigter Klassenkampf, insbes. S. 87 ff.; *Stindt*, Verfassungsgebot und Wirklichkeit, insbes. S. 38 ff.; *Witjes*, Gewerkschaftliche Führungsgruppen, insbes. S. 246 ff.; *Hanau/Stindt*, Der Staat 1971, 539 ff.

[351] *Schüren*, Legitimation, S. 166 ff.; *derselbe*, RdA 1988, 138 (140 f.); *Bergmann*, in: *derselbe* u. a., Soziologie der Gewerkschaften, S. 210 (215); *Reichold*, Sozialprivatrecht, S. 419; *Bender*, BB 1987, 1117 (1119).

[352] Vgl. allg. zum stetig wachsenden Einfluß innergewerkschaftlicher Funktionärseliten *Rüthers*, Gesellschaftlicher Wandel, S. 4 ff.; *Schüren*, Legitimation, S. 180 ff.; *Travlos-Tzanetatos*, Regelungsbefugnis, S. 70: „bürokratisch strukturiertes und soziologisch beinahe in eine verselbständigte Machtposition hineingewachsenes Kollektiv"; *Noé*, Gebändigter Klassenkampf, S. 116 ff.: „Herrschaft des Apparats".

Ebenso ist bereits mehrfach darauf hingewiesen worden (vgl. *Bergmann*, in: *derselbe* u. a., Soziologie der Gewerkschaften, S. 210 [213 u. 219]; *Schüren*, RdA 1988, 138 [140 f.] m. w. Nachw.), daß verbandsintern diese Führungseliten in aller Regel nicht mit bedeutenden oppositionellen Strömungen rechnen müssen. So gestalten sich erfahrungsgemäß Gewerkschaftstage stets als reine Akklamationsveranstaltungen für die Gewerkschaftsspitze. Dies liegt nicht zuletzt daran, daß sich mit dem überkommenen Verständnis der Koalitionen als Kampfverbände die Idee innerverbandlicher Opposition nicht verträgt. Denn etwaige Kritik an der gewerkschaftlichen Führung sieht sich notwendig stets dem Vorwurf ausgesetzt, letztendlich lediglich der Gegenseite Vorteile zu verschaffen.

rückte Funktionsträger, sondern als von den zu vereinbarenden Regelungen gleichermaßen betroffene *Mitarbeiter* und *Kollegen*. Überdies dürfte allein die weitaus größere Nähe zwischen den betrieblichen Entscheidungsgremien und den Regelungsbetroffenen dazu führen, daß die Willensbildung im Betriebsverband stets eine unmittelbare und umfangreiche Rückkopplung an die aus der Belegschaft selbst artikulierten Interessen erfährt. Gerade dieses Zusammenspiel von Selbstbetroffenheit und informeller Einflußnahme durch zahlreiche Gespräche am Arbeitsplatz läßt die innerbetriebliche Willensbildung letztlich geradezu als ein Musterbeispiel *binnendemokratisch-pluralistischer* und damit für den einzelnen – im krassen Gegensatz zur tarifpolitischen – *freiheitlicher* Entscheidungsfindung[353] erscheinen.

*cc) Nötigung durch Arbeitskampf und Freiheitsprinzip?*

Erst recht nicht mehr kann von einer im Vergleich zur Betriebsautonomie dem Grundprinzip der Freiheit näher stehenden Natur der Tarifautonomie gesprochen werden, wenn man sich die unterschiedlichen Formen des Zustandekommens tariflicher und betrieblicher Vereinbarungen vor Augen führt. Betriebsvereinbarungen werden stets in freier Übereinkunft zwischen den Betriebspartnern ausgehandelt oder aber durch die betriebliche Einigungsstelle unter Leitung eines neutralen Vorsitzenden beschlossen. Innerbetriebliche Kampfmaßnahmen sind gem. § 74 Abs. 2 Satz 1 BetrVG ausdrücklich untersagt. Im Gegensatz dazu kommen Tarifverträge oftmals erst nach einseitig oder gegenseitig geführtem Arbeitskampf, zumindest aber nach dahingehenden Drohgebärden zustande. Bei Anwendung der überkommenen Grundsätze rechtsgeschäftlicher Privatautonomie wären tarifliche Abreden somit zumeist gem. § 123 BGB *anfechtbar*[354]. Und selbst wenn vereinzelt ein Tarifabschluß auch ohne Streik und Aussperrung oder entsprechende Drohungen gelingen sollte, so hängt dennoch unweigerlich die Möglichkeit kämpferischer Auseinandersetzungen stets wie ein Damoklesschwert über den Verhandlungsführern der jeweiligen Tarifrunden. Zu Recht hat daher das BAG[355] generell angenommen:

> „Tarifverhandlungen werden ... nicht nach dem Muster des individuell ausgehandelten Vertrages im Rahmen freier Konkurrenz geführt, sondern nach dem Muster der

---

[353] So bereits *Küchenhoff*, DB 1963, 765 (768); vgl. auch *Simitis*, Diskussionsbeitrag, RdA 1994, 174.

[354] *Ehmann*, ZRP 1996, 314 (319); *Ehmann/Lambrich*, NZA 1996, 346 (352); *Utz*, Weder Streik noch Aussperrung, S. 18; auch die Tarifpartner auf Arbeitgeberseite bezeichnen Tarifverträge – wie der unlängst für die Stahlindustrie Ostdeutschlands getroffene Tarifabschluß zeigt – unverblümt als Ergebnis der „knallharten Erpressungssituation“ eines existenzbedrohenden Arbeitskampfs; zit. nach F.A.Z. vom 09.11.1998, S. 11.

[355] AP Nr. 81 zu Art. 9 GG Arbeitskampf.

machtmäßigen Konfliktregulierung und der Drohung... Es gibt kein freies, friedliches oder arbeitskampfloses Verhandeln."

Mit dieser Feststellung hat das Gericht unmißverständlich zu verstehen gegeben, daß die Tarifautonomie auf Grund ihrer notwendigen Arbeitskampfakzessorietät gerade nicht als der Freiheit besonders nahestehend, sondern vielmehr in einem kontradiktorischen Gegensatz zu diesem ehrwürdigen rechtsgeschäftlichen Grundprinzip erscheint.

Vorrangiges Ziel jeder freiheitlichen Rechtsordnung ist es, in ihrem Geltungsbereich die Lösung gesellschaftlicher Konflikte unter Rückgriff auf die vorrechtlich-archaischen Mittel des Zwangs und der Gewalt zu verhindern. Diesem allgemeinen Wunsch nach *Verrechtlichung* und deren *friedensstiftender Funktion* läuft es gänzlich zuwider, wenn im volkswirtschaftlich wohl bedeutsamsten Bereich der Festlegung der Arbeits- und Wirtschaftsbedingungen (Art. 9 Abs. 3 GG) noch immer wie selbstverständlich die Gegenseite mit Zwangsmaßnahmen oder zumindest entsprechenden Drohungen unter Druck gesetzt wird[356]. Es spricht daher im Ergebnis vieles dafür anzunehmen, daß in einer sich nach dem Grundgedanken der Freiheit organisierenden Zivilrechtsgesellschaft für den Arbeitskampf als „Rückstand mittelalterlicher Fehde"[357] kein Raum mehr ist[358]. Jedenfalls aber muß es als in höchstem Maße absurd anmuten, wenn erzwungene tarifliche im Vergleich zu frei ausgehandelten betrieblichen Vereinbarungen als „der Freiheit näher" angesehen werden und dies nicht zuletzt damit begründet wird, daß der Tarifautonomie – so *Richardi*[359] – gerade

---

[356] Ausf. hierzu *Picker*, ZfA 1986, 199 (208 ff.); *Isensee* (in: *Freudenberg*, Die Zukunft der sozialen Partnerschaft, S. 159 [161]) spricht insoweit vom Arbeitskampf als einem „atavistischen Fremdkörper in der Rechts- und Friedensordnung"; umgekehrt begründet *Reichold* (Sozialprivatrecht, S. 511) die von ihm angenommene Vertragsrechtsakzessorietät der Betriebsautonomie gerade mit dem betriebsverfassungsrechtlichen Arbeitskampfverbot des § 74 Abs. 2 Satz 1 BetrVG.

[357] *Isensee*, in: *Freudenberg*, Die Zukunft der sozialen Partnerschaft, S. 159 (161); entsprech. *Ehmann*, DB 1978, 2033 (2035); *derselbe*, in: *Streithofen*, Christliche Ethik und Arbeitskampf, S. 43 (47); *derselbe*, in: *Giger/Linder*, Sozialismus, S. 581 (612); *derselbe*, NZA 1991, 1 (2); *Ehmann/Schmidt*, NZA 1995, 193 (194); *Utz*, Weder Streik noch Aussperrung, S. 72; *Picker*, ZfA 1986, 199 (213): „Züge faustrechtlich-archaischer Interessenverfolgung"; vgl. auch die sog. Frankfurter Erklärung des Arbeitgeberverbandes Gesamtmetall: Arbeitskampf als „antiquiertes Konfliktlösungsmittel" (zit. nach F.A.Z. vom 18.11.1997, S. 17).

[358] Aus sozialethisch-moralischer Sicht ausf. *Utz* (Weder Streik noch Aussperrung, insbes. S. 50 ff.) unter Hinweis auf die enormen sozialen Schäden von Arbeitskämpfen und das Fehlen einer das Kampfmittel des Streiks rechtfertigenden individuellen Notlage der die Arbeit niederlegenden Arbeitnehmer; entsprech. auch *Ehmann*, in: *Streithofen*, Christliche Ethik und Arbeitskampf, S. 43 (50 ff.); *derselbe*, in: *Giger/Linder*, Sozialismus, S. 581 (609 f. u. 612 ff.); *Fabricius*, Unternehmensrechtsreform, Rdnr. 184.

[359] Kollektivgewalt, S. 266 f.; *derselbe*, Betriebsverfassung und Privatautonomie, S. 13; zu Recht krit. *Jahnke*, Tarifautonomie und Mitbestimmung, S. 104; aus soziologischer Sicht für einen Primat der Kampfordnung *Dahrendorf*, Gesellschaft und Demokratie, S. 207 f.; gegen diesen *Schelsky*, Soziologen, S. 83 ff.

*wegen* ihres Charakters als *Kampfordnung* grundsätzlich der Vorrang vor der *Friedensordnung* betrieblicher Mitbestimmung gebühre. Überspitzt formuliert bedeutet eine solche Sichtweise letztlich nichts anderes als die Präferenz für eine „präzivilisatorische Form der Bedürfnisbefriedigung“[360].

*dd) Zwangscharakter der Tarifautonomie auf Grund des Tarifvorbehalts*

Ein letzter Aspekt, der in der arbeitsrechtlichen Literatur bislang kaum Beachtung gefunden hat[361], kommt entscheidend hinzu. Versteht man § 77 Abs. 3 BetrVG mit der Rechtsprechung und dem herrschenden Schrifttum als eine *Normsetzungsprärogative* zu Gunsten der Tarifvertragsparteien, die gleichermaßen in Betrieben tarifgebundener und nicht tarifgebundener Arbeitgeber gelte[362] und überdies sogar für die einzelnen Arbeitnehmer im Vergleich zu tariflichen Bestimmungen günstigere Betriebsvereinbarungen für unzulässig erkläre[363], so ist es letztlich insbesondere der Tarifvorbehalt selbst, welcher zwingend dazu führt, daß die Tarifautonomie nicht als dem Grundgedanken der Freiheit besonders nahe, sondern im Ergebnis faktisch nur als eine *Zwangsrepräsentation* bezeichnet werden kann. Denn zum einen wird durch ein solches Verständnis des § 77 Abs. 3 BetrVG nicht verbandsangehörigen Unternehmern von Rechts wegen jegliche Möglichkeit zu einer aus ökonomischen und betriebssoziologischen Gründen[364] dringend erforderlichen Regelung der Löhne und sonstigen Arbeitsbedingungen auf dem Wege betrieblicher Kollektivvereinbarungen genommen. Der Weg zu einer kollektiven Gestaltung der Arbeitsverhältnisse führt für diese vielmehr ausschließlich über den Abschluß eines Haustarifvertrages oder aber die Mitgliedschaft im für den betreffenden Betrieb zuständigen Arbeitgeberverband, also – im wahrsten Sinne des Wortes – *zwangs*läufig in die Tarifautonomie[365]. Besonders augenfällig und zudem für die einzelnen Arbeitnehmer materiell begreifbar wird der faktische Zwangscharakter der Tarifautonomie zum anderen durch den – wie bereits gesehen freilich unzutreffenden[366] – Ausschluß des Günstigkeitsprinzips zwischen Tarifvertrag und Betriebsvereinbarung. Denn die Tatsache, daß den Arbeitnehmern sogar die

---

[360] *Picker*, ZfA 1986, 199 (213).

[361] Siehe allein *Lambrich*, Diskussionsbeitrag, in: Verhandlungen des 61. DJT, Bd. II/2, K 160 (K 162).

[362] Siehe nur BAG, AP Nr. 8 zu § 77 BetrVG 1972 Tarifvorbehalt; vollst. Nachw. unten § 7 Fn. 6.

[363] Siehe die Angaben in Fn. 328.

[364] Hierzu ausf. oben § 4 II 2.

[365] Zur Frage, ob darin ein Verstoß gegen das Grundrecht auf negative Koalitionsfreiheit (Art. 9 Abs. 3 GG) zu erblicken ist, unten § 7 III 3.

[366] Siehe bereits 1 b cc.

Früchte einer im Vergleich zur tariflichen offenkundig effektiveren betrieblichen Interessenvertretung vorenthalten bleiben, ist letztlich nicht anders als damit zu erklären, daß zum Zwecke *bloßen Machterhalts* der Gewerkschaften die Arbeitnehmer zur Koalitionsmitgliedschaft angehalten werden sollen. Das aber steht der Freiheit nicht näher[367].

### b) Vorrang betrieblicher vor tariflicher Normsetzung kraft des Subsidiaritätsprinzips

Kann die als Leitlinie für die Abwägung widerstreitender Verfassungsgüter allgemein anerkannte Besinnung auf das Menschenbild des Grundgesetzes somit nicht als Begründung für eine verfassungsrechtliche Prädominanz der Tarifautonomie herangezogen werden, so ist es dennoch gerade die Ausrichtung der Verfassungsordnung an den einzelnen Individuen als eigenverantwortliche und selbstbestimmte Wesen, welche im Ergebnis – freilich in gegenteiliger Hinsicht – für das Verhältnis tariflicher und betrieblicher Normsetzung richtungsweisende Bedeutung erlangt. Denn der durch das Menschenbild der Verfassung statuierte *Primat des einzelnen* findet seine logische Fortsetzung in der Annahme eines grundsätzlichen Vorrangs der *kleineren* vor *größeren* menschlichen Einheiten, bildet mit anderen Worten den Ausgangspunkt des *Subsidiaritätsprinzips*, welches als eine dem gesamten Verfassungssystem zu Grunde liegende Fundamentalaussage, wie zu zeigen sein wird, insbesondere auch im Verhältnis zwischen Tarif- (Art. 9 Abs. 3 GG) und Betriebsautonomie (Art. 9 Abs. 1, Art. 2 Abs. 1 i.V.m. Art. 12 Abs. 1 GG) zur Anwendung gelangen muß.

#### *aa) Geistesgeschichtliche Herkunft und Aussage des Subsidiaritätsprinzips*

Der Gedanke der Subsidiarität nährt sich aus einer nahezu unerschöpflichen Vielzahl mannigfaltiger sozialphilosophischer sowie rechtstheoretischer Wurzeln, so daß die in ihm zum Ausdruck gelangende Erkenntnis ohne Zweifel als allgemeingültiges Resultat einer Jahrhunderte währenden Entwicklung abendländischer Gesellschafts- und Staatskultur bezeichnet werden kann. Von der antiken *Aristotelischen* Gesellschaftsordnung[368] über die nachmittelalterliche Fö-

---

[367] I. Erg. entsprech. bereits *Ehmann/Lambrich*, NZA 1996, 346 (352); *Bender*, BB 1987, 1117 (1119); *Schwarze*, Betriebsrat, S. 212 f.

[368] Nach der Vorstellung *Aristoteles'* sollte das Gemeinwesen Staat seine Vielfalt gerade dadurch erhalten, daß den unteren Lebenseinheiten stets die Wahrnehmung ihrer eigenen Aufgaben ermöglicht werden müsse. Der Staat selbst dürfe daher nur solche gesellschaftlichen Aufträge übernehmen, die nicht ebensogut von den einzelnen Gemeinschaften selbst erledigt werden könnten (*Aristoteles*, Aufzeichnungen zur Staatstheorie, S. 51 f.). Denn: Zu viel Einheit mache den Staat zum schlechten Staat, gleich wie Musik

deralismusidee des *Johannes Althusius*[369], vom sozialreformerischen Gedankengut im Umfeld der Frankfurter Paulskirchenversammlung[370] bis hin zu den föderalistischen[371] und liberalistischen[372] Staatstheorien des ausgehenden 19.

---

zu schlechter Musik werde, wenn die Symphonie zur Monotonie und wenn der Rhythmus zum Eintakt werde (insoweit zit. nach *Zippelius*, Gesellschaft und Recht, S. 149).

[369] Eine umfass. Skizze des föderalistischen Gedankenmodells *Althusius'* findet sich bei *von Gierke*, Althusius, S. 226 ff. (siehe insbes. 244): „So ergab sich ein rein naturrechtlicher Gesellschaftsaufbau, in welchem Familie, Berufsgenossenschaft, Gemeinde und Provinz als nothwendige und organische Gliederungen zwischen Individuum und Staat stehen; ... in welchem jeder engere Verband als ein wahres und originäres Gemeinwesen aus sich selbst ein besonderes Gemeinleben und eine eigene Rechtssphäre schöpft und davon an den höheren Verband nur so viel abgibt, als dieser zur Erreichung seines spezifischen Zwecks unerlässlich braucht."

[370] In einem tags vor der Nationalversammlung vom 18.09.1848 veröffentlichten Brief schrieb *Wilhelm Emanuel Ketteler* (zit. nach *Rauscher*, ORDO 1960/61, 433 [435]): „Erst wo das niedere Glied dieses Organismus nicht mehr imstande ist, seine Zwecke selbst zu erreichen oder die seiner Entwicklung drohende Gefahr selbst abzuwenden, tritt das höhere Glied für es in Wirksamkeit, dem es dann von seiner Freiheit und Selbstbestimmung das abgeben muß, was dieses, das höhere Glied, zur Erreichung seines Zweckes bedarf. Was daher die Familie, die Gemeinde zur Erreichung ihres natürlichen Zweckes sich selbst gewähren kann, muß ihr zur freien Selbstregulierung überlassen bleiben."

[371] Hauptvertreter: *Constantin Franz*; zu dessen Werk *Isensee*, Subsidiaritätsprinzip, S. 42 ff. Hier findet genauso aber auch die Genossenschaftslehre *Otto von Gierkes* (zu dieser bereits oben § 3 I 2 b bb) ihren Platz, die geprägt war durch den Gedanken „des Rechts und der Selbständigkeit aller in der höheren Einheit zusammenströmenden geringeren Einheiten bis herab zum Individuum – den Gedanken der Freiheit" (Genossenschaftsrecht, Bd. 1, S. 1).

[372] In der liberalen Lehre von der Rechtfertigung und den Aufgaben des Staates kam dem Subsidiaritätsprinzip zunächst ausschließlich die Bedeutung einer „Freiheitsnorm gegen den Staat" zu (so *Isensee*, Subsidiaritätsprinzip, S. 46); siehe insoweit *von Humboldt*, Ideen, S. 53: „ ... der Staat enthalte sich aller Sorgfalt für den politischen Wohlstand der Bürger, und gehe keinen Schritt weiter, als zu ihrer Sicherstellung gegen sich selbst und gegen auswärtige Feinde notwendig ist; zu keinem anderen Endzwecke beschränke er ihre Freiheit."

Das maßgebliche Verdienst speziell *von Humboldts* um das Subsidiaritätsprinzip lag indessen insbes. darin, dieses darüber hinaus auch auf das innergesellschaftliche Verhältnis aller menschlichen Zusammenschlüsse ausgedehnt zu haben: „ ... so ist doch gewiß überhaupt jede größere Vereinigung minder heilsam. Je mehr der Mensch für sich wirkt, desto mehr bildet er sich. In einer großen Vereinigung wird er zu leicht Werkzeug" (ebd., S. 57).

Eine entscheidende Weiterentwicklung erfuhr das Subsidiaritätsprinzip durch *Robert von Mohl*. Denn war *von Humboldt* (ebd., S. 58 ff.) auf Grund der von ihm vertretenen Beschränkung des staatlichen Tätigkeitsbereichs auf die innere und äußere Sicherheit noch von einem starren Subsidiaritätsverständnis ausgegangen, so nahm *von Mohl* eine subsidiäre Allzuständigkeit des Staates an und wandelte dadurch den Subsidiaritätsgrundsatz zu einem elastischen und damit bereits trefflich handhabbaren Strukturprinzip: „Allerdings ist es die Pflicht eines jeden Einzelnen, für die Sicherung seiner eigenen Rechte so wie der Rechte der in seinem Schutze befindlichen nach Möglichkeit selbst zu sorgen" (System der Präventiv-Justiz, S. 3), „so daß also der Auftrag des Staates erst mit

Jahrhunderts spannte sich sein geistesgeschichtlicher Bogen, bevor das Subsidiaritätsprinzip schließlich in der am 15.05.1931 von *Papst Pius XI.* veröffentlichten Sozialenzyklika „Quadragesimo anno“[373] seine klassische und gleichfalls prägnanteste Formulierung gefunden hat:

> „Es muß allzeit unverrückbar jener oberste sozialphilosophische Grundsatz festgehalten werden, an dem nicht zu rütteln noch zu deuteln ist: wie dasjenige, was der Einzelmensch aus eigener Initiative und mit eigenen Kräften leisten kann, ihm nicht entzogen und der Gesellschaftstätigkeit zugewiesen werden kann, so verstößt es gegen die Gerechtigkeit, das, was die kleineren und untergeordneten Gemeinwesen leisten und zum Ende führen können, für die weitere und übergeordnete Gemeinschaft in Anspruch zu nehmen; zugleich ist es überaus nachteilig und verwirrt die ganze Gesellschaftsordnung. Jedwede Gesellschaftstätigkeit ist ja ihrem Wesen und Begriff nach subsidiär; sie soll die Glieder des Sozialkörpers unterstützen, darf sie aber niemals zerschlagen oder aufsaugen.“

Entspringt das Subsidiaritätsprinzip in seiner Grundaussage demnach nicht zuletzt dem Gedankengut der *katholischen Soziallehre*[374], so kann seine Bedeutung – wie die weitere Quellenvielfalt belegt – dennoch nicht auf eine rein sozialphilosophische oder gar ausschließlich klerikale Idee verengt werden[375]. Es verkörpert vielmehr ein „ursprunghaftes Gut der deutschen Staatslehre“[376] und ist allgemein von so weitreichendem Wert, daß es letztlich das Richtmaß jedweder staatlichen und gesellschaftlichen Ordnung bildet. Denn niemand wird bestreiten wollen, daß sich eine gerechte Sozialordnung maßgeblich durch eine

---

der für die Einzel-Kraft bestehenden Unmöglichkeit solchen Schutzes anfängt“ (ebd., S. 35).

Auf der Grundlage der *von Humboldt'schen* und *von Mohl'schen* Erkenntnisse konnte schließlich *Georg Jellinek* zu einer Formulierung des Subsidiaritätsgedankens gelangen, welche der diesem später durch die „Quadragesimo anno“ verliehenen Fassung an Deutlichkeit bereits kaum nachstand: „Nur soweit die freie individuelle oder genossenschaftliche Tat unvermögend ist, den vorgesetzten Zweck zu erreichen, kann und muß ihn der Staat übernehmen“ (Allgemeine Staatslehre, S. 259). „Nichtregulierte individuelle und genossenschaftliche Tat soll nur insoweit zurücktreten oder ausgeschlossen werden, sofern der Staat mit seinen Mitteln das betreffende Interesse in besserer Weise zu fördern vermag“ (ebd., S. 263).

[373] Abgedr. in KAB, Texte zur katholischen Soziallehre, S. 101 (130 f.); ausf. Analyse bei *Link*, Subsidiaritätsprinzip, S. 1 ff.

[374] Zu den in der neuscholastischen Naturrechtsdoktrin liegenden philosophischen Grundlagen der katholischen Soziallehre *Isensee*, Subsidiaritätsprinzip, S. 21 ff.; vgl. auch *Glaser*, Subsidiariätsprinzip, S. 6 ff.

[375] So zu Recht *Isensee*, Subsidiaritätsprinzip, S. 71; *Glaser*, Subsidiaritätsprinzip, S. 1; *Süsterhenn*, FS für Nawiasky, S. 141 (142); *Kalkbrenner*, FS für Küchenhoff, S. 515 (519); anders *Herzog*, Der Staat 1963, 399 (404 f.); *Richardi*, Kollektivgewalt, S. 57.

[376] *Isensee*, Subsidiaritätsprinzip, S. 71; *Würtenberger*, Subsidiaritätsprinzip, S. 621: „lange politische und geschichtliche Tradition“.

möglichst weitgehende Erfüllung der liberalen Forderungen „nach so viel Freiheit wie möglich" und „so viel Autorität wie nötig" auszeichnet[377].

Nichts anderes verlangt und gewährt der Subsidiaritätsgedanke. Wie bereits der ihm durch die päpstliche Enzyklika beigemessene Aussagegehalt verdeutlicht, stellt auch das Subsidiaritätsprinzip an eine dem Postulat der Gerechtigkeit[378] Rechnung tragende Sozialordnung letztlich eine zweifache Anforderung[379]: Einerseits soll es weiteren und übergeordneten menschlichen Einheiten stets untersagt sein, dasjenige an sich zu ziehen, was das Individuum oder kleinere und untergeordnete Lebenskreise ebensogut oder besser zu leisten in der Lage sind („so viel Freiheit wie möglich")[380]. Mit dieser *negativen* Aussage des Subsidiaritätsprinzips korrespondiert *positiv* gewendet die Verpflichtung der höheren Gemeinschaft, immer dann unterstützend und eingreifend tätig zu werden, sobald „die Kräfte der unteren Einheit nicht ausreichen"[381], um der ihr gestellten Aufgabe hinreichend gerecht zu werden („so viel Autorität wie nötig")[382]. Will eine Sozialordnung dem angestrebten Primat der kleinstmöglichen leistungsfähigen Einheit wirkungsvoll nachkommen, so müssen *Abwehrrecht* und *Hilfsanspruch* letztlich als gleichberechtigte Forderungen, als sich wechselseitig bedingende Seiten derselben Medaille verstanden werden[383]. Auf Grund des nahtlosen Zusammenwirkens von negativem und positivem Gehalt des Subsidiaritätsgrundsatzes wird dieser im Ergebnis zu einem umfassenden *Schutzprinzip* zu Gunsten des *einzelnen* sowie der jeweils *kleineren menschlichen Einheit*[384].

---

377 *Utz*, in: *derselbe*, Subsidiaritätsprinzip, S. 7 (8).

378 *Häberle*, AöR 1994, 169 (191): Subsidiarität als „Konnexbegriff zur Gerechtigkeit"; *Küchenhoff*, RdA 1959, 201 (202): „Zuständigkeitsordnung nicht nur der Zweckmäßigkeit, sondern auch der Gerechtigkeit".

379 Siehe hierzu auch *Glaser*, Subsidiaritätsprinzip, S. 21; *Stewing*, Subsidiarität, S. 15 f.; *derselbe*, DVBl 1992, 1516; *Kalkbrenner*, FS für Küchenhoff, S. 515 (528).

380 Mit nur im Detail diff. Formulierungen BVerfGE 10, 59 (83); *Isensee*, Subsidiaritätsprinzip, S. 28 f.; *Dürig*, JZ 1953, 193 (198); *Küchenhoff*, RdA 1959, 201 (202); *derselbe*, RdA 1960, 202 (210); *derselbe*, DB 1963, 765; *Korte*, VerwArch 1970, 3 (12); *Kalkbrenner*, FS für Küchenhoff, S. 515 (522).

381 *Dürig*, in: *Maunz/Dürig/Herzog/Scholz*, GG, Art. 1 Abs. 1 Rdnr. 54.

382 Ähnl. *von Münch*, JZ 1960, 303 (304); *Küchenhoff*, DB 1963, 765: „Hilfe-, Ergänzungs- und Ausgleichspflicht der einander im Range über- und untergeordneten Gesellungen oder Verbände"; *Stewing*, Subsidiarität, S. 11.

383 Zutreff. *Stewing*, Subsidiarität, S. 16; für eine Reduzierung des Subsidiaritätsprinzips auf seinen negativen Aspekt *Isensee*, Subsidiaritätsprinzip, S. 30 m. w. Nachw. in Fn. 5; einer Überbetonung des positiven Gehalts verfällt hingegen *Glaser*, Subsidiaritätsprinzip, S. 20 ff.

384 Die Schutzfunktion des Subsidiaritätsgrundsatzes wird insbes. hervorgehoben durch *von Münch*, JZ 1960, 303 (304).

### *bb) Die verfassungsrechtliche Natur des Subsidiaritätprinzips*

(1) Seine Schutzfunktion verbindet das Subsidiaritätsprinzip augenscheinlich mit der kollektiven Arbeitsverfassung, welche ebenso ausschließlich dem Individualschutz der Arbeitnehmer dient, so daß zumindest in sachlicher Hinsicht der Brückenschlag vom strukturbedürftigen Feld der Arbeitsordnung zum ordnenden Gedanken der Subsidiarität naheliegt; dies um so mehr, als das Subsidiaritätsprinzip seinem Selbstverständnis nach Geltung für alle Bereiche des menschlichen Lebens verlangt[385]. Doch so weitgehend der Konsens hinsichtlich des gerechtigkeitsoptimierenden Aussagegehalts des Subsidiaritätsprinzips und dessen inhaltlicher Richtigkeit ist[386], so vielstimmig erweist sich der Dissens im rechtswissenschaftlichen Schrifttum, wenn es um die Fragen der *rechtlichen Verbindlichkeit* dieses Grundsatzes und seiner *Anwendbarkeit auf bestimmte Rechtsgebiete* geht. Selbst eine mittlerweile kaum mehr zu übersehende Fülle literarischer Äußerungen[387] vermochte es bis dato nur begrenzt, Licht in das sich um die rechtliche Natur des Subsidiaritätsprinzips rankende Dunkel zu bringen. Von einem bloß „politischen Prinzip“[388] über ein „allgemeines sozialphilosophisches Prinzip mit Rechtscharakter“[389] bis hin zum Verfassungsprinzip[390] oder gar zum naturrechtlichen und damit überpositiven Grundsatz[391]

---

[385] *Süsterhenn*, FS für Nawiasky, S. 141 (154); *Korte*, VerwArch 1970, 3 (13); *Schäfer*, DVBl 1958, 362 (363); *Kalkbrenner*, FS für Küchenhoff, S. 515 (524): Subsidiaritätsprinzip als „großes Prinzip der Freiheit, das jedem Menschen und jeglicher Gemeinschaft das höchste Maß an freiheitlicher Selbstbestimmung und -gestaltung sichert, aber gleichwohl für einen geordneten Aufbau der Gemeinwesen und ein harmonisches Ineinandergreifen ihrer Zuständigkeiten zur bestmöglichen Wahrung des Gemeinwohls sorgt“.

[386] Von einer materiell wertvollen Aussagekraft des Subsidiaritätsprinzips gehen einmütig auch solche Stimmen aus, die andererseits dessen Charakterisierung als Rechtsprinzip, gar als Verfassungsprinzip, i. Erg. ablehnen; siehe *Richardi*, Kollektivgewalt, S. 53: „vernünftiger Grundsatz sozialen Handelns“; *Glaser*, Subsidiaritätsprinzip, S. 133: „unleugbare rechtspolitische Bedeutung“.

[387] Es sei verwiesen auf die Auflistungen bei *Kalkbrenner*, FS für Küchenhoff, S. 515 (516 Fn. 3); *Stewing*, Subsidiarität, S. 8 Fn. 40; *Häberle*, AöR 1994, 169 (171 Fn. 2).

[388] *Rentdorff*, Der Staat 1962, 405 (428 ff.).

[389] So *Süsterhenn*, FS für Nawiasky, S. 141 (149); *Dürig*, JZ 1953, 193 (198): „juristisches Vorrangprinzip“; *Küchenhoff*, RdA 1960, 202 (210): „anerkanntes Rechtsprinzip“; i. Erg. entsprech. VerfGH Rh.-Pf., DVBl 1958, 359 (360); *Utz*, Formen und Grenzen, S. 126 f.: „ohne Zweifel gültig im Hinblick auf den Rechtsstaat“; *van der Ven*, in: *Utz*, Subsidiaritätsprinzip, S. 45 (57): „Gerechtigkeitsprinzip“; *Link*, Subsidiaritätsprinzip, S. 96 f.; *Th. Schmidt*, Günstigkeitsprinzip, S. 71; *Schäfer*, DVBl 1958, 362 (363).

[390] *Isensee*, Subsidiaritätsprinzip, S. 281: „Synthese des Rechts- und Sozialstaats durch das Regulativ der Subsidiarität“ sowie insbes. S. 316 f.: Subsidiaritätsprinzip als „wesensnotwendige normative Folge“ der „personalistischen Vorrangentscheidung“ des Grundgesetzes, welches damit wenigstens auf seiner höchsten Abstraktionsstufe an der Gewährleistung des Art. 79 Abs. 3 GG teilnehme; siehe auch *Enneccerus/Nipperdey*, Allgemeiner Teil. S. 89; *Bernzen*, Subsidiaritätsprinzip, S. 67; *Dürig*, JZ 1953, 193 (198); *von Münch*, JZ 1960, 303 (305); *Küchenhoff*, DB 1963, 765 (767): Subsidiari-

reicht die Bandbreite der unterschiedlichen Charakterisierungen des Subsidiaritätsgrundsatzes.

Für die im hiesigen Kontext allein interessierende Frage, ob der Gedanke der Subsidiarität eine *verfassungsimmanente Abwägungsleitlinie* darstellt, die für das verfassungsrechtliche Verhältnis von Betriebs- (Art. 9 Abs. 1, Art. 2 Abs. 1 i.V.m. Art. 12 Abs. 1 GG) und Tarifautonomie (Art. 9 Abs. 3) Beachtung findet, muß die Kontroverse um die Rechtsnatur des Subsidiaritätsprinzips allerdings nicht bis in das letzte Detail ausgefochten und geklärt werden. Vielmehr genügt die Feststellung, inwieweit der Subsidiaritätsgedanke dem Grundgesetz zumindest mittelbar als regulatives Prinzip und Wertaussage zu Grunde liegt. Zumindest insoweit dürfte indessen weitestgehend Einigkeit zu erzielen sein. Eine etwa dem Sozialstaatsgebot (Art. 20 Abs. 1, Art. 28 Abs. 1 GG) oder dem Demokratieprinzip (Art. 20 Abs. 1 GG) vergleichbare verfassungsrechtliche Verankerung ist dem Grundsatz der Subsidiarität ausdrücklich zwar – außer durch die unlängst neu geschaffene europaorientierte Regelung des Art. 23 Abs. 1 Satz 1 GG[392] – nicht zuteil geworden. Eine explizite Aufnahme des Prinzips wurde vom Herrenchiemseer Verfassungskonvent erwogen, doch scheiterte auch sie letztlich an der Entscheidung der Verfassungsväter, das als Provisorium gedachte Bonner Grundgesetz hinsichtlich der Wirtschafts- und Arbeitsverfassung dem Wortlaut nach wertneutral zu gestalten[393]. Dies ändert jedoch nichts an dem Befund, daß der Subsidiaritätsgedanke gleichwohl die grundgesetzliche Ordnung substantiell wie ein roter Faden durchwebt.

---

tätsprinzip als „Ausdruck des demokratischen und sozialen Rechtsstaats (Art. 20, 28 Abs. 1 GG) mit der Sicherung (Art. 79 Abs. 3 GG) dieser Staatsform und der menschlichen Würde (Art. 1 Abs. 1 GG) und mit der Entfaltungsfreiheit von Menschen und Verbänden (Art. 2, 19 Abs. 3 GG)“; *Korte*, VerwArch 1970, 3 (13 ff.); *Ehmann*, ZRP 1996, 314 (318); *derselbe*, Neue Ordnung 1996 (Sondernummer), S. 61; *Ehmann/Lambrich*, NZA 1996, 346 (352); *Th. Schmidt*, Günstigkeitsprinzip, S. 71; *Riester*, Deregulierung, S. 123 m. Fn. 432.

Ablehn. *Herzog*, Der Staat 1963, 399 (411 ff.); *Scholz*, in: *Isensee/Kirchhof*, Handbuch, Bd. 6, § 151 Rdnr. 39; *derselbe*, FS für Trinkner, S. 377 (384 f.); *Richardi*, Kollektivgewalt, S. 55 ff.; *Glaser*, Subsidiaritätsprinzip, S. 102 u. 123.

[391] *Kalkbrenner*, FS für Küchenhoff, S. 515 (527) m. w. Nachw.; *Link*, Subsidiaritätsprinzip, S. 96; *Hengstenberg*, in: *Utz*, Subsidiaritätsprinzip, S. 19 (39); siehe aber auch *Glaser* (Subsidiaritätsprinzip, S. 79 ff.), der überpositive Verfassungssätze lediglich als moralisch verpflichtende Wertfaktoren ohne normativen Charakter versteht.

[392] Die Anerkennung durch Art. 23 Abs. 1 Satz 1 GG allein macht das Subsidiaritätsprinzip noch nicht zu einem justitiablen allg. Verfassungsprinzip; siehe *Würtenberger*, Subsidiaritätsprinzip, S. 621 (622); *Häberle*, AöR 1994, 169 (191); anders *Th. Schmidt*, Günstigkeitsprinzip, S. 71 Fn. 83.

[393] Art. 1 Abs. 1 des vom Herrenchiemseer Verfassungskonvent erarbeiteten Entwurfs eines Grundgesetzes lautete: „Der Staat ist um des Menschen willen da, nicht der Mensch um des Staates willen.“ Zum Ganzen *Isensee*, Subsidiaritätsprinzip, S. 143 ff.; *Stewing*, Subsidiarität, S. 32 f.; *Würtenberger*, Subsidiaritätprinzip, S. 621 (622).

(2) Gemeinsamer Ausgangspunkt sowohl des Subsidiaritätsprinzips als auch des Wertesystems der Verfassung ist die Vorstellung des Menschen als selbstbestimmtes und selbstverantwortliches Individuum[394]. Während Art. 1 Abs. 1 GG negativ verlangt, das Individuum dürfe *nicht* zum *Objekt staatlicher Fremdbestimmung* denaturiert werden[395], identifiziert das dem Gedanken der Subsidiarität zu Grunde liegende christlich-theistische Menschenbild den einzelnen in positiver Weise als *eigenverantwortlichen Gestalter* seiner Umwelt[396]. Sollen die geforderte Selbstbestimmung und Selbstverantwortung nicht bloße Blankette bleiben, bedarf es zu ihrer Verwirklichung zunächst insbesondere der Begründung einer umfassenden *Eigenzuständigkeit* des Individuums, also der *Subsidiarität* jeden kollektiven Gestaltens[397].

Doch die Kräfte des einzelnen Menschen sind begrenzt; den notwendigen Ausgleich seiner persönlichen Defizite sucht er naturgemäß in der Gemeinschaft. Deren alleinige Funktion liegt somit letztlich in der Ermöglichung der Selbstentfaltung des einzelnen[398]. Will man nun zwischen verschiedenen Formen von Gemeinwesen einen Ausgleich in Gestalt einer Rangordnung herstellen, so kann dies auf Grund der sich in Art. 1 Abs. 1 GG verkörpernden „personalistischen Vorrangentscheidung“[399] der Verfassung sinnvollerweise nur anhand des Kriteriums geschehen, in welchem Maße das jeweilige Kollektiv dem einzelnen die Möglichkeit zur *Mitverantwortung* als Substitut seiner nicht ausübbaren Eigenzuständigkeit gewährt[400]. Da aber allgemein mit zunehmender Größe eines Kollektivs dessen Fähigkeit zur integrativen Beteiligung seiner Teilglieder disproportional abnimmt[401], bedingt der Maßstab der individuellen

---

[394] So auch *Korte*, VerwArch 1970, 3 (16); *Kalkbrenner*, FS für Küchenhoff, S. 515 (520); *Süsterhenn*, FS für Nawiasky, S. 141 (144).

[395] BVerfGE 9, 89 (95).

[396] Hierzu *Süsterhenn*, FS für Nawiasky, S. 141 (144).

[397] *Korte*, VerwArch 1970, 3 (17); *Küchenhoff*, DB 1962, 765 (767): „Selbsthilfe steht im Range vor der Fremdhilfe.“

[398] *Kalkbrenner*, FS für Küchenhoff, S. 515 (521); *Korte*, VerwArch 1970, 3 (18); *Th. Schmidt*, Günstigkeitsprinzip, S. 73; *von Nell-Breuning*, Subsidiaritätsprinzip, Sp. 826 (828): „Was immer die Gemeinschaft tut, soll den Gliedern subsiduum afferre, Hilfe bringen, Beistand leisten, förderlich sein.“ Konkret hinsichtl. der Betriebsgemeinschaft und der Koalitionen *Jahnke*, Tarifautonomie und Mitbestimmung, S. 117.

[399] *Isensee*, Subsidiaritätsprinzip, S. 271 u. 316; *Stewing*, Subsidiarität, S. 33: „personalistische Ausrichtung des Grundgesetzes“.

[400] Zutreff. *Korte*, VerwArch 1970, 3 (18); *Kalkbrenner*, FS für Küchenhoff, S. 515 (522); dieser denknotwendige Zshg. zwischen Mitverantwortung und Selbstverantwortung des einzelnen wird verkannt, wenn z. T. die Verankerung des Subsidiaritätsprinzips in der Menschenauffassung des Grundgesetzes mit dem Argument verneint wird, Art. 1 Abs. 1 GG statuiere allenfalls eine Vorrangentscheidung zu Gunsten des Individuums, nicht aber hinsichtl. der kleineren im Verhältnis zur größeren menschlichen Einheit; in diesem Sinne unzutreff. *Glaser*, Subsidiaritätsprinzip, S. 123 f.

[401] Der auf betrieblicher im Vergleich zur tariflichen Mitbestimmungsebene weitaus besser verwirklichte Binnenpluralismus (vgl. oben a bb) ist hierfür bestes Beispiel; siehe

Mitverantwortung zwingend eine größtmögliche Aufgabenerfüllung in der kleinsten der leistungsfähigen Gemeinschaften. Es entsteht also im Ergebnis – dem „Gesetz der Nähe"[402] entsprechend – eine *Stufenfolge der Zuständigkeiten*[403].

Diese gelangt nicht zuletzt auch in zahlreichen Vorschriften des Grundgesetzes unmittelbar oder zumindest mittelbar zum Ausdruck: Was der *einzelne* (Art. 1 Abs. 1 GG) nicht leisten kann, erledigen für ihn die *Familie* (Art. 6 GG), *privatrechtliche Vereinigungen* (Art. 9 Abs. 1 GG), konkret für den Bereich des Arbeitslebens der *Betriebsverband* (Art. 9 Abs. 1, Art. 2 Abs. 1 i.V.m. Art. 12 Abs. 1 GG) sowie die überbetrieblichen *Koalitionen* (Art. 9 Abs. 3 GG); bedarf es eines Eingreifens obrigkeitlicher Stellen, so werden in gestufter Reihenfolge *Gemeinden* (Art. 28 Abs. 1 GG), *Länder* (Art. 30, Art. 70 ff., Art. 83 ff.; Bundesstaatsprinzip, Art. 20 Abs. 1 GG) und auf höchster und damit letzter Stufe der *Bundesstaat* tätig, über dem sich zunehmend noch das Dach *supranationaler Organisationen* (Art. 23 Abs. 1 Satz 1 GG) wölbt. Zwar ist zuzugeben, daß grundsätzlich allein die Aufnahme eines Gedankens in mehreren einzelnen Verfassungsvorschriften diesen freilich noch nicht zu einem allgemeinen Verfassungsgrundsatz macht[404]. Zieht man jedoch die weitreichende Ausstrahlungswirkung des Menschenbildes der Verfassung mit in Erwägung, so ist gleichwohl davon auszugehen, daß der Gesamtkontext des Grundgesetzes das Subsidiaritätsprinzip als eine richtungsweisende *verfassungsimmanente Grundaussage* ausweist[405].

---

allg. insbes. *Zippelius* (Gesellschaft und Recht, S. 144 ff. [insbes. 147]), der als Ausweg eine stärkere Selbstorganisation kleinerer Lebenskreise vorschlägt und als ein nachahmenswertes Bspl. insbes. die betriebliche Mitbestimmung anführt.

[402] So *Kalkbrenner*, FS für Küchenhoff, S. 515 (521); *Korte*, VerwArch 1970, 3 (18); ähnl. *Isensee*, Subsidiaritätsprinzip, S. 23: „Modellvorstellung konzentrischer Lebenskreise"; *Süsterhenn*, FS für Nawiasky, S. 141 (145): „Menschennähe"; *Häberle*, AöR 1994, 169 (185): „Bügernähe"; *Stewing*, Subsidiarität, S. 10: „größere Materialität der kleineren Einheit", „Mensch als zentrale Institution".

[403] *Häberle*, AöR 1994, 169 (198 f.).

[404] *Von Münch*, JZ 1960, 303 (305); *Glaser*, Subsidiaritätsprinzip, S. 102.

[405] Entsprech. aus der neueren Lit. *Würtenberger*, Subsidiaritätsprinzip, S. 621 (622 f.): „grundsätzliche Orientierung des Grundgesetzes am Subsidiaritätsprinzip", „regulatives Prinzip von grundsätzlicher Bedeutung"; *Häberle*, AöR 1994, 169 (183): „Der Sache nach aber liegt der verfassungsstaatlichen Garantie individueller und korporativer Freiheit ein Stück Subsidiaritätsdenken zugrunde." *Stewing*, Subsidiarität, S. 35: „vom Grundgesetzgeber getroffene hierarchische Stufung der Einheiten über dem einzelnen", „durch Verfassung bestätigtes Prinzip des deutschen Rechts" (ebd., S. 52); *derselbe*, DVBl 1992, 1516; auch bereits *Kalkbrenner*, FS für Küchenhoff, S. 515 (529); *Hablitzel*, Verbands- und Betriebsratskompetenzen, S. 63 f.

### *cc) Schlußfolgerungen für das Verhältnis von Betriebs- und Tarifautonomie*

(1) Daß die der grundgesetzlichen Ordnung allgemein inhärente Maxime grundsätzlicher Subsidiarität entfernter im Vergleich zu dem Individuum näher stehender Kollektive konkret auch im Hinblick auf die Arbeitsverfassung Beachtung finden muß, entspricht im Ergebnis nahezu allgemeiner Ansicht. So hat das BVerfG ausgeführt, daß der Staat im Bereich der Arbeits- und Wirtschaftsbedingungen seine Gestaltungsbefugnis zu Gunsten der Tarifvertragsparteien zurückgenommen habe, da dies neben der *größeren Sachnähe* der Entscheidung nicht zuletzt eine *freiheitlichere Regelung* der Arbeitsbedingungen garantiere[406]. Doch gelte diese „Normsetzungsprärogative“ der Koalitionen – so das Gericht in einer späteren Entscheidung[407] – nicht schrankenlos; zumindest *subsidiär* sei ebenso dem staatlichen Gesetzgeber die Gestaltung der Arbeits- und Wirtschaftsbedingungen unbenommen. Zwischen arbeitsrechtlicher Gesetzgebung (Art. 74 Abs. 1 Nr. 12 GG) und Tarifautonomie (Art. 9 Abs. 3 GG) ist die Anwendbarkeit des Subsidiaritätsprinzips demnach auch seitens des BVerfG ausdrücklich anerkannt[408].

Kein Grund ersichtlich ist jedoch, warum dessen Geltung im Rahmen der Arbeitsverfassung ausschließlich auf das Verhältnis staatlicher und tariflicher Reglementierung der Arbeitsbedingungen beschränkt werden sollte[409]. Bedenkt man zum einen, daß die Betriebsautonomie als Ausfluß der individuellen Vereinigungsfreiheit und Privatautonomie (Art. 9 Abs. 1, Art. 2 Abs. 1 i.V.m. Art. 12

---

[406] BVerfGE 34, 307 (316).

[407] BVerfGE 44, 322 (341 f.).

[408] I. Erg. entsprech. *Hueck/Nipperdey*, Arbeitsrecht, Bd. II/1, 7. Aufl., S. 28 u. 44; *Enneccerus/Nipperdey*, Allgemeiner Teil, S. 89; *Biedenkopf*, Grenzen, S. 104 ff.; *Isensee*, Subsidiarität, S. 283; *Säcker*, Gruppenautonomie, S. 261; *Scholz*, in: *Maunz/Dürig/Herzog/Scholz*, GG, Art. 9 Rdnr. 285; *Würtenberger*, Subsidiaritätsprinzip, S. 621 (634); *Seiter*, AöR 1984, 88 (119 ff.); *Sodan*, JZ 1998, 421 (427).

Ablehn. *Richardi* (Kollektivgewalt, S. 52 ff.) unter Hinweis auf die Gefahr der Aushöhlung staatlicher Souveränität auf Grund Vorrangigkeit tariflicher Normsetzung. An dieser Kritik ist zunächst richtig, daß die Annahme von Subsidiarität des Staates im Verhältnis zu privaten Verbänden generell die Gefahr birgt, daß die regelungsbetroffenen Individuen unter Umständen der Willkür privater Normsetzungsgewalt ausgesetzt werden. Um dieser dem individualschützenden Gedanken der Subsidiarität widerstrebenden Konsequenz vorzubeugen, muß stets – und so auch auf dem Gebiet des Arbeitsrechts – wenigstens virtuell eine Allzuständigkeit des staatlichen Gesetzgebers gegenwärtig bleiben (zutreff. *Isensee*, Subsidiaritätsprinzip, S. 115 u. 274; vgl. auch *Süsterhenn*, FS für Nawiasky, S. 141 [148]). Was *Richardi* verkennt, ist jedoch, daß es als Ausdruck der subsidiären Zuständigkeit des Gesetzgebers i. Erg. genügt, daß die Tarifvertragsparteien bei ihrem Tätigwerden keinesfalls gegen zwingendes Recht verstoßen dürfen; siehe *Ehmann/Lambrich*, NZA 1996, 346 (349); *Küchenhoff*, RdA 1959, 210 (205).

[409] So jetzt auch *Sodan*, JZ 1998, 421 (429).

Abs. 1 GG) gleichfalls Verfassungsrang genießt[410], und zum anderen, daß erklärtes Ziel des Subsidiaritätsgrundsatzes ist, insgesamt ein *Balancesystem der sozialen Gewalten* zu schaffen, durch welches verhindert wird, daß die stärksten und mächtigsten Verbände sich auf Kosten der kleineren in den Vordergrund spielen[411], so ist es letztlich insbesondere geboten, auch die einzelnen Betriebsverbände in die nach dem Subsidiaritätsgedanken zu errichtende verfassungsimmanente *Stufenordnung der arbeitsrechtlichen Gestaltungsebenen* aufzunehmen[412].

(2) Welche konkreten Rechtsfolgen aus der Anwendbarkeit des Subsidiaritätsprinzips für das Verhältnis tariflicher und betrieblicher Mitbestimmung und damit nicht zuletzt für die einfachgesetzliche Vorschrift des § 77 Abs. 3 BetrVG resultieren, hängt im Ergebnis davon ab, wie man dessen verfassungsrechtliche Bindungswirkung einzuschätzen gedenkt. Dies wird sowohl im verfassungsrechtlichen als auch im arbeitsrechtlichen Schrifttum uneinheitlich beurteilt. Teilweise wird angenommen, daß ein Verstoß gegen den Subsidiaritätsgrundsatz – einem Grundrecht oder einem sonstigen ausdrücklich niedergeleg-

---

[410] Siehe ausf. oben III 2.

[411] *Isensee*, Subsidiaritätsprinzip, S. 292.

[412] I. Erg. entsprech. bereits *Küchenhoff*, RdA 1959, 201 (203). Freilich ist im Einzelnen umstritten, welche Voraussetzungen bestimmte menschliche Gemeinschaften erfüllen müssen, um zueinander in einer – die Anwendbarkeit des Subsidiaritätsprinzips auslösenden – verschieden weiten Entfernung zum einzelnen zu stehen:

Als allg. anerkannt kann gelten, daß eine Identität der von den unterschiedlichen Kollektiven verfolgten Aufgabe sowie deren Verpflichtung auf ein bestimmtes gemeinsames Ziel erforderlich ist (siehe nur *Isensee*, Subsidiaritätsprinzip, S. 71). Beides ist im Hinblick auf die einzelnen Betriebsverbände im Verhältnis zu den Tarifvertragsparteien der Fall, da beide Kollektivebenen die Gestaltung der Arbeitsbedingungen mit dem Ziel des Individualschutzes zu Gunsten der Arbeitnehmer zur Aufgabe haben.

Schwierigkeiten bereitet indessen die Frage, ob darüber hinaus jedwede Form eines Über-Unterordnungs-Verhältnisses zwischen den konkurrierenden Gemeinschaften ausreicht (in diesem Sinne *Isensee*, Subsidiaritätsprinzip, S. 71), oder aber konkreter zwischen der kleineren und der größeren Einheit ein mitgliedschaftliches Verhältnis im technischen Sinne zu verlangen ist (so *Herzog*, Der Staat 1963, 399 [402 f.]; *Glaser*, Subsidiaritätsprinzip, S. 32; *Richardi*, Kollektivgewalt, S. 56). Letztere Sichtweise ist abzulehnen, da sie i. Erg. auf einer nicht gerechtfertigten Überbetonung des positiven Gehalts des Subsidiaritätsprinzips beruht (vgl. augenscheinlich *Glaser*, ebd., S. 19 ff.). Ihr liegt mit anderen Worten die Annahme zu Grunde, daß die durch den Subsidiaritätsgrundsatz auf der einen Seite geforderte positive Hilfsfunktion des größeren Kollektivs letzterem legitimerweise nur im Verhältnis zu seinen Teilgliedern zuzumuten sei. Stellt man jedoch die gleichermaßen in negativer Hinsicht aus dem Subsidiaritätsprinzip folgende abwehrrechtliche Schutzfunktion zu Gunsten der kleineren Einheit in Rechnung, so muß der Subsidiaritätsgrundsatz auch und gerade dann eingreifen, wenn diese ein Tätigwerden des größeren Kollektivs nicht durch Begründung einer mitgliedschaftlichen Beziehung legitimiert hat. Denn insbes. in diesem Falle bedarf die kleinere Gemeinschaft des bedingungslosen Schutzes ihrer Selbständigkeit. Das Erfordernis eines mitgliedschaftlichen Verhältnisses steht der Anwendbarkeit des Subsidiaritätsprinzips zwischen Betriebspartnern und Tarifparteien somit nicht entgegen.

ten Verfassungsprinzip gleich – stets das Verdikt der Verfassungswidrigkeit nach sich ziehe[413]. Entsprechend wird in bezug auf § 77 Abs. 3 BetrVG namentlich von *Ehmann*[414] gefolgert, der in dieser Norm statuierte Tarifvorbehalt sei wegen Verstoßes gegen das Subsidiaritätsprinzip *verfassungswidrig*, zumindest aber dahingehend *verfassungskonform auszulegen*, daß Betriebsvereinbarungen als den auf der sachnäheren betrieblichen Ebene getroffenen Entscheidungen grundsätzlich der Vorrang gebühre vor branchen- und gebietsweiten Regelungen in Verbandstarifverträgen.

Das überwiegende verfassungsrechtliche Schrifttum geht hingegen davon aus, daß der Subsidiaritätsgedanke, da er sich nicht durch das gleiche Maß an Bestimmtheit auszeichne, welches Normen im rechtstechnischen Sinne eigen sei, bei seiner Anwendung zwecks Entscheidung einfachgesetzlicher Rechtsfragen der näheren Konkretisierung durch weitere korrespondierende Verfassungsprinzipien bedürfe[415], wobei zumeist insbesondere dem *allgemeinen Verhältnismäßigkeitsgrundsatz* maßgebliche Bedeutung zukomme[416]. Selbst wenn man sich, was auf Grund des unleugbar *abstrakten* Charakters des Subsidiaritätsgrundsatzes letztlich vorzugswürdig erscheint, für diese zweite Sichtweise entscheidet und ihm daher nicht die Bedeutung beimißt, allein über die Verfassungsmäßigkeit einer einfachgesetzlichen Vorschrift entscheiden zu können, ändert dies nichts daran, daß der Gedanke der Subsidiarität ganz allgemein eine *verfassungsimmanente Auslegungsmaxime* darstellt, die für die Beantwortung

---

[413] *Kalkbrenner*, FS für Küchenhoff, S. 515 (528 u. 535).

[414] ZRP 1996, 314 (318); vgl. auch bereits *derselbe*, Neue Ordnung 1996 (Sondernummer), S. 60 ff.; krit. nunmehr *Reuter*, FS für Schaub, S. 605 (633 f.).

Zum gleichen Ergebnis müßte an sich auch *Däubler* (Grundrecht auf Mitbestimmung, S. 129 ff. u. 161) gelangen, der von einer unmittelbaren Verortung der Mitbestimmung in Art. 1 Abs. 1 GG ausgeht. Denn da wegen der überragenden Bedeutung der persönlichen Würde des Menschen jeder Eingriff in diese gleichzeitig auch einen Verstoß gegen sie darstellt (*Pieroth/Schlink*, Grundrechte, S. 95), müßte konsequenterweise jeder Vorrang der Tarifautonomie als Verstoß gegen die betriebliche Mitbestimmung wegen Verletzung des Art. 1 Abs. 1 GG verfassungwidrig sein. Einer relativierenden Güterabwägung bedürfte es insoweit nicht mehr.

Gegen die Prämisse der Verankerung der betrieblichen Mitbestimmung in Art. 1 Abs. 1 GG spricht jedoch, daß sich letztlich jede verfassungsrechtliche Freiheitsgewährleistung dem Grunde nach auf die Menschenwürde zurückführen läßt. Mit der möglichen Verankerung der Betriebsautonomie in Art. 9 Abs. 1, Art. 2 Abs. 1 i.V.m. Art. 12 Abs. 1 GG sowie der Tarifautonomie in Art. 9 Abs. 3 GG wird der Rückgriff auf die Fundamentalnorm des Art. 1 Abs. 1 GG indessen entbehrlich; entsprech. *Jahnke*, Tarifautonomie und Mitbestimmung, S. 40; *derselbe*, ZfA 1980, 863 (883 Fn. 87); *Nebel*, Normen, S. 139 f.; *Schwarze*, Betriebsrat, S. 167; krit. hinsichtl. der Konzeption *Däublers* insbes. auch bereits *Ehmann*, RdA 1976, 175 (182 ff.).

[415] *Isensee*, Subsidiaritätsprinzip, S. 28, 72 f. u. 313; *Würtenberger*, Subsidiaritätsprinzip, S. 621 (624); *Stewing*, Subsidiarität, S. 19 f. u. 52; *derselbe*, DVBl 1992, 1516 (1517); *Häberle*, AöR 1994, 169 (194 u. 197).

[416] *Isensee*, Subsidiaritätsprinzip, S. 91 u. 314.

konkreter Rechtsfragen richtungsweisende Bedeutung erlangt[417]. Es kann somit festgehalten werden, daß dem verfassungsrechtlichen Subsidiaritätsprinzip für die im folgenden dritten Teil der Untersuchung vorzunehmende Bestimmung der *Voraussetzungen und Grenzen* des einfachgesetzlichen Tarifvorbehalts in § 77 Abs. 3 BetrVG, insbesondere für die Frage nach dem *Erfordernis der Tarifbindung des Arbeitgebers*, besondere Beachtung zu schenken sein wird.

## V. Zusammenfassung

Will man die verfassungsrechtlichen Vorgaben des Tarifvorbehalts zusammenfassen, ist zunächst festzustellen, daß Art. 9 Abs. 3 GG auf Grund der Garantie *negativer Koalitionsfreiheit* sowie seiner *entwicklungspolitischen Offenheit* nicht gebietet, den Tarifvertragsparteien im Hinblick auf die Regelung der Arbeitsbedingungen ein Monopol zuzusprechen. Des weiteren gilt es zu bedenken, daß das Koalitionsgrundrecht wegen seiner *individualrechtsbezogenen Struktur* für die Tarifvertragsparteien nicht mehr an Schutz verlangt, als zur Sicherung der individuellen Schutzbedürfnisse ihrer Mitglieder erforderlich ist, weshalb insbesondere reine Organisationsinteressen sowie der Mitgliederstand der Verbände außerhalb des verfassungsrechtlichen Garantiebereichs der Tarifautonomie liegen. Absoluten Schutz genießt diese von Verfassungs wegen lediglich, soweit den Koalitionen durch die Schaffung oder Auslegung einfachen Rechts gänzlich die Befugnis genommen wird, die Lohn- und Arbeitsbedingungen für ihre Mitglieder durch normativ wirkende Gesamtvereinbarungen zu reglementieren, oder jene faktisch völlig überflüssig werden; außerhalb dieses *Wesensgehalts* der Tarifautonomie (Art. 19 Abs. 2 i.V.m. Art. 9 Abs. 3 GG) ist ein Vorrang tariflicher Normsetzung nur angezeigt, sofern durch diesen nicht in unverhältnismäßiger Weise in *Grundrechte Dritter* oder andere mit *Verfassungsrang ausgestattete Güter* eingegriffen wird.

Da betriebliche Regelungen durch den selbstbestimmten Eintritt des Arbeitnehmers in den Betriebsverband sowie den Verbleib in diesem eine privatautonome Legitimation erhalten und der Betriebsautonomie folglich als Ausfluß der individuellen Vereinigungsfreiheit und Privatautonomie (Art. 9 Abs. 1, Art. 2 Abs. 1 i.V.m. Art. 12 Abs. 1 GG) Verfassungsrang zukommt, stellt insbesondere auch die betriebliche Mitbestimmung eine *verfassungsimmanente Schranke* tariflicher Normsetzung dar. Kollisionen zwischen betrieblichen und tarifvertraglichen Regelungen müssen daher gemäß dem allgemeinen Verhältnismäßigkeitsgrundsatz sowie dem Gebot zur Herstellung praktischer Konkordanz stets mit dem Ziel *optimaler Wirksamkeit* beider Kollektivebenen gelöst werden,

---

[417] So ausdrückl. *Isensee*, Subsidiaritätsprinzip, S. 290 u. 314; *Hablitzel*, Verbands- und Betriebsratskompetenzen, S. 65.

weshalb auch im Verhältnis von Tarifvertrag und Betriebsvereinbarung trotz der einfachgesetzlichen Anordnung des § 77 Abs. 3 BetrVG zwingend das *Günstigkeitsprinzip* zur Anwendung zu gelangen hat. Darüber hinaus spricht die Verfassung in ihrer Gesamtaussage ganz allgemein für einen möglichst weitreichenden Primat der Betriebsautonomie, da aus dem der grundgesetzlichen Ordnung immanenten *Subsidiaritätsprinzip*, welches als verfassungsrechliche Leitlinie für einfachgesetzliche Auslegungsfragen gelten kann, folgt, daß Regelungen einer kleineren im Vergleich zu solchen einer größeren menschlichen Einheit grundsätzlich so lange der Vorrang gebührt, wie erstere zur eigenverantwortlichen Gestaltung ihrer Angelegenheiten in der Lage ist. Von einer verfassungsrechtlichen Prädominanz der Tarifautonomie, wie sie zumeist anhand der unzutreffenden These größerer Freiheitsnähe tariflicher im Vergleich zu betrieblicher Mitbestimmung zu begründen versucht wird, kann nach alledem im Ergebnis keine Rede sein. Damit hat sich auch die letzte der Prämissen, welche dem in Judikatur und Schrifttum überwiegenden Verständnis des § 77 Abs. 3 BetrVG als von der Tarifbindung des Arbeitgebers unabhängige Normsetzungsprärogative zu Gunsten der Koalitionen zu Grunde liegen, als unhaltbar erwiesen.

*Dritter Teil*

# Tarifvorbehalt und Tarifflucht

Nachdem die rechtlichen und rechtstatsächlichen Prämissen, welche für den Aussagegehalt des § 77 Abs. 3 BetrVG von entscheidender Bedeutung sind, umfassend geklärt und neu bestimmt werden konnten, ist es nunmehr möglich, die gewonnenen Erkenntnisse für den erstrebten Versuch eines besseren Verständnisses des in dieser Vorschrift statuierten Tarifvorbehalts fruchtbar zu machen. Erklärtes Ziel soll hierbei sein, daß – entgegen der zu Beginn der Abhandlung zitierten Feststellung *Säckers* – nicht *Ideologie*, sondern *Vernunft*, also eine den gefundenen historischen, funktionellen und nicht zuletzt verfassungsrechtlichen Vorgaben sowie den heute gegebenen wirtschaftlichen Verhältnissen (Globalisierung, Tarif- und Standortflucht) Rechnung tragende Sichtweise, die Interpretation des Tarifvorbehalts prägt. Denn dessen Aufgabe kann letztlich nicht anders lauten, als den durch die Verfassung vorgezeichneten und durch die Funktion tariflicher und betrieblicher Mitbestimmung determinierten Ausgleich zwischen beiden Formen kollektiver Normsetzung für den heutigen zeitgeschichtlichen Kontext auf einfachgesetzlicher Ebene in Kraft zu setzen.

Ein besonderes Augenmerk soll darauf gelegt werden, welche Schlußfolgerungen aus den gewonnenen Ergebnissen für die im ersten Teil der Arbeit im Hinblick auf das Massenphänomen der *Verbandsflucht* als entscheidendes Kernproblem des Tarifvorbehalts eruierte Frage zu ziehen sind, ob die in § 77 Abs. 3 BetrVG statuierte Sperrwirkung auch in Betrieben nicht tarifgebundener Arbeitgeber oder ausschließlich in solchen verbandsangehöriger Unternehmer eingreift. Bevor man sich jedoch der Lösung dieser konkreten Problematik zuwenden kann (dazu § 7), ist es unerläßlich, den Tarifvorbehalt zunächst generell hinsichtlich seiner Voraussetzungen und Grenzen zu betrachten (dazu § 6).

## § 6 Voraussetzungen und Grenzen des Tarifvorbehalts

Die durch § 77 Abs. 3 BetrVG getroffene Anordnung lautet bekanntermaßen, daß Arbeitsentgelte und sonstige Arbeitsbedingungen, die tariflich geregelt sind oder üblicherweise tariflich geregelt werden, nicht Gegenstand einer Betriebsvereinbarung sein können. Um den dadurch zum Ausdruck gebrachten Aussagegehalt im einzelnen genauer bestimmen zu können, gilt es wegen der für das Verständnis des § 77 Abs. 3 BetrVG richtungsweisenden Bedeutung zuvorderst zu klären, welche *rechtspolitische Zwecksetzung* dem Tarifvorbehalt im Spannungsverhältnis zwischen Tarifautonomie und Betriebsautonomie zukommt.

### I. Der rechtspolitische Zweck des Tarifvorbehalts

Hinsichtlich der Zweckbestimmung des Tarifvorbehalts ist Zeit seines Bestehens stets eine Vielzahl unterschiedlicher Auffassungen vertreten worden, die nicht selten mit fließenden Grenzen ineinander übergehen. Im folgenden soll versucht werden, unter Rückgriff auf das im zweiten Teil der Arbeit errichtete historische, funktionelle und verfassungsrechtliche Fundament des § 77 Abs. 3 BetrVG diesen für den heutigen zeitlichen Kontext einer sowohl funktionsgerechten als insbesondere auch von Verfassungs wegen gebotenen Zwecksetzung zuzuführen. Dabei wird sich zeigen, daß nicht zuletzt die dem Tarifvorbehalt von Seiten der überwiegenden Meinung zugedachte Funktion einer *Normsetzungsprärogative* zu Gunsten der Tarifvertragsparteien, mittels derer der *Schutz der ausgeübten und aktualisierten Tarifautonomie* und damit die *Sicherung der sozialpolitischen Stellung der Koalitionen* gewährleistet werde, im Ergebnis einer kritischen Überprüfung nicht standzuhalten vermag.

#### *1. Schutz der sozialpolitischen Leitfunktion der Tarifpolitik*

Vornehmlich in bezug auf § 59 BetrVG 1952 ist in Rechtsprechung und Literatur angenommen worden, daß die in ihm für die betriebliche Normsetzung errichtete Schranke den Schutz der überbetrieblichen Ordnung der Arbeitsbedingungen bezwecke und damit letztlich die sozialpolitische Leitfunktion der Tarifautonomie sicherstelle[1]. Begründet wurde und wird diese auch hinsichtlich des § 77 Abs. 3 BetrVG noch teilweise[2] anklingende Ansicht anhand der Erwägung, nur die Tarifparteien seien in der Lage, bei der Festlegung der Arbeitsbedingungen die *gesamtwirtschaftliche* Situation hinreichend zu berücksichtigen. Die Betriebspartner hingegen ließen – gelenkt durch rein *betriebsegoistische* Bestrebungen – die Interessen der Allgemeinheit stets unbeachtet, seien durch § 2 Abs. 1 BetrVG sogar explizit ausschließlich auf das Wohl des jeweiligen Betriebes und seiner Arbeitnehmer verpflichtet.

Allein das krisenhafte Erscheinungsbild der momentanen wirtschaftlichen Landschaft des Industriestandorts Deutschland und die massenhafte Verlagerung der Produktion ins Ausland, an der die von den Tarifpartnern in der Vergangenheit ausgehandelten Arbeitsbedingungen zumindest nicht unschuldig sind[3], lassen jedoch eine maßgeblich auf die wirtschaftspolitische Vernunft der Koalitionen rekurrierende Zwecksetzung des Tarifvorbehalts faktisch mehr als zweifelhaft erscheinen. Zieht man des weiteren die Funktion der Tarifautonomie zu Rate, wird deutlich, daß an die Tarifvertragsparteien mit einer dahingehenden Zweckbestimmung des § 77 Abs. 3 BetrVG im Ergebnis Erwartungen geknüpft werden, welche sie als allein zur Interessenvertretung ihrer jeweiligen Klientel berufene *Mitgliedervereine* zwangsläufig überfordern müssen. Denn wie bereits näher ausgeführt vermag die Tarifautonomie als auf dem Paradigma kollektivierter Gegenmacht basierendes Modell zur Festlegung der Arbeitsbedingungen gerade nicht gesamtwirtschaftlich vernünftige Ergebnisse zu garantieren, sondern ist vielmehr stets mit der Gefahr *gruppenegoistischer* Abschlüsse *zum Nachteil außenstehender Dritter* sowie *der Allgemeinheit* verbunden[4]. Geht man aus diesem Grunde zutreffend davon aus, daß der Tarifautonomie neben ihrer allgemein anerkannten Schutzfunktion zu Gunsten der einzelnen Arbeitnehmer keine eigenständige Ordnungsfunktion zukommt, die Koalitionen also nicht als gesamtwirtschaftlich verpflichtete Ordnungsmächte anzusehen sind, kann es folgerichtig nicht Sinn und Zweck des Tarifvorbehalts sein, die überbetriebliche Ordnung der Arbeitsbedingungen sowie die tarifpolitischen Leitvorstellungen der Koalitionen zu gewährleisten[5]. Hinzu kommt, daß eine

---

[1] BAG, AP Nr. 1 zu § 59 BetrVG 1952: „einheitliche Gestaltung der Arbeitsbedingungen"; *Dietz*, RdA 1955, 242; *Neumann-Duesberg*, Betriebsverfassungsrecht, S. 470; *Wlotzke*, Günstigkeitsprinzip, S. 129; *Schelp*, DB 1962, 1242 (1244); *Großhauser*, Unzulässigkeit, S. 21 ff.

[2] *Kissel* (NZA 1995, 1 [4]) interpretiert die in § 77 Abs. 3 BetrVG angeordnete Sperrwirkung als Konsequenz der wirtschaftspolitischen Ordnungsvorstellung, daß ein Tarifvertrag unter gesamtwirtschaftlichen Aspekten im Vergleich zu einer einzelbetrieblichen Regelung ausgeglichener sei; siehe auch bereits *derselbe*, NZA 1986, 73 (74 f.).

[3] Siehe bereits oben § 2 I m. w. Nachw. in Fn. 10.

[4] Ausf. hierzu § 4 I 2 b.

[5] Auf Grund des ausschließlich an den Interessen ihrer Mitglieder orientierten Tätigwerdens der Tarifvertragsparteien kann nach richtiger Ansicht im Ergebnis insbes.

entsprechende Zweckbestimmung des § 77 Abs. 3 BetrVG augenscheinlich in Widerspruch zu dessen verfassungsrechtlichen Vorgaben stünde. Denn mit der grundgesetzlichen Garantie der Betriebsautonomie (Art. 9 Abs. 1, Art. 2 Abs. 1 i.V.m. Art. 12 Abs. 1 GG)[6] und insbesondere der verfassungsimmanenten Auslegungsmaxime grundsätzlicher Subsidiarität der Regelungen größerer im Vergleich zu denen kleinerer menschlicher Einheiten[7] ist es nur schwerlich in Einklang zu bringen, tariflichen Vereinbarungen allein deswegen den Vorrang vor Betriebsvereinbarungen zuzuerkennen, *weil* es sich um eine überbetriebliche und daher angeblich gesamtwirtschaftlich für vernünftiger erachtete Reglementierung der Arbeitsbedingungen handelt. Schließlich gilt es zu bedenken, daß § 77 Abs. 3 BetrVG zur Verwirklichung einer die tarifliche Ordnung schützenden Zwecksetzung nicht einmal als geeignet anzusehen ist, da der in ihm angeordnete Ausschluß der Betriebsvereinbarung es nicht zu verhindern vermag, daß überbetrieblich festgelegte Arbeitsbedingungen auf betrieblicher Ebene durch in einzelvertragliche Einheitsregelungen transformierte Vereinbarungen der Betriebspartner umgangen werden[8]. Folglich kann es nicht der Zweck des Tarifvorbehalts sein, die wirtschaftspolitische Leitfunktion der Tarifvertragsparteien sicherzustellen[9].

---

auch nicht angenommen werden, daß die Beachtung des Gemeinwohls eine rechtlich verbindliche externe Schranke der Tarifautonomie darstellt (zutreff. *Richardi*, Kollektivgewalt, S. 146; MünchArbR-*derselbe*, Bd. 3, § 233 Rdnrn. 28 ff.; MünchArbR-*Löwisch*, Bd. 3, § 240 Rdnr. 31; *Reuter*, ZfA 1995, 1 [12 ff.]; *Wiedemann*, RdA 1997, 297 (303); *Picker*, ZfA 1986, 199 [222 f.]; *Junker*, ZfA 1996, 383 [391 f.]). Und selbst wenn man den denknotwendigen Gegensatz von Autonomie und Gemeinwohlbindung leugnet und die Tarifpartner auf die Beachtung der Interessen der Allgemeinheit verpflichten möchte (so *Zöllner*, Rechtsnatur, S. 35 ff.; *Biedenkopf*, Grenzen, S. 63 ff.; *Henssler*, ZfA 1994, 487 [493]; auch *Säcker*, Gruppenautonomie, S. 277 f.), ändert dies dennoch nichts daran, daß die Bewahrung der tariflichen Ordnung der Arbeitsbedingungen nicht Sinn und Zweck des § 77 Abs. 3 BetrVG sein kann. Denn es ist kaum zu verkennen, daß die Gemeinwohlgrenze letztlich nur schwerlich, d. h. allenfalls in Fällen extremer Verstöße gegen die Gemeininteressen, justitiabel sein dürfte (hierzu *Isensee*, in: *Freudenberg*, Die Zukunft der sozialen Partnerschaft, S. 159 [177]; *Ehmann*, Bitburger Gespräche, S. 19 [29 f.]; *Konzen*, NZA 1995, 913 [914]; *Adomeit*, NJW 1984, 595), weshalb ihr in der Judikatur bislang keine nennenswerte praktische Bedeutung zugekommen ist (*Kissel*, NZA 1995, 1 [2]). Sind aber Verstöße der Koalitionen gegen das Gemeinwohl lediglich in Ausnahmefällen sanktionsfähig, so sollte nicht davon ausgegangen werden, daß den Tarifpartnern eine gesamtwirtschaftlich richtungsweisende Leitfunktion zukommt, die es durch § 77 Abs. 3 BetrVG gegen die betrieblichen Sozialpartner und die von diesen ausgehandelten Arbeitsbedingungen abzusichern gelte.

[6] Siehe oben § 5 III 2.

[7] Zum verfassungsrechtlichen Subsidiaritätsprinzip oben § 5 IV 2 b bb.

[8] In diesem Sinne krit. auch *Nikisch*, Arbeitsrecht, Bd. 3, S. 382; *Richardi*, Kollektivgewalt, S. 324; *Säcker*, RdA 1967, 370 (371); *Kreutz*, in: GK-BetrVG, § 77 Rdnr. 66.

[9] I. Erg. entsprech. *Zöllner*, FS für Nipperdey II, S. 699 (701); *Moll*, Tarifvorrang, S. 37; *Veit*, Zuständigkeit, S. 428; *Hablitzel*, Verbands- und Betriebsratskompetenzen, S. 96 ff.; *Eickelberg*, Betriebsvereinbarung, S. 129 ff.

### 2. *Wahrung des betrieblichen Friedens*

Zumindest auf den ersten Blick näherliegend erscheint die teilweise vertretene Auffassung, Zweck des § 77 Abs. 3 BetrVG sei, die zumeist in höchstem Maße konfliktträchtigen und emotionsgeladenen Auseinandersetzungen hinsichtlich der *Löhne* und sonstiger *materieller Arbeitsbedingungen* aus den Betrieben fernzuhalten, um damit im Interesse aller Beteiligten ein geordnetes und friedliches betriebliches Zusammenleben zu gewährleisten[10]. Bei näherer Betrachtung vermag jedoch auch diese Zweckbestimmung, die den Tarifvorbehalt im Ergebnis als eine Schutzvorschrift zu Gunsten der Betriebspartner sowie der Arbeitnehmerschaft des einzelnen Betriebes interpretiert, nicht zu überzeugen. Denn stünde tatsächlich zu befürchten, daß Arbeitsentgelte und sonstige Arbeitsbedingungen betreffende innerbetriebliche Verhandlungen generell den Arbeitsfrieden im Betrieb gefährden, erschiene es letzten Endes nicht ausreichend, allein Betriebsvereinbarungen für unzulässig zu erklären, mit zumindest ähnlichem Konfliktpotential behaftete Regelungsinstrumente wie *Betriebsabsprachen*, *Gesamtzusagen* oder das *Institut der betrieblichen Übung*, gar alle sonstigen *individualrechtlichen Vereinbarungen* jedoch von der Unwirksamkeitsanordnung auszunehmen[11]. Insbesondere kann auf dem Hintergrund einer auf die Gewährleistung betrieblichen Friedens rekurrierenden Zwecksetzung des Tarifvorbehalts nicht widerspruchsfrei erklärt werden, weshalb § 77 Abs. 3 Satz 2 BetrVG es den Tarifpartnern dennoch erlaubt, auf dem Wege *tariflicher Öffnungsklauseln* betriebliche Vereinbarungen ausdrücklich zu ermöglichen. Konsequent zu Ende gedacht würden dadurch – unter Duldung des Gesetzgebers und der Koalitionen – letztlich Unruhe und Unfrieden in die einzelnen Betriebsstätten hineingetragen[12].

Unzutreffend ist daher bereits die Prämisse, daß innerbetriebliche Verhandlungen über die Interessen der Arbeitnehmer nachhaltig tangierende Arbeitsbedingungen notwendig den Betriebsfrieden beeinträchtigen. Wie gerade die jüngst in zahlreichen Betrieben entgegen den Vorgaben tariflicher Bestimmungen abgeschlossenen Vereinbarungen eindrucksvoll belegen, ist nicht die befürchtete Zerrüttung zwischen dem Arbeitgeber und der Belegschaft sowie dem

---

[10] So *Kissel*, NZA 1986, 73 (76); *derselbe*, NZA 1995, 1 (4); *Riester*, Deregulierung, S. 149; *Gragert*, Flexibilisierung von Tarifverträgen, S. 54; vgl. auch *Wiese*, SAE 1989, 6 (9); hinsichtl. § 59 BetrVG 1952 bereits BAG, AP Nrn. 9 u. 26 zu § 59 BetrVG 1952; AP Nr. 1 zu § 2 ArbGG Betriebsvereinbarung; *Wlotzke*, Günstigkeitsprinzip, S. 130; *Schelp*, DB 1962, 1242 (1244).

[11] Zutreff. *Zöllner*, FS für Nipperdey II, S. 699 (702); *Kreutz*, in: GK-BetrVG, § 77 Rdnr. 66; *Eickelberg*, Betriebsvereinbarung, S. 136; *Hablitzel*, Verbands- und Betriebsratskompetenzen, S. 95 f.

[12] *Säcker*, RdA 1967, 370 (371); *derselbe*, ZfA 1972 (Sonderheft), 41 (64); *Schwarze*, Betriebsrat, S. 210; *Moll*, Tarifvorrang, S. 37 f.; *Eickelberg*, Betriebsvereinbarung, S. 136.

diese repräsentierenden Betriebsrat, sondern im Gegenteil ein weitaus engeres Zusammenrücken aller Beteiligten die logische Folge einer betriebsinternen Entscheidungsfindung hinsichtlich der Lohn- und Arbeitsbedingungen. Nicht die unter einem strikten Arbeitskampfverbot (§ 74 Abs. 2 Satz 1 BetrVG) stehende Betriebsautonomie, sondern die Tarifautonomie führt auf Grund ihrer scharfen Waffen des Streiks und der Aussperrung gegebenenfalls zu Unfrieden in den Betrieben. In Anbetracht dessen mutet es nahezu paradox an, den tariflichen Abreden durch § 77 Abs. 3 BetrVG zugesprochenen Vorrang unter Hinweis auf die Wahrung des betrieblichen Friedens erklären zu wollen.

Letztlich verbirgt sich hinter dieser unzutreffenden Sinngebung des Tarifvorbehalts nichts anderes als die historische Angst der Gewerkschaften vor der vermeintlichen Verhandlungs*schwäche* der Betriebsräte („abhängige Existenzen" [*Sinzheimer*])[13], die mit der dazu im diametralen Gegensatz stehenden Furcht der Arbeitgeber vor deren Verhandlungs*stärke* zu einer scheinbar schlagkräftigen Rechtfertigung des in § 77 Abs. 3 BetrVG statuierten Tarifvorbehalts kumuliert. Erkennt man jedoch den Sachverstand und insbesondere die gegenseitige Ausgewogenheit der Verhandlungspositionen der Betriebspartner an, welche nicht zuletzt durch ein dichtes Netz institutioneller Sicherungen des Betriebsrats und seiner Mitglieder gewährleistet wird[14], so besteht im Ergebnis kein Grund, unter Hinweis auf den Arbeitsfrieden den Betrieb zu einer im Hinblick auf die Festlegung der Löhne und sonstiger materieller Arbeitsbedingungen entscheidungsfreien Zone zu erklären.

### *3. Sicherung der ausgeübten und aktualisierten Tarifautonomie*

Rechtsprechung und Literatur sind mittlerweile (teilweise) dazu übergegangen, den Tarifvorbehalt nicht mit den gesetzestranszendenten Normzwecken der Sicherung der tarifpolitischen Leitfunktion oder der Gewährleistung betrieblichen Friedens überzuinterpretieren, sondern statt dessen vielmehr die *Tarifautonomie* selbst als Schutzobjekt des § 77 Abs. 3 BetrVG anzusehen[15]. Gesetzgeberisches Ziel des Tarifvorbehalts sei, der Gefahr vorzubeugen, daß die tarif-

---

[13] Zum Ursprung dieser Einschätzung oben § 3 III 2 a cc (1).

[14] Siehe an dieser Stelle nur *Reuter*, ZfA 1995, 1 (59); zur Verhandlungsparität der Betriebsparteien ausf. unten § 8 II 2 b.

[15] BAG, AP Nrn. 21 u. 23 zu § 77 BetrVG 1972; AP Nrn. 3 u. 51 zu § 87 BetrVG 1972 Lohngestaltung; AP Nr. 13 zu § 118 BetrVG 1972; *Hueck/Nipperdey/Säcker*, Arbeitsrecht, Bd. II/2, 7. Aufl., S. 1396; *Säcker*, ZfA 1972 (Sonderheft), 41 (64); *Dietz/Richardi*, BetrVG, § 77 Rdnrn. 175 f.; *Richardi*, FS für Schaub, S. 639 (647); *Kreutz*, in: GK-BetrVG, § 77 Rdnr. 66; *Hromadka/Maschmann/Wallner*, Tarifwechsel, Rdnr. 273; *Walker*, ZfA 1996, 353 (373); *Waltermann*, RdA 1996, 129 (132); *Däubler*, BB 1990, 2256 (2260); *Oetker*, FS für Schaub, S. 535 (550); *Weyand*, AuR 1989, 193 (194); *Matthießen*, DB 1988, 285 (288); *Meyer*, RdA 1996, 181 (183).

liche Normsetzungsbefugnis durch Betriebsvereinbarungen ausgehöhlt werde, die – insbesondere zu Gunsten der Arbeitnehmer[16] – von Tarifverträgen abwichen oder diese ergänzten. Zu diesem Zweck statuiere § 77 Abs. 3 BetrVG eine *Normsetzungsprärogative* seitens der Tarifvertragsparteien[17], welche, auf die seitens des BAG verwendete Formel gebracht, im Ergebnis die *Sicherung der ausgeübten und aktualisierten Tarifautonomie* gewährleiste[18].

So verblüffend einfach die allein auf den Schutz der Tarifautonomie abstellende Sinngebung des § 77 Abs. 3 BetrVG auf den ersten Blick erscheinen mag, den wahren rechtspolitischen Gehalt des in dieser Vorschrift angeordneten Vorrangs tariflicher und tarifüblicher Regelungen vor Betriebsvereinbarungen vermag sie nicht hinreichend zum Ausdruck zu bringen. Versteht man unter dem angeblichen Schutzobjekt Tarifautonomie nach allgemein unbestrittener Ansicht das Recht der Tarifvertragsparteien, im Rahmen der Gesetze die Arbeitsbedingungen in *freien* und *eigenverantwortlichen Verhandlungen* bestimmen und den gefundenen Verhandlungsergebnissen *normative Wirkung* für ihre Mitglieder beimessen zu können[19], wird augenfällig, daß diese Befugnis als solche durch die Eröffnung einer zweiten mit Rechtsetzungsbefugnis ausgestatteten Regelungsebene mitnichten beeinträchtigt wird. Denn die Existenz der gleichermaßen unmittelbar wirkenden Betriebsvereinbarung (§ 77 Abs. 4 Satz 1 BetrVG) hindert die Koalitionen keineswegs, über sämtliche Arbeitsbedingungen zu verhandeln und im Falle der Einigung den erzielten Kompromiß in Form eines Tarifvertrags niederzulegen. Mit derselben Logik könnte behauptet werden, auch die Zuständigkeit mehr als einer Gewerkschaft für einen Betrieb (z. B. DAG und IG Metall) verstoße gegen die verfassungsrechtlich geschützte Tarifautonomie. Doch nicht alle außerhalb des Dachverbandes des DGB stehenden Gewerkschaften sind verfassungswidrige Koalitionen. Wie mehrere Tarifvertragsparteien untereinander, so treten auch die Betriebspartner zu jenen vielmehr lediglich in eine *tatsächliche Konkurrenz*, die deren verfassungsrechtlich garantiertes Recht zur Normsetzung gegenüber ihren Mitgliedern (Art. 9 Abs. 3 GG) an sich gänzlich unberührt läßt. Folglich reicht es im Ergebnis zu kurz, den Zweck des § 77 Abs. 3 BetrVG ausschließlich in der Sicherung der ausgeübten und aktualisierten Tarifautonomie zu sehen. Vielmehr kommt es zur Bestimmung der rechtspolitischen Zwecksetzung des Tarifvorbehalts entscheidend

---

[16] Die Gefahr der Aushöhlung der Tarifautonomie durch günstigere Betriebsvereinbarungen wird insbes. hervorgehoben durch *von Hoyningen-Huene/Meier-Krenz*, NZA 1987, 793 (795).

[17] So erstmals *Säcker*, RdA 1967, 370 (371); fortgeführt z. B. von *Travlos-Tzanetatos*, Regelungsbefugnis, S. 61; *Kempen*, RdA 1994, 140 (151); *Zachert*, RdA 1996, 140 (146).

[18] In diesem Sinne neuerdings wieder BAG, AP Nr. 8 zu § 77 BetrVG 1972 Tarifvorbehalt.

[19] BVerfGE 4, 96 (107); *Badura*, Staatsrecht, Rdnr. C 95; *Hueck/Nipperdey*, Arbeitsrecht, Bd. II/1, S. 347; *Wiedemann/Stumpf*, TVG, Einl. Rdnr. 1.

darauf an, aus welchem dahinterliegenden Grund es dem Gesetzgeber geboten und sinnvoll erschien, mit der tariflichen einer der beiden kollektiven Normsetzungsebenen ausdrücklich einen Vorrang einzuräumen[20].

### *4. Erhalt der Funktionsfähigkeit und des Mitgliederbestandes der Gewerkschaften*

Diesen eigentlichen Beweggrund für die gesetzliche Statuierung des Tarifvorbehalts sieht die herrschende Meinung zum Teil ausdrücklich – zumindest aber unausgesprochen – in der verfassungsrechtlich wie rechtstatsächlich für notwendig erachteten Sicherung der Funktionsfähigkeit, sozialpolitischen Stellung und insbesondere des Mitgliederbestandes der Koalitionen, vornehmlich der Gerwerkschaften[21]. Es kann daher mit Fug und Recht behauptet werden, daß sich auch hinter der durch das BAG stereotyp herangezogenen Umschreibung, § 77 Abs. 3 BetrVG bezwecke die Sicherung der ausgeübten und aktualisierten Tarifautonomie, letztlich die Einschätzung verbirgt, nicht die tarifliche Normsetzungsbefugnis als solche, sondern vielmehr die Verbände als deren Träger gelte es vor der ihnen auf betrieblicher Ebene erwachsenden Konkurrenz zu schützen[22]. Als Zweck des Tarifvorbehalts wird daher überwiegend angesehen, die Koalitionen davor zu bewahren, daß die Betriebsvereinbarung sich wegen ihrer normativen Wirkung zu einem „Ersatztarifvertrag" entwickle[23], den Betriebsräten mehr und mehr die Bedeutung von „beitragsfreien Ersatzgewerkschaften" zukomme[24]. Um dies zu verhindern, ordne § 77 Abs. 3 BetrVG hinsichtlich der Arbeitsentgelte und aller weiteren wesentlichen Arbeitsbedingun-

---

[20] I. Erg. entsprech. bereits *Eickelberg*, Betriebsvereinbarung, S. 132.

[21] *Zöllner*, FS für Nipperdey II, S. 699 (703 f.); *Biedenkopf*, Grenzen, S. 282; *derselbe*, Gutachten, in: Verhandlungen des 46. DJT, Bd. I, S. 130 f.; *Richardi*, Betriebsverfassung und Privatautonomie, S. 17; *Wiese*, RdA 1968, 41 (42 ff.); *derselbe*, FS 25 Jahre BAG, S. 661 (664); *Beuthien*, BB 1983, 1992 (1995); *Hromadka*, DB 1987, 1991 (1993); *Lieb*, NZA 1994, 289 (290); *Junker*, ZfA 1996, 383 (395); *Waltermann*, RdA 1996, 129 (131): „den Koalitionsbeitritt fördernde Norm"; *Moll*, Tarifvorrang, S. 37; *Th. Schmidt*, Günstigkeitsprinzip, S. 99; *Fischer*, Betriebsvereinbarungen, S. 189; *Hablitzel*, Verbands- und Betriebsratskompetenzen, S. 102 ff.; *Gragert*, Flexibilisierung von Tarifvertrgen, S. 53; *Kreutz* (in: GK-BetrVG, § 77 Rdnr. 66) erachtet den Funktions- und Machterhalt seitens der Koalitionen im Verhältnis zur Sicherung der ausgeübten und aktualisierten Tarifautonomie als speziellere Zwecksetzung.

[22] Hinsichtl. § 59 BetrVG 1952 so noch ausdrückl. BAG, AP Nr. 26 zu § 59 BetrVG 1952; entsprech. auch die Deutung der Rspr. des BAG bei *Veit/Waas*, BB 1991, 1329 (1330).

[23] *Richardi*, Kollektivgewalt, S. 267; *Kempen*, RdA 1994, 140 (147).

[24] *Richardi*, Kollektivgewalt, S. 267; *Hanau*, BB 1977, 350; *Konzen*, NZA 1995, 913 (915); *Heinze*, DB 1996, 729 (734); *Wank*, NJW 1996, 2273 (2281); jüngst *Hromadka*, FS für Schaub, S. 337 (345).

gen ein *Regelungsmonopol*[25] der Tarifvertragsparteien an, welches zwecks Gewährleistung ihres lückenlosen Schutzes nicht zuletzt auch im Vergleich zu tariflichen Abreden *günstigere* Betriebsvereinbarungen ausschließen[26] und gleichermaßen in Betrieben *nicht tarifgebundener Arbeitgeber* eingreifen müsse[27].

In der Tat ist die aus einer dahingehenden Zwecksetzung des Tarifvorbehalts sprechende Befürchtung, daß mit wachsender gegenständlicher Bedeutung der betrieblichen Mitbestimmung die Bereitschaft der Arbeitnehmer zum Gewerkschaftsbeitritt und mit ihr der sozialpolitische Einfluß der Koalitionen abnehme[28], faktisch kaum von der Hand zu weisen. Die für die Beschäftigten bestehenden Vorteile der betriebsverfassungsrechtlichen im Vergleich zur tariflichen Vertretung ihrer Interessen sind mehr als offenkundig. Denn die Arbeitnehmer profitieren von der Tätigkeit des Betriebsrats ohne die Notwendigkeit jeglichen eigenen Einsatzes, d. h. genauer, ohne zur Zahlung eines *Mitgliedsbeitrags* verpflichtet zu sein und insbesondere ohne im Konfliktsfalle durch individuelle *Arbeitskampfbereitschaft* selbst für die Wahrung ihrer Interessen eintreten zu müssen[29]. Ob die größere tatsächliche Attraktivität der Betriebsautonomie für die Arbeitnehmer allein jedoch zu rechtfertigen vermag, im Gegenzug – wie die herrschende Ansicht meint – den rechtspolitischen Zweck des § 77 Abs. 3 BetrVG maßgeblich in der Sicherung der Funktionsfähigkeit und der sozialpolitischen Vormachtstellung des Koalitionswesens sehen zu können, ist letztlich eine andere Frage, die nur unter Heranziehung der historischen, funktionellen und insbesondere verfassungsrechtlichen Grundlagen des Tarifvorbehalts zu beantworten ist.

---

[25] So neuerdings wieder *Buchner* (DB 1997, 573 [574]; auch bereits *derselbe*, RdA 1990, 1 [3, 17]), der die Deutung des § 77 Abs. 3 BetrVG als Regelungsmonopol der Tarifvertragsparteien zwar als „nicht unproblematisch, aber inzwischen doch weitgehend verfestigte Konzeption" erachtet; ebenso *Molkenbur*, in: *Rieder* (Hrsg.), Betriebsvereinbarung, S. 13 (23); *Linnenkohl*, BB 1994, 2077 (2078); *Haug*, BB 1986, 1428 (1430); anders nun ausdrückl. *Richardi*, FS für Schaub, S. 639 (647); zum Entstehungszeitpunkt und zu den Beweggründen dieser Auffassung unten § 7 I 2 u. 3.

[26] Der Zshg. zwischen der machterhaltenden Funktion des Tarifvorbehalts und dem Ausschluß des Günstigkeitsprinzips wird insbes. betont durch *von Hoyningen-Huene/Meier-Krenz*, ZfA 1988, 293 (301 f.).

[27] Zur Konnexität zwischen dem § 77 Abs. 3 BetrVG als koalitionsbeitrittsfördernde Norm und der Ausdehnung des Tarifvorbehalts auf Betriebe nicht tarifgebundener Arbeitgeber *Waltermann*, RdA 1996, 129 (131); krit. zu letzterem ausf. § 7.

[28] Hierzu *Zöllner* (FS für Nipperdey II, S. 699 [704]), der aber andererseits auch zu bedenken gibt, daß der empirische Beweis, daß die Bedeutung des Tarifwesens tatsächlich merklich schwinde, falls der betrieblichen Normsetzung insbes. hinsichtl. der Lohngestaltung eine gewichtigere Rolle überantwortet würde, bis dato noch nicht erbracht worden sei; siehe auch *Gast*, Tarifautonomie, S. 35; *Bender*, BB 1987, 1117 (1119).

[29] *Gast*, Tarifautonomie, S. 11 f.

### a) Die historische Dimension

Für eine dem Machterhalt der Tarifvertragsparteien dienende Zwecksetzung des § 77 Abs. 3 BetrVG scheint zunächst zu sprechen, daß seine zur Weimarer Zeit geschaffenen Vorgängervorschriften (§ 13 Abs. 1 Satz 3 TVVO 1918, § 78 Ziff. 2 BRG 1920) ihre Existenz unbezweifelbar der historischen Angst der Gewerkschaften vor einem eigenständigen und mit weitreichenden Regelungsbefugnissen ausgestatteten Betriebsrätesystem verdankten[30]. Doch niemand mehr wird die betrieblichen Arbeitnehmervertretungen unserer Tage ernsthaft als Fortsetzung der radikal-sozialistischen Betriebsrätebewegung der Weimarer Epoche oder als Nachfahren der seinerzeit von den Unternehmern zwecks Bekämpfung der Gewerkschaften in den Betrieben etablierten „gelben Werkvereine" begreifen können und wollen[31]. In Anbetracht der gewandelten Verhältnisse erscheint es mehr als fragwürdig, einer Vorschrift, ist sie auch ehemals auf maßgeblichen Druck einer mächtigen sozialen Gruppe entstanden, allein wegen der Begleitumstände ihrer Geburtsstunde noch immer eine rein machterhaltende Zweckbestimmung zuzusprechen[32]. Im Gegenteil ist es nach den Grundsätzen der juristischen Methodenlehre allgemein anerkannt, daß Normen sich im Hinblick auf ihren rechtspolitischen Zweck stets geänderten politischen, gesellschaftlichen und ökonomischen Gegebenheiten anzupassen haben[33]. Folglich muß konkret auch die Zwecksetzung des Tarifvorbehalts „in der ihm eigenen Vernünftigkeit"[34] bestimmt werden, also im Hinblick auf sein jeweiliges tatsächliches Umfeld und nicht ausschließlich im Sinne des historischen Gesetzgebers. Denn anders müßte § 77 Abs. 3 BetrVG unweigerlich dem naturrechtlichen Satz zum Opfer fallen: „cessante ratione legis cessat lex ipsa".

### b) Gewohnheitsrechtliche Derogation oder Verfassungswidrigkeit des § 77 Abs. 3 BetrVG wegen Verstoßes gegen das Übermaßverbot?

aa) Der Blick in die betriebliche Praxis zeigt, daß die Betriebspartner als die Normadressaten des § 77 Abs. 3 BetrVG den Schluß des „cessante"-Satzes faktisch längst gezogen haben. In zahllosen Betrieben werden, wie jeder Kundige

---

[30] Siehe ausf. oben § 3 III 2 b aa (2) u. cc (2).

[31] Zutreff. *Reuter*, ZfA 1995, 1 (58); anders scheinbar noch *Biedenkopf*, Grenzen, S. 282; *Däubler*, Gewerkschaftsrechte im Betrieb, Rdnr. 77.

[32] Vgl. auch *Eickelberg* (Betriebsvereinbarung, S. 133 f.), der darauf hinweist, daß zahlreiche Normen des kollektiven Arbeitsrechts auf ausdrückl. oder versteckten Druck der Verbände zustandegekommen seien, ohne daß ihnen deswegen sogleich machtpolitische Zwecksetzungen unterstellt würden.

[33] *Larenz*, Methodenlehre, S. 301 u. 334 f.; *Zippelius*, Methodenlehre, S. 41 u. 47; *Kreutz*, Grenzen, S. 152.

[34] *Larenz*, Methodenlehre, S. 318.

weiß, ungeachtet des Tarifvorbehalts massenhaft in ausdrücklicher Abkehr von den tariflichen Vorgaben betriebliche Vereinbarungen geschlossen[35]. Und dies ist keinesfalls ein neues, lediglich mit der momentanen Krisensituation des Wirtschaftsstandorts Deutschland zu erklärendes Phänomen. Vielmehr sind sowohl § 77 Abs. 3 BetrVG als auch sämtliche seiner Vorgängervorschriften zu jeder Zeit die „meist mit Füßen getretenen Normen des deutschen Arbeitsrechts"[36] gewesen[37]: In Phasen wirtschaftlicher Prosperität ist Grund für die den Tarifvorbehalt ignorierende Praxis, daß die Unternehmer auf dem Wege von Betriebsvereinbarungen die Arbeitnehmer – zwecks Motivationssteigerung und langfristiger Bindung an den Betrieb – durch Gewährung übertariflicher Löhne und sonstiger außertariflicher Leistungen am konjunkturellen Wohlstand zu beteiligen suchen[38]. In Rezessionsperioden hingegen geht es zumeist darum, die für viele Unternehmen ökonomisch nicht tragbaren Tarifbedingungen durch betriebliche Abreden zu unterschreiten. Gerade in unseren Tagen dürfte die Zahl der den § 77 Abs. 3 BetrVG mißachtenden Betriebsvereinbarungen dem Vernehmen nach eine Größenordnung erreicht haben, welche zwangsläufig dazu führt, die erstmals von *Zöllner*[39] angedachte und maßgeblich von *Birk*[40] fortgesponnene Frage nach einer möglichen gewohnheitsrechtlichen Derogation des Tarifvorbehalts erneut mit aller Dringlichkeit zu stellen[41].

Voraussetzung für die Annahme der gewohnheitsrechtlichen Derogation einer Vorschrift ist die *gemeinsame Überzeugung aller Beteiligten*, daß die von

---

[35] Nach Schätzung des Gesamtmetall-Präsidenten *Stumpfe* (zit. nach *Frieges*, DB 1996, 1281 Fn. 4) hält sich in Ostdeutschland nahezu kein Unternehmen mehr an die Tarifverträge, während im Westen zumindest zwischen 40 und 70% der mittelständischen Unternehmen mit Duldung der Betriebsräte die Tarifbestimmungen unterlaufen; zur Gesamtentwicklung insbes. *Adomeit*, Arbeitsbedingungen, S. 11 ff.; siehe auch *Gentz*, FS für Schaub, S. 205 (206).

[36] *Rüthers*, Diskussionsbeitrag, RdA 1994, 177.

[37] Siehe aus unterschiedlichen Zeiten *Schelp*, DB 1962, 1275 (1277); *Monjau*, BB 1965, 633; *Hablitzel*, DB 1972, 2158; ArbG Siegburg, DB 1978, 1281 (1282); *Richardi*, Anm. zu BAG, AP Nr. 21 zu § 77 BetrVG 1972; *Ehmann*, NZA 1991, 1 (6); jüngst wieder *Buchner*, FS für Wiese, S. 55 (61): „In der betrieblichen Praxis war § 77 Abs. 3 BetrVG noch nie ein wirkliches Hindernis betrieblicher Gestaltung".

[38] So hinsichtl. § 59 BetrVG 1952 bereits *Neumann-Duesberg*, Betriebsverfassungsrecht, S. 470; in bezug auf § 77 Abs. 3 BetrVG *Erd*, Verrechtlichung, S. 44.

[39] FS für Nipperdey II, S. 699 (702 f.).

[40] ZfA 1986, 73 (104 ff.). An dieser Stelle führt *Birk* aus, § 77 Abs. 3 BetrVG sei ein „äußerst problematisches Stück Gesetzgebung", ja ein „Paradefall von sog. symbolischer Gesetzgebung" (dagegen ohne Begr. *Wiese*, SAE 1989, 6 [9]); der durch diese Norm intendierte Schutz der lohnpolitischen Prärogative der Tarifvertragsparteien degeneriere zur bloßen „Deklamation", weshalb es dringend geboten sei, die durch den Tarifvorbehalt statuierten Nichtigkeitswirkungen zu begrenzen. Dieser zutreff. Aufforderung soll im weiteren Verlauf dieser Abhandlung ausdrückl. Folge geleistet werden.

[41] Diese bejahend *Reuter*, RdA 1991, 193 (199); *derselbe*, RdA 1994, 152 (154).

deren Inhalt abweichende allgemeine Übung *rechtmäßig* ist[42]. Hiervon kann jedoch in bezug auf § 77 Abs. 3 BetrVG trotz dessen mangelnder Akzeptanz in der betrieblichen Praxis im Ergebnis keine Rede sein. Die Bejahung einer entsprechenden opinio necessitatis würde es erfordern, daß insbesondere auch die Tarifvertragsparteien selbst dem Verdikt der Unbeachtlichkeit des nach herrschender Auffassung gerade zu ihrem Schutze statuierten Tarifvorbehalts beipflichten müßten. Zwar sind die Gewerkschaften nicht selten gezwungen, den Abschluß tarifwidriger Betriebsvereinbarungen sehenden Auges hinzunehmen und auf gerichtliche Schritte gegen diese zu verzichten, um nicht Gefahr zu laufen, daß die betroffenen Arbeitnehmer erbost die Mitgliedschaft im Verband quittieren; eine positive Akzeptanz der von den tariflichen Vorgaben abweichenden Praxis, die letztlich zur Unverbindlichkeit der Normsetzungsprärogative gem. § 77 Abs. 3 BetrVG führen würde, dürfte in dieser von gewerkschaftlicher Seite zur Taktik „listiger Vernunft"[43] hochstilisierten Vorgehensweise aber dennoch nicht zu erblicken sein. Hinzu kommt, daß die Rechtsprechung und weite Teile des Schrifttums sogar in Ansehung massivster Außerachtlassung des Tarifvorbehalts noch immer von Tarifverträgen abweichende Betriebsvereinbarungen unabhängig von der Tarifgebundenheit des Arbeitgebers und ungeachtet ihres eventuell für die einzelnen Arbeitnehmer günstigeren Inhalts nahezu[44] ausnahmslos für unzulässig erklären[45].

bb) Auch wenn demnach nicht von einer gewohnheitsrechtlichen Derogation des Tarifvorbehalts ausgegangen werden kann, offenbaren gleichwohl die diesen vehement ignorierende Praxis und ebenso insbesondere die in den letzten Jahren stetig sinkenden Mitgliederzahlen der Gewerkschaften[46] ohne Zweifel, daß die *tatsächliche Eignung* der Vorschrift, den ihr von Seiten der herrschenden Meinung beigemessenen koalitionsschützenden Zweck wirkungsvoll zu verwirklichen, im Ergebnis eher gering ist. Dafür spricht überdies die Erwä-

---

[42] Allg. zur Bedeutung des Gewohnheitsrechts im Arbeitsrecht *Adomeit*, Rechtsquellenfragen, S. 54 ff.

[43] So der IG-Metall-Vorsitzende *Zwickel*, zit. nach F.A.Z. vom 22.11.1997, S. 15.

[44] Siehe neuerdings aber auch die aufsehenerregende Entscheidung des ArbG Düsseldorf vom 06.06.1997 (BB 1997, 1585 f.), in welcher das Gericht zu Recht einer Betriebsvereinbarung, die zwecks Existenzsicherung eines vom Konkurs bedrohten Unternehmens die Zahlung zusätzlichen tariflichen Urlaubs- und Weihnachtsgeldes einstellte, nicht unter Hinweis auf § 77 Abs. 3 BetrVG die Wirksamkeit abgesprochen hat; ausf. zur Zulässigkeit sog. existenzsichernder Betriebsvereinbarungen unten § 8 I 3 a bb (3).

[45] Zutreff. gegen die Annahme einer gewohnheitsrechtlichen Derogation des § 77 Abs. 3 BetrVG daher *Kreutz*, in: GK-BetrVG, § 77 Rdnr. 67; *Walker*, ZfA 1996, 353 (356 f.); *Wank*, NJW 1996, 2273 (2281); *Veit*, Zuständigkeit, S. 223; *Th. Schmidt*, Günstigkeitsprinzip, S. 100 ff.; entsprech. bereits *Hablitzel*, Verbands- und Betriebsratskompetenzen, S. 153; *derselbe*, DB 1971, 2158 (2161 f.).

[46] Dem World Labour Report 1997/98 der ILO (zit. nach F.A.Z. vom 04.11.1997, S. 17 f.) zufolge ist der Organisationsgrad der deutschen Arbeitnehmer von 1985 bis 1995 um 17% gesunken.

gung, daß nicht nur die normativ wirkende Betriebsvereinbarung, sondern auch die in der Praxis weit verbreiteten Gestaltungsmittel der Betriebsabsprache und der zwischen Arbeitgeber und Betriebsrat vorverhandelten einzelvertraglichen Einheitsregelung die Bedeutung der Tarifautonomie und die sozialpolitische Stellung der Koalitionen zunehmend mindern, ohne daß die Rechtmäßigkeit dieser Regelungsinstrumente in Zweifel gezogen werden kann. Aus diesem Grunde erscheint es auf dem Hintergrund einer Zweckbestimmung, die maßgeblich auf den Machterhalt der Tarifvertragsparteien abzustellen gedenkt, nur schwer zu erklären, weshalb der Gesetzgeber die Sperrwirkung des Tarifvorbehalts ausschließlich auf Betriebsvereinbarungen beschränkt hat.

Die somit aus verschiedenen Gründen zweifelhafte Eignung des Tarifvorbehalts, seinen vermeintlichen rechtspolitischen Zweck hinreichend zu erfüllen, hat unlängst namentlich *Reuter*[47] zur Annahme der Verfassungswidrigkeit des § 77 Abs. 3 BetrVG wegen Verstoßes gegen das *Übermaßverbot* bewogen. Der durch den Vorrang des Tarifvertrages vor der Betriebsvereinbarung bedingte Eingriff in die als Ausfluß individueller Privatautonomie grundrechtlich geschützte Betriebsautonomie sei mangels Geeignetheit im Sinne des allgemeinen Verhältnismäßigkeitsgrundsatzes verfassungsrechtlich nicht gerechtfertigt und der Tarifvorbehalt folglich für die Betriebspartner als Normadressaten im Ergebnis unbeachtlich. Ob man in der Tat so weit gehen möchte, § 77 Abs. 3 BetrVG als zur Verwirklichung seiner vorgeblich koalitionsbeitrittsfördernden Sinngebung – wie es das BVerfG generell zur Annahme fehlender Geeignetheit einer Vorschrift für erforderlich hält – „objektiv untauglich“[48] oder „schlechthin ungeeignet“[49] anzusehen, erscheint trotz der den Tarifvorbehalt massenhaft ignorierenden betrieblichen Praxis (noch) fraglich. Gegen eine vorschnelle Nichtigerklärung des § 77 Abs. 3 BetrVG spricht die allgemeingültige Erkenntnis, daß vor der Annahme der Verfassungswidrigkeit einer Norm stets der Versuch zu unternehmen ist, diese auf dem Wege *verfassungskonformer Auslegung* mit neuem Sinn und Inhalt zu füllen[50]. Ist also mit anderen Worten § 77 Abs. 3 BetrVG zur Erreichung seiner ihm von herrschender Meinung beigedachten Intention verbandlichen Machterhalts ungeeignet, weil die durch eine solche Sinngebung bedingten Konsequenzen – Ausschluß des Günstigkeitsprinzips, Geltung in Betrieben nicht tarifgebundener Arbeitgeber – von den Normadressaten nicht akzeptiert werden, muß nach allgemeinen verfassungsdogmatischen

---

[47] Insbes. RdA 1991, 193 (199); siehe auch *derselbe*, ZfA 1995, 1 (58); *derselbe*, RdA 1996, 152 (166); *derselbe*, FS für Schaub, S. 605 (633); i. Erg. entsprech. hinsichtl. § 59 BetrVG 1952 bereits *Schnorr von Carolsfeld*, Arbeitszeit, S. 149 (156); *derselbe*, Arbeitsrecht, S. 84.

[48] BVerfGE 16, 147 (181).

[49] BVerfGE 19, 119 (127).

[50] Grundleg. BVerfGE 2, 266 (288); neuerdings wieder BVerfGE 86, 288 (320 f.); siehe auch *Larenz*, Methodenlehre, S. 325 f.; *Kreutz*, Grenzen, S. 98.

Grundsätzen zunächst diese Zwecksetzung als solche kritisch hinterfragt werden (dazu c), um dann in einem zweiten Schritt einen *funktionsgerechten* und *verfassungsgemäßen* Zweck des Tarifvorbehalts zu bestimmen (dazu 5)[51].

### c) Bloßer Machterhalt funktionswidrig und verfassungsrechtlich nicht geboten

aa) Gegen das Verständnis des § 77 Abs. 3 BetrVG als eine dem Mitgliederstand und dem Machterhalt der Koalitionen dienende Vorschrift streitet nachhaltig, daß eine dahingehende rechtspolitische Sinngebung sich völlig loslöst von der ursprünglichen und eigentlichen Funktion der Tarifautonomie. Nicht aus Selbstzweck, sondern mit dem Ziel der Organisation dringend erforderlicher *Selbsthilfe seitens der Arbeitnehmer* ist die Tarifbewegung ausgangs des 19. Jahrhunderts historisch entstanden und in der Folgezeit rechtlich etabliert worden, also ausschließlich zur Gewährleistung *individuellen Arbeitnehmerschutzes*[52]. Soll § 77 Abs. 3 BetrVG die Befugnis zur tariflichen Normsetzung sowie die Koalitionen als deren Träger vor der Konkurrenz, die ihnen auf betrieblicher Ebene erwächst, sichern, so gebietet es die arbeitnehmerschützende Intention der Tarifautonomie, daß dies jedenfalls nicht im Sinne eines funktionsvergessenen Schutzes der verbandlichen Apparatur geschehen darf. Keineswegs dürfen über die Selbstdarstellung der Koalitionen die Dienste, zu deren Erfüllung sie sich gründeten und rechtlich anerkannt worden sind, gänzlich in den Hintergrund treten[53]. Denn anderenfalls entsteht unweigerlich die Gefahr, daß zu Gunsten der Eigeninteressen der sozialpolitischen Machtgruppen ihr arbeitnehmerschützender Auftrag selbst im Ergebnis massiven Schaden nimmt[54]. Ein Verständnis des Tarifvorbehalts, welches durch Ausschluß des Günstigkeitsprinzips den Arbeitnehmern sogar die Vorteile betrieblicher Mitbestimmung nimmt, die im Vergleich zur Tarifautonomie im Ergebnis effektiver ist, und überdies Betriebsvereinbarungen auch dann ausschließt, wenn Tarifverträge mangels Tarifbindung des Arbeitgebers ihre arbeitnehmerschützende Wirkung im betreffenden Betrieb nicht entfalten können, stellt indessen geradezu ein Paradebeispiel einer unter *akutem Selbstzweckverdacht* stehenden Norminterpretation dar[55].

---

[51] Treffend *Adomeit*, NJW 1994, 837 (838): „Auch § 77 Abs. 3 BetrVG ist aber der zweckgerechten Auslegung zugänglich, sonst hätte Savigny ... über juristische Methode vergeblich geforscht."

[52] Zur Entstehung der Tarifautonomie oben § 3 II; zu ihrer Funktion § 4 I 1 a u. 2 b.

[53] Zutreff. *Gast*, Tarifautonomie, S. 36.

[54] So zu Recht auch bereits *Eickelberg*, Betriebsvereinbarung, S. 134.

[55] Auch das BAG selbst, das die für die einzelnen Arbeitnehmer nachteiligen Konsequenzen seiner Rspr. in der überwiegenden Mehrzahl seiner Richtersprüche gänzlich ignoriert, ist sich zumindest in zwei – leider vereinzelt gebliebenen – Entscheidungen der Unbilligkeit seiner allein an den Machtinteressen der Koalitionen ausgerichteten Ju-

bb) Zu rechtfertigen versucht wird die allein den Organisationsinteressen der Koalitionen dienende Zwecksetzung des § 77 Abs. 3 BetrVG zumeist unter Rückgriff auf das Verfassungsgebot des Art. 9 Abs. 3 GG[56]. Doch die bereits an früheren Stellen dieser Abhandlung näher erörterte *grundrechtsdogmatische Struktur*[57] sowie die *Reichweite des Schutzbereichs*[58] der als Ausfluß der individuellen Koalitionsfreiheit verfassungsrechtlich garantierten Tarifautonomie sprechen eindeutig gegen das Verständnis des Tarifvorbehalts als dem Machterhalt und der Organisationsdichte dienende Normsetzungsprärogative zu Gunsten der Tarifvertragsparteien: Nach zutreffender Ansicht sind die Koalitionen selbst nicht als Grundrechtsberechtigte der Tarifautonomie zu erachten, sondern der verfassungsrechtliche Schutz der kollektiven Koalitionsbefugnisse leitet sich allein aus der individuellen Grundrechtsträgerschaft ihrer Mitglieder ab. Folglich reicht das durch Art. 9 Abs. 3 GG für den einfachen Gesetzgeber errichtete Verfassungsgebot nicht weiter, als eine wirksame Gewährleistung der Interessen des einzelnen Koalitionsmitglieds dies erfordert. Anders formuliert ist ein Vorrang tariflicher vor betrieblicher Normsetzung, wie ihn § 77 Abs. 3 BetrVG auf einfachgesetzlicher Ebene statuiert, von Verfassungs wegen lediglich insoweit geboten, als dieser dem durch die Tarifautonomie bezweckten *Individualschutz* zu dienen bestimmt und in der Lage ist. Entsprechend hat das BVerfG[59] zu Recht unmißverständlich zu verstehen gegeben, daß die Legislative hinsichtlich des – den Schutz des einzelnen Koalitionsmitglieds gerade nicht unmittelbar berührenden – Organisationsgrades der Verbände keinerlei Verant-

---

dikatur durchaus bewußt geworden: So hat das Gericht in seinem Beschluß vom 21.02.1967 (AP Nr. 26 zu § 59 BetrVG 1952) ausdrückl. zu verstehen gegeben, daß es die Unwirksamkeit von im Vergleich zu Tarifverträgen günstigeren Betriebsvereinbarungen für im Ergebnis unbillig halte, sich jedoch damit begnügt, hinsichtl. der erforderlichen Abhilfe den Gesetzgeber in die Pflicht zu nehmen.

Ebenso hat das BAG in einer Entscheidung vom 26.01.1962 (AP Nr. 8 zu § 626 BGB Druckkündigung) angenommen, daß dem Betriebsrat gegenüber einem nicht tarifgebundenen Arbeitgeber hinsichtl. der betrieblichen Lohnfindung ein Verhandlungsanspruch zustehe, sofern sich dieser weigere, einen entsprechenden Tarifvertrag abzuschließen. Damit erkennt das Gericht unmißverständlich an, daß im Falle mangelnder Tarifgebundenheit des Arbeitgebers die Lohngestaltung auf betrieblicher Ebene stattzufinden hat. Keine Stellung bezieht das Gericht jedoch zu der offenkundig widersinnigen Konsequenz, daß – sofern diese Verhandlungen zum erfolgreichen Abschluß einer Betriebsvereinbarung führen – diese i. Erg. dennoch wegen Verstoßes gegen den Tarifvorbehalt unwirksam sein soll.

[56] Siehe nur *Moll*, Tarifvorrang, S. 42; *Veit*, Zuständigkeit, S. 222; *Heinze*, NZA 1989, 41; *derselbe*, NZA 1995, 5 (6); *Hagemeier/Kempen/Zachert/Zilius*, TVG, Einl. Rdnr. 196; vgl. auch den Hinweis *Reuters* (Referat, in: Verhandlungen des 61. DJT, Bd. II/1, K 35 [K 36]), daß bis vor knapp 20 Jahren der Tarifvorbehalt sogar ganz überwiegend allein unter Verweis auf Art. 9 Abs. 3 GG begründet worden sei.

[57] Hierzu ausf. § 5 II 2 a.

[58] Siehe oben § 5 II 2 b.

[59] E 92, 365 (396); w. Nachw. oben § 5 II 2 b bb in Fn. 70.

wortung trifft. Demnach erfordert Art. 9 Abs. 3 GG es keineswegs, daß die Rechtsprechung § 77 Abs. 3 BetrVG als dem Mitgliederstand und reinen Machterhaltungsinteressen seitens der Koalitionen dienende Vorschrift begreift[60].

cc) Hervorzuheben bleibt, daß auch das BAG sich bereits vor längerem in anderem Zusammenhang wenigstens konkludent gegen das Verständnis des § 77 Abs. 3 BetrVG als Normsetzungsprärogative ausgesprochen hat, mittels derer die Funktionsfähigkeit der Tarifvertragsparteien gewährleistet werde. In ausdrücklicher Abkehr von seiner hinsichtlich des § 59 BetrVG 1952 in ständiger Rechtsprechung[61] vertretenen Auffassung ist das Gericht im Rahmen der viel beachteten Beschlüsse vom 18.08.1987[62] und 23.02.1988[63] dazu übergegangen, von gewerkschaftlicher Seite gegen Betriebsvereinbarungen, die unter Mißachtung des Tarifvorbehalts abgeschlossen wurden, angestrengte *Feststellungsanträge* nunmehr als *unzulässig* abzuweisen. Zur Begründung ihres Sinneswandels haben die Kasseler Richter angeführt, daß eine Gewerkschaft durch den Abschluß tarifwidriger Betriebsvereinbarungen nicht in eigenen Rechten verletzt sei. Insbesondere verleihe § 77 Abs. 3 BetrVG den Koalitionen nicht die Befugnis, die Vorrangkompetenz des Tarifvertrages jederzeit und gegen jedermann geltend zu machen; den Tarifvertragsparteien stünde auch und gerade gegenüber den Betriebspartnern keine allgemeine Aufsichts- und Kontrollfunktion zu. Die Tarifwidrigkeit von Betriebsvereinbarungen gerichtlich klären zu lassen, sei vielmehr allein Aufgabe der einzelnen Arbeitnehmer.

Im arbeitsrechtlichen Schrifttum ist besagte Rechtsprechungsänderung überwiegend auf Ablehnung gestoßen[64]. Den kritischen Stimmen ist unumwunden zuzugeben, daß es im Ergebnis in der Tat nur als widersprüchlich angesehen werden kann, einerseits den Normzweck des § 77 Abs. 3 BetrVG im Schutz der Tarifautonomie und damit der Koalitionen als deren Träger zu erachten, letzteren andererseits aber im Falle eines Verstoßes gegen die vermeintliche Normsetzungsprärogative bei Berufung auf diese mangels Antragsbefugnis prozessuale Schritte zu verweigern. Denn nach nicht zuletzt durch das BAG geteilter Ansicht reicht es allgemein zur Einleitung eines arbeitsgerichtlichen Beschlußverfahrens aus, wenn der Antragsteller sich mit seinem Begehren auf eine Norm

---

[60] I. Erg. entsprech. *Feudner*, DB 1993, 2231 (2232).

[61] Grundleg. BAG, AP Nr. 1 zu § 2 ArbGG 1953 Betriebsvereinbarung; siehe auch AP Nrn. 8, 25, 26 zu § 59 BetrVG 1952; AP Nr. 1 zu § 56 BetrVG 1952.

[62] BAG, AP Nr. 6 zu § 81 ArbGG 1979.

[63] BAG, AP Nr. 9 zu § 81 ArbGG 1979.

[64] *Säcker/Oetker*, Grundlagen, S. 96 Fn. 242; *Däubler*, BB 1990, 2256 ff. (insbes. 2261); *Grunsky*, DB 1990, 526 ff. (insbes. 529 f.); *Weyand*, AuR 1989, 193 (198 f.); *Matthießen*, DB 1988, 285 ff. (insbes. 288 ff.); *Schwarze*, Betriebsrat, S. 239 ff.; *Gragert*, Flexibilisierung von Tarifverträgen, S. 188 f.; dem BAG zustimm. *Kreutz*, in: GK-BetrVG, § 77 Rdnr. 348.

zu stützen vermag, die zumindest *auch* seinem Schutz zu dienen bestimmt ist[65]. Unzutreffend ist jedoch nicht, wie die Kritiker meinen, die Schlußfolgerung mangelnder Antragsbefugnis der Gewerkschaft, sondern vielmehr die Prämisse, daß § 77 Abs. 3 BetrVG die Bedeutung einer Normsetzungsprärogative zu Gunsten der Tarifvertragsparteien und damit koalitionsschützende Wirkung zukomme.

Den entscheidenden Grund hierfür liefert das BAG[66] selbst, indem es ausführt, wenn den Gewerkschaften nicht die Möglichkeit gegeben sei, die Tarifwidrigkeit einzelner Arbeitsverträge prozessual geltend zu machen, könne im Hinblick auf gegen tarifliche Bestimmungen verstoßende Betriebsvereinbarungen letztlich nichts anderes gelten. Mit anderen Worten heißt dies: Ist es zwangsläufige Konsequenz der *arbeitnehmerschützenden Funktion* tariflicher Normsetzung, daß es im Falle tarifwidriger Individualabreden allein Sache des Arbeitnehmers sein soll, den zu seinen Gunsten bestehenden Tarifschutz in Anspruch zu nehmen und auf dem Klagewege einzufordern, muß gleichfalls ausschließlich ihm die Entscheidung obliegen, ob er bestimmte tarifliche im Vergleich zu betrieblichen Bestimmungen als seinen Belangen besser entsprechend gerichtlich geltend zu machen gedenkt. Denn da sowohl Tarif- als auch Betriebsautonomie allein die Funktion zukommt, die einzelnen Arbeitnehmer zu schützen, darf im Ergebnis niemand anderes als diese selbst es in der Hand haben, unter Berufung auf § 77 Abs. 3 BetrVG prozessual die Geltung desjenigen kollektiven Regelungsinstruments in Kraft zu setzen, dem der Gesetzgeber in dieser Vorschrift den Vorrang zuerkannt hat[67]. Anders zu entscheiden hieße letztlich, den einzelnen noch immer als ein *unmündiges Wesen* zu begreifen, welches zur Durchsetzung seiner Interessen stets der Obhut oder gar der *Bevormundung* durch die Koalitionen bedarf. Dem aber hat das BAG durch die Verneinung auf § 77 Abs. 3 BetrVG gestützter gewerkschaftlicher Klagerechte mit Recht ausdrücklich eine Absage erteilt. Wünschenswert wäre nun lediglich noch, daß das Gericht die gleichwohl nicht zu leugnende Diskrepanz zwischen

---

[65] BAG, SAE 1988, 1 (2); siehe ausf. *Laux*, Antrags- und Beteiligungsbefugnis, S. 43 ff.

[66] AP Nr. 6 zu § 81 ArbGG 1979.

[67] Dies hat letztlich auch die arbeitsrechtliche Abteilung des 61. DJT zutreff. erkannt und den Vorschlag, der tarifschließenden Gewerkschaft de lege ferenda bei Abschluß einer tarifwidrigen Betriebsvereinbarung eine direkte Tarifeinhaltungsklage einzuräumen (zu entsprech. Forderungen der IG Metall vgl. F.A.Z. vom 27.06.1998, S. 14), zu Recht mit 29:140:1 Stimmen abgelehnt; siehe Beschluß 10.a), in: Verhandlungen des 61. DJT, Bd. II/1, K 71.

Gegen die Einräumung einer gewerkschaftlichen Klagebefugnis mit ähnl. Begr. auch *Löwisch*, JZ 1996, 812 (820 f.); dafür hingegen *Wendeling-Schröder*, Referat, in: Verhandlungen des 61. DJT, Bd. II/1, K 22 ff.; *Däubler*, FS für Wlotzke, S. 257 (275 ff.); *Kittner*, AiB 1995, 158 (160); *Zachert*, AuR 1996, 293 (295); offen gelassen von *Schaub*, BB 1996, 2298 (2301).

*Prozeßrecht* und *materiellem Recht* dadurch beseitigt, daß es sein Verständnis des Tarifvorbehalts auch in materieller Hinsicht maßgeblich am *Gedanken individuellen Arbeitnehmerschutzes* ausrichtet, statt durch § 77 Abs. 3 BetrVG weiterhin bloße Machterhaltungsinteressen der Tarifvertragsparteien in funktionsvergessener Weise zum Selbstzweck zu hypostasieren[68].

### *5. Gewährung effektiven Arbeitnehmerschutzes durch Kompetenzvorrang des Tarifvertrages*

a) Da es Aufgabe des Tarifvorbehalts im Sinne des § 77 Abs. 3 BetrVG ist, eine Konkurrenzregel für das Verhältnis von Tarifvertrag und Betriebsvereinbarung zu schaffen, kann eine zutreffende Bestimmung des rechtspolitischen Zwecks dieser Vorschrift sinnvollerweise nur an der sowohl der Tarifautonomie als auch der Betriebsautonomie gemeinsamen Funktion des Schutzes der einzelnen Arbeitnehmer ansetzen[69]. Dies insbesondere deswegen, weil ausschließlich eine den Arbeitnehmerschutzgedanken in den Vordergrund rückende Zwecksetzung den Vorgaben, die bereits von verfassungsrechtlicher Ebene an den zwischen beiden Kollektivautonomien zu erstrebenden Ausgleich gestellt werden, hinreichend Rechnung zu tragen vermag. Denn von Verfassungs wegen sind tarifliche (Art. 9 Abs. 3 GG) und betriebliche Normsetzung (Art. 9 Abs. 1, Art. 2 Abs. 1 i.V.m. Art. 12 Abs. 1 GG)[70] im Kollisionsfalle nach *Konkordanzgebot* und *allgemeinem Verhältnismäßigkeitsgrundsatz* sowie unter Heranziehung der *Sozialstaatsklausel* zu möglichst optimaler Wirksamkeit zu bringen[71]. Solch eine optimale Wirksamkeit zwischen zwei gleichermaßen dem *individuellen Arbeitnehmerschutz* dienenden Verfassungsgütern mit der Zielvorgabe *gerechter* Arbeitsbedingungen (Art. 20 Abs. 1, Art. 28 Abs. 1 GG) aber kann letztlich nichts anderes heißen als eine möglichst effektive Verwirklichung des von beiden erstrebten Individualschutzes. Auf die einfachgesetzliche Ebene des § 77 Abs. 3 BetrVG übertragen bedeutet dies, daß Zweck des in dieser Vorschrift statuierten Tarifvorbehalts im Ergebnis nur die Gewährleistung mög-

---

[68] I. Erg. gegen eine die Funktionsfähigkeit der Koalitionen schützende ratio des Tarifvorbehalts zu Recht jetzt auch *Richardi*, FS für Schaub, S. 639 (647); ebenso bereits *Säcker*, RdA 1967, 370 (371 f.): „Spekulation"; *Hueck/Nipperdey/Säcker*, Arbeitsrecht, Bd. II/2, 7. Aufl., S. 1396; *Eickelberg*, Betriebsvereinbarung, S. 133 ff.; *Bender*, BB 1987, 1117 (1120); *Veit/Waas*, BB 1991, 1329 (1330); ähnl. *Schwarze* (Betriebsrat, S. 200: „Koalitionsschutz ... nicht Selbstzweck"), der zwar einerseits dennoch die Erhaltung der Funktionsfähigkeit der Gewerkschaften als Zwecksetzung des Tarifvorbehalts ansieht (ebd., S. 209), jedoch daran andererseits noch die Frage nach dem letztendlichen Grund für diese Vorrangstellung anschließt (ebd., S. 214).

[69] Zur Funktion tariflicher und betrieblicher Mitbestimmung bereits § 4 I.

[70] Zum Verfassungsrang der Betriebsautonomie als Ausfluß individueller Vereinsfreiheit und Privatautonomie oben § 5 III 2.

[71] Ausf. hierzu § 5 IV 1.

lichst effektiven Arbeitnehmerschutzes mittels Kompetenzvorrangs des Tarifvertrages sein kann[72]. Oder wie es bereits in bezug auf § 59 BetrVG 1952 in einer Entscheidung vom 06.12.1963, die heute völlig in Vergessenheit geraten zu sein scheint, das BAG[73] selbst äußerst treffend formuliert hat:

> „Das BetrVG dient in erster Linie dem *Schutz der Arbeitnehmer* in den Betrieben. Auch sein § 59 bezweckt *nicht* die Stärkung der Tarifhoheit der Verbände *um ihrer selbst willen*, sondern die *Sicherung und Besserung der wirtschaftlichen Lage der Arbeitnehmer*" (Hervorh. d. Verf.).

Bei näherer Betrachtung trifft der Tarifvorbehalt des § 77 Abs. 3 BetrVG auf dem Hintergrund einer maßgeblich am Arbeitnehmerschutzgedanken orientierten Zwecksetzung eine zweifache Aussage: Zum einen bringt die Vorschrift zum Ausdruck, daß für den Fall der tariflichen oder üblicherweise[74] tariflichen Regelung der Arbeitsentgelte und sonstigen Arbeitsbedingungen dem Schutzbedürfnis der Arbeitnehmer bereits von Seiten der Tarifvertragsparteien hinreichend Rechnung getragen wird, weshalb unter diesen Voraussetzungen das konkurrierende Schutzinstrument der Betriebsvereinbarung ohne weiteres für

---

[72] I. Erg. entsprech. *Schwarze*, Betriebsrat, S. 214; ähnl. bereits *Kreutz*, Grenzen, S. 225; vgl. auch *Ehmann/Schmidt* (NZA 1995, 193 [199]), nach deren Ansicht der Gedanke des Arbeitnehmerschutzes der einzige Grund für einen Vorrang kollektiver Normsetzung sein kann.

[73] AP Nr. 23 zu § 59 BetrVG 1952; ebenso hinsichtl. § 77 Abs. 3 BetrVG ArbG Siegburg, DB 1978, 1281.

[74] Gegen die Annahme einer am individuellen Arbeitnehmerschutz ausgerichteten ratio legis des § 77 Abs. 3 BetrVG scheint zunächst zu sprechen, daß während des Zeitraums der Tarifüblichkeit (zu deren Voraussetzungen ausf. unten III 2 b) mangels Bestehens eines gültigen Tarifvertrages i. Erg. weder die Tarifautonomie noch die Betriebsautonomie ihre Schutzwirkung zu Gunsten der einzelnen Arbeitnehmer zu entfalten vermag. Für die Richtigkeit eines dahingehenden Einwands könnte insbes. streiten, daß die Parallelvorschrift des § 87 Abs. 1 Einls. BetrVG, dem nunmehr auch das BAG (AP Nr. 21 zu § 77 BetrVG 1972) eine am Arbeitnehmerschutzgedanken orientierte Zwecksetzung zuspricht, gerade keine entsprechende Tarifüblichkeitssperre kennt.

Entscheidender Grund für diese Diff. ist jedoch die in beiden Fällen unterschiedlich starke Schutzbedürftigkeit der Arbeitnehmer, die der Gesetzgeber, wie gleichermaßen die Erzwingbarkeit der Mitbestimmung (§ 87 Abs. 2 BetrVG) zeigt, in den durch den Katalog des § 87 Abs. 1 BetrVG genannten sozialen Angelegenheiten für besonders hoch erachtet hat. Das gesteigerte Schutzbedürfnis liegt nicht zuletzt daran, daß die Sachgegenstände des § 87 Abs. 1 BetrVG faktisch nur selten tariflich geregelt sind, während die Tarifvertragsparteien hinsichtl. der § 77 Abs. 3 BetrVG unterfallenden Angelegenheiten – also insbes. der Lohnhöhe sowie der Dauer der Arbeitszeit – stets für eine zeitlich lückenlose Regelung sorgen. Rechtstatsächlich besteht daher kein Anlaß, das Eingreifen des Tarifvorbehalts bei bloßer Tarifüblichkeit als Argument gegen dessen arbeitnehmerschützende Zwecksetzung anzuführen (entsprech. *Schwarze*, Betriebsrat, S. 203, 223 Fn. 102 sowie 303 m. Fn. 64; vgl. auch *Hagemeier/Kempen/Zachert/Zilius*, TVG, Einl. Rdnrn. 209 b f.). Vielmehr sollte umgekehrt die am individuellen Arbeitnehmerschutz orientierte ratio des § 77 Abs. 3 BetrVG dazu anhalten, die Tarifüblichkeitssperre im Sinne der einzelnen Arbeitnehmer möglichst restriktiv auszulegen; dazu unten III 2 b cc (2).

verzichtbar erklärt werden kann[75]. Umgekehrt aber darf die Befugnis zur betrieblichen Normsetzung freilich nur dann ausgeschlossen sein, wenn den Belangen der einzelnen Arbeitnehmer auf tariflicher Ebene auch tatsächlich in ausreichendem Maße Genüge getan ist. Letzteres ergibt sich ebenso unmittelbar aus den verfassungsrechtlichen Direktiven des Tarifvorbehalts, da nach Maßgabe des allgemeinen Verhältnismäßigkeitsgrundsatzes ein Vorrang der Tarif- (Art. 9 Abs. 3 GG) vor der Betriebsautonomie (Art. 9 Abs. 1, Art. 2 Abs. 1 i.V.m. Art. 12 Abs. 1 GG) nur insoweit zulässig ist, als dieser zur Erreichung des arbeitnehmerschützenden Zwecks tariflicher Mitbestimmung *geeignet*, *erforderlich* und *angemessen* erscheint.

b) Gegen die Ausrichtung der Zwecksetzung des Tarifvorbehalts am Gedanken individuellen Arbeitnehmerschutzes sind, sofern das arbeitsrechtliche Schrifttum diesem Ansatz bis dato überhaupt die gebührende Aufmerksamkeit geschenkt hat, folgende Einwände geltend gemacht worden, die jedoch allesamt im Ergebnis nicht überzeugen. So ist der soeben zitierten Entscheidung des BAG[76] seinerzeit entgegengehalten worden, der Arbeitnehmerschutzgedanke stelle nur einen „indirekten, entfernten rechtspolitischen Zweck" dar, der „besser nicht eigens apostrophiert werden sollte"[77]. Diese Sichtweise leidet indessen an einer unzulänglichen Vertauschung von Ursache und Wirkung. Sie degeneriert die individualschützende Funktion der Tarifautonomie zu deren bloßem *Motiv*, obwohl das dringliche Bedürfnis der einzelnen Arbeitnehmer nach kollektivem Schutz historisch unbezweifelbar der ausschlaggebende *Grund* für die Entstehung der Gewerkschaftsbewegung und die rechtliche Etablierung des Tarifvertrages war[78], weshalb der Arbeitnehmerschutz nach richtiger Auffassung auch heute noch als die alleinige Funktion tariflicher Normsetzung zu erachten ist[79].

Ebensowenig vermag es zu überzeugen, wenn des weiteren gegen eine individualschutzorientierte Zweckbestimmung des § 77 Abs. 3 BetrVG angeführt worden ist, diese sei mit den durch den Tarifvorbehalt bedingten Konsequenzen nicht zu vereinbaren, d. h. konkret mit der Nichtgeltung des Günstigkeitsprinzips zwischen tariflichen und betrieblichen Abreden sowie dem generellen Ausschluß von Betriebsvereinbarungen selbst in wirtschaftlichen Krisensituationen des Betriebes[80]. Völlig ungeachtet der Tatsache, daß § 77 Abs. 3 BetrVG dahingehende Wirkungen bei zutreffender Auslegung im Ergebnis mitnichten zei-

[75] So auch *Kreutz*, Grenzen, S. 225.

[76] Siehe Fn. 73.

[77] *Zöllner*, FS für Nipperdey II, S. 699 (703); entsprech. jetzt erneut *Fischer*, Betriebsvereinbarungen, S. 205 f.

[78] Siehe oben § 3 I 1.

[79] Ausf. bereits § 4 I 1 a u. 2 b.

[80] *Eickelberg*, Betriebsvereinbarung, S. 139.

tigt[81], ist es bereits methodisch verfehlt, die ratio einer Vorschrift anhand ihrer vermeintlichen Rechtsfolgen bestimmen zu wollen. Vielmehr sind letztere – freilich in den durch den Gesetzeswortlaut gezogenen Grenzen – stets maßgeblich von der rechtspolitischen Zwecksetzung der Norm abhängig.

In bezug auf den Tarifvorrang des § 87 Abs. 1 Einls. BetrVG, hinsichtlich dessen nunmehr auch das BAG zu Recht von einer der hier im Hinblick auf § 77 Abs. 3 BetrVG vertretenen Zwecksetzung entsprechenden Sinngebung ausgeht[82], ist schließlich von kritischen Stimmen in der Literatur eingewandt worden, die Annahme eines allein am Gedanken individuellen Arbeitnehmerschutzes orientierten Zwecks vermöge nicht zu erklären, weshalb der Gesetzgeber statt der betrieblichen gerade der tariflichen Kollektivebene den Vorzug gegeben habe[83]. Doch auch diese durchaus auf § 77 Abs. 3 BetrVG übertragbare Erwägung gebietet es im Ergebnis nicht, den Schutz der Tarifautonomie sowie der Koalitionen – wenigstens kumulativ – zwingend als eigenständigen Zweck des Tarifvorbehalts erachten zu müssen. Grund für die Präferenz tariflicher Normsetzung dürfte gewesen sein, daß den Betriebsräten auch bei Schaffung des Betriebsverfassungsgesetzes aus dem Jahre 1972 noch immer die überkommene Stigmatisierung als „abhängige Existenzen“ (*Sinzheimer*)[84] anhaftete, weshalb der historische Gesetzgeber das erstrebte Ziel des Arbeitnehmerschutzes als durch die sozialpolitisch mächtigen Koalitionen effektiver verwirklicht glaubte[85]. Der Blick in die betriebliche Praxis zeigt, daß auf Grund der Überantwortung einer Vielzahl von Beteiligungsrechten in nahezu allen wichtigen Angelegenheiten und nicht zuletzt wegen der weitreichenden institutionellen Absicherung des Betriebsrats und seiner Mitglieder (§ 15 KSchG, §§ 103, 37 Abs. 4 und Abs. 5 BetrVG) für die heutige Zeit eine entsprechende Geringschätzung der betrieblichen Arbeitnehmervertreter letztlich nicht mehr ernsthaft behauptet werden kann[86]. Dies führt dazu, daß der noch immer auf einem gegenteiligen Vorstellungsbild beruhende Tarifvorbehalt mehr denn je *rechtspolitisch äußerst fragwürdig* erscheint[87] und gute Gründe dafür sprechen, de lege

---

[81] Zur Geltung des Günstigkeitsprinzips zwischen Tarifvertrag und Betriebsvereinbarung bereits § 5 IV 1 b cc; zur Wirksamkeit sog. existenzsichernder Betriebsvereinbarungen ausf. unten § 8 I 3 a bb (3).

[82] BAG, AP Nr. 21 zu § 77 BetrVG 1972; ausf. zur Zwecksetzung des § 87 Abs. 1 Einls. BetrVG unten § 7 II 4 c bb.

[83] Siehe *Moll*, Tarifvorrang, S. 19; *Hagemeier/Kempen/Zachert/Zilius*, TVG, Einl. Rdnr. 213; *von Hoyningen-Huene/Meier-Krenz*, NZA 1987, 793 (796).

[84] Dazu oben § 3 III 2 a cc (1).

[85] Ähnl. hinsichtl. § 59 BetrVG 1952 auch BAG, AP Nr. 23 zu § 59 BetrVG 1952.

[86] Siehe hierzu unten § 8 II 2 b.

[87] Die rechtspolitische Bedenklichkeit des Tarifvorbehalts ist stets auch von Vertretern der h. M. eingeräumt worden: zu § 59 BetrVG 1952 *Zöllner*, FS für Nipperdey II, S. 699 (702 u. 704 f.); in bezug auf § 77 Abs. 3 BetrVG *Wiedemann/Stumpf*, TVG, § 4

ferenda nach Maßgabe des *Subsidiaritätsprinzips* Regelungen der betrieblichen *generell* den Vorrang vor solchen der tariflichen Gestaltungsebene zuzuerkennen[88]. Von der Notwendigkeit, durch § 77 Abs. 3 BetrVG die Tarifautonomie und die Koalitionen als um ihrer selbst willen geschützt anzusehen, kann in Anbetracht dessen folglich erst recht keine Rede sein.

### *6. Ergebnis*

Die herrschende Auffassung, welche den Zweck des § 77 Abs. 3 BetrVG in der Sicherung der ausgeübten und aktualisierten Tarifautonomie und damit letztlich im Schutz der Funktionsfähigkeit und des Mitgliederstandes der Koalitionen sieht, hat sich weder in historischer, funktioneller noch in verfassungsrechtlicher Hinsicht als geboten erwiesen. Die allgemeinen Grundlagen des Tarifvorbehalts bedingen vielmehr zwingend, dessen Zweckbestimmung – im Einklang mit einer vereinzelt gebliebenen Entscheidung des BAG – maßgeblich an der tariflicher wie betrieblicher Normsetzung gemeinsamen Funktion individuellen Arbeitnehmerschutzes auszurichten. Als rechtspolitische Zwecksetzung des § 77 Abs. 3 BetrVG ist daher die *Gewährleistung möglichst effektiven Arbeitnehmerschutzes durch Kompetenzvorrang des Tarifvertrages* zu erachten.

Im folgenden gilt es somit, den Tarifvorbehalt im Detail auf dem Hintergrund dieser am Arbeitnehmerschutzgedanken orientierten Zwecksetzung zu betrachten, wobei es methodisch sinnvoll erscheint, zur besseren Systematisierung des Inhalts der Norm zwischen den *Gegenständen* sowie den *Grenzen* der durch sie zu Lasten der Betriebsvereinbarung errichteten Sperrwirkung zu differenzieren. Mit der Darstellung der Gegenstände des Tarifvorbehalts wird zunächst der Frage nachgegangen werden, welche Angelegenheiten diesem als *Arbeitsentgelte* und *sonstige Arbeitsbedingungen* im Sinne des § 77 Abs. 3 BetrVG unterfallen (dazu II), während die sich anschließende Untersuchung der Grenzen des Tarifvorbehalts die an eine *tarifliche* oder *üblicherweise tarifliche Regelung* zu stellenden Anforderungen in den Blick nimmt (dazu III).

## II. Gegenstände des Tarifvorbehalts

Da sämtliche Angelegenheiten, die *nicht* als *Arbeitsentgelte* oder *sonstige Arbeitsbedingungen* im Sinne des § 77 Abs. 3 BetrVG anzusehen sind, stets auf betrieblicher Ebene in Form von Betriebsvereinbarungen geregelt werden kön-

---

Rdnr. 276; *Kreutz*, in: GK-BetrVG, § 77 Rdnr. 67; *Richardi*, Anm. zu BAG, AP Nr. 21 zu § 77 BetrVG 1972; *Moll*, Tarifvorrang, S. 38.

[88] Richtungsweisend *Ehmann*, ZRP 1996, 314 ff.; ausf. hierzu unten § 8 II.

nen, ist die genaue Kenntnis der mit diesen Begriffen umschriebenen Gegenstände des Tarifvorbehalts für die Betriebspartner sowohl in Betrieben tarifgebundener als auch nicht tarifgebundener Arbeitgeber von entscheidender Bedeutung. Für aus dem Verband *ausgetretene* oder *austrittswillige* Unternehmer gilt dies sogar in ganz besonderem Maße, da die Rechtsprechung – wie die folgenden Ausführungen zeigen werden – den gegenständlichen Anwendungsbereich des § 77 Abs. 3 BetrVG im Laufe der Zeit gerade zu Gunsten nicht tarifgebundener Arbeitgeber nahezu völlig auf Null reduziert und den Tarifvorbehalt dadurch faktisch längst zu einem juristischen „Leichnam"[89] denaturiert hat. Die Folge ist, daß die von vielen Unternehmen durch Verbandsaustritt erstrebte Flucht aus der tarifvertraglichen in eine betriebsverfassungsrechtliche Ordnung der Arbeitsbedingungen je nachdem, welche Sachmaterie auf betrieblicher Ebene zu regeln beabsichtigt wird, auch nach derzeitiger Rechtslage durchaus zum Erfolg führen kann.

### *1. Differenzierung zwischen materiellen und formellen Arbeitsbedingungen*

a) Von maßgeblicher Wichtigkeit für die Bestimmung des sachlichen Anwendungsbereichs des Tarifvorbehalts ist lange Zeit die Unterscheidung zwischen *materiellen* und *formellen* Arbeitsbedingungen gewesen. Die begriffliche Differenzierung selbst geht zurück auf *Alfred Hueck*[90], der mittels dieser zur Zeit der Geltung des Betriebsrätegesetzes aus dem Jahre 1920 Betriebsvereinbarungen, die *Löhne* und *sonstige Arbeitsbedingungen* betrafen (§ 78 Ziff. 2 BRG 1920), von solchen über *Dienstvorschriften* im Sinne der §§ 66 Ziff. 5, 78 Ziff. 3 BRG 1920 abgrenzte. Unter letztere sollten positiv sämtliche Angelegenheiten fallen, die bei fehlender Regelung in einem Tarifvertrag oder einer Betriebsvereinbarung Gegenstand des einseitigen Direktionsrechts des Arbeitgebers waren[91]. Als materielle Arbeitsbedingungen faßte *Hueck* negativ gewendet alle die Materien zusammen, welche nicht zu den Dienstvorschriften ge-

---

[89] So pointierend *Reuter* (Referat, in: Verhandlungen des 61. DJT, Bd. II/1, K 35 [K 54]), der an dieser Stelle nachhaltig für eine Streichung des § 77 Abs. 3 BetrVG plädiert, „anstatt ihm über die Rechtsprechung neues, praktisch relevantes Leben einzuhauchen"; vgl. aber auch *Ehmann* (Diskussionsbeitrag, in: Verhandlungen des 61. DJT, Bd. II/2, K 105 [K 110]), der – wie zu zeigen sein wird – zu Recht darauf hinweist, daß auch ohne seine Streichung der „verwesende Leichnam" des § 77 Abs. 3 BetrVG durch die Rspr. des BAG bereits weitgehend beseitigt worden ist.

[90] NZfA 1923, Sp. 87 ff. (insbes. 91).

[91] D. h. exemplarisch alle Bestimmungen über die äußere Form der Arbeitsleistung, die Ordnung des Betriebes und das Verhalten der Arbeitnehmer im Betrieb; so *A. Hueck*, NZfA 1923, Sp. 87 (91); diesem zustimm. *Jacobi*, Grundlehren, S. 319 u. 338; a. A. *Schuldt* (Betriebsvereinbarung, S. 17, 31 u. 85) u. a., die zu den Dienstvorschriften nur solche Angelegenheiten rechneten, welche Gegenstand der obligatorischen Arbeitsordnung waren.

rechnet werden konnten, oder wie die gängige Praktikerformel lautet: alles, was Geld kostet (Löhne, Arbeitszeit etc.).

b) Die Unterscheidung ist auf das Betriebsverfassungsgesetz des Jahres 1952 entsprechend übertragen worden, wobei lediglich in terminologischer Fortentwicklung an die Stelle der diesem unbekannten Dienstvorschriften gem. §§ 66 Ziff. 5, 78 Ziff. 3 BRG 1920 der abstrakte Begriff der *formellen Arbeitsbedingungen* trat. Unter solchen verstand man alle Sachgegenstände, die einseitig durch den Arbeitgeber festgesetzt werden konnten, während als materielle Arbeitsbedingungen diejenigen Angelegenheiten bezeichnet wurden, welche grundsätzlich einer einzelvertraglichen oder kollektivvertraglichen Regelung bedurften[92]. Was sich indessen grundlegend änderte, war die der Differenzierung nunmehr beigemessene Bedeutung. Hatte *Alfred Hueck* diese im Hinblick auf das Betriebsrätegesetz noch allein zu dem Zweck herangezogen, verschiedene *Inhalte der Betriebsvereinbarung* gegenseitig abzugrenzen, diente die Unterscheidung zwischen formellen und materiellen Arbeitsbedingungen im Zusammenhang mit der Auslegung von § 56 und § 59 BetrVG 1952 allgemeiner dazu, die *Zuständigkeitsbereiche tariflicher* und *betrieblicher Normsetzung* voneinander zu trennen.

Der von *Siebert* begründeten Lehre von den formellen Arbeitsbedingungen[93] zufolge, der sich Rechtsprechung[94] und Literatur[95] nahezu[96] ungeteilt anschlossen, wurden die dem Betriebsrat durch § 56 BetrVG 1952 (= § 87 BetrVG) eröffneten erzwingbaren Mitbestimmungsrechte ausschließlich auf die *formelle* Seite der in dieser Vorschrift genannten sozialen Angelegenheiten erstreckt. Die

---

[92] *Nikisch*, Arbeitsrecht, Bd. 1, S. 252 f.; *Strasser*, Betriebsvereinbarung, S. 26; eine mehr typologisierende, i. Erg. aber dennoch identische Umschreibung findet sich bei *Hueck/Nipperdey/Säcker* (Arbeitsrecht, Bd. II/2, 7. Aufl., S. 1357 f.) sowie *Richardi* (Kollektivgewalt, S. 255): Als materielle Arbeitsbedingungen sollen all diejenigen Angelegenheiten zu verstehen sein, die das Verhältnis von Leistung und Gegenleistung betreffen, während formelle Arbeitsbedingungen solche sind, durch die eine Regelung außerhalb des Gegenseitigkeitsverhältnisses geschaffen wird.

[93] *Galperin/Siebert*, BetrVG, 4. Aufl., § 56 Rdnr. 18; *Siebert*, RdA 1958, 161 (162).

[94] Siehe insbes. die sog. Produktographen-Entscheidung des BAG (AP Nr. 1 zu § 56 BetrVG 1952 Ordnung des Betriebes), in der das Gericht ausführt, die Mitbestimmung des Betriebsrats komme nur insoweit in Betracht, „als es sich um die Ordnung des Betriebes als Gesamtorganismus und um das Verhalten der Arbeitnehmerschaft als eines Ganzen, dessen Teil auch der einzelne Arbeitnehmer ist, handelt"; i. Erg. ebenso AP Nrn. 3, 6 u. 7 zu § 56 BetrVG 1952 Wohlfahrtseinrichtungen; AP Nrn. 1 u. 2 zu § 56 BetrVG 1952 Arbeitszeit; AP Nr. 3 zu § 56 BetrVG 1952 Akkord; AP Nrn. 2, 3 u. 4 zu § 56 BetrVG Entlohnung.

[95] *Nikisch*, Arbeitsrecht, Bd. 3, S. 374 f. u. 381; *Hueck/Nipperdey/Säcker*, Arbeitsrecht, Bd. II/2, 7. Aufl., S. 1396 f.; *Neumann-Duesberg*, Betriebsverfassungrecht, S. 475; *G. Hueck*, Betriebsvereinbarung, S. 85; *Richardi*, Kollektivgewalt, S. 255 f. m. w. Nachw.; *derselbe*, FS für Lübtow, S. 755 (757 f.).

[96] A. A. aber *Farthmann*, RdA 1966, 249 ff.; *Herschel*, AuR 1962, 191 f.

Sperrwirkung des § 59 BetrVG 1952 und damit der Vorgängernorm des heutigen § 77 Abs. 3 BetrVG beschränkte man indessen im Gegenzug allein auf *materielle* Arbeitsbedingungen. Ziel der tatbestandlichen Exklusivität der Vorschriften war es, mittels des in beiden verschieden stark ausgeprägten Vorrangs des Tarifvertrags vor der Betriebsvereinbarung eine unterschiedliche gegenständliche Priorität von Tarifautonomie und Betriebsautonomie herzustellen[97]. Die im wesentlichen die betriebliche Ordnung und das Verhalten der einzelnen Arbeitnehmer betreffenden formellen Angelegenheiten sollten allein § 56 BetrVG 1952 unterfallen, der Mitbestimmungsrechte des Betriebsrats lediglich untersagte, soweit eine entsprechende gesetzliche oder tarifliche Regelung (tatsächlich und rechtlich wirksam) *bestand.* Materielle Arbeitsbedingungen, also allen voran die Höhe der Löhne und die Arbeitszeitdauer, sollten hingegen dem bereits auf bloße Tarif*üblichkeit* abstellenden und somit weiterreichenden Tarifvorbehalt des § 59 BetrVG 1952 unterliegen und dadurch zum Regelungsprivileg der Tarifpartner erklärt werden.

Es ist demnach festzuhalten, daß der Gesamtkonzeption des Betriebsverfassungsgesetzes aus dem Jahre 1952 noch eindeutig die im Hinblick auf ihre gemeinsame arbeitnehmerschützende Zwecksetzung unterschiedliche Teilfunktion tariflicher und betrieblicher Normsetzung zu Grunde lag[98]: Während es allein der Tarifautonomie zur Aufgabe gestellt war, die in bezug auf die Vereinbarung des *synallagmatischen Kernbereichs* des Arbeitsverhältnisses bestehende wirtschaftliche Abhängigkeit der einzelnen Arbeitnehmer aufzuheben (*materieller Schutzauftrag*), wurde die Bedeutung der Betriebsautonomie ausschließlich darauf reduziert, das *Direktionsrecht* des Arbeitgebers auf Grund des zwingenden Erfordernisses der Beteiligung des Betriebsrats zu beschränken und durch eine zweiseitige Regelung der betreffenden Angelegenheiten zu ersetzen (*immaterieller Schutzauftrag*).

c) Die Verfasser des Betriebsverfassungsgesetzes aus dem Jahre 1972 haben jedoch einer dahingehenden sachlichen Gewaltenteilung zwischen tariflicher und betrieblicher Mitbestimmung ausdrücklich eine Absage erteilt. Denn durch die von der Formulierung des § 56 BetrVG 1952 abweichende Neufassung der durch § 87 Abs. 1 Nr. 3 bzw. § 87 Abs. 1 Nrn. 10 und 11 BetrVG statuierten Mitbestimmungstatbestände wurde die gegenständliche Reichweite erzwingbarer betrieblicher Regelungen in *Arbeitszeit-* und *Entgeltfragen* eindeutig in den Bereich bislang definitionsgemäß *materieller* Angelegenheiten ausgedehnt. Damit war nicht nur erstmals ein merklicher Bedeutungszuwachs der Betriebs- gegenüber der Tarifautonomie verbunden[99], sondern dies führte nicht zuletzt

---

[97] Dazu jetzt auch *Richardi*, FS für Schaub, S. 639 (642).

[98] Allg. zu dieser Diff. bereits § 4 I 1.

[99] Entsprech. *Waltermann*, RdA 1996, 129 (132); *Zachert*, RdA 1996, 140 (144); *Simitis*, Diskussionsbeitrag, RdA 1994, 174; ausdrückl. krit. hierzu *D. Neumann*, RdA 1990, 257 (260).

dazu, daß die strikte Unterscheidung zwischen formellen und materiellen Arbeitsbedingungen ihre für die Bestimmung des Anwendungsbereichs von § 77 Abs. 3 BetrVG richtungsweisende Aussagekraft notwendig eingebüßt hat[100]. Zwar sollte es noch geraume Zeit dauern, bis sich schließlich auch seitens des BAG die zutreffende Erkenntnis durchsetzte, daß nun keinerlei Anhaltspunkte mehr bestehen, *formelle* Arbeitsbedingungen von der Sperrwirkung des Tarifvorbehalts auszunehmen[101]. Weitreichende Auswirkungen auf die Rechtsprechung hatte die gesetzgeberische Beseitigung der tatbestandlichen Exklusivität zwischen Tarifvorrang und Tarifvorbehalt indessen auch bereits zuvor, da das BAG die Neufassung des § 87 Abs. 1 BetrVG alsbald zum Anlaß nahm, die Bedeutung betrieblicher Mitbestimmung sowohl im *Entgeltbereich* (dazu 2 a) als auch im Hinblick auf die *Arbeitszeit* (dazu 2 b) Schritt für Schritt zu erweitern, was im Zusammenspiel mit dem späteren Anschluß an die sog. *Vorrangtheorie* zur Folge hat, daß sich die Gegenstände der Sperrwirkung des § 77 Abs. 3 BetrVG entsprechend verringern (dazu 3).

---

[100] Richtig *Kreutz*, Grenzen, S. 214 ff.; *Jahnke*, Tarifautonomie und Mitbestimmung, S. 168; *Gast*, Tarifautonomie, S. 20; *Säcker*, ZfA 1972 (Sonderheft), 41 (64 u. 66); *Richardi*, FS für Schaub, S. 639 (642); auch bereits *derselbe*, ZfA 1976, 1 (40); *Heinze*, NZA 1989, 41 (42 f.); *Fischer*, Betriebsvereinbarungen, S. 191 ff.; *Gragert*, Flexibilisierung von Tarifverträgen, S. 55 f.; zur noch lange vertretenen Gegenansicht siehe die Nachw. bei *Dietz/Richardi*, BetrVG, § 77 Rdnr. 185; unlängst erneut *Veit*, Zuständigkeit, S. 238 ff.

[101] So nunmehr BAG, AP Nr. 1 zu § 77 BetrVG 1972 Tarifvorbehalt. Anzumerken bleibt, daß das Gericht in derselben Entscheidung die Sperrwirkung des § 77 Abs. 3 BetrVG im Gegenzug auf Inhaltsnormen beschränkt und durch den Ausschluß von Betriebsnormen und betriebsverfassungsrechtlichen Normen zutreff. zum Ausdruck gebracht hat, daß der Tarifvorbehalt nicht Betriebsvereinbarungen ausschließen darf, welche notwendig betriebseinheitlich zu regelnde Angelegenheiten zum Gegenstand haben (ausf. hierzu *Th. Schmidt*, Günstigkeitsprinzip, S. 105 m. w. Nachw.; anders *Fischer*, Betriebsvereinbarungen, S. 193 ff.). Trotz der Erweiterung um formelle Arbeitsbedingungen führte die Rechtsprechungsänderung insgesamt daher zu einer merklichen Verengung des Anwendungsbereichs von § 77 Abs. 3 BetrVG. Dies gilt insbes., wenn man in Rechnung stellt, daß das BAG sich bereits in einer früheren Entscheidung (AP Nr. 21 zu § 77 BetrVG 1972) der sog. Vorrangtheorie zugewandt hatte (dazu ausf. sogleich unter 3). Denn da die Mehrzahl der formellen Arbeitsbedingungen zweifelsohne dem Katalog des § 87 Abs. 1 BetrVG unterfallen, führt der Anwendungsvorrang des § 87 Abs. 1 Einls. BetrVG letztlich dazu, daß die Erweiterung des Tarifvorbehalts um diese seine praktische Bedeutung i. Erg. keinesfalls gesteigert hat.

### 2. *Judikativer Ausbau erzwingbarer Mitbestimmungsrechte*

#### a) Mitbestimmung des Betriebsrats hinsichtlich außer- und übertariflicher Leistungen

aa) Während § 56 Abs. 1 h BetrVG 1952 erzwingbare Mitbestimmungsrechte des Betriebsrats in Entgeltfragen explizit auf die Aufstellung von Entlohnungsgrundsätzen und die Einführung, Anwendung und Änderung von Entlohnungsmethoden beschränkte, versteht § 87 Abs. 1 Nr. 10 BetrVG beide Regelungskomplexe lediglich als konkrete Beispiele des gemeinsamen Oberbegriffs der *betrieblichen Lohngestaltung*. Ausweislich der Gesetzesmaterialien[102] war es Ziel der Neufassung, dem Betriebsrat unter der Voraussetzung, daß es sich um die Festlegung allgemeiner Regelungen handelt, ein umfassendes Mitbestimmungsrecht in nahezu allen Fragen der betrieblichen Lohngestaltung zu überantworten. Diese gesetzgeberische Intention verleitete das BAG dazu, in drei nahezu wortgleichen Beschlüssen vom 12.06.1975[103] die gegenständliche Reichweite der erzwingbaren Mitbestimmung im Entgeltbereich in einer ersten Stufe entscheidend auszudehnen.

Zuvor hatte in Rechtsprechung und Literatur Einigkeit geherrscht, daß sich die dem Betriebsrat nach § 56 Abs. 1 h BetrVG 1952 zustehende Mitbestimmungsbefugnis ausschließlich auf den im synallagmatischen Gegenseitigkeitsverhältnis des Arbeitsvertrages stehenden Lohn erstreckt[104]. Sämtliche Formen sog. „freiwilliger" Leistungen des Arbeitgebers, d. h. solche, zu denen dieser weder kraft Gesetzes noch auf Grund eines Tarifvertrages verpflichtet ist[105], wurden hingegen in jeder Hinsicht als *mitbestimmungsfrei* erachtet. Denn § 56 Abs. 1 h BetrVG 1952 selbst konnte insoweit nicht herangezogen werden, da die ganz herrschende Ansicht davon ausging, daß „freiwillige" Leistungen auf Grund ihrer sozialen Zwecksetzung durch einen *lohnfremden Wesenskern* ge-

---

[102] BT-Drucks. VI/1786, S. 49.

[103] BAG, AP Nrn. 1 (mit zustimm. Anm. *Richardi*), 2 u. 3 zu § 87 BetrVG 1972 Altersversorgung.

[104] Der Beschränkung des § 56 BetrVG 1952 auf sog. formelle Arbeitsbedingungen (dazu oben 1 b) Folge leistend bezog sich das Mitbestimmungsrecht freilich nicht auf die Lohnhöhe, sondern lediglich auf die Ausgestaltung und das einzuhaltende Verfahren der Entgeltgewährung; siehe nur BAG, AP Nr. 3 zu § 56 BetrVG 1952 Akkord; *Nikisch*, Arbeitsrecht, Bd. 3, S. 435.

[105] So die Def. des BAG, AP Nr. 17 zu § 77 BetrVG. Innerhalb der „freiwilligen" Arbeitgeberleistungen muß sinnvollerweise begrifflich weiter differenziert werden zwischen außertariflichen und übertariflichen Zulagen: Während ersteren durch den Arbeitgeber stets eine konkrete Zweckbestimmung beigemessen wird (z. B. Erschwerniszulagen, Schmutzzulagen etc.), geht es bei übertariflichen Leistungen lediglich darum, den Tariflohn zu erhöhen, ohne diese Zuwendungen von weiteren Tatbestandsvoraussetzungen abhängig zu machen; zur Terminologie *Wiedemann/Stumpf*, TVG, § 4 Rdnr. 260; *Kraft*, FS für Molitor, S. 207 (221).

prägt und folglich nicht unter Entgelt im Sinne dieser Vorschrift subsumierbar seien[106]. Und auch § 56 Abs. 1 e BetrVG 1952 schied im Ergebnis als taugliche Rechtsgrundlage aus, da unter Wohlfahrtseinrichtungen im Sinne dieser Norm (= Sozialeinrichtungen im Sinne des § 87 Abs. 1 Nr. 8 BetrVG) nur Sondervermögen zu verstehen waren und sind, die als ständige und *organisierte Einrichtung* eine *gewisse Verselbständigung* erfahren haben[107].

Genau diese Differenzierung zwischen verselbständigten und daher erzwingbare Mitbestimmungsrechte des Betriebsrats auslösenden Wohlfahrtseinrichtungen im Gegensatz zu direkten und damit mitbestimmungsfreien Sozialleistungen des Arbeitgebers leuchtete dem BAG in den genannten Entscheidungen[108] „vom Ergebnis her nicht recht ein"[109]. Geleitet von einer solch unverhohlen ergebnisorientierten Sichtweise und zumindest scheinbar[110] gestützt auf die soeben wiedergegebene gesetzgeberische Intention verstand das Gericht § 87 Abs. 1 Nr. 10 BetrVG nunmehr als eine *Generalklausel*, die nicht nur den im synallagmatischen Gegenseitigkeitsverhältnis stehenden Lohn, sondern vielmehr „alle Formen von Vergütung aus Anlaß eines Arbeitsverhältnisses" erfasse[111]. Es tauschte also den bis dato unbestrittenen – und im Ergebnis auch zutreffenden[112] – engen gegen einen gegenständlich weiten, weil gleichfalls auf

---

[106] BAG, AP Nr. 4 zu § 611 BGB Gratifikation; AP Nr. 5 zu § 56 BetrVG 1952; *Nikisch*, Arbeitsrecht, Bd. 3, S. 438; *Hueck/Nipperdey*, Arbeitsrecht, Bd. 2, 6. Aufl., S. 832; konkret für Weihnachtsgratifikationen *Hilger/Gumpert*, BB 1954, 1002 f.; hinsichtl. § 87 Abs. 1 Nr. 10 BetrVG im Hinblick auf Leistungen der betrieblichen Altersversorgung *Weigel*, BB 1974, 1583 ff.

[107] BAG, AP Nr. 5 zu § 56 BetrVG 1952; AP Nrn. 6 u. 8 zu § 56 BetrVG 1952 Wohlfahrtseinrichtungen; *Hueck/Nipperdey*, Arbeitsrecht, Bd. 2, 6. Aufl., S. 827 f.; *Nikisch*, Arbeitsrecht, Bd. 3, S. 403; *Hilger/Gumpert*, BB 1954, 1002.

[108] Siehe Fn. 103.

[109] Auch *Richardi* (ZfA 1976, 1 [16]) spricht insoweit von einer „planwidrigen Unvollständigkeit des Betriebsverfassungsgesetzes"; zu Recht hat jedoch *Steindorff* (Anm. zu BAG, AP Nr. 2 zu § 87 BetrVG 1972 Altersversorgung) darauf aufmerksam gemacht, daß die in bezug auf Sozialeinrichtungen bestehende Mitbestimmungspflicht im Vergleich zur Mitbestimmungsfreiheit von unmittelbaren Sozialleistungen durchaus mit der besonderen Verwaltungsbedürftigkeit solcher Sondervermögen erklärt weden kann. Bei Lichte betrachtet entpuppt sich die durch das BAG angenommene Sinnwidrigkeit einer im Hinblick auf § 87 Abs. 1 Nr. 8 und Nr. 10 BetrVG diff. Auslegung daher als ein bloßes Scheinargument (entsprech. *Ehmann*, ZfA 1980, 683 [742]).

[110] Die in den Materialien (siehe Fn. 102) zum Ausdruck kommende Absicht, ein umfass. Mitbestimmungsrecht in allen Fragen der betrieblichen Lohngestaltung zu schaffen, erfordert es keineswegs, daß dadurch zwingend auch der bis dato angenommene gegenständliche Bereich der Lohngestaltung, also der Entgeltbegriff als solcher, ausgeweitet werden sollte (zutreff. *Blomeyer*, Anm. zu BAG, AP Nr. 3 zu § 87 BetrVG 1972 Altersversorgung).

[111] Bestätigt durch BAG (GS), AP Nr. 51 zu § 87 BetrVG 1987 Lohngestaltung.

[112] Zu Recht krit. hinsichtl. der Rechtsprechungsänderung des BAG *Ehmann* (ZfA 1980, 683 [741 f.]), der ausführt, daß Zusatzleistungen des Arbeitgebers (z. B. Gratifikationen, Ruhegeldzusagen, Arbeitgeberdarlehen) nicht als Lohnbestandteile angesehen

den sog. *Soziallohn* erstreckten Entgeltbegriff[113]. Auch die Tatsache, daß es sich um ohne jegliche gesetzliche oder tarifliche Verpflichtung gewährte Leistungen des Arbeitgebers handele, vermöge nicht ihre gänzliche Mitbestimmungsfreiheit zu begründen, sondern habe lediglich bestimmte Schranken der Mitbestimmungspflicht zur Folge. In weitgehender Übereinstimmung mit dem arbeitsrechtlichen Schrifttum[114] nimmt das BAG demnach in seither ständiger Rechtsprechung an, daß der Arbeitgeber zwar über das „*Ob*" der Gewährung außertariflicher Zuwendungen, deren *Umfang* (sog. „Dotierungsrahmen") und konkrete *Formen* sowie hinsichtlich des *Personenkreises* der zu begünstigen beabsichtigten Arbeitnehmer frei entscheiden kann; über diese vier Grundfreiheiten hinaus aber besteht de facto im Bereich außertariflicher Zulagen nach § 87 Abs. 1 Nr. 10 BetrVG ein umfassendes Mitbestimmungsrecht des Betriebsrats[115].

bb) Diesem ersten der Betriebsautonomie hinsichtlich des Entgeltbereichs verliehenen Bedeutungszuwachs, der maßgeblich auf einer gegenständlichen Expansion des betriebsverfassungsrechtlichen Lohnbegriffs beruhte, ließ das BAG in einer Entscheidung vom 17.12.1985[116] einen zweiten, in seinen Aus-

---

werden können. Dem Austauschzweck Lohn gegen Arbeit dient vielmehr lediglich das im Arbeitsvertrag oder in einer Tarifvereinbarung festgelegte Arbeitsentgelt im engeren Sinne. Durch die Gewährung der zusätzlichen Leistungen will der Arbeitgeber indessen nicht den synallagmatischen Austauschzweck erfüllen, sondern mittels dieser verfolgt er allein vom eigentlichen Zweck des Arbeitsvertrages letztlich streng zu differenzierende Motive, wie z. B. die Belohnung von Betriebstreue oder die Bindung des Arbeitnehmers an das Unternehmen (allg. zur Diff. von Zweck und Motiv *Ehmann*, Gesamtschuld, S. 138 ff.; speziell zum Arbeitsvertrag ebd., S. 256 f.). Folglich ist es nur konsequent, wenn *Birk* (Gemeinsame Anm. zu BAG, EzA § 87 BetrVG 1972 Lohn und Arbeitsentgelt Nrn. 2 – 4) der Rechtsprechungsänderung des BAG unter Hinweis auf den Wortlaut des § 87 Abs. 1 Nr. 10 BetrVG skeptisch gegenübersteht; krit. auch *Blomeyer*, Anm. zu BAG, AP Nr. 3 zu § 87 BetrVG 1972 Altersversorgung; *Weigel*, BB 1974, 1583 (1586).

[113] Entsprech. *Schwerdtner*, Fürsorgetheorie, S. 154 ff.; *Richardi*, ZfA 1976, 1 (8 ff. u. 15 f.); *Jahnke*, ZfA 1980, 863 (866, 870 f. u. 885 f.).

[114] *Kraft*, FS für Molitor, S. 207 (210): „im wesentlichen unstreitig"; *Richardi*, ZfA 1976, 1 (16 f.); *Jahnke*, ZfA 1980, 863 (888 f. u. 893 f.); *Goos*, NZA 1986, 701 (702 f.); *Matthes*, NZA 1987, 189 (190); *Wank*, NJW 1996, 2273 (2281); *Thüsing*, DB 1997, 1130.

[115] BAG, AP Nrn. 2, 4, 7 zu § 87 BetrVG 1972 Lohngestaltung. Diese sog. „Topftheorie" ist seitens des BAG (AP Nrn. 1, 2, 3, 6, 9 zu § 56 BetrVG 1962 Wohlfahrtseinrichtung) bereits hinsichtl. des Wohlfahrtseinrichtungen betreffenden Mitbestimmungsrechts des Betriebsrats gem. § 56 Abs. 1 e BetrVG 1952 entwickelt und insbes. mit dessen systematischem Zusammenhang zu § 57 b BetrVG 1952 (= § 88 Nr. 2 BetrVG) begründet worden. Sie ist dann in bezug auf die Sozialeinrichtungen i. S. d. § 87 Abs. 1 Nr. 8 BetrVG übernommen (AP Nr. 1 zu § 87 BetrVG 1972 Werkmietwohnung) und schließlich auch auf Direktleistungen i. S. d. § 87 Abs. 1 Nr. 10 BetrVG übertragen worden.

[116] AP Nr. 5 zu § 87 BetrVG 1972 Tarifvorrang; seitdem st. Rspr.: BAG, AP Nrn. 26, 33, 37 u. 51 (GS) zu § 87 BetrVG 1972 Lohngestaltung; zustimm. *Matthes*, NZA 1987, 289 (293 f.); *Kappes*, DB 1986, 1520 (1521); *Herbst*, DB 1987, 738; *Gast*, BB 1987, 1249 (1252).

wirkungen sogar noch bahnbrechenderen Schritt folgen. Hatte das Gericht nur knapp zwei Jahre zuvor die Auffassung vertreten, daß

> „der Betriebsrat kein Mitbestimmungsrecht (hat), wenn der Arbeitgeber zum tariflich geregelten Entgelt einen übertariflichen Zuschlag zahlt“[117],

so lautete der Leitsatz dieses in seiner Begründung recht kurz gehaltenen Beschlusses nunmehr:

> „Der Betriebsrat hat mitzubestimmen, wenn der Arbeitgeber zum tariflich geregelten Entgelt allgemein eine betriebliche Zulage gewährt, deren Höhe von ihm aufgrund einer individuellen Entscheidung festgelegt wird.“

Ermöglicht hat den Kasseler Richtern ihre judikative Kehrtwende der argumentative Ausgangspunkt einer trennscharfen Differenzierung des seitens des Arbeitgebers geschuldeten Effektivlohns in dessen *tariflichen* sowie in den zusätzlich gewährten *über*tariflichen Teil[118]. Betrachtet man, wie auch das BAG selbst bis dato, das Arbeitsentgelt hingegen als Einheit, scheitert die Annahme eines Mitbestimmungsrechts des Betriebsrats hinsichtlich übertariflicher Zulagen bzw. dessen Ausübung in Form einer Betriebsvereinbarung bereits allein daran, daß der Lohn insgesamt als tariflich oder üblicherweise tariflich geregelt angesehen werden muß. Folglich greift unweigerlich der Tarifvorrang (§ 87 Abs. 1 Einls. BetrVG) und / oder der Tarifvorbehalt (§ 77 Abs. 3 BetrVG) ein. In Abweichung hiervon führt das Gericht jedoch im einzelnen aus: Sinn und Zweck des Mitbestimmungsrechts im Sinne des § 87 Abs. 1 Nr. 10 BetrVG sei es, die Arbeitnehmer vor einer einseitig an den Interessen des Arbeitgebers ausgerichteten oder gar willkürlichen Lohngestaltung zu bewahren und dadurch die Angemessenheit und Durchsichtigkeit des betrieblichen Lohngefüges, also letztlich innerbetriebliche Lohngerechtigkeit, zu gewährleisten[119]. Die Schranke des § 87 Abs. 1 Einls. BetrVG greife ganz allgemein nur dann ein, wenn ein Ta-

---

[117] BAG, AP Nr. 3 zu § 87 BetrVG 1972 Tarifvorrang.

[118] Die Diff. geht zurück auf *von Hoyningen-Huene*, auf den sich das BAG in seinen Entscheidungsgründen ausdrücklich beruft. Dieser hatte in einer krit. Anm. zu dem noch anders lautenden Beschluß vom 31.01.1984 (siehe voranstehende Fn.) ausgeführt, das Mitbestimmungsrecht des Betriebsrats gem. § 87 Abs. 1 Nr. 10 BetrVG könne nur dann wegen § 87 Abs. 1 Einls. BetrVG entfallen, wenn die übertarifliche Zulage eine zwangsläufige oder automatische Verlängerung des tariflich geregelten Entgelts darstelle. Dies aber sei nicht der Fall, da sie zusätzlich und freiwillig gewährt werde. Tariflohn und übertarifliche Zulage bedürften daher rechtlich jeweils eigenständiger Bewertungskriterien und Mitwirkungsmöglichkeiten; siehe SAE 1985, 288 (300); insoweit entsprech. auch *Kraft*, Anm. zu BAG, AP Nr. 5 zu § 87 BetrVG 1972 Tarifvorrang; *Hromadka*, DB 1986, 1921 (1923).

[119] I. Erg. ganz h. M.: BAG, AP Nrn. 3, 7 u. 51 (GS) zu § 87 BetrVG 1972 Lohngestaltung; AP Nrn. 3 u. 5 zu § 87 BetrVG 1972 Tarifvorrang; *Richardi*, ZfA 1976, 1 (19 ff.); *Kraft*, FS für Molitor, S. 207 (212); *Jahnke*, ZfA 1980, 863 (885); *Matthes*, NZA 1987, 289 (290); *Goos*, NZA 1984, 701; *Stege/Rinke*, DB 1991, 2386 (2387); krit. hingegen *Joost*, ZfA 1993, 257 (261 ff.): „Leerformel, mit deren Hilfe konkrete Entscheidungen nicht begründet werden dürfen“.

rifvertrag die in Rede stehende mitbestimmungspflichtige Angelegenheit selbst *abschließend* und *zwingend* regele und somit dem durch das Mitbestimmungsrecht des Betriebsrats intendierten Schutzzweck bereits auf tariflicher Ebene hinreichend Rechnung getragen werde[120]. Genau dies sei in bezug auf übertarifliche Entgelte nicht der Fall, da die Tarifvertragsparteien das Ziel der Durchsichtigkeit betrieblicher Lohngestaltung und der Herstellung innerbetrieblicher Lohngerechtigkeit oberhalb der von ihnen vereinbarten Mindestbedingungen denknotwendig nicht zu verwirklichen in der Lage seien. Folglich gelangt das BAG zu dem Ergebnis, der Betriebsautonomie neben dem Bereich der *außer*tariflichen ebenso das weite Feld *über*tariflicher Zulagen zu eröffnen[121], womit das Gericht allgemeiner gesprochen letztlich nichts anderes getan hat, als im Hinblick auf die Regelungsgegenstände erzwingbarer Mitbestimmung im Sinne des § 87 Abs. 1 BetrVG dem *Günstigkeitsprinzip* den Vorzug vor dem in dessen Einleitungssatz statuierten Tarifvorrang zu geben[122].

Die tatsächlichen Konsequenzen dieser Rechtsprechungsentwicklung, die in der Literatur aus verschiedenen Erwägungen[123] ganz überwiegend auf Kritik ge-

---

[120] Entsprech. nunmehr auch BAG (GS), AP Nr. 51 zu § 87 BetrVG 1972 Lohngestaltung m. w. Nachw. In der Bestimmung der Zwecksetzung des § 87 Abs. 1 Einls. BetrVG liegt ein weiterer richtungsweisender Unterschied der Entscheidung vom 17.12.1985 im Vergleich zum Beschluß aus dem Jahre 1984 (AP Nr. 3 zu § 87 BetrVG 1972 Tarifvorrang, insbes. auch die Anm. von *Wiedemann*), in dem das Gericht noch davon ausging, der Tarifvorrang diene zumindest primär dem Schutz der tariflichen Regelung vor ihrer Ersetzung durch eine mitbestimmte betriebliche Vereinbarung; ausf. zum Normzweck des § 87 Abs. 1 Einls. BetrVG unten § 7 II 2 b cc (1).

[121] Voraussetzung sei lediglich, daß es sich um eine generelle und nicht nur auf einen Einzelfall bezogene Regelung handele (sog. kollektiver Tatbestand). Jedoch haben *Wank* (NJW 1996, 2273 [2282]) und *Bauer* (NZA 1997, 233 [234]) treffend darauf hingewiesen, daß es in der Praxis individuelle Tatbestände „so gut wie gar nicht gibt", so daß dieses einschränkende Korrektiv des BAG i. Erg. nur von sehr beschränkter Bedeutung ist; zum Begriff des kollektiven Tatbestandes auch *Kraft*, FS für Molitor, S. 207 (219 ff.); *Goos*, NZA 1986, 701 (703 ff.); *Hromadka*, DB 1988, 2636 (2641 f.); *derselbe*, DB 1991, 2133 (2135).

[122] So *Ehmann*, ZRP 1996, 314 (316); *Blomeyer*, NZA 1996, 337 (345); entsprech., jedoch i. Erg. krit. *Joost*, ZfA 1993, 257 (268); vgl. hierzu auch BAG, AP Nr. 40 zu § 77 BetrVG 1972 konkret hinsichtl. übertariflichen Urlaubsgeldes.

[123] Gegen die Aufspaltung des Gesamtlohns in einen tariflichen und einen übertariflichen Teil *Kraft*, FS für Molitor, S. 207 (212): „Haarspalterei"; *Reuter*, ZfA 1995, 1 (64); *Stege/Rinke*, DB 1991, 2386 f.; *Joost* (ZfA 1993, 257 [267 ff.]), der zudem einen Widerspruch zum Günstigkeitsprinzip des § 4 Abs. 3 TVG und zur tariflichen Friedenspflicht sieht; für einen Verstoß gegen § 77 Abs. 3 BetrVG *Kraft*, Anm. zu BAG, AP Nr. 5 zu § 87 BetrVG 1972 Tarifvorrang; ähnl. *Goos*, NZA 1986, 701 (703); unter Berufung auf die tarifschützende Funktion des § 87 Abs. 1 Einls. BetrVG *Heisig*, Arbeitsentgelt- und Arbeitszeitregelungen, S. 103 ff.; mit dem Hinweis, es fehle bei übertariflichen Leistungen wegen ihres Zwecks der Herstellung individueller Lohngerechtigkeit denknotwendig stets an einem kollektiven Tatbestand *Hromadka*, DB 1986, 1921 (1924); *derselbe*, DB 1988, 2636 (2642 f.); *derselbe*, DB 1991, 2133 (2135 f.); krit. zur Gesamtentwicklung *D. Neumann*, RdA 1990, 257 (260).

stoßen ist, für das Konkurrenzverhältnis von Tarif- und Betriebsautonomie sind ohne Zweifel beträchtlich. Zwar schränkt das BAG die Mitbestimmungsbefugnisse des Betriebsrats ausdrücklich dahingehend ein, daß auf Grund der Freiwilligkeit übertariflichen Lohnes seitens des Betriebsrats nicht vom Arbeitgeber die Gewährung entsprechender Zulagen verlangt oder gar auf dem Wege eines Einigungsstellenverfahrens erzwungen werden könne; das ihm durch § 87 Abs. 1 Nr. 10 BetrVG überantwortete Mitbestimmungsrecht beziehe sich vielmehr allein auf die *Verteilung* und nähere *Ausgestaltung* der übertariflichen Leistungen innerhalb der mitbestimmungsfreien materiellen Vorgaben des Arbeitgebers[124]. Bei näherer Betrachtung erweist sich der darin zum Ausdruck gelangende Grundsatz, der Betriebsrat dürfe – im Gegensatz zu den Tarifpartnern – *nicht* eine die Entgelt*höhe* als solche mitumfassende *Lohnpolitik* betreiben[125], jedoch als ein bloßes Lippenbekenntnis.

Zum einen wird niemand bestreiten können, daß auch die Mitbestimmung hinsichtlich der Verteilung und Ausgestaltung der Zulagen die Möglichkeit zu weitreichenden lohnpolitischen Entscheidungen gewährt, denn was ist es anderes als Lohnpolitik, wenn der Betriebsrat mitzubestimmen hat, ob 30% der Arbeitnehmer 100 DM oder aber 60% von diesen 50 DM an freiwilligen Zuwendungen erhalten sollen[126]. Des weiteren wird die Schranke der Mitbestimmungsbefugnis des Betriebsrats durch die Rechtsprechung selbst wesentlich verwässert, indem das BAG es ausdrücklich für zulässig hält, daß dessen mitgestaltendes Tätigwerden sich wenigstens *mittelbar* auch auf die Festlegung der Lohnhöhe als solche auswirkt[127]. Und ebenso darf nicht übersehen werden, daß die immense Komplexität übertariflicher Entlohnungssysteme es zwangsläufig zur Folge hat, daß dem Arbeitgeber letztlich nur die Möglichkeit bleibt, den Ausgangswert der auszuschütten beabsichtigten Zulagen vorzugeben. Da alle weiteren Bemessungsabstände sich hingegen zwingend aus dem Leistungsplan ergeben, welcher stets unter Beteiligung des Betriebsrats aufzustellen ist, resultiert die Höhe nahezu sämtlicher einzelner Zulagenposten im Ergebnis sogar unmittelbar aus dem Automatismus des mitbestimmungspflichtigen und nicht zuletzt seitens des Betriebsrats auf dem Wege seines Initiativrechts[128] erzwing-

---

[124]BAG, AP Nr. 5 zu § 87 BetrVG 1972 Tarifvorrang mit insoweit zustimm. Anm. *Kraft*; auch AP Nr. 1 zu § 87 BetrVG 1972 Prämie.

[125]Ganz h. M.: siehe nur BAG, AP Nr. 1 zu § 87 BetrVG 1972 Provision; *Richardi*, ZfA 1976, 1 (18 ff.); *Hanau*, BB 1977, 350 (353 f.); *Jahnke*, ZfA 1980, 863 (889) m. w. Nachw.

[126]Richtig *Goos*, NZA 1986, 701 (703).

[127]Ausdrückl. BAG, AP Nr. 7 zu § 87 BetrVG 1972 Lohngestaltung; i. Erg. auch AP Nr. 37 zu § 87 BetrVG 1972 Lohngestaltung; anders noch AP Nr. 1 zu § 87 BetrVG 1972 Provision; dem BAG zustimm. *Matthes*, NZA 1986, 289 (291); *Jahnke*, ZfA 1980, 863 (891 f.); *Richardi*, ZfA 1976, 1 (44); krit. *Heinze*, NZA 1986, 1 (7).

[128]Grundleg. zu diesem BAG, AP Nr. 1 zu § 87 BetrVG 1972; konkret für den Entgeltbereich AP Nr. 1 zu § 87 BetrVG 1972 Altersversorgung; ausf. u. m. w. Nachw. *Ri-*

baren Rechenwerkes selbst[129]. Bedenkt man schließlich, daß der Betriebsrat – was in der Praxis freilich selten geschehen dürfte – die Einführung übertariflicher Zulagen mit der Forderung von aus der Sicht des Arbeitgebers untragbaren Verfahrensvoraussetzung durchaus auch gänzlich zu verhindern in der Lage ist[130], kann nach alledem von der angeblichen Mitbestimmungsfreiheit der Entscheidung hinsichtlich des „Ob" sowie des Umfangs übertariflicher Entlohnung tatsächlich kaum noch die Rede sein.

Insgesamt ist jedenfalls festzuhalten, daß die durch das BAG initiierte Erstreckung des Mitbestimmungsrechts im Sinne des § 87 Abs. 1 Nr. 10 BetrVG auf übertarifliche Entgelte faktisch zur Folge hat, daß sich an die *erste Lohnrunde* durch die Tarifvertragsparteien in den meisten Betrieben stets eine von den Betriebspartnern geführte *zweite Lohnrunde* anschließt[131]. Das tarifliche Mindestentgelt hat also mit anderen Worten seine Bedeutung weitestgehend verloren, denn für die Arbeitnehmer letztlich materiell entscheidend ist allein der unter Beteiligung des Betriebsrats ausgehandelte *Effektivlohn*. Die Betriebsautonomie ist somit längst tief in die einst tarifvertragliche Domäne der Lohngestaltung eingebrochen.

cc) Als zumindest vorläufiger Schlußpunkt der unleugbaren judikativen Tendenz zur Stärkung der Betriebsautonomie im Entgeltsektor ist schließlich die Entscheidung des BAG vom 03.12.1991[132] zu nennen. In diesem Beschluß hat dessen Großer Senat nicht nur die bisherige Gesamtentwicklung der Rechtsprechung nachhaltig bestätigt und umfassend gegen die Kritik im Schrifttum verteidigt, sondern darüber hinaus insbesondere klargestellt, daß dem Betriebsrat auch hinsichtlich der *Anrechnung* von Tariflohnerhöhungen auf über- und außertarifliche Zulagen sowie bei deren *Widerruf* seitens des Arbeitgebers nach

---

*chardi*, ZfA 1976, 1 (38 ff.); gerade wegen der im Text beschriebenen Konsequenz der mittelbaren Beeinflussung des Dotierungsrahmens i. Erg. für eine Einschränkung des den Leistungsplan betreffenden Initiativrechts zu Recht *Birk*, Gemeinsame Anm. zu EzA § 87 BetrVG Lohn und Arbeitsentgelt Nr. 2 – 4.

[129] Krit. hierzu *Joost*, ZfA 1993, 257 (270 f.): „die Lohnhöhe bestimmendes pushbutton-System, das dem Arbeitgeber nur noch die Bestimmung eines einzigen Parameters überläßt"; der Rspr. zustimm. hingegen *Matthes*, NZA 1986, 289 (291); vgl. auch *Neef*, FS für Schaub, S. 515 (521).

[130] So der Hinweis von *Matthes*, NZA 1987, 289 (290 u. 293); siehe auch *Kraft*, FS für Molitor, S. 207 (218).

[131] *Wank*, NJW 1996, 2273 (2282).

[132] AP Nr. 51 zu § 87 BetrVG 1972 Lohngestaltung. Mit dieser Entscheidung beendete der Große Senat des BAG die zwischen dem vierten (AP Nr. 58 zu § 1 TVG Tarifverträge Metallindustrie) und fünften Senat (DB 1987, 1542) sowie dem ersten (AP Nr. 31 zu § 87 BetrVG 1972 Lohngestaltung; AP Nr. 43 zu § 87 BetrVG 1972 Lohngestaltung [Vorlagebeschluß]) und dritten Senat (AP Nr. 12 zu § 87 BetrVG Lohngestaltung) bezüglich der Anrechnungsproblematik bestehende höchstrichterliche Kontroverse.

§ 87 Abs. 1 Nr. 10 BetrVG ein Mitbestimmungsrecht zusteht[133]. Voraussetzung hierfür sei, daß sich auf Grund der intendierten Maßnahme die Verteilungsgrundsätze der freiwilligen Leistungen änderten sowie dem Arbeitgeber überhaupt für eine anderweitige Anrechnung oder Kürzung faktisch ein Regelungsspielraum verbleibe.

Die praktische Bedeutung dieses Richterspruchs bedarf kaum einer Beschreibung, da auf Grund der zu Beginn der 90er-Jahre einsetzenden wirtschaftlichen Krisenphase gerade die Rückführung von „freiwilligen" Leistungen, die in vergangenen Zeiten konjunkturellen Wohlstands versprochen wurden, in vielen Betrieben ganz oben auf der Tagesordnung stehen dürfte[134]. Sieht man die Grundsatzentscheidung des Großen Senats im Gesamtkontext der für den Entgeltbereich ergangenen mitbestimmungsrechtlichen Judikatur, so hat das Gericht spätestens durch diesen Beschluß endgültig die ökonomische und betriebssoziologische Notwendigkeit[135] anerkannt, daß sowohl in guten als auch in schlechten wirtschaftlichen Tagen die wesentlichen lohnpolitischen Entscheidungen nicht mehr auf tariflicher Ebene fallen, sondern die Tarifverhandlungen längst schon nur ein gesamtwirtschaftliches Vorspiel darstellen, die letztendliche Lohngestaltung aber – dem Grundsatz der *Subsidiarität*[136] entsprechend – vor Ort in den Betrieben stattzufinden hat.

### b) Erzwingbare Mitbestimmung hinsichtlich der Arbeitszeitdauer

#### *aa) Selbstentwertung der Tarifautonomie durch den Leber-Rüthers-Kompromiß*

##### (1) Die rechtspolitische Dimension

Augenfälliger noch als im Entgeltbereich ist der Bedeutungswandel von der Tarifautonomie zur Betriebsautonomie im Hinblick auf die Regelung der Arbeitszeit. Insoweit war es nicht allein die Judikative, die für eine merkliche Verlagerung der Kompetenzen von der tariflichen auf die betriebliche Regelungsebene sorgte, sondern die Tarifparteien selbst haben den entscheidenden Anstoß gegeben, den Betriebspartnern über den Wortlaut des Gesetzes hinaus das Letztentscheidungsrecht in bezug auf die Festlegung der Dauer der wöchentlichen Arbeitszeit zu überlassen, und diese damit in die Gestaltung des synallagmatischen Kernbereichs der Arbeitsverhältnisse eingebunden. Rich-

---

[133] Krit. hierzu wegen Annahme eines Verstoßes gegen die Privatautonomie und die Tarifautonomie *Hromadka*, DB 1991, 2133 (2138).

[134] Siehe auf der Grundlage empirischer Untersuchungen *Masloh*, BB 1996, 2407 (2408).

[135] Allg. dazu bereits § 4 II 2 a.

[136] Zu diesem ausf. oben § 5 IV 2 b.

tungsweisend hierfür war der in der Metallbranche ergangene Schlichterspruch vom 28.06.1984 (sog. Leber-Rüthers-Kompromiß[137]), mittels dessen die Tarifpartner die seinerzeit erbittert um die 35-Stunden-Woche geführten Arbeitskämpfe beendeten. Inhalt des in der Folgezeit in zahlreiche Tarifverträge übernommenen Einigungsvorschlags war, daß für sämtliche Arbeitnehmer eines Betriebes die Dauer der wöchentlichen Arbeitszeit innerhalb einer Spanne von 37 bis 40 Stunden durch Betriebsvereinbarung festgelegt werden konnte, sofern nur insgesamt der tariflich vorgegebene Durchschnitt von 38,5 Stunden erreicht wurde. Sollte es nicht zu entsprechenden betriebsinternen Vereinbarungen kommen, sah der Tarifkompromiß zur Konfliktlösung zwingend das Eingreifen der betrieblichen Einigungsstelle oder einer tariflichen Schlichtungsstelle vor.

Die Regelung bedeutete seinerzeit unbezweifelbar ein absolutes tarifpolitisches Novum, da den Betriebsparteien bis dato die Bestimmung der Dauer der Arbeitszeit stets verschlossen war. Denn erzwingbare Mitbestimmungsrechte eröffnet das Betriebsverfassungsgesetz ausschließlich in bezug auf die *Verteilung* und die *Lage* der täglichen Arbeitszeit (§ 87 Abs. 1 Nr. 2), im Hinblick auf die Arbeitszeitdauer hingegen nur für die Ausnahmefälle einer *vorübergehenden* Verkürzung oder Verlängerung (§ 87 Abs. 1 Nr. 3); freiwillige Betriebsvereinbarungen scheitern insoweit in aller Regel an der Sperrwirkung des § 77 Abs. 3 BetrVG. Indem die Tarifvertragsparteien durch den Leber-Rüthers-Kompromiß den Tarifvorbehalt hinsichtlich der Arbeitszeitdauer im Ergebnis aus den Angeln gehoben haben[138], ist jedoch auch von ihnen unumwunden anerkannt worden, daß allein eine betriebseinheitliche Gestaltung der Arbeitszeit durch Betriebsvereinbarungen den zwingenden Bedürfnissen moderner Produktion hinreichend gerecht zu werden vermag. Über diese letztlich unbestrittene[139] rechtspolitische Grundaussage hinaus stellte der bahnbrechende Schlichterspruch indessen „zumindest juristisch ein böses Ei“[140] dar, da durch ihn eine Vielzahl grundsätzlicher Probleme und Unklarheiten des Spannungsverhältnis-

---

[137] Abgedr. in: NZA 1984, 79.

[138] Ähnl. *Ehmann*, in: *Giger/Linder*, Sozialismus, S. 581 (604).

[139] Insoweit übereinstimm. *Ehmann*, NZA 1991, 1 (6); *derselbe*, in: *Giger/Linder*, Sozialismus, S. 581 (604); *Richardi*, RdA 1994, 394 (399); *Bender*, BB 1987, 1117 (1120); *Linnenkohl*, BB 1988, 1459 (1460); *Kissel*, NZA 1986, 73 (77).

Die tarifpolitische Richtigkeit des Leber-Rüthers-Kompromisses wurde und wird freilich noch immer i. Erg. sehr unterschiedlich beurteilt: positiv die Stellungnahmen von *Buchner*, NZA 1986, 377 (378 ff.); *derselbe*, DB 1985, 913 (916); *von Hoyningen-Huene*, Anm. zu BAG, AP Nr. 23 zu § 77 BetrVG 1972; krit. hingegen *Herschel*, AuR 1984, 321 (322 f.); *Richardi*, NZA 1994, 394 (401): „Abdankung der Tarifvertragsparteien“; *Kissel*, NZA 1986, 73 (76 f.): „erhebliche längerfristige Gefahren“; *Heinze*, NZA 1995, 1 (6): „Selbstschwächung der Tarifvertragsparteien ... in gefährlichem, weil die Tarifautonomie untergrabendem Ausmaß“; *Riester*, Deregulierung, S. 55 f.

[140] *Ehmann*, in: Bitburger Gespräche, S. 19 (34).

ses zwischen tariflicher und betrieblicher Normsetzung mit aller Deutlichkeit zu Tage traten.

(2) Die rechtliche Dimension

Der Gegenstand der im Umfeld des Schlichtungsergebnisses heftig geführten arbeitsrechtswissenschaftlichen Auseinandersetzungen[141] läßt sich zusammenfassend anhand der Frage umschreiben, ob und inwieweit es den Tarifvertragsparteien auf der Grundlage des ihnen durch Art. 9 Abs. 3 GG überantworteten tariflichen Regelungsauftrags erlaubt ist, ihre eigenen Befugnisse durch ausdrückliche Erweiterung der erzwingbaren Mitbestimmungsrechte des Betriebsrats auf die betriebliche Gestaltungsebene zu verlagern[142]. Die ersten juristischen Schwierigkeiten beginnen hierbei bereits damit, die rechtliche Natur entsprechender Tarifbestimmungen zutreffend zu charakterisieren. Einerseits liegt es nahe, die Erweiterung erzwingbarer Mitbestimmung, da sie das kompetentielle Verhältnis von Arbeitgeber und Betriebsrat verändert, als *betriebsverfassungsrechtliche Norm* im Sinne des § 1 Abs. 1 TVG zu verstehen; andererseits aber enthielten die den Leber-Rüthers-Kompromiß umsetzenden Tarifverträge selbst schon die Bestimmung der verkürzten durchschnittlichen Wochenarbeitszeit (38,5 Stunden) sowie die Festlegung eines von den Betriebspartnern zwingend einzuhaltenden Arbeitszeitkorridors (37 bis 40 Stunden). Weil dadurch bereits der materielle Gehalt der erfaßten Arbeitsverhältnisse vorherbestimmt war, erscheint zumindest kumulativ die Kennzeichnung als *Inhaltsnorm* im Sinne des § 1 Abs. 1 TVG geboten[143]. Dies ist keinesfalls ein bloßer Streit um

---

[141] Vgl. insbes. die Diskussion zwischen *P. Hanau* (NZA 1985, 73), *Löwisch* (NZA 1985, 170), *Richardi* (NZA 1984, 387; NZA 1985, 172) und *von Hoyningen-Huene* (NZA 1985, 169) sowie den erhellenden Gesamtüberblick von *Buchner*, DB 1985, 913.

[142] Zur hier nicht weiter zu erörternden Frage, ob aus Art. 9 Abs. 3 GG bereits eine verfassungsrechtliche Verpflichtung der Tarifvertragsparteien folgt, die wesentlichen Entscheidungen hinsichtl. der Gestaltung der Arbeits- und Wirtschaftsbedingungen selbst zu treffen, vgl. *Henssler*, ZfA 1994, 487 (498); *Weyand*, AuR 1989, 193 (196); *Schwarze*, Betriebsrat, S. 203 ff.; *Baumann*, Delegation, S. 170; *Meier-Krenz*, Erweiterung, S. 153 ff.; allg. bereits *Beuthien*, BB 1983, 1992 (1996).

Zur Frage des zwingenden oder tarifdispositiven Charakters des Betriebsverfassungsgesetzes umfass. *Meier-Krenz*, Erweiterung, insbes. S. 41 ff.; *derselbe*, DB 1988, 2149 (2150 f.); *Gragert*, Flexibilisierung von Tarifverträgen, S. 130 ff.; i. Erg. anders *Beuthien*, ZfA 1986, 131 (134 ff.); *von Hoyningen-Huene*, NZA 1985, 9 (11).

[143] Richtig *Löwisch*, DB 1984, 2457: „Inhaltsnorm in den Mantel einer betriebsverfassungsrechtlichen Norm gehüllt"; *derselbe*, NZA 1985, 170 (171); *von Hoyningen-Huene*, Anm. zu BAG, AP Nr. 23 zu § 77 BetrVG 1972: „unvollständige tarifl. Inhaltsnorm, verbunden mit einer Bestimmungsklausel in Form einer betriebsverfassungsrechtl. Norm (sog. Doppelcharakter)"; *derselbe*, NZA 1985, 9 (12); *Walker*, ZfA 1996, 353 (368); *Baumann*, Delegation, S. 49 ff. u. 113; ähnl. *Buchner*, BB 1985, 913 (917); *derselbe*, RdA 1990, 1 (3); *Junker*, ZfA 1996, 383 (406 f.): „nicht ... eine lupenreine Öff-

Worte, da Inhaltsnormen gem. §§ 3 Abs. 1, 4 Abs. 1 TVG nur zwischen beiderseits Tarifgebundenen Wirkung erlangen, während betriebsverfassungsrechtliche Normen für alle Arbeitnehmer tarifgebundener Arbeitgeber gelten (§ 3 Abs. 2 TVG). Das mit dem Leber-Rüthers-Kompromiß verfolgte Ziel, die erstrebte Arbeitszeitverkürzung durch Indienstnahme der Betriebspartner mittels der normativen Wirkung der Betriebsvereinbarung (§ 77 Abs. 4 Satz 1 BetrVG) gleichermaßen auf *Nicht-* oder *Andersorganisierte* zu erstrecken[144], vermochten die Tarifvertragsparteien folglich nur dann zu erreichen, wenn die zu Grunde liegenden Tarifbestimmungen *ausschließlich* als betriebsverfassungsrechtliche Normen im Sinne des § 1 Abs. 1 TVG angesehen werden konnten. Da die Mehrheit des arbeitsrechtlichen Schrifttums gerade dies ablehnte, ist der Schlichterspruch in der Literatur im Ergebnis nahezu[145] einhellig auf Kritik gestoßen[146].

Ungeachtet der dargelegten Bedenken hat jedoch das BAG in seiner Grundsatzentscheidung vom 01.04.1987[147] die rechtliche Wirksamkeit einer den Tarifkompromiß verwirklichenden Betriebsvereinbarung angenommen und dabei ausgeführt, daß insbesondere auch die Erstreckung auf nicht gewerkschaftsangehörige Arbeitnehmer der Zulässigkeit entsprechender betrieblicher Abreden nicht entgegenstehe. Die Außenseiterarbeitnehmer würden gerade nicht von den Normen des Tarifvertrages erfaßt, sondern der Inhalt ihrer Arbeitsverträge werde ausschließlich durch die Betriebspartner bestimmt (§ 77 Abs. 4 Satz 1 BetrVG), weshalb ein Verstoß gegen die durch Art. 9 Abs. 3 GG geschützte negative Koalitionsfreiheit ausscheide. Daran vermöge ebenso die Tatsache nichts zu ändern, daß der zu Grunde liegende Tarifvertrag den Betriebspartnern in Ermangelung einer einvernehmlichen Einigung den Weg zur Zwangsschlichtung vor der betrieblichen Einigungsstelle oder einer tariflichen Schlichtungsstelle eröffne, weil die damit verbundene Erweiterung der erzwingbaren Mitbestimmungsrechte des Betriebsrats als eine betriebsverfassungsrechtliche Norm

---

nungsklausel, sondern ... die Vorgabe eines Rahmens"; diff. *Ehmann/Balthasar*, JURA 1985, 436 (439); für eine „Doppelnatur aus Inhalts- und zugleich als Betriebs- oder Solidarnorm" *Linnenkohl*, BB 1988, 1459 (1460); entsprech. *Weyand*, AuR 1989, 193 (197); zu Unrecht für eine ausschließliche Charakterisierung als Betriebsnorm *H. Hanau*, RdA 1996, 158 (174); unentschlossen *Richardi*, NZA 1984, 387 (388): „rechtsdogmatisch nur unvollständig erfaßter Normkomplex".

[144] So die Einschätzung von *Konzen*, NZA 1995, 913 (919); ähnl. *Bender*, BB 1987, 1117.

[145] Zustimm. hingegen *Küttner/Schlüpers-Oehmen/Rebel* (DB 1985, 172 [173]) mit der ergebnisorientierten Argumentation, daß nur bei Erstreckung auf die tariflichen Außenseiter eine „sinnvolle Regelung" gegeben sei.

[146] *Löwisch*, DB 1984, 2457 f.; *derselbe*, NZA 1985, 170 (171); *Richardi*, NZA 1984, 387 (388); *derselbe*, NZA 1985, 172 (173); *Ehmann/Balthasar*, JURA 1985, 436 (439 f.); *Bender*, BB 1987, 1117 (1118); *Schüren*, RdA 1985, 22 (27).

[147] AP Nr. 23 zu § 77 BetrVG 1972 m. i. Erg. ablehn. Anm. *von Hoyningen-Huene*; bestätigt in BAG, BB 1988, 1252 ff. sowie BAG, AP Nr. 23 zu § 11 BUrlG.

im Sinne des § 1 Abs. 1 TVG zu charakterisieren sei, die gem. § 3 Abs. 2 TVG bei Tarifgebundenheit des Arbeitgebers gegenüber allen Arbeitnehmern des Betriebes gelte.

Die kritischen Stimmen in der Literatur vermochte diese Argumentation indessen nicht zu überzeugen, so daß die den Leber-Rüthers-Kompromiß billigende Rechtsprechung dort – wie im folgenden in groben Zügen skizziert werden soll im Ergebnis zu Recht – bis heute überwiegend[148] auf Ablehnung trifft[149]. Nach richtiger Auffassung hätte es auf Seiten des BAG einer differenzierteren Sichtweise bedurft: Für alle innerhalb des Betriebes Beschäftigten können die Betriebspartner tarifliche Vorgaben lediglich dann in Geltung setzen, wenn ihnen im Hinblick auf den in Frage stehenden Sachgegenstand eine *originäre Regelungskompetenz*[150] zukommt[151]. Fehlt es an einer solchen, können entsprechende betriebliche Vereinbarungen nur wirksam abgeschlossen werden, soweit die Tarifvertragsparteien in der Lage sind, die ihnen obliegende Normsetzungsbefugnis auf die betriebliche Ebene zu *übertragen*[152], also in den Grenzen der Tarifautonomie[153]. Da sich die tarifliche Rechtsetzungsmacht ausschließlich auf die Koalitionsmitglieder beschränkt, kann die Verlagerung der tariflichen Kompetenz auf die Betriebsvereinbarungsparteien allein keineswegs eine Ausdehnung des erfaßten Personenkreises auf nicht- oder andersorgani-

---

[148] Dem BAG folgend aber *Henssler*, ZfA 1994, 487 (498 f.); *Weyand*, AuR 1989, 193 (196 ff.); *Linnenkohl*, BB 1988, 1459 f.; *Kempen*, RdA 1994, 140 (152); *Heinze*, NZA 1995, 1 (5); *Kort*, NJW 1997, 1476 (1480); *Meyer*, RdA 1998, 142 (151 f.); *Riester*, Deregulierung, S. 159 ff.; zumindest zuneigend *Junker*, ZfA 1996, 383 (406 f.); diff. *Reichold* (Sozialprivatrecht, S. 536), der eine Erweiterung erzwingbarer Mitbestimmungsrechte in sozialen Angelegenheiten insofern für zulässig erachtet, als sie nicht in die Essentialia der Leistungsbeziehungen der Arbeitsvertragsparteien eingreife.

[149] *Richardi*, Gutachten, in: Verhandlungen des 61. DJT, Bd. I, B 55 ff.; *derselbe*, NZA 1988, 673 (676); *Waltermann*, Rechtsetzung, S. 179 ff.; *Rieble*, Arbeitsmarkt und Wettbewerb, Rdnrn. 1496 ff.; *derselbe*, RdA 1996, 152 (154); *Papier*, RdA 1989, 137 (141); *Löwisch*, SAE 1988, 103 (104 f.); *derselbe*, JZ 1996, 812 (815); *Buchner*, RdA 1990, 1 (6 ff.); *Konzen*, NZA 1995, 913 (919); *Lieb*, NZA 1994, 289 (290); *Wank*, NJW 1996, 2273 (2280 f.); *Walker*, ZfA 1996, 353 (365 ff.); *von Hoyningen-Huene/Meier-Krenz*, ZfA 1988, 293 (316 f.); *Meier-Krenz*, DB 1988, 2149 (2153); *H. Hanau*, RdA 1996, 158 (174 f.).

[150] Zur gegenständlichen Reichweite der Normsetzungsbefugnis der Betriebspartner ausf. unten § 7 II 2 b bb sowie § 8 I 1.

[151] Insoweit i. Erg. auch BAG, AP Nr. 2 zu § 77 BetrVG Tarifvorbehalt; *Buchner*, DB 1985, 913 (917 ff.); *derselbe*, RdA 1990, 1 (5); *von Hoyningen-Huene*, Anm. zu BAG, AP Nr. 23 zu § 77 BetrVG 1972; *P. Hanau*, NZA 1985, 73 (74 f.); *Schwarze*, Betriebsrat, S. 145; a. A. *Baumann* (Delegation, S. 90 ff.), der tarifliche Öffnungsklauseln generell als Fall eines tariflich begründeten Bestimmungsrechts versteht: „Betriebsvereinbarung kraft tariflicher Delegation".

[152] Zutreff. *Baumann* (Delegation, S. 38), indem er entsprech. Betriebsvereinbarungen kraft tariflicher Delegation von solchen im betriebsverfassungsrechtlichen Sinne unterscheidet.

[153] *Meier-Krenz*, Erweiterung, S. 147; *derselbe*, DB 1988, 2149 (2152).

sierte Arbeitnehmer zur Folge haben. Dies ergibt sich zum einen zwingend aus dem überkommenen römisch-rechtlichen Grundsatz: „*nemo plus iuris transferre potest quam ipse habet*“[154]. Zum anderen widerspräche eine solche personelle Geltungserweiterung dem aus dem Demokratieprinzip (Art. 20 Abs. 1, Art. 28 Abs. 1 GG) resultierenden Erfordernis der *staatlichen Anerkennung privater Rechtsetzung*[155]. Mit anderen Worten kann also betriebliche Rechtsetzungsmacht nicht allein durch Delegation seitens der tariflichen Normsetzungsberechtigten entstehen, sofern nicht der Gesetzgeber ausdrücklich eine entsprechende Erlaubnis erteilt. Selbst wenn man die den Tarifvertragsparteien in §§ 1 Abs. 1, 3 Abs. 2 TVG eingeräumte Befugnis zur Schaffung betriebsverfassungsrechtlicher Normen allgemein als gesetzgeberische Anerkennung der tariflichen Erweiterung erzwingbarer betrieblicher Mitbestimmungsrechte ansieht[156], versagt diese Ermächtigungsgrundlage dennoch jedenfalls dann, wenn die Tarifpartner konkret den Rahmen einer rein betriebsverfassungsrechtlichen Norm überschreiten, indem sie bereits selbst den Betriebsparteien zwingende inhaltliche Vorgaben machen. Genau dies ist jedoch innerhalb der den Leber-Rüthers-Kompromiß umsetzenden Tarifverträge geschehen (Wochenarbeitszeit zwischen 37 und 40 bei durchschnittlich 38,5 Stunden), weshalb die diese auf betrieblicher Ebene verwirklichenden Abreden sich in Ermangelung einer originären erzwingbaren Mitbestimmungsbefugnis des Betriebsrats hinsichtlich der Dauer der Arbeitszeit ausschließlich auf tarifgebundene Arbeitnehmer erstrekken durften[157].

---

[154] *Reuter*, Referat, in: Verhandlungen des 61. DJT, Bd. II/1, K 35 (K 52); *von Hoyningen-Huene*, Anm. zu BAG, AP Nr. 23 zu § 77 BetrVG 1972; *derselbe*, NZA 1985, 9 (11); *derselbe*, NZA 1985, 169 (170); *H. Hanau*, RdA 1996, 158 (175).

[155] Ebenso *Löwisch*, SAE 1988, 103 (104); *Papier*, RdA 1989, 137 (142); *Baumann*, Delegation, S. 109; ausf. zum staatlichen Anerkennungsmonopol nichtstaatlicher Normsetzung oben § 5 III 2 d bb (3).

[156] I. Erg. bejahend *P. Hanau*, NZA 1985, 73 (75 f.); *Meier-Krenz*, Erweiterung, S. 146 ff.; auch *Heinze* (NZA 1995, 1 [5]), der zusätzlich insbes. auf die betriebsverfassungsrechtliche Geltung des Günstigkeitsprinzips hinweist; nach der einleuchtender erscheinenden Ansicht von *Beuthien* (ZfA 1986, 131 [139]) kann allerdings § 3 Abs. 2 TVG mit Rücksicht auf die verfassungsrechtlich gewährleistete negative Koalitionsfreiheit (Art. 9 Abs. 3 GG) zumindest nicht als Generalermächtigung zur umfass. tarifvertraglichen Umgestaltung der gesetzlichen Regelung der Betriebsverfassung angesehen werden; *Schüren* (RdA 1985, 22 [27]) spricht insoweit zu Recht von der Gefahr der Umgehung des § 3 Abs. 1 TVG durch § 3 Abs. 2 TVG.

[157] Wie hier *Buchner*, DB 1985, 913 (922); *derselbe*, RdA 1990, 1 (6 f.); *von Hoyningen-Huene/Meier-Krenz*, ZfA 1988, 293 (316 f.); *Walker*, ZfA 1996, 353 (365); *Baumann*, Delegation, S. 123; *Meier-Krenz*, Erweiterung, S. 152 f.; anschaulich *Schüren*, RdA 1988, 138 (143): Betriebspartner als bloßer „Transmissionsriemen zwischen der Tarifnorm und der daraus abzuleitenden konkreten Arbeitszeitgestaltung für den einzelnen Arbeitnehmer“; allg. bereits *Richardi*, Kollektivgewalt, S. 237.

Zu fragen bleibt lediglich, ob Betriebsvereinbarungen, welche die Tarifbestimmungen umsetzen, als ausschließlich auf tarifgebundene Arbeitnehmer beschränkte Rege-

Gleichwohl kann als Faktum festgehalten werden: Auf Grund der Billigung des Leber-Rüthers-Kompromisses durch das BAG steht nach derzeitiger Rechtslage den Betriebspartnern im Hinblick auf die Arbeitszeitdauer ein erzwingbares Mitbestimmungsrecht zu, sofern sich die Tarifvertragsparteien durch äußere Zwänge – ausweglos erscheinende Arbeitskämpfe, wirtschaftliche Rezessionsphasen, Druck der öffentlichen Meinung – gehalten sehen, auf dem Wege tariflicher Öffnungsklauseln eine dahingehende Kompetenz anzuerkennen. Der Tarifvorbehalt im Sinne des § 77 Abs. 3 Satz 1 BetrVG stellt unter dieser Voraussetzung wegen § 77 Abs. 3 Satz 2 BetrVG keine Barriere betrieblicher Normsetzung mehr dar[158].

*bb) Arbeitszeitflexibilisierung auf Grund des Arbeitszeitgesetzes vom 01.07.1994*

Entscheidend verbessert worden sind die Möglichkeiten zur Arbeitszeitflexibilisierung auf dem Wege von Betriebsvereinbarungen durch das am 01.07.1994 in Kraft getretene Arbeitszeitgesetz. Eines der Hauptanliegen dieser Neukodifikation war, den Tarifvertragsparteien und den Betriebspartnern bzw. in betriebsratslosen Betrieben den Parteien des Arbeitsvertrages im Interesse ei-

---

lungen aufrechterhalten werden können; vgl. allg. *Beuthien*, ZfA 1986, 131 (136); i. Erg. verneinend *Löwisch*, DB 1984, 2457 (2458); *derselbe*, NZA 1985, 170 (172); *Richardi*, NZA 1984, 387 (389); *derselbe*, NZA 1985, 172 (174); *Ehmann*, Bitburger Gespräche, S. 19 (34); *von Hoyningen-Huene*, NZA 1985, 9 (11); *derselbe*, NZA 1985, 169 (170); *Küttner/Schlüpers-Oehmen/Rebel*, DB 1985, 172 (173); bejahend aber *Ehmann/Balthasar*, JURA 1985, 436 (440); *P. Hanau*, NZA 1985, 73 (75); *Buchner*, DB 1985, 913 (919 f.); *derselbe*, RdA 1990, 1 (4 u. 7); *Walker*, ZfA 1996, 353 (366); *Meier-Krenz*, Erweiterung, S. 25; *derselbe*, NZA 1986, 377 (381).

[158] Es sei ausdrückl. darauf hingewiesen, daß Gleiches selbstverständlich auch gilt, sofern das dem Leber-Rüthers-Kompromiß zu Grunde liegende Modell auf den Entgeltbereich übertragen wird. Dies ist durch den *Sachverständigenrat* bereits in seinem Jahresgutachten 1988/89 (Nrn. 345 – 347, S. 173 f.) gefordert worden und nunmehr durch den bahnbrechenden Tarifabschluß in der Chemie-Industrie vom 04.06.1997 (F.A.Z. vom 05.06.1997, S. 15: „Die chemische Industrie öffnet ihren Tarifvertrag"; siehe auch bereits oben § 2 II 2) erstmals Realität geworden. Gleich sind aber auch die an einen tariflichen Lohnkorridor zu stellenden rechtlichen Voraussetzungen: Wollen die Tarifvertragsparteien dem Betriebsrat hinsichtl. der Festlegung der endgültigen Lohnhöhe – dem Leber-Rüthers-Kompromiß entsprech. – ein erzwingbares Mitbestimmungsrecht einräumen, so können sich die dieses verwirklichenden Betriebsvereinbarungen nach zutreff. Ansicht ausschließlich auf tarifgebundene Arbeitnehmer erstrecken. Ob das BAG seine insoweit abweich. Rspr. auch dann aufrechterhalten würde, wenn es in einer erneuten Entscheidung darüber zu befinden hätte, ob die Betriebspartner auf der Grundlage einer tariflichen Öffnungsklausel auch gegenüber Außenseitern zu Lohnkürzungen greifen dürfen, kann sicherlich – insbes. im Hinblick auf das überwiegend ablehn. Schrifttum – zumindest angezweifelt werden. Tarifliche Entgeltkorridore bewegen sich daher nur dann auf rechtlich sicherem Terrain, sofern sie lediglich den Abschluß freiwilliger Betriebsvereinbarungen vorsehen.

nes praxisnahen und effektiven Arbeitsschutzes sowie zum Zwecke der flexibleren Gestaltung der Arbeitszeit (§ 1 Nr. 1 ArbZG) ein verglichen mit der bis dato bestehenden Rechtslage höheres Maß an Verantwortung zu übertragen[159]. Entsprechend eröffnet § 7 Abs. 1 ArbZG nunmehr ausdrücklich die Möglichkeit, auf Grund eines Tarifvertrages in einer Betriebsvereinbarung vor Ort zahlreiche Ausnahmeregelungen von den gesetzlichen Vorgaben der §§ 2 bis 6 ArbZG zu treffen. Damit hat im Ergebnis auch der Gesetzgeber die zuvor durch die Tarifpartner im Rahmen des Leber-Rüthers-Kompromisses initiierte und seitens des BAG gebilligte Konzeption anerkannt, daß den Betriebspartnern das Letztentscheidungsrecht hinsichtlich der Gestaltung der Arbeitszeit einschließlich deren Dauer zukommen muß. Konsequenz der Neuregelung des Arbeitszeitrechts ist es, daß seitdem zahlreiche Tarifverträge Öffnungsklauseln zu Gunsten von Betriebsrat und Arbeitgeber enthalten, welche den durch § 7 Abs. 1 ArbZG an die Hand gegebenen Flexibilisierungsoptionen tatsächlich zur Geltung verhelfen[160].

Ausdrücklich hervorgehoben hat der Gesetzgeber in § 7 Abs. 3 ArbZG, daß es auch in Betrieben *nicht* tarifgebundener Arbeitgeber möglich sein soll, entweder tarifliche Abweichungen von den gesetzlichen Bestimmungen unmittelbar in Betriebsvereinbarungen zu übernehmen, oder daß die Betriebspartner die Grenzen des Arbeitszeitgesetzes in bestimmtem Umfang eigenverantwortlich überschreiten können, sofern nur Tarifverträge entsprechende Öffnungsklauseln

---

[159] Zur gesetzgeberischen Intention des Arbeitszeitgesetzes *Kraegeloh*, ArbZG, § 7 Rdnr. 1; *Dobberahn*, Das neue Arbeitszeitrechtsgesetz, Rdnr. 143; *Schliemann*, FS für Schaub, S. 675 (676 ff.); *Riester*, Deregulierung, S. 127; siehe auch *Scholz* (FS für Trinkner, S. 377 [386 f.]), der allerdings in der Neuregelung im Vergleich zur vorherigen Rechtslage eher einen Rückschritt als einen Fortschritt sieht, da § 6 AZO den Betriebsparteien auch ohne das Erfordernis einer Ermächtigung durch Tarifvertrag die Möglichkeit zu betrieblichen Arbeitszeitregelungen eröffnet habe. Diese Kritik an der gesetzlichen Novellierung verkennt jedoch, daß vormals betriebliche Arbeitszeitregelungen neben § 6 AZO stets auch die allg. Grenzen der Betriebsautonomie und damit insbes. den Tarifvorbehalt des § 77 Abs. 3 BetrVG zu beachten hatten, während die Ermächtigungskonstruktion des § 7 ArbZG i. Erg. zu einem weitgehenden Leerlaufen dieser Vorschrift führt; zur rechtlichen Charakterisierung der Zulassungsnorm des § 7 ArbZG allg. *H. Hanau*, RdA 1996, 158 (175).

[160] Zu in der betrieblichen Praxis realisierten Arbeitszeitflexibilisierungsmodellen insbes. *Heinze*, NZA 1997, 681 (682 f.); auch *Meyer*, DB 1996, 1177 f.

Die hierfür richtungsweisende Bedeutung des Arbeitszeitgesetzes bestätigt nicht zuletzt die Tatsache, daß die Tarifvertragsparteien, nachdem sie den durch das Leber-Rüthers-Modell eingeschlagenen Kurs in der Tarifrunde des Jahres 1990 wieder verlassen hatten, bereits die parlamentarische Entstehungsphase des neuen Gesetzes (ausf. *Dobberahn*, Das neue Arbeitszeitrechtsgesetz, Rdnrn. 1 f.) zum Anlaß nahmen, die Arbeitszeitgestaltung erneut vermehrt auf die betriebliche Ebene zu verlagern. Genannt seien die Tarifverträge über Arbeitszeitverkürzung in der Metallindustrie aus dem März 1994 (zu diesen *Waltermann*, RdA 1996, 129 [133]) und § 2 des Manteltarifvertrages der Chemie-Industrie in der Fassung vom 01.02.1994 (dazu *Eich*, NZA 1995, 149 [152]).

vorsehen[161]. Gerade insoweit bedeutet die Regelung des § 7 ArbZG jedoch einen ganz entscheidenden Einschnitt in den zumindest nach überwiegender Meinung von der Tarifgebundenheit des Arbeitgebers unabhängigen Tarifvorbehalt gem. § 77 Abs. 3 BetrVG, da dieser ausweislich der Gesetzesmaterialien[162] insbesondere solche Betriebsvereinbarungen ausschließen soll, welche tarifliche Abreden inhaltsgleich übernehmen. Hinzu kommt, daß nach zutreffender Ansicht tarifliche Öffnungsklauseln ausschließlich in Betrieben tarifgebundener Arbeitgeber Geltung erlangen[163], so daß ohne die Vorschrift des § 7 Abs. 3 ArbZG das durch die Arbeitszeitrechtsnovelle beabsichtigte Flexibilisierungspotential den Betriebspartnern nicht verbandsangehöriger Unternehmen gänzlich verschlossen geblieben wäre. So aber wird auf Grund der Wertung des § 7 Abs. 3 ArbZG offensichtlich, daß der Gesetzgeber die Sperrwirkung des § 77 Abs. 3 BetrVG in Betrieben nicht tarifgebundener Arbeitgeber für im Ergebnis unsachgemäß hält[164]. Dies sollte um so mehr Grund sein, das vorherrschende Verständnis des Tarifvorbehalts als von der Voraussetzung der Tarifgebundenheit des Arbeitgebers unabhängige Normsetzungsprärogative zu Gunsten der Tarifvertragsparteien auch generell ernstlich in Frage zu stellen.

### *3. Der Anwendungsvorrang des § 87 Abs. 1 Einls. BetrVG und seine Auswirkungen auf den Tarifvorbehalt*

#### a) Das BAG und die sog. Vorrangtheorie

aa) Nachhaltig verstärkt wird die Fragwürdigkeit der Geltungserstreckung des § 77 Abs. 3 BetrVG auf Betriebe nicht tarifgebundener Arbeitgeber durch die Tatsache, daß auch das BAG den gegenständlichen Anwendungsbereich der Vorschrift gerade im Hinblick auf nicht verbandsangehörige Unternehmen faktisch längst weitestgehend zurückgedrängt hat[165]. Ausschlaggebende Ursache hierfür ist die wohl wichtigste betriebsverfassungsrechtliche Entscheidung der letzten Jahre, in welcher das Gericht erstmals[166] die „quaestia aurea“[167] zu be-

---

[161] Eine gleichartige Regelung enthält für den Bereich der Altersteilzeit der mit Wirkung vom 06.04.1998 neugefaßte § 2 ATG.

[162] BT-Drucks. VI/1786, S. 46; dazu auch *Kreutz*, in: GK-BetrVG, § 77 Rdnr. 110; *Buchner*, DB 1997, 573 (574).

[163] Ausf. u. m. w. Nachw. hierzu unten § 7 II 2 b.

[164] Vgl. auch *Dobberahn* (Das neue Arbeitszeitrechtsgesetz, Rdnr. 144 f.), der darin jedoch zu Unrecht i. Erg. eine „sachlich nicht gerechtfertigte Privilegierung tarifungebundener Arbeitgeber“ erblickt.

[165] Die Widersprüchlichkeit der Rspr. wird jetzt auch von *Richardi* (FS für Schaub, S. 639 [645]) betont.

[166] In den vorherigen Entscheidungen hatte das BAG die Frage stets offen lassen können; siehe AP Nrn. 1 u. 2 zu § 87 BetrVG 1972 Kurzarbeit; AP Nr. 3 zu § 87 BetrVG 1972 Lohngestaltung.

antworten hatte, ob sich die Sperrwirkung des § 77 Abs. 3 BetrVG gleichfalls auf in Ausübung eines Mitbestimmungsrechts im Sinne des § 87 Abs. 1 BetrVG getroffene Betriebsvereinbarungen erstreckt, oder aber insoweit der in dessen Einleitungssatz statuierte Tarifvorrang als alleinige Schranke Geltung erlangt. Entgegen der bis zum damaligen Zeitpunkt im arbeitsrechtlichen Schrifttum herrschenden sog. *Zwei-Schranken-Theorie*[168] hat sich das BAG in seinem ebenso mutigen wie bahnbrechenden Grundsatzbeschluß vom 24.01.1987[169] ausdrücklich der sog. *Vorrangtheorie*[170] angeschlossen, derzufolge § 87 Abs. 1 Einls. BetrVG als der spezielleren Norm im Verhältnis zum Tarifvorbehalt des § 77 Abs. 3 BetrVG der Anwendungsvorrang gebührt.

Als entscheidender argumentativer Ausgangspunkt hierfür diente dem Gericht die Annahme einer unterschiedlichen Zwecksetzung beider Vorschriften: Während durch § 77 Abs. 3 BetrVG die Sicherung der ausgeübten und aktualisierten Tarifautonomie gewährleistet werde, sei § 87 Abs. 1 BetrVG hingegen insgesamt und damit konkret auch dessen Einleitungssatz durch eine maßgeblich am Gedanken individuellen Arbeitnehmerschutzes orientierte ratio legis geprägt. Der Tarifvorrang des § 87 Abs. 1 Einls. BetrVG bringe zum Ausdruck, daß die einzelnen Arbeitnehmer, sofern ihren berechtigten Interessen bereits in einer tariflichen Regelung hinreichend Rechnung getragen werde, nicht noch zusätzlich den Schutz durch dem Betriebsrat überantwortete Mitbestimmungsrechte benötigten. Der Schutzbedürftigkeit der Beschäftigten sei jedoch bei einer kumulativen Anwendung von Tarifvorrang und Tarifvorbehalt nicht zwingend Genüge getan, da unter dieser Prämisse die Mitbestimmungsbefugnis auch bereits allein auf Grund einer bloß tarif*üblichen* Regelung im Sinne des § 77 Abs. 3 BetrVG entfalle, die für den Arbeitgeber des betreffenden Betriebes gerade *keine* aktuell *bindenden Verpflichtungen* errichte. Des weiteren führt das BAG aus, daß auch die durch § 77 Abs. 3 BetrVG verfolgte Zwecksetzung, die Funktionsfähigkeit tariflicher Normsetzung zu gewährleisten, nicht gegen die Annahme eines Anwendungsvorrangs des § 87 Abs. 1 Einls. BetrVG spreche. Denn zum einen sei keineswegs – insbesondere nicht durch Art. 9 Abs. 3 GG – ein absoluter Primat der tariflichen im Verhältnis zur betrieblichen Regelungsbefugnis geboten; zum anderen stünde den Tarifpartnern dessen ungeachtet stets

---

[167] *Birk*, Anm. zu BAG, EzA Nr. 2 zu § 87 BetrVG 1972 Initiativrecht.

[168] Statt vieler mehr *Wiedemann/Stumpf*, TVG, § 4 Rdnrn. 277 ff.; *Kreutz*, Grenzen, S. 220 ff.; *Jahnke*, Tarifautonomie und Mitbestimmung, S. 167 ff.; *Moll*, Tarifvorrang, S. 38 f.; *Wiese*, FS 25 Jahre BAG, S. 661 (664 f.); *Kirchner*, BB 1972, 1279 (1280); *Haug*, BB 1986, 1925 f.; *Richardi* (ZfA 1976, 1 [4]) hielt unter Hinweis auf den Normzweck des § 77 Abs. 3 BetrVG zumindest im Entgeltbereich dessen kumulative Anwendung neben § 87 Abs. 1 Einls. BetrVG für erforderlich.

[169] AP Nr. 21 zu § 77 BetrVG 1972 m. krit. Anm. *Richardi*.

[170] Grundleg. *Säcker*, ZfA 1972 (Sonderheft), 41 (64 ff.); ebenso *Birk*, Anm. zu BAG, EzA Nr. 2 zu § 87 BetrVG 1972 Initiativrecht; *Reuter/Streckel*, Grundfragen, S. 33; *Fabricius*, RdA 1973, 125 (126); *Gast*, Tarifautonomie, S. 39 ff.

die Möglichkeit offen, die betreffende Angelegenheit durch einen Tarifvertrag zu regeln, um so die innerhalb des Katalogs von § 87 Abs. 1 BetrVG aufgelisteten Mitbestimmungsrechte auszuschließen.

Abstrakt gesprochen begründet das BAG den Anwendungsvorrang des § 87 Abs. 1 Einls. BetrVG somit auf dem Wege eines wertenden Abwägungsprozesses, in dessen Rahmen es dem Arbeitnehmerschutzgedanken im Ergebnis Priorität einräumt vor der Funktionsfähigkeit der Tarifautonomie[171].

bb) Das höchstrichterliche Bekenntnis zur sog. Vorrangtheorie, welches sich bis zum heutigen Tage zur ständigen Rechtsprechung[172] verfestigt hat und auch durch den Großen Senat des BAG[173] nach eingehender argumentativer Auseinandersetzung ausdrücklich bestätigt worden ist, hat im arbeitsrechtlichen Schrifttum sowohl Zustimmung[174] als auch Ablehnung[175] erfahren. Von den kritischen Stimmen wird insbesondere angeführt, die Judikatur sei nicht zuletzt durch das rechtspolitische Motiv „der Zurückdrängung der Tarifautonomie zu Gunsten der Betriebsautonomie“[176] geleitet. Im Ergebnis nicht bestritten werden kann jedenfalls die Annahme des BAG, daß Wortlaut[177], systematischer Kon-

---

[171] Dazu auch bereits *Ehmann/Lambrich*, NZA 1996, 346 (355).

[172] BAG, AP Nr. 6 zu § 87 BetrVG 1972 Auszahlung m. zustimm. Anm. *Pleyer*; AP Nr. 33 zu § 87 BetrVG 1972 Lohngestaltung; AP Nrn. 40 u. 55 (m. ablehn. Anm. *Wiedemann/Arnold*) zu § 77 BetrVG 1972; AP Nr. 2 zu § 77 BetrVG 1972 Tarifvorbehalt; AP Nr. 22 zu § 23 BetrVG 1972.

[173] AP Nr. 51 zu § 87 BetrVG 1972 Lohngestaltung.

[174] MünchArbR-*Matthes*, Bd. 3, § 318 Rdnr. 69; *Rieble*, Arbeitsmarkt und Wettbewerb, Rdnr. 1494; *Ehmann*, ZRP 1996, 314 (316); *Ehmann/Lambrich*, NZA 1996, 346 (355); *Th. Schmidt*, Günstigkeitsprinzip, S. 102 f.; *Feudner*, DB 2231 (2232 f.); *von Hoyningen-Huene/Meier-Krenz*, NZA 1987, 793 (797 ff.); *Zachert*, RdA 1996, 140 (144); *Weyand*, AuR 1989, 193 (195); i. Erg. entsprech., jedoch m. abweich. Begr. *Heinze*, NZA 1989, 41 (47); anders aber nunmehr *derselbe*, NZA 1995, 5 (6).

[175] *Kreutz*, in: GK-BetrVG, § 77 Rdnrn. 118 ff. m. jeweils zahlr. w. Nachw.; ausf. *Waltermann*, Rechtsetzung, S. 285 ff.; *derselbe*, RdA 1996, 129 (138 f.); *derselbe*, NZA 1996, 357 (359); *derselbe*, NZA 1995, 1177 (1183); *Kraft*, FS für Molitor, S. 207 (213 ff.); *Lieb*, NZA 1994, 337 (341); *Wank*, RdA 1991, 129 ff.; *derselbe*, NJW 1996, 2273 (2276); *Wiese*, SAE 1989, 6 ff.; *Hromadka*, DB 1987, 1991 ff.; *Joost*, ZfA 1993, 257 (266 f.); *Walker*, ZfA 1996, 353 (357 f.); *Gragert*, Flexibilisierung von Tarifverträgen, S. 76 ff.

[176] *Hromadka*, DB 1988, 2636 (2640); *Kreutz*, in: GK-BetrVG, § 77 Rdnr. 119: „rechtspolitische Korrektur an § 77 Abs. 3“; ebenso *Wiese* (SAE 1989, 6 [9 f.]), der meint, das BAG hätte gerade auf Grund der zunehmenden Tendenz hin zur betrieblichen Regelungsebene besser ein gegenläufiges Signal setzen sollen; siehe auch *Waltermann*, Rechtsetzung, S. 300: „rechtspolitisch motivierte Korrektur der Gesetzeslage zu Lasten der Tarifautonomie“; *derselbe*, RdA 1996, 129 (138): „in ihren Auswirkungen nicht zu unterschätzende Stärkung der Betriebsebene“, „unzulässige Rechtsfortbildung contra legem mit nicht tragfähiger Begründung“; *Riester*, Deregulierung, S. 151: „klare Aufwertung der Betriebsautonomie“.

[177] Vereinzelt wird hingegen auch bereits der Wortlaut der §§ 77 Abs. 3, 87 Abs. 1 Einls. BetrVG von Vertretern beider Ansichten für sich in Anspruch genommen:

---

Für die sog. Vorrangtheorie meint *Säcker* (ZfA 1972 [Sonderheft], 41 [65]) als deren Begründer, bei Ausschluß eines Mitbestimmungsrechts im Falle bloßer Tarifüblichkeit sei die Eingangsformulierung des § 87 Abs. 1 BetrVG „in der Tat mißverständlich"; z. T. wird angenommen, daß der Wortlaut § 87 Abs. 1 Einls. BetrVG „eindeutig" als die speziellere Norm ausweise (so *Birk* [Anm. zu BAG, EzA Nr. 2 zu § 87 BetrVG 1972 Initiativrecht], der zu dieser Einschätzung aber nur deswegen gelangt, weil er die Ausübung eines Mitbestimmungsrechts durch formlose Regelungsabreden ausdrückl. außer Betracht läßt; ähnl. auch *Reuter/Streckel*, Grundfragen, S. 33).

Diese grammatikalischen Erwägungen lassen jedoch unberücksichtigt, daß § 77 Abs. 3 BetrVG und § 87 Abs. 1 Einls. BetrVG ausweislich ihres Wortlauts unterschiedliche Regelungsbereiche betreffen. Während der Tarifvorbehalt den Abschluß von Betriebsvereinbarungen sperrt, wird durch den Tarifvorrang das Bestehen eines Mitbestimmungsrechts seitens des Betriebsrats ausgeschlossen (zutreff. BAG, AP Nr. 51 zu § 87 BetrVG 1972 Lohngestaltung).

Gerade diese Diff. führen die Vertreter der sog. Zwei-Schranken-Theorie als ein maßgebliches Argument gegen die Annahme eines Spezialitätsverhältnisses zwischen § 87 Abs. 1 Einls. BetrVG und § 77 Abs. 3 BetrVG ins Feld. Von zwei Normen mit unterschiedlichem Regelungsbereich, differierenden Voraussetzungen und verschiedenen Wirkungen könne selbstredend nicht eine von beiden als lex specialis erachtet werden (*Kreutz*, Grenzen, S. 220; *derselbe*, in: GK-BetrVG, § 77 Rdnr. 120; *Kraft*, FS für Molitor, S. 207 [215]).

Dem hält das BAG (AP Nr. 21 zu § 77 BetrVG 1972 m. insoweit zustimm. Anm. *Richardi*; entsprech. auch *von Hoyningen-Huene/Meier-Krenz*, NZA 1987, 793 [798]) wiederum entgegen, daß die Fragen, ob ein Mitbestimmungsrecht in einer bestimmten Angelegenheit bestehe und ob dieses durch Betriebsvereinbarung ausgeübt werden dürfe, sich i. Erg. nicht trennen ließen. Denn nur die Betriebsvereinbarung stelle das geeignete Regelungsinstrument dar, um einen unabdingbaren Schutz der Arbeitnehmer herbeizuführen (dagegen aber *Wiese*, SAE 1989, 6 [8 f.]; *Waltermann*, Rechtsetzung, S. 298 f.). Mit dieser Annahme setzt sich das Gericht jedoch in offenkundigen Widerspruch zu seiner sonstigen Rspr., nach der einem Mitbestimmungsrecht i. S. d. § 87 Abs. 1 BetrVG ebenso durch Abschluß einer formlosen Regelungsabrede hinreichend Rechnung getragen werden kann (dazu *Waltermann*, Rechtsetzung, S. 290; *derselbe*, RdA 1996, 129 [138 f.]; *derselbe*, NZA 1995, 1177 [1183]; *Hromadka*, DB 1987, 1991 [1993]; *Wiese*, SAE 1989, 6 [7]).

Will man Licht in dieses argumentative Dickicht bringen, gilt es i. Erg. genau zu differenzieren: Einerseits besteht zwischen beiden Normen hinsichtl. ihres Anwendungsgereichs zumindest dann eine Überschneidung, wenn ein dem Betriebsrat gem. § 87 Abs. 1 BetrVG zustehendes Mitbestimmungsrecht durch Abschluß einer Betriebsvereinbarung ausgeübt wird. Da weder § 77 Abs. 3 BetrVG noch § 87 Abs. 1 BetrVG eine ausdrückl. Anordnung zu entnehmen ist, ob in diesen – in der Praxis wohl häufigsten – Fällen beide Normen oder nur der Tarifvorrang des § 87 Abs. 1 Einls. BetrVG zur Anwendung gelangen soll, kann von einem dieses Problem abschließend entscheidenden Charakter des Wortlauts beider Vorschriften keine Rede sein (zutreff. *Wank*, RdA 1991, 129 [134]; *Hromadka*, DB 1987, 1991 [1992]; *von Hoyningen-Huene/Meier-Krenz*, NZA 1987, 793 [798]). Steht hingegen andererseits die Ausübung eines Mitbestimmungsrechts in Form einer Regelungsabsprache in Frage, so kann zwischen beiden Normen a priori nicht von einem Konkurrenzverhältnis ausgegangen werden, da § 77 Abs. 3 BetrVG bereits ausweislich seines Wortlauts nur auf Betriebsvereinbarungen Anwendung findet. Die Frage, ob auch die Tarifüblichkeit der Regelung dem Mitbestimmungsrecht entgegensteht, stellt sich erst gar nicht; es kommt insoweit selbstredend ausschließlich auf den Tarifvorrang i. S. d. § 87 Abs. 1 Einls. BetrVG an; ähnl. und i. Erg. richtig *Richardi*, RdA 1994, 394 (399 f.); vgl. auch *Walker*, ZfA 1996, 353 (358);

text[178] sowie die parlamentarische Entstehungsgeschichte[179] beider Vorschriften weder zwingend für einen Anwendungsprimat des Tarifvorrangs noch für eine

---

*Fitting/Kaiser/Heither/Engels*, BetrVG, § 87 Rdnr. 49; ebenso bereits *Kreutz*, Grenzen, S. 221.

[178] Gesetzessystematische Argumente werden insbes. von den Vertretern der sog. Zwei-Schranken-Theorie geltend gemacht: Allein die Tatsache, daß § 77 Abs. 3 BetrVG im – den einzelnen Mitbestimmungstatbeständen vorangestellten – ersten Abschnitt („Allgemeines") stehe, spreche dafür, daß das Gesetz eine umfassende Geltung des Tarifvorbehalts beabsichtige. Nur sofern – wie im Fall des § 112 Abs. 1 Satz 4 BetrVG – die Anwendbarkeit des Tarifvorbehalts ausdrückl. ausgeschlossen sei, könne ausnahmsweise vom Nichteingreifen des § 77 Abs. 3 BetrVG ausgegangen werden (*Richardi*, Anm. zu BAG, AP Nr. 21 zu § 77 BetrVG 1972; *Wiese*, SAE 1989, 6 [7]; *Hromadka*, DB 1987, 1991 [1992]; *Kreutz*, in: GK-BetrVG, § 77 Rdnr. 121).

Demgegenüber zieht das BAG (AP Nr. 21 zu § 77 BetrVG 1972) die Vorschrift des § 112 Abs. 1 Satz 4 BetrVG heran, um zu beweisen, daß der Tarifvorbehalt nach dem Willen des Gesetzes gerade nicht ausnahmslose Geltung erlange. Auch § 87 Abs. 1 Einls. BetrVG sei als eine Ausnahme zu § 77 Abs. 3 BetrVG zu erachten, wobei es einer § 112 Abs. 1 Satz 4 BetrVG entsprech. ausdrückl. Anordnung der Nichtanwendbarkeit des Tarifvorbehalts nicht bedurft habe, da der Tarifvorrang selbst bereits eine von der in § 77 Abs. 3 BetrVG getroffenen Regelung abweich. Rechtslage herbeiführe.

Wertet man diese unterschiedlichen Argumentationslinien unvoreingenommen, kann letztlich beiden eine gewisse Folgerichtigkeit nicht abgesprochen werden, so daß systematische Überlegungen allein für die Entscheidung der Streitfrage i. Erg. nicht ausschlaggebend sein können (entsprech. *Jahnke*, Tarifautonomie und Mitbestimmung, S. 171; *von Hoyningen-Huene/Meier-Krenz*, NZA 1987, 793 [798]). Hinzu kommt, daß das Betriebsverfassungsgesetz aus dem Jahre 1972 an vielen Stellen offenbart, gerade nicht Produkt eines gewissenhaften Gesetzgebers zu sein. Bei unsorgsam gearbeiteten Normierungen verlieren systematische Argumente indessen generell viel von ihrer grunds. Bedeutung (zutreff. *Wank*, RdA 1991, 129 [135]).

[179] Im Rahmen des der Schaffung des Betriebsverfassungsgesetzes aus dem Jahre 1972 vorangegangenen Gesetzgebungsverfahrens sprach sich der Bundesrat dafür aus, in § 87 BetrVG eine Regelung aufzunehmen, welche ausdrückl. vorsehen sollte, daß § 77 Abs. 3 BetrVG auch innerhalb des Anwendungsbereichs dieser Vorschrift Geltung erlangt (BT-Drucks. VI/1786, S. 64). Die Bundesregierung hat diesen wie auch sämtliche weiteren Änderungsvorschläge des Bundesrates mit dem pauschalen Argument zurückgewiesen, dadurch werde die Ausgewogenheit und die Gesamtkonzeption des Gesetzesentwurfs beeinträchtigt (BT-Drucks. VI/1786, S. 2).

Aus diesem entstehungsgeschichtlichen Hintergrund werden von Seiten der sog. Zwei-Schranken-Theorie und der sog. Vorrangtheorie jeweils unterschiedliche Schlüsse gezogen: Während Vertreter ersterer annehmen, man habe seinerzeit von der Aufnahme besagter Klausel nur abgesehen, da die Geltung des § 77 Abs. 3 BetrVG innerhalb des § 87 BetrVG allg. A. entsprochen habe (insbes. *P. Hanau*, RdA 1973, 281 [284]; auf diesen rekurrierend *Wiese*, SAE 1989, 6 [7]), wird andererseits gefolgert, die Nichtaufnahme beweise, daß der Gesetzgeber letztlich die Anwendbarkeit des Tarifvorbehalts im Bereich der Mitbestimmungsrechte in sozialen Angelegenheiten nicht gewollt habe (*Fabricius*, RdA 1973, 125 [126]).

Nach zutreff. Sichtweise sollte jedoch der Weigerung der Bundesregierung wegen ihrer wenig detaillierten Begr. letztlich keinerlei inhaltliche Relevanz beigemessen werden, so daß auch die Entstehungsgeschichte als zur Streitentscheidung i. Erg. unergiebig anzusehen ist (ebenso BAG, AP Nr. 51 zu § 87 BetrVG 1972 Lohngestaltung; *Jahnke*, Tarifautonomie und Mitbestimmung, S. 170; *Wank*, RdA 1991, 129 [136]).

zusätzliche Geltung des § 77 Abs. 3 BetrVG streiten, es also in der Tat entscheidend auf die jeweils verfolgte *normative Zwecksetzung* ankommt[180]. Die Begründung selbst, welche die Rechtsprechung letztlich zur Anerkennung der sog. Vorrangtheorie bewogen hat, gibt jedoch zunächst durchaus Anlaß zur Kritik. Denn da der Tarifvorbehalt, welcher nach Ansicht des BAG die Funktionsfähigkeit der Tarifautonomie sichert, und der Tarifvorrang mit seiner arbeitnehmerschützenden Zielrichtung angeblich unterschiedliche gesetzgeberische Intentionen verfolgen, erscheint es in sich widersprüchlich, § 87 Abs. 1 Einls. BetrVG im Verhältnis zu § 77 Abs. 3 BetrVG als lex specialis zu begreifen. Dienen Rechtssätze verschiedenen Zwecken, ist es vielmehr einzig folgerichtig anzunehmen, daß ihre Rechtsfolgen kumulativ zur Geltung kommen, nicht hingegen wegen Spezialität einer der Normen einander ausschließen[181]. Doch die argumentative Inkonsequenz seitens des BAG führt keineswegs dazu, über der Vorrangtheorie den Stab brechen zu müssen, denn unzutreffend ist nicht das letztendliche Ergebnis der Spezialität des § 87 Abs. 1 Einls. BetrVG im Verhältnis zu § 77 Abs. 3 BetrVG, sondern allein die dieser Annahme zu Grunde gelegte Prämisse, daß Tarifvorrang und Tarifvorbehalt von verschiedenen Zwecken beherrscht seien.

Wie bereits näher ausgeführt[182] ist nicht nur der Eingangssatz des § 87 Abs. 1 BetrVG, sondern ebenso der durch § 77 Abs. 3 BetrVG statuierte Vorrang tariflicher oder tarifüblicher vor betrieblichen Regelungen maßgeblich an dem Tarifautonomie wie Betriebsautonomie gemeinsam übergeordneten Ziel *individuellen Arbeitnehmerschutzes* auszurichten. In völliger Übereinstimmung mit dem Tarifvorrang bringt somit auch der Tarifvorbehalt im Ergebnis zum Ausdruck, daß es des Schutzes der Arbeitnehmer mittels Beteiligung des Betriebsrats – konkret des Abschlusses von Betriebsvereinbarungen – dann, aber auch nur dann, nicht bedarf, wenn die Belange der Beschäftigten bereits auf tariflicher Ebene ausreichend gesichert werden. Der Schlüssel zur Bestimmung des Verhältnisses von § 87 Abs. 1 Einls. BetrVG und § 77 Abs. 3 BetrVG liegt demnach nicht, wie die Rechtsprechung und deren Kritiker im Ansatz einmütig und nur im Ergebnis differierend meinen[183], in einer wertenden Gewichtung des Arbeitnehmerschutzgedankens auf der einen mit der Funktionsfähigkeit über-

---

[180] BAG, AP Nr. 51 zu § 87 BetrVG 1972 Lohngestaltung; entsprech. *Jahnke*, Tarifautonomie und Mitbestimmung, S. 171; *von Hoyningen-Huene/Meier-Krenz*, NZA 1987, 793 (798).

[181] Insoweit zu Recht krit. *Richardi*, Anm. zu BAG, AP Nr. 21 zu § 77 BetrVG 1972; *Kraft*, FS für Molitor, S. 207 (215 f.); *Wiese*, SAE 1989, 6 [7 f.]; *Walker*, ZfA 1996, 353 (357); *Heinze*, NZA 1995, 5 (6); *Waltermann*, Rechtsetzung, S. 294; *derselbe*, RdA 1996, 129 (139); *derselbe*, NZA 1995, 1177 (1183); *Stege/Rinke*, DB 1991, 2386 (2388); auch bereits *Kreutz*, Grenzen, S. 221.

[182] Ausf. oben I 5.

[183] Entsprech. die Einschätzung bei *von Hoyningen-Huene/Meier-Krenz*, NZA 1987, 793 (798).

betrieblicher Normsetzung auf der anderen Seite, sondern in der zutreffenden Erkenntnis, daß beide sich gerade nicht als konträre Abwägungsgüter gegenüberstehen. Denn auch die tarifliche Mitbestimmung dient nach ihren historischen[184], funktionellen[185] und verfassungsrechtlichen Grundlagen allein dem Zweck, die in der Vereinzelung gegenüber dem Arbeitgeber zu schwachen Arbeitnehmer vor wirtschaftlicher Übervorteilung zu bewahren.

Befreit man sich aber von der sinnwidrigen und insbesondere mit der verfassungsdogmatischen Struktur des Art. 9 Abs. 3 GG[186] nicht in Einklang zu bringenden Vorstellung eines antagonistischen Gegensatzes zwischen Arbeitnehmerschutz und Schutz der Tarifautonomie, so steht nichts mehr im Wege, auf Grund ihrer gleichartigen Zwecksetzung im Verhältnis der Sperrwirkung nach § 77 Abs. 3 BetrVG zum Tarifvorrang des § 87 Abs. 1 Einls. BetrVG von einer *Spezialität* zu Gunsten der in ihren Voraussetzungen engeren Vorschrift auszugehen. Dies ist ausweislich seines Wortlauts eindeutig § 87 Abs. 1 Einls. BetrVG, der lediglich bei *Bestehen* einer tariflichen Regelung zum Ausschluß eines dem Betriebsrat grundsätzlich zustehenden Mitbestimmungsrechts führt, während § 77 Abs. 3 BetrVG Betriebsvereinbarungen, die in Ausübung eines solchen abgeschlossen werden, bereits bei bloßer *Tarifüblichkeit* für unwirksam erklärt.

cc) In bezug auf den gegenständlichen Anwendungsbereich des Tarifvorbehalts kann demnach – in Übereinstimmung mit der Rechtsprechung des BAG – konstatiert werden, daß als Arbeitsentgelte und sonstige Arbeitsbedingungen im Sinne des § 77 Abs. 3 BetrVG sämtliche formellen und materiellen Sachgegenstände anzusehen sind, hinsichtlich derer § 87 Abs. 1 BetrVG dem Betriebsrat *nicht* ein *erzwingbares Mitbestimmungsrecht* zuweist[187]. Spätestens diese negative Umschreibung des gegenständlichen Geltungsanspruchs des Tarifvorbehalts führt nunmehr mit aller Deutlichkeit vor Augen, daß die seitens der Rechtsprechung beständig vorangetriebene Ausweitung der Regelungsmaterien erzwingbarer Mitbestimmung im Hinblick auf den Entgelt-[188] und Arbeitszeitbereich[189] zwangsläufig im Ergebnis zu einem kaum zu überschätzenden Bedeutungsschwund des durch § 77 Abs. 3 BetrVG statuierten Vorrangs tariflicher oder tarifüblicher Regelungen vor diesen widerstreitenden Betriebsvereinbarun-

---

[184] Dazu bereits § 3 I 1.

[185] Siehe oben § 4 I 1 a u. 2 b.

[186] Erneut sei verwiesen auf die im Hinblick auf die Koalitionsfreiheit i. S. d. Art. 9 Abs. 3 GG ausschließlich individuelle Grundrechtsträgerschaft der einzelnen Verbandsmitglieder; hierzu ausf. bereits § 5 II 2 a.

[187] *Löwisch*, JZ 1996, 812 (815).

[188] Hierzu oben 2 a.

[189] Siehe oben 2 b.

gen geführt hat[190]. Dies letztlich in dreifacher Hinsicht: So bringt es der Anwendungsvorrang des § 87 Abs. 1 Einls. BetrVG mit sich, daß hinsichtlich aller Angelegenheiten, die den Mitbestimmungstatbeständen im Sinne dieser Vorschrift unterfallen, Tarifverträge, welche sich lediglich im *Nachwirkungsstadium* (§ 4 Abs. 5 TVG) befinden, keine Schranke mehr darstellen[191]. Wichtiger noch aber ist die Konsequenz, daß es dem BAG durch den Anschluß an die sog. Vorrangtheorie letztlich gelungen ist, die auf der anderen Seite behauptete Ausdehnung der vermeintlichen Normsetzungsprärogative auf im Vergleich zu tariflichen Abreden für die einzelnen Arbeitnehmer günstigere Betriebsvereinbarungen und insbesondere auf Betriebe nicht tarifgebundener Arbeitgeber durch die Hintertür praktisch ins Leere laufen zu lassen. Denn wie das Gericht zu Recht annimmt, kann zum einen vom Bestehen einer tariflichen Regelung im Sinne des § 87 Abs. 1 Einls. BetrVG nur dann ausgegangen werden, wenn ein

[190] Zu beachten ist hierbei insbes., daß das BAG (AP Nr. 2 zu § 77 BetrVG 1972 Tarifvorbehalt) in Kongruenz mit der sog. Vorrangtheorie auch im Hinblick auf gewerkschaftliche Klagemöglichkeiten, die gegen tarifwidrige Betriebsvereinbarungen gerichtet sind, ausdrückl. zwischen Verstößen gegen § 77 Abs. 3 BetrVG und § 87 Abs. 1 Einls. BetrVG unterscheidet: Während das Gericht § 77 Abs. 3 BetrVG als eine „Grundsatznorm“ und einen „Eckpfeiler der betriebsverfassungsrechtlichen Ordnung“ erachtet und daher eine Verletzung des Tarifvorbehalts stets als einen Verstoß i. S. d. § 23 Abs. 3 BetrVG anerkennt (anders *Henssler*, ZfA 1994, 487 [502]; vgl. auch *Matthießen*, DB 1988, 285 [290]; *Däubler*, BB 1990, 2256 [2259]), hat es in bezug auf § 87 Abs. 1 Einls. BetrVG hingegen angenommen: „Die Betriebspartner handeln bei Abschluß einer Betriebsvereinbarung über eine nach § 87 Abs. 1 BetrVG mitbestimmungspflichtige Angelegenheit in Ausübung ihrer Zuständigkeit und damit im Rahmen der betriebsverfassungsrechtlichen Ordnung. Daß eine solche Betriebsvereinbarung in Einzelheiten ihrer Regelung gegen höherrangiges Recht und damit auch gegen Vorgaben in einem Tarifvertrag verstößt, stellt daher auch keinen Verstoß des ArbGeb. gegen seine Verpflichtungen aus dem Betriebsverfassungsgesetz im Sinne von § 23 Abs. 3 BetrVG dar.“

Folglich bedeutet jede Ausweitung des Bereichs erzwingbarer Mitbestimmung in sozialen Angelegenheiten zu Lasten § 77 Abs. 3 BetrVG stets gleichzeitig eine Schmälerung der prozessualen Handlungsmöglichkeiten der Gewerkschaften. Hinzu kommt, daß diese nicht einmal sicher sein können, daß eine Leistungsklage gegen den Arbeitgeberverband, die sich auf die Einwirkungspflicht der Tarifvertragsparteien stützt, Erfolg haben wird. Denn nach Ansicht des BAG (AP Nr. 3 zu § 1 TVG Durchführungspflicht) kann von gewerkschaftlicher Seite die Einwirkung ihres vertraglichen Gegenübers auf seine Mitglieder zwecks Einhaltung der tariflichen Bestimmungen nur unter der Voraussetzung verlangt werden, daß die „Auslegung des TV zwingend geboten ist, d. h. eindeutig ergibt, daß die Regelung (lies: die Betriebsvereinbarung) nicht dem TV entspricht“. Nach Ansicht von *Matthießen* (DB 1988, 285 [290] unter Verweis auf eine insoweit h. M.) setzt ein Einwirkungsanspruch überdies eine planmäßige Durchbrechung der Tarifregelung voraus. Eine einzelne Betriebsvereinbarung kann durch einen solchen demnach bereits allein aus diesem Grunde letztlich nicht zu Fall gebracht werden; ausf. zum tarifvertraglichen Einwirkungsanspruch u. i. Erg. entsprech. *Walker*, FS für Schaub, S. 743 ff. (insbes. 745 u. 747).

[191] BAG, AP Nr. 21 zu § 77 BetrVG 1972; ebenso bereits AP Nr. 2 zu § 87 BetrVG 1972 Kurzarbeit; entsprech. *Fitting/Kaiser/Heither/Engels*, BetrVG, § 87 Rdnr. 33; *Wiese*, in: GK-BetrVG, § 87 Rdnr. 58 m. zahlr. w. Nachw.; hierzu auch unten § 7 II 4 b.

sich in Kraft befindlicher Tarifvertrag den in Frage stehenden Gegenstand *abschließend* und *zwingend* normiert[192]. Da Tarifnormen als Mindestbedingungen (argumentum e § 4 Abs. 3 TVG) stets lediglich eine *einseitig* zwingende Wirkung zu Gunsten der einzelnen Arbeitnehmer zukommt, hat die Rechtsprechung auf Grund der Verdrängung des § 77 Abs. 3 BetrVG durch die lex specialis des § 87 Abs. 1 Einls. BetrVG unumwunden konzediert, daß für den Bereich erzwingbarer Mitbestimmung in sozialen Angelegenheiten das *Günstigkeitsprinzip* Geltung erlangt. Günstigere Betriebsvereinbarungen gehen also ungünstigeren tariflichen Bestimmungen wenigstens insoweit generell vor[193]. Zum anderen entspricht es ganz allgemein anerkannter Ansicht, daß das Eingreifen des in § 87 Abs. 1 Einls. BetrVG statuierten Tarifvorrangs zumindest[194] die *Tarifgebundenheit des Arbeitgebers* zur Voraussetzung hat[195]. Folglich können nach der Rechtsprechung des BAG Unternehmer, die keinem Arbeitgeberverband angehören oder aus diesem ausgetreten sind, gemeinsam mit ihrem Betriebsrat – von der Sperrwirkung des § 77 Abs. 3 BetrVG völlig unbehelligt – in bezug auf sämtliche durch den Katalog des § 87 Abs. 1 BetrVG erfaßten Sachmaterien selbst dann wirksam Betriebsvereinbarungen abschließen, wenn diese ausdrücklich von insoweit bestehenden oder üblichen tariflichen Vorgaben abweichen. Jedenfalls sofern Gegenstände auf betrieblicher Ebene zu regeln beabsichtigt werden, die der erzwingbaren Mitbestimmung in sozialen Angelegenheiten unterfallen, hat demnach das BAG durch die Akzeptanz der sog. Vorrangtheorie den mit der Tarifpolitik ihrer Verbände unzufriedenen Unternehmern das Tor zur Verbandsflucht und zur Flucht aus der tariflichen Ordnung der Arbeitsbedingungen geöffnet.

### b) Wirksamkeit teilmitbestimmter Betriebsvereinbarungen – oder: die Doppelbödigkeit der Rechtsprechung

aa) In der großen Mehrzahl der Fälle wird es austrittswilligen Unternehmen darum gehen, insbesondere die *Höhe des Arbeitsentgelts* und die *Dauer der Ar-*

---

[192] BAG, AP Nrn. 33 u. 51 (GS) zu § 87 BetrVG 1972 Lohngestaltung.

[193] In diesem Sinne *Ehmann*, ZRP 1996, 314 (316); *derselbe*, Diskussionsbeitrag, in: Verhandlungen des 61. DJT, Bd. II/2, K 105 (K 110); *Ehmann/Lambrich*, NZA 1996, 346 (355); *Ehmann/Schmidt*, NZA 1995, 193 (198); *Th. Schmidt*, Günstigkeitsprinzip, S. 103 f.; ebenso bereits *Wiese*, FS 25 Jahre BAG, S. 661 (669 f.); *Gast*, BB 1987, 1249 (1252); *Herrmann*, ZfA 1989, 577 (590).

[194] Umstritten ist im Hinblick auf § 87 Abs. 1 Einls. BetrVG lediglich, ob kumulativ die Tarifbindung eines oder mehrerer Arbeitnehmer zu fordern ist; hierzu m. w. Nachw. unten § 7 II 4 a.

[195] BAG, AP Nrn. 21 u. 55 zu § 77 BetrVG 1972; EzA § 77 BetrVG 1972 Nr. 33; *Wiese*, GK-BetrVG, § 87 Rdnr. 61 m. zahlr. w. Nachw.; ausf. zur Voraussetzung der Tarifbindung des Arbeitgebers innerhalb des § 87 Abs. 1 Einls. BetrVG unten § 7 II 4 a.

*beitszeit* in Abweichung von ökonomisch für untragbar erachteten tariflichen Vorgaben vor Ort auf dem Wege von Betriebsvereinbarungen festzulegen. Insoweit hilft der durch das BAG angenommene Anwendungsvorrang des § 87 Abs. 1 Einls. BetrVG vor dem Tarifvorbehalt gem. § 77 Abs. 3 BetrVG nur dann weiter, wenn auch die den synallagmatischen Kernbereich des Arbeitsverhältnisses bildenden Gegenstände der erzwingbaren Mitbestimmungsbefugnis des Betriebsrats in sozialen Angelegenheiten unterliegen. Dies soll nach Ansicht des Gerichts und der überwiegenden Literatur jedoch grundsätzlich nicht der Fall sein. Da § 87 Abs. 1 Nr. 2 BetrVG lediglich die *Verteilung* und *Lage* der Arbeitszeit, § 87 Abs. 1 Nr. 3 BetrVG deren Dauer hingegen nur für die Ausnahmefälle der *vorübergehenden* Verkürzung oder Verlängerung erfasse, sei die Arbeitszeitdauer im Ergebnis als mitbestimmungsfrei anzusehen[196]. Gleiches gilt, wenn auch bereits mit deutlichen Einschränkungen, hinsichtlich der Lohnhöhe. Im Entgeltbereich gehen Rechtsprechung und Schrifttum nahezu einhellig davon aus, daß der Mitbestimmungstatbestand des § 87 Abs. 1 Nr. 10 BetrVG das Arbeitsentgelt ausschließlich im Hinblick auf seine formelle Seite erwähne, der Betriebsrat also nur in bezug auf die nähere *Gestaltung* betriebsinterner Entlohnungssysteme und hinsichtlich der diesen zu Grunde liegenden *Verteilungsgrundsätze* mitzubestimmen habe. Die Festlegung der Lohnhöhe obliege indessen allein den Parteien des Einzelarbeitsvertrages oder – wegen § 77 Abs. 3 BetrVG – den Tarifpartnern[197].

Hervorzuheben ist, daß das BAG den Grundsatz der Mitbestimmungsfreiheit der Höhe des Arbeitsentgelts jedoch ausdrücklich auf den *Zeit*lohn beschränkt. *Leistungs*lohnsysteme betreffend nimmt das Gericht demgegenüber an, daß sich die erzwingbare Mitbestimmungsbefugnis des Betriebsrats gleichermaßen auf deren materielle Seite beziehe, da anders die Aufnahme des Geldfaktors in den Tatbestand des § 87 Abs. 1 Nr. 11 BetrVG nicht erklärt werden könne[198]. Be-

---

[196] BAG, AP Nrn. 2, 5, 24, 29, 31, 38, 44 zu § 87 BetrVG 1972 Arbeitszeit; AP Nr. 15 zu § 87 BetrVG 1972 Tarifvorrang; AP Nr. 23 zu § 77 BetrVG 1972; AP Nr. 22 zu § 23 BetrVG 1972; MünchArbR-*Matthes*, Bd. 3, § 326 Rdnrn. 3 u. 11; *Dietz/Richardi*, BetrVG, § 87 Rdnrn. 27 u. 205 ff.; *Fitting/Kaiser/Heither/Engels*, BetrVG, § 87 Rdnrn. 88 ff.; *Wiese*, in: GK-BetrVG, § 87 Rdnrn. 240 ff. m. w. Nachw.; ausf. *Krauss*, Günstigkeitsprinzip, S. 130 ff.

[197] BAG, AP Nr. 1 zu § 87 BetrVG 1972; AP Nrn. 2, 3, 7, 15, 37, 41, 49, 50, 65 zu § 87 BetrVG 1972 Lohngestaltung; AP Nr. 20 zu § 87 BetrVG 1972 Tarifvorrang; MünchArbR-*Matthes*, Bd. 3, § 333 Rdnrn. 4 f.; *Dietz/Richardi*, BetrVG, § 87 Rdnrn. 492 f. u. 496 ff.; *Fitting/Kaiser/Heither/Engels*, BetrVG, § 87 Rdnr. 305; *Wiese*, in GK-BetrVG, § 87 Rdnrn. 700 ff. m. w. Nachw.

[198] Grundleg. BAG, AP Nr. 3 zu § 87 BetrVG 1972 Prämie: In dieser Entscheidung definiert das Gericht den Geldfaktor als denjenigen Faktor, der in einem Leistungslohnsystem die Lohnhöhe für die Bezugs- oder Ausgangsleistung und damit den Preis für die Arbeit im Leistungslohn überhaupt bestimmt; i. Erg. anders noch AP Nr. 2 zu § 87 BetrVG 1972 Lohngestaltung; AP Nr. 1 zu § 87 BetrVG 1972 Provision; der neuen Rspr. zustimm. *Matthes*, NZA 1987, 289 (292); krit. *Joost*, ZfA 1993, 257 (271 ff.); abweich. auch bereits *Richardi*, ZfA 1976, 1 (19 u. 26 ff.).

denkt man, daß dem Arbeitsentgelt aus betriebswirtschaftlicher Sicht längst schon neben seiner Abgeltungsfunktion geleisteter Dienste insbesondere die Bedeutung der Motivationssteigerung seitens der Arbeitnehmer beigemessen wird (sog. Effizienzlohntheorie)[199], weshalb in der betrieblichen Praxis leistungsorientierte Entgeltformen die Gewährung reinen Zeitlohns zunehmend ablösen[200], so kann festgehalten werden: Auf Grund der sog. Vorrangtheorie steht nicht verbandsangehörigen Unternehmern bereits nach derzeitiger Rechtslage faktisch weitgehend die Möglichkeit offen, die Lohnhöhe durch mit ihren Betriebsräten abzuschließende Betriebsvereinbarungen zu bestimmen. Hinsichtlich der im Ergebnis wichtigeren Entgeltart hat mit anderen Worten der Tarifvorbehalt des § 77 Abs. 3 BetrVG die ihm von herrschender Meinung formell zugedachte Funktion, den Tarifvertragspartnern gerade in bezug auf den synallagmatischen Kernbereich des Arbeitsverhältnisses eine Normsetzungsprärogative zu statuieren, bereits vollends eingebüßt.

bb) Letzteres gilt erst recht, sofern man mit *Birk*[201] und anderen davon ausgeht, daß die Entgelt*höhe* generell, also gleichsam im *Zeitlohnbereich*, uneingeschränkt der erzwingbaren Mitbestimmung des Betriebsrats unterfalle und dieser, wie ebenso teilweise vertreten wird[202], auch im Hinblick auf die *Dauer* der Arbeitszeit zwingend mitzubestimmen habe. Die Vertreter dieser Ansichten müssen konsequenterweise letztlich zu dem Ergebnis kommen, daß in Betrieben *nicht tarifgebundener Arbeitgeber* stets – ungeachtet des § 77 Abs. 3 BetrVG – wirksam Entgelt- sowie Arbeitszeitbetriebsvereinbarungen abgeschlossen werden können und dies zwischen verbandsangehörigen Unternehmern und ihren Betriebsräten jedenfalls insoweit zulässig ist, als die betrieblichen Abreden aus der Sicht der einzelnen Arbeitnehmer *zu* ihren *Gunsten* von entgegenstehenden tariflichen oder tarifüblichen Bestimmungen abweichen.

cc) Ob § 87 Abs. 1 BetrVG dem Betriebsrat in der Tat die Entgelthöhe sowie die Arbeitszeitdauer betreffende Mitbestimmungsrechte gewährt, soll und kann hier dahinstehen[203]. Viel entscheidender ist es, sich vor Augen zu führen, daß auch die Rechtsprechung des BAG sich von diesen minderheitlich vertretenen Auffassungen trotz ausdrücklicher Betonung der grundsätzlichen Mitbestim-

---

[199] Dazu bereits § 4 II 1 c sowie § 4 II 2 a.

[200] Vgl. F.A.Z. vom 24.01.1998, S. 15.

[201] Anm. zu BAG, EzA § 87 BetrVG 1972 Initiativrecht Nr. 2; *Däubler/Kittner/Klebe/Schneider*, BetrVG, § 87 Rdnrn. 253 ff.; *Moll*, Mitbestimmung, S. 157 ff. (insbes. S. 188); *Föhr*, AuR 1975, 353 (361 f.); *Gester/Isenhardt*, RdA 1974, 80 (82 ff.); *Klinkhammer*, AuR 1977, 363 (364 ff.); *Rumpff*, AuR 1972, 65 (69 ff.); *Strieder*, BB 1980, 420 (421 ff.).

[202] *Däubler/Kittner/Klebe/Schneider*, BetrVG, § 87 Rdnrn. 73 f.; *Farthmann*, RdA 1974, 65 (66 f.); *Föhr*, AuR 1975, 353 (359); *Klevemann*, DB 1988, 334 (338); *Plander*, AuR 1987, 281 (288 ff.).

[203] Zu vornehmlich rechtspolitischen Bedenken sogleich unter 4.

mungsfreiheit der materiellen Sphäre des Lohnes und der Arbeitszeit in ihren Auswirkungen letztlich kaum unterscheidet. Zwar geht das Gericht allgemein zunächst davon aus, daß es sich bei Entgelt- genauso wie bei Arbeitszeitbetriebsvereinbarungen um lediglich *teil*mitbestimmte Regelungen handele, da deren Inhalt – wie soeben dargelegt – nur teilweise der erzwingbaren Mitbestimmung in sozialen Angelegenheiten unterliege (Lohngestaltung, aber nicht Lohnhöhe; Lage sowie Verteilung der Arbeitszeit, aber nicht deren Dauer)[204]. Jedoch hat der Große Senat des BAG in seinem bereits mehrfach erwähnten[205] Grundsatzbeschluß vom 03.12.1991[206] den Anwendungsvorrang des § 87 Abs. 1 Einls. BetrVG vor § 77 Abs. 3 BetrVG gerade in bezug auf eine solche teilmitbestimmte betriebliche Abrede explizit bestätigt. Dies kann nur in dem Sinne verstanden werden, daß nach Ansicht der höchsten arbeitsgerichtlichen Instanz der Tarifvorbehalt im Sinne des § 77 Abs. 3 BetrVG stets zurücktritt, sobald eine Betriebsvereinbarung zumindest zum Teil mitbestimmungspflichtige Bestimmungen enthält[207]. Wollte der Große Senat seine Anerkennung der sog. Vorrangtheorie hingegen anders interpretiert wissen, so hätte er dies – nicht zuletzt in Anbetracht der den Beschluß generell in nahezu vorbildlicher Weise kennzeichnenden Begründungsgenauigkeit – sicherlich unmißverständlich zum Ausdruck gebracht.

---

[204] Zum Begriff der teilmitbestimmten Betriebsvereinbarung MünchArbR-*Hanau*, Bd. 1, § 60 Rdnr. 74; *Otto*, Anm. zu BAG, EzA § 77 BetrVG 1972 Nr. 33; vgl. auch BAG, AP Nr. 33 zu § 87 BetrVG 1972 Lohngestaltung: „Unterliegt die Angelegenheit *zum Teil* (Hervorh. d. Verf.) dem Mitbestimmungsrecht des Betriebsrat nach § 87 Abs. 1 Nr. 10 BetrVG, so hat ...“

[205] Siehe insbes. oben 2 a cc.

[206] AP Nr. 51 zu § 87 BetrVG 1972 Lohngestaltung.

[207] Entsprech. die Deutung des Beschlusses von *P. Hanau* (MünchArbR, Bd. 1, § 60 Rdnr. 78; *derselbe*, in: *Rieder* [Hrsg.], Betriebsvereinbarung, S. 67 [98 ff.]), der i. Erg. in Abweichung von der Sichtweise des BAG fordert, daß § 77 Abs. 3 BetrVG auf teilmitbestimmte Betriebsvereinbarungen zumindest dann Anwendung finden müsse, wenn diese ihren Schwerpunkt im mitbestimmungsfreien Teil hätten; siehe auch *derselbe*, NZA 1993, 817 (821); *derselbe*, Diskussionsbeitrag, RdA 1994, 174; anders die Interpretation von *Fischer*, Betriebsvereinbarungen, S. 246; dezidiert gegen die uneingeschränkte Zulässigkeit teilmitbestimmter Betriebsvereinbarungen jetzt *Hromadka*, FS für Schaub, S. 337 ff. (insbes. 341 ff.); vgl. auch *Neef*, FS für Schaub, S. 515 (518 ff.).

Im übrigen ist es nur auf der Grundlage eines solch extensiven Verständnisses der sog. Vorrangtheorie nachvollziehbar, wenn *Ehrich*, Vorsitzender Richter am ArbG Köln, in Entgegnung auf *meinen* Leserbrief („Nur Verbandsflucht reicht nicht aus“, F.A.Z. vom 21.04.1997) meint, die Ausweitung der Mitbestimmungsrechte des § 87 Abs. 1 BetrVG eröffne in Verbindung mit der Vorrangtheorie den Betriebspartnern einen „weiten Spielraum für betriebsspezifische Lösungen, insbesondere bei der Entwicklung neuer Arbeitszeitmodelle und bei der Einführung neuer Vergütungssysteme“ („Wenn jemand aus seinem Verband austritt“, Leserbrief, F.A.Z. vom 30.04.1997). Was *Ehrich* – bewußt oder unbewußt – verschweigt, ist die Tatsache, daß bei strengem Verständnis der sog. Vorrangtheorie wegen § 77 Abs. 3 BetrVG zumindest die Lohnhöhe und die Arbeitszeitdauer nicht in einer Betriebsvereinbarung festgelegt werden können.

In der Senatsrechtsprechung des Gerichts ist die Deutung des Anwendungsvorrangs zu Gunsten § 87 Abs. 1 Einls. BetrVG insoweit uneinheitlich. In zwei neueren Entscheidungen wird, allerdings ohne sich mit der Judikatur des Großen Senats sachlich auseinanderzusetzen, angenommen, daß die Sperrwirkung des § 77 Abs. 3 BetrVG auch dann eingreife, wenn eine Betriebsvereinbarung neben der Arbeitszeitdauer[208] bzw. der Lohnhöhe[209] *zugleich* Fragen der erzwingbaren Mitbestimmung regele. Jedoch zeigt eine umfassende Auswertung der seit der Anerkennung der sog. Vorrangtheorie ergangenen Rechtsprechung, daß das BAG in zahlreichen Richtersprüchen von der Wirksamkeit betrieblicher Regelungen ausgegangen ist, obwohl die Betriebspartner in diesen zumindest auch die Höhe des Arbeitsentgelts[210] oder die Dauer der Arbeitszeit[211] mit nor-

---

[208] BAG, AP Nr. 22 zu § 23 BetrVG 1972 = NZA 1994, 184 ff.

[209] BAG, NZA 1997, 951 (954).

[210] Zu nennen ist insoweit zuerst eine Entscheidung des BAG vom 10.02.1988 (AP Nr. 33 zu § 87 BetrVG 1972 Lohngestaltung): In dem diesem Beschluß zu Grunde liegenden Sachverhalt ging es um die Frage, ob und inwieweit der Betriebsrat gem. § 87 Abs. 1 Nr. 10 BetrVG mitzubestimmen hat, wenn der Arbeitgeber durch die Änderung des Berechnungsverfahrens eine Kürzung eines übertariflich gewährten Urlaubsgeldes herbeiführen möchte. Das BAG differenzierte ganz im Sinne seiner zuvor zur Mitbestimmung in bezug auf übertarifliche Zulagen entwickelten Rspr. (zu dieser oben 2 a bb) zunächst ausdrückl. zwischen der Mitbestimmungsfreiheit der Kürzung selbst („Bestimmung des Gesamtvolumens der freiwilligen übertariflichen Leistung") und der Mitbestimmungspflichtigkeit der Verteilung des gekürzten Zulagenvolumens. Dann aber nahm das Gericht – ohne die Trennung konsequent fortzuführen – an, daß das „Mitbestimmungsrecht ... vorliegend auch nicht durch § 77 Abs. 3 BetrVG ausgeschlossen" werde. Es stellte also trotz vorheriger Diff. i. Erg. ganz pauschal auf den Anwendungsvorrang des § 87 Abs. 1 Einls. BetrVG ab (sog. Vorrangtheorie).

Auch die Entscheidung vom 09.02.1989 (BAG, AP Nr. 40 zu § 77 BetrVG 1972) betraf die Mitbestimmung des Betriebsrats hinsichtl. übertariflichen Urlaubsgeldes: Gegenstand der Entscheidung war eine durch den Arbeitgeber gekündigte Betriebsvereinbarung, in welcher den Arbeitnehmern eine „freiwillige Zuwendung in Höhe des Gehalts / Lohnes des Monats Mai (ohne Zulagen)" als Urlaubsgeld zugesagt worden war. Obwohl also die betriebliche Vereinbarung ausdrückl. auch die Höhe der freiwilligen Leistung festlegte, problematisierte das BAG nicht eingehend deren Wirksamkeit, sondern insbes. die Frage der Nachwirkung besagter Betriebsvereinbarung. Einen möglichen Verstoß gegen § 77 Abs. 3 BetrVG verneinte es allein mit dem erneut undifferenzierten Verweis auf den insoweit eingreifenden Anwendungsvorrang des § 87 Abs. 1 Einls. BetrVG (sog. Vorrangtheorie).

Besonders augenscheinlich werden die Tendenz des BAG, § 87 Abs. 1 Einls. BetrVG ganz global auf nur teilmitbestimmte Betriebsvereinbarungen anzuwenden, und deren Konsequenzen schließlich in einer Entscheidung des Gerichts vom 23.06.1992 (AP Nr. 55 zu § 77 BetrVG 1972): Ein nicht verbandsangehöriger Arbeitgeber hatte mit seinem Betriebsrat eine Betriebsvereinbarung geschlossen, in welcher hinsichtl. des Arbeitsentgelts auf die Bestimmungen des jeweils geltenden Rahmentarifvertrages verwiesen wurde. Dadurch waren faktisch insbes. die tariflichen Regelungen hinsichtl. der Gewährung eines 13. Monatsgehalts und von vermögenswirksamen Leistungen sowie die Tarifbestimmungen zur Neuregelung der Gehälter in die Betriebsvereinbarung einbezogen, also ausnahmslos Bestimmungen, welche zumindest auch unmittelbar die Höhe des insges. zu gewährenden Arbeitsentgelts enthielten. Im Mittelpunkt der Entschei-

mativer Wirkung festgelegt haben. Diese Judikate jedenfalls können im Ergebnis nicht anders als dadurch erklärt werden, daß es in Übereinstimmung mit der Auffassung des Großen Senats für den Anwendungsvorrang des § 87 Abs. 1 Einls. BetrVG als ausreichend angesehen worden ist, daß Betriebsvereinbarungen wenigstens *zum Teil* der Mitbestimmungspflicht in sozialen Angelegenheiten unterfallende Klauseln enthalten.

Den Betriebspartnern in nicht verbandsangehörigen Unternehmen eröffnet eine dahingehende Sichtweise freilich weitreichende gestalterische Möglichkeiten; dies nicht zuletzt, weil die Dauer der Arbeitszeit sich in der betrieblichen Praxis ohnehin nur schwerlich abstrahiert von deren Verteilung festlegen lassen dürfte, die Höhe des Entgelts kaum isoliert von Verfahren und Form der Lohngestaltung bestimmt werden kann[212]. Tragen Arbeitgeber und Betriebsrat diesen regelungstechnischen Zwangsläufigkeiten Rechnung, indem sie die formelle und materielle Seite der Lohn- oder Arbeitszeitgestaltung in einer einzi-

---

dungsgründe steht die Problematik der Zulässigkeit einer dynamischen Blankettverweisung auf tarifliche Regelungen. Nicht aber ging das BAG auf die Frage ein, ob dem Betriebsrat überhaupt die Kompetenz zum Abschluß einer solchen die Lohnhöhe tangierenden Betriebsvereinbarung zukam. Das Gericht führte lediglich unter Verweis auf die sog. Vorrangtheorie an, daß § 77 Abs. 3 BetrVG der Wirksamkeit der Betriebsvereinbarung nicht entgegenstehe. Ginge der Senat indessen davon aus, daß hinsichtl. des Anwendungsvorrangs des § 87 Abs. 1 Einls. BetrVG genau zwischen dem mitbestimmungsfreien und dem mitbestimmungspflichtigen Teil einer Betriebsvereinbarung zu differenzieren sei, so hätten die Richter vorliegend wenigstens zur Teilunwirksamkeit der betrieblichen Abmachung kommen müssen. Zwischen dem mitbestimmungspflichtigen und dem mitbestimmungsfreien Teil der Betriebsvereinbarung differenzierte der Beschluß jedoch nur in bezug auf die Nachwirkung der in Frage stehenden betrieblichen Regelung, nicht aber, soweit es um die Anwendbarkeit des § 77 Abs. 3 BetrVG ging. So bestätigt die Entscheidung eindeutig, daß nach Ansicht des BAG ein nicht tarifgebundener Arbeitgeber i. Erg. mit seinem Betriebsrat ungeachtet des Tarifvorbehalts eine die Lohnhöhe betreffende Betriebsvereinbarung abschließen kann, sofern diese nur teilweise auch dem Mitbestimmungstatbestand des § 87 Abs. 1 Nr. 10 BetrVG unterfallende Sachgegenstände enthält.

[211] Die Entscheidung des BAG vom 20.08.1991 (AP Nr. 2 zu § 77 BetrVG 1972 Tarifvorbehalt) betraf eine Betriebsvereinbarung, mittels derer die Betriebspartner in Umsetzung eines tariflichen Arbeitszeitkorridors auf dem Wege der Verteilung der Arbeitszeit i. Erg. zu einer Arbeitszeitverkürzung gelangen wollten. Für eine bestimmte Gruppe von Arbeitnehmern (Pförtner) sah der in der Betriebsvereinbarung aufgestellte Schichtplan vor, daß diesen entgegen der tariflichen Vorgabe nicht ein jährlicher Anspruch auf neun freie Tage, sondern lediglich auf drei freie Tage zustehen sollte. Damit regelte die betriebliche Abmachung unmittelbar die Dauer der Arbeitszeit. Doch da das BAG in seiner Entscheidung gerade nicht zwischen diesem mitbestimmungsfreien Teil (§ 77 Abs. 3 BetrVG) und der ansonsten mitbestimmungspflichtigen Betriebsvereinbarung (§ 87 Abs. 1 Einls. BetrVG) trennte, hat es die auf Unterlassung der Anwendung der tarifwidrigen Betriebsvereinbarung gerichtete Klage der antragstellenden Gewerkschaft insges. unter Berufung auf die sog. Vorrangtheorie als unbegründet abgewiesen.

[212] Zu Recht hervorgehoben von *Wank*, NJW 1996, 2273 (2281); *Joost*, ZfA 1993, 257 (262); *Thüsing*, DB 1997, 1130 (1131); abweich. jetzt *Hromadka* (FS für Schaub, S. 337 [342 f.]), der allerdings zugibt, daß es in der Praxis vielfach anders aussieht.

gen Betriebsvereinbarung reglementieren, führt gerade dies konsequent zu Ende gedacht letztlich zur Annahme deren Wirksamkeit. Im Hinblick auf den gegenständlichen Anwendungsbereich des § 77 Abs. 3 BetrVG hat ein entsprechendes Verständnis der sog. Vorrangtheorie indessen endgültig zur Folge, daß dem in dieser Vorschrift statuierten Tarifvorbehalt – um erneut die *Reuter*'sche[213] Metapher aufzugreifen – lediglich die Bedeutung eines *juristischen „Leichnams"* zukommt[214]. Mehr noch als durch die ihn unverhohlen ignorierende Praxis ist § 77 Abs. 3 BetrVG maßgeblich durch die Rechtsprechung des BAG faktisch gänzlich derogiert worden.

### *4. Sinn oder Unsinn der „Wiederbelebung" des „Leichnams" des § 77 Abs. 3 BetrVG*

Am Ende der Betrachtung der Gegenstände des § 77 Abs. 3 BetrVG steht die Erkenntnis, daß auf Grund eindeutig mitbestimmungsfreundlicher Tendenzen der Rechtsprechung, die sich in der Erweiterung erzwingbarer Mitbestimmungsrechte sowie in der Akzeptanz eines Anwendungsvorrangs des § 87 Abs. 1 Einls. BetrVG manifestieren, es nicht (mehr) verbandsangehörigen Unternehmern möglich ist, eine Vielzahl von Arbeitsbedingungen bis hin zur Lohnhöhe und zur Dauer der Arbeitszeit gemeinsam mit ihren Betriebsräten in Form von Betriebsvereinbarungen zu regeln[215]. Den unabweisbaren ökonomischen und betriebssoziologischen Notwendigkeiten, daß unter den Bedingungen moderner Produktion auch der synallagmatische Kernbereich des Arbeitsverhältnisses sinnvollerweise vornehmlich von den Betriebspartnern ausgehandelt werden sollte[216], scheint somit faktisch weitgehend Genüge getan. Ist aber der Tarifvorbehalt insbesondere im Hinblick auf Betriebe nicht tarifgebundener Arbeitgeber durch die Judikatur mittlerweile zur allzu leicht umsegelbaren Klippe abgetragen worden, so stellt sich unweigerlich die Frage, welche praktische Bedeutung in Anbetracht dessen einer weiteren wissenschaftlichen Auseinandersetzung mit den Grenzen des § 77 Abs. 3 BetrVG, insbesondere dem Erfordernis der Tarifbindung des Arbeitgebers, überhaupt noch zukommt[217]. Geleitet durch eine rein ergebnisorientierte Intention könnte man es in der Tat mit der Feststellung der faktischen Bedeutungslosigkeit des – nur noch verbal als von der Tarifbindung

---

[213] Referat, in: Verhandlungen des 61. DJT, Bd. II/1, K 35 (K 54).

[214] Entsprech. jetzt auch *Hromadka*, FS für Schaub, S. 337 (341).

[215] I. Erg. ebenso *P. Hanau*, NZA 1993, 817 (821); *derselbe*, Diskussionsbeitrag, RdA 1994, 174.

[216] Dazu allg. bereits § 4 II 2.

[217] Nicht zu Unrecht meint auch *Hromadka* (FS für Schaub, S. 337 [341]), daß die uneingeschränkte Zulässigkeit teilmitbestimmter Betriebsvereinbarungen zu einer „überraschenden Auflösung" der Diskussion um § 77 Abs. 3 BetrVG führen würde.

des Arbeitgebers unabhängige Normsetzungsprärogative postulierten – Tarifvorbehalts im Sinne des § 77 Abs. 3 BetrVG bewenden lassen. Dennoch ist die juristische Aufarbeitung der Grenzen des Tarifvorbehalts alles andere als ein dogmatisches Glasperlenspiel, da die Judikatur bei ihrem im Ergebnis nur zu begrüßenden Bestreben einer Verlagerung der Regelungskompetenz von der tariflichen auf die betriebliche Ebene einen Weg eingeschlagen hat, der sich in Ansehung des übergeordneten Zieles, Möglichkeiten zur Vereinbarung *gerechter* Löhne und sonstiger *gerechter* Arbeitsbedingungen zu schaffen und zu sichern (Sozialstaatsgebot; Art. 20 Abs. 1, Art. 28 Abs. 1 GG)[218], letztlich nur als kontraproduktiv erweisen kann.

Die durch das BAG initiierte Überantwortung wesentlicher Lohn- und Arbeitszeitfragen in den Bereich der *erzwingbaren* Mitbestimmung hat nahezu zwangsläufig zur Konsequenz, daß sich in den meisten Betrieben oftmals *betriebliche Einigungsstellen* mit der Festlegung dieser für das Unternehmen und dessen Arbeitnehmer wichtigsten Angelegenheiten befassen dürften. Zumindest soweit die sachliche Verhandlungs- und Entscheidungskompetenz des betriebsinternen Zwangsschlichtungsgremiums sich hierbei konkret auch auf die Kernbereiche der *Höhe* des Entgelts und der Arbeitszeit*dauer* erstreckt, muß dem jedoch tatsächlich wie rechtlich mit äußerster Skepsis begegnet werden.

Ursprünglich idealtypisch als Forum der vertrauensvollen Zusammenarbeit (§ 2 Abs. 1 BetrVG) zwischen Arbeitgeber und Betriebsrat entstanden, wobei die Zwangsschlichtung ausschließlich als bloße *ultima ratio* für den Nichteinigungsfall fungieren sollte[219], ist die Einigungsstelle in der betrieblichen Praxis längst zu einem „unkalkulierbaren Risiko"[220], in vielen Betrieben gar zu einem „ständigen Ärgernis"[221] geworden. Einer der Gründe hierfür ist unbezweifelbar das durch den Gesetzgeber nur unzureichend ausgestaltete Verfahren (§§ 76 ff. BetrVG, § 98 ArbGG)[222], dessen Defizite bei der Entscheidung über so wesentliche, schwierige und komplexe Angelegenheiten wie die Bestimmung der Lohnhöhe und der Dauer der Arbeitszeit zwangsläufig mit aller Deutlichkeit zu Tage treten. Darüber hinaus ist die Einigungsstelle lediglich als innerbetriebliche Schlichtungsinstanz, nicht aber als eine betriebsinterne Arbeitszeit- oder Lohnfestsetzungsbehörde konzipiert[223]; letzterer Funktion vermag sie allein mangels des dafür erforderlichen ökonomischen Sachverstands ihres – in der

---

[218] Zum dahingehenden Gehalt des Sozialstaatsprinzips oben § 5 IV 1 a cc.

[219] Vgl. MünchArbR-*Joost*, Bd. 3, § 312 Rdnr. 48.

[220] *Feudner*, DB 1997, 826.

[221] *Bauer*, NZA 1992, 433; *Heinze*, NZA 1997, 1 (6): „Einigungsstellenunwesen".

[222] Ausf. *Feudner* (DB 1997, 826 ff.), der zur Illustration der formellen Defizite das Einigungsstellenverfahren zum Verfahren vor einem ordentlichen Gericht in Gegensatz stellt.

[223] Richtig bereits *Blomeyer*, Anm. zu BAG, AP Nr. 1 zu § 87 BetrVG 1972 Altersversorgung.

Praxis zu 90% durch Arbeitsrichter gestellten[224] – unabhängigen Vorsitzenden nicht gerecht zu werden[225]. Bedenkt man überdies, daß die Erzwingbarkeit der Mitbestimmung hinsichtlich der Lohnhöhe und der Arbeitszeitdauer die Betriebsräte unweigerlich der Verlockung aussetzt, aus selbstherrlichen Wahlinteressen gerade in bezug auf diese Angelegenheiten, da sie die einzelnen Arbeitnehmer materiell am meisten interessieren, über die Maßen von ihrem Initiativrecht Gebrauch zu machen[226], kann rein tatsächlich keineswegs befürwortet werden, jene Sachgegenstände der Zwangsschlichtung zuzuweisen[227].

Aus rechtlicher Sicht spricht schließlich gegen eine unmittelbare oder auch nur mittelbare Erstreckung erzwingbarer Mitbestimmung auf die Höhe des Arbeitsentgelts und die Dauer der Arbeitszeit, daß damit dem Arbeitgeber in unzulässiger Weise die Befugnis und das Instrumentarium zur Leitung seines Unternehmens, konkret zur Festsetzung der betrieblichen Kostenstruktur, genommen wird[228]. Zwar hat das BAG in der im Schrifttum zu Recht viel kritisierten[229] Kaufhaus-Entscheidung[230] die Auffassung vertreten, die Mitbestimmungstatbestände des § 87 Abs. 1 BetrVG stünden nicht unter einem allgemeinen Vorbehalt der Wahrung unternehmerischer Entscheidungsfreiheit. Jedenfalls aber muß es als mit den dem Arbeitgeber in seiner Rolle als Unternehmer garantierten Grundrechten aus Art. 12 Abs. 1, Art. 14 Abs. 1 GG schlechthin unvereinbar angesehen werden, wenn dem Betriebsrat – und sei es auch nur faktisch – die Möglichkeit offensteht, mittels eines erzwingbaren Schlichtungsverfahrens Einfluß auf die Gestaltung der Lohnhöhe und der Arbeitszeitdauer zu nehmen[231]. Insoweit wird der unternehmerischen Entscheidungsfreiheit, wie

[224] *Bauer* (NZA 1992, 433), der überdies aus seiner großen praktischen Erfahrung berichtet, daß sich die Arbeitsrichter den Vorsitz in betrieblichen Einigungsstellen zumeist in Form regelrechter „Do-ut-des-Absprachen" zuschieben (ebd., 433 f.) und insbes. nicht vor einem „unwürdigen Gefeilsche um die Honorare" zurückschrecken (ebd., 434 f); siehe auch *Bengelsdorf*, SAE 1995, 26 (28): „Die Mitwirkung in der Einigungsstelle wird als eine gut dotierte zusätzliche Quelle des Erwerbs genutzt, aus der ... nach besten Kräften Gewinn abgeschöpft wird."

[225] *Ehmann*, ZRP 1996, 314 (318 Fn. 61); *Junker*, ZfA 1996, 383 (408); *Löwisch*, NJW 1997, 905 (911); *Thüsing*, DB 1997, 1130 (1131).

[226] So der zutreff. Einwand von *Reuter*, ZfA 1975, 85 (90).

[227] Mit Recht ebenso *Ehmann*, Neue Ordnung 1996 (Sondernummer), S. 68.

[228] Zutreff. *Thüsing*, DB 1997, 1130 (1131).

[229] Siehe nur *Scholz*, NJW 1986, 1587 ff.; *Vogt*, RdA 1984, 140 (145 ff.); *Erdmann/Mager*, DB 1987, 46 (47).

[230] AP Nr. 8 zu § 87 BetrVG 1972 Arbeitszeit m. Anm. *Rath-Glawitz*; bestätigt in BAG, AP Nr. 3 zu § 87 BetrVG 1972 Kurzarbeit; vgl. auch BVerfG (Dreierausschuß), AP Nr. 15 zu § 87 BetrVG 1972 Arbeitszeit; zustimm. *Riester*, Deregulierung, S. 177 f.

[231] Dies folgt zum einen aus der Tatsache, daß auf Grund der antragsunabhängigen Entscheidungskompetenz der Einigungsstelle der Arbeitgeber unweigerlich dem Risiko eines Schlichtungsspruchs ausgesetzt ist, den er auf freiwilliger Basis aller Voraussicht nach vermieden hätte (*Feudner*, DB 1997, 826 [828]). Berücksichtigt man zum anderen, daß gem. § 76 Abs. 5 Satz 4 BetrVG die Möglichkeit eröffnet ist, Schlichtungssprüche

auch das BAG[232] zutreffend erkannt hat, ausschließlich eine Regelung auf dem Wege *freiwilliger* Betriebsvereinbarungen gerecht.

Kann somit als Fazit festgehalten werden, daß im Hinblick auf die materielle Seite des Arbeitsentgelts und der Arbeitszeit allein *freiwillige* betriebliche Abreden sowohl sachlich wünschenswert als auch verfassungsrechtlich zulässig sind[233], bleibt für die Frage der Wirksamkeit von Betriebsvereinbarungen, die den synallagmatischen Kernbereich des Arbeitsverhältnisses betreffen, ungeachtet des Anwendungsvorrangs von § 87 Abs. 1 Einls. BetrVG allein der Tarifvorbehalt nach § 77 Abs. 3 BetrVG ausschlaggebend. Statt auf dem Wege einer weitgehenden Erosion des gegenständlichen Anwendungsbereichs dieser Vorschrift[234] muß daher, was im übrigen nicht zuletzt auch dem Schutz der Tarifautonomie dient[235], der ökonomischen und betriebssoziologischen Notwendigkeit zur Zulässigkeit von Entgelt- und Arbeitszeitbetriebsvereinbarungen im Ergebnis durch eine funktionsgerechte Auslegung der betrieblichen Normsetzungsschranke des § 77 Abs. 3 BetrVG Rechnung getragen werden[236]. Es gilt daher im folgenden näher zu erörtern, welche Grenzen der Sperrwirkung des Tarifvorbehalts gezogen sind, konkret, ob diese gleichermaßen in Betrieben nicht tarifgebundener Arbeitgeber Geltung erlangt.

## III. Grenzen des Tarifvorbehalts

Wendet man sich der Frage zu, inwieweit von einer tariflichen oder tarifüblichen Regelung im Sinne des § 77 Abs. 3 BetrVG gesprochen werden kann, so

---

der Einigungsstelle vor den Arbeitsgerichten auf ihre Ermessensfehlerhaftigkeit überprüfen zu lassen, so könnten letztlich staatliche Instanzen über die Zweckmäßigkeit der betrieblichen Lohn- und Arbeitszeitpolitik entscheiden. Zumindest dies dürfte mit der unternehmerischen Entscheidungsfreiheit (Art. 12 Abs. 1, Art. 14 Abs. 1 GG), der Privatautonomie (Art. 2 Abs. 1 i.V.m. Art. 12 Abs. 1 GG) sowie den Grundsätzen einer freiheitlichen Marktwirtschaft keinesfalls in Einklang zu bringen sein.

232 AP Nr. 1 zu § 87 BetrVG 1972 Altersversorgung.

233 I. Erg. entsprech. *Ehmann*, ZRP 1996, 314 (318); *Reuter*, Referat, in: Verhandlungen des 61. DJT, Bd. II/1, K 35 (K 55): „Für den Regelfall sollte es daher das vordringliche Anliegen der Arbeitsrechtsordnung sein, die Bedingungen für das Zustandekommen freiwilliger Betriebsvereinbarungen zu verbessern."

234 Zu Recht hat *Wank* (RdA 1991, 129 [135]) darauf hingewiesen, daß die Auslegung einer Norm des allgemeinen Teils eines Gesetzes, die dazu führt, daß die Vorschrift praktisch bedeutungslos wird, methodisch nur als äußerst zweifelhaft bezeichnet werden kann.

235 So der zutreff. Hinweis von *Bender*, BB 1987, 1117 (1121); vgl. auch *Riester*, Deregulierung, S. 155.

236 *Hromadka* (FS für Schaub, S. 337 [346]) ist daher zuzustimmen, wenn er meint, die Vorrangtheorie sei nicht das geeignete und angemessene Mittel, um § 77 Abs. 3 BetrVG für die Praxis „zurückzustutzen".

ist es sinnvoll, zwecks genauer Bestimmung der dem Tarifvorbehalt durch diese Formulierung gezogenen Grenzen zunächst wie folgt zu differenzieren: Einerseits muß festgestellt werden, ob die betreffende Angelegenheit (Arbeitsentgelt oder sonstige Arbeitsbedingung), welche die Betriebspartner zum Inhalt einer Betriebsvereinbarung gemacht haben oder zu machen gedenken, bereits tariflich niedergelegt, also *Gegenstand* einer tariflichen oder tarifüblichen Regelung ist (dazu 1). Andererseits gilt es zu klären, in welchen *zeitlichen Schranken* eine solche tarifliche oder tarifübliche Regelung ihre in § 77 Abs. 3 BetrVG statuierte Sperrwirkung zeitigt (dazu 2). Beides ist vom Erfordernis der Tarifbindung des Arbeitgebers noch völlig unabhängig. Auch in Betrieben verbandsangehöriger Unternehmer können also jedenfalls insoweit Betriebsvereinbarungen abgeschlossen werden, als diese auf Grund der *gegenständlichen* oder *zeitlichen Grenzen* des § 77 Abs. 3 BetrVG außerhalb seiner Sperrwirkung liegen.

### *1. Gegenständliche Grenzen*

a) Nach der Fassung des § 59 BetrVG 1952 waren Betriebsvereinbarungen ausgeschlossen, soweit Arbeitsentgelte und sonstige Arbeitsbedingungen üblicherweise durch Tarifvertrag geregelt werden. Die Vorgängervorschrift des § 77 Abs. 3 BetrVG brachte demnach bereits durch ihre Formulierung („soweit") deutlich zum Ausdruck, daß die Tarifsperre nur bei *Kongruenz* der tariflichen und betrieblichen Regelungsmaterien eingreifen sollte[237]. Zwar hat § 77 Abs. 3 BetrVG diesen einschränkenden Wortlaut nicht übernommen, doch steht außer Zweifel, daß die geänderte gesetzliche Fassung auf die gegenständlichen Grenzen des Tarifvorbehalts ohne Auswirkungen ist. Allein der am Schutz der einzelnen Arbeitnehmer orientierte Zweck der Vorschrift[238] bedingt, daß Betriebsvereinbarungen nicht undifferenziert bereits lediglich *wegen* des Bestehens oder der Üblichkeit von Tarifverträgen mit irgendwelchen tariflichen Regelungen ausgeschlossen sein dürfen, sondern es vielmehr entscheidend darauf ankommt, welche *konkreten* Regelungen von den Tarifvertragsparteien getroffen worden sind. Die Sperrwirkung des § 77 Abs. 3 BetrVG greift also nur ein, soweit ein Tarifvertrag bestimmte Arbeitsbedingungen *tatsächlich regelt*[239].

---

[237] Ausf. *Wlotzke*, Günstigkeitsprinzip, S. 132.

[238] Siehe dazu oben I 5.

[239] *Kreutz*, in: GK-BetrVG, § 77 Rdnr. 88; *Hagemeier/Kempen/Zachert/Zilius*, TVG, Einl. Rdnr. 205; *Erdmann/Jürging*, BetrVG, § 77 Rdnr. 62.

Aus dem gleichen Grund hat das BAG (siehe nur AP Nr. 13 zu § 118 BetrVG 1972 sowie AP Nr. 3 zu § 87 BetrVG 1972) den von ihm angenommenen Normzweck des § 77 Abs. 3 BetrVG ausdrückl. auf die Sicherung der ausgeübten und aktualisierten Tarifautonomie beschränkt, also auf die einen bestimmten Regelungsgegenstand betreffende tarifliche Normsetzungsmacht konkretisiert.

b) Ob und inwieweit die Tarifvertragsparteien die in Frage stehende Angelegenheit durch eine tarifliche oder tarifübliche Regelung für sich in Anspruch genommen haben und daher die Tarifsperre des § 77 Abs. 3 BetrVG ausgelöst wird, kann im einzelnen unter Umständen mit erheblichen Beurteilungsschwierigkeiten verbunden sein. Entscheidend hierfür ist die *inhaltliche Reichweite* der tariflichen oder tarifüblichen Regelung, die stets durch Auslegung der betreffenden Tarifbestimmungen zu ermitteln ist[240]. Das BAG fordert als Voraussetzung für das Eingreifen des Tarifvorbehalts einerseits eine *abschließende* und *vollständige* Regelung, um es dann andererseits für das Vorliegen einer solchen als ausreichend anzusehen, daß die tariflichen Bestimmungen nicht ohne weiteres nach dem Willen der Tarifvertragsparteien als nur unvollständig gemeint erkennbar sind[241].

Diesem im Ergebnis sehr weiten Verständnis der gegenständlichen Reichweite des Tarifvorbehalts kann jedoch nicht zugestimmt werden, da anhand des allein auf den *subjektiven* Willen der Tarifvertragsparteien abstellenden und daher letztlich zu vagen Abgrenzungskriteriums eine dem Gebot der Rechtssicherheit entsprechende Bestimmung der Sperrwirkung von § 77 Abs. 3 BetrVG nicht möglich ist. Es muß vielmehr entscheidend auf den von *objektiver* Warte zu ermittelnden Regelungsinhalt des in Frage stehenden Tarifvertrages ankommen[242]. Dabei gebietet es die mit dem Tarifvorbehalt verfolgte Zwecksetzung, Betriebsvereinbarungen nur dann auszuschließen, wenn bereits auf tariflicher Ebene dem übergeordneten Gedanken des Arbeitnehmerschutzes hinreichend entsprochen werden kann[243], einer die Normsetzungsschranke des § 77 Abs. 3 BetrVG auslösenden tariflichen oder tarifüblichen Regelung in gegenständlicher Hinsicht enge Grenzen zu ziehen. Zwecks Gewährleistung der Lückenlosigkeit des erstrebten Arbeitnehmerschutzes ist für die Geltung des Tarifvorbehalts zu fordern, daß der Tarifvertrag objektiv eine den Regelungsgegenstand *vollständig erledigende* und damit das *Schutzbedürfnis* der Arbeitnehmer gänzlich *rea-*

---

[240] *Dietz/Richardi*, BetrVG, § 77 Rdnr. 213; *Kreutz*, in: GK-BetrVG, § 77 Rdnrn. 88 u. 92.

[241] So hinsichtl. der sich bei § 87 Abs. 1 Einls. BetrVG letztlich in gleicher Weise stellenden Frage BAG, AP Nr. 2 zu § 87 BetrVG 1972; AP Nrn. 3 u. 5 zu § 87 BetrVG 1972 Tarifvorrang; AP Nrn. 40 u. 55 zu § 77 BetrVG 1972; entsprech. *Fitting/Kaiser/Heither/Engels*, BetrVG, § 77 Rdnr. 74; krit. *Kreutz*, in: GK-BetrVG, § 77 Rdnr. 92: „unscharf".

[242] Zutreff. *Hagemeier/Kempen/Zachert/Zilius*, TVG, Einl. Rdnr. 205. Zu bedenken ist insbes., daß § 77 Abs. 3 Satz 2 BetrVG den Tarifparteien explizit die Möglichkeit eröffnet, nach ihrem Willen betriebliche Vereinbarungen zuzulassen. Stellt man indessen auch im Hinblick auf die Sperrwirkung des § 77 Abs. 3 Satz 1 BetrVG maßgeblich auf den Willen der Tarifpartner ab, so konterkariert dies zwangsläufig die in § 77 Abs. 3 Satz 2 BetrVG für tarifliche Öffungsklauseln geforderte Ausdrücklichkeit der Zulassung.

[243] Dazu oben I 5 a.

*lisierende* Vereinbarung enthält[244]. Ist dies nicht der Fall, muß der Abschluß entsprechender Betriebsvereinbarungen stets möglich bleiben. Sofern darüber hinaus in betrieblichen Abmachungen im Vergleich zum Tarifvertrag an wesentlich andere oder zusätzliche Voraussetzungen angeknüpft wird, ist ebenso ohne weiteres von deren Zulässigkeit auszugehen[245].

### *2. Zeitliche Grenzen*

Zweitens ist zur Bestimmung der in § 77 Abs. 3 BetrVG zu Gunsten der Tarifautonomie statuierten Sperrwirkung festzustellen, innerhalb welcher zeitlichen Schranken eine bestimmte Angelegenheit der Regelung in einer Betriebsvereinbarung vorenthalten bleibt. Hinsichtlich der zeitlichen Dimension des Tarifvorbehalts erlangt die – im Gegensatz zur allein auf die Tarif*üblichkeit* abstellenden Vorgängernorm des § 59 BetrVG 1952 – zwischen der tariflichen auf der einen (dazu a) und der tarifüblichen Regelung auf der anderen Seite (dazu b) differenzierende Fassung des § 77 Abs. 3 BetrVG maßgebliche Bedeutung.

#### a) Tarifliche Regelung im Sinne des § 77 Abs. 3 Satz 1, 1. Alt. BetrVG

Hinsichtlich der ersten Alternative des Tarifvorbehalts ergibt sich aus der Gesetzesformulierung lediglich die Voraussetzung, daß die Tarifpartner zumindest *einmal* eine entsprechende Tarifbestimmung in Kraft gesetzt haben müssen („tariflich *geregelt*"). Als Schlüsselbegriff zur Bestimmung der zeitlichen Gren-

---

[244] Ebenso *Hagemeier/Kempen/Zachert/Zilius*, TVG, Einl. Rdnr. 205; dem entspricht es i. Erg., wenn *Gast* (Tarifautonomie, S. 43) annimmt, daß § 77 Abs. 3 BetrVG nur tarifidentische Regelungen in Betriebsvereinbarungen sanktioniere; diff. *Kreutz*, in: GK-BetrVG, § 77 Rdnr. 92.

Anders aber *Baumann* (Delegation, S. 96 f.), der argumentiert, aus der durch § 77 Abs. 3 Satz 2 BetrVG den Tarifpartnern eröffneten Möglichkeit zur Zulassung ergänzender Betriebsvereinbarungen ergebe sich, daß die Sperrwirkung gem. § 77 Abs. 3 Satz 1 BetrVG gleichfalls durch noch ergänzungsbedürftige Tarifverträge ausgelöst werde. Diese Sichtweise betrachtet den systematischen Zusammenhang zwischen Tarifvorbehalt und Öffnungsklausel jedoch zu einseitig aus dem Blickwinkel des § 77 Abs. 3 Satz 2 BetrVG. Richtig ist es vielmehr, den Begriff der ergänzenden Betriebsvereinbarung im Sinne dieser Vorschrift aus der Blickrichtung des § 77 Abs. 3 Satz 1 BetrVG zu erklären (Regel-Ausnahme-Mechanismus): Geht man – wie hier vertreten – davon aus, daß der Tarifvorbehalt nur bei einer abschließenden tariflichen Regelung eingreift, ist jede von dem den betreffenden Gegenstand vollständig regelnden Tarifvertrag ausdrückl. zugelassene Betriebsvereinbarung letztlich eine diesen ergänzende Abmachung (richtig *Waltermann*, RdA 1996, 129 [136]).

[245] Ausf. hierzu *Säcker*, BB 1979, 1201 ff.; siehe auch *Fitting/Kaiser/Heither/Engels*, BetrVG, § 77 Rdnr. 78; konkrete Bsple. bei *Dietz/Richardi*, BetrVG, § 77 Rdnrn. 214 ff.

zen des Tarifvorbehalts ist indessen die Tarifüblichkeit im Sinne des § 77 Abs. 3 Satz 1, 2. Alt. BetrVG zu erachten. Damit die Tarifüblichkeitssperre neben § 77 Abs. 1 Satz 1, 1. Alt. BetrVG eine eigenständige Bedeutung erlangt[246], ist im Umkehrschluß anzunehmen, daß von einer tariflichen Regelung nur dann ausgegangen werden kann, wenn der betreffende Sachgegenstand in einem *gültigen*, d. h. noch nicht gekündigten oder ausgelaufenen Tarifvertrag Niederschlag gefunden hat.

### b) Tarifübliche Regelung im Sinne des § 77 Abs. 3 Satz 1, 2. Alt. BetrVG

#### *aa) Tarifüblichkeit und Nachwirkung*

(1) Das „Minus", durch welches sich die zweite Alternative des Tarifvorbehalts von einer tariflichen Regelung gem. § 77 Abs. 1 Satz 1, 1. Alt. BetrVG unterscheidet, kann nur darin liegen, daß die Tarifüblichkeit gerade nicht einen zum fraglichen Zeitpunkt in Kraft befindlichen Tarifvertrag voraussetzt. Es genügt zur Auslösung der Sperrwirkung vielmehr auch ein durch Kündigung oder Zeitablauf beendeter, in der tarifrechtlichen Terminologie also ein im Sinne des § 4 Abs. 5 TVG *nachwirkender* Tarifvertrag[247].

(2) Der notwendige Zusammenhang zwischen der Tarifüblichkeit gem. § 77 Abs. 3 Satz 1, 2. Alt. BetrVG und der Nachwirkung im Sinne des § 4 Abs. 5 TVG kann nur dann in Frage stehen, wenn man mit einer zum Teil in der Literatur vertretenen Ansicht davon ausgeht, daß ein nachwirkender Tarifvertrag nicht zu bestehen aufhöre, sondern lediglich die Qualität seiner Geltung verändere. Nach dieser Auffassung werden auch nachwirkende tarifliche Vereinbarungen als in allen Belangen normale Tarifverträge angesehen; freilich mit der einen Ausnahme, daß es ihnen wegen der in § 4 Abs. 5 TVG zugelassenen Ablösung durch andere Abmachungen an der Unabdingbarkeit ihrer Normen fehlt[248]. Konsequent zu Ende gedacht müßte diese Sichtweise dazu führen, hinsichtlich eines sich im Nachwirkungsstadium befindlichen Tarifvertrages

---

[246] Daß der Tarifüblichkeitssperre im Verhältnis zu der durch eine tarifliche Regelung ausgelösten Sperrwirkung eine eigenständige Bedeutung zukommen muß, ergibt sich allein aus der Erwägung, daß dem Gesetzgeber nicht unterstellt werden kann, mit § 77 Abs. 3 Satz 1, 2. Alt. BetrVG eine von vorneherein sinnlose Regelung treffen zu wollen. Daher ist es mehr als mißverständlich, wenn z. T. angenommen wird, daß bei fehlender tariflicher Regelung fast immer auch keine Tarifüblichkeit vorliege; so aber *Hess/Schlochauer/Glaubitz*, BetrVG, § 77 Rdnr. 137; wortgleich *Erdmann/Jürging/Kammann*, BetrVG, § 77 Rdnr. 52.

[247] MünchArbR-*Matthes*, Bd. 3, § 318 Rdnr. 65; *Brune*, ARBl. Betriebsvereinbarung 520, Rdnr. 245; *Ehmann/Lambrich*, NZA 1996, 346 (356).

[248] So *Wiedemann/Stumpf*, TVG, § 4 Rdnr. 283; *Hagemeier/Kempen/Zachert/Zilius*, TVG, Einl. Rdnr. 217; *Wank*, RdA 1991, 129 (133).

gleichsam vom Vorliegen einer tariflichen Regelung im Sinne des § 77 Abs. 3 Satz 1, 1. Alt. BetrVG auszugehen[249]. Die kumulative Aufnahme der Üblichkeitsschranke in den Tarifvorbehalt wäre somit überflüssig.

Da jedoch dem Gesetzgeber kaum die Formulierung einer von Anfang an sinnentleerten gesetzlichen Wendung unterstellt werden kann, liegt es weitaus näher, daß dieser bei Schaffung des § 77 Abs. 3 BetrVG von einem anderen Verständnis der Geltungsweise nachwirkender Tarifbestimmungen ausgegangen ist. In Übereinstimmung mit der zutreffenden Rechtsprechung des BAG ist daher anzunehmen, daß der Tarifvertrag als solcher mit Eintritt eines Beendigungstatbestandes (Kündigung, Zeitablauf) jegliche Wirkung verliert. Die in § 4 Abs. 5 TVG bis zur Ablösung durch andere Abmachungen angeordnete Nachwirkung stellt vielmehr eine Weitergeltung der Tarifnormen *kraft Gesetzes* und nicht kraft tariflicher Regelung dar, ist also letztlich als eine *gesetzliche Fiktion* zu verstehen, mittels derer verhindert werden soll, daß die betroffenen Arbeitsverhältnisse mangels individualvertraglicher Abmachungen nach Beendigung des Tarifvertrages inhaltsleer werden (*horror vacui*)[250]. Demzufolge können nachwirkende Tarifbestimmungen nicht als tarifliche Regelungen aufgefaßt werden, sondern sind allein unter die Tarifüblichkeitssperre des § 77 Abs. 3 Satz 1, 2. Alt. BetrVG zu subsumieren.

### *bb) Zukunftsbezogenheit der Tarifüblichkeit*

Das zeitliche Zusammenfallen von Tarifüblichkeit und Nachwirkung bedeutet indessen keineswegs, daß jeder nachwirkende Tarifvertrag zwangsläufig die Sperrwirkung des § 77 Abs. 3 Satz 1, 2. Alt. BetrVG entfaltet. Der Tarifüblichkeitsschranke sind vielmehr spezifische zeitliche Grenzen gesetzt. Einigkeit besteht insoweit darüber, daß die Formulierung „üblicherweise tariflich geregelt" in dem Sinne zukunftsbezogen zu verstehen ist, daß Tarifüblichkeit nur hinsichtlich solcher Arbeitsbedingungen angenommen werden kann, die auch *künftig* wieder in einem neu abzuschließenden Tarifvertrag *geregelt werden sollen*[251]. Demzufolge endet die Üblichkeitsschranke im Sinne des § 77 Abs. 3 Satz 1, 2. Alt. BetrVG stets insofern, als die Tarifvertragsparteien unmißverständlich zu verstehen geben, zu einer Neuregelung eines bestimmten Gegenstandes nicht mehr willens oder in der Lage zu sein. Dies ist spätestens dann der

---

[249] So i. Erg. jetzt *Oetker*, FS für Schaub, S. 535 (550 f.).

[250] Siehe an dieser Stelle nur BAG, AP Nrn. 1, 6 u. 8 zu § 4 TVG Nachwirkung, wo das Gericht gerade aus diesem Fiktionscharakter der Geltung nachwirkender Tarifverträge den Schluß zieht, daß sich die Nachwirkung nur auf solche Arbeitsverhältnisse erstreckt, die schon vor Beendigung des Tarifvertrages begründet worden sind; allg. zur Nachwirkung tariflicher Bestimmungen unten § 8 I 3 b.

[251] Hierzu nur MünchArbR-*Matthes*, Bd. 3, § 318 Rdnr. 65.

Fall, wenn eine Regelung des beendeten bei Abschluß eines neuen Tarifvertrages nicht – d. h. auch nicht mit abweichendem Inhalt – fortgeführt wird[252].

### cc) *Vergangenheitsbezogenheit der Tarifüblichkeit*

Schwieriger zu beantworten ist die Frage, ob und inwieweit die Tarifüblichkeitssperre neben dieser zukunftsorientierten auch eine vergangenheitsbezogene zeitliche Beschränkung erfährt. Die gesetzliche Formulierung („üblicherweise tariflich *geregelt*") macht deutlich, daß als Mindestvoraussetzung der Tarifüblichkeit eine wenigstens *einmalige* Regelung der betreffenden Materie in einem Tarifvertrag zu verlangen ist. Es reicht also für das Eingreifen der Sperrwirkung nicht aus, wenn die Tarifvertragsparteien lediglich eine dahingehende Abmachung künftig beabsichtigen oder in entsprechende Tarifverhandlungen eingetreten sind[253]. Ob diese Mindestvoraussetzung gleichzeitig die einzige an den Begriff der Tarifüblichkeit zu stellende vergangenheitsbezogene Anforderung ist, wird in der Literatur unterschiedlich beurteilt.

(1) In bezug auf die Vorschrift des § 59 BetrVG 1952 war man sich noch einig, daß von Tarifüblichkeit nur dann gesprochen werden könne, wenn hinsichtlich des in Frage stehenden Sachgegenstands Tarifverträge abgeschlossen zu werden *pflegten*[254], sich also eine dahingehende tarifliche Regelung *eingebürgert* habe[255]. Wurde also seinerzeit die Tarifüblichkeit einhellig mit einer gefestigten überbetrieblichen Ordnung der Arbeitsbedingungen gleichgesetzt[256],

---

[252] *Kreutz*, in: GK-BetrVG, § 77 Rdnr. 98; *Dietz/Richardi*, BetrVG, § 77 Rdnr. 208; *Galperin/Löwisch*, BetrVG, § 77 Rdnr. 83 a; *Stege/Weinspach*, BetrVG, § 77 Rdnr. 136; *Oetker*, FS für Schaub, S. 535 (553 ff.); *Haug*, BB 1986, 1921 (1927); zur Länge eines tariflosen Zustands, während dessen noch Tarifüblichkeit angenommen werden kann, siehe *Hagemeier/Kempen/Zachert/Zilius*, TVG, Einl. Rdnr. 208; unzutreff. insoweit *Hess/Schlochauer/Glaubitz*, BetrVG, § 77 Rdnr. 158; konkret zum Ende der Tarifüblichkeit bei Selbstauflösung eines Verbandes bzw. bei Herbeiführen der Tarifunfähigkeit oder Tarifunzuständigkeit durch Satzungsänderung statt aller *Kreutz*, in: GK-BetrVG, § 77 Rdnr. 99.

[253] BAG, AP Nr. 13 zu § 118 BetrVG 1972; *Kreutz*, in: GK-BetrVG, § 77 Rdnr. 96.

[254] *Nikisch*, Arbeitsrecht, Bd. 1, S. 338; i. Erg. entsprech. auch BAG, AP Nr. 1 zu § 59 BetrVG 1952: „in zahlreichen seit Jahrzehnten ... abgeschlossenen Tarifverträgen"; AP Nr. 28 zu Art. 12 GG: „seit vielen Jahren ... durch Tarifvertrag".

[255] *Hueck/Nipperdey/Säcker*, Arbeitsrecht, Bd. II/2, 7. Aufl., S. 1399; *Dietz*, BetrVG, 1. Aufl., § 59 Rdnr. 3; *Zöllner*, FS für Nipperdey II, S. 699 (707); *Wlotzke*, Günstigkeitsprinzip, S. 139; *Nikisch* (Arbeitsrecht, Bd. 3, S. 383), der allerdings an anderer Stelle (Arbeitsrecht, Bd. 2, S. 400 Fn. 72) davon ausging, zumindest ein bestehender Tarifvertrag müsse die Sperrwirkung des § 59 BetrVG 1952 auch bereits dann auslösen, wenn es sich um den erstmaligen Abschluß handele; so auch *Hablitzel*, Verbands- und Betriebsratskompetenzen, S. 113.

[256] *Dietz*, RdA 1955, 241 (242); ähnl. *derselbe*, BetrVG, 1. Aufl., § 59 Rdnr. 3: „Tarifgemeinschaft"; *Neumann-Duesberg*, Betriebsverfassungsrecht, S. 471: „tarifliche Gepflogenheit"; *Siebert*, RdA 1958, 161 (162): „besondere Dauerhaftigkeit".

so erscheint die Übertragbarkeit dieses Verständnisses auf die Üblichkeitsschranke des § 77 Abs. 3 Satz 1, 2. Alt. BetrVG zunächst zweifelhaft. Denn die übliche tarifliche Regelung ist innerhalb dieser Vorschrift im Gegensatz zu § 59 BetrVG 1952 nicht allein für die Sperrwirkung des Tarifvorbehalts entscheidend, sondern ihr kommt vielmehr nur eine im Hinblick auf die erste Alternative des § 77 Abs. 3 Satz 1 BetrVG subsidiäre Bedeutung zu. Auf Grund der bloßen *Auffangfunktion* der Tarifüblichkeit liegt es nahe anzunehmen, an diese nicht höhere Anforderungen stellen zu können als an eine bestehende tarifliche Regelung selbst. Da § 77 Abs. 3 Satz 1, 1. Alt. BetrVG keine durch mehrfachen Tarifabschluß manifestierte tarifliche Ordnung erfordert, dürfte demnach auch bezüglich des Vorliegens von Tarifüblichkeit nicht vorausgesetzt werden, daß sich im Hinblick auf den in Frage stehenden Sachgegenstand bereits eine tarifliche Übung eingebürgert hat. Entsprechend wird zum Teil im Schrifttum vertreten, eine Angelegenheit sei bereits dann üblicherweise tariflich geregelt, wenn diese – ohne daß zur Zeit ein Tarifvertrag bestehe – *wenigstens einmal* von den Tarifpartnern geregelt worden sei und auch *künftig* wieder tarifvertraglich *geregelt werde*[257].

(2) Bleibt man jedoch streng bei den Buchstaben des Gesetzes, erweist sich dieses Verständnis der Tarifüblichkeit bereits als mit dem Wortlaut des § 77 Abs. 3 Satz 1, 2. Alt. BetrVG nicht vereinbar. Denn nach seinem allgemeinen Sprachgebrauch ist das Adverb „üblicherweise" gleichbedeutend mit Formulierungen wie „gewöhnlich" oder „so wie üblich", setzt also stets eine gewisse *Wiederholung* und *Regelmäßigkeit* voraus[258]. Dem wird es nur gerecht, sofern man in Übereinstimmung mit der Auslegung des § 59 BetrVG 1952 annimmt, daß bestimmte Arbeitsbedingungen erst dann als üblicherweise tariflich geregelt gelten können, wenn sich die Festlegung durch Tarifvertrag *eingebürgert* hat[259]. Wann eine entsprechende tarifliche Übung vorliegt, ist letztlich jeweils einzelfallbezogen zu entscheiden[260], wobei davon auszugehen ist, daß zumindest dann

---

[257] *Kreutz*, in: GK-BetrVG, § 77 Rdnrn. 95 ff.; *Fitting/Kaiser/Heither/Engels*, BetrVG, § 77 Rdnr. 80; *Galperin/Löwisch*, BetrVG, § 77 Rdnrn. 83 f.; *Löwisch*, AuR 1978, 97 (107); *Brune*, ARBl. Betriebsvereinbarung 520, Rdnr. 211; *Barwasser*, DB 1975, 2275 (2276); *Feudner*, DB 1993, 2231; *Waltermann*, RdA 1996, 129 (131); unklar *von Hoyningen-Huene/Meier-Krenz* (NZA 1987, 793 [795]), die eine tarifliche Regelung bereits bei einmaligem Abschluß als eingebürgert ansehen.

[258] Vgl. *Meyer's* Enzyklopädisches Lexikon, Bd. 32, zu: üblicherweise; dazu auch *Fabricius*, Anm. zu BAG, AP Nr. 28 zu § 59 BetrVG 1952: „Handlungen von Menschen, für die ihre *Gleichförmigkeit* das Übliche ausmacht" (Hervorh. d. Verf.).

[259] I. Erg. zutreff. *Dietz/Richardi*, BetrVG, § 77 Rdnr. 207; *Däubler/Kittner/Klebe/Schneider*, BetrVG, § 77 Rdnr. 71; *Kissel*, NZA 1995, 1 (4); *Linnenkohl*, BB 1994, 2077 (2078); *Haug*, BB 1986, 1921 (1927); *Bichler*, DB 1979, 1939 (1941); *Riester*, Deregulierung, S. 56.

[260] Die Notwendigkeit einer einzelfallabhängigen Konkretisierung der Tarifüblichkeit macht deutlich, daß die konturlose gesetzliche Formulierung „üblicherweise" letztlich nur als sehr unglücklich bezeichnet werden kann (so auch *Linnenkohl*, BB 1994, 2077

ein Eingreifen der Üblichkeitssperre angenommen werden kann, wenn die betreffende Angelegenheit in mehreren Tarifverträgen oder in einem besonders lange geltenden Tarifvertrag vereinbart worden ist[261].

Diese enge und daher im Ergebnis betriebsvereinbarungsfreundliche Auslegung der Tarifüblichkeitsschranke steht im übrigen auch zu deren bloßem Auffangcharakter nicht in Widerspruch, da die zusätzliche Begrenzung durch eine gewisse tarifliche Übung durchaus lediglich als ein ausgleichendes Korrektiv für das Defizit des Nichtbestehens einer tariflichen Regelung erachtet werden kann. Überdies wird mit einem möglichst restriktiven Verständnis der Tarifüblichkeit am besten der Tatsache entsprochen, daß der Tarifvorbehalt auf Grund seiner Zweckbestimmung Betriebsvereinbarungen nur dann ausschließen soll, wenn dem Gedanken des Arbeitnehmerschutzes bereits auf tariflicher Ebene hinreichend Rechnung getragen ist[262]. Denn durch das gesteigerte Erfordernis einer tariflichen Übung wird sichergestellt, daß entsprechende tarifliche Vereinbarungen auch seitens der Tarifvertragsparteien selbst für so gebräuchlich erachtet werden, daß im Nachwirkungsstadium stets mit einer raschen Neuregelung gerechnet werden kann und daher der tarif- und gleichzeitig betriebsvereinbarungslose Interimszustand nicht so lange währen dürfte, als daß dies mit der arbeitnehmerschützenden Zwecksetzung des § 77 Abs. 3 BetrVG unvereinbar erschiene[263]. Im Ergebnis kann folglich festgehalten werden, daß sich die Tarifüblichkeit (§ 77 Abs. 3 Satz 1, 2. Alt. BetrVG) im Vergleich zu einer be-

---

[2078]), rechtfertigt es jedoch nicht, sich über den Wortlaut des Gesetzes ohne weiteres hinwegzusetzen.

[261] *Stege/Weinspach*, BetrVG, § 77 Rdnr. 13; *Dietz/Richardi*, BetrVG, § 77 Rdnr. 207; siehe insbes. auch den Hinweis *Zöllners* (FS für Nipperdey II, S. 699 [707 f.]), im Arbeitsrecht könne generell von Üblichkeit bei einer mindestens dreimaligen Regelung gesprochen werden.

[262] Zur dahingehenden Zwecksetzung des § 77 Abs. 3 BetrVG ausf. I 5.

[263] Versteht man die Tarifüblichkeit in einem entsprech. engen Sinne, so bedarf es letztlich nicht der von *Löwisch* (JZ 1996, 813 [817 ff.]) und *Hromadka* (AuR 1996, 289 [292]) de lege ferenda in Erwägung gezogenen Aufhebung der Üblichkeitssperre i. S. d. § 77 Abs. 3 Satz 1, 2. Alt. BetrVG. Ihren eigenständigen Sinn erlangt die zweite Alternative des Tarifvorbehalts insofern, als mittels ihrer verhindert wird, daß während eines tariflosen Zustands Arbeitsbedingungen mit einem bestimmten Inhalt geregelt werden, die mit Inkrafttreten eines neuen Tarifvertrages wegen § 77 Abs. 3, Satz 1, 1. Alt. BetrVG alsbald wieder ihre Wirksamkeit einbüßen würden (*Ehmann/Lambrich*, NZA 1996, 346 [356]; vgl. auch *Wank*, NJW 1996, 2273 [2275]; *derselbe*, RdA 1991, 129 [136 ff.]; *Waltermann*, RdA 1996, 129 [131]; ebenso bereits hinsichtl. § 59 BetrVG 1952 *Siebert*, RdA 1958, 161 [162]). Die Tarifüblichkeitsschranke dient also maßgeblich dem Gebot der Rechtssicherheit und -klarheit und verfolgt damit nicht zuletzt auch eine arbeitnehmerschützende Funktion. Denn es dürfte keinesfalls im Interesse der Arbeitnehmer stehen, von ständig wechselnden Arbeitsbedingungen betroffen zu sein. Zu Recht hat daher die arbeitsrechtliche Abteilung des 61. DJT den Antrag, die Tarifüblichkeitssperre innerhalb des § 77 Abs. 3 BetrVG zu streichen, mit 31:133:8 Stimmen abgelehnt; siehe Beschluß 5.a), in: Verhandlungen des 61. DJT, Bd. II/1, K 70.

stehenden tariflichen Regelung (§ 77 Abs. 3 Satz 1, 1. Alt. BetrVG) zwar einerseits durch das „Minus“ der Erstreckung auf *nachwirkende* Tarifverträge, anderseits aber auch durch das „Mehr“ einer *verfestigten tariflichen Ordnung* auszeichnet.

### *3. Beschränkung durch die tarifvertraglichen Geltungsbereiche – Möglichkeiten zur Tarifflucht?*

Zu fragen bleibt, ob die Sperrwirkung des Tarifvorbehalts neben ihren beschriebenen gegenständlichen und zeitlichen Grenzen weitere Schranken erfährt. Für die zwingende Notwendigkeit eines zusätzlichen einschränkenden Korrektivs sprechen bereits allein die andernfalls eintretenden praktischen Konsequenzen. Denn ohne ein solches wären in einem Betrieb (z. B. der *Metallindustrie* in *Baden-Württemberg*) durch § 77 Abs. 3 BetrVG Betriebsvereinbarungen bereits dann ausgeschlossen, wenn in irgendeinem anderen Betrieb gleich welcher Branche (z. B. *Müllabfuhr*) in einem weit entfernten Tarifgebiet (z. B. *Bremen*) der in Frage stehende Sachgegenstand tariflich geregelt wäre oder üblicherweise tariflich geregelt würde. Es liegt klar auf der Hand, daß eine dahingehende Interpretation des Tarifvorbehalts den Betriebspartnern die Befugnis zur normsetzenden Gestaltung der Arbeitsbedingungen faktisch gänzlich entzöge. Zu Recht sind daher sowohl § 77 Abs. 3 BetrVG als auch dessen Vorgängervorschriften in Rechtsprechung und Schrifttum zu keiner Zeit in einem solch umfassenden Sinne verstanden worden.

Unter der Geltung des Betriebsverfassungsgesetzes aus dem Jahre 1952 herrschte seitens des BAG zwar noch weitgehend Unklarheit, durch welches weitere Korrektiv der Tarifvorbehalt eine sinnvolle Einschränkung erfahren sollte[264]. In der Literatur setzte sich jedoch bereits bezüglich § 59 BetrVG 1952

---

[264] Das BAG hatte sich mit dieser Problematik bereits in seiner ersten zu § 59 BetrVG 1952 ergangenen Entscheidung vom 06.03.1958 (AP Nr. 1 zu § 59 BetrVG 1952) zu befassen. Es entschied, daß die in besagter Vorschrift angeordnete Sperrwirkung zu Lasten betrieblicher Normsetzung für sämtliche Betriebe innerhalb eines Industriezweiges gelte, in welchem die in Frage stehende Angelegenheit üblicherweise durch Tarifverträge geregelt werde. Entsprechende Einschränkungen zog das Gericht in der Folgezeit in mehreren Judikaten heran, wobei lediglich die Terminologie insoweit differierte, als in diesen die synonymen Begriffe der Branche (BAG, AP Nr. 26 zu § 59 BetrVG 1952) oder des Wirtschafts- und Gewerbezweiges (BAG, AP Nr. 7 zu § 59 BetrVG 1952) benutzt wurden.

Eine dem Gebot der Rechtssicherheit hinreichend Rechnung tragende Begrenzung des Tarifvorbehalts hatte das Gericht dadurch indessen noch nicht gewonnen. Bester Beweis hierfür ist, daß das BAG in seiner Entscheidung vom 16.09.1960 (AP Nr. 1 zu § 2 ArbGG 1953 Betriebsvereinbarung) noch dahinstehen ließ, ob unter dem Wirtschafts- und Gewerbezweig die gesamte Branche oder auch nur ein Teil von ihr zu verstehen sei, in einem späteren Beschluß (AP Nr. 23 zu § 59 BetrVG 1952) die Begriffe hingegen ausdrückl. als inhaltsgleich bezeichnete.

die zutreffende Auffassung durch, daß eine dem Gebot der Rechtssicherheit entsprechende Beschränkung nur erreicht werden könne, sofern sich dessen Sperrwirkung in den Grenzen der verschiedenen tarifvertraglichen Geltungsbereiche halte[265]. Im Hinblick auf § 77 Abs. 3 BetrVG ist in Judikatur und Schrifttum in-

---

In den meisten Fällen sollte sich die mangelnde Klarheit der herangezogenen Kriterien zwar als unschädlich erweisen, da sich das BAG mit der Beschränkung des § 59 BetrVG 1952 anhand des arbeitstechnischen Zwecks des in Frage stehenden Betriebes – bewußt oder unbewußt – i. Erg. die Organisationsstruktur der Gewerkschaften nach Maßgabe des Industrieverbandsprinzips (zu diesem statt aller *Löwisch/Rieble*, TVG, § 4 Rdnr. 308) zu Nutze gemacht hatte (so bereits *Fabricius*, Anm. zu BAG, AP Nr. 28 zu § 59 BetrVG 1952). Schwierigkeiten mußten daher jedoch zwangsläufig dann auftreten, wenn die zu beurteilende Betriebsvereinbarung in einem Betrieb abgeschlossen wurde, der sich nicht ohne weiteres in das gewerkschaftsorganisatorische Branchensystem einordnen ließ. Genannt sei insoweit zunächst die Entscheidung vom 06.12.1963 (BAG, AP Nr. 23 zu § 59 BetrVG 1952 m. zustimm. Anm. *G. Hueck*), in der das Gericht die Wirksamkeit einer durch die nicht an einen Tarifvertrag gebundene Fußballtoto-Gesellschaft Nidersachsen und deren Betriebsrat getroffenen Betriebsvereinbarung zu beurteilen hatte. Das BAG verwies die Sache an die Vorinstanz zurück mit dem Hinweis, die Toto- und Lotto-Betriebe seien zur Bestimmung der Sperrwirkung des § 59 BetrVG 1952 mit allen solchen Betrieben zusammenzurechnen, die „nach der Verkehrsauffassung etwa noch als zur Branche gehörig angesehen werden“ könnten (zu Recht krit. hierzu *Zöllner*, FS für Nipperdey II, S. 699 [713] mit der Begr., die Verkehrsauffassung könne allenfalls dann entscheidend sein, wenn in Ermangelung einer ausdrückl. Festlegung des betrieblich-branchenmäßigen Geltungsbereichs eine Auslegung des in Betracht kommenden Tarifvertrages notwendig sei; vgl. auch *Hablitzel*, Verbands- und Betriebsratskompetenzen, S. 117). In einer späteren Entscheidung vom 08.12.1970 (BAG, AP Nr. 28 zu § 59 BetrVG 1952), deren Gegenstand die Wirksamkeit einer beim nicht tarifgebundenen Volksbund Deutscher Kriegsgräber e. V. abgeschlossenen Betriebsvereinbarung war, stellte das Gericht für die Anwendung des § 59 BetrVG 1952 statt auf die Branche auf den Betätigungsbereich des Vereins ab und hat damit letztlich einen ohnehin schon zu vagen Begriff durch ein noch unbestimmteres Kritierium ersetzt (vgl. die ablehn. Anm. von *Fabricius*).

Neben der Beschränkung der Sperrwirkung des § 59 BetrVG 1952 durch die Kriterien der Branche bzw. des Industriezweiges hat das BAG in einigen Entscheidungen versucht, dem Tarifvorbehalt auch in räumlicher Hinsicht Schranken zu ziehen. In seinem Beschluß vom 01.02.1963 (BAG, AP Nr. 8 zu § 59 BetrVG 1952) nahm es ohne jegliche Begr. an, daß es für die Bestimmung der Tarifüblichkeit auf das Gebiet des bayerischen Einzelhandels ankomme, um im Gegensatz dazu in einer späteren Enscheidung des gleichen Jahres zu konstatieren, für die Sperrwirkung des Tarifvorbehalts seien gerade nicht die Grenzen einzelner Bundesländer entscheidend (BAG, AP Nr. 23 zu § 59 BetrVG 1952). Schließlich stellte das Gericht die allgemeinen Direktiven auf, daß § 59 BetrVG 1952 Betriebsvereinbarungen nur ausschließe, soweit „in einem bestimmten geographischen Bereich“ die betreffende Angelegenheit durch Tarifvertrag geregelt zu werden pflege (BAG, AP Nr. 26 zu § 59 BetrVG 1952 m. zustimm. Anm. *G. Hueck*), wobei aus dem Gebot einer möglichst weiten Auslegung des Tarifvorbehalts folge, daß i. Erg. auf den „größtmöglichen Bereich“ abgestellt werden müsse (BAG, AP Nr. 23 zu § 59 BetrVG 1952 m. zustimm. Anm. *G. Hueck*). Eine rechtssichere Bestimmung der räumlichen Grenzen des Tarifvorbehalts war anhand dieser vagen Vorgaben freilich nicht möglich.

[265] Mit Nachdruck *Zöllner*, FS für Nipperdey II, S. 699 (709 ff., insbes. 714); auch bereits *Wlotzke*, Günstigkeitsprinzip, S. 138; *Hueck/Nipperdey*, Arbeitsrecht, Bd. 2, 6.

zwischen allgemein anerkannt[266], daß Betriebsvereinbarungen nur dann ausgeschlossen sind, wenn der betreffende Betrieb in den *räumlichen* sowie *betrieblich-branchenmäßigen* und dessen Arbeitnehmer in den *fachlichen* sowie *persönlichen Geltungsbereich* einer tariflichen oder tarifüblichen Regelung fallen[267]. Für eine dahingehende Beschränkung des Tarifvorbehalts spricht ein-

---

Aufl., S. 835; entsprech. *Nikisch*, Arbeitsrecht, Bd. 3, S. 383; *Hablitzel*, Verbands- und Betriebsratskompetenzen, S. 115 ff.

[266] Statt vieler mehr BAG, AP Nr. 42 zu § 99 BetrVG 1972; DB 1983, 996; *Kreutz*, in: GK-BetrVG, § 77 Rdnr. 81; *Fitting/Kaiser/Heither/Engels*, BetrVG, § 77 Rdnr. 67; *Dietz/Richardi*, BetrVG, § 77 Rdnr. 192 ff.; *von Hoyningen-Huene*, DB 1994, 2026 (2029).

[267] Ohne praktische Konsequenzen auf die Sperrwirkung des § 77 Abs. 3 BetrVG ist hingegen in aller Regel der zeitliche Geltungsbereich des Tarifvertrages (zu diesem allg. *Wiedemann/Stumpf*, TVG, § 4 Rdnr. 124). Denn die wesentlichen Arbeitsbedingungen, insbes. die Lohnhöhe sowie die Dauer der Arbeitszeit, werden bereits seit Jahrzehnten tariflich niedergelegt und trotz der momentanen Krise der Tarifautonomie ist nicht davon auszugehen, daß sich an dieser Tarifpraxis in naher Zukunft etwas ändern wird. Selbst wenn es zeitweise an einer gültigen tariflichen Regelung fehlen sollte, sind folglich auf Grund der Tarifüblichkeitssperre des § 77 Abs. 3 Satz 1, 2. Alt. BetrVG hinsichtl. nahezu sämtlicher Angelegenheiten Betriebsvereinbarungen in zeitlicher Hinsicht umfass. untersagt.

Beginn und Ende des zeitlichen Geltungsbereichs spielen für den Umfang des Tarifvorbehalts allenfalls dann eine Rolle, wenn – wie im Bereich der formellen Arbeitsbedingungen zumindest denkbar – ein Tarifvertrag einen bestimmten Sachgegenstand erstmals regelt oder aber die Tarifpartner nach Ablauf des Vertrages zu verstehen geben, eine bestimmte Angelegenheit zukünftig nicht mehr tariflich regeln zu wollen.

Grunds. tritt ein Tarifvertrag mit Vertragsunterzeichnung in Kraft (*Löwisch/Rieble*, TVG, § 4 Rdnr. 39; *Däubler*, Tarifvertragsrecht, Rdnr. 281), so daß ab diesem Zeitpunkt eine tarifliche Regelung i. S. d. § 77 Abs. 3 Satz 1, 1. Alt. BetrVG anzunehmen ist. Genauso aber ist es den Tarifpartnern unbenommen, den Beginn der tariflichen Normwirkung auf einen im Vergleich zum Vertragsschluß früheren oder späteren Zeitpunkt festzulegen. In einem solchen Fall stellt sich hinsichtl. des Tarifvorbehalts die Frage, ob es für dessen Sperrwirkung letztlich auf den Abschlußzeitpunkt oder aber auf den tarifvertraglich bestimmten Beginn der Tarifnormwirkung ankommt. Insoweit gilt es zwischen dem Inkraftsetzen für einen späteren Zeitpunkt und der Rückwirkung tariflicher Abreden zu differenzieren:

Sofern die Tarifpartner ausdrückl. einem Tarifvertrag erst nach Vertragsschluß Geltung verschaffen, bringen sie dadurch unmißverständlich zum Ausdruck, ihre Tarifmacht erst zukünftig aktualisieren und die betreffenden Angelegenheiten somit nicht bereits zum Abschlußzeitpunkt tariflich niederlegen zu wollen. Daher kann eine tarifliche Regelung, die ihrer Funktion der Gewährleistung effektiven Arbeitnehmerschutzes hinreichend nachkommt, erst ab diesem späteren Wirksamkeitszeitpunkt angenommen werden, so daß der Tarifvorbehalt des § 77 Abs. 3 BetrVG folglich nicht schon ab Tarifabschluß eingreift.

Schwieriger beantworten läßt sich indessen die Frage nach der Zulässigkeit von Betriebsvereinbarungen, welche im Rückwirkungszeitraum eines Tarifvertrages abgeschlossen werden (zu den Wirksamkeitsvoraussetzungen rückwirkender Tarifverträge allg. BAG, AP Nrn. 1, 2, 10 zu § 1 TVG Rückwirkung; *Löwisch/Rieble*, TVG, § 1 Rdnrn. 204 ff.). Denn hinsichtl. der Geltungsweise rückwirkender Tarifbestimmungen ist umstritten, ob die Tarifpartner durch eine dahingehende Anordnung das Inkrafttreten

deutig der Gesetzeswortlaut des § 77 Abs. 3 BetrVG. Denn durch die Festlegung der unterschiedlichen tariflichen Geltungsbereiche, welche den Tarifpartnern als Ausfluß der in Art. 9 Abs. 3 GG verfassungsrechtlich geschützten Tarifautonomie innerhalb ihrer Tarifzuständigkeit[268] gestattet ist[269], bringen diese zum Ausdruck, inwieweit sie von ihrer Normsetzungsbefugnis Gebrauch machen wollen. Im Umkehrschluß ist daher zu folgern, daß außerhalb dieser Grenzen bereits mangels Regelungs*absicht* der vertragsschließenden Koalitionen von einer tariflichen oder tarifüblichen Regelung keine Rede sein kann. Nur soweit die Tarifvertragsparteien ihre Regelungsbefugnis tatsächlich zu aktualisieren gedenken, erscheint es aber legitim, auf der anderen Seite den Betriebspartnern deren Normsetzungsrecht mittels des Tarifvorbehalts zu entziehen[270].

Im folgenden können somit die Grenzen der Sperrwirkung des § 77 Abs. 3 BetrVG anhand der verschiedenen Geltungsbereiche[271] einer tariflichen oder ta-

---

der tariflichen Regelung selbst auf einen früheren Zeitpunkt verlagern (so *Wiedemann/Stumpf*, TVG, § 4 Rdnr. 133; *Däubler*, Tarifvertragsrecht, Rdnr. 282), oder aber lediglich zum Ausdruck bringen, daß deren Rechtsfolgen bereits für die Vergangenheit eingreifen sollen (in diesem Sinne *Löwisch/Rieble*, TVG, § 4 Rdnr. 41). I. Erg. muß der zweiten Ansicht zugestimmt werden, da es dogmatisch nicht möglich ist, allein auf Grund einer vom Willen der Koalitionen abhängigen Fiktion bereits für einen Zeitraum von der Gültigkeit eines Tarifvertrages auszugehen, in welchem die tarifliche Regelung selbst rechtlich noch nicht existent war (entsprech. hinsichtl. rückwirkender Gesetze BVerfGE 72, 211 [241]). Demnach haben die Tarifpartner im Falle eines rückwirkenden Tarifvertrages von der ihnen zustehenden Normsetzungsbefugnis tatsächlich erst zum Zeitpunkt des Vertragsschlusses Gebrauch gemacht. Zuvor abgeschlossenen Betriebsvereinbarungen kann daher nicht unter Hinweis auf § 77 Abs. 3 BetrVG für die Vergangenheit die Wirksamkeit abgesprochen werden, so daß eventuell auf deren Grundlage seitens der Arbeitnehmer erdiente übertarifliche Ansprüche nicht durch den Arbeitgeber kondiziert werden können.

Zum Zwecke der Beendigung der Tarifnormwirkung können die Tarifvertragsparteien zwischen sämtlichen auch generell bei Dauerverträgen gebräuchlichen Gestaltungsformen frei wählen (vgl. die Übersichten bei *Löwisch/Rieble*, TVG, § 1 Rdnrn. 356 ff.; *Däubler*, Tarifvertragsrecht, Rdnrn. 1432 ff.). Mit Eintritt des im Tarifvertrag vorgesehenen Beendigungstatbestandes verlieren die tariflichen Bestimmungen ihre zwingende Wirkung und treten gem. § 4 Abs. 5 TVG in die Nachwirkungsphase ein. Auf die Sperrwirkung des § 77 Abs. 3 BetrVG bleibt dies jedoch zumindest solange ohne Auswirkung, wie zusätzlich die vergangenheits- und zukunftsbezogenen Voraussetzungen der Tarifüblichkeit vorliegen; zu diesen bereits ausf. 2 b bb u. cc.

268 Dazu *Wiedemann/Stumpf*, TVG, § 4 Rdnr. 46; *Hromadka*, DB 1996, 1872 m. w. Nachw.

269 *Löwisch/Rieble*, TVG, § 4 Rdnrn. 20 ff.; *Däubler*, Tarifvertragsrecht, Rdnr. 232; *Fitting/Kaiser/Heither/Engels*, BetrVG, § 77 Rdnr. 67; *Kreutz*, in: GK-BetrVG, § 77 Rdnr. 82; *Hromadka*, DB 1996, 1872; *von Hoyningen-Huene*, NZA 1996, 617 f.; *Buchner*, DB 1997, 573 (575).

270 Zutreff. *Buchner*, DB 1997, 573 (574).

271 Angemerkt sei, daß die unterschiedlichen Teilbereiche des tariflichen Wirkungsumfangs in der Rspr. sowie im tarifvertragsrechtlichen Schrifttum mit i. Erg. unterschiedlichen Begriffen charakterisiert werden; vgl. die Übersicht bei *Wiedemann/Stumpf*

rifüblichen Regelung weiter konkretisiert werden. Besondere Beachtung soll hierbei auf Grund des Massenphänomens der Tarifflucht der Frage geschenkt werden, ob und inwieweit auf dem Wege des Herauswanderns aus dem räumlichen (dazu a bb) oder betrieblich-branchenmäßigen Geltungsbereich (dazu b bb) auch verbandsangehörigen Arbeitgebern ein Tor aus der tarifvertraglichen in eine betriebliche Ordnung der Arbeitsbedingungen offensteht.

### a) Räumlicher Geltungsbereich

aa) Durch den räumlichen Geltungsbereich bestimmen die Tarifvertragsparteien zunächst das *geographische Gebiet*, in welchem die Tarifnormen nach ihrem Willen zur Anwendung gelangen sollen, wobei man sich zumeist an den traditionellen Zuschnitt der für die jeweilige Branche gewachsenen *Tarifregionen* hält[272]. In bezug auf die Sperrwirkung des Tarifvorbehalts folgt aus der räumlichen Geltungsgrenze einer tariflichen Regelung, daß in sämtlichen Betrieben, die innerhalb des angegebenen Tarifgebiets liegen, Betriebsvereinbarungen, welche gleichartige Gegenstände betreffen, ausscheiden.

bb) Entfliehen kann ein Unternehmer der Normsetzungsschranke gem. § 77 Abs. 3 BetrVG insoweit lediglich, sofern er sich entschließt, seinen Betrieb *außer Reichweite* des räumlichen Anwendungsbereichs der tariflichen Regelung zu verlagern. Dies dürfte jedoch in nahezu allen Fällen bereits faktisch unmöglich sein und führt überdies letztlich nicht zum gewünschten Erfolg. Denn selbst wenn man nach zutreffender Ansicht davon absieht, die in § 3 Abs. 3 TVG angeordnete Fortwirkung der Tarifgebundenheit[273] gleichfalls auf das Herauswandern aus dem räumlichen Geltungsbereich anzuwenden[274], werden den Arbeitgeber auch andernorts im Hinblick auf Löhne, Arbeitszeit und die Mehrzahl aller weiteren Arbeitsbedingungen *qualitativ* dieselben, wegen der verbreiteten Übernahme sog. tariflicher *Pilotabschlüsse* nicht selten sogar *quantitativ* nur geringfügig abweichende Tarifbestimmungen erwarten, auf Grund derer die Sperrwirkung des § 77 Abs. 3 BetrVG eingreift.

### b) Betrieblich-branchenmäßiger Geltungsbereich

aa) Aufgabe des betrieblich-branchenmäßigen Geltungsbereichs, welcher in der Praxis zumeist nach Maßgabe der durch das *Industrieverbandsprinzip* vor-

---

(TVG, § 4 Rdnrn. 44 ff.), deren Terminologie sich die Darstellung an dieser Stelle anschließt.

[272] Siehe insges. *Löwisch/Rieble*, TVG, § 4 Rdnrn. 27 ff.

[273] Ausf. zur Regelung des § 3 Abs. 3 TVG unten § 8 I 3 a.

[274] Hierzu *Bieback*, DB 1989, 477 (478).

gegebenen gewerkschaftlichen Organisationsstruktur festgelegt wird[275], ist es, die Anwendung einer tariflichen Abrede innerhalb des Tarifgebiets auf *bestimmte Arbeitgeber* zu beschränken[276]. Ein konkreter Betrieb unterfällt dem betrieblich-branchenmäßigen Geltungsbereich und somit ebenso dem Tarifvorbehalt des § 77 Abs. 3 BetrVG dann, wenn er nach seinem *arbeitstechnischen Zweck* dem tarifvertraglich umschriebenen Tätigkeitsfeld entspricht.

bb) Nur wenig Beachtung hat im arbeitsrechtlichen Schrifttum bislang die Überlegung gefunden, ob und inwieweit es einem Unternehmen eventuell auf dem Wege einer *Änderung des Betriebszwecks* gelingen kann, von ökonomisch für untragbar erachteten Tarifbestimmungen frei zu werden. Im Herauswandern aus dem betrieblich-branchenmäßigen Geltungsbereich indessen sogar – wie vereinzelt angenommen wird – die „effektivste Strategie der Flucht aus dem Tarifvertrag"[277] zu sehen, dürfte freilich in der Mehrzahl der Fälle allein an den mit einer solchen Taktik verbundenen organisatorischen Schwierigkeiten scheitern. Hinzu kommt, daß es für viele Unternehmen wirtschaftlich kaum zu verkraften sein wird, den bisherigen Produktions- oder Dienstleistungsbereich und damit zwangsläufig die in diesem erreichte Marktstellung vollends aufzugeben. Realisierbar erscheint eine dahingehende Fluchtmöglichkeit allenfalls in sog. *Mischbetrieben*, in denen mehrere arbeitstechnische Zwecke verfolgt werden, welche den betrieblich-branchenmäßigen Geltungsbereichen verschiedener Tarifverträge unterfallen[278]. Denn sofern nicht bereits die Tarifvertragsparteien bei deren Festlegung anordnen, daß sich die Tarifnormen gleichermaßen auf bestimmte Mischtätigkeiten erstrecken, findet nach der Rechtsprechung des BAG[279] in diesen Betrieben ausschließlich derjenige Tarifvertrag Anwendung, welcher dem arbeitstechnischen Hauptzweck des Betriebes am besten entspricht. Ermittelt wird die Tätigkeit, die dem Betrieb sein *Gepräge* gibt, anhand eines Vergleichs der von den einzelnen Mitarbeitern pro Jahr aufgewendeten Arbeitsstunden; als für die Brancheneinteilung ausschlaggebend gilt im Ergeb-

---

[275] *Löwisch/Rieble*, TVG, § 4 Rdnr. 30; *von Hoyningen-Huene*, NZA 1996, 617 f.

[276] *Däubler*, Tarifvertragsrecht, Rdnr. 268; *Löwisch/Rieble*, TVG, § 4 Rdnr. 35.

[277] *Rieble*, Arbeitsmarkt und Wettbewerb, Rdnr. 1252; realistischer *Ehmann*, Neue Ordnung 1996 (Sondernummer), S. 54: „überaus schwieriges Geschäft". Eine entsprech. Fluchtmöglichkeit scheidet völlig aus, wenn die Tarifvertragsparteien – wie zumindest vereinzelt bereits geschehen – dazu übergehen, den betrieblichen Geltungsbereich der Tarifverträge nicht mehr nach der betreffenden Branche zu bestimmen, sondern hingegen auf alle Betriebe der Mitgliedsunternehmen abzustellen. Durch diese Koppelung von Tarifbindung und betrieblichem Geltungsbereich ist es den Tarifvertragsparteien unbenommen, den Unternehmen das mögliche Tor zur Flucht aus dem tariflichen Geltungsbereich aus eigener Kraft zu verschließen; hierzu unlängst *Buchner*, DB 1997, 573 (576 f.).

[278] Zum Begriff *von Hoyningen-Huene*, NZA 1996, 617 (619); vgl. insges. auch *Wiedemann/Stumpf*, TVG, § 4 Rdnrn. 80 ff.; *Löwisch/Rieble*, TVG, § 4 Rdnr. 31; *Däubler*, Tarifvertragsrecht, Rdnrn. 268 f.

[279] DB 1996, 1346 f.

nis daher der arbeitstechnische Zweck, mit dem die Arbeitnehmer des Betriebes zeitlich überwiegend beschäftigt sind[280].

Die Flucht aus dem betrieblich-branchenmäßigen Geltungsbereich kann folglich nur gelingen, sofern es dem Arbeitgeber möglich ist, entweder durch eine *gesellschaftsrechtliche Umstrukturierung* seines Unternehmens (Verschmelzung, Spaltung; vgl. § 1 Abs. 1 UmwG) oder aber auf dem Wege *personeller Maßnahmen* (Kündigungen, Einstellungen) dem Betrieb das gewünschte neue Gepräge zu geben[281]. Die hierzu erforderlichen Voraussetzungen werden jedoch lediglich unter größten rechtlichen und tatsächlichen Anstrengungen geschaffen werden können, so daß der letztendlich erreichbare Erfolg den notwendigen Aufwand meist nicht lohnt. Denn keineswegs beginnt mit dem Herauswandern aus dem betrieblich-branchenmäßigen Geltungsbereich im Hinblick auf die Gestaltung der Arbeitsbedingungen die große Freiheit. So ist es in Rechtsprechung und Literatur bereits umstritten, ob nicht auch in einem solchen Fall wenigstens analog von der Anwendbarkeit des § 4 Abs. 5 TVG[282] auszugehen ist mit der Folge, daß die Tarifbedingungen, denen der Arbeitgeber mit aller Mühe entflohen zu sein glaubte, bis zur Ablösung durch eine andere Abmachung weitergelten[283]. Die faktische Unmöglichkeit, die Nachwirkung tariflicher Bestimmungen durch eine der Situation des konkreten Betriebes besser angepaßte tarifliche, betriebliche oder individualvertragliche Regelung zu beenden, ist schon im ersten Teil der Arbeit ausführlich geschildert worden und bedarf daher an dieser Stelle keiner erneuten Darstellung[284]. Hervorgehoben sei lediglich, daß allein die Flucht aus dem betrieblich-branchenmäßigen Geltungsbereich des Tarifvertrages – unabhängig von der analogen Anwendung des § 4

[280] Vgl. auch *von Hoyningen-Huene*, NZA 1996, 617 (619); *Wiedemann/Stumpf*, TVG, § 4 Rdnr. 80; *Däubler*, Tarifvertragsrecht, Rdnr. 268.

[281] Bsple. aus der Rspr. bei *Rieble*, Arbeitsmarkt und Wettbewerb, Rdnrn. 1250 ff.

[282] Zur Nachwirkung von Tarifverträgen ausf. unten § 8 I 3 b.

[283] Zwar hat sich das BAG in mehreren Entscheidungen dagegen ausgesprochen, die Nachwirkung des § 4 Abs. 5 TVG auf die Konstellation des Herausfallens eines Betriebes aus dem betrieblich-branchenmäßigen Geltungsbereich des Tarifvertrages anzuwenden (AP Nr. 17 zu § 613 a BGB; AP Nr. 42 zu § 1 BetrAVG Zusatzversorgungskassen; AP Nr. 2 zu § 3 TVG Verbandsaustritt; AP Nr. 22 zu § 1 TVG Vorruhestand); andererseits aber hat das Gericht in anderem Zshg. die Auffassung vertreten, daß sich § 4 Abs. 5 TVG auf alle Fallgestaltungen beziehe, in denen die Tarifbindung entfallen sei (AP Nr. 13 zu § 3 TVG; AP Nr. 14 zu § 3 TVG Verbandszugehörigkeit). Ein letzter Rest an Unsicherheit also bleibt.

I. Erg. für eine Anwendbarkeit des § 4 Abs. 5 TVG *Wiedemann/Stumpf*, TVG, § 4 Rdnr. 188; *Hromadka/Maschmann/Wallner*, Tarifwechsel, Rdnr. 275; *Hromadka*, DB 1996, 1872 (1874) m. w. Nachw.; dagegen *Rieble*, Arbeitsmarkt und Wettbewerb, Rdnrn. 1255 u. 1258; *von Hoyningen-Huene*, NZA 1996, 617 (621); die Frage nach einer eventuellen Anwendbarkeit des § 3 Abs. 3 TVG i. Erg. bejahend *Däubler*, Tarifvertragsrecht, Rdnr. 1523; diff. *Bieback*, DB 1989, 477 (478).

[284] Siehe oben § 2 IV.

Abs. 5 TVG – jedenfalls nicht die Betriebspartner in die Lage versetzt, die Arbeitsbedingungen vor Ort auf dem Wege von Betriebsvereinbarungen festzulegen. Denn dies wäre nur dann der Fall, wenn für den neuen Tätigkeitsbereich weder ein Tarifvertrag bestünde noch tarifliche Regelungen üblich wären. Da aber zumindest die Höhe der Löhne und die Dauer der Arbeitszeit ausnahmslos für *alle* Branchen tariflich geregelt sind oder üblicherweise tariflich geregelt werden, steht auch nach der Modifizierung des Betriebszwecks dem Abschluß von Entgelt- und Arbeitszeitbetriebsvereinbarungen noch immer der Tarifvorbehalt im Sinne des § 77 Abs. 3 BetrVG entgegen, dann lediglich auf Grund eines anderen Tarifvertrages[285].

### c) Fachlicher und persönlicher Geltungsbereich

Nachdem die Tarifparteien durch die Festlegung der räumlichen und betrieblich-branchenmäßigen Geltungsbereiche die Betriebe bestimmt haben, in denen der Tarifvertrag Anwendung finden soll, steht ihnen schließlich die Möglichkeit offen, innerhalb dieser den tariflichen Wirkungsumfang weiter auf *bestimmte Arbeitnehmergruppen* zu beschränken bzw. zwischen solchen sachlich zu differenzieren. Dies kann zum einen nach verschiedenen Berufen, also anhand der Art der verrichteten Arbeit, geschehen (sog. *fachlicher* Geltungsbereich)[286]; zum anderen können bestimmte Arbeitnehmer ebenso auf Grund von in ihrer Person liegenden Eigenschaften eine tarifliche Sonderbehandlung erfahren (sog. *persönlicher* Geltungsbereich)[287]. Hauptanwendungsfall beider Einschränkungen sind die sog. *außertariflichen Angestellten*, welche die Tarifvertragsparteien deswegen ausdrücklich von der Geltung tariflicher Abreden ausnehmen, weil davon auszugehen ist, daß deren besondere Position in der Unternehmenshierarchie im Hinblick auf die Festlegung ihrer Arbeitsbedingungen konkrete Absprachen erfordert, die auf dem generalisierenden Wege eines Tarifvertrags nicht getroffen werden können.

Soweit sich der Geltungsbereich einer für den Betrieb einschlägigen tariflichen oder tarifüblichen Regelung auf bestimmte Arbeitnehmer nicht erstreckt, steht die Tarifsperre des § 77 Abs. 3 BetrVG der Wirksamkeit einer ausschließlich auf diese Beschäftigten beschränkten Betriebsvereinbarung nach zutreffender Ansicht nicht entgegen[288]. Zu berücksichtigen haben die Betriebspartner bei

---

[285] Hierzu auch *Hromadka/Maschmann/Wallner*, Tarifwechsel, Rdnr. 275; konkret für den Betriebsübergang *Zöllner*, DB 1995, 1401 (1406).

[286] *Wiedemann/Stumpf*, TVG, § 4 Rdnrn. 90 u. 95 ff.

[287] *Wiedemann/Stumpf*, TVG, § 4 Rdnrn. 120 ff.

[288] Zur hierfür i. Erg. relevanten Unterscheidung zwischen einer tariflichen Negativregelung und einer Nichtregelung *Dietz/Richardi*, BetrVG, § 77 Rdnr. 196 f.; *Kreutz*, in: GK-BetrVG, § 77 Rdnrn. 90 ff. jeweils m. w. Nachw.; i. Erg. entsprech. auch *Buchner*, RdA 1990, 1 (11); *Bauer/Diller*, DB 1993, 1085 (1087).

deren Abschluß jedoch, ob die aus ihr resultierende Differenzierung zwischen verschiedenen Arbeitnehmern des Betriebes mit dem *betriebsverfassungsrechtlichen Gleichbehandlungsgrundsatz* (§ 75 Abs. 1 BetrVG) im Einklang steht. Überdies ist zu beachten, daß es sich bei außertariflichen Beschäftigten faktisch oftmals um *leitende Angestellte* handeln dürfte[289], hinsichtlich derer dem Betriebsrat gem. § 5 Abs. 3 und Abs. 4 BetrVG die Befugnis zum Abschluß von Betriebsvereinbarungen fehlt.

### *4. Zusammenfassung*

Durch die Beschränkung auf Arbeitsentgelte und sonstige Arbeitsbedingungen, die *tariflich geregelt* sind oder *überlicherweise tariflich geregelt* werden, sind dem Tarifvorbehalt in dreifacher Hinsicht Grenzen gezogen: *Gegenständlich* greift die Sperrwirkung des § 77 Abs. 3 BetrVG insoweit ein, als eine bestimmte Angelegenheit in einem Tarifvertrag eine sie vollständig erledigende und damit das Schutzbedürfnis der Arbeitnehmer gänzlich realisierende Regelung erfahren hat. *Zeitlich* scheiden Betriebsvereinbarungen nur aus, wenn der betreffende Gegenstand in einem gültigen Tarifvertrag geregelt ist (§ 77 Abs. 3 Satz 1, 1. Alt. BetrVG) oder aber im Falle der Nachwirkung bereits in mehreren Tarifverträgen bzw. in einem besonders lange geltenden Tarifvertrag vereinbart worden war und auch zukünftig wieder tariflich festgelegt werden wird (§ 77 Abs. 3 Satz 1, 2. Alt. BetrVG). Überdies gilt der Tarifvorbehalt lediglich, sofern der betreffende Betrieb in den *räumlichen* und *betrieblich-branchenmäßigen* sowie seine Arbeitnehmer unter den *fachlichen* und *persönlichen Geltungsbereich* einer tariflichen oder tarifüblichen Regelung fallen. Letzteres mündet nunmehr in die alles entscheidende Frage, ob die Sperrwirkung des § 77 Abs. 3 BetrVG darüber hinaus auf Betriebe *tarifgebundener Arbeitgeber* beschränkt ist und inwieweit sie daneben auch *auf Arbeitnehmerseite Tarifbindung* voraussetzt. Dieser Problematik soll im folgenden in einem gesonderten Abschnitt ausführlich nachgegangen werden.

---

[289] *Löwisch/Rieble*, TVG, § 4 Rdnr. 37.

## § 7 Die Tarifbindung des Arbeitgebers als Voraussetzung des Tarifvorbehalts

Die Betrachtung der geschichtlichen Wurzeln des Tarifvorbehalts im zweiten Teil der Arbeit hat gezeigt, daß die historischen Vorläufer der §§ 59 BetrVG 1952 und 77 Abs. 3 BetrVG in allen Epochen der Normentwicklung (§ 78 Ziff. 2 BRG 1920[1]; § 32 Abs. 2 Satz 3 AOG 1934[2]; Betriebsrätegesetze der Länder[3]) nach jeweils allgemein anerkannter Meinung ausschließlich in Betrieben tarifgebundener Arbeitgeber Geltung erlangten. In Fortsetzung dieser normativen Tradition ist die Vorschrift des § 59 BetrVG 1952 von einer starken Ansicht in der arbeitsrechtlichen Literatur gleichermaßen als vom Erfordernis der Tarifbindung des Arbeitgebers abhängige *Kollisionsregel zwischen Tarifvertrag und Betriebsvereinbarung* interpretiert worden[4]. Auch in bezug auf § 77 Abs. 3 BetrVG wird ein solches Verständnis des Tarifvorbehalts im Schrifttum mit Nachdruck vertreten[5], doch die Rechtsprechung sowie die ihr (noch) überwiegend folgende Literatur gehen davon aus, daß die Beschränkung durch die verschiedenen Geltungsbereiche einer tariflichen oder tarifüblichen Regelung

---

1 Siehe oben § 3 III 2 b cc (2.2).

2 Dazu § 3 III 3 b bb.

3 Ausf. § 3 III 4 b.

4 *Huber*, Wirtschaftsverwaltungsrecht, S. 528 f.; *Erdmann*, BetrVG, zu § 59; *Tödtmann*, Mitbestimmungsrecht, S. 41 f.; kumulativ auf die Voraussetzung der Tarifbindung wenigstens eines Arbeitnehmers oder einer Gruppe von Arbeitnehmern abstellend *Fabricius*, Anm. zu BAG, AP Nr. 28 zu § 59 BetrVG 1952; *Hablitzel*, Verbands- und Betriebsratskompetenzen, S. 120 ff.; *derselbe*, DB 1971, 2158 (2162).

5 So insbes. jetzt *Richardi*, BetrVG, 7. Aufl., § 77 Rdnr. 244; *derselbe*, FS für Schaub, S. 639 (644 ff.); auch bereits *Kreutz*, in: GK-BetrVG, § 77 Rdnr. 83; *Gnade/Kehrmann/Schneider/Blanke/Klebe*, BetrVG, § 77 Rdnr. 6; *Ehmann*, ZRP 1996, 314 (317); *derselbe*, Neue Ordnung 1996 (Sondernummer), S. 56; *Ehmann/Lambrich*, NZA 1996, 346 (356); *Lambrich*, Diskussionsbeitrag, in: Verhandlungen des 61. DJT, Bd. II/2, K 160 (K 162); *derselbe*, Leserbrief, F.A.Z. vom 21.04.1997, S. 12; *Ehmann/Schmidt*, NZA 1995, 193 (196); *Bauer*, FS für Schaub, S. 19 (26); *derselbe*, NZA 1997, 233 (235); *Feudner*, DB 1993, 2231 (2232); *von Hoyningen-Huene* (DB 1994, 2926 [2927]) mit unzutreff. Verweis auf die Rspr. des BAG; *Fabricius*, RdA 1973, 126; *Barwasser*, DB 1975, 2275; *Nickel*, ZfA 1979, 357 (394); *Eickelberg*, Betriebsvereinbarung, S. 117 ff. (insbes. 140); zumindest zuneigend *Buchner* (DB 1997, 573; jetzt auch *derselbe*, FS für Wiese, S. 55 [56 f.]), jedoch unter Hinweis auf die gegenteilig verfestigte Rechtslage; wohl auch *Kirchhof*, Private Rechtsetzung, S. 217; diff. neuerdings *Dahlbender* (Austritt, S. 117 ff.), der meint, zumindest in bezug auf den aus seinem Verband ausgetretenen Arbeitgeber müsse wegen Art. 9 Abs. 3 GG (negative Koalitionsfreiheit) die Tarifbindung als Voraussetzung gefordert werden.

nicht nur eine notwendige, sondern hinreichende Grenze der in dieser Vorschrift statuierten Sperrwirkung zu Gunsten der Tarifautonomie darstelle. Ob ein Tarifvertrag sich auf Grund Tarifbindung des Arbeitgebers auf den konkreten Betrieb und bei Gewerkschaftszugehörigkeit seiner Arbeitnehmer auch auf diese erstrecke, sei für das Eingreifen des Tarifvorbehalts unerheblich[6].

---

[6] BAG, NZA 1997, 951 (953 f.); AP Nr. 8 zu § 77 BetrVG 1972 Tarifvorbehalt; DB 1983, 996; EzA § 50 BetrVG Nr. 10; AP Nr. 42 zu § 99 BetrVG; LAG Baden-Württemberg, BB 1997, 1258; LAG Hamm, BB 1997, 631; ArbG Mainz, DB 1996, 2500 (2502); *Dietz/Richardi*, BetrVG, § 77 Rdnr. 199 f.; *Fitting/Kaiser/Heither/Engels*, BetrVG, § 77 Rdnr. 68; *Wiese*, in: GK-BetrVG, § 87 Rdnr. 48; MünchArbR-*Matthes*, Bd. 3, § 316 Rdnr. 66; *Brecht*, BetrVG, § 77 Rdnr. 25; *Brune*, ARBl. Betriebsvereinbarung 520, Rdnrn. 205 ff.; *Wiedemann/Stumpf*, TVG, § 4 Rdnr. 291; *Hagemeier/Kempen/Zachert/Zilius*, TVG, Einl. Rdnr. 204; *Däubler/Kittner/Klebe/Schneider*, BetrVG, § 77 Rdnr. 68; *Galperin/Löwisch*, BetrVG, § 77 Rdnr. 81; *Löwisch*, AuR 1978, 97 (107); *Wlotzke*, BetrVG, § 77 Anm. III 2 c); *Erdmann/Jürging/Kammann*, BetrVG, § 77 Rdnr. 54; *Hromadka/Maschmann/Wallner*, Tarifwechsel, Rdnr. 274; *Jahnke*, Tarifautonomie und Mitbestimmung, S. 148; *Rieble*, Arbeitsmarkt und Wettbewerb, Rdnrn. 1489 u. 1560; *Waltermann*, Rechtsetzung, S. 284; *derselbe*, RdA 1996, 129 (131); *Moll*, Tarifvorrang, S. 39; *Fischer*, Betriebsvereinbarungen, S. 200 ff.; *Heisig*, Arbeitsentgelt- und Arbeitszeitregelungen, S. 189; *Gragert*, Flexibilisierung von Tarifverträgen, S. 59 f.; *Krauss*, Günstigkeitsprinzip, S. 137 ff.; *derselbe*, DB 1995, 1562 (1563); *Säcker*, ZfA 1976, 1 (4); *Konzen*, BB 1977, 1307 (1310); *Bichler*, DB 1979, 1939 (1940); *von Friesen*, DB 1980, Beil. Nr. 1, 14; *Braun*, BB 1986, 1428; *Haug*, BB 1986, 1921 (1927); *von Hoyningen-Huene/Meier-Krenz*, NZA 1987, 793 (795); *Grunsky*, DB 1990, 526; *Wank*, RdA 1991, 129 (133); *Bauer/Diller*, DB 1993, 1085 (1086); *Linnenkohl*, BB 1994, 2077 (2078); *Schaub*, NZA 1998, 617 (619); *derselbe*, BB 1995, 2003 (2005 f.); *derselbe*, BB 1996, 1058 (1059); *derselbe*, BB 1996, 2298 (2299 f.); *Junker*, NZA 1997, 1305 (1314).

Hinsichtl. § 59 BetrVG siehe *Hueck/Nipperdey/Säcker*, Arbeitsrecht, Bd. II/2, 7. Aufl., S. 1400; *Neumann-Duesberg*, Betriebsverfassungsrecht, S. 469; *Biedenkopf*, Grenzen, S. 279; *Wlotzke*, Günstigkeitsprinzip, S. 143 ff.; *Zöllner*, FS für Nipperdey II, S. 699 (714); *Isele*, JZ 1964, 113 (118); *Dietz*, RdA 1955, 241 (242); *Schelp*, DB 1962, 1275; *Monjau*, BB 1965, 632; *Vielhaber*, BB 1953, 358 (359); zumindest gegen das Erfordernis der Tarifbindung des Arbeitgebers seinerzeit auch bereits BAG, AP Nr. 1 zu § 2 ArbGG 1953 Betriebsvereinbarung; AP Nrn. 8 (m. zustimm. Anm. *Wlotzke*) u. 23 (m. zustimm. Anm. *G. Hueck*) zu § 59 BetrVG 1952.

Einschränk. ist in der Vergangenheit teilweise vertreten worden, daß es sich zur Auslösung der Sperrwirkung des Tarifvorbehalts um eine repräsentative tarifliche oder tarifübliche Regelung handeln müsse; vgl. *Dietz/Richardi*, BetrVG, § 77 Rdnrn. 192 f. u. 199; *Galperin/Löwisch*, BetrVG, § 77 Rdnr. 82; *Löwisch*, AuR 1978, 97 (107); *Bakopoulos*, Zuständigkeitsverteilung, S. 152 f.; in bezug auf § 59 BetrVG 1952 entsprech. auch BAG, AP Nr. 23 zu § 59 BetrVG 1952 m. zustimm. Anm. *G. Hueck*; *Dietz*, BetrVG, § 59 Rdnr. 5; noch unschlüssig hingegen BAG, AP Nr. 8 zu § 59 BetrVG 1952 m. Anm. *Wlotzke*; zur Kritik am Kriterium der Repräsentativität unten III 1 b.

I. Erg. diff. *Däubler* (Tarifvertragsrecht, Rdnr. 231; *derselbe*, Gewerkschaftsrechte im Betrieb, Rdnr. 182), *Löwisch* (JZ 1996, 812 [819]), *Rieble* (Arbeitsmarkt und Wettbewerb, Rdnr. 1560) und wohl auch *Wank* (RdA 1991, 129 [134]), nach deren Ansicht zwischen den beiden Alternativen des § 77 Abs. 3 BetrVG wie folgt unterschieden werden müsse: Während vom Vorliegen einer tariflichen Regelung nur in Betrieben tarifgebundener Arbeitgeber gesprochen werden könne, habe die Tarifüblichkeitsschranke des

Da diese Auffassung in offenkundigem Widerspruch zur Interpretation der in der ersten Hälfte dieses Jahrhunderts geltenden Vorgängervorschriften des § 77 Abs. 3 BetrVG steht, ist zunächst von Interesse, in welchem historischen Kontext und aus welchen Erwägungen heraus sich das Normverständnis seitens der Judikatur in bezug auf das Erfordernis der Tarifbindung des Arbeitgebers wandelte. Die folgenden Ausführungen werden zeigen, daß die Rechtsprechungsansicht ihren – im Ergebnis sowohl sachlich als auch dogmatisch äußerst kritikwürdigen – Ursprung zur Zeit der Geltung des Betriebsverfassungsgesetzes aus dem Jahre 1952 gefunden hat.

## I. § 59 BetrVG 1952 – von der Kollisionsregel zum Tarifmonopol

### *1. Der Gesetzgeber auf den Spuren des Betriebsrätegesetzes*

In Anbetracht der vorherigen Kontinuität des Tarifvorbehalts als von der Tarifbindung des Arbeitgebers abhängige Kollisionsregel zwischen Tarifvertrag und Betriebsvereinbarung kann kaum ein Zweifel bestehen, daß der Nachkriegsgesetzgeber, wollte er von diesem Verständnis abweichen, dies entweder im Normtext selbst oder wenigstens in den Materialien eindeutig hätte zum Ausdruck bringen müssen. Ganz allgemein leitete die Gesetzesverfasser indessen nicht der Wille zur richtungsändernden Neuerung, sondern vielmehr die Absicht, die durch das nationalsozialistische Regime unterbrochene Tradition des Weimarer Betriebsräterechts fortzusetzen[7]. Konkret im Hinblick auf § 59 BetrVG 1952, der an die in § 78 Ziff. 2 BRG 1920 getroffene Anordnung anknüpfte, war es ausweislich der Gesetzesmaterialien das allein erstrebte Ziel, „eine klare *Scheidung der Zuständigkeiten* der Gewerkschaften von denen der Betriebsräte" zu ermöglichen (Hervorh. d. Verf.)[8]. Daß der Gesetzgeber zu diesem Zweck den Tarifvorbehalt in Abkehr von der bisherigen Rechtslage nicht mehr als auf Betriebe tarifgebundener Arbeitgeber beschränkte Kollisionsregel

§ 77 Abs. 3 Satz 1, 2. Alt. BetrVG hingegen die Tarifbindung des Arbeitgebers nicht zur Voraussetzung. Die mangelnde Organisationszugehörigkeit des Unternehmers sei neben dem Fehlen eines zur Zeit gültigen Tarifvertrages als einer von zwei Unterfällen der Tarifüblichkeit zu erachten; krit. hierzu unten II 4 b bb.

[7] Ausdrückl. BT-Drucks. I/1546, S. 52; vgl. auch *Nikisch*, Arbeitsrecht, Bd. 1, S. 27; *derselbe*, Arbeitsrecht, Bd. 3, S. 8; *Fabricius*, FS für Fechner, S. 171 (192); *Waltermann*, Rechtsetzung, S. 82; *derselbe*, NZA 1995, 1177 (1179); *Heinze*, NZA 1989, 41 (44 f.).

[8] So die Begr. zu § 65 RegE, der nahezu wortgleich in § 59 BetrVG 1952 übernommen worden ist (BT-Drucks. I/1546, S. 55): „Im Interesse einer klaren Scheidung zwischen den Zuständigkeiten der Gewerkschaften und denen der Betriebsräte ist festgelegt, daß die Normen über tarifliche Arbeitsentgelte und sonstige Arbeitsbedingungen, die ihrem Wesen nach Mindestarbeitsbedingungen sind, soweit sie üblicherweise durch Tarifvertrag geregelt werden, der Festlegung durch Betriebssatzungen entzogen sind."

verstanden wissen wollte, ist nicht ersichtlich. Im Gegenteil können – bleibt man streng bei der in den Materialien zum Ausdruck gebrachten gesetzgeberischen Intention – Zuständigkeiten nur dann *geschieden* werden, wenn sie tatsächlich (oder wenigstens theoretisch) *kollidieren* (können). Dies ist aber gerade nicht der Fall in Betrieben, in denen die Tarifvertragsparteien ihre Normsetzungsbefugnis mangels Tarifgebundenheit des Arbeitgebers nicht einmal zu aktualisieren in der Lage sind[9].

Nachhaltig bestätigt wird die Annahme, § 59 BetrVG 1952 habe nach dem Willen des historischen Gesetzgebers als Kollisionsregel zwischen Tarifvertrag und Betriebsvereinbarung verstanden werden sollen, durch den während der Beratungen des Betriebsverfassungsgesetzes erstatteten Bericht des Parlamentarischen Ausschusses für Arbeit. Dort heißt es, daß Aufgabe des Tarifvorbehalts sei, „jede *Überschneidung* der Tätigkeiten von Betriebsräten und Gewerkschaften" zu vermeiden (Hervorh. d. Verf.)[10]. *Vermeidung von Überschneidungen* bedeutet jedoch nichts anderes als eine *Verhinderung von Kollisionen*[11] und zu Kollisionslagen zwischen tariflichen und betrieblichen Normen kann es in Betrieben nicht tarifgebundener Arbeitgeber denknotwendig nicht kommen[12].

Folglich war es Rechtsprechung und Literatur von Seiten des Gesetzgebers unmißverständlich aufgetragen, den Tarifvorbehalt auch weiterhin als eine von der Tarifgebundenheit des Arbeitgebers abhängige *Kollisionsnorm zwischen Tarifvertrag und Betriebsvereinbarung* zu interpretieren. Diese eindeutige gesetzgeberische Intention ist jedoch alsbald völlig ignoriert und im Ergebnis gar in ihr Gegenteil verkehrt worden, wobei am Ende die bis heute vorherrschende Charakterisierung als Normsetzungsprärogative zu Gunsten der Tarifvertragsparteien stehen sollte.

---

[9] Richtig *Fabricius*, Anm. zu BAG, AP Nr. 28 zu § 59 BetrVG 1952.

[10] BT-Drucks. I/3585, S. 10 f.: „Die Zuständigkeit von Arbeitgeber und Betriebsrat zum Abschluß von Betriebsvereinbarungen ist jedoch, um jede Überschneidung der Tätigkeit von Betriebsräten und Gewerkschaften zu vermeiden, dadurch beschränkt, daß Arbeitsentgelte und sonstige Arbeitsbedingungen in dem Maße, wie sie üblicherweise durch Tarifvertrag geregelt werden, nur dann in Betriebsvereinbarungen behandelt werden dürfen, wenn ein Tarifvertrag den Abschluß solcher ergänzender Betriebsvereinbarungen ausdrücklich zuläßt."

[11] *Fabricius*, Anm. zu BAG, AP Nr. 28 zu § 59 BetrVG 1952; dies wird von *Fischer* (Betriebsvereinbarungen, S. 202) verkannt.

[12] *Hablitzel*, DB 1972, 2158 (2161); *Barwasser*, DB 1975, 2275; dies kann i. Erg. auch von Vertretern der h. M. nicht abgestritten werden: vgl. *Schelp*, DB 1962, 1275; *Moll*, Tarifvorrang, S. 41.

### 2. *Bloße Mutmaßungen der Norminterpreten*

Als Einfallstor für den offenen Widerspruch zwischen dem durch den Gesetzgeber intendierten sowie dem von Schrifttum und Judikatur in der Folgezeit begründeten Normverständnis des Tarifvorbehalts diente die im Vergleich zu § 78 Ziff. 2 BRG 1920 geänderte Formulierung des § 59 BetrVG 1952, welche rückblickend daher nur als äußerst mißglückt bezeichnet werden kann. Die Norm erklärte Betriebsvereinbarungen nunmehr für unzulässig, soweit Arbeitsentgelte und sonstige Arbeitsbedingungen *üblicherweise* durch Tarifvertrag geregelt wurden. Auf Grund einer fehlenden Legaldefinition und mangels erläuternder Stellungnahmen in den Materialien mußte die Frage, unter welchen Voraussetzungen eine Angelegenheit gerade als üblicherweise tariflich geregelt angesehen werden kann, nahezu zwangsläufig mannigfachen Deutungen bis hin zu unverhohlenen Spekulationen Tür und Tor öffnen[13]: So äußerte *Nikisch*[14], der Gesetzgeber habe „offenbar" Streitigkeiten hinsichtlich der Regelung von Löhnen und sonstigen Arbeitsbedingungen aus den Betrieben fernhalten wollen. *Schelp*[15] ging gar so weit anzunehmen, daß die – zunächst von ihm selbst (!) – der Vorschrift unterstellten Auswirkungen auch dem Gesetzgeber vor Augen gestanden haben „dürften", also „wahrscheinlich" Motiv für die betreffende gesetzliche Regelung gewesen seien. Ganz entscheidend geprägt worden ist die Auslegung des § 59 BetrVG 1952 letztlich durch die Stellungnahmen von *Rolf Dietz*. Dieser mutmaßte, der gesetzlichen Formulierung liege „offensichtlich" die Vorstellung zu Grunde, durch eine übliche tarifliche Regelung werde eine „überbetriebliche Ordnung" der Arbeitsbedingungen begründet, welche nicht durch betriebliche Vereinbarungen gestört werden dürfe[16]. Der Gesetzgeber habe – so *Dietz* bereits in seiner ersten Kommentierung des Betriebsverfassungsgesetzes[17] – „offensichtlich" ein *Monopol für die Tarifvertragsparteien* schaffen wollen.

Obwohl die Materialien zu § 59 BetrVG für eine gesetzgeberische Absicht zur Begründung eines tarifvertraglichen Regelungsalleinrechts wie gesehen keinerlei Anhaltspunkte boten, sollte die in diese Richtung zielende Behauptung *Dietzens* alsbald auch für die gerichtliche Praxis weitreichende *normverändernde Wirkung* zeitigen. Denn bereits in der ersten Entscheidung[18], die den neugefaßten Tarifvorbehalt betraf, stellte das BAG apodiktisch fest, Sinn dieser Vorschrift sei es,

---

[13] Krit. zur Unklarheit des Begriffs bereits *G. Hueck*, RdA 1952, 366 (367 f.); vgl. auch *Ehmann/Lambrich*, NZA 1996, 346 (347).

[14] RdA 1962, 361 (364).

[15] DB 1962, 1242 (1244).

[16] *Dietz*, RdA 1955, 241 (242).

[17] *Dietz*, BetrVG, 1. Aufl., § 59 Rdnr. 6.

[18] BAG, AP Nr. 1 zu § 59 BetrVG 1952.

„den überbetrieblichen Sozialpartnern eine weitgehende *Monopolstellung* einzuräumen, um eine einheitliche Gestaltung der Arbeitsentgelte und der Arbeitsbedingungen sicherzustellen" (Hervorh. d. Verf.).

„Begründet" wurde diese Auffassung vornehmlich durch eine ausdrückliche Bezugnahme auf den *Dietz*'schen Kommentar. Daneben versuchte das Gericht, seine Annahme ebenso auf die parlamentarische Entstehungsgeschichte des § 59 BetrVG 1952 zu stützen. Eine nähere Auseinandersetzung mit den Materialien ließen die Richter jedoch gänzlich vermissen; ihre „historische Auslegung" beschränkte sich vielmehr allein auf die – bezeichnenderweise textlich unzutreffende[19] – Wiedergabe der amtlichen Begründung des Regierungsentwurfs zu § 59 BetrVG 1952. Diese offenkundigen methodischen Unzulänglichkeiten, die es freilich überhaupt erst ermöglichten, dem Gesetzgeber die Absicht zur Begründung eines Tarifmonopols zu unterstellen, hinderten das BAG keineswegs, die in besagtem Beschluß eingeschlagene Vorgehensweise in einer späteren Entscheidung[20] sogar als eine „eingehende Berücksichtigung der Gesetzesmaterialien" zu rühmen, durch welche bereits „überzeugend nachgewiesen" worden sei,

„daß die Entstehungsgeschichte des Gesetzes dazu zwingt, die Vorschrift des § 59 BetrVG und damit die in ihr enthaltene Sperrwirkung *weit* auszulegen" (Hervorh. i. Org.)[21].

In Anbetracht einer dahingehenden Auslegungsmaxime war es schließlich nur noch ein kleiner Schritt bis zu der alles entscheidenden und allein auf dem Gedanken eines angeblichen tarifvertraglichen Normsetzungsmonopols nachvollziehbaren Feststellung:

„Es ist danach nicht einmal entscheidend, ob der betreffende Betrieb und seine Belegschaft organisiert sind" [22].

---

[19] Während die Materialien (abgedr. in Fn. 8) in bloßer Wiedergabe des Gesetzestextes davon sprechen, daß „Arbeitsentgelte und sonstige Arbeitsbedingungen ..., soweit sie üblicherweise durch Tarifvertrag geregelt werden, der Festsetzung durch Betriebssatzungen entzogen sind", unterstellte das BAG, Normen über tarifliche Arbeitsentgelte und sonstige Arbeitsbedingungen sollten „*grundsätzlich* der Festlegung durch Betriebsvereinbarung entzogen werden" (Hervorh. d. Verf.). Die ergebnisorientierte Färbung der Entscheidung ist demnach offensichtlich.

[20] AP Nr. 23 zu § 59 BetrVG 1952.

[21] Zu Recht krit. *Zöllner*, FS für Nipperdey II, S. 699 (720); *Hablitzel*, Verbands- und Betriebsratskompetenzen, S. 108.

[22] I. Erg. entsprech. bereits BAG, AP Nr. 1 zu § 2 ArbGG 1953 Betriebsvereinbarung. In dieser Entscheidung hat das Gericht, obwohl der zu Grunde liegende Sachverhalt dafür keine Notwendigkeit bot, erstmals festgestellt, daß die Sperrwirkung des § 59 BetrVG 1952 auch in Betrieben nicht tarifgebundener Arbeitgeber eingreife. Gestützt wurde diese Ansicht, wie auch in der in Fn. 20 zitierten Entscheidung, allein auf den vorgeblichen Zweck der Norm, den „Tarifpartnern ein Monopol" zu verschaffen. Auch in ihrer methodischen Fragwürdigkeit unterscheiden sich die beiden Beschlüsse nicht. Als „Begründung" diente ebenso lediglich die Feststellung, der zweite Senat habe in der

### *3. Verbandspolitik statt Rechtsanwendung*

a) Es dürfte mehr als deutlich geworden sein, daß die Annahme einer durch § 59 BetrVG 1952 begründeten Monopolstellung der Tarifvertragsparteien und mit ihr die aus jener gezogene Schlußfolgerung, daß der Tarifvorbehalt auch in Betrieben nicht tarifgebundener Arbeitgeber gelte, argumentativ auf äußerst tönernen Füßen steht. Völlig zu Recht hat bereits *Säcker* darauf hingewiesen, daß die Kennzeichnung des § 59 BetrVG 1952 als Tarifmonopol schon allein deswegen terminologisch unhaltbar sei, weil die Vorschrift nach ihrem Wortlaut nicht zu Gunsten der Tarifpartner ein Normsetzungs*allein*recht statuiere, sondern allenfalls ein durch deren eigene normsetzende Aktivität („durch Tarifvertrag geregelt") zu erdienendes *Vor*recht[23]. Doch auch seine statt dessen propagierte und bis heute fortlebende Charakterisierung als „Normsetzungsprärogative"[24] der Koalitionen geht letztlich über den Willen des historischen Gesetzgebers hinaus.

Dieser verfolgte mit der von § 78 Ziff. 2 BRG 1920 abweichenden Ausdehnung des § 59 BetrVG 1952 auf „üblicherweise" tariflich geregelte Arbeitsentgelte und sonstige Arbeitsbedingungen lediglich das Ziel, die Sperrwirkung des Tarifvorbehalts gleichermaßen auf bereits *beendete* und noch *nicht* wieder *neu abgeschlossene* Tarifverträge zu erstrecken. Für eine dahingehende Gesetzesänderung bestand durchaus guter Grund, da es zur Weimarer Zeit verbreitete Praxis gewesen war, daß zahlreiche Arbeitgeber nach Ablauf eines Tarifvertrages die Arbeitsbedingungen gemeinsam mit ihrem Betriebsrat in Form einer Betriebsvereinbarung niederlegten und in der Folgezeit den Abschluß oder die Anwendung einer neuen tariflichen Abrede verweigerten[25]. Um dies zu verhindern, schuf der Gesetzgeber zunächst im Rahmen des Tarifvertragsgesetzes das Institut der *Nachwirkung* tariflicher Normen (§ 4 Abs. 5) [26] und ordnete schließlich – in konsequenter Fortführung dieses Gedankens – in § 59 BetrVG 1952 an, daß auch eine *übliche* (= nachwirkende) Tarifregelung den Abschluß von den gleichen Gegenstand betreffenden Betriebsvereinbarungen ausschließt[27]. Daß mit dieser in sich folgerichtigen Regelungsabsicht notwendig gleichzeitig die Vorstellung eines Normsetzungsallein- oder Vorrechts einhergehen sollte, welches auch in Betrieben nicht tarifgebundener Arbeitgeber gel-

---

Entscheidung AP Nr. 1 zu § 59 BetrVG 1952 „zutreffend unter Berücksichtigung der Entstehungsgeschichte des Gesetzes ausgesprochen, daß der Gesetzgeber bemüht war, die Monopolstellung der Verbände auf Tarifvertragsebene zu schützen".

[23] *Hueck/Nipperdey/Säcker*, Arbeitsrecht, Bd. II/2, 7. Aufl., S. 1395 Fn. 48 c.

[24] So grundleg. *Säcker*, RdA 1967, 370 (371).

[25] Hierzu *Nautz*, Durchsetzung der Tarifautonomie, S. 33.

[26] *Nautz*, Durchsetzung der Tarifautonomie, S. 81.

[27] Zum Gesamtzusammenhang *Heinze*, NZA 1989, 41 (44 f.); *Hromadka*, DB 1987, 1991 (1993).

ten und überdies sogar Betriebsvereinbarungen untersagen müsse, die im Vergleich zu den Tarifbestimmungen die einzelnen Arbeitnehmer begünstigen[28], entbehrt letztlich jeder argumentativen Berechtigung.

b) Nach alledem kann man sich bei unvoreingenommener Betrachtung nur schwer des Eindrucks erwehren, daß der „Siegeszug“[29] des Verständnisses von § 59 BetrVG 1952 als Tarifmonopol, dem sich in der Folgezeit selbst die namhaftesten Autoren nicht verschlossen[30], letztlich nur dazu dienen sollte, die politische Niederlage zu kompensieren, welche die Koalitionen nach eigenem Empfinden durch das Betriebsverfassungsgesetz aus dem Jahre 1952 erlitten hatten[31]. Nach der legislativen Absage an eine zentral durch die Tarifpartner gelenkte Wirtschaftsverfassung[32] fanden die Gewerkschaften sich erneut allein auf ihre traditionelle Rolle als tarifpolitische Arbeitsmarktparteien verwiesen. Überdies mußten sie alsbald erkennen, daß ihnen selbst insoweit in den Betriebsräten – vornehmlich im Effektivlohnbereich – starke Konkurrenten erwachsen würden[33]. Es scheint, als habe die *gewerkschaftsnahe „Interessenjurisprudenz“* in Rechtsprechung und Literatur diese drohende Konkurrenz auf dem Wege einer eigenmächtigen Verwandlung des Tarifvorbehalts von einer

[28] Daß der Gesetzgeber mit der Fassung des § 59 BetrVG 1952 keineswegs die Geltung des Günstigkeitsprinzips zwischen Tarifverträgen und Betriebsvereinbarungen ausschließen wollte, machen die Materialien mehr als deutlich, da sie Tarifbestimmungen auch in diesem Verhältnis als ihrem Wesen nach bloße „Mindestbedingungen“ kennzeichnen; BT-Drucks. I/1546, S. 55, abgedr. in Fn. 8.

[29] So anschaulich *Fabricius* (Anm. zu BAG, AP Nr. 28 zu § 59 BetrVG 1952), der die zunehmende Verbreitung des Monopolgedankens mit dessen „besonderer Suggestivkraft“ zu erklären versucht.

[30] Siehe nur *Siebert*, FS für Nipperdey I, S. 119 (123): „Vorrangkompetenz“, „Gestaltungsmonopol“; *derselbe*, RdA 1958, 161 (162); *Wlotzke*, Günstigkeitsprinzip, S. 129: „Monopolstellung“; *Neumann-Duesberg*, Betriebsverfassungsrecht, S. 469: „Tarifmonopol“; *Richardi*, Kollektivgewalt, S. 323: „Monopol zur einheitlichen Gestaltung der materiellen Arbeitsbedingungen“; *Hablitzel*, Verbands- und Betriebsratskompetenzen, S. 83; zu Recht vorsichtiger *Isele*, JZ 1964, 113 (118): „eine Art Monopolstellung“; *Zöllner*, FS für Nipperdey II, S. 699 (700): „eine Art Monopolstellung“.

[31] *Müller*, in: *Hemmer/Schmitz*, Geschichte der Gewerkschaften, S. 127: „entscheidendste Niederlage auf dem politisch-programmatischen“ Feld; vgl. auch *Ramm*, JZ 1977, 1 (4); *E. Schmidt*, Die verhinderte Neuordnung, S. 221; *Rudolph*, Ordnung, S. 83 ff.; *Milert/Tschirbs*, Von den Arbeiterausschüssen, S. 74; *Däubler* (Arbeitsrecht, S. 385) spricht noch immer von gravierenden Mängeln des Gesetzes, mit denen die Gewerkschaften sich zu arrangieren hätten.

[32] Dazu oben § 3 III 4 a bb.

[33] *Milert/Tschirbs*, Von den Arbeiterausschüssen, S. 75 u. 78; vgl. auch *Hablitzel* (Verbands- und Betriebsratskompetenzen, S. 89 f.), der die Einstellung der Gewerkschaften und ebenso die Auslegung des § 59 BetrVG sehr anschaulich anhand der sog. Neidtheorie des Soziologen *Schoeck* erklärt: Die Gewerkschaften wollten es nicht ertragen, daß Außenseiter durch eine Betriebsvereinbarung höhere Löhne erhielten als tarifgebundene Arbeitnehmer. Ebenso neideten sie es ihrem Rivalen Betriebsrat, wenn letzterer in einer Betriebsvereinbarung günstigere Arbeitsbedingungen erreichen könne.

*Kollisionsregel* zwischen Tarifvertrag und Betriebsvereinbarung in ein von der Tarifgebundenheit des Arbeitgebers unabhängiges *Tarifmonopol* bereits im Keim ersticken wollen. Im Ergebnis kann daher *Fabricius*[34] in seiner – auch in ihrer harschen Form – durchaus berechtigten Kritik nur zugestimmt werden, der die Bedeutung, welche dem Tarifvorbehalt in jener Zeit förmlich untergeschoben wurde, mit den Worten umschrieben hat:

> „Es ist nicht der Gesetzgeber, der eine unerträgliche bzw. unbillige Entscheidung getroffen hat ..., sondern man kann lediglich den Autoren im Schrifttum sowie der Rechtsprechung den Vorwurf machen, daß sie *nicht Rechtsanwendung*, sondern *Verbandspolitik* mit dem § 59 BetrVG betrieben haben" (Hervorh. d. Verf.).

c) Die interessengefärbte Interpretation des § 59 BetrVG 1952 als Tarifmonopol der Koalitionen, das auch nicht tarifgebundenen Arbeitgebern und ihren Betriebsräten gegenüber gelte, ist schließlich auf § 77 Abs. 3 BetrVG unbesehen übertragen worden, obwohl hinsichtlich dieser Vorschrift den Gesetzesmaterialien ebenso keine zwingenden Anhaltspunkte für ein dahingehendes Verständnis zu entnehmen sind[35]. Im Gegenteil paßt sich der Tarifvorbehalt in sei-

---

[34] Anm. zu BAG, AP Nr. 28 zu § 59 BetrVG 1952.

[35] In den Materialien (BT-Drucks. VI/1786, S. 46) heißt es ganz allg., die Regelung trage dem „Vorrang der Tarifautonomie Rechnung". Dieses gesetzgeberische Ziel muß jedoch nicht zwingend durch ein von der Tarifbindung des Arbeitgebers unabhängiges Tarifmonopol, sondern kann ebenso in Gestalt einer Kollisionsregel zwischen Tarifvertrag und Betriebsvereinbarung erreicht werden. Auch die weiterhin geäußerte Absicht der Gesetzesverfasser, durch § 77 Abs. 3 BetrVG zu verhindern, daß „der persönliche Geltungsbereich auf einem anderen als dem hierfür vorgesehenen Weg der Allgemeinverbindlichkeitserklärung nach dem Tarifvertragsgesetz ausgedehnt" werde, gebietet nicht, den Tarifvorbehalt gleichermaßen auf Betriebe nicht tarifgebundener Arbeitgeber zu erstrecken (zutreff. *Ehmann*, ZRP 1996, 314 [317]). Dies ist vielmehr dahin zu verstehen, daß sichergestellt werden sollte, daß nicht verbandsangehörige Arbeitnehmer nicht durch eine verbindlich wirkende Betriebsvereinbarung dem Inhalt tariflicher Bestimmungen unterworfen werden, da hiermit mittelbar deren Grundrecht auf negative Koalitionsfreiheit (Art. 9 Abs. 3 GG) umgangen werden könnte; zu weiteren Deutungen des gesetzgeberischen Willens vgl. nunmehr *Hromadka*, FS für Schaub, S. 337 (345); auch bereits *Weyand*, AuR 1989, 193 (196); *Linnenkohl*, BB 1994, 2077 (2079).

Erwogen werden könnte allenfalls, ob der Gesetzgeber die Bedeutung als gleichfalls in Betrieben nicht tarifgebundener Arbeitgeber geltendes Tarifmonopol, welche § 59 BetrVG 1952 zu Unrecht beigelegt worden war, als seinen eigenen Willen adaptiert und auf § 77 Abs. 3 BetrVG übertragen hat. Hiervon dürfte indessen lediglich dann ausgegangen werden, wenn sich diese Interpretation in Rspr. und Lit. seinerzeit bereits zu einer weithin anerkannten Position verfestigt hätte. Von einer solchen Allgemeingültigkeit konnte aber bei Schaffung des Betriebsverfassungsgesetzes aus dem Jahre 1972 nicht in ausreichendem Maße die Rede sein.

Zwar hatte das BAG bis dato mehrfach entschieden, daß die Sperrwirkung des § 59 BetrVG 1952 sich nicht nur auf Betriebe tarifgebundener Arbeitgeber beschränke (BAG, AP Nr. 1 zu § 2 ArbGG 1953 Betriebsvereinbarung; AP Nr. 8 zu § 59 BetrVG 1952 m. zustimm. Anm. *Wlotzke*; AP Nr. 23 zu § 59 BetrVG 1952 m. zustimm. Anm. *G. Hueck*), und dafür im Schrifttum überwiegend Zustimmung erhalten (siehe die Nachw. oben in Fn. 6). Keineswegs aber war dieses Verständnis des Tarifvorbehalts unbestritten (siehe die Nachw. oben in Fn. 4). Entscheidend hinzu kommt, daß es dem BAG – wie bereits

ner heutigen Fassung letztlich nur dann widerspruchslos in den Gesamtkontext der Kodifikationen des kollektiven Arbeitsrechts ein, wenn man ihn in Übereinstimmung mit der normgeschichtlichen Tradition als Kollisionsregel zwischen Tarifvertrag und Betriebsvereinbarung begreift. Denn wie im einzelnen zu zeigen sein wird, ist eine Erstreckung der Sperrwirkung des § 77 Abs. 3 BetrVG auf Betriebe nicht tarifgebundener Arbeitgeber weder durch normative Vorgaben des Tarifvertragsrechts (dazu II 1) noch durch den Wortlaut der Vorschrift selbst geboten, welche auf Grund ihrer inneren Systematik vielmehr eindeutig eine Beschränkung anhand der Tarifbindung des Arbeitgebers erfordert (dazu II 2). Hinzu kommt, daß nur die Interpretation des § 77 Abs. 3 BetrVG als Kollisionsregel zwischen Tarifvertrag und Betriebsvereinbarung mit dem Charakter des Betriebsverfassungsgesetzes als Verbandsstatut des betrieblichen Arbeitsverbandes (dazu II 3) und nicht zuletzt der Auslegung des Tarifvorrangs gem. § 87 Abs. 1 Einls. BetrVG in Einklang steht, welcher – auch nach Ansicht der Rechtsprechung – die Tarifbindung des Arbeitgebers zur notwendigen Voraussetzung hat (dazu II 4).

## II. Der Tarifvorbehalt im Gesamtkontext des kollektiven Arbeitsrechts

### *1. Das Verhältnis von Tarifvertrags- und Betriebsverfassungsrecht*

#### a) Rechtsgebietskonkurrenz zwischen § 4 TVG und § 77 Abs. 3 BetrVG?

aa) Das Anliegen der Regelungen des Tarifvertragsgesetzes ist es, die Voraussetzungen und die Wirkung einer tariflichen Vereinbarung der Arbeitsbedingungen zu normieren, um dem verfassungsrechtlich vorgegebenen Auftrag nachzukommen, der als Ausfluß der individuellen Koalitionsfreiheit (Art. 9 Abs. 3 GG) grundrechtlich verbürgten Tarifautonomie die auf einfachgesetzlicher Ebene erforderliche Ausgestaltung und Konkretisierung zu geben[36]. Zu diesem Zweck bestimmt das Tarifvertragsgesetz die möglichen *Gegenstände* tariflicher Abreden (§ 1 Abs. 1) und verleiht jenen gem. § 4 Abs. 1, Abs. 3 eine *unmittelbare* und *(halb-)zwingende Wirkung* für die Rechtsverhältnisse tarifgebundener Arbeitgeber und Arbeitnehmer (§ 3 Abs. 1, Abs. 2). Träfe das Tarif-

---

ausgeführt (vgl. § 6 III 3 Fn. 265) – unter der Geltung des Betriebsverfassungsgesetzes aus dem Jahre 1952 noch nicht gelungen war, ein dem Gebot der Rechtssicherheit Rechnung tragendes Ersatzkriterium für das Erfordernis der Tarifbindung des Arbeitgebers zu finden. In Anbetracht dieser unklaren Rechtslage ohne eine auch nur im Ansatz in eine solche Richtung zielende Verlautbarung des historischen Gesetzgebers davon auszugehen, dieser habe – in Abweichung von der bis dato ungebrochenen legislativen Tradition – den Tarifvorbehalt nicht mehr als eine von der Tarifbindung des Arbeitgebers abhängige Kollisionsregel verstanden wissen wollen, erschiene i. Erg. rein spekulativ.

[36] Zur verfassungsrechtlichen Dimension oben § 5 II.

vertragsrecht durch diese Normen bereits eine Anordnung, mittels derer gleichfalls das Konkurrenzverhältnis zwischen tariflichen und betrieblichen Kollektivverträgen gelöst würde, käme deren Wertung für das Verständnis des § 77 Abs. 3 BetrVG durchaus eine entscheidende Bedeutung zu. Denn unter dieser Voraussetzung bestünde hinsichtlich der tarifvertragsrechtlich und der betriebsverfassungsrechtlich intendierten Lösung des Widerstreits von Tarifvertrag und Betriebsvereinbarung eine sog. *Rechtsgebietskonkurrenz*. Einer solchen ist nach den allgemeinen Grundsätzen der Methodenlehre entweder durch Vorrangigkeit einer der beiden gesetzlichen Anordnungen oder aber auf dem Wege der Harmonisierung beider Rechtsgebiete zu begegnen[37].

bb) Eine nähere Betrachtung der argumentativen Herleitung des in Rechtsprechung und Literatur verbreiteten Verständnisses des Tarifvorbehalts als einer von der Tarifgebundenheit des Arbeitgebers unabhängigen *Normsetzungsprärogative* zu Gunsten der Tarifvertragsparteien zeigt, daß dieser Auffassung in der Tat – ausdrücklich oder wenigstens unausgesprochen – die Vorstellung einer Rechtsgebietskonkurrenz zwischen Tarifvertrags- und Betriebsverfassungsgesetz zu Grunde liegt[38]: Ausgangspunkt hierfür ist die Annahme, bereits aus der in § 4 Abs. 1 TVG statuierten Unabdingbarkeitsanordnung des Tarifvertrages ergebe sich ein grundsätzlicher Vorrang tariflicher vor betrieblicher Normsetzung[39]. Von diesem mache das Tarifvertragsrecht zwei Ausnahmen.

---

[37] Allg. zur bislang in der juristischen Methodenlehre nur wenig behandelten Problematik der Rechtsgebietskonkurrenz *Engisch*, Einheit, S. 61 ff.; *Wank*, Arbeitnehmer und Selbständige, S. 385 f.; konkret für das Verhältnis von Mitbestimmungsgesetz und Gesellschaftsrecht *Joch*, Mitbestimmungsgesetz, S. 41 u. 51 ff.

[38] So ganz klar *Wank*, RdA 1991, 129 (130 ff.); i. Erg. auch bereits *Wlotzke* (Günstigkeitsprinzip, S. 118 f.), der annimmt, die Konkurrenz zwischen Tarifvertrag und Betriebsvereinbarung, insbes. die Frage der Wirksamkeit günstigerer betrieblicher Vereinbarungen, müsse nicht notwendig von beiden Rechtsgebieten gleich beantwortet werden; zu Recht krit. zu letzterem *Biedenkopf*, Grenzen, S. 306 Fn. 63; *Hablitzel*, Verbands- und Betriebsratskompetenzen, S. 81.

[39] *Richardi*, Gutachten, in: Verhandlungen des 61. DJT, Bd. I, B 46 (mit unzutreff. Hinweis auf *Hueck/Nipperdey* [Arbeitsrecht, Bd. II/1, 7. Aufl., S. 545], die an der angegebenen Stelle zu Recht die gegenteilige Auffassung vertreten); ebenso noch immer *derselbe*, FS für Schaub, S. 639 (640); auch bereits *derselbe*, Kollektivgewalt, S. 312; *Waltermann*, Rechtsetzung, S. 247; MünchArbR-*Löwisch*, Bd. 3, § 263 Rdnr. 22; *Buchner*, NZA 1986, 377 (378): „zwingende Wirkung der Tarifnormen auch im Verhältnis zur Betriebsvereinbarung"; m. ausf. Argumentation jetzt *Fischer*, Betriebsvereinbarungen, S. 79 ff.

Z. T. wird darüber hinaus ein allg. Grundsatz der Vorrangigkeit des Tarifvertrages angenommen, ohne konkret auf die Unabdingbarkeitsanordnung des § 4 Abs. 1 TVG abzustellen (so *Biedenkopf*, Grenzen, S. 303 f.; *Nikisch*, Arbeitsrecht, Bd. 2, S. 399; *Erdmann/Jürging/Kammann*, BetrVG, § 77 Rdnr. 46; *Däubler*, Tarifvertragsrecht, Rdnr. 225; *Löwisch*, AuR 1978, 97 [106]; *derselbe*, JZ 1996, 812 [814]; *Schelp*, DB 1962, 1242). Dem kann jedoch nicht zugestimmt werden. Wie die im zweiten Teil der Arbeit eruierten historischen, funktionellen und verfassungsrechtlichen Grundlagen des Tarifvorbehalts verdeutlicht haben, bestehen keine Anhaltspunkte, den Tarifvertrag im

Zum einen seien Betriebsvereinbarungen als *abweichende Abmachungen* im Sinne des § 4 Abs. 3 TVG zu erachten, weshalb zumindest aus tarifvertragsrechtlicher Sicht günstigere betriebliche ungünstigeren tariflichen Abreden vorgingen[40]; zum anderen werden Betriebsvereinbarungen gleichermaßen als *andere Abmachungen* gem. § 4 Abs. 5 TVG angesehen, so daß den Betriebspartnern stets die Möglichkeit offen stehe, sich lediglich im Nachwirkungsstadium befindende Tarifverträge durch betriebliche Kollektivabreden abzulösen[41].

Besagte tarifvertragsrechtliche Wertungen werden jedoch anschließend auf Grund des Tarifvorbehalts (§ 77 Abs. 3 BetrVG) in ihr Gegenteil verkehrt. Denn damit sich die Bedeutung des in dieser Vorschrift angeordneten Vorrangs tariflicher oder tarifüblicher Regelungen nicht lediglich auf eine überflüssige Wiederholung der bereits durch § 4 TVG für das Verhältnis tariflicher und betrieblicher Normsetzung angeordneten Unabdingbarkeit des Tarifvertrages reduziere, könne der Tarifvorbehalt *nicht* als eine *bloße Kollisionsregel* zwischen Tarifabrede und Betriebsvereinbarung verstanden werden. Eine eigenständige Aussage komme diesem vielmehr nur dann zu, wenn man ihn als eine den Zuständigkeitsbereich der Betriebspartner umfassend beschneidende *Normsetzungsprärogative* zu Gunsten der Tarifautonomie sowie der Koalitionen als deren Träger erachte[42]. Da aber die Frage nach der Regelungs*kompetenz* zum Abschluß betrieblicher Vereinbarungen der Lösung eventueller *Kollisionen* zwi-

---

Verhältnis zur Betriebsvereinbarung als rechtlich oder rechtstatsächlich überlegenes Gestaltungsmittel zu erachten. Insbes. die zutreff. Erkenntnis, daß auch der Betriebsautonomie als Ausfluß der sich in der Mitgliedschaft im Betriebsverband verkörpernden Privatautonomie (Art. 9 Abs. 1, Art. 2 Abs. 1 i.V.m. Art. 12 Abs. 1 GG) Verfassungsrang zukommt (dazu oben § 5 III 2), schließt es aus, der tariflichen Normsetzung ohne nähere Abwägung im Einzelfall a priori einen allgemeingültigen Vorrang zuzuerkennen; i. Erg. zu Recht krit. auch *Zöllner*, FS für Nipperdey II, S. 699 (700); *Hablitzel*, DB 1972, 2158 (2159); *Fischer*, Betriebsvereinbarungen, S. 72 f.

[40] BAG, AP Nr. 27 zu § 59 BetrVG 1952; AP Nr. 5 zu § 4 TVG Effektivklausel; *Wlotzke*, Günstigkeitsprinzip, S. 119 u. 121; *Richardi*, Kollektivgewalt, S. 267; *Zöllner/Loritz*, Arbeitsrecht, S. 64; *Wiedemann/Stumpf*, TVG, § 4 Rdnr. 227; *Löwisch/Rieble*, TVG, § 4 Rdnr. 161; *Löwisch*, JZ 1996, 812 (814); *derselbe*, AuR 1978, 97 (106); *Fischer*, Betriebsvereinbarungen, S. 114; *Brune*, ARBl. Betriebsvereinbarung 520, Rdnr. 179; *Wank*, NJW 1996, 2273 (2275); *Waltermann*, RdA 1996, 129 (131); *P. Hanau*, RdA 1993, 1 (9); *Schelp*, DB 1962, 1242; *Kittner*, FS für Schaub, S. 389 (415).

[41] BAG, AP Nr. 21 zu § 77 BetrVG 1972; *Löwisch/Rieble*, TVG, § 4 Rdnr. 228; *Wiedemann/Stumpf*, TVG, § 4 Rdnr. 194; *Fischer*, Betriebsvereinbarungen, S. 103 f.; *Hromadka/Maschmann/Wallner*, Tarifwechsel, Rdnr. 269; *Hromadka*, NZA 1996, 1233 (1237); *Schaub*, BB 1995, 2003 (2005).

[42] Grundleg. insoweit hinsichtl. § 59 BetrVG 1952 bereits *Dietz*, RdA 1955, 241 (242); entsprech. in bezug auf § 77 Abs. 3 BetrVG *Kreutz*, in: GK-BetrVG, § 77 Rdnr. 64; *Dietz/Richardi*, BetrVG, § 77 Rdnr. 173; *Hess/Schlochauer/Glaubitz*, BetrVG, § 77 Rdnr. 81; *Galperin/Löwisch*, BetrVG, § 77 Rdnr. 70; *Stege/Weinspach*, § 77 Rdnr. 10; *Belling*, Günstigkeitsprinzip, S. 158; *Klasen*, Tarifvorrang, S. 27; vgl. auch *Richardi*, Kollektivgewalt, S. 267 f.; *Löwisch*, AuR 1978, 97 (106); *Schelp*, DB 1962, 1242 (1243).

schen Tarifvertrag und Betriebsvereinbarung denknotwendig vorgehe[43], seien wegen § 77 Abs. 3 BetrVG sowohl im Vergleich zu tariflichen Bestimmungen günstigere als auch solche betrieblichen Abreden im Ergebnis unwirksam, durch welche nachwirkende Tarifnormen abgelöst werden sollen. Dem Tarifvorbehalt komme demnach die Bedeutung einer *Rückausnahme* zu den durch § 4 Abs. 3, Abs. 5 TVG im Hinblick auf die Betriebsvereinbarung getroffenen Anordnungen zu; § 77 Abs. 3 BetrVG sei im Verhältnis zu jenen Vorschriften letztlich als *lex specialis* zu erachten[44]. Mit anderen Worten wird also die vermeintliche Rechtsgebietskonkurrenz zwischen Tarifvertrags- und Betriebsverfassungsgesetz zu Gunsten des Betriebsverfassungsrechts gelöst[45].

### b) Keine Unabdingbarkeit des Tarifvertrages gegenüber der Betriebsvereinbarung

Auf den ersten Blick mag das beschriebene Gedankengebäude der herrschenden Meinung durchaus als in sich stimmig und folgerichtig erscheinen. Denn es entspricht unbezweifelbar einem grundlegenden Dogma systematisch-logischer Norminterpretation, möglichst zu verhindern, daß einer Vorschrift ein Inhalt gegeben wird, mit welchem sie im Ergebnis zwangsläufig überflüssig werden müßte[46]. Wäre die Kollision zwischen Tarifvertrag und Betriebsvereinbarung also in der Tat bereits als durch § 4 TVG gelöst anzusehen, spräche dies dafür, den Tarifvorbehalt im Sinne des § 77 Abs. 3 BetrVG nicht als eine (zusätzliche) Kollisionsnorm erachten und sein Eingreifen daher nicht durch die Tarifgebundenheit des Arbeitgebers beschränken zu können. Unzutreffend ist bei näherem Hinsehen jedoch bereits die einer dahingehenden Annahme zu

[43] *Waltermann*, RdA 1996, 129 (131); vgl. auch *Brune*, ARBl. Betriebvereinbarung 520, Rdnr. 179.

[44] *Fitting/Kaiser/Heither/Engels*, BetrVG, § 77 Rdnr. 86; *Kreutz*, in: GK-BetrVG, § 77 Rdnr. 109; *Hess/Schlochauer/Glaubitz*, BetrVG, § 77 Rdnr. 81; *Gragert*, Flexibilisierung von Tarifverträgen, S. 62; inhaltlich entsprech. *Wiedemann/Stumpf*, TVG, § 4 Rdnr. 296; *Dietz/Richardi*, § 77 Rdnr. 211; hinsichtl. § 59 BetrVG 1952 bereits *Neumann-Duesberg*, Betriebsverfassungsrecht, S. 473.

[45] Damit leistet die h. M. zumindest der methodischen Erwägung Folge, daß im Falle der Rechtsgebietskonkurrenz stets dem Gesetz der Vorrang gebührt, welches die Verfassung einer Teilordnung – konkret also die Betriebsverfassung – abschließend konstituiert (allg. *Wank*, Arbeitnehmer und Selbständige, S. 386). I. Erg. a. A. hingegen *Heinze* (NZA 1989, 41 [43]), der davon ausgeht, wegen der verfassungsrechtlichen Verankerung der Tarifautonomie in Art. 9 Abs. 3 GG müsse dem Tarifvertragsrecht als der „höheren Regelungsebene“ der Wertungsvorrang gebühren. Konsequent zu Ende gedacht müßte *Heinze* demnach zu dem Ergebnis kommen, daß trotz des Tarifvorbehalts des § 77 Abs. 3 BetrVG günstigeren Betriebsvereinbarungen (§ 4 Abs. 3 TVG) und im Nachwirkungszeitraum (§ 4 Abs. 5 TVG) auch ungünstigeren Betriebsvereinbarungen nicht die Zulässigkeit abgesprochen werden dürfte.

[46] Vgl. *Bydlinski*, Methodenlehre, S. 445.

Grunde liegende Prämisse und mit ihr fällt das gesamte systematische Konstrukt wie ein Kartenhaus in sich zusammen.

Nach dem Wortlaut von § 4 Abs. 1 TVG entfalten tarifliche (Inhalts-)Normen ihre unmittelbare und zwingende Wirkung ausschließlich zwischen *beiderseits Tarifgebunden*, gem. § 3 Abs. 1 TVG also lediglich hinsichtlich der Mitglieder der tarifschließenden Koalitionen bzw. eines Arbeitgebers, der selbst Partei eines Firmentarifvertrages ist. Der Betriebsrat hingegen wird in § 3 Abs. 1 TVG nicht genannt, ist demnach nicht tarifgebunden und kann dies auch nicht sein, da ihm als Organ des betrieblichen Innenverbandes[47] bereits die funktionelle Zuständigkeit zur Mitgliedschaft in einer Gewerkschaft fehlt. Folglich kann die zwischen Arbeitgeber und Betriebsrat abgeschlossene Betriebsvereinbarung denknotwendig nicht als ein Rechtsverhältnis verstanden werden, auf welches (Inhalts-)Normen eines Tarifvertrages nach § 4 Abs. 1 TVG unmittelbar einzuwirken in der Lage sind[48]. Tarifvertrag (§ 4 Abs. 1 TVG) und Betriebsvereinbarung (§ 77 Abs. 4 Satz 1 BetrVG) stehen vielmehr wegen der normativen Geltung, die beiden durch den Gesetzgeber verliehen worden ist, als gleichberechtigte Regelungsinstrumente nebeneinander. Die mögliche Kollision zwischen tariflicher und betrieblicher Normsetzung wird demzufolge *nicht* durch die Unabdingbarkeitsanordnung des § 4 Abs. 1 TVG bereits *gelöst*, sondern ist im Gegenteil durch diese erst *hervorgerufen*[49].

Bestätigt wird diese Sichtweise durch die Entstehungsgeschichte des Tarifvertragsgesetzes aus dem Jahre 1949, denn die Materialien zu § 4 TVG spre-

---

[47] Zur Organstellung des Betriebsrats oben § 5 III 2 a cc (2.1).

[48] Ganz klar bereits *Nikisch*, Arbeitsrecht, Bd. 2, S. 398; diesem folgend *Hueck/Nipperdey* (Arbeitsrecht, Bd. II/1, 7. Aufl. S. 545) in ausdrückl. Abkehr von der noch in der Vorauflage (Arbeitsrecht, Bd. 2, S. 383 f.) vertretenen Ansicht.

Dies muß i. Erg. auch *Fischer* (Betriebsvereinbarungen, S. 81 f.) zugeben, der aber meint, die zwingende Geltung von Tarifnormen in tarifunterworfenen Arbeitsverhältnissen könne nur dann eintreten, wenn abweich. Abmachungen, seien sie betrieblich-kollektiver oder einzelvertraglicher Art, in diesem Arbeitsverhältnis keine Wirkung entfalteten. Deshalb spreche der Wortlaut des § 4 Abs. 1 TVG dafür, daß die Tarifnormen im tarifgebundenen Arbeitsverhältnis jede (verschlechternde) Abmachung verdrängten, unabhängig davon, ob sie auf einer einzelvertraglichen Grundlage oder einer Betriebsvereinbarung beruhe. Mit der gleichen Argumentation kann man jedoch auch aus § 77 Abs. 4 Satz 1 BetrVG, welcher die zwingende Geltung der Betriebsvereinbarung anordnet, folgern, daß betriebliche Normen tarifliche Regelungen verdrängen. Kollisionen zwischen beiden Formen unmittelbar und zwingend wirkender Kollektivvereinbarungen müssen somit eigens durch eine besondere Norm geregelt werden. Eine solche enthält das Tarifvertragsgesetz nicht.

[49] Entsprech. *Biedenkopf*, Grenzen, S. 306: „Ein Zuständigkeitskonflikt ist dem Tarifvertragsgesetz fremd, denn es kennt nur eine kollektivrechtliche Regelungsbefugnis: die der Tarifvertragsparteien.“ *Jahnke*, Tarifautonomie und Mitbestimmung, S. 45; *Reuter*, RdA 1991, 193 (201); *Ehmann/Lambrich*, NZA 1996, 346 (347); *Lambrich*, Diskussionsbeitrag, in: Verhandlungen des 61. DJT, Bd. II/2, K 160; *Ehmann/Schmidt*, NZA 1995, 193 (199); *Th. Schmidt*, Günstigkeitsprinzip, S. 109 f.

chen dafür, daß der Gesetzgeber mittels dieser Vorschrift keineswegs das Konkurrenzverhältnis tariflicher und betrieblicher Normsetzung mitregeln wollte[50]. Zwar verzichtete man im Gegensatz zu ihrer Vorgängernorm (§ 1 Abs. 1 Satz 1 TVVO 1918) darauf, die unmittelbare Wirkung des Tarifvertrages explizit auf die „Arbeitsverträge zwischen den beteiligten Personen" zu beschränken. Ziel der Neufassung war es jedoch lediglich, die normative Geltung tariflicher Abmachungen auch terminologisch deutlicher zum Ausdruck zu bringen. Nicht aber verfolgten die Gesetzesverfasser damit die Absicht, den Unabdingbarkeitsgrundsatz gleichermaßen auf Betriebsvereinbarungen auszuweiten[51]. Der während der Beratungen zur Diskussion gestellte Vorschlag, § 4 Abs. 1 TVG „entsprechend" auf Betriebsvereinbarungen zu erstrecken[52], ist vielmehr – namentlich von Gewerkschaftsseite – für überflüssig erachtet worden, da sich die Reglementierung dieses Konkurrenzverhältnisses abschließend aus dem Betriebsverfassungsrecht ergebe[53]. Es kann demnach festgehalten werden, daß die Annahme, dem Tarifvertrag stehe allein wegen § 4 Abs. 1 TVG im Verhältnis zur betrieblichen Normsetzung der Vorrang zu, nicht mehr als eine bloße Behauptung ist, die in Wortlaut und Historie des Tarifvertragsgesetzes keinerlei Stütze findet.

#### c) § 77 Abs. 3 BetrVG als alleinige Konkurrenzregel – oder: die List des „lex-specialis-Tricks"

aa) Geht man davon aus, daß sich der tarifvertragsrechtliche Unabdingbarkeitsgrundsatz nicht auf betriebliche Kollektivabreden bezieht, folgt daraus zwangsläufig, daß Betriebsvereinbarungen entgegen der herrschenden Ansicht ebenso *nicht* als *abweichende Abmachungen* im Sinne des § 4 Abs. 3 TVG und als *andere Abmachungen* gem. § 4 Abs. 5 TVG angesehen werden können. Beiden Vorschriften kommt die Funktion zu, unter der Voraussetzung der Günstigkeit bzw. in Fällen nachwirkender Tarifnormen die grundsätzlich zwingende Wirkung tariflicher Abreden (§ 4 Abs. 1 TVG) ausnahmsweise außer Kraft zu setzen. Logische Konsequenz eines Regel-Ausnahme-Mechanismus ist ganz allgemein, daß die Ausnahmevorschriften nur dann eingreifen, wenn auch der

---

[50] Dazu auch *Nautz*, Durchsetzung der Tarifautonomie, S. 80 f.; *Jahnke*, Tarifautonomie und Mitbestimmung, S. 45 f.; *Reuter*, ZfA 1995, 1 (69); *derselbe*, RdA 1991, 193 (201); anders jetzt die Analyse von *Fischer*, Betriebsvereinbarungen, S. 82 ff. (allg. zur Kritik an dessen Ansicht bereits oben in Fn. 48).

[51] Siehe zur Regelungsabsicht des historischen Gesetzgebers nur den Erinnerungsbericht von *Herschel*, ZfA 1973, 183 (192 f.).

[52] In diesem Sinne § 4 Abs. 3 des Lemgoer Entwurfs (abgedr. in: ZfA 1973, 130 [131]) sowie § 3 Abs. 5 des Stuttgarter Entwurfs (abgedr. in: ZfA 1973, 138).

[53] So ausdrückl. die Begr. zum Entwurf des Gewerkschaftsrates; abgedr. in: ZfA 1973, 144 (148).

Grundsatz selbst zur Anwendung gelangen kann. Da dies hinsichtlich § 4 Abs. 1 TVG für das Verhältnis von Tarifvertrag und Betriebsvereinbarung nicht der Fall ist, erlangt im Ergebnis das tarifvertragsrechtliche Günstigkeitsprinzip (§ 4 Abs. 3 TVG) zwischen beiden Kollektivabreden ebensowenig Geltung wie der die Dispositivität nachwirkender Tarifbestimmungen anordnende § 4 Abs. 5 TVG[54].

bb) Damit läßt sich schließlich insbesondere die finale Annahme, der Tarifvorbehalt des § 77 Abs. 3 BetrVG sei gegenüber § 4 Abs. 3, Abs. 5 TVG als *lex specialis* zu erachten, augenfällig als eine bloße juristische Scheinkonstruktion entlarven. Denn reglementieren der tarifvertragsrechtliche Unabdingbarkeitsgrundsatz (§ 4 Abs. 1 TVG) und seine ausdrücklich normierten Ausnahmen (§ 4 Abs. 3, Abs. 5 TVG) das Verhältnis tariflicher und betrieblicher Abmachungen nicht, besteht zwischen dem Tarifvorbehalt und besagten Normen des Tarifvertragsgesetzes im Hinblick auf ihren Anwendungsbereich *keine Überschneidung*. Von einer Rechtsgebietskonkurrenz, der es angeblich durch einen Vorrang der betriebsverfassungsrechtlichen Kompetenznorm vor der tarifvertragsrechtlichen Kollisionsregel zu begegnen gilt, kann demnach nicht ausgegangen werden. Das Konkurrenzverhältnis zwischen tariflicher und betrieblicher Normsetzung wird vielmehr – neben § 87 Abs. 1 Einls. BetrVG und § 112 Abs. 1 Satz 4 BetrVG – allein durch § 77 Abs. 3 BetrVG gelöst[55]. Daraus folgt, daß dem Tarifvertragsrecht im Ergebnis keine gesetzgeberischen Wertungen zu entnehmen sind, die es verhindern, § 77 Abs. 3 BetrVG als eine Kollisionsregel zwischen Tarifvertrag und Betriebsvereinbarung zu verstehen, deren Sperrwirkung ausschließlich in Betrieben tarifgebundener Arbeitgeber eingreift.

---

[54] Richtig *Biedenkopf*, Grenzen, S. 306; *Ehmann/Lambrich*, NZA 1996, 346 f.; *Lambrich*, Diskussionsbeitrag, in: Verhandlungen des 61. DJT, Bd. II/2, K 160 f.; *Ehmann/Schmidt*, NZA 1995, 193 (199); *Jahnke* (Tarifautonomie und Mitbestimmung, S. 46) mit dem Hinweis, bei Annahme einer Überschneidung der Anwendungsbereiche von § 4 Abs. 3 TVG und § 77 Abs. 3 BetrVG sei die zweifache – in ihrer Reichweite im übrigen differierende – Anordnung der Zulässigkeit tariflicher Öffnungsklauseln nicht recht verständlich; näher dazu auch unten in Fn. 67.

[55] *Ehmann/Lambrich*, NZA 1996, 346 (347); *Ehmann/Schmidt*, NZA 1995, 193 (200); *Th. Schmidt*, Günstigkeitsprinzip, S. 111 f.

Dem kann insbes. auch nicht, wie *Wank* (NJW 1996, 2273 [2275]; ähnl. bereits *Dietz/Richardi*, BetrVG, § 77 Rdnr. 176) meint, entgegengehalten werden, daß das Betriebsverfassungsgesetz mit seinen spezielleren Bestimmungen das allgemeiner gehaltene und frühere Tarifvertragsgesetz verdränge. Denn es geht gerade nicht um die zeitliche Folge beider Gesetze, sondern um die zutreff. Erkenntnis, daß § 4 TVG das Verhältnis des Tarifvertrages zur Betriebsvereinbarung zu keiner Zeit betroffen hat, von einer allgemeineren und einer spezielleren Regelung also gar nicht gesprochen werden kann. Die von *Wank* versuchte Verteidigung der lex-specialis-Konstruktion belegt folglich eher als zu widerlegen, daß es sich bei dieser letztlich doch um einen nur scheinbar systematisch-logischen Trick handelt; richtig *Ehmann/Lambrich*, NZA 1996, 346 (348).

cc) Nur am Rande sei auf den *rechtspolitischen Grund* für die in dogmatischer Hinsicht offenkundig unrichtige lex-specialis-Konstruktion zwischen § 77 Abs. 3 BetrVG und § 4 Abs. 3, Abs. 5 TVG hingewiesen. Der Blick in die Historie des Tarifvertragsrechts zeigt, daß jene ihren Ursprung bereits zur Zeit der Geltung der Tarifvertragsverordnung aus dem Jahre 1918 findet. *Alfred Hueck*[56] hat schon damals die Auffassung vertreten, auch Betriebsvereinbarungen seien abweichende Abmachungen im Sinne des § 1 Abs. 1 Satz 2 TVVO 1918, der als Ausnahme zur Unabdingbarkeitsanordnung gem. § 1 Abs. 1 Satz 1 TVVO 1918 günstigeren Absprachen den Vorrang vor Tarifverträgen einräumte. Obwohl im Gegensatz dazu *Georg Flatow* bereits – ebenso überzeugend wie zutreffend – dargelegt hatte, daß die Vorschrift des § 1 Abs. 1 TVVO sich insgesamt nicht auf das Verhältnis von Tarifvertrag und Betriebsvereinbarung beziehen könne[57], folgte die herrschende Meinung in Rechtsprechung[58] und Literatur[59] im Ergebnis *Alfred Hueck*. Dies jedoch nur deswegen, weil sie die von ihm mit seiner Auslegung des § 1 Abs. 1 Satz 2 TVVO 1918 verfolgte rechtspolitische Intention letztlich für wichtiger hielt als die dogmatische Sauberkeit ihrer Begründung:

> „So gut im Einzelvertrage Verbesserungen zugunsten der Arbeitnehmer zulässig sind, müssen sie es auch in der Betriebsvereinbarung sein“[60].

Während es *Hueck* also ausdrücklich darum ging, mittels seiner formaljuristisch unrichtigen Auffassung dem *Günstigkeitsprinzip* gleichsam im Verhältnis zwischen Tarifvertrag und Betriebsvereinbarung zur Geltung zu verhelfen, zielt die rechtspolitische Absicht der heute in bezug auf § 4 Abs. 3 TVG entsprechend vertretenen Auffassung in die genau entgegengesetzte Richtung. Denn auf Grund der vermeintlichen Spezialität des § 77 Abs. 3 BetrVG soll – mittels eines dogmatische Stringenz suggerierenden (Schein-)Arguments – die Geltung des Günstigkeitsprinzips zwischen tariflichen und betrieblichen Normen im Ergebnis gerade verhindert werden[61]. Auf Grund der allgemein anerkannten Grundsätze moderner Verfassungsdogmatik kommt der *Hueck*'schen Einschätzung, daß das Günstigkeitsprinzip einen „allgemeinen Grundsatz“ darstellt, „der

---

[56] Erstmals GewKfmG, Bd. 26, S. 84; dann auch *derselbe*, NZfA 1923, Sp. 87 (93 f.); *derselbe*, NZfA 1926, Sp. 400 (402 ff.).

[57] *Flatow* (Betriebsvereinbarung und Arbeitsordnung, S. 54 ff.) führte als Grund hierfür an, daß dem Gesetzgeber bei Schaffung der Tarifvertragsverordnung im Jahre 1918 die erst zwei Jahre später in §§ 75, 80 BRG 1920 erstmals normierte Betriebsvereinbarung noch unbekannt sein mußte.

[58] RAG, ARS 9, 140 ff.; 29, 166 ff.; 31, 44 ff.; 31, 347 ff.; 40, 443 f.

[59] *Nipperdey*, FS für Lehmann, S. 257 (264); *Hueck/Nipperdey*, Arbeitsrecht, Bd. 2, 6. Aufl., S. 800 f.; *Küchenhoff*, RdA 1959, 201 (203); *derselbe*, DB 1963, 765 (766 Fn. 4).

[60] *A. Hueck*, NZfA 1923, Sp. 87 (98).

[61] Ausf. zum Ganzen bereits *Ehmann/Lambrich*, NZA 1996, 346 (347 f.); *Th. Schmidt*, Günstigkeitsprinzip, S. 110 ff.

*überall* hervortritt“ (Hervorh. d. Verf.)[62], inzwischen jedoch nicht nur *rechtspolitische*, sondern insbesondere auch *(verfassungs-)rechtliche Richtigkeit* zu. Die einfachgesetzliche Vorschrift des § 77 Abs. 3 BetrVG vermag – völlig unabhängig von ihrem vermeintlichen Anwendungsvorrang gegenüber § 4 Abs. 3 TVG – im Ergebnis nichts daran zu ändern, daß das Günstigkeitsprinzip als ein Verfassungsprinzip zur Herstellung praktischer Konkordanz auch im Verhältnis von Tarifvertrag und Betriebsvereinbarung Anwendung finden muß[63]. Folglich besteht kein Anlaß, die Auslegung des Tarifvorbehalts weiterhin durch die unzutreffende Annahme zu verschleiern, daß die Kollision tariflicher und betrieblicher Normen bereits durch § 4 TVG zu Gunsten des Tarifvertrages entschieden sei, dem § 77 Abs. 3 BetrVG daher die Bedeutung einer – von der Tarifbindung des Arbeitgebers unabhängigen – Normsetzungsprärogative zu Gunsten der Tarifvertragsparteien zukommen müsse. Das Verständnis des Tarifvorbehalts hat sich vielmehr ausschließlich an dessen Wortlaut und innerer Systematik sowie der Gesamtsystematik des Betriebsverfassungsrechts auszurichten.

### *2. Regel-Ausnahme-Mechanismus zwischen Tarifvorbehalt und tariflichen Öffnungsklauseln*

#### a) Offenheit des Gesetzeswortlauts

Betrachtet man die Formulierung des Tarifvorbehalts, lassen sich anhand der Voraussetzungen, welche die Vorschrift des § 77 Abs. 3 Satz 1 BetrVG für das Eingreifen der Sperrwirkung zu Lasten betrieblicher Normsetzung aufstellt („tariflich geregelt“, „üblicherweise tariflich geregelt“), zunächst weder für noch gegen eine Beschränkung auf Betriebe tarifgebundener Arbeitgeber zwingende Anhaltspunkte gewinnen[64]: Einerseits ist es denkbar, daß den Betriebspartnern eines bestimmten Betriebes nur dann der Abschluß normativ wirkender Abreden verwehrt werden soll, wenn gerade *für diesen Betrieb* eine den gleichen Gegenstand betreffende tarifliche oder tarifübliche Regelung besteht. Andererseits erscheint es aber genauso mit dem Gesetzeswortlaut vereinbar, daß Arbeitsentgelte oder sonstige Arbeitsbedingungen bereits insofern nicht Gegenstand einer Betriebsvereinbarung sein können, als der Betrieb lediglich in den *räumlichen* und *betrieblich-branchenmäßigen Geltungsbereich* einer entspre-

---

[62] *A. Hueck*, NZfA 1926, Sp. 400 (405).

[63] Ausf. hierzu bereits § 5 IV 1 b cc.

[64] *Eickelberg* (Betriebsvereinbarung, S. 123 f.) spricht insoweit zutreff. von einer „begriffslogischen Alternativität“ des Tarifvorbehalts; hinsichtl. § 59 BetrVG 1952 entsprech. bereits *Fabricius*, Anm. zu BAG, AP Nr. 28 zu § 59 BetrVG 1952; *Hablitzel*, Verbands- und Betriebsratskompetenzen, S. 79.

chenden tariflichen oder tarifüblichen Regelung fällt[65]. Bezieht man jedoch die durch § 77 Abs. 3 Satz 2 BetrVG vorgesehene Ausnahme von der in Satz 1 angeordneten Sperrwirkung mit in die Normbetrachtung ein, so ergibt sich hieraus zwingend die Notwendigkeit, den Tarifvorbehalt in seiner Geltung auf Betriebe tarifgebundener Arbeitgeber zu begrenzen.

### b) Beschränkung tariflicher Öffnungsklauseln auf Betriebe tarifgebundener Arbeitgeber

Soweit die Tarifvertragsparteien dies ausdrücklich zulassen[66], haben die Betriebspartner gem. § 77 Abs. 3 Satz 2 BetrVG die Möglichkeit, auch im Hinblick auf tariflich oder üblicherweise tariflich geregelte Sachgegenstände ergänzende[67] Betriebsvereinbarungen abzuschließen. Auf Grund einer im Zuge der momentanen Krise des Tarifwesens wachsenden Bereitschaft der Koalitionen zur vermehrt betriebsbezogenen Tarifpolitik steht zu erwarten (zumindest aber zu hoffen), daß dem hierdurch eröffneten Gestaltungsinstrument tariflicher Öffnungsklauseln in Zukunft eine größere praktische Bedeutung zukommen wird[68]. Von gesteigertem Interesse sind daher ebenso die Grenzen der rechtlichen Zu-

---

[65] Zur notwendigen Beschränkung des Tarifvorbehalts durch die tariflichen Geltungsbereiche bereits § 6 III 3, insbes. a u. b.

[66] Voraussetzung ist nach st. Rspr. des BAG insoweit eine eindeutige positive Tarifbestimmung, welche ergänzende Betriebsvereinbarungen für zulässig erklärt: hinsichtl. § 59 BetrVG 1952 bereits BAG, AP Nrn. 1, 7, 8, 23, 26, 27 zu § 59 BetrVG 1952; AP Nr. 80 zu § 1 TVG Auslegung; AP Nr. 1 zu § 2 ArbGG Betriebsvereinbarung; übereinstimm. *Kreutz*, in: GK-BetrVG, § 77 Rdnr. 127; *Dietz/Richardi*, BetrVG, § 77 Rdnr. 229; *Galperin/Löwisch*, BetrVG, § 77 Rdnr. 86; *Stege/Weinspach*, BetrVG, § 77 Rdnr. 22; *Däubler/Kittner/Klebe/Schneider*, BetrVG, § 77 Rdnr. 73.

[67] Schwierigkeiten bereitet der h. M. die Frage, ob streng nach dem Wortlaut des § 77 Abs. 3 Satz 2 BetrVG nur Betriebsvereinbarungen zulässig sein sollen, die bereits vorhandene tarifliche (Rahmen-)Regelungen weiter konkretisieren, oder ob – letztlich § 4 Abs. 3, 1. Alt. TVG entsprech. – Tarifverträge auch von ihrem eigenen Inhalt abweich. Betriebsvereinbarungen zulassen können (vgl. insges. *Kreutz*, in: GK-BetrVG, § 77 Rdnr. 131 m. w. Nachw.; auch *Kittner*, FS für Schaub, S. 389 [407 ff.]).

Grund für diese Unklarheit ist allein die Tatsache, daß zu Unrecht davon ausgegangen wird, die Regelung des § 4 Abs. 3 TVG beziehe sich auch auf das Verhältnis von Tarifvertrag und Betriebsvereinbarung. Erachtet man hingegen § 77 Abs. 3 BetrVG als einzige Vorschrift, durch welche die Konkurrenz zwischen tariflicher und betrieblicher Normsetzung reglementiert wird (zur Begr. oben 1 c), erschließt sich der zulässige Inhalt auf Grund tariflicher Öffnungsklauseln abgeschlossener Betriebsvereinbarungen maßgeblich aus dem Gesamtzusammenhang des Tarifvorbehalts: Da die Sperrwirkung des § 77 Abs. 3 Satz 1 BetrVG nur dann eingreift, wenn hinsichtl. bestimmter Arbeitsbedingungen eine abschließende und vollständige Tarifregelung besteht oder üblich ist (hierzu ausf. bereits § 6 III 1 b), erscheint letztlich jede durch den Tarifvertrag zugelassene Betriebsvereinbarung als eine diesen ergänzende betriebliche Abmachung (zutreff. *Waltermann*, RdA 1996, 129 [136]).

[68] Auch bereits § 2 II 2 m. konkreten Bsplen. aus der Praxis in Fn. 40.

lässigkeit für eine Öffnung des Tarifvertrags zu Gunsten der Betriebspartner. Dies gilt nicht zuletzt für die Problematik, ob sich tarifliche Öffnungsklauseln in ihrer Wirkung lediglich auf Betriebe *verbandsangehöriger* Unternehmer beziehen, oder aber die Tarifparteien auf diesem Wege gleichermaßen den Betriebspartnern in Betrieben *nicht tarifgebundener* Arbeitgeber die Erlaubnis zur eigenverantwortlichen Festlegung der Arbeitsbedingungen durch Betriebsvereinbarungen erteilen können. Mit anderen Worten stellt sich die Frage nach dem Erfordernis der Tarifbindung des Arbeitgebers demzufolge nicht nur hinsichtlich des in § 77 Abs. 3 Satz 1 BetrVG statuierten Tarifvorbehalts, sondern – wenn auch unter umgekehrtem Vorzeichen – ebenso in bezug auf die in Satz 2 der Vorschrift eröffnete Option zur Zulassung tarifvertraglicher Öffnungsklauseln. Kein Zweifel kann bestehen, daß § 77 Abs. 3 BetrVG wegen seiner inneren Struktur als *Regel-Ausnahme-Mechanismus* zwischen Tarif*sperre* (Satz 1) und Tarif*öffnung* (Satz 2) hinsichtlich beider Fälle notwendig gleichartig ausgelegt werden muß. Da tarifliche Öffnungsklauseln – wie im folgenden näher zu begründen sein wird – ausschließlich in Betrieben tarifgebundener Arbeitgeber gelten, ist der Tarifvorbehalt folglich als von der Tarifbindung des Arbeitgebers abhängige Kollisionsregel zwischen Tarifvertrag und Betriebsvereinbarung zu verstehen.

#### *aa) Die funktionelle Zuständigkeit der Betriebspartner als entscheidende Prämisse*

Die in § 77 Abs. 3 Satz 2 BetrVG getroffene Anordnung lautet, daß die durch Satz 1 vorgesehene Rechtsfolge *nicht gilt*, sofern ein Tarifvertrag den Abschluß ergänzender Betriebsvereinbarungen ausdrücklich zuläßt. Da durch den Tarifvorbehalt ausweislich seines Wortlauts („können nicht Gegenstand einer Betriebsvereinbarung sein") den Betriebspartnern bereits die *Kompetenz* zum Abschluß normativ wirkender Abmachungen genommen wird, welche tariflich oder üblicherweise tariflich geregelte Angelegenheiten zum Gegenstand haben[69], ist es umgekehrt („gilt nicht") Konsequenz der Vereinbarung einer tarifvertraglichen Öffnungsklausel, daß Arbeitgeber und Betriebsrat innerhalb des tariflich vorgegebenen Rahmens nunmehr die Zuständigkeit zum Abschluß von Betriebsvereinbarungen zufällt[70]. Nicht ausdrücklich beantwortet wird durch

[69] Entscheidende Bedeutung erlangt diese zuständigkeitsausschließende Funktion des § 77 Abs. 3 Satz 1 BetrVG für die Frage nach dem Erfordernis der Tarifbindung auf Arbeitnehmerseite; dazu unten V 2.

[70] Vgl. *Dietz/Richardi*, BetrVG, § 77 Rdnr. 227; *Kreutz*, in: GK-BetrVG, § 77 Rdnr. 125; *Waltermann*, RdA 1996, 129 (135); *Zachert*, RdA 1996, 140 (143); *von Hoyningen-Huene/Meier-Krenz*, ZfA 1988, 293 (304); *dieselben*, NZA 1987, 793 (794); *Buchner*, NZA 1986, 377 (378); *derselbe*, DB 1985, 913 (916 f.); *Hromadka*, DB 1985, 913 (916); *Küttner/Schlüpers-Oehmen/Rebel*, DB 1985, 172 (173).

§ 77 Abs. 3 Satz 2 BetrVG indessen die Frage nach dem *Rechtsgrund* der somit eröffneten betrieblichen Regelungsbefugnis. Insoweit sind theoretisch zwei verschiedene dogmatische Begründungen denkbar[71]: Zum einen erscheint es möglich, daß die Tarifvertragsparteien den Betriebspartnern die ihnen selbst zustehende Normsetzungsmacht *übertragen* mit der Folge, daß Arbeitgeber und Betriebsrat Abmachungen, welche tarifliche Öffnungsklauseln ergänzen, *nicht* auf der Grundlage einer originär *betriebsautonomen*, sondern vielmehr in Ausübung einer *tariflich delegierten Regelungskompetenz* abschließen (Betriebsvereinbarungen kraft *tarifvertraglicher Delegation*). Diesem Verständnis steht andererseits das Erklärungsmuster gegenüber, nach dem die Vereinbarung tariflicher Öffnungsklauseln lediglich zum *Wiederaufleben* der den Betriebspartnern *originär* zustehenden und nur durch die Sperrwirkung des § 77 Abs. 3 Satz 1 BetrVG verwehrten Normsetzungsbefugnis führt. Das arbeitsrechtliche Schrifttum hat sich mit der Annahme, daß Öffnungsklauseln im Sinne des § 77 Abs. 3 Satz 2 BetrVG als bloße *Zulassungsnormen*[72] und nicht als tarifvertragliche Delegationsnormen zu charakterisieren seien, nahezu[73] einhellig der zweitgenannten Sichtweise angeschlossen[74].

Ganz entscheidend ist es zu erkennen, daß diese Auffassung freilich nur dann ohne Ausnahme durchgehalten werden kann, wenn die Reichweite der Rechtsetzungskompetenz der Tarifvertragsparteien und der funktionellen Zuständigkeit der Betriebspartner als in gegenständlicher Hinsicht deckungsgleich anzusehen ist. Falls und soweit hingegen die möglichen Regelungsbereiche der Betriebsautonomie eventuell hinter denen der Tarifautonomie zurückbleiben, bedarf es, damit die Betriebspartner zum Abschluß ergänzender Betriebsvereinbarungen gem. § 77 Abs. 3 Satz 2 BetrVG imstande sind, zwingend des Kompetenztransfers von der tariflichen auf die betriebliche Gestaltungsebene[75]. Ein solcher kann demnach nur deswegen ganz überwiegend für entbehrlich erachtet werden, weil die in Rechtsprechung und Literatur herrschende Ansicht überdies davon ausgeht, daß – vorbehaltlich der Sperrwirkung des § 77 Abs. 3 Satz 1 BetrVG – in einer Betriebsvereinbarung letztlich alle diejenigen Arbeitsbedingungen geregelt werden könnten, welche tauglicher Gegenstand des Einzelar-

---

[71] Siehe zum Unterschied zwischen Delegation tariflicher und Wiederaufleben betrieblicher Rechtsetzungsmacht an dieser Stelle nur *Schwarze*, Betriebsrat, S. 287 f.

[72] So die Terminologie bei *Dietz/Richardi*, BetrVG, § 77 Rdnr. 228.

[73] A. A. in neuester Zeit – soweit ersichtlich – nur *Baumann*, Delegation, S. 90 ff.

[74] Im wesentlichen übereinstimm. *Säcker/Oetker*, Grundlagen, S. 92; *Kreutz*, in: GK-BetrVG, § 77 Rdnr. 125; *Däubler*, Tarifvertragsrecht, Rdnr. 242; *Zachert*, RdA 1996, 140 (143); *von Hoyningen-Huene/Meier-Krenz*, ZfA 1988, 293 (304); *Buchner*, NZA 1986, 377 (378); *Hromadka*, DB 1985, 913 (916).

[75] Zutreff. *Waltermann*, RdA 1996, 129 (135): „Steht den Betriebsparteien keine umfassende Rechtsetzungsbefugnis zu, genügt es insbesondere nicht, wenn die Tarifparteien nur die zunächst auf § 77 Abs. 3 BetrVG beruhende Sperre für ein betriebliches Regeln beseitigen." Vgl. auch *Veit*, Zuständigkeit, S. 259.

beitsvertrages[76] oder insbesondere eines Tarifvertrags[77] seien[78]. Die Annahme einer dahingehenden *Allkompetenz* der Betriebspartner ist jedoch im Ergebnis keineswegs unbestritten[79]. Im Gegenteil stellt die Frage nach der sachlichen Reichweite der betrieblichen Normsetzungsmacht bis heute wohl eines der wichtigsten ungelösten Probleme des Betriebsverfassungsrechts dar. Aus diesem Grunde gilt es, bevor hinsichtlich der dogmatischen Kennzeichnung tariflicher Öffnungsklauseln eine abschließende Aussage getroffen wird (dazu cc), zunächst die hierfür entscheidende Prämisse der *funktionellen Zuständigkeit der Betriebspartner* näher zu beleuchten (dazu bb).

### *bb) Keine Allkompetenz der Betriebspartner*

Der Überblick über die in Judikatur und Schrifttum in bezug auf den sachlichen Umfang der betrieblichen Rechtsetzungsbefugnis vertretenen Positionen

---

[76] In diesem Sinne BAG, NZA 1992, 177.

[77] So insbes. BAG (GS), AP Nr. 46 zu § 77 BetrVG 1972.

[78] St. Rspr.: siehe nur AP Nrn. 23 u. 52 zu § 77 BetrVG 1972; AP Nr. 1 zu § 77 BetrVG 1972 Tarifvorbehalt; aus der Lit. *Kreutz*, Grenzen, S. 208 ff.; *Jahnke*, Tarifautonomie und Mitbestimmung, S. 88 ff. u. 116; MünchArbR-*Matthes*, Bd. 3, § 318 Rdnr. 58; *Fitting/Kaiser/Heither/Engels*, BetrVG, § 77 Rdnr. 42 u. § 88 Rdnrn. 2 f.; *Brune*, ARBl. Betriebsvereinbarung 520, Rdnr. 164; *Zöllner*, ZfA 1988, 265 (276); *Löwisch*, JZ 1996, 812 (814); *derselbe*, AuR 1978, 97 (99); *Buchner*, NZA 1986, 377 (378); *von Hoyningen-Huene*, Betriebsverfassungsrecht, S. 205; *von Hoyningen-Huene/Meier-Krenz*, ZfA 1988, 293 (304); *dieselben*, NZA 1987, 793 (794); *Meier-Krenz*, DB 1988, 2149 (2153); *Hromadka*, NZA 1996, 1233 (1234 f.); *derselbe*, DB 1985, 913 (915 f.); *Veit/Waas*, BB 1991, 1329 (1330); *Nebel*, Normen, S. 90 f. u. 152 f.; *Schwarze*, Betriebsrat, S. 303; *Heisig*, Arbeitsentgelt- und Arbeitszeitregelungen, S. 323; *Niebler*, Inhalt und Reichweite, S. 115 ff.

Hinsichtl. § 59 BetrVG 1952 bereits BAGE (GS) 3, 1 (4); BAG, AP Nr. 9 zu § 59 BetrVG 1952; *G. Hueck*, Betriebsvereinbarung, S. 65; *Säcker*, Gruppenautonomie, S. 343; *Neumann-Duesberg*, Betriebsverfassungsrecht, S. 363 ff.

Einschränkungen werden z. T. lediglich in bezug auf solche Betriebsvereinbarungen gemacht, deren Inhalt die regelungsbetroffenen Arbeitnehmer ausschließlich belastet; vgl. hierzu m. im Detail diff. Begr. *Canaris*, AuR 1966, 129 (131 f.); *Löwisch*, AuR 1978, 97 (100); *Kreutz*, Grenzen, S. 246; *von Hoyningen-Huene*, Betriebsverfassungsrecht, S. 205; dagegen *Jahnke*, Tarifautonomie und Mitbestimmung, S. 91.

Eine Ausnahme bei ursprünglichen oder gewordenen Individualrechten machte derweil die von *Siebert* (FS für Nipperdey I, S. 119 [140]) vertretene Lehre vom sog. kollektivfreien Individualbereich.

[79] Insbes. *Richardi*, Kollektivgewalt, S. 313 ff.: umfassende Regelungskompetenz nur hinsichtl. formeller Arbeitsbedingungen; aus neuerer Zeit *derselbe*, Gutachten, in: Verhandlungen des 61. DJT, Bd. I, B 49 ff.; *derselbe*, FS für Schaub, S. 639 (648); *Waltermann*, Rechtsetzung, S. 148 ff.; *derselbe*, RdA 1996, 129 (134 f.); *derselbe*, NZA 1996, 357, 359 f.; *derselbe*, NZA 1995, 1177 (1181); ausf. *Veit*, Zuständigkeit, S. 208 ff.; *Wank*, NJW 1996, 2273 (2280); *derselbe*, FS für Schaub, S. 761 (774); *Kort*, NJW 1997, 1476 (1480); *Ehmann*, FS für Kissel, S. 175 (182 f.); *Birk*, ZfA 1986, 73 (80 u. 85); *Gragert*, Flexibilisierung von Tarifverträgen, S. 47 f.

erweist sich für den Betrachter sehr bald als ein „unübersichtlicher rechtswissenschaftlicher Dschungel“[80]. Ausschlaggebender Grund für die Vielzahl abweichender Positionen ist die Tatsache, daß das Betriebsverfassungsgesetz es versäumt hat, die möglichen Regelungsgegenstände der Betriebsvereinbarung entweder anhand einer abschließenden Kompetenzvorschrift *positiv* zu umschreiben (so § 1 Abs. 1 TVG für den Tarifvertrag sowie § 28 SprAuG für leitende Angestellte betreffende Abmachungen), oder aber – wie § 73 BPersVG für das Personalvertretungsrecht – *negativ* auf die explizit statuierten Beteiligungsrechte des Betriebsrats zu beschränken. Doch auch ohne eine entsprechende Anordnung des Gesetzgebers kann und muß als gemeinsamer Nenner aller in bezug auf die Regelungskompetenz der Betriebspartner verfochtenen Auffassungen konstatiert werden, daß Betriebsvereinbarungen wirksam nur in den gegenständlichen Grenzen der dem Betriebsrat durch das Betriebsverfassungsgesetz überantworteten Mitwirkungsbefugnisse abgeschlossen werden können[81].

Hervorgehoben sei, daß dieses *Prinzip der betriebsverfassungsrechtlichen Spezialermächtigung*[82] allerdings nicht, wie teilweise angenommen wird[83], bereits aus der betrieblichen Abreden im Gegensatz zum Tarifvertrag angeblich fehlenden privatautonomen Legitimation seitens der einzelnen Arbeitnehmer folgt[84]. Im Gegenteil erhält der Betriebsrat durch deren selbstbestimmten Ein-

---

[80] So sehr anschaulich *Waltermann* (Rechtsetzung, S. 22), dem das Verdienst zukommt, im Rahmen seiner Habilitationsschrift die wohl umfassendste Übersicht über die bislang hinsichtl. der funktionellen Zuständigkeit der Betriebspartner vertretenen Konzeptionen verschafft zu haben (ebd., S. 13 – 43).

[81] Insoweit i. Erg. übereinstimm. *Nikisch*, Arbeitsrecht, Bd. 3, S. 276; *Hueck/Nipperdey/Säcker*, Arbeitsrecht, Bd. II/2, 7. Aufl., S. 1262; *Säcker*, Gruppenautonomie, S. 342 u. 345; *derselbe*, ZfA 1972 (Sonderheft), 41 (45); *Biedenkopf*, Grenzen, S. 296; *G. Hueck*, Betriebsvereinbarung, S. 65 ff.; *Canaris*, AuR 1966, 129; *Löwisch*, AuR 1978, 97 (100); *Richardi*, Kollektivgewalt, S. 312; *derselbe*, Gutachten, in: Verhandlungen des 61. DJT, Bd. I, B 49; *Kreutz*, in: GK-BetrVG, § 77 Rdnr. 69; *Fitting/Kaiser/Heither/Engels*, BetrVG, § 77 Rdnr. 42; *Beuthien*, ZfA 1983, 141 (164); *Birk*, ZfA 1986, 73 (84 f.); *von Hoyningen-Huene*, Betriebsverfassungsrecht, S. 205; *Waltermann*, Rechtsetzung, S. 14 u. 187; *Travlos-Tzanetatos*, Regelungsbefugnis, S. 60 f.; beschränkt auf personelle und wirtschaftliche Angelegenheiten *Jahnke*, Tarifautonomie und Mitbestimmung, S. 90; entsprech. auch *Heinze* (ZfA 1988, 53 [68]; *derselbe*, NZA 1994, 580 [581]), jedoch auf der Grundlage des Verständnisses der Beziehung zwischen Betriebsrat und Arbeitnehmerschaft als gesetzliches Auftragsverhältnis.

[82] *Birk*, ZfA 1986, 73 (85).

[83] Insbes. *Richardi*, Kollektivgewalt, S. 317; *derselbe*, Gutachten, in: Verhandlungen des 61. DJT, Bd. I, B 49: „keine Vertragsfreiheit“; *Beuthien*, ZfA 1983, 141 (164); vgl. auch *Waltermann*, Rechtsetzung, S. 156.

[84] In umgekehrter Richtung zutreff. *Jahnke*, Tarifautonomie und Mitbestimmung, S. 37 u. 116: „Die Beschränkung der kollektivvertraglichen Gestaltungsbefugnis auf einen konkreten Sachbereich steht ihrer Zuordnung zum Bereich der Privatautonomie ... nicht entgegen.“

tritt in den betrieblichen Arbeitsverband und Verbleib in diesem[85] die Ermächtigung, für die Belegschaftsmitglieder – einem Vereinsvorstand gleich – Rechtsgeschäfte jeglichen Inhalts zu schließen. Will er jedoch Arbeitsbedingungen auf dem Wege von Betriebsvereinbarungen mit *normativer* Wirkung (§ 77 Abs. 4 Satz 1 BetrVG) gestalten, reicht die zum Abschluß bürgerlich-rechtlicher Verträge für Dritte genügende privatautonome Legitimation allein nicht aus. Von der Legitimationsgrundlage scharf zu trennen ist das insoweit kumulativ bestehende Erfordernis eines *staatlichen Geltungsbefehls*[86], welches ganz allgemein für die Rechtsetzung Privater aus dem verfassungsrechtlichen Demokratieprinzip folgt (Art. 20 Abs. 1, Art. 28 Abs. 1 GG)[87]. Das gesetzgeberische Anerkennungsmonopol nichtstaatlicher Normierung aber bringt es zwangsläufig mit sich, daß Arbeitgeber und Betriebsrat nur hinsichtlich solcher Sachgegenstände für die einzelnen Arbeitnehmer unmittelbar wirkende Betriebsvereinbarungen abschließen dürfen, die durch das Betriebsverfassungsgesetz ausdrücklich genannt sind[88].

Mithin entzündet sich der Streit um den sachlichen Umfang betrieblicher Rechtsetzungsbefugnis mit aller Schärfe erst an der Frage, wie weit nun die dem Betriebsrat im einzelnen durch den Gesetzgeber eröffneten Teilhaberechte reichen. Sofern hierbei eine gegenständliche Allzuständigkeit der Betriebspartner angenommen wird, finden sich letztlich zwei verschiedene Begründungsansätze, die von der Rechtsprechung[89] im übrigen zumeist nebeneinander herangezogen werden: Einerseits geht man davon aus, § 88 BetrVG stelle eine *allgemeine Auffangnorm* dar, die Arbeitgeber und Betriebsrat im Ergebnis hinsichtlich sämtlicher Arbeitsbedingungen Regelungskompetenzen verleihe (dazu [1])[90]; andererseits wird auf dem Wege eines *Umkehrschlusses* aus § 77 Abs. 3 BetrVG gefolgert, daß jedenfalls insoweit, als eine tarifliche oder tarifübliche Regelung zu verneinen sei, die Betriebspartner im Hinblick auf ausnahmslos alle Sachgegenstände, die mit dem Arbeitsverhältnis in Verbindung stünden,

---

[85] Zur Begr. der privatautonomen Legitimation der Betriebsautonomie ausf. § 5 III 2.

[86] Entsprech. jetzt auch *Buchner*, FS für Wiese, S. 55 (58 f.): „Die Befugnis der Betriebsparteien, Betriebsvereinbarungen mit normativer Wirkung zu schließen, kann nicht unmittelbar aus der Betriebsautonomie abgeleitet werden; sie beruht vielmehr *nicht anders als die Normsetzungskompetenz auf Tarifebene* auf gesetzlicher Ermächtigung, sei es Delegation oder nur Anerkennung der Normsetzungsbefugnis" (Hervorh. d. Verf.).

[87] Siehe bereits § 5 III 2 d bb (3).

[88] Vgl. auch *Waltermann*, Rechtsetzung, S. 148 ff. (insbes. S. 155).

[89] Siehe nur BAG (GS), AP Nr. 46 zu § 77 BetrVG 1972; BAG, AP Nr. 23 zu § 77 BetrVG 1972.

[90] In diesem Sinne *Fitting/Kaiser/Heither/Engels*, BetrVG, § 88 Rdnr. 3; *Löwisch*, JZ 1996, 812 (814); *derselbe*, AuR 1978, 97 (99); *von Hoyningen-Huene/Meier-Krenz*, ZfA 1988, 293 (304); *Schwarze*, Betriebsrat, S. 303.

Betriebsvereinbarungen abschließen dürften (dazu [2])[91]. Zu überzeugen vermag jedoch im Ergebnis *keine* der beiden Argumentationslinien.

### (1) § 88 BetrVG als umfassende Kompetenznorm (nur) für soziale Angelegenheiten

Auf Grund des nicht abschließenden Charakters („insbesondere") der in § 88 BetrVG als taugliche Gegenstände freiwilliger Betriebsvereinbarungen genannten Arbeitsbedingungen kommt besagter Vorschrift unzweifelhaft die Funktion einer Auffangnorm zu. Ebenso eindeutig ergibt sich jedoch aus deren systematischer Stellung innerhalb des Betriebsverfassungsgesetzes, daß sich die den Betriebspartnern durch sie eröffneten Regelungskompetenzen allenfalls auf *soziale*, *nicht* aber auf *personelle* oder gar *wirtschaftliche* Angelegenheiten erstrecken können[92]. Zwar ist einzuräumen, daß der schillernde Begriff der sozialen Angelegenheiten sich nur äußerst schwierig konkretisieren und von letzteren trennen läßt[93]. Doch auch dies rechtfertigt es nicht, die durch das Gesetz ausdrücklich vorgenommene Differenzierung dadurch zu konterkarieren, daß – wie teilweise angenommen[94] – letztlich sämtliche Arbeitsbedingungen selbstredend gleichfalls als soziale Angelegenheiten aufgefaßt werden[95]. Soll die verfassungsrechtliche Vorgabe, daß betriebliche Normen ausschließlich innerhalb der seitens des Gesetzgebers gezogenen Grenzen zulässig sind, nicht im Ergebnis völlig leerlaufen[96], besteht vielmehr die Notwendigkeit, an Stelle der gegen-

---

[91] Insbes. *Kreutz*, Grenzen, S. 208 ff. (insbes. 222); *derselbe*, in: GK-BetrVG, § 77 Rdnr. 70: „Umkehrschluß, dessen logische Voraussetzungen nicht zweifelhaft sind"; vgl. auch *Hromadka*, DB 1985, 913 (915 f.); hinsichtl. § 59 BetrVG 1952 bereits *Strasser*, Betriebsvereinbarung, S. 12 f.; *Nikisch*, Arbeitsrecht, Bd. 3, S. 277.

[92] Richtig *Kreutz*, Grenzen, S. 208; *derselbe*, in: GK-BetrVG, § 77 Rdnr. 71; *Ehmann*, FS für Kissel, S. 175 (182); *Wiese*, in: GK-BetrVG, § 88 Rdnrn. 7 u. 10; *Waltermann*, NZA 1996, 357 (360); vgl. auch *Richardi*, Gutachten, in: Verhandlungen des 61. DJT, Bd. I, B 51; *Wank*, NJW 1996, 2273 (2280); *Birk*, ZfA 1986, 73 (80 Fn. 35); *Travlos-Tzanetatos*, Regelungsbefugnis, S. 61; hinsichtl. § 57 BetrVG 1952 *Biedenkopf*, Grenzen, S. 296 Fn. 20.

[93] So die Begr. des BAG (GS), AP Nr. 46 zu § 77 BetrVG 1972; entsprech. *Jahnke*, Tarifautonomie und Mitbestimmung, S. 89.

[94] *Galperin/Löwisch*, BetrVG, § 88 Rdnr. 1: „§ 88 deckt alle Regelungen der Rechte und Pflichten aus dem Arbeitsverhältnis." *Jahnke*, Tarifautonomie und Mitbestimmung, S. 89: „sämtliche Arbeitsbedingungen im weitesten Sinne"; hinsichtl. der Rechtslage zur Zeit des Betriebsverfassungsgesetzes aus dem Jahre 1952 bereits *Nikisch*, Arbeitsrecht, Bd. 3, S. 348: „die Arbeitsbedingungen in diesem weitesten Sinne".

[95] Zutreff. *Ehmann*, FS für Kissel, S. 175 (182 Fn. 24): „Das Grenzenlosigkeitssophisma ist auch hier kein tragfähiges Argument." *Kreutz*, Grenzen, S. 208; *Säcker*, ZfA 1972 (Sonderheft), 41 (46); *Waltermann*, Rechtsetzung, S. 17 f.; ausf. *Veit*, Zuständigkeit, S. 265 ff.

[96] Davor warnt zu Recht *Richardi*, Kollektivgewalt, S. 312.

ständlichen Uferlosigkeit des § 88 BetrVG auf dem Wege einer wenn nicht abstrakt-definitorischen, so doch wenigstens typologisierenden Begriffsbestimmung zu einer näheren Umschreibung des Regelungsbereichs sozialer Angelegenheiten zu gelangen[97].

(2) Umkehrschluß aus § 77 Abs. 3 BetrVG?

Demnach bliebe zur Begründung einer möglichen Allzuständigkeit der Betriebsvereinbarungsparteien allenfalls der vermeintliche Umkehrschluß aus § 77 Abs. 3 BetrVG. Auf den ersten Blick erscheint es durchaus folgerichtig anzunehmen, daß die Statuierung einer Arbeitsentgelte und sämtliche weiteren Arbeitsbedingungen betreffenden Sperrwirkung zu Gunsten tariflicher oder tarifüblicher Regelungen dazu führt, außerhalb deren Grenzen vice versa von einer umfassenden Regelungsbefugnis der Betriebspartner ausgehen zu können. Denn es liegt nahe, daß andernfalls eine entsprechend weite Tarifschranke letztlich nicht vonnöten gewesen wäre[98]. Fraglich ist jedoch bereits, ob sich auch der historische Gesetzgeber von einer dahingehenden Vorstellung hat leiten lassen. Im Gegensatz zu § 78 Ziff. 2 BRG 1920, der den Arbeiter- und Angestelltenräten bzw. den Betriebsräten ausdrücklich noch *positiv* die Kompetenz zubilligte, bei der Gestaltung der Löhne und aller sonstigen Arbeitsbedingungen mitzuwirken, und diese *Allkompetenz*[99] lediglich unter die Voraussetzung des Nichtbestehens einer tarifvertraglichen Regelung stellte[100], fand sich in § 59 BetrVG 1952 erstmals die *negative* Formulierung eines bloßen *Tarifvorbehalts*. Zwar wollte der Gesetzgeber allgemein bei Schaffung des Betriebsverfassungsgesetzes aus dem Jahre 1952 nahtlos an die Tradition der Weimarer Kodifikation anknüpfen[101], so daß man argumentieren könnte, die negative Fassung des § 59 BetrVG habe an der betriebsverfassungsrechtlichen Allzuständigkeit nichts zu ändern beabsichtigt. Doch verfolgte der Tarifvorbehalt ausweislich der Materialien[102] ganz konkret das Ziel, eine klare *Scheidung der Zuständigkeiten* von Gewerkschaften und Betriebsräten zu erreichen. Diese Intention spricht eher dafür, daß der Gesetzgeber mittels jener Norm nicht Kompetenzen der Betriebspartner begründen, sondern lediglich deren Zuständigkeiten in einem bestimmten Umfang *ausschließen* wollte.

---

[97] Hierzu näher unten § 8 I 1 b.

[98] In diesem Sinne *Zöllner*, ZfA 1988, 265 (276).

[99] *Flatow*, BRG, 11. Aufl., § 78 Ziff. 2 Note 4: „Gesamtheit der Umstände ..., unter denen die Einzelarbeitsleistung erfolgt"; entsprech. *Feig/Sitzler*, BRG, § 78 Anm. 3 a.

[100] Zum Wortlaut des § 78 Ziff. 2 BRG 1920 oben § 3 III 2 b cc (2) Fn. 224.

[101] Hierzu bereits § 3 III 4 c bb m. Nachw. in Fn. 271.

[102] BT-Drucks. I/1546, S. 55.

Bestätigt wird die Annahme, daß der Tarifvorbehalt fortan als eine *reine Kompetenzausschlußnorm* verstanden werden sollte, durch einen Blick auf die Systematik des Betriebsverfassungsgesetzes aus dem Jahre 1972. Dieses enthält innerhalb der einzelnen Beteiligungsrechte mit § 88 sowie § 102 Abs. 6 zwei Vorschriften, welche den Betriebspartnern ausdrücklich die Zuständigkeit zum Abschluß freiwilliger Betriebsvereinbarungen einräumen. Wäre der Gesetzgeber davon ausgegangen, daß sich bereits aus der – wegen ihres Standorts im ersten Abschnitt des vierten Teiles – *allgemeineren* Regelung des § 77 Abs. 3 BetrVG eine gegenständliche Allkompetenz ergeben solle, hätte es der Aufnahme dieser spezielleren Zuständigkeitsnormen letztlich nicht bedurft[103].

Selbst wenn man sich über diese historischen und systematischen Bedenken hinwegsetzt, steht dem Versuch einer Kompetenzbegründung auf dem Wege eines Umkehrschlusses aus dem Tarifvorbehalt jedenfalls im Ergebnis ein unüberwindbares verfassungsrechtliches Hindernis entgegen. Wie mehrfach[104] erwähnt ergibt sich aus dem Demokratieprinzip (Art. 20 Abs. 1, Art. 28 Abs. 1 GG) das Erfordernis, nichtstaatlichen Stellen nur nach expliziter gesetzgeberischer Anerkennung die Befugnis zur Rechtsnormsetzung zuzusprechen, welche sich demnach ausschließlich auf die gesetzlich umschriebenen Regelungsbereiche erstreckt (siehe für den Tarifvertrag: § 1 Abs. 1 TVG). Diesem Verfassungsgebot vermag der Umkehrschluß aus § 77 Abs. 3 BetrVG offenkundig nicht gerecht zu werden. Durch eine dahingehende Argumentation wird dem Gesetzgeber vielmehr rein willkürlich auch hinsichtlich solcher Regelungsgegenstände die mutmaßliche Absicht zur Begründung betrieblicher Rechtsetzungsmacht unterstellt, bezüglich derer die gebotene ausdrückliche Einzelermächtigung gerade fehlt. Damit wird die Voraussetzung eines eindeutigen gesetzlichen Geltungsbefehls unverhohlen umgangen, weshalb der Kompetenzbegründung mittels Umkehrschlusses aus § 77 Abs. 3 BetrVG wegen Mißachtung der *verfassungsrechtlichen Voraussetzungen privater Rechtsetzung* im Ergebnis nicht zugestimmt werden kann[105].

---

[103] *Ehmann*, FS für Kissel, S. 175 (183); insofern ist es nicht nachzuvollziehen, wenn *Kreutz* (Grenzen, S. 222) den propagierten Umkehrschluß gerade mit der systematischen Stellung des § 77 Abs. 3 BetrVG zu begründen versucht, an anderer Stelle (in: GK-BetrVG, § 77 Rdnr. 71) gar meint, eine Bestimmung über den Regelungsbereich der Betriebsvereinbarung müsse „im unmittelbaren Zusammenhang mit der allgemeinen Regelung dieses Rechtsinstituts erwartet werden".

[104] Insbes. oben § 5 III 2 d bb (3).

[105] Argumentativ ähnl. auch *Waltermann*, der lediglich auf der Grundlage seiner unzutreff. Prämisse, die Betriebsverfassung statuiere seitens der einzelnen Arbeitnehmer eine Fremdbestimmungsordnung (siehe Rechtsetzung, S. 84 ff. und anderswo), den Gedanken des Vorbehalts des Gesetzes stärker in den Vordergrund rückt; ebd., S. 148 ff.; *derselbe*, RdA 1996, 129 (134 f.); *derselbe*, NZA 1995, 1177 (1181); so auch *Wank*, NJW 1996, 2273 (2280).

(3) Zwischenergebnis

Folglich ist als Zwischenergebnis festzuhalten, daß sich die Befugnis der betriebsverfassungsrechtlichen Organe zum Abschluß normativ wirkender Abmachungen (§ 77 Abs. 4 Satz 1 BetrVG) strikt an den dem Betriebsrat überantworteten Beteiligungsrechten zu orientieren hat. Ohne Einschränkungen können Betriebsvereinbarungen daher hinsichtlich solcher Gegenstände abgeschlossen werden, bezüglich derer das Betriebsverfassungsgesetz in sozialen, personellen und wirtschaftlichen Angelegenheiten *erzwingbare Mitbestimmungsrechte* vorsieht. Darüber hinaus sind auf Grund der Auffangnorm des § 88 BetrVG im Hinblick auf soziale Angelegenheiten *freiwillige Betriebsvereinbarungen* stets zulässig[106]; Gleiches gilt hinsichtlich personeller Einzelmaßnahmen konkret für die Gegenstände des § 102 Abs. 6 BetrVG. Wichtigste Einschränkung der Normsetzungsbefugnis der Betriebspartner ist, daß in wirtschaftlichen Angelegenheiten selbst freiwillige Abreden ausscheiden[107].

*cc) Tarifliche Öffnungsklauseln nicht bloße Zulassungsnormen*

Nachdem sich die überwiegend angenommene Prämisse einer sachlichen Allzuständigkeit der Betriebspartner als unzutreffend herausgestellt hat, kann nunmehr zur Ausgangsfrage der dogmatischen Charakterisierung tariflicher Öffnungsklauseln im Sinne des § 77 Abs. 3 Satz 2 BetrVG zurückgekehrt werden. Da die Zuständigkeiten tariflicher und betrieblicher Normsetzung nicht notwendig deckungsgleich sind, gilt es im Gegensatz zum Standpunkt der herrschenden Meinung, welche tarifliche Öffnungsklauseln wie gesehen[108] einheitlich als Zulassungsnormen kennzeichnet, wie folgt zu differenzieren: Einerseits kommen Regelungsgegenstände in Betracht, hinsichtlich derer der Gesetzgeber den Betriebsvereinbarungsparteien – abweichend von der umfassenden Kompetenz der Tarifpartner (§ 1 Abs. 1 TVG) – keine ausdrückliche Rechtsetzungsbefugnis erteilt hat (dazu [1]), während Öffnungsklauseln zum anderen ebenso Sachmaterien betreffen können, die sich gleichsam innerhalb der funktionellen Zuständigkeit der Betriebspartner halten (dazu [2]).

---

[106] Zur praktisch äußerst wichtigen Frage, ob auch die Lohnhöhe und die Dauer der Arbeitszeit als soziale Angelegenheiten i. S. d. § 88 BetrVG angesehen werden können, ausf. unten § 8 I 1.

[107] Hierzu ausf. *Ehmann*, FS für Kissel, S. 175 ff.; zu Recht hat *Beuthien* (ZfA 1983, 141 [165]) darauf hingewiesen, daß nur eine begrenzte sachliche Zuständigkeit des Betriebsrats letztlich der auf die Eigentumsgarantie des Art. 14 Abs. 1 GG zurückzuführenden unternehmerischen Leitungsbefugnis gerecht werde.

[108] Nachw. in Fn. 72 u. 74.

(1) Delegation tariflicher Normsetzungsbefugnis

Sollen Arbeitgeber und Betriebsrat nach dem Willen der Tarifvertragsparteien tarifliche Abreden in bezug auf solche Angelegenheiten ergänzen, für die das Betriebsverfassungsgesetz keine originäre Zuständigkeit begründet, kann dies nur gelingen, sofern die Koalitionen ihre eigene Normsetzungsbefugnis auf die Organe des Betriebsverbandes transferieren. In diesem Fall müssen tarifvertragliche Öffnungsklauseln zwangsläufig als *Delegationsnormen* charakterisiert werden[109], wobei unter Delegation nach der grundlegenden Definition *Triepels*[110] allgemein jeder Rechtsakt zu verstehen ist, durch den der Inhaber einer Zuständigkeit (konkret also die Tarifparteien) eben diese Kompetenz ganz oder zum Teil auf ein anderes Subjekt (die Betriebspartner) überträgt.

Hierbei gilt indessen unbezweifelbar der ehrwürdige römisch-rechtliche Grundsatz: „nemo plus iuris transferre potest quam ipse habet"[111]. Aus diesem Dogma folgt, daß die Tarifvertragsparteien den Betriebspartnern die originär tarifliche Normsetzungsbefugnis nur in der ihr eigenen Gestalt überantworten können. Folglich sind insbesondere die der Tarifautonomie durch das Erfordernis der *mitgliedschaftlichen Legitimation* (§§ 4 Abs. 1; 3 Abs. 1, Abs. 2 TVG) auferlegten Grenzen zu beachten, so daß als Delegationsnormen zu erachtende tarifliche Öffnungsklauseln im Sinne des § 77 Abs. 3 Satz 2 BetrVG ausschließlich in Betrieben *tarifgebundener* Arbeitgeber Wirkung zeitigen können[112].

(2) Tarifliche Öffnungsklauseln als betriebsverfassungsrechtliche Normen (§§ 1 Abs. 1, 3 Abs. 2 TVG)

(2.1) Gleiches ist im Ergebnis anzunehmen, sofern tarifvertragliche Öffnungsklauseln in Rede stehen, welche den Abschluß ergänzender Betriebsvereinbarungen hinsichtlich solcher Gegenstände zulassen, die der funktionellen Zuständigkeit des Betriebsrats und damit der originären betriebsverfassungsrechtlichen Normsetzungsbefugnis unterfallen. Zwar geht die überwiegende Ansicht in der arbeitsrechtlichen Literatur – zumeist ohne jegliche Begründung – davon aus, daß die generell als bloße Zulassungsnormen gekennzeichneten Öffnungsklauseln ohne Rücksicht auf die Tarifgebundenheit des Arbeitgebers

---

[109] I. Erg. entsprech., jedoch ohne die gebotene Diff. *Baumann*, Delegation, S. 90 ff.

[110] Delegation, S. 23; zu Begriff und Inhalt der Delegation, insbes. in Abgrenzung zu ähnl. Instituten, ausf. *Baumann*, Delegation, S. 24 ff.; vgl. auch *Waltermann*, Rechtsetzung, S. 115; *Schwarze*, Betriebsrat, S. 287 f.

[111] D. 50. 17. 54; siehe auch *Däubler*, Grundrecht auf Mitbestimmung, S. 225 f.; *von Hoyningen-Huene*, Anm. zu BAG, AP Nr. 23 zu § 77 BetrVG 1972.

[112] Allg. *Waltermann*, RdA 1996, 129 (136 f.).

Geltung erlangten[113], doch hält diese Auffassung auf Grund dogmatischer Ungenauigkeit einer kritischen Überprüfung nicht stand.

Die Umschreibung als Zulassungsnormen entbindet nicht davon, daß sich auch Tarifbestimmungen, welche von der durch § 77 Abs. 3 Satz 2 BetrVG gewährten Möglichkeit Gebrauch machen, die Sperrwirkung des Tarifvorbehalts zu beseitigen, notwendig in die innerhalb des § 1 Abs. 1 TVG abschließend genannten Gegenstände eines Tarifvertrages einordnen lassen müssen[114]. Betrachtet man zu diesem Zweck die tariflichen Öffnungsklauseln in § 77 Abs. 3 Satz 2 BetrVG zugedachte Rechtsfolge[115], spricht diese letztlich für eine Charakterisierung als *betriebsverfassungsrechtliche Normen* im Sinne des § 1 Abs. 1 TVG[116], da als solche alle diejenigen Tarifbestimmungen zusammengefaßt werden, die unmittelbar die Rechte der betrieblichen Arbeitnehmervertretung und damit ihr Verhältnis zum Arbeitgeber betreffen[117]. Betriebsverfassungsrechtliche Tarifnormen bedürfen indessen gem. § 3 Abs. 2 TVG zu ihrer Geltung zumindest der Tarifgebundenheit des Arbeitgebers, so daß im Ergebnis auch tarifliche Öffnungsklauseln ausschließlich in Betrieben *tarifgebundener* Unternehmer zur Anwendung gelangen können[118].

---

[113] *Dietz/Richardi*, BetrVG, § 77 Rdnr. 228; *Däubler*, Tarifvertragsrecht, Rdnr. 244; *Hess/Schlochauer/Glaubitz*, BetrVG, § 77 Rdnr. 164; *Erdmann/Jürging/Kammann*, BetrVG, § 77 Rdnr. 69; *von Stebut*, RdA 1974, 332 (341); hinsichtl. § 59 BetrVG 1952 bereits *Dietz*, BetrVG, § 59 Rdnr. 11.

[114] Zutreff. jetzt auch *Kittner*, FS für Schaub, S. 389 (406).

[115] Siehe auch bereits a.

[116] Zutreff. *Kreutz*, in: GK-BetrVG, § 77 Rdnr. 126; jetzt auch *Schliemann*, FS für Schaub, S. 675 (694); dieser Sichtweise hat sich ebenso das BAG angeschlossen, indem es bereits in der den Leber-Rüthers-Kompromiß betreffenden Entscheidung (AP Nr. 23 zu § 77 BetrVG 1972) die in Frage stehende Tarifbestimmung als betriebsverfassungsrechtliche Norm i. S. d. §§ 1 Abs. 1, 3 Abs. 2 TVG angesehen hat; zustimm. *Zachert*, RdA 1996, 140 (146 f.); *Linnenkohl*, BB 1985, 1459 (1460); sofern in der Lit. z. T. abweich. Charakterisierungen vertreten wurden (vgl. *Buchner*, DB 1985, 914 [917]; *P. Hanau*, NZA 1985, 73 [76]; diff. *Ehmann/Balthasar*, JURA 1985, 436 [438 f.]; *Gragert*, Flexibilisierung von Tarifverträgen, S. 122; allg. *Lohs*, DB 1996, 1722: Inhaltsnorm), lag das zum einen an den inhaltlichen Besonderheiten der konkreten Öffnungsklauseln und vermag zum anderen nichts daran zu ändern, daß auch diese Autoren deren Wirkung ausdrückl. als auf tarifgebundene Arbeitsverhältnisse beschränkt ansahen; zum Ganzen bereits oben § 6 II 2 b aa (2).

[117] Zum möglichen Inhalt betriebsverfassungsrechtlicher Normen i. S. d. § 1 Abs. 1 TVG allg. *Wiedemann/Stumpf*, TVG, § 1 Rdnr. 248; *Löwisch/Rieble*, TVG, § 1 Rdnr. 103: „Mit der Befugnis, betriebsverfassungsrechtliche Normen zu setzen, können die Tarifvertragsparteien die Betriebspartner zu Regelungen ermächtigen, die sie selbst nicht setzen können.“ *Meier-Krenz*, DB 1988, 2149.

[118] I. Erg. entsprech. *Buchner* (RdA 1990, 1 [4 u. 13]) mit dem beachtlichen Argument, daß eine Erstreckung tariflicher Öffnungsklauseln auf nicht tarifgebundene Arbeitsverhältnisse nicht dem Regelungswillen der Tarifpartner entspreche; ohne Begr. bereits *Canaris*, AuR 1966, 129 (134 Fn. 33 sowie 136 Fn. 57); vgl. jetzt auch *Wank*, FS für Schaub, S. 761 (773).

(2.2) Belegen läßt sich die hier vertretene Beschränkung tariflicher Öffnungsklauseln auf die Betriebspartner verbandsangehöriger Unternehmen durch die gesetzgeberische Wertung des unlängst geschaffenen § 7 ArbZG[119]. Während bereits dessen Absatz 1 allgemein im Hinblick auf zahlreiche arbeitszeitrechtliche Vorgaben Abweichungen in Tarifverträgen sowie insbesondere in Betriebsvereinbarungen zuläßt, die auf Grund eines Tarifvertrages abgeschlossen werden, enthält § 7 Abs. 3 Satz 2 ArbZG gesondert die Aussage, daß entsprechende tarifliche Öffnungsklauseln gleichermaßen in Betrieben *nicht tarifgebundener* Arbeitgeber Geltung erlangen. Wäre der Gesetzgeber davon ausgegangen, daß Öffnungsklauseln in diesen bereits nach den allgemeinen tarif- und betriebsverfassungsrechtlichen Grundsätzen Anwendung fänden, hätte es dieser ausdrücklichen gesetzlichen Anordnung unbezweifelbar nicht bedurft.

#### c) Zusammenfassung

Da Tariföffnungsklauseln unabhängig von ihrer nach der betroffenen Sachmaterie differierenden Charaktisierung als Delegationsnormen oder betriebsverfassungsrechtliche Normen stets ausschließlich für verbandsangehörige Unternehmen gelten, muß auf Grund des Regel-Ausnahme-Mechanismus zwischen § 77 Abs. 3 Satz 1 und § 77 Abs. 3 Satz 2 BetrVG auch der Tarifvorbehalt auf Betriebe tarifgebundener Arbeitgeber beschränkt werden. Mit diesem Verständnis als Kollisionsnorm zwischen Tarifvertrag und Betriebsvereinbarung wird indes nicht nur der inneren Systematik der Vorschrift selbst, sondern überdies der Tatsache Rechnung getragen, daß auch das normative Gesamtumfeld des Betriebsverfassungsgesetzes ihre Begrenzung durch das Erfordernis der Tarifbindung des Arbeitgebers verlangt.

### *3. Das Betriebsverfassungsgesetz als Verbandsstatut des betrieblichen Arbeitsverbandes*

Als Norm des Betriebsverfassungsgesetzes ist der Tarifvorbehalt Teil eines für sämtliche betriebsratsfähigen Betriebe (vgl. §§ 1, 4, 118) durch den Gesetzgeber zur Verfügung gestellten Organisationsstatuts[120], mittels dessen dem verfassungsrechtlichen Gebot Rechnung getragen wird, durch die Mitbestimmung des Betriebsrats die Selbstbestimmung des einzelnen Arbeitnehmers im betrieblichen Arbeitsverband sicherzustellen[121]. Im einzelnen bestimmt das Betriebsverfassungsgesetz zu diesem Zweck zunächst die Verfahrensvorausset-

[119] Zu diesem bereits § 6 II 2 b bb.
[120] Siehe oben § 5 III 2 a cc (2).
[121] Ausf. oben § 5 III 2 d (4).

zungen, nach denen der Betriebsrat als verbandliches Vertretungsorgan der Arbeitnehmer zu wählen ist (§§ 7 ff.), und des weiteren die Leitlinien seiner internen Geschäftsführung (§§ 26 ff.). Insbesondere zählen die §§ 74 ff. BetrVG – nach einzelnen Sachkomplexen geordnet – die innerbetrieblichen Angelegenheiten auf, hinsichtlich derer dem Betriebsrat in gestufter Intensität Beteiligungsrechte zustehen. Sieht man von den Vorschriften im zweiten Abschnitt des vierten Teils ab (§§ 81 ff. BetrVG), die in Ermangelung eines besonderen Arbeitsvertragsgesetzes systemwidrig Individualrechte der einzelnen Arbeitnehmer enthalten, zeichnet sich der normative Gesamtkontext des Betriebsverfassungsgesetzes durch einen deutlich erkennbaren Bezug auf den jeweiligen Betrieb aus[122].

Die Betriebsbezogenheit wird insbesondere augenscheinlich, soweit einzelne Vorschriften die in ihnen getroffene Anordnung explizit auf die innerbetrieblichen Zusammenhänge beschränken. So bestimmt – um nur die wichtigste dieser Normen zu nennen[123] – die Kooperationsmaxime im Sinne des § 2 Abs. 1 BetrVG, daß die Betriebspartner gemeinsam mit den „im Betrieb“ vertretenen Gewerkschaften unter Beachtung der geltenden[124] Tarifverträge vertrauensvoll

---

[122] I. Erg. entsprech. *Waltermann*, NZA 1996, 357 (364).

[123] Weiterhin können angeführt werden: § 17 Abs. 2 BetrVG („Geburtshelferfunktion“ der im Betrieb vertretenen Gewerkschaft bei der Betriebsratswahl), § 19 BetrVG (Wahlanfechtungsrecht der im Betrieb vertretenen Gewerkschaft) sowie die Antragsrechte einer im Betrieb vertretenen Gewerkschaft gem. § 23 BetrVG; § 74 Abs. 2 Satz 2 BetrVG verbietet jede parteipolitische Betätigung im Betrieb; nach § 74 Abs. 3 BetrVG darf die gewerkschaftliche Tätigkeit bestimmter Arbeitnehmer im Betrieb nicht beschränkt werden; § 75 BetrVG statuiert die Grundsätze, nach welchen die im Betrieb tätigen Personen behandelt werden sollen; schließlich verlangt die Formvorschrift des § 77 Abs. 2 Satz 3 BetrVG, daß Betriebsvereinbarungen vom Arbeitgeber an geeigneter Stelle im Betrieb ausgelegt werden müssen.

[124] Es ist allg. anerkannt, daß sich die Kooperationsmaxime nur auf die für den konkreten Betrieb geltenden Tarifverträge bezieht und von der Geltung eines Tarifvertrages lediglich dann ausgegangen werden kann, wenn der Arbeitgeber an die tariflichen Bestimmungen gebunden ist (siehe nur *Dietz/Richardi*, BetrVG, § 2 Rdnr. 15; *Fitting/Kaiser/Heither/Engels*, BetrVG, § 2 Rdnr. 13). Unmittelbare Rückschlüsse dafür, daß der Tarifvorbehalt des § 77 Abs. 3 BetrVG gleichermaßen die Tarifbindung des Arbeitgebers zur Voraussetzung hat, können hieraus i. Erg. allerdings nicht gezogen werden, da sich beide Vorschriften sowohl hinsichtl. ihres Wortlauts als auch der jeweiligen gesetzgeberischen Intention maßgeblich unterscheiden.

Indem § 2 Abs. 1 BetrVG von der Beachtung der geltenden Tarifverträge spricht, übernimmt er ausdrückl. die Terminologie des § 4 Abs. 1 TVG, der seinerseits in Zusammenschau mit § 3 Abs. 1, Abs. 2 TVG für die Geltung tariflicher Normen stets zumindest die Tarifgebundenheit des Arbeitgebers zur Voraussetzung macht. Folglich ergibt sich die Beschränkung der Kooperationsmaxime auf solche Tarifverträge, die kraft Tarifbindung des Arbeitgebers innerhalb des konkreten Betriebes zur Anwendung gelangen, bereits allein aus dem Auslegungsgrundsatz der Einheit der Rechtsordnung (zu diesem allg. *Zippelius*, Methodenlehre, S. 45 u. 48 f.; auch *Larenz*, Methodenlehre, S. 310). Der im Gegensatz zu § 2 Abs. 1 BetrVG auf die allgemeinere Formulierung, daß Arbeitsentgelte oder sonstige Arbeitsbedingungen tariflich geregelt sind oder übli-

zusammenzuarbeiten haben. Doch auch über die Einzelfälle eines ausdrücklichen Betriebsbezugs hinaus liegt es nahe, daß alle durch das Betriebsverfassungsgesetz getroffenen Regelungen maßgeblich auf das Ziel der Reglementierung der *internen* Verhältnisse des jeweiligen *betrieblichen Innenverbandes*[125] ausgerichtet sind.

Im Hinblick auf § 77 Abs. 3 BetrVG folgt aus der beschriebenen Betriebsbezogenheit des Gesetzes, daß es nur als widersprüchlich bezeichnet werden kann, wenn die in dieser Vorschrift angeordnete Sperrwirkung zu Lasten der Betriebsvereinbarung auch in solchen Betrieben zur Anwendung gelangen soll, in denen die gesetzlichen Voraussetzungen einer tariflichen oder tarifüblichen Regelung mangels Tarifgebundenheit des Arbeitgebers letztlich nicht gegeben sind. Positiv gewendet spricht der normative Gesamtkontext also dafür, auch § 77 Abs. 3 BetrVG als eine die *inneren Angelegenheiten* des Betriebsverbandes reglementierende Norm dahingehend zu verstehen, daß nur eine für den *betreffenden Betrieb* bestehende oder übliche tarifliche Regelung den Abschluß von Betriebsvereinbarungen auszuschließen vermag, welche gleichartige Gegenstände betreffen.

Es ist zuzugeben, daß diese Erwägung sicherlich kein besonders schlagkräftiges Argument für die gebotene Interpretation des Tarifvorbehalts als von der Voraussetzung der Tarifgebundenheit des Arbeitgebers abhängige Kollisionsregel zwischen Tarifvertrag und Betriebsvereinbarung darstellt[126]. Denn nach den allgemeinen Grundsätzen juristischer Methodenlehre kommt dem äußeren System, welches eine Norm umgibt, und damit konkret auch der Stellung des § 77

---

cherweise tariflich geregelt werden, abstellende Wortlaut von § 77 Abs. 3 BetrVG ist hingegen – wie bereits ausgeführt (oben 2 a) – hinsichtl. des Erfordernisses der Tarifbindung des Arbeitgebers offen.

Hinzu kommt, daß der Gesetzgeber mit beiden Vorschriften eine verschiedenartige Intention verfolgt. Aufgabe des § 2 Abs. 1 BetrVG ist allein die Statuierung des an die Betriebspartner gerichteten Gebots der vertrauensvollen Zusammenarbeit. Nicht aber entfaltet die Kooperationsmaxime zudem einen Arbeitgeber und Betriebsrat im Hinblick auf die Beachtung der geltenden Tarifverträge unmittelbar verpflichtenden Charakter. Die Reglementierung des Spannungsverhältnisses zwischen tariflicher und betrieblicher Normsetzung bleibt vielmehr allein den spezielleren Vorschriften der §§ 77 Abs. 3, 87 Abs. 1 Einls. BetrVG überlassen (*Oetker*, SAE 1992, 158 [160]; i. Erg. entsprech. BAG, SAE 1992, 151 [154]; neuerdings wieder ArbG Marburg, DB 1996, 1929 [1930]). Zwingende systematisch-logische Argumente für das Verständnis des Tarifvorbehalts lassen sich folglich ausschließlich anhand eines Vergleichs mit dem Tarifvorrang i. S. d. § 87 Abs. 1 Einls. BetrVG gewinnen; hierzu sogleich unter 4.

[125] Dazu oben § 5 III 2 a.

[126] Genauso könnte man im Wege eines Umkehrschlusses argumentieren, da § 77 Abs. 3 BetrVG im Gegensatz zu den in Fn. 123 genannten Vorschriften nicht ausdrückl. auf eine „im Betrieb“ bestehende oder übliche tarifliche Regelung beschränkt sei, könne der Tarifbindung des Arbeitgebers innerhalb des Tarifvorbehalts keine Bedeutung zugemessen werden.

Abs. 3 innerhalb des Betriebsverfassungsgesetzes für das Normverständnis allenfalls – gleichwohl aber immerhin – eine *indizielle Bedeutung* zu[127]. Von entscheidenderem Interesse ist daher, ob und inwieweit sich die betriebsbezogene Auslegung des Tarifvorbehalts konkret anhand eines Vergleichs mit anderen Normen des Betriebsverfassungsgesetzes bestätigt. Abzustellen ist hierfür auf solche Vorschriften, die – wie auch § 77 Abs. 3 BetrVG – das Verhältnis tariflicher zu betrieblicher Normsetzung zum Gegenstand haben, namentlich auf den Tarifvorrang im Sinne des § 87 Abs. 1 Einls. BetrVG.

### *4. Interpretative Gleichartigkeit von Tarifvorrang und Tarifvorbehalt*

#### a) Die Tarifbindung des Arbeitgebers als Voraussetzung des Tarifvorrangs

In der Tat stellt sich die Frage nach dem Erfordernis der Tarifbindung des Arbeitgebers im Hinblick auf § 77 Abs. 3 BetrVG sowie § 87 Abs. 1 Einls. BetrVG in nahezu gleicher Weise. Bezüglich letzterer Vorschrift gilt es insoweit zu klären, ob die durch § 87 Abs. 1 BetrVG enumerativ aufgezählten Mitbestimmungsrechte in sozialen Angelegenheiten nur dann ausgeschlossen sind, wenn für den betreffenden Betrieb tatsächlich und rechtlich eine entsprechende tarifliche Regelung besteht (§ 87 Abs. 1 Einls. BetrVG als *Kollisionsregel zwischen Tarifvertrag und betrieblicher Mitbestimmung*), oder ob es nicht auf deren Geltung in gerade diesem Betrieb ankommt. Dem Wortlaut des Tarifvorrangs sind für die eine oder andere Lesart ebensowenig konkrete Anhaltspunkte zu entnehmen wie der Formulierung in § 77 Abs. 3 BetrVG[128]. Um so mehr muß es verwundern, daß Tarifvorbehalt und Tarifvorrang in Rechtsprechung sowie überwiegender Literatur hinsichtlich der Notwendigkeit einer Beschränkung durch die Tarifbindung des Arbeitgebers konträr interpretiert werden. Den Einleitungssatz des § 87 Abs. 1 BetrVG betreffend ist es sogar völlig unbestritten, daß vom Bestehen einer tariflichen Regelung ausschließlich in Betrieben *tarifgebundener* Arbeitgeber gesprochen werden kann[129]. Uneinigkeit herrscht lediglich darüber, ob das Eingreifen des Tarifvorrangs kumulativ die Tarifbin-

---

[127] Vgl. allg. *Zippelius*, Methodenlehre, S. 51; auch *Larenz*, Methodenlehre, S. 311.

[128] Zu diesem insoweit oben 2 a.

[129] BAG, AP Nrn. 21 u. 55 zu § 77 BetrVG 1972; AP Nrn. 6 u. 9 zu § 87 BetrVG 1972 Auszahlung; *Fitting/Kaiser/Heither/Engels*, BetrVG, § 87 Rdnr. 34; *Wiese*, in: GK-BetrVG, § 87 Rdnr. 61; *derselbe*, FS 25 Jahre BAG, S. 661 (670 f.); *Däubler*, Tarifvertragsrecht, Rdnr. 237; *Richardi*, FS für Schaub, S. 639 (644); *Wank*, RdA 1991, 129 (135); *von Hoyningen-Huene/Meier-Krenz*, NZA 1987, 793 (796); *von Friesen*, DB 1980, Beil. Nr. 1, S. 14; *Bichler*, DB 1979, 1939 (1940); *Molkenbur*, in: *Rieder* (Hrsg.), Betriebsvereinbarung, S. 13 (24); hinsichtl. § 56 BetrVG 1952 bereits *Hueck/Nipperdey/Säcker*, Arbeitsrecht, Bd. II/2, 7. Aufl., S. 1360; *Nikisch*, Arbeitsrecht, Bd. 3, S. 379 f.

dung *aller* Arbeitnehmer[130], einer *bestimmten Anzahl* der Beschäftigten[131] oder wenigstens *eines* einzigen Mitarbeiters des Betriebes[132] zur Voraussetzung hat[133].

Betrachtet man die Vorschriften der §§ 77 Abs. 3 und 87 Abs. 1 Einls. BetrVG genauer, stellt sich indessen heraus, daß letztlich weder auf Grund ihrer Formulierungen (dazu b) noch im Hinblick auf ihre rechtpolitischen Zwecksetzungen (dazu c) ein Grund besteht, sie hinsichtlich des Erfordernisses der Tarifbindung des Arbeitgebers verschieden zu interpretieren. Ihre Auslegung durch die Rechtsprechung ist daher insoweit widersprüchlich und unzutreffend[134].

---

130 *Wiese*, in: GK-BetrVG, § 87 Rdnr. 62 m. zahlr. w. Nachw. für die jeweiligen Ansichten in Rdnr. 61; *derselbe*, FS 25 Jahre BAG, S. 661 (671 f.); *derselbe*, SAE 1989, 6 (10 f.); *Dietz/Richardi*, BetrVG, § 87 Rdnr. 126; *Jahnke*, Tarifautonomie und Mitbestimmung, S. 163 f.; *Gast*, Tarifautonomie, S. 28 f.; ähnl. *Wiedemann/Stumpf*, TVG, § 4 Rdnr. 284; hinsichtl. § 56 BetrVG 1952 entsprech. *Hueck/Nipperdey/Säcker*, Arbeitsrecht, Bd. II/2, 7. Aufl., S. 1395 m. zahlr. Nachw. zum damaligen Streitstand; zur Kritik insbes. BAG, AP Nr. 21 zu § 77 BetrVG 1972; *Konzen*, BB 1977, 1307 (1308 u. 1309).

131 *Von Hoyningen-Huene*, DB 1994, 2026 (2030); anders noch *von Hoyningen-Huene/Meier-Krenz*, NZA 1987, 793 (796); krit. insbes. BAG, AP Nr. 21 zu § 77 BetrVG 1972; *Däubler*, Tarifvertragsrecht, Rdnr. 237.

132 *Galperin/Löwisch*, BetrVG, § 87 Rdnr. 56; *Konzen*, BB 1977, 1307 (1309); *Rumpf*, AuR 1972, 65 (78).

133 I. Erg. verneinend die wohl h. M.: BAG, AP Nr. 21 zu § 77 BetrVG 1972; AP Nrn. 6 u. 9 zu § 87 BetrVG 1972 Auszahlung; *Fitting/Kaiser/Heither/Engels*, BetrVG, § 87 Rdnr. 34; *Hagemeier/Kempen/Zachert/Zilius*, TVG, Einl. Rdnr. 216; *Däubler*, Tarifvertragsrecht, Rdnr. 237; *Säcker*, ZfA 1972 (Sonderheft), 41 (68); *Waltermann*, RdA 1996, 129 (132); *von Hoyningen-Huene/Meier-Krenz*, NZA 1987, 793 (796); *Haug*, BB 1986, 1921 (1924); *Moll*, Tarifvorrang, S. 21 f.; *Fischer*, Betriebsvereinbarungen, S. 226; *Gragert*, Flexibilisierung von Tarifverträgen, S. 72; bezügl. § 56 BetrVG 1952 bereits *Neumann-Duesberg*, Betriebsverfassungsrecht, S. 468; *Nikisch*, Arbeitsrecht, Bd. 3, S. 379; entsprech. auch *Heinze* (NZA 1989, 41 [43 f. u. 46]; ebenso bereits *Hueck/Nipperdey/Säcker*, Arbeitsrecht, Bd. II/2, 7. Aufl., S. 1360 u. 1395), jedoch auf Grund der zum heutigen Recht unzutreff. (siehe oben § 6 II 1 c) Prämisse, daß § 87 BetrVG (= § 56 BetrVG 1952) nur formelle Arbeitsbedingungen erfasse und somit der Tarifvorrang lediglich hinsichtl. betrieblicher bzw. betriebsverfassungsrechtlicher Tarifnormen zur Anwendung gelange, welche gem. § 3 Abs. 2 TVG ausschließlich die Tarifbindung des Arbeitgebers zur Voraussetzung hätten. Da sich die Frage nach der kumulativen Voraussetzung der Tarifgebundenheit auf Arbeitnehmerseite hinsichtl. § 77 Abs. 3 BetrVG in gleicher Weise stellen wird, soll diesem Problem an späterer Stelle ausf. nachgegangen werden (siehe unten V).

134 So i. Erg. jetzt auch *Richardi*, FS für Schaub, S. 639 (645); *Buchner*, FS für Wiese, S. 55 (57); ähnl. bereits *Hablitzel*, Verbands- und Betriebsratskompetenzen, S. 212 f.; *derselbe*, DB 1971, 2158 (2161); anders *Fischer* (Betriebsvereinbarungen, S. 201) unter Hinweis auf die unterschiedlichen Geltungsbereiche der Vorschriften.

### b) Unterschiede im Gesetzeswortlaut?

Der auffälligste und auch einzig[135] zu erwägende Unterschied im Gesetzeswortlaut von Tarifvorbehalt und Tarifvorrang liegt darin, daß § 77 Abs. 3 BetrVG seine Sperrwirkung zu Lasten der Betriebsvereinbarung bereits dann entfaltet, wenn ein bestimmter Gegenstand bloß *üblicherweise* tariflich geregelt wird, während der Einleitungssatz des § 87 Abs. 1 BetrVG die erzwingbare Mitbestimmung in sozialen Angelegenheiten allein bei Bestehen einer tariflichen Regelung ausschließt. Im Ergebnis unbestrittene Folge der strengeren Voraussetzung des § 87 Abs. 1 Einls. BetrVG ist es zu verhindern, daß bereits ein lediglich *nachwirkender* und damit *dispositiver* Tarifvertrag (§ 4 Abs. 5 TVG) erzwingbare Mitbestimmungsrechte des Betriebsrats sperrt[136]. Dies ist sowohl Ausfluß als auch Ausdruck der in den durch § 87 Abs. 1 BetrVG ge-

---

[135] Daneben bestehen zwar zwischen beiden Normen weitere kleinere grammatikalische Unterschiede, die jedoch i. Erg. für deren Auslegung keine ausschlaggebenden Rückschlüsse zulassen:

So ist die negative Fassung des § 87 Abs. 1 Einls. BetrVG („soweit eine tarifliche Regelung nicht besteht") im Gegensatz zum positiv formulierten Tarifvorbehalt („die tariflich geregelt sind oder üblicherweise tariflich geregelt werden") zwangsläufige Folge der in ihrer Zielrichtung unterschiedlichen Rechtsfolgen beider Vorschriften. Während § 77 Abs. 3 BetrVG als eine negative Zuständigkeitsnorm eine Sperrwirkung zu Lasten des kollektiven Regelungsinstruments Betriebsvereinbarung statuiert, werden durch § 87 Abs. 1 BetrVG positiv erzwingbare Mitbestimmungsrechte des Betriebsrats in sozialen Angelegenheiten begründet.

Weiterhin bringt der Gesetzgeber durch die Formulierung „soweit" innnerhalb des § 87 Abs. 1 Einls. BetrVG lediglich explizit zum Ausdruck, daß der Tarifvorrang in gegenständlicher Hinsicht nur dann eingreifen kann, wenn die in Frage stehende Angelegenheit durch die Tarifpartner abschließend und zwingend geregelt worden ist (siehe nur BAG, AP Nr. 51 zu § 87 BetrVG 1972 Lohngestaltung). Gleiches gilt jedoch i. Erg. auch hinsichtl. des Tarifvorbehalts gem. § 77 Abs. 3 BetrVG, für den sich aus dessen am Gedanken individuellen Arbeitnehmerschutzes orientierter ratio ableiten läßt, daß nur eine den Regelungsgegenstand vollständig erledigende tarifliche oder tarifübliche Regelung die Zulässigkeit betrieblicher Normsetzung auszuschalten vermag (siehe bereits § 6 III 1 b).

Schlußendlich dürfte es für den Aussagegehalt beider Vorschriften ebenso keinen Unterschied machen, wenn § 77 Abs. 3 BetrVG formuliert, daß Arbeitsentgelte oder sonstige Arbeitsbedingungen „tariflich geregelt" sein müssen, während § 87 Abs. 1 Einls. BetrVG sprachlich abweich. verlangt, daß eine „tarifliche Regelung ... besteht".

[136] Ganz h. M.: BAG, AP Nr. 21 zu § 77 BetrVG 1972; AP Nr. 6 zu § 87 BetrVG 1972 Auszahlung; LAG Berlin, DB 1978, 115; *Wiese*, in: GK-BetrVG, § 87 Rdnr. 58 m. zahlr. w. Nachw.; *derselbe*, FS 25 Jahre BAG, S. 661 (666); *Fitting/Kaiser/Heither/Engels*, BetrVG, § 87 Rdnr. 33; *Däubler*, Tarifvertragsrecht, Rdnr. 236; *Moll*, Tarifvorrang, S. 23; *Wank*, NJW 1996, 2273 (2276); *Waltermann*, RdA 1996, 129 (132); *Richardi*, RdA 1994, 394 (399); *Bauer/Diller*, DB 1993, 1085 (1086); *von Hoyningen-Huene/Meier-Krenz*, NZA 1987, 793 (796); *Haug*, BB 1986, 1921 (1927); *Konzen*, BB 1977, 1307 (1309); bezügl. § 56 BetrVG 1952 *Hueck/Nipperdey/Säcker*, Arbeitsrecht, Bd. II/2, 7. Aufl., S. 1394; a. A. hingegen *Nikisch*, Arbeitsrecht, Bd. 3, S. 378; *Vielhaber*, BB 1953, 358 (359).

nannten Bereichen in gesteigertem Maße bestehenden Schutzbedürftigkeit seitens der einzelnen Arbeitnehmer[137].

*aa) Das Erst-recht-Argument*

Zum Teil wird in der Tarifüblichkeitsschranke des § 77 Abs. 3 Satz 1, 2. Alt BetrVG darüber hinaus ein wesentliches Argument dafür gesehen, daß der Tarifvorbehalt sich gleichermaßen auf Betriebe tarifgebundener sowie nicht tarifgebundener Arbeitgeber erstrecke[138]. Denn wenn die Sperrwirkung zu Lasten der Betriebsvereinbarung bereits bei bloßer Tarif*üblichkeit*, also im Falle des Fehlens einer aktuell gültigen Tarifregelung, eingreife und überdies sogar für die einzelnen Arbeitnehmer *günstigere* betriebliche Abmachungen untersage, müsse der Tarifvorbehalt „*erst recht*" gelten, sofern es lediglich an der *Tarifgebundenheit* des Arbeitgebers mangele[139]. Wie so oft kommt dem Erst-recht-Schluß zwar zunächst eine vordergründige Suggestivkraft, im Ergebnis letztlich jedoch nicht zwingende Richtigkeit zu[140].

Unzutreffend ist bereits die Prämisse, der Tarifvorbehalt erkläre auch solche Betriebsvereinbarungen für unzulässig, die zu Gunsten der einzelnen Arbeitnehmer von tariflichen Bestimmungen abwichen. Es wurde bereits ausgeführt, daß das Günstigkeitsprinzip gemäß den allgemeinen Grundsätzen der modernen Verfassungsdogmatik als ein Verfassungsprinzip zur Herstellung praktischer Konkordanz erachtet werden muß, welches sich über die vermeintlich gegenteilige Anordnung des § 77 Abs. 3 BetrVG notwendig hinwegsetzt[141].

Insbesondere macht es sehr wohl sachlich einen weitreichenden Unterschied, ob eine Tarifregelung nur deswegen innerhalb eines bestimmten Betriebes zeitweise keine Geltung erlangt, weil der Tarifvertrag beendet und ein neuer noch nicht wieder abgeschlossen worden ist, oder aber mangels Tarifbindung des Arbeitgebers dort zu keinem zukünftigen Zeitpunkt mehr Anwendung finden wird. Denn im Hinblick auf die im ersten Fall eingreifende Tarifüblichkeitsschranke

[137] Hierzu auch bereits oben § 6 I 5 a Fn. 74.

[138] Vgl. *Waltermann*, RdA 1996, 129 (131); *Wank*, RdA 1991, 129 (133); *von Hoyningen-Huene/Meier-Krenz*, NZA 1987, 793 (795); *Haug*, BB 1986, 1921 (1927); *Konzen*, BB 1977, 1307 (1311); hinsichtl. § 59 BetrVG 1952 vgl. *Hueck/Nipperdey/Säcker*, Arbeitsrecht, Bd. II/2, 7. Aufl., S. 1400; *Neumann-Duesberg*, Betriebsverfassungsrecht, S. 469; *Dietz*, RdA 1955, 241 (242).

[139] So ausdrückl. *Fitting/Auffarth/Kaiser/Heither*, BetrVG, 17. Aufl., § 77 Rdnr. 70 (das Argument wird in der 18. Aufl. des Kommentars nicht mehr aufrechterhalten: siehe *Fitting/Kaiser/Heither/Engels*, BetrVG, § 77 Rdnr. 68); *Heisig*, Arbeitsentgelt- und Arbeitszeitregelungen, S. 189 f.

[140] Zur Kritik bereits *Ehmann/Lambrich*, NZA 1996, 346 (355 f.); jetzt auch *Richardi*, FS für Schaub, S. 639 (647).

[141] Insbes. oben § 5 IV 1 b cc.

im Sinne des § 77 Abs. 3 Satz 1, 2. Alt. BetrVG ist allgemein anerkannt, daß ihre Sperrwirkung immer dann entfallen muß, wenn hinsichtlich eines bestimmten Sachgegenstandes mit einer Regelung durch die Tarifpartner nicht mehr zu rechnen ist[142]. Gerade dies ist in Betrieben nicht tarifgebundener Arbeitgeber indessen unweigerlich anzunehmen, so daß die der Tarifüblichkeitssperre immanente gesetzgeberische Wertung genaugenommen sogar entscheidend gegen eine Erstreckung des § 77 Abs. 3 BetrVG auf solche Betriebe spricht.

Hinzu kommt, daß besagtem Erst-recht-Schluß schließlich nicht zuletzt die erforderliche logisch-lineare Stringenz fehlt. Allgemein ist einer dahingehenden Argumentationsweise innere Richtigkeit nur dann zu attestieren, wenn zwischen den zu Grunde liegenden Prämissen und der aus diesen abgeleiteten conclusio in der Tat ein begriffslogisches maior-minus-Verhältnis besteht. Von einem solchen kann jedoch keine Rede sein, sofern § 77 Abs. 3 BetrVG betreffend versucht wird, von dessen *Rechtsfolgenseite* (vermeintlicher Ausschluß des Günstigkeitsprinzips) und seiner *zeitlichen Grenze* (Sperrwirkung bei bloßer Tarifüblichkeit) Rückschlüsse auf das – von beidem letztlich völlig isolierte – Erfordernis der Tarifbindung des Arbeitgebers zu ziehen[143]. Es ist demnach festzuhalten, daß das durch § 77 Abs. 3 Satz 1, 2. Alt. BetrVG bedingte Eingreifen des Tarifvorbehalts für nachwirkende Tarifverträge (§ 4 Abs. 5 TVG) nicht gebietet, diesen gleichfalls auf Betriebe nicht tarifgebundener Arbeitgeber auszudehnen.

### *bb) Mangelnde Tarifgebundenheit des Arbeitgebers kein Unterfall der Tarifüblichkeit*

Des weiteren wird in der Literatur vereinzelt[144] angenommen, der Gesetzgeber habe durch die Statuierung der Tarifüblichkeitssperre den Tarifvorbehalt nicht nur auf sich im Nachwirkungsstadium befindende tarifliche Abreden erstrecken, sondern durch § 77 Abs. 3 Satz 1, 2. Alt. BetrVG unmittelbar auch den Fall der fehlenden Tarifgebundenheit des Arbeitgebers erfassen wollen. Entsprechend sei zwischen den beiden Alternativen des § 77 Abs. 3 BetrVG

---

[142] Siehe bereits § 6 III 2 b bb m. w. Nachw.; diesen Zshg. verkennt *Gragert*, Flexibilisierung von Tarifverträgen, S. 60.

[143] I. Erg. entsprech. bereits *Eickelberg*, Betriebsvereinbarung, S. 141 Fn. 1.

[144] Ausdrückl. *Däubler*, Tarifvertragsrecht, Rdnr. 231; *derselbe*, Gewerkschaftsrechte im Betrieb, Rdnr. 182; wohl auch, letztlich aber unklar *Rieble*, Arbeitsmarkt und Wettbewerb, Rdnr. 1560; *Wank*, RdA 1991, 129 (134); *Oetker*, FS für Schaub, S. 535 (551); *Löwisch* (JZ 1996, 812 [819]), wenn er davon ausgeht, daß bei einer Streichung der Tarifüblichkeitssperre des § 77 Abs. 3 BetrVG „Arbeitgeber und Betriebsräte nicht tarifgebundener Unternehmen ... auf freiwilliger Basis und unter Vorbehalt günstigerer arbeitsvertraglicher Regelungen die Arbeitsbedingungen vereinbaren (könnten), die sie für angemessen ansehen".

wie folgt zu differenzieren: Während eine tarifliche Regelung im Sinne des § 77 Abs. 1 Satz 1, 1. Alt. BetrVG ausschließlich in Betrieben verbandsangehöriger Unternehmen angenommen werden könne, seien Arbeitsentgelte und sonstige Arbeitsbedingungen bereits dann als üblicherweise tariflich geregelt (§ 77 Abs. 3 Satz 1, 2. Alt. BetrVG) anzusehen, wenn ein Betrieb zwar unter den Geltungsbereich eines Tarifvertrages falle, die Tarifbestimmungen mangels Tarifbindung des Arbeitgebers in diesem indessen keine Geltung fänden[145]. Auf Grund der parlamentarischen Entstehungsgeschichte und des Wortlauts des Tarifvorbehalts wird jedoch deutlich, daß dem Gesetzgeber die Absicht, das Fehlen der Tarifgebundenheit des Arbeitgebers als Unterfall der Tarifüblichkeit zu verstehen, im Ergebnis nicht unterstellt werden kann.

Bereits die Materialien zu § 59 BetrVG 1952 belegen, daß der Formulierung „üblicherweise ... geregelt", die seinerzeit in Abweichung zu § 78 Ziff. 2 BRG 1920 erstmals in das Gesetz aufgenommen worden ist, von ihren Verfassern ausschließlich in bezug auf die *zeitlichen Grenzen* des Tarifvorbehalts Bedeutung zukommen sollte[146]. Der Bundesrat hatte im Verlauf der parlamentarischen Beratungen des Betriebsverfassungsgesetzes vorgeschlagen, die im Ergebnis Gesetz gewordene Fassung der Regierungsvorlage („die üblicherweise ... geregelt werden") durch eine nicht auf die Üblichkeit der tariflichen Normierung der Arbeitsentgelte und sonstigen Arbeitsbedingungen abstellende Formulierung zu ersetzen („die ... geregelt sind oder werden"). Erklärtes Ziel der zur Diskussion gestellten Modifizierung des Gesetzeswortlauts war es, die Sperrwirkung des Tarifvorbehalts auch auf solche Fälle zu *erweitern*, in denen es an einer tariflichen Übung im Sinne eines mehrmaligen Tarifabschlusses fehle[147]. Wäre es die mit der Regierungsvorlage erstrebte gesetzgeberische Intention gewesen, durch die auf die Tarif*üblichkeit* rekurrierende Wendung dem Tarifvorbehalt zugleich insbesondere auch Betriebe nicht tarifgebundener Arbeitgeber zu unterstellen, hätte die seitens des Bundesrats mit der Streichung des Wortes „üblicherweise" verfolgte Absicht einer Ausweitung der Sperrwirkung von § 59 BetrVG 1952 indessen gerade nicht erreicht werden können. Die Folge wäre vielmehr dessen *Reduzierung* auf Betriebe tarifgebundener Arbeitgeber gewesen. Folglich ist das Fehlen der Tarifgebundenheit seinerzeit weder vom Bundesrat noch von der Regierung als Unterfall der Tarifüblichkeit verstanden worden.

---

[145] Nach Ansicht *Däublers* (siehe vorherige Fn.) soll dies allerdings nur dann gelten, wenn der Tarifvertrag für die Branche repräsentativ sei, wovon er bereits ausgeht, sofern dieser nur in wenigstens 10 % der branchenzugehörigen Betriebe Anwendung finde. Weshalb allerdings schon bei einer solch niedrigen – überdies völlig willkürlich aufgestellten – Quote von der Repräsentativität einer tariflichen Regelung gesprochen werden kann, bleibt unerfindlich; allg. zur Kritik hinsichtl. des Korrektivs der Repräsentativität unten III 1 b.

[146] Ohne nähere Begr. i. Erg. entsprech. bereits *Fabricius*, Anm. zu BAG, AP Nr. 28 zu § 59 BetrVG 1952.

[147] Siehe BT-Drucks. I/1546, S. 74.

An der rein zeitlichen Bedeutung der Tarifüblichkeitssperre hat sich auch durch die Neufassung des Tarifvorbehalts in Gestalt des § 77 Abs. 3 BetrVG nichts geändert. Im Gegenteil bringt der Gesetzeswortlaut dieser Vorschrift auf Grund der bloßen *Auffangfunktion*, die er § 77 Abs. 3 Satz 1, 2. Alt. BetrVG im Vergleich zum Bestehen einer tariflichen Regelung (§ 77 Abs. 3 Satz 1, 1. Alt. BetrVG) zuweist[148], die ausschließlich zeitliche Dimension der Tarifüblichkeit noch offenkundiger zum Ausdruck als § 59 BetrVG 1952. Denn die augenfällige *sprachliche Parallelität* beider Alternativen des Tarifvorbehalts legt es nahe, die Erweiterung der Sperrwirkung wegen einer tariflichen Regelung um die Tarifüblichkeitsschranke inhaltlich lediglich als Ersetzung eines aktuell bestehenden Tarifvertrages durch eine zur Zeit nicht gültige, aber bereits eingebürgerte – eben übliche – tarifliche Regelung zu begreifen. Die Ansicht, daß der Gesetzgeber zudem beide Alternativen hinsichtlich des Erfordernisses der Tarifbindung des Arbeitgebers unterschiedlich verstanden wissen wollte, findet in der Formulierung des § 77 Abs. 3 BetrVG, welche vielmehr Gleichförmigkeit der Voraussetzungen indiziert, nicht den erforderlichen Anklang und ist daher letztlich rein willkürlich[149].

### c) Unterschiedliche Zwecksetzungen?

Da der grammatikalische Vergleich zwischen § 77 Abs. 3 BetrVG und § 87 Abs. 1 Einls. BetrVG keine Anhaltspunkte ergeben hat, beide Normen hinsichtlich des Erfordernisses der Tarifbindung des Arbeitgebers unterschiedlich auszulegen, könnte dies allenfalls auf Grund einer eventuell verschiedenartigen Zwecksetzung der Vorschriften legitim erscheinen. Der Rechtsprechung des BAG liegt – wie die folgenden Ausführungen zeigen werden – in der Tat die Auffassung zu Grunde, daß Tarifvorbehalt und Tarifvorrang durch unterschiedliche rechtspolitische Zwecke beherrscht seien. Diese Annahme und damit nicht zuletzt die auf ihr beruhende Schlußfolgerung, daß nur der Eingangssatz des § 87 Abs. 1 BetrVG, nicht aber die Sperrwirkung des § 77 Abs. 3 BetrVG die Tarifbindung des Arbeitgebers zur Voraussetzung habe, bieten jedoch in mehrfacher Hinsicht Anlaß zur Kritik.

#### *aa) Sicherung der ausgeübten und aktualisierten Tarifautonomie?*

(1) In den beiden jüngsten Entscheidungen[150], welche sich mit der Frage nach der Geltung des § 77 Abs. 3 BetrVG in Betrieben nicht tarifgebundener

---

[148] Dazu bereits § 6 III 2 b cc (1).

[149] Zutreff. *Eickelberg*, Betriebsvereinbarung, S. 122 f.

[150] BAG, NZA 1997, 951 (953 f.); AP Nr. 8 zu § 77 BetrVG 1972 Tarifvorbehalt = DB 1996, 1882.

Arbeitgeber beschäftigen, hat das BAG diese Problematik ausschließlich unter Rückgriff auf den Zweck des Tarifvorbehalts zu lösen versucht. Jenen erachtete das Gericht im Einklang mit seiner ständigen Rechtsprechung darin, den Schutz der ausgeübten und aktualisierten Tarifautonomie sicherzustellen, woraus es folgerte:

> „Ausgehend von diesem Normzweck kann die Sperrwirkung nicht davon abhängen, ob ein Arbeitgeber tarifgebunden ist oder nicht.“

Die Funktionsfähigkeit der Tarifautonomie, so die apodiktische Behauptung der Richter, werde auch dann gestört, wenn nicht tarifgebundene Arbeitgeber „Konkurrenzregelungen“ in Gestalt von Betriebsvereinbarungen abschließen könnten.

(2) Dem ist zunächst zu entgegnen, daß die Zwecksetzung, welche die Judikatur dem Tarifvorbehalt in Gestalt der Sicherung der ausgeübten und aktualisierten Tarifautonomie beimißt, der rechtspolitschen Intention des § 77 Abs. 3 BetrVG – wie bereits ausgeführt[151] – nicht hinreichend gerecht wird. Entscheidend hinzu kommt, daß mit ihr jedenfalls nicht die Erstreckung seiner Sperrwirkung auf Betriebe tarifungebundener Arbeitgeber begründet werden kann, der Auffassung des BAG also innere Folgerichtigkeit fehlt. Denn nach allgemein anerkannter und insbesondere auch durch das BVerfG geteilter Ansicht umschreibt der Begriff der Tarifautonomie allein die Befugnis der Koalitionen, den Inhalt der Arbeitsbedingungen in *freien* und *eigenverantwortlichen Verhandlungen* bestimmen und den dabei gefundenen Ergebnissen *normative Wirkung* beilegen zu können[152]. Weiterhin beschränken sowohl das einfache Recht (§§ 3, 4 Abs. 1 TVG) als auch die Verfassung (negative Koalitionsfreiheit, Art. 9 Abs. 3 GG)[153] die tarifliche Normsetzungskompetenz grundsätzlich allein auf die *Mitglieder* der vertragschließenden Verbände. Daraus folgt, daß die Tarifautonomie in Betrieben nicht tarifgebundener Arbeitgeber gar *nicht aktualisiert* worden ist und generell *nicht ausgeübt* zu werden vermag. Das seitens des BAG als Schutzobjekt von § 77 Abs. 3 BetrVG erachtete Recht zur tarifvertraglichen Normsetzung kann in diesen Betrieben daher nicht beeinträchtigt werden, ist demnach insoweit konsequenterweise weder schutzfähig noch schutzbedürftig[154]. Bliebe das Gericht also streng bei der dem Tarifvorbehalt von ihm selbst

---

[151] Siehe oben § 6 I 3.

[152] BVerfGE 4, 96 (107); *Badura*, Staatsrecht, Rdnr. C 95; *Hueck/Nipperdey*, Arbeitsrecht, Bd. II/1, 7. Aufl., S. 347; *Wiedemann/Stumpf*, TVG, Einl. Rdnr. 1.

[153] Hierzu konkret oben § 5 II 3 a.

[154] So zutreff. jetzt auch *Richardi*, FS für Schaub, S. 639 (645); ähnl. bereits *Fabricius*, Anm. zu BAG, AP Nr. 28 zu § 59 BetrVG 1952: „Auch eine Störung der Tarifpolitik kann nicht in Betracht kommen, wenn der Betrieb nicht tarifgebunden ist.“ *Tödtmann*, Mitbestimmungsrecht, S. 42: „*Diese* Betriebsräte würden ja gar nicht die Monopolstellung der – für den betreffenden Betrieb überhaupt nicht maßgeblichen – Sozialpartner angreifen! Für die *nicht* tarifgebundenen Betriebe kann § 59 BetrVG sonach nicht gel-

beigelegten rechtspolitischen Zwecksetzung, müßte es diese eher als einen Grund für als gegen die Beschränkung der Sperrwirkung des § 77 Abs. 3 BetrVG auf Betriebe tarifgebundener Arbeitgeber ansehen.

So aber offenbart die Argumentationsweise des BAG mit aller Deutlichkeit, daß es der Judikatur bei der Auslegung des Tarifvorbehalts ausschließlich um einen bloßen Schutz der *Machtinteressen*, des *Mitgliederstandes* und damit letztlich der *Existenz* der Arbeitgeberverbände sowie primär der Gewerkschaften geht. In einem solchen Sinne kann und darf die Vorschrift des § 77 Abs. 3 BetrVG jedoch aus funktionellen und verfassungsrechtlichen Erwägungen nicht verstanden werden[155]. Dies gilt um so mehr, als sich dieser zutreffenden Erkenntnis im Hinblick auf den Tarifvorrang des § 87 Abs. 1 Einls. BetrVG erfreulicherweise inzwischen auch die Rechtsprechung angeschlossen hat.

### *bb) Der arbeitnehmerschützende Zweck des Tarifvorrangs*

(1) In Übereinstimmung mit der in bezug auf § 77 Abs. 3 BetrVG zu Unrecht noch immer vertretenen Zweckbestimmung gingen Judikatur und Schrifttum hinsichtlich des § 87 Abs. 1 Einls. BetrVG lange Zeit nahezu einhellig davon aus, Zweck der Vorschrift sei, durch Zuerkennung einer *Normsetzungsprärogative* zu Gunsten der Koalitionen einen umfassenden *Schutz der Tarifautonomie* sicherzustellen[156]. Zumindest teilweise[157] ist jedoch bereits sehr früh gegen ein rein koalitions- und tarifschützendes Verständnis des Tarifvorrangs geltend gemacht worden, daß sein Zweck nur dann zutreffend bestimmt werden könne, wenn man diesen maßgeblich am Normzweck des § 87 Abs. 1 BetrVG insgesamt und damit letztlich noch allgemeiner an der Funktion betrieblicher Mitbestimmung ausrichte. Da die erzwingbare Mitbestimmung in sozialen Angelegenheiten allein dem *Schutz der einzelnen Arbeitnehmer* durch Teilhabe des Betriebsrats an den sie betreffenden innerbetrieblichen Entscheidungen diene, bringe der Ausnahmetatbestand des § 87 Abs. 1 Einls. BetrVG umgekehrt lediglich zum Ausdruck, daß ein Bedürfnis nach Schutz und Teilhabe nur dann

---

ten“ (Hervorh. i. Org.). Auch *Hablitzel*, Verbands- und Betriebsratskompetenzen, S. 121.

[155] Siehe nochmals § 6 I 4 c.

[156] BAG, AP Nr. 1 zu § 87 BetrVG 1972 Kurzarbeit; AP Nr. 1 zu § 87 BetrVG 1972 Tarifvorrang; *Dietz/Richardi*, BetrVG, § 87 Rdnr. 115; *Wiedemann/Stumpf*, TVG, § 4 Rdnr. 275; *Reuter*, Vergütung, S. 26 ff.; *Moll*, Tarifvorrang, S. 19; *Säcker*, ZfA 1972 (Sonderheft), 41 (64); hinsichtl. § 56 BetrVG 1952 bereits BAG, AP Nr. 1 zu § 56 BetrVG 1952.

[157] Insbes. *Wiese*, FS 25 Jahre BAG, S. 661 (662); ebenso *Kreutz*, Grenzen, S. 221 f.; *Jahnke*, Tarifautonomie und Mitbestimmung, S. 160; hinsichtl. § 56 BetrVG 1952 bereits *Nikisch*, Arbeitsrecht, Bd. 3, S. 381.

nicht bestehe, wenn bereits eine gesetzliche oder tarifliche Regelung den Belangen der Beschäftigten hinreichend Rechnung trage.

Dieser Sichtweise hat sich in seinem Grundsatzbeschluß vom 24.02.1987[158] nunmehr auch das BAG uneingeschränkt angeschlossen: Zweck der Einräumung erzwingbarer Mitbestimmungsrechte in sozialen Angelegenheiten sei es, sowohl das ansonsten bestehende *Direktionsrecht* des Arbeitgebers *zu beschränken*, als auch in den durch § 87 Abs. 1 BetrVG genannten Bereichen *individualrechtliche Vereinbarungen* wegen deren fehlender Richtigkeitsgewähr zu Gunsten kollektiver betrieblicher Abmachungen *zurückzudrängen*. Das Gericht hat dadurch zu Recht den übergeordneten Gedanken individuellen Arbeitnehmerschutzes in den Mittelpunkt des § 87 Abs. 1 BetrVG einschließlich des in seinem Eingangssatz statuierten Tarifvorrangs gerückt.

(2) In der Literatur ist diese fundamentale Rechtsprechungsänderung nicht ohne Kritik geblieben. Insbesondere wird geltend gemacht, daß die ausschließliche Orientierung der Zwecksetzung des § 87 Abs. 1 Einls. BetrVG am Arbeitnehmerschutzgedanken nicht zu erklären vermöge, weshalb im Ergebnis gerade der tariflichen Gestaltungsebene im Verhältnis zur Mitbestimmung des Betriebsrats der Vorzug eingeräumt worden sei[159]. Der Schutz der Tarifautonomie müsse daher zumindest kumulativ als eigenständig seitens des Gesetzgebers verfolgte Zwecksetzung des Tarifvorrangs erachtet werden[160].

Zwar ist den kritischen Stimmen im Schrifttum zu konzedieren, daß einer Norm allgemein durchaus zwei oder gar mehrere Zwecke beigelegt werden können[161], doch ändert dies konkret in bezug auf § 87 Abs. 1 Einls. BetrVG nichts daran, daß sich eine – und sei es auch nur partiell – koalitions- und tarifschützende Zweckbestimmung letztlich nicht mit der inneren Systematik der Vorschrift in Einklang bringen läßt. Denn es ist kein Grund ersichtlich, weshalb ebenso der Gesetzgeber im Verhältnis zu den Betriebspartnern eines Schutzes seiner Kompetenz bedürfen sollte, so daß allein die Gleichstellung von Gesetzes- (§ 87 Abs. 1 Einls., 1. Alt. BetrVG) und Tarifvorrang (§ 87 Abs. 1 Einls.,

---

[158] BAG, AP Nr. 21 zu § 77 BetrVG 1972; erste Ansätze schon in AP Nr. 3 zu § 87 BetrVG 1972 Tarifvorrang m. Anm. *Wiedemann*; bestätigt in AP Nrn. 6 u. 9 zu § 87 BetrVG Auszahlung; zustimm. *Wiese*, in: GK-BetrVG, § 87 Rdnrn. 50 ff. m. zahlr. w. Nachw.; *Fitting/Kaiser/Heither/Engels*, BetrVG, § 87 Rdnr. 32; *Bakopoulos*, Zuständigkeitsverteilung, S. 113 f.; vgl. auch *von Hoyningen-Huene*, DB 1994, 2026 (2029 f.).

[159] In diesem Sinne bereits *Moll*, Tarifvorrang, S. 19.

[160] *Hagemeier/Kempen/Zachert/Zilius*, TVG, Einl. Rdnr. 213; *Zachert*, RdA 1996, 140 (144 f.); *Joost*, ZfA 1993, 257 (278); *Wank*, RdA 1991, 129 (137); *Kraft*, FS für Molitor, S. 207 (212); *von Hoyningen-Huene/Meier-Krenz*, NZA 1987, 793 (796); *Fischer* (Betriebsvereinbarungen, S. 224 f.), der zudem den Schutz des Arbeitgebers vor über die Einigungsstelle erzwungenen weitergehenden betrieblichen Leistungen als Zweck des Tarifvorrangs erachtet.

[161] So die Begr. von *Wank*, RdA 1991, 129 (137).

2.Alt. BetrVG) zwangsläufig zur Folge hat, daß letzterem gleichfalls nicht eine ausschließlich oder auch nur teilweise zuständigkeitssichernde Funktion beizumessen ist[162]. Die in § 87 Abs. 1 Einls. BetrVG zum Ausdruck kommende Präferenz der Tarifautonomie resultiert – wie auch in bezug auf § 77 Abs. 3 BetrVG[163] – vielmehr allein aus der überkommenen, mittlerweile freilich rechtspolitisch mehr als zweifelhaften Vorstellung des historischen Gesetzgebers, die Tarifpartner seien im Vergleich zu den Betriebsräten („abhängige Existenzen" [*Sinzheimer*])[164] zu einer effektiven Verwirklichung des individuellen Arbeitnehmerschutzes besser in der Lage.

*cc) Ergebnis*

Ist somit der im Hinblick auf § 87 Abs. 1 Einls. BetrVG seitens des BAG vorgenommenen Zweckbestimmung nach Maßgabe des Arbeitnehmerschutzgedankens uneingeschränkt zuzustimmen, kann festgehalten werden, daß der in dieser Vorschrift statuierte Tarifvorrang und der Tarifvorbehalt des § 77 Abs. 3 BetrVG einen gleichartigen rechtspolitischen Zweck verfolgen. Denn – wie bereits ausführlich begründet[165] – zielt auch der Tarifvorbehalt darauf, durch einen Kompetenzvorrang zu Gunsten des Tarifvertrages die *Gewährleistung effektiven Arbeitnehmerschutzes* sicherzustellen. Somit besteht auf Grund ihrer Zwecksetzung gleichfalls kein Anlaß, die Vorschriften der §§ 77 Abs. 3 und 87 Abs. 1 Einls. BetrVG im Hinblick auf das Erfordernis der Tarifbindung des Arbeitgebers verschieden auszulegen.

## III. Betriebsvereinbarungen als notwendige Alternativen zum Tarifvertrag

### *1. Arbeitnehmerschutz und Tarifbindung des Arbeitgebers*

a) Unter der Prämisse, daß der Zweck von Tarifvorrang und Tarifvorbehalt in gleicher Weise anhand der tariflicher sowie betrieblicher Normsetzung gemeinsamen Funktion individuellen Arbeitnehmerschutzes bestimmt werden

---

[162] Richtig *Wiese*, FS 25 Jahre BAG, S. 661 (664); *derselbe*, in: GK-BetrVG, § 87 Rdnr. 50; *Kreutz*, Grenzen, S. 221; *Jahnke*, Tarifautonomie und Mitbestimmung, S. 160; *Gragert*, Flexibilisierung von Tarifverträgen, S. 67; vgl. auch *Hromadka* (DB 1986, 1921 [1922]; *derselbe*, DB 1988, 2636 [2640]), der jedoch i. Erg. davon ausgeht, Sinn und Zweck des § 87 Abs. 1 Einls. BetrVG sei der Schutz des Arbeitgebers vor doppelter Mitbestimmung.

[163] Insoweit oben § 6 I 5 b.

[164] Siehe bereits § 3 III 2 a cc (1).

[165] Siehe oben § 6 I 5.

muß, ergibt sich zwingend, daß nicht nur § 87 Abs. 1 Einls. BetrVG, sondern auch die Sperrwirkung des § 77 Abs. 3 BetrVG ausschließlich in Betrieben *tarifgebundener Arbeitgeber* eingreift. Denn auf dem Hintergrund einer arbeitnehmerschützenden Zwecksetzung enthält der Tarifvorbehalt die Aussage, daß es eines Schutzes mittels Betriebsvereinbarungen dann – aber auch nur dann – nicht bedarf, wenn bereits auf tariflicher Ebene den Interessen der Arbeitnehmer hinreichend Rechnung getragen werden kann. Letzteres ist jedoch nur in Betrieben sichergestellt, in denen die Tarifpartner auf Grund der Tarifgebundenheit des Arbeitgebers überhaupt gestaltend tätig zu werden in der Lage sind.

b) Dem Arbeitnehmerschutzgedanken nicht ausreichend Genüge getan wird hingegen, wenn man die Sperrwirkung gem. § 77 Abs. 3 BetrVG an Stelle der Tarifbindung des Arbeitgebers lediglich durch die *Repräsentativität* der tariflichen oder tarifüblichen Regelung[166] bzw. der diese abschließenden Verbände[167] beschränkt. Begründet wurde diese vornehmlich in der älteren Rechtsprechung und Literatur vertretene Auffassung anhand der Erwägung, daß bei mangelnder Geltung eines Tarifvertrages wegen fehlender Verbandszugehörigkeit des Unternehmers jedenfalls nicht solche Tarifverträge die Sperre des § 77 Abs. 3 BetrVG auslösen dürften, die zwischen bedeutungslosen Koalitionen abgeschlossen würden. Denn der Tarifvorbehalt gewähre der tariflichen nicht zuletzt deswegen den Vorrang vor der betrieblichen Normsetzung, weil die Gewerkschaften besser als die Betriebsräte befähigt seien, die Interessen der Arbeitnehmer wirkungsvoll zu vertreten. Letzteres sei indessen bei schwachen Tarifverbänden nicht hinreichend sichergestellt[168]. Von einem Eingreifen des § 77 Abs. 3 BetrVG könne daher nur dann ausgegangen werden, wenn die Zahl der in Betrieben *tarifgebundener* Arbeitgeber tätigen Arbeitnehmer größer sei als die Zahl der in Betrieben *nicht verbandsangehöriger* Unternehmer Beschäftigten[169].

---

[166] In bezug auf § 59 BetrVG 1952 BAG, AP Nr. 23 zu § 59 BetrVG 1952 m. zustimm. Anm. *G. Hueck*; hinsichtl. § 77 Abs. 3 BetrVG *Galperin/Löwisch*, BetrVG, § 77 Rdnr. 82; *Löwisch*, AuR 1978, 97 (107).

[167] *Dietz/Richardi*, BetrVG, § 77 Rdnrn. 192 f., 199 u. 206.

[168] *Dietz/Richardi*, BetrVG, § 77 Rdnr. 199; auch *Galperin/Löwisch*, BetrVG, § 77 Rdnr. 82.

[169] Während das BAG in seiner Entscheidung AP Nr. 8 zu § 59 BetrVG (m. ebenso unklarer Anm. von *Wlotzke*; vgl. auch *Dietz*, BetrVG, § 59 Rdnr. 5) noch unentschieden war, ob zur Bestimmung der Repräsentativität auf die Anzahl der Betriebe tarifgebundener Arbeitgeber oder aber auf die Zahl der in diesen im Vergleich zu in nicht tarifunterworfenen Betrieben beschäftigten Arbeitnehmer abgestellt werden solle, hat es im Beschluß AP Nr. 23 zu § 59 BetrVG 1952 (dazu insbes. die Anm. von *G. Hueck*) festgestellt, daß für die Tarifüblichkeit letztlich der Zahl der betroffenen Arbeitnehmer besonderes Gewicht beigemessen werden müsse. *Zöllner* (FS für Nipperdey II, S. 699 [715]) hat indessen überzeugend nachgewiesen, daß die Arbeitnehmerzahlen allein über die Anwendung eines Tarifvertrages und damit hinsichtl. dessen Repräsentativität i. Erg. keine sichere Auskunft geben. Denn eine dahingehende Statistik läßt Fälle unberück-

Ungeachtet der berechtigten Bedenken, ob die Tarifvertragsparteien im Vergleich zu den Betriebspartnern in der Tat als die fähigeren Anwälte arbeitnehmerseitiger Interessen zu erachten sind, spricht gegen die Heranziehung des einschränkenden Korrektivs der Repräsentativität insbesondere, daß dieses das von ihm selbst gesteckte Ziel, den Arbeitnehmerschutz zu effektuieren, nicht im gebotenen Maße zu erreichen in der Lage ist. Denn das statistische Überwiegen der Anwendung einer tariflichen Regelung allein ändert nichts daran, daß diese in Betrieben tarifungebundener Arbeitgeber nicht eingreifen kann und somit ihre arbeitnehmerschützende Wirkung nicht zu entfalten vermag. Überdies führt das Erfordernis der Repräsentativität zu einer ungerechtfertigten Übersteigerung des Gedankens eines Tarifmonopols. Maßgebliche Folge der Einschränkung, daß von kleineren und sozialpolitisch unbedeutenderen Verbänden abgeschlossene Tarifverträge nicht den Tarifvorbehalt auslösen sollen, ist unweigerlich ein *betriebsverfassungsrechtlicher Wettbewerbsschutz* zu Gunsten der mächtigen Gewerkschaften des DGB. Dies kann und darf jedoch auch dann nicht der Zweck von § 77 Abs. 3 BetrVG sein, wenn man diese wahre Absicht unter einem vermeintlich arbeitnehmerschützenden Vorwand zu verbergen versucht. Weiterhin gilt es zu bedenken, daß die Beschränkung der Sperrwirkung auf repräsentative Tarifregelungen innerhalb des Gesetzeswortlauts keinerlei Anklang findet[170] und die Feststellung der Repräsentativität in jedem Einzelfall zwangsläufig mit nahezu unüberwindbaren praktischen Schwierigkeiten verbunden sein würde[171]. Trotz des grundsätzlich richtigen Anliegens, den Schutz der einzelnen Arbeitnehmer zu verbessern, kann eine Begrenzung der Sperrwirkung des Tarifvorbehalts anhand des Korrektivs der Repräsentativität folglich nicht für sinnvoll erachtet werden.

c) Im Ergebnis völlig ignoriert wird der Gedanke individuellen Arbeitnehmerschutzes schließlich, wenn man den Tarifvorbehalt mit der Rechtsprechung

---

sichtigt, in denen tarifgebundene und nicht tarifgebundene Arbeitnehmer verschieden behandelt werden oder aber in einem Betrieb generell übertarifliche Arbeitsbedingungen bestehen.

[170] So in bezug auf § 77 Abs. 3 Satz 1, 1. Alt. BetrVG ganz klar BAG, AP Nr. 2 zu § 77 BetrVG 1972. Gleiches gilt aber auch – was das Gericht in der genannten Entscheidung ausdrückl. offen läßt – hinsichtl. der Tarifüblichkeitsschranke i. S. d. § 77 Abs. 3 Satz 1, 2. Alt. BetrVG (a.A. *Stege/Weinspach*, BetrVG § 77 Rdnr. 15): Denn der Gesetzeswortlaut verlangt insoweit lediglich, daß die betreffenden Arbeitsentgelte und sonstigen Arbeitsbedingungen „üblicherweise tariflich geregelt werden", so daß es für die Sperrwirkung allein auf die Üblichkeit der tariflichen Regelung selbst ankommt, nicht aber auf die Üblichkeit ihrer Anwendung (= Repräsentativität); richtig *Zöllner*, FS für Nipperdey II, S. 699 (715); *Fitting/Kaiser/Heither/Engels*, BetrVG, § 77 Rdnr. 69; *Däubler/Kittner/Klebe/Schneider*, BetrVG, § 77 Rdnr. 71; *Hess/Schlochauer/Glaubitz*, BetrVG, § 77 Rdnr. 150; *Erdmann/Jürging/Kammann*, BetrVG, § 77 Rdnr. 61; *Brune*, ARBl. Betriebsvereinbarung 520, Rdnr. 219; *Fischer*, Betriebsvereinbarungen, S. 205.

[171] *Wiedemann/Stumpf*, TVG, § 4 Rdnr. 292; *Zöllner*, FS für Nipperdey II, S. 699 (715); *Kreutz*, in: GK-BetrVG, § 77 Rdnr. 84.

des BAG und der (noch) überwiegenden Literatur als vom Erfordernis der Tarifbindung des Arbeitgebers unabhängige *Normsetzungsprärogative* zu Gunsten der Koalitionen begreift. Ein solches Verständnis des § 77 Abs. 3 BetrVG führt – was auch unumwunden eingestanden und demnach bewußt in Kauf genommen wird[172] – zwangsläufig dazu, daß in Betrieben, deren Inhaber nicht einem Arbeitgeberverband angehören, kollektive Vereinbarungen der Arbeitsbedingungen *gänzlich ausscheiden*[173]. Die Folge ist, daß insbesondere die Festlegung der Lohnhöhe sowie der Arbeitszeitdauer ausschließlich dem Individualvertrag überantwortet bleibt[174]. Zwar kann von einem strukturellen Ungleichgewicht der Parteien des Arbeitsvertrages, das zu einem chronischen Fehlen materieller Richtigkeitsgewähr führt, nach zutreffender Ansicht nicht (mehr) gesprochen werden; dennoch ist kaum zu leugnen, daß sich der Arbeitnehmer im Verhältnis zum Arbeitgeber insbesondere in Zeiten hoher Arbeitslosigkeit faktisch oftmals in einer Situation wirtschaftlicher Abhängigkeit befindet[175]. Ihm in Anbetracht dessen trotz des mangelnden Eingreifens tariflichen Schutzes im Hinblick auf die Vereinbarung von Arbeitsentgelt und Dauer der Arbeitszeit gleichfalls die Fürsprache und den Beistand des Betriebsrats zu verweigern, ist mit dem Arbeitnehmerschutzgedanken, der als ein Fundamentalprinzip des gesamten Arbeitsrechts zu erachten ist, nicht in Einklang zu bringen[176].

---

[172] Siehe bereits *Dietz*, BetrVG, 1. Aufl., § 59 Rdnr. 6; vgl. auch *Schelp*, DB 1962, 1275; *Heisig* (Arbeitsentgelt- und Arbeitszeitregelungen, S. 227: „rechtspolitisch unbefriedigende Situation"), die jedoch davon ausgeht, daß das „offensichtlich" durch den Gesetzgeber statuierte „Monopol für die Sozialpartner" diese Überlegung zu überwiegen „scheint". Die Mutmaßungen (siehe oben I 2) nehmen also auch insoweit kein Ende.

[173] Zu Recht krit. insoweit *Huber*, Wirtschaftsverwaltungsrecht, Bd. 2, S. 529; *Hablitzel*, Verbands- und Betriebsratskompetenzen, S. 120; *derselbe*, DB 1971, 2158 (2161): „unbefriedigender Zustand"; *Fabricius*, RdA 1973, 125 (126); *Barwasser*, DB 1975, 2275.

*Feudner* (DB 1991, 2231 [2232]) sieht in dieser Situation eine Beeinträchtigung der in Betrieben nicht tarifgebundener Arbeitgeber beschäftigten Arbeitnehmer in ihrer negativen Koalitionsfreiheit (Art. 9 Abs. 3 GG), da diese zwecks Erlangung kollektiven Schutzes zum Beitritt in die Gewerkschaft angehalten würden. Dies ist jedoch sogar nur die halbe Wahrheit, da selbst der Gewerkschaftsbeitritt den Nichtorganisierten nicht den gewünschten Tarifschutz beschert, solange nicht der Arbeitgeber ebenso Mitglied eines tarifschließenden Arbeitgeberverbandes wird.

[174] Anderes gilt nur, wenn und soweit man – wie vom BAG im Anschluß an die sog. Vorrangtheorie mehrfach angenommen – auch sog. teilmitbestimmte Betriebsvereinbarungen nicht § 77 Abs. 3 BetrVG, sondern allein dem Tarifvorrang des § 87 Abs. 1 Einls. BetrVG unterstellt; hierzu ausf. oben § 6 II 3 b cc.

[175] Zur Frage des Funktionsdefizits des Arbeitsvertrages auf Grund einseitiger Unterlegenheit des Arbeitnehmers oben § 4 II 1.

[176] Zu Recht geht *Säcker* (ZfA 1972 [Sonderheft], 41 [65]) davon aus, daß in Betrieben nicht tarifgebundener Arbeitgeber „der Schutz durch eine funktionsfähige Betriebsverfassung sozialpolitisch besonders dringlich ist"; anders *Kreutz* (Grenzen, S. 221 Fn. 121; auch *Schelp*, DB 1962, 1275) mit dem Argument, da § 77 Abs. 3 BetrVG nicht sämtliche Formen der Mitbestimmung ausschließe, sei der Schutzzweck der betriebli-

Überdies bedeutet der Ausschluß von zu Gunsten der Arbeitnehmer normativ wirkenden Betriebsvereinbarungen in Betrieben, deren Inhaber nicht tarifgebunden sind, letztlich einen Rückschritt von der kollektiven zu einer rein individualistischen Gestaltung der Arbeitsbedingungen. Dadurch aber wird die historische Fortentwicklung der Betriebsgemeinschaft vom *betrieblichen Herrschaftsverband* zum *freiheitlichen Betriebsverband* in – wie im folgenden zu zeigen bleibt – *verfassungswidriger* Weise mißachtet und geradezu in ihr Gegenteil verkehrt[177].

### *2. Verstoß gegen die Betriebsautonomie (Art. 9 Abs. 1, Art. 2 Abs. 1 i.V.m. Art. 12 Abs. 1 GG) und das Subsidiaritätsprinzip*

a) Die Betriebsvereinbarung ist das Regelungsinstrument, welches dem Betriebsrat als Organ der Belegschaft die Möglichkeit gibt, die Arbeitsbedingungen des Betriebsverbandes gemeinsam mit dem Arbeitgeber auf kollektiver Ebene *privatautonom* zu gestalten. Da der Betriebsautonomie somit als Ausfluß der Art. 9 Abs. 1, Art. 2 Abs. 1 i.V.m. Art. 12 Abs. 1 GG Verfassungsrang zukommt[178], muß die Konkurrenz zwischen betrieblichen und tariflichen (Art. 9 Abs. 3 GG) Normativabreden nach den verfassungsdogmatischen Prinzipien der Verhältnismäßigkeit und Herstellung praktischer Konkordanz mit dem Ziel einer möglichst optimalen Wirksamkeit der auf der jeweiligen Gestaltungsebene getroffenen Regelungen gelöst werden[179].

Nach Maßgabe des *allgemeinen Verhältnismäßigkeitsgrundsatzes* ist der durch den Tarifvorbehalt bedingte Eingriff in die Betriebsautonomie nur so lange verfassungsgemäß, wie dies zur Erreichung des von der Tarifautonomie verfolgten Zwecks, also des Schutzes der gewerkschaftsorganisierten Arbeitnehmer, geeignet, erforderlich und angemessen ist. Da Tarifverträge in Betrieben nicht tarifgebundener Arbeitgeber keine Anwendung finden können (§§ 3

---

chen Mitbestimmung nicht dadurch verfehlt, daß die Sperrwirkung des Tarifvorbehalts auch in Betrieben nicht tarifgebundener Arbeitgeber eingreife. Dem ist jedoch entgegenzuhalten, daß nur die unmittelbar und zwingend wirkende Betriebsvereinbarung den Arbeitnehmern die sichere Gewähr bietet, daß die auf kollektivem Wege gefundenen Ergebnisse nicht nachträglich mit individualvertraglichen Regelungsmitteln wieder zu deren Nachteil abgewandelt werden.

[177] Ähnl. – ohne Verfassungsbezug – bereits *Fabricius*, Anm. zu BAG, AP Nr. 28 zu § 59 BetrVG 1952: „Widerspruch zu den Grundgedanken der Mitbestimmung, insbes. zum Gedanken des Abbaus der Objektseigenschaft des einzelnen Arbeitnehmers“; *derselbe*, RdA 1973, 125 (126): Ausweitung der Allzuständigkeit des Arbeitgebers „entgegen der Tendenz der Reform“.

[178] Ausf. Begr. der verfassungsrechtlichen Verankerung der Betriebsautonomie oben in § 5 III 2.

[179] Hierzu bereits § 5 IV 1 a cc.

Abs. 1, 4 Abs. 1 TVG), fehlt es in diesen bereits an der *Geeignetheit*, zumindest aber an der *Erforderlichkeit* eines Vorrangs tariflicher oder tarifüblicher Regelungen vor gleichartige Gegenstände betreffenden Betriebsvereinbarungen.

Das Verständnis des § 77 Abs. 3 BetrVG als von der Tarifbindung des Arbeitgebers unabhängige Normsetzungsprärogative zu Gunsten der Tarifpartner führt vielmehr dazu, daß das Verfassungsgut betrieblicher Mitbestimmung in Betrieben nicht tarifgebundener Arbeitgeber zu einem *nudum ius* degeneriert. Denn jenen bleibt unter einer solchen Prämisse keinerlei Möglichkeit, der Sperrwirkung des Tarifvorbehalts zu entkommen, da dessen Grenze durch die Festlegung der tarifvertraglichen Geltungsbereiche letztlich allein von Seiten der Koalitionen bestimmt wird[180]. Weil es aber stets das Ziel einfachgesetzlicher Normen sein muß, jedem Grundrecht ein Optimum an Bedeutung für das soziale Leben zu ermöglichen[181], wird dem Verfassungsrang der Betriebsautonomie ausschließlich eine Auslegung des § 77 Abs. 3 BetrVG gerecht, die im Ergebnis wie folgt differenziert: Die Tarifautonomie genießt nur in Betrieben *tarifgebundener Arbeitgeber* und in diesen zudem lediglich insoweit Vorrang vor der Betriebsautonomie, als betriebliche Regelungen nicht *zu Gunsten* der einzelnen Arbeitnehmer von Tarifverträgen abweichen (Günstigkeitsprinzip als Verfassungsprinzip zur Herstellung praktischer Konkordanz)[182]. In Betrieben *nicht verbandsangehöriger Unternehmer* muß die Betriebsautonomie uneingeschränkt – d. h. ohne die Grenzen des Günstigkeitsprinzips – zur Geltung gelangen.

b) Bestätigt wird dieses verfassungsdogmatische Abwägungsergebnis durch den *Grundsatz der Subsidiarität*, der als eine *dem Grundgesetz immanente Auslegungsmaxime* auch im Verhältnis zwischen Tarifautonomie (Art. 9 Abs. 3) und Betriebsverfassung (Art. 9 Abs. 1, Art. 2 Abs. 1 i.V.m. Art. 12 Abs. 1 GG) Berücksichtigung finden muß[183]. Mit der durch das Subsidiaritätsprinzip geforderten Priorität der Regelungen kleinerer vor denen größerer menschlicher Einheiten ist es ohne Zweifel unvereinbar, der tariflichen Gestaltungsebene sogar in Betrieben einen Kompetenzvorrang zuzuerkennen, in welchen die Tarifpartner ihrer Hilfestellung („subsidium afferre") mangels Tarifbindung des Arbeitgebers denknotwendig nicht nachzukommen vermögen. Ein dahingehendes Verständnis des § 77 Abs. 3 BetrVG führt durch eine funktionsvergessene Kompetenzübertragung auf übergeordnete Instanzen statt zu einem grundsätzlichen

---

[180] Zum Scheitern eines möglichen Versuchs der Flucht aus dem tariflichen Geltungsbereich oben § 6 III 3 a bb u. b bb.

[181] *Häberle*, Wesensgehaltsgarantie, S. 45 ff. (insbes. S. 50).

[182] Ausf. bereits § 5 IV 1 b.

[183] Zu Inhalt und Rechtsnatur des Subsidiaritätsprinzips siehe § 5 IV 2 b.

Vorrang im Ergebnis sogar zur völligen Entrechtung der Entscheidungsträger des kleineren Betriebsverbandes[184].

Ein Vorrang tariflicher vor betrieblichen Regelungen kann nur dann in Betracht kommen, wenn die Tarifvertragsparteien ausdrücklich ermächtigt sind, von ihrer subsidiären Hilfestellung zu Gunsten der Organe des kleineren Betriebsverbandes Gebrauch zu machen. Dies geschieht durch den Eintritt des Unternehmers in einen tarifschließenden Arbeitgeberverband, da er durch diesen Schritt zu verstehen gibt, sich weder allein noch gemeinsam mit seinem Betriebsrat in der Lage zu sehen, die Mühen einer betrieblichen Gestaltung der Arbeitsbedingungen auf sich zu nehmen[185]. Eine Ausnahme von der im Verbandsbeitritt manifestierten Zuständigkeitsaktualisierung zu Gunsten der Tarifpartner ist freilich insoweit zu machen, als auf betrieblicher Ebene Regelungen getroffen werden, die *zu Gunsten* der einzelnen Arbeitnehmer von tarifvertraglichen Abmachungen abweichen[186]. Denn durch den Abschluß günstigerer Individualabreden, aber auch günstigerer Betriebsvereinbarungen, zeigen die Entscheidungsträger des kleineren Betriebsverbandes unmißverständlich, daß sie die Gestaltung der Arbeitsverhältnisse im Einzelfall selbst in die Hand nehmen wollen und insbesondere auch die hierbei gestellte Aufgabe möglichst *effektiven Arbeitnehmerschutzes* wirkungsvoll erfüllen können.

c) Folglich kann festgehalten werden, daß nur durch die Geltung des *Günstigkeitsprinzips* zwischen Tarifvertrag und Betriebsvereinbarung sowie die Beschränkung der Sperrwirkung des § 77 Abs. 3 BetrVG auf Betriebe *tarifgebundener* Arbeitgeber dem Verfassungsrang der Betriebsautonomie (Art. 9 Abs. 1, Art. 2 Abs. 1 i.V.m. Art. 12 Abs. 1 GG) und den Vorgaben des Subsidiaritätsprinzips hinreichend entsprochen wird.

---

[184] Vgl. zum hierin liegenden Verstoß gegen das Subsidiaritätsprinzip allg. *Süsterhenn*, FS für Nawiasky, S. 141 (147).

[185] Damit wird konkret für das Verhältnis von Tarif- und Betriebsautonomie in vorzüglicher Weise der allg. Forderung des Subsidiaritätsprinzips entsprochen, daß im optimalen Falle die nähere Gemeinschaft selbst entscheiden können müsse, ob die Voraussetzungen für ein Eingreifen der weiteren Gemeinschaft gegeben sein sollen; dazu *Kalkbrenner*, FS für Küchenhoff, S. 515 (530 ff.).

[186] Zum Zshg. zwischen Subsidiaritätsprinzip und Günstigkeitsprinzip bereits *Ehmann/Lambrich*, NZA 1996, 346 (354); *Ehmann/Schmidt*, NZA 1995, 193 (195, 197); *Th. Schmidt*, Günstigkeitsprinzip, S. 74; auch *Küchenhoff*, RdA 1959, 201 (203); *derselbe*, DB 1963, 765 (766); *Hablitzel*, DB 1971, 2158 (2159); *Bender*, BB 1987, 1117 (1119); weitergehend, da bereits de lege lata für einen grunds. Vorrang betrieblicher vor tariflichen Abreden ohne die Schranke der Günstigkeit nun *Ehmann*, ZRP 1996, 314 (318).

### *3. Verstoß gegen die negative Koalitionsfreiheit (Art. 9 Abs. 3 GG)*

Selbst wenn man entgegen der hier vertretenen Ansicht nicht davon ausgeht, daß die Betriebsautonomie eine verfassungsrechtliche Gewährleistung erfährt, ändert dies nichts daran, daß die Auslegung des § 77 Abs. 3 BetrVG als vom Erfordernis der Tarifbindung des Arbeitgebers unabhängige Normsetzungsprärogative im Ergebnis verfassungswidrig ist. Denn die aus einem solchen Verständnis resultierende Konsequenz, daß in Betrieben nicht tarifgebundener Arbeitgeber eine Gestaltung der Arbeitsbedingungen durch normativ wirkende Kollektivvereinbarungen gänzlich ausscheidet, ist nicht nur mit dem Arbeitnehmerschutzgedanken und dem Verfassungsrang der Betriebsautonomie unvereinbar, sondern verstößt überdies gegen die negative Koalitionsfreiheit (Art. 9 Abs. 3 GG) des nicht verbandsangehörigen oder aus seinem Arbeitgeberverband ausgetretenen Unternehmers[187].

a) Wie bereits näher dargelegt[188] haben die Rahmenbedingungen moderner Produktion dazu geführt, daß die große Mehrzahl der Arbeitsbedingungen einschließlich der Lohnhöhe und Arbeitszeitdauer in der Praxis nur noch auf kollektivem Wege vereinbart werden kann. Die in Art. 9 Abs. 3 GG als Kehrseite der Koalitionsbildungsfreiheit verbriefte negative Koalitionsfreiheit gewährt den Unternehmern das Recht, nicht gegen ihren Willen von der Normsetzungsbefugnis der Tarifvertragsparteien erfaßt zu werden, sondern sich zwischen den kollektiven Regelungsinstrumenten des Tarifvertrages oder der Betriebsvereinbarung frei entscheiden zu können[189]. Diese Wahlfreiheit wird durch eine Erstreckung der Sperrwirkung des Tarifvorbehalts auf Betriebe nicht tarifgebundener Arbeitgeber verletzt. Denn ist es nicht organisierten Unternehmern ge-

---

[187] So i. Erg., jedoch ohne ausf. verfassungsrechtliche Begr. jetzt auch *Richardi*, BetrVG, 7. Aufl., § 77 Rdnr. 244; *derselbe*, FS für Schaub, S. 639 (646); entsprech. *Ehmann*, ZRP 1996, 314 (317); *Ehmann/Lambrich*, NZA 1996, 346 (356); *Bauer*, FS für Schaub, S. 19 (26); *derselbe*, NZA 1997, 233 (235 f.); *Bauer/Diller*, DB 1993, 1085 (1088).

Diff. *Dahlbender* (Austritt, S. 122 ff.), der zwar grunds. unter Verweis auf die Möglichkeit zum Abschluß eines Firmentarifvertrages oder individualvertraglicher Gleichstellungsabreden einen Verstoß gegen Art. 9 Abs. 3 GG verneint, wegen der „Besonderheiten im Fall ehemaliger Verbandsmitglieder" § 77 Abs. 3 BetrVG jedoch unter Hinweis auf die negative Koalitionsfreiheit dahingehend korrigiert, daß nach Verbandsaustritt eine Umgestaltung der Arbeitsbedingungen durch Betriebsvereinbarungen möglich sein müsse. Diese Unterscheidung zwischen Nichtverbandsangehörigen allg. und aus ihrem Verband ausgetretenen Unternehmern im speziellen erscheint jedoch wenig einsichtig. Denn die Entscheidung, erst gar nicht einer Koalition beizutreten, dürfte ebenso bewußt getroffen sein, ist genauso Ausdruck der negativen Koalitionsfreiheit (Art. 9 Abs. 3 GG) und muß daher letztlich die gleichen Rechtsfolgen nach sich ziehen wie der Entschluß, den Verband zu verlassen.

[188] Siehe oben § 4 II 2.

[189] Zur Reichweite des Schutzbereichs der negativen Koalitionsfreiheit § 5 II 3 a bb.

setzlich verboten, Betriebsvereinbarungen zu schließen, bleibt ihnen, wollen sie den betriebssoziologischen und ökonomischen Notwendigkeiten zur kollektiven Gestaltung der Arbeitsbedingungen Rechnung tragen, nur der Abschluß eines Firmentarifvertrages oder die Legitimierung des Flächentarifvertrages durch Verbandsmitgliedschaft. Darin liegt ein zumindest *mittelbarer*, letztlich *rechtlich* bedingter *Zwang zur Tarifautonomie*, vor dem die negative Koalitionsfreiheit umfassend schützt.

b) Gegen die Annahme, daß die beschriebene Zwangslage einenVerstoß gegen die negative Koalitionsfreiheit begründet, wird unterdessen eingewandt, Inhalt dieses Grundrechts sei allein das Verbot der Zwangssolidarisierung der Außenseiter. Nicht aber statuiere Art. 9 Abs. 3 GG positiv das Gebot, Nichtorganisierten mit der Betriebsvereinbarung ein alternatives Gestaltungsmittel zur Verfügung zu stellen. Erst recht könne es nicht Aufgabe des Gesetzgebers sein, ein betriebliches Ersatzinstrument zum Tarifvertrag bereitzuhalten, wenn dadurch die Gefahr bestünde, die Grundlagen und die Funktionsfähigkeit der Tarifautonomie zu zerstören[190].

Kein geringerer als *Otto Kahn-Freund*, der sicher als einer der maßgeblichen Apologeten der Tarifautonomie gelten kann, sah dies indessen anders. Er ging gar so weit, die Sperrwirkung des seinerzeit in § 78 Ziff. 2 BRG 1920 angeordneten Tarifvorbehalts ausdrücklich als einen *Sonderfall der normativen Wirkung* tariflicher Vereinbarungen zu erachten[191]. Unter dieser Prämisse wären nicht organisierte Arbeitgeber bei auf sie erstreckter Geltung des Tarifvorbehalts als *unmittelbar* von der Rechtsetzungsmacht der Koalitionen umfaßt anzusehen, ein Verstoß gegen Art. 9 Abs. 3 GG könnte folglich nicht geleugnet werden.

Doch auch sofern man die Tarifschranke des § 77 Abs. 3 BetrVG nicht als unmittelbaren Ausfluß der Normwirkung des Tarifvertrages versteht, gilt es zu erkennen, daß Art. 9 Abs. 3 GG das Grundrecht der Koalitionsfreiheit sowohl in seiner positiven als auch in seiner negativen Dimension nur dann umfassend gewährleistet, wenn Tarifaußenseitern jenseits der Tarifautonomie ein tatsächlich gangbarer Weg zu einer kollektiven Gestaltung der Arbeitsbedingungen offensteht. Nach der altehrwürdigen Definition *Kants*[192] bedeutet Freiheit ganz allgemein das „Vermögen nach Belieben zu thun oder zu lassen“. Zwingende Vorbedingung hierfür aber ist stets das reelle Vorhandensein mindestens zweier

---

[190] Vgl. insges. *Richardi*, Kollektivgewalt, S. 268 u. 325; *Dietz/Richardi*, BetrVG, § 77 Rdnr. 222; *Kreutz*, in: GK-BetrVG, § 77 Rdnr. 110; *Buchner*, RdA 1990, 1 (4); *Reuter*, Referat, in: Verhandlungen des 61. DJT, Bd. II/1, K 35 (K 55); *derselbe*, ZfA 1995, 1 (61, aber auch 65).

[191] *Kahn-Freund*, Umfang der normativen Wirkung, S. 9.

[192] Die Metaphysik der Sitten. Erläuternde Anmerkungen zu den metaphysischen Anfangsgründen der Rechtslehre, Theil 1, Einleitung, S. IV f.

Möglichkeiten der Entscheidung. Mit den Worten des Philosophen *Nicolai Hartmann*[193]:

> „Ja, wenn man sich in diese Sachlage genauer hineinsieht, so findet man, daß der Wille notwendig immer, wo und wie immer er sich zu etwas selbst determiniert – und zwar gerade sofern er es tut -, zum mindesten eine offene Alternative vor sich haben muß. Fehlt diese ganz, so kommt seine Entscheidung gar nicht in Betracht."

Auf das Koalitionsgrundrecht übertragen bedeutet dies, daß die *Freiheit*, sich durch Verbandsmitgliedschaft der Normsetzungsmacht der Tarifpartner zu unterstellen, letztlich notwendig zum *Zwang* wird, sofern anhand der Auslegung des § 77 Abs. 3 BetrVG Betriebsvereinbarungen und damit die einzige Alternative einer Gestaltung der Arbeitsverhältnisse mittels normativ wirkender Kollektivabreden bewußt verschlossen bleibt. Zu einem wirklichen Freiheitsrecht wird Art. 9 Abs. 3 GG vielmehr nur dann, wenn eine *echte Wahlmöglichkeit* besteht zwischen der Festlegung der Arbeitsbedingungen auf tariflicher (*positive* Koalitionsfreiheit) oder auf betrieblicher Ebene (*negative* Koalitionsfreiheit)[194]. Versagt man diese Entscheidung durch die Ausdehnung des Tarifvorbehalts auf Betriebe nicht tarifgebundener Arbeitgeber, bedeutet dies zwangsläufig einen Verstoß gegen Art. 9 Abs. 3 GG in seiner negativen Lesart.

Dies wird durch das folgende Gedankenexperiment nachhaltig belegt: Nimmt man hypothetisch an, § 77 Abs. 3 BetrVG verböte nicht den Abschluß von Betriebsvereinbarungen, sondern – in Fällen nicht notwendig auf kollektivem Wege zu gestaltender Angelegenheiten – individualvertragliche Abmachungen, würde wohl niemand ernsthaft in Zweifel ziehen, daß die Vorschrift neben der Privatautonomie (Art. 2 Abs. 1, Art. 12 Abs. 1 GG) ebenso gegen die negative Koalitionsfreiheit verstieße[195]. Warum aber soll im Ergebnis anderes gelten, wenn der Tarifvorbehalt im Hinblick auf Arbeitsbedingungen, die aus praktischen Erwägungen allein kollektiv geregelt werden können, den Betriebspartnern den Abschluß normativ wirkender Vereinbarungen untersagt. Diese Differenzierung ist erneut Ausdruck einer ungerechtfertigten Geringschätzung der Betriebsautonomie, für die – wie im zweiten Teil der Arbeit umfassend dargelegt – weder in *historischer*, *funktioneller* noch *verfassungsrechtlicher* Hinsicht ein Grund besteht.

### *4. Zusammenfassung*

Die in Rechtsprechung und überwiegender Literatur angenommene Erstreckung der Sperrwirkung des § 77 Abs. 3 BetrVG auf Betriebe nicht tarifgebun-

---

[193] Ethik, S. 783 f.

[194] *Däubler* (Grundrecht auf Mitbestimmung, S. 163 Fn. 190) begründet die Betriebsverfassung ausdrückl. mit einer „weit interpretierten negativen Koalitionsfreiheit".

[195] Siehe nur *Reuter*, ZfA 1995, 1 (65); *Schüren*, RdA 1988, 138 (142).

dener Arbeitgeber führt dazu, daß die Betriebsvereinbarung im Ergebnis als alternatives Regelungsinstrument zum Tarifvertrag ausscheidet. Diese Konsequenz ist mit dem Arbeitnehmerschutzgedanken unvereinbar und überdies wegen Verstoßes gegen die Betriebsautonomie (Art. 9 Abs. 1, Art. 2 Abs. 1 i.V.m. Art. 12 Abs. 1 GG) und das Subsidiaritätsprinzip sowie gegen die negative Koalitionsfreiheit (Art. 9 Abs. 3 GG) verfassungswidrig.

Verfassungskonform ist allein das Verständnis des Tarifvorbehalts als *Kollisionsregel zwischen Tarifvertrag und Betriebsvereinbarung*, die nur dann eingreift, wenn der Arbeitgeber des betreffenden Betriebes entweder als *Partei eines Firmentarifvertrages* oder als *Mitglied eines tarifschließenden Arbeitgeberverbandes* tarifgebunden ist bzw. im Falle der Tarifüblichkeit (§ 77 Abs. 3 Satz 1, 2. Alt. BetrVG) nach Abschluß des zukünftig zu erwartenden Tarifvertrages wieder an diesen gebunden sein wird.

## IV. Tarifvorbehalt bei Allgemeinverbindlichkeit?

Eine gesonderte Beurteilung verdient die Frage, ob die Sperrwirkung nach § 77 Abs. 3 BetrVG über die soeben genannten Fälle (Firmentarifvertrag, Verbandsmitgliedschaft) hinaus auch bei Allgemeinverbindlichkeit eines Tarifvertrages im Sinne des § 5 TVG eingreift. Bei streng formal-juristischer Sichtweise besteht zunächst kein Grund, allgemeinverbindlichen Tarifregelungen, denen in der Praxis im übrigen nur eine geringe Bedeutung zukommt[196], die Fähigkeit abzusprechen, den Tarifvorbehalt auszulösen. Eine wertende Betrachtung führt indessen zu einem anderen Ergebnis.

Die Allgemeinverbindlichkeitserklärung, der das BVerfG nur wegen ihrer strengen gesetzlichen Voraussetzungen letztlich Verfassungskonformität attestiert hat[197], ist ungeachtet ihrer verfassungsrechtlichen Zulässigkeit unbezweifelbar ein „der Freiheit des Tarifvertragssystems hohnsprechendes“ Institut[198].

[196] Während unter der Geltung der Tarifvertragsverordnung aus dem Jahre 1918 noch durchschnittlich 20,5% aller Tarifverträge für allgemeinverbindlich erklärt wurden und somit etwa die Hälfte aller Arbeitnehmer unter entsprech. Anordnungen fielen (vgl. *Wiedemann/Stumpf*, TVG, § 5 Rdnr. 5), waren im Jahre 1992 von 32.000 im Tarifregister verzeichneten Tarifverträgen nur 507 für allgemeinverbindlich erklärt. Dabei handelte es sich lediglich bei 296 um originäre Tarifverträge, bei allen anderen um Änderungs-, Ergänzungs- oder Lohnausgleichstarifverträge; *Löwisch/Rieble*, TVG, § 5 Rdnr. 12.

[197] BVerfGE 44, 322 (348); i. Erg. krit. *Seiter*, AöR 1984, 88 (122 ff., insbes. 123); vgl. auch *Reuter*, FS für Schaub, S. 605 (613).

[198] *Ehmann*, Diskussionsbeitrag, in: Verhandlungen des 61. DJT, Bd. II/2, K 105 (K 106). Bezeichnenderweise ist die Vorschrift des § 5 TVG bei den Alliierten zunächst auf heftigen Widerstand gestoßen, weil diese in der Allgemeinverbindlichkeitserklärung das Fortwirken einer „freiheitsfeindlichen und undemokratischen Gesinnung in Deutschland“ sahen; hierzu *Herschel*, ZfA 1973, 183 (195).

Durch sie wird die Kartellwirkung des Tarifvertrages, die nach zutreffender Ansicht bloße Folge, nicht aber eigenständige Funktion tariflicher Normsetzung ist[199], ordnungspolitisch zu einem staatlichen „Kartellzwang" instrumentalisiert[200]. Zu Recht hat daher das BAG[201] angenommen, daß die Allgemeinverbindlichkeit im Ergebnis allein auf Grund ihrer sozialen Funktion legitimiert werden kann, die nichtorganisierten Arbeitnehmer vor unzureichenden Arbeitsbedingungen zu schützen[202].

Daraus folgt, daß es – sobald ein dem *Paradigma der Privatautonomie* entsprechendes Gestaltungsmittel zur Verfügung steht, welches die Aufgabe individuellen Arbeitnehmerschutzes zu übernehmen in der Lage ist – nicht notwendig erscheint, zu diesem Zweck auf ein durch *Zwang* und *staatliche Intervention* gekennzeichnetes Regelungsinstrument zurückzugreifen. Letzteres widerspräche unweigerlich dem verfassungsrechtlichen Primat der Selbstbestimmung (Art. 2 Abs. 1 i.V.m. Art. 12 Abs. 1 GG) sowie der Vertragsfreiheit als deren maßgeblichen Ausdrucksform[203]. Da die Betriebsvereinbarung ein seitens der einzelnen Arbeitnehmer privatautonom legitimiertes Gestaltungsmittel darstellt[204], darf diese folglich nicht unter Berufung auf § 77 Abs. 3 BetrVG als im Verhältnis zu einem für allgemeinverbindlich erklärten (Zwangs-)Tarif nachrangig angesehen werden. Bei Tarifbindung auf Grund Allgemeinverbindlichkeitserklärung ist daher von der in Betrieben tarifgebundener Arbeitgeber eingreifenden Sperrwirkung des Tarifvorbehalts notwendig eine Ausnahme zu machen.

---

[199] Siehe ausf. bereits § 4 I 2 b.

[200] *Reuter* (ZfA 1995, 1 [43]), der darauf hinweist, daß die Allgemeinverbindlichkeitserklärung auf die Tarifvertragsverordnung aus dem Jahre 1918 zurückgeht und dort als Ersatz für die aus praktischen Gründen verworfene Ausgestaltung der Gewerkschaften als öffentlich-rechtliche Zwangsverbände (*Brentano*) diente; dazu auch oben § 3 III 2 a cc (1).

[201] AP Nr. 16 zu § 5 TVG m. Anm. *Wiedemann*; entsprech. bereits *Biedenkopf*, Grenzen, S. 91 f.; zustimm. auch *Junker*, ZfA 1996, 383 (402); i. Erg. krit. *Reuter* (ZfA 1995, 1 [44 f.]) m. der – wie sogleich zu zeigen sein wird – zutreff. Begr., ein solcher Schutz unorganisierter Arbeitnehmer sei „offenbar entbehrlich".

[202] Anders *Wiedemann/Stumpf* (TVG, § 5 Rdnrn. 2 ff.) sowie *Löwisch/Rieble* (TVG, § 5 Rdnrn. 1 ff.), die sowohl die zwangsweise Durchsetzung der tariflichen Kartellwirkung als auch eine auf dem Wege der Allgemeinverbindlichkeitserklärung zu erreichende Teilkodifizierung des Individualarbeitsrechts („Ersatz für ein bislang fehlendes allgemeines Arbeitsgesetzbuch") als eigenständige Zwecke des § 5 TVG erachten. Zu Recht hat demgegenüber *Reuter* (ZfA 1995, 1 [45]) darauf hingewiesen, daß der Allgemeinverbindlichkeitserklärung dahingehende Ordnungsaufgaben allenfalls in Fällen gesetzesvertretender Tarifnormen zukommen können, also dann, wenn die Tarifvertragsparteien über ihre verfassungsrechtliche Schutzfunktion hinaus zur Ergänzung oder Modifikation tarifdispositiven Gesetzesrechts berufen sind.

[203] Hierzu oben § 5 I.

[204] Zur Begr. § 5 III 2 bb.

## V. Tarifbindung auf Arbeitnehmerseite kumulative Voraussetzung?

Will man § 77 Abs. 3 BetrVG mit der hier vertretenen Ansicht als Kollisionsregel zwischen Tarifvertrag und Betriebsvereinbarung verstehen, gilt es abschließend zu klären, ob und inwieweit auf Grund einer solchen Charakterisierung neben der Tarifgebundenheit des Arbeitgebers auch auf Arbeitnehmerseite Tarifbindung vorausgesetzt ist. Nach tarifvertragsrechtlichen Grundsätzen genügt allein die Tarifgebundenheit des Arbeitgebers für die Geltung einer tariflichen Regelung in einem bestimmten Betrieb nur dann, wenn diese Betriebsnormen oder betriebsverfassungsrechtliche Normen zum Gegenstand hat (§§ 1 Abs. 1, 3 Abs. 2 TVG)[205]. In den praktisch wichtigeren Fällen der Inhalts-, Abschluß- und Beendigungsnormen ist hingegen gem. §§ 4 Abs. 1, 3 Abs. 1 TVG stets *beiderseitige Tarifgebundenheit* erforderlich. Dies legt es zunächst nahe, Arbeitsentgelte und sonstige Arbeitsbedingungen nur insoweit als im Sinne des § 77 Abs. 3 BetrVG tariflich geregelt oder üblicherweise tariflich geregelt anzusehen, als die Arbeitnehmer des Betriebes tarifgebunden sind. Die Vorschrift wäre also mit anderen Worten als eine auf die Arbeitsverhältnisse gewerkschaftsangehöriger Arbeitnehmer beschränkte *Rechtsanwendungsregel zwischen tariflicher und betrieblicher Normsetzung* zu begreifen.

### *1. Abweichung im Gesetzeswortlaut von § 4 Abs. 1 TVG und § 77 Abs. 3 BetrVG*

Gegen ein Verständnis als individualvertragsbezogene Rechtsanwendungsregel wird teilweise der abweichende Gesetzeswortlaut der §§ 4 Abs. 1 TVG und 77 Abs. 3 BetrVG ins Feld geführt. Während die tarifvertragsrechtliche Unabdingbarkeitsanordnung als Rechtsfolge von der *Geltung* des Tarifvertrages im Hinblick auf tarifunterworfene Arbeitsverhältnisse spricht, setzt der Tarifvorbehalt für den in ihm statuierten Vorrang gegenüber betrieblichen Vereinbarungen lediglich voraus, daß der betreffende Sachgegenstand *tariflich geregelt* ist oder *üblicherweise tariflich geregelt* wird. Der terminologische Unterschied zwischen Geltung und tariflicher bzw. tarifüblicher Regelung bedinge, daß es ausweislich seiner Fassung für das Eingreifen des § 77 Abs. 3 BetrVG nicht auf die Anwendbarkeit der Tarifnormen auf die einzelnen Arbeitsverträge der im Betrieb Beschäftigten ankommen könne. Vielmehr sei von einer tariflichen oder tarifüblichen Regelung – unabhängig von ihrer Geltung für jene – bereits zu

---

[205] I. Erg. anders *Löwisch/Rieble* (TVG, § 3 Rdnrn. 60 ff.), die – gegen den Wortlaut des § 3 Abs. 2 TVG – annehmen, neben die Tarifbindung des Arbeitgebers müsse auch die Tarifbindung mindestens eines Arbeitnehmers treten, da es ansonsten an einer ausreichenden Legitimation für die Geltung der Betriebsnormen fehle.

sprechen, sofern nur die Sozialpartner eine bestimmte Angelegenheit durch Tarifvertrag niedergelegt hätten[206].

Ob der Gesetzgeber durch seine differenzierende Formulierung in der Tat zu einer solch scharfsinnigen, nahezu rabulistischen Schlußfolgerung Anlaß geben wollte, scheint indessen – bedenkt man insbesondere die sprachliche Unachtsamkeit, welche das Betriebsverfassungsgesetz an vielen Stellen durchzieht – eher fragwürdig. Hinzu kommt, daß zumindest aus der Sicht einzelner Arbeitgeber und Arbeitnehmer der Lohn und sonstige Arbeitsbedingungen nur dann tariflich geregelt sind oder üblicherweise tariflich geregelt werden, wenn die Tarifnormen auch für diese *gelten* bzw. im Falle der Tarifüblichkeit bei Inkrafttreten eines neuen Tarifvertrages wieder *Geltung erlangen werden*[207]. Daß die Vorschrift des § 77 Abs. 3 BetrVG im Ergebnis dennoch nicht als eine reine Rechtsanwendungsregel zwischen tariflicher und betrieblicher Normsetzung interpretiert werden kann, ergibt sich indessen zwingend aus der Formulierung ihrer Rechtsfolgenseite und der mit dieser verfolgten gesetzgeberischen Intention.

### *2. Zuständigkeitsausschließende Funktion des § 77 Abs. 3 BetrVG*

Im Gegensatz zu § 59 BetrVG 1952, der Betriebsvereinbarungen, soweit Arbeitsentgelte oder sonstige Arbeitsbedingungen üblicherweise tariflich geregelt waren, für *nicht zulässig* erklärte, bestimmt § 77 Abs. 3 BetrVG nunmehr, daß tariflich oder üblicherweise tariflich geregelte Angelegenheiten *nicht Gegenstand* einer Betriebsvereinbarung sein können. Ausweislich der Gesetzesmaterialien[208] war es erklärtes Ziel dieser Neufassung des Tarifvorbehalts, insbesondere solchen betrieblichen Vereinbarungen die Wirksamkeit abzusprechen, deren Absicht es ist, zwecks Vereinheitlichung der betrieblichen Arbeitsbedingungen den Inhalt tariflicher Bestimmungen gleichfalls auf *nicht gewerkschaftsangehörige Arbeitnehmer* zu erstrecken (sog. *tarifübernehmende Betriebsvereinbarungen*).

Sollte aber nach dem ausdrücklichen Willen des Gesetzgebers der Tarifvorbehalt auch und gerade im Hinblick auf Arbeitsverhältnisse nicht tarifgebundener Beschäftigter Geltung erlangen, scheidet es zwingend aus, diesen als eine individualvertragsbezogene Rechtsanwendungsregel zu interpretieren, deren Eingreifen – soweit tarifliche Inhaltsnormen (§§ 1 Abs. 1, 3 Abs. 1, 4 Abs. 1 TVG) in Frage stehen – neben der Tarifbindung des Arbeitgebers auch auf Ar-

---

[206] *Kreutz*, in: GK-BetrVG, § 77 Rdnr. 80; entsprech. hinsichtl. § 87 Abs. 1 Einls. BetrVG *von Hoyningen-Huene/Meier-Krenz*, NZA 1987, 793 (796).

[207] Zutreff. *Dietz/Richardi*, BetrVG, § 77 Rdnr. 199.

[208] Siehe BT-Drucks. VI/1786, S. 47.

beitnehmerseite Tarifgebundenheit voraussetzt. Denn lediglich auf Nichtorganisierte beschränkte Betriebsvereinbarungen wären unter dieser Prämisse für zulässig zu erachten[209].

Gerade um dies zu verhindern, hat der Gesetzgeber durch die Formulierung, daß tariflich oder üblicherweise tariflich geregelte Arbeitsbedingungen nicht Gegenstand einer Betriebsvereinbarung sein können, den Betriebspartnern für den Fall der sachlichen Überschneidung mit einem Tarifvertrag bereits die Regelungszuständigkeit zum Abschluß betrieblicher Absprachen entzogen. Zu Recht wird § 77 Abs. 3 BetrVG daher nach allgemeiner Ansicht als eine *zuständigkeitsausschließende Vorschrift* bezeichnet[210]. Durch sie wird folglich nicht im Hinblick auf tarifunterworfene Arbeitsverhältnisse die Kollision zwischen tariflichen und betrieblichen Normen in Gestalt einer Rechtsanwendungsregel zu Gunsten der Tarifautonomie entschieden, sondern die Vorschrift beugt vielmehr einer Kollisionslage zwischen Tarifvertrag und Betriebsvereinbarung bereits durch Kompetenzentzug seitens der Betriebspartner vor[211].

Ausdrücklich hervorgehoben sei, daß die zuständigkeitsausschließende Funktion des Tarifvorbehalts indessen nicht hindert, diesen als eine von der Tarifbindung des Arbeitgebers abhängige Kollsionsregel zwischen Tarifvertrag und Betriebsvereinbarung aufzufassen. Denn dem Gesetzgeber steht es – wie z. B. die Verfassungsvorschrift des Art. 71 GG belegt – frei, die Konkurrenz zwischen Normen verschiedenen Ranges auch durch eine Synthese aus Kollisionsregel und Kompetenznorm zu reglementieren. Dies ist in § 77 Abs. 3

---

[209] So in bezug auf § 59 BetrVG 1952 noch *Nikisch*, Arbeitsrecht, Bd. 3, S. 295 f. m. w. Nachw.; *G. Hueck*, FS für Molitor, S. 203 (219 f.); ausf. zum Streitstand *Wlotzke*, Günstigkeitsprinzip, S. 140 ff.; § 78 Ziff. 2 BRG 1920 betreffend in einem solchen Sinne bereits *A. Hueck*, NZfA 1923, Sp. 87; *Jacobi*, Grundlehren, S. 358; *Schuldt*, Betriebsvereinbarung, S. 80.

[210] *Dietz/Richardi*, BetrVG, § 77 Rdnr. 176; *Kreutz*, in: GK-BetrVG, § 77 Rdnr. 70: „negative Abgrenzung des Regelungsbereichs der Betriebsvereinbarung"; *Wlotzke*, BetrVG, § 77 Anm. III.1; *Brune*, ARBl. Betriebsvereinbarung 520, Rdnr. 179; *Birk*, ZfA 1986, 73 (102); *Löwisch*, AuR 1978, 97 (106); *von Hoyningen-Huene/Meier-Krenz*, ZfA 1988, 293 (301); *dieselben*, NZA 1987, 793 (794); *Th. Schmidt*, Günstigkeitsprinzip, S. 99; *Eickelberg*, Betriebsvereinbarung, S. 144; *Gast* (Tarifautonomie, S. 18) bezeichnet diese Feststellung als das „Gewisseste am Text des § 77 Abs. 3 BetrVG"; hinsichtl. § 59 BetrVG 1952 entsprech. bereits *Wlotzke*, Günstigkeitsprinzip, S. 128; *Schelp*, DB 1962, 1242 (1243).

Auch terminologisch wird die gegenstandsabgrenzende Funktion des § 77 Abs. 3 BetrVG dadurch zum Ausdruck gebracht, daß dieser – im Gegensatz zum bloßen Tarif*vorrang* des § 87 Abs. 1 Einls. BetrVG – als Tarif*vorbehalt* gekennzeichnet wird; zur Begrifflichkeit *Dietz/Richardi*, BetrVG, § 77 Rdnrn. 199 f.; *von Hoyningen-Huene/Meier-Krenz*, NZA 1987, 793 (795); *Hromadka*, DB 1987, 1991 (1993).

[211] *Hromadka/Maschmann/Wallner*, Tarifwechsel, Rdnr. 274; zu Recht hat daher *Kreutz* (Grenzen, S. 212) hervorgehoben, daß der Gesetzgeber durch die Umformulierung des § 77 Abs. 3 BetrVG im Vergleich zu § 59 BetrVG 1952 dessen „gegenstandsabgrenzende Funktion" noch deutlicher herausstellen wollte.

BetrVG geschehen, der somit treffend als eine *in eine negative Kompetenzvorschrift transformierte Kollisionsregel zwischen Tarifvertrag und Betriebsvereinbarung* gekennzeichnet werden sollte[212].

### 3. *Tarifbindung eines oder mehrerer Arbeitnehmer nicht erforderlich*

a) Mit der getroffenen Feststellung, daß § 77 Abs. 3 BetrVG nicht als individualvertragsbezogene Rechtsanwendungsregel konzipiert ist, reduziert sich die Problematik der auf Arbeitnehmerseite erforderlichen Tarifbindung letztlich auf das „Minimalproblem"[213], ob neben dem Arbeitgeber zusätzlich *eine Gruppe* von Arbeitnehmern oder wenigstens *ein Beschäftigter* Verbandsmitglied sein

---

[212] Entsprech. bereits *Gast*, Tarifautonomie, S. 18 f.; vgl. auch *Eickelberg*, Betriebsvereinbarung, S. 124: „Konfliktsnorm rivalisierender Zuständigkeiten".

Hinzuweisen bleibt ebenso darauf, daß die zuständigkeitsausschließende Wirkung des Tarifvorbehalts nicht entgegensteht, dem Günstigkeitsprinzip auch im Verhältnis zwischen Tarifvertrag und Betriebsvereinbarung Bedeutung zuzuerkennen (so aber *Walker*, ZfA 1996, 353 [373]; vgl. auch *Fischer*, Betriebsvereinbarungen, S. 214; *Waltermann*, RdA 1996, 129 [131]; allg. *derselbe*, Rechtsetzung, S. 236).

Zwar ist es zutreffend, daß dem Günstigkeitsprinzip durch § 4 Abs. 3 BetrVG die Gestalt einer auf den Einzelvertrag bezogenen Kollisionsregel beigelegt worden ist, weshalb zunächst durchaus die Annahme naheliegen könnte, als eine solche könne es keine Anwendung mehr erlangen, wenn durch den Tarifvorbehalt den Betriebspartnern bereits die funktionelle Zuständigkeit entzogen sei, es also gar nicht zu einer Kollisionslage komme. Stehen jedoch mit dem Tarifvertrag und der Betriebsvereinbarung zwei nach ihrer Wirkung gleichartige Kollektivverträge zueinander in Konkurrenz und muß in Ermangelung der ausdrückl. Normierung unmittelbar auf das verfassungsrechtliche Günstigkeitsprinzip Rückgriff genommen werden (zu dessen Verfassungsrang ausf. oben § 5 IV 1 b; zur mangelnden Anwendbarkeit des § 4 Abs. 3 TVG im Verhältnis beider Kollektivverträge siehe auch bereits II 1 c aa), so ist es keinesfalls zwingend geboten, dem Günstigkeitsprinzip auch in diesem konkreten Verhältnis die Bedeutung einer reinen Kollisionsnorm beimessen zu müssen (i. Erg. entsprech. für das Verhältnis zweier Tarifverträge *Bieback*, DB 1989, 477 [480]). Von Verfassungs wegen ist vielmehr lediglich zu fordern, daß Tarifverträgen nur insoweit der Vorrang eingeräumt werden darf, als nicht durch eine Betriebsvereinbarung Arbeitsbedingungen ausgehandelt werden, die für die Arbeitnehmer i. Erg. günstiger sind. Auf welche Weise der verfassungsrechtliche Primat der günstigeren Kollektivvereinbarung letztlich dogmatisch realisiert wird, ist hingegen unerheblich. Es muß nur auf dem Wege einer verfassungsrechtlich bedingten teleologischen Reduktion der durch § 77 Abs. 3 BetrVG angeordnete Kompetenzauschluß seinerseits wiederum dahingehend eingeschränkt werden, daß den Betriebspartnern zumindest die Zuständigkeit zum Abschluß von im Vergleich zu tariflichen Bestimmungen günstigeren Vereinbarungen erhalten bleibt (i. Erg. entsprech. *Th. Schmidt*, Günstigkeitsprinzip, S. 107; *Ehmann/Schmidt*, NZA 1995, 193 [199]). Mit anderen Worten: Ist der Tarifvorbehalt selbst als eine in eine Zuständigkeitsnorm übersetzte Kollisionsregel zu verstehen, steht nichts im Wege, das Günstigkeitsprinzip – wenn auch freilich mit umgekehrtem Vorzeichen – in gleichem Sinne aufzufassen.

[213] *Konzen*, BB 1977, 1307 (1309); *Eickelberg*, Betriebsvereinbarung, S. 154: „weniger bedeutungsvolle Unterscheidung zwischen der Tarifbindung nur des Arbeitgebers oder auch eines Arbeitnehmers".

muß. Dafür spricht zunächst, daß ohne die Tarifgebundenheit zumindest eines Arbeitnehmers die Geltung eines Tarifvertrages in einem bestimmten Betrieb nicht anzunehmen ist, die Arbeitsbedingungen dort folglich nicht tariflich oder üblicherweise tariflich geregelt sind, so daß die Kollisionsregel des § 77 Abs. 3 BetrVG mangels tatsächlicher Kollision zwischen Tarifabrede und Betriebsvereinbarung strenggenommen nicht zur Anwendung gelangen kann[214].

b) Große praktische Bedeutung kommt dieser Voraussetzung freilich nicht zu, denn trotz sinkender Mitgliederzahlen der Gewerkschaften dürften Betriebe, in denen nicht wenigstens ein Arbeitnehmer organisiert ist, eher die Ausnahme darstellen. In Anbetracht dessen gewinnen um so mehr die tatsächlichen Schwierigkeiten an Gewicht, die damit verbunden wären, das Eingreifen des Tarifvorbehalts von der Tarifbindung eines oder mehrerer Arbeitnehmer abhängig zu machen. Um sicher gehen zu können, ob sie rechtlich wirksam tarifabweichende Betriebsvereinbarungen abschließen dürfen, müßten die Betriebspartner notwendig Kenntnis von der Organisationszugehörigkeit der Mitarbeiter des Betriebes haben. Es wäre also erforderlich, daß der Arbeitgeber bei Einstellung oder in einem späteren Zeitpunkt seine Beschäftigten zumindest so lange nach deren Gewerkschaftsmitgliedschaft befragen darf, bis er wenigstens einen Organisierten ausfindig gemacht hat. Ein entsprechendes Fragerecht wird dem Arbeitgeber indessen überwiegend versagt[215].

Entscheidend gegen die kumulative Voraussetzung der Tarifbindung auf Arbeitnehmerseite spricht, daß diese auf Grund der Zwecksetzung des § 77 Abs. 3 BetrVG, durch einen Kompetenzvorrang des Tarifvertrages die Gewährleistung effektiven Arbeitnehmerschutzes sicherzustellen[216], nicht geboten erscheint. Tarifliche Normen entfalten ihre Schutzfunktion nur demjenigen gegenüber, der durch seine Verbandsmitgliedschaft ihre Geltung höchstpersönlich legitimiert hat. Folglich bleibt die Tatsache, ob ein anderer Mitarbeiter des gleichen Betriebes kraft Koalitionszugehörigkeit tarifgebunden ist, für den Tarifschutz des einzelnen Arbeitnehmers ohne jegliche Auswirkung. Selbst wenn kein Kollege Gewerkschaftsmitglied ist, steht jedem Beschäftigen unter der Voraussetzung, daß der Arbeitgeber tarifgebunden ist, stets die Möglichkeit offen, allein durch seinen Verbandsbeitritt dafür zu sorgen, daß fortan tarifliche Regelungen ihre schützende Wirkung zu seinen Gunsten entfalten. In Übereinstimmung mit der von Seiten des BAG im Hinblick auf § 87 Abs. 1 Einls. BetrVG vertretenen

---

[214] I. Erg. bejahend daher *Eickelberg*, Betriebsvereinbarung, S. 141; hinsichtl. § 59 BetrVG 1952 bereits *Fabricius*, Anm. zu BAG, AP Nr. 28 zu § 59 BetrVG 1952; *Hablitzel*, Verbands- und Betriebsratskompetenzen, S. 120 ff.; *derselbe*, DB 1971, 2159 (2161); bezügl. § 87 Abs. 1 Einls. BetrVG *Konzen*, BB 1977, 1307 (1309).

[215] Hierzu *Simitis*, AuR 1977, 97 (99); *Falkenberg*, BB 1970, 1013 (1016).

[216] Siehe oben § 6 I 5.

Ansicht[217] ist demnach davon auszugehen, daß auch § 77 Abs. 3 BetrVG neben dem zwingenden Erfordernis der Tarifgebundenheit des Arbeitgebers nicht verlangt, daß zugleich ein einzelner Beschäftigter oder eine Gruppe von Arbeitnehmern tarifgebunden ist[218].

## VI. Ergebnis

Der Auslegung seiner historischen Vorläufer (§ 78 Ziff. 2 BRG 1920; § 32 Abs. 2 Satz 3 AOG 1934; Betriebsrätegesetze der Länder) entsprechend gilt der Tarifvorbehalt des § 77 Abs. 3 BetrVG ausschließlich in Betrieben tarifgebundener Arbeitgeber. Eine Ausnahme von seiner Sperrwirkung ist jedoch bei Tarifbindung des Arbeitgebers auf Grund einer Allgemeinverbindlichkeitserklärung (§ 5 TVG) zu machen.

Das in Rechtsprechung und (noch) überwiegendem Schrifttum vertretene Verständnis des Tarifvorbehalts als vom Erfordernis der Tarifbindung des Arbeitgebers unabhängige Normsetzungsprärogative zu Gunsten der Koalitionen, welches § 59 BetrVG 1952 unter Mißachtung des gesetzgeberischen Willens unterstellt und auf § 77 Abs. 3 BetrVG übertragen wurde, ist wegen Verstoßes gegen die Betriebsautonomie (Art. 9 Abs. 1, Art. 2 Abs. 1 i.V.m. Art. 12 Abs. 1 GG) und das Subsidiaritätsprinzip sowie gegen die negative Koalitionsfreiheit (Art. 9 Abs. 3 GG) verfassungswidrig. Es steht überdies in Widerspruch zur notwendigen Beschränkung der Geltung tariflicher Öffnungsklauseln (§ 77 Abs. 3 Satz 2 BetrVG) auf verbandsangehörige Unternehmen, zum Charakter

---

[217] BAG, AP Nr. 21 zu § 77 BetrVG 1972; AP Nrn. 6 u. 9 zu § 87 BetrVG 1972 Auszahlung; entsprech. *Säcker*, ZfA 1972 (Sonderheft), 41 (68); *Moll*, Tarifvorrang, S. 21 f.; w. Nachw. oben in Fn. 133.

[218] Dagegen kann nicht – wie *von Hoyningen-Huene* (DB 1994, 2026 [2030]) hinsichtl. § 87 Abs. 1 Einls. BetrVG meint – eingewendet werden, der bloße Verweis auf die Möglichkeit zum Gewerkschaftseintritt verletze den nichtorganisierten Arbeitnehmer in seinem Grundrecht auf negative Koalitionsfreiheit (Art. 9 Abs. 3 GG). Zum einen besteht zwischen dem Tarifvorrang des § 87 Abs. 1 Einls. BetrVG und dem Tarifvorbehalt des § 77 Abs. 3 BetrVG insoweit ein entscheidender Unterschied, als nur hinsichtl. letzterem bereits der Gesetzeswortlaut und die Entstehungsgeschichte es ausdrückl. verbieten, die Sperrwirkung im Sinne einer Rechtsanwendungsregel ausschließlich auf tarifunterworfene Arbeitsverhältnisse zu beziehen (siehe dazu 2). Auch kann nicht geleugnet werden, daß auf Seiten der Arbeitnehmer gerade in den Angelegenheiten des § 87 Abs. 1 Einls. BetrVG ein besonders hohes Maß an Schutzbedürftigkeit besteht (hierzu bereits § 6 I 5 a Fn. 74), welches es rechtfertigen könnte, den Ausschluß der erzwingbaren Mitbestimmung nur auf tarifgebundene Arbeitnehmer zu beschränken. Insbes. aber wird durch die Annahme eines Verstoßes gegen die negative Koalitionsfreiheit verkannt, daß die Tarifautonomie auf Grund der Notwendigkeit der mitgliedschaftlichen Legitimation ganz allg. ihre Schutzwirkung nur dem Arbeitnehmer offenbart, der „mit Beitritt zur Tarifvertragspartei sich dieses Schutzes bedienen will“ (so BAG, AP Nr. 21 zu § 77 BetrVG 1972).

des Betriebsverfassungsgesetzes als Verbandsstatut des betrieblichen Arbeitsverbandes und nicht zuletzt zur Auslegung des Tarifvorrangs gem. § 87 Abs. 1 Einls. BetrVG, der nach allgemein anerkannter Ansicht ausschließlich bei Tarifbindung des Arbeitgebers eingreift. Anhaltspunkte für eine hiervon abweichende Interpretation des § 77 Abs. 3 BetrVG bestehen weder im Hinblick auf die Formulierung beider Normen noch in Anbetracht ihrer rechtspolitischen Zwecksetzung. Letztere liegt darin, betriebliche Normativabreden nur dann auszuschließen, wenn dem Schutz der einzelnen Arbeitnehmer bereits auf tariflicher Ebene Rechnung getragen werden kann, was ausschließlich in Betrieben tarifgebundener Arbeitgeber gewährleistet ist.

Nicht erforderlich ist hingegen, auch auf Arbeitnehmerseite Tarifbindung zu verlangen. Ein mögliches Verständnis des § 77 Abs. 3 BetrVG als allein auf die Arbeitsverhältnisse gewerkschaftsangehöriger Mitarbeiter bezogene Rechtsanwendungsregel zwischen tariflicher und betrieblicher Normsetzung scheitert an der zuständigkeitsausschließenden Funktion der Vorschrift. Die Tarifbindung eines oder mehrerer Arbeitnehmer des Betriebes ist auf Grund ihrer arbeitnehmerschützenden Zwecksetzung nicht geboten, da den Schutzinteressen der Beschäftigten bereits durch die Möglichkeit zum Koalitionsbeitritt hinreichend Rechnung getragen wird.

Zusammenfassend ist festzuhalten, daß § 77 Abs. 3 BetrVG eine in eine *negative Kompetenznorm* transformierte und auf Betriebe *tarifgebundener Arbeitgeber* beschränkte *Kollisionsregel zwischen Tarifvertrag und Betriebsvereinbarung* darstellt.

## § 8 Aus dem Tarifvertrag in die Betriebsvereinbarung – von der Tarif- zur Betriebsautonomie

### I. Betriebsvereinbarungen als Ziel der Verbands- und Tarifflucht

Da der Tarifvorbehalt im Sinne des § 77 Abs. 3 BetrVG ausschließlich in Betrieben eingreift, deren Inhaber als Partei eines Firmentarifvertrages oder Mitglied eines Arbeitgeberverbandes tarifgebunden sind, muß die in jüngster Zeit zum *Massenphänomen* gewordene *Verbandsflucht*, die den wirtschaftspolitischen Anlaß dieser Untersuchung darstellt[1], nicht notwendig in eine Sackgasse oder gar wieder zurück in den Verband führen. Vielmehr stellt die Rechtsordnung als Ziel der auf diesem Wege versuchten Flucht aus der tarifvertraglichen Ordnung mit der Betriebsvereinbarung ein kollektives Regelungsinstrument bereit, welches auf Grund seiner unmittelbaren und (halb-)[2]zwingenden Wirkung (§ 77 Abs. 4 Satz 1 BetrVG) sowohl den Interessen des Arbeitgebers an einer *betriebseinheitlichen Gestaltung* der Arbeitsbedingungen als auch den *Schutzbelangen* seitens der Arbeitnehmer in vorzüglicher Weise Rechnung trägt.

Steht demnach fest, daß die Verbands- und Tarifflucht in betrieblichen Abreden zwischen Arbeitgeber und Betriebsrat enden kann und sollte, bleibt allein noch die Frage nach dem Weg, auf dem austrittswillige Unternehmen den Übergang von der bislang tariflichen zu einer betriebsinternen Gestaltung der Arbeitsbedingungen erreichen können. Gerade wenn der Austritt aus dem Verband – was häufig der Fall sein wird – als letzte Möglichkeit erscheint, den Betrieb durch eine Entfesselung von ökonomisch für nicht mehr tragbar erachteten Tarifbedingungen aus einer akuten Krisensituation zu befreien, dürfte für die Erfolgsaussichten des Unterfangens insbesondere der zeitliche Rahmen entscheidend sein, innerhalb dessen *verbands-* (dazu 2) sowie *tarifvertragsrechtliche Vorgaben* (dazu 3) das Abstreifen der Tarifgebundenheit und somit die Beseitigung der Sperrwirkung des § 77 Abs. 3 BetrVG ermöglichen. Nicht von minder großem Interesse sind die betriebsverfassungsrechtlichen Fragen, ob mit der *Lohnhöhe* und der *Arbeitszeitdauer* auch die für die betriebliche Kostenstruktur bedeutsamsten Arbeitsbedingungen Gegenstand einer Betriebsvereinbarung sein können (dazu 1) und inwieweit unter Rückgriff auf das *Günstigkeits-*

[1] Siehe ausf. oben § 2 III u. IV.

[2] Zur Geltung des Günstigkeitsprinzips zwischen Betriebsvereinbarung und Individualabrede oben § 5 IV 1 b bb sowie unten 4.

*prinzip* bestimmten Arbeitnehmern im Einzelfall Vergünstigungen gewährt werden müssen (dazu 4).

### *1. Regelungskompetenz der Betriebspartner zum Abschluß von Lohn- und Arbeitszeitbetriebsvereinbarungen*

a) Unter der herausgearbeiteten Prämisse, daß § 77 Abs. 3 BetrVG die Tarifgebundenheit des Arbeitgebers zur Voraussetzung hat, steht dem wirksamen Abschluß von Betriebsvereinbarungen, welche die Höhe des Arbeitsentgelts bzw. die Dauer der Arbeitszeit zum Gegenstand haben, nach Ansicht von Rechtsprechung sowie überwiegender Literatur in nicht verbandsangehörigen Unternehmen im Ergebnis nichts entgegen. Da den Betriebspartnern eine *gegenständliche Allkompetenz*[3] zum Abschluß freiwilliger Betriebsvereinbarungen zugesprochen wird, seien diese grundsätzlich – d. h. außerhalb der Grenzen der Sperrwirkung des § 77 Abs. 3 BetrVG – nicht zuletzt auch als zur Regelung der Lohnhöhe und Arbeitszeitdauer befugt anzusehen. Der Annahme einer betriebsverfassungsrechtlichen Allzuständigkeit ist jedoch aus mehreren Erwägungen, die an dieser Stelle nicht erneut ausgeführt werden müssen[4], im Ergebnis nicht zuzustimmen. Nach hier vertretener Auffassung, derzufolge sich die betriebliche Regelungsbefugnis strikt innerhalb der Grenzen der dem Betriebsrat gesetzlich eröffneten Beteiligungsrechte zu halten hat, steht den Betriebspartnern eine umfassende Normsetzungszuständigkeit gem. § 88 BetrVG ausschließlich im Hinblick auf *soziale Angelegenheiten* zu[5]. Demnach können Lohn- und Arbeitszeitbetriebsvereinbarungen nur dann wirksam getroffen werden, wenn beide den synallagmatischen Kernbereich des Arbeitsverhältnisses bildende Regelungsgegenstände gleichfalls als soziale Angelegenheiten im Sinne dieser Vorschrift anzusehen sind[6].

b) Da eine ausdrückliche Legaldefinition fehlt, wird der durch § 88 BetrVG eröffnete Regelungsumfang vielfach allein anhand eines Umkehrschlusses bestimmt. Als soziale Angelegenheiten werden sämtliche Arbeitsbedingungen zusammengefaßt, die weder den personellen Maßnahmen der §§ 92 ff. BetrVG

---

[3] Statt aller nur BAG (GS), AP Nr. 46 zu § 77 BetrVG 1972; *Kreutz*, Grenzen, S. 208 ff.; zahlr. w. Nachw. oben § 7 II 2 b aa in Fn. 76 ff.

[4] Ausf. oben § 7 II 2 b bb.

[5] Zutreff. *Ehmann*, FS für Kissel, S. 175 (182); w. Nachw. oben § 7 II 2 b bb (1) in Fn. 92.

[6] Daß nach h. M. die Dauer der Arbeitszeit nicht § 87 Abs. 1 Nrn. 2 oder 3 BetrVG sowie die Höhe des Zeitlohns (zum Leistungslohn siehe § 6 II 3 b aa) nicht § 87 Abs. 1 Nr. 10 unterfallen und aus rechtlichen und tatsächlichen Erwägungen keineswegs der erzwingbaren Mitbestimmung unterstellt werden sollten, ist bereits oben (§ 6 II 4) näher dargelegt worden. Aus § 87 Abs. 1 BetrVG kann die Kompetenz zum Abschluß von Entgelt- und Arbeitszeitbetriebsvereinbarungen demnach nicht abgeleitet werden.

noch den wirtschaftlichen Angelegenheiten nach §§ 106 ff. BetrVG unterfallen[7]. Jedoch verlaufen die Grenzen zwischen den verschiedenen betriebsverfassungsrechtlichen Gegenstandsbereichen im Detail oftmals fließend[8], so daß bei bloß negativer Umschreibung der Begriff „soziale Angelegenheit" zwangsläufig unklar bleiben muß und daher letztlich ungeeignet ist, die Reichweite der durch § 88 BetrVG eröffneten Normsetzungskompetenz in einer dem Gebot der Rechtssicherheit entsprechenden Weise festzulegen. Erforderlich ist demnach eine positive Definition, die indessen vor der Schwierigkeit steht, daß der Terminus des „Sozialen" auch allgemein letztlich nur als schillernd und weit bezeichnet werden kann[9]. Als überaus hilfreich für seine Konkretisierung im Hinblick auf die Gegenstandsumschreibung betrieblicher Rechtsetzung erweist sich die zutreffende Erkenntnis, daß die Betriebsverfassung die tatsächliche Gemeinschaft zwischen Arbeitgeber und Belegschaft zu einem *Verband im Rechtssinne* erhöht[10], es Aufgabe des Betriebsverfassungsgesetzes also ist, die rechtlichen Rahmenbedingungen des Betriebsverbandes zu reglementieren. Ausgehend vom allgemeinen Wortsinn des Begriffs „sozial", der die Gesamtgesellschaft berührende Umstände und Bedingungen umschreibt[11], erlangt dieser speziell im Kontext der Betriebsverfassung die engere Bedeutung, sämtliche Angelegenheiten zu erfassen, welche die *Funktionsfähigkeit* und das *Zusammenleben* des betrieblichen Arbeitsverbandes betreffen. Unter den Regelungsbereich des § 88 BetrVG fallen folglich alle, aber auch nur solche Arbeitsbedingungen, die sich maßgeblich durch einen eindeutigen *Gemeinschaftsbezug* auszeichnen[12].

Einen notwendigen Bezug zum betrieblichen Kollektiv hat das BAG in einer früheren Entscheidung[13] konkret im Hinblick auf die im arbeitsvertraglichen

---

[7] *Meier-Krenz*, Erweiterung, S. 133 m. w. Nachw.; *Veit*, Zuständigkeit, S. 283 ff,; i. Erg. entsprech. auch *Richardi*, Kollektivgewalt, S. 255; *Kreutz*, Grenzen, S. 207; *Jahnke*, ZfA 1980, 863 (864); zur Bestimmung des Umfangs sozialer Angelegenheiten in bezug auf das Betriebsverfassungsgesetz aus dem Jahre 1952 *Sabel*, RdA 1952, 281 (289).

[8] *Jahnke*, Tarifautonomie und Mitbestimmung, S. 89.

[9] *Joost*, ZfA 1993, 257 (264).

[10] M. ausf. Begr. oben § 5 III 2 a.

[11] Siehe *Meyers* Enzyklopädisches Lexikon, Bd. 22, S. 150 zum Stichwort: sozial.

[12] I. Erg. ebenso *Rieble* (Arbeitsmarkt und Wettbewerb, Rdnr. 1424), der insbes. darauf hinweist, daß es insofern nur konsequent ist, wenn das BAG (vgl. AP Nrn. 56 u. 61 zu § 87 BetrVG 1972 Lohngestaltung) es gleichermaßen zur Voraussetzung des Eingreifens erzwingbarer Mitbestimmungsrechte des Betriebsrats im Sinne des § 87 Abs. 1 BetrVG macht, daß die zu Grunde liegende arbeitgeberische Maßnahme sich durch einen kollektiven Bezug, d. h. eine Wechselwirkung zwischen den Arbeitsbedingungen des betroffenen Arbeitnehmers und denen anderer Beschäftigter desselben Betriebes, auszeichnen muß; vgl. auch die Def. von *Ehmann*, Neue Ordnung 1992, 244 (252); hinsichtl. § 57 BetrVG 1952 bereits *Nikisch*, Arbeitrecht, Bd. 3, S. 376 f.: „Von diesen Fällen abgesehen können zum Gegenstand einer solchen Vereinbarung vor allem Fragen gemacht werden, die für den ganzen Betrieb, Teile des Betriebs oder der Belegschaft einheitlich geregelt werden sollen, wie ..."

[13] AP Nr. 2 zu § 87 BetrVG 1972 Lohngestaltung.

Synallagma stehenden Arbeitsbedingungen ausdrücklich ausgeschlossen, so daß diese nicht als soziale Angelegenheiten zu begreifen seien. Inzwischen aber haben unabwendbare ökonomische und betriebssoziologische Rahmenbedingungen dazu geführt, daß auch die Lohnhöhe und Arbeitszeitdauer faktisch nicht individualvertraglich, sondern zumeist nurmehr unter Berücksichtigung der Gesamtheit der im Betrieb Beschäftigten festgelegt werden können[14]. Hochkomplexe betriebliche Entlohnungsmodelle und Arbeitszeitsysteme sind offenkundiger Beweis einer dahingehenden Entwicklung, der – wie bereits näher ausgeführt[15] – inzwischen auch die Rechtsprechung weitreichend Rechnung getragen hat: Spätestens mit Abschluß des Leber-Rüthers-Kompromisses und dessen Wirksamkeitserklärung durch das BAG[16] dürfte als allenthalben anerkannt gelten, daß die Dauer der Arbeitszeit nur noch betriebseinheitlich festgelegt werden kann, folglich zur *sozialen Angelegenheit* geworden ist[17]. In bezug auf die Lohnhöhe gilt im Ergebnis nichts anderes, wie allein die ausufernde Judikatur zur Reichweite der Mitbestimmungstatbestände im Sinne der § 87 Abs. 1 Nr. 10 und Nr. 11 BetrVG nachhaltig belegt. Wenn insbesondere das BAG[18] auf der einen Seite *freiwillige Leistungen* des Arbeitgebers unter den betriebsverfassungsrechtlichen Entgeltbegriff subsumiert und diesen dadurch um den sog. Soziallohn erweitert, auf der anderen Seite § 88 Nr. 2 BetrVG freiwillige soziale Leistungen hinsichtlich des „*Ob*" ihrer Gewährung und damit ihrer *Höhe* zum tauglichen Gegenstand freiwilliger Betriebsvereinbarungen erklärt, kann konsequent allein gefolgert werden, daß die Lohnhöhe auch *allgemein* der freiwilligen Regelungszuständigkeit der Betriebspartner gem. § 88 BetrVG unterliegt[19].

c) Die Höhe des Entgelts und die Dauer der Arbeitszeit könnten nur dann nicht als soziale Angelegenheiten Gegenstand normativ wirkender Betriebsabsprachen sein, wenn der damit einhergehenden unmittelbaren Beeinflussung des Inhalts der Arbeitsverhältnisse zwingende verbandsrechtliche Implikationen entgegenstünden. Das allgemeine Verbandsrecht geht in der Tat generell davon aus, daß die Regelungsbefugnis verbandlicher Organe den *Kernbereich der Mitgliedschaftsrechte* der Verbandsangehörigen nicht berühren darf. Soll die Rechtsbeziehung des einzelnen zum Verband in einem Umfang oder in einer Art und Weise verändert werden, welche sie im Vergleich zu ihrer vorherigen

[14] Hierzu allg. oben § 4 II 2.

[15] Zur Entwicklung der Rechtsprechung im Entgelt- und Arbeitszeitbereich ausf. § 6 II 2.

[16] AP Nr. 23 zu § 77 BetrVG 1972.

[17] *Reuter*, RdA 1994, 152 (156); i. Erg. entsprech. *Wiese*, in: GK-BetrVG, § 88 Rdnr. 12; *von Hoyningen-Huene*, Betriebsverfassungsrecht, S. 274; *Krauss*, Günstigkeitsprinzip, S. 135.

[18] AP Nrn. 1, 2, 3 zu § 87 BetrVG 1972 Altersversorgung; ausf. hierzu § 6 II 2 a.

[19] *Ehmann*, ZRP 1996, 314 (319).

Gestalt als ein aliud erscheinen läßt, kann dies wirksam nur mit ausdrücklicher Zustimmung des Mitglieds geschehen[20].

Konkret auf die Zugehörigkeit zum betriebsverfassungsrechtlichen Arbeitsverband übertragen bedeutet dies, daß es sicher zu weit ginge, könnten die Betriebspartner ohne individualvertragliche Erlaubnis mittels Betriebsvereinbarung dem einzelnen Arbeitnehmer innerhalb des Betriebsverbandes eine neue Tätigkeit zuweisen oder sein Vollzeit- in ein Teilzeitarbeitsverhältnis verwandeln[21]. Innerhalb dieser Grenzen ist es indessen als zulässig zu erachten, die Höhe des Lohnes oder die Dauer der Arbeitszeit auf kollektivem Wege zu modifizieren. Denn entsprechende Vereinbarungen verändern das Arbeitsverhältnis jedenfalls nicht mit der Folge, daß dieses im Vergleich zu seinem vorherigen Inhalt als *aliud* erscheint[22]. Entschiede man anders, würde diese Voraussetzung in ihren Anforderungen im Ergebnis so weit zurückgenommen, daß letztlich jede Änderung der Arbeitsbedingungen den Kernbereich der Mitgliedschaft im Arbeitsverband verletzte.

Wenn demgegenüber dennoch teilweise vertreten wird, daß insbesondere die Arbeitszeitdauer, da sie einen wesentlichen Bestandteil des arbeitsvertraglichen Dienstleistungsversprechens darstelle, ausschließlich individualrechtlichen oder tariflichen Regelungen vorbehalten sei[23], so ist der augenfällige Ausschluß der betrieblichen Gestaltungsebene letztlich nichts anderes als eine bloße Folge der unrichtigen Prämisse, daß allein der Betriebsautonomie eine privatautonome Legitimation fehle[24]. Geht man hingegen davon aus, daß auch die Betriebsver-

---

[20] Ausf. *Wiedemann*, Gesellschaftsrecht, S. 360 ff.

[21] Weitergehend *Reuter* (Referat, in: Verhandlungen des 61. DJT, Bd. II/2, K 35 [K 43]; *derselbe*, ZfA 1993, 221 [239]; mit Blick auf die Regelungsbefugnis der Tarifvertragsparteien *derselbe*, FS für Schaub, S. 605 [607]), der auch die Umwandlung eines nach Zeitlohn in ein nach Leistungslohn vergütetes Arbeitsverhältnis ohne Zustimmung des Arbeitnehmers für unzulässig hält; anders insoweit die h. M.: *Wiese*, in: GK-BetrVG, § 87 Rdnr. 649; MünchArbR-*Matthes*, Bd. 3, § 333 Rdnr. 46; ein kraft Einigungsstellenverfahrens durchsetzbares Initiativrecht des Betriebsrats wird bejaht von *Fitting/Kaiser/Heither/Engels*, BetrVG, § 87 Rdnr. 333; *Däubler/Kittner/Klebe/Schneider*, BetrVG, § 87 Rdnr. 20.

[22] Hinsichtl. des Arbeitsentgelts ausdrückl. auch *Reuter*, ZfA 1993, 221 (240).

[23] *Richardi*, Kollektivgewalt, S. 321; *derselbe*, Gutachten, in: Verhandlungen des 61. DJT, Bd. I, B 52; *derselbe*, ZfA 1992, 107 (326); *Rieble*, Arbeitsmarkt und Wettbewerb, Rdnr. 1472; *Reichold*, Sozialprivatrecht, S. 514 ff.; *Waltermann*, Rechtsetzung, S. 182; *derselbe*, NZA 1995, 1177 (1182); *derselbe*, NZA 1996, 357 (362); *derselbe*, RdA 1996, 129 (135); *Veit*, Zuständigkeit, S. 417 ff.; *Blomeyer*, NZA 1996, 337 (340); ebenso noch *Reuter* (RdA 1991, 193 [198]), der diese Auffassung in der Folgezeit (vgl. ZfA 1993, 221 [238 f.]; Referat, in: Verhandlungen des 61. DJT, Bd. II/1, K 35 [K 42 f.]) in dieser Rigidität nicht aufrechterhalten hat; i. Erg. diff. *Kort* (NJW 1997, 1476 [1480]), der lediglich wesentliche Veränderungen der Wochenarbeitszeit als der Regelungsbefugnis der Betriebspartner entzogen ansieht.

[24] Exemplarisch *Richardi* (Kollektivgewalt, S. 317 ff.), der zunächst ausführt, daß der Umfang der Regelungsgewalt von der privatautonomen Legitimation der Rege-

fassung Ausfluß der individuellen Selbstbestimmung der Arbeitnehmer ist (Art. 9 Abs. 1, Art. 2 Abs. 1 i.V.m. Art. 12 Abs. 1 GG)[25], steht im Ergebnis nichts entgegen, den freiverantwortlichen Abschluß des Arbeitsvertrages und den damit konkludent vollzogenen Eintritt in den Betriebsverband als privatautonome Legitimationsgrundlage der Betriebspartner zum Abschluß auch solcher normativ wirkenden Abreden anzusehen, durch welche die Arbeitszeitdauer geregelt wird[26]. Ebenso wie die Lohnhöhe stellt diese eine soziale Angelegenheit im Sinne des § 88 BetrVG dar, hinsichtlich derer ein aus seinem Verband ausgetretener Arbeitgeber mit seinem Betriebsrat wirksam Betriebsvereinbarungen abschließen kann.

### *2. Vereinsrechtliche Rahmenbedingungen des Verbandsaustritts*

Entscheidet sich ein verbandsangehöriger Unternehmer, Lohnhöhe, Dauer der Arbeitszeit oder sonstige Arbeitsbedingungen fortan selbst mit seinem Betriebsrat vereinbaren zu wollen, und soll dies nicht unter Mißachtung der Sperrwirkung des § 77 Abs. 3 BetrVG in rechtswidriger Weise geschehen[27], gilt es für ihn zunächst, die mitgliedschaftliche Verbundenheit zu seinem Verband zu lösen. Nach allgemeinen vereinsrechtlichen Grundsätzen steht ihm hierzu grundsätzlich sowohl ein *ordentliches* als auch ein *außerordentliches Austrittsrecht* offen. Wenn existentielle wirtschaftliche Schwierigkeiten ausschlaggebender Anlaß für den Verbandsaustritt sind, dürfte für eine von den tariflichen

---

lungsbetroffenen abhänge (ebd., S. 317), um im Anschluß aus dem vermeintlichen Zwangscharakter der Betriebsverfassung zu folgern, daß die Höhe des Lohnes und die Dauer der Arbeitszeit nicht Gegenstand einer Betriebsvereinbarung sein könnten (ebd., S. 320 f.). Von diesem Grundsatz will *Richardi* jedoch zumindest für den Fall eine Ausnahme machen, daß es sich um eine Situation handele, bei der nur eine „einheitliche Regelung für alle Arbeitnehmer oder bestimmte Betriebsabteilungen in Betracht kommt" (ebd., S. 321). Diese Ausnahmekonstellation haben jedoch die bereits mehrfach beschriebenen betriebssoziologischen Notwendigkeiten (ausf. oben § 4 II 2) im modernen Betrieb mittlerweile sogar zur Regel werden lassen, so daß konsequent auch *Richardi* eingestehen müßte, daß die Arbeitszeitdauer und die Lohnhöhe nicht nur ausnahmsweise, sondern grunds. durch Betriebsvereinbarungen festgelegt werden müssen; zumindest hinsichtl. der Höhe des Arbeitsentgelts in diesem Sinne nunmehr *Richardi*, Gutachten, in: Verhandlungen des 61. DJT, Bd. I, B 53.

[25] Zur Begr. oben § 5 III 2.

[26] Nach h. M. können die Betriebspartner in einer Betriebsvereinbarung auf der Grundlage des § 87 Abs. 1 Nr. 3 BetrVG auch Kurzarbeit einführen, ohne daß es einer Änderung des Einzelarbeitsvertrages bedarf; siehe BAG, AP Nr. 4 zu § 615 Kurzarbeit; *Wiese*, in: GK-BetrVG, § 87 Rdnr. 365; *Ehmann*, ZRP 1996, 314 (318 f.); anders noch *derselbe*, Betriebsrisikolehre und Kurzarbeit, S. 40.

[27] Zu den Möglichkeiten, die bereits die Geltung des Günstigkeitsprinzips zwischen Tarifvertrag und Betriebsvereinbarung (dazu oben § 5 IV 1 b cc) auch ohne Verbandsaustritt im Hinblick auf den Abschluß tarifabweichender Betriebsvereinbarungen eröffnet, siehe unten 3 a bb (3) u. (4).

Vorgaben abweichende Gestaltung der Arbeitsbedingungen zumeist kein Aufschub in Betracht kommen, so daß im Interesse des Unternehmers faktisch allein das Ergreifen der schärfsten Waffe einer *fristlosen* Kündigung der Mitgliedschaft liegen wird. Dem tragen manche Arbeitgeberverbände insbesondere im Osten Deutschlands inzwischen dadurch Rechnung, daß sie in ihren Satzungen ein außerordentliches Austrittsrecht auf Grund einer wirtschaftlichen Notlage vorsehen. Es stellt sich aber die Frage, ob und inwieweit eine solche auch ohne ausdrückliche Regelung einen wichtigen Grund darstellt, der zum außerordentlichen Austritt aus dem Arbeitgeberverband berechtigt.

### a) Außerordentliches Austrittsrecht bei wirtschaftlicher Krise?

Soweit ersichtlich ist von der Rechtsprechung über die Zulässigkeit eines außerordentlichen Austrittsrechts wegen wirtschaftlicher Unzumutbarkeit tariflicher Bedingungen erst in einem Fall entschieden und diese im Ergebnis verneint worden[28]. Zur Begründung führt das LAG Düsseldorf aus, der Arbeitgeberverband habe ein berechtigtes Interesse, insbesondere in der wichtigen Phase der Tarifverhandlungen zu wissen, wieviele und welche Mitglieder hinter ihm stünden. Dem werde es nicht gerecht, wollte man das Vorliegen eines wichtigen Grundes, der zum außerordentlichen Austritt legitimiere, bereits annehmen, sofern einzelne oder mehrere Unternehmen den beabsichtigten Tarifabschluß für untragbar hielten. In der arbeitsrechtlichen Literatur hat die Problematik bislang kaum Beachtung gefunden. Wenigstens zum Teil wird jedoch in Abweichung von der Rechtsprechungsansicht die Auffassung vertreten, im Falle wirtschaftlicher Unzumutbarkeit eines Tarifvertrages seien die Verbandsmitglieder stets berechtigt, durch Geltendmachung eines außerordentlichen Austrittsrechts die Verbandstreue zu verweigern[29].

Beachtet man die allgemeine Funktion der außerordentlichen Beendigung eines Dauerrechtsverhältnisses, von der Notwendigkeit seiner Fortsetzung bis Fristablauf für all solche Fälle zu befreien, in denen ein weiteres Abwarten unter keinen Umständen mehr zugemutet werden kann, erscheint konkret für den

---

[28] LAG Düsseldorf vom 13.02.1996 (16 [6] Sa 1457/95), in Leitsätzen abgedr. in: BB 1996, 1439; entsprech. *Hromadka/Maschmann/Wallner*, Tarifwechsel, Rdnr. 183; *Däubler*, NZA 1996, 225 (226); *derselbe*, ZTR 1994, 448 (449); einschränk. *Buchner* (RdA 1997, 259 [260]), der ein außerordentliches Austrittsrecht dann zusprechen will, wenn die verbandsinterne Willensbildung nicht korrekt verlaufen, etwa die wirtschaftliche Leistungsfähigkeit von Minderheitengruppen nicht hinreichend in Rechnung gestellt worden sei; zur ähnl. Frage der fristlosen Kündigung eines Tarifvertrages wegen Verschlechterung der wirtschaftlichen Situation BAG, DB 1997, 2331 ff.; ArbG Wiesbaden, NZA 1997, 451 ff.; dazu ausf. jetzt auch *Meyer*, RdA 1998, 142 (148 ff.).

[29] *Beuthien/Meik*, DB 1993, 1518; *Adomeit*, Regelung von Arbeitsbedingungen, S. 53 ff.; auf drohende Insolvenz beschränkend *Krauss*, DB 1995, 1562.

Austritt aus dem Arbeitgeberverband zunächst eine differenzierte Sichtweise erforderlich: Sofern – wie in dem der Entscheidung des LAG Düsseldorf zu Grunde liegenden Sachverhalt – ein Mitglied in unmittelbarem Zusammenhang mit kurz vor ihrer Beendigung stehenden Tarifverhandlungen seinen Austritt erklärt, weil es die sich abzeichnende Einigung wirtschaftlich nicht verkraften könne, ist eine fristlose Beendigung der Mitgliedschaft für zulässig zu erachten[30]. Es kann unter keinen Umständen als zumutbar angesehen werden, wenn ein Unternehmen sehenden Auges eine Tarifgebundenheit zur Entstehung kommen lassen muß, die den Betrieb und dadurch letztlich eine Vielzahl von Arbeitsplätzen akut in Gefahr zu bringen droht. Denn keinesfalls darf und kann es Folge eines Tarifvertrages sein, die tarifunterworfenen Unternehmen in ihrer Substanz anzugreifen[31].

Schwieriger gestaltet sich die Rechtslage, wenn ein Unternehmer sich während der Laufzeit eines Tarifvertrages mit der Situation konfrontiert sieht, die anfangs noch für akzeptabel erachteten Tarifbestimmungen nicht mehr einhalten zu können. Erkennt man auch insoweit aus den gleichen Erwägungen ein Recht zur außerordentlichen Beendigung der Verbandsmitgliedschaft zu, schließt sich unmittelbar die Frage an, ob sich die – sogleich näher zu besprechende[32] – *Fortwirkung der Tarifgebundenheit* im Sinne des § 3 Abs. 3 TVG neben dem ordentlichen auch auf den außerordentlichen Verbandsaustritt erstreckt. Zumindest nach dem Wortlaut der Norm besteht kein Anhaltspunkt, von deren Anordnung für letztere Konstellation eine Ausnahme zu machen. Die Geltung des § 3 Abs. 3 TVG führt indessen zwangsläufig dazu, daß der Zweck einer außerordentlichen Kündigung der Mitgliedschaft letztlich nicht erreicht werden kann, da ihre tariflichen Wirkungen, um deren Beendigung es dem Austretenden gerade geht, trotz tatsächlicher Unzumutbarkeit kraft Gesetzes zunächst weiter in Kraft bleiben[33].

Entronnen werden kann diesem scheinbaren Widerspruch zwischen verbandsrechtlichem und tarifvertragsrechtlichem Blickwinkel im Ergebnis nur, wenn man entweder die Anwendbarkeit von § 3 Abs. 3 TVG auf dem Wege einer teleologischen Reduktion nicht auf den außerordentlichen Verbandsaustritt

---

[30] *Gamillscheg* (Kollektives Arbeitsrecht, Bd. 1, S. 726) hebt zutreff. hervor, daß § 3 Abs. 3 TVG in dieser Fallkonstellation keine Anwendung finden kann.

[31] So zu Recht *Adomeit*, Regelung von Arbeitsbedinungen, S. 53.

[32] Siehe unten 3 a.

[33] *Däubler*, NZA 1996, 225 (226); *derselbe*, ZTR 1994, 448 (449); *Hromadka/Maschmann/Wallner*, Tarifwechsel, Rdnr. 183; vgl. auch *Rieble* (RdA 1996, 151 [155]), der zur Überwindung dieses Widerspruchs für ein außerordentliches Kündigungsrecht des Unternehmers in bezug auf den konkreten Tarifvertrag plädiert. Dieses soll allerdings nicht bereits bei bloßer Unrentabilität, sondern erst bei Existenzgefährdung des Unternehmens eingreifen können, also dann, wenn es vielfach zur Erhaltung des Betriebes schon zu spät sein dürfte.

erstreckt[34], oder – was letztlich vorzugswürdig erscheint – den Koalitionsmitgliedern bereits unabhängig von der Voraussetzung des Vorliegens eines wichtigen Grundes ein ordentliches Recht zur jederzeitigen fristlosen Beendigung der Mitgliedschaft zuerkennt.

### b) Jederzeitiges fristloses Austrittsrecht aus dem Arbeitgeberverband

aa) Die Zulässigkeit einer ordentlichen Kündigung der Mitgliedschaft richtet sich primär nach dem *autonomen Binnenrecht* des Verbandes[35]. In nahezu allen Satzungen der Arbeitgeberverbände ist hierfür insbesondere[36] das Erfordernis der Einhaltung einer bestimmten *Austrittsfrist* festgelegt. Folglich können sich austrittswillige Unternehmen in jedem Falle innerhalb des dort angegebenen Zeitraums ihrer mitgliedschaftlichen Verpflichtungen entledigen[37]. Hinsichtlich der längstmöglichen Dauer einer satzungsmäßigen Austrittsfrist ordnet § 39 Abs. 2 Satz 2 BGB an, daß ein Zeitraum von über zwei Jahren unzulässig ist. Auf Grund der besonderen Bedeutung des verfassungsrechtlichen Schutzes der negativen Koalitionsfreiheit (Art. 9 Abs. 3 GG) hat der BGH unter Zustimmung des Schrifttums unterdessen angenommen, daß in Abweichung von dieser vereinsrechtlichen Grundregel die Satzungen tarifschließender Koalitionen nicht Austrittsfristen von über *sechs Monaten* vorsehen dürften[38]. Ob durch eine dahingehende zeitliche Beschränkung, wie das Gericht meint, dem Stellenwert des Grundrechts in hinreichender Weise Rechnung getragen wird, erscheint jedoch mehr als fraglich.

bb) Wegen der einfachgesetzlich verliehenen (§ 4 Abs. 1 TVG) und verfassungsrechtlich anerkannten (Art. 9 Abs. 3 GG) Fähigkeit, die Arbeitsverhältnisse tarifunterworfener Arbeitnehmer normativ zu gestalten, sowie nicht zuletzt mit Blick auf ihr Selbstverständnis kommt den Koalitionen mehr als anderen Vereinigungen eine herausragende sozialpolitische Bedeutung zu, die ohne

---

34 In diesem Sinne – nach eigenem Bekunden – „gegen die heute vertretene Tarifvertragsdogmatik“ *Adomeit*, Regelung von Arbeitsbedingungen, S. 54 f.

35 Ausf. zum Ganzen *Wiedemann/Stumpf*, TVG, § 3 Rdnrn. 52 f.

36 Zu weiteren möglichen Inhalten *Hromadka/Maschmann/Wallner*, Tarifwechsel, Rdnrn. 179 ff.

37 *Däubler*, NZA 1996, 225 (226); *derselbe*, ZTR 1994, 448 (449); *Krauss*, DB 1995, 1562.

38 BGH, AP Nr. 33 zu Art. 9 GG; auch AP Nr. 25 zu Art. 9 GG: dreimonatige Austrittsfrist zulässig; entsprech. *Gamillscheg*, Kollektives Arbeitsrecht, Bd. 1, S. 454: „etwa drei bis sechs Monate“; *Löwisch/Rieble*, TVG, § 3 Rdnr. 33; *Adomeit*, Regelung von Arbeitsbedingungen, S. 52; *Bauer/Diller*, DB 1993, 1085; insbes. zur Übertragbarkeit dieser zu Gewerkschaften ergangenen Rspr. auf Arbeitgeberverbände *Däubler*, NZA 1996, 225 (226); *Krauss*, DB 1995, 1562; insoweit einschränk. *Hromadka/Maschmann/Wallner*, Tarifwechsel, Rdnr. 182.

Zweifel an die Stellung politischer Parteien heranreicht. Für letztere statuiert § 10 Abs. 2 Satz 3 PartG ausdrücklich, daß deren Mitglieder *jederzeit* zum *sofortigen* Austritt berechtigt sind. Doch nicht nur Parteien, sondern auch Tarifverbände sind Organisationen, die allein vom gemeinschaftlichen Willen ihrer Mitglieder getragen werden. Ist ein Koalitionsmitglied mit der Tätigkeit und nicht zuletzt mit der Tarifpolitik seines Verbandes nicht mehr einverstanden, muß ihm folglich die Möglichkeit zustehen, dies auch dann durch Austritt kund zu tun, wenn objektiv kein hierzu berechtigender Grund vorliegt. Rechtsgrundlage des jederzeitigen Austrittsrechts ist die verfassungsrechtliche Gewährleistung der negativen Koalitionsfreiheit im Sinne des Art. 9 Abs. 3 GG, derzufolge Tarifparteien stets *freiwillige* Vereinigungen darstellen müssen, also zu keiner Zeit – und sei es auch nur übergangsweise – zu *Zwangsverbänden* werden dürfen[39].

Gegen diese Auffassung, welche in der Rechtsprechung bislang nur durch das AG Ettenheim[40] vertreten worden ist, wird von Seiten des Schrifttums allein eingewandt, die Annahme eines jederzeitigen Austrittsrechts beeinträchtige die Tarifvertragsparteien in ihrem legitimen Interesse an einer angemessenen Kalkulation der Mitgliederzahl und damit ihres Beitragsaufkommens[41]. Dahingehende *tatsächliche* Konsequenzen sind fürwahr nicht zu leugenen, doch gilt es zunächst zu bedenken, daß den Verbänden selbst mit der sog. *OT-Mitgliedschaft*[42] ein vorzügliches Instrument an die Hand gegeben ist, welches sowohl ihren Organisationsinteressen als auch dem Willen des Mitglieds Rechnung trägt, zukünftig[43] nicht mehr von tariflichen Abreden erfaßt zu werden. Sofern die Satzungen der Arbeitgeberverbände vermehrt den Status als OT-Mitglied anböten, dürfte auf Seiten ihrer Mitglieder die Notwendigkeit, wegen Unzufriedenheit mit der Tarifpolitik mit sofortiger Wirkung aus dem Verband auszutreten, deutlich geringer erachtet werden.

Fehlt eine solche Option, kann die Beeinträchtigung reiner Organisationsinteressen aus *rechtlicher* Sicht – wie das AG Ettenheim zutreffend ausgeführt hat – letztlich nicht gegen die Anerkennung eines Rechts zum jederzeitigen Verbandsaustritt ohne Fristeinhaltung geltend gemacht werden. Vor dieselben Schwierigkeiten sehen sich unzweifelhaft gleichermaßen die politischen Parteien gestellt, was den Gesetzgeber dennoch nicht gehindert hat, in § 10 Abs. 2

---

[39] Ausf. zum Schutzbereich der negativen Koalitionsfreiheit oben § 5 II 3 a bb.

[40] NJW 1985, 979 f.; zustimm. *Hoß/Liebscher*, DB 1995, 2525.

[41] *Löwisch/Rieble*, TVG, § 3 Rdnr. 34.

[42] Dazu oben § 2 II 1.

[43] An der Geltung der im Zeitpunkt der Umwandlung der normalen Mitgliedschaft in eine OT-Mitgliedschaft gültigen Tarifbestimmungen ändert sich indessen nichts, da auch in einem solchen Fall die Vorschrift des § 3 Abs. 3 TVG (zu dieser sogleich 3 a) eingreift; *Reuter*, RdA 1996, 201 (208); *Buchner*, NZA 1994, 2 (9); *Däubler*, ZTR 1994, 448 (453); *Otto*, NZA 1996, 624 (630).

Satz 3 PartG die Möglichkeit zur jederzeitigen Kündigung der Mitgliedschaft zu statuieren. Allein die Tatsache, daß sich die Legislative bisher unter dem Druck der Sozialpartner nicht in der Lage sah, das dringliche Vorhaben eines arbeitsrechtlichen Verbändegesetzes in die Tat umzusetzen, stellt keinen Grund dar, im Hinblick auf die Tarifverbände im Ergebnis anders zu entscheiden. Denn auch bereits de lege lata läßt sich die Zulässigkeit eines ordentlichen Austrittsrechts ohne Fristeinhaltung eindeutig auf die *verfassungsdogmatische Struktur* des Art. 9 Abs. 3 GG zurückführen. Auf Grund der ausschließlich individuellen Grundrechtsträgerschaft, die sich auch auf die kollektiven Betätigungsrechte der Verbände erstreckt, darf die kollektive Koalitionsfreiheit keineswegs zur Schranke der Freiheitssphäre einzelner Mitglieder werden[44]. Daraus folgt unweigerlich, daß das aus der negativen Koalitionsfreiheit resultierende Austrittsrecht nicht allein unter Hinweis auf reine Organisationsinteressen wie die Kalkulation des Mitgliederstandes und Beitragsaufkommens beschnitten werden darf.

cc) Es ist demnach festzuhalten, daß Mitgliedsunternehmen eines Arbeitgeberverbandes *zu jeder Zeit* das Recht zusteht, die Verbandszugehörigkeit *fristlos* zu beenden, so daß die Frage, ob und inwieweit wirtschaftliche Notlagen einen zum außerordentlichen Austritt legitimierenden Grund darstellen, im Ergebnis obsolet wird.

### 3. *Tarifvertragsrechtliche Hindernisse der Tarifflucht*

#### a) Fortwirkung der Tarifgebundenheit im Sinne des § 3 Abs. 3 TVG

Macht der Unternehmer von seinem jederzeitigen Austrittsrecht Gebrauch, erlöschen grundsätzlich sämtliche seiner gegenüber dem Verband bestehenden Rechte und Pflichten. Die ersehnte Freiheit, Lohn- und Arbeitsbedingungen unabhängig von den unliebsamen tariflichen Vorgaben fortan gemeinsam mit dem Betriebsrat in einer der betrieblichen Situation angemessenen Weise aushandeln zu können, besteht aber dennoch zunächst nicht. Ausgehend von der Grundregel des § 3 Abs. 1 TVG müßte zwar mit Beendigung der Mitgliedschaft gleichfalls die Tarifgebundenheit und mit dieser auch die Sperrwirkung des Tarifvorbehalts gem. § 77 Abs. 3 BetrVG entfallen. Jedoch ordnet § 3 Abs. 3 TVG in Abweichung dazu an, daß die Tarifgebundenheit nicht bereits allein durch Verbandsaustritt, sondern erst mit Beendigung der für den Betrieb geltenden Tarifverträge erlischt. Die grundsätzlich erforderliche mitgliedschaftliche Legitimation der Geltung tariflicher Normen wird also für den Fall des Verbandsaustritts

---

[44] Allg. bereits § 5 II 2 a bb (2).

durch eine *gesetzliche Fiktion*[45] verlängert[46] und die Tarifgebundenheit dadurch bis zum Eintritt des nach dem zeitlichen Geltungsbereich der Tarifabreden vorgesehenen Endzeitpunkts eingefroren[47].

### *aa) Der rechtspolitische Zweck der Vorschrift*

Die Fortwirkung der Tarifbindung gem. § 3 Abs. 3 TVG stellt neben der Allgemeinverbindlichkeit (§ 5 TVG) sowie den betrieblichen und betriebsverfassungsrechtlichen Normen (§§ 1 Abs. 1, 3 Abs. 2 TVG) einen von drei gesetzlichen Ausnahmefällen dar, in denen sich Tarifverträge abweichend vom Grundsatz der §§ 3 Abs. 1, 4 Abs. 1 TVG ausdrücklich auf Außenseiter erstrekken. Da das durch Art. 9 Abs. 3 GG garantierte Grundrecht auf negative Koalitionsfreiheit Nichtorganisierte insbesondere davor schützt, gegen ihren Willen von der tariflichen Rechtsetzungsbefugnis erfaßt zu werden[48], ist § 3 Abs. 3 TVG neben rechtspolitischen stets nicht zuletzt auch starken verfassungsrechtlichen Bedenken ausgesetzt gewesen[49]. Ein *Eingriff* in die negative Koalitionsfreiheit des aus seinem Verband ausgetretenen Arbeitgebers auf Grund der gesetzlichen Verlängerung der Tarifgebundenheit ist in der Tat nicht zu leugnen. Für die Verfassungsmäßigkeit des § 3 Abs. 3 TVG kommt es daher im Ergebnis darauf an, ob diese Beeinträchtigung durch den seitens des Gesetzgebers verfolgten Zweck *gerechtfertigt* ist[50], wobei wegen der vorbehaltlosen Gewährleistung negativer Koalitionsfreiheit durch Art. 9 Abs. 3 GG ausschließlich die Rechtfertigung anhand eines *widerstreitenden Verfassungsguts* in Betracht kommt.

(1) Den Verlautbarungen während der parlamentarischen Beratungen des Tarifvertragsgesetzes zu Folge sollte dessen § 3 Abs. 3 ursprünglich als eine gesetzliche „Maßnahme zum Bestandsschutz der Arbeitgeberverbände" gedacht sein[51], weshalb die Norm auch heute teilweise noch ausschließlich im Sinne ei-

---

[45] BAG, DB 1996, 1284; *Hromadka/Maschmann/Wallner*, Tarifwechsel, Rdnr. 226; *Lieb*, NZA 1994, 227; *Hoß/Liebscher*, DB 1995, 2525.

[46] *Löwisch/Rieble*, TVG, § 3 Rdnr. 73.

[47] *Krauss*, DB 1995, 1562.

[48] Hierzu oben § 5 II 3 a bb.

[49] Siehe insbes. *Dietz*, RdA 1957, 178 (179); auch *Biedenkopf* (Grenzen, S. 99 ff. [insbes. Fn. 147]), der jedoch i. Erg. die Ausdehnung der Normwirkung wegen der sich in § 3 Abs. 3 TVG verkörpernden „Beteiligung des Staates" nicht beanstanden will; vgl. ebenso *Richardi*, Kollektivgewalt, S. 221 f.; insges. zur tarifrechtlichen Legitimationslehre ausf. *Gamillscheg*, Kollektives Arbeitsrecht, Bd. 1, S. 554 ff. (insbes. 562 f.).

[50] *Löwisch/Rieble*, TVG, § 3 Rdnr. 73.

[51] So *Herschel* (ZfA 1973, 183 [192]), wobei maßgebliche Intention wohl gewesen sein dürfte, nicht so sehr die Existenz und Macht der Arbeitgeberverbände, sondern letztlich vielmehr die der Gewerkschaften zu schützen. Denn sofern den Arbeitgeberver-

ner *Schutzvorschrift zu Gunsten der Tarifvertragsparteien* verstanden wird[52]. Mit einer dahingehenden Aussage müßte § 3 Abs. 3 TVG jedoch als verfassungswidrig erachtet werden. Denn die verfassungsrechtliche Anerkennung der Tarifautonomie durch Art. 9 Abs. 3 GG gebietet es nicht, die Tarifvertragsparteien allein um ihrer selbst willen zu schützen[53]; und wegen der rein individualrechtsbezogenen Natur des Koalitionsgrundrechts kann es erst recht nicht zulässig sein, aus bloßen Machterhaltungsinteressen der Organisationen die Freiheitssphäre eines einzelnen Grundrechtsberechtigten – konkret also die negative Koalitionsfreiheit des aus seinem Verband ausgetretenen Arbeitgebers – zu beeinträchtigen[54].

(2) Dennoch kann § 3 Abs. 3 TVG im Ergebnis nicht als verfassungswidrig und daher für den aus dem Arbeitgeberverband ausgetretenen Unternehmer unbeachtlich angesehen werden, da der Vorschrift bei genauerer Betrachtung durchaus eine normative Zwecksetzung zukommt, welche den Eingriff in dessen Grundrecht auf negative Koalitionsfreiheit zu rechtfertigen vermag. Beabsichtigtes Ziel der bis zur Beendigung des Tarifvertrages angeordneten Fiktion der Tarifgebundenheit ist es zu verhindern, daß sich der Arbeitgeber allein durch den Verbandsaustritt bei Mißfallen eigenmächtig von einst durch seine Mitgliedschaft legitimierten[55] Tarifnormen befreit[56]. Demzufolge sichert § 3 Abs. 3 TVG die Schutzfunktion tarifvertraglicher Bestimmungen und somit das Ver-

---

bänden die Unternehmer davon laufen, verlieren zunächst der Tarifvertrag seine Bedeutung und alsbald die Gewerkschaften ihre Mitglieder und sozialpolitische Stellung. Starke Gewerkschaften bedürfen starker Arbeitgeberverbände.

[52] Allg. für die Außenseitererstreckung *Biedenkopf*, Grenzen, S. 100; konkret hinsichtl. § 3 Abs. 3 TVG *Schaub*, BB 1994, 2005 (2006); *derselbe*, BB 1995, 2003; ähnl. *Däubler*, NZA 1996, 225 (226): Schutz der „Ordnungsfunktion der Verbandstarife"; entsprech. *derselbe*, ZTR 1994, 448 (449); vorsichtiger das BAG (DB 1996, 1284), welches annimmt, § 3 Abs. 3 TVG bezwecke „auch" den Schutz der Tarifvertragsparteien; entsprech. *Veit*, Zuständigkeit, S. 81; zu Recht krit. *Löwisch/Rieble*, TVG, § 3 Rdnr. 77.

[53] Siehe oben § 5 II 2.

[54] Ähnl. *Reuter* (ZfA 1995, 1 [40]), wenn er annimmt, ein solcher „Schutz der Tarifvertragsparteien durch Zwangssolidarisierung" stelle „das verfassungsrechtliche Verhältnis zwischen Schutz der individuellen Koalitionsbildungsfreiheit und Schutz des kollektiven Koalitionsbetätigungsrechts auf den Kopf"; ausf. zur verfassungsdogmatischen Struktur des Art. 9 Abs. 3 GG oben § 5 II 2 a.

[55] Maßgeblich auf den Grundsatz „pacta sunt servanda" abstellend *Rieble*, RdA 1996, 151 (155); *Schaub*, BB 1994, 2005 (2006); *derselbe*, BB 1995, 2003; vgl. auch *Buchner*, RdA 1997, 259 f.; *Richardi* (Kollektivgewalt, S. 221) unterscheidet insoweit zwischen der nach Verbandsaustritt beendeten Unterwerfung unter die Rechtsetzungsgewalt des Verbandes und dem durch § 3 Abs. 3 TVG perpetuierten Unterworfensein unter die tarifvertraglichen Rechtsätze.

[56] *Gamillscheg*, Kollektives Arbeitsrecht, Bd. 1, S. 724; *Löwisch/Rieble*, TVG, § 3 Rdnr. 74; *Lieb*, NZA 1994, 337; *Hümmerich*, DB 1996, 1182; *Krauss*, DB 1996, 528; *derselbe*, DB 1995, 1562.

fassungsgut *tariflicher Normsetzung* (Art. 9 Abs. 3 GG)[57]. Doch dies nicht im Sinne eines funktionsvergessenen Machterhalts zu Gunsten der Verbände, sondern allein zum Zwecke des auf Kollektivebene gehobenen *Individualschutzes* der tarifbetroffenen Arbeitnehmer (positive Koalitionsfreiheit): Diese sollen ohne weiteres darauf *vertrauen* können, daß der Arbeitgeber sich nicht während der Laufzeit eines Tarifvertrages in die Lage versetzen kann, die zu ihrem Schutze vereinbarten tariflichen Mindestbedingungen *zu ihren Ungunsten* abändern zu können[58].

Auf Grund dieser Zwecksetzung ist § 3 Abs. 3 BetrVG letztlich nicht nur als verfassungsgemäß, sondern überdies als verfassungsrechtlich geboten anzusehen, so daß eine – gerade in jüngster Zeit vermehrt erwogene – Streichung[59] oder wenigstens Abschwächung der Vorschrift hinsichtlich ihrer Wirkung[60] nicht in Betracht kommt[61]. Zwar ist nicht zu bestreiten, daß die gegen den Willen des aus seinem Verband ausgetretenen Arbeitgebers gesetzlich angeordnete Verlängerung der Tarifbindung aus rechtspolitischen Erwägungen insbesondere dann äußerst fragwürdig wird, wenn wirtschaftliche Engpässe oder gar ein drohender Konkurs dazu führen, daß ein Unternehmen sich zur Gewährung der tariflichen Arbeitsbedingungen nicht mehr in der Lage sieht. Von rechtlicher Warte muß diesen – leider zunehmend häufiger werdenden – „Extrem"-Fällen indessen auf dem Wege einer maßvollen Interpretation des § 3 Abs. 3 TVG Rechnung getragen werden, nicht hingegen durch das tabula rasa einer völligen Beseitigung der Fortwirkung und damit des durch sie intendierten Arbeitneh-

---

[57] I. Erg. *Richardi*, Kollektivgewalt, S. 221; *Wiedemann/Stumpf* (TVG, § 3 Rdnr. 29), die zutreff. den Schutz der Verbandskontinuität allenfalls als Nebenwirkung, nicht aber als eigenständigen Zweck des § 3 Abs. 3 TVG verstehen; ebenso *Hromadka/Maschmann/Wallner*, Tarifwechsel, Rdnr. 226; vgl. auch *Konzen*, NZA 1995, 913 (915 u. 919); *Gerhards*, BB 1995, 1290; *Hoß/Liebscher*, DB 1995, 2525.

[58] Entsprech. *Gerhards*, BB 1995, 1290; auch *Löwisch* (JZ 1996, 812 [821]) geht zutreff. davon aus, daß nur eine den Arbeitnehmerschutz in den Vordergrund stellende ratio des § 3 Abs. 3 TVG „verfassungsrechtlich haltbar" sei; vgl. ebenso *Krauss*, DB 1996, 528.

[59] *Reuter*, ZfA 1995, 1 (40 f.); *Heinze*, NZA 1997, 1 (8); zumindest erwogen, jedoch i. Erg. abgelehnt wurde die Streichung des § 3 Abs. 3 TVG auch von der *Monopolkommission*, BT-Drucks. XII/8323, S. 64 u. 379; vgl. auch die Forderung des Verbandes Deutscher Maschinen- und Anlagenbauer (VDMA), F.A.Z. vom 12.06.1997, S. 13.

[60] Siehe den Gesetzesvorschlag von *Beuthien/Meik* (DB 1993, 1518 [1520]), die § 3 Abs. 3 TVG dispositiv gestalten und dadurch der Nachwirkung i. S. d. § 4 Abs. 5 TVG gleichstellen wollen; entsprech. *Reuter*, FS für Schaub, S. 605 (621 f.); bereits de lege lata *Adomeit*, Regelung von Arbeitsbedingungen, S. 56; *Frieges*, DB 1996, 1281.

[61] I. Erg. zu Recht krit. *Konzen*, NZA 1995, 913 (920); *Löwisch*, JZ 1996, 812 (818); *derselbe*, ZfA 1996, 293 (312); *Lieb*, NZA 1994, 337 (339); *Walker*, ZfA 1996, 353 (380); *Junker*, ZfA 1996, 383 (400).

merschutzes[62]. Hinzu kommt, daß allein die Streichung oder Modifizierung von § 3 Abs. 3 TVG Unternehmen, die in wirtschaftliche Schwierigkeiten geraten sind, jedenfalls so lange nicht weiter hilft, wie nicht überdies tatsächlich und rechtlich Regelungsalternativen offenstehen, mittels derer auf individualrechtlichem oder kollektivem Wege eine von den tariflichen Vorgaben abweichende Gestaltung der Arbeitsbedingungen erfolgen kann[63]. Die im Rahmen dieser Untersuchung bestätigte Erkenntnis, daß bereits de lege lata § 77 Abs. 3 BetrVG der Wirksamkeit von betrieblichen Vereinbarungen nicht entgegensteht, welche nicht tarifgebundene Arbeitgeber mit ihren Betriebsräten abschließen, ist demnach für ein eventuell erforderliches unternehmerisches Krisenmanagement von weitaus größerer praktischer Bedeutung als ein § 3 Abs. 3 TVG betreffendes Tätigwerden des Gesetzgebers. Es bleibt daher allein zu fragen, ob, inwieweit und nicht zuletzt für welchen Zeitraum auf dem Hintergrund der arbeitnehmerschützenden Zwecksetzung der Fortwirkung ein Unternehmer trotz Ablegen seiner Verbandsmitgliedschaft gehindert bleibt, mit seinem Betriebsrat von den nach § 3 Abs. 3 BetrVG weitergeltenden Tarifbestimmungen abweichende Betriebsvereinbarungen abzuschließen. Dabei wird sich zeigen, daß insoweit alsbald beträchtliche Regelungsspielräume eröffnet sind.

*bb) Betriebsvereinbarungen während der Fortwirkungsphase*

Geht man davon aus, daß ein Eingreifen des § 77 Abs. 3 BetrVG stets die Tarifbindung des betroffenen Arbeitgebers zur Voraussetzung hat, diese aber durch § 3 Abs. 3 TVG nach Verbandsaustritt bis zur Beendigung des Tarifvertrages perpetuiert wird, so muß letzteres nicht zwangsläufig die Unwirksamkeit während dieser Fortwirkungsphase abgeschlossener Betriebsvereinbarungen zur Folge haben. Denn den Tarifvorbehalt auf Betriebe tarifgebundener Arbeitgeber zu beschränken, heißt nicht zwingend, daß auch eine lediglich durch das Gesetz fingierte und daher *atypische*[64] Tarifgebundenheit seine Sperrwirkung auszulösen in der Lage ist. Genauso wäre es denkbar, die Geltungsreichweite des § 77 Abs. 3 BetrVG ausschließlich auf Betriebe *verbandsangehöriger* Unternehmer, die Voraussetzung der Tarifbindung des Arbeitgebers also allein auf die *durch Mitgliedschaft legitimierte* Tarifgebundenheit einzuengen mit der Folge, daß im Falle der Konkurrenz von gemäß § 3 Abs. 3 TVG weitergeltenden Tarifbestimmungen mit Betriebsvereinbarungen, die während dieser Fortwirkungspha-

---

[62] Zutreff. *Henssler* (ZfA 1994, 487 [508 u. 514]), der ein Tätigwerden des Gesetzgebers als eine „Überreaktion“ bezeichnet, „die für wenige regelungsbedürftige Ausnahmefälle bereit ist, das Gesamtsystem in Frage zu stellen“.

[63] *Junker*, ZfA 1996, 383 (401); *Walker*, ZfA 1996, 353 (379 f.); *Henssler*, ZfA 1994, 487 (514).

[64] *Hromadka/Maschmann/Wallner*, Tarifwechsel, Rdnr. 226.

se abgeschlossen werden, letzteren der Vorrang gebühren müßte[65]. Entscheidend für die Beantwortung der Frage, ob die durch § 3 Abs. 3 TVG fingierte Tarifgebundenheit ausreicht, um die Sperrwirkung des Tarifvorbehalts bis zur Beendigung der tariflichen Abmachungen aufrechtzuerhalten, kann letztlich nur die durch das Gesetz mit der Statuierung der Fortwirkung intendierte Zwecksetzung sein. Auf der Grundlage der soeben umschriebenen Zweckbestimmung, das Vertrauen der Arbeitnehmer zu schützen, während der Laufzeit eines Tarifvertrages nicht mit einer eventuellen Änderung der Arbeitsbedingungen *zu ihren Ungunsten* konfrontiert zu werden, ist im Ergebnis eine differenzierende Sichtweise erforderlich.

(1) Grundsätzliche Unzulässigkeit

Zum Abschluß einer freiwilligen Betriebsvereinbarung bedarf der Arbeitgeber stets der Zustimmung des Betriebsrats, wobei nicht davon auszugehen ist, daß dieser ohne berechtigten Grund eine Abmachung mittragen wird, welche die Arbeitnehmer durch zu deren Ungunsten von tariflichen Bestimmungen abweichende betriebliche Abmachungen unnötig belastet. Dennoch wird § 3 Abs. 3 TVG seinem Zweck nur dann hinreichend gerecht, wenn nach Verbandsaustritt zunächst nicht nur individualrechtliche Änderungsmöglichkeiten, sondern grundsätzlich auch Betriebsvereinbarungen untersagt bleiben. Allein die theoretische Möglichkeit, daß dem Arbeitgeber alsbald nach Verbandsaustritt zwecks Abänderung der tariflichen Mindestbedingungen das Regelungsinstrument der Betriebsvereinbarung zustünde, beeinträchtigt die Arbeitnehmer in ihrem durch § 3 Abs. 3 TVG geschützten Interesse, jedenfalls für die Laufzeit des Tarifvertrages auf dessen Einhaltung vertrauen zu dürfen. Dies gilt erst recht, wenn man bedenkt, daß die Betriebsvereinbarung im Vergleich zu individualvertraglichen Modifikationen wegen ihrer normativen Wirkung überdies das für den Arbeitgeber weitaus praktikablere Gestaltungsmittel darstellt. Die Sperrwirkung von § 77 Abs. 3 BetrVG muß daher auch nach Abstreifen der Verbandsmitgliedschaft im Grundsatz zunächst erhalten bleiben.

(2) Vorrang günstigerer Betriebsvereinbarungen

(2.1) Andererseits kann kein Zweifel bestehen, daß die durch den Tarifvorbehalt angeordnete Schranke zu Lasten betrieblicher Vereinbarungen während

---

[65] So i. Erg. *Ehmann* (Neue Ordnung 1996 [Sondernummer], S. 56) m. der Begr., es bestehe kein Bedürfnis mehr für die Fortwirkung, wenn die zu regelnden Arbeitsbedingungen durch einen Normenvertrag zwischen Arbeitgeber und Betriebsrat geregelt worden seien.

der Fortwirkungsphase nicht weiter reichen darf als in Betrieben verbandsangehöriger Arbeitgeber. Auf Grund der verfassungsrechtlichen Verankerung des *Günstigkeitsprinzips*, welches sich als ein *Verfassungsprinzip zur Herstellung praktischer Konkordanz* gegen die einfachgesetzliche Regelung des § 77 Abs. 3 BetrVG durchsetzt[66], muß hier wie dort Betriebsvereinbarungen jedenfalls dann der Vorrang gebühren, wenn diese *zu Gunsten* der Arbeitnehmer von tariflichen oder tarifüblichen Regelungen abweichen. Die rechtspolitische Zwecksetzung des § 3 Abs. 3 TVG bestätigt dies. Denn ist es Ziel dieser Vorschrift, das Vertrauen der Arbeitnehmer zu schützen, daß auch nach dem Verbandsaustritt ihres Arbeitgebers bis zur Beendigung des Tarifvertrages dessen Bestimmungen *nicht zu ihren Ungunsten* verändert werden können, so steht dies einer auf dem Wege betrieblicher Abmachungen erzielten Verbesserung ihrer Position nicht entgegen. Im Gegenteil: Falls der Arbeitgeber aus seinem Verband austritt, um mit dem Betriebsrat eine Betriebsvereinbarung abzuschließen, welche nach Maßgabe des Günstigkeitsprinzips abweichenden Tarifabreden vorgeht, wird die arbeitnehmerschützende Funktion des § 3 Abs. 3 TVG im Ergebnis obsolet.

(2.2) Entscheidend für die Wirksamkeit während der Fortwirkungsphase ausgehandelter Betriebsvereinbarungen ist folglich, in welchem Umfang das Günstigkeitsprinzip den Betriebspartnern Abweichungen von tariflichen Bestimmungen erlaubt. Lange Zeit ist der zwecks Bestimmung der Vorrangigkeit individualvertraglicher oder betrieblicher Abmachungen vorzunehmende *Günstigkeitsvergleich* – trotz hinsichtlich tauglicher Vergleichsgegenstände, des maßgeblichen Bezugspunktes (einzelner oder Kollektiv) sowie des heranzuziehenden objektiven oder subjektiven Bewertungsmaßstabs im Detail bestehender Unklarheiten[67] – im Hinblick auf die finale Günstigkeitsentscheidung als solche stets von eindeutigen Direktiven geprägt gewesen: Nur ein im Vergleich zum tariflichen Mindestlohn *höheres* Arbeitsentgelt wurde als günstiger angesehen. Umgekehrt stellten die Tarifbestimmungen im Arbeitszeitbereich stets Höchstarbeitsbedingungen dar, abweichende Vereinbarungen gingen also nur vor, sofern sie eine *kürzere* Arbeitszeitdauer enthielten. Vornehmlich die fortschreitende Reduzierung der tariflichen Arbeitszeit (35-Stunden-Woche) hat dieses einfache Vorstellungsbild jedoch ins Wanken gebracht, indem sie die Erkenntnis beförderte, unterhalb der dem Gesundheitsschutz der Arbeitnehmer dienenden Grenze könne unter Umständen auch eine übertarifliche Dauer der Arbeitszeit als für den Arbeitnehmer letztlich günstiger erachtet werden[68]. Begründet wird dies zu Recht damit, daß beide das arbeitsvertragliche Synallagma bildenden Arbeitsbedingungen bei der Bestimmung der Günstigkeit sinnvollerweise

---

[66] Siehe hierzu ausf. § 5 IV 1 b cc.

[67] Zu methodischen Einzelheiten des Günstigkeitsvergleichs ausf. *Th. Schmidt*, Günstigkeitsprinzip, S. 115 ff.; auch *Reuter*, ZfA 1995, 1 (54 ff.).

[68] Zur Gesamtentwicklung *Lieb*, NZA 1994, 289 (292 f.).

nicht isoliert betrachtet werden können, sondern vielmehr gemeinsam in die Waagschale geworfen werden müssen. Folglich kann der mit der Arbeitszeitverlängerung einhergehende Mehrverdienst im Ergebnis zum Vorrang einer entsprechenden individualrechtlichen oder betrieblichen Vereinbarung führen[69].

Die Möglichkeit zum wirksamen Abschluß von Regelungen, welche die Dauer der Arbeitszeit ausdehnen und für sich betrachtet daher als ungünstiger zu erachten wären, ist jedoch nur ein Beispiel für einen allgemeineren Grundsatz: Selbst auf den ersten Blick zu Ungunsten der Arbeitnehmer getroffene Abmachungen können jedenfalls dann aus dem Günstigkeitsvergleich als vorrangig hervorgehen, wenn sie auf der anderen Seite durch gleichfalls in den Abwägungsprozeß einzustellende übertarifliche Bestimmungen kompensiert werden[70]. Diese Maxime wiederum führt zu der entscheidenden Frage, inwieweit ein Unternehmer, der auf Grund wirtschaftlicher Schwierigkeiten aus seinem Arbeitgeberverband ausgetreten ist, auf der Grundlage des Günstigkeitsprinzips noch während der Fortwirkungsphase des § 3 Abs. 3 TVG mit seinem Betriebsrat im Wege einer Betriebsvereinbarung auch *untertarifliche Löhne* oder eine *übertarifliche Arbeitszeitdauer* festlegen kann.

### (3) Insbesondere: Zulässigkeit existenzsichernder Betriebsvereinbarungen

Nicht selten werden in letzter Zeit – oftmals auch ohne vorherigen Verbandsaustritt – sogenannte *betriebliche „Bündnisse für Arbeit"* geschmiedet[71]. In diesen wird seitens des Betriebsrats oder im Falle individualvertraglich wirkender Abreden durch die Arbeitnehmer zumeist auf einen Teil des Tariflohnes verzichtet bzw. einer längeren als der tariflich geschuldeten Arbeitsleistung zugestimmt, weil der Arbeitgeber seinerseits im Gegenzug verspricht, für einen bestimmten Zeitraum von betriebsbedingten Kündigungen abzusehen oder diese jedenfalls nur mit Zustimmung des Betriebsrats (vgl. § 102 Abs. 6 BetrVG) auszusprechen. Wirksamkeit erlangen dahingehende Abmachungen nur dann, wenn die „Gegenleistung" *erhöhten Kündigungsschutzes* als ein *Vergleichsgegenstand* in die Günstigkeitsbetrachtung einbezogen werden kann, welcher die

---

[69] *Zöllner/Loritz*, Arbeitsrecht, S. 359; *Ehmann*, ZRP 1996, 314 (317); *Ehmann/Schmidt*, NZA 1995, 193 (201); *Th. Schmidt*, Günstigkeitsprinzip, S. 136 ff.; *Walker*, ZfA 1996, 353 (376 Fn. 139); a. A. LAG Baden-Württemberg, DB 1989, 2028 f.

[70] So ganz klar *Wiedemann/Stumpf*, TVG, § 4 Rdnrn. 238 u. 243; anders *Belling*, Günstigkeitsprinzip, S. 183 ff.

[71] Vgl. m. im Detail unterschiedlichem Inhalt die innerbetrieblichen Vereinbarungen der Adam Opel AG (F.A.Z. vom 21.01.1998, S. 17), Babcock AG und der Deutz AG (F.A.Z. vom 24.09.1997, S. 31), der Ford-Werke AG (F.A.Z. vom 24.09.1997, S. 31), der Bayer AG (F.A.Z. vom 24.06.1997, S. 19), der Bürkert Werke GmbH&Co (F.A.Z. vom 10.06.1997, S. 13 u. S. 27), der Daimler-Benz AG (F.A.Z. vom 10.04.1997, S. 21) sowie der Zanders Feinpapiere AG (F.A.Z. vom 13.11.1996, S. 29).

Lohneinbuße bzw. die Arbeitszeitverlängerung kompensiert. Es ist allgemein anerkannt, daß die Günstigkeitsbeurteilung weder isoliert auf einzelne konkrete Arbeitsbedingungen bezogen werden darf[72], noch auf dem Wege eines Gesamtvergleichs alle sich gegenüberstehenden Regelungsgegenstände Beachtung finden können. Vielmehr sind nach Maßgabe eines *Sachgruppenvergleichs* nur diejenigen Bestimmungen berücksichtigungsfähig, welche in einem *inneren Zusammenhang* stehen[73]. Den Betriebspartnern bzw. den Parteien individualrechtlicher Abmachungen ist es unbenommen, im Rahmen ihrer Vereinbarung eine entsprechende Vergleichbarkeit auch zwischen solchen Arbeitsbedingungen herzustellen, die an sich nicht durch eine sachliche Konnexität gekennzeichnet sind[74]. Sofern also konkret ein Lohnverzicht oder eine Arbeitszeitverlängerung erkennbar im Hinblick auf ausdrückliche kündigungsrechtliche Zusagen des Arbeitgebers getroffen werden, sind es letztlich die Vertragspartner selbst, die dafür sorgen, daß insoweit eine umfassende Günstigkeitsbetrachtung stattzufinden hat.

(3.1) Ob entsprechenden betrieblichen „Bündnissen für Arbeit" im Rahmen des Günstigkeitsvergleichs der Vorrang und damit letztlich Wirksamkeit zukommt, hängt entscheidend davon ab, inwieweit die auf diesem Wege erstrebte Sicherung der Arbeitsplätze im Abwägungsprozeß Beachtung finden darf, ohne daß der Tarifvertrag Gefahr läuft, seine zum Schutze der Arbeitnehmer statuierte Unabdingbarkeitswirkung (§ 4 Abs. 1 TVG) einzubüßen. Die Frage ist in Rechtsprechung und Literatur heftig umstritten[75], wobei die wohl als herrschend zu bezeichnende Ansicht davon ausgeht, das Arbeitsplatzargument sei generell kein innerhalb eines Sachgruppenvergleichs berücksichtigungsfähiger Umstand[76]. Andernfalls werde der Tarifvertrag den Arbeitsvertragsparteien oder den Betriebspartnern gänzlich zur Disposition gestellt. Dies sei mit der verfas-

---

[72] Keine sog. „Rosinentheorie": vgl. *Hueck/Nipperdey*, Arbeitsrecht, Bd. II/1, 7. Aufl., S. 610 f.

[73] *Zöllner/Loritz*, Arbeitsrecht, S. 359; *Wiedemann/Stumpf*, TVG, § 4 Rdnrn. 243 f.; *Löwisch/Rieble*, TVG, § 4 Rdnr. 199; *Schaub*, Arbeitsrechtshandbuch, S. 1704; *Belling*, Günstigkeitsprinzip, S. 179.

[74] Zur Diff. dieses sog. subjektiv-inneren Zshg. vom sog. objektiv-inneren Zshg. kraft Natur der Sache (hierzu *Hueck/Nipperdey*, Arbeitsrecht, Bd. II/1, 7. Aufl., S. 611) insbes. *Wiedemann/Stumpf*, TVG, § 4 Rdnr. 244; auch *Belling*, Günstigkeitsprinzip, S. 179; *Gitter*, FS für Wlotzke, S. 297 (299); *Krauss*, Günstigkeitsprinzip, S. 87.

[75] Vgl. auch die Darstellung des Streitstands zur Zeit der Geltung des § 1 Abs. 1 Satz 2 TVVO 1918 bei *Krummel*, Geschichte, S. 99 ff.

[76] So jetzt insbes. auch BAG vom 20.04.1999 (1 ABR 72/98); zuvor ArbG Marburg, DB 1996, 1925 (1928 f.); aus der Lit. *Wiedemann/Stumpf*, TVG, § 4 Rdnr. 238; *Schaub*, Arbeitsrechtshandbuch, S. 1703 f.; *Zöllner*, ZfA 1988, 265 (287); *Lieb*, NZA 1994, 289 (292 f.); *Konzen*, NZA 1995, 915 (919); *Wank*, NJW 1996, 2273 (2278); *Junker*, ZfA 1996, 383 (414); *Walker*, ZfA 1996, 353 (377); *derselbe*, FS für Wiese, S. 603 (608); *Hromadka*, AuA 1996, 289; *Zachert*, AuA 1996, 293 (194); *P. Hanau*, RdA 1993, 1 (8); vgl. jetzt auch *derselbe*, RdA 1998, 65 (67 f. u. 70).

sungsrechtlichen Verankerung der Tarifautonomie (Art. 9 Abs. 3 GG), an welcher insbesondere auch die tarifliche Unabdingbarkeit als deren wichtigstes Kennzeichen teilhabe, nicht vereinbar. Hinzu komme, daß die Einbeziehung des Arbeitsplatzarguments die Günstigkeitsbewertung zu einer reinen Billigkeits- und Angemessenheitskontrolle, gar zu einer richterlichen Tarifzensur verändere. Dadurch werde nicht nur eine erfolgreiche Tarifpolitik erschwert, sondern nicht zuletzt seien unüberwindbare Schwierigkeiten bei der Findung eines (rechts-)sicheren Günstigkeitsmaßstabs die Folge. Die Günstigkeit verlöre mit anderen Worten im Ergebnis ihre Justitiabilität[77].

(3.2) Im Gegensatz hierzu wird teilweise vertreten, daß zu den günstigkeitsbegründenden Faktoren stets auch der besser gesicherte Arbeitsplatz gehöre[78]. Es sei, so *Adomeit*[79] – der Begründer dieser Ansicht –, „lebensfremd und interessenwidrig“, die allgemein nur als wertvoll zu erachtende Zusage gesteigerter Arbeitsplatzsicherheit dem Günstigkeitsvergleich zu entziehen. Inwieweit die Berücksichtigung des Arbeitsplatzarguments dogmatisch im Rahmen eines Sachgruppenvergleichs realisiert werden könne, sei letztlich nicht entscheidend. Vielmehr müsse in jedem Falle versucht werden, dem weitaus wichtigeren Gedanken der Beschäftigungssicherung im Ergebnis zum Durchschlag zu verhelfen.

(3.3) Wie so oft liegt der richtige Weg bei genauerer Betrachtung in der Mitte zwischen beiden gegensätzlichen Positionen. Im Grundsatz ist zunächst der herrschenden Meinung zuzugeben, daß ein (auch gemäß § 3 Abs. 3 TVG) tarifgebundener Arbeitgeber gemeinsam mit einem tarifgebundenen Arbeitnehmer tarifliche Vorgaben nicht allein mit der Begründung unterschreiten darf, eine solche Abmachung sei für letzteren im Ergebnis günstiger, als keinen Ar-

---

[77] Zur Begr. ausf. *Belling*, Günstigkeitsprinzip, S. 183 ff.

[78] *Adomeit*, Das Arbeitsrecht und unsere wirtschaftliche Zukunft, S. 13 ff. (= NJW 1984, 26 f.) u. S. 17 ff. (= NJW 1984, 595 f.); enger nun *derselbe*, Regelung von Arbeitsbedingungen, S. 38 ff.; entsprech. *Buchner*, NZA 1996, 1304 (1305); *derselbe*, DB 1996, Beil. Nr. 12, 9; *Gitter*, FS für Wlotzke, S. 297 (303 ff.); m. ausf. Begr. *Krauss*, Günstigkeitsprinzip, S. 107 ff.

Noch weitergehend *Heinze* (NZA 1991, 329 [332]; krit. *Rieble*, RdA 1996, 151 [156]), nach dessen Ansicht jede individuelle Vertragsgestaltung, die der privatautonomen Selbstbestimmung des Arbeitnehmers entspreche und sogleich dem sozialstaatlichen Schutzprinzip des Art. 9 Abs. 3 GG gerecht werde, stets als eine Abweichung zu Gunsten des Arbeitnehmers verstanden werden solle; für eine stärkere Subjektivierung des Günstigkeitsprinzips auch *Reuter*, in: *Fischer*, Währungsreform, S. 507 (519); anders jedoch *derselbe*, in: *Soltwedel* u.a. (Regulierungen, S. 196) mit dem zutreff. Hinweis, das noch immer vorhandene wirtschaftliche Übergewicht des Arbeitgebers gebiete i. Erg. einen objektivierten Günstigkeitsvergleich; m. Nachdruck in letzterem Sinne *Zachert* (RdA 1996, 140 [148]), der aus diesem Grunde im Zweifel stets der im Tarifvertrag niedergelegten Position der Tarifvertragsparteien den Vorrang vor gegenläufigen individualrechtlichen Vereinbarungen beimißt.

[79] Regelung von Arbeitsbedingungen, S. 43.

beitsplatz zu haben. Denn die Berücksichtigung des Arbeitsplatzarguments hätte zur Folge, daß *keine tariflichen Mindeststandards* mehr existierten, weshalb im Ergebnis die *Schutzfunktion* der Tarifautonomie zu Gunsten der organisierten Arbeitnehmer völlig *leerliefe*[80].

Zu differenzieren sind aber solche Fälle, in denen der Tarifvertrag gar nicht mehr in der Lage ist, den ihm eigenen Schutzzweck zu erfüllen. Sofern objektiv feststeht, daß ohne tarifunterschreitende, durch arbeitsplatzsichernde Zusagen kompensierte Vereinbarungen der Betrieb stillgelegt oder die Produktion ins Ausland verlagert werden müßte und dadurch der konkrete Arbeitsplatz verloren ginge, entfällt für den Tarifvertrag zeitgleich mit der Beendigung des Arbeitsverhältnisses jegliche Grundlage, seine arbeitnehmerschützende Funktion entfalten zu können[81]. Im Falle *echter Existenzgefahr* des Betriebes und seiner Arbeitsplätze muß es daher für günstiger erachtet werden und somit zulässig sein, wenn auf einzelvertraglichem Wege durch Abweichung von den tariflichen Vorgaben die Erhaltung der Arbeitsverhältnisse versucht wird. Tragen die Tarifvertragsparteien einer wirtschaftlichen Extremsituation nicht hinreichend Rechnung und wird der Schutz der Tarifautonomie folglich funktionslos, müssen sie sich damit abfinden, daß der tarifunterschreitende Individualarbeitsvertrag sich jedenfalls so weit und so lange nach Maßgabe des Günstigkeitsprinzips durchsetzt, wie dies aus ökonomischen Gründen unumgänglich ist, um der Notlage des Betriebes Herr zu werden[82].

Gleiches muß um so mehr gelten, wenn der Arbeitgeber statt auf individualrechtlichem Wege gemeinsam mit dem Betriebsrat in Form einer Betriebsvereinbarung niederlegt, daß durch im Vergleich zum Tarifniveau niedrigere Löhne oder höhere Arbeitszeiten eine ansonsten sichere Betriebsstillegung oder Standortverlagerung verhindert werden soll, und dieses Ziel durch die Sicherung der Arbeitsplätze garantierende Zusagen eindeutig manifestiert. Für die Wirksamkeit entsprechender *existenzsichernder Betriebsvereinbarungen* streitet einerseits die Tatsache, daß dem Betriebsrat im Verhältnis zum Arbeitgeber allein auf Grund der starken institutionellen Absicherung seiner Mitglieder (§ 15 KSchG, §§ 37 Abs. 4 und Abs. 5, 78, 103 BetrVG) und nicht zuletzt wegen des besseren Einblicks in die wirtschaftliche Situation des Unternehmens (§§ 106 ff.

---

80 Entsprech. *Ehmann*, ZRP 1996, 314 (317); *Ehmann/Schmidt*, NZA 1995, 193 (202); *Th. Schmidt*, Günstigkeitsprinzip, S. 128; *Reuter*, ZfA 1995, 1 (53); *Löwisch*, ZfA 1996, 293 (311 f.); *Kort*, NJW 1997, 1476 (1479).

81 Zutreff. *Adomeit*, Regelung von Arbeitsbedingungen, S. 41: „Denn was hätten die Repräsentanten der Gewerkschaft in dieser Lage noch zu vermelden?"

82 *Ehmann*, ZRP 1996, 314 (317 f.); *Ehmann/Schmidt*, NZA 1995, 193 (202); *Th. Schmidt*, Günstigkeitsprinzip, S. 128 f.; i. Erg. entsprech., wenn auch ohne Heranziehung des Günstigkeitsprinzips neuerdings *Löwisch*, ZfA 1996, 293 (313); *derselbe*, NJW 1997, 905 (906); *Belling/Hartmann*, NZA 1998, 57 (60); ausf. *dieselben*, ZfA 1997, 87 ff.

BetrVG) in aller Regel eine im Vergleich zu den einzelnen Arbeitnehmern stärkere Verhandlungsposition zukommen dürfte. Zum anderen ergibt sich aus dem Gesamtkontext des Betriebsverfassungsgesetzes unmißverständlich, daß die Bewältigung wirtschaftlicher Krisen des Betriebsverbandes geradezu als vornehmliche Aufgabe der Betriebspartner anzusehen ist[83]: So erteilt § 87 Abs. 1 Nr. 3 BetrVG dem Betriebsrat bei der – in aller Regel krisenbedingten – Einführung von Kurzarbeit ausnahmsweise auch hinsichtlich der Dauer der Arbeitszeit ein erzwingbares Mitbestimmungsrecht. Nach §§ 111 ff. BetrVG sind sämtliche Betriebsänderungen Gegenstand umfangreicher Mitwirkungsbefugnisse der betrieblichen Arbeitnehmervertretung. Insbesondere sieht § 112 Abs. 1 Satz 4 BetrVG vor, daß bei Abschluß eines Sozialplans, obwohl diesem die Wirkung einer Betriebsvereinbarung zukommt, der Tarifvorbehalt des § 77 Abs. 3 BetrVG nicht zur Geltung gelangt. Durch diesen ausdrücklich statuierten Vorrang der für den Fall einer Betriebsänderung vor Ort vereinbarten Ausgleichs- und Abfindungsregelungen gegenüber externen tariflichen Abreden erkennt das Gesetz explizit die *größere Sachnähe* der Betriebspartner *im Krisenfall* an. Ihnen wird die Fähigkeit zugesprochen, die wirtschaftlichen Folgen für die betroffenen Mitarbeiter im Vergleich zu den Tarifpartnern besser einschätzen zu können[84]. Es kann indessen nur als kontraproduktiv und daher wenig einsichtig bezeichnet werden, Arbeitgeber und Betriebsrat zwar auf der einen Seite bei der *Abwicklung* und *Folgenminderung* von Stillegungen oder Verlegungen des Betriebes eine Regelungspriorität zuzuerkennen, ihnen auf der anderen Seite aber unter Berufung auf den Tarifvorbehalt strikt die Möglichkeit zu versagen, entsprechende unternehmerische Maßnahmen bereits im vorhinein durch ein gezieltes Krisenmanagement in Gestalt existenzsichernder Betriebsvereinbarungen zu *verhindern*[85]. Den richtungsweisenden Ausweg aus diesem Widerspruch eröffnet das Günstigkeitsprinzip, welches als Verfassungsprinzip zur Herstellung praktischer Konkordanz die einfachgesetzliche Sperrwirkung gem. § 77 Abs. 3 BetrVG durchbricht und in den Ausnahmefällen einer drohenden

---

[83] Zutreff. *Vollmer*, DB 1982, 1670 (1672); *Masloh*, BB 1996, 2407 (2409): „Schicksalsgemeinschaft Betrieb"; in diese Richtung auch bereits *Ehmann*, Betriebsrisikolehre und Kurzarbeit, S. 44.

[84] Vgl. auch BAG, AP Nr. 109 zu § 1 TVG Tarifverträge: Metallindustrie; ausf. hierzu *Meyer*, RdA 1996, 181 (183); ebenso *Weyand*, AuR 1989, 193 (195).

[85] Der Zshg. wird bereits richtig erkannt von *Vollmer* (DB 1982, 1670 [1671 ff.]), der auf dem Wege einer Annex-Kompetenz zur Regelungszuständigkeit für den Interessenausgleich (§ 111 BetrVG) den Betriebspartnern auch die Befugnis zusprechen möchte, in Krisensituationen des Betriebes materielle Gestaltungen (Kürzungen) in bezug auf die Einzelarbeitsverhältnisse vorzunehmen. Zwar ist dieser Auffassung mit *Reuter* (in: *Soltwedel* u.a., Regulierungen, S. 198 f.) wegen Überschreitung der Grenzen gestalterischer Rechtsfortbildung letztlich nicht zu folgen, doch bedarf es nicht des Tätigwerdens des Gesetzgebers (so aber *Reuter*, ebd., S. 199 f.), um den hinter ihr stehenden zutreff. Ansatz in die Tat umzusetzen, sondern lediglich der hier vertretenen (Neu-)Interpretation des Günstigkeitsprinzips.

*Betriebsstillegung* oder *Produktionsverlagerung* unter der Voraussetzung gesteigerter Arbeitsplatzsicherheit auch tarifunterschreitenden Betriebsvereinbarungen zum Vorrang verhilft[86].

Es kann kein Zweifel bestehen, daß nur eine solch differenzierende Berücksichtigung des Arbeitsplatzarguments im Falle tarifabweichender Individualabreden oder Betriebsvereinbarungen die im Ergebnis erforderliche Synthese zwischen der rechtlich gebotenen *Sicherung der Unabdingbarkeit* des Tarifvertrages (§ 4 Abs. 1 TVG, Art. 9 Abs. 3 GG) sowie dem praktisch zunehmend wichtiger werdenden Anliegen *effektiver Beschäftigungssicherung* ermöglicht. Nicht zuletzt wird auf Grund der engen Wirksamkeitsgrenzen untertariflicher Vereinbarungen vermieden, daß der Günstigkeitsvergleich – wie die Vertreter der herrschenden Meinung befürchten[87] – seine Justitiabilität einbüßt. Denn auch ohne die Feststellung des Vorliegens einer existentiellen Krisensituation für den Betrieb von der Voraussetzung eines bestimmten Quorums der Belegschaftsangehörigen abhängig zu machen[88], wird kein Arbeitgeber ein Interesse am Abschluß entsprechender Notvereinbarungen haben, wenn noch auf anderem Wege die Existenz des Betriebes und seiner Arbeitsplätze erhalten werden kann. Dies folgt bereits allein aus der unerwünschten Stigmatisierung als krisenbehafteter Betrieb, die mit dem Ergreifen existenzsichernder Maßnahmen zwangsläufig einhergeht und sich sowohl auf die Kreditwürdigkeit als auch auf die zukünftige Auftragslage des Unternehmens durchaus nachteilig auswirken kann[89]. Von rechtlicher Warte kommt entscheidend hinzu, daß laut Rechtsprechung des BAG ein betroffener Arbeitnehmer den Inhalt einer Notbetriebsvereinbarung sogar auf deren *Billigkeit*[90] überprüfen lassen bzw. bei individualvertraglicher

---

86 *Th. Schmidt*, Günstigkeitsprinzip, S. 131 f.; i. Erg. entsprech. *Reuter*, Referat, in: Verhandlungen des 61. DJT, Bd. II/1, K 35 (K 56 ff.); *derselbe*, FS für Schaub, S. 605 (635); *derselbe*, ZfA 1995, 1 (66 ff.); *Kort*, NJW 1997, 1476 (1480); ohne ausdrückl. Abkehr von seiner vormals weitergehenden Auffassung nunmehr auch *Adomeit*, Regelung von Arbeitsbedingungen, S. 40; jedenfalls de lege ferenda *Zöllner*, ZfA 1988, 265 (288); ausdrückl. krit. bislang nur *Rieble*, RdA 1996, 151 (153).

Anzumerken bleibt, daß es bei Anwendung des Günstigkeitsprinzips zwischen Tarifvertrag und Betriebsvereinbarung nicht auf einen individuellen, sondern auf den kollektiven Günstigkeitsmaßstab der Begünstigung der gesamten Belegschaft ankommen muß; hierzu *Wiedemann/Stumpf*, TVG, § 4 Rdnr. 239; *Beuthien*, BB 1983, 1992 (1993); *Blomeyer*, NZA 1996, 337 (345); *Ehmann*, ZRP 1996, 314 (318).

87 *Belling*, Günstigkeitsprinzip, S. 184; insbes. auch *P. Hanau*, RdA 1993, 1 (8); *Walker*, ZfA 1996, 353 (377); de lege ferenda *Löwisch*, JZ 1996, 812 (820).

88 Siehe z. B. den Vorschlag von *Konzen* (NZA 1995, 915 [919]), der die Wirksamkeit entsprech. Vereinbarungen von einer Zustimmung durch 75 % der Arbeitnehmer abhängig machen möchte; vgl. auch *Adomeit* (Regelung von Arbeitsbedingungen, S. 40), der im Idealfall einen Vollversammlungsbeschluß fast ohne Gegenstimmen verlangt.

89 Zutreff. *Reuter*, Referat, in: Verhandlungen des 61. DJT, Bd. II/1, K 35 (K 58).

90 Grundleg. BAG, AP Nr. 142 zu § 242 BGB Ruhegehalt; w. Nachw. bei *Kreutz*, in: GK-BetrVG, § 77 Rdnr. 258. Da das Gericht den Grund für die – bei Tarifverträgen im

Tarifunterschreitung stets seine tariflichen Arbeitsbedingungen einklagen kann. Da nach prozessualen Grundsätzen der Arbeitgeber die Darlegungs- und Beweislast für das Vorliegen einer wirtschaftlichen Notlage trägt, die unter Umständen das Abweichen vom tariflichen Niveau zu rechtfertigen vermag, gereichen eventuelle Schwierigkeiten, die Günstigkeit auslösende Existenzgefahren für den Betrieb abstrakt zu bestimmen, in der gerichtlichen Praxis den betroffenen Arbeitnehmern im Ergebnis nicht zum Nachteil[91].

(3.4) Somit bleibt allein zu fragen, ob aus Gründen der Existenzsicherung abgeschlossenen Vereinbarungen auch dann nach Maßgabe des Günstigkeitsprinzips Wirksamkeit zuzuerkennen ist, wenn der in diesen festgelegte untertarifliche Lohn oder eine übertarifliche Arbeitszeitdauer seitens des Arbeitgebers nicht explizit mit arbeitsplatzsichernden Garantien verbunden wird (Ausschluß betriebsbedingter Kündigungen, Abhängigkeit von der Zustimmung des Betriebsrats etc.). In solchen Fällen kann das Arbeitsplatzargument mangels vertraglicher Verortung zumindest *nicht* als ein *eigenständiger Vergleichsgegenstand* in den zwecks Bestimmung der Günstigkeit vorzunehmenden Sachgruppenvergleich eingestellt werden. Vielmehr ist es allein möglich, den Tariflohn mit dem untertariflichen Arbeitsentgelt bzw. die tariflich festgelegte mit der individualrechtlich oder betrieblich verlängerten Arbeitszeitdauer in Relation zu setzen. Es liegt auf der Hand, daß man bei rein *quantitativer* Betrachtung nur zu dem Ergebnis kommen kann, dergestalt von den Tarifbestimmungen abweichenden Abmachungen die Günstigkeit und damit die Zulässigkeit zu versagen.

Doch die Günstigkeitsbeurteilung ist und bleibt stets eine Wertungsfrage[92], die nicht auf dem Wege eines bloßen Abzählens der durch widerstreitende Vereinbarungen gewährten Vor- und Nachteile jeglichen gewichtenden Abwägens beraubt und somit zu einer allzu billigen Münze gemacht werden darf. Geboten

übrigen abgelehnte (hierzu MünchArbR-*Löwisch*, Bd. 3, § 246 Rdnr. 4) – Billigkeitskontrolle in der zwischen Betriebsrat und Arbeitgeber angeblich fehlenden Vertragsparität erachtet (so zuletzt ausdrückl. BAG, EzA § 112 BetrVG Nr. 43), kann jedoch nach richtiger Ansicht der Zulassung einer über die Rechtskontrolle hinausgehenden gerichtlichen Überprüfung von Betriebsvereinbarungen nicht zugestimmt werden. Betriebsrat und Arbeitgeber sind vielmehr gleichberechtigte Partner, und diese Grundkonzeption betrieblicher Mitbestimmung wird durch das Betriebsverfassungsgesetz umfassend abgesichert; daher zu Recht ablehn. hinsichtl. der gerichtlichen Billigkeitskontrolle von Betriebsvereinbarungen *Ehmann/Lambrich*, NZA 1996, 346 (353 Fn. 78); *Reuter*, RdA 1991, 193 (196); *derselbe*, RdA 1994, 152 (154); MünchArbR-*Matthes*, Bd. 3, § 319 Rdnr. 80; *Kreutz*, in: GK-BetrVG, § 77 Rdnrn. 259 ff.; offen gelassen nunmehr durch BAG, AP Nr. 21 zu § 77 BetrVG 1972.

[91] Zur prozessualen Seite auch *Reuter*, ZfA 1995, 1 (70).

[92] Allg. A.: *Wiedemann/Stumpf*, TVG, § 4 Rdnr. 237; vgl. auch *Richardi* (Kollektivgewalt, S. 377; zustimm. *Belling*, Günstigkeitsprinzip, S. 181), der darauf hinweist, daß im Rahmen des Günstigkeitsvergleichs die Vergleichsmethode und die Günstigkeitsbeurteilung als solche klar getrennt werden müssen; ausf. zum Ganzen *Th. Schmidt*, Günstigkeitsprinzip, S. 127.

ist vielmehr ein *inhaltlich-qualitativer Vergleich* sich gegenüberstehender Arbeitsbedingungen[93]. Denn nur ein solcher vermag der Funktion des Günstigkeitsprinzips gerecht zu werden, der individualrechtlichen (Art. 2 Abs. 1, Art. 12 Abs. 1 GG), betrieblichen (Art. 9 Abs. 1, Art. 2 Abs. 1 i.V.m. Art. 12 Abs. 1 GG) und tariflichen Gestaltungsebene (Art. 9 Abs. 3 GG) nach Maßgabe des verfassungsrechtlichen Abwägungsgebots zur Herstellung praktischer Konkordanz mit dem Ziel der Ermöglichung *gerechter* Arbeitsbedingungen (Sozialstaatsprinzip; Art. 20 Abs. 1, Art. 28 Abs. 1 GG) zur jeweils *optimalen Wirksamkeit* zu verhelfen[94].

Richtig verstandener Arbeitnehmerschutz kommt indessen insbesondere in der unabweislichen Erkenntnis zum Ausdruck, daß die zu erstrebende Verbesserung der wirtschaftlichen Lage der Beschäftigten ihre äußerste Grenze stets in der ökonomischen Belastbarkeit der einzelnen Betriebe und damit letztlich der gesamten Volkswirtschaft finden muß. Denn – wie schon *Alfred Hueck* ebenso eindringlich wie zutreffend warnte – wird

> „eine Wirtschaft, die unter den sozialen Lasten zusammenbricht, ... die Arbeitnehmer nicht mehr zu ernähren vermögen. Die höchsten Tariflöhne, die besten Arbeitsbedingungen werden nutzlos, ja sie *schädigen die Arbeitnehmer*, wenn sie die Konkurrenzfähigkeit der deutschen Wirtschaft vernichten und dadurch zur Arbeitslosigkeit führen“[95] (Hervorh. d. Verf.).

Die Arbeitnehmer selbst, also die maßgeblich Betroffenen, haben den notwendigen Zusammenhang zwischen kollektivem Individualschutz und der wirtschaftlichen Belastbarkeit sowie Konkurrenzfähigkeit ihres Betriebes längst verstanden und akzeptiert[96]. Nicht anders ist es zu deuten, wenn z. B. das hessische Heizungsbauunternehmen *Viessmann* für den Vorschlag, bei einer unentgeltlichen Erhöhung der wöchentlichen Arbeitszeit um drei Stunden von der geplanten Verlagerung eines neuen Produktionszweiges nach Tschechien abzusehen, die überwältigende Zustimmung von 96% seiner Belegschaft erhalten hat[97].

---

[93] Richtig *Heinze*, NZA 1991, 329 (334).

[94] Allg. hierzu bereits § 5 IV 1 b.

[95] *Hueck/Nipperdey*, Arbeitsrecht, Bd. 1, 6. Aufl., S. 26; siehe auch *Reuter* (in: *Soltwedel* u. a., Regulierungen, S. 196) m. dem Hinweis, daß die Unabdingbarkeit des Tarifvertrages in der Schutzbedürftigkeit der Arbeitnehmer ihre Grenze finden müsse.

[96] Sehr richtig *Reuter*, ZfA 1995, 1 (27): „Die Bereitschaft zur Arbeit zu untertariflichen Bedingungen ist auf der Grundlage des heutigen Niveaus der sozialen Sicherung der Arbeitnehmer nicht die Verzweiflungstat von Personen, die sich aus existentieller Not ausbeuten lassen, sondern die Entscheidung von Menschen, die sich von einem solchen Schritt für ihre persönliche und wirtschaftliche Entwicklung mehr versprechen als von der Alimentation durch das soziale Sicherungssystem.“

[97] Vgl. F.A.Z. vom 13.04.1996, S. 17. Ebenso kann in diesem Zshg. auf den gleichermaßen durch die Presse gegangenen Fall IBM verwiesen werden, in dem das Unternehmen gemeinsam mit der DAG in einem Firmentarifvertrag die Arbeitsbedingungen deutlich unter dem Niveau des zuvor angewendeten Verbandstarifvertrages festgelegt

Weitaus besser verstanden haben die Arbeitnehmer die zwingende Konnexität zwischen ihren eigenen und den Interessen des Unternehmens jedenfalls im Vergleich zu denjenigen Autoren im arbeitsrechtlichen Schrifttum, die sich – ohne Beachtung der gewaltigen Arbeitslosenzahlen – noch immer getrauen, der Tarifautonomie gar eine notwendige Auslesefunktion gegenüber marktschwachen Betrieben beizumessen[98]. Überspitzt formuliert wird dadurch versucht, sogar die Konkurstabelle letztlich in eine Erfolgsstatistik funktionsgerechter Tarifpolitik umzuinterpretieren[99]. Konkret im Fall *Viessmann*, der in der Fach- und Tagespresse und wegen der – entgegen sonstiger Praxis – erhobenen Klage nicht zuletzt auch von der zuständigen Gewerkschaft geradezu zum leading case der Tarifflucht stilisiert wurde, hat sich das ArbG Marburg zwar noch nicht dazu durchringen können, der zutreffenden Einschätzung der großen Mehrheit der betroffenen Arbeitnehmer Folge zu leisten. Das Gericht hat es vielmehr kategorisch abgelehnt, dem Arbeitsplatzargument im Rahmen der Günstigkeitsbewertung maßgebliche Beachtung zu schenken[100]. Unterdessen hat jedoch das ArbG Düsseldorf im Gegensatz dazu in seiner Entscheidung vom 06.06.1997[101] richtig erkannt und mit bemerkenswerter Klarheit formuliert:

---

hat. Nur eine verschwindend geringe Anzahl der Arbeitnehmer ist hiergegen auf dem Klagewege vorgegangen (F.A.Z. vom 04.10.1996, S. 23; auch DB 1996, 2035).

Insgesamt paßt es daher nur ins Bild, daß nach einer durch den DGB in Auftrag gegebenen Erhebung 90% der Gewerkschaftsmitglieder den Erhalt der Arbeitsplätze als ihre vordringlichste Sorge ansehen (F.A.Z. vom 04.10.1996, S. 19). Einer unlängst veröffentlichten Emnid-Umfrage zu Folge sind konkret in der Metall- und Elektroindustrie 80% der Beschäftigten bei wirtschaftlichen Schwierigkeiten des Unternehmens zu Arbeitszeitverlängerungen und Lohnkürzungen bereit. Immerhin 45% der Befragten würden Mehrarbeit bei gleichem Lohn leisten (vgl. F.A.Z. vom 21.01.1998, S. 17).

[98] In diesem Sinne *Wank*, NJW 1996, 2273 (2281); *Lieb*, NZA 1994, 289 (293); *Heinze*, NZA 1995, 5 (6); *Junker*, ZfA 1996, 383 (390); *Kittner*, FS für Schaub, S. 389 (390); *Veit*, Zuständigkeit, S. 258; richtig hingegen *Löwisch*, NJW 1997, 905 (996): „Die Kartellwirkung des Tarifvertrages verliert ihre Berechtigung, soweit sie dem Tarifvertrag unterworfene Unternehmen in ihrer Existenz gefährdet." Vgl. auch *P. Hanau*, RdA 1998, 65 (68); aus verfassungsrechtlicher Sicht jetzt *Sodan*, JZ 1998, 421 (425).

[99] So pointierend *Ehmann* (BAG-Nachrichten, Heft 7-8/1982, 1) unter Berufung auf *Adomeit*.

[100] ArbG Marburg, DB 1996, 1925 (1928 f.); krit. hierzu *Buchner*, NZA 1996, 1304 ff.; *Hümmerich*, NZA 1996, 1289 (1294 f.).

[101] BB 1997, 1585 f. m. zustimm. u. zutreff. Anm. von *Zabransky/Hess*. Auch der zuvor geschilderte Fall *Viessmann* hätte in zweiter Instanz beinahe eine entscheidende Wende erfahren, da der zuständige Vorsitzende Richter am LAG Frankfurt, *Heinz Kampenhausen*, den Verfahrensbeteiligten laut Presseberichten (vgl. F.A.Z. vom 26.09.1997: „Bei Viessmann soll es zum Vergleich kommen") unmißverständlich zu verstehen gegeben hatte, sich der auch hier vertretenen Neuinterpretation des Günstigkeitsprinzips anschließen zu wollen. Dem ist die IG Metall zuvorgekommen, indem sie die bei der Firma *Viessmann* getroffenen Regelungen auf dem Vergleichswege durch Abschluß eines unternehmensbezogenen Verbandstarifvertrages akzeptiert hat (F.A.Z. vom 18.03.1998, S. 17). Dies macht deutlich, daß sich den Notwendigkeiten ökonomischer Vernunft letztlich auch die mächtige IG Metall zu beugen hat.

„Es würde in der Tat das Bild der blinden Justiz widerspiegeln, wären die Gerichte gezwungen, auch dann der Tarifautonomie den Vorrang zu geben, wenn bei konsequenter Handhabung der Konkurs des Unternehmens die unausweichliche Folge ist.“

Es bleibt zu hoffen, daß dieser bahnbrechende Richterspruch in der Tat der Ausgangspunkt eines längst überfälligen „Richtererwachens“ [102] in Gestalt einer Neuinterpretation des Günstigkeitsprinzips in folgendem Sinne ist: Auch rein *quantitativ ungünstigeren* individualvertraglichen oder betrieblichen Vereinbarungen muß im Ergebnis stets der Vorrang vor tariflichen Abmachungen gebühren, sofern sie bei *qualitativer* Betrachtung die Lage der betroffenen Arbeitnehmer verbessern. Letzteres ist jedenfalls immer dann anzunehmen, wenn durch untertarifliche Abreden eine ansonsten unvermeidbare Stillegung oder Verlagerung des Betriebes aus eigener Kraft vermieden werden kann[103].

(4) Zwischenergebnis

Es ist deutlich geworden, daß die Fortwirkung der Tarifgebundenheit im Sinne des § 3 Abs. 3 TVG im Zusammenspiel mit dem Tarifvorbehalt gem. § 77 Abs. 3 BetrVG einen Unternehmer nicht hindert, alsbald nach dem jederzeit möglichen Verbandsaustritt gemeinsam mit seinem Betriebsrat durch Abschluß von Betriebsvereinbarungen zumindest auf akute wirtschaftliche Krisensituationen schnell und angemessen zu reagieren. Gleiches gilt im übrigen auch ohne einen vorherigen Austritt aus dem Arbeitgeberverband, da das Günstigkeitsprinzip sog. existenzsichernden Betriebsvereinbarungen nicht nur in der Fortwirkungsphase, sondern ganz allgemein zur Wirksamkeit verhilft.

Genauso kann indessen kaum geleugnet werden, daß der betriebliche Gestaltungsrahmen auf Grund der engen Grenzen, die durch den Günstigkeitsvergleich vorgegeben sind (akute Existenzgefährdung: drohender Konkurs, beabsichtigte Betriebsstillegung oder Standortverlagerung ins Ausland), letztlich nicht sehr weit ist. Will ein Unternehmer die Arbeitsbedingungen mit dem Betriebsrat hingegen langfristig und vorausschauend der jeweiligen betrieblichen Situation angepaßt vereinbaren, ermöglicht ihm dies weder das Günstigkeitsprinzip, noch zumeist ebenso auf Notfälle beschränkte oder an enge Korridore gebundene tarifliche Öffnungsklauseln, sondern allein der *Verbandsaustritt* gepaart mit der Erkenntnis, daß der Tarifvorbehalt im Sinne des § 77 Abs. 3

---

[102] So die Überschrift des Wirtschaftsleitartikels der F.A.Z. vom 26.09.1997 in Reaktion auf die Bekundungen des Vorsitzenden Richters am Landesarbeitsgericht Frankfurt (siehe vorherige Fn.), sich der hier favorisierten Neuinterpretation des Günstigkeitsprinzips anschließen zu wollen. Falls sich diese Auffassung in der Rechtsprechung nicht durchsetzen sollte, bleibt allein – wie bereits durch den Wirtschaftsrat der CDU gefordert (F.A.Z. vom 12.11.1997, S. 19) – eine gesetzliche Festschreibung des in einem solchen Sinne verstandenen Günstigkeitsprinzips.

[103] *Ehmann/Schmidt*, NZA 1995, 193 (202 Fn. 99).

BetrVG in Betrieben nicht tarifgebundener Arbeitgeber nicht gilt. Entscheidende Bedeutung kommt folglich der Frage zu, in welchem Zeitpunkt die Fortwirkung gem. § 3 Abs. 3 TVG, mit ihr die Tarifgebundenheit und demzufolge – unabhängig von der Schranke der Günstigkeit – die Sperrwirkung nach § 77 Abs. 3 BetrVG ihr Ende finden.

#### *cc) Ende der Tarifgebundenheit durch Beendigung des Tarifvertrages*

Der Gesetzgeber hat in § 3 Abs. 3 TVG angeordnet, daß die Tarifgebundenheit nach Verbandsaustritt so lange weiterbesteht, bis der Tarifvertrag endet. Letzteres ist, jedenfalls wenn für den Betrieb nur ein einziger Tarifvertrag Geltung erlangt, unproblematisch anzunehmen bei dessen einvernehmlicher *Aufhebung*, nach Eintritt einer eventuell von den Tarifpartnern vereinbarten *auflösenden Bedingung* oder bezüglich eines befristeten Tarifvertrages mit Eintritt des für sein Auslaufen vorgesehenen *Beendigungszeitpunkts*[104]. Meist sind jedoch Tarifverträge nicht befristet geschlossen; vielmehr sieht deren zeitlicher Geltungsbereich vor, daß sie zu einem bestimmten Zeitpunkt von beiden Seiten gekündigt werden können[105]. In diesen Fällen endet die Fortwirkung des § 3 Abs. 3 TVG ohne Zweifel mit *Wirksamwerden der Kündigungserklärung* eines der Tarifpartner.

Problematisch und daher umstritten sind indessen die Fragen, ob ebenso bereits das *Verstreichenlassen* der ersten Kündigungsmöglichkeit durch die Tarifvertragsparteien zur Beendigung der Weitergeltung der Tarifgebundenheit führt (dazu [1]) und wie zu entscheiden ist, sofern der Tarifvertrag in der Fortwirkungsphase wenigstens punktuell inhaltliche *Änderungen* erfährt (dazu [2]). Erhebliche praktische Schwierigkeiten bringt schließlich die Tatsache mit sich, daß die Arbeitsbedingungen für die einzelnen Betriebe oftmals in *mehreren* Tarifverträgen mit zumeist unterschiedlichen Kündigungsterminen geregelt werden, so daß es zu klären gilt, ob schon die Beendigung eines dieser Tarifverträge gleichfalls die Bindung an die weiteren tariflichen Abreden aufzuheben in der Lage ist (dazu [3]).

##### (1) Verstreichenlassen der ersten Kündigungsmöglichkeit als Beendigung des Tarifvertrages

Bleibt man streng beim Wortlaut des § 3 Abs. 3 TVG, scheint dieser zunächst eindeutig dafür zu sprechen, von der Beendigung der Fortwirkungsphase

---

[104] Zum Ganzen *Wiedemann/Stumpf*, TVG, § 3 Rdnr. 35; vgl. auch *Hoß/Liebscher*, DB 1995, 2525; *Hümmerich*, DB 1996, 1182.

[105] *Däubler*, NZA 1996, 225 (226).

nur dann ausgehen zu können, wenn der Tarifvertrag tatsächlich gekündigt worden ist[106]. Denn, so die ebenso einfache wie einleuchtende Argumentation: Ein Tarifvertrag, der mangels Kündigung weiterläuft, endet nicht[107]. Doch wird zumindest teilweise auch von Vertretern dieser Ansicht zu Recht anerkannt, daß die Voraussetzung der Beendigung des Tarifvertrages – den allgemeinen Grundsätzen juristischer Auslegung entsprechend – stets im Hinblick auf den Normzweck von § 3 Abs. 3 TVG zu interpretieren ist, was insbesondere dazu führen kann, daß der Endzeitpunkt der Fortwirkungsphase nicht zwingend mit der tatsächlichen Beendigung der tariflichen Regelung zusammenfallen muß[108]. Wie gesehen[109] ist es Zweck der gesetzlichen Perpetuierung der Tarifgebundenheit, die Arbeitnehmer in ihrem Vertrauen zu schützen, nach Verbandsaustritt nicht alsbald mit einer zu ihren Ungunsten erfolgenden Veränderung der tariflichen Mindestbedingungen konfrontiert zu werden. Dieses Vertrauen findet seine Grenze indessen notwendig im tarifvertraglich vorgesehenen Kündigungszeitpunkt. Denn sobald die Tarifvertragsparteien in der Lage sind, die Geltung der tariflichen Bestimmungen durch einseitige Erklärung zu beenden, können die gewerkschaftsangehörigen Arbeitnehmer nicht mehr damit rechnen, daß diese weiterhin für ihre Arbeitsverhältnisse zur Anwendung gelangen[110]. Im Wege einer *teleologischen Reduktion* ist § 3 Abs. 3 TVG folglich dahingehend zu verstehen, daß auch bereits bei Verstreichenlassen der ersten Kündigungsmöglichkeit durch die Tarifpartner die gesetzlich fingierte Weitergeltung der Tarifgebundenheit endet. Hierfür spricht nicht zuletzt ebenso, daß sich der Arbeitgeberverband, der ab diesem Zeitpunkt zur Kündigung berechtigt wäre, im Hinblick auf die Entscheidung, von seinem vertraglichen Gestaltungsrecht keinen Gebrauch zu machen, letztlich nicht mehr auf die erforderliche mitgliedschaftliche Legitimation des ehemaligen Mitgliedsunternehmens stützen kann[111].

---

[106] So i. Erg. *Wiedemann/Stumpf*, TVG, § 3 Rdnr. 35; *Däubler*, NZA 1996, 225 (226) = ZTR 1994, 448 (450 f.); *Hoß/Liebscher*, DB 1995, 2525 f.; *Wank* (NJW 1996, 2273 [2278]) der, wolle man anders entscheiden, ein Eingreifen des Gesetzgebers für unausweichlich hält.

[107] *Schwab*, BB 1994, 781.

[108] *Wiedemann/Stumpf*, TVG, § 3 Rdnr. 34.

[109] Siehe oben aa.

[110] *Löwisch/Rieble*, TVG, § 3 Rdnr. 74; *Walker*, ZfA 1996, 353 (380 f.).

[111] Zutreff. u. m. ausf. Begr. *Schwab*, BB 1994, 781; entsprech. *Löwisch/Rieble*, TVG, § 3 Rdnr. 74; *P. Hanau*, RdA 1998, 65 (69); *Bauer*, FS für Schaub, S. 19 (24); *Bauer/Diller*, DB 1993, 1085 (1086); *Frieges*, DB 1996, 1281; i. Erg. auch *Lieb*, NZA 1994, 337; anders *Däubler* (NZA 1996, 225 [226] = ZTR 1994, 448 [450 f.]; ähnl. *Hoß/Liebscher*, DB 1995, 2525 [2526]) m. der unzutreff. Argumentation, es sei von vorneherein im Normprogramm mitenthalten, daß ein Einzelunternehmen bei der verbandsinternen Willensbildung in der Minderheit bleiben könne. *Däubler* verkennt, daß es bei der Frage der mitgliedschaftlichen Legitimation jedoch nicht notwendig um die inhaltliche Konformität mit den mehrheitlich gefaßten Verbandsbeschlüssen, sondern letztlich darum geht, die Geltung nach demokratischen Grundsätzen getroffener Ent-

### (2) Punktuelle inhaltliche Änderung als Beendigung des Tarifvertrages

Häufig geschieht es in der Praxis, daß ein Tarifvertrag nicht insgesamt aufgehoben oder gekündigt wird, sondern die Tarifvertragsparteien ihn lediglich in bezug auf einen oder mehrere Sachgegenstände inhaltlich modifizieren. Insoweit besteht kein Zweifel, daß ein aus dem Verband ausgetretenes Unternehmen an die *geänderten* tariflichen Bedingungen nicht weiter gebunden sein kann, da sich die (ursprüngliche) mitgliedschaftliche Legitimation keineswegs auf diese Inhaltsänderungen erstreckt[112]. Fraglich ist aber, ob dessen ungeachtet die *nicht modifizierten* Passagen der tariflichen Abrede weiterhin nach § 3 Abs. 3 TVG Bindungswirkung entfalten. Dies wird zum Teil in der Literatur jedenfalls so lange angenommen, wie die unverändert gebliebenen Bestimmungen für sich betrachtet noch eine sinnvolle Ordnung der tariflich zu regeln beabsichtigten Materie ergeben[113]. Das BAG hat sich dieser Auffassung nicht angeschlossen und seine ablehnende Haltung im wesentlichen mit dem Gesichtspunkt mangelnder Rechtssicherheit begründet[114].

Im Ergebnis muß der Rechtsprechungsansicht zugestimmt werden, nach welcher mit jeder auch nur *punktuellen Änderung* des Tarifvertrages dieser insgesamt als im Sinne des § 3 Abs. 3 TVG *beendet* angesehen wird. Ausschlaggebendes Argument hierfür sind jedoch nicht nur Rechtssicherheitserwägungen[115], sondern ist vielmehr die Tatsache, daß die tariflichen Regelungen in ihrer modifizierten Gestalt sowohl hinsichtlich der neu gefaßten als auch der unverändert belassenen Teile insgesamt durch den ausgetretenen Arbeitgeber nicht mehr legitimiert sind. Denn mit der Entscheidung der Tarifvertragsparteien, nur bestimmte Gegenstände eines tariflichen Regelwerks neu festzulegen, geht stets – bewußt oder unbewußt – auch die Bestimmung der Passagen einher, welche hingegen unberührt bleiben sollen. Im Hinblick auf die hierfür notwendige

---

scheidungen auch bei fehlender Übereinstimmung im Einzelfall für sich gelten lassen zu wollen. Durch den Austritt aus dem Verband bringt das (ehemalige) Mitglied jedoch eindeutig zum Ausdruck, daß gerade dies fortan nicht mehr der Fall sein soll.

[112] Ebenso steht fest, daß neue, zusätzliche Regelungen auf die Weitergeltung des alten Tarifvertrages ohne Einfluß bleiben; vgl. *Wiedemann/Stumpf*, TVG, § 3 Rdnr. 36.

[113] *Gamillscheg*, Kollektives Arbeitsrecht, Bd. 1, S. 728; *Schaub*, BB 1996, 2298; *derselbe*, BB 1995, 2003; *derselbe*, BB 1994, 2005 (2006); *Däubler*, Tarifvertragsrecht, Rdnr. 300; *derselbe*, NZA 1996, 225 (226) = ZTR 1994, 448 (450); *Schwab*, BB 1994, 781; *Bieback*, DB 1989, 477 (479); ähnl. *Gerhards*, BB 1995, 1290 (1292).

[114] BAG, DB 1992, 1297; zustimm. *Hanau/Kania*, DB 1995, 1229 (1232); *Krauss*, DB 1995, 1562; *Hoß/Liebscher*, DB 1995, 2525 (2526); *Bauer*, FS für Schaub, S. 19 (24); *Bauer/Diller*, DB 1993, 1085 (1086); *Hümmerich*, DB 1996, 1182 (1183); *Frieges*, NZA 1998, 630 (631).

[115] Insoweit zutreff. *Däubler* (NZA 1996, 225 [226]), der darauf hinweist, daß hinsichtl. der zumindest ähnl. Problematik der Teilnichtigkeit von Tarifverträgen auch das BAG von der Weitergeltung eigenständiger und aus sich heraus sinnvoller Regelungskomplexe ausgeht.

sachliche Auswahl hat ein nicht mehr verbandsangehöriges Unternehmen jedoch durch seinen Austritt dem Verband ausdrücklich das erforderliche Mandat entzogen[116]. Kommt es also nach Verbandsaustritt zu Änderungen des Tarifvertrages[117], so endet völlig unabhängig von deren Ausmaß die Fortwirkungsphase gem. § 3 Abs. 3 TVG[118].

### (3) Fortfall des gesamten tariflichen Regelwerks mit Beendigung eines Tarifvertrages?

Nicht die gebührende Beachtung haben in der wissenschaftlichen Diskussion bislang die enormen praktischen Schwierigkeiten gefunden, die sich bei der betrieblichen Gestaltung der Arbeitsbedingungen nach Verbandsaustritt daraus ergeben, daß für den Betrieb zumeist mehrere Tarifverträge mit jeweils unterschiedlich langen Laufzeiten gelten dürften[119]. So ist es durchaus denkbar, daß zum Beispiel die Arbeitszeit in einem Rahmentarifvertrag, Urlaubsregelungen wiederum in einem anderen Manteltarif und Lohnfragen in einem besonderen Entgelttarifvertrag niedergelegt sind. Schlimmstenfalls können auch hinsichtlich einer einzigen Angelegenheit mehrere Tarifabreden eingreifen; man denke nur daran, daß die jeweilige Lohnhöhe in einem speziellen Entgelttarifvertrag festgelegt, die unterschiedlichen Lohngruppen jedoch in einer Entgeltrahmenvereinbarung definiert sind. Da insbesondere bei Lohntarifverträgen eine Dauer von einem Jahr die Regel ist, Rahmentarife hingegen oftmals weitaus längere Laufzeiten haben, entsteht auf Grund des notwendigen inhaltlichen Zusammen-

---

[116] Entsprech. *Hromadka/Maschmann/Wallner*, Tarifwechsel, Rdnr. 241; i. Erg. auch bereits *Hueck/Nipperdey*, Arbeitsrecht, Bd. II/1, 7. Aufl., S. 492; *Wiedemann/Stumpf*, TVG, § 3 Rdnr. 36.

[117] Gleiches muß in konsequenter Fortsetzung der in bezug auf das Verstreichenlassen der ersten Kündigungsmöglichkeit gefundenen Auslegung des § 3 Abs. 3 TVG (siehe oben [1]) auch dann gelten, wenn die Tarifvertragsparteien eine an sich gegebene Änderungsmöglichkeit ungenutzt lassen; so zu Recht *Hromadka*, FS für Wlotzke, S. 333 (349); *derselbe*, AuA 1996, 289 (291).

[118] Entschiede man anders, bestünde überdies die Gefahr, daß die Tarifvertragsparteien bewußt, statt den Vertrag zu kündigen, dauerhaft nur einzelne Bestimmungen schrittweise ändern, um die Fortwirkung möglichst lange zu perpetuieren. Während so schleichend eine völlig neue Tarifordnung entstehen könnte, wäre der aus seinem Verband ausgetretene Arbeitgeber noch immer an einzelne Abreden des längst überholten Tarifvertrages gebunden, ohne die Möglichkeit zu haben, diese in Gänze mit seinem Betriebsrat oder individualvertraglich mit den Arbeitnehmern zu refomieren; zutreff., wenn auch i. Erg. a. A. *Schwab*, BB 1994, 781.

[119] Ohne Problembewußtsein z. B. *Wank*, NJW 1996, 2273 (2278); von *Schaub* (BB 1996, 2298) scheint diese Situation gar als wünschenswert erachtet zu werden, da so die „unmittelbare und zwingende Wirkung noch eine bestimmte Zeitspanne erhalten" bleibe; vgl. jüngst erneut *derselbe*, NZA 1998, 617 (620); siehe jetzt aber auch *Frieges*, NZA 1998, 630 (632 f.).

hangs zwischen all diesen Tarifregelungen nach Beendigung nur eines Tarifvertrages zumeist ein überaus unübersichtliches Bild. Zwangsläufige Folge ist, daß nicht mit der erforderlichen Sicherheit bestimmt werden kann, welche Bedingungen nun konkret innerbetrieblich auf dem Wege von Betriebsvereinbarungen geregelt werden dürfen.

*De lege ferenda* ist zur Überwindung dieser mißlichen Situation vorgeschlagen worden, mit Beendigung eines Tarifvertrages die Geltung des gesamten Tarifwerkes für den Betrieb eines aus seinem Verband ausgetretenen Arbeitgebers aufzuheben[120], zumindest aber die Weitergeltung langfristiger Rahmentarife auf einen Zeitraum von einem Jahr nach Kündigung der Mitgliedschaft zu beschränken[121]. Doch auch bereits *de lege lata* ist es erforderlich, insoweit einen tragfähigen Kompromiß zwischen dem durch § 3 Abs. 3 TVG geschützten *Vertrauensinteresse der Arbeitnehmer* auf der einen und den wegen seines Grundrechts auf negative Koalitionsfreiheit (Art. 9 Abs. 3 GG) zu eröffnenden *betrieblichen Regelungsmöglichkeiten*[122] für den nicht mehr verbandsangehörigen Arbeitgeber auf der anderen Seite zu finden. Den schutzwürdigen Belangen der Arbeitnehmer wird es sicher nicht gerecht, will man § 3 Abs. 3 TVG dahingehend auslegen, mit Beendigung eines einzigen auch die Geltung aller anderen Tarifverträge für den Betrieb zu verneinen[123]. Möglich und im Ergebnis sinnvoll erscheint es indessen, gleichzeitig mit dem Auslaufen eines Tarifvertrages alle tariflichen Abreden als beendet anzusehen, die mit jenem in einem *engen inhaltlichen Zusammenhang* stehen. Denn diesen dürfte für sich betrachtet oftmals ein eigenständiger Regelungsgehalt fehlen. Wird also zum Beispiel ein Lohntarifvertrag gekündigt, so muß mit diesem Zeitpunkt auch ein eventueller Lohnrahmenvertrag enden, da Lohnhöhe und Lohngruppe sachlich nicht getrennt werden können[124]. Gleiches gilt wegen ihrer gegenseitigen Bezogenheit aber auch für Regelungen der synallagmatischen Arbeitsbedingungen Lohnhöhe und Arbeitszeitdauer.

---

[120] *Monopolkommission*, BT-Drucks. 12/8323, S. 379 (Rdz. 947); hierzu auch *Junker*, ZfA 1996, 383 (399 ff.).

[121] *Rieble*, RdA 1996, 151 (155).

[122] Zur Reichweite des Schutzbereichs der negativen Koalitionsfreiheit allg. oben § 5 II 3 a bb und konkret hinsichtl. des Verhältnisses tariflicher und betrieblicher Normsetzungsmacht bereits § 7 III 3.

[123] Richtig *Bieback*, DB 1989, 477 (481); weitergehend jetzt *Frieges* (NZA 1998, 630 [633]) unter Hinweis auf die sich an die Fortwirkungsphase anschließende Nachwirkung gem. § 4 Abs. 5 TVG. Dieser sog. Nachwirkungslehre kann jedoch – wie sogleich unter b zu zeigen sein wird – nicht zugestimmt werden.

[124] I. Erg. entsprech. *Gamillscheg*, Kollektives Arbeitsrecht, Bd. 1, S. 728.

b) Nachwirkung (§ 4 Abs. 5 TVG) nach Fortwirkung (§ 3 Abs. 3 TVG)?

aa) Folgt man der Rechtsprechung des BAG, so führt selbst die Beendigung des Tarifvertrages, mit welcher die Fortwirkung gem. § 3 Abs. 3 TVG außer Geltung tritt, nicht dazu, daß die Tarifnormen ihre Anwendbarkeit für die Arbeitsverhältnisse gewerkschaftsangehöriger Arbeitnehmer verlieren. Das Gericht geht vielmehr davon aus, an die Fortwirkung der Tarifbindung schließe sich nahtlos die Nachwirkung des Tarifvertrages im Sinne des § 4 Abs. 5 TVG an mit der Folge, daß die tariflichen Bestimmungen auch weiterhin ihre *unmittelbare* Wirkung behielten und allein ihren zwingenden Charakter einbüßen müßten (sog. *Nachwirkungslehre*)[125]. Für den aus seinem Verband ausgetretenen Arbeitgeber bedeutet dies, daß er tarifgebundene Arbeitnehmer noch immer nach Tariflohn vergüten muß und diese lediglich zur Leistung der tariflich festgelegten Arbeitszeit verpflichtet sind. Das Gesetz gibt ihm lediglich die Möglichkeit, die nachwirkenden Tarifbedingungen durch *andere Abmachungen* abzulösen.

Dogmatisch wird die sog. Nachwirkungslehre, die auch im Schrifttum zahlreiche Anhänger gefunden hat[126], von Seiten der Rechtsprechung anhand der Erwägung zu begründen versucht, unter dem Ablauf eines Tarifvertrages (§ 4 Abs. 5 TVG) sei nicht nur das Ende seiner zeitlichen Geltung zu verstehen. Die Norm müsse vielmehr zumindest *analog* auf sämtliche Fälle Anwendung finden, in denen der Tarifvertrag seine zwingende Wirkung verliere, also nicht zuletzt auch auf die Beendigung der Fortwirkung im Sinne des § 3 Abs. 3 TVG. Dafür spreche insbesondere der Zweck des § 4 Abs. 5 TVG. Diesen sieht das BAG darin zu verhindern, daß die inhaltlich von tariflichen Bestimmungen abhängigen und daher selbst oftmals ohne entsprechende sachliche Regelungen geschlossenen Arbeitsverhältnisse teilweise *„inhaltsleer"* würden[127]. Da diese

---

[125] BAG, DB 1996, 1284 f. = ARBl. Tarifvertrag III, III Tarifgebundenheit Nr. 10 m. ablehn. Anm. *Löwisch*; auch bereits BAG, AP Nrn. 10 u. 13 zu § 3 TVG, letztere m. ablehn. Anm. *Löwisch/Rieble*; AP Nr. 14 zu § 3 TVG Verbandszugehörigkeit; AP Nr. 42 zu § 1 BetrAVG Zusatzversorgungskassen; offen gelassen in AP Nr. 2 zu § 3 TVG Verbandsaustritt; a. A. in der Rspr. allerdings LAG Köln, NZA 1990, 502.

[126] Zumeist ohne nähere sachliche Auseinandersetzung *Gamillscheg*, Kollektives Arbeitsrecht, Bd. 1, S. 728 f.; *Hromadka/Maschmann/Wallner*, Tarifwechsel, Rdnr. 254 f.; *Wank*, NJW 1996, 2273 (2278); *Reuter*, RdA 1996, 201 (208); *Walker*, ZfA 1996, 353 (380); *Lieb*, NZA 1994, 337 (338); *Schaub*, BB 1996, 2298; *derselbe*, BB 1995, 2203; *derselbe*, BB 1994, 2005 (2006); *Henssler*, ZfA 1994, 487 (507); *Däubler*, NZA 1996, 225 (227 f.) = ZTR 1994, 448 (451); *derselbe*, Tarifvertragsrecht, Rdnr. 301; *Bauer*, FS für Schaub, S. 19 (25); *Krauss*, DB 1995, 1562 f.; *derselbe*, DB 1996, (528 f.); *Frieges*, DB 1996, 1281; *Gerhards*, BB 1997, 362 f.; *Frölich*, NZA 1992, 1105 (1106); *Koch*, AuA 1995, 4 (7); *Zachert*, AuA 1996, 293; entsprech. auch bereits *Hueck/Nipperdey*, Arbeitsrecht, Bd. II/1, 7. Aufl., S. 539; *Wiedemann/Stumpf*, TVG, § 3 Rdnr. 37.

[127] Ebenso *Walker* (ZfA 1996, 353 [380]), der überdies hervorhebt, Zweck der Norm sei jedenfalls nicht der Schutz der Tarifautonomie; kumulativ für Annahme einer Ordnungsfunktion des § 4 Abs. 5 TVG hingegen *Gerhards*, BB 1997, 362; in letzterem Sin-

Gefahr – so das Gericht weiter – gleichermaßen nach Beendigung der trotz Verbandsaustritts fortwirkenden Tarifgebundenheit des Arbeitgebers bestehe, sei auch in diesem Fall der *Überbrückungsfunktion* des § 4 Abs. 5 TVG zur Geltung zu verhelfen.

bb) In der Literatur stößt die Auffassung des BAG zum Teil auf heftigen Widerspruch[128]. Eingewandt wird insbesondere, bereits aus dem Wortlaut von § 3 Abs. 3 TVG ergebe sich, daß das Ende des Tarifvertrags nach dem Willen des Gesetzgebers im Falle fehlender Mitgliedschaft die äußerste Grenze für dessen Normwirkung darstelle[129]. Die Vorschrift sei daher im Verhältnis zu § 4 Abs. 5 TVG als Sonderregel zu erachten[130]. Für sich betrachtet kann dem Gesetzeswortlaut des § 3 Abs. 3 TVG indessen kein zwingender Anhaltspunkt für eine Spezialität gegenüber § 4 Abs. 5 TVG entnommen werden. Im Gegenteil wird in erstgenannter Vorschrift lediglich die Anordnung getroffen, das Weiterbestehen der Tarifgebundenheit nach Verbandsaustritt an die Grenze der Beendigung des Tarifvertrages zu knüpfen. Nicht aber enthält die Norm positiv die Aussage, daß die ganz allgemein nach dem zeitlichen Ende eines Tarifvertrages vorgesehene dispositive Nachwirkung im Sinne des § 4 Abs. 5 TVG in diesem speziellen Fall nicht gelten soll[131].

Entscheidend gegen das Eingreifen von § 4 Abs. 5 TVG im Anschluß an § 3 Abs. 3 TVG spricht jedoch der *unterschiedliche persönliche Anwendungsbereich* beider Vorschriften[132]. Der systematische Zusammenhang des § 4 Abs. 5 TVG zur Unabdingbarkeitsanordnung gem. § 4 Abs. 1 TVG ergibt eindeutig, daß die Nachwirkung ausschließlich zwischen *beiderseits Tarifgebundenen* für eine dispositive Weitergeltung der ausgelaufenen tariflichen Bestimmungen sorgen will. Durch § 3 Abs. 3 TVG wird hingegen die bestehende tarifliche Ordnung gerade für den Fall perpetuiert, daß (mindestens) eine Partei des Arbeitsvertrages wegen Aufgabe der Verbandsmitgliedschaft *nicht* mehr *tarifgebunden* ist. Da es also an der für sein Eingreifen erforderlichen beiderseitigen

---

ne auch *Oetker* (FS für Schaub, S. 535 [545]), der zudem für einen vom Individualarbeitsverhältnis abstrahierten Zweck (allgemeine Überbrückungsfunktion) des § 4 Abs. 5 TVG plädiert (ebd., S. 535 [540 f.]).

[128] *Löwisch/Rieble*, TVG, § 4 Rdnr. 242; MünchArbR-*Löwisch*, Bd. 3, § 266 Rdnr. 19; *Rieble*, SAE 1995, 77 (78); *Buchner*, RdA 1997, 259 (260 f.); *Ehmann*, ZRP 1996, 314 (317); *Ehmann/Lambrich*, NZA 1996, 346 (356); *Schaub*, Arbeitsrechtshandbuch, S. 1724; *Oetker*, Gem. Anm. zu BAG, EzA zu § 4 TVG Nachwirkung Nrn. 14 u. 15; *Schwab*, BB 1994, 781 (782); *Bauer/Diller*, DB 1993, 1085 (1087 f.); *Hoß/Liebscher*, DB 1995, 2525 (2526 f.).

[129] So insbes. *Löwisch/Rieble*, TVG, § 4 Rdnr. 242.

[130] *Oetker*, Gem. Anm. zu BAG, EzA zu § 4 TVG Nachwirkung Nrn. 14 u. 15.

[131] Insoweit zutreff. *Schaub*, BB 1994, 2005 (2006).

[132] Zutreff. erkannt von *Hoß/Liebscher*, DB 1995, 2525 (2527); ebenso *Buchner*, RdA 1997, 259 (260).

Tarifgebundenheit notwendig fehlt, kann § 4 Abs. 5 TVG für Fallkonstellationen des § 3 Abs. 3 TVG im Ergebnis nicht zur Anwendung gelangen.

cc) Hinzu kommt, daß für eine Weitergeltung der tariflichen Bestimmungen nach Maßgabe des § 4 Abs. 5 TVG faktisch kein Bedarf besteht. Denn tritt der Arbeitgeber aus dem Verband aus und endet durch Ablauf, Kündigung oder Änderung des für ihn geltenden Tarifvertrages die Fortwirkung seiner Tarifgebundenheit, steht es ihm frei, alsbald mit dem Angebot an seine Arbeitnehmer heranzutreten, die Lohn- und Arbeitsbedingungen – auch zu deren Ungunsten – *individualvertraglich* zu vereinbaren. Von der nach Ansicht des BAG zu befürchtenden Gefahr inhaltsleerer Arbeitsverhältnisse nach Verbandsaustritt (*horror vacui*) kann in Anbetracht dessen keine Rede sein.

Insbesondere ist es unzutreffend, wenn das BAG und die ihm folgenden Autoren meinen, der aus seinem Verband ausgetretene Arbeitgeber stehe durch die sich an die Fortwirkungsphase anschließende Geltung des § 4 Abs. 5 TVG letztlich sogar besser als ohne eine solche. Zur Begründung wird angeführt, andernfalls müsse die Höhe des Arbeitsentgelts anhand der Auslegungsregel des § 612 Abs. 2 BGB bestimmt werden. Da als übliche Vergütung im Sinne dieser Vorschrift stets der tarifliche Lohn in seinem jeweiligen Umfang anzusehen sei, würden die Arbeitnehmer somit auch weiterhin an Tariflohnerhöhungen partizipieren[133]. Die Vorschrift des § 612 Abs. 2 BGB betrifft jedoch lediglich den – in der Praxis sicherlich seltenen – Fall, daß die Parteien des Arbeitsvertrages es zu Beginn des Arbeitsverhältnisses versäumen, die Höhe des Entgelts festzulegen, und zwischen ihnen auch kein Tarifvertrag gilt. Keine Anwendung findet die bürgerlich-rechtliche Auslegungsnorm hingegen, wenn der Arbeitgeber nach Austritt aus seinem Verband in bezug auf die Lohnhöhe ausdrücklich ein Angebot unterbreitet, der Arbeitnehmer dieses aber ausschlägt und es nur deswegen an einer Einigung über die Vergütung fehlt. Der Hinweis auf die vermeintlichen Folgen des § 612 Abs. 2 BGB ist somit ebenso wie das beschworene Szenario inhaltsleerer Arbeitsverhältnisse ein bloßes Scheinargument, hinter dem das wahre Anliegen der sog. Nachwirkungslehre zu verbergen versucht wird.

Der Rechtsprechung geht es mit dieser letztlich um nichts anderes, als den Arbeitgeber, will er nach Verbandsaustritt die Lohn- und sonstigen Arbeitsbedingungen zu Ungunsten der Arbeitnehmer modifizieren, ausschließlich auf das

---

[133] BAG, DB 1996, 1284 (1285); *Lieb*, NZA 1994, 337 (338); *Schaub*, NZA 1998, 617 (619); *derselbe*, BB 1996, 2298; *derselbe*, BB 1995, 2003; *derselbe*, BB 1994, 2005 (2006); *Walker*, ZfA 1996, 353 (380); *Däubler*, NZA 1996, 225 (228); *Veit*, Zuständigkeit, S. 81; ähnl. *Krauss*, DB 1995, 1562 f.; *derselbe*, DB 1996, 528; *Frieges*, NZA 1998, 630 (631); *Löwisch* (Anm. zu BAG, ARBl. Tarifvertrag III, III Tarifgebundenheit Nr. 10) erachtet den Ausschluß der Arbeitnehmer von den durch § 612 Abs. 2 BGB vermeintlich gewährten Tariflohnerhöhungen hingegen als ein entscheidend gegen die Nachwirkungslehre sprechendes Argument; zu Recht krit. hinsichtl. der Anwendung des § 612 Abs. 2 BGB de lege ferenda jedoch *derselbe*, JZ 1996, 812 (821).

Instrument der *betriebsbedingten Änderungskündigung* zu verweisen[134]. Einer solchen wird dann zumindest im Entgeltbereich nur bei *absoluter Existenzgefährdung* des Unternehmens Wirksamkeit zuerkannt, also wenn es zur Rettung des Betriebes und seiner Arbeitsplätze meist bereits zu spät sein dürfte[135]. Da nach – wie gesehen in mehrfacher Hinsicht unzutreffender – Auffassung des BAG Betriebsvereinbarungen zwar als andere Abmachungen im Sinne des § 4 Abs. 5 TVG angesehen werden[136], die „lex specialis" des § 77 Abs. 3 BetrVG jedoch nicht verbandsangehörigen Arbeitgebern gegenüber gleichermaßen gelten soll[137] und eine betriebsautonome Festlegung der Arbeitsbedingungen somit ebenso ausscheidet, wird der aus seinem Verband ausgetretene Unternehmer mit Hilfe der vermeintlichen Nachwirkung tarifvertraglicher Bestimmungen (§ 4 Abs. 5 TVG) ganz bewußt in eine unentrinnbare „Tariffalle" manövriert. Dies ist aber sowohl mit der verfassungsrechtlichen Verankerung der Betriebsautonomie (Art. 9 Abs. 1, Art. 2 Abs. 1 i.V.m. Art. 12 Abs. 1 GG)[138] als auch mit dem Grundrecht des nicht mehr verbandsorganisierten Unternehmers auf negative Koalitionsfreiheit (Art. 9 Abs. 3 GG)[139] unvereinbar. Die sog. Nachwirkungslehre des BAG ist folglich wegen ihrer faktischen Konsequenzen verfassungswidrig.

Als verfassungskonform könnte sie nur erachtet werden, sofern die Rechtsprechung in Übereinstimmung mit der hier vertretenen Auffassung die Sperrwirkung des Tarifvorbehalts in § 77 Abs. 3 BetrVG auf Betriebe tarifgebundener Arbeitgeber beschränkte und aus ihren Verbänden ausgetretenen Arbeitgebern mit der Betriebsvereinbarung eine tatsächlich gangbare Alternative zur (Neu-)Gestaltung der Arbeitsbedingungen an die Hand gäbe[140]. Unter dieser Prämisse hätte die Weitergeltung tariflicher Normen gem. § 4 Abs. 5 TVG auf Grund ihrer Dispositivität zu Gunsten des Regelungsinstruments der Betriebsvereinbarung freilich praktisch keinerlei Bedeutung mehr, was um so mehr be-

---

[134] So ausdrückl. *Fitting/Kaiser/Heither/Engels*, BetrVG, § 77 Rdnr. 68; krit. dazu *Ehmann*, ZRP 1996, 314 (319).

[135] Hierzu m. w. Nachw. und i. Erg. krit. § 2 IV 2 b m. Fn. 80.

[136] Zu den hiergegen sprechenden normhistorischen und systematischen Argumenten ausf. oben § 7 II 1 c.

[137] Zur Kritik insges. § 7.

[138] Ausf. Begr. oben § 5 III 2.

[139] Zur Reichweite des Schutzbereichs negativer Koalitionsfreiheit siehe § 5 II 3 a bb.

[140] Dann wäre es auch nicht erforderlich, daß der Gesetzgeber – wie es die *Monopolkommission* (BT-Drucks. 12/8323, S. 379 f. [Rdz. 948]) fordert – de lege ferenda ausdrückl. anordnet, die Nachwirkung des § 4 Abs. 5 TVG nach Verbandsaustritt nicht zur Anwendung gelangen zu lassen. Im übrigen bliebe dieser Neuordnungsvorschlag, sofern sich nicht gleichzeitig in der Rspr. die hier favorisierte Interpretation des § 77 Abs. 3 BetrVG durchsetzt, für die betriebliche Praxis letztlich ohne jeglichen Nutzen; zutreff. *Junker*, ZfA 1996, 383 (401 f.); *Walker*, ZfA 1996, 353 (380).

legt, daß die sog. Nachwirkungslehre allein bezweckt, die Flucht aus dem Tarifvertrag mit allen Mitteln zu verstellen.

### *4. Grundsätzlicher Vorrang günstigerer Individualvereinbarungen*

#### a) Zulässigkeit individueller Sonderabreden auf Grund des Günstigkeitsprinzips

Geht man davon aus, daß § 77 Abs. 3 BetrVG seine Sperrwirkung ausschließlich in Betrieben tarifgebundener Arbeitgeber entfaltet, und schließt ein aus seinem Verband ausgetretener Unternehmer *nach* – oder nach Maßgabe des Günstigkeitsprinzips auch bereits *während* – der Fortwirkungsphase (§ 3 Abs. 3 BetrVG) mit seinem Betriebsrat wirksam eine Betriebsvereinbarung[141], so gilt deren Inhalt gem. § 77 Abs. 4 Satz 1 BetrVG grundsätzlich für alle Arbeitnehmer des Betriebes. Obwohl das Betriebsverfassungsgesetz eine dem § 4 Abs. 3 TVG entsprechende Vorschrift nicht kennt, kommt jedoch nach herrschender und zutreffender Ansicht auch im Verhältnis einer Betriebsvereinbarung zu einzelvertraglichen Abreden das *Günstigkeitsprinzip* zur Anwendung. Dies folgt zwangsläufig daraus, daß jenes als ein Verfassungsgrundsatz zur Herstellung praktischer Konkordanz auch ohne einfachgesetzliche Verortung Geltung erlangt mit der Folge, daß die durch § 77 Abs. 4 Satz 1 BetrVG statuierte zwingende Wirkung betrieblicher Normen von Verfassungs wegen in eine lediglich *halb*zwingende Wirkung korrigiert werden muß[142]. Bestätigt wird der Primat günstigerer Individualabreden vor ungünstigeren Betriebsvereinbarungen nicht zuletzt durch die aus dem *Verbandscharakter*[143] der betrieblichen Gemeinschaft für die Betriebsverfassung resultierenden Vorgaben. Denn es entspricht allgemeinen verbandsrechtlichen Grundsätzen, daß jedes Mitglied durch *individuelle Sonderabsprachen* zusätzliche Leistungen oder spezielle Absicherungen seiner innerverbandlichen Stellung aushandeln kann, die ohne seine Zustimmung durch die Verbandsorgane – konkret also durch Arbeitgeber und Betriebsrat in Gestalt von Betriebsvereinbarungen – nicht angetastet werden dürfen[144].

Folglich können Arbeitnehmer, deren Arbeitsverträge auf Grund individualrechtlicher Abmachungen[145] die Regelung eines höheren Lohnes oder einer kür-

---

[141] Konkret zur Zulässigkeit von Betriebsvereinbarungen während der Fortwirkung der Tarifgebundenheit (§ 3 Abs. 3 TVG) bereits 3 a bb.

[142] Ausf. und m. w. Nachw. oben § 5 IV 1 b bb.

[143] Zu dessen Begr. siehe § 5 III 2 a.

[144] *Reuter*, ZfA 1995, 1 (67); vgl. auch *derselbe*, ZfA 1993, 221 (245).

[145] Angemerkt sei, daß nach Maßgabe des Günstigkeitsprinzips zwischen Betriebsvereinbarung und Individualvertrag indessen nicht den – nach unzutreff. Ansicht des BAG (zur Kritik oben 3 b bb u. cc) – gem. § 4 Abs. 5 TVG weitergeltenden Tarifbedingungen Vorrang zugesprochen werden kann. Denn diese behalten ihre unmittelbare Wirkung (siehe nur *Löwisch/Rieble*, TVG, § 4 Rdnr. 224 m. w. Nachw.). Sie werden also anders

zeren Arbeitszeitdauer vorsehen, dies grundsätzlich in Abweichung von der nach Verbandsaustritt durch die Betriebspartner getroffenen Abrede geltend machen.

### b) Existenzsichernde Betriebsvereinbarungen als Akte „innerverbandlicher Solidarität"

aa) Ebenso ist das allgemeine Verbandsrecht indes durch den Rechtsgedanken geprägt, daß dem Kollektiv Eingriffe in individuelle Vergünstigungen ausnahmsweise dann erlaubt sein müssen, wenn dies zur Existenzsicherung der verbandlichen Gemeinschaft unumgänglich erscheint. In diesem Sinne hat der BGH[146] entschieden, auch die im Rahmen eines Gesellschafterbeschlusses überstimmten Gesellschafter seien verpflichtet, Beschränkungen des grundsätzlich unentziehbaren Kernbereichs der ihnen obliegenden Gesellschafterrechte hinzunehmen, sofern das zuständige Verbandsorgan diese Einschränkungen zum Zwecke der *Rettung des Gesellschaftsunternehmens* beschlossen habe. Überträgt man dieses Prinzip auf den durch Arbeitgeber und Belegschaft gebildeten Betriebsverband, ergibt sich, daß den Arbeitnehmern die Berufung auf etwaige einzelvertragliche Sonderkonditionen jedenfalls dann verwehrt bleiben muß, wenn Arbeitgeber und Betriebsrat in einer Betriebsvereinbarung die Arbeitsbedingungen in einer Weise geregelt haben, die beiden als *zur Erhaltung des Betriebes* unausweichlich erscheint[147]. Anders formuliert ist in Fällen existenzsichernder Betriebsvereinbarungen von der grundsätzlichen Anwendbarkeit des Günstigkeitsprinzips im Betriebsverfassungsrecht zwingend eine Ausnahme zu machen[148].

bb) Die Annahme eines dahingehenden Geltungsausschlusses des Günstigkeitsprinzips ist freilich nicht allein Ausfluß verbandsrechtlicher Implikationen der Betriebsverfassung, sondern ergibt sich ebenso unter Zugrundelegung der –

---

als im Falle des Betriebsübergangs (§ 613 a Abs. 1 Satz 2 BGB) nicht zum Inhalt des Arbeitsvertrages, so daß zwischen ihnen und einer abweich. Betriebsvereinbarung das Günstigkeitsprinzip keine Anwendung findet.

[146] NJW 1985, 972 f.; NJW 1985, 974.

[147] Zutreff. *Reuter*, ZfA 1995, 1 (69): „Wenn sie (lies: Arbeitgeber und Betriebsrat) durch eine entsprechende Betriebsvereinbarung um der Rettung des Betriebes willen Opfer einfordern, darf der einzelne Arbeitnehmer sich dem genausowenig entziehen wie der Minderheitsgesellschafter, dem die Gesellschaftermehrheit wirtschaftliche Opfer zur Rettung des Unternehmens abverlangt." Ebenso *derselbe*, Referat, in: Verhandlungen des 61. DJT, Bd. II/1, K 35 (K 57).

[148] Entsprech. *Ehmann*, ZRP 1996, 314 (318 Fn. 52); *Th. Schmidt*, Günstigkeitsprinzip, S. 132 f.; vgl. konkret für den Fall einer ablösenden Betriebsvereinbarung auch *Fastrich*, RdA 1994, 129 (138); i. Erg. entsprech. im Hinblick auf das Verhältnis von Tarifvertrag und Individualvertrag bzw. von auf einer tariflichen Öffungsklausel beruhender Betriebsvereinbarung und Individualvertrag *Zachert*, RdA 1996, 140 (148).

in der heutigen Arbeitsrechtswissenschaft zu Unrecht vorherrschenden – rein schuldrechtlichen Charakterisierung des Arbeitsverhältnisses. Bereits *Siebert* hat seinerzeit unmißverständlich zum Ausdruck gebracht, daß der Günstigkeitsgedanke ausnahmsweise nicht zur Anwendung gelangen kann, vielmehr von einer „Ausschließlichkeit der Betriebsvereinbarung" ausgegangen werden muß, sofern eine „generelle betriebliche Regelung" erforderlich ist[149]. In Fortführung dieser Auffassung wird heute von einer zwar nicht unbestrittenen[150], aber dennoch starken Ansicht zu Recht angenommen, daß das Günstigkeitsprinzip im Verhältnis von individualrechtlichen Abmachungen zu kollektivvertraglichen *Betriebsnormen* nicht eingreift, da sich letztere gerade durch ihre notwendige Betriebseinheitlichkeit kennzeichnen[151]. Eine zweite Ausnahme vom grundsätzlichen Vorrang günstigerer Individualabreden wird teilweise speziell in solchen Fällen gemacht, in welchen deren Geltungsverschaffung unmittelbar andere Mitarbeiter des Betriebes belastet, die Berufung auf das Günstigkeitsprinzip durch den einen also automatisch zu *Nachteilen* für andere Arbeitnehmer führt[152].

Sowohl die dringende Notwendigkeit einer betriebseinheitlichen Regelung als auch die Nachteilhaftigkeit der Bevorteilung einzelner für die restliche Belegschaft können ohne Zweifel auch und gerade im Hinblick auf existenzsichernde Betriebsvereinbarungen nicht geleugnet werden. Denn entsprechende Abmachungen vermögen in der Praxis generell ihren Sinn nur dann zu erfüllen, wenn sie gegenüber allen Arbeitnehmern des krisengeschüttelten Betriebes zur Anwendung gelangen. Könnte sich eine zu große Zahl von Arbeitnehmern auf günstigere Individualvereinbarungen berufen, liefen die zur Existenzerhaltung für erforderlich erachteten Maßnahmen – seien es Kürzungen des Arbeitsentgelts, sei es eine Verlängerung der betrieblichen Arbeitszeit – stets Gefahr, im Ergebnis weitgehend untergraben zu werden. Jedenfalls wären zumindest Unruhe und Mißstimmung innerhalb der Belegschaft nicht zu vermeiden, sofern die Arbeitnehmer erführen, daß einige ihrer Kollegen einzelvertraglich von den al-

[149] *Siebert*, FS für Nipperdey I, S. 119 (123); vgl. auch *Canaris* (AuR 1966, 129 [131]), der bei einem überragenden Interesse an einer einheitlichen Ordnung die Schutzinteressen der Arbeitnehmer stärker zurücktreten lassen möchte; entsprech. *Ehmann*, ZRP 1996, 314 (318); *Wiese*, in: GK-BetrVG, Einl. Rdnr. 54; *derselbe*, ZfA 1989, 645 (652); *Reuter*, ZfA 1975, 85 (91).

[150] Für die Gegenmeinung *Löwisch/Rieble*, TVG, § 4 Rdnr. 176; *Säcker/Oetker*, Grundlagen und Grenzen, S. 141 ff.

[151] M. ausf. Begr. *Th. Schmidt*, Günstigkeitsprinzip, S. 79 ff.; ebenso *G. Müller*, Tarifautonomie, S. 218; *Ehmann/Lambrich*, NZA 1996, 346 (355 Fn. 94); *Baumann*, Delegation, S. 115;

[152] So *Galperin/Löwisch*, BetrVG, § 77 Rdnr. 96; *Blomeyer*, NZA 1996, 337 (340); *Rieble*, Arbeitsmarkt und Wettbewerb, Rdnrn. 1425 u. 1433; auch *Dietz/Richardi*, BetrVG, § 77 Rdnr. 105; a. A. *Kreutz*, in: GK-BetrVG, § 77 Rdnr. 216 m. w. Nachw. für beide Meinungen.

len gemeinsam auf Grund der Betriebsvereinbarung zugemuteten Belastungen freigestellt blieben. Zwar erscheint ebenso das Interesse des Arbeitgebers, bestimmte Leistungsträger in der Arbeitnehmerschaft durch gewisse Vergünstigungen besonders zu motivieren, gerade in einer wirtschaftlichen Extremsituation des Betriebes evident und sicherlich auch legitim. Dennoch dürfte im Ergebnis schwerer wiegen, daß die Arbeitnehmer in aller Regel nur bereit sein werden, die mit einer existenzsichernden Vereinbarung verbundenen Eingriffe ungeteilt auf sich zu nehmen.

Die Notwendigkeit zur *Solidarität* innerhalb der Arbeitnehmerschaft ist indessen nicht nur eine eherne soziologische oder gar moralische Attitüde. Dem Solidaritätsbegriff kommt vielmehr überdies – nicht zuletzt in seiner Komplementärfunktion zum *Subsidiaritätsgrundsatz*[153] – unmittelbar *rechtliche Relevanz* zu[154]. Aus dem „Rechtsverhältnis der betrieblichen Solidarität"[155] ergibt sich zwangsläufig, daß das Günstigkeitsprinzip eingedenk seiner grundsätzlichen Anwendbarkeit im Verhältnis zwischen betrieblicher Normsetzung und Individualvertrag im Falle existenzsichernder Betriebsvereinbarungen gleichwohl nicht zur Geltung gelangen kann. Anzumerken bleibt, daß darin insbesondere kein Verstoß gegen den grundlegenden Gedanken individuellen Arbeitnehmerschutzes liegt, dem das Günstigkeitsprinzip als ein Verfassungsprinzip zur Herstellung praktischer Konkordanz zu dienen bestimmt ist[156]. Denn keineswegs kann es als durch diesen geboten angesehen werden, daß neben der unleugbaren Begünstigung durch die Rettung des Betriebes und damit seines Arbeitsplatzes einem Arbeitnehmer kumulativ die weitere Vergünstigung einer Befreiung von denjenigen Zugeständnissen zuteil werden soll, die mit der exi-

---

[153] Zum Zshg. zwischen Subsidiarität und Solidarität maßgeblich *Küchenhoff*, DB 1963, 765 ff. u. 799 ff.

[154] Umfass. Begr. der Solidarität als Rechtsprinzip bei *Gamillscheg*, FS für Fechner, S. 135 ff. (insbes. 145 ff.); i. Erg. ebenso *Siebert*, RdA 1959, 167 (169 f.); *Hilger*, Ruhegeld, S. 263 f.; *Neumann-Duesberg*, Betriebsverfassungsrecht, S. 182; aus der neueren Lit. *Adomeit*, NJW 1994, 837; a. A. *O. Schmidt*, AcP 1963, 305 (340 f.); krit. auf Grund marxistischen Vorverständnisses auch *Pfarr/Kittner*, RdA 1974, 284 ff.

Auch das BAG hat in in zahlreichen – wenn auch im einzelnen nicht immer unproblematischen Entscheidungen (konkret zur Betriebsrisikolehre krit. *Ehmann*, Betriebsrisikolehre und Kurzarbeit, insbes. S. 49 ff.) – in wechselnden Sachzusammenhängen maßgeblich auf den Solidaritätsgedanken abgestellt: siehe insbes. AP Nrn. 15 u. 28 zu § 615 BGB Betriebsrisiko: Möglichkeit der Lohnkürzung bei Gefährdung des Fortbestandes des Betriebes; ebenso AP Nrn. 2, 3, 8, 29, 31 zu § 615 BGB Betriebsrisiko; AP Nrn. 5 u. 51 zu § 611 BGB Gratifikation; AP Nrn. 154 u. 155 zu § 242 BGB Ruhegehalt; unterschwellig auch AP Nr. 3 zu § 615 BGB Kurzarbeit sowie AP Nr. 3 zu § 87 BetrVG 1972 Kurzarbeit.

[155] *Galperin*, RdA 1959, 321 (323); ähnl. *derselbe*, ArbRGegw 1964, 75 (83).

[156] Allg. hierzu bereits § 5 IV 1 b.

stenzerhaltenden Maßnahme zwingend einhergehen[157]. Vielmehr gilt es dem allgemeinen Rechtsgedanken Rechnung zu tragen,

> „daß die Erhaltung des Betriebs und damit zugleich der Arbeitsplätze Vorrang vor dem Schutz von Einzelansprüchen haben muß"[158].

Denn:

> „Niemand darf das Fundament gefährden, auf dem nicht nur sein Haus, sondern auch die Häuser seiner Kameraden gebaut sind"[159].

### *5. Ergebnis*

Will ein Unternehmer aus seinem Arbeitgeberverband austreten, um die Arbeitsbedingungen ungeachtet der tariflichen Bestimmungen gemeinsam mit seinem Betriebsrat durch Betriebsvereinbarungen auszuhandeln, sind von Rechts wegen folgende Vorgaben zu beachten: In sachlicher Hinsicht können Betriebsvereinbarungen ausschließlich über diejenigen Gegenstände abgeschlossen werden, auf welche sich die dem Betriebsrat durch das Betriebsverfassungsgesetz eröffneten Beteiligungsrechte erstrecken. Da die *Lohnhöhe* und die *Arbeitszeitdauer* faktisch nur noch auf den gesamten Betrieb bezogen ausgehandelt werden können und daher als *soziale Angelegenheiten* im Sinne des § 88 BetrVG anzusehen sind, steht den Betriebspartnern in bezug auf die bedeutsamsten Arbeitsbedingungen die notwendige Regelungskompetenz zu.

Der Verbandsaustritt allein, zu dem das Unternehmen auch bei Nichtvorliegen eines wichtigen Grundes *jederzeit ohne* Einhaltung der in der Satzung vorgesehenen *Austrittsfrist* berechtigt ist, führt zunächst noch nicht zur Beseitigung der Sperrwirkung gem. § 77 Abs. 3 BetrVG. Die Tarifgebundenheit des Arbeitgebers wirkt wegen § 3 Abs. 3 TVG aus Gründen des Vertrauensschutzes zu Gunsten der gewerkschaftsangehörigen Arbeitnehmer bis zur Beendigung des Tarifvertrages fort. Vor diesem Zeitpunkt können die Betriebspartner aber insoweit wirksam Betriebsvereinbarungen abschließen, als diese aus der Sicht der einzelnen Arbeitnehmer im Vergleich zu den Tarifbestimmungen *günstiger* sind. Im Falle einer wirtschaftlichen Notlage des Betriebes (*drohender Konkurs*, *Betriebsstillegung*, *Standortverlagerung* ins Ausland) sind als im Ergebnis gün-

---

[157] So mit Recht *Th. Schmidt*, Günstigkeitsprinzip, S. 132 f.

[158] *Hilger/Stumpf*, FS für G. Müller, S. 209 (214).

[159] Siehe vorherige Fn.; ähnl. *Hilger*, Ruhegeld, S. 263: „Der einzelne ist verpflichtet, Zugeständnisse zu machen, wenn Aussicht besteht, daß dadurch das Unternehmen als Lebensgrundlage für viele über eine Krisenzeit hinweg erhalten bleibt; es ist hier nicht so sehr von einer Betriebsgemeinschaft die Rede als Gemeinschaft zwischen Arbeitgeber und Belegschaft, wie sie meist verstanden wird, sondern vor allem von der *Solidarität* der *Arbeitnehmer* ... untereinander" (Hervorh. i. Org.). Vgl. auch *Wiedemann*, Austausch- oder Gemeinschaftsverhältnis, S. 72 f.

stiger auch solche betrieblichen Abreden zu erachten, durch welche die tarifliche *Lohnhöhe unterschritten* bzw. die tarifvertraglich festgelegte *Arbeitszeitdauer überschritten* wird. Außerhalb der Grenzen des Günstigkeitsprinzips können die Betriebspartner dann nach Beendigung des Tarifvertrages (*Zeitablauf*, Eintritt einer *auflösenden Bedingung*, *Kündigung*) Betriebsvereinbarungen aushandeln, also frühestens, sobald eine der Tarifvertragsparteien die erste Kündigungsmöglichkeit *verstreichen* läßt oder der einschlägige Tarifvertrag punktuell *geändert* wird. Endet auf einem dieser Wege die Geltung eines Tarifvertrages, verlieren auch diejenigen tariflichen Absprachen ihre die betriebliche Normsetzungsbefugnis sperrende Wirkung (§ 3 Abs. 3 TVG i.V.m. § 77 Abs. 3 BetrVG), welche mit diesem in einem *engen sachlichen Zusammenhang* stehen.

Das BAG geht in dogmatisch unzutreffender und im Ergebnis verfassungswidriger Weise davon aus, daß sich an die Fortwirkung der Tarifbindung im Sinne des § 3 Abs. 3 TVG unmittelbar die Nachwirkung tariflicher Normen gem. § 4 Abs. 5 TVG anschließe (sog. *Nachwirkungslehre*). Die Weitergeltung der tarifvertraglichen Bedingungen ändert jedoch nichts daran, daß § 77 Abs. 3 BetrVG mangels Tarifgebundenheit des Arbeitgebers ab dem Zeitpunkt der Beendigung des Tarifvertrages dem Abschluß abweichender Betriebsvereinbarungen nicht mehr entgegenstehen kann. Zu beachten haben die Betriebspartner nunmehr allein, daß *günstigere* Individualabsprachen, welche zwischen dem Arbeitgeber und seinen Arbeitnehmern getroffen worden sind, den betrieblich festgelegten Arbeitsbedingungen vorgehen. Eine Ausnahme von der Geltung des Günstigkeitsprinzips ist zu machen, wenn es sich um eine *existenzsichernde Betriebsvereinbarung* handelt, welche die Arbeitnehmer als einen Akt innerverbandlicher Solidarität nur betriebseinheitlich auf sich zu nehmen bereit sein werden.

## II. Rechtspolitischer Ausblick: Neugestaltung der Arbeitsverfassung nach Maßgabe des Subsidiaritätsprinzips

Ziel der vorgelegten Untersuchung war es, die Regelungsspielräume aufzuzeigen, welche Deutschlands Unternehmern gemeinsam mit ihren Betriebsräten bereits de lege lata im Hinblick auf die Festlegung der Arbeitsbedingungen offenstehen. Da der Tarifvorbehalt im Sinne des § 77 Abs. 3 BetrVG auf Grund verfassungskonformer Auslegung (Art. 9 Abs. 1, Art. 2 Abs. 1 i.V.m. Art. 12 Abs. 1 GG; Subsidiaritätsprinzip; negative Koalitionsfreiheit, Art. 9 Abs. 3 GG) wie dargelegt als Kollisionsregel zwischen Tarifvertrag und Betriebsvereinbarung zu verstehen ist, die ausschließlich in Betrieben tarifgebundener Arbeitgeber gilt, hat sich der Austritt aus dem Arbeitgeberverband als ein gangbarer Weg erwiesen, um den dringenden ökonomischen und betriebssoziologischen Notwendigkeiten einer betrieblichen Gestaltung der Arbeitsverhältnisse gerecht werden zu können. In Ansehung des somit bereits nach derzeitiger Rechtslage bestehenden Flexibilisierungspotentials verlieren Forderungen, die Vorschrift des § 77 Abs. 3 BetrVG zu streichen oder ihre Sperrwirkung zumindest auf Betriebe tarifgebundener Arbeitgeber zu beschränken[160], mangels legislativen Handlungsbedarfs einiges an Dringlichkeit. Gleichwohl soll abschließend in groben Zügen de lege ferenda ein Alternativmodell der Arbeitsverfassung skizziert werden. Denn sollte sich die Rechtsprechung nicht in absehbarer Zeit der hier vertretenen Auslegung des Tarifvorbehalts anschließen und diesen weiterhin zu Unrecht als Normsetzungsprärogative zu Gunsten der Koalitionen begreifen, die selbst den Betriebspartnern nicht verbandsangehöriger Unternehmen den eigenverantwortlichen Abschluß von – sogar günstigeren – Betriebsvereinbarungen untersage, ist es vorrangige Aufgabe des Gesetzgebers, die von § 77 Abs. 3 BetrVG massenhaft abweichende Praxis endlich zu legalisieren. Getreu der *Hegelianischen* Maxime:

> „Was vernünftig ist, das ist wirklich; und was wirklich ist, das ist vernünftig“[161].

Was aber vernünftig ist, muß ohne Zweifel auch Rechtens sein.

### *I. Rückbesinnung auf die Anfänge der Mitbestimmungsidee*

Es kann als allgemeines Dogma der Rechtssoziologie gelten, daß die zuständigen Gesetzgebungsinstanzen in aller Regel erst dann mit dem Willen zur Innovation von ihren gestalterischen Möglichkeiten Gebrauch machen, wenn ein grundlegender sozialer Wandel hierzu Anlaß bietet. Seit dem im 19. Jahrhundert vollzogenen Übergang von rein agrarischen Lebensformen zur modernen Industriegesellschaft sind es insbesondere wirtschaftliche Determinanten[162], konkret die Entwicklung neuer Techniken, die – nach einer Phase des „Nachhinkens des Rechtssystems“[163] – zumeist auch neues Recht hervorbringen[164]. So waren es die Erfindung der Dampfmaschine und die mit ihr einhergehende Entstehung industrieller Großbetriebe, die einst zur normativen Etablierung von Tarifautonomie und Betriebsautonomie führten[165]. Fast genau ein Jahrhundert

---

[160] Siehe bereits § 2 I m. Nachw. in Fn. 18.

[161] *Hegel*, Grundlinien der Philosophie des Rechts, Vorrede, S. 14.

[162] *Luhmann*, Ausdifferenzierung, S. 149 ff.

[163] *Amelung*, JURA 1988, 393 (397); *Rottleuther*, Rechtssoziologie, S. 46: „cultural lag des Rechts“.

[164] Siehe *Coing*, Grundzüge, S. 158: „In all diesen Fällen stellen also die Produktionsverhältnisse dem Recht die Aufgaben, die es zu lösen hat.“ *Forsthoff*, Industriegesellschaft, S. 33: „Der Motor der Veränderungen wird nicht, wie bisher, die soziale, sondern die technische Realisation sein.“ *Schelsky*, in: *Gehlen/Schelsky*, Soziologie, S. 160 ff.; *Rottleuther*, Rechtssoziologie, S. 46 ff.; *Ehmann*, ZfA 1986, 357 (360); *Reichold*, Sozialprivatrecht, S. 142 ff.

[165] *Fechner*, Rechtsphilosophie, S. 91.

später verlangt nun eine neue, mit der Entwicklung der Mikroprozessorentechnik eingeleitete ökonomische Wende[166], Abschied zu nehmen von der überkommenen Vorstellung des Tarifvorbehalts und an dessen Stelle eine maßgeblich an den einzelnen Betrieben ausgerichtete Arbeitsverfassung zu setzen.

Sieht man von der schier unüberwindbar anmutenden Lobby der Sozialpartner ab, ist die zu diesem Zweck erforderliche Innovationsleistung des Gesetzgebers nicht einmal besonders groß. Den entscheidenden Schritt nach vorne weist bereits ein aufmerksamer Blick zurück zu den Wurzeln der Arbeitsverfassung. Am Anfang der Entwicklung der Mitbestimmungsidee stand mit dem *Minoritätsentwurf der Frankfurter Paulskirchenversammlung* der Vorschlag einer gestuften, sowohl betrieblichen als auch überbetrieblichen Beteiligung der Arbeitnehmerseite an der Gestaltung von Arbeits- und Wirtschaftsbedingungen[167]. Zwar erlangte jener damals nicht Gesetzeskraft und wurde vielmehr in der Folgezeit durch den bis heute währenden Dualismus von Tarif- sowie Betriebsautonomie verdrängt[168]. Doch das in ihm verkörperte Modell einer von den *einzelnen Betrieben* hin zu *überbetrieblichen Dachorganisationen* strukturierten Arbeitsverfassung ist für unsere Tage mehr denn je von einer geradezu bestechenden Modernität[169]. Verbindet man dieses Konzept mit dem Ordnungsprinzip der *Subsidiarität*[170], öffnet sich der Horizont für eine grundlegende Umgestaltung des kollektiven Arbeitsrechts, die einerseits den zwingenden ökonomischen und betriebssoziologischen Forderungen nach einer primär betriebsinternen Festlegung der Arbeitsbedingungen Rechnung trägt[171], andererseits aber auch die Tarifautonomie und die Koalitionen keineswegs überflüssig werden läßt. Ihnen stünde als Dachvereinigungen der einzelnen Betriebsverbände die Aufgabe zu, immer dann eingreifend tätig zu werden, wenn sich die betrieblichen Entscheidungsorgane zu einer sachgerechten Gestaltung der Arbeitsverhältnisse nicht in der Lage sehen oder den Schutzinteressen der einzelnen Arbeitnehmer nicht hinreichend gerecht werden. Folge der – seit längerem na-

---

[166] Hierzu *Beck*, Risikogesellschaft, S. 345 ff.; *Staudt*, ZfA 1987, 133 ff.

[167] Siehe oben § 3 III 1 a bb.

[168] Noch im Jahre 1890 forderte allerdings *Sering* (Arbeiter-Ausschüsse, S. 26) zu Recht, daß sich die überbetriebliche Arbeitnehmervertretung notwendig aus den betrieblichen Arbeitnehmerausschüssen entwickeln müsse.

[169] Entsprech. *Reichold*, Sozialprivatrecht, S. 49; *Teuteberg* (Geschichte, S. 111) bezeichnet den Minoritätsentwurf als eines der „bedeutendsten Dokumente in der Geschichte der deutschen Mitbestimmung"; vgl. auch *Hattenhauer* (Grundlagen, Rdnr. 268), der die Ideen der Paulskirchenversamlung allg. als so „bezwingend" ansieht, „daß sie sich auch ohne die erstrebte Gesetzeskraft Bahn brechen und als untötbar erweisen" werden.

[170] Nach der Ansicht *Häberles* (AöR 1994, 169 [172]) bietet das Subsidiaritätsprinzip, obwohl es für viele „heute und jetzt noch eine Provokation darstellt", ein weitreichendes „Reservoir für Neues"; ausf. zum Subsidiaritätsgrundsatz oben § 5 IV 2 b.

[171] Ausf. hierzu oben § 4 II 2.

mentlich von *Ehmann*[172] mit Nachdruck geforderten – Neuordnung der Arbeitsverfassung nach Maßgabe des Subsidiaritätsprinzips ist freilich eine weitgehende Kompetenzverlagerung von der tariflichen auf die betriebliche Ebene. Dagegen werden von Seiten kritischer Stimmen in der Literatur verschiedene rechtliche und rechtspolitische Einwände erhoben, die aber allesamt im Ergebnis nicht überzeugen.

### *2. Mögliche rechtliche und rechtspolitische Bedenken*

a) Sofern der Umkehr des Tarifvorbehalts bereits aus verfassungsrechtlichen Erwägungen die Zulässigkeit abgesprochen wird, weil dadurch eine Aushöhlung der grundrechtlich geschützten Tarifautonomie zu befürchten stehe[173], kann erneut darauf verwiesen werden, daß Art. 9 Abs. 3 GG keineswegs einen absoluten Vorrang tariflicher vor betrieblicher Mitbestimmung gebietet. In ihrem für den Gesetzgeber unantastbaren Wesensgehalt (Art. 19 Abs. 2 GG) ist die Tarifautonomie vielmehr nur dann beeinträchtigt, wenn den Koalitionen nicht mehr ein Tarifsystem zur Verfügung stünde, welches ihnen die Möglichkeit gibt, Lohn- und Arbeitsbedingungen zu Gunsten ihrer Mitglieder mit normativer Wirkung zu gestalten[174]. Dieses Recht soll den Tarifpartnern jedoch auch nach dem hier vorgeschlagenen Konzept unverändert erhalten bleiben. Der tariflichen Normsetzungsbefugnis wird lediglich eine mehr subsidiäre Aufgabe überantwortet. Geht man überdies davon aus, daß die Betriebsautonomie als Ausfluß der sich in der Mitgliedschaft im betrieblichen Arbeitsverband verkörpernden Privatautonomie (Art. 9 Abs. 1, Art. 2 Abs. 1 i.V.m. Art. 12 Abs. 1 GG) gleichfalls Verfassungsrang genießt[175], müssen tarifliche und betriebliche Normsetzung gemäß dem verfassungsdogmatischen Gebot zur Herstellung praktischer

---

[172] Erstmals in: *Mohler*, Wiklichkeit als Tabu, S. 61 (74 ff.); *derselbe*, in: *Giger/Linder*, Sozialismus, S. 581 (603 ff. u. 619 ff.); *derselbe*, NZA 1991, 1 (7); *derselbe*, Neue Ordnung 1992, 244 (256); *derselbe*, Neue Ordnung 1996 (Sondernummer), S. 64 ff.; *derselbe*, ZRP 1996, 314 ff.; *derselbe*, Diskussionsbeitrag, in: Verhandlungen des 61. DJT, Bd. II/2, K 105 ff.; vgl. auch *Lambrich*, Diskussionsbeiträge, in: Verhandlungen des 61. DJT, Bd. II/2, K 160 ff. u. K 179 ff.; ähnl. *Bender*, BB 1987, 1117 (1121); jetzt auch *Gentz*, FS für Schaub, S. 205 (216); *Soltwedel*, F.A.Z. vom 25.02.1998, S. 17; die fehlende Vereinbarkeit der derzeitigen Arbeitsverfassung mit dem Grundsatz der Subsidiarität rügte auch bereits *Hablitzel*, Verbands- und Betriebsratskompetenzen, S. 105.

[173] In diesem Sinne *Richardi*, Gutachten, in: Verhandlungen des 61. DJT, Bd. I, B 79; *Heinze*, NZA 1995, 5 (6); *Löwisch*, JZ 1996, 812 (818); *Wank*, NJW 1996, 2273 (2282); *Henssler*, ZfA 1994, 487 (500, aber auch 510 ff.); *Riester*, Deregulierung, S. 87; anders zu Recht *Hromadka* (NZA 1996, 1233 [1238]) m. dem Argument, eine Aushöhlung der Tarifautonomie scheide solange aus, wie die Betriebsräte nicht – was denknotwendig unmöglich ist – selbst Tarifverhandlungen führen.

[174] Siehe oben § 5 II 2 b bb.

[175] Zur Begr. § 5 III 2.

Konkordanz zu jeweils optimaler Wirksamkeit gebracht werden[176], wobei dem Subsidiaritätsgrundsatz in Gestalt einer verfassungsimmanenten Abwägungsmaxime richtungsweisende Bedeutung zukommt[177]. Unter dieser Prämisse ist die Neugestaltung der Arbeitsverfassung anhand des Subsidiaritätsgrundsatzes nicht nur *verfassungskonform*, sondern letztlich sogar *verfassungsrechtlich geboten.*

b) Wenn dennoch eine Erweiterung betrieblicher Rechtsetzungszuständigkeit überwiegend abgelehnt wird, geschieht dies zumeist unter Hinweis auf die vermeintliche *Schwäche des Betriebsrats* im Verhältnis zum Arbeitgeber[178]. Als maßgebliche Gründe hierfür werden zum einen die Doppelstellung der Betriebsratsmitglieder als betroffene Arbeitnehmer[179], des weiteren die durch die Kostentragungspflicht des Arbeitgebers (§ 40 BetrVG) bedingte finanzielle Abhängigkeit des betrieblichen Vertretungsgremiums[180] sowie insbesondere das betriebsverfassungsrechtliche Streikverbot des § 74 Abs. 2 Satz 1 BetrVG angeführt[181]. Folge der fehlenden Verhandlungsparität der Betriebspartner sei, daß Betriebsvereinbarungen nicht eine Tarifverträgen vergleichbare Richtigkeitsgewähr zukomme. Ebenso führe die fehlende Konfliktfähigkeit des Betriebsrats dazu, daß dieser in vielen Fällen die Interessen der Arbeitnehmer wirkungsvoll lediglich auf dem Wege unerwünschter *Koppelungsgeschäfte* vertreten könne (z. B. Erteilung der Zustimmung zu einer Verlängerung der Arbeitszeit nur bei Abstandnahme des Arbeitgebers von der Einführung eines zur Überwachung der Arbeitnehmer bestimmten Datenverarbeitungssystems)[182].

Allein die weitreichende Absicherung der Betriebsratsmitglieder durch kündigungsrechtliche Schutzvorschriften (§ 15 KSchG, § 103 BetrVG) sowie betriebsverfassungsrechtliche Diskriminierungsverbote (§ 37 Abs. 4, Abs. 5; § 78 BetrVG) spricht indessen nachhaltig gegen die Annahme einer unterlegenen Verhandlungsposition des Betriebsrats[183]. Jene läßt sich auch nicht mit der

---

[176] Siehe oben § 5 IV 1 a cc.

[177] Hierzu bereits § 5 IV 2 b cc.

[178] Insbes. *P. Hanau*, RdA 1993, 1 (5 ); unlängst wieder *Kittner*, FS für Schaub, S. 389 (419); *Veit*, Zuständigkeit, S. 101 ff.

[179] So bereits *Canaris*, AuR 1966, 129 (140).

[180] *Biedenkopf*, Grenzen, S. 302; *Walker*, ZfA 1996, 353 (360); *Veit*, Zuständigkeit, S. 105.

[181] *Kissel*, NZA 1986, 73 (79); *Walker*, ZfA 1996, 353 (359); *Veit*, Zuständigkeit, S. 106 ff.; auch bereits *Canaris*, AuR 1966, 129 (140).

[182] *Wank*, NJW 1996, 2273 (2282); *Rieble*, RdA 1996, 151 (154); *Walker*, ZfA 1996, 353 (360); *Lieb*, NZA 1994, 337 (342); auch *Adomeit*, Regelung von Arbeitsbedingungen, S. 58.

[183] Zutreff. *Beuthien*, BB 1983, 1992 (1998); *Reuter* (ZfA 1995, 1 [59 f.]), der darauf hinweist, daß der Betriebsrat ausschließlich von der Belegschaft als Wahlvolk, nicht aber vom Arbeitgeber abhängig sei; entsprech. *Hromadka*, NZA 1996, 1233 (1238).

Doppelstellung seiner Mitglieder als Arbeitnehmer des Betriebes begründen. Die Selbstbetroffenheit dürfte im Gegenteil stets verhindern, daß sich Betriebsratsmitglieder durch den Arbeitgeber zu Regelungen verleiten lassen, welche die Belegschaft und damit ihre eigenen Interessen in unangemessener Weise beeinträchtigen. Ihre Doppelstellung ist folglich sogar ein Garant für die Richtigkeitsgewähr der Betriebsvereinbarung[184]. Der finanziellen Angewiesenheit des Betriebsrats auf den Arbeitgeber, die teilweise als Ursache für eine nicht vorhandene Verhandlungsparität angeführt wird, kann ohne weiteres durch eine *Streichung des Beitragserhebungsverbots* im Sinne des § 41 BetrVG begegnet werden[185]. Die Norm findet – wie auch der Tarifvorbehalt – ihren entstehungsgeschichtlichen Ursprung in der Absicht des Weimarer Krisengesetzgebers, die revolutionäre Betriebsrätebewegung finanziell zu schwächen und dadurch zu zerschlagen[186]. Sie ist heute demnach in ihrer Zwecksetzung längst überholt. Durchaus erwünschter Nebeneffekt der Aufhebung des § 41 BetrVG könnte sein, daß die Betriebsräte einen Teil des Beitragsaufkommens an ihre gewerkschaftlichen Dachverbände abführen müßten. Damit stünde auch die Finanzierung der subsidiären Aufgabenerfüllung durch die Koalitionen auf einem sicheren Fundament; dies im übrigen völlig unabhängig von eventuell sinkenden Mitgliederzahlen[187].

Bleibt allein das entscheidende Argument der *fehlenden Streikmöglichkeit* auf Betriebsebene. Unzutreffend ist an diesem bereits die Prämisse[188], die vorgeschlagene Kompetenzverlagerung von der tariflichen auf die betriebliche Gestaltungsebene zwingend vom Vorhandensein eines betriebsinternen Konfliktlösungsmechnismus abhängig machen zu wollen[189]. Denn Ziel einer Stärkung der

---

[184] Richtig *Hromadka*, NZA 1996, 1233 (1238); siehe jetzt auch *Reuter*, FS für Schaub, S. 605 (634).

[185] So *Ehmann*, ZRP 1996, 314 (320 f.); *derselbe*, Diskussionbeitrag, in: Verhandlungen des 61. DJT, Bd. II/2, K 105 (K 107); *derselbe*, in: *Giger/Linder*, Sozialismus, S. 581 (622); *derselbe*, in: *Mohler*, Wirklichkeit als Tabu, S. 61 (74); mit ausf. Begr. *Lambrich*, Diskussionsbeitrag, in: Verhandlungen des 61. DJT, Bd. II/2, K 179 f.

[186] Siehe ausf. hierzu oben § 3 III 2 b cc (2) m. Fn. 225.

[187] Die Gewerkschaften und Arbeitgeberverbände scheinen es jedoch (noch?) nicht nötig zu haben, die ihnen angebotene Hilfe in Anspruch zu nehmen, wie die überwältigende Mehrheit (2:157:1 Stimmen) deutlich macht, mit der ein entsprech. Neuordnungsvorschlag von dem in weiten Teilen mit Verbandsfunktionären besetzten Plenum der arbeitsrechtlichen Abteilung des 61. DJT abgelehnt worden ist; siehe Beschluß 12, in: Verhandlungen des 61. DJT, Bd. II/2, K 195.

[188] Siehe *Junker*, ZfA 1996, 383 (407); vgl. auch *Löwisch*, JZ 1996, 812 (820); *Molitor*, FS für Schaub, S. 487 (489).

[189] Die arbeitsrechtliche Abteilung des 61. DJT hat sich demnach zu Recht auch de lege ferenda gegen die Schaffung eines speziellen betrieblichen Konfliktlösungsverfahrens für den Fall einer zunehmenden Verlagerung der Normsetzungsmacht von den Tarif- auf die Betriebspartner ausgesprochen; siehe Beschluß 4, in: Verhandlungen des 61. DJT, Bd. II/2, K 194.

Betriebsautonomie soll und darf es nicht sein, den Bereich erzwingbarer Mitbestimmung zu erweitern[190]. Angestrebt wird lediglich, den Betriebspartnern die Möglichkeit zu verschaffen, die Arbeitsbedingungen vor Ort auf dem Wege *freiwilliger* Vereinbarungen auszuhandeln. Das Streikrecht ist indessen seinem Wesen nach eine Angriffswaffe, deren Gewährung es zu diesem Zweck nicht bedarf. Um den Abschluß von freiwilligen Betriebsvereinbarungen zu verhindern, durch welche die Arbeitnehmer über die Maßen belastet werden, benötigen die Betriebsräte allein die Fähigkeit, zu einer inhaltlich untragbaren Abmachung „Nein“ sagen zu können[191]. Dieses Vetorecht verleiht ihnen bereits die Tatsache, daß für den Fall des Scheiterns einer betrieblichen Einigung stets subsidiär die Tarifautonomie als überbetriebliche Rückfallebene bereitsteht. Sofern sich der Arbeitgeber nicht zur Festlegung von Arbeitsbedingungen bereit erklärt, die nach Ansicht des Betriebsrats den Interessen der Belegschaft entsprechen, läuft er stets Gefahr, notfalls durch Streik zum Abschluß eines Firmentarifvertrages oder jedenfalls zum Verbandsbeitritt und somit zur Akzeptanz der Bestimmungen des einschlägigen Branchentarifvertrages gezwungen zu werden[192]. Demnach ist es letztlich sogar der Betriebsrat, der bei den innerbetrieblichen Verhandlungen der Arbeitsbedingungen am längeren Hebel sitzt, weshalb schließlich auch die Furcht vor *Koppelungsgeschäften* einiges an praktischer Relevanz verliert. Zu entsprechenden Vereinbarungen, die von rechtlicher Warte stets als unzulässig zu erachten sind[193], kommt es überdies in der angenommenen Häufigkeit nur deswegen, weil den Betriebsräten zwar hinsichtlich mannigfaltiger Randmaterien umfangreiche Mitwirkungsbefugnisse überantwortet sind, man sie von den wirklich entscheidenden Sachgegenständen (insbesondere: Lohnhöhe, Arbeitszeitdauer) jedoch unter Hinweis auf den Tarifvorbehalt des § 77 Abs. 3 BetrVG bisweilen fernhält. Es steht zu erwarten, daß mit einer dahingehenden Kompetenzerweiterung der Betriebsautonomie das Ver-

---

[190] Zur Begr. auch bereits § 6 II 4.

[191] *Henssler*, ZfA 1994, 487 (500); *Reuter* (ZfA 1995, 1 [66 f.]) mit dem zutreff. Hinweis, daß auch die aus Gründen der Beschäftigungssicherung gebotene Notwendigkeit, unter Umständen zu die Arbeitnehmerrechte einschränk. Maßnahmen gerade nicht „Nein“ sagen zu können, ebensowenig die Annahme einer Unterlegenheit des Betriebsrats begründet, wie es auf der anderen Seite nicht Ausdruck für eine Unterlegenheit seitens des Arbeitgebers ist, wenn dieser in Zeiten wirtschaftlichen Prosperierens des Betriebes sich zu überbetrieblichen Leistungen bereit erklärt; vgl. auch *derselbe*, FS für Schaub, S. 605 (628 f.).

[192] *Ehmann*, ZRP 1996, 314 (320); *derselbe*, Neue Ordnung 1996 (Sondernummer), S. 71; *derselbe*, Diskussionsbeitrag, in: Verhandlungen des 61. DJT, Bd. II/2, K 105 (K 107 f.); diesem ausdrückl. zustimm. *Hromadka*, NZA 1996, 1233 (1238).

[193] Ebenso *Kappes*, DB 1997, 277 f.; *Ehmann*, Neue Ordnung 1992, 244 (258); ausf. *Brossette* (ZfA 1992, 379 [396 ff.]), der darlegt, daß dem Arbeitgeber für den Fall einer aus sachfremden Erwägungen erfolgenden Blockade einer mitbestimmungspflichtigen Angelegenheit durch den Betriebsrat nach dem allg. Gedanken des § 162 BGB und in entsprech. Anwendung des § 99 Abs. 3 BetrVG die erforderliche Handlungsfreiheit zu gewähren ist.

antwortungsbewußtsein der Betriebsräte wachsen und die Häufigkeit rechtswidriger Koppelungsgeschäfte weitgehend abnehmen wird[194].

c) Zustimmung verdienen die Bedenken gegenüber einer Zuständigkeitsverlagerung von der Tarif- zur Betriebsautonomie insoweit, als angeführt wird, daß eine Vielzahl der Arbeitgeber und Betriebsräte mangels *Sachverstands* und *Verhandlungsgeschicks* mit der eigenverantwortlichen Gestaltung der Arbeitsbedingungen schlichtweg überfordert sein dürfte. Ebenso ist nicht zu leugnen, daß die *Transaktionskosten* innerbetrieblicher Verhandlungen über Löhne, Arbeitszeit und sonstige Arbeitsbedingungen im Vergleich zu den Mitgliedsbeiträgen des Arbeitgeberverbandes zumeist höher zu Buche schlagen[195]. Solange jedoch die Tarifautonomie als subsidiäre Regelungsebene offensteht, können beide Argumente allein es nicht geboten erscheinen lassen, selbst denjenigen Betriebspartnern den Weg zu einer betrieblichen Gestaltung der Arbeitsverhältnisse zu versperren, die dies ausdrücklich wünschen und sich dazu auch in der Lage sehen. Der betriebswirtschaftliche Nachteil höherer Kosten dürfte von vielen Unternehmen allein um der Vorteile den betrieblichen Bedürfnissen angepaßter Arbeitsbedingungen willen gerne in Kauf genommen werden[196]. Zwecks Verbesserung des erforderlichen Sachverstands der Betriebspartner wird den als überbetriebliche Dachverbände fungierenden Gewerkschaften und Arbeitgeberverbänden neben ihrer subsidiären Normsetzungsbefugnis in Zukunft eine zweite, letztlich sogar wichtigere Aufgabe zukommen. Ihnen obliegt es, den Entscheidungsträgern der einzelnen Betriebsverbände durch Schulungen und umfassende Beratung die Fähigkeit zu verleihen, den Interessen der Arbeitgeber- und Arbeitnehmerseite Rechnung tragende sowie der jeweiligen konjunkturellen Gesamtsituation angepaßte Arbeitsbedingungen auszuhandeln[197].

### *3. Gesetzgeber oder Rechtsprechung?*

Ob und wann sich ein nach Maßgabe des Subsidiaritätsprinzips konzipiertes Modell der Arbeitsverfassung wird realisieren lassen, vermag allein die Zukunft zu zeigen. Bedeutsam für dessen Erfolgsaussichten dürfte nicht zuletzt sein, inwieweit sich die machtgewohnten Verbände mit der Schwerpunktverlagerung ihrer Tätigkeit von der eigenen Tarifpolitik zur Servicefunktion für die einzel-

---

[194] *Ehmann*, ZRP 1996, 314 (320); *derselbe*, Neue Ordnung 1996 (Sondernummer), S. 66; *derselbe*, Diskussionsbeitrag, in: Verhandlungen des 61. DJT, Bd. II/2, K 105 (K 108).

[195] Beide Aspekte werden zu Recht hervorgehoben von *Walker*, ZfA 1996, 353 (359); entsprech. insoweit auch *Ehmann*, ZRP 1996, 314 (320).

[196] Zutreff. *Henssler*, ZfA 1994, 487 (500).

[197] *Ehmann*, ZRP 1996, 314 (320); *derselbe*, in: *Giger/Linder*, Sozialismus, S. 581 (619 ff.); vgl. auch *Buchner*, DB 1990, 1 (18).

nen Betriebe anfreunden können. Noch entscheidender ist freilich die Stärke, mit welcher die Macht der globalisierten Märkte dem Gesetzgeber letztlich keine andere Wahl lassen wird, als bei der Gestaltung des kollektiven Arbeitsrechts einen Aufbruch zu neuen Ufern zu wagen. Auf Grund der nahezu sprichwörtlichen „Lernfeindlichkeit des Rechts"[198] steht jedoch zu befürchten, daß zuvor noch zahlreiche Betriebsstillegungen und Produktionsverlagerungen in die Staaten Asiens, des ehemaligen Ostblocks und auch in die – scheinbar lernfähigeren – Industrienationen der westlichen Welt hinzukommen, noch zahllose Erwerbstätige sich in das Heer der Arbeitslosen einreihen müssen, bevor die politischen und gesellschaftlichen Kräfte ausreichen, um die erforderlichen Reformen mutig in Angriff zu nehmen[199]. In Anbetracht dessen bleibt kurzfristig allein die Hoffnung, daß sich – wie schon so oft – die Rechtsprechung endlich ihrer Vorreiterrolle bei der aus ökonomischen Gründen gebotenen Fortentwicklung des Rechts bewußt wird. Die Umsetzung des im Rahmen dieser Untersuchung de lege lata entwickelten Verständnisses des Tarifvorbehalts gem. § 77 Abs. 3 BetrVG wäre für die „Kasseler Herren des Arbeitsrechts" (*Gamillscheg*) auf diesem Weg ein ganz wesentlicher Schritt.

---

[198] *Amelung*, JURA 1988, 393 (394).

[199] Es kann zumindest als ein erstes zaghaftes Zeichen eines konsensualen Umdenkens gewertet werden, daß die aus Unternehmern, Gewerkschaften und Regierungen gebildete ILO es in ihrem World Labour Report 1997-98 als erwiesen bezeichnet, daß das Modell einer dezentralen Lohnfindung in der jüngsten Vergangenheit bei der Bekämpfung der Arbeitlosigkeit erfolgreicher war als die überkommene Methode branchenweiter Kollektivverträge; vgl. F.A.Z. vom 04.11.1997, S. 17: „Die Gewerkschaften verlieren überall Mitglieder".

# Literaturverzeichnis


*Ackermann*, Karl-Friedrich: Betriebliche Lohn- und Gehaltspolitik; in: Gaugler, Eduard / Weber, Wolfgang (Hrsg.), Handwörterbuch des Personalwesens, S. 1294 ff.; 2. Aufl., Stuttgart 1992.

*Adelmann*, Gerhard (Bearb.): *Quellensammlung* zur Geschichte der sozialen Betriebsverfassung. Ruhrindustrie unter besonderer Berücksichtigung des Industrie- und Handelskammerbezirks Essen; Bd. 2: Soziale Betriebsverfassung einzelner Unternehmen der Ruhrindustrie; Bonn 1965.

*Adomeit*, Klaus: Die *Regelungsabrede* als die neben der Betriebsvereinbarung zulässige Ausübungsform der Mitbestimmung in sozialen Angelegenheiten (§ 56 BetrVG, § 67 PersVG); Düsseldorf 1961.

– *Rechtsquellenfragen* im Arbeitsrecht; München 1969.

– Das Arbeitsrecht und unsere wirtschaftliche Zukunft; München 1985.

– *Gesellschaftsrechtliche Elemente* im Arbeitsverhältnis; Berlin / New York 1986.

– *Regelung von Arbeitsbedingungen* und ökonomische Notwendigkeiten: eine Untersuchung zu aktuellen Fragen des deutschen Tarifrechts; München / Landsberg am Lech 1996.

– Zur Rechtsnatur der Betriebsvereinbarung; BB 1962, S. 1246 ff.

– Das Günstigkeitsprinzip – neu verstanden; NJW 1984, S. 26 ff.

– Grenzen der Tarifautonomie – neu gezogen; NJW 1984, S. 595 f.

– Arbeitsplätze und Solidarität; NJW 1994, S. 837 f.

– Der Dienstvertrag des BGB und die Entwicklung zum Arbeitsrecht; NJW 1996, S. 1710 ff.

– Globalisierung – eine Chance?; NJW 1996, S. 2138 ff.

*Albeck / Barbier / Fels / Loritz / Rüthers / Watrin / Sievert*: Den Platz im Korridor suchen; F.A.Z. vom 05.06.1993, S. 13.

*Alexy*, Robert: Theorie der Grundrechte; Baden-Baden 1985.

*Amelung*, Knut: Sozialer Wandel und Rechtssystem; JURA 1988, S. 393 ff.

*Andreae*, Clemens August: Das Prinzip der gegengewichtigen Marktmacht für die Wettbewerbspolitik; in: Schneider, Hans K. (Hrsg.), Grundlagen der Wettbewerbspolitik; Berlin 1968.

*Anschütz*, Gerhard: Die Verfassung des Deutschen Reiches vom 11. August 1919. Ein Kommentar für Wissenschaft und Praxis; Nachdruck der 14. Aufl., Berlin 1933; Bad Homburg / Berlin / Zürich 1968 (zit.: WRV).

*Arbeitgeberverband Gesamtmetall* (Hrsg.): M+E-Forum: *Aktiv aus der Krise*. Der Beitrag der Tarifpolitik; Köln 1993.

*Aristoteles*: *Aufzeichnungen zur Staatstheorie* (sog. Politik); übersetzt von Walter Siegfried; Köln 1967.

*Arnold*, Michael: Die *Entstehung* des Betriebsverfassungsgesetzes 1952; Diss. Freiburg i. Br. 1978.

*Bachmann*, Herbert: Kritische Gedanken über das Mitbestimmungsrecht der Betriebsräte; RdA 1949, S. 166 ff.

*Badura*, Peter: *Wirtschaftsverfassung* und Wirtschaftsverwaltung. Ein exemplarischer Leitfaden; Frankfurt a. M. 1971.

– *Staatsrecht*. Systematische Erläuterung des Grundgesetzes für die Bundesrepublik Deutschland; München 1986.

*Badura*, Peter / *Rittner*, Fritz / *Rüthers*, Bernd: Mitbestimmungsgesetz 1976 und Grundgesetz. Gemeinschaftsgutachten; München 1977.

*Bakopoulos*, Konstantinos: *Zuständigkeitsverteilung* zwischen tarifvertraglicher und innerbetrieblicher Normsetzung; Berlin 1991.

*Barbier*, Hans D.: Jetzt hilft nur rasche Flucht; F.A.Z. vom 11.04.1997, S. 15.

*Barbier*, Hans D. u. a.: Tarifautonomie kontrovers; Bad Homburg 1991.

*Barwasser*, Franz H.: Zur Zulässigkeit von Betriebsvereinbarungen über materielle Arbeitsbedingungen in nichttarifgebundenen Betrieben, insbes. Mischbetrieben; DB 1975, S. 2275 ff.

– Nochmals: Zulässigkeit von Betriebsvereinbarungen über materielle Arbeitsbedingungen in nichttarifgebundenen Betrieben, insbes. Mischbetrieben; DB 1976, S. 1110 ff.

*Bauer*, Jobst-Hubertus: Einigungsstellen – Ein ständiges Ärgernis!; NZA 1992, S. 433 ff.

– 25 Jahre Betriebsverfassungsgesetz; NZA 1997, S. 233 ff.

– Flucht aus Tarifverträgen: Königs- oder Irrweg?; in: Schlachter, Monika / Ascheid, Reiner / Friedrich, Hans-Wolf, Tarifautonomie für ein neues Jahrhundert. Festschrift für Günter Schaub zum 65. Geburtstag, S. 19 ff.; München 1998 (zit.: FS für Schaub).

*Bauer*, Jobst-Hubertus / *Diller*, Martin: Flucht aus Tarifverträgen – Konsequenzen und Probleme –; DB 1993, S. 1085 ff.

*Baumann*, Thomas: Die *Delegation* tariflicher Rechtsetzungsbefugnisse; Berlin 1992.

*Beck*, Thorsten: Rationalisierungsschutz und Grenzen der Tarifmacht; AuR 1981, S. 333 ff.

*Beiersmann*, Jürgen: Zulässigkeit von Betriebsvereinbarungen über materielle Arbeitsbedingungen in nicht tarifgebundenen Betrieben, insbes. in Mischbetrieben; DB 1976, S. 53 ff.

*Belling*, Detlev W.: Das *Günstigkeitsprinzip* im Arbeitsrecht; Berlin 1984.

*Belling*, Detlev W. / *Hartmann*, Christian: Die Unzumutbarkeit als Begrenzung der Bindung an den Tarifvertrag; ZfA 1997, S. 87 ff.

– Die Tarifbindung in der Insolvenz; NZA 1998, S. 57 ff.

*Benda*, Ernst: *Industrielle Herrschaft* und sozialer Staat. Wirtschaftsmacht von Großunternehmen als gesellschaftspolitisches Problem; Göttingen 1966.

*Benda*, Ernst / *Maihofer*, Werner / *Vogel*, Hans-Joachim: *Handbuch* des Verfassungsrechts der Bundesrepublik Deutschland; Berlin / New York 1983.

*Bender*, Gerd: Vom Hilfsdienstgesetz zum Betriebsrätegesetz. Zur rechtlichen Regulierung des industriellen Verhandlungssystems zwischen Reform und Revolution (1916 – 1920); in: Mohnhaupt, Heinz (Hrsg.), *Revolution*, Reform, Restauration. Formen der Veränderung von Recht und Gesellschaft; Frankfurt a. M. 1988.

*Bender*, Reinhard: Arbeitszeitflexibilisierung durch Tarifvertrag und Betriebsvereinbarung auf der Grundlage eines entschärften Tarifvorrangs; BB 1987, S. 1117 ff.

*Bengelsdorf*, Peter: Tarifliche Arbeitszeitbestimmung und Günstigkeitsprinzip; ZfA 1990, S. 563 ff.

– Anmerkung zu BAG vom 12.02.1992 (7 ABR 20/91); SAE 1995, S. 26 ff.

*Benöhr*, Hans-Peter: Wirtschaftsliberalismus und Gesetzgebung am Ende des 19. Jahrhunderts; ZfA 1977, S. 187 ff.

*Berger-Delhey*, Ulf: Betriebsbedingte Änderungskündigung: Gestaltungsmittel oder Zwang zur Pleite; DB 1991, S. 1571 ff.

*Bergmann*, Joachim u. a.: Beiträge zur *Soziologie der Gewerkschaften*; Frankfurt a. M. 1979.

*von Berlepsch*, Hans-Jörg: *„Neuer Kurs"* im Kaiserreich? Die Arbeiterpolitik des Freiherrn von Berlepsch 1890 bis 1896; Bonn 1987.

*Bernzen*, Uwe: Das *Subsidiaritätsprinzip* als Prinzip des deutschen Staatsrechts; Diss. Düsseldorf 1966.

*Bettermann*, Karl August / *Nipperdey*, Hans Carl / *Scheuner*, Ulrich: *Die Grundrechte*. Handbuch der Theorie und Praxis der Grundrechte, Bd. III/1; 2. Aufl., Berlin 1972.

*Beuthien*, Volker (Hrsg.): *Arbeitnehmer oder Arbeitsteilhaber*? Zur Zukunft des Arbeitsrechts in der Wirtschaftsordnung; Stuttgart 1987.

– Unternehmerische Mitbestimmung kraft Tarif- oder Betriebsautonomie?; ZfA 1983, S. 141 ff.

– Tariföffnungsklauseln zwecks Arbeitsplatzsicherung; BB 1983, S. 1992 ff.

– Tarifverträge betriebsverfassungsrechtlichen Inhalts; ZfA 1986, S. 131 ff.

*Beuthien*, Volker / *Meik*, Frank: Wenn Tarifautonomie unzumutbar wird – Rückschau auf den Arbeitskampf in der ostdeutschen Metallindustrie –; DB 1993, S. 1518 ff.

*Biberacher*, Hansjörg: Betriebliche *Rechtssetzungsmacht*; Frankfurt a. M. 1983.

*Bichler*, Hubert: Nochmals: Zur Zulässigkeit von Betriebsvereinbarungen über Arbeitsbedingungen für AT-Angestellte; DB 1979, S. 1939 ff.

*Bickel*, Dietrich: Die normative Wirkung von Betriebsvereinbarungen; ZfA 1971, S. 181 ff.

*Bieback*, Karl-Jürgen: Tarifrechtliche Probleme des Verbandswechsels von Arbeitgebern; DB 1989, S. 477 ff.

*Biedenkopf*, Kurt H.: Vertragliche *Wettbewerbsbeschränkungen* und Wirtschaftsverfassung. Die Ausschließlichkeitsbindung als Beispiel; Heidelberg 1958.

– *Grenzen* der Tarifautonomie; Karlsruhe 1964.

– Sinn und Grenzen der Vereinbarungsbefugnis der Tarifvertragsparteien; Gutachten für den 46. Deutschen Juristentag, Bd. I; München / Berlin 1966 (zit.: Gutachten, in: Verhandlungen des 46. DJT, Bd. I).

*Birk*, Rolf: Die arbeitsrechtliche *Leitungsmacht*; Köln / Berlin / Bonn / München 1973.

– Innerbetriebliche Absprachen – Typen und Rechtswirkungen –; ZfA 1986, S. 73 ff.

– Anmerkung zu BAG, EzA § 87 BetrVG 1972 Initiativrecht Nr. 2.

– Gemeinsame Anmerkung zu BAG, EzA § 87 BetrVG 1972 Nrn. 2 – 4.

*Biskup*, Reinhold: Globalisierung und Wettbewerb; 2. Aufl., Bern / Stuttgart / Wien 1996.

*Bitzer*, Friedrich: *Arbeit und Kapital*. Ein Beitrag zum Verständnisse der Arbeiterfrage; Stuttgart 1871.

– *Der freie Arbeits-Vertrag* und die Arbeits-Ordnungen; Stuttgart 1872.

*Blanke*, Thomas / *Erd*, Rainer / *Mückenberger*, Ulrich / *Stascheit*, Ulrich: Kollektives Arbeitsrecht. *Quellentexte* zur Geschichte des Arbeitsrechts in Deutschland, Bd. 1: 1849 – 1932; Reinbek 1975.

*Bleckmann*, Albert: Staatsrecht II – *Grundrechte*; 4. Aufl., Köln / Berlin / Bonn / München 1997.

*Blomeyer*, Wolfgang: Das Günstigkeitsprinzip in der Betriebsverfassung. Die Betriebsvereinbarung zwischen Individual- und Tarifvertrag; NZA 1996, S. 337 ff.

– Anmerkung zu BAG, AP Nr. 1 zu § 87 BetrVG 1972 Altersversorgung.

*Böckenförde*, Ernst-Wolfgang: Der Zusammenbruch der Monarchie und die Entstehung der Weimarer Republik; in: Bracher, Karl Dietrich / Funke, Manfred / Jacobsen, Hans-Adolf (Hrsg.), Die *Weimarer Republik* 1918 – 1933. Politik – Wirtschaft – Gesellschaft; Düsseldorf 1987.

*Boemke*, Burkhard: Privatautonomie im Arbeitsvertragsrecht; NZA 1993, S. 532 ff.

*Bogs*, Walter: Autonomie und verbandliche Selbstverwaltung im modernen Arbeits- und Sozialrecht; RdA 1956, S. 1 ff.

*Böhlhoff*, Heinz: *Die Betriebsordnung* als Ausdruck nationalsozialistischen Rechtsdenkens im Gegensatz zu ihren Vorläufern; Marburg 1936.

*Böhm*, Franz: Kartelle und Koalitionsfreiheit; Berlin 1933.

– Das wirtschaftliche Mitbestimmungsrecht der Arbeiter im Betrieb; ORDO 1951, S. 21 ff.

*Böhm*, Wolfgang: Hat der flächendeckende Branchentarifvertrag noch eine Zukunft?; NZA 1994, S. 497 f.

*Bötticher*, Eduard: *Gestaltungsrecht* und Unterwerfung im Privatrecht; Berlin 1964.

*Brandes*, Wolfgang / *Buttler*, Friedrich: Die Unvermeidbarkeit interner Arbeitsmärkte; in: Reyher, Lutz / Kühl, Jürgen (Hrsg.), Resonanzen. Arbeitsmarkt und Beruf – Forschung und Politik. Festschrift für Dieter Mertens, S. 94 ff.; Nürnberg 1988 (zit.: FS für Mertens).

*Braun*, Wilfried: Verbandstarifliche Normen in Firmentarifverträgen und Betriebsvereinbarungen. Ein Beitrag zur Rechtstechnik von Verweisungsklauseln; BB 1986, S. 1428 ff.

*Brecht*, Hans-Theo: Kommentar zum Betriebsverfassungsgesetz nebst Wahlordnung; Herne 1972 (zit.: BetrVG).

*Brentano*, Lujo: Die Arbeitergilden der Gegenwart, Bd. 2: Zur *Kritik der englischen Gewerkvereine*; Leipzig 1872.

*Brigl-Matthiaß*, Kurt: Das *Betriebsräteproblem* in der Weimarer Republik; in: Crusius / Schiefelbein / Wilke (Hrsg.), Die Betriebsräte in der Weimarer Republik. Von der Selbstverwaltung zur Mitbestimmung; Berlin 1978.

*Brossette*, Josef: Der Zweck als Grenze der Mitbestimmungsrechte des Betriebsrats – Ein Beitrag zur Reichweite der Mitbestimmung bei Überstunden und Kurzarbeit –; ZfA 1992, S. 379 ff.

*vom Bruch*, Rüdiger (Hrsg.): *Weder Kommunismus noch Kapitalismus*. Bürgerliche Sozialreform in Deutschland vom Vormärz bis zur Ära Adenauer; München 1985.

*Bucher*, Eugen: Für mehr Aktionendenken; AcP 1986, S. 1 ff.

*Buchner*, Herbert: Buchbesprechung: Mathys, Peter: Das Verhältnis zwischen Kartellrecht und kollektivem Arbeitsrecht; ZHR 1970, S. 165 ff.

– Die Rechtsprechung des Bundesarbeitsgerichts zum Gewerkschaftsbegriff; in: Gamillscheg, Franz / Hueck, Götz / Wiedemann, Herbert (Hrsg.), 25 Jahre Bundesarbeitsgericht; München 1979 (zit.: FS 25 Jahre BAG).

– Rechtswirksamkeit der tarifvertraglichen Regelung über die Flexibilisierung der Arbeitszeit in der Metallindustrie; DB 1985, S. 913 ff.

– Arbeitszeitregelungen im Spannungsfeld zwischen Tarifvertrag und Betriebsvereinbarung; NZA 1986, S. 377 ff.

– Die Umsetzung der Tarifverträge im Betrieb. Bewältigtes und Unbewältigtes aus dem Spannungsverhältnis tariflicher und betrieblicher Regelungsbefugnis; RdA 1990, S. 1 ff.

– Tarifliche Arbeitszeitbestimmung und Günstigkeitsprinzip; DB 1990, S. 1715 ff.

– Mitgliedschaft in Arbeitgeberverbänden ohne Tarifbindung; NZA 1994, S. 2 ff.

– Betriebsräte auf schwierigem Terrain – die Viessmann-Entscheidungen des Arbeitsgerichts Marburg; NZA 1996, S. 1304 ff.

– Beschäftigungssicherung unter dem Günstigkeitsprinzip – Betriebliche Arbeitsplatzgarantien gegen Verzicht auf tarifliche Positionen; DB-Beilage Nr. 12/1996.

– Die tarifliche Situation bei Verbandsaustritt und bei Auflösung eines Arbeitgeberverbandes; RdA 1997, S. 259 ff.

– Die Reichweite der Regelungssperre aus § 77 Abs. 3 Satz 1 BetrVG; DB 1997, S. 573 ff.

– Zur Rechtsstellung des Betriebsrats; in: Hanau, Peter / Lorenz, Egon / Matthes, Hans-Christoph (Hrsg.), Festschrift für Günther Wiese zum 70. Geburtstag, S. 55 ff.; Neuwied 1998 (zit.: FS für Wiese).

*Buddeberg*, Else: Der Betrieb als Kollektivbegriff der modernen Arbeitsverfassung; Arbeitsrecht 1926, Sp. 117 ff.

*Büge*, Helmut: Erfahrungen und Überlegungen zur leistungs- und anforderungsbezogenen *Entlohnung* aus betrieblicher Sicht; Bergisch Gladbach 1990.

*Bundesverband der Katholischen Arbeitnehmer-Bewegung* (Hrsg.): Texte zur katholischen Soziallehre; 7. Aufl., Köln 1989.

*Bydlinski*, Franz: Juristische *Methodenlehre* und Rechtsbegriff; Wien 1982.

*Canaris*, Claus-Wilhelm: *Systemdenken* und Systembegriff in der Jurisprudenz entwikkelt am Beispiel des deutschen Privatrechts; 2. Aufl., Berlin 1983.

– Funktionelle und inhaltliche Grenzen kollektiver Gestaltungsmacht bei der Betriebsvereinbarung; AuR 1966, S. 129 ff.

*Coing*, Helmut: *Grundzüge* der Rechtsphilosophie; 4. Aufl., Berlin / New York 1985.

*Courth*, Paul: Günstigkeitsprinzip und Günstigkeitsvergleich im Spannungsfeld zwischen Individual- und Kollektivrecht; Diss. Köln 1969.

*Cuntz*, Joachim: Die *Unzulässigkeit* von Betriebsvereinbarungen bei bestehender Tarifüblichkeit; Diss. Frankfurt a. M. 1970.

*Dahlbender*, Frank: Der *Austritt* des Arbeitgebers aus seinem Verband zwecks Loslösung von Tarifverträgen; Diss. Bonn 1995.

*Dahrendorf*, Ralf: *Gesellschaft und Demokratie* in Deutschland; München 1965.

*Dapprich*, Gerhard: Der soziale Charakter des Arbeitsrechts im mittelalterlichen deutschen Bergbau; in: Mayer-Maly, Theo / Richardi, Reinhard / Schambeck, Herbert / Zöllner, Wolfgang (Hrsg.), Arbeitsleben und Rechtspflege. Festschrift für Gerhard Müller; Berlin 1981 (zit.: FS für G. Müller).

*Däubler*, Wolfgang: Das *Grundrecht auf Mitbestimmung* und seine Realisierung durch tarifvertragliche Begründung von Beteiligungsrechten; Frankfurt a. M. 1973.

– *Gewerkschaftsrechte im Betrieb*. Argumentationshilfen für die Praxis in Betrieb und Verwaltung; 5. Aufl., Neuwied 1987.

– Das *Arbeitsrecht* I. Leitfaden für Arbeitnehmer; 11. Aufl., Reinbek 1990.

– *Tarifvertragsrecht*. Ein Handbuch; 3. Aufl., Baden-Baden 1993.

– Buchbesprechung: Scholz, Rupert: Koalitionsfreiheit als Verfassungsproblem; RdA 1973, S. 193 ff.

– Gewerkschaftliches Klagerecht gegen tarifwidrige Betriebsvereinbarungen?; BB 1990, S. 2256 ff.

– Tarifflucht – eine aussichtsreiche Strategie zur Reduzierung von Lohnkosten?; ZTR 1994, S. 448 ff.

– Tarifausstieg – Erscheinungsformen und Rechtsfolgen; NZA 1996, S. 225 ff.

– Betriebsräte und Gewerkschaften; in: Anzinger, Rudolf / Wank, Rolf, Entwicklungen im Arbeitsrecht und Arbeitsschutzrecht. Festschrift für Otfried Wlotzke zum 70. Geburtstag, S. 257 ff.; München 1996 (zit.: FS für Wlotzke).

*Däubler*, Wolfgang / *Hege*, Hans: *Koalitionsfreiheit*. Ein Kommentar; Baden-Baden 1976.

*Däubler*, Wolfgang / *Kittner*, Michael / *Klebe*, Thomas / *Schneider*, Wolfgang: Betriebsverfassungsgesetz mit Wahlordnung und Gesetz über den Sozialplan im Konkurs- und Vergleichsverfahren. Kommentar für die Praxis; 4. Aufl., Köln 1994 (zit.: BetrVG).

*Deppe*, Frank / *von Freyberg*, Jutta / *Kievenheim*, Christof / *Meyer*, Regine / *Werkmeister*, Frank: *Kritik der Mitbestimmung*. Partnerschaft oder Klassenkampf?; Frankfurt a. M. 1969.

*Deregulierungskommission* der Bundesregierung: Marktöffnung und Wettbewerb; Stuttgart 1991.

*Dichmann*, Werner: *Kollektive Interessenvertretung*, Recht und ökonomische Effizienz. Eine institutionelle Theorie und Politik des Arbeitsmarkts; Freiburg i. Br. 1992.

*Dieterich*, Thomas: Grundgesetz und Privatautonomie im Arbeitsrecht; RdA 1995, S. 129 ff.

*Dietz*, Rolf: Betriebsverfassungsgesetz mit Wahlordnung. Kommentar; München / Berlin 1953 (zit.: BetrVG).

– Betriebsverfassungsgesetz; 4. Aufl., Berlin 1967 (zit.: BetrVG).

– Die Betriebsvereinbarung im heutigen Arbeitsrecht; RdA 1949, S. 161 ff.

– Das Monopol der Sozialpartner und die Betriebsvereinbarung; RdA 1955, S. 241 ff.

– Freiheit und Bindung im kollektiven Arbeitsrecht; RdA 1957, S. 178 ff.

*Dietz*, Rolf / *Richardi*, Reinhard: Betriebsverfassungsgesetz; 6. Aufl., München 1982 (zit.: BetrVG).

*Dobberahn*, Peter: Das neue *Arbeitszeitrechtsgesetz*. Rechtsquellen, Grundregeln, wichtige Anlagen; München 1994.

*Dolzer*, Rudolf / *Vogel*, Klaus (Hrsg.): *Bonner Kommentar* zum Grundgesetz; Heidelberg, Stand: 1996.

*Donges*, Jürgen B.: *Deregulierung* am Arbeitsmarkt und Beschäftigung; Tübingen 1992.

*Dorndorf*, Eberhard: Mehr Individualvertragsfreiheit im Arbeitsrecht?; in: Däubler, Wolfgang / Bobke, Manfred / Kehrmann, Karl (Hrsg.), Arbeit und Recht. Festschrift für Albert Gnade, S. 39 ff.; Köln 1992 (zit.: FS für Gnade).

– Das Verhältnis von Tarifautonomie und individueller Freiheit als Problem dogmatischer Theorie; in: Heinze, Meinhard / Söllner, Alfred (Hrsg.), Arbeitsrecht in der Bewährung. Festschrift für Otto Rudolf Kissel, S. 139 ff.; München 1994 (zit.: FS für Kissel).

*Dreyer*, Joachim: Die einzelvertragliche Einheitsregelung; Diss. Hamburg 1966.

*Drosdowski*, Günther: Meyers Enzyklopädisches Lexikon, Bd. 32; Mannheim / Wien / Zürich 1981.

*Dürig*, Günter: Verfassung und Verwaltung im Wohlfahrtsstaat; JZ 1953, S. 193 ff.

*Dütz*, Wilhelm: Der *Grundrechtsschutz* von Betriebsräten und Personalvertretungen; Reutlingen 1986.

*Ebel*, Wilhelm: *Quellen* zur Geschichte des deutschen Arbeitsrechts (bis 1849); Göttingen / Berlin / Frankfurt 1964.

*von Eckardstein*, Dudo: Neue Technologien und betriebliche Lohnbestimmung; in: Emmerich, Knut / Hardes, Heinz-Dieter / Sadowski, Dieter / Spitznagel, Eugen (Hrsg.), Einzel- und gesamtwirtschaftliche Aspekte des Lohnes; Nürnberg 1989.

*von Eckardstein*, Dudo / *Fredecker*, Ines / *Greife*, Wolfgang / *Janisch*, Rainer / *Zingsheim*, Gabriele: Die *Qualifikation* der Arbeitnehmer in neuen Entlohnungsmodellen. Zur Funktion von Modellen des Qualifikationslohns in personalwirtschaftlichen und gewerkschaftlichen Strategien; Frankfurt a. M. 1988.

*Ehmann*, Horst: Die *Gesamtschuld*. Versuch einer begrifflichen Erfassung in drei Typen; Berlin 1972.

– *Betriebsrisikolehre und Kurzarbeit*. Zur Verlagerung des Lohnrisikos im Arbeitskampf und Arbeitsfrieden; Berlin 1979.

– Das Grundrecht auf Sozialismus; RdA 1976, S. 175 ff.

– Die Rechtsprechung des Bundesarbeitsgerichts im Jahre 1979; ZfA 1980, S. 683 ff.

– Die juristische Beurteilung von Arbeitskämpfen; in: Streithofen, Heinrich Basilius (Hrsg.), *Christliche Ethik und Arbeitskampf*. Symposion der Hans Martin Schleyer-Stiftung und des Instituts für Gesellschaftswissenschaften Walberberg e. V., S. 43 ff.; Walberberg 1981.

– Kritische Bemerkungen zur Entwicklung des Arbeitsrechts; BAG-Nachrichten 1982, S. 1 ff.

– Tarifautonomie im Wandel der Industriegesellschaft; in: *Bitburger Gespräche*. Jahrbuch 1985, S.19 ff.; München 1985.

– Legitimationsverlust des Arbeitskampfes? Zur Kompetenzverschiebung zwischen Tarif- und Betriebsautonomie; in: Mohler, Armin (Hrsg.), *Wirklichkeit als Tabu*. Anmerkungen zur Lage; München 1986, S. 61 ff.

– Über Datenverarbeitung zur Generalklausel betrieblicher Mitbestimmung – Zugleich kritische Anmerkungen zur Kienzle-Schreiber- und zur Opel-PAISY-Entscheidung; ZfA 1986, S. 357 ff.

– Wandlung des Arbeitsrechts in der Dämmerung des Sozialismus. Überholte sozialpolitische Strategien; in: Giger, Hans / Linder, Willy (Hrsg.), *Sozialismus*. Ende einer Illusion, S. 581 ff.; Zürich 1988.

– Neuere Tendenzen des Arbeitsrechts. Von der wissenschaftlichen zur demokratischen Rechtsfindung, von der Solidarität zur Selbstbestimmung; Personal-Führung 1988, S. 49 ff.

– Arbeitsordnung im Wandel. Vom Arbeits- zum Gesellschaftsrecht? Von der Tarif- zur Betriebsautonomie?; RdA 1990, S. 77 ff.

– Vom Arbeitskampf zur Mitbestimmung – Entwicklungen in der Krise des Sozialismus; NZA 1991, S. 1 ff.

– Zweck und Entwicklung der betrieblichen Mitbestimmung. Zugleich ein Beitrag zum Eigentumsbegriff: Vom Privateigentum über Klassenkampf, Arbeitskampf, Tarifautonomie zur sozialen Marktwirtschaft und zur Mitbestimmung; Die Neue Ordnung 1992, S. 244 ff.

– Zur Rechtsverbindlichkeit von Betriebsvereinbarungen über den Fortbestand des Betriebes; in: Heinze, Meinhard / Söllner, Alfred (Hrsg.), Arbeitsrecht in der Bewährung. Festschrift für Otto Rudolf Kissel zum 65. Geburtstag, S. 175 ff.; München 1994 (zit.: FS für Kissel).

– Deutschland – eine Standortfrage? Flucht aus den Tarifverträgen und aus der sozial- und nationalstaatlichen Ordnung; Die Neue Ordnung 1996 (Sondernummer).

– Empfiehlt es sich, die Regelungsbefugnis der Tarifpartner im Verhältnis zu den Betriebsparteien neu zu ordnen?; ZRP 1996, S. 314 ff.

*Ehmann*, Horst / *Balthasar*, Klaus-Peter: Die 38,5-Stunden-Woche; JURA 1985, S. 436 ff.

*Ehmann*, Horst / *Lambrich*, Thomas: Vorrang der Betriebs- vor der Tarifautonomie kraft des Subsidiaritätsprinzips? Betriebsvereinbarungen als „andere Abmachungen"; NZA 1996, S. 346 ff.

*Ehmann*, Horst / *Schmidt*, Thomas Benedikt: Betriebsvereinbarungen und Tarifverträge; NZA 1995, S. 193 ff.

*Ehmke*, Horst: *Wirtschaft und Verfassung*. Die Verfassungsrechtsprechung des Supreme Court zur Wirtschaftsregulierung; Karlsruhe 1961.

– Prinzipien der Verfassungsinterpretation; VVDStRL 1963, S. 53 ff.

*Ehrich*, Christian: Wenn jemand aus seinem Verband austritt; Leserbrief, F.A.Z. vom 30.04.1997.

*Eich*, Rolf-Achim: Tarifverträge und Sozialpartnerbeziehungen am Beispiel der chemischen Industrie; NZA 1995, S. 149 ff.

*Eickelberg*, Martin: Probleme der *Betriebsvereinbarung* über Arbeitsentgelt und sonstige Arbeitsbedingungen nach dem Betriebsverfassungsgesetz 1972 – eine rechtsvergleichende Untersuchung mit dem Betriebsverfassungsgesetz 1952; Diss. Bochum 1973.

*Ellenbeck*, Frank: Die *Grundrechtsfähigkeit* des Betriebsrats; Berlin 1996.

*Ellsworth*, P. T. / *Clark*, Leith J.: The International Economy; 6th edition, New York / London 1984.

*Engels*, Wolfram u. a. (Kronberger Kreis): Mehr Mut zum Markt – Konkrete Problemlösungen; Bad Homburg 1986.

*Engisch*, Karl: Die *Einheit* der Rechtsordnung; Heidelberg 1935.

*Enneccerus*, Ludwig / *Nipperdey*, Hans Carl: *Allgemeiner Teil* des Bürgerlichen Rechts. Ein Lehrbuch, Bd.II/1: Allgemeine Lehren, Personen, Rechtsobjekte; 15. Aufl., Tübingen 1959.

*Erd*, Rainer: *Verrechtlichung* industrieller Konflikte. Normative Rahmenbedingungen des dualen Systems der Interessenvertretung; Frankfurt a. M. / New York 1978.

*Erdmann*, Ernst-Gerhard: Das Betriebsverfassungsgesetz vom 11. Oktober 1952 (BGBl. I, S. 681) erläutert für die Praxis; Neuwied 1952 (zit.: BetrVG).

*Erdmann*, Ernst-Gerhard / *Jürging*, Claus / *Kammann*, Karl-Udo: Betriebsverfassungsgesetz. Kommentar für die Praxis; Neuwied / Kriftel / Berlin 1972 (zit.: BetrVG).

*Erdmann*, Ernst-Gerhard / *Mager*, Ernst-Günther: Technik – Mitbestimmung – Zusammenarbeit; DB 1987, S. 46 ff.

*Eucken*, Edith / *Hensel*, K. Paul: Grundsätze der Wirtschaftspolitik; 6. Aufl., Tübingen 1990.

*Evers*, Tilmann: Auf dem Weg in ein postmodernes Imperium?; F.A.Z. vom 07.10.1997, S. 12.

*Eyck*, Erich: *Geschichte der Weimarer Republik*, Bd. 2: Von der Konferenz von Locarno bis zu Hitlers Machtübernahme; Erlenbach / Zürich / Stuttgart 1956.

*Fabricius*, Fritz: *Relativität* der Rechtsfähigkeit. Ein Beitrag zur Theorie und Praxis des privaten Personenrechts; München / Berlin 1963.

– *Unternehmensrechtsreform* und Mitbestimmung in einer sozialen Marktwirtschaft. Rechtstheoretische Grundlagen; Stuttgart / Berlin / Köln / Mainz 1982.

– Arbeitsverhältnis, Tarifautonomie, Betriebsverfassung und Mitbestimmung im Spannungsfeld von Recht und Politik. Gedanken zur Fortentwicklung des Arbeitsverhältnisses; in: Wannagat, Georg / Gitter, Wolfgang (Hrsg.), Festschrift für Erich Fechner zum 70. Geburtstag, S. 171 ff.; Tübingen 1973 (zit.: FS für Fechner).

– Buchbesprechung: Fitting, Karl / Auffarth, Fritz: Handkommentar zum Betriebsverfassungsgesetz nebst Wahlordnung, 10. Aufl.; RdA 1973, S. 125 f.

*Fabricius*, Fritz / *Kraft*, Alfons / *Wiese*, Günther / *Kreutz*, Peter: Betriebsverfassungsgesetz. Gemeinschaftskommentar; 5. Aufl., Neuwied / Kriftel / Berlin 1995 (zit.: *Verf.*, in: GK-BetrVG).

*Falkenberg*, Rolf-Dieter: Fragen des Arbeitgebers an den einzustellenden Arbeitnehmer; BB 1970, S. 1013 ff.

*Farthmann*, Friedhelm: Die Beschränkung der Mitbestimmung nach § 56 BetrVG auf die sog. formellen Arbeitsbedingungen; RdA 1966, S. 249 ff.

– Die Mitbestimmung des Betriebsrats bei der Regelung der Arbeitszeit; RdA 1974, S. 65 ff.

*Fastrich*, Lorenz: Betriebsvereinbarung und Privatautonomie. Zugleich eine Stellungnahme zu § 116 des Diskussionsentwurfs eines Arbeitsvertragsgesetzes; RdA 1994, S. 129 ff.

*Fechner*, Erich: *Führertum* und Unternehmertum im Gesetz zur Ordnung der nationalen Arbeit; Bonn 1937.

– *Rechtsphilosophie*. Soziologie und Metaphysik des Rechts; 2. Aufl., Tübingen 1962.

*Fehr*, Hans: Deutsche Rechtsgeschichte; 6. Aufl., Berlin 1962.

*Feig*, Johannes / *Sitzler*, Friedrich: Betriebsrätegesetz, Betriebsbilanzgesetz und Aufsichtsratsgesetz; 13. u. 14. Aufl., Berlin 1931 (zit.: BRG).

*Fette*, Hans Peter: Der Günstigkeitsvergleich im Urlaubsrecht; Diss. Köln 1967.

*Feudner*, Bernd W.: Betriebsautonomie versus Tarifautonomie – Freiräume für Vereinbarungen auf Betriebs- oder Unternehmensebene –; DB 1993, S. 2231 ff.

– Die betriebliche Einigungsstelle – ein unkalkulierbares Risiko; DB 1997, S. 826 ff.

*Fezer*, Karl-Heinz: Verantwortete Marktwirtschaft; JZ 1990, S. 657 ff.

*Fischer*, Christian: Die tarifwidrigen *Betriebsvereinbarungen*; München 1998.

*Fitting*, Karl / *Auffarth*, Fritz / *Kaiser*, Heinz: Betriebsverfassungsgesetz. Handkommentar; 10. Aufl., München 1972 (zit.: BetrVG).

*Fitting*, Karl / *Auffarth*, Fritz / *Kaiser*, Heinrich / *Heither*, Friedrich / *Engels*, Gerd: Betriebsverfassungsgesetz. Handkommentar; 17. Aufl., München 1992 (zit.: BetrVG).

*Fitting*, Karl / *Kaiser*, Heinrich / *Heither*, Friedrich / *Engels*, Gerd: Betriebsverfassungsgesetz. Handkommentar; 18. Aufl., München 1996 (zit.: BetrVG).

*Flatow*, Georg: Betriebsvereinbarung und Arbeitsordnung; Mannheim / Berlin / Leipzig 1921.

– Die *Grundzüge des Schlichtungswesens*; Berlin / Stuttgart 1923.

*Flume*, Werner: Allgemeiner Teil des Bürgerlichen Rechts, Bd. I/1: *Die Personengesellschaft*; Berlin / Heidelberg / New York 1977.

– Allgemeiner Teil des Bürgerlichen Rechts, Bd. II: *Das Rechtsgeschäft*; 3. Aufl., Berlin / Heidelberg / New York 1979.

*Föhr*, Horst: Mitbestimmung des Betriebsrats in sozialen Angelegenheiten unter besonderer Berücksichtigung der außertariflichen Angestellten; AuR 1975, S. 353 ff.

*Forsthoff*, Ernst: Der Staat und die *Industriegesellschaft*. Dargestellt am Beispiel der Bundesrepublik Deutschland; München 1971.

*Franz*, Wolfgang: *Beschäftigungsprobleme* auf Grund von Inflexibilitäten auf Arbeitsmärkten?; in: Scherf, Harald (Hrsg.), Beschäftigungsprobleme hochentwickelter Volkswirtschaften; Berlin 1989.

*Freese*, Heinrich: Die konstitutionelle Fabrik; Jena 1909.

*Freytag*, Georg: Die Betriebsverfassung; Leipzig 1935.

*Friedrich*, Hans-Wolf: Nachwirkender Tarifvertrag und seine Ablösung durch einen Tarifvertrag eines anderen Arbeitgeberverbandes mit einer anderen Gewerkschaft – eine Fallstudie; in: Schlachter, Monika / Ascheid, Reiner / Friedrich, Hans-Wolf, Tarifautonomie für ein neues Jahrhundert. Festschrift für Günter Schaub zum 65. Geburtstag, S. 193 ff.; München 1998 (zit.: FS für Schaub).

*Frieges*, Holger M.: Der betriebliche Entgeltausschuß. Kollektive Vereinbarungen trotz § 77 Abs. 3 BetrVG; NZA 1996, S. 921 ff.

– Wegfall der Tarifbindung und einzelvertragliche Inbezugnahme von Tarifverträgen; DB 1996, S. 1281 ff.

– Der Verbandsaustritt: Unwägbarkeiten und verfassungsrechtliche Grenzen der zwingenden Fortgeltung von Tarifbestimmungen; NZA 1998, S. 630 ff.

*von Friesen*, Juliane: Die Rechtsstellung des Betriebsrats gegenüber nichtleitenden AT-Angestellten; DB-Beil. Nr. 1/1980.

*Fritsch*, Irmgard: Die *Rechtsnatur* der Betriebsgemeinschaft im Arbeitsrecht. Eine rechtspolitische Untersuchung; Frankfurt a. M. 1935.

*Frölich*, Armin: Eintritt und Beendigung der Nachwirkung von Tarifnormen; NZA 1992, S. 1105 ff.

*Fürstenberg*, Friedrich: Grundfragen der Betriebssoziologie; Köln / Opladen 1964.

*Galbraith*, John Kenneth: American Capitalism. The Concept of Countervailing Power; Boston 1952.

*Galperin*, Hans: Grundlagen und Grenzen der Betriebsvereinbarung; BB 1949, S. 374 ff.

– Die Organstellung des Betriebsrats; RdA 1959, S. 321 ff.

– Betriebsverfassungsgesetz und betriebliche Partnerschaft; RdA 1962, S. 366 ff.

– Begriff und Wesen des Betriebsverbandes; ArbRGegw 1964, S. 75 ff.

– Die Stellung des Arbeitgebers in der Betriebsverfassung; in: Mayer-Maly, Theo / Nowak, Albert / Tomandl, Theodor (Hrsg.), Festschrift für Hans Schmitz zum 70. Geburtstag, Bd. 2, S. 55 ff.; Wien / München 1967 (zit.: FS für Schmitz).

*Galperin*, Hans / *Löwisch*, Manfred: Kommentar zum Betriebsverfassungsgesetz; 6. Aufl., Heidelberg 1982 (zit.: BetrVG).

*Galperin*, Hans / *Siebert*, Wolfgang: Kommentar zum Betriebsverfassungsgesetz; 4. Aufl., Heidelberg 1963 (zit.: BetrVG).

*Gamillscheg*, Franz: Kollektives Arbeitsrecht, Bd. 1; München 1997.

– Die Solidarität als Rechtsbegriff; in: Wannagat, Georg / Gitter, Wolfgang (Hrsg.), Festschrift für Erich Fechner zum 70. Geburtstag, S. 135 ff.; Tübingen 1973 (zit.: FS für Fechner).

– Zivilrechtliche Denkformen und die Entwicklung des Individualarbeitsrechts. Zum Verhältnis von Arbeitsrecht und BGB; AcP 1976, S. 197 ff.

*Gast*, Wolfgang: *Arbeitsvertrag und Direktion.* Zweiseitige Leistungsbestimmung im Arbeitsverhältnis; Berlin 1978.

– *Tarifautonomie* und die Normsetzung durch Betriebsvereinbarung; Heidelberg 1981.

– Das Arbeitsrecht als *Vertragsrecht*; Heidelberg 1984.

– Anmerkung zum Beschluß des BAG vom 24.02.1987 (1 ABR 18/85); BB 1987, S. 1249 ff.

– Arbeitsrecht und herrschaftsfreie Sozialordnung; BB 1990, S. 1637 ff.

– Gedanken zum gerechten Arbeitsentgelt; BB 1991, S. 1053 ff.

*Geck*, L. H. Adolph: Die sozialen *Arbeitsverhältnisse* im Wandel der Zeit. Eine geschichtliche Einführung in die Betriebssoziologie; Darmstadt 1977.

*Gehlen*, Arnold / *Schelsky*, Helmut: *Soziologie*. Ein Lehr- und Handbuch zur modernen Gesellschaftskunde; Mühlheim a. d. Ruhr 1955.

*Gentz*, Manfred: Werden die geltenden Tarifverträge der betrieblichen Praxis gerecht?; in: Schlachter, Monika / Ascheid, Reiner / Friedrich, Hans-Wolf, Tarifautonomie für ein neues Jahrhundert. Festschrift für Günter Schaub zum 65. Geburtstag, S. 205 ff.; München 1998 (zit.: FS für Schaub).

*Gerhards*, Thomas: Tarifgebundenheit beim Verbandswechsel des Arbeitgebers; BB 1995, S. 1290 ff.

– Nachwirkung des Tarifvertrages bei Verbandsaustritt und Verbandswechsel des Arbeitgebers; BB 1997, S. 362 ff.

*Gester*, Heinz: *Die betriebsverfassungsrechtliche Stellung* von Belegschaft und Betriebsrat; Diss. Köln 1958.

*Gester*, Heinz / *Isenhardt*, Udo: Das Initiativrecht des Betriebsrats zur Regelung materieller Lohnbedingungen; RdA 1974, S. 80 ff.

*von Gierke*, Otto: Der *Entwurf eines bürgerlichen Gesetzbuchs* und das deutsche Recht; Leipzig 1889.

– Deutsches Privatrecht, Bd. 1: Allgemeiner Teil und Personenrecht; unveränd. Neudruck der 1. Aufl., München / Leipzig 1936.

– Deutsches Privatrecht, Bd. 3: Schuldrecht; München / Leipzig 1917.

– Die soziale Aufgabe des Privatrechts; abgedr. in: Wolf, Erik (Hrsg.), *Quellenbuch* zur Geschichte der Deutschen Rechtswissenschaft; Frankfurt a. M. 1949.

– Das deutsche *Genossenschaftsrecht*, Bd. 1: Rechtsgeschichte der deutschen Genossenschaft; Nachdruck, Graz 1954.

– *Johannes Althusius* und die Entwicklung der naturrechtlichen Staatstheorien. Zugleich ein Beitrag zur Geschichte der Rechtssystematik; 6. Aufl., Aalen 1968.

*Gitter*, Wolfgang: Zum Maßstab des Günstigkeitsvergleichs; in: Anzinger, Rudolf / Wank, Rolf (Hrsg.), Entwicklungen im Arbeitsrecht und Arbeitsschutzrecht. Festschrift für Otfried Wlotzke zum 70. Geburtstag, S. 297 ff.; München 1996 (zit.: FS für Wlotzke).

*Glaser*, Krischan: Das *Subsidiaritätsprinzip* und die Frage seiner Verbindlichkeit nach Verfassungs- und Naturrecht; Diss. Berlin 1966.

*Gnade*, Albert / *Kehrmann*, Karl / *Schneider*, Wolfgang / *Blanke*, Hermann / *Klebe*, Thomas: Betriebsverfassungsgesetz. Basiskommentar mit Wahlordnung; 6. Aufl., Köln 1995 (zit.: BetrVG).

*Goos*, Wolfgang: Mitbestimmung bei betrieblichen Zulagen; NZA 1986, S. 701 ff.

*Gragert*, Nicola: Möglichkeiten und Grenzen der *Flexibilisierung von Tarifverträgen* zugunsten betrieblicher Regelungen; Hamburg 1997.

*Grebing*, Helga: Konservative Republik oder soziale Demokratie? Zur Bewertung der Novemberrevolution in der neueren westdeutschen Historiographie; in: Kolb, Eberhard (Hrsg.), Vom *Kaiserreich* zur Weimarer Republik; Köln 1972.

*Grell*, Dieter: Der *Betriebsinhaberwechsel*. Zugleich ein Beitrag zur Lehre vom Arbeitsverhältnis und Betrieb; Berlin 1957.

*Grimm*, Dieter: *Recht und Staat* der bürgerlichen Gesellschaft; Frankfurt a. M. 1987.

*Großhauser*, Manfred: Die *Unzulässigkeit* von Betriebsvereinbarungen nach § 59 Betriebsverfassungsgesetz; Diss. Köln 1970.

*Grunsky*, Wolfgang: Antragsbefugnis der Gewerkschaft zur Feststellung der Tarifvertragswidrigkeit einer Betriebsvereinbarung; DB 1990, S. 526 ff.

*Häberle*, Peter: Die *Wesensgehaltsgarantie* des Artikel 19 Abs. 2 Grundgesetz. Zugleich ein Beitrag zum institutionellen Verständnis der Grundrechte und zur Lehre vom Gesetzesvorbehalt; 3. Aufl., Heidelberg 1983.

– Das Prinzip der Subsidiarität aus der Sicht der vergleichenden Verfassungslehre; AöR 1994, S. 169 ff.

*Hablitzel*, Hans: *Verbands- und Betriebsratskompetenzen* für rechtsetzende Vereinbarungen im Arbeitsrecht – Zugleich ein Beitrag zum Verhältnis von Gewerkschaften und Betrieb; Diss. Würzburg 1970.

– Zur Zulässigkeit von Betriebsvereinbarungen bei bestehender Tarifüblichkeit; DB 1972, S. 2158 ff.

*Hagemeier*, Christian / *Kempen*, Ernst Otto / *Zachert*, Ulrich / *Zilius*, Jan: Tarifvertragsgesetz. Kommentar für die Praxis; 2. Aufl., Köln 1990 (zit.: TVG).

*Hainke*, Stefan: *Vorgeschichte* und Entstehung der Tarifvertragsverordnung vom 23. Dezember 1918; Diss. Kiel 1987.

*Halberstedt*, Gerhard / *Zander*, Ernst: *Handbuch* des Betriebsverfassungsrechts; 2. Aufl., Köln-Marienburg 1972.

*Hamel*, Walter: Die Bedeutung der *Grundrechte* im sozialen Rechtsstaat. Eine Kritik an Gesetzgebung und Rechtsprechung; Berlin 1957.

*Hanau*, Hans: *Individualautonomie* und Mitbestimmung in sozialen Angelegenheiten; Köln / Berlin / Bonn / München 1994.

– Zur Verfassungsmäßigkeit von tarifvertraglichen Betriebsnormen am Beispiel der qualitativen Besetzungsregeln; RdA 1996, S. 158 ff.

*Hanau*, Peter: Buchbesprechung: Säcker, Franz Jürgen: Grundprobleme der kollektiven Koalitionsfreiheit; NJW 1971, S. 1402.

– Allgemeine Grundsätze der betrieblichen Mitbestimmung; RdA 1973, S. 281 ff.

– Aktuelle Probleme der Mitbestimmung über das Arbeitsentgelt; BB 1977, S. 350 ff.

– Verkürzung und Differenzierung der Arbeitszeit als Prüfsteine des kollektiven Arbeitsrechts; NZA 1985, S. 73 ff.

– Freiheit und Gleichheit bei der Gestaltung des Arbeitsrechts; in: Festschrift der Rechtswissenschaftlichen Fakultät zur 600-Jahr-Feier der Universität zu Köln, S. 183 ff.; Köln / Berlin / Bonn / München 1988 (zit.: FS 600 Jahre Universität Köln).

– Die Deregulierung von Tarifverträgen durch Betriebsvereinbarungen als Problem der Koalitionsfreiheit (Art. 9 Abs. 3 GG); RdA 1993, S. 1 ff.

– Die Entwicklung der Betriebsverfassung; NZA 1993, S. 917 ff.

– Der Tarifvertrag in der Krise; RdA 1998, S. 65 ff.

*Hanau*, Peter / *Adomeit*, Klaus: Arbeitsrecht; 10. Aufl., Neuwied / Kriftel / Berlin 1992.

*Hanau*, Peter / *Kania*, Thomas: Stufentarifverträge; DB 1995, S. 1229 ff.

– Die Bezugnahme auf Tarifverträge durch Arbeitsvertrag und betriebliche Übung; in: Schlachter, Monika / Ascheid, Reiner / Friedrich, Hans-Wolf, Tarifautonomie für ein neues Jahrhundert. Festschrift für Günter Schaub zum 65. Geburtstag, S. 239 ff.; München 1998 (zit.: FS für Schaub).

*Hanau*, Peter / *Stindt*, Heinrich Meinhard: Machtverteilung in deutschen Gewerkschaften. Eine Untersuchung zweier Satzungen; Der Staat 1971, S. 539 ff.

*Hanau*, Peter / *Vossen*, Reinhard: Die Auswirkungen des Betriebsinhaberwechsels auf Betriebsvereinbarungen und Tarifverträge; in: Dieterich, Thomas / Gamillscheg, Franz / Wiedemann, Herbert (Hrsg.), Festschrift für Marie-Luise Hilger und Hermann Stumpf, S. 271 ff.; München 1983 (zit.: FS für Hilger / Stumpf).

*Hank*, Rainer: Der Dogmatiker und der Pragmatiker. Das Ringen um die Zukunft der Gewerkschaften; F.A.Z. vom 08.11.1997, S. 15.

*Hartmann*, Nicolai: Ethik; 4. Aufl., Berlin 1962.

*Hassler*, Konrad Dietrich (Hrsg.): *Verhandlungen* der deutschen verfassungsgebenden Reichsversammlung zu Frankfurt am Main, Bd. 2; unveränd. Neudruck der Ausgabe Frankfurt a. M. 1848/49, Vaduz/Liechtenstein 1984.

*Hattenhauer*, Hans: Die geistesgeschichtlichen *Grundlagen* des deutschen Rechts; 3. Aufl., Heidelberg 1983.

*Haug*, Ulrich: Tarifvorrang und innerbetriebliche Regelungsmechanismen; BB 1986, S. 1921 ff.

*Heck*, Philipp: Das Problem der Rechtsgewinnung. Gesetzesauslegung und Interessenjurisprudenz. Begriffsbildung und Interessenjurisprudenz; redigiert von Roland Dubischar, mit einem Nachwort von Josef Esser; Bad Homburg / Berlin / Zürich 1968.

*Hegel*, Georg Wilhelm Friedrich: Phänomenologie des Geistes; nach dem Texte der Originalausgabe herausgegeben von Johannes Hoffmeister; Leipzig 1937.

– Grundlinien der Philosophie des Rechts; Johannes Hoffmeister (Hrsg.); Hamburg 1995.

*Heilmann*, Joachim: Koalitionsfreiheit als normales Grundrecht. Gedanken zum Beschluß des Bundesverfassungsgerichts v. 14.11.95; AuR 1996, S. 121 ff.

*Heinze*, Meinhard: Die Mitbestimmungsrechte des Betriebsrats bei Provisionsentlohnung; NZA 1986, S. 1 ff.

– Inhalt und Grenzen betriebsverfassungsrechtlicher Rechte; ZfA 1988, S. 53 ff.

– Betriebsvereinbarung versus Tarifvertrag?; NZA 1989, S. 41 ff.

– Tarifautonomie und sogenanntes Günstigkeitsprinzip; NZA 1991, S. 329 ff.

– Regelungsabrede, Betriebsvereinbarung und Spruch der Einigungsstelle. Zustandekommen und Rechtswirkungen betrieblicher Regelungen; NZA 1994, S. 580 ff.

– Kollektive Arbeitsbedingungen im Spannungsfeld zwischen Tarif- und Betriebsautonomie; NZA 1995, S. 5 ff.

– Gibt es eine Alternative zur Tarifautonomie? – Thesen zur aktuellen Diskussion –; DB 1996, S. 729 ff.

– Wege aus der Krise – Der Beitrag der Wissenschaft; NZA 1997, S. 1 ff.

– Flexible Arbeitszeitmodelle; NZA 1997, S. 681 ff.

*Heisig*, Beate: *Arbeitsentgelt- und Arbeitszeitregelungen* im Spannungsfeld zwischen tariflicher und betriebsvereinbarungsrechtlicher Normsetzungsbefugnis. Die Auswirkungen des Tarifvorrangs und des Tarifvorbehalts; Frankfurt a. M. / Bern / New York / Paris 1991.

*Hellermann*, Johannes: Die sogenannte negative Seite der Freiheitsrechte; Berlin 1993.

*Hemmer*, Hans-Otto / *Schmitz*, Kurt Thomas (Hrsg.): *Geschichte der Gewerkschaften* in der Bundesrepublik Deutschland. Von den Anfängen bis heute; Köln 1990.

*Hendriks*, Birger: *Arbeitsrechtliche Vereinbarungen* und Kartellrecht; Hamburg 1976.

*Hensche*, Detlef: Zur Zulässigkeit von Firmentarifverträgen mit verbandsangehörigen Unternehmen; RdA 1971, S. 9 ff.

*Henssler*, Martin: Flexibilisierung der Arbeitsmarktordnung – Überlegungen zur Weiterentwicklung der tariflichen Regelungsmacht –; ZfA 1994, S. 487 ff.

– Aktuelle Rechtsprobleme des Betriebsübergangs; NZA 1994, S. 913 ff.

– Unternehmensumstrukturierung und Tarifrecht; in: Schlachter, Monika / Ascheid, Reiner / Friedrich, Hans-Wolf, Tarifautonomie für ein neues Jahrhundert. Festschrift für Günter Schaub zum 65. Geburtstag, S. 313 ff.; München 1998 (zit.: FS für Schaub).

*Hermann*, Elke: Das Günstigkeitsprinzip und die verschlechternde Betriebsvereinbarung; ZfA 1989, S. 577 ff.

*Herschel*, Wilhelm: Betriebsvereinbarung oder Betriebssatzung; RdA 1948, S. 47 ff.

– Entwicklungstendenzen des Arbeitsrechts; RdA 1956, S. 161 ff.

– Vom Werden der Betriebsverfassung; in: Erdsiek, Gerhard (Hrsg.), Juristen-Jahrbuch, Bd. 2 (1961/62), S. 80 ff. (zit.: JJb Bd. 2 [1961/62]).

– Anmerkung zu BAG vom 15.12.1961 (1 AZR 310/60); AuR 1962, S. 191 f.

– Zur Entstehung des Tarifvertragsrechts; ZfA 1973, S. 183 ff.

– Der Pensionär in der Betriebsverfassung; in: Dieterich, Thomas / Gamillscheg, Franz / Wiedemann, Herbert (Hrsg.), Festschrift für Marie Luise Hilger und Hermann Stumpf, S. 311 ff.; München 1983 (zit.: FS für Hilger / Stumpf).

– Tarifautonomie und Betriebsautonomie (Ein kritisches Nachwort zum Friedensschluß im Arbeitskampf); AuR 1984, S. 321 ff.

*Herzog*, Roman: Subsidiaritätsprinzip und Staatsverfassung; Der Staat 1963, S. 399 ff.

*Hess*, Harald / *Schlochauer*, Ursula / *Glaubitz*, Werner: Kommentar zum *Betriebsverfassungsgesetz*; 4. Aufl., Neuwied / Kriftel / Berlin 1993.

*Hesse*, Konrad: *Grundzüge* des Verfassungsrechts der Bundesrepublik Deutschland; 19. Aufl., Heidelberg 1993.

*Heyde*, Ludwig: Abriß der Sozialpolitik; 12. Aufl., Heidelberg 1966.

*Heymann*, Ernst: Die *Rechtsformen* der militärischen Kriegswirtschaft; Marburg 1921.

*Hilger*, Marie-Luise: Das betriebliche *Ruhegeld*. Zugleich ein Beitrag zum Recht der betrieblichen Arbeitsbedingungen; Heidelberg 1959.

*Hilger*, Marie-Luise / *Gumpert*, J.: Mitbestimmung bei Weihnachtsgratifikationen?; BB 1954, S. 1002 f.

*Hilger*, Marie-Luise / *Stumpf*, Hermann: Ablösung betrieblicher Gratifikations- und Versorgungsordnungen durch Betriebsvereinbarung; in: Mayer-Maly, Theo / Richardi, Reinhard / Schambeck, Herbert / Zöllner, Wolfgang (Hrsg.), Arbeitsleben und Rechtspflege. Festschrift für Gerhard Müller, S. 209 ff.; Berlin 1981 (zit.: FS für G. Müller).

*von Hippel*, Eike: Grenzen und *Wesensgehalt* der Grundrechte; Berlin 1965.

*Hirschberg*, Lothar: Der Grundsatz der *Verhältnismäßigkeit*; Göttingen 1981.

*Höfling*, Wolfram: *Vertragsfreiheit*. Eine grundrechtsdogmatische Studie; Heidelberg 1991.

*Hönn*, Günther: Kompensation gestörter *Vertragsparität*. Ein Beitrag zum inneren System des Vertragsrechts; München 1982.

*Hopt*, Klaus J. (Hrsg.): *Europäische Integration* als Herausforderung des Rechts: Mehr Marktrecht – weniger Einzelgesetze; Essen 1991.

*Hoß*, Axel / *Liebscher*, Brigitta: Der Austritt aus dem Arbeitgeberverband – Eine Chance für die Betriebspartner?; DB 1995, S. 1515 ff.

*von Hoyningen-Huene*, Gerick: Die *Billigkeit* im Arbeitsrecht. Ein Beitrag zur rechtsdogmatischen Präzisierung der Billigkeit im Zivilrecht – dargestellt am Beispiel des Arbeitsrechts; München 1978.

– Betriebsverfassungsrecht; 3. Aufl., München 1993.

– Die Einführung und Anwendung flexibler Arbeitszeiten im Betrieb; NZA 1985, S. 9 ff.

– Kompetenzüberschreitende Tarifverträge zur Regelung unterschiedlicher Wochenarbeitszeiten. Eine Replik zu dem Aufsatz von Hanau, NZA 1985, 73 ff.; NZA 1985, S. 169 ff.

– Die Bezugnahme auf einen Firmentarifvertrag durch Betriebsvereinbarung; DB 1994, S. 2026 ff.

– Das unbekannte Management-Handbuch: Das Betriebsverfassungsgesetz; in: Heinze, Meinhard / Söllner, Alfred (Hrsg.), Arbeitsrecht in der Bewährung. Festschrift für Otto Rudolf Kissel zum 65. Geburtstag, S. 387 ff.; München 1994 (zit.: FS für Kissel).

– Die Anwendung des brachenfremden Tarifvertrags; NZA 1996, S. 617 ff.

– Anmerkung zu BAG, AP Nr. 23 zu § 77 BetrVG 1972.

*von Hoyningen-Huene*, Gerick / *Meier-Krenz*, Ulrich: Mitbestimmung trotz Tarifvertrages? Tarifvorbehalt und Tarifvorrang in § 77 Abs. 3 BetrVG; NZA 1987, S. 793 ff.

– Flexibilisierung des Arbeitsrechts durch Verlagerung tariflicher Regelungskompetenz auf den Betrieb – Bestimmungsklausel, Öffnungsklausel und Erweiterung von Mitbestimmungsrechten; ZfA 1988, S. 293 ff.

*Hromadka*, Wolfgang: Die *Arbeitsordnung* im Wandel der Zeit; Köln / Berlin / Bonn / München 1979.

– Die *Betriebsverfassung*. Ein Überblick über Betriebsverfassungsgesetz und Sprecherausschußgesetz; 2. Aufl., München 1994.

– Arbeitsordnung und Arbeitsverfassung; ZfA 1979, S. 203 ff.

– Übertarifliche Zulagen mitbestimmungspflichtig?; DB 1986, S. 1921 ff.

– Betriebsvereinbarung über mitbestimmungspflichtige soziale Angelegenheiten bei Tarifüblichkeit: Zwei-Schranken-Theorie ade?; DB 1987, S. 1991 ff.

– Zur Mitbestimmung bei allgemeinen übertariflichen Zulagen – Gewährung, Erhöhung, Umstrukturierung, Anrechnung, Kürzung, Widerruf –; DB 1988, S. 2636 ff.

– Mitbestimmung bei übertariflichen Zulagen – Insbesondere bei deren Anrechnung –; DB 1991, S. 2133 ff.

– Reformbedarf im Tarifrecht?; AuA 1996, S. 289 ff.

– Mehr Flexibilität für die Betriebe – Ein Gesetzesvorschlag; NZA 1996, S. 1233 ff.

– Tarifvertrag und Arbeitsvertrag bei der Ausgründung von Betriebsteilen; DB 1996, S. 1872 ff.

– Reformbedarf im Tarifrecht?; in: Anzinger, Rudolf / Wank, Rolf (Hrsg.), Entwicklungen im Arbeitsrecht und Arbeitsschutzrecht. Festschrift für Otfried Wlotzke zum 70. Geburtstag, S. 333 ff.; München 1996 (zit.: FS für Wlotzke).

– § 77 Abs. 3 BetrVG und die teilmitbestimmte Betriebsvereinbarung; in: Schlachter, Monika / Ascheid, Reiner / Friedrich, Hans-Wolf, Tarifautonomie für ein neues Jahrhundert. Festschrift für Günter Schaub zum 65. Geburtstag, S. 337 ff.; München 1998 (zit.: FS für Schaub).

*Hromadka*, Wolfgang / *Maschmann*, Frank / *Wallner*, Franz: Der *Tarifwechsel*. Tarifvertrag und Arbeitsvertrag bei Änderung von Verbandsmitgliedschaft, Betriebszweck und Betriebsinhaber; München 1996.

*Huber*, Ernst Rudolf: Wirtschaftsverwaltungsrecht, Bd. 2; 2. Aufl., Tübingen 1954.

– *Dokumente* zur Deutschen Verfassungsgeschichte, Bd. 3: Dokumente der Novemberrevolution und der Weimarer Republik 1918 – 1933; Stuttgart / Berlin / Köln / Mainz 1966.

– Deutsche Verfassungsgeschichte seit 1789, Bd. 5: Weltkrieg, Revolution und Reichserneuerung 1914 – 1919; Stuttgart / Berlin / Köln / Mainz 1978 (zit.: Deutsche Verfassungsgeschichte, Bd. 5).

– Deutsche Verfassungsgeschichte seit 1789, Bd. 6: Die Weimarer Reichsverfassung; Stuttgart / Berlin / Köln / Mainz 1981 (zit.: Deutsche Verfassungsgeschichte, Bd. 6).

– Deutsche Verfassungsgeschichte seit 1789, Bd. 7: Ausbau, Schutz und Untergang der Weimarer Republik; Stuttgart / Berlin / Köln / Mainz 1984 (zit.: Deutsche Verfassungsgeschichte, Bd. 7).

– Betriebsgemeinschaft und Arbeitsverhältnis; JW 1937, S. 1111 ff.

– Der Streit um das Wirtschaftsverwaltungsrecht; DÖV 1956, S. 135 ff.

*Hübner*, Heinz: Sinn und Möglichkeiten retrospektiver Rechtsvergleichung; in: Musielak, Hans-Joachim / Schurig, Klaus (Hrsg.), Festschrift für Gerhard Kegel zum 75. Geburtstag am 26. Juni 1987; Stuttgart / Berlin / Köln / Mainz 1987 (zit.: FS für Kegel).

*Hueck*, Alfred: Das *Recht des Tarifvertrages* unter besonderer Berücksichtigung der Verordnung vom 23. Dezember 1918; Berlin 1920.

– (Hrsg.) Handbuch des Arbeitsrechts, 3. Buch: Das Tarifrecht; Stuttgart 1922.

– Die rechtliche Grundlage der Arbeitsbedingungen beim gewerblichen Arbeitsvertrage; in: Beiträge zur Erläuterung des Deutschen Rechts, Bd. 65, S. 16 ff.; Berlin 1921 (zit.: Gruchots Beiträge).

– Das Kündigungsrecht gegenüber kaufmännischen Angestellten nach dem Betriebsrätegesetz; ZHR 1921, S. 368 ff.

– Der Entwurf zu einem Arbeitstarifgesetz; JW 1921, S. 613 ff.

– Schaffung von Arbeitsnormen durch Betriebsvereinbarung; NZfA 1923, Sp. 87 ff.

– Konkurrenz von Gesamtvereinbarungen; NZfA 1926, Sp. 400 ff.

– Der gerechte Lohn in arbeitsrechtlicher Sicht; in: Heckel, D. Th. (Hrsg.), *Der gerechte Lohn*. Vorträge gehalten auf der Tagung evangelischer Juristen 1963, S. 18 ff.; München 1963.

*Hueck*, Alfred / *Nipperdey* Hans Carl: Lehrbuch des Arbeitsrechts, Bd. 1; 6. Aufl., Berlin / Frankfurt a. M. 1959 (zit.: Arbeitsrecht, Bd. 1, 6. Aufl.).

– Lehrbuch des Arbeitsrechts, Bd. 2: Kollektives Arbeitsrecht; 6. Aufl., Berlin / Frankfurt a. M. 1957 (zit.: Arbeitsrecht, Bd. 2, 6. Aufl.).

– Lehrbuch des Arbeitsrechts, Bd. I; 7. Aufl., Berlin / Frankfurt a. M. 1963 (zit.: Arbeitsrecht, Bd. I, 7. Aufl.).

*Hueck*, Alfred / *Nipperdey*, Hans Carl / *Dietz*, Rolf: Gesetz zur Ordnung der nationalen Arbeit und Gesetz zur Ordnung der Arbeit in öffentlichen Verwaltungen mit der Verordnung über die Lohngestaltung und der Kriegswirtschaftsverordnung (Kriegslöhne). Kommentar; 4. Aufl., München / Berlin 1943 (zit.: AOG).

*Hueck*, Alfred / *Nipperdey*, Hans Carl / *Säcker*, Franz Jürgen: Lehrbuch des Arbeitsrechts, Bd. II/2: Kollektives Arbeitsrecht; 7. Aufl., Berlin / Frankfurt a. M. 1970 (zit.: Arbeitsrecht, Bd. II/2, 7. Aufl.).

*Hueck*, Goetz: Die *Betriebsvereinbarung*. Wesen – Inhalt – Wirkung; Münster / Köln 1952.

– Die Betriebsvereinbarung nach dem Betriebsverfassungsgesetz des Bundes; RdA 1952, S. 366 ff.

– Entwicklungslinien im System der innerbetrieblichen Regelungen; RdA 1962, S. 376 ff.

– Zur kollektiven Gestaltung der Einzelarbeitsverhältnisse; in: Nipperdey, Hans Carl (Hrsg.), Festschrift für Erich Molitor zum 75. Geburtstag am 3. Oktober 1961, S. 203 ff.; München / Berlin 1962 (zit.: FS für Molitor).

*von Humboldt*, Wilhelm: *Ideen* zu einem Versuch, die Grenzen der Wirksamkeit des Staats zu bestimmen; Leipzig ca. 1885.

*Hümmerich*, Klaus: Flexibilisierung der Arbeitszeit durch Betriebsvereinbarung; DB 1996, S. 1182 ff.

– Die Verantwortung der Arbeitsrechtsprechung für die Volkswirtschaft; NZA 1996, S. 1289 ff.

*Hurlebaus*, Günther: *Fehlende Mitbestimmung* bei § 87 BetrVG; Köln / Berlin / Bonn / München 1987.

*Iff*, Wolfgang: Die *Rechtsstellung* des Betriebsrats und der anderen Betriebsverfassungsorgane nach dem Betriebsverfassungsgesetz vom 15.01.1972; Diss. Würzburg 1974.

*Immenga*, Ulrich / *Mestmäcker*, Ernst-Joachim: Gesetz gegen Wettbewerbsbeschränkungen; München 1992 (zit.: GWB).

*Isele*, Hellmut: Reflexwirkungen der Betriebsverfassung im Individualbereich; RdA 1962, S. 373 ff.

– Ordnungsprinzip oder Parteiwille? Zur Rechtsnatur des Ordnungsprinzips im Arbeitsrecht; JZ 1964, S. 113 ff.

*Isensee*, Josef: *Subsidiaritätsprinzip* und Verfassungsrecht. Eine Studie über das Regulativ des Verhältnisses von Staat und Gesellschaft; Berlin 1968.

– Die verfassungsrechtliche Verankerung der Tarifautonomie; in: Freudenberg (Hrsg.), Die *Zukunft der sozialen Partnerschaft*; Köln 1986.

*Isensee*, Josef / *Kirchhof*, Paul: *Handbuch* des Staatsrechts der Bundesrepublik Deutschland, Bd. 6: Freiheitsrechte; Heidelberg 1989.

*Jacobi*, Erwin: *Grundlehren* des Arbeitsrechts; Leipzig 1927.

*Jaeckle*, Hans-Günther: Die *Ablösung* kollektiver Ordnungen (Ein Beitrag zur Lehre vom Ordnungsprinzip); Diss. Freiburg i. Br. 1969.

*Jahnke*, Volker: *Zwangsvollstreckung* in der Betriebsverfassung; Berlin 1977.

– Tarifautonomie und Mitbestimmung; München 1984.

– Kompetenzen des Betriebsrats mit vermögensrechtlichem Inhalt; RdA 1975, S. 343 ff.

– Die Mitbestimmung des Betriebsrats auf dem Gebiet der betrieblichen Sozialleistungen; ZfA 1980, S. 863 ff.

*Jakobs*, Michael: Der Grundsatz der Verhältnismäßigkeit; DVBl 1985, S. 97 ff.

*Jellinek*, Georg: Allgemeine Staatslehre; 4. Nachdruck der 3. Aufl. von 1914, Berlin 1922.

– *System* der subjektiven öffentlichen Rechte; 2. Neudruck der 2. Aufl., Aalen 1979.

*von Jhering*, Rudolf: Der Zweck im Recht; Bd. 1, 4. Aufl., Leipzig 1904; Bd. 2, Leipzig 1905.

*Jobs*, Friedhelm: Die Bedeutung Otto von Gierkes für die Kennzeichnung des Arbeitsverhältnisses als personenrechtliches Gemeinschaftsverhältnis – Zugleich eine Studie über Wesen und Inhalt des Arbeitsvertrages –; ZfA 1972, S. 305 ff.

*Joch*, Bernd: *Mitbestimmungsgesetz* und Gestaltungsfreiheit. Ein Beitrag zur Reichweite der Privatautonomie; Ebelsbach 1984.

*Joost*, Detlev: Ablösende Betriebsvereinbarungen und Allgemeine Arbeitsbedingungen; RdA 1989, S. 7 ff.

– Betriebliche Mitbestimmung bei der Lohngestaltung im System von Tarifautonomie und Privatautonomie; ZfA 1993, S. 257 ff.

*Jötten*, Wolfgang Jürgen: *Vereinsautonomie* und Grundrechtsschutz der Vereinsmitglieder; Diss. Köln 1976.

*Junker*, Abbo: Der Flächentarifvertrag im Spannungsverhältnis von Tarifautonomie und betrieblicher Regelung; ZfA 1996, S. 383 ff.

– Individualwille, Kollektivgewalt und Staatsintervention im Arbeitsrecht; NZA 1997, S. 1305 ff.

*Kahn-Freund*, Otto: *Umfang der normativen Wirkung* des Tarifvertrages und Wiedereinstellungsklausel; Berlin 1928.

*Kalkbrenner*, Helmut: Die rechtliche Verbindlichkeit des Subsidiaritätsprinzips; in: Hablitzel, Hans / Wollenschläger, Michael (Hrsg.), Festschrift für Günther Küchenhoff zum 65. Geburtstag am 21.08.1972, S. 515 ff.; Berlin 1972 (zit.: FS für Küchenhoff).

*Kammann*, Udo: Das Ordnungsprinzip in der Rechtsprechung des Bundesarbeitsgerichts; RdA 1967, S. 401 ff.

*Kania*, Thomas: Tarifbindung bei Ausgliederung und Aufspaltung eines Betriebes; DB 1995, S. 625 ff.

*Kant*, Immanuel: Die Metaphysik der Sitten. Erläuternde Anmerkungen zu den metaphysischen Anfangsgründen der Rechtslehre, Theil 1; Nachdr. der Ausg. Königsberg, Nicolovius 1797; Erlangen 1990.

*Kappes*, Karl-Heinz: Mitbestimmung des Betriebsrats bei übertariflichen Zulagen?; DB 1986, S. 1520 ff.

– Mitbestimmung als Waffe? – Zulässigkeit von „Koppelungsgeschäften" im Zusammenhang mit § 87 BetrVG? –; DB 1997, S. 277 ff.

*Käppler*, Renate: Die Betriebsvereinbarung als Regelungsinstrument in sozialen Angelegenheiten; in: Heinze, Meinhard / Söllner, Alfred (Hrsg.), Arbeitsrecht in der Bewährung. Festschrift für Otto Rudolf Kissel, S. 475 ff.; München 1994 (zit.: FS für Kissel).

*Karakatsanis*, Alexander: Die kollektivrechtliche *Gestaltung* des Arbeitsverhältnisses und ihre Grenzen; Heidelberg 1963.

*Kaser*, Max: Römisches Privatrecht; 15. Aufl., München 1989.

*Kaskel*, Walter: Arbeitsrecht; 3. Aufl., Berlin 1928.

*Kaufmann*, Franz-Xaver: Was hält die Gesellschaft zusammen?; F.A.Z. v. 04.11.1997, S. 11.

*Kelsen*, Hans: Reine Rechtslehre; 2. Aufl., unveränd. Nachdruck, Wien 1967.

*Kempen*, Otto Ernst: Das grundrechtliche Fundament der Betriebsverfassung – Eine arbeitsverfassungsrechtliche Skizze –; AuR 1986, S. 129 ff.

– Betriebsverfassung und Tarifvertrag; RdA 1994, S. 140 ff.

– Die Organisation der Betriebsverfassung durch Tarifvertrag (insbesondere nach § 3 BetrVG); in: Schlachter, Monika / Ascheid, Reiner / Friedrich, Hans-Wolf, Tarifautonomie für ein neues Jahrhundert. Festschrift für Günter Schaub zum 65. Geburtstag, S. 357 ff.; München 1998 (zit.: FS für Schaub).

*Keuchel*, Matthias: Kann der *Arbeitsmarkt* dem Wettbewerb unterworfen werden? Ein Vorschlag zur Reform der Arbeitsmarktordnung in der Bundesrepublik Deutschland; Köln 1989.

*Kirchhof*, Ferdinand: Private Rechtsetzung; Berlin 1987.

*Kirchner*, Dieter: Die Sperrwirkung von Tarifvertrag und Tarifübung für die Verwirklichung des Mitbestimmungsrechts des Betriebsrats nach § 87 BetrVG; BB 1972, S. 1279 ff.

*Kisker*, Gunter: Ein Grundrecht auf Teilhabe an Herrschaft? – Zur verfassungsrechtlichen Fundierung von Mitbestimmung –; in: Faller, Hans Joachim / Kirchhof, Paul / Träger, Ernst (Hrsg.), Verantwortlichkeit und Freiheit. Die Verfassung als wertbestimmte Ordnung. Festschrift für Willi Geiger, S. 244 ff.; Tübingen 1989 (zit.: FS für Geiger).

*Kissel*, Otto Rudolf: Das Spannungsfeld zwischen Betriebsvereinbarung und Tarifvertrag; NZA 1986, S. 73 ff.

– Kollektive Arbeitsbedingungen im Spannungsverhältnis zwischen Tarif- und Betriebsautonomie; NZA 1995, S. 1 ff.

*Kittner*, Michael: Der freie Arbeitsvertrag; in: Heinze, Meinhard / Söllner, Alfred (Hrsg.), Arbeitsrecht in der Bewährung. Festschrift für Otto Rudolf Kissel zum 65. Geburtstag, S. 497 ff.; München 1994 (zit.: FS für Kissel).

– Angriffe auf das Tarifvertragssystem; AiB 1995, S. 158 ff.

– Im Kartellverdacht der Liberalen; F.A.Z. vom 18.11.1995, S. 17.

– Öffnung des Flächentarifvertrages; in: Schlachter, Monika / Ascheid, Reiner / Friedrich, Hans-Wolf, Tarifautonomie für ein neues Jahrhundert. Festschrift für Günter Schaub zum 65. Geburtstag, S. 389 ff.; München 1998 (zit.: FS für Schaub).

*Klasen*, Klaus: *Tarifvorrang* und Mitbestimmung in sozialen Angelegenheiten; Diss. Münster 1982.

*Klaßen*, Kurt: *Mitverwaltung und Mitverantwortung* in der frühen Industrie. Die Mitbestimmungsdiskussion in der Paulskirche; Frankfurt a. M. / Bern / New York / Nancy 1984.

*Klevemann*, Joachim: Die neuere Rechtsprechung des BAG zur Mitbestimmung des Betriebsrats über die Arbeitszeit und ihre Konsequenz für die betriebliche Praxis; DB 1988, S. 334 ff.

*Klinkhammer*, Heinz: Die Mitbestimmung des Betriebsrats bei der Provisionsfestsetzung; AuR 1977, S. 363 ff.

*Klönne*, Arno: Die deutsche *Arbeiterbewegung*. Geschichte – Ziele – Wirkungen; Düsseldorf / Köln 1981.

*Koch*, Ulrich: Das BAG zu Tarifverträgen in den neuen Bundesländern; AuA 1995, S. 4 ff.

*Konzen*, Horst: Der Arbeitskampf im Verfassungs- und Privatrechtssystem; AcP 1977, S. 473 ff.

– Tarifvertragliche und innerbetriebliche Normsetzung; BB 1977, S. 1307 ff.

– Privatrechtssystem und Betriebsverfassung; in: Bickel, Dietrich / Hadding, Walther / Jahnke, Volker / Lüke, Gerhard (Hrsg.), Recht und Rechtserkenntnis. Festschrift für Ernst Wolf zum 70. Geburtstag, S. 279 ff.; Köln / Berlin / Bonn / München 1985 (zit.: FS für Wolf).

– Vom „Neuen Kurs" zur sozialen Marktwirtschaft; ZfA 1991, S. 379 ff.

– Die Tarifautonomie zwischen Akzeptanz und Kritik; NZA 1995, S. 913 ff.

*Korsch*, Karl: Arbeitsrecht für Betriebsräte; in: Gerlach, Erich (Hrsg.), Politische Texte; Frankfurt a. M. / Wien 1968.

*Kort*, Michael: Arbeitszeitverlängerndes „Bündnis für Arbeit" zwischen Arbeitgeber und Betriebsrat – Verstoß gegen die Tarifautonomie?; NJW 1997, S. 1476 ff.

*Korte*, Heinz W.: Die Aufgabenverteilung zwischen Gemeinde und Staat unter besonderer Berücksichtigung des Subsidiaritätsprinzips; VerwArch 1970, S. 3 ff.

*Kotthoff*, Hermann: *Betriebsräte* und Bürgerstatus. Wandel und Kontinuität betrieblicher Mitbestimmung; München / Mering 1994.

*Kraegeloh*, Wolfgang: Arbeitszeitgesetz. Kommentierte Ausgabe; Köln / Berlin / Bonn / München 1995 (zit.: ArbZG).

*Kraft*, Alfons: Probleme im Spannungsfeld zwischen Betriebsverfassungsrecht und Koalitionsfreiheit; ZfA 1973, S. 243 ff.

– Die betriebliche Lohngestaltung im Spannungsfeld von Tarifautonomie, betrieblicher Mitbestimmung und Vertragsfreiheit; in: Gamillscheg, Franz / Rüthers, Bernd / Stahlhacke, Eugen (Hrsg.), Sozialpartnerschaft in der Bewährung. Festschrift für Karl Molitor zum 60. Geburtstag, S. 207 ff.; München 1988 (zit.: FS für Molitor).

– Anmerkung zu BAG, AP Nr. 5 zu § 87 BetrVG 1972 Tarifvorrang.

*Kraft*, Alfons / *Hönn*, Günther: Streikhilfeabkommen im Schnittpunkt zwischen Kartellrecht und Arbeitsrecht; ZHR 1973, S. 230 ff.

*von Krauss*, Rupprecht: Der Grundsatz der *Verhältnismäßigkeit* in seiner Bedeutung für die Notwendigkeit des Mittels im Verwaltungsrecht; Hamburg 1955.

*Krauss*, Stefan: *Günstigkeitsprinzip* und Autonomiebestreben am Beispiel der Arbeitszeit; Diss. Bayreuth 1995.

– Die neue Freiheit ohne Verbandstarif?; DB 1995, S. 1562 ff.

– Der Austritt aus dem Arbeitgeberverband – Keine Chance für die Betriebspartner – Erwiderung auf Hoß / Liebscher, DB 1995, S. 2525 ff. –; DB 1996, S. 528 ff.

*Kress*, Hugo: *Lehrbuch* des Allgemeinen Schuldrechts. Unveränderter Neudruck der Ausgabe München 1929, mit einer Einführung versehen und herausgegeben von Weitnauer, Hermann und Ehmann, Horst; Aalen 1974.

*Kreutz*, Peter: *Grenzen* der Betriebsautonomie; München 1979.

*Kriebel*, Volkhart: *Zentralisation und Dezentralisation* im Tarifsystem. Möglichkeiten und rechtliche Zulässigkeit einer dezentralen Tarifpolitik; Berlin 1984.

*Kronstein*, Heinrich: *Das Recht der internationalen Kartelle.* Zugleich eine rechtsvergleichende Untersuchung von Entwicklung und Funktion der Rechtsinstitute im modernen internationalen Handel; Berlin 1967.

*Krüger*, Herbert: Der Wesensgehalt der Grundrechte i. S. d. Art. 19 GG; DÖV 1955, S. 597 ff.

*Krummel*, Christoph: Die *Geschichte* des Unabdingbarkeitsgrundsatzes und des Günstigkeitsprinzips im Tarifvertragsrecht; Frankfurt a. M. / Bern / New York / Paris 1991.

*Kübler*, Friedrich / *Schmidt*, Walter / *Simitis*, Spiros: *Mitbestimmung* als gesetzgebungspolitische Aufgabe. Zur Verfassungsmäßigkeit des Mitbestimmungsgesetzes 1976; Baden-Baden 1978.

*Küchenhoff*, Günther: Das Prinzip der staatlichen Subsidiarität im Arbeitsrecht; RdA 1959, S. 201 ff.

– Die Freiheit der Zulassung zur kassenärztlichen Tätigkeit; RdA 1960, S. 202 ff.

– Subsidiarität und Solidarität im Betriebsverfassungsrecht; DB 1963, S. 765 ff. u. 799 ff.

*Kühn*, Friedrich: Der *Führergedanke* in der neuen Arbeitsverfassung. Zugleich ein Beitrag zu den Rechtsstufen der Führerverfassung im allgemeinen; Leipzig 1935.

*Küttner*, Wolfdieter / *Schlüpers-Oehmen*, Reinhold / *Rebel*, Wolfgang: Rechtsprobleme der Tarifverträge über Arbeitszeitverkürzung und Arbeitszeitflexibilisierung; DB 1985, S. 172 ff.

*Laband*, Paul: Das *Staatsrecht* des Deutschen Reiches; 2. Aufl., Freiburg i. Br. / Leipzig 1894.

*Lambrich*, Thomas: Nur Verbandsflucht reicht nicht aus; Leserbrief, F.A.Z. vom 21.04.1997, S. 12.

*Lampert*, Heinz: Sozialpolitik; Berlin / Heidelberg / New York 1980.

*von Langen*, Johannes Dieter: *Von der Tarif- zur Betriebsautonomie.* Tendenzen der Rechtsentwicklung, gebremst durch den Tarifvorrang?; Frankfurt a. M. / Berlin / Bern / New York / Paris / Wien 1994.

*Larenz*, Karl: *Methodenlehre* der Rechtswissenschaft; 5. Aufl., Berlin / Heidelberg / New York / Tokyo 1983.

– Rechtsperson und subjektives Recht; in: Dahm, Georg u.a. (Hrsg.), Grundfragen der neuen Rechtswissenschaft, S. 225 ff.; Berlin 1935.

*Laufke*, Franz: Vertragsfreiheit und Grundgesetz; in: Nipperdey, Hans Carl (Hrsg.), Das deutsche Privatrecht in der Mitte des 20. Jahrhunderts. Festschrift für Heinrich Lehmann zum 80. Geburtstag, S. 145 ff.; Berlin / Tübingen / Frankfurt a. M. 1956 (zit.: FS für Lehmann).

*Laux*, Helga: Die *Antrags- und Beteiligungsbefugnis* im arbeitsgerichtlichen Beschlußverfahren; Neuwied / Darmstadt 1985.

*Lerche*, Peter: *Übermass* und Verfassungsrecht. Zur Bindung des Gesetzgebers an die Grundsätze der Verhältnismäßigkeit und Erforderlichkeit; Köln / Berlin / München / Bonn 1961.

– *Verfassungsrechtliche Zentralfragen* des Arbeitskampfes – Zum Hessischen Aussperrungsverbot – Rechtsgutachten; Bad Homburg / Berlin / Zürich 1968.

*Lieb*, Manfred: Mehr Flexibilität im Tarifvertragsrecht? „Moderne" Tendenzen auf dem Prüfstand; NZA 1994, S. 289 ff. u. S. 337 ff.

*Limmer*, Hans: Die deutsche *Gewerkschaftsbewegung*; München 1966.

*Link*, Ewald: Das *Subsidiaritätsprinzip*; Freiburg 1955.

*Linnenkohl*, Karl: Zulässigkeit von Betriebsvereinbarungen zur tariflichen Arbeitszeitverkürzung in der Metallindustrie. Anmerkung zum Beschluß des BAG vom 18.08.1987 (1 ABR 30/86); BB 1988, S. 1459 ff.

– Lean law – die „ingeniöse" Nichtanwendung von Arbeitsrecht; BB 1994, S. 2077 ff.

*Lohs*, René A.: Kann der Gesetzgeber in laufende Tarifverträge eingreifen?; BB 1996, S. 1273 ff.

– Tarifvertragliche Öffnungsklauseln; DB 1996, S. 1722 ff.

*Lotmar*, Philipp: Der *Arbeitsvertrag* nach dem Privatrecht des Deutschen Reiches, Bd. 1; Leipzig 1902.

*Löwisch*, Manfred: Möglichkeiten und Grenzen der Betriebsvereinbarung; AuR 1978, S. 97 ff.

– Die Einbeziehung der Nichtorganisierten in die neuen Arbeitszeittarifverträge der Metallindustrie; DB 1984, S. 2457 ff.

– Die Rechtsstellung der Nichtorganisierten gegenüber dem Tarifvertrag; NZA 1985, S. 170 ff.

– Die Freiheit zu arbeiten – nach dem Günstigkeitsprinzip; BB 1991, S. 59 ff.

– Neuabgrenzung von Tarifvertragssystem und Betriebsverfassung; JZ 1996, S. 812 ff.

– Schutz der Selbstbestimmung durch Fremdbestimmung – Zur verfassungsrechtlichen Ambivalenz des Arbeitnehmerschutzes –; ZfA 1996, S. 293 ff.

– Tariföffnung bei Unternehmens- und Arbeitsplatzgefährdung; NJW 1997, S. 905 ff.

– Anmerkung zu BAG, ARBl. Tarifvertrag III, III Tarifgebundenheit Nr. 10.

*Löwisch*, Manfred / *Rieble*, Volker: Tarifvertragsgesetz; München 1992 (zit.: TVG).

– Tarifvertragsrechtliche und arbeitskampfrechtliche Fragen des Übergangs vom Haustarif zum Verbandstarif; in: Schlachter, Monika / Ascheid, Reiner / Friedrich, Hans-Wolf, Tarifautonomie für ein neues Jahrhundert. Festschrift für Günter Schaub zum 65. Geburtstag, S. 457 ff.; München 1998 (zit.: FS für Schaub).

– Anmerkung zu BAG vom 18.08.1987 (1 ABR 30/86); SAE 1988, S. 103 ff.

*Luhmann*, Niklas: *Ausdifferenzierung* des Rechts. Beiträge zur Rechtssoziologie und Rechtstheorie; Frankfurt a. M. 1981.

*Lunk*, Stefan: *Die Betriebsversammlung* – das Mitgliederorgan des Belegschaftsverbandes; Frankfurt a. M. / Bern / New York / Paris 1991.

*Lutter*, Marcus: Theorie der Mitgliedschaft; AcP 1980, S. 84 ff.

*von Mangoldt*, Hermann / *Klein*, Friedrich: Das Bonner Grundgesetz; 2. Aufl., Berlin / Frankfurt a. M. 1966 (zit.: GG).

*Mansfeld*, Werner: Betriebsrätegesetz vom 4. Februar 1920 (RGBl. S. 147 ff.) mit den einschlägigen Nebengesetzen; Essen 1926 (zit.: BRG).

– Die Ordnung der nationalen Arbeit. Handausgabe mit Erläuterungen; Berlin 1941 (zit.: AOG).

*Mansfeld*, Werner / *Pohl*, W. / *Steinmann*, G. / *Krause*, A. B.: Die Ordnung der nationalen Arbeit. Kommentar; Berlin / Leipzig / Mannheim / München 1934 (zit.: AOG).

*Marcon*, Helmut: *Arbeitsbeschaffungspolitik* der Regierungen Papen und Schleicher. Grundsteinlegung für die Beschäftigungspolitik im Dritten Reich; Frankfurt a. M. 1974.

*Maritain*, Jaques: *Um die Menschenrechte*. Ein Symposion; Zürich / Wien / Konstanz 1951.

*Marx*, Karl: *Das Kapital*, Buch 1: Der Produktionsprozeß des Kapitals; Ausgabe der Europäischen Verlagsanstalt, Frankfurt a. M. 1967.

*Masloh*, Tanja: Betriebsräte in der Beschäftigungskrise. Zur Orientierung von Betriebsräten in Konfliktsituationen – ein deutsch-deutscher Vergleich; BB 1996, S. 2407 ff.

*Mathys*, Peter: Das Verhältnis zwischen *Kartellrecht und kollektivem Arbeitsrecht*. Versuch einer Grenzziehung; Basel / Stuttgart 1969.

*Matthes*, Hans-Christoph: Die Rechtsprechung des Bundesarbeitsgerichts zur Mitbestimmung des Betriebsrats in Entgeltfragen; NZA 1987, S. 289 ff.

*Matthießen*, Volker: Antragsbefugnisse der Tarifparteien im arbeitsgerichtlichen Beschlußverfahren – Bemerkungen zu den Beschlüssen des BAG vom 18.08.1987 – 1 ABR 80/85 und 1 ABR 65/86 –; DB 1988, S. 285 ff.

*Maunz*, Theodor / *Dürig*, Günter / *Herzog*, Roman / *Scholz*, Rupert / *Lerche*, Peter / *Papier*, Hans-Jürgen / *Randelholzer*, Albrecht / *Schmidt-Assmann*, Eberhard: Grundgesetz. Kommentar; München, Stand: 1996 (zit.: *Maunz / Dürig / Herzog / Scholz*, GG).

*Maute*, Hans-Ernst: Die *Februarerlasse* Kaiser Wilhelms II. und ihre gesetzliche Ausführung unter besonderer Berücksichtigung der Berliner Internationalen Arbeiterschutzkonferenz von 1890; Diss. Bielefeld 1984.

*Mayer*, Ralf Erhard: Das Verhältnis des Tarifvertrages zu früheren und späteren günstigeren Abreden; Diss. Köln 1986.

*Mayer*, Thomas: Tarifverträge lassen weiten Spielraum für Arbeitszeitflexibilisierung – Erwiderung auf Hümmerich, DB 1996, S. 1182 ff. –; DB 1996, S. 1777 f.

*Mayer-Maly*, Theo: Römische Grundlagen des modernen Arbeitsrechts; RdA 1967, S. 281 ff.

*Meier-Krenz*, Ulrich: Die *Erweiterung* von Beteiligungsrechten des Betriebsrats durch Tarifvertrag; Frankfurt a. M. / Bern / New York / Paris 1988.

– Die Erweiterung von Mitbestimmungsrechten des Betriebsrats durch Tarifvertrag; DB 1988, S. 2149 ff.

*Meik*, Frank Andreas: Der *Kernbereich* der Tarifautonomie. Dargestellt am Funktionszusammenhang von Unternehmens-, Betriebs- und Tarifautonomie; Berlin 1987.

*Meyer*, Cord: Zum Verhältnis von Tarif- und Betriebsautonomie im Recht der Betriebsänderung der §§ 111, 112 BetrVG unter Berücksichtigung von Erfahrungen aus der Restrukturierung der Treuhandunternehmen; RdA 1996, S. 181 ff.

– Chancen und Grenzen der Anpassung von Tarifverträgen; RdA 1998, S. 142 ff.

*Meyer-Cording*, Ulrich: Die *Rechtsnormen*; Tübingen 1971.

*Milert*, Werner / *Tschirbs*, Rudolf: *Von den Arbeiterausschüssen* zum Betriebsverfassungsgesetz. Geschichte der betrieblichen Interessenvertretung in Deutschland; Köln 1991.

*Miller*, Susanne: Die *Bürde der Macht*. Die deutsche Sozialdemokratie 1918 – 1920; Düsseldorf 1978.

*Mitteis*, Heinrich / *Lieberich*, Heinz: Deutsche *Rechtsgeschichte*. Ein Studienbuch; 17. Aufl., München 1985.

*Möschel*, Bernhard: Recht der Wettbewerbsbeschränkungen; Köln / Berlin / Bonn / München 1983.

*von Mohl*, Robert: Über die Nachteile, welche sowohl den Arbeitern selbst, als auch dem Wohlstande und der Sicherheit der gesammten Gesellschaft von dem fabrikmäßigen Betriebe der Industrie zugehen, und über die Nothwendigkeit gründlicher Vorbeugungsmittel; abgedr. in Rau, Archiv der politischen Oekonomie und Polizeiwissenschaft, Bd. 2; Heidelberg 1835.

– *System der Präventiv-Justiz* oder Rechtspolizei. Die Polizeiwissenschaft, Bd. 3; Tübingen 1866.

– *Staatsrecht, Völkerrecht und Politik*. Monographien, Bd. 3: Politik; Nachdruck, Graz 1962.

*Molitor*, Karl: Ende oder Reform der Flächentarifverträge?; in: Schlachter, Monika / Ascheid, Reiner / Friedrich, Hans-Wolf, Tarifautonomie für ein neues Jahrhundert. Festschrift für Günter Schaub zum 65. Geburtstag, S. 487 ff.; München 1998 (zit.: FS für Schaub).

*Moll*, Wilhelm: Die *Mitbestimmung* des Betriebsrats beim Entgelt; Berlin 1977.

– Der *Tarifvorrang* im Betriebsverfassungsgesetz. Zur Abstimmung betrieblicher und tarifvertraglicher Regelungsmechanismen; Berlin 1980.

– Kollektivrechtliche Arbeitsbedingungen nach einem Betriebsübergang; RdA 1996, S. 275 ff.

*Moll*, Wilhelm / *Kreitner*, Jochen: Anmerkung zu BAG, EzA § 149 BGB Nr. 16.

*Mommsen*, Hans: *Die verspielte Freiheit*. Der Weg von der Weimarer Republik in den Untergang 1918 bis 1933; Frankfurt a. M. / Berlin 1990.

*Mommsen*, Hans / *Petzina*, Dietmar / *Weisbrod*, Bernd (Hrsg.): *Industrielles System* und politische Entwicklung in der Weimarer Republik. Verhandlungen des Internationalen Symposions in Bochum vom 12. – 17. Juni 1973; Düsseldorf 1974.

*Monjau*, Herbert: Der Vorrang der Tarifvertragsparteien bei der Regelung materieller Arbeitsbedingungen; BB 1965, S. 632 ff.

*Monopolkommission*: Mehr Wettbewerb auf allen Märkten. Hauptgutachten 1992/93; BT-Drucks. 12/8323.

Motive zu dem Entwurfe eines Bürgerlichen Gesetzbuchs für das Deutsche Reich, Bd. 1: Allgemeiner Theil; Amtliche Ausgabe, 2. Aufl., Berlin 1896.

Motive zu dem Entwurfe eines Bürgerlichen Gesetzbuchs für das Deutsche Reich, Bd. 2: Recht der Schuldverhältnisse; Amtliche Ausgabe, 2. Aufl., Berlin 1896.

*Muhr*, Gerd: Gewerkschaften und Betriebsverfassung; AuR 1982, S. 1 ff.

*Müller*, Friedrich: *Korporation und Assoziation*. Eine Problemgeschichte der Vereinigungsfreiheit im deutschen Vormärz; Berlin 1965.

*Müller*, Gerhard: Die *Tarifautonomie* in der Bundesrepublik Deutschland. Rechtliche und ethische Grundlagen; Berlin 1990.

– Einflüsse des kollektiven Arbeitsrechts auf das Arbeitsverhältnis; DB 1967, S. 903 ff.

– Weder Streik noch Aussperrung?; RdA 1988, S. 4 ff.

– Zum Verhältnis zwischen Betriebsautonomie und Tarifautonomie; AuR 1993, S. 157 ff.

*von Münch*, Ingo: Staatliche Wirtschaftshilfe und Subsidiarität; JZ 1960, S. 303 ff.

*von Münch*, Ingo / *Kunig*, Philip: Grundgesetz-Kommentar; 4. Aufl., München 1992 (zit.: GG).

*Naphtali*, Fritz (Hrsg.): *Wirtschaftsdemokratie*. Ihr Wesen, Weg und Ziel; 3. Aufl., Berlin 1928.

*Nause*, Helmut: Die *Grenzen* der Regelungsbefugnis von Arbeitgeber und Betriebsrat gegenüber dem einzelnen Arbeitnehmer bei Abschluß von Betriebsvereinbarungen; Diss. Göttingen 1982.

*Nautz*, Jürgen P.: Die *Durchsetzung der Tarifautonomie* in Westdeutschland. Das Tarifvertragsgesetz vom 9. April 1949; Frankfurt a. M. / Bern / New York / Nancy 1985.

*Nebel*, Andreas: Die *Normen* des Betriebsverbandes am Beispiel der ablösenden Betriebsvereinbarung; Heidelberg 1989.

*Neef*, Klaus: Die Betriebsvereinbarung als Ersatztarifvertrag; in: Schlachter, Monika / Ascheid, Reiner / Friedrich, Hans-Wolf, Tarifautonomie für ein neues Jahrhundert. Festschrift für Günter Schaub zum 65. Geburtstag, S. 515 ff.; München 1998 (zit.: FS für Schaub).

*von Nell-Breuning*, Oswald: Mitbestimmung; Frankfurt a. M. 1968.

– *Arbeit vor Kapital*. Kommentar zur Enzyklika Laborem exercens von Johannes Paul II.; Wien / München / Zürich 1983.

– Freiheit und Bindung im kollektiven Arbeitsrecht. Philiosophische und gesellschaftspolitische Betrachtung; in: Müller, Albert (Schriftleiter), *Freiheit und Bindung* im kollektiven Arbeitsrecht; Berlin 1957.

– *Subsidiaritätsprinzip*; in: Görres-Gesellschaft (Hrsg.), Staatslexikon. Recht – Wirtschaft – Gesellschaft, Bd. 7; 6. Aufl., Freiburg 1962.

*Neuloh*, Otto: Die deutsche *Betriebsverfassung* und ihre Sozialformen bis zur Mitbestimmung; Tübingen 1956.

*Neumann*, Dirk: Tarif- und Betriebsautonomie; RdA 1990, S. 257 ff.

*Neumann*, Franz: *Koalitionsfreiheit und Reichsverfassung*. Die Stellung der Gewerkschaften im Verfassungssystem; Berlin 1932.

– Das Arbeitsrecht in der modernen Gesellschaft; RdA 1951, S. 1 ff.

*Neumann-Duesberg*, Horst: *Betriebsverfassungsrecht*. Ein Lehrbuch; Berlin 1960.

*Nickel*, Egbert: Die Entwicklung des arbeitsrechtlichen Schrifttums im Jahre 1978; ZfA 1979, S. 357 ff.

*Nicklisch*, Fritz: Grenzen der Pflichtmitgliedschaft bei Genossenschaftsverbänden; BB 1979, S. 1153 ff.

*Niebler*, Michael: *Inhalt und Reichweite* der Betriebsvereinbarungsautonomie – Meinungsstand und Bedeutung der dogmengeschichtlichen Entwicklung –; Diss. Regensburg 1992.

*Nikisch*, Arthur: Arbeitsrecht, Bd. 1: Allgemeine Lehren und Arbeitsvertragsrecht; 3. Aufl., Tübingen 1961 (zit.: Arbeitsrecht, Bd. 1).

– Arbeitsrecht, Bd. 2: Koalitionsrecht, Arbeitskampfrecht und Tarifvertragsrecht; Tübingen 1959 (zit.: Arbeitsrecht, Bd. 2).

– Arbeitsrecht, Bd. 3: Betriebsverfassungsrecht; 2. Aufl., Tübingen 1966 (zit.: Arbeitsrecht, Bd. 3).

– Betriebsvereinbarungen über das Mitbestimmungsrecht; BB 1948, S. 193 ff.

– Zehn Jahre Betriebsverfassungsgesetz; RdA 1962, S. 361 ff.

– Inhalt und Grenzen des tariflichen Günstigkeitsprinzips; DB 1963, S. 1254 ff.

*Nipperdey*, Hans Carl: Beiträge zum Tarifrecht; Mannheim / Berlin / Leipzig 1924.

– *Soziale Marktwirtschaft* und Grundgesetz; 3. Aufl., Köln / Berlin / München / Bonn 1965.

– (Hrsg.) Die *Grundrechte* und Grundpflichten der Reichsverfassung. Kommentar zum zweiten Teil der Reichsverfassung, 3. Bd.: Artikel 143 – 165 und „Zur Ideengeschichte der Grundrechte"; Nachdruck, Kronberg 1975.

– Mindestbedingungen und günstigere Arbeitsbedingungen nach dem Arbeitsordnungsgesetz (Ordnungsprinzip und Leistungsprinzip); in: Festschrift für Heinrich Lehmann, S. 257 ff.; Berlin 1937 (zit.: FS für Lehmann).

– Anmerkung zu RAG, ARS 9, S. 140 ff.; ARS 9, S. 143 ff.

*Nipperdey*, Thomas: Deutsche Geschichte 1800 – 1866. *Bürgerwelt und starker Staat*; München 1994.

– Deutsche Geschichte 1866 – 1918, Bd. 1: *Arbeitswelt und Bürgergeist*; München 1994.

*Noé*, Klaus: *Gebändigter Klassenkampf*. Tarifautonomie in der Bundesrepublik Deutschland; Berlin 1970.

*Nörr*, Knut Wolfgang: Grundlinien des Arbeitsrechts in der Weimarer Republik; ZfA 1986, S. 403 ff.

*Ockenfels*, Wolfgang (Hrsg.): Krise der Gewerkschaften – Krise der Tarifautonomie; Bonn 1987.

*Oehmann*, Werner / *Dieterich*, Thomas: Arbeitsrechts-Blattei. Systematische Darstellungen; Stand: 5. Lfg. Oktober 1993 (zit.: *Verf.*, ARBl. Stichwort).

*Oertmann*, Paul: Die rechtliche Natur der Arbeitsordnung; in: Festgabe für Bernhard Hübler, S. 9 ff.; Berlin 1905 (zit.: FG für Hübler).

*von Oertzen*, Peter: *Betriebsräte* in der Novemberrevolution. Eine politikwissenschaftliche Untersuchung über Ideengehalt und Struktur der betrieblichen und wirtschaftlichen Arbeiterräte in der deutschen Revolution 1918/19; Düsseldorf 1963.

*Oetker*, Hartmut: Nachwirkende Tarifnormen und Betriebsverfassung; in: Schlachter, Monika / Ascheid, Reiner / Friedrich, Hans-Wolf, Tarifautonomie für ein neues Jahrhundert. Festschrift für Günter Schaub zum 65. Geburtstag, S. 535 ff.; München 1998 (zit.: FS für Schaub).

– Anmerkung zu BAG vom 20.08.1991 (1 ABR 85/90); SAE 1992, S. 158 ff.

– Gemeinsame Anmerkung zu BAG, EzA § 4 TVG Nachwirkung Nrn. 14 und 15.

*Olson*, Mancur: Die *Logik des kollektiven Handelns*. Kollektivgüter und die Theorie der Gruppen; 3. Aufl, Tübingen 1992.

*Otto*, Hansjörg: Tarifautonomie unter Gesetzes- oder Verfassungsvorbehalt; in: Bettermann, Karl August / Löwisch, Manfred / Otto, Hansjörg / Schmidt, Karsten (Hrsg.), Festschrift für Albrecht Zeuner zum 70. Geburstag, S. 121 ff.; Tübingen 1994 (zit.: FS für Zeuner).

– Anmerkung zu BAG, EzA § 77 BetrVG 1972 Nr. 33.

*Otto*, Sven-Joachim: Die rechtliche Zulässigkeit einer tarifbindungsfreien Mitgliedschaft in Arbeitgeberverbänden; NZA 1996, S. 624 ff.

*Papier*, Hans-Jürgen: Der verfassungsrechtliche Rahmen für Privatautonomie im Arbeitsrecht; RdA 1989, S. 137 ff.

*Papritz*, Ludwig: Das Günstigkeitsprinzip im Arbeitsrecht, auch in verfassungsrechtlicher Sicht; Diss. Würzburg 1978.

*Paqué*, Karl-Heinz: Unterbeschäftigung in der Sozialen Marktwirtschaft – Der bundesdeutsche Arbeitsmartk 1949–54 und 1982–87 im Vergleich; in: Fischer, Wolfram (Hrsg.), *Währungsreform* und Soziale Wirtschaft. Erfahrungen und Perspektiven nach 40 Jahren, S. 471 ff.; Berlin 1989.

*Paschke*, Martin: Außervertragliche Sozialbeziehungen – Eine Herausforderung der zivilrechtlichen Dogmatik –; AcP 1987, S. 60 ff.

*Peren*, Klaus: Tarifrunde '97. Eine Zwischenbilanz; ArbGeb 1997, S. 121 ff.

*Perthaler*, Johann Alois: Ein *Standpunkt* zur Vermittlung socialer Mißstände im Fabriksbetriebe; Zeitschrift für österreichische Rechtsgelehrsamkeit und politische Gesetzeskunde, Wien 1843, S. 66 ff. u. 118 ff.

*Picker*, Eduard: Die Regelung der „Arbeits- und Wirtschaftsbedingungen" – Vertragsprinzip oder Kampfprinzip?; ZfA 1986, S. 199 ff.

– Ursprungsidee und Wandlungstendenzen des Tarifvertragswesens. Ein Lehrstück zur Privatautonomie am Beispiel Otto von Gierkes; in: Schön, Wolfgang (Hrsg.), Gedächtnisschrift für Brigitte Knobbe-Keuk, S. 879 ff.; Köln 1997 (zit.: GS für Knobbe-Keuk).

*Pirker*, Theo: *Die blinde Macht*. Die Gewerkschaftsbewegung in Westdeutschland, Bd. 2: Weg und Rolle der Gewerkschaften in den neuen Kapitalismus; München 1960.

*Plander*, Harro: Kapazitätsorientierte variable Arbeitszeit als Gegenstand von Tarifverträgen und Betriebsvereinbarungen; AuR 1987, S. 281 ff.

*Planitz*, Hans / *Eckhardt*, Karl August: Deutsche Rechtsgeschichte; 3. Aufl., Graz / Köln 1971.

*Popp*, Wolfgang: Die Betriebsverfassung – öffentlich oder privat? Zugleich Besprechung der Monographie „Betriebsverfassung als Sozialprivatrecht"; BB 1996, S. 1111 ff.

*Potthoff*, Heinrich: *Gewerkschaften* und Politik zwischen Revolution und Inflation; Düsseldorf 1979.

*Potthoff*, Heinz: Die *Einwirkung* der Reichsverfassung auf das Arbeitsrecht; Leipzig / Erlangen 1925.

*Preis*, Bernd: Einseitige tarifliche Bestimmungsrechte des Arbeitgebers und das Mitbestimmungsrecht des Betriebsrats nach § 87 Abs. 1 BetrVG; DB 1973, S. 474 ff.

*Preis*, Ulrich: *Grundfragen* der Vertragsgestaltung im Arbeitsrecht; Neuwied 1993.

– Perspektiven der Arbeitsrechtswissenschaft; RdA 1995, S. 333 ff.

*Puchta*, G. F. : Pandekten; 3. Aufl., Leipzig 1845.

*Pückler*, Bodo Graf: Gravierende Handicaps für die Wettbewerbsfähigkeit (I); ArbGeb 1997, S. 389 ff.

*Quasten*, Walter: *Zulässigkeit* und Unzulässigkeit von Betriebsvereinbarungen; Diss. Köln 1971.

*Raiser*, Ludwig: Vertragsfreiheit heute; JZ 1958, S. 1 ff.

*Ramm*, Thilo (Hrsg.): *Arbeitsmarkt und Politik.* Quellentexte 1918 – 1933; Neuwied 1966.

– Die Arbeitsverfassung der Bundesrepublik Deutschland; JZ 1977, S. 1 ff.

*Rauscher*, Anton: Sozialphilosophische und ökonomische Realitäten; ORDO 1960/61, S. 433 ff.

*Reich*, Robert R.: Die neue Weltwirtschaft. Das Ende der nationalen Ökonomie; Frankfurt a. M. / Berlin 1993.

*Reichold*, Hermann: Betriebsverfassung als *Sozialprivatrecht.* Historisch-dogmatische Grundlagen von 1848 bis zur Gegenwart; München 1995.

*Rentdorff*, Trutz: Kritische Erwägungen zum Subsidiaritätsprinzip; Der Staat 1962, S. 405 ff.

*Reuscher*: Der Aufbau der deutschen Wirtschafts- und Sozialverfassung; RdA 1948, S. 161 ff.

*Reuter*, Dieter: *Vergütung* von AT-Angestellten und betriebsverfassungsrechtliche Mitbestimmung; Königstein i. Ts. 1979.

– Die *Stellung des Arbeitsrechts* in der Privatrechtsordnung; Göttingen 1989.

– Betriebsverfassung und Privatautonomie; ZfA 1975, S. 85 ff.

– Die Rolle des Arbeitsrechts im marktwirtschaftlichen System – Eine Skizze; ORDO 1985, S. 51 ff.

– 100 Bände BGHZ: Vereins- und Genossenschaftsrecht; ZHR 1987, S. 355 ff.

– Funktionsfähigkeit der Arbeitsmärkte durch Tarifautonomie?; in: Fischer, Wolfram (Hrsg.), *Währungsreform* und Soziale Wirtschaft. Erfahrungen und Perspektiven nach 40 Jahren, S. 507 ff.; Berlin 1989.

– Die Grenzen des Streikrechts; ZfA 1990, S. 535 ff.

– Das Verhältnis von Individualautonomie, Betriebsautonomie und Tarifautonomie. Ein Beitrag zum Wandel der Arbeitsrechtsordnung; RdA 1991, S. 193 ff.

– Die Lohnbestimmung im Betrieb; ZfA 1993, S. 221 ff.

– Betriebsverfassung und Tarifvertrag; RdA 1994, S. 152 ff.

– Möglichkeiten und Grenzen einer Auflockerung des Tarifkartells; ZfA 1995, S. 1 ff.

- Die Mitgliedschaft ohne Tarifbindung (OT-Mitgliedschaft) im Arbeitgeberverband; RdA 1996, S. 201 ff.
- Referat für den 61. Deutschen Juristentag, Bd. II/1, S. K 35 ff.; München 1996 (zit.: Referat, in: Verhandlungen des 61. DJT, Bd. II/1).
- Das Verhältnis von Tarifautonomie und Betriebsautonomie – Eine Nachlese zum arbeitsrechtlichen Thema des 61. Deutschen Juristentages; in: Schlachter, Monika / Ascheid, Reiner / Friedrich, Hans-Wolf, Tarifautonomie für ein neues Jahrhundert. Festschrift für Günter Schaub zum 65. Geburtstag, S. 605 ff.; München 1998 (zit.: FS für Schaub).
- Anmerkung zu BAG v. 17.03.1987 (3 AZR 64/84); SAE 1987, S. 285 ff.

*Reuter*, Dieter / *Streckel*, Siegmar: *Grundfragen* der betriebsverfassungsrechtlichen Mitbestimmung; Frankfurt a. M. 1973.

*Richardi*, Reinhard: *Kollektivgewalt* und Individualwille bei der Gestaltung des Arbeitsverhältnisses; München 1968.

- Betriebsverfassung und Privatautonomie; Berlin / New York 1973.
- Betriebsverfassungsgesetz mit Wahlordnung. Kommentar; 7. Aufl., München 1998 (zit.: BetrVG).
- Koalitionsgewalt und individuelle Koaltionsfreiheit; AöR 1968, S. 243 ff.
- Die Beschränkung der Vertragsfreiheit durch das Mitbestimmungsrecht des Betriebsrats in sozialen Angelegenheiten; in: Becker, Walter G. / Schnorr von Carolsfeld, Ludwig (Hrsg.), Sein und Werden im Recht. Festgabe für Ulrich von Lübtow zum 70. Geburtstag am 21. August 1970, S. 755 ff.; Berlin 1970 (zit.: FG für Lübtow).
- Betriebsratsamt und Gewerkschaft; RdA 1972, S. 8 ff.
- Die Mitbestimmung des Betriebsrats bei der Regelung des Arbeitsentgelts; ZfA 1976, S. 1 ff.
- Die Rechtsstellung der Gewerkschaften im Betrieb; in: Mayer-Maly, Theo / Richardi, Reinhard / Schambeck, Herbert / Zöllner, Wolfgang, Arbeitsleben und Rechtspflege. Festschrift für Gerhard Müller, S. 413 ff.; Berlin 1981 (zit.: FS für G. Müller).
- Die tarif- und betriebsverfassungsrechtliche Bedeutung der tarifvertraglichen Arbeitszeitregelung in der Metallindustrie; NZA 1984, S. 387 ff.
- Erweiterung der Mitbestimmung des Betriebsrats durch Tarifvertrag; NZA 1988, S. 673 ff.
- Kollektivvertragliche Arbeitszeitregelung – Fremdbestimmung durch Kollektivnorm oder Regelung der Arbeitsbedingungen für ein rechtsgeschäftliches Dienstleistungsversprechen –; ZfA 1990, S. 211 ff.
- Die Betriebsvereinbarung als Rechtsquelle des Arbeitsverhältnisses. Zur Reichweite eines betriebsverfassungsrechtlichen Gestaltungsrechts in einer rechtsgeschäftlichen Ordnung des Arbeitslebens; ZfA 1992, S. 307 ff.
- Der große Senat des BAG zur Mitbestimmung bei der Anrechnung einer Tariflohnerhöhung auf über- und außertarifliche Zulagen; NZA 1992, S. 961 ff.
- 40 Jahre Betriebsverfassungsrecht; RdA 1994, S. 394 ff.
- Empfiehlt es sich, die Regelungsbefugnisse der Tarifparteien im Verhältnis zu den Betriebsparteien neu zu ordnen? Gutachten B für den 61. Deutschen Juristentag, Bd. I; München 1996 (zit.: Gutachten, in: Verhandlungen des 61. DJT, Bd. I).

– Tarifvorbehalt und Tarifgebundenheit; in: Schlachter, Monika / Ascheid, Reiner / Friedrich, Hans-Wolf, Tarifautonomie für ein neues Jahrhundert. Festschrift für Günter Schaub zum 65. Geburtstag, S. 639 ff.; München 1998 (zit.: FS für Schaub).

*Richardi*, Reinhard / *Wlotzke*, Otfried (Hrsg.): Münchener Handbuch zum Arbeitsrecht, Bd. 1: Individualarbeitsrecht; München 1992 (zit.: MünchArbR-*Verf.*, Bd. 1, § Rdnr.)

*Richardi*, Reinhard / *Wlotzke*, Otfried (Hrsg.): Münchener Handbuch zum Arbeitsrecht, Bd. 3: Kollektives Arbeitsrecht; München 1993 (zit.: MünchArbR-*Verf.*, Bd. 3, § Rdnr.)

*Rieble*, Volker: *Arbeitsmarkt und Wettbewerb*. Der Schutz von Vertrags- und Wettbewerbsfreiheit im Arbeitsrecht; Berlin / Heidelberg / New York / Barcelona / Budapest / Hongkong / London / Mailand / Paris / Santa Clara / Singapur / Tokio 1996.

– Die tarifliche Schlichtungsstelle nach § 76 Abs. 8 BetrVG; RdA 1993, S. 140 ff.

– Krise des Flächentarifvertrages? Herausforderungen für das Tarifrecht; RdA 1996, S. 152 ff.

– Anmerkung zu BAG vom 14.06.1994 (9 AZR 89/93); SAE 1995, S. 77 ff.

*Rieder*, H. D. (Hrsg.): Betriebsvereinbarung; Münster 1995.

*Riester*, Bernhard: *Deregulierung* und Flexibilisierung im kollektiven Arbeitsrecht; Aachen 1995.

*Ritter*, Gerhard A. / *Tenfelde*, Klaus: *Arbeiter* im Deutschen Kaiserreich 1871 bis 1914; Bonn 1992.

*Röckl*, Johannes: Zulässigkeit einer Mitgliedschaft in Arbeitgeberverbänden ohne Tarifbindung?; DB 1993, S. 2382 ff.

*Rössler*, Felix: Der *Führer des Betriebs* (insbesondere: Die Rechtsstellung der Betriebsgemeinschaft und das Führeramt); Jena 1935.

*Rottleuther*, Hubert: Einführung in die *Rechtssoziologie*; Darmstadt 1987.

*Rückert*, Joachim / *Friedrich*, Wolfgang: *Betriebliche Arbeiterausschüsse* in Deutschland, Großbritannien und Frankreich im späten 19. und frühen 20. Jahrhundert. Eine vergleichende Studie zur Entwicklung des kollektiven Arbeitsrechts; Frankfurt a. M./ Bern / Las Vegas 1979.

*Rudolph*, Fritz: Die *Ordnung des Betriebes* in der Sicht der deutschen Gewerkschaften nach 1945; Köln / Opladen 1965.

*Rüfner*, Wolfgang: Verantwortung des Staates für die Parität der Sozialpartner? Zur Entscheidung des Bundesverfassungsgerichts über § 116 AFG; RdA 1997, S. 130 ff.

*Rumpff*, Klaus: Das Mitbestimmungsrecht des Betriebsrats bei Entgeltfragen, insbesondere beim Leistungslohn, nach dem Betriebsverfassungsgesetz 1972; AuR 1972, S. 65 ff.

*Rüthers*, Bernd: Arbeitsrecht und politisches System; Frankfurt a. M. 1973.

– Gesellschaftlicher Wandel – Anpassung oder Widerstand des Rechts?; Königstein 1981.

– Betriebsverfassungsrechtliches Mitbestimmungsrecht und Individualbereich; in: Rüthers, Bernd / Boldt, Gerhard, Zwei arbeitsrechtliche Vorträge, S. 7 ff.; München 1970.

– Die Betriebsverfassung im Nationalsozialismus; AuR 1970, S. 97 ff.

– Gewerkschaftliche Mitgliederwerbung im Betrieb und in der Dienststelle – BAG, AP Art. 9 GG Nr. 10 und BVerfG, NJW 1970, 1635; JuS 1970, S. 607 ff.

– Kollektives Arbeitsrecht und Wettbewerbsordnung; WuW 1980, S. 392 ff.

*Sabel*, Anton: Das deutsche Betriebsverfassungsgesetz; RdA 1952, S. 281 ff.

*Sachs*, Michael (Hrsg.): Grundgesetz. Kommentar; München 1996 (zit.: GG).

*Sachverständigenrat zur Begutachtung der gesamtwirtschaftlichen Entwicklung*: Arbeitsplätze im Wettbewerb. *Jahresgutachten 1988/89*; Stuttgart / Mainz 1988.

– Im Standortwettbewerb. *Jahresgutachten 1995/96*; Stuttgart 1996.

*Säcker*, Franz-Jürgen: *Grundprobleme* der kollektiven Koalitionsfreiheit. Rechtsquellen- und interpretationstheoretische Bemerkungen zur legislativen und judikativen Konkretisierung des Art. 9 Abs. 3 GG; Düsseldorf 1969.

– *Zielkonflikte und Koordinationsprobleme* im deutschen und europäischen Kartellrecht; Düsseldorf 1970.

– *Gruppenautonomie* und Übermachtkontrolle im Arbeitsrecht; Berlin 1972.

– (Redakteur) Münchener Kommentar zum Bürgerlichen Gesetzbuch, Bd. 1: Allgemeiner Teil (§§ 1–240), AGB-Gesetz; 3. Aufl., München 1993 (zit.: MünchKomm-*Verf.*, § Rdnr.).

– Zur Interpretation der Öffnungsklausel des § 59 BetrVG; RdA 1967, S. 370 ff.

– Die Regelung sozialer Angelegenheiten im Spannungsfeld zwischen tariflicher und betriebsverfassungsrechtlicher Normsetzungsbefugnis; ZfA 1972 (Sonderheft), S. 41 ff.

– Streikhilfeabkommen und Kartellrecht; ZHR 1974, S. 455 ff.

– Tarifvorrang und Mitbestimmung des Betriebsrats beim Arbeitsentgelt; BB 1979, S. 1201 ff.

*Säcker*, Franz-Jürgen / *Oetker*, Hartmut: *Grundlagen* und Grenzen der Tarifautonomie – erläutert anhand aktueller tarifpolitischer Fragen –; München 1992.

*Salfeld*, Heinz: Die Schiedsklausel in der Betriebsvereinbarung; Arbeitsrecht 1926, Sp. 703 ff.

*von Savigny*, Friedrich Karl: *System* des heutigen römischen Rechts, Bd. 1; Neudruck der Ausgabe Berlin 1840, Aalen 1973.

*Schäfer*, Hans: Anmerkung zu VerfGH Rh.-Pf. vom 18.11.1957 (VGH 2/57); DVBl 1958, S. 362 f.

*Schall*, Wilhelm: *Das Privatrecht* der Arbeitstarifverträge; Jena 1907.

*Schaub*, Günter: Arbeitsrechts-Handbuch: Systematische Darstellung und Nachschlagewerk für die Praxis; 8. Aufl., München 1996.

– Aktuelle Streitfragen zur Kostensenkung bei der Arbeitsvergütung; BB 1994, S. 2005 ff.

– Aktuelle Fragen des Tarifvertragsrechts; BB 1995, S. 2003 ff.

– Entgeltanpassung im Arbeitsverhältnis. Kostenreduzierung oder Entgelterhöhung; BB 1996, S. 1058 ff.

– Probleme der Tarif- und Betriebsautonomie in der Rechtsprechung des Bundesarbeitsgerichts; BB 1996, S. 2298 ff.

– Wege und Irrwege aus dem Flächentarifvertrag; NZA 1998, S. 617 ff.

*Schelp*: Tarifvertrag und Betriebsvereinbarung im Rahmen von § 59 des Betriebsverfassungsgesetzes; DB 1962, S. 1242 ff. u. 1275 ff.

*Schelsky*, Helmut: Die *Soziologen* und das Recht. Abhandlungen und Vorträge zur Soziologie von Recht, Institutionen und Planung; Opladen 1980.

*Scheuer*, Markus: Zur *Leistungsfähigkeit* neoklassischer Arbeitsmarkttheorien; Bonn 1987.

*Schippel*, Max: Arbeiterausschüsse; Die neue Zeit, 9. Jahrgang, Bd. 1, S. 129 ff.

*Schleef*, Heinz: Neue Wege in der Tarifarbeit am Beispiel der JENOPTIK AG; AuA 1996, S. 296 ff.

*Schliemann*, Harald: Tarifdispositiver Arbeitsschutz. Zur Abänderbarkeit staatlicher Arbeitszeitnormen durch Tarifverträge, Betriebsvereinbarungen, Dienstvereinbarungen und kirchliche Arbeitsrechtsregelungen; in: Schlachter, Monika / Ascheid, Reiner / Friedrich, Hans-Wolf, Tarifautonomie für ein neues Jahrhundert. Festschrift für Günter Schaub zum 65. Geburtstag, S. 675 ff.; München 1998 (zit.: FS für Schaub).

*Schlink*, Bernhard: *Abwägung* im Verfassungsrecht; Berlin 1976.

*Schlochauer*, Ursula: OT-Mitgliedschaft in tariffähigen Arbeitgeberverbänden; in: Schlachter, Monika / Ascheid, Reiner / Friedrich, Hans-Wolf, Tarifautonomie für ein neues Jahrhundert. Festschrift für Günter Schaub zum 65. Geburtstag, S. 699 ff.; München 1998 (zit.: FS für Schaub).

*Schlüter*, Wilfried: Tarifmacht gegenüber Außenseitern – Zur Verfassungsmäßigkeit der tariflichen Schlichtungsstellen (§ 76 Abs. 8 BetrVG) –; in: Leßmann, Herbert / Großfeld, Bernhard / Vollmer, Lothar (Hrsg.), Festschrift für Rudolf Lukes zum 65. Geburtstag, S. 561 ff.; Köln / Berlin / Bonn / München 1989 (zit.: FS für Lukes).

*Schmid*, Karl: Die politische und staatsrechtliche Ordnung der Bundesrepublik Deutschland; DÖV 1949, S. 201 ff.

*Schmidt*, Eberhard: *Die verhinderte Neuordnung* 1945 – 1952. Zur Auseinandersetzung um die Demokratisierung der Wirtschaft in den westlichen Besatzungszonen und in der Bundesrepublik Deutschland; 6. Aufl., Frankfurt a. M. / Köln 1975.

*Schmidt*, Karsten: Gesellschaftsrecht; 2. Aufl., Köln / Berlin / Bonn / München 1991.

*Schmidt*, Otto: Kritische Gedanken zu Kollektivwirkung, Individualbereich und personenrechtlichem Gemeinschaftsdenken im Arbeitsrecht; AcP 1963, S. 305 ff.

*Schmidt*, Reiner: Das Mitbestimmungsgesetz auf dem verfassungsrechtlichen Prüfstand. Bemerkungen zum Mitbestimmungsurteil des Bundesverfassungsgerichts vom 1. März 1979 (BVerfGE 50, S. 290 ff.); Der Staat 1980, S. 235 ff.

*Schmidt*, Thomas Benedikt: Das *Günstigkeitsprinzip* im Tarifvertrags- und Betriebsverfassungsrecht. Zugleich ein Beitrag zum Verhältnis von Tarifvertrag und Betriebsvereinbarung; Berlin 1994.

*Schmidt-Bleibtreu*, Bruno / *Klein*, Franz: Kommentar zum Grundgesetz; 8. Aufl., Neuwied 1995 (zit.: GG).

*Schmidt-Eriksen*, Christoph: Tarifvertrag und Wettbewerbsschutz; AuR 1991, S. 137 ff.

*Schmidt-Preuß*, Matthias: *Verfassungsrechtliche Zentralfragen* staatlicher Lohn- und Preisdirigismen; Baden-Baden 1977.

*Schmidt-Rimpler*, Walter: Grundfragen einer Erneuerung des Vertragsrechts; AcP 1978, S. 130 ff.

*Schmiegel*, Dorothe: Die *Inhaltskontrolle* von Koalitionssatzungen; Berlin 1995.

*Schmoller*, Gustav: Zur Social- und Gewerbepolitik der Gegenwart. *Reden und Aufsätze*; Leipzig 1890.

– Das Verhältnis der Kartelle zum Staat; in: Schriften des Vereins für Socialpolitik, Bd. 116, S. 237 ff.; Leipzig 1906.

*Schneider*, Dieter / *Kuda*: *Arbeiterräte* in der Novemberrevolution. Ideen, Wirkungen, Dokumente; 3. Aufl., Frankfurt a. M. 1973.

*Schneider*, Harald: Die *Güterabwägung* des Bundesverfassungsgerichts bei Grundrechtskonflikten. Empirische Studie zu Methode und Kritik eines Konfliktlösungsmodells; Baden-Baden 1979.

*Schneider*, Klaus: Die Verantwortung der Lohnpolitik wächst; ArbGeb 1997, S. 125 ff.

*Schnorr von Carolsfeld*, Gerhard: Öffentliches Vereinsrecht. Kommentar zum Vereinsgesetz; Köln / Berlin / Bonn / München 1965.

*Schnorr von Carolsfeld*, Ludwig: Arbeitsrecht; 2. Aufl., Göttingen 1954.

– Arbeitszeit und kollektiver Arbeitsvertrag; in: Eichler, Hermann u. a. (Hrsg.), Nürnberger Abhandlungen zu den Wirtschafts- und Sozialwissenschaften, Heft 15, S. 149 ff.; Berlin 1961.

– Kollektivmacht und Individualrechte im Berufsverbandswesen (Zur Frage der „immanenten“ Gewährleistungsschranken der Koalitionsfreiheit); in: Nipperdey, Hans Carl (Hrsg.), Festschrift für Erich Molitor, S. 229 ff.; München / Berlin 1962 (zit.: FS für Molitor).

*Schoch*, Norbert: Vereinbarkeit einer tarifvertraglichen Bestimmung mit dem Kartellgesetz; BB 1965, S. 477 ff.

*Scholz*, Rupert: Die *Koalitionsfreiheit* als Verfassungsproblem; München 1971.

– Verdeckt Verfassungsneues zur Mitbestimmung?; NJW 1986, S.1587 ff.

– Tarifautonomie im Umbruch. Neue Herausforderungen, Wandel und Reform; in: Graf von Westphalen, Friedrich / Sandrock, Otto, Lebendiges Recht – Von den Sumeren bis zur Gegenwart. Festschrift für Reinhold Trinkner zum 65. Geburtstag, S. 377 ff.; Heidelberg 1995 (zit.: FS für Trinkner).

*Scholz*, Rupert / *Konzen*, Horst: Die *Aussperrung* im System von Arbeitsverfassung und kollektivem Arbeitsrecht; Berlin 1980.

*Schuldt*, Hermann: Die *Betriebsvereinbarung* im Verhältnis zum Einzelarbeitsvertrag und zum Tarifvertrag; Berlin 1925.

*Schulze*, Peter R.: Das *Günstigkeitsprinzip* im Tarifvertragsrecht; Frankfurt a. M. 1985.

*Schüren*, Peter: Die *Legitimation der tariflichen Normsetzung*. Untersuchung zur Teilhabe der tarifunterworfenen Gewerkschaftsmitglieder an der tarifpolitischen Willensbildung in Deutschland und den Vereinigten Staaten; München 1990.

– Neue rechtliche Rahmenbedingungen der Arbeitszeitflexibilisierung; RdA 1985, S. 22 ff.

– Tarifgeltung für Außenseiter? – „No Taxation without Representation!“; RdA 1988, S. 138 ff.

*Schwab*, Martin: Mindestarbeitsbedingungen nach Verbandsautritt des Arbeitgebers; BB 1994, S. 781 ff.

*Schwarze*, Roland: Der *Betriebsrat* im Dienst der Tarifvertragsparteien; Berlin 1991.

*Schwerdtfeger*, Gunther: *Unternehmerische Mitbestimmung* der Arbeitnehmer und Grundgesetz; Frankfurt a. M. 1972.

*Schwerdtner*, Peter: *Fürsorgetheorie* und Entgelttheorie im Recht der Arbeitsbedingungen – Ein Beitrag zum Gemeinschafts- und Vertragsdenken im Individualarbeitsrecht und allgemeinen Zivilrecht; Heidelberg 1970.

*Seiter*, Hugo: *Streikrecht* und Aussperrungsrecht. Ein Arbeitskampfrechtssystem auf der Grundlage subjektiv-privater Kampfrechte; Tübingen 1975.

– Die Rechtsprechung des Bundesverfassungsgerichts zu Art. 9 Abs. 3 GG; AöR 1984, S. 88 ff.

*Selk*, Michael: Einschränkung von Grundrechten durch Kompetenzregelungen?; JuS 1990, S. 895 ff.

*Senne*, Holger: Flexible Arbeitszeiten und Mitbestimmung. Ein Plädoyer für betriebsnahe Regelungen; BB 1996, S. 1609 ff.

*Sering*, Max: *Arbeiter-Ausschüsse* in der deutschen Industrie; in: Schriften des Vereins für Socialpolitik, Bd. 46; Leipzig 1890.

*Siebert*, Wolfgang: Die Mitwirkung und Mitbestimmung der Arbeitnehmer nach dem Betriebsverfassungsgesetz; BB 1952, S. 832 ff.

– Kollektivnorm und Individualrecht im Arbeitsverhältnis; in: Dietz, Rolf / Hueck, Alfred / Reinhardt, Rudolf (Hrsg.), Festschrift für Hans Carl Nipperdey zum 60. Geburtstag am 21. Januar 1955, Bd. 1, S. 119 ff.; München / Berlin 1955 (zit.: FS für Nipperdey I).

– Grundgedanken der Betriebsverfassung; RdA 1958, S. 161 ff.

*Simitis*, Spiros: Datenschutz und Arbeitsrecht; RdA 1977, S. 97 ff.

*Singer*, Reinhard: Tarifvertragliche Normenkontrolle am Maßstab der Grundrechte?; ZfA 1995, S. 611 ff.

– Vertragsfreiheit, Grundrechte und Schutz der Menschen vor sich selbst; JZ 1995, S. 1133 ff.

*Sinzheimer*, Hugo: *Rechtsfragen* des Arbeitstarifvertrages. Brauchen wir ein Arbeitstarifgesetz?; Jena 1913.

– *Grundzüge* des Arbeitsrechts; Jena 1927.

– *Ein Arbeitstarifgesetz.* Die Idee der sozialen Selbstbestimmung im Recht; 2. Aufl., Berlin 1977.

– Der korporative *Arbeitsnormenvertrag.* Eine privatrechtliche Untersuchung; unveränd. Nachdruck der 1. Aufl. von 1907 (1. Teil) und 1908 (2. Teil), Berlin 1977.

– Über einige Grundfragen des Arbeitstarifrechts. Eine Auseinandersetzung mit den Grundlehren Erwin Jacobis; in: Schreiber, Otto (Hrsg.), Die Reichsgerichtspraxis im deutschen Rechtsleben. Festgabe der juristischen Fakultäten zum 50-jährigen Bestehen des Reichsgerichts, Bd. 4, S. 1 ff.; Berlin / Leipzig 1929 (zit.: FS 50 Jahre Reichsgericht).

– *Arbeitsrecht und Rechtssoziologie.* Gesammelte Aufsätze und Reden, Bd. 1 u. Bd. 2; Kahn-Freund, Otto / Ramm, Thilo (Hrsg.); Frankfurt a. M. / Köln 1976.

– Anmerkung zum Urteil des Reichsgerichts vom 11. Februar 1926 (402/25 IV); JW 1927, S. 256 ff.

*Smith*, Adam: An inquiry into nature and causes of the wealth of nations; 4. Aufl., London 1874.

*Sodan*, Helge: Verfassungsrechtliche Grenzen der Tarifautonomie. Ein Beitrag zur Auslegung des Art. 9 Abs. 3 GG; JZ 1998, S. 421 ff.

*Söllner*, Alfred: *Einseitige Leistungsbestimmung* im Arbeitsverhältnis; Wiesbaden 1966.

– *Arbeitsrecht in der Verfassungsordnung* des Grundgesetzes; Goldbach 1994.

– Zur vertrauensvollen Zusammenarbeit zwischen Betriebsvertretung und Arbeitgeber; DB 1968, S. 571 ff.

– Grenzen des Tarifvertrags; NZA 1996, S. 897 ff.

*Sölter*, Arno: Das *Rabattkartell*. Die wirtschaftlichen und rechtlichen Grundlagen einer Ordnung im Rabattwesen; Düsseldorf 1955.

*Soltwedel*, Rüdiger u. a.: *Regulierungen* auf dem Arbeitsmarkt der Bundesrepublik; Tübingen 1990.

*Sörgel*, Werner: *Konsensus und Interessen*. Eine Studie zur Entstehung des Grundgesetzes für die Bundesrepublik; Opladen 1985.

*Spindler*, Helga: Von der *Genossenschaftslehre* zur Betriebsgemeinschaft. Kritische Darstellung der Sozialrechtslehre Otto von Gierkes; Frankfurt a. M. / Bern 1982.

*Spohn*, Wolfgang: *Betriebsgemeinschaft* und Volksgemeinschaft. Die rechtlichen und institutionellen Regelungen im NS-Staat; Berlin 1987.

*Stahlhacke*, Eugen / *Preis*, Ulrich: *Kündigung* und Kündigungsschutz im Arbeitsverhältnis; 5. Aufl., München 1991.

*Staschik*, Lothar: *Grundfragen* zur Betriebsvereinbarung; Diss. Köln 1990.

*Staudt*, Erich: Menschliche Arbeit unter veränderten Bedingungen: Technische Entwicklung und soziale Innovation; ZfA 1987, S. 133 ff.

*von Stebut*, Dietrich: Die Zulässigkeit der Einführung von Kurzarbeit; RdA 1974, S. 332 ff.

– Der arbeitsrechtliche Eingliederungsvertrag; in: Heinze, Meinhard / Söllner, Alfred (Hrsg.), Arbeitsrecht in der Bewährung. Festschrift für Otto Rudolf Kissel, S. 1135 ff.; München 1994 (zit.: FS für Kissel).

*Stege*, Dieter / *Rinke*, Michael: Die Mitbestimmung des Betriebsrats bei der Anrechnung übertariflicher Zulagen auf eine Tariflohnerhöhung; DB 1991, S. 2386 ff.

*Stege*, Dieter / *Weinspach*, F. K.: Betriebsverfassungsgesetz. Handkommentar für die betriebliche Praxis; 7. Aufl., Köln 1994 (zit.: BetrVG).

*Stern*, Klaus: Das Staatsrecht der Bundesrepublik Deutschland, Bd. I: Grundbegriffe und Grundlagen des Staatsrechts, Strukturprinzipien der Verfassung; München 1977 (zit.: Staatsrecht, Bd. I).

– Das Staatsrecht der Bundesrepublik Deutschland, Bd. III/2: Allgemeine Lehren der Grundrechte. Grundrechtstatbestand, Grundrechtsbeeinträchtigungen und Grundrechtsbegrenzungen, Grundrechtsverluste und Grundpflichten, Schutz der Grundrechte, Grundrechtskonkurrenzen, Grundrechtssystem; München 1994 (zit.: Staatsrecht, Bd. III/2).

*Stewing*, Clemens: *Subsidiarität* und Föderalismus in der Europäischen Union; Köln / Berlin / Bonn / München 1992.

– Das Subsidiaritätsprinzip als Kompetenzverteilungsregel im Europäischen Recht; DVBl 1992, S. 1516 ff.

*Stindt*, Heinrich Meinhard: *Verfassungsgebot und Wirklichkeit* demokratischer Organisation der Gewerkschaften dargestellt am Beispiel der Deutschen Postgewerkschaft; Diss. Berlin 1973.

*Strieder*, Peter: Betriebliche Lohnpolitik; BB 1980, S. 420 ff.

*Stützel*, Wolfgang: *Marktpreis* und Menschwürde. Thesen zur Wirtschafts- und Bildungspolitik; 3. Aufl., Bonn 1982.

*Süsterhenn*, Adolf: Das Subsidiaritätsprinzip als Grundlage der vertikalen Gewaltenteilung; in: Maunz, Theodor (Hrsg.), Vom Bonner Grundgesetz zur gesamtdeutschen Verfassung. Festschrift zum 75. Geburtstag von Hans Nawiasky, S. 141 ff.; München 1976 (zit.: FS für Nawiasky).

*Tatarin-Tarnheyden*, Edgar: *Werdendes Staatsrecht*. Gedanken zu einem organischen und deutschen Verfassungsneubau; Berlin 1934.

*Tech*, Carsten: Das *Günstigkeitsprinzip* und Günstigkeitsbeurteilung im Arbeitsrecht; Diss. Kiel 1987.

*Tenfelde*, Klaus / *Volkmann*, Heinrich (Hrsg.): *Streik*. Zur Geschichte des Arbeitskampfes in Deutschland während der Industrialisierung; München 1981.

*Teubner*, Gunther: *Organisationsdemokratie* und Verbandsverfassung. Rechtsmodelle für politisch relevante Verbände; Tübingen 1978.

*Teuteberg*, Hans Jürgen: *Geschichte* der industriellen Mitbestimmung in Deutschland; Tübingen 1961.

*Thomanek*, Wolfgang: Die *Organstellung* des Betriebsrats; Diss. Köln 1961.

*Thomas von Aquin*: *Recht und Gerechtigkeit*. Theologische Summe II-II, Fragen 57 – 79; Nachfolgefassung von Bd. 18 der Deutschen Thomasausgabe; Neue Übersetzung von Groner, Josef F.; Anmerkungen, sowie vollständig überarbeiteter und ergänzter Kommentar von Utz, Arthur F.; Bonn 1987.

*Thüsing*, Gregor: Das Mitbestimmungsrecht des Betriebsrats bei der Ausgestaltung freiwilliger Jahressonderzahlungen; DB 1997, S. 1130 ff.

*Tödtmann*, Detlev: Das *Mitbestimmungsrecht* der Arbeitnehmer in sozialen Angelegenheiten; Köln 1959.

*Tomandl*, Theodor (Hrsg.): *Innerbetriebliche Arbeitnehmerkonflikte* aus rechtlicher Sicht; Wien / Stuttgart 1977.

*Travlos-Tzanetatos*, Dimitros: Die *Regelungsbefugnis* der Betriebspartner und ihre Grenzen zum Einzelarbeitsverhältnis. Zugleich ein Beitrag zu der Problematik der Innenschranken der Betriebsautonomie; Berlin 1974.

*Triepel*, Heinrich: *Delegation* und Mandat im öffentlichen Recht. Eine kritische Studie; Darmstadt 1974.

*von Tuhr*, Andreas: Der Allgemeine Teil des Deutschen Bürgerlichen Rechts, Bd. II/1: Die rechtserheblichen Tatsachen, insbesondere das Rechtsgeschäft; München / Leipzig 1914 (zit.: Allgemeiner Teil).

*Tyska*, Hans Joachim: Das *Günstigkeitsprinzip* im Tarifvertragsrecht; Diss. Bielefeld 1994.

*Ullmann*, Peter: *Tarifverträge* und Tarifpolitik in Deutschland bis 1914. Entstehung und Entwicklung, interessenpolitische Bedingungen und Bedeutung des Tarifvertragswesens für die sozialistischen Gewerkschaften; Frankfurt a. M. / Bern / Las Vegas 1977.

*Unger*, Emil: *Entscheidungen* des Gewerbegerichts zu Berlin unter Berücksichtigung der Praxis anderer Gerichte; Berlin 1898.

*Utz*, Arthur F. (Hrsg.): Das *Subsidiaritätsprinzip*; Heidelberg 1953.

– *Formen und Grenzen* des Subsidiaritätsprinzips; Heidelberg 1956.

– Die marxistische *Wirtschaftsphilosophie*; Bonn 1982.

– *Weder Streik noch Aussperrung*. Eine sozialethische Studie; Bonn 1987.

*Vaubel*, Ernst Dirk: Die *Anwendbarkeit* des Gesetzes gegen Wettbewerbsbeschränkungen auf Tarifvertragsklauseln; München 1968.

*Veit*, Barbara: Die funktionelle *Zuständigkeit* des Betriebsrats; München 1998.

*Veit*, Barbara / *Waas*, Bernd: Die Umdeutung einer kompetenzwidrigen Betriebsvereinbarung; BB 1991, S. 1329 ff.

*Vielhaber*, Otto: Das Mitbestimmungsrecht des Betriebsrats bei Regelung von Akkord- und Stücklohnsätzen; BB 1953, S. 358 ff.

*Vogt*, Aloys: Umfang und Grenzen der Leitungs- und Entscheidungsbefugnis von Arbeitgeber / Unternehmer in der Betriebsverfassung; RdA 1984, S. 140 ff.

*Vollmer*, Lothar: Bestandssicherung existenzgefährdeter Unternehmen durch Kürzung von Löhnen und Leistungen; DB 1982, S. 1670 ff.

*Wagemann*: Die *Arbeitsgesetze* in einem Band mit Erläuterungen der höchstrichterlichen Rechtsprechung des Reichsarbeitsgerichts und der Landesarbeitsgerichte; Berlin 1929.

*Wahl*, Rainer: Rechtliche Wirkungen und Funktionen der Grundrechte im deutschen Konstitutionalismus des 19. Jahrhunderts; in: Böckenförde, Ernst-Wolfgang (Hrsg.), Moderne deutsche Verfassungsgeschichte (1815 – 1914), S. 346 ff.; 2. Aufl., Königstein 1981.

*Walker*, Wolf-Dietrich: Zur Zulässigkeit von Betriebsbußen; in: Heinze, Meinhard / Söllner, Alfred (Hrsg.), Arbeitsrecht in der Bewährung. Festschrift für Otto Rudolf Kissel, S. 1205 ff.; München 1994 (zit.: FS für Kissel).

– Möglichkeiten und Grenzen einer flexibleren Gestaltung von Arbeitsbedingungen – Das Spannungsfeld zwischen Tarifautonomie und Betriebsautonomie –; ZfA 1996, S. 353 ff.

– Der tarifvertragliche Einwirkungsanspruch; in: Schlachter, Monika / Ascheid, Reiner / Friedrich, Hans-Wolf, Tarifautonomie für ein neues Jahrhundert. Festschrift für Günter Schaub zum 65. Geburtstag, S. 743 ff.; München 1998 (zit.: FS für Schaub).

– Beschäftigungssicherung durch betriebliche Bündnisse für Arbeit; in: Hanau, Peter / Lorenz, Egon / Matthes, Hans-Christoph (Hrsg.), Festschrift für Günther Wiese zum 70. Geburtstag, S. 603 ff.; Neuwied 1998 (zit.: FS für Wiese).

*Wallraff*, Hermann Josef: Eigentumspolitik, Arbeit und Mitbestimmung; Köln 1968.

*Waltermann*, Raimund: *Rechtsetzung* durch Betriebsvereinbarung zwischen Privatautonomie und Tarifautonomie; Tübingen 1996.

– 75 Jahre Betriebsvereinbarung; NZA 1995, S. 1177 ff.

– Zuständigkeiten und Regelungsbefugnisse im Spannungsfeld von Tarifautonomie und Betriebsautonomie; RdA 1996, S. 129 ff.

– Gestaltung von Arbeitsbedingungen durch Vereinbarung mit dem Betriebsrat; NZA 1996, S. 357 ff.

*Wank*, Rolf: Arbeitnehmer und Selbständige; München 1988.

– Tarifautonomie oder betriebliche Mitbestimmung? Zur Verteidigung der Zwei-Schranken-Theorie; RdA 1991, S. 129 ff.

– Empfiehlt es sich, die Regelungsbefugnisse der Tarifparteien im Verhältnis zu den Betriebsparteien neu zu ordnen?; NJW 1996, S. 2273 ff.

– Kündigung und Wegfall der Geschäftsgrundlage bei Tarifverträgen; in: Schlachter, Monika / Ascheid, Reiner / Friedrich, Hans-Wolf, Tarifautonomie für ein neues Jahrhundert. Festschrift für Günter Schaub zum 65. Geburtstag, S. 761 ff.; München 1998 (zit.: FS für Schaub).

*Weber*, Max: *Wirtschaft und Gesellschaft*. Grundriß der verstehenden Soziologie; 5. Aufl., Tübingen 1972.

– Methodologische Einleitung für die Erhebungen des Vereins für Socialpolitik über Auslese und Anpassung (Berufswahlen und Berufsschicksal) der Arbeiterschaft der geschlossenen Großindustrie, in: derselbe, *Gesammelte Aufsätze*; Tübingen 1924.

*Weber*, Werner: *Koalitionsfreiheit* und Tarifautonomie als Verfassungsproblem; Berlin 1965.

*Wehler*, Hans-Ulrich: Deutsche *Gesellschaftsgeschichte*, Bd. 2: Von der Reformära bis zur industriellen und politischen „Deutschen Doppelrevolution" 1815 – 1845/49; München 1987.

*Weigel*, Hans-Jürgen: Das Mitbestimmungsrecht des Betriebsrats im Rahmen der betrieblichen Altersversorgung. Probleme bei der Direktversicherung und der unmittelbaren Versorgungszulage mit oder ohne Rückdeckungsversicherung; BB 1974, S. 1583 ff.

*Weise*, Peter / *Brandes*, Wolfgang / *Eger*, Thomas / *Kraft*, Manfred: Neue Mikroökonomie; 2. Aufl., Heidelberg 1991.

*Weitnauer*, Hermann: Der *Schutz des Schwächeren* im Zivilrecht; Karlsruhe 1975.

– Zivilrechtliche Grundstrukturen im Betriebsverfassungsrecht; in: Pawlowski, H.-M. / Wiese, Günther / Wüst, Günther, Festschrift für Konrad Duden zum 70. Geburtstag, S. 705 ff.; München 1977 (zit.: FS für Duden).

*Wendeling-Schröder*, Ulrike: Referat für den 61. Deutschen Juristentag, Bd. II/1, S. K 9 ff.; München 1996 (zit.: Referat, in: Verhandlungen des 61. DJT, Bd. II/1).

*Wertenbruch*, Wilhelm: *Grundgesetz und Menschenwürde*. Ein kritischer Beitrag zur Verfassungwirklichkeit; Berlin 1958.

*Westermann*, Harm Peter: Handkommentar zum Bürgerlichen Gesetzbuch in zwei Bänden, Bd. 1; 9. Aufl., Münster 1993 (zit.: Erman-*Verf.*, BGB).

*Weyand*, Joachim: Möglichkeiten und Grenzen der Verlagerung tariflicher Regelungskompetenzen auf die Betriebsebene (Eine Analyse der aktuellen Tarifpolitik unter Berücksichtigung der Rechtsprechung des BAG); AuR 1989, S. 193 ff.

*Wiedemann*, Herbert: Das Arbeitsverhältnis als *Austausch- oder Gemeinschaftsverhältnis*; Karlsruhe 1966.

– *Gesellschaftsrecht*. Ein Lehrbuch des Unternehmens- und Verbandsrechts, Bd. 1: Grundlagen; München 1980.

– Die Gestaltungsaufgabe der Tarifvertragsparteien; RdA 1997, S. 297 ff.

– Anmerkung zu BAG, AP Nr. 3 zu § 87 BetrVG 1972 Tarifvorrang.

*Wiedemann*, Herbert / *Stumpf*, Hermann: Tarifvertragsgesetz mit Durchführungs- und Nebenvorschriften. Kommentar; 5. Aufl., München 1977 (zit.: TVG).

*Wiese*, Günther: Das *Initiativrecht* nach dem Betriebsverfassungsgesetz; Neuwied 1977.

– Zum Gesetzesvorbehalt nach § 87 Abs. 1 BetrVG; in: Gamillscheg, Franz / Hueck, Götz / Wiedemann, Herbert, 25 Jahre Bundesarbeitsgericht, S. 661 ff.; München 1979 (zit.: FS 25 Jahre BAG).

– Buchbesprechung: Günther Hurlebaus: Fehlende Mitbestimmung bei § 87 BetrVG; ZfA 1989, S. 645 ff.

– Zum Zweck des Betriebsverfassungsrechts im Rahmen der Entwicklung des Arbeitsrechts; in: Heinze, Meinhard / Söllner, Alfred (Hrsg.), Arbeitsrecht in der Bewährung. Festschrift für Otto Rudolf Kissel zum 65. Geburtstag, S. 1269 ff.; München 1994 (zit.: FS für Kissel).

– Der personale Gehalt des Arbeitsverhältnisses; ZfA 1996, S. 439 ff.

– Anmerkung zu BAG vom 24.02.1987 (1 ABR 18/85); SAE 1989, S. 6 ff.

*Wiesner*, Georg Dieter: Betriebsvereinbarungen und Betriebsübergang. Weitergeltung der so geregelten Arbeitsbedingungen und Möglichkeiten ihrer Änderung; BB 1986, S. 1636 ff.

*Willoweit*, Dietmar: Deutsche *Verfassungsgeschichte*. Vom Frankenreich bis zur Teilung Deutschlands; München 1990.

– Historische Grundlagen des Privatrechts, 4. Teil: Arbeit; JuS 1977, S. 573 ff.

*Windscheid*, Bernhard: *Lehrbuch* des Pandektenrechts, Bd. 2; 7. Aufl., Frankfurt a. M. 1891.

*Winkler*, Heinrich August: Von der *Revolution* zur Stabilisierung. Arbeiter und Arbeiterbewegung in der Weimarer Republik 1918 bis 1924; Berlin / Bonn 1984.

– (Hrsg.) Politische *Weichenstellungen* im Nachkriegsdeutschland 1945 – 1953; Göttingen 1979.

*Winterstein*, Helmut: Sozialpolitik in der Beschäftigungkrise, Bd. 2; Berlin 1986.

*Witjes*, Claus Winfried: Gewerkschaftliche Führungsgruppen; Berlin 1976.

*Wlotzke*, Otfried: Das *Günstigkeitsprinzip* im Verhältnis des Tarifvertrags zum Einzelarbeitsvertrag und zur Betriebsvereinbarung; Heidelberg 1957.

– Betriebsverfassungsgesetz; 2. Aufl, München 1992 (zit.: BetrVG).

*Wölbling*, Paul: Der *Akkordvertrag* und der Tarifvertrag. Eine Darstellung zweier Vertragsarten aus dem modernen Wirtschaftsleben; Berlin 1908.

*Wolf*, Manfred: *Rechtsgeschäftliche Entscheidungsfreiheit* und vertraglicher Interessenausgleich; Tübingen 1970.

*Wolff*, Hans J.: Organschaft und juristische Person. Untersuchungen zur Rechtstheorie und zum öffentlichen Recht, Bd. 2: *Theorie der Vertretung* (Stellvertretung, Organschaft und Repräsentation als soziale und juristische Vertretungsform); Berlin 1934.

*Wulf*, Peter: *Hugo Stinnes*. Wirtschaft und Politik 1918 – 1924; Stuttgart 1979.

*Würtenberger*, Thomas: Das *Subsidiaritätsprinzip* als Verfassungsprinzip; in: Staatswissenschaften und Staatspraxis. Rechts-, wirtschafts- und sozialwissenschaftliche Beiträge zum staatlichen Handeln; Baden-Baden 1993, S. 621 ff.

*Zacher*, Hans F.: Gewerkschaften in der rechtsstaatlichen Demokratie einer Arbeitnehmergesellschaft; in: Sauermann, Heinz / Mestmäcker, Ernst-Joachim (Hrsg.), Wirtschaftsordnung und Staatsverfassung. Festschrift für Franz Böhm zum 80. Geburtstag, S. 707 ff.; Tübingen 1975 (zit.: FS für Böhm).

*Zachert*, Ulrich: Aufhebung der Tarifautonomie durch „freiwillige Regelungen" im Arbeitsvertrag?; DB 1990, S. 986 ff.

– Krise des Flächentarifvertrages? Herausforderungen für das Tarifrecht; RdA 1996, S. 140 ff.

– Hat der Flächentarifvertrag noch eine Zukunft?; AuA 1996, S. 293 ff.

*Zapka*, Klaus: Politisch-ökonomische *Entwicklungs- und Durchsetzungsbedingungen* des Tarifvertragssystems. Historisch-systematische Untersuchung zur Verrechtlichung industrieller Arbeitskonflikte; Frankfurt a. M. / Bern / New York 1983.

*Zippelius*, Reinhold: *Gesellschaft und Recht*. Grundbegriffe der Rechts- und Staatssoziologie; München 1980.

– Juristische *Methodenlehre*; 4. Aufl., München 1985.

*Zöllner*, Wolfgang: Die *Rechtsnatur* der Tarifnormen nach deutschem Recht. Zugleich ein Beitrag zur Abgrenzung von Rechtsetzung und Privatautonomie; Wien 1966.

– Tarifmacht und Außenseiter; RdA 1962, S. 453 ff.

– Die Sperrwirkung des § 59 BetrVG; in: Dietz, Rolf / Hübner, Heinz (Hrsg.), Festschrift für H. C. Nipperdey, Bd. 2, S. 699 ff.; München / Berlin 1965 (zit.: FS für Nipperdey II).

– Die Rechtsprechung des Bundesverfassungsgerichts zu Artikel 9 Abs. 3 GG; AöR 1973, S. 71 ff.

– Privatautonomie und Arbeitsverhältnis. Bemerkungen zu Parität und Richtigkeitsgewähr beim Arbeitsvertrag; AcP 1976, S. 221 ff.

– Die Stellung des Arbeitnehmers in Betrieb und Unternehmen; in: Gamillscheg, Franz / Hueck, Götz / Wiedemann, Herbert (Hrsg.), 25 Jahre Bundesarbeitsgericht, S. 745 ff.; München 1979 (zit.: FS 25 Jahre BAG).

– Flexibilisierung des Arbeitsrechts; ZfA 1988, S. 265 ff.

– Immanente Grenzen arbeitsvertraglicher Regelungen; RdA 1989, S. 152 ff.

– Die Zulässigkeit einzelvertraglicher Verlängerung der tariflichen Wochenarbeitszeit; DB 1989, S. 2121 ff.

– Veränderung und Angleichung tarifvertraglich geregelter Arbeitsbedingungen nach Betriebsübergang; DB 1995, S. 1401 ff.

– Regelungsspielräume im Schuldvertragsrecht, AcP 1996, S. 1 ff.

– Vorsorgende Flexibilisierung durch Vertragsklauseln; NZA 1997, S. 121 ff.

*Zöllner*, Wolfgang / *Loritz*, Karl-Georg: Arbeitsrecht. Ein Studienbuch; 4. Aufl., München 1992.

# Sachregister